Bis heute ist es eines der großen Rätsel der Menschheitsgeschichte, warum es dem Spanier Hernán Cortés zwischen 1519 und 1521 mit einigen hundert Männern gelang, das hochzivilisierte, wohlhabende und mächtige Reich des Gottkönigs Montezuma zu erobern. Und die Folgen dieser spektakulären Landnahme prägen den Planeten bis heute: Europa zeigte, daß es nahezu überall präsent und dominant sein konnte, so daß Cortés als einer der Begründer der heutigen, europäisch-westlich bestimmten Weltordnung gelten kann.

Der englische Historiker Hugh Thomas, international bekannt geworden durch seine grandiose Geschichte des Spanischen Bürgerkriegs, hat nun erneut ein opus magnum vorgelegt. Mit imponierender Sachkenntnis einerseits und unbändiger Erzählfreude andererseits schildert er die Begegnung zwischen zwei Kulturen, Denkweisen und Mentalitäten. Er läßt das alte Aztekenreich mit seiner Hauptstadt Tenochtitlán, die ein Weltwunder gewesen sein muß, wiedererstehen und rekonstruiert die Weltsicht der spanisch-katholischen Eroberer. Er schildert in spannender Weise die militärischen Aktionen, die den Untergang des Weltreichs besiegelten, und er porträtiert die handelnden Personen mit dem bewährten, klaren Blick des Angelsachsen für Charaktere und ihre Eigenheiten. Im Mittelpunkt seiner romanhaften Geschichtserzählung steht dabei das Aufeinandertreffen der beiden Hauptpersonen: der herrschaftlich-unbewegliche Montezuma und der dynamisch-rücksichtslose Abenteurer Cortés.

Hugh Thomas, geboren 1935, studierte u.a. in Cambridge und lehrte Geschichte an der University of Reading. Seit 1981 ist er Mitglied des House of Lords. Bekannt wurde er als Meister der lebendig erzählenden Geschichtsschreibung, unter anderem durch seine große Darstellung des Spanischen Bürgerkriegs.

Unsere Adresse im Internet: www.fischer-tb.de

Hugh Thomas

Die Eroberung Mexikos
Cortés und Montezuma

Aus dem Englischen
von Thorsten Schmidt

Fischer Taschenbuch Verlag

Veröffentlicht im Fischer Taschenbuch Verlag GmbH,
Frankfurt am Main, Dezember 2000

Lizenzausgabe mit Genehmigung des
S. Fischer Verlags GmbH, Frankfurt am Main
Die englische Originalausgabe erschien 1993
unter dem Titel ›Conquest. Montezuma, Cortés, and the Fall of Old Mexico‹
im Verlag Hutchinson, London

Gesamtherstellung: Clausen & Bosse, Leck
Printed in Germany
ISBN 3-596-14969-X

In Dankbarkeit gewidmet
all meinen Freunden in Sevilla und in Mexiko

INHALT

Vorwort

Dieses Buch schildert den Kampf einer kleinen, straff geführten Gruppe von Abenteurern gegen eine große, statische Monarchie. Es ist darüber hinaus eine Studie über den Zusammenprall zweier Reiche. In beiden hatten Phantasie und Erfindungsgabe einen hohen Stellenwert. Trotz mancher Unterschiede besaßen sie eine Reihe von Gemeinsamkeiten: Vieles war ihnen heilig, sie herrschten über andere Völker, und sie liebten das Zeremoniell. Gemessen an heutigen Maßstäben waren beide grausam, aber kultiviert. Beide träumten immer wieder davon, »die Welt« bzw. das, was sie dafür hielten, zu erobern. Beide hatten einen tiefverwurzelten Glauben, der ihren Führern umfassende Welterklärung war.

Die spanische Invasion Mexikos setzte die Reihe der Eroberungen fort, die 1492, nach der ersten Reise von Kolumbus, begonnen hatten. Hernán Cortés, Befehlshaber der spanischen Conquistadoren, hatte sowohl auf Hispaniola wie auf Kuba gelebt. Sämtliche Mitglieder seiner Expedition hatten ebenfalls eine Zeitlang auf diesen Inseln verbracht; einige waren, bevor sie ins heutige Mexiko kamen, bereits auf dem amerikanischen Festland gewesen, an einem Ort unweit von Panama.

Die Monarchie, unter der die Völker Mexikos im Jahre 1519 lebten, war sehr viel höher entwickelt als das Kazikentum in der Karibik vor der Ankunft des Kolumbus. Die Azteken – bzw. die Mexica, wie ich sie lieber nennen möchte (vgl. Vorbemerkung 1 nach dem Vorwort) – hatten ihr Gemeinwesen straff organisiert, so daß das alte Mexiko als Staat im damaligen Sinne bezeichnet werden kann. Nach Ansicht eines Conquistadors waren die Häuser der Mexica den spanischen Häusern überlegen; die der Oberschicht angehörenden Mexica trugen mit Stickereien verzierte Gewänder, ihre Kunsthandwerker fertigten Schmuckstücke, die die Europäer in Erstaunen versetzten, und dank der weitgehend urbanen Lebensweise kamen die Jungen – wenn sie nicht von Hörigen oder von Sklaven abstammten – in den Genuß einer Art universeller Bildung.

Im 16. Jahrhundert benutzten die Spanier noch immer das römische Zahlensystem einschließlich der Bruchzahlen anstelle des überlegenen Dezimalsystems, das die Araber bereits vor langer Zeit von den Hindus übernommen hatten. Die Mexica benutzten das Vigesimalsystem und die Null, was genauere Berechnungen erlaubte, als sie in Europa möglich waren.

Bereits vor der Entdeckung Mexikos war eine Kontroverse über die ethische Legitimität der imperialen Mission der Spanier entbrannt, weil einige Dominikanerpater, die das Regiment der Conquistadoren in der Karibik miterlebt hatten, von Schuldgefühlen geplagt wurden. Mögen wir heute diese Diskussionen auch als akademisch und überholt empfinden, bleibt doch festzuhalten, daß kein anderes europäisches Imperium, weder das der Römer noch das der Franzosen oder der Briten, jemals die Ziele seiner Expansionsbestrebungen offen erörtert hat. Und die Diskussion dauerte an: Im Jahre 1770 übersandte der Marquis von Moncada einem französischen Freund ein schönes altes Bilderbuch, das vermutlich aus Puebla stammte und heute als »Karte von Quinatzin« bezeichnet wird. Er schrieb: »Urteilen Sie selbst, ob sie [die Mexikaner] zu der Zeit, als man ihnen ihr Land, ihre Habe und ihre Bergwerke raubte, Barbaren waren; oder ob wir die Barbaren waren.«[1]

Die sittliche Grundhaltung der Mexica wird aus einem Abschnitt des *Codex Florentino* deutlich, nach dem sie viele der Werte teilten, die auch die christlichen Edelleute Europas hochhielten: »Sparsamkeit, Mitleid, Ehrlichkeit, Sorgfalt, Ordnung, Tatkraft, Wachsamkeit, harte Arbeit, Gehorsam, Demut, Takt, Klugheit, ein gutes Gedächtnis, Bescheidenheit, Mut und Entschlossenheit«, während sie »Faulheit, Nachlässigkeit, Hartherzigkeit, Unzuverlässigkeit, Unaufrichtigkeit, Verdrossenheit, Plumpheit, Verschwendung, Betrug, Diebstahl« und sogar »heftige Erregung, Respektlosigkeit und Treulosigkeit« verachteten.

Einer ihrer Bräuche aber ließ sie selbst in den Augen der spanischen Mönche als Barbaren erscheinen, deren Seelen dringend der Errettung bedurften: das Menschenopfer. Bei den Spaniern, die nach Mexiko kamen, beseitigte die Entdeckung dieses Brauches jegliche Zweifel an der ethischen Legitimation der von Cortés geführten Invasion – zumindest bis zum Abschluß der Eroberung.

Heute sind wir alle Anhänger Gibbons: Unterschiedliche Kultformen sind für die meisten von uns gleich wahr, für unsere Philosophen gleich falsch und für unsere Anthropologen gleich interessant. Jacques Soustelle, der ein Meisterwerk über das Alltagsleben der Mexikaner geschrieben hat, erinnert uns daran, daß jede Kultur ihren eigenen Begriff von Grausamkeit habe. Und er fügt hinzu, daß das Menschenopfer im alten Mexiko weder von Grausamkeit noch von Haß inspiriert gewesen sei; vielmehr sei es »eine Reaktion auf die Instabilität einer fortwährend bedrohten Welt« gewesen.

Heutzutage gehen wir im allgemeinen davon aus, daß jedes Volk das Recht hat, nach seinen Sitten und Gebräuchen zu leben.

Und doch bedürfte es auch heute noch eines besonders dicken Fells, um, in rein anthropologischer Betrachtung, sämtliche Erscheinungsformen des Menschenopfers einfach hinzunehmen: Nicht nur das Herausreißen der Herzen von Kriegsgefangenen und Sklaven, sondern auch die Verwendung der (mit der Innenseite nach außen gekehrten) Häute der Geopferten als priesterliche Zeremonialgewänder, die gelegentliche Verbrennung der Opfer, das Einkerkern bzw. Ertränken von Kindern und schließlich das feierliche Verspeisen der Arme und Beine der Geopferten. Wie sollen wir das Verhalten der Matlatzinca beurteilen, die zur Opferung Ausersehene langsam in einem Netz zerquetschten? Kleinkinder in Waffen, »menschliche Standarten«, wurden auf brutale Weise zum Weinen gebracht, damit der Regengott Tlaloc nicht den geringsten Zweifel darüber haben konnte, was man von ihm erwartete. Später sollte den Angelsachsen der indianische Brauch, getötete Feinde zu skalpieren, als Rechtfertigung der Eroberung Nordamerikas dienen – das gleiche waren den Conquistadoren die Menschenopfer. Die Frage, ob dies die Eroberung wirklich rechtfertigte, bedürfte einer eingehenden Erörterung, die nicht in ein Vorwort gehört.

Weder Cortés noch Kolumbus, noch irgendein anderer Conquistador betrat eine statische, zeitlose und friedliche Welt, die von unschuldigen Eingeborenen bewohnt war. Die Taínos, denen Kolumbus auf seiner Entdeckungsreise begegnete, schienen ein glückliches Volk zu sein. Doch auch sie waren einst als Eroberer auf die karibischen Inseln gekommen und hatten die Ureinwohner, die sogenannten Guanahatabeys (die auch als Casimiroide bezeichnet werden), vertrieben bzw. gezwungen, sich an die Westküste Kubas zurückzuziehen. Die Taínos wiederum wurden von den Kariben bedroht, die, vom südamerikanischen Festland kommend, nacheinander die Kleinen Antillen eroberten. Die Kariben hatten bereits die sogenannte Igneri-Kultur auf den »Inseln unter dem Winde« unterworfen und bedrohten nun die »Inseln über dem Winde« bis hinauf nach Puerto Rico.

Heute wissen wir, daß die Maya auf Yucatán, denen Cortés und seine Gefährten einen Besuch abstatteten und die schließlich von Expeditionen unter der Leitung der Montejo-Familie unterworfen wurden, auch noch in ihrer Blütezeit ein ebenso kriegerisches Volk waren wie ihre Vorfahren, die das Hochtal von Mexiko beherrscht hatten. Ihr eigenes Reich verdankte seine Entstehung militärischen Eroberungen. Die Spanier erhielten in ihrem Kampf gegen das alte Mexiko entschiedene Unterstützung von verbündeten Indianerstämmen, die die Mexica haßten.

Auch die Spanier waren selbstverständlich Eroberer, wie zu anderen Zeiten die Wikinger, die Goten, die von ihnen bewunderten Römer, die Araber, die Mazedonier und die Perser, um nur einige ihrer Vorgänger zu nennen; oder wie die Engländer, die Niederländer, die Franzosen, die Deutschen und die Russen – um nur einige ihrer Nachfolger zu nennen. Und wie die meisten dieser kriegerischen Völker waren auch die Spanier von bestimmten Ideen geprägt: Sie hatten grenzenloses Vertrauen in ihre Fähigkeiten, in die politische Klugheit ihrer imperialen Mission und in die spirituelle Überlegenheit der katholischen Kirche. »Oh, was für ein großes Glück ist die Ankunft der Spanier für die Indianer«, schrieb der Historiker Cervantes de Salazar 1554, »da ihr Elend geendigt und ihr gegenwärtiges Glück begonnen hat.« »Oh sonderbare Bestialität dieses Volkes«, schrieb der Dominikanerpater Durán gegen Ende des 16. Jahrhunderts über die Ureinwohner, »in vielen Dingen besitzen sie straffe Disziplin, gute Verwaltung, tiefes Verständnis, große Fähigkeit und feine Sitten, in anderen aber sonderbare Bestialität und Verblendung.«[2]

Das erklärte Ziel der Conquistadoren war es, dieser Bestialität ein Ende zu setzen und sich die Fähigkeiten der Mexica zunutze zu machen. Cortés und seine Freunde wollten das alte Mexiko nicht zerstören. Sie beabsichtigten vielmehr, es Karl V., dem zuverlässigsten »Schwert der Christenheit«, als Geschenk zu übergeben – als »wertvolle Feder«, wie die metaphernliebenden Mexica gesagt hätten.

Die Europäer des 16. Jahrhunderts wußten noch nichts von jenen Ideen, die unser Rechtsgefühl unsicher und schwankend machen, wie der große niederländische Historiker Huizinga schrieb: Zweifel an der Schuldfähigkeit des Straftäters; die Überzeugung, die Gesellschaft sei Komplizin des Verbrechers; das Bestreben, den Verbrecher zu bessern, statt ihn nur zu bestrafen. Solche Vorstellungen waren sowohl den Kastiliern als auch den Mexikanern fremd. So hatte Soustelle, ein großer Freund des alten Mexiko, recht, als er in einem Interview in den 60er Jahren einräumte, daß »die Spanier nicht anders handeln konnten. Zudem dürfen wir nicht vergessen, welche Anstrengungen einige Spanier unternahmen, um die Geschehnisse aufzuzeichnen und die Indianer zu verteidigen, und daß sie die Gesellschaft ermöglichten, in der die Kultur der Indianer zu neuem Leben erwachen sollte«.[3]

Nach der Lektüre eines frühen Entwurfs dieses Buches meinte ein Freund, Situationen im Zweifel immer zu Cortés' Gunsten auszulegen sei so, als übe man Toleranz gegenüber dem Himmler des Jahres 1942. Wir alle verstehen, was er sagen wollte – und doch haben zwei der führenden Experten auf dem Gebiet der neueren mexikanischen Geschichte, Miguel León-Portilla, der bedeutende mexikanische Historiker, und Rudolph van Zantwijk, der niederländische Anthropologe, umgekehrt Parallelen zwischen der kriegerischen Lebensweise der Ureinwohner Mexikos und den Nazis gezogen.[4] Derartige Vergleiche sind immer anregend, doch die Aufgabe des Historikers wird wahrscheinlich um keinen Deut einfacher, wenn man die ethischen Grundsätze unserer Zeit (oder ihr Fehlen) in die Vergangenheit hineinliest.

Es soll nicht unerwähnt bleiben, daß die Eroberung Mexikos bereits von anderen behandelt worden ist; so in den USA auf einzigartige Weise vom großen Prescott, in Europa von Salvador de Madariaga und in Mexiko von Carlos Peyrera. Ich werde nicht auf jeden einzelnen dieser und anderer Autoren eingehen, die sich mit dem Thema befaßt haben. Die meisten Autoren, die über interessante Themen der fernen Vergangenheit schreiben, haben Vorgänger. War nicht Wilde der Ansicht, daß das einzige, was man mit der Geschichte tun könne, darin bestehe, sie immer wieder neu zu schreiben? Sowohl Peyrera als auch Madariaga schrieben – im Gegensatz zu mir – Biographien über Cortés; so auch in neuerer Zeit José Luis Martínez und Demetrio Ramos. Auf einem ganz anderen Blatt steht Prescott.

Prescott war ein wunderbarer Mensch und ein begnadeter Schriftsteller. Wer könnte seine Schilderung des Blicks vergessen, der sich dem modernen Reisenden von der Spitze der Pyramide von Cholula aus bietet? Wo Cortés 1519 Hunderte von Tempeln sah, kann der moderne Reisende die gleiche Anzahl von Kirchen betrachten. Die Offiziere der US-Armee benutzen Prescotts Buch während des amerikanisch-mexikanischen Krieges im Jahre 1848 als Führer: ein bemerkenswerter Erfolg für einen Historiker, besonders, wenn man bedenkt, daß er fast blind war. Wie ergreifend sind die Schilderung seines Entschlusses, Historiker zu werden, sein Sieg über zahlreiche körperliche Behinderungen und sein »Noctograph«, den er erfand, um überhaupt schreiben zu können; seine (in den Briefen an Fanny Calderón de la Barca) ausgemalten Phantasien über das Aussehen der Landschaft außerhalb von Texcoco; und seine geistreichen Gespräche in seinem Bostoner Haus in der Beacon Street, das man noch heute besichtigen kann. Mit Sympathie erfährt man von seinen morgendlichen Ausritten, seiner triumphalen Reise nach London, seiner Philanthropie, seiner Großzügigkeit und seinem Charme. Prescott veröffentlichte sein Werk über Mexiko 1843, also vor über 150 Jahren. Seine historische Darstellung ist ein einzigartiges Monument, das, gleich einer neugotischen Kathedrale, also Produkt seiner Zeit bewundert werden sollte. Ihr Geist aber entstammt einer anderen Epoche.

Auch dürfte in Prescotts Kathedrale ein Teil der Steinmetzarbeiten weniger fest gefügt sein, als es ehedem den Anschein hatte. Es gibt einige Punkte, in denen ein moderner Historiker gegenüber dem großen Forscher aus Boston im Vorteil ist; seit 1843 hat man sehr viel neues Material gefunden. Um nur ein Beispiel zu nennen: Prescott schenkte dem langwierigen gerichtlichen Untersuchungsverfahren gegen Cortés, dem *juicio de residencia*, das 1529 begann und auf dessen Auswertung ich viele lohnende Stunden verwandte, keinerlei Beachtung. Allerdings kannte Prescott auch nur eine Zusammenfassung der Beschuldigungen (die *pesquisa secreta*) – doch selbst diese enthielten seines Erachtens »eine Fülle ekelhafter Einzelheiten, die sich eher für ein Strafverfahren vor einem unbedeutenden Stadtgericht als für eine Anklage gegen einen hohen Beamten der Krone eigneten«.[5] Selbst wenn man Cortés' Standpunkt teilt: Hier irrt Prescott.

Die 6000 Manuskriptseiten des *juicio de residencia* enthalten Informationen über nahezu jeden Aspekt der Eroberung und ihrer Folgen. Auch wenn sie oftmals inhaltlich redundant sind und weitschweifig Belanglosigkeiten wiedergeben: Man kann nicht einfach über sie hinweggehen. Wie oft taucht in der – schwer entzifferbaren – Abschrift des *juicio de residencia* die Frage an einen Zeugen auf, woher er dieses oder jenes wisse: »Er antwortete«, heißt es vielversprechend im Text, »er sei dort gewesen und habe alles mit eigenen Augen gesehen«!

Dieses Material ist unvollständig und weist eine deutliche Parteinahme für oder gegen Hernán Cortés auf. Dennoch handelt es sich um Zeugenaussagen, die zwischen 1529 und 1535 von Teilnehmern der großen Expedition nach Mexiko unter Eid abgegeben wurden. Einige dieser Aussagen wurden im 19. Jahrhundert veröffentlicht, aber erst, nachdem Prescott sein Buch abgeschlossen hatte. Inzwischen sind weitere Dokumente veröffentlicht worden (etwa von José Luis Martínez in seiner überaus nützlichen Sammlung *Documentos Cortesianos*). Doch lagerten im Archivo General de Indias in Sevilla noch immer zahlreiche Folianten mit unveröffentlichten und meines Wissens bislang noch nicht ausgewerteten Dokumenten. Ich habe sie analysiert.

Ich habe viele weitere aufschlußreiche Dokumente gefunden und ausgewertet, den bislang ebenfalls noch nicht berücksichtigten *juicio de residencia* aus dem Jahr 1524 gegen Diego Velázques, den spanischen Gouverneur Kubas und ehemaligen Vorgesetzten von Cortés. Außerdem habe ich Dokumente durchgearbeitet, die sich auf den Bootsbaumeister von Cortés, Martín López, beziehen und von G. R. G. Conway zusammengestellt (und auf eine recht ungewöhnliche Weise in Washington, Cambridge und Aberdeen verteilt) wurden. Im Archivo de Protocolos in Sevilla befindet sich unveröffentlichtes Material über Cortés einschließlich eines Briefes an den Kapitän des Schiffes, das ihn nach Mexiko brachte, sowie ein Dokument, das zeigt, daß Cortés seine erste Reise nach Amerika zwei Jahre später unternahm, als bisher allgemein angenommen wurde. Im Archivo Nacional in Simancas lagern Dokumente, die Aufschluß geben über das Leben in Medellín, dem Geburtsort von Cortés, in den 80er und 90er Jahren des 15. Jahrhunderts und aus denen hervorgeht, daß der Conquistador in einer von heftigen inneren Spannungen geprägten Gesellschaft aufwuchs. Außerdem gibt es zahlreiche unveröffentlichte Erklärungen von Conquistadoren über geleistete Dienste und über Zeugenaussagen aus anderen Gerichtsverfahren, die sich in der Mitte des 16. Jahrhunderts so sehr häufen, daß man meinen könnte, die Haupttätigkeit der Conquistadoren nach Abschluß der Eroberung habe darin bestanden, vor Gericht Erklärungen über die vergangenen Geschehnisse abzugeben.

Zahlreiche Wissenschaftler haben Monographien geschrieben, die in ihrer Gesamtheit und zusammen mit den neuen Dokumenten, die ich ausfindig gemacht habe, unser Bild von Spanien und dem spanischen Kolonialreich zu Beginn des 16. Jahrhunderts verändern dürften. Prescott blickte wie die meisten Angehörigen seiner Generation mit einer gewissen Verachtung auf die Kultur der Indianer im alten Mexiko. »Es hat mich viel Mühe gekostet, die Überreste der aztekischen Kultur in einem günstigeren Licht erscheinen zu lassen«, schrieb Prescott 1840 an einen französischen Freund.[6] Auch in dieser Hinsicht hat sich die Situation verändert. Prescott war ein Zeitgenosse von John Lloyd Stephens und Frederick Catherwood. Ihre Werke, in denen sie den Nachweis führten, daß die Maya-Kultur in vielerlei Hinsicht mit der Kultur des antiken Griechenlands vergleichbar war, erschienen erst 1841 bzw. 1843, als Prescott bereits an seinem Buch schrieb. Dank der Entdeckung umfangreichen neuen Primärmaterials ist inzwischen unser Wissen über das alte Mexiko, was Yucatán und was das Hochtal von Mexiko angeht, sehr gewachsen. Und dank der Arbeiten von Wissenschaftlern zahlreicher Fachrichtungen (Anthropologie, Archäologie und Sozialwissenschaften sowie Geschichte, Literaturwissenschaft und sogar Archäoastronomie) verfügen wir heute über eine sehr umfangreiche Sekundärliteratur.

An dieser Stelle sollte ich vielleicht darauf hinweisen, daß ich die Werke von Fray Diego Durán, Fray Sahagún, Fernando Alvarado Tezozomoc und Fernando Alva Ixtlilxochitl (vgl. die Quellenangaben) als historische Dokumente höchsten Ranges behandelt habe.

Ich möchte zahlreichen Personen für ihre Hilfe danken: allen voran Teresa Alzugaray, einer Spezialistin für handschriftliche Gerichtsprotokolle, die Dokumente entschlüsselt hat, für deren Entzifferung ich allein ein ganzes Leben gebraucht hätte. Man hat behauptet, der Krieg der Spanier gegen Granada hätte zehn Jahre länger gedauert, wenn die Spanier keine Kanonen besessen hätten. Señorita Alzugaray war mithin meine Feldschlange. Die Abschriften, die sie – unter meiner Leitung – von Dokumenten im Archivo General de Indias, im Archivo de Protocolos von Sevilla, im Archivo General von Simancas und an anderen Orten anfertigte, waren für mich von unschätzbarem Wert.

Ich danke Nina Evans, der Leiterin des Lesesaals der British Library, und ihren fabelhaften Mitarbeitern für ihre Mühe; Rosario Parra, bis vor kurzem Direktorin des Archivo General de Indias in Sevilla, und ihren Mitarbeitern; Douglas Matthews, Bibliothekar der London Library, der auch das Sachverzeichnis erstellte; der Cambridge University Library; der Bodleian Library; Professor Nicholas Mann und den Mitarbeitern des Warburg Institute; Bridget Toledo von der Bibliothek des Institute for Pre-Colombian Studies in Dumbarton Oaks, Washington, D. C.; Dr. James Billington, dem Leiter der Bibliothek des US-Kongresses, Everette Larson und den Mitarbeitern der Hispanic Division; Isabel Simó, der Direktorin des Archivo Histórico Provincial in Sevilla; Antonio López Gómez, dem Leiter der Bibliothek der Real Academia de la Historia in Madrid; Enriqueta Vila, bis vor kurzem Leiterin des Anuario de Estudios Americanos; Antonio Sánchez Gonzáles, dem Leiter des Archivs der Casa de Pilatos; Roger Morgan und David Jones, Leiter der Bibliothek des britischen Oberhauses; den Direktoren des Archivo Histórico Nacional in Madrid und des Archivo Nacional in Semancas (einschließlich Isabel Aguirre); Jaime García Terres, dem Direktor der Biblioteca de México; Dr. Judith Licea, der Koordinatorin der Biblioteca Nacional de México; Manuel Ramos, dem Direktor der Biblioteca de CONDUMEX in Mexiko; und Licenciada Leonor Ortiz, der Leiterin des Archivo General de la Nación in Mexiko.

Die Arbeit wurde mir und allen anderen, die sich mit der Geschichte der Entdeckung Amerikas befassen, durch eine neue, hervorragende von *Historia 16* veröffentlichte Sammlung der meisten grundlegenden spanischen und indianischen Texte, denen vielfach eine vorzügliche Einleitung von Dr. Germán Vázques vorangestellt ist, erheblich erleichtert.

Ich möchte noch einigen anderen Personen danken, mit denen ich das Thema dieses Buches erörtert habe. Dazu gehören Professor José Pérez de Tudela, der mir Zugang zu den Sammlungen von Juan Bautista Muñoz und Salazar in der Real Academia de la Historica in Madrid verschaffte; María Concepción García Sáiz vom Museo de América in Madrid; Homero und Betty Aridjis; Professor Juan Gil; Professor Francis Haskell; Professor Miguel Léon-Portilla; José Luis Martínez; Professor Francisco Morales Padrón; Professor Mauricio Obregón; Marita Martínez del Río de Redo; Guillermo Tovar de Teresa; Professor Consuelo Varela; Professor Edward Cooper (Genealogie und Medellín); Dr. Richard Emanuel; Howard Philips (Glas); Felipe Fernández-Armestro (insbesondere Balladen); Joel McCreary (heilige Pilze); Owen Mostyn-Owen (Kometen); Conchita Romero (tragbare Altäre) und Zahira Véliz (Ikonographie des 16. Jahrhunderts).

Großen Dank schulde ich auch meinem Sohn Isambard, der mir bei Problemen mit meinem Computer unschätzbare Hilfe geleistet hat; meiner Frau Vanessa dafür, daß sie eine frühe Fassung des Manuskripts und die Fahnen las; Oliver Knox für seine Arbeit an den Fahnen; und dem Herzog und der Herzogin von Segorbe, die mir während meiner Arbeit im Archivo General de Indias in Sevilla Gastfreundschaft gewährten. Über dieses Archivo wurde viel geschrieben; Irene Wright widmete ihm sogar ein Gedicht. Die notwendigen Recherchen an diesem Ort haben einmal mehr bewiesen, daß sich Pflicht und Vergnügen keineswegs gegenseitig ausschließen. Für ihren Enthusiasmus und ihre Unterstützung möchte ich des weiteren danken: Gillon Aitken und Andrew Wylie; Carmen Balcells und Gloria Gutiérrez; Anthony Cheetham, der zur Zeit der Entstehung dieses Buches beim Verlag Random Century arbeitete, und Michael Korda von Simon and Schuster, der mich immer wieder ermuntert und durch originelle Ideen angeregt hat.

Allgemeine Vorbemerkungen

1. Ich nenne das Volk, das gewöhnlich als die »Azteken« bezeichnet wird, »Mexica«(sprich: »Meschika«), wie sie sich selbst nannten. Weder Cortés noch Bernal Díaz noch Fray Bernardino de Sahagún benutzten den Ausdruck »Azteken«. Das Wort »Azteca«, das sich von »Aztlaneca« ableitet, was soviel heißt wie »Bewohner von Aztlán«, war im 16. Jahrhundert ungebräuchlich (dies mag im 13. Jahrhundert anders gewesen sein). Es wurde im 18. Jahrhundert von dem Jesuiten Francisco Xavier Clavijero popularisiert und später von Prescott aufgegriffen. Insoweit folge ich R. H. Barlow, »Some remarks on the term ›Aztec Empire‹«, in: *The Americas*, I 3 (Januar 1945).
   Wenn ich von den »Mexica« spreche, meine ich das Volk als solches. Mit dem Wort »Mexikaner« hingegen bezeichne ich bestimmte, identifizierbare Einzelpersonen.
   Auf den möglichen Einwand, durch Verwendung des Wortes »Mexica« würden die heutigen Mexikaner mit ihren indianischen Vorgängern vermengt, möchte ich entgegnen, daß diejenigen, die in neuerer Zeit die politische Herrschaftsgewalt in Mexiko innehatten, gleich ob sie Weiße, Mestizen oder Indianer waren, ihre Herrschaft dadurch zu legitimieren suchten, daß sie sich als Erben der alten Indianervölker darstellten.
2. Ich nenne die Hauptstadt der Mexica »Tenochtitlan«, denn dies ist der Name, der im 16. Jahrhundert am gebräuchlichsten war. Die Mexica nannten ihre Hauptstadt oftmals »Mexico«, manchmal auch »Mexico Tenochtitlan« bzw., wenn sie sich auf Tlatelolco bezogen, »Mexico Tlatelolco«. Sie bezeichnen sich selbst häufig als »Tenochca«, was »Einwohner von Tenochtitlan« bedeutet, und als »Tlatelolca«, Einwohner von Tlatelolco. Ich habe diese Gebrauchsformen vermieden und nur dort verwandt, wo sie unverzichtbar waren, wie etwa im Kapitel ›Wie tollwütige Hunde‹.
3. Ich habe die Conquistadoren in der Regel als »Kastilier«, manchmal auch als »Spanier« bezeichnet. Ebenso nenne ich den König

von »Spanien« oft König von Kastilien. »Spanien« kam damals immer mehr in Gebrauch, nicht zuletzt deshalb, weil Cortés die von ihm eroberten Gebiete »Neuspanien« nannte.

4. Ich habe bei Datumsangaben durchgängig die moderne Zeitrechnung verwendet und in der Regel moderne geographische Namen benutzt.
5. Ich nenne den Herrscher von Mexiko im Jahre 1518 bei seinem uns vertrauten Namen »Montezuma«. Sahagún nannte ihn »Motecuçoma«, der Codex Aubin sprach von »Motecucoma« und der Codex Mendoza von »Motecuma«. Cortés verwendete den Namen »Mutezuma«, die katholische Kirche übersetzte den Namen des Herrschers mit »Motevcçuma« (»dominus Motevcçuma, cum 17 aut 18 annis regnaret ….«), und die moderne spanische Form lautet »Moctezuma«.
6. Ich habe mir erlaubt, Montezuma und seinen unmittelbaren Vorgänger als »Kaiser« zu bezeichnen; die Herrscher der übrigen Völker des Hochtals von Mexiko als »Könige« und die Vorsteher der Städte als »Fürsten«. Die *pipiltin* der Mexica übersetze ich mit »Adlige«. Diese Übersetzungen sind nicht einmal annähernd genau, aber in der europäischen Geschichte gibt es ebenfalls fragwürdige Termini.
7. In der deutschen Übersetzung werden Orts- und Personennamen vielfach in ihrer eingedeutschten Form wiedergegeben. (A.d.Ü.)

Teil I
Das alte Mexiko

Harmonie und Ordnung

> »Die Lebensweise [in Mexiko] gleicht sehr der in Spanien, sie zeugt von ebensolcher Harmonie und Ordnung ...«
> *Hernán Cortés an Karl V., 1521*

Tenochtitlan, die Hauptstadt des alten Mexiko, hätte landschaftlich kaum schöner liegen können. Die Stadt war auf einer Insel in einem großen See in mehr als 2000 Meter Höhe errichtet worden. Die Entfernung zum Meer betrug etwa 300 Kilometer in westlicher Richtung und etwa 250 Kilometer in östlicher Richtung. Der See lag inmitten eines weiten Tals, das von herrlichen Bergen, darunter zwei Vulkane, umgeben war. Die Vulkane waren von ewigem Schnee bedeckt. »Oh, Mexiko, daß Du von solchen Bergen umfriedet und gekrönt wirst«, pries ein spanischer Franziskanermönch wenige Jahre nach der Eroberung das Land.[1] An den meisten Tagen des Jahres herrschte strahlender Sonnenschein, die Luft war klar, der Himmel so blau wie das Wasser des Sees, die Farben leuchteten, und die Nächte waren kalt.

Wie Venedig – die Stadt, mit der die mexikanische Hauptstadt immer wieder verglichen wurde – war auch Tenochtitlan das Werk mehrerer Generationen. Die kleine natürliche Insel, das ursprüngliche Ansiedlungsgebiet, war im Laufe der Zeit auf eine Fläche von über zehn Quadratkilometern erweitert worden, u. a. mittels einer Pfahlbautechnik, bei der Pfähle in den Boden getrieben und die Zwischenräume mit Schlamm und Gestein aufgefüllt wurden. Es gab in Tenochtitlan etwa 30 prächtige, hoch aufragende Paläste, die aus rötlichem, porösem Vulkangestein gebaut waren. Die kleineren, einstöckigen Häuser, in denen die meisten der etwa 250 000 Einwohner lebten, waren mit Adobeziegeln gebaut und in der Regel weiß gestrichen. Viele dieser Häuser waren auf Plattformen errichtet worden, um sie vor Hochwasser zu schützen. Der See wimmelte von Kanus unterschiedlicher Größen, die Tributgüter und Handelswaren transportierten. An den Ufern des Sees lagen kleine Städte, die der großen Stadt im See untertan waren.

Das Zentrum von Tenochtitlan bildete ein von Mauern umschlossener heiliger Bezirk mit zahlreichen Sakralbauten, darunter mehrere Tempelpyramiden. Von hier aus führten gerade Straßen und Kanäle in alle vier Himmelsrichtungen. Ganz in der Nähe des Tempelbezirks befand sich der kaiserliche Palast. Auch gab es viele kleinere Pyramiden in Tenochtitlan; auf ihnen standen die den verschiedenen Gottheiten geweihten Tempel. Die Pyramiden selbst, die für die Region charakteristischen Sakralbauten, gaben Zeugnis von der Ehrerbietung, die die Menschen der Majestät der umliegenden Vulkane erwiesen.

Tenochtitlan galt aufgrund seiner Lage als uneinnehmbar, und die Stadt war noch niemals angegriffen worden. Die Mexica brauchten nur die Brücken auf den drei großen Dammstraßen, die ihre Hauptstadt mit dem Festland verbanden, hochzuziehen, um vor jedem möglichen Feind in Sicherheit zu sein. In einem Gedicht wurde die Frage gestellt:

> Wer könnte Tenochtitlan erobern?
> Wer das Fundament des Himmels erschüttern …?[2]

Ein Bündnis mit zwei anderen Städten am West- bzw. Ostufer des Sees – Tacuba und Texcoco – sicherte Tenochtitlan 90 Jahre lang zusätzlich ab. Tacuba und Texcoco waren Satellitenstaaten Tenochtitlans, auch wenn Texcoco als kulturelles Zentrum durchaus über eigenes Gewicht verfügte; hier wurde auch eine Hochform des Nahuatl, der Sprache des Hochtals, gesprochen. Tacuba dagegen war ein kleiner Ort mit vielleicht 120 Häusern. Diese beiden Städte waren dem Herrscher der Mexica in militärischen Angelegenheiten zu Gehorsam verpflichtet, ansonsten jedoch unabhängig. Beide Königshäuser, wie man sie mit vollem Recht nennen kann, waren verwandtschaftlich mit dem Herrschergeschlecht von Tenochtitlan verbunden.[3]

Dieses Bündnis trug mit dazu bei, ein wechselseitig vorteilhaftes Wirtschaftssystem im Umkreis des Texcoco-Sees aufrechtzuerhalten, in das etwa 50 kleine autonome (aber nicht autarke) Stadtstaaten einbezogen waren, die vielfach in Sichtweite voneinander lagen. Die Wälder an den Berghängen lieferten Holz für Feuerung und zur Herstellung von Möbeln, landwirtschaftlichem Gerät, Kanus, Waffen und Götterstatuen; aus einer Region im Nordosten kamen Feuerstein und Obsidian, aus denen verschiedene Werkzeuge hergestellt wurden; es gab Tonerde für Töpferwaren und Figurinen (ein florierendes Kunsthandwerk mit mindestens neun verschiedenen Produkttypen), und am

Die Städte am Texcoco-See

Ufer des Sees wurde Salz gewonnen und Schilf zur Herstellung von Körben geerntet.

Die Kaiser der Mexica herrschten nicht nur über das Hochtal von Mexiko. Während der vorangegangenen drei Generationen hatten sie ihre Einflußsphäre nach Osten über die Vulkankette hinaus bis zum Golf von Mexiko ausgedehnt. Im Süden erstreckte sich ihr Herrschaftsbereich weit an der Küste des Pazifik hinab bis nach Xoconochco, der ergiebigsten Bezugsquelle für die hochgeschätzten grünen Federn des Quetzal-Vogels. Im Osten waren sie bei Eroberungszügen mit ihren Heeren bis in entlegene Regenwälder vorgestoßen, die über einen Monat Fußmarsch entfernt lagen. Das Herrschaftsgebiet Tenochtitlans erstreckte sich somit über drei verschiedene Klimazonen: die Tropen, unweit der Meere; eine gemäßigte Region, jenseits der Vulkane, und die Gebirgsregion nahe Tenochtitlan. Das erklärt die Vielfalt der Produkte, die in der Hauptstadt des Reiches feilgeboten wurden.

Das Herzland des Reichs, das Hochtal von Mexiko, hatte eine Nord-Süd-Ausdehnung von etwa 120 Kilometern und eine Ost-West-Ausdehnung von etwa 65 Kilometern: das sind etwa 7800 Quadratkilometer; während das Reich der Mexica insgesamt eine Fläche von etwa 324 000 Quadratkilometern bedeckte.[4]

Tenochtitlan dürfte es nicht an Selbstbewußtsein gemangelt haben. Es war die größte, mächtigste und reichste Stadt innerhalb der den Völkern des Hochtales bekannten Welt. Die Stadt zog Tausende von Zuwanderern an, von denen manche deshalb kamen, weil ihre handwerklichen Fertigkeiten sehr gefragt waren; ein Beispiel dafür sind die Edelsteinschneider aus Xochimilco.

Eine einzige Dynastie hatte die Stadt über 100 Jahre lang regiert. Ein »Mosaik« aus insgesamt fast 400 Städten, die von eigenen Herrschern regiert wurden, lieferte dem Kaiser, um nur einige Produkte zu nennen, regelmäßig Mais (das Grundnahrungsmittel des Landes) und Bohnen, Baumwollumhänge und andere Kleidungsstücke, aus 30 der 38 Provinzen wurden verschiedene Arten von meist mit Federn geschmückten Kriegsgewändern geliefert. Rohstoffe und vorbearbeitete Materialien (beispielsweise unverziertes Blattgold) waren ebenso Tributgüter wie fertige handwerkliche Erzeugnisse (u. a. Lippenpflöcke aus Bernstein und Kristall und Ketten aus Jade und Türkis).

Die Macht der Mexica schien im Jahre 1518 (dem Jahr »13-Kaninchen« nach ihrer Zeitrechnung) auf soliden Fundamenten zu ruhen.

Der Tauschhandel florierte. Kakaobohnen und Umhänge, manchmal auch Kanus, Kupferäxte und mit Goldstaub gefüllte Federkiele dienten als Zahlungsmittel. Dienstleistungen hingegen wurden in der Regel in Naturalien entlohnt.[5]

In allen Stadtteilen wurden Märkte abgehalten. Der Markt in der Stadt Tlatelolco, die mittlerweile zu einem großen Vorort von Tenochtitlan geworden war, war der größte in ganz Amerika und ein Handelszentrum für die gesamte Region. Hier gab es sogar Waren aus dem weit entfernten Guatemala. Handel in kleinerem Umfang allerdings trieb nahezu die gesamte Bevölkerung, war doch der Absatz der eigenen Produkte die Haupterwerbsquelle jeder Familie.

Die Lingua franca des mexikanischen Reichs war Nahuatl, eine »flüssige und geschmeidige, majestätische und elegante, reiche und leicht zu erlernende Sprache«.[6] Ihr Ausdrucks- und Bilderreichtum wirkte sich äußerst anregend auf Rede- und Dichtkunst aus, und sie wurde zum Zeitvertreib wie zum Lobpreis der Götter rezitiert. Auch gab es die Tradition der *huehuetlatolli*, »Worte der Alten«, lange Reden, die (wie auch die Gedichte) auswendig gelernt und bei öffentlichen Anlässen vorgetragen wurden.

Nahuatl war eine gesprochene Sprache. Zum Schreiben verwendeten die Mexica wie die anderen Völker des Hochtals Pikto- und Ideogramme, mit denen Personennamen – zum Beispiel Acamapichtli (eine »Handvoll Schilf«) oder Miahuaxochitl (»türkisfarbige Maisblume«) – problemlos dargestellt werden konnten. Möglicherweise waren die Mexica Anfang des 16. Jahrhunderts dabei, eine Art Silbenschrift zu entwickeln, wie sie bei den Maya gebräuchlich war. Doch selbst diese Schrift wäre vermutlich nicht imstande gewesen, den Nuancenreichtum ihrer gesprochenen Sprache zum Ausdruck zu bringen. Nahuatl war jedoch auch so eine »Reichssprache«, um den Terminus zu gebrauchen, mit dem der kastilische Philologe Antonio de Nebrija in den 90er Jahren des 15. Jahrhunderts das Kastilische bezeichnet hatte. Das Nahuatl-Wort für Herrscher, *tlatoani*, bedeutete, wörtlich übersetzt, »Sprecher«: derjenige, der spricht, eventuell auch: derjenige, der befiehlt (*huey tlatoani*, der Kaiser als der »Oberste Sprecher«). Auch brachte die altmexikanische Dichtung elegisch-melancholische Stimmungen in einer Weise zum Ausdruck, die stark an die französische Dichtung der gleichen Epoche erinnert:

Ich werde verwelken wie eine Blume.
Mein Ruhm wird vergehen, mein Name auf Erden verblassen.[7]

In schönen Bildercodices wurden die territorialen Besitzverhältnisse und die geschichtlichen Ereignisse genau verzeichnet. Die Mexica führten mit Leidenschaft Prozesse, und dabei leisteten ihnen diese Landkarten und Stammbäume gute Dienste. Die Bedeutung der Codices läßt sich daraus ersehen, daß regelmäßig 480 000 Bogen aus Pflanzenmaterial hergestellten Papiers als Tribut an die »Lagerhäuser des Herrschers von Tenochtitlan« gesandt wurden.[8]

Die Regelungen der Herrschernachfolge gewährleisteten die innere Stabilität des Reiches. Obgleich die Erbfolge im alten Mexiko üblicherweise vom Vater zum Sohn verlief, war der neue Kaiser in der Regel ein Bruder oder Vetter des verstorbenen Herrschers, der sich in einem noch nicht lange zurückliegenden Krieg ausgezeichnet hatte. Montezuma II., der 1518 als Kaiser regierte, war der achte Sohn von Axayácatl, einem Herrscher, der 1481 gestorben war. Montezuma war auf seinen Onkel, Ahuítzotl, gefolgt, der 1502 gestorben war. Etwa 30 hochrangige Amtsträger bildeten zusammen mit den Königen von Texcoco und Tacuba das Wahlgremium. Offenbar wurde keine dieser Wahlen angefochten, auch wenn es mitunter mehrere Bewerber gegeben hatte.[9] Streitigkeiten wurden vermieden, indem bei jeder Kaiserwahl gleichzeitig ein Rat aus vier weiteren hohen Würdenträgern ernannt wurde, der bis zum Ende der Herrschaft des gewählten Kaisers im Amt bleiben sollte, wobei dann einer aus diesem Kreis dessen Nachfolge antreten sollte. Zweifellos hatten die tatsächlichen Aufgaben dieser vier Amtsträger nicht mehr viel mit ihren offiziellen Titeln zu tun (»Menschenschlächter«, »Wächter des Hauses der Finsternis«), genauso wie der »Mundschenk des Königs« in Kastilien nicht mehr allzuviel mit der Weinversorgung des Hofes zu tun hatte. In den Nachbarstädten Tenochtitlans galten andere Nachfolgeregelungen: Meist waren es Erbmonarchien, auch wenn die Königswürde nicht immer an den ältesten Sohn überging. In Texcoco allerdings galt das Erstgeburtsrecht.[10]

Es stimmt, daß die drei Kaiser vor Montezuma auf etwas seltsame Weise zu Tode kamen: Ahuítzotl starb an einer schweren Kopfverletzung, die er sich bei der Flucht vor Hochwasser zugezogen hatte; Tizoc soll von Hexen ermordet worden sein; und Axayácatl starb nach einer verlorenen Schlacht. Dennoch gibt es keinerlei Beweise dafür, daß sie ermordet wurden.[11]

Der Kaiser vertrat das Reich der Mexica nach außen. Die Leitung der inneren Angelegenheiten oblag einem Vize-Kaiser, dem *cihuacoatl*, »Weibliche Schlange«, der immer aus einer bestimmten Nebenlinie des Herrscherhauses kam. Auch der Titel dieses hohen Amtsträgers gibt uns nur eine unzulängliche Vorstellung seiner vielfältigen Aufgaben. *Cihuacoatl* war zugleich der Name einer bedeutenden Göttin, und ursprünglich war der *cihuacoatl* vermutlich der Priester der Göttin gewesen, deren Namen er dann trug.

Tenochtitlan verfügte über eine gut funktionierende innere Verwaltungsorganisation. Sie basierte auf einem engverflochtenen Netz von *calpultin,* wobei ein *calpulli* (so die Singularform) wohl eine Art Mischform aus Clan, Zunft und Stadtbezirk war. Jede Generation von Wissenschaftlern hat bislang eine neue Theorie entwickelt, was unter einem *calpulli* genau zu verstehen sei. Man ist sich nur darin einig, daß der Begriff eine Selbstverwaltungseinheit bezeichnet, die über Grundeigentum verfügte, welches sie ihren Mitgliedern zur Nutzung überließ. Ein *calpulli* war vermutlich ein Zusammenschluß von miteinander verbundenen Großfamilien. In manchen *calpultin* gingen die Familien dem gleichen Beruf nach, so lebte beispielsweise der größte Teil der Federarbeiter in Amantlan, einem Stadtteil, der zuvor wahrscheinlich einmal ein unabhängiges Dorf gewesen war.

Jedes *calpulli* hatte seine eigenen Götter, Priester und Bräuche. Ehen – im alten Mexiko genauso feierlich geschlossen wie in Europa – mit Personen, die nicht dem eigenen *calpulli* angehörten, waren zwar grundsätzlich möglich, aber in der Praxis selten. Das *calpulli* war das Kollektiv, das die Mexica für den Kriegsdienst, für die Säuberung der Straßen und für die Teilnahme an Festen mobilisierte. Bauern, die Land bestellten, das ihnen von einem *calpulli* überlassen worden war, führten einen Teil der Ernte (wahrscheinlich ein Drittel) an dieses *calpulli* ab, das wiederum gegenüber der kaiserlichen Verwaltung abgabenpflichtig war. Das *calpulli* war die Mittlerinstanz, die die Wünsche bzw. Befehle des Kaisers an die Bauern weiterleitete. In Tenochtitlan gab es vielleicht 80 dieser *calpultin*. Zunächst war der Vorsteher eines *calpulli*, der *calpullec*, offenbar durch Wahl bestimmt worden; im 15. Jahrhundert aber war daraus ein erbliches Amt auf Lebenszeit geworden. Dem *calpullec* stand ein Ältestenrat zur Seite.

Das mächtigste *calpulli* war das von Cueopan, einem Vorort Tenochtitlans, wo die sogenannten »Fernkaufleute«, die *pochteca*, wohnten. Diese standen bei den Mexica im schlechten Ruf »gieriger, wohlgenährter, habsüchtiger Geizhälse, … die allein nach Reichtum strebten«. Offiziell allerdings würdigte man sie als »Männer, die an der Spitze der Lastträgerkarawanen dem mexikanischen Staat zu seiner Größe verholfen hatten«. Da sie wußten, daß man sie beneidete, schotteten sie sich nach außen ab. Sie dienten den Mexica als Spione und informierten den Kaiser über die Stärken, die Schwächen und den Reichtum der Orte, die sie auf ihren Reisen sahen.[12]

Diese Kaufleute, die Tenochtitlan sowohl mit den benötigten Rohstoffen wie auch mit Luxusgütern aus der gemäßigten Zone und den Tropen versorgten, hatten sich bereits vor der Entstehung des Reiches organisiert.[13] Ein Großteil ihrer Arbeit bestand darin, Fertigwaren gegen Rohstoffe zu tauschen, beispielweise einen mit Stickereien verzierten Umhang gegen Jade oder ein Schmuckstück aus Gold gegen Schildkrötenpanzer (welche man zu Löffeln für Kakao verarbeitete). Diese bedeutenden Kaufleute lebten bescheiden, kleideten sich trotz ihres großen Reichtums äußerst einfach und trugen offenes, hüftlanges Haar. Der Kaiser nannte sie seine »Onkel«; und manchmal waren Töchter dieser *pochteca* Konkubinen von Monarchen.

So wichtig die Kaufleute auch waren, ihre Vormachtstellung im Hochtal und darüber hinaus verdankten die Mexica doch ihren Soldaten. Sie verfügten über ein großes, straff organisiertes Heer. Angeblich hatten die Herrscher gewartet, bis die Bevölkerung groß genug war, bevor sie 1428 die Tepaneken, denen sie bis dahin untertan gewesen waren, zum Kampf herausforderten.[14] Jungen wurden in Mexiko von Geburt an auf den Krieg vorbereitet. Bei der Taufe (da das neugeborene Kind bei der Zeremonie der Namensgebung mit Wasser besprengt wurde, paßt der christliche Begriff) nahm die Hebamme das männliche Kind aus den Armen der Mutter und verkündete, daß es »dem Schlachtfeld gehört, das dort, inmitten der Ebene, liegt«. Die Nabelschnur der männlichen Kinder wurde an Orten begraben, die möglicherweise einmal als Schlachtfeld dienen würden. »Der Krieg, darin liegt deine Aufgabe und dein Verdienst«, sagte die Hebamme zu dem neugeborenen Jungen, »vielleicht wird dir das Geschenk … des Blumentodes durch den Obsidiandolch zuteil werden« (sprich: der Opfertod als Kriegsgefangener).[15]

Auch die Kriegswaffen wurden bei der Taufe dargeboten: Pfeil und Bogen, die Steinschleuder und der hölzerne Speer mit Steinspitze. Mit diesen Waffen sowie mit der Keule und dem *macuauhuitl*, einem schwertartigen Eichenholzknüppel, in den an zwei Seiten Klingen aus schwarzem Obsidian eingelassen waren, hatten die mexikanischen Heere ihre Siege errungen. Das Nahuatl-Zeichen für Herrschaft stellte Pfeil und Bogen, einen runden Schild (aus Holz oder Rohrgeflecht mit dichtem Federbesatz) und eine Speerschleuder (*atlatl*, die sowohl zum Fischfang als auch zum Kampf verwendet wurde) dar. Die besten Umhänge und die kostbarsten Edelsteine erhielt man als Auszeichnung für Tapferkeit im Kampf, nicht durch Kauf. Jeder – und sei es der Sohn des Kaisers –, der der Einberufung nicht Folge leistete, verlor allen gesellschaftlichen Rang. »Wer nicht in den Krieg zieht, darf keinen Umgang mit den Tapferen haben«, formulierte ein spanischer Chronist diesen Grundsatz.[16] Voraussetzung für militärische Beförderung (und somit für gesellschaftlichen Aufstieg schlechthin) war, daß man eine bestimmte Anzahl von Gefangenen gemacht hatte. Erfolgreichen Kriegern wurden bestimmte Ehrenzeichen verliehen; höchste Auszeichnung war die Aufnahme in die »Jaguar«- und »Adler«-Orden, Verbände besonders hochrangiger Krieger.

Die Kriegsgewänder dieser Orden, wie überhaupt die Kriegstrachten der Mexica – so lächerlich sie auch auf die Europäer wirken mochten – sollten den Feind in Angst und Schrecken versetzen. Die Hauptleute hatten auf ihren Rücken mit Federn dichtbesetzte Bambusgestelle festgeschnallt, während mit Federn geschmückte Tierköpfe, die gelegentlich mitsamt einem vollständigen Tierfell getragen wurden, die psychologische Kriegsführung von Heeren abrundeten, die in erster Linie Angst einjagen wollten, um so einen kampflosen Sieg zu erringen. Den gleichen Zweck hatten jene zuvor im Hochtal unbekannten Monumentalskulpturen der Mexica, wie etwa die der großen Coatlicue. Die Mexica unternahmen so viele Kriegszüge, daß nicht die Landwirtschaft, sondern der Krieg ihre Hauptbeschäftigung gewesen zu sein scheint: »Wenn die Mexica keinen Krieg führen, kommen sie sich nutzlos vor«, hatte Montezuma I. einmal gesagt.[17] Denn eine »Schlacht ist wie eine Blume«, wie ihre Dichter betonten, und zuweilen muß es wohl so ausgesehen haben.

In Anbetracht der Kriegsbegeisterung der Bevölkerung erscheinen die Schätzungen von Historikern des ausgehenden 16. Jahrhunderts hinsichtlich der Größe der mexikanischen Heere durchaus glaubhaft.

So soll Axayácatl, der Dichter-Kaiser, der einen Krieg gegen die Tarasken verlor, ein Heer von 24000 Mann befehligt haben. Der zweite Herrscher nach ihm, Ahuítzotl, soll für seinen Feldzug gegen die weitentfernte Stadt Tehuantepec sogar ein Heer von 200000 Kriegern aus vielen verschiedenen Städten aufgeboten haben. Während dieses Feldzugs sollen nur Frauen und Kinder in Tenochtitlan zurückgeblieben sein.[18]

Diese Streitkräfte, in Legionen aus 8000 Mann eingeteilt, die wiederum aus Kompanien mit je 100 Mann bestanden und von den *calpultin* koordiniert wurden, wahrten den Frieden und die imperiale Ordnung, indem sie ständig mit Gewaltmaßnahmen drohten und diese mitunter auch anwandten. Wenn in den Codices von Beschlüssen die Rede ist, »sämtliche Spuren [dieses oder jenes Ortes] auszulöschen«, so ist dies zweifellos oftmals eine Übertreibung. Da jedoch bei einem Sieg immer die Tempel der Feinde niedergebrannt wurden (was den Vorteil hatte, daß man die meist in Tempelnähe gelegenen Waffenkammern gleich mit zerstören konnte), dürfte es durchaus auch zu brutalen Übergriffen gekommen sein. Die mexikanischen Herrscher versuchten ihr Volk meist davon zu überzeugen, daß man ihnen den Krieg aufgezwungen hatte.[19]

Es gab viele kleinere kriegerische Auseinandersetzungen bzw. Demonstrationen der Stärke, denn das Reich war so groß und die Landschaft so unwegsam, daß die Heere Tenochtitlans ständig in Bewegung waren, um lokale Aufstände niederzuschlagen und neue Städte zu erobern.

Die Ära fortwährender mexikanischer Eroberungen hatte etwa 1430 begonnen, unter dem ersten Kaiser Itzcoatl und Tlacaelel, seinem Neffen und Feldherrn, der auch das Amt des *cihuacoatl* innehatte. Bis dahin waren die Mexica offenbar nur einer von mehreren kleinen Stämmen des Hochtals gewesen, die Anspruch auf Land erhoben. Während der Herrschaftszeit dieser beiden Männer verwandelten sich die Mexica jedoch in ein »auserwähltes Volk«, das seine Sendung darin sah, allen übrigen Völkern die Segnungen ihres Sieges über sie zuteil werden zu lassen.[20]

Ein besonderes Volk braucht eine besondere Ausbildung. Dies war möglich, weil die Mexica zumeist in Städten lebten und daher ihre Kinder ohne weiteres zur Schule schicken konnten. Die Oberschicht gab ihre Söhne in äußerst streng geführte Internate, *calmécac* (»Haus der Tränen«) genannt, die in ihrem Bemühen um Zucht und Benehmen, ihrem Ziel, die Bindungen der Jungen an ihr Elternhaus zu lösen, und in ihrer Strenge stark an die Public Schools im viktorianischen England erinnern (siebenjährige Jungen wurden ermahnt: »Sehne dich nicht nach deinem Elternhaus … und denke nicht: ›dort sind meine Mutter und mein Vater‹«).[21] Es ging vor allem um die Formung des »Charakters«, die Ausbildung, wie es hieß, eines »wahren Gesichtes und eines wahren Herzens«. Doch es gab auch Unterricht in Rechtskunde, Politik, Geschichte, Malen und Musik.

Die Söhne des einfachen Volkes hingegen erhielten eine Ausbildung in den weniger strengen *telpochcalli*, den »Häusern der jungen Männer«, die es in jedem Stadtbezirk gab. Hier unterrichteten überwiegend erfahrene Krieger, aber auch Priester. Die Kinder, die diese Schule besuchten, durften regelmäßig nach Hause gehen. Sie wurden, wie auch die Schüler im *calmécac*, durch Lehrreden, die sie auswendig lernten und von denen sich einige bis heute erhalten haben, umfassend in Sittenlehre und Naturgeschichte unterwiesen. Ein aufmerksamer Beobachter schrieb in den 60er Jahren des 16. Jahrhunderts: »Fast alle Kinder kennen die Namen sämtlicher Vögel, Säugetiere, Bäume und Kräuter, und sie vermögen außerdem tausend Arten von Kräutern zu unterscheiden und wissen, wozu man sie verwenden kann.«[22] Man vermittelte den Kindern eine strenge Arbeitsethik, sie wurden angehalten, ehrlich, fleißig, klug und einfallsreich zu sein. Allerdings stand für die Jungen die militärische Ausbildung im Vordergrund, insbesondere der Zweikampf mit einem ebenbürtigen Gegner.

In beiden Bildungseinrichtungen war die Verpflegung Sache der Kinder bzw. ihrer Eltern, nur die Lehrer wurden vom »Staat« versorgt, wie man das mexikanische Gemeinwesen wohl nennen kann. Die Mädchen wurden auf ihre Rolle als Hausfrauen und Mütter vorbereitet.

Die Kampfespflicht der männlichen Kinder wurde durch einen besonderen Brauch unterstrichen: Jedem Jungen wurde im Alter von zehn Jahren bis auf eine Locke im Nacken das Haar kurzgeschnitten. Er durfte diese Locke erst abschneiden, wenn er mit 18 Jahren seinen ersten Kriegsgefangenen gemacht hatte. Dann durfte er seine Haare wachsen lassen und konnte in den folgenden Jahren als junger Mann mit anderen um weitere Vergünstigungen wetteifern, indem er möglichst viele Gefangene machte.[23]

Ein weiteres Indiz für die stabilen inneren Verhältnisse Tenochtitlans ist das offenkundige Fehlen von Spannungen zwischen Religion und politischer Herrschaftsgewalt. Schon die bloße Vorstellung wäre den Mexica völlig unverständlich erschienen. Der Monarch erfüllte höchste religiöse Pflichten, wenngleich seine Zuständigkeitsbereiche klar von denen der Priesterschaft geschieden waren, so wie auch sein Palast räumlich vom Tempelbezirk getrennt war. Er hatte staatspolitische Verpflichtungen; seine Richter und seine Beamten setzten staatliches Recht um. Sein Herrschaftsauftrag jedoch war ihm, seinem Selbstverständnis nach, von den Göttern übertragen worden. Weitaus wirkungsvoller als durch Verfügungen konnte er die gesellschaftliche Ordnung dadurch aufrechterhalten, daß er an das natürliche Pflichtgefühl seines Volkes appellierte, da alle seine Untertanen der Überzeugung waren, der Dienst an den Göttern sei der eigentliche Sinn und Zweck ihres Lebens.

Zu Beginn des 16. Jahrhunderts stellte niemand im alten Mexiko den Grundmythos des Volkes, die »Legende von den Sonnen«, in Frage. Danach war die irdische Zeit in fünf Zeitalter eingeteilt. Jedes endete in einer anders ausgelösten Katastrophe, das erste, »4-Tiger«, durch wilde Tiere; das zweite, »4-Wind«, durch Wind; das dritte, »4-Regen«, durch Feuerregen und das vierte, »4-Wasser«, durch Fluten. Das letzte, das fünfte Zeitalter namens »4-Bewegung«, sollte der Sage nach in einer durch verheerende Erdbeben ausgelösten Katastrophe untergehen. Ungeheuer aus dem Schattenreich würden auf die Erde kommen, und die Menschen würden sich in Tiere verwandeln, möglicherweise in Truthähne.[24]

Um diesen düsteren Tag hinauszuschieben, mußte der Gott Huitzilopochtli (»Kolibri zur Linken« bzw. »des Südens«), die göttliche Personifikation der Sonne (sowie des Krieges und der Jagd) sowie das jungfräulich empfangene Kind der alten Erdgöttin Coatlicue (»die mit dem Schlangenrock«), jeden Morgen den Mond (seine Schwester Coyolxauhqui, »deren Wangen mit Schellen bemalt sind«) und die Sterne (seine Brüder, die Centzonuitnaua, »die Vierhundert aus dem Süden«) in die Flucht schlagen. Dieser Kampf symbolisierte den Anbruch eines neuen Tages. Die Mexica glaubten, die Geister gefallener und geopferter Krieger trügen Huitzilopochtli zur Mitte des Himmels empor, während die Geister von Frauen, die bei der Entbindung gestorben waren, ihn dann nachmittags vom Zenit hinab Richtung Sonnenuntergang begleiteten. Damit Huitzilopochtli diese immerwährende Mühsal durchzuhalten vermochte, mußten ihn die Menschen mit Menschenblut (»dem kostbarsten Wasser«) nähren.

Möglicherweise war Huitzilopochtli ein Stammesführer, der nach seinem Tod zum Gott erhoben wurde. Vielleicht wurden die Mexica mit dieser Gottheit auch erst in dem Hochtal bekannt, in dem sie nach langer Wanderung seßhaft wurden. In jener Frühzeit waren jedenfalls andere Gottheiten wie die Erdgöttin Coatlicue (die Mutter von Huitzilopochtli) oder der Regengott Tlaloc sehr viel wichtiger. Doch die Bedeutung Huitzilopochtlis wuchs mit der Macht und der Größe des Reiches. Sein Kult war mehr und mehr bei Festen präsent, bei denen er zuvor keine Rolle gespielt hatte. Offenbar avancierte Huitzilopochtli zum Hauptgott der Mexica.[25]

Der Große Tempel im streng geometrisch angelegten Zentrum Tenochtitlans symbolisierte die zentrale Stellung der Götter im Leben der Mexica. Jeder Berufsstand hatte seine ihm zugeordnete Gottheit, die angesehenen Berufe besaßen in jedem der vier Stadtteile Tenochtitlans eigene Heiligtümer. Auch alle Grundnahrungsmittel, insbesondere der Mais, waren einer Gottheit geweiht oder wurden als Gottheit verehrt. Die Mexica verehrten auch ihre landwirtschaftlichen Geräte und opferten ihnen als Zeichen ihrer Dankbarkeit Nahrungsmittel, Weihrauch und *octli*, gegorenen Agavensaft (*pulque*).

Die Priester, die zölibatär und asketisch lebten, genossen hohes gesellschaftliches Ansehen. An ihrer Spitze standen zwei Hohepriester: der eine diente Huitzilopochtli, der andere dem nach wie vor sehr verehrten Regengott Tlaloc. Beide wurden vom Kaiser ernannt.

Neben den eigentlichen kultischen Aufgaben hielten die Priester nachts Wache auf den Hügeln um die Stadt und beobachteten den Lauf der Gestirne. Sie verkündeten die Zeit und leiteten die Schlachten mit dem Blasen ihrer Schneckenmuscheltrompeten ein, und sie hüteten die Tempel und bewahrten die Überlieferungen des Volkes. Sie hatten schwarz bemalte Körper, langes Haar und – infolge der von ihnen dargebrachten Blutopfer – stark vernarbte Ohren. Die Priesterschaft war äußerst mächtig und einflußreich.[26]

Der Kaiser seinerseits galt als ein halbgöttliches Wesen, zu dem sogar die Priester aufblickten. Montezuma II., wie auch sein Vorgänger Ahuítzotl, waren, bevor sie die Herrschaft übernahmen, Hohepriester gewesen. Mexiko war zwar keine Theokratie und der Kaiser wurde auch nicht kultisch verehrt, dennoch war die Religion die allesbeherrschende Macht im Leben der Mexica. Die Einrichtung der aus Adobeziegeln und Stroh erbauten Häuser des Volkes beschränkte sich auf das Nötigste, sie enthielten selten mehr als Schlafmatte und Feuerstelle. Doch in jedem Haus gab es ein kleines Heiligtum mit einer Figurine aus Lehm, in der Regel eine Verkörperung der Erdgöttin Coatlicue.

Die Mexica hatten vermutlich 200 Hauptgötter und insgesamt etwa 1600 Götter. Große und kleine Statuen dieser Götter, aus Stein, Holz, gebranntem Ton, ja sogar aus Pflanzensamen gefertigt, waren allenthalben zu sehen: an Kreuzungen, vor Brunnen und großen Bäumen, auf Bergspitzen und an heiligen Stätten. Die Hauptgötter, wie der allgegenwärtige Huitzilopochtli, der launische Tezcatlipoca, der Regengott Tlaloc und der den Menschen meist wohlgesinnte Quetzalcoatl, waren die eigentlichen Herrscher der Mexica.[27]

Der moderne Forscher erkennt Widersprüchlichkeiten zwischen den Rollen, die bestimmten Göttern zugeschrieben wurden. So heißt es beispielsweise in einem Bericht, Sonne, Feuer, Wasser und die Regionen jenseits des Himmels seien von vier verschiedenen Gottheiten erschaffen worden. In einem anderen Bericht dagegen heißt es, Ometeotl, der in seinem Wesen Vater-Mutter und Gott-Göttin, Positives und Negatives vereint, der Gott der Zweiheit, habe sie hervorgebracht. Offenbar waren die Götter Mexikos mit dem Regen, der Sonne, dem Wind und der Fruchtbarkeit identisch und nicht bloß die Verursacher dieser Phänomene. Für diese Unstimmigkeiten gibt es unterschiedliche Erklärungen, und sie sind zum Teil wohl darauf zurückzuführen, daß die religiöse Welt der Mexica in fortwährendem Wandel begriffen war. Die alten, noch aus der Nomadenzeit stammenden Götter der Mexica wurden mit Gottheiten verschmolzen, die bereits lange vor ihrem Eintreffen im Hochtal verehrt worden waren.[28]

Auch wenn wir heute in der Religion der Mexica viele Widersprüchlichkeiten zu entdecken glauben, hat sie damals nie Anlaß zu Kontroversen gegeben.

Allerdings war einer der letzten Könige von Texcoco, der Dichter Nezahualcoyotl, dem eine lange Regierungszeit vergönnt war, zusammen mit einer Gruppe von gebildeten Hofleuten offenkundig fasziniert von der Vorstellung eines einzigen »Unbekannten Gottes«, des unsichtbaren und nie bildlich dargestellten Ipalnemoani; eine Vorstellung, die die Glaubenswelt der Mexica möglicherweise hätte erschüttern können.

Mein Haus ist mit Bildern geschmückt
wie das Deine, einziger Gott!

schrieb Nezahualcoyotl in einem seiner vielen ergreifenden Gedichte.[29]

Auch die wortmächtige Verehrung des Gottes Tezcatlipoca »Rauchender Spiegel« durch diesen Dichter-König scheint auf monotheistische Vorstellungen vorauszudeuten. »Oh Herr, Herr der Nacht, Herr der Nähe, der Finsternis und des Windes«, beteten die Mexica, als brauchten sie in Augenblicken der Bedrängnis einen einzigen Adressaten ihrer Fürbitten. Auch wenn man die Gedichte Nezahualcoyotls als ästhetische Spielereien seiner Nachfahren abtut, glaubten die Mexica doch zweifellos an eine große übernatürliche Kraft, die sich in allen anderen Göttern manifestiere und die Würde des Menschen mitbegründe. Diese Kraft zeigte sich im Zusammenwirken des alten Götterpaare Ometecuhtli und seiner Gattin Omecihuatl, des Herrn und der Herrin der Zweiheit, von denen alle anderen Götter abstammten und die, obgleich sie ansonsten als Götter schon eher in den Hintergrund gerückt waren, noch immer das Geburtsdatum aller Wesen festlegten. Man glaubte, daß sie am höchsten Punkt der Welt lebten, im dreizehnten Himmel, in dem die Luft »sehr kalt, köstlich und eisig« war.[30]

In ferner Vergangenheit hatte es in der nicht weit von Tenochtitlan gelegenen, untergegangenen Stadt, die die Mexica Teotihuacan nannten, »Ort, wo Götter gemacht werden«, vielleicht sogar einen Kult der Unsterblichkeit der Seele gegeben. Dort hatten Menschen gelebt, die von sich behaupteten: »Wenn wir sterben, dann sterben wir nicht wirklich. Denn wir leben weiter. Wir sind auferstanden. Wir leben weiter. Wir sind erwacht. Tu es uns gleich.«[31]

Dennoch stand der von Nezahualcoyotl verehrte Ipalnemoani, der »Lebensspender«, nicht im Zentrum eines bedeutenden Kultes. Der schöne, leere Tempel, den man in Texcoco für ihn errichtet hatte, fand andernorts keine Nachahmung. Auch entsagte Nezahualcoyotl nicht seinem Glauben an die überkommenen Götter. Offenbar bestand für ihn kein Widerspruch zwischen dem hohen Stellenwert, den er dem göttlichen »Lebensspender« zuerkannte, und seiner Anerkennung des traditionellen Pantheons.[32]

Im alten Mexiko gab es auch einen von der Priesterschaft geschiedenen Berufsstand der Wahrsager, Wunderheiler und Traumdeuter, die im privaten Kreis kultische Handlungen durchführten. Sie lebten genauso asketisch und dienten den Göttern genauso ergeben wie die Priester. Sie vermochten sich in Bewußtseinszustände hineinzuversetzen, die allen anderen Menschen verschlossen waren. Und in dieser

Trance, in die sie sich meistens dadurch brachten, daß sie *pulque* tranken, Tabak rauchten oder gewisse Pilze (die, mit Honig kombiniert, zum »Fleisch der Götter« wurden), Samen der Purpurwinde (Ipomoca violacea), Stechapfel oder *peyote*-Kakteen (Lophophora williamsii) verzehrten, fanden sie eine Lösung für sämtliche Probleme. Die Pilze, die für die Mexica die wichtigsten dieser Rauschpflanzen waren, stammten aus den Kiefernwäldern, welche die Abhänge jener Berge bedeckten, die das Hochtal umschlossen. Andere wurden als Tribut nach Mexiko gebracht. Die Menschen glaubten, der Verzehr dieser Pilze ermögliche ihnen eine Reise in die Unterwelt, den Himmel, die Vergangenheit oder die Zukunft.

Weder die Priester noch die Wahrsager sollten mit Magiern oder Zauberern verwechselt werden. Diese besaßen nämlich die Fertigkeit, sich scheinbar in ein Tier zu verwandeln oder sich unsichtbar zu machen. Sie kannten eine Vielzahl magischer Formeln und Praktiken, mit denen sie »Frauen behexen und deren Gefühle nach Belieben steuern konnten«.

Auch die Sonne hatte ihren Platz im pantheistischen System der Mexica. Wie bei den meisten Völkern jener Zeit, einschließlich derer Europas, stand auch bei den Mexica das Leben ganz im Zeichen der Gestirne. Die Mexica waren nicht das einzige Volk, das die Bahn der Sonne genauestens verfolgte, seine Beobachtungen festhielt, Sonnen- und Mondfinsternisse vorhersagte und seine Gebäude so anlegte, daß sie als Beobachtungswarten dienen konnten bzw. befriedigende astronomische Winkel erreichten. So widmeten sich beispielsweise die Maya in Yucatán in ihrer Blütezeit, im 6. Jahrhundert n. Chr., weitaus intensiver der Sternbeobachtung, und ihr diesbezügliches Wissen übertraf das der Mexica bei weitem. Anders als die Mexica verfügten die Maya über »eine lange Rechnung« von Jahren und über ein komplexeres mathematisches System. Auch waren die Hieroglyphen der Mexica bildhafter und weniger abstrakt als die der Maya. Dennoch waren die mexikanischen Priester, die die Kalender und, mit Hilfe zweier gekerbter Stöcke, den Himmel deuteten, geschickte und einfallsreiche Mathematiker. Die meisten Städte von der Größe Tenochtitlans richteten sich nicht mehr nach den Gestirnen. Die Hauptstadt der Mexica hingegen maß ihnen eine große Bedeutung bei, dies zeigt die Anordnung ihrer Sakralbauten und ihre Götterwelt. »Harmonie und Ordnung« schienen dadurch gewährleistet zu sein.

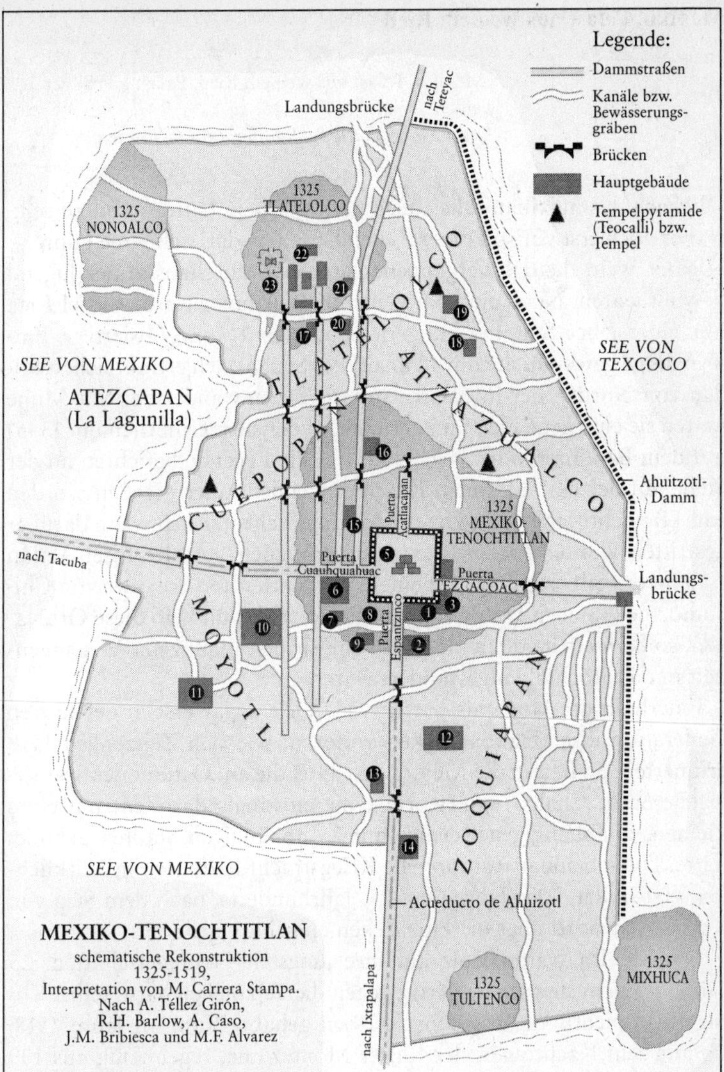

MEXIKO-TENOCHTITLAN
schematische Rekonstruktion
1325-1519,
Interpretation von M. Carrera Stampa.
Nach A. Téllez Girón,
R.H. Barlow, A. Caso,
J.M. Bribiesca und M.F. Alvarez

WICHTIGSTE BAUTEN UND PLÄTZE:

1. Montezumas Palast
2. Platz «El Volador»
3. Haus der Vögel
4. Tepochcalli
5. Großer Tempel
6. Palast des Axayácatl
7. Cuicacalco
8. Hauptplatz
9. Palast des Tlillancalqui
10. Raubtierhaus
11. Marktplatz
12. Huitznáhuac
13. Xoloco (Teocalli)
14. Tempel (Teocalli)
15. Palast des Cuauhtémoc
16. Tezontlemacoyan (Teocalli)
17. Palast von Yacalulco
18. Tlacochcalco (Teocalli)
19. Apahuaztlán oder Azaguaztla (Teocalli)
20. Atenantitech oder Tetenamitl (Teocalli)
21. Xocotitla oder Cihautecpan
22. Markt von Tlatelolco
23. Großer Tempel von Tlatelolco

Mexiko, Palast aus weißem Ried

> »Mexiko, Palast aus weißem Ried, Palast aus Silberweiden!«
> *Ángel María Garibay, La literatura de los aztecas*

Obgleich das mexikanische Reich den Anschein hatte, stabil zu sein, war es doch erst vor so kurzer Zeit entstanden, daß sich seine Führer – in einer Welt, die das Vergangene verehrte – durchaus seiner Jugend bewußt waren. Noch ein paar Generationen zuvor waren die Mexica nur einer jener Stämme hungerleidender und »unzivilisierter« Eindringlinge gewesen, die um 1250 auf der Suche nach ertragreichen Böden von Norden her in das fruchtbare Tal einwanderten. Mit Mühe hatten sie eine neue Heimat gefunden, in der sie (vermutlich um 1345) mit dem Bau ihrer Stadt begannen; wie die Legende berichtet, an der Stelle, an der ein auf einem Kaktus sitzender Adler gesehen worden war (Tenochtitlan heißt »Ort der Kaktusfrucht«). Auch wenn darüber gestritten wurde, ob die Mexica ursprünglich von der Insel Aztlan (»Land des Silberreihers«) in einem weit entfernten See oder von Chicomoztoc (»Sieben Höhlen«) gekommen waren und wo diese Orte lagen, so bezweifelte doch niemand, daß sie erst in jüngster Vergangenheit in das Hochtal eingewandert waren.

Innerhalb des Hochtals hatten viele Orte sogar erst in der letzten Generation ihre Unabhängigkeit verloren, wie sich Zeitzeugen 1518 erinnerten: So hatten die Mexica erst 1465 die am Ostufer des Sees gelegene Stadt Chalco unterworfen, die einstmals das Zentrum eines kleinen, unabhängigen Reiches mit 25 abhängigen Städten gebildet hatte. Die scheinbar traditionelle Kriegstracht hatte sich in Wirklichkeit erst in den 70er Jahren des 15. Jahrhunderts, nach dem Sieg von Kaiser Axayácatl über die Huaxteken eingebürgert.[1]

Die Mexica waren stolz auf ihre jüngsten Errungenschaften. 25 Jahre vor dem siegreichen Krieg gegen die Tepaneken hatte selbst König Acampichtli kaum genug zu essen gehabt. Nun, im Jahre 1518, konnte sein Nachfolger, der Kaiser Montezuma, regelmäßig aus 100 Gerichten auswählen. In den Tagen Acampichtlis konnten die Mexica den Tepaneken nur einen bescheidenen Tribut entrichten: Frösche, Fische, Wacholderbeeren, Weidenblätter. Nunmehr erhielten sie selbst so viele Luxusgüter, daß diese Produkte des Seeufers entbehrlich erschienen. Ehedem hatten die Mexica Kleidung aus Agavenfasern getragen; jetzt trugen die Angehörigen der Oberschicht Roben aus langen Quetzalfedern, kunstvoll gearbeitete Umhänge aus weißen Entenfedern, bestickte Röcke und Halsketten mit funkelnden Anhängern sowie große Schmuckstücke aus Grünstein – den die Mexica sogar für schöner hielten als Gold (so bezeichnete das entsprechende Wort in Nahuatl, *chalchihuite*, nicht nur den Edelstein, sondern alles Schöne). Die Tepaneken besaßen einst einen einfachen Aquädukt aus Schilf und Lehm, der Wasser aus einer Quelle bei Chapultepec (»Hügel der Heuschrecken«) nach Tenochtitlan leitete, die Mexica bewirtschafteten nun einen steinernen Aquädukt mit zwei Kanälen, die abwechselnd genutzt wurden, um immer einen der beiden reinigen zu können. Erfinderische Völker wie die Totonaken und die Huaxteken, die an der Küste lebten, hatten Skulpturen aus Terrakotta hergestellt; die Mexica, ihre gelehrigen Schüler, fertigten Plastiken aus Stein. Und vor allem hatten die Mexica in der Mitte des 15. Jahrhunderts eine riesige Stadt erbaut, die größer war als alle zeitgenössischen europäischen Städte – vielleicht mit Ausnahme von Neapel und Konstantinopel –, und dies auf einem Gelände, das 150 Jahre zuvor noch ein Sumpfgebiet mit ein paar Hütten gewesen war. Überrascht es da, daß eine Art »Patriotismus« bei den Mexica so fest verwurzelt war?

Eine weitere beachtliche Leistung der Mexica bestand darin, daß offenbar nur wenige Verbrechen begangen wurden; entweder wurde der gesellschaftliche Sittenkodex allgemein anerkannt – oder der drakonischen Strafen wegen. Strenge Richter, die den Vorsitz in regelmäßig einberufenen Gerichtsverhandlungen führten, verhängten gerechte, wenn auch harte Strafen. Dabei stützten sie sich auf Beamte, deren Aufgabe es war, die öffentliche Ordnung zu wahren, Verdächtige zu verhaften und Urteile zu vollstrecken. Den Richtern stand ein Kurierdienst zur Verfügung, der »bei Tag wie bei Nacht, bei Regen, Schnee oder Hagel mit äußerster Schnelligkeit arbeitete«. Bestimmte Fälle wurden dem Kaiser oder dem *cihuacoatl* zur gerichtlichen Entscheidung vorgelegt. Adlige wurden vom Gesetz nicht privilegiert. Vielmehr sollten sie in der Regel strenger bestraft werden als Angehörige des gemeinen Volkes. Das Gesetz erstreckte sich nach dem Willen der Monarchen auch auf ihre eigenen Familien: König Nezahualpilli von Texcoco verurteilte seinen Lieblingssohn zum Tode, weil dieser im Verdacht stand, mit einer der Frauen des Königs Ehebruch begangen zu haben.[2]

Richterliche Nachlässigkeit wurde streng bestraft. Das Gesetz bestimmte, daß die mächtigsten Personen des Ortes, an dem ein Verbrechen verübt wurde, persönlich dafür hafteten, daß der Straftäter innerhalb eines bestimmten Zeitraums ausgeliefert wurde; andernfalls sollten sie die Strafe erleiden, die für den Verbrecher bestimmt war. Die meisten Strafen, wie zum Beispiel das Zertrümmern des Schädels durch Knüppelschläge, wurden in der Öffentlichkeit vollzogen. Die Todesstrafe stand auf fast alle Straftaten, die in der modernen Gesellschaft als Kapitalverbrechen angesehen werden. Gegen Kinder wurden Strafen verhängt, deren Schweregrad sich allmählich steigerte: Ein ungehorsames neunjähriges Kind wurde an Händen und Füßen gefesselt, bevor man ihm Agavenstacheln in die Schulter stach; ein zehnjähriges Kind wurde ausgepeitscht.[3]

Außer an bestimmten Festtagen durften weder die Jugendlichen noch die Gemeinen *pulque*, das einzige alkoholische Getränk der Mexica, trinken. Der zweite Verstoß gegen das Verbot des Alkoholkonsums konnte mit dem Tode bestraft werden. Über 70jährige, vorausgesetzt sie hatten Enkelkinder, durften allerdings häufiger Alkohol trinken, an Festtagen sogar soviel sie wollten.

Für die Mexica existierte eine klare Unterscheidung zwischen Gut und Böse. So beschreibt der *Codex Florentino*, ein großartiger Überblick über fast alle Lebensbereiche der Altmexikaner, ausführlich, was ein guter Vater zu tun hatte (»er gibt Anweisungen, beschenkt seine Kinder mit Bedacht und sorgt für Ordnung«) und wie sich ein schlechter Vater verhält (»er ist faul, nachlässig, müßig und kümmert sich um nichts«). Im selben Text finden sich ähnliche Unterscheidungen zwischen guten und schlechten Müttern, Kindern, Onkeln, Tanten bis hin zu Ururgroßeltern und Schwiegermüttern. Auch der gute und der schlechte Richter wurden streng auseinandergehalten: Letzterer wurde beschrieben als »jemand, der Begünstigungen verteilt, der Menschen haßt, ungerechte Verfügungen erläßt, Bestechungen annimmt, falsche Urteile spricht und Gefälligkeiten erweist«.[4]

Die innere Stabilität der Gesellschaft wurde zudem durch die Tradition gefördert, nach der die meisten Männer denselben Beruf ausübten wie ihre Väter: Die Federsticker (die angesehensten Handwerker) waren Söhne von Federstickern, die Goldschmiede Söhne von Goldschmieden …

Die meisten Mexica waren gehorsam, rücksichtsvoll und diszipliniert. Es gab keine Bettler. Die Straßen waren sauber und die Häuser rein. Das Leben der Frauen bestand vor allem im Weben von Kleidern. Die Spindel, der Webrahmen und die Familie markierten in der Regel die Grenzen ihres Lebens. Diese Disziplin ließ sich aufrechterhalten, weil die Mexica als Gegenleistung die Vorteile der Ordnung genießen konnten. Es gab nur wenige Menschen, die außerhalb der Gemeinschaft lebten. Die im Jahre 1521 erschienene *Neuwe Zeitung von dem Lande das die Spanier funden* übertrieb somit kaum, als sie aufgrund von Berichten aus der Neuen Welt ihren Lesern in Nürnberg mitteilte, daß dieses Volk selbst dann seinem König gehorcht, »wenn dieser dem Volk befiehlt, in den Wald zu gehen, um dort zu sterben«. Um die Ordnung zu bewahren, »hatte dieser Staat für jede Tätigkeit einen eigenen Beamten. Alles wurde so gewissenhaft aufgezeichnet, daß in den Berichten nichts fehlt. Es gab sogar spezielle Beamte für die Straßenreinigung«.[5]

Die Rechtsstellung der mexikanischen Frau war zumindest vergleichbar mit jener der zeitgenössischen Europäerin. So konnte sie ohne Zustimmung ihres Gatten Eigentum erwerben und vor Gericht gehen. Frauen boten Waren auf dem Märkten feil, und sie konnten Priesterinnen werden, wenngleich ihnen die höchsten Positionen verschlossen blieben. Wie in Europa beeinflußte die gesellschaftliche Stellung der Mutter bzw. der Ehefrau den Anspruch des Mannes auf ein Amt; manchmal wurde ein Amt dem Sohn einer Tochter übertragen, und in manchen Fällen trug eine Frau einen Titel. Gleichzeitig jedoch wurden Töchter oftmals als Geschenke vergeben; und eine formelle Verhaltensregel für verheiratete Frauen lautete ähnlich wie in Kastilien: »Wenn dir deine Eltern einen Ehemann geben, dann behandele ihn mit Achtung ... gehorche ihm.«[6] Während die Mexica in ihrer früheren Nomadenzeit monogam gelebt hatten, hatten ihre Herrscher im 16. Jahrhundert neben ihrer Hauptfrau, der Königin, zahlreiche Konkubinen.

Die Mexica tolerierten andere Völker, wie etwa die Otomí, die friedlich mit ihnen zusammenlebten. Diese Völker hatten ihre eigene Religion, Kultur und Sprache, ja sogar ihre eigenen Zeitrechnungen (die geringfügig von denen der Mexica abwichen). Innerhalb des mexikanischen Gemeinwesens gab es offenbar keine Feindschaften zwischen den verschiedenen Volksstämmen.

Auch über Landbesitz gab es, zumindest dem Anschein nach, keine ernsten Streitigkeiten (auch wenn es unter Historikern zahlreiche Meinungsverschiedenheiten über den Rechtsstatus von Eigentum gegeben hat). Die Liegenschaften der Stadt – sowohl innerhalb der Stadtmauern wie an den Ufern des Sees – waren auf die *calputin*, die Adligen, die Tempel und die Regierung aufgeteilt. Eroberte Gebiete erhielten die Kämpfer als Belohnung für ihre Dienste. Die Landwirtschaft wurde von den örtlichen Boden- und Klimaverhältnissen beeinflußt: Die unterworfenen Städte im fruchtbaren Tiefland unweit des Meeres konnten zwei Ernten pro Jahr einbringen, im Hochtal von Mexiko dagegen war eine Ernte die Regel. Doch gab es in der Mitte dieses Bekkens eine Besonderheit: die »schwimmenden Gärten«, *chinampas*, landwirtschaftlich intensiv genutzte künstliche Inseln aus Schlamm, die zumeist mit Hilfe von Weiden im Seegrund verankert waren, auch wenn einige Pflanzschulen zunächst auf schwimmenden Binsen oder Wasserpflanzen kultiviert wurden. (Die *chinampas* waren erstmals um 1200 in den Seen von Xochimilco und Chalco angelegt und erst in jüngster Zeit auch in Tenochtitlan eingeführt worden.) Diese fruchtbaren Böden wurden durch Einsickerungen bewässert, so daß sie ganzjährig bestellt werden konnten und nicht durch Dürreperioden gefährdet waren.[7]

In diesen *chinampas* erzeugten die Mexica jährlich 45 Mio. Kilogramm Mais wie auch sehr viel Obst, Gemüse und Blumen. In Feuer gehärtete Eichenholzspaten und Grabstöcke ermöglichten die Urbarmachung des fruchtbaren Sumpflandes entlang des Sees und auf den »zerklüfteten Bergketten«.[8]

Ein Großteil der ufernahen Felder wurde mit Hilfe eines ausgeklügelten Kanalsystems bewässert und konnte somit ständig kultiviert werden. Die Mexica ließen dieses Ackerland außerhalb der *chinampas* in regelmäßigen Abständen brachliegen und düngten es mit Exkrementen. Um diese ehemaligen Waldgebiete urbar zu machen, fällten die Mexica die Bäume oder, was häufiger geschah, ringelten sie und verbrannten anschließend die Äste.

Das Leben des einfachen Bauern – und das heißt des einfachen Mannes – war im alten Mexiko genauso beschwerlich wie das des Kleinbauern im zeitgenössischen Europa. Überdies war es die gleiche Art des Lebens: nach dem *Codex Florentino* war der Bauer an den Boden gebunden, den er bearbeitete, jätete, planierte, pflügte und mit Grenzsteinen versah; er lichtete den Mais, erntete ihn ab und trennte ihn von Spreu und Staub.[9]

Die wichtigste Nutzpflanze war der Mais, der in allen Höhenlagen angebaut wurde. Fast ebenso bedeutend waren Amarant und Salbei, auch Bohnen, Chili und Kürbis waren weithin verbreitete Nutzpflanzen. An der Küste wurden Süßkartoffeln angebaut. Man züchtete auch Kakteen, die vielfältigen Zwecken dienten: Der Saft wurde zu Sirup und zu dem alkoholischen Getränk *pulque* verarbeitet; die Nadeln wurden zum Nähen und zum Aderlaß verwendet. Truthähne, Moschusenten, kleine Hunde und Bienen wurden domestiziert.

Die Landwirtschaft wurde nicht dem Zufall überlassen, wir stoßen auch hier auf Anzeichen staatlicher Intervention. So ernannte der Kaiser Inspektoren, die sicherstellen sollten, daß die von der Zentralregierung erlassenen Anbauvorschriften eingehalten wurden; diese Richtlinien waren vermutlich erst in der jüngeren Vergangenheit eingeführt worden, als das Bevölkerungswachstum den Ertragsdruck auf die landwirtschaftliche Nutzfläche verstärkte. Dürren und Hungersnöte hatten immer staatliche Interventionen zur Folge. Wenn die Ernte schlecht ausfiel, ordnete der Kaiser sowohl zusätzliche Menschenopfer als auch den verstärkten Anbau von Faseragaven und Feigenkakteen an.

Somit gab es in Tenochtitlan vier Hauptbezugsquellen für Nahrungsmittel: die *chinampa*-Felder, auf denen Gemüse, Obst und Mais angebaut wurde; Maisanbau am Seeufer und in anderen Regionen; Jagd und Fischfang sowie Tribute. Allerdings wurde ein Großteil der Tribute an Richter und Beamte verteilt oder in den Vorratskammern gehortet.

Die mexikanische Oberschicht ernährte sich abwechslungsreich, die Armen hingegen mußten mit einem bis eineinhalb Kilo Mais pro Tag in Form von Tortillas auskommen. Außerdem aßen sie mit Pfeffer gewürzte Bohnen und weitere Gemüsesorten, an Festtagen ein Stück Hundebraten oder, noch seltener, Wildbret. Seitdem die Bevölkerung Tenochtitlans so stark zugenommen hatte, war sowohl der Wildbestand als auch die Zeit, die der arme Bauer oder Städter für die Jagd erübrigen konnte, zurückgegangen. Dennoch konnte eine findige Familie noch immer zahlreiche kostenlose Nahrungsmittel auftreiben; jedenfalls war ihr Speiseplan abwechslungsreicher als der des modernen Mexikaners, umfaßte er doch Fisch, Wiesel, Klapperschlange, Leguan, Insekten, Heuschrecken, Süßwasseralgen, Würmer und über 40 Wasservogelarten. Somit war die Ernährungslage der Mexica besser als die der damaligen Bevölkerung Europas. Wer später behauptete, die Mexica hätten sich sehr schlecht ernährt, muß sich bei seinem einseitigen Urteil auf die späteren Zustände bezogen haben.[10]

Das Familienleben wurde durch ein differenziertes System formeller Höflichkeiten und durch die feierliche Begehung wichtiger Ereignisse, wie Schwangerschaft und Geburt, Taufe, Heirat und Tod, zusammengehalten, und jedes dieser Ereignisse hatte seine eigenen Gedichte, Tänze und zeremoniellen Reden. Die Ratschläge, die der Vater dem Sohn gab, erinnern an jene der Shakespeareschen Dramengestalt Polonius: »Ehre und grüße deine Eltern ... sei nicht geschwätzig ... wenn du unhöflich bist, wirst du mit niemandem auskommen ... tröste die Armen«, und: »Bleibe nicht allzu lange auf dem Markt oder im Bad, damit der Dämon keine Gewalt über dich gewinnt.« Die Institution der Ehe war geschützt. Obgleich der Kaiser, Mitglieder des Kronrats, Adlige und erfolgreiche Krieger Konkubinen haben durften, wurde Ehebruch (definiert als sexuelle Beziehungen zwischen einem Mann und einer verheirateten Frau) mit dem Tode bestraft. Sogar die hochstehendsten Persönlichkeiten konnten bestraft werden, wenn ihr Ehebruch öffentlich bekannt wurde. Die Beschreibung einer Prostituierten im *Codex Florentino* könnte von Calvin stammen, denn die »Verderbtheit« einer Frau wurde mit einem zügellosen Lebenswandel, Stolz, übermäßigem Interesse an geschlechtlichem Umgang und aufreizenden Kleidern in Verbindung gesehen.[11]

Schönheit wurde hoch geschätzt. Alte Männer nannten Kinder »eine Halskette aus Juwelen«, »eine prächtige Feder« oder »ein Armband aus Edelsteinen«. Ein wahrer Edelmann wurde mit einem »kostbaren Grünstein« oder mit einem »Armband aus reinem Türkis« verglichen. Die Metaphern spiegelten die Wirklichkeit wider. So fertigten die Goldschmiede Schmuckstücke aus Blattgold, die sich mit den Werken ihrer zeitgenössischen europäischen Kollegen messen konnten. Nach Ansicht Motolinías, des aufmerksamen, wenn auch fanatischen Mönchs, waren diese Handwerker »den spanischen Goldschmieden überlegen, da sie einen Vogel gießen können, dessen Kopf, Zunge und Füße beweglich sind, und sie gießen auch Affen und andere Ungeheuer, deren Köpfe, Zungen, Füße und Hände beweglich sind ...«.[12] Holzschnitzer, Maler der Bilderhandschriften und Steinschneider, die Alabaster, Türkis und Bergkristall bearbeiteten, besaßen ebensoviel Kunstfertigkeit. Silberschmiede und Goldschmiede stellten in Gemeinschaftsarbeit Gegenstände her, hälftig aus Gold und Silber. Türkis und Perlen bildeten den Rohstoff für Mosaiken. Auch die Federsticker stellten Mosaiken her, zu denen es in Europa nichts Vergleichbares gab.

Die Kunsthandwerker, die diese Meisterstücke mit einfachsten Werkzeugen schufen, besaßen eine bemerkenswerte Originalität und ein sicheres Auge. Die Kunst der Mexica umfaßte auch Reliefs und Skulpturen, mit denen sie bedeutende Männer, Heldentaten und gute Götter verherrlichten, aber auch böse Geister abwehren und Feinde erschrecken wollten.

Zwei Kalender, welche die Mexica von früheren Kulturen des Hochtals übernommen hatten, vermittelten ihnen ein Bewußtsein der geschichtlichen Kontinuität. Das war einmal der *tonalpohualli*, der 260 Tage zählte, die in 20 Wochen mit je dreizehn Tagen aufgeteilt wurden, jeder Tag hatte einen Namen und deutete auf das Schicksal des an ihm Geborenen. Und zum anderen gab es den *xiuhpohualli*, der, auf einem Sonnenjahr von 360 Tagen basierend, in 18 Monate eingeteilt war; die zusätzlichen fünf Tage für das Jahr mit 365 Tagen (das die Mexica schon seit langem als die passende Maßeinheit erkannt hatten) waren »nutzlose Lückenfüller«, die keinem Gott geweiht waren: Das Leben jener, die an ihnen zur Welt kamen, stand unter einem schlechten Stern.

Besondere Wahrsager deuteten diese Kalender. Diese Männer gaben dem Neugeborenen nicht nur seinen Namen, sondern sagten auch mit Bestimmtheit voraus, was für ein Schicksal ihm bevorstand. Diese Weissagungen waren sich selbst erfüllende Prophezeiungen, denn sie beeinflußten das Verhalten der Eltern gegenüber dem Kind und das Kind selbst, so daß es nahezu unmöglich war, diesen Erwartungen nicht zu entsprechen. Ein günstiger Geburtstag war »4-Hund«, nachteilhaft dagegen war »9-Wind«.[13] Manche Tage wiederum waren weder günstig noch ungünstig. Den Kalendern ließ sich auch entnehmen, ob ein günstiger Zeitpunkt gekommen war, um eine Reise anzutreten, Krieg zu erklären oder die Ernte einzubringen.

Nach jeweils 52 Jahren begann für die Mexica sozusagen ein neues Jahrhundert. Dieses Ereignis, das »Binden der Jahre«, wurde mit einer feierlichen Zeremonie begangen, der man mit banger Erwartung entgegensah. Die letzte Zeremonie – die vierte seit Gründung der Stadt – hatte 1507 stattgefunden. Wie immer war die Flamme des »Neuen Feuers« von einem heiligen Hügel in die Stadt gebracht worden. Der Fortbestand der Welt war damit gesichert. Diejenigen, »die dem Ereignis beiwohnten, brachen daraufhin in ein Geschrei aus, das das ganze Himmelsgewölbe erfüllte, aus Freude darüber, daß die Welt nicht untergegangen war«.[14]

Die Mexica hatten auch etwas erreicht, wonach jedes erfolgreiche Volk strebt: die eigene Vergangenheit in einem grandiosen Geschichtsmythos neu zu erfinden. Sie hatten nicht nur ihre frühen Wanderungen in ein heroisches Licht gesetzt, sondern auch ihre Nachbarn dazu gebracht, daß diese sie, die Mexica, als die wahren Erben des letzten bedeutenden Volkes des Hochtals, der Tolteken, anerkannten. Die Hauptstadt der Tolteken, Tula (bzw. Tollan), lag etwa 65 Kilometer nördlich des Sees und war Ende des 12. Jahrhunderts von Nomaden überrannt worden. Die Mexica sicherten sich dieses Erbe, indem sie Ende des 14. Jahrhunderts Acampichtli zu ihrem König wählten. Acampichtli war der Sohn eines mexikanischen Kriegers und einer Prinzessin aus Culhuacan – einer Stadt, die etwa zehn Kilometer von Tenochtitlan entfernt war –, deren Vorfahren angeblich von den Königen von Tollan abstammten. Um einen mexikanischen Adel mit toltekischem Blut zu erzeugen, soll Acampichtli 20 Frauen geheiratet haben, die alle Töchter von lokalen Fürsten waren.[15]

Es gab gute Gründe, das Erbe Tulas zu verehren. Die Tolteken waren kunstfertige Federsticker, Edelsteinschneider und Goldschmiede gewesen. Sie galten als die Erfinder der Heilkunde und hatten die Technik zur Gewinnung und Bearbeitung von Edelmetallen entwikkelt. Außerdem waren sie tüchtige Bauern gewesen, da sie angeblich wußten, wie man drei Ernten von Feldern einbrachte, welche nach ihrem Untergang nur noch eine Ernte trugen. Der Legende nach züchteten sie sogar Baumwolle in verschiedenen Farben, so daß das Färben unnötig war.

Nichts war für die Mexica so wichtig wie die erfolgreiche Aneignung des toltekischen Erbes, führten sie doch alle großen Leistungen auf das Vorbild der Tolteken zurück. So hieß es beispielsweise: »Der wahre Künstler arbeitet wie ein echter Tolteke«; »der große Maler gleicht einem Tolteken, denn er verwendet rote und schwarze Tinte«; und: »Die Tolteken waren weise ..., alles war vortrefflich, wunderbar, vollkommen; ihre hübschen Häuser besaßen glatte Böden und waren mit Mosaiken ausgelegt und mit Stuck verziert.«[16] In Wirklichkeit jedoch übertrafen die künstlerischen und politischen Leistungen der Mexica jene der Tolteken. Die Institutionen, die Tenochtitlan zu Beginn des 16. Jahrhunderts geschaffen hatte, vereinigten in sich auf fruchtbare Weise toltekische und altmexikanische Traditionen aus der Nomadenzeit.

Diese mexikanischen Umdeutungen der Geschichte gingen mit einer

»Verbrennung von Büchern« über die Vergangenheit einher, die von Kaiser Itzcoatl angeordnet wurde. Betroffen waren vermutlich relativ wenige Werke, die zudem weder stilistisch anspruchsvoll noch besonders tiefschürfend gewesen sein dürften. Wie auch immer, an ihre Stelle setzten die neuen Herrscher die Grundmythen der Mexica. Die alten Bücher hatten wahrscheinlich eine Sicht der mexikanischen Geschichte enthalten, die nicht mit dem Bild übereinstimmte, das die neuen Herrscher verbreiten wollten. Vielleicht hatten die Mexica an der Plünderung Tollans mitgewirkt: eine Begebenheit, an die sie sich 1428 nur ungern erinnert hätten. Der geringste Hinweis darauf, daß die Mexica durch etwas so Prosaisches wie eine Dürre zur Auswanderung aus ihrem bescheidenen früheren Siedlungsgebiet veranlaßt worden waren, mußte getilgt werden. Möglicherweise wurde der toltekische Mythos, nach dem die Welt vier Sonnenepochen durchläuft, zu dieser Zeit durch den Mythos einer fünften Sonne ergänzt, jener der Mexica.[17] Vielleicht ergriff Itzcoatl auch die Gelegenheit, jene Aufzeichnungen zu vernichten, in denen beschrieben wurde, daß sein eigenes Kaiseramt einstmals in mancher Hinsicht dem des *calpultin* untergeordnet war. In diesen Entwicklungen ist zweifellos die Übernahme der Bräuche des Tals durch einen einstmals nomadischen Stamm zu erkennen. Man kann darin jedoch auch eine jener »edlen Lügen« sehen, die eine Gruppe von Herrschern propagierte, um ihrem Volk eine Deutung der Geschichte zu vermitteln, die nur noch wenig mit der Realität zu tun hatte.

Das Leben der Mexica, wie das aller Städte im Hochtal, wurde von einem dichtgedrängten Programm regelmäßig stattfindender großer und kleiner Feste zusammengehalten, für die sehr viel Zeit, Energie und Ressourcen aufgewendet wurden. Diese mit großer Sorgfalt vorbereiteten Zeremonien, die mit den einzelnen Monaten verknüpft waren, dienten in erster Linie dazu, sich des Regens im Überfluß und einer reichen Ernte zu versichern. Bewegliche Feiertage gab es auch, und die einzelnen Hauptgötter wurden ebenfalls an bestimmten Tagen geehrt. Bei der Einweihung neuer Gebäude, bei Krönungen, nach erfolgreich beendeten Feldzügen und dem Tod von Herrschern wurde ebenfalls gefeiert. Während Dürreperioden veranstaltete man zusätzliche Feste, um die Götter um Regen zu bitten. Obwohl die Mexica bei einigen der Völker, die ihnen tributpflichtig waren, wie etwa den Otomí, die ihre Ablehnung von Nacktheit und Ehebruch für Prüderie hielten, als besonders sittenstreng galten, gab es kein anderes Volk, das so viel Zeit mit Feiern verbrachte wie die Mexica. In der Vergangenheit waren viele Zeremonien mit bescheidenem Aufwand begangen worden, wie dies an kleineren Orten auch immer noch der Fall war; in Tenochtitlan jedoch hatten sie sich unter der Herrschaft der Kaiser zu pompösen Veranstaltungen entwickelt.[18]

Bei diesen Feiern wurde nicht nur zu den Klängen von Trommeln, Flöten, Muscheltrompeten und Rasseln gesungen und getanzt, sondern es wurden auch Umzüge veranstaltet, deren Teilnehmer Federschmuck, ausgefallene Umhänge, Masken und Perücken, Jaguarfelle und manchmal sogar Menschenhäute trugen. Die Feiernden bemalten ihre Gesichter mit exzentrischen Ornamenten. Es fanden Scheinkämpfe zwischen »Göttern« und »Soldaten« statt. Auch Blumen waren von großer Bedeutung: »Der Duft von Blumen war für sie so wohltuend und tröstlich, daß sie sogar ihren Hunger mit Blumendüften linderten.«[19] Halluzinogene, wie sie von Zauberern und Wahrsagern verwendet wurden, spielten ebenfalls eine Rolle: »Immer wenn gesungen oder getanzt wurde oder wenn es Rauschpilze gab, befahl der Herrscher, Lieder anzustimmen.«

Sakrale Blutopfer waren weit verbreitet: selbst an gewöhnlichen Tagen zapften sich Kaiser und Bauer, Priester und Krieger zur Ehre ihrer Götter Blut ab, indem sie sich mit Agavenstacheln in die Zunge oder die Ohrläppchen stachen. Manchmal gewann man das Blut auch dadurch, daß man Strohhalme durch ein Loch in der Zunge, in einem Ohr oder sogar (bei Priestern) im Penis hindurchzog.

Bei Festen wurden Lebewesen geopfert: manchmal Säugetiere oder Vögel, insbesondere Wachteln; aber in zunehmendem Maße auch Menschen, meistens Kriegsgefangene oder Sklaven, die man eigens zu diesem Zweck kaufte. Die meisten der Opfer waren Männer, auch wenn mitunter Jungen und Mädchen bei diesen sonderbaren Barbareien die Hauptrollen spielten.

Diese Form des Opferkultes kam in der Region von Mexiko vermutlich auf, als dort die ersten menschlichen Siedlungen entstanden: in Tehuacan, 190 Kilometer südöstlich von Mexiko, zum Beispiel um etwa 5000 v. Chr. (Im Hochtal von Mexiko ließen sich um 2500 v. Chr. die ersten Siedler nieder, die Ackerbau betrieben und ab 300 v. Chr. über ausgeklügelte Kalender verfügten.)

Bevor sich die Mexica 1428 von der Vorherrschaft der Tepaneken befreiten, hatte das Menschenopfer bei ihnen wohl nur eine untergeordnete Rolle gespielt. Sie wollten mit diesen Opfern den Göttern gefallen und ermächtigten deshalb einen prachtvoll geschmückten Priester, bei Tagesanbruch ein blutendes Herz (das bei diesen Anlässen »die kostbare Kaktusfrucht« genannt wurde) der Sonne (»der Fürst aus Türkis, der erhabene Adler«) entgegenzuhalten, um für weitere 24 Stunden die Katastrophe einer in Finsternis versinkenden Welt aufzuschieben. Normalerweise wurde das Opfer auf einen Steinblock gelegt und von vier Priestern festgehalten. Dann schnitt ein Hoherpriester oder auch der Herrscher selbst mit Hilfe eines Messers aus Feuerstein das Herz des Opfers heraus, das in einer Kohlenpfanne verbrannt wurde. Der Kopf wurde abgeschnitten und hochgehalten. Die Gliedmaßen wurden mit Mais oder Chili von Adligen und erfolgreichen Kriegern bei einem rituellen Mahl verzehrt. Der Rumpf des Opfers wurde weggeworfen oder an Tiere in einem der Zoos verfüttert. Dies blieb die klassische Methode der Opferung, auch wenn es zu Abwandlungen kam, wie etwa die Tötung des Opfers mit Pfeil und Bogen, gelegentliche Gladiatorenkämpfe oder, unter bestimmten Umständen, die Opferung von Kindern.

Bis zur Mitte des 15. Jahrhunderts dürfte sich das Menschenopfer selbst bei den Mexica auf den Sklaven oder Gefangenen beschränkt haben, den man dazu ausersehen hatte, eine Gottheit zu verkörpern: Das Opfer lebte und kleidete sich eine Zeitlang wie der Gott und wurde dann im Rahmen einer standesgemäßen Zeremonie getötet. Vielleicht opferte ein Volk, das siegreich aus einem Krieg hervorgegangen war, auch immer nur einen Sklaven (seinen »besten Sklaven«), um den Göttern zu danken, wie es in einem Text aus den 40er Jahren des 15. Jahrhunderts heißt.[20] Doch von 1430 an, als die Mexica mit dem Aufbau ihres Imperiums begannen, wurden immer häufiger Menschen geopfert.

Dies war wahrscheinlich auf den anhaltenden Einfluß des Tlacaelel zurückzuführen, der vier Kaisern einschließlich seines Onkels Itzcoatl als *cihuacoatl* oder Vize-Kaiser zur Seite gestanden hatte. Er sorgte dafür, daß der Gott Huitzilopochtli gegenüber den übrigen Götter immer stärker in den Vordergrund rückte, er war der Architekt der militärischen Expansion der Mexica, und er war es, der Itzcoatl zur Bücherverbrennung angestiftet hatte.[21]

Die Menschenopfer nahmen so stark zu, daß der Verfasser des *Codex Telleriano* (fälschlicherweise) glaubte, vor 1484 seien überhaupt keine Menschen geopfert worden, sondern nur Wachteln und Säugetiere. 1487 wurde der neue Tempel des Huitzilopochtli in Tenochtitlan eingeweiht. Bei diesem Anlaß wurden binnen vier Tagen auf vierzehn Pyramiden so viele Gefangene geopfert wie noch nie zuvor: Die Reihen der Opfer erstreckten sich vom Tempelplatz in vier Richtungen, so weit das Auge sah. Da wir keine eindeutigen Beweise besitzen, sind wir auf eine grobe Schätzung angewiesen. Der Conquistador Andrés de Tapia veranschlagte die Zahl der Schädel, die auf einem Schädelgerüst in Tenochtitlan aufgespießt waren, auf 136 000. Ein Ethnologe hat jedoch darauf hingewiesen, daß es nach Tapias eigenen Berechnungen nicht mehr als maximal 60 000 Schädel gewesen sein können und wahrscheinlich sogar sehr viel weniger, da das Schädelgerüst nicht den gesamten beschriebenen Raum eingenommen haben könne; wahrscheinlich muß man die meisten Schätzungen aus dem 16. Jahrhundert erheblich reduzieren. Der Chronist Fray Diego Durán kam der durchschnittlichen Opferzahl wohl näher; er erklärte, beim Begräbnis von König Axayácatl im Jahre 1479 seien 50 bis 60 Bucklige und Sklaven geopfert worden.[22]

Wie auch immer, jedenfalls wurden Türen, Säulen, Treppen und Innenhöfe mexikanischer Tempel und Häuser regelmäßig mit dem Blut von Geopferten bespritzt. Als Gefangene knapp wurden, weil die Zahl der siegreichen Kriege zurückging, boten bereits unterworfene Völker Sklaven oder auch Angehörige des gemeinen Volkes, vor allem Kinder, gleichsam als Tribut an. Seit Anfang des 16. Jahrhunderts boten selbst auch Mexica ihre Kinder für die Opferungen an – für einige Feste zu Ehren des Regengottes Tlaloc benutzte man immer Kinder als Opfer.[23]

Mitleid und Erbarmen waren den Mexica genauso fremd wie den alten Griechen. Waren nicht Leben und Tod letztlich zwei Seiten derselben Wirklichkeit, wie es auch die Töpfer aus Tlatilco in ihren Tonmasken andeuteten, welche hälftig das Gesicht eines Lebenden und eines Toten darstellten? War der Tod nicht die Übergabe einer Sache, die, wie jedermann wußte, eines Tages sowieso veräußert werden mußte? (Das Nahuatl-Wort für Opfer, *nextlaoaliztli*, heißt wörtlich »Bezahlung«.) Wurden Jungen nicht in dem Glauben erzogen, der »Blumentod« durch den »Obsidiandolch« sei (neben dem selteneren Tod auf dem Schlachtfeld und bei Frauen dem Tod bei der Niederkunft) die ehrenvollste Todesart? Die Götter interessierten sich nicht für diejenigen, die an gewöhnlichen Krankheiten oder an Altersschwäche starben. Jenen, die unter »dem Obsidiandolch« starben, wurde ein besseres Leben nach dem Tod verheißen – in Omeyocan, dem Paradies der Sonne – als jenen, die eines natürlichen Todes starben (in Wirklichkeit wurde bei den Opferungen ein Dolch aus Feuerstein verwendet, da Obsidian brüchig ist, doch Obsidian wurde als Metapher benutzt). Man glaubte, die Seelen gewöhnlicher Menschen würden nach dem Tod nach Mictlan reisen, der finsteren Unterwelt, dem Reich des Nichts. Die zur Opferung Bestimmten erhielten häufig Halluzinogene, oder sie durften zumindest einen kräftigen Schluck *pulque* zu sich nehmen, damit sie ihr Schicksal leichter ertrugen.[24]

Fray Durán schrieb in den 50er Jahren des 16. Jahrhunderts: »Ich fragte die Indianer immer wieder, weshalb sie sich nicht damit begnügt hätten, Wachteln, Turteltauben und andere Vögel zu opfern, worauf sie erwiderten, dies seien Opfergaben der Armen, während die Opferung von Kriegsgefangenen und Sklaven großen Herren und Rittern gezieme.«[25]

Feinde wie Freunde der Mexica akzeptierten dieses Blutvergießen und den rituellen Verzehr der Gliedmaßen des Geopferten. Das Volk scheint von der Dramatik, der Schönheit und dem Schrecken des Ereignisses fasziniert gewesen zu sein. Es gibt jedoch einen oder zwei Hinweise darauf, daß die starke Zunahme der Opferungen zumindest eine gewisse Besorgnis auslöste. So sollen die Herrscher anderer Völker, die (heimlich) der Eröffnung des neuen Tempels in Tenochtitlan beiwohnten, entsetzt gewesen sein über das, was sie sahen, was zweifellos auch in der Absicht der Mexica lag.[26] Auch kann man sich nur schwerlich vorstellen, daß die Armen sich darüber freuten, daß ihre Kinder geopfert wurden. Der Kult des Gottes Quetzalcoatl in Cholula muß ein Zentrum des Widerstandes gegen den Opferkult gewesen sein, da Quetzalcoatl gegen Menschenopfer war. Möglicherweise waren es Meinungsverschiedenheiten über das Menschenopfer, die zur inneren Spaltung und schließlich zum Untergang der Tolteken führten. Widerstand gegen die Ausweitung dieses Opferkults mag auch eines der Motive für den Aufstand der Tlatelolca im Jahre 1473 gewesen sein: Der König der Stadt, Moquihuix, soll andere Städte mit der Begründung um Unterstützung gebeten haben, die Tenochca führten Krieg, nur um den Bedarf ihrer Priester an Menschenopfern zu dekken.

Die Leistungen der Mexica sollten nicht von dieser für uns unannehmbaren Seite ihrer Kultur überschattet werden, Menschenopfer wurden schließlich auch an zahllosen Orten der westlichen Hemisphäre praktiziert. Brasilianische Stämme opferten Kriegsgefangene, um symbolisch Rache zu nehmen, und die Kariben der Inseln unter

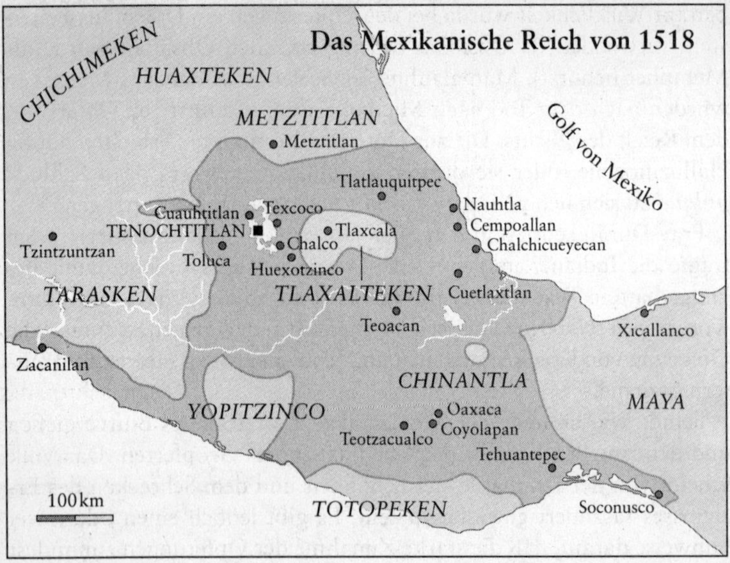

dem Winde aßen Stücke des Fleisches feindlicher Krieger, um sich deren Tapferkeit anzueignen. Und doch besaß das Menschenopfer in Mexiko sowohl aufgrund der Zahl der Getöteten als auch wegen der Zeremonie, welche die kultischen Spektakel begleitete, und wegen seiner Bedeutung in der Staatsreligion eine einzigartige Stellung.

Ich sehe Unglück kommen

»Ich sehe Unglück kommen, der Tempel erbebt.
Die Schilde brennen, es ist der Platz des Rauches,
dort, wo die Götter erschaffen werden.
Ich sehe Unglück kommen, der Tempel erbebt.«
Kriegslied, Historia de la literatura náhuatl,
A. M. Garibay

»Locker gefügtes Reich«, »Konföderation«, »auf militärische Stärke gestützter Merkantilismus« – gleich wo man das alte Mexiko unter den politischen Systemen einordnet, fest steht, daß es von seinen Nachbarn und den tributpflichtigen Völkern als eine überwältigende, furchteinflößende Macht betrachtet wurde. Doch ungeachtet des Glanzes der Stadt, der nahezu universellen Bildung, des bemerkenswerten Rechtsbewußtseins, der Dichtkunst, der militärischen Erfolge, der künstlerischen Leistungen und der glänzenden Feste verspürte man in Tenochtitlan gewisse Ängste.

Diese Ängste sind nicht darauf zurückzuführen, daß den Mexica das Rad, der Gewölbebogen, Metallwerkzeuge, domestizierte Zugtiere und eine Schrift im eigentlichen Sinne unbekannt waren. Auch hatte man keine Probleme damit, daß die Männer Sandalen trugen, während die Frauen barfuß gingen. Vielleicht wurden inzwischen bei den Festen zu viele Menschen geopfert, oder es wurden im Übermaß »Heilige Pilze« verzehrt – doch auch dies hätte keine Verzweiflung auslösen können.

Die erste Sorge rührte daher, daß die Mexica ihre Geschichte auf dem Mythos einer endzeitlichen Katastrophe erbaut hatten. Nach diesem Mythos hatte die Welt bereits vier Epochen durchlaufen, die von vier verschiedenen Sonnen erhellt worden waren. Die gegenwärtige Epoche, die der Fünften Sonne, würde, wie jeder wußte, eines Tages zu Ende gehen.

Der allgemeine Glaube an diese Legende – vergleichbar der Furcht, mit der die alten Skandinavier dem schrecklichen Tag entgegensahen, an dem Odin dem Wolf begegnen würde – war einer der Gründe, weshalb die mexikanische Oberschicht trotz ihres Reichtums, Luxuslebens, Erfolges und ihrer Macht pessimistisch in die Zukunft blickte. Auch wenn das Leben der Mexica von einem zyklischen Kalender bestimmt wurde, war das Universum für sie doch nicht statisch; im

Gegenteil, es war dynamisch. Waren die Götter auch heute zufrieden, so konnten sie doch morgen schon wieder verärgert sein und den Menschen mit Naturkatastrophen heimsuchen.

Zudem war das Leben der Mexica und der von ihnen unterworfenen Völker überschattet von der lebendigen Erinnerung an den Untergang früherer Städte, insbesondere Tollans. Auch wenn die Tolteken in ihren blauen Sandalen scheinbar makellos gewesen waren, waren sie am Ende besiegt worden, sogar ihre Götter waren zerstreut worden. Wenn ein solch überlegenes Volk vernichtet werden konnte, welche Hoffnung auf Unsterblichkeit blieb dann den Mexica?

Außerdem war Tollan nicht die einzige bedeutende Stadt, die untergegangen war. Die Mexica hatten keine Ahnung, welchen Glanz die Maya-Kultur in Yucatán im fünften und sechsten Jahrhundert entfaltet hatte. Auch Palenque und Tikal waren ihnen genauso unbekannt wie den Europäern – doch jeder in Tenochtitlan wußte, daß sich 16 Kilometer nordöstlich des Texcoco-Sees einst eine andere Stadt, Teotihuacan, befunden hatte, deren geheimnisvolle, mittlerweile von Buschwerk überzogene Pyramiden Zeugnis von ihrer einstigen Größe ablegten. Bis heute ist unbekannt, welches Volk dort seine höchste Blüte erreicht hatte und welche Sprache dort gesprochen worden war. Doch die »Stadt der Götter«, so der Name dieser verfallenen Stadt, war für die Mexica ein Menetekel, das sie ständig an die Vergänglichkeit alles Großen erinnerte: »Dort in Teotihuacan« lautete eine häufig gebrauchte Wendung zur Bezeichnung der Vergangenheit.[1] Diese Stadt, in der sich einzigartige Wandgemälde finden, dürfte vollständiger und rascher zerstört worden sein als Tollan. Nach den Überresten von Tula zu urteilen, war Teotihuacan eine viel gewaltigere Stadt gewesen als Tollan und ihr Niedergang war in seinen Folgen für die nachkommenden Völker mit dem Fall Roms vergleichbar. In der Blütezeit Teotihuacans lebten dort vermutlich mehr Menschen als später in Tenochtitlan. Aufgrund ihrer Größe, ihrer Skulpturen und Gemälde, ihrer Architektur und ihrer bestimmten Gewerben vorbehaltenen Viertel war Teotihuacan zur Zeit seines Untergangs im Jahr 650 n. Chr. eine Stadt, die nirgendwo auf der ganzen Welt – mit Ausnahme Chinas – ihresgleichen hatte. 1518 begaben sich der Kaiser von Tenochtitlan und seine Priester alle 20 Tage dorthin, um Opfer darzubringen.

Die Mexica fürchteten sich also vor einer möglichen Katastrophe. Bei ihrer Thronbesteigung mußten die Kaiser der Mexica eine feierliche Ansprache halten, in der sie auf rituelle Weise das Verhängnis vorwegnahmen. Sie fragten unter anderem: »Was wird geschehen, wenn ... [der] Herr der Nähe deine Stadt verwüstet? Was wird geschehen, wenn sie ... verlassen daliegt? ... Und was wird geschehen, wenn Schande und Laster über mich kommen? Was wird geschehen, wenn ich die Stadt zugrunde richte? ... Was wird passieren, wenn ich einfache Bürger in den reißenden Strom werfe oder von der Klippe hinabstürze?« Daraufhin mußte ein Adliger fragen: »Wirst du dich vor dem Krieg fürchten ... wird die Stadt vielleicht mit Pfeilen beschossen werden? Wird sie von Feinden umzingelt werden? ... Fürchtest du, daß die Stadt vielleicht zerstört und verwüstet wird? ... Wird es ein großes Zittern geben und die Stadt verlassen werden? Wird sie sich verdüstern? Wird sie zu einem Ort der Trostlosigkeit werden? Werden wir in die Sklaverei geführt werden? ...«[2]

König Nezahualcoyotl von Texcoco schrieb zahlreiche Gedichte, in denen die Vergänglichkeit menschlicher Errungenschaften anklingt. Sein bekanntestes Werk enthielt die folgende Mahnung:

> Ritter, bedenkt, ihr Adler und Tiger:
> auch Jade zerbricht,
> auch Gold zerbirst,
> selbst die Feder des Quetzal verdorrt.
> Eitle Gäste sind wir auf Erden, nur kurze Zeit ist uns vergönnt.[3]

Die Herrscher sprachen feierlich zu ihren Töchtern: »Ach, meine Tochter, die Welt ist ein Tal der Tränen und des Leids. Wie groß ist unser Elend. Eisige Winde wehen übers Land ... Wer stillt unsern Durst? Wer gibt uns zu essen?«[4]

Dennoch geht die mythische Angst vor der Zukunft oftmals mit Entschlossenheit, Stolz und Kampfeslust im Hier und Jetzt einher. Dies war auch bei den Mexica der Fall, und hierin liegt eine gewisse Ähnlichkeit mit den Europäern, die trotz ihrer beachtlichen Furcht vor der Hölle unverschämterweise schon bald an der Ostküste des mexikanischen Reiches auftauchen sollten.

Die Sorge wurde durch die Tatsache verstärkt, daß die Mexica niemals vergaßen, daß sie Neulinge waren, auch wenn sie ihre Geschichte neu geschrieben hatten. Das, was sich wirklich vor 1428 (als Itzcoatl die alten Geschichtsbücher verbrennen ließ) und erst recht vor 1376 (in dem Acampichtli den Thron bestiegen haben soll) zugetragen hatte, lag für immer im dunkeln. Auch wenn die Mexica das Erbe der Tolteken angetreten hatten, wußten sie doch, daß sie ursprünglich ein Nomadenstamm gewesen waren, der seßhafte, kulturell höherstehende Völker überfallen hatte.

Die Errichtung einer großen Stadt, in der ihr Gott Huitzilopochtli neben dem Regengott Tlaloc saß, die Machtübernahme einer Dynastie von toltekischer Abkunft und das erfolggekrönte Bemühen, einen Adelsstand mit toltekischem Blut zu erzeugen, hätten eigentlich das Minderwertigkeitsgefühl der Mexica zum Verschwinden bringen müssen. Doch war dies offenbar nicht der Fall.

Es gab auch materielle Gründe zur Sorge. Das wirtschaftliche Wohlergehen sämtlicher Städte des Hochtals, aber insbesondere das Tenochtitlans, unterlag klimabedingten Schwankungen. Es regnete nur zwischen Juli und November, und in jedem Winter (der von November bis Februar dauerte) kam es zu einer Krise. Frühfrost konnte die Ernte vernichten, und auch Dürreperioden waren nicht selten. Um diesen Wechselfällen vorzubeugen, legten die Mexica Maisvorräte an. Doch manchmal zogen sich die Krisen in die Länge. So hatte in den 50er Jahren des 15. Jahrhunderts eine schwere Dürre eine mehrjährige Hungersnot ausgelöst, woran sich zu Beginn des 16. Jahrhunderts noch viele alte Menschen erinnern konnten. Ein schwerer Schneesturm führte zum Untergang zahlreicher *chinampas*. Die Nahrungsmittelvorräte reichten nicht aus, Tausende starben.[5]

Dann wurde der See auch immer wieder von schweren Stürmen gepeitscht, die binnen kurzem zu Überschwemmungen führen konnten, die nur sehr langsam wieder zurückgingen. 1499 war es infolge einer Fehlentscheidung zu einer schweren Flut gekommen, die einen Großteil Tenochtitlans zerstörte. Kaiser Ahuítzotl, dessen Wasserversorgungspolitik mit zu der Katastrophe beigetragen hatte, geriet in Verruf. Die Mexica erbauten eine neue, noch schönere Stadt – doch dieses Ereignis gemahnte sie daran, wie schnell ihre Kultur vom See verschlungen werden konnte.

Auch die starre Auslegung des Kalenders wirkte sich negativ auf die Ernten aus. Fray Durán berichtet, daß er »einmal einen alten Indianer gefragt [hat], weshalb er die Bohnen so spät säe, da doch kaum ein Jahr vergehe, in dem sie keinen Frost bekämen. Worauf dieser geantwortet hat, daß alles seine Zahl, seinen Grund und seinen besonderen Tag habe … An vielen Orten würde die Ernte erst dann eingebracht, wenn die Alten sagten, die Zeit sei nun gekommen – auch auf die Gefahr hin, daß die Ernte verlorenginge …«

Eine weitere Schwierigkeit lag darin, daß die Wirtschaft Tenochtitlans immer stärker von den Tributen abhängig wurde. Infolge des starken Bevölkerungswachstums in den letzten 100 Jahren reichte die örtliche Maisernte nicht mehr aus, um den Bedarf zu decken. Zudem arbeitete mittlerweile ein hoher Prozentsatz der Bevölkerung Tenochtitlans in Dienstleistungs- und Handwerksberufen: als Sandalenmacher, Brennstoffhändler, Mattenweber, Töpfer, Lastträger oder als Federsticker und Goldschmiede, die Rohstoffe verarbeiteten, die auf dem Handelsweg zu ihnen gelangten.[6] Auch Obsidian, den man früher im Hochtal selbst abgebaut hatte, und das am Seeufer gewonnene (und sehr begehrte) Salz sowie Wild und Holz wurden zunehmend zu Mangelgütern.

So waren die Mexica verstärkt auf die zusätzlichen Ressourcen angewiesen, die ihnen in Form von Tributen zuflossen. Doch damit nicht genug. Die verwöhnte Führungsschicht betrachtete tropische Früchte und Kakao als Grundnahrungsmittel. Die Adligen wollten nicht auf ihre 15 000 Krüge Honig pro Jahr verzichten, ganz zu schweigen von den über 200 000 Baumwollumhängen unterschiedlicher Größe, die ihnen regelmäßig zugeteilt wurden.[7] In einer Gesellschaft, in der Geld als Zahlungsmittel unbekannt war, brauchte auch der Kaiser eine gewisse Menge dieser Güter, um Beamte für geleistete Dienste zu entlohnen. Ursprünglich hatte dieser »Lohn« in Grundstücken bestanden, doch Grund und Boden waren ebenfalls knapp geworden. Auch für die Feste, die immer pompöser geworden waren, benötigte man Luxusartikel, und zwar sowohl als Geschenke für die Götter wie auch als Schmuck für die Teilnehmer. Die Schulen, Tempel und Gerichte mußten unterhalten, die Beamten, die städtischen Arbeiter, die Berufssoldaten und die Tributeintreiber vergütet werden. Die Mexica brauchten Farben. Dank der Tribute verfügten sie über Koschenillefarbe und andere Farbstoffe. Selbst die Kriegsgewänder und die Waffen, die man zur Kriegführung brauchte, mußten als Tribut importiert werden.

So hing die Aufrechterhaltung dessen, was die wohlsituierten Mexica mittlerweile als »normalen Lebensstil« betrachteten, von den Tausenden von Lastträgern (*tamemes*) ab, welche die Tribute der unterworfenen Städte mit Hilfe sorgfältig gearbeiteter Lastgürtel über die Berge und entlang den Flüssen nach Tenochtitlan schafften: lange Kolonnen von Männern, die *en route* einen pittoresken Anblick geboten haben dürften; sie trugen prächtige Vögel, geflügelte Insekten, Blumen und wunderschöne Federn, aber auch so prosaische Dinge wie Früchte, Bohnen, Kakaobohnen, Honigwaben, Umhänge, wollene Rüstungen sowie Pfeile und Bogen – ganz zu schweigen von Mädchen und Jungen, die zur Opferung bestimmt waren. Die Träger, die jeden Tag mit ihren bis zu 23 Kilogramm schweren Lasten 24 Kilometer zurücklegten, übernahmen die Funktion der fehlenden Zugtiere und Fahrzeuge mit Rädern[8] (das Amerikanische Pferd war seit langem ausgestorben, Rinder hatte es nie gegeben, und Räder wurden nur für Spielzeug verwandt). Die exotischsten Tributgegenstände (Jade, kostbare Quetzalfedern, Gold, Kupfer) kamen von den entlegensten Völkern, die erst in jüngster Zeit unterworfen worden waren. Einige Städte stellten Tenochtitlan Dienstpersonal zur Verfügung. Andere schickten Abordnungen ihrer Bürger als Publikum zu Festen, und an einigen Orten war der Ertrag der fruchtbarsten Äcker den Mexica vorbehalten. Sämtliche Tribute wurden sorgfältig auf »Papier« verzeichnet, das aus der inneren Rinde des wilden Feigenbaums (*amatl*) hergestellt wurde. Auch wenn bedeutende Städte die Anwesenheit mexikanischer Verwalter (*calpixque)* dulden mußten und einige mit einer Garnison belegt waren, ersparten sich die Mexica doch mit Hilfe des Tributsystems die Kosten einer zentralistischen Reichsverwaltung. Sofern die unterworfenen Städte fristgerecht den festgesetzten Tribut ablieferten, behielten sie das Recht zur Selbstverwaltung. Allerdings empfanden viele der unterworfenen Völker die Forderungen der Mexica als schwere Bürde, Unzufriedenheit und Unmut griffen um sich. Einige trugen sich bereits mit dem Gedanken an offene Auflehnung.

Die zunehmende Schichtenbildung in der mexikanischen Gesellschaft sorgte vermutlich ebenfalls für Spannungen. In der Anfangszeit hatten offenbar die meisten Familienoberhäupter an der Wahl des Monarchen mitgewirkt. Mittlerweile jedoch beschränkte sich der Kreis der Wahlberechtigten auf die Adligen. Die Einstellung des Monarchen zu seinen Untertanen spiegelte sich im Wortlaut der Einladung zu mexikanischen Festen wider, die er an die Regenten der übrigen Städte verschickte. Sie sollten den Festen heimlich beiwohnen, »um beim einfachen Volk ... nicht den Verdacht aufkommen zu lassen, daß Könige und Herrscher auf Kosten des gemeinen Mannes Bündnisse vereinbaren, Absprachen treffen und Freundschaften schließen«.[9] – Geheimbündnisse waren somit die Regel.

Im 15. Jahrhundert wurde eine Adelsklasse, die *pipiltin*, planmäßig geschaffen, die größtenteils von König Acampichtli abstammte. Mehrere seiner Nachfolger hatten viele Nachkommen von zahlreichen Ehefrauen. Etwas übertrieben scheint allerdings die Behauptung der Chronisten, Nezahualpilli, der 1515 verstorbene König von Texcoco, habe 144 Kinder gehabt. Die Macht dieser Adligen von halbköniglichem Blut nahm ständig zu, da ihnen erobertes Land mitsamt den Landarbeitern direkt vom König zugeteilt wurde, so daß sich ihre Treuepflicht unmittelbar auf den Herrscher bezog und nicht über die traditionellen Clans von Tenochtitlan, die *calputin,* vermittelt wurde. Vielleicht erwarben sie ihre unbeugsame Haltung von den Völkern, die sie eroberten: Als Maxtla, der König von Azcapotzalco, einen Preis auf den Kopf des auf der Flucht befindlichen Herrschers von Texcoco, Nezahualcoyotl, aussetzte, versprach er demjenigen, der ihn gefangennahm, »und sei er gemeiner Mann aus dem Volk«, als Belohnung ein Stück Land.[10]

In den 60er Jahren des 15. Jahrhunderts verstärkte der damalige Kaiser Montezuma I. die sozialen Klassengegensätze, indem er eine Reihe von Verhaltensregeln einführte, die den sonderbaren Namen »Funken des göttlichen Feuers« trugen und sicherstellen sollten, daß »jeder seinem Stande gemäß lebt«. Diese Regeln errichteten Standesgrenzen zwischen Monarchen und Fürsten, Fürsten und hohen Beamten, hohen und niedrigen Beamten sowie niedrigen Beamten und einfachen Bürgern, und es wurde eine Unterscheidung zwischen dem hohen und dem niedrigen Adel eingeführt. Man betonte Unterschiede in der Kleidung und in den Formen der Anrede: Adlige trugen jetzt bestickte Baumwollumhänge und Lendenschurze, goldfarbene Sandalen, Ohrringe und Lippenpflöcke. Die Angehörigen des einfachen Volkes durften keine Baumwolle tragen und mußten sich mit Kleidern aus Agavefasern begnügen. Ihre Umhänge durften höchstens knielang sein. In Gegenwart höherstehender Personen durften sie keine Sandalen tragen. Nur Adlige durften zweistöckige Häuser bauen und Kakao trinken. Während die Schüsseln und Teller der einfachen Familien aus unverziertem Ton bestanden, verwendeten die Adligen bemaltes oder lasiertes Steingut.[11]

Möglicherweise wurden diese Regeln nicht streng eingehalten. Nichtadlige, die sich im Krieg auszeichneten, bekamen Land geschenkt oder wurden von ihrer Tributpflicht entbunden; sie durften sogar Baumwollumhänge tragen. Dennoch hatten die Adligen mehr Möglichkeiten, ihre Tapferkeit unter Beweis zu stellen, da nur sie

Schwerter benutzen durften. Zudem konnte eine Familie, die nicht (über Acampichtli) direkt von den Tolteken abstammte, niemals in die Oberschicht aufsteigen. Mobilität jeglicher Art war verpönt: »Ein Mann soll dort leben und seine Tage beschließen, wo sein Vater und seine Vorfahren lebten.«[12]

Kaiser Montezuma II. verschärfte die Diskriminierungen noch. Sämtliche Beamte und sogar alle Priester mußten fortan aus der obersten Gesellschaftsschicht stammen, was praktisch darauf hinauslief, daß sie Mitglieder der königlichen Großfamilie sein mußten. Doch selbst innerhalb dieser Großfamilie bildete sich eine Tendenz zur Erblichkeit der Ämter heraus. Von Montezumas eigenem Standpunkt aus betrachtet, war es nur folgerichtig, daß er verfügte, nur noch Jungen von hoher Geburt dürften in die Höheren Schulen, die *calmécac*, aufgenommen werden. Bis dahin hatten auch begabte Jungen von niedriger Geburt in diesen Lehranstalten ihre Fähigkeiten unter Beweis stellen und sich für das Priesteramt qualifizieren können.

Aus diesem Grund dürfte die Gesellschaftsstruktur in Mexiko im Jahre 1518 so starr gewesen sein wie nie zuvor. Dies mag Menschen, die daran gewöhnt waren, den Kalendern Anweisungen für bestimmte Handlungen zu entnehmen, als natürlich erschienen sein: »Wenn sie Chili nicht an einem bestimmten Tag aussäen, Kürbisse an einem anderen Tag, Mais wieder an einem anderen Tag usw., dann, so glaubten sie, drohe schwerer Schaden.« Auf diese Weise bestärkten die Kalender die Menschen darin, mit ihrem Schicksal zufrieden zu sein. Die Mexica »widersetzten sich jeglicher Veränderung und Neuerung«, wie ein moderner Wissenschaftler schrieb, »der Wunsch nach Unwandelbarkeit war ihrer Kultur … ihrer Kunst … tief eingeprägt …, [und] man spürt deutlich einen Hang zur Wiederholung der gleichen Formen«.[13]

Die Abschottung des Kaisers vom Volk war 1518 größer denn je zuvor. Montezuma II. hatte mehr Diener und Wachen, Jongleure und Akrobaten, Hofnarren und Tänzer als seine Vorgänger. In der sozialen Rangordnung kamen nach dem Kaiser die wichtigsten Berater, der engere Kreis der königlichen Familie, die obersten Verwaltungsbeamten und der Adel, die *pipiltin*, wobei die 21 vornehmsten Adelsfamilien imposante Titel führten. Sie besaßen prächtige Paläste, in denen sie Feste veranstalteten, jungen Männern lauschten, die Gedichte vortrugen, oder alten Männern, welche die Weisheitslehren der Völker erörterten. Sie lebten von dem Ertrag der Ländereien außerhalb Tenochtitlans. Ihre Vorfahren hatten die große Stadt erbaut bzw. ihre Errichtung angeregt – sie selbst setzten auf die psychologische Wirkung der Größe und der eindrucksvollen Gebäude der Stadt, um Besucher aus anderen Städten und die ärmeren Angehörigen ihres eigenen Volkes einzuschüchtern.

Die wichtigste Trennungslinie innerhalb der altmexikanischen Gesellschaft verlief zwischen den Tributpflichtigen und denjenigen, die von Steuern befreit waren. Zur letzten Gruppe gehörten Adlige, Priester, Kinder, nachrangige bzw. kommunale Verwaltungsbeamte, Lehrer und die Anführer der *calpultin* sowie jene Männer aus dem Volk, die aufgrund ihrer militärischen Tapferkeit die ersten Schritte auf dem rutschigen Weg des sozialen Aufstiegs hinter sich hatten, wozu Handwerker, Kaufleute und einige Bauern zählten.

Innerhalb dieser Klasse der steuerbefreiten Bürger waren die Unterschiede eine Frage der Interessengruppen. Die Kaufleute hatten im Vergleich zu den Priestern weder einen höheren noch eine niedrigeren Rang; sie besaßen eine ureigene Machtposition. Sowohl die Kaufleute als auch die Handwerker waren in Form kleiner, aber leistungsfähiger Familienbetriebe organisiert. Offenbar wurden die Berufe aller ganztägig beschäftigten Fachhandwerker erblich, nachdem diese sich in Zünften zusammengeschlossen hatten (möglicherweise stammten die Angehörigen einiger Berufe, wie etwa die Maler der Bilderhandschriften, aus anderen Völkern). Auch die meisten Adligen hatten einen Beruf oder gingen einer Tätigkeit nach: »noch nie hat man jemanden gesehen, der sich allein von seinem Adelstitel ernährt hätte«, pflegte ein Adliger zu seinen Söhnen zu sagen.[14]

Auch unter den Mexica, die Tribut zahlten oder dienstpflichtig waren, gab es mehrere Kategorien: zunächst einmal die Arbeiter oder Gemeinfreien, die *macehualtin*, die in die *calpulli* integriert waren. Ein *macehual* hatte den Nießbrauch an einem bestimmten Grundstück, den er auf seine Kinder übertragen und unter gewissen Umständen veräußern konnte. Auch wenn er einen Teil seiner Zeit seinem Handwerk nachgehen durfte und auch wenn er darin gute Arbeit leistete, konnte ihm das *calpulli* – zumindest theoretisch – das Grundstück wegnehmen, wenn er es nicht ordnungsgemäß bestellte. Als Mitglied eines *calpulli* war er verpflichtet, im Heer zu dienen, an öffentlichen Arbeiten mitzuwirken, an Festen teilzunehmen und, vor allem, Tribut zu zahlen.

Die *macehualtin* bildeten die Mehrheit der mexikanischen Bevölkerung. Nichts deutet darauf hin, daß sie mit ihrem Schicksal gehadert hätten. Vermutlich wußten die Gemeinfreien in Tenochtitlan, um wieviel sie besser gestellt waren als die *macehualtin* unterworfener Städte. Viele Jahre später war ein aufmerksamer spanischer Richter beeindruckt zu sehen, wie »heiter und fröhlich« die Mexica öffentliche Arbeiten ausführten. »Wir wissen, daß Montezuma seinen Untertanen Arbeiten auferlegte, um ihnen Kurzweil zu verschaffen«, lautete der Kommentar eines anderen Zeitzeugen.[15]

Die Klasse der *mayeques* war in ihrer Zwischenstellung zwischen Sklaven und Freien mit den Hörigen in Europa vergleichbar. Sie waren Männer oder auch Familien, die auf Gütern anderer Bürger, insbesondere auf Gütern des Adels, arbeiteten. Möglicherweise handelte es sich also eher um einen Berufsstand als um eine Klasse; sie machten ein Drittel der Bevölkerung aus. Sie waren wahrscheinlich Nachfahren untergegangener oder eroberter Völker oder auch Kinder von Sklaven, jedenfalls arme Menschen, die mit »Hummeln« und »Hornissen« verglichen wurden, die bei Festen auf eine milde Gabe Maiseintopf warteten. Offenbar waren ihre Dienste bei ufernahen Gütern regelmäßig fester Bestandteil der Landzuweisung. Die *mayeques* unterlagen den Gesetzen der Mexica und waren verpflichtet, mit ihnen in den Krieg zu ziehen. Die Teilnahme am städtischen Leben war ihnen indes untersagt. Vielleicht waren ihr Lebensstandard und ihr individueller Entscheidungsspielraum nicht viel (wenn überhaupt) geringer als jener der *macehualtin*. Und doch »waren und sind sie so unterwürfig«, schrieb ein spanischer Beamter 1532, »daß sie sogar im Angesicht des Todes oder bei ihrem Verkauf als Sklaven nicht sprechen …«.[16]

Schließlich gab es auf der untersten Sprosse der sozialen Stufenleiter die echten Sklaven, die *tlatlacotin*, die in mancher Hinsicht besser gestellt waren als ihre europäischen Leidensgefährten, da sie Eigentum erwerben, sich freikaufen und freie Frauen bzw. Männer heiraten durften. Ihre Kinder wurden als Freie geboren. Wenn ihnen die Flucht in den königlichen Palast gelang, wurden sie automatisch frei. Doch ihre Stellung hatte einen schwerwiegenden Nachteil: Sie konnten geopfert werden. Einige Wissenschaftler haben sogar behauptet, daß die meisten von ihnen geopfert wurden, nachdem sie auf dem Markt von Tlatelolco eigens zu diesem Zweck gekauft worden seien.[17]

Viele dieser Sklaven waren ursprünglich *macehualtin*, die Verbrechen begangen oder die geschuldeten Tribute nicht entrichtet hatten; Kleinbauern, die als Sklaven verkauft worden waren, weil ihre Familien dringend Lebensmittel brauchten, oder Gefangene, die zur Opferung bestimmt waren. Einige hatten sich auch freiwillig in den Sklavenstand begeben, um den Pflichten eines normalen Lebens zu entgehen. Ihre ökonomische Bedeutung war im Hochtal von Mexiko geringer als im subtropischen Osten.

Die Kluft zwischen Armut und Reichtum scheint sich in der mexikanischen Gesellschaft von Jahr zu Jahr vergrößert zu haben. Augenzeugen berichteten Fray Sahagún, der kaiserliche Palast, der *tecpan*, sei »ein schrecklicher Ort, ein Ort der Furcht und der Pracht [gewesen] ... dort wurde geprahlt und geprotzt; dort herrschten Stolz, Hochmut, Dünkel und Anmaßung. Dort gab es vulgäre Darbietungen ... es war ein Ort der Giftmischer, Schmeichler und Verführer«. Die Ritter der Adler- und Jaguarorden stellten ihren Reichtum zur Schau.[18] Unterdessen mußten sich die Armen wahrscheinlich mit schlechterer Kost als früher begnügen; es gab häufiger Maisgerichte und seltener Wild. Vielleicht hatten sie begonnen, auf die einzige ihnen mögliche Weise dem Alltag zu entfliehen: durch den Genuß von Alkohol. Obgleich der Alkoholkonsum mit schweren Strafen bedroht war, tranken Vornehme wie Arme immer mehr *pulque*. Der *Codex Florentino* enthält eine anschauliche Darstellung der Übel, die daraus resultierten – eine Versuchung, für die angeblich diejenigen besonders anfällig waren, die am Tag »2-Kaninchen« geboren waren.[19]

Für alte Männer in Mexiko dürfte weniger dieser soziale Klassengegensatz als vielmehr der Machtverfall der *calpultin* die beunruhigendste Veränderung in Tenochtitlan gewesen sein. Diese Clans waren in der Frühzeit eigenständige Selbstverwaltungseinheiten gewesen. Die Mitgliedschaft in einem solchen Verband ermöglichte gewöhnlichen Männern und Frauen, sich als Teil des Ganzen zu fühlen. Zwar erbrachten die *calpultin* noch immer wichtige Dienstleistungen, doch scheinen diese zu Beginn des 16. Jahrhunderts mehr wie auswendig gelernte Lektionen »abgespult« als in freiwilliger Kooperation mit dem Staat – diesem neumodischen Gebilde mit lästigen Ansprüchen – ausgeführt worden zu sein. Es bestand ein Spannungsverhältnis zwischen den *calpultin* und der zentralen Regierung, weil der Kaiser immer stärker die gewohnheitsrechtlich den *calpultin* zustehende Befugnis der Landzuweisung an sich zog. Unterdessen lagen die wichtigsten Angelegenheiten der mexikanischen Gesellschaft, also die Durchführung der rituellen Regenbeschwörungen und die Deutung der Kalender, in den Händen der staatlichen Verwaltung bzw. der Priesterschaft.

Die Mexica waren auch mit einigen politischen Problemen konfrontiert. So hatte sich zum Beispiel 40 Jahre zuvor Tlatelolco (»kleiner Erdhügel«) – damals eine halbautonome Handelsstadt – um seine vollständige Unabhängigkeit bemüht. Tlatelolco lag anderthalb Kilometer nördlich von Tenochtitlan auf einer Insel, die durch mehrere breite Dammstraßen mit der Hauptstadt der Mexica verbunden war, seine Bürger waren ebenfalls Mexica, auch wenn ihre Könige einem anderen Herrschergeschlecht entstammten. Die Krise verschärfte sich durch einen Streit, der in Europa möglicherweise einen Krieg ausgelöst hätte: Der König von Tlatelolco, Moquihuix, war seiner Ehefrau Chalchiuhnenetzin überdrüssig, die eine Schwester des Kaisers von Mexiko war (»sie war zu dünn, und sie roch aus dem Mund«). Dies verletzte die Ehre der Mexica, die daraufhin Tlatelolco angriffen und besiegten. Der letzte König von Tlatelolco, Moquihuix, stürzte sich vom Großen Tempel am Marktplatz, als er sah, daß die Niederlage unabwendbar war, woraufhin Tlatelolco und die Städte in seinem Herrschaftsbereich als fünftes »Stadtviertel« in Tenochtitlan eingegliedert wurden. Obgleich ihre Einwohner einem Stamm der Mexica angehörten, mußten sie fortan dem »Militärgouverneur« Itzquauhtzin, einem Bruder des Kaisers, der 1518 noch immer im Amt war, Tribut zahlen. Der berühmte Markt der Stadt wurde unter den Siegern aufgeteilt. Doch die Tlatelolca waren verbittert und freuten sich heimlich über jedes Ungemach, das Tenochtitlan erlitt.[20]

Die Mexica hatten auch militärische Rückschläge einstecken müssen. Unter dem Kaiser Axayácatl waren sie 1479–1480 210 Kilometer nordwestlich ihrer Hauptstadt von den Purépecha (einem Volk, das die Spanier Tarasken nannten) besiegt worden. Diese Anbeter des kleinen grünen Kolibris beherrschten ein Reich, das aus etwa 20 Städten bestand (und dessen Gebiet sich weitgehend mit dem des heutigen mexikanischen Bundesstaats Michoacan deckt). Sie waren das einzige Volk der Region, das metallurgische Verfahren wie Kaltschmieden, Gießen, Löten und Vergolden beherrschte. So konnten sie nicht nur bemerkenswerte Kupfermasken, schildkrötenförmige Kupferglocken, Fische mit goldenen Körpern und silbernen Flossen sowie Lippenpflöcke aus geschichtetem Türkis herstellen, sondern auch Kupferwaffen fertigen. Auch wenn ihre politische Organisation nicht so komplex war wie die Mexikos, ihre Hauptstadt Tzintzuntzan sehr viel kleiner war als Tenochtitlan und ihre Kleidung nicht so elegant, so waren ihre metallurgischen Fertigkeiten denen der Mexica weit überlegen. Hunderte von mexikanischen Soldaten waren in der Schlacht gegen die Purépecha getötet worden, »wie Fliegen, die ins Wasser fallen«.

Auch war es den Mexica nicht gelungen, unfügsame Nomaden an der Nordgrenze ihres Reichs, die sie Chichimeken nannten, zu unterwerfen. (Das Wort *chichimec* bedeutet soviel wie »Menschen, die von Hunden [*chichi*] abstammen [*mecatl*]«, weil die Männer dieses Stammes rohes Fleisch aßen und das Blut der von ihnen getöteten Tiere tranken.)

Das mexikanische Reich war offenbar an seine Grenzen gestoßen. Die Herrscher hatten das Reich ständig vergrößert, zum Teil um sich mit Ressourcen aus der gemäßigten und heißen Zone zu versorgen, zum Teil aus denselben Gründen, aus denen die meisten Reiche expandieren: Aggression war inzwischen Gewohnheit.

Doch weitere große Kriege waren nicht in Aussicht. Feldzüge in entlegene Gebiete, wie sie Kaiser Ahuítzotl Ende des 15. Jahrhunderts in die Region unternahm, die wir heute Mittelamerika nennen, hatten Unruhe in der Bevölkerung ausgelöst. Schließlich hatten die Mexica kein stehendes Heer, und die meisten Soldaten waren hauptberuflich Bauern, die ihre Felder bestellen mußten. Die Maya in Yucatán waren noch nicht unterworfen worden, doch Yucatán war weit entfernt – die Mexica zogen es vor, Handel mit ihnen zu treiben. Außerdem war es sehr mühsam, Gefangene über große Entfernungen nach Tenochtitlan zu schaffen. Die Tarasken versperrten den Weg für weitere Vorstöße nach Norden. Für ein so kriegerisches Volk wie die Mexica muß die Erkenntnis, daß es keine Gebiete mehr zu erobern gab, frustrierend gewesen sein.

Die Mexica waren auf einen seltsamen Kunstgriff verfallen, um einige Folgen dieser Situation zu mildern: die »Blumenkriege«. Gleich hinter den Bergen, im Osten, lagen einige Städte, deren Unterwerfung den Mexica nur mühsam gelungen war – Cholula, Huexotzinco, Atlixco, Tliliuhquitepec und, vor allem, Tlaxcala. Diesen Städten wurde formell die Unabhängigkeit gewährt, und die Bürger dieser Städte durften sogar in dem Glauben leben, daß es sich um eine vollkommene Unabhängigkeit handle. Ihre Führer mußten sich allerdings mit der Durchführung eines »militärischen Jahrmarkts« (diese Bezeichnung stammt von Tlacaelel, dem langjährigen *cihuacoatl* oder Vize-Kaiser) einverstanden erklären: Man suchte einen geeigneten Marktplatz aus, zu dem der Gott mit seinem Heer kommen konnte, um Opfer und Menschenfleisch zu kaufen, so als ginge er zu einem nahegelegenen Ort, um Tortillas zu kaufen.[21] Auf diese Weise sammelten die Mexica Kampferfahrung. Gleichzeitig hatten die Kämpfe eine abschreckende Wirkung – und man machte Gefangene, die man auf den Opfersteinen darbrachte.

Um ihre Autonomie nicht völlig zu verlieren, erklärten sich die betreffenden Städte zur Zusammenarbeit bereit, und zwar nach einem Plan, der 1518 mit Unterbrechungen bereits etwa 70 Jahre Bestand hatte. Der Tag und der Austragungsort dieser merkwürdigen Wettkämpfe wurden vorher festgelegt. Der Kampf begann damit, daß ein Papierhaufen verbrannt und die Heere beweihräuchert wurden.

Derartige Schaukämpfe, die den Charakter eines Spiels, aber auch eines heiligen Ritus haben konnten, hatte es zuvor schon gegeben. 1375 hatten die Mexica mit Chalco einen solchen Schaukampf (in dem es keine Toten gegeben hatte) ausgetragen; möglicherweise war diese Kampfart bereits in Teotihuacan entstanden. Doch das ursprüngliche Konzept war auf kunstvolle Weise weiterentwickelt worden.[22]

1518 war dieser Brauch fast verschwunden. Dies war zum einen darauf zurückzuführen, daß der Bedarf der Mexica an Gefangenen nur schwer zu befriedigen war, zum anderen darauf, daß die Städte jenseits der Vulkane sich untereinander nicht auf einen *modus vivendi* einigen konnten. Mehrere Kriege zwischen ihnen waren alles andere als Bühnenstücke, und auch ihre Streitigkeiten mit den Mexica nahmen offenbar einen ernsten Charakter an; dies gilt insbesondere für die Tlaxcalteken. 1504 beispielsweise besiegten diese die Mexica in einem »Blumenkrieg«, aus dem sich ein echter Krieg entwickelte. Das gleiche geschah zwei Jahre später bei einem »Blumenkrieg« der Mexica gegen Huexotzinco. Tausende mexikanischer Soldaten wurden gefangengenommen, und das mexikanische Heer kehrte gedemütigt nach Tenochtitlan zurück. Daraufhin verhängten die Mexica Sanktionen gegen Tlaxcala; sie setzten den Handel mit Baumwolle und Salz aus. Dies traf Tlaxcala schwer, da die Mexica erst vor kurzem alle Gebiete im Umkreis von Tlaxcala einschließlich der tropischen Gegenden im Osten ihrem Herrschaftsbereich eingegliedert hatten. Die Tlaxcalteken, die von alten, erfahrenen Fürsten geführt wurden, hielten stand. Statt des »Blumenhasses« wuchs nunmehr in ihrer Stadt echter Haß gegen die Mexica. Das war gefährlich, denn die Führer der Tlaxcalteken müssen gefürchtet haben, daß die Mexica sie vernichten könnten, wenn sie all ihre Kräfte darauf konzentrierten.

Bald darauf besiegten die Tlaxcalteken Huexotzinco in einem echten Krieg. Huexotzinco überwand seinen Stolz und bat die Mexica um Hilfe, worauf ihren Führern in Tenochtitlan Asyl gewährt wurde. Ein mexikanisches Heer besetzte Huexotzinco, und 1517 fand eine weitere Schlacht gegen die Tlaxcalteken statt. Diesmal erlitten die Mexica wenigstens keine Niederlage. Die Führer von Huexotzinco kehrten in ihre Stadt zurück, was offenbar durch eine Absprache zwischen Tenochtitlan und Tlaxcala ermöglicht wurde. Auch demütigten die Mexica die Bewohner Huexotzincos dadurch, daß sie als Gegenleistung für ihre Hilfe forderten, Camaxtli, die Schutzgöttin von Huexotzinco, solle im kürzlich eingeweihten Tempel für die Gottheiten unterworfener Völker in Tenochtitlan aufgestellt werden.

Eine weitere Schwierigkeit betraf das Verhältnis der Mexica zu ihrem Verbündeten Texcoco, dem kulturellen Zentrum am Ostufer des Sees. Obgleich diese Stadt viel kleiner war als Tenochtitlan, besaß sie schöne Paläste, liebliche Gärten, ungewöhnliche Tempel und eine prosperierende Landwirtschaft. Die Beziehungen zwischen den beiden Städten wurden jedoch durch mehrere Vorfälle beeinträchtigt. So brachte Nezahualpilli, der König von Texcoco, 1498 die Mexica gegen sich auf, als er seine junge mexikanische Frau wegen Ehebruchs hinrichten ließ (sie war eine Schwester des späteren mexikanischen Kaisers Montezuma): Sie wurde öffentlich erdrosselt, »wie eine Plebejerin«. Die Mexica schlugen zurück: Nezahualpilli war ein Freund des Herrschers von Coyoacan, den Kaiser Ahuítzotl ermorden ließ, weil dieser es gewagt hatte, ihm (richtige) Ratschläge zur Wasserversorgung zu geben. Daraufhin nahm Nezahualpilli Macuilmalinal, den älteren Bruder Montezumas, der bei der Kaiserwahl übergangen worden war und später eine von Nezahualpillis Töchtern geheiratet hatte, als ständigen Gast bei sich auf. Die Mexica reagierten kaltblütig: Sie ordneten einen »Blumenkrieg« zwischen Texcoco und Huexotzinco an. Macuilmalinal ließ sich jedoch auf dem Schlachtfeld töten und setzte sich damit über die Regel hinweg, daß es ehrenvoller war, den Tod auf dem Opferstein zu erdulden; ein Sohn des Nezahualpilli wurde gefangengenommen und geopfert. Nezahualpilli starb vor Gram, vielleicht auch durch Selbstmord.

Dieser Herrscher hinterließ ein ungewisses Erbe. Schon die Thronfolge war ungeklärt. Der verstorbene König hatte zwar viele Kinder, jedoch keines mehr von seiner »rechtmäßigen Frau«. Er selbst hatte den ältesten Sohn, den er mit seiner Frau Huexotzincatzin gezeugt hatte, einen »hervorragenden Philosophen und Dichter«, hinrichten lassen, weil jener seiner eigenen Lieblingskonkubine, »der Dame aus Tula«, Avancen gemacht hatte.[23] Der neue *tlatoani* wurde von den Fürsten der texcokanischen Städte und vom Kaiser der Mexica gewählt. Dieser unterstützte seinen Neffen, Cacama, einen »unehelichen« Sohn des verstorbenen Königs und jener Schwester des Kaisers, die Nezahualpilli hatte hinrichten lassen. Seine Stimme gab den Ausschlag. Doch ein anderer Sohn des Nezahualpilli, Ixtlilxochitl, ein Bruder von Cacama, erkannte die Wahl nicht an und organisierte einen Aufstand in den Bergen. Daraufhin brach in dem Gebiet am Seeufer ein Bürgerkrieg aus, der, auch wenn er nur sporadisch aufflammte, doch eine ernste Gefahr darstellte. Nachdem Ixtlilxochitl mehrere Städte erobert hatte, einigte man sich auf einen Kompromiß. Cacama sollte zwar König bleiben, doch Ixtlilxochitl sollte Herr über jene Städte sein, die er erobert hatte. Texcoco blieb somit zwar ein Verbündeter Tenochtitlans, seine Zuverlässigkeit war jedoch nunmehr zweifelhaft geworden. Unruhen, so nahe der eigenen Hauptstadt, stellten eine weitere Bedrohung für die stolzen Mexica dar.

Furcht, nicht Zuneigung

> »Als Montezuma sah, daß der Marquis del Valle einen Indianer beschenkte, sagte er zu diesem, man müsse in diesen Menschen Furcht, nicht Zuneigung erwecken ...«
> *Jerónimo López an Karl V., 1544*

Die Mexica unterhielten eine Handelsniederlassung in Xicallanco, tief im Süden des Golfs von Mexiko, am Ufer einer Lagune, die möglicherweise als Pforte nach Yucatán betrachtet wurde. Von dort verbreiteten sich ab 1502 Gerüchte, nach denen bärtige weiße Männer auf karibischen Inseln vor der Küste Yucatáns gelandet seien. Es hieß, die Fremden seien Männer von besonderer Grausamkeit. Vielleicht waren auch Berichte über die jüngsten Ereignisse auf den größeren Karibikinseln nach Mexiko gedrungen; diese hätten auch ohne (die anzunehmenden) Übertreibungen Schrecken erregt. Um 1512 war ein Kanu mit Eingeborenen aus Jamaika an die Küste Yucatáns verschlagen worden. Die ein oder zwei Überlebenden dürften unerfreuliche Neuigkeiten erzählt bzw. mit Gesten dargestellt haben, da sich ihr Maya-Dialekt stark von dem der Bewohner Yucatáns bzw. Mexikos unterschied.

Bald darauf wurde eine Truhe, die an die Küste des Golfs von Mexiko gespült worden war, nach Tenochtitlan gebracht. Sie enthielt mehrere Kleidungsstücke, einige Schmuckstücke und ein Schwert. Wem gehörten sie? Niemand hatte je zuvor Derartiges gesehen. Kaiser Montezuma verteilte den Inhalt der Truhe an die Könige von Tacuba und Texcoco. Kurz darauf kam eine Botschaft aus Yucatán, die vermutlich von einem mexikanischen Kaufmann stammte; es handelte sich um ein gefaltetes Manuskript, auf dem drei weiße Tempel abgebildet waren, die auf großen Kanus im Meer trieben.[1]

Montezuma fragte seine höchsten Berater, was er tun solle. Sie waren nicht so beunruhigt wie er und empfahlen ihm, den Gott Huitzilopochtli um Rat zu fragen. Daraufhin wandte er sich an die Priester. Da sie vorgewarnt waren, gaben sie ausweichende Antworten. Montezuma bestrafte einige von ihnen.[2]

Die Kaufleute aus Xicallanco sandten offenbar weitere Berichte über die vor kurzem aufgetauchten Fremden. Diese bestätigten vermutlich Informationen von anderen mexikanischen Vorposten, die sich tief im Süden, am Isthmus von Panama, befanden. Die Mexica erfuhren also möglicherweise von der Existenz einer Kolonie weißer Männer, die 1513 nur 1600 Kilometer (Luftlinie) südöstlich von Yucatán, in Darién, gegründet worden war.[3]

Später, nach 1502, sollen in Mexiko auch eine Reihe von Phänomenen beobachtet worden sein, die schwere Zeiten anzukündigen schienen. So soll beispielsweise während eines ganzen Jahres jede Nacht eine Feuerzunge am Himmel (vermutlich ein ungewöhnlich hell leuchtender Komet) zu sehen gewesen sein. Dann fing das strohgedeckte Dach des auf der Großen Pyramide stehenden Tempels des Huitzilopochtli Feuer, die Flammen konnten nicht gelöscht werden. Ein weiterer Tempel, der einer älteren Gottheit, Xiuhtecuhtli, dem Gott des Feuers, geweiht war (der auch als Gott des Türkis und sogar als Mutter und Vater der Götter verehrt wurde), soll durch einen »lautlosen« Blitz zerstört worden sein.[4] Dies war besonders besorgniserregend, da das Feuer, das in den häuslichen Herden und den Kohlenbecken vor den Tempeln brannte, als eines der großen Werke der Götter betrachtet wurde. Auch soll ein Komet, der senkrecht auf die Erde zustürzte, in drei Stücke zerbrochen sein und Funken über das gesamte Hochtal von Mexiko verstreut haben. Das Wasser des Sees schäumte ohne Grund; viele Häuser in Ufernähe wurden überschwemmt. Nachts sollen die Schreie einer unbekannten Frau zu hören gewesen sein, die klagte: »Oh meine geliebten Söhne, wir werden alle sterben!« und: »Meine geliebten Söhne, wo soll ich euch verstecken?« Daraufhin sollen sonderbare Menschen mit zwei Köpfen aufgetaucht sein, die in Montezumas Zoo für mißgestaltete Menschen gebracht wurden. Dort verschwanden sie spurlos.

Die bekannteste Legende aus dieser Zeit ist zugleich die rätselhafteste: Fischer fanden angeblich einen aschfarbenen Vogel, der einem Kranich ähnelte. Sie zeigten ihn dem Kaiser, der am Kopf des Vogels einen Spiegel entdeckte. Darin erblickte er zunächst den Himmel und die Sterne und dann mehrere Männer, die auf Hirschen ritten und offenbar kriegerische Absichten hegten. Der Kaiser soll mehrere Gelehrte zu sich bestellt haben, die ihm diese Zeichen deuten sollten. Doch als die Gelehrten mit ihrer Untersuchung beginnen wollten, waren die Vision, der Spiegel und der Vogel verschwunden.[5]

All diese Zeichen sollen im Hochtal von Mexiko in Erscheinung getreten sein. Jedoch soll es ähnliche Omen bei den Tarasken, im Nordwesten, und auf der anderen Seite der Berge, in Tlaxcala, gegeben haben. Sogar in Yucatán erinnerte man sich später daran, daß ein Prophet namens Ah Cambal öffentlich verkündet hatte, das Volk würde »bald von Fremden unterjocht werden«.[6]

Der König von Texcoco, der gelehrte Nezahualpilli, lebte noch, als man angeblich diese Zeichen beobachtete. Er galt als der beste Astrologe des Reiches. Vielleicht nutzte er die Gelegenheit, um einem Mann Angst einzuflößen, der Texcoco gedemütigt hatte – jedenfalls sagte er dem Kaiser in Tenochtitlan, der leuchtende Komet deute darauf hin, daß bald schreckliche, furchtbare Dinge geschehen würden. Über das ganze Land werde großes Unheil hereinbrechen ... Es werde unzählige Tote geben. Worauf der Kaiser vorsichtig entgegnete, seine Wahrsager hätten etwas anderes prophezeit. Nezahualpilli schlug daraufhin vor, sie beide sollten eine Reihe ritueller Ballspiele austragen, um herauszufinden, wessen Ratgeber recht hätten. Da die Mexica begeisterte Ballspieler waren, erklärte sich der Kaiser einverstanden. Nezahualpilli wettete sein Königreich gegen drei Truthähne, daß die Voraussagen seiner Berater richtig waren. Der Kaiser nahm die Wette an. Er gewann die ersten beiden Spiele, verlor aber die folgenden drei.[7]

Nezahualpilli prophezeite offenbar auch, das Dreierbündnis (zwischen den drei bedeutendsten Städten am See) würde niemals wieder einen Blumenkrieg gewinnen und das mexikanische Reich würde vernichtet werden.[8] Noch 1514, auf seinem Sterbebett, beteuerte er, Wahrsager hätten ihm mitgeteilt, die Mexica würden bald von Fremden beherrscht.

Die Menschen im alten Mexiko legten oftmals schon sehr viel weniger dramatischen Ereignissen als diesen orakelhafte Bedeutungen bei. Ungewöhnliche Geräusche oder Anblicke, vom Schrei einer Eule bis zum Anblick eines Hasen, der in ein Haus hoppelte, deuteten auf nahendes Unheil hin. Der Schrei eines weißköpfigen Bussards (der mit der Sonne identifiziert wurde) konnte mehrere Bedeutungen haben. Jeder, dem ein Wiesel über den Weg lief, konnte mit einem Mißgeschick rechnen.[9] Die Mexica verbrachten sehr viel Zeit damit, über die Bedeutung derartiger Vorfälle zu spekulieren.

Man hat behauptet, keines dieser »Omen« sei je wirklich aufgetreten, und folglich seien die Deutungen später erfunden worden. Machiavelli erklärte in seinen zur selben Zeit (1515–1518) verfaßten *Discorsi:* »Sowohl die modernen als auch die antiken Beispiele zeigen uns, daß in keiner Stadt und in keinem Land jemals bedeutende Begebenheiten geschahen, die nicht durch Omen, Offenbarungen, Wunder oder sonstige Himmelszeichen angekündigt worden waren.« Machiavelli schrieb diese Zeilen in Italien, dem in vielfacher Hinsicht kulturell hochstehendsten Land Europas. Doch selbst dort, heißt es, habe das abergläubische Volk in jeder ungewöhnlichen Wolkenformation vorrückende Heere gesehen. 1494, das »unheilvolle Jahr, in dem Italiens Pforten sich auf immer für Fremde öffneten«, soll von zahlreichen Prophezeiungen nahenden Unglücks angekündigt worden sein. In sämtlichen italienischen Familien war es eine Selbstverständlichkeit, Horoskope für die Kinder zu erstellen. Ähnlich den Mexica hielten selbst die hochkultivierten Florentiner den Samstag für einen schicksalsschweren Tag, an dem alles Gute oder alles Schlechte geschehen mußte. Nach Ansicht von Leo X., des 1518 als Papst amtierenden Humanisten, war das Florieren der Astrologie ein Verdienst seines Pontifikats. König Ferdinand der Katholische von Aragon, der Prototyp des modernen Monarchen, hörte auf Prophezeiungen, die – zutreffend – vorhersagten, er werde Neapel erobern. Auch glaubten die Europäer, Mißgeburten seien ein Zeichen göttlichen Zorns: Montaigne schrieb (zu einem späteren Zeitpunkt im selben Jahrhundert) in seinem Essay »Über ein mißgestaltetes Kind«, er habe ein vierzehn Monate altes Kind gesehen, das unterhalb der Brust mit einem anderen Kind ohne Kopf verwachsen gewesen sei, und er fuhr fort: »Dieser doppelte Körper und diese mannigfaltigen Glieder, die alle von einem Kopf abhängen, könnten durchaus ein günstiges Vorzeichen dafür sein, daß unser König die Einheit der vielfältigen Teile und Parteien unseres Staates bewahren wird …«[10]

Die Zweifel, die durch diese Übereinstimmungen zwischen der Alten und der Neuen Welt ausgelöst wurden, haben einige zu der Vermutung veranlaßt, diese Vorzeichen seien in den 30er und 40er Jahren des 16. Jahrhunderts einfach erfunden worden, weil einfältige Menschen Katastrophen leichter ertrügen, wenn man ihnen einredete, diese seien vorhergesagt worden.[11]

Die meisten dieser in Mexiko beobachteten Phänomene waren jedoch nichts Ungewöhnliches. Angenommen, einige haben sich tatsächlich ereignet, wären sie wahrscheinlich wieder in Vergessenheit geraten, wenn das mexikanische Imperium unverändert fortbestanden hätte. Das merkwürdige grelle Himmelsleuchten könnte durch ein Zodiakallicht oder sogar durch ein Nordlicht hervorgerufen worden sein, und Stürme auf dem Texcoco-See, die das Wasser zum »Schäumen« brachten, waren nicht selten. Tatsächlich enthält der *Codex Florentino* (Buch 7) eine Beschreibung derartiger Vorkommnisse, die durch einen heftigen Südwind ausgelöst worden seien. Auch Brände der strohgedeckten Dächer der Pyramidentempel waren nichts Ungewöhnliches, da Kohlenbecken in unmittelbarer Nähe standen. Die zweiköpfigen Menschen könnten siamesische Zwillinge gewesen sein; sollten sie wirklich existiert haben, ist es durchaus vorstellbar, daß sie heimlich umgebracht wurden. Doch dürfte es sich bei ihnen wie bei dem Vogel mit dem Spiegel eher um Phantasieprodukte einer Person, die heilige Rauschpilze verzehrt hatte, gehandelt haben.

Es wurden in jenen Jahren aber tatsächlich Kometen und Sonnen- bzw. Mondfinsternisse beobachtet: 1489 ein Komet, 1496 eine totale Sonnenfinsternis und 1506 ein weiterer Komet.[12] Letzterer wurde im Juli 1506 in China gesichtet, später in Japan und danach in Spanien, wo man im nachhinein glaubte, daß er den Tod König Philipps des Schönen angekündigt habe. In China sah der Komet aus wie eine schwach leuchtende Kugel von »schmutzig-weißer« Farbe, zunächst noch ohne Schweif. Auch die Japaner beobachteten den Kometen und beschrieben ihn als »eine große Kugel mit einem Stich ins Blaue«. Er tauchte erstmals im Sternbild Orion auf; aber aufgrund der Jahreszeit und der Anordnung der Gestirne zu dieser Zeit stand der Komet nahe bei der Sonne und war folglich nur vor Sonnenaufgang und nach Sonnenuntergang zu sehen. Je weiter er sich westwärts bewegte, um so länger konnte man ihn vermutlich nach Einbruch der Dunkelheit beobachten. Mitte August dürfte er einen spektakulären Anblick geboten haben. Er wanderte jeden Tag weiter nach Norden, verschwand im Westen und entwickelte einen langen, nebelhaften Schweif, der nach Südosten zeigte.[13] Zweifellos werden die Mexica irgendeinen weitreichenden Schluß daraus gezogen haben.

Der Wahrheit am nächsten kommen dürfte jene Interpretation, die davon ausgeht, daß einige, wenn nicht sogar alle dieser Vorzeichen tatsächlich aufgetreten sind; daß die Mexica sofort, nachdem Gerüchte über schreckliche Ereignisse in Panama und auf den Karibikinseln Tenochtitlan erreicht hatten, düstere Schlußfolgerungen daraus zogen; daß man sich 1519 wieder an die Vorzeichen und ihre Deutungen erinnerte, nachdem sie zwischenzeitlich vielleicht in Vergessenheit geraten waren; und daß intelligente Mexikaner und Geistliche, die später über das mexikanische Reich schrieben, diese Erinnerungen geschickt mit entsprechenden Begebenheiten in Europa in Verbindung brachten, wobei sie pittoreske Einzelheiten aus den Werken europäischer Klassiker hinzufügten. Die spanischen Mönche, die in ihren Chroniken von den Zeichen berichten, wie Fray Olmos, Fray Motolinía und Fray Sahagún, waren alle um 1500 geboren worden und dürften sich noch aus ihrer Kindheit in Kastilien an den Kometen von 1506 erinnert haben. Berichte von Männern, die auf »Hirschen« reiten, könnten von Darién aus nach Mexiko gelangt sein.

Der Kaiser, der die Mexica in diesen Jahren regierte, schien für diese Schwierigkeiten gerüstet zu sein. Montezuma II. (sein Name bedeutet »der Zornige«) war der fünfte Kaiser, seit die Mexica sich von der Tepaneken-Herrschaft befreit hatten; er war der achte Kaiser seit der Gründung der Dynastie Ende des 14. Jahrhunderts. Montezuma war ein Sohn des Kaisers Axayácatl, der den Krieg gegen die mit Kupferwaffen kämpfenden Tarasken verloren hatte. Er bestieg den Thron bzw. die heilige »Matte« 1502 und war 1518 etwa 50 Jahre alt. Man nannte ihn Montezuma »Xocoyotzin«, »den Jüngeren«, um ihn von seinem gleichnamigen Urgroßvater zu unterscheiden, der in der Mitte des 15. Jahrhunderts regiert hatte.

Montezuma II. ist einer der wenigen Mexica jener Epoche, von denen sich der heutige Leser ein plastisches Bild machen kann. Die meisten anderen bleiben seltsam zweidimensionale Gestalten, die ganz in ihren Ämtern aufgehen, deren unaussprechliche Titel oftmals mit ihren schwierigen Namen verwechselt werden und die in der Gesichtslosigkeit kollektiver Pracht verschwinden. Montezuma war wie die meisten Mexica dunkelhäutig und von mittlerer Körpergröße. Er hatte einen wohlproportionierten, schlanken Körper, einen großen Kopf, gewelltes Haar und eine Adlernase mit leicht abgeflachten Nasenlöchern. Er scheint klug, schlau und besonnen gewesen zu sein; er sprach in barschem, festem Ton und war sehr wortgewandt. »Wenn er sprach, gewann er durch seine feinsinnigen Äußerungen das Wohlwollen seiner Zuhörer und schlug sie durch die Tiefgründigkeit seiner Gedanken in seinen Bann ...« Seine Untertanen hielten ihn für den eloquentesten ihrer Herrscher.[14]

Auch war er, wiederum wie die meisten Mexica, von großer Höflichkeit: »Höflich wie ein mexikanischer Indianer« lautete eine stehende Redewendung im Spanien des 17. Jahrhunderts. Diese Höflichkeit war unverzichtbar, da die Verwaltung des Staates über persönliche Kontakte lief, Montezuma verbrachte den größten Teil des Tages in Beratungen. Die Führer des Volkes und ihre Diener bildeten im kaiserlichen Palast eine lange, dichtgedrängte Schlange, die oftmals bis auf die Straße hinaus reichte. Wenn sie endlich vom Kaiser empfangen wurden, sprachen sie mit leiser Stimme, ohne zu ihm aufzublicken. Das war eine Neuerung. Doch wie viele neue Bräuche wurde auch dieser genauestens befolgt. Montezuma antwortete mit so leiser Stimme, daß man den Eindruck gewinnen konnte, er bewege nicht einmal seine Lippen. Wenn er sich in die Stadt, in einen Tempel oder in einen seiner Nebenpaläste begab, wurde er mit ausgewählter Hochachtung begrüßt: »Keiner seiner Vorgänger erreichte auch nur ein Viertel seiner majestätischen Würde«, bemerkte der Verfasser des *Codex Mendoza*. Die meisten Personen mußten sich ihm barfüßig nähern. Fray Durán fragte in den 60er Jahren des 16. Jahrhunderts einen alten Indianer, wie Montezuma ausgesehen habe – worauf der Indianer antwortete, er wisse es nicht, da er es nicht gewagt habe, den Herrscher anzublikken, obschon er in seiner Nähe gelebt habe.[15]

Montezuma war ein erfolgreicher Heerführer gewesen, bevor er den Thron bestieg; wie bereits erwähnt, hatte er auch eine Zeitlang als Hohepriester amtiert. Obwohl er herzhaft, ja unbändig lachen und sich freundlich geben konnte, galt er doch als unbeugsam. Das konnte ein Vorteil sein: So hat er angeblich sieben der Korruption bzw. Verfahrensverschleppung überführte Richter in Käfige sperren und umbringen lassen. Montezuma glaubte, ein guter Herrscher müsse in seinen Untertanen »Furcht, nicht Zuneigung« wecken. Sein Vorgänger Ahuítzotl hatte in vielen Fällen gehandelt, ohne den Kronrat zu konsultieren – Montezuma handelte ebenso. Er vollzog seine offiziellen Pflichten mit feierlicher Würde und scheint größten Wert auf Genauigkeit gelegt zu haben; so sollte das Fest des Monats Tlacaxipehualitzli dann stattfinden, wenn die Sonne im Äquinoktium in der Mitte des Großen Tempels zu sehen war. Da das Gebäude jedoch ein wenig versetzt war, wollte Montezuma es abreißen und wieder neu aufbauen lassen.[16]

Auch verschärfte er die überkommenen Rechtsvorschriften. So bestand er nicht nur darauf, daß sämtliche politischen Ämter von Adligen bekleidet wurden, er ließ auch die alten Amtsinhaber umbringen, aus Furcht, sie könnten über Ereignisse aus der Vergangenheit berichten. Die Meinungen über Montezuma gingen stark auseinander: So behauptete Fray Durán, der mit Überlebenden des Hofs von Montezuma gesprochen hatte, daß dieser »bescheiden, tugendhaft und großzügig war und sämtliche Vorzüge besaß, die man von einem guten Fürsten erwartet«.[17]

Der Kaiser unterhielt eine Garde, die aus Provinzfürsten bestand, und ein Heer aus bewaffneten Männern, die für jeden Notfall gewappnet waren. Bei den Mahlzeiten wurde er von einer langen Schlange junger Diener bedient. Montezuma wählte aus den zahllosen Speisen ein paar Happen aus und reichte die Leckerbissen an die Gelehrten weiter, die an seiner Tafel saßen. Anschließend sorgten Jongleure, Narren, Zwerge und Bucklige sowie Musiker für seine Unterhaltung, gab es doch so viele Instrumente, daß der kaiserliche Palast auf Wunsch Montezumas unentwegt von Musik hätte erfüllt sein können, wie dies in den Tagen Ahuítzotls üblich gewesen war. Montezuma hatte eine große Familie: eine offizielle Ehefrau (Teotalco) und mehrere bedeutende Nebenfrauen (darunter die Tochter des Königs von Tacuba, die Tochter des Herrschers der kleinen Stadt Ecatepec und eine seiner Cousinen, die Tochter des *cihuacoatl* Tlilpotonqui, des Nachfolgers von Tlacaelel). Zudem hatte er zahlreiche Konkubinen. Die Schätzungen über die Zahl seiner Kinder schwanken zwischen 19 bis 150, wobei er jedoch mit seiner Hauptfrau nur drei Töchter gezeugt haben soll.[18]

Die Abgeschiedenheit des *Quauhxicalco*, des »Hauses des feierlichen Blutmahls«, in das sich der Kaiser alle 260 Tage zurückzog, bot ihm eine hervorragende Gelegenheit zur Kontemplation.

Obgleich Montezuma während seiner Regierungszeit die sozialen Gegensätze verschärfte, konnte er doch auch einige Erfolge vorweisen. Dank der Eroberung von Soconusco beispielsweise stand dem Reich erstmals eine unerschöpfliche Quelle von grünen Quetzalfedern zur Verfügung. »Das Handwerk der Federstickerei erlebte damals seine Blüte«, berichtet der *Codex Florentino*. Montezuma hatte so viele Städte unterworfen wie sein Vorgänger, der »Eroberer« Ahuítzotl. Viele davon lagen in der fruchtbaren Küstenregion nahe dem heutigen Veracruz. Der Wiederaufbau Tenochtitlans nach der Überschwemmung, die Ahuítzotl durch seine Fehlplanung verursacht hatte, war eine Meisterleistung gewesen. Montezuma verdanken wir auch viele der berühmten Kunstwerke (vor allem aus Stein), die wir als charakteristische Schöpfungen der Mexica-Kultur betrachten; auch hatte er einen Tempel für die Gottheiten anderer Städte errichten lassen.[19] Und es war vermutlich auch Montezuma, der die Bestellung von Feldern zur Pflicht machte.

Da Montezuma selbst Hohepriester gewesen war, kannte er sich bestens in den heiligen Kalendern aus. Als es jedoch darum ging, die Bedeutung der rätselhaften Neuigkeiten aus der Karibik und der »Vorzeichen« zu ergründen, wandte er sich nicht an seine fachkundigen Berater und Priester, sondern an Zauberer, deren Aufgaben andere waren als die der Priester. Sie waren dem unheilbringenden Gott Tezcatlipoca geweiht und versetzten sich mit Hilfe halluzinogener Pflanzen in Trancezustände, in denen sie ihre göttlichen Eingebungen empfingen. Nach Darstellung des Historikers Tezozomoc, eines Enkels von Montezuma, fragte der Herrscher die Zauberer: »Habt ihr eigenartige Zeichen am Himmel beobachtet? Oder auf der Erde? In unterirdischen Höhlen oder in tiefen Seen? Habt ihr sonderbare, weinende Frauen gesehen? Oder ungewöhnliche Männer? Visionen oder Trugbilder?«[20]

Die Zauberer antworteten rundheraus, sie hätten nichts dergleichen gesehen; sie könnten keinen Rat geben. Worauf Montezuma seinen Hofmarschall anwies: »Schaff diese Halunken fort und wirf sie ins Cuaulhco-Gefängnis. Ich werde morgen noch einmal mit ihnen reden.« Am nächsten Tag ließ Montezuma den Hofmarschall zu sich kommen und befahl ihm, die Zauberer zu fragen, was ihres Erachtens geschehen werde: »Ob uns eine Krankheit, eine Hungersnot, Heuschrecken, Stürme auf dem See, Dürren oder schwere Regenfälle dahinraffen werden. Sie sollen mir sagen, ob wir von Krieg bedroht sind, ob wir mit plötzlichen Todesfällen rechnen müssen oder ob wir von wilden Tieren zerfleischt werden. Sie dürfen mir nichts verschweigen. Sie sollen mir auch sagen, ob sie die Stimme der Erdgöttin Cihuacoatl vernommen haben, denn wenn irgendein Unheil bevorsteht, ist sie die erste, die es vorhersagt.« (Cihuacoatl, die »Weibliche Schlange«, von der sich seltsamerweise der Name des Vize-Kaisers herleitet, war die Hauptgöttin der nahegelegenen Stadt Culhuacan.)

Die Zauberer wußten noch immer keinen Rat. Einer sagte dem Hofmarschall, als dieser ins Gefängnis kam: »Was sollen wir sagen? Die Zukunft ist vorherbestimmt. Was kommen muß, wird kommen.« An dieser trivialen Feststellung gab es nichts auszusetzen. Die Zauberer sollen hinzugefügt haben: »Sehr bald schon wird ein großes Mysterium geschehen. Wenn es das ist, was unser König Montezuma von uns wissen will, dann sagt es ihm. Da es sich ereignen muß, bleibt ihm nichts übrig, als es zu erwarten ...« (In der *Historia de los Mexicanos por sus pinturas*, einem Dokument aus den 30er Jahren des 16. Jahrhunderts, das wahrscheinlich von einem Franziskanermönch stammt, wird behauptet, die Zauberer hätten Montezuma eröffnet, die Omen deuteten auf seinen baldigen Tod hin.) Ein anderer Magier, der vermutlich über die Aktivitäten der Spanier in Zentralamerika unterrichtet war, erklärte jedoch, daß »bärtige Männer in dieses Land kommen werden«.[21]

Diese düsteren Prophezeiungen beunruhigten Montezuma zutiefst, schienen sie doch in Einklang zu stehen mit den Weissagungen des verstorbenen Königs Nezahualpilli. Angeblich befahl er daraufhin seinem Hofmarschall: »Frage sie, von woher die Gefahr kommen wird: ob vom Himmel oder von der Erde, aus welcher Richtung, von welchem Ort und wann.« Diese Frage schien überflüssig zu sein, da die Nachrichten über die mordenden bärtigen Männer aus dem Süden und dem Westen kamen.

Der Hofmarschall kehrte in das Cuaulhco-Gefängnis zurück. Als er die Türen des Verlieses geöffnet hatte, sah er, daß es leer war. Er begab sich zu Montezuma und sprach: »Herr, laß mich zerstückeln oder eines anderen grausamen Todes sterben, denn du sollst wissen, daß ich den Kerker leer gefunden habe, obwohl ich dort besonders zuverlässige Wachposten aufgestellt hatte, die ich seit Jahren kenne. Keiner von ihnen hat die Flucht der Magier bemerkt. Ich glaube, daß sie fortgeflogen sind, denn sie wissen, wie man sich unsichtbar macht. Sie tun dies jede Nacht und können bis ans Ende der Welt fliegen.«

Empört über die Massenflucht, befahl Montezuma den Ältesten der Orte, in denen die Magier gelebt hatten, deren Familien zu töten und ihre Häuser niederzureißen. Offenbar wurde dieser Befehl ausgeführt. Doch die Magier blieben spurlos verschwunden.[22]

Montezuma befragte auch einige gewöhnliche Bürger, die aufs Geratewohl ausgewählt worden waren, und erhielt ähnlich beunruhigende Antworten. Einige sagten, sie hätten geträumt, Montezumas Palast werde von Wellen überflutet, der Große Tempel stünde in Flammen und Fürsten flüchteten in die Berge. Vielleicht erinnerten sie sich an Berichte über den – 90 Jahre zurückliegenden – Untergang der tepanekischen Hauptstadt Azcapotzalco. Vielleicht handelte es sich auch um Wahnvorstellungen, die durch Halluzinogene hervorgerufen worden waren. Jedenfalls ließ Montezuma diese unklugerweise aufrichtigen Träumer in den Kerker werfen. Angeblich ließ er sie verhungern.[23]

Zweifellos befragte Montezuma auch gewöhnliche Wahrsager einschließlich derer, die man zu Rate zog, um die Bedeutung bestimmter Geburtstage zu erfahren. Wir können uns ausmalen, wie sie angestrengt in Obsidianspiegel oder wassergefüllte Gefäße blickten, wie sie Knoten schnürten und wieder lösten oder wie sie Maiskörner auf die Seiten heiliger Schriften warfen. Doch auch sie konnten keine befriedigenden Antworten geben.

Montezuma trug sich mit dem Gedanken, einen neuen, riesigen Tempel zu Ehren des Huitzilopochtli zu errichten, in der Hoffnung, auf diese Weise alles Unheil abzuwenden. Er konsultierte den Fürsten von Cuitláhuac, einer kleinen Stadt am Ufer des Texcoco-Sees, deren Herrscher, wie man glaubte, direkt vom Gott Mixcoatl abstammten. Dieser Regent gab ihm furchtlos zur Antwort, die Verwirklichung dieses Plans werde die Kräfte des Volkes verzehren und die Götter erzürnen – worauf Montezuma angeblich auch ihn mitsamt seiner Familie hinrichten ließ. Allerdings gab er den Plan zum Bau eines neuen Tempels auf und wollte nun statt dessen einen riesigen neuen Opferstein von den Bergen oberhalb Chalcos nach Tenochtitlan schaffen lassen.[24]

Montezuma reagierte also auf die verdächtigen Vorgänge an der Küste und die Prophezeiungen des nahen Endes seines Reiches mit einer wilden ›Hexenjagd‹. Mögen die Berichte darüber auch ein verzerrtes Bild zeichnen, zeigen sie uns doch, daß der Kaiser der Mexica die Macht besaß, sogar außerhalb Tenochtitlans die brutalsten Willkürakte anzuordnen.

Im Frühjahr 1518 kam ein Mann aus dem Volk an den kaiserlichen Hof. Sein Äußeres war wenig anziehend, denn er trug nicht nur ärmliche Kleidung, sondern soll auch keine Ohren, keine Daumen und keine großen Zehen mehr gehabt haben. Er kam aus Mictlanquauhtla, einem Ort an der Ostküste: kein sonderlich vielversprechender Anfang, denn der Name bedeutete »Höllenwald«. Er sagte, er habe »im Meer eine Kette von Bergen oder großen Hügeln treiben sehen«. Montezuma befahl seinem Hofmarschall, den Mann in den Kerker zu werfen und streng zu bewachen. Er wies einen seiner vier Hauptberater, den »Wächter des Hauses der Finsternis«, den *tlillancalqui* (möglicherweise sein Neffe), an, den Tributeintreiber, den die Mexica in einem Ort an der Karibikküste stationiert hatten, zu befragen, ob er an der Küste irgend etwas Ungewöhnliches beobachtet habe, und, falls ja, der Sache auf den Grund zu gehen.[25]

Der *tlillancalqui* brach mit seinem Diener Cuitlalpitoc (wahrscheinlich ein Sklave) zur Küste auf. Sie wurden von erfahrenen Trägern in Hängematten getragen. Zunächst begaben sie sich nach Cuetlaxtlan, den einzigen Ort nahe der Küste, in dem ein mexikanischer Tributeintreiber residierte. Dort gab es eine kleine mexikanische Kolonie, die aus den Nachfahren jener Mexica bestand, die in den 50er Jahren des 15. Jahrhunderts wegen der Hungersnot Tenochtitlan verlassen hatten. Der Tributeintreiber Pinotl bat die Abgesandten, sich auszuruhen, unterdessen würden einige seiner Leute Nachforschungen anstellen.

Als diese zurückkehrten, sagten sie, der Mann habe wahr gesprochen; vor der Küste seien zwei Türme oder kleine Hügel zu sehen, die sich vorwärts und rückwärts bewegten. Die Gesandten des Kaisers bestanden darauf, sich mit eigenen Augen davon zu überzeugen. Um sich nicht dem Risiko auszusetzen, von den Fremden entdeckt zu werden, kletterten sie auf einen Baum nahe am Ufer. Sie sahen, daß der verkrüppelte Bauer die Wahrheit gesagt hatte. Kein Zweifel, dort trieben Berge in den Wellen. Nach einer Weile sahen sie, wie mehrere Männer in einem kleinen Boot ans Ufer ruderten, um zu fischen. Sie verwendeten Angelhaken und ein Netz: Methoden des Fischfangs, die auch den Mexica vertraut waren. Doch die Sprache und das Gelächter, die von Ferne an die Ohren der Späher drangen, waren ihnen fremd. Später sahen der *tlillancalqui* und Cuitlalpitoc, wie das Boot zu einem der Gebilde im Meer zurückkehrte. Sie kletterten vom Baum, kehrten nach Cuetlaxtlan zurück und begaben sich von dort auf dem schnellsten Weg nach Tenochtitlan.

Als sie die Hauptstadt erreichten, eilten sie sogleich zum Palast Montezumas. Nach dem üblichen Begrüßungszeremoniell soll der *tlillancalqui* folgenden Bericht erstattet haben: »Es ist wahr, daß Fremde an der Küste des Meeres gelandet sind. Einige von ihnen fischten mit Ruten, andere mit einem Netz. Sie fischten bis zum späten Nachmittag. Dann stiegen sie in ein Kanu und ruderten zurück zu dem Gebilde mit den beiden Türmen, zu dem sie hinaufkletterten. Es müssen etwa fünfzehn Männer gewesen sein; einige trugen rote Beutel, andere blaue, wieder andere graue und grüne … und einige von ihnen trugen rote Tücher auf ihren Köpfen, andere scharlachrote Hüte, die zum Teil sehr groß und rund waren, so aussahen wie kleine Bratpfannen und als Sonnenschutz dienten. Die Haut dieser Männer ist weiß, viel heller als unsere Haut. Alle tragen lange Bärte und ohrlanges Haar.«[26]

Montezuma war bestürzt. Mexikanische Indianer waren gewöhnlich bartlos und mußten sich nicht rasieren. Mit Ausnahme der Priester trugen sie kurzes Haar. Menschen mit heller Haut waren ebenfalls selten und wurden normalerweise im kaiserlichen Zoo für Mißbildungen ausgestellt.

Montezuma gab bei ausgewählten Handwerkern eine Reihe erlesener Kunstgegenstände aus Gold und Federn in Auftrag, darunter Arm- und Fußreifen, Fächer und Ketten. Diese sollten den Fremden als Geschenke überreicht werden. Hierzu gehörten auch zwei große mit Gold und Silber überzogene Holzscheiben, welche die im Hochtal von Mexiko gebräuchlichen Kalender darstellten. Doch niemand durfte von diesen Aufträgen wissen. Auch ordnete Montezuma die Freilassung des Bauern aus dem »Höllenwald« an, der als erster von diesen Ereignissen berichtet hatte. Es überraschte niemanden, als man feststellte, daß er, wie ein Jahr zuvor die Magier, aus dem Gefängnis geflohen war. Vielleicht war er auch heimlich umgebracht worden, damit er sein Wissen nicht weitererzählte.

Daraufhin befahl Montezuma, an sämtlichen Küstenabschnitten Wachen zu postieren.[27] Er schickte den *tlillancalqui* und Cuitlalpitoc nach Cuetlaxtlan zurück. Sie sollten Geschenke für den Anführer der Fremden mitnehmen. Bald hatte man eine Sammlung erlesener Kostbarkeiten zusammengetragen (in der allerdings die beiden – noch nicht fertiggestellten – Kalenderscheiben fehlten), worauf sich die beiden Mexica nach Cuetlaxtlan begaben. Dort ließen sie ein paar Speisen zubereiten, die sie an die Küste mitnahmen. Diesmal erkannten die Abgesandten, daß es sich bei den rätselhaften Gebilden im Meer um Schiffe handelte, Schiffe von einer Größe, die ihnen vorher undenkbar erschienen war. Sie ruderten zu den Schiffen und küßten deren Bugseiten als Zeichen ihrer Verehrung: Sie vollzogen »an den Schiffsschnäbeln die Zeremonie des Verzehrs der Erde«.[28]

Ein Dolmetscher, dessen Sprachfertigkeit offenbar sehr zu wünschen übrig ließ, rief ihnen im Auftrag der Männer an Bord eines der Schiffe zu: »Wer seid Ihr? Woher stammt Ihr? Von wo kommt Ihr?«

Die Indianer antworteten: »Wir kommen aus Mexiko.«

»Wenn Ihr wirklich Mexica seid, dann sagt uns, wie Euer Herrscher heißt?«

»Unser König heißt Montezuma.«

Daraufhin boten die Mexica den Fremden ihre Geschenke dar: Umhänge mit verschiedenen Mustern – einer mit einer Sonne und einer blauen Schleife; einer mit einem Krug und einem Adler darauf; einer mit den »Windjuwelen«, einer mit dem »Truthahn-Ornament«; einer mit einem Spiegel und einer mit einer Schlangenmaske. Die Fremden machten den Mexica weniger eindrucksvolle Geschenke, darunter Kekse und Brot (wahrscheinlich Maniokwurzelbrot) aus dem Schiffsproviant und Halsketten aus grünen und gelben Glasperlen. Die Mexica brachten ihre Freude über die Geschenke zum Ausdruck, was die Fremden als Einfalt deuteten und nicht als Höflichkeit, wie es zweifellos gemeint war. Die Mexica besaßen selbst Perlen; Perlen aus Jade gehörten zu dem Tribut, den Soconusco an die Mexica zahlen mußte; diese legten sie ihren Toten in den Mund, um die Reise der Seele in die Unterwelt zu bezahlen. Doch in einer Gesellschaft, in der die Farbe Grün, gleich ob bei Federn oder bei Schmucksteinen, besonderes Wohlgefallen hervorrief, war jede grüne Halskette ein gerngesehenes Geschenk.[29]

Der *tlillancalqui* schlug vor, ein gemeinsames Mahl einzunehmen. Die Fremden verlangten argwöhnisch, daß die Mexica beginnen sollten, was diese auch taten. Man scherzte über den Truthahneintopf, die Maispfannkuchen und den Kakao. Die Mexica tranken ein paar Schlucke Wein. Er schmeckte ihnen, wie übrigens den meisten Indianern, wenn sie erstmals davon probierten.[30] Dann sprachen die Fremden: »Geht in Frieden. Wir kehren heim nach Kastilien, doch bald schon werden wir nach Mexiko zurückkommen.«

Die Mexica kehrten ans Ufer zurück und begaben sich auf dem schnellsten Wege nach Tenochtitlan. Ihr Bericht an den Kaiser hatte etwa folgenden Wortlaut: »Herr, wir sind des Todes würdig! So höret, was wir gesehen, und höret, was wir getan, an der Küste, wo Ihr uns als Wachen hinsandtet. Dort sahen wir Götter inmitten des Meeres und wurden von ihnen empfangen, und überreichten ihnen alle Eure herrlichen Mäntel, und sie schenkten uns ihrerseits prächtige Dinge.« Und dann erzählten sie ihm, was die Fremden gesagt hatten.[31]

Montezuma antwortete mit der konventionellen Grußformel: »Ihr seid müde und erschöpft. Ruht Euch aus.« Und er fügte hinzu: »Ich habe dies unter dem Siegel der Verschwiegenheit vernommen, und ich befehle Euch, nicht das geringste über diese Geschehnisse verlauten zu lassen.«

Daraufhin sah sich der Kaiser die Geschenke an. Die Perlen gefielen ihm. Er aß einen Keks und sagte, er schmecke nach Tuffstein. Er nahm ein Stück Tuff in die eine Hand und einen Keks in die andere, um ihr Gewicht zu vergleichen, und erklärte, der Stein sei leichter. Seine Zwerge aßen von dem geschenkten Brot und meinten, es habe einen süßen Geschmack. Die restlichen Kekse und das restliche Brot wurden feierlich in den Tempel des Quetzalcoatl nach Tula gebracht. Die Perlen begrub man am Fuße des Tempels des Huitzilopochtli in Tenochtitlan. Montezuma sprach mit seinen wichtigsten Beratern, wahrscheinlich sogar mit sämtlichen 30 Mitgliedern des Kronrates. Sie waren sich darin einig, daß die aufmerksame Überwachung der Küste das einzige war, was man tun konnte.[32]

Die Schiffe mit den geheimnisvollen Besuchern, die den Mexica die Perlen und die harten Kekse geschenkt hatten, segelten wieder fort. Den wenigen Mexica, die von der Ankunft der Fremden wußten, war bei Todesstrafe verboten, darüber zu reden. Die Behörden in Tenochtitlan bemühten sich, herauszufinden, was in der Vergangenheit über derartige rätselhafte Besucher geschrieben worden war. Sie konnten sich kaum vorstellen, daß irgend etwas noch nie dagewesen war. Doch ihre eigene frühere Politik behinderte sie bei ihren Nachforschungen. Zu Beginn der imperialen Bestrebungen der Mexica hatten Tlacaelel und Itzcoatl angeordnet, alle Aufzeichnungen über die Vergangenheit zu verbrennen. Zwar gab es in Texcoco noch immer eine Vielzahl historischer Dokumente, doch die Beziehungen zwischen den beiden

Städten waren nicht mehr so gut wie früher. Montezuma befahl seinem Hofmaler, die Begebenheiten an der Küste in einem Bild festzuhalten. Er zeigte es seinen Archivaren. Keiner von ihnen hatte jemals etwas gesehen, was auch nur entfernt diesen Schiffen mit ihren großen Segeln, ihrer Takelage und ihren hohen Hecks geglichen hätte. Später sollen einige Zauberer aus Malinalco die Ankunft einäugiger Männer vorausgesagt haben, andere prophezeiten das Eintreffen von Männern mit schlangen- oder fischförmigem Unterleib. Ein alter Mann, ein gewisser Quilaztli, der in Xochimilco lebte, besaß eine Sammlung alter Bilderhandschriften aus der Zeit vor der Reichsgründung. Angeblich stieß er auf Ähnlichkeiten zwischen einem dieser Dokumente und dem Bild, das die Geschehnisse an der Küste darstellte. Die Männer vom Meer waren seines Erachtens keine Fremden, sondern vor langer Zeit verstorbene Menschen, die in ihr eigenes Land heimkehrten. Auch wenn sie diesmal abgereist sein mochten, so würden sie doch wahrscheinlich in zwei Jahren zurückkommen. Quilatzli wurde befohlen, fortan in Tenochtitlan zu leben. Montezumas Stimmung verdüsterte sich unterdessen immer mehr.[33]

Ein Jahr verging. Montezuma wurde wieder ganz von seinen kaiserlichen Amtspflichten in Anspruch genommen. Seine Lieblingskonkubine schenkte ihm einen weiteren Sohn, die Buckeligen des Hofes tanzten, die Zwerge sangen, und die Narren brachten ihre Herren zum Lachen. Die Jongleure lagen mit dem Rücken auf dem Boden und wirbelten mit ihren Füßen Bälle in der Luft herum. Der Opferkult ging unverändert weiter; ebenso das Tanzen und die Musik von Flöten und Trommeln; das Herausputzen und das Anmalen der Gesichter; das Singen, das Sammeln von Blumen und zweifellos auch das hemmungslose Gelächter, das durch den Verzehr heiliger Pilze hervorgerufen wurde. Die Priester unterhielten die Feuer, die in den großen Tempeln brannten. Der Tribut eines neuen Jahres kam auf dem Rücken ausdauernder Träger nach Tenochtitlan. Kaufleute brachten die schönen langen grünen Federn des Quetzalvogels und Kriegsgerüchte von der Pazifikküste mit zurück. Die Kunsthandwerker, die Edelsteine bearbeiteten, freuten sich darüber, daß Montezuma die Gebiete erobert hatte, in denen Sand vorkam, der sich besonders gut zum Schleifen ihres Rohstoffes eignete. Die Männer und Frauen des einfachen Volkes, *macehualtin* und *mayeques*, gingen ihrer gewohnten Arbeit nach, feierten Schwangerschaft und Geburt, zogen ihre Kinder auf, versuchten ihnen sittliche Normen beizubringen, starben und stiegen nach Mictlan hinab, jenen finsteren Ort der Leere, der nach altmexikanischem Glauben den Seelen der Menschen vorbehalten war, die ein gewöhnliches Leben geführt hatten. Höflinge in Texcoco beklagten in Gedichten die Kürze des Lebens und den Niedergang der Reiche. Der Kaiser hielt glänzende Reden über seine Vorfahren. Schließlich hatte er die Fremden, die 1518 vor der Küste des Reiches aufgetaucht waren, fast wieder vergessen.

Die Fremden ihrerseits aber vergaßen Mexiko nicht. Wie versprochen, kamen sie im darauffolgenden Jahr 1519, dem Jahr »1-Schilfrohr«, wieder.

Teil II
Das Goldene Zeitalter Spaniens

Die goldenen Jahre beginnen

»O König Don Fernando und Doña Isabel,
mit Euch beginnen die goldenen Jahre ...«[1]
Lied von Juan del Encina, um 1495

Zu Recht hatte der Anblick der Fremden die Mexica mit bangen Vorahnungen erfüllt – denn es waren natürlich spanische Conquistadoren gewesen. Montezuma wäre entsetzt gewesen, hätte er gewußt, wie sich diese Männer während der zurückliegenden 25 Jahre in der Karibik aufgeführt hatten. Doch obgleich den mexikanischen Herrschern durchaus bewußt war, wie wichtig es war, die Feinde im Krieg auszukundschaften, hatten sie keine Ahnung, daß 130 Kilometer vor der Ostküste ihres Reiches ein Archipel lag. Sie besaßen nur Kanus, die sich nicht für Fahrten übers offene Meer eigneten und mit denen sie nur kurze Strecken an den Küsten zurücklegten bzw. Seen und Flüsse befuhren. Möglicherweise verfügten die Maya und einige andere Völker, welche die Küstenregion des Golfs von Mexiko bewohnten, über primitive Segel, sie unternahmen jedoch nie den Versuch, den küstennahen Bereich zu verlassen.[2]

»Wir können die ganze Welt erobern«, soll der finstere *cihuacoatl* Tlacaelel im 15. Jahrhundert zu Nezahualcoyotl, dem König von Texcoco, gesagt haben. Dieser verstiegene Ehrgeiz wurde auch den Herrschern vor Augen geführt, die der feierlichen Eröffnung des dem Huitzilopochtli geweihten Großen Tempels beiwohnen mußten: »Die Feinde, Gäste und Fremden waren verblüfft und bestürzt. Sie sahen, daß die Mexica die Herren der Welt waren, und sie erkannten, daß die Mexica alle Völker unterworfen und zu Vasallen gemacht hatten.« »Sind nicht die Mexica die Herren der Welt?« soll Montezuma einmal gefragt haben. Nun, diese »Welt« endete am Golf von Mexiko und erstreckte sich kaum bis Yucatán. Die Mexica unterhielten Handelsbeziehungen zu Völkern am Golf von Honduras, ja sogar zu Völkern, die noch weiter südlich, im heutigen Costa Rica und Panama lebten, und übten dort einen gewissen kulturellen Einfluß aus. Möglicherweise lernten sie in Kolumbien die Technik des Metallgießens kennen und bezogen Smaragde von dort. Für die Mexica war die Erde eine flache Scheibe, die von Wasser umgeben war, vielleicht auch ein riesiges Krokodil, das in einem von Seerosen bedeckten See schwamm. Tenochtitlan, die Stadt im See, war ein verkleinertes Abbild dieser Erde.[3] Die Erkundung weiter entfernter Regionen war unnötig.

Ein Grund für dieses mangelnde Interesse ist die Nord-Süd-Strömung zwischen Kap Catoche auf Yucatán und Kap Corrientes auf Kuba. Die 125 Seemeilen betragende Entfernung konnte allenfalls zufällig, jedenfalls nur unter schwierigen Bedingungen überwunden werden.

Die Kontakte, die dennoch stattfanden, blieben weitgehend folgenlos: Wie bereits erwähnt, verschlug es ein paar Schiffbrüchige aus Jamaika an die Küste Yucatáns; zu Beginn des 16. Jahrhunderts wurde Bienenwachs aus Yucatán auf Kuba gefunden und auch ein paar Töpferwaren der Maya gelangten nach Kuba. Es gab wohl weitere Überquerungen, auch wenn die einzige verbürgte Überfahrt offenbar 1514 unter nicht voll geklärten Umständen stattfand. Die These, daß die Bewohner Hispaniolas ihre Trommeln vom Festland bezogen, ist noch nicht bewiesen. Die Bewohner der karibischen Inseln stammten ursprünglich aus Nordvenezuela und waren über die Kleinen Antillen und nicht über die Straße von Yucatán in ihren neuen Lebensraum eingewandert.[4]

Auch die Ureinwohner der karibischen Inseln wußten offenbar nichts von der Existenz der Mexica. Der entscheidende Grund für das mangelnde Interesse der Mexica an ihnen war jedoch nicht, daß sie keine hochstehende Kultur besaßen – vielmehr lebten die Mexica in einem Kokon der Selbstbezogenheit.

Über welche Aktivitäten der Kastilier in der Westkaribik Gerüchte nach Tenochtitlan drangen, läßt sich unschwer identifizieren – Kolumbus selbst hatte 1502 auf seiner vierten Reise mehrere Orte in Mittelamerika aufgesucht. Der erste und zugleich nördlichste Punkt, den er mit seiner Flotte anlief, war Bahía, eine Insel im Golf von Honduras, 480 Kilometer (Luftlinie) südlich von Yucatán. Dort stieß Kolumbus auf ein großes Kanu, dessen Besatzung vermutlich aus Jicaque- oder Paya-Indianern bestand, die offenbar von einer Handelsreise nach Yucatán zurückkehrten. Die Ladung des Kanus bestand aus Kakaobohnen (die der Admiral für Mandeln hielt), Obsidian, Kupferglocken und Äxten aus Michoacan sowie aus bunten Baumwollwaren. Die Eingeborenen überreichten Kolumbus einige lange Schwerter mit scharfen Steinklingen, die durchaus mexikanischer Herkunft gewesen sein könnten. Er trank auch ein wenig *pulque*: Die Tatsache, daß die Bewohner der *tierra firme* Alkohol zu sich nahmen, bestärkte die Spanier in ihrer Überzeugung, daß sie den enthaltsamen Inselbewohnern überlegen seien. Kolumbus war auch der erste Europäer, der Truthahn[5] aß, und er tauschte einige Güter. Die bestickten Gewänder von einigen der 25 Indianer an Bord des Kanus und die Qualität ihrer Baumwollkleidung erhärtete die Vermutung der Spanier, daß irgendwo im Landesinnern eine Kultur existieren mußte, die sehr viel höher entwickelt war als alles, was sie bislang auf den Antillen gesehen hatten. Doch Kolumbus schlug die Einladung der Indianer aus, mit ihnen nach Westen zu segeln; er wollte dem Wind nach Süden folgen; und so kam es, daß mehrere Jahre lang kein Europäer die Region erkundete, in deren Richtung das Kanu mit den Indianern verschwunden war.

Doch 1508 machten sich die beiden bekanntesten spanischen Seefahrer dieser Zeit, der aus Palos gebürtige Vicente Yáñez Pinzón, der auf Kolumbus' erster Reise die *Pinta* befehligt hatte, und Juan Díaz de Solís aus Lepe, einem anderen kleinen Hafenort zwischen Huelva und Sevilla, auf die Suche nach einer Schiffahrtsroute, die von den karibischen Inseln westwärts zu den Gewürzinseln führen sollte. Sie landeten in Honduras, nicht weit von der Stelle, wo Kolumbus 1502 nach Süden abgedreht war, und segelten dann in nördliche Richtung. Yáñez Pinzón und Díaz de Solís suchten vergeblich nach einer Meerenge. Wahrscheinlich segelten sie entlang der Küste von Yucatán bis Tabasco, vielleicht sogar bis zum heutigen Veracruz oder Tampico. Sie waren gewiß die ersten Europäer, die die Küste des Landes sahen, das wir heute »Mexiko« nennen. Doch diese Entdeckung blieb folgenlos.

Zwei Jahre später gründete Martín Fernández de Enciso, der später ein berühmter Kartograph werden sollte, zusammen mit Francisco Pizarro, dem späteren Eroberer Perus, und Vasco Núñez de Balboa, dem »ersten *caudillo* der Neuen Welt«, in Darién im heutigen Panama eine europäische Siedlung. 1511 wurden mehrere Männer als Schiffbrüchige eines Schiffskonvois, der von Darién nach Santo Domingo, dem Hauptumschlagplatz der Spanier in der Karibik, zurückkehrte, an die Küste Yucatáns verschlagen. Zwei dieser Männer waren 1518 noch am Leben und befanden sich in der Gewalt der Maya. Es handelte sich um Gerónimo de Aguilar, ein Priester aus Écija, einem Ort zwischen Sevilla und Córdoba, und Gonzalo Guerrero aus Niebla, in der Nähe von Palos. Nachdem sie die Sprache der Maya erlernt hatten, wurden sie vermutlich in Yucatán und später (dank Übersetzung) auch im Hochtal von Mexiko zu zuverlässigen Quellen von Informationen über die Aktivitäten der Spanier. 1513 landete eine spanische Expedition unter Leitung von Juan Ponce de León auf ihrem Rückweg von Florida, das sie entdeckt hatten, in Yucatán. Juan Ponce de León war tief enttäuscht darüber, daß er den Jungbrunnen nicht gefunden hatte, und glaubte, in Kuba gelandet zu sein. Dieser Zwischenaufenthalt geriet bei seinen Landsleuten jedoch rasch in Vergessenheit, obwohl sein Steuermann, Antonio de Alaminos, der ebenfalls aus Palos stammte, Kolumbus auf seiner vierten Reise begleitet hatte und später über die Vorgänge berichtete. Diese Landung wird in mehreren Maya-Texten erwähnt.[6]

1515 fand ein weiterer, eindeutig belegter Kontakt zwischen Kastilien und Mexiko statt. Ein in der spanischen Kolonie Darién tätiger Richter namens Corrales berichtete von dort, er sei »einem Flüchtling aus den inneren Provinzen des Westens« begegnet. Dieser sei ganz verblüfft gewesen, als er ihn, den Richter, lesen gesehen habe. Mit Hilfe von Dolmetschern habe der Fremde ihn gefragt: »Besitzt auch ihr Bücher? Verwendet auch ihr Zeichen, mit denen ihr über abwesende Dinge sprecht?« Dann habe er das Buch, das Corrales studierte, geprüft und festgestellt, daß die Zeichen nicht mit denen übereinstimmten, die er kannte. Später habe er gesagt, in seinem Land seien die Städte mit einer Mauer umgeben, seine Landsleute trügen Kleider und würden von Gesetzen regiert.[7] Er sprach vermutlich von Yucatán, doch er könnte auch Mexiko gemeint haben. Die Spanier, die an diesen Seereisen teilnahmen, stammten überwiegend aus Andalusien, Kastilien und der Estremadura. Die Anführer der Expeditionen waren meist Angehörige des niederen Adels, *hidalgos*, die, auch wenn sie wenig Geld haben mochten, doch gewiß nicht »hinter dem Pflug aufgewachsen waren«. Sie waren oftmals jüngere Söhne (bzw. jüngere Söhne von jüngeren Söhnen), die aufgrund der Größe ihrer elterlichen Familie gezwungen waren, eine Stellung zu suchen, um für ihren Lebensunterhalt zu sorgen, und sie mußten dabei zwischen Kirche, Seefahrt und Hof (*iglesia, mar o casa real*) wählen. Ihre Motive waren vielfältiger Natur: Sie wollten reich und berühmt werden – das heißt, sich im Dienst für den König und für Gott auszeichnen und dafür Anerkennung finden –, und sie wollten das Herrschaftsgebiet der Christenheit erweitern.

Unter den übrigen Freiwilligen befanden sich hauptsächlich Männer, die infolge der Zunahme der Schaf- und Rinderzucht in Kastilien (hier vor allem in der Estremadura) und der damit einhergehenden Verkleinerung der Ackerfläche zum Auswandern veranlaßt worden waren. Die Wirtschaftskrise in Spanien zwischen 1502 und 1508 war ein weiterer Grund, das Land zu verlassen. »Die Armut ist groß«, schrieb der italienische Historiker und Diplomat Guicciardini 1512. Und ein Conquistador aus Léon notierte 1529: »An Hunger und Pestilenz ist kein Mangel.« Der Drang nach Freiheit nicht nur von der Armut des kastilischen Landlebens, sondern von den Pflichten gegenüber Feudalherren, Bischöfen und den noch immer mächtigen Ritterorden war ein weiteres Motiv. Der Historiker, Missionar, Propagandist und Bischof Bartolomé de Las Casas beschrieb seine Begegnung mit einem siebzigjährigen Mann, der 1518 auswandern wollte. Er fragte: »Sagt, Gevatter, weshalb wollt Ihr nach Westindien gehen, wo Ihr doch schon so alt und entkräftet seid?« Die Antwort lautete: »Fürwahr, Herr, um zu sterben und meine Söhne in einem freien und glücklichen Land zurückzulassen.«[8]

Die Andalusier und in geringerem Maße auch die Estremeños hatten seit Jahrhunderten an der Grenze zwischen dem christlichen Spanien und dem islamischen Maurenreich gelebt. Fast alle christlichen Familien Sevillas stammten von Einwanderern ab, die sich nach der Befreiung der Stadt von der Maurenherrschaft in den 40er Jahren des 13. Jahrhunderts dort niedergelassen hatten. Somit hatte Andalusien ein demographisches Versuchsfeld für die Kolonisierung Amerikas abgegeben. Zugleich war Sevilla, die größte Stadt Spaniens, ein Schmelztiegel kastilischer Völker. Die meisten Kaufleute aus Burgos, der bedeutenden nordspanischen Stadt, die ein Zentrum des Wollexports war, unterhielten Handelsvertretungen in Sevilla. Das gleiche gilt für die Genueser, die erfolgreichsten Unternehmer dieser Epoche. Sevilla war der Heimathafen der keineswegs unbedeutenden spanischen Kriegsmarine des späten Mittelalters, und es war die Drehscheibe des Gold- und Sklavenhandels mit Afrika. In der Umgebung Sevillas, entlang der Küste Richtung Portugal, lagen mehrere kleine Häfen, die in jüngster Zeit einen Aufschwung erlebt hatten, wie Lepe, Palos, Moguer und Huelva. In diesem Teil des Reiches gab es viele Männer, die voller Begeisterung Pläne für Reisen in die Neue Welt schmiedeten und liebend gerne jedem, der es sich leisten konnte, für etwa elf oder zwölf Golddukaten eine Passage verkauften.[9]

Das Christentum bildete die ideologische Grundlage für die Entdekkungsreisen, die Auswanderung und die Besiedlung Amerikas. Ferdinand und Isabel, König und Königin eines neuen, wenn auch in seiner Einheit noch nicht gefestigten Spanien, hatten 1492 Granada erobert. Der Papst hatte sie daraufhin nicht nur als »Katholische Könige«, sondern auch als »Kämpfer Christi« gefeiert. Der Primas von Spanien, Kardinal Jiménez de Cisneros, verglich sich selbst – angesichts seines kämpferischen Temperaments nicht ganz zu Unrecht – mit einem neuen Josua.

Die Entdecker Amerikas, angefangen mit Kolumbus, stellten ihre Leistungen als neue Siege im Namen Gottes dar. In dieser Sichtweise wurden die Kastilier wie auch alle anderen, die Europa seit Mitte des 15. Jahrhunderts mit ähnlichen Bestrebungen verlassen hatten, durch den Papst bestärkt, der in der Bulle *Dum Diversas* aus dem Jahre 1452 den König von Portugal ermächtigte, »die Sarazenen, Heiden und sonstigen Ungläubigen, die Feinde Christi sind, zu unterwerfen, für allezeit zu versklaven und ihr Land für immer der Portugiesischen Krone einzuverleiben«. Als in den 90er Jahren des 15. Jahrhunderts unter der Schirmherrschaft der spanischen Krone die ersten Entdeckungen gemacht wurden, amtierte Papst Alexander VI., der mit bürgerlichem Namen Rodrigo Borgia hieß und einer in Játiva, nahe Valencia, ansässigen Familie des niederen Adels entstammte. Er hatte den Stuhl Petri im August 1492 bestiegen, also im selben Monat, in dem Kolumbus seine erste Reise antrat. Alexander VI. war den Katholischen Königen verpflichtet, denn sie hatten seine Wahl unterstützt, und so erließ er mit Freuden neue Bullen, welche die Interessen Kastiliens förderten. Die bekannteste vom 4. Mai 1493 verlieh den Katholischen Königen Herrschaftsgewalt über alles Land, das sie 300 Seemeilen westlich der Azoren entdeckten, unter der Bedingung, daß sie die dort lebenden Völker zum Christentum bekehrten.

Das kämpferische Christentum, das Spanien im ausgehenden 15. Jahrhundert kennzeichnete, speiste sich aus mehreren Quellen: der tausendjährigen Erwartung, die Monarchie könne die christliche Präsenz in Jerusalem wiederherstellen; der erneuten Bedrohung durch den Islam, der in diesen Jahren erstmals zu einer Seemacht im Mittelmeer aufstieg (zuvor ging die islamische Gefahr offenbar vor allem von der Reiterei aus), und die erneute Angst vor dem, was man damals seltsamerweise als ein Wiedererstarken des Judentums wahrnahm.

Der Wunsch der spanischen Krone, eine katholische Monarchie zu gründen, die als Schwert der Christenheit dienen sollte, gipfelte in der selbstauferlegten Pflicht, der islamischen Bedrohung entgegenzutreten und die vermeintliche Ausbreitung des Judentums zu verhindern. Die imperiale Mission sollte den inneren Zusammenhalt des jüngst geeinten Reiches sichern.

Sowohl die antiislamischen als auch die antijüdischen Aktivitäten erreichten 1492 ihren Höhepunkt; erstere mit der Übergabe Granadas im Januar, was die *Reconquista* zu einem siegreichen Abschluß brachte, und letztere mit dem März-Edikt, das die Vertreibung aller nicht zum Christentum übertretenden Juden aus Spanien anordnete.

Diese Vorgänge stellten einen erstaunlichen Bruch dar. Seit Jahrhunderten hatten Islam und Christentum in Spanien friedlich koexistiert. Christliche Helden, einschließlich des berühmtesten, El Cid Campeador, hatten im Dienst maurischer Könige gegen Christen gekämpft. Sogar sein Titel, »El Cid«, war ein verfälschter arabischer Ausdruck, und auch im christlichen Spanien war der maurische (bzw. *Mudejar*-)Stil des islamischen Spanien noch immer der vorherrschende Baustil.

Die jüdische Minderheit in Kastilien bildete zur gleichen Zeit ein Zentrum regen geistigen Schaffens, und sie stellte in einigen Städten nicht nur die Steuereintreiber, sondern auch die wichtigsten Steuerzahler. Juden waren Schreiber und Handwerker, aber auch Dichter. Manch ein hervorragender Theologe, Mystiker, Mönch und sogar Bischof war ein zum Christentum konvertierter Jude. Doch die Übereinstimmung war zerbrochen. Seit dem Ende des 14. Jahrhunderts herrschte in Spanien ein Klima allgemeiner Verdächtigungen. Das Volk argwöhnte, Juden seien unerkannt in die katholische Kirche eingedrungen. Hatte nicht der Prior des Hieronymitenklosters in La Sisla bei Toledo sogar das Laubhüttenfest gefeiert? Die spanische Inquisition wurde 1481 eingesetzt. Eine kastilische Stadt nach der anderen erließ Verordnungen gegen die Juden. In den 80er Jahren des 15. Jahrhunderts wurden allein in Sevilla nach *Autodafés* (Ketzergerichten) vermutlich 800 Juden verbrannt und mehrere tausend eingekerkert. Die Politik der Krone war nicht darauf gerichtet, die Juden zu bestrafen, sondern darauf, jeglichen weiteren Kontakt der »Neuchristen«, der *conversos*, mit dem Judentum zu unterbinden. Dennoch weigerte sich eine unerwartet hohe Zahl von Juden, zum Christentum überzutreten. Zunächst konnten sich die Juden einfach nicht vorstellen, daß man ihnen etwas antun würde: »Sind wir nicht die bedeutendsten

Männer der Stadt?« fragte ein führendes Mitglied der Gemeinde in Sevilla.[10]

Wenn schon das Vaterland in solchen Schwierigkeiten steckte, hatten die Kastilier in der Fremde erst recht allen Grund, als Schwert der Christenheit zu handeln.

Auch wenn das Christentum die ideologische Grundlage des spanischen Expansionsstrebens bildete – die meisten Anführer wurden von irdischen Motiven angetrieben: Sie wollten ihre gesellschaftliche Stellung verbessern, in den Adelsstand aufgenommen werden oder die Aufmerksamkeit des Monarchen und des Hofs auf sich ziehen.

Alte Volkslieder und neu erschienene Werke beflügelten sie dabei in ihrer Phantasie. So dürften die meisten führenden Conquistadoren in ihrer Kindheit Balladen über den Krieg gelernt haben, die zu Ehren andalusischer Ritter vorgetragen wurden und in denen militärische Werte verherrlicht wurden. Einige dieser Lieder erzählten von dem Mauren Gazul oder von fast vergessenen lokalen Helden der Region zwischen Sevilla und Ronda, in der im 14. und 15. Jahrhundert unentwegt Geplänkel stattfanden. Andere Lieder berichteten von El Cid, dem geheimnisvollen Helden des ausgehenden 9. Jahrhunderts, oder von Pedro Carbonero, einem christlichen Ritter aus der jüngeren Vergangenheit, der seine Männer leichtfertig auf maurisches Gebiet geführt hatte. Auch Karl der Große, Alexander, Cäsar, selbst Hannibal und andere klassische Persönlichkeiten, die sich auf seltsame Weise von wohldokumentierten historischen Figuren in mythische Gestalten umwandelten, inspirierten ganze Zyklen von Erzählungen. Welch eine Wonne, den Rubikon zu überschreiten! Wie edel, gleich Alexander dem Großen auf zwei Kontinenten zu kämpfen! Doch diese Anspielungen stammten im allgemeinen aus einer Ballade, nicht aus einem Werk des Plutarch.

Die Männer auf den Schiffen, welche die Abgesandten Montezumas 1518 unweit des heutigen Veracruz erspäht hatten, waren zwischen 1480 und 1500 geboren worden und gehörten damit zur ersten Generation von Lesern, für die Druckwerke nicht nur rein belehrenden, sondern auch unterhaltsamen, ja sogar erheiternden Charakter besitzen konnten. Erstmals fühlten sich die Leser durch den bloßen Besitz dieser »nahezu göttlichen Werkzeuge« wie verwandelt.[11]

Mittlerweile lagen sogar zahlreiche Balladen in Druckfassung vor. Von nun an – beginnend mit der Veröffentlichung von *Tirant lo Blanc* im Jahre 1490 bis zu der von *Amadís de Gaula* im Jahre 1508 – stand dieser ersten Generation von Romanlesern auch ein immer größeres Angebot gedruckter Ritterromane zur Auswahl, die außerordentliche Begebenheiten erzählten. *Amadís de Gaula*, das erfolgreichste Buch des frühen 16. Jahrhunderts in Spanien (das allerdings viel früher verfaßt worden war), gehörte wie das Gebets- und Stundenbuch zur festen Ausrüstung jedes Conquistadors. Manchmal bildeten diese Romane auch das Thema von Balladen. Wir erinnern uns heute an diese Werke nur noch, weil Cervantes sich in seinem *Don Quixote* über sie lustig machte; damals jedoch befriedigten sie ein großes Bedürfnis.

In den Werken von Sir John Mandeville und anderen, in denen Menschen mit zwei Köpfen, Amazonen und der Brunnen der Ewigen Jugend, der angeblich die schwindende sexuelle Potenz alter Männer wiederbelebte, vorkamen, lernten Matrosen und Conquistadoren der »Generation 1500« außerdem zahlreiche imaginäre Gestalten kennen, die selbst vernünftige Menschen in Amerika hinter dem nächsten Kap vermuteten.

Einige der bekanntesten geographischen Namen Amerikas leiten sich von diesen Ritterromanen her: der Fluß Amazonas; Kalifornien war eine Insel in *Sergas de Esplandián,* einer Fortsetzung von *Amadís de Gaula*; Patagonien war ein Land in dem Ritterroman *Palmerín de Oliva*, während sich der Name »Antillen«, der die karibischen Inseln bezeichnet, von Atlantis herleitet, dessen Mythos die Phantasie der Seefahrer des 15. Jahrhunderts stark beflügelte.

Auch die Antike übte zu Beginn des 16. Jahrhunderts einen starken Einfluß auf die Kastilier aus. Der Conquistador Francisco Aguilar, der möglicherweise zu den Spaniern gehörte, denen die Abgesandten Montezumas an der Küste begegnet waren, und der später dem Augustinerorden beitrat, schrieb in den 60er Jahren des 16. Jahrhunderts, daß er von Kindheit an »eifrig Erzählungen über die Abenteuer der Griechen und alte persische Kuntwerke gelesen und studiert« habe. Infolge dieser Mode war jedes förmliche Schreiben mit Zitaten von Cicero und Cäsar geschmückt. Dabei hatte der Verfasser nur selten die Werke dieser Autoren selbst gelesen, vielmehr fand er das Zitat in aller Regel in einer Sammlung alter Redensarten, wie etwa der des Marqués de Santillana, dessen Buch mit Sprichwörtern, die »alte Frauen am Kamin aufsagen«, bei seiner Erstveröffentlichung 1488 in Zaragoza ein enormer Erfolg beschieden war.[12]

Schließlich gab es noch eine weitere Inspirationsquelle: Spanien!

Nach der Übergabe Granadas im Januar 1492 begann etwas, was selbst unter Berücksichtigung der noch nicht gefestigten nationalen Einheit eine Epoche des echten Patriotismus genannt werden kann. Die Eroberung Granadas selbst wurde als »der vortrefflichste und segensreichste Tag, den Spanien je erlebt,« beschrieben. Fray Iñigo de Mendoza, ein beliebter Satiriker am königlichen Hof, erklärte, er habe in jenen Jahren erstmals den Willen zum Aufbau eines Imperiums bemerkt.[13] Der humanistische Philologe Antonio de Nebrija, der sowohl Beamten als auch Adligen Sprachunterricht erteilte, veröffentlichte 1492 seine spanische Grammatik, die erste nichtlateinische Grammatik überhaupt; er habe sie geschrieben, sagte der Autor, um das Kastilische zu einer geeigneten Sprache für die historischen Berichte zu machen, die zweifellos geschrieben werden würden, um die Heldentaten der kastilischen Könige der Nachwelt zu überliefern.

Die Conquistadoren ließen sich, wenn sie zu Pferd oder zu Fuß entlegene Urwälder durchquerten oder sich in unwegsamen Bächen verirrt hatten, von der Vision ihres Vaterlandes als einer Nation, nicht als eines Bundes von Léon, Kastilien, Andalusien und Aragon, leiten. So kam es vor, daß ihr Anführer ein unverhofft auftauchendes Dorf aus ein paar palmbedeckten Hütten auf den Namen seines *pueblo* taufte; eine größere Stadt voller ungläubiger Indianer nannte er Sanlúcar, Valladolid oder auch Sevilla. Und wenn er in tropischen Sümpfen kämpfte, stieß er einen mittelalterlichen Schlachtruf wie »*¡Santiago y cierre España!*« aus, der in seinem Vaterland längst aus der Mode gekommen war.

Hinter der spanischen und portugiesischen Expansion standen auch handfeste kommerzielle Motive. Bartolomeu Dias, der 1497 in See stach, um eine Schiffahrtsroute nach Indien zu erkunden, wollte von seiner Reise Gewürze mitbringen und unterwegs das »Reich des legendären Priesterkönigs Johannes« entdecken. In den 25 Jahren nach Kolumbus' erster Reise von 1492 war der »Handel« in der Neuen Welt immer mehr zu einem Synonym für die Suche nach Gold geworden. So wie die Mexica Tollan und die Tolteken bewunderten, waren die Kastilier von ihrem früheren Goldenen Zeitalter im 11. Jahrhundert fasziniert: der Epoche El Cids, der bei der Eroberung Valencias große Mengen dieses Edelmetalls vorfand (»Das Gold und das Silber, wer könnte es zählen?« lautete ein Vers aus dem *Cantar del Mio Cid.*).[14] Jahrelang zahlten muslimische Herrscher festgelegte Mengen Gold als

Tribut an die Christen, um so den Frieden zu sichern. Doch im 15. Jahrhundert nahm der Goldbedarf Spaniens und der anderen europäischen Reiche stark zu. Alle Monarchen wollten die Florentiner nachahmen und Goldmünzen prägen. Man brauchte Gold für die Ketten, die über Samtroben getragen wurden, zum Schmücken der Altäre und für die Gewänder der Madonnenstatuen; nicht zu vergessen das Goldgarn, das in den Gobelins verarbeitet wurde.

Auch in den Ritterromanen spielte die Suche nach Gold eine Rolle: So war der Schild von Gasquilan, dem König von Schweden, in *Amadís de Gaula* mit »einem Greif geschmückt, der mit seinen Fängen ein in Gold gearbeitetes Herz ergriff, das mit goldenen Nägeln am Schild befestigt war …«. Allerdings stammte das Gold, das vor der Entdeckung Amerikas nach Europa kam, hauptsächlich aus Westafrika, von den Oberläufen des Volta, des Niger und des Senegal.

Die Suche nach neuen Fundquellen dieses Metalles wurde zur Besessenheit. Reichtum hatte, so Huizinga, noch nicht »jene gespenstische Ungreifbarkeit, die das moderne Kreditwesen dem Kapital verliehen hat; es ist noch das gelbe Gold selbst, das die Vorstellung beherrscht«. Kolumbus glaubte, ein Mann, der viel Gold besitze, könne in der Welt alles machen, was ihm beliebe: »Er kann sogar Seelen ins Paradies führen.« Vor seiner ersten Reise hatte er den Seeleuten in Palos versprochen, sie alle würden »Häuser mit goldenen Dachziegeln besitzen«, wenn sie ihm folgen würden.[15]

Späteren Generationen erschien das Spanien Ferdinands und Isabels als ein goldenes Zeitalter im politischen Sinne. »Wir haben erkannt, daß der neue Staat [den wir anstreben] kein anderer ist als der spanische Staat der Katholischen Könige«, schrieb ein karlistischer Politiker in den 30er Jahren unseres Jahrhunderts.[16] Die Legende entstand bereits zu Lebzeiten dieser Herrscher: Der Ausdruck »die goldenen Jahre« wurde 1495 von dem Dramatiker Juan del Encina geprägt.

In mancher Hinsicht ist diese Gleichsetzung der Regierungszeit von Ferdinand und Isabel mit einem Spanien im Zustand höchster politischer Vollendung durchaus gerechtfertigt. Erstmals in der Geschichte vereinigte sich Aragonien (und Katalonien) mit Kastilien. Diese Vereinigung war ein Kunststück, das die Königin Isabel und ihr Ehemann Ferdinand in echter Renaissance-Manier vollbrachten. Ihr Emblem – das Joch für Ferdinand und die Pfeile für Isabel, mit dem Motto »*Tanto monta*«, was so viel heißt wie: »Beide sind ebenbürtig« –

brachte das Wesen des neuen Bundes treffend zum Ausdruck (auch wenn Kastilien immer der politisch tonangebende Partner war). Der Sieg über Granada war gewiß ein Triumph gewesen. Spanien, bis dahin nur ein geographischer Name, wurde zu einem realen politischen Gebilde, das nicht mehr nur im Bewußtsein der Conquistadoren existierte. Das jüdische und das maurische Spanien bildeten fortan keine Gemeinschaften mehr, die eigenständige Treuepflichten begründeten. Die Adligen waren gezwungen, die Vorteile und die Herrschaftsgewalt des souveränen Staates anzuerkennen; dieser Wandel manifestierte sich darin, daß die Krone die unbotmäßigen Ritterorden von Santiago, Alcántara und Calatrava ihrer Kontrolle unterstellte. Die Finanzlage des Staates verbesserte sich, 1497 wurde eine Währungsreform durchgeführt. Mit der 1476 gegründeten *Santa Hermandad* bekam Kastilien seine erste Polizei, und in Valladolid wurde ein oberster Gerichtshof eingesetzt. Die Krone wurde von nun an in großen Städten generell (und nicht mehr wie bisher nur vereinzelt) von einem *corregidor* (Vogt) vertreten; die administrative Zentralisierung begann, und der Kastilische Kronrat wurde zum obersten Regierungsorgan. Die Gründung der Nation wurde auch in der Kunst gefeiert, die zunächst unter flämischem, später unter italienischem Einfluß stand. Zudem sog Spanien nun über zahlreiche Kanäle den Geist des Humanismus aus Italien auf, wobei die berühmte Familie Mendoza als Schrittmacher der kulturellen Verfeinerung fungierte. Ungeachtet der autoritären Züge König Ferdinands begann in den beiden Königreichen, deren Regierungsgeschäfte er leitete, ein – wenn auch nur partielles – kulturelles Erwachen. Hatte nicht Königin Isabel Latein gelernt? Waren Gelehrte mittlerweile nicht genauso angesehen wie Krieger? Begannen nicht sogar spanische Adlige die Bedeutung der humanistischen Bildung zu erkennen, und vertrauten sie nicht ihre Söhne italienischen Gelehrten wie Lucio Marineo und Pietro Martire an?

Doch auch wenn es gewiß nicht an Tatkraft und an Erfolgen mangelte, war die Einheit noch nicht gefestigt. Die künstlerischen Neuerungen, die Skulpturen eines Berruguete und das Latein eines Nebrija stellten helle Flecken auf der dunklen Oberfläche eines noch immer mittelalterlichen, halb maurischen Landes dar. Die Reiche wurden nur durch den König und eine gemeinsame Außenpolitik zusammengehalten. Die Kultur, mochte sie auch noch so brillant sein, blieb an der Oberfläche. Darunter herrschte eine heillose Zerrissenheit. Die Maßnahmen gegen die vermeintliche »jüdische Unterwanderung« des

Christentums führten zu einer tiefgreifenden Intoleranz und verhinderten die Entstehung einer echten Spanischen Renaissance. Am Hof gab es besonders viele Zwistigkeiten; Freunde König Ferdinands intrigierten gegen diejenigen, die seinen Schwiegersohn, König Philipp den Schönen, vor dessen Tod unterstützt hatten. Die aragonischen Beamten Ferdinands waren allgemein verhaßt. In großen und in kleinen Städten wurden aufreibende Familienfehden ausgetragen, wie etwa zwischen den Ponce de León und den Guzmán in Sevilla oder den Altamiranos und den Bejaranos in Trujillo. Einige Adlige wünschten sich den Infanten Ferdinand, einen Sohn Königin Juanas, der in Spanien aufgewachsen war und Spanisch sprach, als König, statt seines französischsprachigen älteren Bruders Karl mit seinen burgundischen Eigenheiten und seinen internationalen, imperialen Bestrebungen. Sowohl die Adligen als auch die Bourgeoisie verachteten und fürchteten die flämischen Höflinge König Karls.

In den Städten Kastiliens kam es auch zu politischen Unruhen. In der Theorie handelte es sich um ein Aufbegehren der Gemeinden gegen die Außenpolitik des Königs. In der Praxis hingegen wurden die Ausschreitungen von unkontrollierbaren Volksbewegungen gesteuert, die mitunter sogar demokratische Ziele verfolgten und gleichzeitig von Familienfehden überlagert wurden. Redliche Männer, wie etwa die Dominikaner, die sich gegenüber den Ureinwohnern in der Karibik tolerant zeigten, mißtrauten den jüdischen *conversos*. Die Dominikaner beherrschten das Heilige Offizium, die Inquisition. Die Schriften des Erasmus gelangten 1516 nach Spanien und entfalteten dort eine enorme geistige Wirkung, die das Risiko politischer und religiöser Unruhen weiter erhöhte.

Es liegt eine gewisse ironische Konsequenz darin, daß sogar die Krone selbst gewissermaßen geteilt war: zwischen Juana, die 1518 bereits seit neun Jahren wegen Geisteskrankheit in der düsteren Burg Tordesillas eingesperrt war, und ihrem Sohn Karl, der an ihrer Statt regierte, aber zu jung und allzusehr von ausländischen Interessen beeinflußt zu sein schien, um Spanien jene patriotische Führung zu geben, die es unter Ferdinand und Isabel erstmals erhofft hatte. Dennoch richteten die Conquistadoren ihre Briefe, die sie aus den Nueva Sevillas und Nuevo Santiagos in die Heimat schickten, an beide, die gefangene Königin und den freien König, die umnachtete Mutter und den unerfahrenen Sohn, als seien sie gleichrangige Monarchen von unermeßlicher Machtfülle.

Die Kastilier, die 1518 den *tlillancalqui* und seinen Sklaven empfingen, waren größtenteils Männer, die in den vorangegangenen Jahren in die Karibik gekommen waren und zur zweiten Generation der Kolonisatoren gehörten. Sie waren als zahlende Passagiere auf einem der etwa 200 Schiffe gereist, die zwischen 1506 und 1518 Spanien in Richtung Westindien verlassen hatten. Unter ihren Vorgängern, den Kolonisatoren der ersten Generation, hatte sich eine große Tragödie abgespielt, die jedoch nicht von ihnen selbst in Gang gesetzt worden war.

Zu Beginn, im Jahre 1492, glaubten die Kastilier, die Kolumbus gefolgt waren, sie hätten in Westindien das Paradies entdeckt. Die dortigen Ureinwohner, die Taínos, waren geschickte Weber, Töpfer und Muschel-, Knochen- und Steinschnitzer. Manchmal legten sie ihre Schnitzereien mit Blattgold und Muscheln ein. Das Gießen von Metallen beherrschten sie nicht, und sie waren keine ernstzunehmenden militärischen Gegner. Doch ihre Landwirtschaft blühte: Die Taínos bauten Maniok, Süßkartoffeln und, in geringerem Umfang, Mais, eßbare Knollengewächse, Bohnen, Pfeffer, Erd- und Acajounüsse an und sammelten Früchte. Sie rauchten Tabak und stellten Töpferwaren her und spielten mit Kautschukbällen. Jagd und Fischfang brachten reiche Beute. Sie lebten in Holzhäusern, in großen Dörfern mit ein- bis zweitausend Einwohnern. Und sie trieben in ihren Kanus Handel mit Völkern auf den Kleinen Antillen und sogar in Südamerika. Unter ihren milden Gottheiten, den *zemis*, nahmen der Herr des Maniok und die Göttin des Süßwassers eine herausragende Stellung ein. Pietro Martire (ein vielseitig gebildeter Höfling, der aus einem Ort am Lago Maggiore stammte und im Gefolge der Mendozas von Italien nach Spanien gekommen war) beschrieb die Indianer, auf die Kolumbus stieß, mit überschwenglichen Worten: »Für sie ist es selbstverständlich, daß Grund und Boden ebenso wie Sonne und Wasser allen gemeinsam gehören. Sie machen keinen Unterschied zwischen dem *Mein* und dem *Dein*, dem Ursprung allen Übels. Sie sind mit so wenig zufrieden, daß sie in diesem riesigen Gebiet immer mehr Ackerland zur Verfügung haben, als sie brauchen. Sie leben in einem Goldenen Zeitalter, [denn] sie umfrieden ihre Güter weder mit Gräben noch mit Hecken noch mit Mauern; sie leben – ohne Gesetze, ohne Bücher und ohne Richter – in Gärten, die allen offenstehen.«[17]

Auf seiner zweiten Reise, 1493, nahm Kolumbus fast 1500 Männer mit, die auf La Isla Española bzw. »Hispaniola« eine Kolonie gründen sollten. An dieser Expedition nahmen auch zweihundert »Edelleute und Handwerker« als Freiwillige teil; unter den Edelleuten wiederum befanden sich 20 Ritter, die eine maßlose Arroganz an den Tag legten. Das Ziel war der Aufbau einer Faktorei, wie sie die Portugiesen bereits in Westafrika unterhielten. Die Conquistadoren hofften, nach ein paar Jahren in der Fremde als reiche Männer in ihre Heimat zurückkehren zu können. Die harte Arbeit sollten die Taínos verrichten.

Die zunächst freundschaftlichen Beziehungen der Spanier zu den Indianern auf Hispaniola gingen schon bald zu Ende. Die Conquistadoren verführten Frauen, versklavten Männer und verlangten immer mehr Gold. Als die Häuptlinge der Taínos dagegen protestierten, wurden sie abgesetzt, deportiert oder getötet. Darauf folgende »Rebellionen« der Indianer wurden gewaltsam »befriedet«. Die Spanier stritten sich auch untereinander: Kolumbus und seine Brüder waren schlechte Verwalter. 1500 setzte die Krone der Willkürherrschaft des »Pharao«, wie Kolumbus mittlerweile genannt wurde, ein Ende. Die Kolumbus-Brüder wurden von Beamten abgelöst: zunächst von Francisco de Bobadilla, Hofmarschall des Königs, der sich bei der Belagerung Granadas verdient gemacht hatte und ein Bruder der besten Freundin der Königin, der Marquesa Beatriz de Moya, war. Bobadilla ließ Kolumbus wegen Mißwirtschaft in Ketten legen und nach Spanien zurückbringen. Auf ihn folgte Fray Nicolás de Ovando, unter dem die Kolonie eine Art Blütezeit erlebte. Ovando war hochherzig und beharrlich, aber auch gleichgültig und kaltherzig. Er schlug die Aufstände der Ureinwohner nieder. Er sorgte für Ordnung unter den Kolonisten und führte europäische Nutzpflanzen ein. Ovando teilte die Insel in 17 kommunale Verwaltungsbezirke mit je eigenem Stadtrat ein, und jeder Siedler mußte einem dieser Räte angehören. Er machte diese Stadträte zu den eigentlichen Trägern der Verwaltung: eine Entscheidung, die einen dauerhaften Einfluß auf das spanische Königreich ausüben und der Verstädterung Vorschub leisten sollte. Als *Comendador de Lares* des Ordens von Alcántara, der in der Estremadura gute Erfolge erzielt hatte, kannte Ovando die Vorteile des *encomienda*-Systems, das auf der Zuteilung einer bestimmten Zahl unterworfener Ureinwohner an einen Grundbesitzer basierte. Er knüpfte damit an frühere Versuche des Kolumbus an, übertrug also ein System, das sich in Spanien bewährt hatte, auf Westindien. Auf diese Weise begründete er die koloniale Version der *encomienda* – ein Begriff, der ebensooft mißverstanden wie angefeindet wurde.[18]

Ein Denkmal seiner Grausamkeit war das Gemetzel von Xaragua, wo Anacaona, die Ureinwohner-Königin von der Westhälfte der Insel 1503 in eine Falle geriet, als sie die Einladung zu einem Essen annahm. Sie wurde gehängt und ihre hochrangigsten Gefolgsleute wurden verbrannt. Als Vorwand diente die angebliche Planung eines Indianeraufstands und der vermeintliche Zwang zu sofortigem Handeln. Doch selbst wenn dies der Wahrheit entsprochen hat, war die Reaktion doch völlig unverhältnismäßig.[19]

Nach Kolumbus' Tod im Jahre 1509 wurde sein Sohn Diego Colón, der am kastilischen Hof aufgewachsen war, als Nachfolger Ovandos zum Gouverneur Hispaniolas ernannt. Er erinnerte sich noch, wie man ihm und seinem Bruder in ihrer Kindheit in Valladolid hinterhergerufen hatten: »Da gehen die Söhne des Admirals der Moskitos, der trügerisch lockende Länder entdeckte, das Grab des kastilischen Adels.«[20] Diego Colón hegte gegenüber den Indianern bessere Absichten als Ovando, doch konnte er gegenüber den Siedlern, die inzwischen als »Duodezfürsten« über große Güter herrschten, seinen Willen nicht durchzusetzen. So war der zweite Admiral – Diego Colón hatte diesen Titel von seinem Vater geerbt – ein glückloser, wenn auch gütiger Gouverneur, der 1516 im Rahmen eines ungewöhnlichen Experiments von einem Rat aus vier Hieronymitenmönchen abgelöst wurde.

Unterdessen war die Zahl der Indianer auf Hispaniola, die sich 1492 noch auf über 100 000 belaufen haben dürfte, auf etwa 30 000 zurückgegangen. Die traditionelle Landwirtschaft hatte im wesentlichen im Anbau von Maniok und Süßkartoffeln bestanden. Doch aufgrund der unersättlichen Gier der Eroberer nach Edelmetallen war der Anbau dieser Nutzpflanzen rückläufig, und bald schon fehlte es an Nahrungsmitteln; sogar die Conquistadoren selbst hatten nicht genug zu essen. Viele Taínos verhungerten. Infolge der Hinrichtung bzw. Flucht der traditionellen Stammeshäuptlinge verloren die Überlebenden jegliche Hoffnung. Viele Indianer starben an den Folgen ihrer Zwangsarbeit. Das Aussterben des Taíno-Stammes wurde durch die Verbindung vieler Taíno-Frauen mit Spaniern beschleunigt; die Assimilation trug also – möglicherweise in einem sehr viel stärkeren Maße, als gemeinhin angenommen wird – zum Niedergang der Indianerkultur bei.[21] Jedenfalls kann kein Zweifel daran bestehen, daß es zu einem dramatischen Bevölkerungsschwund kam.

Die Spanier begnügten sich jedoch nicht mit der Eroberung Hispaniolas, vielmehr benutzen sie diese Insel als Ausgangspunkt für weitere Expeditionen. Diese fanden 1508 und 1509 unter Führung von Juan Ponce de León (einem unehelichen Sohn der bekanntesten Familie von Sevilla) und Juan de Esquivel (der aus einer nicht so bekannten Familie derselben Stadt stammte) statt und führten zur Eroberung von Puerto Rico und Jamaika. 1509–1510 wurde Kuba von Sebastián de Ocampo umsegelt[22], und 1511 fielen spanische Invasionstruppen unter (dem aus Cuéllar bei Valladolid gebürtigen) Diego Velázquez auf Kuba ein. Die Anführer dieser Expeditionen waren ausnahmslos Überlebende aus jener Gruppe von »Edelleuten«, die Kolumbus auf seiner zweiten Reise nach Westindien begleitet hatten.

Die Westindischen Inseln im Jahr 1518
nach der Originalkarte aus dem 1511 veröffentlichen Werk »Las Décadas« von Pietro Martire

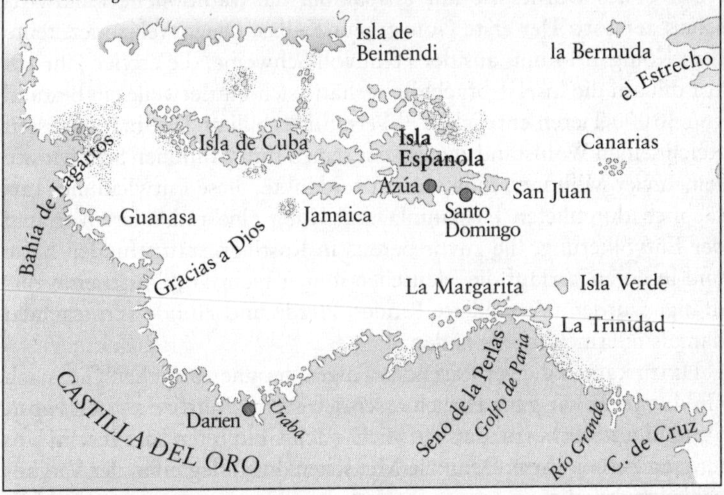

Auch auf dem Festland, in dem Gebiet, das man Venezuela – »Klein-Venedig« – nannte (und in dem die deutschen Welser durch ihre Herrschaft schon bald den Beweis erbrachten, daß auch Nordeuropäer mit feindseligen Ureinwohnern nicht besser zurechtkamen als die Kastilier), wurden mehrere Kolonien auf Zeit gegründet. Ponce de León war es auch, der am Ostersonntag (*Pascua florida*) des Jahres 1513 Florida entdeckte, allerdings nicht kolonisierte. In Mittelamerika hingegen legten die Spanier eine Siedlung an: Sie nannten dieses Gebiet voll überschwenglicher Hoffnungen *Castilla del Oro*; einige unbedeutende Goldfunde hatten in ihnen den Irrglauben geweckt, dort harrten reiche Vorkommen dieses begehrten Edelmetalls ihrer Erschließung. Unterdessen hatte derselbe Juan Díaz de Solís aus Lepe, der 1508 die mexikanische Küste entlanggesegelt war, 1515, tief im Süden, den Río de la Plata entdeckt.

Die meisten dieser Entdeckungen waren mit furchtbaren Ereignissen verbunden: Auf Hispaniola war es das Gemetzel von Xaragua, auf Kuba das Blutbad von Caonao. Infolge des grausamen Regiments von Cristóbal de Sotomayor, eines Stellvertreters von Ponce de León, kam es 1511 auf Puerto Rico zu einer allgemeinen Erhebung der Ureinwohner. Obwohl Sotomayor und sein Sohn getötet wurden, scheiterte der Aufstand. Im Verlauf von nur zwei Generationen starb die autochthone Bevölkerung auf allen Karibikinseln praktisch aus.

Als erstes wurde wie auf Hispaniola die traditionelle Landwirtschaft zerstört: Der erste Gouverneur Kubas, Diego Velázquez, teilte dem König 1514 mit, aus der Handvoll Schweine, die er vier Jahr zuvor mit auf die Insel gebracht habe, hätte sich mittlerweile ein Bestand von 30 000 Tieren entwickelt.[23] Vermutlich billigte Ferdinand, dessen Reich seinen Wohlstand ebensosehr seinen fünf Millionen Schafen wie seinen vier Millionen Einwohnern verdankte, diese Entwicklung. Tatsächlich durchliefen Hispaniola und Kuba eine radikalere Variante der Entvölkerung, die zuvor bereits in Kastilien stattgefunden hatte und in deren Verlauf die Menschen immer mehr von Nutztieren verdrängt wurden. Verwilderte Rinder, Pferde und Hunde verursachten damals unermeßliche Schäden.

Hinzu kamen die verheerenden Folgen der unersättlichen Gier nach Gold. »Seien wir ganz ehrlich«, schrieb Pietro Martire an den Papst, »und fügen wir hinzu, daß die Sucht nach Gold ihren [der Inseln] Untergang herbeiführte. Denn die Menschen dort pflegten in der Vergangenheit zu spielen, zu tanzen, zu singen und Hasen zu jagen, sobald sie ihre Felder eingesät hatten. Jetzt hingegen treibt man sie erbarmungslos zum Arbeiten an ... läßt sie Gold graben und waschen.« Auf Kuba begingen einige der Ureinwohner, die nicht an den Folgen »der Grausamkeit und Habsucht der Kolonisten«, der fortwährenden harten Arbeit und des Mangels an Nahrungsmitteln starben, Selbstmord, und ihre Frauen trieben ihre Kinder ab.[24]

Die Dezimierung der Ureinwohner auf den Bahamas und, in geringerem Umfang, auf den Inseln unter dem Winde sowie den kleinen Inseln nördlich der südamerikanischen Küste, wie Curaçao und Aruba, hatte einen anderen Grund. Diese »nutzlosen Inseln«, wie Ovando sie verächtlich nannte, wurden im Gefolge des Sklavenhandels entvölkert, mit dem die Spanier den Bevölkerungsschwund in den größeren Kolonien ausgleichen wollten. Rinderherden verdrängten die wenigen Eingeborenenstämme. Die einzigen Ausnahmen waren die Inseln unter dem Winde, wo die kampferprobten Kariben den Conquistadoren erfolgreich Widerstand leisteten, und die vor der Küste Venezuelas gelegene Insel Margarita, welche die Sklavenhändler nicht betreten durften, weil man dort Perlen entdeckt hatte.

Die importierten Indianersklaven konnten sich nicht an ihren neuen Lebensraum anpassen. Von den 15000, die nach Hispaniola deportiert wurden, lebten nach zehn Jahren nur noch 2000.

Ein Teil des Problems bestand darin, daß sämtliche Entdeckungsfahrten private Unternehmen waren. Die Krone hatte zwar die erste und die zweite Reise des Kolumbus finanziert, und auch die Expedition des Pedrarias de Ávila nach Castilla del Oro im Jahre 1514 hatte der König bezahlt (wenngleich man von allen Teilnehmern erwartete, daß sie nach der Landung auf eigene Kosten lebten) – alle anderen Expeditionen aber wurden von ihren Anführern bezahlt. Der Zwang, die Aufwendungen wieder hereinzuholen, erklärt vielleicht, weshalb wohlerzogene kastilische Edelleute wie Juan de Ayora, ein Richter und Veteran der Italienkriege, Indianerhäuptlingen in Darién damit drohten, sie lebendig zu verbrennen oder den Hunden vorzuwerfen, wenn sie nicht unverzüglich Gold herbeischafften.

Die spanische Karibik war bereits 1518 ruiniert. Die Eingeborenen wuschen in den Flüssen Gold und starben jung, während die Spanier ihr Vieh fütterten, Indianerinnen vergewaltigten und Ritterromane lasen. Die Krone interessierte sich kaum für die Kolonien, außer wenn dort Gewinne zu erwarten waren, mit denen sich die Abenteuer des Königs in Italien finanzieren ließen. König Ferdinand, der nach dem Tod seiner Gattin, Königin Isabel, im Jahre 1504 und seines Schwiegersohns Philipp im Jahre 1506 Kastilien allein regierte, ließ es zu, daß seine Beamten in der Karibik die Entstehung von Autokratien duldeten, die selbst die verschlafenste kastilische Stadt niemals hingenommen hätte. Diese schlecht bezahlten und daher korrupten Beamten waren begierig auf Reichtümer aus jenen westindischen Inseln, die sie nicht persönlich aufsuchen wollten. So führten sie die tropischen Potentaten an sehr langen Zügeln, sofern sie sich selbst in der Heimat im Glanz exotischer Titel sonnen konnten, aus denen ihre amtliche Zuständigkeit für Kuba oder Puerto Rico hervorging, und sofern die Kolonisten sie mit Produkten versorgten, die sie zu Geld machen konnten, vor allem mit Gold.

Der bedeutende Bischof Bartolomé de Las Casas benutzte später den starken Schwund der autochthonen Bevölkerung auf diesen Inseln zu propagandistischen Zwecken. Seine *Brevísima relación de la destrucción des las Indias* war eine der erfolgreichsten Polemiken der Geschichte.[25] Er schadete jedoch seiner Sache, indem er die ursprüngliche Bevölkerungszahl viel zu hoch ansetzte. Die Leser seines Werkes gewannen so den Eindruck, daß die Conquistadoren allein auf Hispaniola drei Millionen Indianer umgebracht hätten und nur unwesentlich weniger auf den anderen Inseln. Die Fakten sind weniger drastisch, was allerdings nichts an der Entsetzlichkeit der Vorgänge ändert, die zum Untergang der Indianerkulturen führten: Binnen 25 Jahren starben auf den vier großen Karibikinseln vermutlich 200 000 Menschen – nicht unter den Schwertern der Spanier, sondern an Überarbeitung, vor Hunger und weil sie den Glauben an die Zukunft verloren hatten. In dieser Phase spielten aus Europa eingeschleppte Krankheiten noch keine wesentliche Rolle.

Und doch gab es Grund zur Hoffnung. Diese rührte nicht daher, daß in mehreren Kolonien eine Bewegung entstanden war, die darauf abzielte, den *procuradores* (Ratsherren) echte Befugnisse zuzuweisen – eine Bewegung, die 1520 in Kastilien selbst beinahe zu einer Revolution geführt hätte –, auch wenn einige dieser lokalen Führer als Sprecher ihrer Gemeinden anerkannt werden wollten. Nein, dieser Strahl der Hoffnung ging von den Anstrengungen einiger weniger bemerkenswerter Geistlicher aus.

Der Papst muß betrunken gewesen sein

Kommentar der Cenú-Indianer, als man ihnen mitteilte, Alexander VI. habe die Welt unter den Portugiesen und den Spaniern aufgeteilt; um 1512

Kolumbus glaubte, Gott habe ihn zu seinen Entdeckungen geführt, und in seinen Aufzeichnungen findet sich sogar ein Hinweis darauf, daß er eigentlich einen westlichen Seeweg nach Jerusalem und nicht nach China suchte.[1] Noch der grausamste Conquistador fürchtete sich vor der Hölle, und sogar die Eroberung Kubas wurde als religiöser Triumph gefeiert. So ist es nur folgerichtig, wenn auch ungewöhnlich, daß die spanische Karibik 1518 formell von einem Rat aus vier Hieronymitenmönchen, die für zwei Jahre als amtliche Vertreter der Krone nach Westindien entsandt worden waren, regiert wurde. Sie waren keine königlichen Gouverneure im herkömmlichen Sinne, vielmehr sollten sie Informationen sammeln, Reformvorschläge machen und diese umsetzen. Sie residierten in Santo Domingo, der damaligen Operationsbasis für alle kastilischen Aktivitäten in Amerika.

Daß diese Hieronymiten in ein politisches Amt in Westindien berufen wurden, verdankten sie letztlich den Dominikanermönchen, die 1510 nach Santo Domingo gekommen waren. Deren Anführer war Fray Pedro de Córdoba gewesen, ein Mann, der »über große Klugheit und über ein außergewöhnliches pädagogisches Talent verfügte ... er war es, der mit seiner inbrünstigen Religiosität die Eingeborenen von ihrem primitiven Glauben abbrachte«. Sein Eifer versetzte die hartgesottenen Kolonisten in Unruhe: Wenn die Eingeborenen zum Christentum bekehrt werden konnten, durfte man sie offenkundig nicht wie Wilde behandeln. Einer der Kollegen von Fray Pedro, Fray Antonio de Montesinos, ging in einer Predigt, die er am ersten Adventssonntag 1511 hielt, sogar noch weiter: Jene Stelle im Matthäus-Evangelium zitierend, an der Johannes der Täufer von sich sagt, er sei »die Stimme, die in der Wüste ruft« (»*Ego vox clamante in deserto*«), erklärt er seinen entsetzten Zuhörern, sie lebten in Todsünde, weil sie die Indianer so schlecht behandelten: »Sind sie etwa keine Menschen? Besitzen sie keine vernunftbegabten Seelen? Müßt ihr sie nicht lieben wie euch selbst? Wer hat euch ermächtigt, einen derart abscheulichen Krieg gegen diese Menschen zu führen?«[2]

Die Kolonisten forderten die Abberufung der Dominikaner. Fray

Montesinos kam dem jedoch zuvor, indem er freiwillig nach Kastilien zurückkehrte, um sich dort für die Sache der Eingeborenen einzusetzen. Zunächst konnte er sich kein Gehör verschaffen, jedoch kam schließlich eine Debatte in Gang. Der Theologe Matías de Paz behauptete in seiner Schrift *Sobre el gobierno del rey de España en las Indias* (»Über die Herrschaft des Königs von Spanien in Westindien«), christliche Fürsten seien nicht berechtigt, Kriege gegen Ungläubige zu führen, nur weil sie diese beherrschen oder sich deren Reichtümer aneignen wollten. Die einzige Rechtfertigung für derartige Konflikte sei die Ausbreitung des christlichen Glaubens. Daraufhin wurde in Burgos ein Streitgespräch abgehalten, an dem auch König Ferdinand teilnahm. Fray Montesinos disputierte mit dem geschickten Polemiker Juan Palacios Rubios, einem berühmten Universitätsprofessor, der die Conquistadoren verteidigte.[3] Palacios Rubios behauptete, die Schenkung Westindiens an die Katholischen Könige durch Papst Alexander VI. bilde die Legitimationsgrundlage für die Errichtung des spanischen Reiches in der Neuen Welt. Was die von Fray Montesinos aufgeworfene Frage anlangte, zitierte er aus der *Politik* des Aristoteles. In diesem Werk erörterte Aristoteles die Frage, ob bestimmte Völker »von Natur aus Sklaven« seien. Im ausgehenden 15. Jahrhundert hatten sich viele europäische Gelehrte für diese Diskussion interessiert – auf diese Weise konnten sie die Freiheit im Abendland der Unterdrükkung im Türkischen Reich gegenüberstellen. Palacios Rubios argumentierte, die Eingeborenen in Westindien seien so unzivilisiert, daß man sie zwangsläufig als natürliche Sklaven ansehen müsse. Ihre Besserung sei geradezu eine Pflicht.[4] Dagegen ließ der italienische Philosoph Pico della Mirandola in einem seiner Dialoge eine Person erklären: »Wer genau hinsieht, wird erkennen, daß sogar die Barbaren Vernunft besitzen – nicht auf der Zunge, aber im Herzen.«

Die Diskussion führte schließlich zur Verabschiedung der Gesetze von Burgos (27. Dezember 1512), der ersten rechtlichen Regelung der »Indianerfrage«. Die wichtigste Vorschrift darin ordnete die Zwangsbekehrung der Indianer zum Christentum an. Sie sollten in Dörfern zusammengeführt, im Apostolischen Glaubensbekenntnis, im Vaterunser und im *Salve Regina* unterwiesen werden und lernen, wie man betet und beichtet. Sie sollten getauft werden, und ihre Beisetzung sollte nach christlichen Riten erfolgen. Franziskaner sollten die heranwachsenden Söhne der Häuptlinge erziehen. Ein eigener Lehrer für lateinische Grammatik, ein gewisser Hernán Xuárez, sollte in die Karibik entsandt werden. Eingeborene, die gegen Lohn arbeiteten, durften nicht mißhandelt werden. Jede Stadt sollte einen Inspektor einsetzen, der darüber wachen sollte, daß sich die Siedler gegenüber den Indianern human verhielten. Doch die Gesetze enthielten auch einige weniger philanthropische Vorschriften: So war den *naturales* (Eingeborenen) das Tanzen verboten; der Besuch des Gottesdienstes war Pflicht; alte Häuser sollten verbrannt werden, um nostalgischen Regungen vorzubeugen; ein Drittel der indianischen Bevölkerung sollte zur Zwangsarbeit in den Bergwerken herangezogen werden. Trotz dieser und anderer derartiger Klauseln bedeuteten die Gesetze von Burgos den Beginn eines tiefgreifenden Bewußtseinswandels. Die praktischen Auswirkungen dagegen waren noch ungewiß.[5]

Eine weitere Disputation fand 1513 im Dominikanerkloster San Pablo in Valladolid statt, wo einige ergänzende Vorschriften zu den Gesetzen von Burgos verabschiedet wurden. Der Geograph Martín Fernández de Enciso, der zu den Gründern der Siedlung Darién gehört hatte, vertrat die These, Westindien sei den Spaniern (vom Papst) geschenkt worden, so wie Kanaan den Juden (von Gott) zugesprochen worden sei. Die Spanier, so beteuerte er, hätten daher das Recht, mit den Indianern so zu verfahren, wie Josua mit den Einwohnern Jerichos verfahren sei.[6] König Ferdinand gab daraufhin eine neue Proklamation in Auftrag, welche die Conquistadoren bei jeder neuen Eroberung mit lauter, feierlicher Stimme verlesen sollten. Er hoffte, den Vorgängen dadurch wenigstens einen rechtlichen Rahmen zu geben.

Diese Proklamation trug den Titel *requerimiento* (»Aufforderung«) und wurde von demselben Palacios Rubios verfaßt, der mit Fray Montesinos in Burgos disputiert hatte. Diese Proklamation mag, wie viele andere Beispiele kastilischer Ritterlichkeit, auf den Brauch muslimischer Krieger zurückgehen, den Feinden vor einer Schlacht zuzurufen, sie sollten entweder den wahren Glauben annehmen oder sterben; eine ähnliche Erklärung war bei der Eroberung der Kanarischen Inseln durch christliche Truppen verlesen worden. Doch das neue Dokument war viel umfassender: Es begann mit einer kurzen Geschichte der Christenheit und endete bei der »Schenkung« Amerikas durch den Borgia-Papst Alexander VI. Es appellierte an die Indianer, die Herrschaft der spanischen Krone als weltlicher Vertreterin des Papsttums anzuerkennen. Nach Ansicht Palacios Rubios' selbst sollte dieses Dokument »das Gewissen der Christen beruhigen«. Er erkannte durchaus, daß es grotesk war, etwa an einem tropischen Strand ein Dokument diesen Inhalts vor Ureinwohnern zu verlesen, die weder die Sprache noch die Inhalte verstanden. Bischof Bartolomé de Las Casas sagte, er habe nicht gewußt, ob er lachen oder weinen sollte, als er von der Anweisung erfuhr. Fernández de Enciso beschrieb einmal, wie er das *requerimiento* vor zwei Cenú-Häuptlingen im heutigen Kolumbien verlesen hatte. Für diese sei es durchaus akzeptabel gewesen, daß es nur einen Gott geben solle, der Herr über Erde und Himmel sei, sie meinten jedoch, der Papst sei wohl »betrunken gewesen«, als er den Katholischen Königen ein so großes Gebiet, das anderen gehörte, zum Geschenk gemacht habe.[7]

Rodrigo de Colmenares war der erste Conquistador, der im Jahr 1514 bei seiner Landung an der Küste Panamas diesen Text in Gegenwart des künftigen Chronisten Westindiens, Gonzalo Fernández de Oviedo, in feierlichem Ernst verlas.[8]

Nun begann in Spanien eine ernsthafte Debatte über die Legitimität der imperialen Expansion. Doch sie hätte vielleicht nicht weit geführt und es wäre vermutlich nie zu einer klerikalen Regierung auf Hispaniola gekommen, wäre da nicht ein weiterer Dominikanermönch gewesen, der ebenso beharrlich wie mutig, ebenso human wie beredt war: Fray Bartolomé de Las Casas. Er hatte seine Fehler: Er neigte, wie wir gesehen haben, zu Übertreibungen, und er stritt sich mit jedermann. Er war einfältig und anmaßend zugleich. Doch seine Hochherzigkeit und seine Entschlossenheit stehen außer Zweifel.

Las Casas war aus Sevilla gebürtig, wie so viele, die an der spanischen Expansion teilnahmen. Sein Vater, Pedro de Las Casas, war einer der »adligen« Kolonisten, die 1493 auf Kolumbus' zweiter Reise nach Hispaniola kamen. Möglicherweise war die Familie jüdischer Abkunft. Als Pedro de Las Casas 1498 ernüchtert nach Sevilla zurückkehrte, brachte er einen Sklaven mit, den er später infolge einer Entscheidung der Königin wieder zurückschicken mußte. (»Wer hat Kolumbus befugt, meine Untertanen nach Gutdünken zu verteilen?«)[9]

Die Familie Las Casas hatte Grundbesitz auf Hispaniola. Da war es nur folgerichtig, daß sich der achtzehnjährige Bartolomé 1502 der Expedition des Ovando anschloß, der mit einer großen Flotte von 30 Schiffen, 2500 Männern und Frauen an Bord, zu dieser karibischen Insel aufbrach. Es war das erste Mal, daß sich Spanier auf Dauer in der Neuen Welt ansiedeln wollten, statt, wie bisher, in der Fremde nur ihr Glück zu machen, mit der Absicht, anschließend wieder in die Heimat zurückzukehren. Doch schon 1506 begab sich Las Casas zum Erstaunen seiner Freunde nach Rom, um sich zum Priester weihen zu lassen. Anschließend kehrte er nach Hispaniola zurück, und er war der erste, der seine erste Messe in der Neuen Welt hielt. 1510 ging er als Kaplan zu einem spanischen Truppenkontingent, das als Verstärkung des dortigen Gouverneurs nach Kuba entsandt worden war. Die Verbrennung des Häuptlings Hatuey, der er beiwohnte, war möglicherweise das Schlüsselerlebnis, das ihm die Leiden der Indianer zum Bewußtsein brachte. Er nahm an der Unterwerfung Zentralkubas teil: »Ich erinnere mich nicht mehr, wieviel Blut er auf diesem Weg vergossen hat«, schrieb Las Casas später über seinen Anführer, Pánfilo de Narváez. Doch obgleich ihn diese Erlebnisse bedrückten, dauerte es noch eine ganze Weile, bis er sich auflehnte. Für ein bis zwei Jahre verwaltete er, ungeachtet seines Priesteramtes, ein Landgut, wahrscheinlich eine *encomienda,* am Río Arimao bei Cienfugos auf Kuba und unterhielt dort auch eine Fischzucht. 1514 jedoch gab er dieses Gut auf, hielt am Pfingstsonntag eine donnernde Predigt vor seinen Nachbarn – so wie es Montesinos in Santo Domingo getan hatte, kehrte nach Spanien zurück und widmete sein Leben fortan dem Leiden der Indianer.[10]

Der König empfing Las Casas in Plasencia, wo er an der Heirat einer unehelichen Enkeltochter teilgenommen hatte. Ferdinand versprach, Las Casas zu helfen, sobald er in Sevilla eingetroffen sei, doch er wurde nicht mehr auf die Probe gestellt: Bevor er sein Ziel erreichte, starb der König in einem Bauernhaus. So suchte Las Casas den Regenten auf, den achtzigjährigen Kardinal-Erzbischof von Toledo, Jiménez de Cisneros. Cisneros herrschte zweieinhalb Jahre, bis zur Ankunft des jungen flämischen Enkels des verstorbenen Königs im September 1518. Dieser Enkel, der später einmal Kaiser Karl V. werden sollte, war vorläufig nur der junge Karl I., König von Spanien, dessen Anspruch auf die Königswürde zweifelhaft war, da seine Mutter, Juana la Loca, noch lebte.

Jiménez de Cisneros, der den spanischen Franziskanerorden reformiert, die erste mehrsprachige Bibel in Auftrag gegeben, die Universität von Alcalá de Henarez gegründet und (insbesondere als Mäzen der Kathedrale von Toledo) die Künste gefördert hatte, Generalinquisitor und Oberbefehlshaber der spanischen Truppen beim Nordafrikafeldzug 1509, war einer der bedeutendsten Männer seiner Zeit. Las Casas fragte ihn einmal, welches Recht die Versklavung der Indianer rechtfertigen könne. »Kein Recht«, antwortete Cisneros wütend, »sind sie etwa nicht frei? Wer könnte daran zweifeln, daß sie freie Menschen sind?«[11] Doch neben seiner Güte gegen die Indianer war er ein erbitterter Feind der Mauren, und gegenüber den Juden war er genauso intolerant wie seine Wohltäterin, die große Königin Isabel.

Las Casas legte Cisneros ein richtungsweisendes Memorandum vor. Darin schlug er vor, die Indianer auf Hispaniola nicht länger als Sklaven zu behandeln, sondern für ihre Arbeit zu entlohnen. Sie sollten in neuen, mit Kirchen und Krankenhäusern ausgestatteten Dörfern angesiedelt werden. Statt Abenteurern sollten in Zukunft kastilische Bauern zur Ansiedlung ermuntert werden, und jedem neugegründeten Bauernhof sollte eine vorgeschriebene Zahl von Indianern zugewiesen werden, denen man die europäischen Anbaumethoden beibringen sollte. Auch sollte immer nur ein Drittel der Indianer zwischen 25 und 45 Jahren für die Kastilier arbeiten, und zwar jeweils nur für zwei Monate und nicht weiter als 95 Kilometer von ihrem Heimatort entfernt.

An der Nordküste Südamerikas sollten im Abstand von 480 Kilometern Festungen errichtet werden. Diese sollten als Zentren des friedlichen Handels dienen, vergleichbar den Niederlassungen, welche die Portugiesen in Afrika gegründet hatten. Jeder Festung sollte ein Bischof zugeteilt werden, der von Mönchen unterstützt würde. Las Casas schlug vor, in Cumaná, Venezuela, eine besondere Kolonie zu gründen, die von einem neuen, den älteren Orden von Santiago und Alcántara nachgebildeten Ritterorden, den »Rittern des goldenen Sporns«, verwaltet werden sollte, der mit den Indianern Handel treiben würde. Weitere *entradas*, Vorstöße ins Innere des Indianergebiets, sollten verboten sein. Zudem sollte der Sklavenhandel in der Karibik eingestellt werden; wenn Sklaven benötigt wurden, sollte man sie aus Afrika importieren – ein Vorschlag, den Las Casas später bedauerte.[12] Der Plan überzeugte den 80jährigen Cisneros.

Cisneros entsandte drei Hieronymitenmönche – Fray Luis de Figueroa, Fray Bernardino de Manzanedo und Fray Alonso de Santo Domingo – nach Hispaniola, die dort als Bevollmächtigte (*comisarios*) Diego Colón ablösten; später kam ein vierter Mönch, Fray Juan de Salvatierra, hinzu. Der Kardinal bezweifelte nie den Nutzen, der seines Erachtens mit der Einsetzung von Klerikern in politische Ämter verbunden war, auch wenn die Hieronymiten, deren Einfluß seit ihrer Gründung Ende des 14. Jahrhunderts stetig gewachsen war, durch das Gerücht, sie seien von Juden unterwandert worden, einen Ansehensverlust erlitten hatten. Cisneros entschied sich für diesen Orden, um

Spannungen zwischen den Franziskanern und den Dominikanern zu vermeiden, und Las Casas wählte die Männer aus. Als »Ordensmänner, denen Habsucht fremd war«, sollten die Prioren eine umfassende Bestandsaufnahme des »Indianerproblems« durchführen, die Abschaffung des *encomienda*-Systems in Angriff nehmen und die Möglichkeit einer indianischen Selbstverwaltung sondieren. Alonso de Zuazo, ein gerechter Richter aus Segovia (oder einem Ort im Umkreis der Stadt) sollte eine gerichtliche Untersuchung (*juicio de residencia*) der Vorgänge der letzten Jahre durchführen.[13]

Die Prioren trafen im Dezember 1516 ein, Zuazo im April 1517. Alle fünf arbeiteten hart. Sie besuchten Bergwerke und Dörfer, deren trostlose Öde sie betrübte; Zuazo schrieb, daß in wenigen Jahren alle Eingeborenen tot wären, wenn nicht für Abhilfe gesorgt würde. Schon jetzt gebe es »so wenige [Eingeborene] wie Trauben an den Stöcken nach der Weinlese«. Die Prioren stellten Fragen. In ihrem ersten Bericht schrieben sie, daß es auf der Insel sowohl an Indianern als auch an Spaniern mangele; in ihrem zweiten Bericht unterstützten sie nachhaltig die Forderung von Las Casas, Sklaven aus Afrika zu importieren. Ihrer Ansicht nach konnten Zucker, Baumwolle, Holz und Gewürzrinde Gold als Exportartikel ersetzen. Zuazo wies darauf hin, daß die spanischen Siedler Ehefrauen brauchten – nur dann würden sich die Kolonisten auf Hispaniola wirklich zu Hause fühlen. Die Inseln sollten so behandelt werden, als seien sie die Azoren oder Madeira, also als Orte dauerhafter Ansiedlung. Die Einwanderung sollte nicht begrenzt werden. Und man sollte Menschen aus ganz Spanien, nicht nur aus dem »Nadelöhr« Sevilla, zur Ansiedlung ermuntern.[14]

Von all diesen Männern besaß der Richter Zuazo die größte Charakterstärke und die edelste Gesinnung. Er war mutig, einfallsreich und, zumindest in dieser Phase seines Lebens, ehrlich. Fray Luis de Figueroa erwies sich als so ehrgeizig wie alle aragonischen Beamten. Fray Santo Domingo und Fray Salvatierra waren alt, resigniert und schwach. Fray Manzanedo war wohlmeinend und beredt, aber ebenso unfähig wie häßlich. Keiner von ihnen wußte, wie er sich, so fern der Heimat, gegenüber brutalen Abenteurern, anmaßenden Kolonisten und dahinsiechenden Indianern verhalten sollte. Sie sehnten sich zurück in ihre eleganten Klöster in Kastilien. Sogar der korrupte Schatzmeister, Miguel de Pasamonte, der alle Veränderungen, die sich in den letzten zehn Jahren in Santo Domingo ereignet hatten, ungeschoren überstanden hatte, lobte sie – ein vernichtenderes Urteil hätte man nicht über sie fällen können. Sie fanden auf ganz Hispaniola nur einen einzigen Indianer, der ihres Erachtens »reif für die Freiheit« war. Die übrigen müßten unter Aufsicht spanischer Verwalter und Priester in Dörfern oder Städten zusammengeführt werden. Las Casas war unterdessen als »Beschützer der Indianer« nach Hispaniola gekommen, jedoch überwarf er sich mit seinen Schützlingen und kehrte nach Spanien zurück, um sie anzuprangern. Durch den steten Bevölkerungsschwund wurde seinen Reformvorschlägen der Boden entzogen. Es gab praktisch nichts, was man zu dieser Zeit für die Indianer hätte tun können. Im August 1518 entzog der neue König den Prioren die Zuständigkeit für gerichtliche Angelegenheiten. Im Dezember 1518 übertrug er all ihre Befugnisse auf den Richter Rodrigo de Figueroa, der unter anderem ein Ermittlungsverfahren durchführen sollte; jedoch traf er erst im August des nächsten Jahres in Santo Domingo ein. Bis dahin behauptete sich die Theokratie.[15] Aus Spanien kamen weiterhin Conquistadoren, die allerdings nun bei der Viehzucht weitgehend auf die Hilfe der Indianer verzichten mußten.

Die herausragende Figur unter den übrigen spanischen Herrschern in der Karibik war Diego Velázquez, der *caudillo* (Führer) Kubas. Er war ein korpulenter blonder Riese mit freundlichem Gesicht und entstammte einer alteingesessenen Adelsfamilie aus Cuéllar, einer alten Stadt in Kastilien, die auf halbem Weg zwischen Valladolid und Segovia liegt. (Noch bis vor kurzem konnte man das Tor zu dem später baufällig gewordenen Schloß der Familie in der abschüssigen, vom Hauptplatz ausgehenden Calle San Pedro bestaunen.) Diego hatte drei Brüder: Antón war ihm nach Kuba gefolgt; Cristóbal war Hauptmann der kastilischen Bürgerwehr, und der dritte, Juan, war ebenfalls ein Conquistador in der Karibik. Ein Vetter, ein anderer Juan Velázquez, der Schatzmeister des verstorbenen Infante Juan gewesen war, war zu dieser Zeit einer der beiden Oberbuchhalter, *contadores mayores*, Kastiliens (Íñigo de Loyola war in dessen Haus in Arévalo aufgewachsen, der Stadt, die Juan als Gouverneur regierte). Ein weiterer Vetter, Sancho Velázquez de Cuéllar, war 1484 ein Mitglied des ersten Nationalrates für die Inquisition gewesen.[16]

In den 70er Jahren des 15. Jahrhunderts war die Heimatstadt des Diego Velázquez berühmt wegen eines redegewandten Rabbi, dessen Predigten nicht nur Juden, sondern auch ältere Christen in die Synagoge lockten. Cuéllar, heute eine scheinbar abgelegene Stadt, lag im ausgehenden 15. Jahrhundert in der Nähe des Zentrums vieler schwieriger politischer Verhandlungen. Sie war nur einen Tagesritt von Segovia entfernt, der Lieblingsstadt Enriques IV., und bis Arévalo, dem Geburtsort von Königin Isabel, war es ebenfalls nicht weit. Die größten Schlachten dieser Zeit waren in der Nähe ausgetragen worden: in Valladolid, Torquemada und Olmedo.

Diego Velázquez nahm vermutlich in den 80er Jahren des 15. Jahrhunderts an den Granada-Feldzügen teil, die ihn »arm und krank« machten. Als Achtundzwanzigjähriger begleitete er Kolumbus 1493 auf dessen zweiter Reise und wurde in den Haushalt von Kolumbus' Bruder, Bartolomé Colón, aufgenommen. Schon nach kurzer Zeit war er einer der reichsten Männer Hispaniolas. Ovando, der Gouverneur, den sich Velázquez später zum Vorbild nahm, ernannte ihn zu seinem Stellvertreter und betraute ihn mit dem Oberbefehl in den Kriegen gegen die Indianer im Westen. Velázquez war einer der beiden Hauptleute, die für das entsetzliche Blutbad von Xaragua im Jahre 1503 verantwortlich waren. Ovando berief ihn zum Gouverneur sämtlicher »Städte« in der Westhälfte Hispaniolas: schäbige Orte mit strohbedeckten Holzhäusern, schlammigen Straßen, behelfsmäßigen Rathäusern und Kirchen, die ebenfalls aus Holz erbaut waren.[17]

Von der Westküste Hispaniolas bis nach Kuba war es nur ein Katzensprung. Das unmittelbare Motiv für die spanische Invasion Kubas war Hatuey, ein Häuptling aus Hispaniola, der nach dem Massaker von Xaragua auf die Nachbarinsel geflohen war. 1511, einige Wochen bevor Fray Montesinos seine berühmte Predigt hielt, versammelte Velázquez in dem kleinem Hafenort Salvatierra de la Sabana etwa 330 Conquistadoren und eine kleine indianische Hilfstruppe. Sie überquerten jene Meerenge, die heute als Windwardpassage bezeichnet wird, und Velázquez errichtete sein Quartier in Baracoa – ein Ort, den er in Nuestra Señora de la Asunción umtaufte – an der Ostspitze Kubas.[18]

Obwohl Kuba viel größer ist als Hispaniola, war es spärlicher besiedelt. Die dort lebenden Taínos gehörten jedoch derselben Volksgruppe an wie die Indianer dieses ersten spanischen Außenpostens: ihre Ballspiele, Bräuche und ihre Sprache waren dieselben. Wie die Ureinwohner Hispaniolas bauten sie vor allem Maniok an, die bewaldeten Ebenen Kubas eigneten sich jedoch weniger für den extensiven Ackerbau mit Grabstöcken als Hispaniola. Daher ernährten sie sich vor allem von Suppenschildkröten, die sie mit Hilfe von Schiffshalterfischen »angelten« und die sie mitunter als Vorrat in großen Zuchtbecken hielten (vergleichbar den Anlagen, die Las Casas am Río Arimao besessen hatte). In den Wäldern aus Mahagonibäumen und Tropenzedern jagten die Taínos zahllose Papageien- und Taubenarten. Nach Darstellung von Las Casas konnte man damals die Insel auf ihrer gesamten Länge (1600 Kilometer) im Schatten von Bäumen durchwandern – vier Fünftel der Insel waren von Dschungel bedeckt.[19]

Die Kubaner leisteten den Spaniern kaum Widerstand; die einzige Ausnahme bildete jener Häuptling Hatuey, der von Santo Domingo geflohen war. Angeblich verweigerte er die Taufe, bevor er lebendig verbrannt wurde; hätte er sich zum Christentum bekehrt, dann hätte man ihm den schnelleren Tod durch das Schwert »gewährt«. Als man ihm jedoch eröffnete, daß er in diesem Fall das ewige Leben in Gesellschaft der Kastilier verbringen würde, lehnte er dankend ab.[20]

Die Spanier gingen bei der Eroberung Kubas ebenso gründlich wie rücksichtslos vor. Der erste Stellvertreter von Velázques war Pánfilo de Narváez, der in Kastilien gewissermaßen zu seinen weiteren Nachbarn gehört hatte. Pánfilo de Narváez aus dem Ort Navalmanzano, der 24 Kilometer südlich von Cuéllar an der Straße nach Segovia lag. Er hatte an der Eroberung Jamaikas teilgenommen, und nun bahnte er sich, unterstützt von 15 Armbrustschützen und ein paar Arkebusieren, einen Weg durch den südlichen Teil Kubas. Die Indianer flohen und vernachlässigten ihre Äcker. Wie schon auf Hispaniola wurden viele Indianerinnen von den Conquistadoren vergewaltigt.

Binnen weniger Jahre gründeten Velázquez und seine Stellvertreter sieben Gemeinden auf Kuba. 1518 gab es in keinem dieser Orte Gebäude aus Stein, und die Kirchen (sofern es welche gab) bestanden aus Holz und hatten Dächer aus Palmblättern.[21] Zunächst war Baracoa, das an der Nordseite der Ostspitze Kubas lag, die wichtigste Stadt, doch bald schon verlagerten die Kastilier ihr Hauptquartier nach Santiago de Cuba, einem Ort mit einem hervorragend gelegenen Hafen und auch nicht weit von der Ostspitze der Insel entfernt.

Kuba wurde zunächst zu Ehren der spanischen Königin »Juana« genannt. Da jedoch die Königin wegen ihrer geistigen Umnachtung faktisch eine Gefangene war, erschien dieser Name schon bald nicht mehr opportun, und man taufte die Insel daher nach dem König in »Ferdinanda« um. Doch auch dieser Name war nicht von Dauer, obschon er in den 20er Jahren des 16. Jahrhunderts noch gebräuchlich war. Nach der Ausrottung der Ureinwohner erhielt die Insel wieder den Namen, den ihr die Indianer gegeben hatten: Kuba.

In mehreren Wasserläufen des kubanischen Zentralgebirges fand man Gold. So erzielten die Siedler im Umkreis der beiden neu gegründeten Städte Trinidad und Sancti Spiritus ein paar Jahre lang beträchtliche Gewinne. Die überarbeiteten und führerlosen Ureinwohner hingegen wurden wie die Indianer Hispaniolas schonungslos ausgerottet.

Trotz seiner Rolle bei dem Massaker von Xaragua und der Verbrennung von Hatuey war Velázquez noch keineswegs der gewalttätigste Conquistador. Im Rahmen eines später gegen Velázques eingeleiteten Ermittlungsverfahrens sagte ein baskischer Zeuge, der Schiffskapitän Juan Bono de Quejo, sogar aus, Velázquez sei ein guter Christ und ein ergebener Diener seiner Majestäten gewesen, der die Indianer gut behandelt habe. Obgleich er den Wohlstand Kubas mehren wollte, weigerte er sich zunächst aufgrund der negativen Erfahrungen in Hispaniola, die Indianer auf Kuba in *encomiendas* aufzuteilten. Und als er keinen anderen Ausweg mehr sah, begrenzte er die Größe der *encomiendas* auf 200 Indianer. Selbst Las Casas räumte ein, daß er eine fröhliche Natur hatte. Er sprach nur über vergnügliche Dinge. Ein Gespräch mit ihm glich einem neckischen Geplänkel zwischen übermütigen Jugendlichen – und er liebte Bankette. Obgleich er leicht aufbrausen konnte, war er nicht nachtragend. Er verzieh das meiste, sobald sich sein Zorn gelegt hatte.[22] Auch war er stolz auf seine Familie (obwohl er keine Kinder hatte), und er wußte würdevoll aufzutreten, wenn die Situation dies erforderte.

Für Velázquez waren die Tropen zur zweiten Heimat geworden. Er hatte sich an die örtliche Kost gewöhnt, die aus Suppenschildkröten, Maniokwurzelbrot, Sittichen und Leguan bestand. In verschiedenen Teilen der Inseln besaß er zehn Haziendas, einige davon zusammen mit Juan Francisco de Grimaldo und Gaspar Centurión, zwei bekannten Genueser Kaufleuten aus Sevilla.[23] Seine guten Beziehungen zu den Behörden in Spanien pflegte er durch regelmäßigen Briefkontakt. Die Behörden ihrerseits waren ihm gewogen, da sie in ihm ein Gegengewicht zu Diego Colón sahen, den sie ständig brüskierten und gegen den Velázquez sich illoyal verhielt, obgleich er ihm zu Dank verpflichtet gewesen wäre.

Die Ehefrau von Velázquez, seine Cousine María del Cuéllar, war 1512, kurz nach der Hochzeit, in Baracoa gestorben. Gleich danach kam das Gerücht auf, der Gouverneur wolle eine der Nichten des mächtigen Bischofs von Burgos, Juan Rodríguez de Fonseco, ehelichen. Das war jedoch nur einer jener tropischen Scherze, mit denen der Gouverneur abends in seinem notdürftig hergerichteten Palast seine Freunde unterhielt – eine Grille, in der er sich ausmalte, was er nach seiner Rückkehr nach Kastilien machen würde, wobei jedoch jeder wußte, daß er dies nie tun würde. (Zudem waren die beiden Nichten des Bischofs, María und Mayor, sowieso schon verheiratet.)

Diese Gespräche in Santiago hatten den Charakter von *tertulias*. Die Spanier rauchten Tabak; sie waren vermutlich die ersten Europäer, die den Reiz dieses berühmten kubanischen Produkts voll auskosteten (die spanischen Kolonisten begannen um 1520 mit dem Tabakanbau). Bei diesen Abendgesellschaften traf man oftmals den Cousin des Gouverneurs, Antonio Velázquez Borrego, der allerdings 1516 als *procurador general* (Vertreter der Kolonie) nach Spanien zurückkehrte; weitere Cousins und Neffen aus dem riesigen Velázquez-Klan: Juan, ein weiterer Diego, ein weiterer Antonio und Bernardino, die alle in Cuéllar geboren waren und sich noch sehr gut an jene Zeit erinnerten, als diese Stadt ganz in der Nähe des spanischen Hofes gelegen hatte. Auch der Schwiegervater des Gouverneurs und Schatzmeister Kubas, Cristóbal de Cuéllar, war anwesend, bekannt dafür, den Anteil am kubanischen Gold, der dem König zustand, immer verspätet abzuliefern, der aber die Gesellschaft mit interessanten Geschichten aus seiner Zeit als Mundschenk des verstorbenen Infanten Don Juan unterhalten konnte. Cuéllar, der 1502 als Chefbuchhalter von Ovando (einem weiteren zeitweiligen Mitglied des Kreises um den Infanten) nach Westindien gekommen war, pflegte zu sagen, er werde wegen seiner Dienste für diesen Fürsten, der brillante und zügellose Männer um sich geschart habe, »doppelt so lange in der Hölle schmoren müssen, wenn die Zeit gekommen ist«.[24] Vielleicht erklärte er auch, weshalb der Hof Kolumbus soviel Wohlwollen entgegenbrachte, und zwar sowohl vor als auch nach seiner ersten Reise. Auch der Sekretär von Velázquez, Andrés de Duero, ein kleinwüchsiger Mann aus Tudela del Duero, einer Kleinstadt unweit Valladolid, und sein Buchhalter, der aus Burgos gebürtige Amador de Lares, nahmen an den geselligen Runden des kubanischen Gouverneurs teil. Der Sekretär schwieg meistens, während der Buchhalter seine Redseligkeit und seinen Scharfsinn demonstrierte; er erzählte Anekdoten aus jenen Jahren, in denen er Truchseß (*maestresala*) des »Gran Capitán«, Gonzalo Hernández de Córdoba, in Italien gewesen war. Ein weiteres Mitglied des tropischen Hofes von Velázquez war Manuel de Rojas, ebenfalls aus Cuéllar stammend und mit Velázquez' Nichte Magdalena verheiratet. Er war ein Bruder jenes Gabriel de Rojas, der später in Peru zu Ruhm gelangen sollte (die Rojas hatten in Cuéllar praktisch Tür an Tür mit der Familie Velázquez gewohnt). Der Narr des Gouverneurs, Francisco Cervantes, machte spitze Bemerkungen und zitierte mit sicherem Gespür Verse aus Balladen und Romanen, die dem einen oder anderen der Anwesenden den Spiegel vorhielten. Velázquez selbst erinnerte sich vielleicht an jene Zeit, in der er von Granada nach Sevilla geritten war, um Kolumbus auf dessen zweiter Reise zu begleiten. Zweifellos erzählte er manchmal von seiner Arbeit für den Admiral, wie Kolumbus sich selbst nannte. An der *tertulia* nahm zweifellos gelegentlich auch ein ehemaliger Sekretär von Velázquez teil, der mittlerweile Bürgermeister von Santiago war – ein serviler, kluger und unberechenbarer Siedler aus Medellín in der Estremadura: Hernán (bzw. Hernando) Cortés, der durch Gold, das er im Río Duabán gefunden hatte, zu Reichtum gelangt war.

Unterdessen nahm die autochthone Bevölkerung auf Kuba genauso rasch ab wie auf Hispaniola. Nur etwa fünfzehn Siedler besaßen mehr als 100 Indianer; dennoch herrschte gegenwärtig kein Mangel an Sklaven: Amador de Lares hatte damit begonnen, schwarze Sklaven aus Afrika zu importieren, um den Mangel an einheimischen Arbeitskräften auszugleichen. Aus Sevilla kamen Schiffe, die mit Wein, Olivenöl, Mehl, Essig und Lederschuhen, ja sogar mit Satin und Damast beladen waren. Durch diesen Handel kamen die Kaufleute aus Sevilla und Burgos zu Reichtum, wie auch der Gouverneur, dem das florierendste Einzelhandelsgeschäft Santiagos gehörte. (Genaugenommen stand Velázquez der Titel eines Gouverneurs rechtlich nicht zu, denn er blieb der Stellvertreter Diego Colóns auf der Insel Kuba und der Zuteiler [*repartidor*] der dortigen Eingeborenen: eine zweitrangige Amtsstellung, um deren Änderung er sich unentwegt bemühte.)

Der zweitwichtigste spanische Herrscher in der Karibik im Jahr 1518 war Francisco de Garay, der baskische *caudillo* Jamaikas, einer Insel, die eine Zeitlang »Santiago« geheißen hatte. Wie Velázquez war auch Garay, ein gelernter Notar, 1493 mit Kolumbus nach Westindien gekommen und heiratete dessen Schwägerin Ana Muñiz. Wie Velázquez brachte es auch Garay auf Hispaniola zu Reichtum: Eine in seinem Dienst stehende Indianerin hatte, als sie sich am Ufer des Río

Ozama zu einer Mittagspause niedersetzen wollte, einen 16 Kilogramm schweren Goldklumpen gefunden. So entdeckte Garay die sogenannten »Neuen Minen«, die er zusammen mit seinem aragonischen Freund Miguel Díez de Aux ausbeutete. Das Unternehmen machte beide reich. Abgesehen von Beamten war Garay noch immer der einzige, der in Santo Domingo ein Haus aus Stein besaß.[25]

Einige Jahre später versuchte er die Insel Guadalupe zu erobern – »ihr Geheimnis zu lüften«, wie er es nannte (wie die meisten der Kleinen Antillen war auch diese Insel von Kolumbus entdeckt und benannt worden). Doch die Kariben, die bessere Kämpfer waren als die Taíno, schlugen den Angriff Garays zurück. Daraufhin wandte sich Garay dem Perlenhandel zu und wurde später als Nachfolger von Juan de Esquivel, dem ersten spanischen *caudillo* Jamaikas, zum Gouverneur der Insel ernannt. Esquivel hatte zwei Städte gegründet, Santa Gloria und Sevilla la Nueva, doch ließ er zu, daß importierte, verwilderte Haustiere sich über die ganze Insel ausbreiteten – ein weiteres Mal wurde die einheimische Landwirtschaft zerstört. Als Garay 1515 nach Jamaika kam, hatte dort bereits der gleiche rapide Bevölkerungsschwund wie auf den übrigen Inseln des spanischen Reiches eingesetzt. Obgleich Pietro Martire ihn als den »fähigsten Gouverneur der Neuen Welt« beurteilte und Las Casas einräumte, daß er ein »Ehrenmann« war, besaß Garay nicht die Kraft, den Niedergang aufzuhalten; wahrscheinlich war es zu diesem Zeitpunkt auch schon nicht mehr möglich. Er gründete ebenfalls zwei Städte, Melilla und Oristán, er förderte den Verzehr von Kartoffeln, und er führte ein beschauliches Dasein auf einer Insel, die trotz alledem noch immer »paradiesisch« anmutete.[26]

Über Puerto Rico ist das Wichtigste schnell gesagt. Der erste Gouverneur der Insel war jener Juan Ponce de León gewesen, der zu den »Edelleuten« gehörte, die 1493 Kolumbus auf seiner zweiten Reise begleitet hatten. Adlige Abstammung und Erfahrung im Kampf gegen Granada hielten ihn – und andere Teilnehmer an dieser Expedition – nicht davon ab, nach Reichtum zu streben. Er und Esquivel (der spätere Gouverneur Jamaikas) eroberten die Osthälfte Hispaniolas, worauf Ovando ihm auf der Insel, bei Salvación de Higuey, ein Gut gewährte. Nach Spanien zurückkehrende Schiffe gingen in diesem Hafen vor Anker, um Maniokwurzelbrot zu kaufen. 1508 überquerte er die schmale Monapassage nach Puerto Rico. Die *naturales* bereiteten ihm zunächst einen freundlichen Empfang – was sie schon bald bereuen sollten. Bei der nachfolgenden Eroberung spielte Ponce de Léons Hund Becerillo eine grausame Rolle.[27]

Die brutalen Übergriffe des Ponce de León führten zu einem Indianeraufstand. Doch obgleich die Ureinwohner von den Kariben der nahegelegenen Insel Santa Cruz unterstützt wurden, waren sie den Conquistadoren nicht gewachsen. Ponce de León ließ sich auf Puerto Rico nieder und kam zu Reichtum. Doch die Verwaltungsaufgaben langweilten ihn, der ausgedehnte Reisen liebte. Er kehrte nach Spanien zurück, um vom König die Erlaubnis zu bekommen, den Jungbrunnen zu suchen. Man glaubte damals, diese einzigartige Quelle des Glücks, die in zahlreichen volkstümlichen Balladen besungen wurde, liege in dem Gebiet, das heute Florida heißt. Ponce de Léon unternahm daraufhin mehrere gewagte Erkundungsfahrten und war, wie bereits erwähnt, der erste Europäer, der an der Küste Yucatáns landete. Er (oder sein Steuermann Alaminos) war auch der erste Europäer, der von der Existenz des Golfstroms berichtete. Nach seiner Rückkehr nach Puerto Rico wurde er von einem strengen Richter, Sancho Velázquez, vermutlich ein Vetter des Gouverneurs von Kuba, abgelöst, dessen Aufgabe es war, die Erfolge und Fehler seines Vorgängers während der letzten zehn Jahre zu untersuchen. Ponce organisierte derweil eine neue Expedition nach Florida. Wieder starben die Ureinwohner, weil sie bis zur völligen Erschöpfung in Wasserläufen nach Gold suchen, das Gepäck der Spanier tragen und für die Kolonisten Nutzpflanzen in einem Land anbauen mußten, dessen Ackerflächen von verwilderten Haustieren verwüstet wurden.

Der *caudillo*, der 1518 in der Karibik am wenigsten Einfluß besaß, war Pedrarias – mit vollem Namen: Pedro Arias – aus Ávila, der die einzige spanische Kolonie regierte, die zu dieser Zeit auf dem Festland bestand: Darién in Castilla del Oro, ein Gebiet, das sich ungefähr mit dem Territorium des heutigen Panamá deckt. König Ferdinand hatte der Region 1513 diesen vielversprechenden Namen gegeben, weil das Gerücht ging, dort seien »Flüsse, überreich an Gold« anzutreffen; ein altes Märchen schien in Erfüllung zu gehen. Pedrarias war der Bruder des Grafen von Puñonrostro. Seine Familie, konvertierte Juden, hatte seit mehreren Generationen in Segovia eine bedeutende gesellschaftliche Stellung inne. Sein Großvater Diego Arias war Schatzmeister von König Enrique IV. gewesen, und sein Onkel war jener Bischof von Segovia gewesen, der die erste Druckerpresse Spaniens aufgestellt hatte. Pedrarias hatte ebenso viele Spitznamen, wie seine Vetter Titel hatten:

»der Galan«, »der Turnierkämpfer«, »der Höfling«. Wie einige andere *caudillos* in der Karibik hatte er gegen Granada gekämpft und wahrscheinlich auch in zahlreichen Bürgerkriegen, die zwischen 1470 und 1480 stattgefunden hatten, denn er war 1518 78 Jahre alt. 1514 führte er eine Expedition zum Isthmus an, an der zahlreiche vermögende Edelleute teilnahmen: »Die prächtigste Gruppe von Männern, die Spanien je verlassen hat«, wie es hieß, denn sie trugen »Seiden- und Brokatgewänder«, auch wenn ihnen diese in ihrem Kampf gegen Hitze, Moskitos und Krankheiten nicht besonders dienlich waren. Die Expedition hatte nach Ansicht Las Casas deshalb eine so große Anziehungskraft auf die Edelleute ausgeübt, weil man sie im Glauben gewiegt hatte, in Darién fische man Gold mit Netzen.[28] Pedrarias sollte die Amtsgeschäfte von Vasco Núñez de Balboa übernehmen, der als Interimsgouverneur von Darién zuviel Selbstbewußtsein entwickelt hatte, um für die königliche Behörde noch akzeptabel zu sein. Balboa war möglichweise der erste Europäer, der, im Jahre 1513, den Pazifik sah. Gleichzeitig war er der erste Rebell der Neuen Welt.

Pedrarias war sehr erfolgreich, wenn auch um einen hohen Preis. Er bekämpfte die Eingeborenen mit Methoden, vor denen Balboa zurückgeschreckt war; so überzog er die Region mit brutalen Einsätzen von Hunden. Von da an wurde der Ausdruck *aperrear*, »den Hunden vorwerfen«, allgemein gebräuchlich. Die Indianer sannen auf Rache, so daß sich schon bald »kein Christ mehr ohne Begleitung eine Legua von der Stadt zu entfernen wagte«. Der begabte Balboa wurde eingesperrt und im Januar 1519 wegen »aufrührerischen Verhaltens« hingerichtet – es war das erste Mal, daß ein Europäer auf dem amerikanischen Festland einen Landsmann zum Tode verurteilte. »Der Galan« blieb in Darién. Er organisierte Expeditionen ins Hinterland, um Indianer gefangenzunehmen, die er als Sklaven nach Hispaniola verkaufte (oder auch nur um seinen unterbeschäftigten Landsleuten etwas zu tun zu geben). Die Indianer haßten ihn, und seine eigenen Leute fürchteten ihn.[29]

In diesem Überblick über die spanischen Gouverneure, die 1518 in der Karibik amtierten, fehlt eine Person: Diego Colón, der noch immer am Kampf um die Macht teilnahm. Obwohl er 1515 als Gouverneur abgesetzt worden war und Hispaniola verlassen hatte, strebte er noch immer nach einem erblichen Vizekönigamt, das die gesamte Karibik umfassen sollte. Diego Colón, »Der Admiral«, wie er sich gerne nennen ließ, war ein mittelmäßiger, aber zäher Mann, der dank seiner

Heirat mit María Toledo, einer Nicht des Herzogs von Alba, über einflußreiche Beziehungen verfügte. Er war in diesen Jahren ein häufiger Gast am Hof, wo man ihn jedoch in der Regel nicht weiter beachtete. Er glich einem lebendigen Phantom aus der Zeit der großen Entdekkungsfahrten, und er erinnerte daran, daß es – damals wie auch später – unmöglich war, die Leistungen seines Vaters angemessen zu würdigen.

In Spanien selbst schenkte man dem neuen Reich wenig Beachtung. Isabel war dem Zauber der Vision des Kolumbus erlegen. Sie interessierte sich sogar, wenn auch nur sporadisch, für das Wohlergehen »ihrer« Indianer; ihrem Gatten Ferdinand hingegen lag nichts daran. Er hatte zwar ehrgeizige Pläne, doch diese bezogen sich auf den Mittelmeerraum. Er interessierte sich für Westindien nur insofern, als es darum ging, die Inseln als Ertragsquellen der Krone zu nutzen. Die verstorbene Königin vermachte ihm die Hälfte der Einkünfte, die der kastilischen Krone aus Westindien zuflossen – doch jeder wußte, daß die Inseln im Niedergang begriffen waren: Wenngleich in Spanien seit 1501 jedes Buch vor seiner Veröffentlichung einer behördliche Genehmigung bedurfte, wurden private Berichte aus der Neuen Welt nicht zensiert. 1511 erging sogar ein Erlaß, nach dem ein Beamter niemanden daran hindern durfte, dem König oder anderen hochstehenden Personen Briefe oder Informationen, die sich auf den Wohlstand Westindiens bezogen, zukommen zu lassen.[30] Die wenigen Spanier, die sich für Kolumbus' Erbe interessierten, waren daher gut informiert.

Ferdinand war froh, die Angelegenheiten des neuen Reiches während des größten Teils seiner Regierungszeit in die zuverlässigen Hände von Juan Rodríguez de Fonseca, des Bischofs von Burgos – und seit 1511 Titular-Erzbischofs von Rossano in Neapel – legen zu können, der einst, vor vielen Jahren, ein Günstling Königin Isabels gewesen war.

Fonseca wurde zu seinen Lebzeiten gefürchtet und nach seinem Tod verachtet. Pietro Martire beschrieb ihn als einen Mann »von erlauchter Geburt ... großer Begabung und festem Mut«. Er entstammte einer Familie von Bischöfen und loyalen Dienern der Krone, »ein Glied in einer Kette von unschätzbarem Wert«, schrieb ein späterer Verehrer.[31] Sein Vater, Fernando, war *corregidor* von Burgos gewesen. Er hatte in der Schlacht von Olmedo auf der Seite der Katholischen Könige gekämpft und war offenbar vom Herzog von Albuquerque selbst getötet worden. Sein Bruder Antonio war Generalkapitän von Kastilien, also Oberbefehlshaber der königlichen Streitkräfte. Die Erzbischöfe von Santiago de Compostela gingen seit drei Generationen aus der Familie Juan de Fonsecas hervor: Der erste war sein Onkel gewesen, der zweite sein Cousin, und der dritte (der 1518 als Erzbischof amtierte) war der uneheliche Sohn dieses Cousins. Diese Beziehungen erhöhten den Wert, den Fonseca für die Krone hatte, denn Monarchen haben Respekt vor der Abstammung einer Person, auch wenn es sich bei den Betreffenden nicht um Adlige, sondern um Kleriker und Beamte handelt. Fonseca, ein ehemaliger Schüler des Humanisten Nebrija, war loyal, erfahren, unermüdlich, tüchtig und intelligent. Er organisierte in kurzer Zeit und mit großem Geschick die zweite Reise des Kolumbus, an der zahlreiche »Edelleute als Freiwillige« teilnahmen. Er organisierte auch den Italien-Feldzug des »Gran Capitán« – er schien »lieber Kriegsschiffe zu bewaffnen, als Messen zu lesen«.[32] Doch das gleiche war auch über Jiménez de Cisneros gesagt worden. Es war Fonseca, der verlangte, Sevilla zum Hauptumschlagplatz des Handels mit Westindien zu machen; er war es, der einen besonderen Kurierdienst einrichtete, durch den Briefe in kürzester Zeit von Sevilla zum Hof gebracht werden konnten, und er war es auch, der 1503 die Casa de la Contratación ins Leben rief, eine Behörde, die künftig den gesamten transatlantischen Handel beaufsichtigte und ihren Sitz im Alcázar, im Herzen Sevillas, hatte. Der Schatzmeister, der aus Aguilar de Campo gebürtige Sancho de Matienzo, den er als Mitglied des Domkapitels der Kathedrale von Sevilla kennengelernt hatte, und der Buchhalter dieser Behörde, der Baske Juan López de Recalde, waren seine Günstlinge. (Matienzo trug den Titel eines »Abts von Jamaika«, einer Insel, die er nicht zu besuchen gedachte, die ihn jedoch, wie er hoffte, eines Tages mit Gold beglücken würde, was auch tatsächlich geschah.) Die Hauptaufgabe der Casa bestand darin, die Steuer, den Königlichen Fünften, zu erheben, mit dem die spanische Krone sämtliche Gewinne belegte, die ihre Untertanen in Westindien machten. Außerdem fungierte sie als treuhänderische Vermögensverwalterin für die Personen, dic in Westindien starben. Sie rüstete die wenigen Expeditionen aus, welche die Krone finanzierte, stellte Kapitäns- und Steuermannspatente aus; sie registrierte sämtliche Frachtgüter, die gelöscht bzw. verladen wurden, setzte aus Sicherheitsgründen bestimmte Maximallängen für Schiffe fest, gab Seekarten in Auftrag und gründete eine Seefahrtsschule. 1511 ordnete Fonseca eine Prüfung der Casa de la Contratación an. Im Rahmen dieser Reorganisation verringerte er den Personalbestand (es gab fortan nur noch *einen* Pförtner) und übertrug ihr gerichtliche und exekutive Befugnisse. Er vergaß auch nicht, sie mit einem eigenen Gefängnis auszustatten.

Obgleich Fonseca ein Mann ohne große Phantasie war und eifersüchtig jeden bekämpfte, der es wagte, eigenständige Vorschläge zu Westindien zu unterbreiten, interessierte er sich für die Künste, die er, wie andere Mitglieder seiner Familie, großzügig förderte. So brachte er beispielsweile von seinen vielen diplomatischen Missionen nach Flandern Gemälde und sogar Maler mit.[33]

Fonseca war ein Symbol der Kontinuität. 1518 war er noch immer das einzige Mitglied des Kastilischen Kronrats, das für Reichsangelegenheiten zuständig war; und faktisch, wenn auch nicht nominell, war er der »Minister für die Kolonien«. Die Schatzmeister und Gouverneure des Reichs umwarben ihn. Ganz allmählich verwandelte er den *Ad-hoc*-Ausschuß des Kronrats, der für Westindien zuständig war, in einen eigenständigen Sonderausschuß für die Angelegenheiten Westindiens, der nach seiner Gründung über 200 Jahre lang bestehen sollte. Fonseca war auch ein Beschützer der jüdischen und muslimischen *conversos*: zu den ersten gehörte sein Chefsekretär, Lope de Conchillos, ein schmeichlerischer, verschlagener und korrupter, aber fähiger Aragonier; zu den zweiten Miguel de Pasamonte, ebenfalls ein Aragonier, der, obgleich offiziell nur Schatzmeister Hispaniolas, in Wirklichkeit der höchste Finanzbeamte in der gesamten Karibik war. Doch Fonseca protegierte nicht aus reiner Güte. Im Gegenteil, er brauchte fähige und loyale Männer, die ihm bedingungslos gehorchten, weil sie wußten, daß ihr Wohlergehen und vielleicht sogar ihr Leben in seinen Händen lagen.

Die täuschend gütigen und gelassenen Gesichtszüge Fonsecas, der vierzigjährig als Stifter in dem Bild der *Virgen de la Antigua* in der Kathedrale von Badajoz dargestellt und fünfzigjährig als Stifter in einem Triptychon der Kathedrale von Palencia verewigt ist, offenbaren den vollendeten Staatsdiener, der genau weiß, daß er sich mit Abenteurern herumschlagen muß. Einmal schrieb er unklugerweise an Antonio de Guevara, den Autor von *El libro dorado de Marco Aurelio* (»Das Goldene Buch des Marcus Aurelius«) – ein weiteres in Spanien sehr populäres Buch –, und fragte ihn, was die Leute am Hof über ihn sagten. Die ehrliche, wenn auch vieldeutige Antwort lautete: »Alle sagen, daß Ihr ein sehr frommer Christ, wenn auch ein sehr mürrischer [*desab-*

rido] Bischof seid. Sie sagen auch, daß Ihr fett, umständlich und weitschweifig seid und daß Ihr in den Geschäften, die in Euren Händen liegen, und gegenüber den Klägern, die vor Euch erscheinen, Nachlässigkeit und Unschlüssigkeit walten laßt. Sie sagen weiterhin, daß viele dieser Kläger erschöpft und niedergeschlagen nach Hause zurückkehrten, weil ihre Klagen nicht entschieden worden seien. Und sie sagen auch, daß Euer Hochwohlgeboren schroff, stolz und ungeduldig, wenngleich temperamentvoll seid ... Andere räumen ein, daß Ihr ein Freund der Wahrheit seid ... und daß ein Lügner niemals Euer Freund sein könne. Sie sagen auch, daß Ihr in dem, was Ihr tut, ehrlich seid; daß Eure Urteile und ihre Vollstreckung gerecht und maßvoll seien ... und daß Euch, wenn es um die Gerechtigkeit geht, Zuneigung und Leidenschaft fremd seien ... Ich selbst möchte hinzufügen, daß es für einen Mann, der eine Republik regiert, keine wichtigere Tugend gibt als die Geduld ...«[34]

Rodríguez de Fonseca fiel während der Regentschaft von Kardinal Jiménez de Cisneros in Ungnade. Cisneros mochte ihn nicht. Zwar entließ er ihn nicht, aber er drängte ihn ins Abseits. Fonsecas langjähriger Sekretär, Lope de Conchillos, wurde zum Rücktritt gezwungen. Nach dem Tod Cisneros im Oktober 1517 und der Ankunft des neuen Königs Karl in Spanien erlangte er jedoch seine alte Stellung zurück, so daß er – wie der Gouverneur von Kuba sehr wohl wußte – noch immer der Architekt der spanischen Westindienpolitik war, als die erste kastilische Expedition an der mexikanischen Küste landete.

Nie ward ein reicher Land entdeckt

> »Auf allen Inseln Santo Domingos und auf Kuba und sogar in Kastilien traf das Gerücht ein, das da besagte: nie auf der ganzen Welt ward ein reicher Land entdeckt ...«
> *Bernal Díaz über Yucatán, um 1518*

Der Gouverneur Kubas, Diego Velázquez, schrieb am 1. April 1514 einen Brief an König Ferdinand von Spanien, in dem er diesem mitteilte, er habe von »Häuptlingen und Indianern der Insel erfahren, daß gelegentlich gewisse Indianer von anderen, jenseits von Kuba gelegenen Inseln nach einer fünf bis sechs Tage dauernden Fahrt in Kanus an der Nordküste Kubas eingetroffen seien ... und diese hätten Kunde von anderen Inseln gebracht, die noch weiter entfernt lägen als die Inseln, von denen sie kommen ...«.[1]

Wir besitzen keine weiteren Informationen über die Seefahrten dieser Eingeborenen. Wie lange lag die letzte Fahrt zurück? Handelte es sich um Mexica oder um Maya, die Nachforschungen anstellen wollten? Etwa um Gerüchten über Blutbäder auf den Grund zu gehen? Kehrten sie vielleicht mit jenen Berichten zurück, auf deren Grundlage die Mexica die Legende ihres nahenden Untergangs errichteten? Steuerten diese Expeditionen Kuba gezielt an, oder wurden sie dorthin verschlagen? Wie reisten sie? Es gibt keine eindeutigen Antworten auf diese Fragen, auch deshalb, weil sie bislang noch nie gestellt wurden. Tatsache ist, daß die Ostküste des Reiches der Mexica genau »eine Kanufahrt von fünf oder sechs Tagen« von der Nordküste Kubas entfernt war, und der Bericht, für den es keine weiteren Belege gibt, deutet darauf hin, daß die Mexica bzw. die Maya tatsächlich eine Expedition durchführten.

Velázquez wollte der Sache auf den Grund gehen, unternahm jedoch vorerst nichts. Seine Seefahrten dienten zu dieser Zeit ausschließlich der »Beschaffung« von Sklaven, die den Mangel an Zwangsarbeitern ausgleichen sollten, unter dem er und die Siedler auf Hispaniola allmählich zu leiden begannen. Diese Sklavenexpeditionen führten zu den Bahamas, nach Panamá, wo sein Freund Pedrarias regierte, und manchmal auch zu den Bahía-Inseln, einem kleinen Archipel vor der Küste von Honduras. Bei einigen dieser Expeditionen gab es Schwierigkeiten; so kam es 1516 an der Südküste Kubas zu einem Aufstand der Indianer, die von den Kastiliern in Nicaragua gefangengenommen worden waren.[2]

Zur damaligen Zeit war man noch immer der Überzeugung, daß Mittelamerika und die bekannten Gebiete Nordamerikas entlegene Teile Asiens oder vor der Küste Asiens gelegene Inseln seien. Auf einer Weltkarte des Geographen Waldseemüller erscheint Nordamerika als »Asiae Partis«. Selbst dem so unerschütterlichen Velázquez fiel es schwer, in Anbetracht der Tatsache gelassen zu bleiben, daß niemand genau wußte, was zwischen Kap Gracias a Díos, wo Kolumbus auf seiner letzten Reise nach Süden abgedreht war, und Florida lag. Möglicherweise waren Pinzón und Díaz de Solís – und später Ponce de

León – unabhängig voneinander ein Stück der mexikanischen Küste entlanggesegelt. Doch man wußte nicht, wo genau sie gewesen waren. Gab es eine Meerenge, die zur »Südsee« führte, wie man den Pazifik nannte (bevor Magellan 1520 die Durchfahrt zum Pazifik fand)? Dafür schien manches zu sprechen, hatte doch Balboa, der als erster den Isthmus von Darién durchquert hatte, gezeigt, daß diese Landenge sehr schmal war. Es war auch bekannt, daß es westlich von Kuba eine lange, in östlicher Richtung verlaufende Küste gab – doch man hatte keine Ahnung, was das Hinterland an Geheimnissen in sich barg.

Schließlich ergriffen drei Freunde von Velázquez die Initiative, um herauszufinden, was hinter der Westspitze Kubas lag: Francisco Hernández de Córdoba, Lope Ochoa de Caicedo und Cristóbal de Morante. Diese Conquistadoren hatten sich in dem Ort Sancti Spiritus niedergelassen, der etwa 65 Kilometer im Innern der Insel lag. Die ersten beiden stammten ursprünglich aus Córdoba, während Cristóbal de Morante aus Medina del Campo gebürtig war. Möglicherweise war Hernández de Córdoba ein entfernter Verwandter des »Gran Capitán«, des Helden der spanischen Feldzüge nach Italien. Doch das ist nicht sicher, da dessen Familie sehr groß war. Wenn eine enge Verwandtschaft bestanden hätte, dann wäre dies in der Karibik sicherlich bekannt gewesen, denn die Bewunderung für diesen Feldherrn war sehr groß, wie man etwa daran ersehen kann, daß Francisco Pizarro, der sich zu jener Zeit in Darién aufhielt, dem berühmten Vorbild nacheifernd, immer weiße Schuhe und einen weißen Hut trug.[3]

Diese drei Männer kauften zwei Schiffe, *naos* (hochbordige Handelsschiffe), und Diego Velázquez finanzierte ein drittes Schiff, eine Brigg. Hernández de Córdoba, ein Soldat, war zwar intelligent, doch es fehlte ihm an Weitsicht. Sie nahmen 110 Männer mit – darunter mehrere, die 1514 mit Pedrarias aus Spanien nach Castilla del Oro gekommen waren und die später, ihrer Illusionen beraubt, nach Kuba gegangen waren, wo auf einige die nächste Enttäuschung wartete: Der Gouverneur hatte ihnen Indianer versprochen, »sofern welche entbehrlich waren« – doch nun waren keine entbehrlich. Nachdem sie drei Jahre lang ohne Perspektive auf Kuba zugebracht hatten, war ihnen dieses neue Abenteuer willkommen. Der Hauptzweck dieser Expedition war, vor allem für Gouverneur Velázquez, die Beschaffung neuer Sklaven. Doch diejenigen, die die kleine Armada anführten, wollten auch »neue Länder und neue Arbeit finden«. Zu diesem Zweck heuerten sie den »gerissenen und erfahrenen« Antonio de Alaminos aus Palos als Steuermann an. Er war schon zuvor zu dieser Küste gesegelt, und zwar sowohl mit Kolumbus als auch mit Ponce de León. Erst vor kurzem war er an Bord der *San Sebastián*, dem Schiff, das er im Auftrag von Hernández de Córdoba steuerte, aus Spanien zurückgekehrt.[4]

Die anderen beiden Steuerleute waren Pedro Camacho, der aus Triana stammte – jenem Dorf in der Nähe von Sevilla, aus dem so viele Seeleute der Conquista hervorgingen –, und Juan Álvarez, »*el manquillo*«, der Lahme, aus Huelva. Hernández de Córdoba befehligte die eine der beiden *naos*, Francisco Iñiguez, der königliche Steuereintreiber auf Kuba, das andere. Er stammte aus Santo Domingo de la Calzada und war somit einer der wenigen Navarresen, die in Westindien ihr Glück suchten.

Der Gouverneur von Kuba war ein mächtiger Mann und seine Erlaubnis von entscheidender Bedeutung; die Krone hatte derartige Expeditionen 1513 unter den Vorbehalt königlicher Genehmigung gestellt. Velázquez hatte jedoch bereits von den Hieronymitenmönchen in Santo Domingo die Erlaubnis für Expeditionen dieser Art eingeholt: Im Dezember 1516 hatte Antón Velázquez, der Bruder des Gouverneurs, das erforderliche Dokument beigebracht.[5]

Hernández de Córdoba nahm vorschriftsgemäß einen Priester, Fray Alonso Gonzáles, und einen *veedor*, einen königlichen Inspektor, Bernardo Iñiguez, vermutlich ein Bruder von Francisco, an Bord. Die an der Expedition teilnehmenden Seeleute wurden für die von ihnen geleisteten Dienste vom Anführer entlohnt. Die Soldaten hingegen erwarteten einen Anteil am Ertrag der Reise; wahrscheinlich sollten zwei Drittel davon unter ihnen aufgeteilt werden. Wie bei derartigen Expeditionen üblich, hatten die Kastilier einen reichlichen Vorrat an Lebensmitteln und Trinkwasser an Bord: gepökeltes Rind- oder Schweinefleisch; gesalzenen Fisch, vielleicht Sardinen und Anchovis; Maniokmehl; wahrscheinlich gedörrten Schinken; Zwiebeln, Käse, Knoblauch, getrocknete Kichererbsen, Kekse (die gesalzen waren, um Brotkäfer abzuhalten) und eine Tagesration von anderthalb Litern Wein. Sobald man Festland erreichte, sollten die Conquistadoren die erforderlichen Nahrungsmittel vor Ort beschaffen.

An Bord einer der *naos* war der spätere Historiker Bernal Díaz del Castillo. Er war der Sohn eines Stadtrats von Medina del Campo, das berühmt war für seine Kaufleute und Notare und in der auch Cristóbal de Morante geboren worden war. Nach eigenem Bekunden hatte

Die Entdeckungsfahrt des Hernándes de Córdoba (1517)

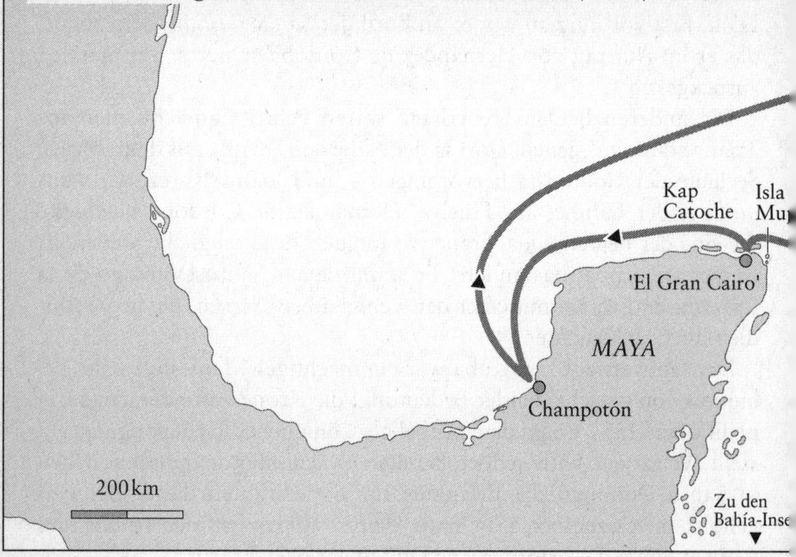

Díaz zu den Kolonisten gehört, die mit Pedrarias nach Darién aufgebrochen waren. Unzufrieden mit den Perspektiven, die sich ihm dort boten, ging er voller Hoffnung nach Kuba. Er behauptete, mit Diego Velázquez verwandt zu sein (Medina del Campo liegt nur etwa 50 Kilometer von der Heimatstadt der Velázquez-Familie entfernt), doch Velázquez hatte viele Verwandte. Da Castillo nicht so recht wußte, was er in Kuba anfangen sollte, ergriff er die sich bietende Gelegenheit, an einer neuen Expedition teilzunehmen.

Die drei Schiffe von Hernández de Córdoba stachen am 8. Februar 1517 von Santiago aus in See. Sie nahmen zunächst Kurs nach Osten. Sie umsegelten die Ostspitze Kubas und fuhren dann in westlicher Richtung an der Nordküste der Insel entlang, wobei sie in Puerto Príncipe (dem heutigen Nuevitas), Axaruco (Boca de Jaruco) und, nach weiteren sechs Tagen auf See, am Kap San Antonio, an der Westspitze der Insel, kurze Zwischenaufenthalte einlegten, um Holz und Lebensmittel an Bord zu nehmen. Der Erste Steuermann, Alaminos, überredete dann Hernández de Córdoba dazu, geradewegs nach Westen zu segeln, statt in Richtung Südwesten, zu den Bahía-Inseln. Er

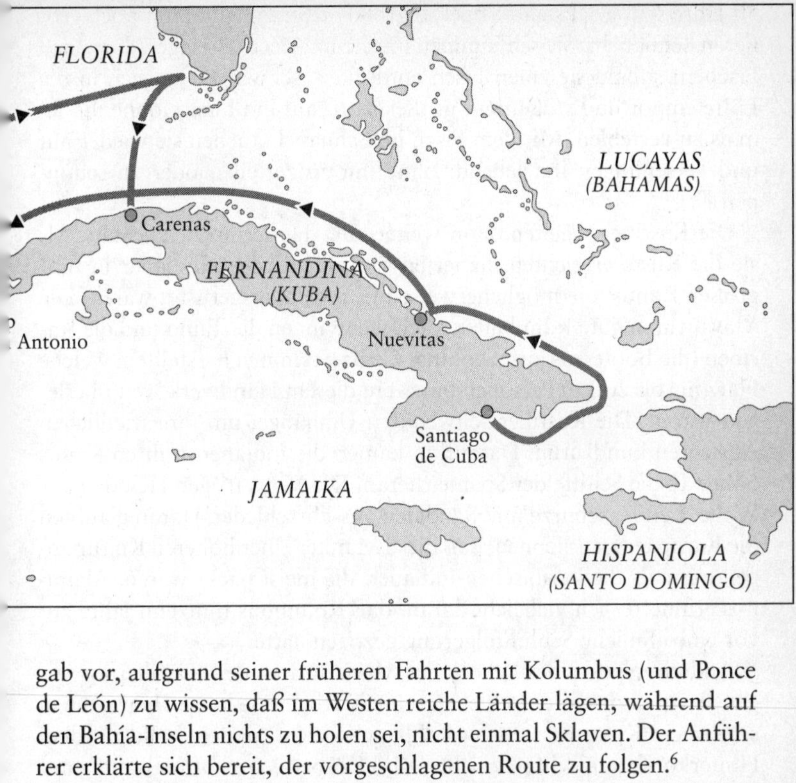

gab vor, aufgrund seiner früheren Fahrten mit Kolumbus (und Ponce de León) zu wissen, daß im Westen reiche Länder lägen, während auf den Bahía-Inseln nichts zu holen sei, nicht einmal Sklaven. Der Anführer erklärte sich bereit, der vorgeschlagenen Route zu folgen.[6]

Nach genau sechs Tagen – jenen sechs Tagen, von denen Velázquez gesprochen hatte, als er dem König von der mysteriösen Reise unbekannter Eingeborener nach Kuba berichtete –, in denen sie zwischen 150 und 200 Seemeilen zurücklegten, sichteten sie Land. Es handelte sich vermutlich um die Isla de Mujeres, die nach den dort gefundenen Statuen von Göttinnen benannt wurde, welche nur von der Hüfte abwärts bekleidet waren. Sowohl diese Insel als auch andere nahegelegene Inseln und auch Yucatán waren flach. So konnte man das Land von einem Schiff aus erst erblicken, wenn man in unmittelbarer Nähe war. Beide Gebiete waren von Wäldern bedeckt; allerdings hatte ein Hurrikan in jüngster Vergangenheit die höchsten Bäume entwurzelt. Das ganze Jahr über herrschte brütende Hitze. Die Insel war reich an Vögeln: »Auf See bewunderte ich die Mannigfaltigkeit der Vögel und auch die Schönheit ihrer einzelnen Arten«, schrieb Bischof de Landa

50 Jahre später. »Es gab Vögel so groß wie Strauße und mit noch größeren Schnäbeln. Sie schwimmen immer im Meer und jagen dort nach Fischen; sobald sie einen Fisch entdecken, schwingen sie sich in die Lüfte empor und stoßen mit großer Kraft auf ihn hinab, ohne ihn jemals zu verfehlen. Mit dem Fisch im Schnabel tauchen sie wieder auf und verschlingen ihn lebend, ohne ihn zu zerteilen oder zu schuppen.«[7]

Die Kastilier segelten dann weiter zur »Hauptinsel« Yucatán. Als sie die Küste erreichten, näherten sich ihnen Maya-Indianer in fünf großen Kanus, die möglicherweise mit Segeln ausgerüstet waren. Die Maya waren gute Kanubauer, auch wenn ihnen die Taíno und die Kariben (die Boote aus ausgehöhlten Ceiba-Stämmen herstellten, welche Platz für bis zu 150 Personen boten) in diesem Handwerk weit überlegen waren. Die Kastilier schwenkten Umhänge, um ihre friedlichen Absichten kundzutun. Daraufhin kamen die Indianer in ihren Kanus näher an die Schiffe der Spanier heran. Die Maya trugen Hemden aus Wolle, Lendenschurze und Sandalen aus Hirschleder. Daran glaubten die Europäer zu erkennen, daß diese Männer einer höheren Kultur angehörten als die karibischen Indianer, die meist nackt waren. Alaminos erinnerte sich vielleicht daran, daß Kolumbus fünfzehn Jahre zuvor eine ähnliche Schlußfolgerung gezogen hatte.

Andere Aspekte des Lebens der Maya dürften den Kastiliern weniger bewundernswert erschienen sein. So trugen sie lange Haare, die in seltsamem Kontrast zu einer kahlgeschorenen runden Stelle auf dem Hinterkopf stand; ihre Gesichter und Körper waren oftmals mit roter Farbe bemalt oder tätowiert; ihre Ohren waren (für Ohrringe) durchstochen und wegen ihres Brauchs, die Ohrläppchen anzustechen, um den Göttern Blutopfer darzubringen, stark vernarbt; sie waren bartlos; viele hatten O-Beine, (angeblich) weil ihre Mütter sie von früher Kindheit auf der Hüfte trugen. Das Schielen war für sie ein Zeichen von Schönheit, und deshalb wurde es schon bei Kindern künstlich gefördert.[8]

Etwa 30 Indianer gingen an Bord des Flaggschiffs, das von Hernández befehligt wurde. Die Kastilier überreichten ihnen einige der Geschenke, die Expeditionen dieser Art immer bei sich führten: grüne Glasperlen, Seide, Wollkleider und Glocken aus Kupfer sowie Schinken und Maniokwurzelbrot. Die Maya bedankten sich höflich dafür. Wie wir bereits erwähnten, als wir die Geschenke beschrieben, welche die Kastilier den Mexica bei Veracruz überreichten, ist es unwahrscheinlich, daß sie wirklich davon beeindruckt waren, denn »sie selbst fertigten viel schönere Gegenstände«.[9]

Am nächsten Tag kam ein Häuptling mit zwölf anderen großen Kanus; er soll den Kastiliern zugerufen haben: »*Ecab cotoch*« (»Wir kommen aus Ecab«) – Ecab (oder Ekab) war der Name des kleinen Maya-Reiches, an dessen Küste die Spanier gelandet waren. Aus diesem Grund nannten sie diesen Ort »Kap Catoche«, wie er noch heute heißt. Hernández de Córdoba erkannte, daß er neues Land entdeckt hatte, Land, das keine Verlängerung bereits bekannter Gebiete war.[10] Doch er glaubte noch immer, es handele sich um eine Insel. Da die Spanier keine Dolmetscher hatten, verständigte man sich vermutlich mit Gesten. Auch wenn Hernández höchstwahrscheinlich ein paar kubanische Indianer auf die Expedition mitgenommen hatte, war der Unterschied zwischen der Sprache der Taíno und der Sprache der Maya doch fast genauso groß wie der zwischen der Taíno-Sprache und dem Kastilischen.

Die Maya-Kultur war damals bereits im Niedergang begriffen. Zwar gab es noch immer wohlorganisierte Städte, Priester, eine vorherrschende Religion und ein Pantheon von Gottheiten, ähnlich dem der Mexica. Die Maya-Schrift mit ihren etwa 800 Hieroglyphen war das am höchsten entwickelte Schriftsystem in ganz Amerika. Das von ihnen verwandte »Papier«, das gewöhnlich wie das der Mexica aus dem Rindenbast des wilden Feigenbaums hergestellt wurde, manchmal aber auch aus Hirschhaut bestand, war in seiner Faserung und Haltbarkeit sogar dem ägyptischen Papyrus überlegen. Die geschäftigen Kaufleute der Maya trieben einen schwungvollen Handel mit den Mexica und anderen Völkern im Norden und Süden. Die Maya gewannen Salz, ein besonders begehrtes Produkt, außerdem exportierten sie Sklaven und Wollkleidung, die sie gegen Kakao, Obsidian, Kupfer, Gold und Federn eintauschten. Als Hauptumschlagplatz diente dabei das heutige Tabasco. Mexikanische Kaufleute aus Xicallanco und Potonchan reisten häufig an die Ostküste Yucatáns; sie unterhielten auf der nahegelegenen Insel Cozumel ein Vorratslager. Geschickte Kunsthandwerker stellten bemerkenswerten Federschmuck, geschmackvolle Tonwaren und kleinere Goldarbeiten her. Die Maya hatten ein ausgeprägtes Gefühl für Zeit, wie ihre Kalender beweisen. Die Bauern genossen offenbar weitgehende Freiheiten, allerdings eingeschränkt durch ihre Dienstpflicht gegenüber den Angehörigen der Oberschicht und ihre Verpflichtung zur Teilnahme an religiösen und gemeinschaftlichen

Aktivitäten. Menschenopfer wurden zwar praktiziert, aber nicht im gleichen Umfang wie bei den Mexica.[11]

Das Siedlungsgebiet der Maya war jedoch in etwa sechzehn eigenständige Kleinstaaten zerfallen, die sich fortwährend bekriegten, wobei es meistens um den Zugang zu Süßwasservorkommen ging. Drei dieser Maya-Dynastien bekämpften sich mit besonderer Erbitterung: Die Chel-Maya, die an der Küste lebten, weigerten sich, Fisch und Salz gegen Waren der Cocom-Maya zu tauschen. Die im Landesinnern lebenden Cocom schnitten sie im Gegenzug von der Versorgung mit Wild und Früchten ab. Das Mayareich besaß kein Zentrum. Einige Niederlassungen konnten als Städte bezeichnet werden, doch die Häuser der Maya lagen größtenteils weit über das Land verstreut. Das klassische Zeitalter der Maya-Kultur war bereits im zehnten Jahrhundert nach Christus zu Ende gegangen, und der Niedergang der nachfolgenden Kultur, eines »silbernen Zeitalters«, das unter dem Einfluß zugewanderter Tolteken entstanden war, hatte sich um 1200 vollzogen. Die Wildnis hatte die sakralen Zentren wie Palenque und Chichén Itzá wieder zurückerobert. Die drei Sprachen, die in der Region gesprochen wurden – Chontal, Chol und Chorli – waren dialektale Varianten derselben Grundsprache, und obwohl Yucatec eine eigene Sprache darstellte, war es dem Chontal so ähnlich, daß sich die Kaufleute aus diesen Gebieten mühelos miteinander verständigen konnten.[12] Doch mit der hohen Kunstfertigkeit, welche die Maya in ihren Bildern und Skulpturen aus dem 8. und 9. Jahrhundert unter Beweis gestellt hatten, war es ein für allemal vorbei. 1517 konnte selbst ein Maya, der des Lesens und Schreibens kundig war, Inschriften aus der klassischen Epoche nicht mehr entziffern. Und obgleich die Maya vergangenheits- und nicht zukunftsorientiert waren, hatten sie den größten Teil ihrer Geschichte vergessen. Das Schicksal der Maya beweist ein weiteres Mal, daß die These, die kulturelle Entwicklung der Menschheit vollziehe sich nach dem Muster eines kontinuierlichen Fortschritts, eine Illusion ist. Alle Völker durchleben Phasen des Aufstiegs und des Niedergangs.

Die Einwohnerzahl Yucatáns zur Zeit der ersten spanischen Entdeckungsfahrten läßt sich genauso schwer abschätzen wie die vorspanische Bevölkerungszahl Hispaniolas, Kubas und Mexikos. Doch eine Zahl von 300 000 dürfte im Bereich des Möglichen liegen.[13]

Der Maya-Häuptling, der am Kap Catoche an Bord eines der spanischen Schiffe gegangen war, lud die Spanier ein, an Land zu kommen. Hernández de Córdoba nahm die Einladung an, nachdem er sich mit seinen Männern beraten hatte. Mit Armbrüsten und Arkebusen bewaffnet, ruderten sie in kleinen Booten ans Ufer, wo die Eingeborenen ihnen einen herzlichen Empfang bereitete. Sie fragten nach dem Namen des Ortes. Die Spanier verstanden »Yucatán«, doch die Indianer antworteten, wahrscheinlich auf eine andere Frage, »*Ciuthan*«, was in der Sprache der Maya bedeutet: »So sagt man.« Es gibt mindestens vier verschiedene etymologische Herleitungen des Wortes »Yucatán«: So wird die Auffassung vertreten, es leite sich von »*U yu tan*« her, einem Ausdruck des Erstaunens, der den Maya entfahren sei, als sie erstmals die rauhe Sprache der Spanier gehört hätten; nach anderer Auffassung ist es eine entstellte Form von »*Tectetan*«, »ich verstehe dich nicht«; nach einer dritten Hypothese soll es in der Sprache der Maya »Haufen [*tlati*] von Yucca« bedeuten; und schließlich soll es die entstellte Form eines Wortes sein, das eine Gemeinsprache bezeichnet. Die Kastilier gaben der Insel den Namen »Santa María de los Remedios«, zu Ehren der gleichnamigen Jungfrau Maria in der Kathedrale von Sevilla.

Hernández nahm das Gebiet im Namen des Königs von Kastilien formell in Besitz. Zu diesem Zweck ließ er in Gegenwart eines Schreibers das berühmte *requerimiento* oder ein ähnliches Dokument verlesen.[14] Es ist nirgends verzeichnet, ob die Indianer zuhörten – verstanden hätten sie es sowieso nicht. Anschließend zog die Expedition landeinwärts. Die Schönheit der Wälder dürfte diejenigen, die auf Kuba oder auf Santo Domingo gelebt hatten, kaum überrascht haben, und doch schien die Vegetation noch üppiger zu sein als auf Kuba. Die Abenteurer dürften zahllosen Vögeln begegnet sein, darunter Singvögeln, Spechten und Raubvögeln. Und auch das Rascheln im Unterholz, das von Hirschen, Hasen, Wieseln, Maulwürfen, Füchsen und von selteneren Tieren wie Tapiren, Yucatán-Dachsen und kleinen Stinktieren, die sich mit ihrem übelriechenden Urin ihrer Feinde erwehrten, verursacht wurde, dürfte sie ständig begleitet haben.

Trotz der Höflichkeit, mit der man sie empfangen hatte, wurden die Kastilier, kaum daß sie den Dschungel betreten hatten, von einer Gruppe von Maya-Kriegern angegriffen, die wollene Rüstungen trugen und die gebräuchlichen Waffen der Region einsetzten: Wurfspeere, Pfeile und Steinschleudern. Es ist unklar, woher diese Krieger kamen und ob sie die Federgewänder trugen, die bei allen Eingeborenen Mittelamerikas und Mexikos so beliebt waren. Allem Anschein nach gehörten sie jedoch zu demselben Stamm, der die Kastilier erst kurz zuvor empfangen hatte und der sie in Kürze wieder als Gäste begrüßen sollte. Fünfzehn Expeditionsteilnehmer wurden verwundet. Doch wo immer diese Indianer hergekommen sein mochten, fest steht jedenfalls, daß auch dieser Kampf nach genau dem gleichen Muster ablief wie schon so viele bewaffnete Auseinandersetzungen in der Karibik zuvor: Die Schwerter, Armbrüste der Kastilier (sie hatten fünfzehn davon) und Arkebusen (von denen sie zehn mit sich führten) schlugen die Angreifer in die Flucht. Angeblich wurden fünfzehn Indianer getötet. Hier sahen und rochen die Indianer Mexikos erstmals das Schießpulver, das in ihnen den Glauben erweckte, »ein Blitz sei in die Erde gefahren«.

Die Spanier setzten ihren Marsch fort und stießen bald auf eine befestigte Stadt, die am Ufer eines Flusses lag, den sie schon auf See gesichtet hatten. Dort gab es »Häuser mit Türmen, prächtige Tempel, geometrisch angelegte Straßen und Marktplätze« und wahrscheinlich auch Pyramiden.[15] Die Spanier sahen hier zum ersten Mal von *naturales* errichtete Steinbauten. Dieser Ort muß sich in der Nähe der heutigen Kleinstadt Porvenir befunden haben. Die Spanier nannten ihn »El Gran Cairo«, Groß-Kairo, obgleich keiner von ihnen je in der ägyptischen Hauptstadt gewesen war, aber alle Pyramiden damit assoziierten. Vielleicht hatten einige Teilnehmer der Expedition *Legatio Babylonia* gelesen, den Bericht von Pietro Martire über seine diplomatische Mission in Kairo im Jahre 1498, oder vielleicht hatten sie davon gehört; dieses Buch war 1511 von Cromberger in Sevilla verlegt worden. Auch nahmen einige sogenannte »levantinische Seeleute« (*marineros levantiscos*), bei denen es sich vermutlich um Griechen handelte, an der Expedition teil.

Die Kastilier blieben mehrere Tage lang als Gäste der Maya in »Groß-Kairo«. Sie schliefen in länglichen Häusern, die tief zum Boden hinabreichende Strohdächer (zum Schutz gegen Regen und Sonne), getünchte Wände und keine Türen hatten: Eine offene Loggia war typisch für die Region. Die Betten bestanden vermutlich aus Bündeln von Stroh oder Reisig, die mit Baumwollmatten bedeckt waren. Die Besucher dürften äußerst erstaunt gewesen sein, als sie eine Reihe von Kreuzen erblickten, die von den Maya als Regengöttinen verehrt wurden. Waren etwa vor ihnen schon andere Christen in Yucatán gewesen? Auch die Tatsache, daß diese *naturales* bekleidet waren, machte einen nachhaltigen Eindruck auf die Spanier – mochten die Lendenschurze, Hüfttücher und Umhänge der Maya auch spärlicher ausfallen als die Kleidungsstücke, die sie später in Mexiko antrafen.[16] Die Spanier sahen wahrscheinlich auch die Arbeiten, welche die Frauen verrichteten: In den meisten Gemeinden bereiteten sie zweimal täglich *tortillas* zu, was die Gäste auf angenehme Weise an das Leben in ihrer Heimat erinnerte.

Wahrscheinlich feierten sie mindestens ein Fest mit den Maya: Ein sorgfältig geplantes Trinkgelage, bei dem sich die Indianer mit *pulque* betranken, wobei die Kastilier offenbar nicht wußten, um was für ein Getränk es sich dabei handelte. Zu jener Zeit gab es in Spanien hochprozentige Spirituosen in größerem Umfang nur in Apotheken und gewissen Klöstern, wo man schon damals einen hervorragenden Likör herstellte. Allerdings hatten einige kastilische Schiffe verschiedene Sherrys, darunter Manzanilla, als Proviant an Bord.

Die Maya feierten ihre Feste mit großem Gepränge. Und so dürften sie auch bei diesem Anlaß zu den Klängen von Trommeln, Trompeten, Schildkrötenpanzern, Bambuspfeifen, Hirschknochen, Muscheln und Flöten aus Schilfrohr getanzt haben.[17]

Die Maya, die so zuvorkommende Gastgeber waren, wurden der Spanier bald überdrüssig. »Gäste, die länger bleiben, sind immer unerwünscht«, sagte der kluge Pietro Martire einmal.[18] Schließlich verzehrten die 110 Kastilier eine ganze Menge: hauptsächlich verschiedene Maisgerichte, aber auch Gemüse, Wild- und Fischeintöpfe, die oftmals mit Pfeffersoßen gewürzt waren. Wahrscheinlich tranken sie auch Kakao. Zudem verbrauchten sie großen Mengen Wasser, das in Yucatán schwerer zu beschaffen war als auf den Karibischen Inseln.

Hernández de Córdoba befahl seinen Männern, wieder an Bord der Schiffe zu gehen. Er nahm eine Reihe kleiner Gold- und Silberscheiben, einige weitere Gegenstände aus Gold und Kupfer, mehrere Figurinen, die Götter darstellten, und einige Töpferwaren mit. Ob er und seine Männer diese Gegenstände stahlen oder ob sie ihnen geschenkt wurden, ist unklar. Die Gegenstände selbst sind verlorengegangen. Die goldenen Objekte wurden in Spanien eingeschmolzen, wie es damals gemäß dem kulturellen Überlegenheitsgefühl der Spanier üblich war. Allerdings waren die Kostbarkeiten aus Yucatán so kunstvoll gearbeitet, daß sie eine Folge von Reaktionen in Gang setzten, die zunächst auf Kuba und später in Kastilien den Gang der Weltgeschichte tiefgreifend beeinflußten. In Yucatán selbst gab es kein Gold, vielmehr importierten die Maya das Edelmetall, das ihre Handwerker mit so viel Kunstfertigkeit verarbeiteten, aus dem südlichen Mittelamerika und aus Mexiko.[19] Die Spanier sahen einen oder zwei Maya, die goldene Ohrringe bzw. Lippenpflöcke trugen. Auch warf man zum Wohle künftiger Generationen goldene Gegenstände in den berühmten *cenote*, die natürliche Wassergrotte in Chichén Itzá.

Hernández de Córdoba nahm auch zwei schielende Indianer mit an Bord, denen die Spanier die Spitznamen Melchorejo (»Alter Melchior«) und Julianillo (»Kleiner Julían«) gaben. Sie wollten diese Gefangenen (die offenbar nicht zum Christentum konvertierten) als Dolmetscher einsetzen. Die Kastilier hatten von Anfang an erkannt, wie wichtig die Dienste von Dolmetschern in der Karibik waren, und sie knüpften damit an eine Tradition im mittelalterlichen Spanien an, das sich zahlreicher bedeutender Übersetzer rühmen konnte. Doch der Plan ging nur zum Teil auf: Melchorejo verfügte als Fischer schon in der Maya-Sprache nur über einen begrenzten Wortschatz; Julianillo litt unter Depressionen.

Die Kastilier segelten Richtung Westen weiter, wobei sie sich so nahe an der Küste hielten, daß sie sahen, »wie aus allen Richtungen Männer, Frauen und Kinder herbeiströmten, um unsere Schiffe zu bewundern«. Die Spanier sahen auch mit großem Erstaunen Tempelpyramiden, die Festungen glichen und in Küstennähe errichtet worden waren. Sie warfen die Leichen zweier Soldaten ins Meer, die den Verletzungen erlegen waren, welche sie sich bei dem Geplänkel nahe El Gran Cairo zugezogen hatten; dies waren die ersten Gefallenen, die Spanien im heutigen Mexiko zu beklagen hatte.[20] Hernández de Córdoba beschloß, in der Nähe der heutigen Stadt Campeche vor Anker zu gehen, die etwa 300 Seemeilen von Kap Catoche entfernt ist und 100 Seemeilen südlich des Punktes liegt, an dem die Küste Yucatáns geradewegs nach Süden verläuft. Die Kastilier glaubten eine große Stadt gesichtet zu haben, und Hernández de Córdoba wollte die Trinkwasservorräte auffüllen, also ging ein Kommando der Spanier in Beibooten an Land.

Sie fanden eine Quelle mit Trinkwasser und füllten ihre Fässer. Unterdessen kamen 50 Indianer aus der Stadt und luden die Kastilier ein, sich den Ort anzusehen. Die Maya zeigten den Fremden mehrere Tempel, in denen blutverschmierte, mit toten Schlangen geschmückte Altäre und unheilvoll blickende Götzenstatuen standen. Diese Tempel wurden von Priestern verwaltet, die lange weiße Baumwollgewänder und verfilzte schwarze Haare trugen, die »geflochtenem Roßhaar«

glichen.[21] Sie rochen stark nach Blut. Zahlreiche Soldaten in wollenem Harnisch und einige scheinbar freundlich gesinnte Frauen versammelten sich um die Kastilier. Nach Darstellung von Pietro Martire offerierte man ihnen ein festliches Mahl, das aus vielfältigen Speisen bestand: Truthühner, Wachteln, Rebhühner und mehrere Arten von Enten. Dennoch blieb bei den Kastiliern der Eindruck zurück, die Maya hätten sie nur deshalb zu den Tempeln geführt, um ihnen zu zeigen, daß sie erst vor kurzem Opfer dargebracht hatten, um den Beistand der Götter im Kampf gegen die Fremden zu erflehen. Um den Tempel war Feuerholz aufgeschichtet worden. Die Priester nebelten die Kastilier mit Weihrauch ein, vielleicht auch, weil die Maya den starken Geruch der Conquistadoren nach Schweiß und Schmutz nicht ertrugen.[22] Die Priester gaben den Conquistadoren durch Gesten zu verstehen, daß sie sich entfernen sollten, bevor das Brennholz entzündet wurde, sonst würde man sie angreifen. Hernández de Córdoba und seine Leute zogen sich daraufhin vernünftigerweise zurück und gingen wieder an Bord ihrer Schiffe, allerdings nicht ohne vorher die Stadt, die sie gerade besucht hatten, zu Ehren des Heiligen Lazarus auf den Namen »Lázaro« zu taufen. Sie blieben bei ihrem Rückzug unbehelligt. Doch deutet alles darauf hin, daß dieser Vorfall den Mitgliedern der Expedition einen gehörigen Schrecken versetzte.

Sie setzten ihre Reise bei starkem Gegenwind fort. Nachdem sie aufgrund dieser widrigen Windverhältnisse in sechs Tagen nur eine kurze Strecke zurückgelegt hatten, gingen sie etwa drei Seemeilen vor der Küste vor Anker, unweit einer anderen Maya-Siedlung, in der Nähe der heutigen Stadt Champoton. Wieder waren die Kastilier beeindruckt, als sie Häuser aus Stein und sorgfältig bestellte Maisfelder sahen. Sie wollten ihre Trinkwasservorräte auffüllen. Einige Maya sagten ihnen, auf der anderen Seite eines Hügels gebe es eine Quelle. Die Spanier mißtrauten der Auskunft, da sie mit schwarzer und weißer Farbe bemalte Indianer sahen. Da jene obendrein bewaffnet waren, zogen die Kastilier den richtigen Schluß, daß es sich um ihre Kriegsbemalung handeln müsse. Aus diesem Grund besorgte sich die Expedition Wasser aus einer anderen Quelle. In der Zwischenzeit näherte sich ihnen eine große Streitmacht von Indianern, die nicht nur mit schwarzer und weißer Farbe bemalt waren, sondern zum Teil auch Federschmuck trugen. Die Eingeborenen fragten die Kastilier durch Zeichen, woher sie gekommen seien. Stammten sie etwa aus der Gegend, wo die Sonne aufging? Die Kastilier bejahten dies. Mit dieser Frage versuchten die Maya möglicherweise indirekt herauszufinden, ob die Kastilier aus der Karibik kamen, denn vielleicht hatten sie gerüchteweise von den schrecklichen Vorfällen gehört, die sich in den letzten 20 Jahren dort ereignet hatten. Die Indianer zogen ab, während die Kastilier unvorsichtigerweise ihr Nachtlager an der Küste aufschlugen, obwohl ihre Instruktionen ihnen dies wahrscheinlich strengstens untersagten.

Sie schliefen schlecht. Die ganze Nacht hindurch schlugen die Indianer Trommeln, spielten Flöten und riefen sich Befehle zu. Der Maya-Häuptling Mochcouoh war ein intelligenter Mann und begriff, daß man diese Fremden unverzüglich angreifen mußte (was darauf hindeutet, daß er die Fremden nicht für Götter, sondern für Barbaren hielt). Bei Tagesanbruch sahen die Kastilier, daß sie von den Indianern umzingelt waren. Ihre Anführer, die mit Federn geschmückt waren, gaben mit einem ohrenbetäubenden Kriegsgeschrei, das sie durch Schlagen der flachen Hand gegen den Mund erzeugten, das Signal zum Angriff. Die Indianer setzten Äxte mit Kupferköpfen ein, die sie normalerweise zu landwirtschaftlichen Zwecken verwandten. Diese Technik unterschied sich grundlegend von derjenigen, die in der Karibik verbreitet war.

Binnen kürzester Zeit lagen über zwanzig Conquistadoren tot auf dem Schlachtfeld. Die meisten übrigen waren verwundet. Hernández de Córdoba selbst soll 33 Wunden davongetragen haben.[23] Dies war das Werk von Steinen, die mit Schleudern verschossen wurden, von Pfeilen und von Schwertern mit Obsidianklingen, welche die Indianer im Zweikampf verwandten, und dies war die erste Niederlage, welche die Kastilier in einer offenen Feldschlacht in der Neuen Welt erlitten.

Zwei Mitglieder der Expedition, Alonso Bote und ein älterer Portugiese, gerieten in Gefangenschaft; die Kastilier nahmen an, daß sie sogleich geopfert wurden.

Der Kampf wurde vermutlich dadurch ausgelöst, daß sich die Spanier Wasser aneigneten, das in Yucatán knapper war, als die Kastilier geglaubt hatten. Die Spanier dürften in dieser Schlacht erkannt haben, wie wirkungsvoll die Schwerter der Maya waren, wie sehr ihre Pfeile und Bogen denen der karibischen Inselbewohner überlegen waren und welche Bedeutung dieses Volk der psychologischen Kriegsführung mittels Federtrachten und Kriegsbemalungen beimaß.

Hernández de Córdoba befahl seinen Männern den Rückzug auf die Schiffe, was ihnen nur mit Mühe gelang. Zudem wären die Schiffe beinahe gesunken, da die überlebenden Mitglieder der Expedition alle gleichzeitig an Bord gehen wollten. Einige mußten sich schwimmend in Sicherheit bringen. Nachdem die Verwundeten versorgt waren, beschloß Hernández – die Hälfte seiner Leute war tot – nach Kuba zurückzukehren. Er gab das dritte Schiff, die Brigantine, auf, die sich schon seit einiger Zeit in einem schlechten Zustand befand. Bevor sie die Segel setzten, suchten sie erneut nach Süßwasser; doch leider stellte sich heraus, daß das Wasser, das sie in ihre Fäßer gefüllt hatten, Salzwasser war. Dann nahmen sie (obwohl sich dadurch die Rückreise nach Kuba verzögerte) Kurs auf Florida, das der Steuermann Alaminos kannte, da er mit Ponce de León dort gewesen war. In Florida fanden sie schließlich Süßwasser, wurden jedoch von Indianern in Kanus angegriffen, die mit Langpfeilen und Bogen bewaffnet waren. Mehrere Kastilier einschließlich Alaminos wurden verwundet. Ein gewisser Berrio, einer der wenigen Männer, die in Champoton nicht verwundet worden waren, erlitt jenes Schicksal, von dem die Spanier mittlerweile wußten, daß man es unter allen Umständen vermeiden mußte: von den Indianern gefangengenommen zu werden. Angeblich töteten die Spanier in Florida zwanzig Indianer. Von dort segelten die beiden Schiffe dieser vom Unglück verfolgten Expedition bei flauem Wind zurück in die Bucht von Carenas, deren Hafen heute La Habana heißt. Sie waren etwa zwei Monate unterwegs gewesen.

Hernández de Córdoba begab sich unverzüglich nach Santiago, um Diego Velázquez Bericht zu erstatten. Dieser machte ihm jedoch unmißverständlich klar, daß er die Befehlsgewalt über die nächste Expedition nach Yucatán einem anderen zu übertragen gedenke, worauf Hernández schwor, nach Spanien zurückzukehren, um beim König Beschwerde zu führen. Doch bevor er dies in die Tat umsetzen konnte, erlag er offenbar in seinem Haus in Sancti Spiritus den Verletzungen, die er auf der Reise erlitten hatte. Diejenigen seiner Gefährten, die überlebt hatten, reisten ebenfalls nach Santiago, wo sie trotz der schweren Verluste ihre Begeisterung kundtaten. Sie erklärten Diego Velázquez unumwunden, sie hätten »ein neues Land voll großer Schätze entdeckt«. Sie hätten gediegene Steinbauten, kunstvolle Wollarbeiten, Anzeichen einer im Vergleich zur Karibik höher entwickelten Landwirtschaft und bekleidete Menschen gesehen, und die kleinen goldenen Schmuckstücke, die sie mitgebracht hatten, bezeugten tatsächlich eine derart große Kunstfertigkeit, daß es schon bald hieß: »Nie ward ein reicher Land entdeckt.« Fray Gonzáles hatte auch einige tönerne Figurinen aus Yucatán mitgenommen, von denen einige obszöne Akte darstellten, worunter man sodomitische Handlungen verstand. Danach hielten viele Kastilier, die weit weniger humanistisch gesinnt waren, als ihre Anführer vorgaben, alle Priester der *naturales* für potentielle Homosexuelle. Dies war jedoch eine eindeutige Fehlinterpretation, denn Homosexualität wird im *Codex Florentino* aufs schärfste verdammt.[24]

Diego Velázquez fragte die schielenden Gefangenen Julianillo und Melchorejo, ob es in ihrer Heimat Goldbergwerke gebe. Sie bejahten dies, obschon es nicht der Wahrheit entsprach.[25] Sie eröffneten dem verblüfften Velázquez auch, daß sich mehrere Christen, vielleicht sechs, in der Gewalt verschiedener Häuptlinge in Yucatán befänden. Wahrscheinlich hofften die beiden Eingeborenen, aufgrund ihrer Antworten würde eine neue Expedition organisiert, die ihnen Gelegenheit zur Flucht und zur Rückkehr in ihre Heimat gebe.

Bernardino de Santa Clara, einer der führenden *conversos* unter den Kolonisten, beschrieb in einem Brief an seinen Freund, Francisco de Los Cobos, den neuen Sekretär des Königs, die Wunder, die Reichtümer und die Größe der Bevölkerung, die man auf der neuen »Insel« Yucatán entdeckt habe. Er hoffte, Los Cobos werde Velázquez helfen, eine königliche Lizenz zur wirtschaftlichen Ausbeutung des neuentdeckten Gebiets zu erhalten.[26] Die Neuigkeiten verbreiteten sich sehr schnell in ganz Spanien, doch die Ankunft des jungen Königs Karl und seiner flämischen Höflinge beschäftigte die meisten Kastilier viel zu sehr, als daß sie die Bedeutung der Entdeckung hätten ermessen können.

Was ich gesehen, war so wunderbar

> »Was mehr könnte ich über dieses Volk berichten, denn was ich gesehen, war so wunderbar, daß man es kaum glauben kann.«
> *Fray Juan Díaz über die Landschaft bei Vera Cruz, 1518*

Der Gouverneur von Kuba, Diego Velázquez, erkannte sofort die Bedeutung der mißglückten Reise des Hernández de Córdoba. Er sandte unverzüglich einen seiner Freunde, Juan de Salcedo, zu den Hieronymiten nach Santo Domingo. Salcedo berichtete den Mönchen, Velázquez habe eine Flotte nach Yucatán geschickt und ein Land voll großer Reichtümer entdeckt; doch seien seine Männer von den Eingeborenen daran gehindert worden, ins Landesinnere vorzustoßen. Aus diesem Grund hätten die Kastilier das Geheimnis dieses Gebietes nicht ergründen können. Die *naturales* hätten die Kastilier sogar angegriffen, so daß diese wieder an Bord ihrer Schiffe gehen mußten, allerdings hätten sie vorher gesehen, daß die Indianer viele wertvolle Schmuckstücke aus Gold trugen. Aus diesem Grund ersuchte Velázquez die Mönche, sie möchten die ihm erteilte Befugnis auf die Erkundung der von Hernández de Córdoba entdeckten Küsten und den Gold- und Perlenhandel erweitern. Er beteuerte, der Krone sei ein hoher Anteil (vermutlich ein Fünftel, wie es in diesen Fällen üblich war) an den potentiellen Erträgen dieses Unternehmens sicher.[1]

Velázquez sandte einen weiteren Freund, Gonzalo de Guzmán, nach Spanien, der bei der Krone eine Sondergenehmigung erwirken sollte, welche ihm einen Anteil am wirtschaftlichen Ertrag der von ihm entdeckten Gebiete verbriefen sollte. Guzmán sollte sich außerdem dafür einsetzen, daß Velázquez der Titel eines *adelantado* (Statthalter) von Yucatán verliehen wurde. Guzmán, der es zum Schatzmeister von Kuba gebracht hatte, war ein verarmtes Mitglied einer bedeutenden Adelsfamilie – in seinem Fall derer von Guzmán, Herzöge von Medina Sidonia. Die Guzmán stritten sich mit den Ponce de León um die politische Führungsrolle in Sevilla. Zweifellos war Guzmán ein tüchtiger Sachwalter von Velázquez bei Hof; für den Fall, daß seine Bemühungen dennoch nichts fruchten sollten, schickte der Gouverneur außerdem seinen geistlichen Beistand, Fray Benito Martín, nach Spanien, um Guzmán bei Hof zu unterstützen.[2]

Dieses gleichzeitige Bemühen um zwei behördliche Genehmigungen, die eine aus Santo Domingo, die andere aus Spanien, beweist die politische Klugheit von Velázquez. Er ging zweifellos davon aus, daß die Mönche nach dem Tod von Kardinal Jiménez de Cisneros bald abberufen würden.

Etwa 50 Jahre später behauptete ein mexikanischer Historiker, daß Velázquez »deshalb besonders begierig war, diese neuen Gebiete zu erobern und zu bevölkern, weil er erstens unseren heiligen Glauben verbreiten und es zweitens zu Ansehen und Reichtum bringen wollte«.[3] Für das erste Motiv fehlen jegliche Belege. Velázquez hatte in seinen späten Zwanzigern mit großer Begeisterung an der Eroberung Hispaniolas mitgewirkt und sich in seinen Vierzigern durch Kuba durchgekämpft, wobei er auf die *naturales* wenig Rücksicht genommen hatte. Er war kein Sadist, doch es war ihm gleichgültig, ob die Indianer Seelen hatten oder nicht.

Sein Ehrgeiz hingegen steht außer Frage. Dabei ging es ihm vor allem darum, nicht länger der formellen Weisungsbefugnis von Diego Colón zu unterstehen. Bartolomé Colón, der Bruder von Kolumbus, war eine Zeitlang *adelantado* von Hispaniola gewesen. Ponce de León hatte dieses Amt in Florida innegehabt. Wenn er, Velázquez, zum *adelantado* von Yucatán ernannt würde, hätte er endlich die Befugnisse, auf die er so versessen war. Das Amt des *adelantado*, das im Mittelalter eingeführt worden war, wurde einem militärischen Befehlshaber übertragen, der dadurch zugleich die politische Herrschaftsgewalt über das von ihm eroberte Gebiet bekam. Es gab auch *adelantados* für die jüdische Bevölkerung. Das Amt war gleichsam in den festen Besitzstand bestimmter Familien eingegangen. So hatten beispielsweise die Fajardos als *adelantados* von Murcia bei der Regierung der Stadt eine die Krone beunruhigende Unabhängigkeit entwickelt. Velázquez sah in dieser Ernennung die Krönung seiner Karriere.

Obwohl Velázquez wie die meisten Conquistadoren nach Ruhm, Reichtum und Macht strebte, wollte er sich dabei nicht die Hände schmutzig machen. Er wollte diese neuen Inseln im Westen nicht selbst aufsuchen, vielmehr sollten andere die Beute für ihn einbringen. Und um dieses Ziel zu erreichen, schreckte er selbst vor Lügen nicht zurück. So erklärte er den Mönchen in Santo Domingo, er habe die Reise des Hernández de Córdoba finanziert, während er in Wahrheit vermutlich mit nur 25 Prozent an der Expedition beteiligt gewesen war.

Natürlich traf die Antwort der Mönche schneller ein als die des Königs. Auf den Rat von Bundesgenossen des Velázquez hin, wie etwa Miguel de Pasamonte, erteilten sie ihre Zustimmung. Ohne die Antwort aus Kastilien abzuwarten, begann Velázquez daraufhin mit der Planung einer zweiten Expedition nach Yucatán. Diesmal finanzierte er die vier Schiffe ganz, während die Kapitäne die Lebensmittelvorräte beisteuerten, welche bei Expeditionen in der Karibik hauptsächlich aus Maniokwurzelbrot und gepökeltem Schweinefleisch bestanden. Zum Zweck des Tauschhandels mit den *naturales* nahm man eine große Zahl von Perlen, Scheren und Spiegeln mit.

Velázquez ernannte seinen Neffen, Juan de Grijalva, der wie der Gouverneur selbst aus Cuéllar stammte, zum Befehlshaber der Expedition. Juan de Grijalva war »ein charmanter und gutaussehender junger Mann ohne Bart, der sich durch Tugend, Gehorsam und gute Umgangsformen auszeichnete und seinen Vorgesetzten bedingungslos ergeben war«. Als er dieses Kommando übernahm, war er um die 28 Jahre alt. Im Jahr 1508 war er als recht junger Mann nach Santo Domingo gekommen; 1511 begleitete er Velázquez nach Kuba. Dieser schenkte ihm eine *encomienda* mit 34 Indianern. 1517 nahm Grijalva offenbar an einer schändlichen Sklavenexpedition nach Trinidad teil, die unter dem Befehl des baskischen Kapitäns Juan Bono de Quejo stand.[4]

Grijalva befehligte eine Flotte von vier Schiffen: zwei *naos*, die beide *San Sebastián* hießen (was Anlaß zu Verwechslungen gab); eine Karavelle, *La Trinidad*, und eine Brigantine, die *Santiago*. An Bord befanden sich etwa 200 Mann. Drei der Steuerleute hatten bereits an der Entdeckungsfahrt des Hernández de Córdoba teilgenommen: der berühmte Alaminos, Juan Álvarez der Lahme und Pedro Camacho aus Triana. Der Steuermann der Brigantine war Pedro Arnés de Sopuerta. Wie Hernández de Córdoba nahm auch Grijalva seinen Hauskaplan mit auf die Reise: Fray Juan Díaz, einen 38jährigen Sevillaner. Der königliche Inspektor (*veedor*) der Expedition, Francisco de Peñalosa, war ein Segovianer, während der Schatzmeister, Antonio de Villafaña, aus Zamora stammte.[5] Grijalva nahm den deprimierten, schielenden Yucateken Julianillo, den Hernández de Córdoba im Jahr zuvor gefangengenommen hatte, als Dolmetscher mit. Dessen schweigsamen Landsmann Melchorejo hingegen ließ er auf Kuba zurück.

Die Kapitäne, die unter Grijalvas Kommando standen, waren kastilische Adlige, die wie er angesehenen, aber verarmten Familien entstammten: Pedro de Alvarado aus Badajoz, Francisco de Montejo aus

Salamanca und Alonso de Ávila aus Ciudad Real. Sie alle waren *hidalgos*, also Angehörige des Kleinadels, die eigene Wappen führen durften. Und wie Grijalva waren sie Männer, die sich vermutlich am Hof aufgehalten hätten, in der Hoffnung, die Aufmerksamkeit reicherer Verwandter oder sogar des Königs auf sich zu ziehen, wenn sich ihnen nicht die Chance geboten hätte, nach Westindien zu gehen. Vielleicht wären sie auch in die zahllosen Auseinandersetzungen hineingezogen worden, durch die ihre Region in der vorangehenden Generation zu zweifelhaftem Ruhm gelangt war. Und wenn sie früher geboren worden wären, hätten sie ihr Glück zweifellos in den ständigen Grenzkriegen gesucht, in denen sich ehrgeizige Männer aus dem kastilischen Ritterstand ihre Meriten verdienen konnten.

Alvarado, der berühmteste von diesen Männern, war 35 Jahre alt; er war gut gebaut, attraktiv, fröhlich, einnehmend und höflich, aber auch furchtlos, impulsiv und grausam. Alvarado war ein geistreicher, wenn auch indiskreter Unterhalter, der prächtige Kleider mochte und eine goldene Halskette und goldene Ringe trug. Und er war ein geübter Reiter. In seiner Jugend war Alvarado für seine Eskapaden bekannt gewesen; so war er beispielsweise über ein gefährliches Baugerüst über einem der höchsten Fenster der Giralda in Sevilla gegangen.[6] Er stammte aus einer Familie, die sich als *comendadores* des Ordens der Sankt-Jakobsritter ausgezeichnet hatten, dem sowohl sein Onkel Diego als auch sein Großvater angehört hatten; sein Onkel war sogar einmal für kurze Zeit, wenngleich in regelwidriger Weise, zum Großmeister dieses Ordens gewählt worden. Alvarado war sowohl auf Santo Domingo als auch auf Kuba unter dem Spitznamen *»el comendador«* bekannt, weil er oft den mit dem roten Kreuz geschmückten weißen Umhang seines Onkel anzog, der ihm (noch) nicht zustand. Montejo wiederum schien mehr ein Geschäftsmann als ein Soldat zu sein; dennoch war er verschwenderisch, freigebig und fröhlich. Außerdem liebte er Lustbarkeiten und war ebenfalls ein hervorragender Reiter. Diese erste Reise ins Gebiet der Maya muß einen nachhaltigen Eindruck auf Monteja gemacht haben. Wie die meisten Conquistadoren hatte er eine Zeitlang in Sevilla gelebt, wo er mit einer Dame vornehmer Herkunft, Ana de León, der Tochter eines bekannten Advokaten, des *licenciado* Pedro de León, einen unehelichen Sohn gezeugt hatte. Dieser Sohn hielt sich bereits in Kuba auf und sollte eines Tages Stellvertreter seines Vaters werden. Montejo war mit Pedrarias in Panamá gewesen und hatte an dem Feldzug gegen die Cenú teilgenommen, während dessen der Geograph Fernández de Enciso sich geistreich mit den Häuptlingen unterhalten hatte. Angeblich investierte Montejo eine große Summe in die Expedition des Grijalva. Alonso de Ávila, der letzte dieser Kapitäne, war tapfer, beredt und in einer fast schon indiskreten Weise offenherzig sowie »ein wenig aufrührerisch«. Er war zweifellos ein Mann, der eher zum Befehlen als zum Gehorchen geboren war, und wenn er der Befehlsgewalt eines anderen unterstellt wurde, konnte er mißgünstig und streitsüchtig erscheinen. Alle drei Kapitäne waren Mitte Dreißig und somit ein wenig älter als ihr »General« Grijalva. Die vier Anführer hatten fast die gesamten Vorräte der Flotte aus ihrer eigenen Habe beigesteuert.[7]

Eine Neuerung gegenüber der früheren Expedition bestand darin, daß alle Schiffe Grijalvas mit ein bis zwei Geschützen ausgerüstet wurden. Dabei handelte es sich wahrscheinlich um »Feldschlangen«, Kanonen, die eine neun Kilogramm schwere Kugel über eine horizontale Entfernung von etwa 360 Metern schießen können. Diese Waffen hatten erheblichen Anteil am Sieg der Spanier über die Mauren in Granada. Das schwere Feuer aus den Feldschlangen riß Breschen in die massive Stadtmauer, welche die Verteidiger dann aufgrund des Beschusses mit leichteren Geschützen nicht mehr schließen konnten. Gewiß bestand Grijalva darauf, diese Kanonen mitzunehmen, nachdem er gehört hatte, was Hernández de Córdoba widerfahren war, der nicht über derartige Waffen verfügt hatte. Grijalva nahm auch etwa 20 Arkebusiere und ein paar Hunde mit, jedoch keine Pferde; der Transport von Pferden auf diesen kleinen Schiffen war mit großen Schwierigkeiten verbunden, außerdem wollte Grijalva in den Gebieten, die er vielleicht entdeckte, keine Kolonie gründen.

Velázquez' Anweisungen (*instrucciones*) an Grijalva sind verlorengegangen; wahrscheinlich befahl er dem Anführer der neuen Expedition nur, »mit den Völkern, zu denen er sich begibt, Handel zu treiben und Frieden zu schließen«. Grijalva erhielt vermutlich keine klaren Anweisungen in bezug auf die Anlage von Siedlungen. Allerdings gab man ihm – nach Darstellung von Bernal Díaz – zu verstehen, daß er eine Kolonie anlegen sollte, wenn es ihm ratsam erschiene.[8] Vielleicht rechnete Velázquez auch insgeheim damit, daß sich Grijalva über seine Instruktionen hinwegsetzen würde, wenn er es für angemessen hielte, und daß er folglich eine Kolonie gründen würde, die als Sprungbrett für die folgende, größere Expedition des Gouverneurs dienen könnte.

Ende Januar 1518 lief die kleine Flotte aus dem Hafen von Santiago aus. Sie segelte zunächst, wie Hernández de Córdoba, an der Nordküste Kubas entlang und legte in Boyucar, in der heutigen Bucht von Matanzas, einen Zwischenaufenthalt ein, um Soldaten und Matrosen an Bord zu nehmen. Erstmals wurden sämtlichen Soldaten aus hygienischen Gründen nach venezianischer Art die Haare kurzgeschoren; bis dahin hatten die Spanier ihre Haare immer zu Zöpfen geflochten.[9]

Grijalva und seine Männer segelten weiter nach Kap San Antonio. Zu diesem Zeitpunkt hatten sie bereits ihre Brigantine verloren. Angeblich fanden sie an einem Baum einen Zettel, auf dem stand, daß die Besatzung umgekehrt war, weil ihnen die Lebensmittel ausgegangen waren. Doch ein anderes, ähnliches Schiff, die *Santa María de los Remedios*, stieß zu der Flotte, so daß sie wieder vollzählig war.[10]

Ende April 1518 verließen sie die kubanischen Gewässer und sichteten, wie erhofft, eine Woche später Land, wobei es sich um die Insel Cozumel handelte, fünfzehn Seemeilen vor der Küste Yucatáns. Der Name der Insel leitet sich her von dem Maya-Ausdruck »*Ah-Cuzamil-Peten*« (»Schwalben-Insel«). Cozumel ist 48 Kilometer lang und an ihrer breitesten Stelle 19 Kilometer breit. 1518 lebten dort vermutlich zwischen 2000 und 3000 Indianer.[11] Auf der Insel gab es keine Wasserläufe, man war auf Brunnen angewiesen. Hernández de Córdoba hatte Cozumel auf seiner Reise nicht angelaufen. Es war der 3. Mai, der Tag des Heiligen Kreuzes – Grijalva nannte die Insel Santa Cruz.

Cozumel war ein bedeutender Wallfahrtsort. Hier stand das Heiligtum von Ix Chel, Herrin des Regenbogens, Schutzheilige der Medizin und Göttin der Weberei, der Fruchtbarkeit und der verbotenen Liebe. Für manche Maya verkörperte sie auch den Mond. Ix Chel wurde vor allem von den Chontal-Maya verehrt, deren Zentrum zu dieser Zeit in der Provinz Acalan im Westen Yucatáns lag. Die Herrscherfamilie der Chontal stammte aus Cozumel. Die Statue, die Ix Chel darstellte, bestand aus gebranntem Ton und war im Innern hohl. Wie in Delphi und anderen griechischen Orten beantwortete ein Priester oder eine Priesterin, der sich im Innern der Statue verbarg, Fragen, welche die Gläubigen an die Göttin richteten. Ix Chel wurden Weihrauch, Brot und Früchte sowie das Blut von Wachteln, Hunden und gelegentlich Menschen dargebracht.[12]

Als sich die Spanier der Küste näherten, sahen sie Häuser und Pyramiden, die jenen glichen, welche Hernández de Córdoba in Yucatán gesehen hatte: Sie schienen ein »Land voller Türme« entdeckt zu haben. Eine sanfte Brise trug ihnen von der Insel einen köstlichen Duft zu. Dieser stammte von Zistrosen, deren weiße Blüten einen aromatischen Harz erzeugen. Die Expedition befand sich vermutlich in der Nähe der heutigen Stadt San Miguel, die Grijalva »San Juan ante Porte Latinum« nannte, da der 6. Mai war, der Tag des Heiligen Johannes (diese Reminiszenz an Rom erhielt sich jedoch nicht). Zwei Kanus mit je drei Maya näherten sich vorsichtig den spanischen Schiffen und gaben durch Zeichen zu verstehen, daß ihr Häuptling sie am nächsten Tag aufsuchen werde, was er auch tat. Er kam an Bord von Grijalvas Schiff. Über Julianillo, dessen Fähigkeiten als Dolmetscher gewiß sehr zu wünschen übrig ließen, lud er Grijalva ein, an Land zu kommen. Grijalva schenkte dem Häuptling ein paar spanische Hemden und »sehr guten Wein aus Guadalcanal«, einem *pueblo* in der Sierra Morena, an der Grenze zwischen der Estremadura und Andalusien. Nach Darstellung des Historikers Oviedo »entbrennt in allen Eingeborenen, die einmal von diesem Getränk verkostet haben, ein unbändiges Verlangen nach Wein. Wenn man ihnen genügend Wein gibt, trinken sie so lange, bis sie umfallen«.[13] Grijalva fragte, was aus den beiden Männern geworden sei, die Hernández de Córdoba zurücklassen mußte (Alonso Bote und der alte Portugiese). Die Maya antworteten, einer von ihnen sei gestorben, während der andere noch lebe. Das war offenbar alles, was Grijalva für sie tat.

Am nächsten Tag, nachdem die Flotte ein Stück weitergesegelt war, ging Grijalva mit hundert Mann an einer Stelle an Land, an der sie einen hohen weißen Turm gesichtet und von wo sie Trommeln vernommen hatten. Sie stießen auf mehrere Häuser aus Stein und auf Tempel mit kunstvoll verzierten Türmen, die auf Pyramiden errichtet worden waren. Die Straßen waren konkav gewölbt, mit Steinen gepflastert, wobei in der Mitte ein Rinnstein verlief. Der tief beeindruckte Fray Juan Díaz schrieb später sogar, daß es sich um Häuser gehandelt habe, »die von den Spaniern selbst hätten stammen können«.[14] Er interessierte sich auch für die Bienenkörbe, die, wie er meinte, stark den in Spanien gebräuchlichen glichen, wenn sie auch kleiner waren. Die Conquistadoren sahen auch einige weitere jener rätselhaften »zehn Palmen hohen« Kreuze, die dem Regengott geweiht waren und die Männer des Hernández de Córdoba so sehr in Erstaunen versetzt hatten.

Die Spanier rechneten mit einem Angriff. Als sie den Turm erreicht

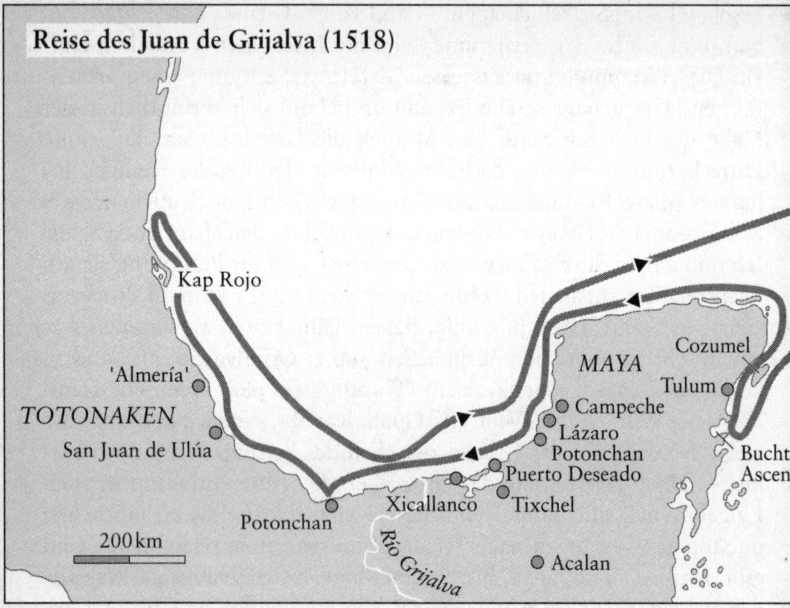

hatten, stellten sie jedoch fest, daß die Einwohner den Ort verlassen hatten und ins Innere der Insel geflohen waren. Die einzigen Menschen, die sie zurückgelassen hatten, waren zwei alte Männer, die Julianillo auf Geheiß von Grijalva auszufragen versuchte, ohne freilich viel aus ihnen herauszubekommen. Sie begegneten auch einer Frau aus Jamaika, die mit zehn anderen Indianern aus Jamaika nach einem Schiffbruch an die Küste von Cozumel verschlagen worden war. Alle außer ihr waren der Göttin Ix Chel geopfert worden.[15] Zweifellos hatte sie den Maya erzählt, wie die Kastilier in der Karibik gewütet hatten.

Grijalva, sein Fähnrich (*alférez*) Vázquez de Tapia, ein Edelmann aus Oropesa, und sein Kaplan Juan Díaz erklommen die achtzehn Stufen einer weißen Pyramide, welche einen Umfang von 140 bis 180 Fuß hatte. Wie es in Mexiko und Yucatán üblich war, lief sie in eine Plattform aus, auf der ein weiterer kleiner Tempel stand, in dem Knochen und Götterfiguren aufbewahrt wurden – das Zentrum des Kultes von Ix Chel. An der Spitze jener Pyramide hißte Vázquez de Tapia die spanische Flagge, vielleicht die berühmte *Tanto Monta*, die eigens von

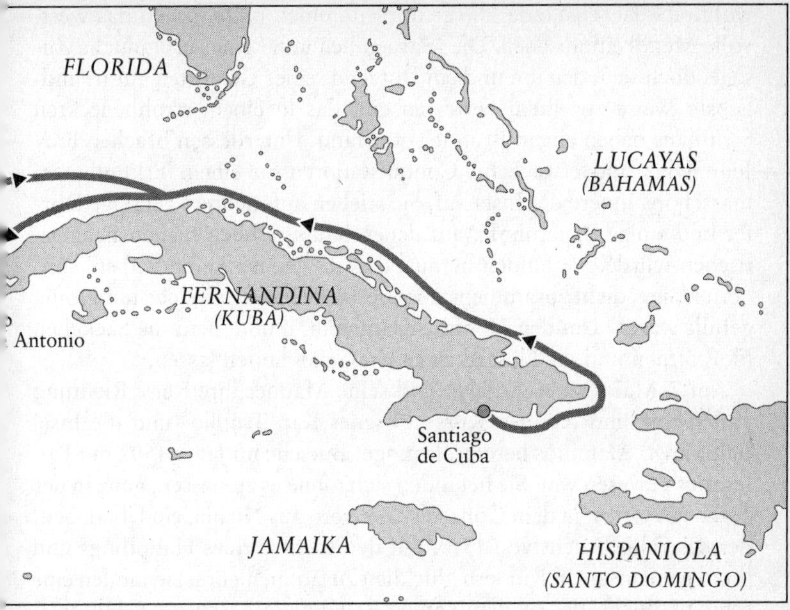

dem Grammatiker Nebrija entworfen worden war und ein Joch und Pfeile darstellte. Der Notar, Diego de Godoy, aus Pinto bei Toledo stammend, verlas daraufhin das *requerimiento*, obgleich keiner von denen, die es anging, anwesend war.[16] An einer Seite des Turmes befestigten sie eine Abschrift des Dokumentes.

Als diese Zeremonie vorüber war, sah Grijalva, wie sich drei Maya-Häuptlinge näherten. Einer von ihnen war ein alter Mann, der (wie später durchsickerte, infolge eines Haiangriffs, bei dem er nur knapp mit dem Leben davongekommen war) keine Zehen mehr hatte.[17] Er trug ein Gefäß mit flüssigem Balsam, das jedoch weder für Grijalva noch für den König von Kastilien, sondern für die Götter von Cozumel bestimmt war. Während er es darbot, sang der alte Mann mit greller Stimme. Die Kastilier beachtete er nicht weiter. Grijalva befahl Fray Díaz, eine Messe zu lesen. Die Indianer, die anscheinend nicht den geringsten Anstoß daran nahmen, daß in diesem heiligen Bezirk ein katholischer Gottesdienst abgehalten wurde, offerierten den Fremden danach ihre Geschenke: Truthahn, Honig und Mais. Grijalva sagte ihnen, daß er diese Dinge nicht brauche – er begehre Gold. Er wollte die Gegenstände, die er mitgenommen hatte, gegen das wertvolle Metall eintauschen. Die Maya gaben ihm keine verbindliche Zusage, doch sie luden ihn und ein Dutzend seiner Gefährten auf freundlichste Weise zu einem Festessen ein, das in einem strohbedeckten Steinhaus neben einem Brunnen stattfand. Unterdessen brachen Fray Juan Díaz und etwa zehn Conquistadoren zu einem Erkundungsmarsch ins Innere der Insel auf. Sie stießen auf mehrere gefällige Dörfer und einige Bauernhöfe, auf denen hauptsächlich Bienenzucht betrieben wurde. Sie fanden heraus, daß die Bienen keine Waben, sondern kleine, dicht zusammenstehende Säcke bauten, welche mit Honig gefüllt waren. Um den Honig zu sammeln, mußte man die Säckchen bloß öffnen und die Flüssigkeit in ein Gefäß laufen lassen.[18]

Am 7. Mai setzten Grijalva und seine Männer ihre Reise Richtung Süden fort und nahmen Kurs auf jenes Kap Trujillo (und die Insel Bahía), wo Alaminos bereits als junger Bursche im Jahre 1502 mit Kolumbus gewesen war. Sie befanden sich, ohne es zu wissen, ganz in der Nähe des Ortes, in dem Gonzales Guerrero aus Niebla, ein Überlebender des Schiffbruchs von 1510, mit der Tochter eines Häuptlings und ihren gemeinsamen Kindern glücklich zusammenlebte. Sie fanden eine schmale Bucht, der sie den Namen *Bahía de la Ascensión* (»Himmelfahrt-Bucht«) gaben, da an diesem Tag Christi Himmelfahrt war. Alaminos glaubte, es handle sich um die Einfahrt in die vieldiskutierte Meerenge, welche die Karibik mit der »Südsee« verbinden sollte.

Anschließend kehrten sie nach Cozumel zurück, wo sie Wasser und Lebensmittel, darunter ein paar eßbare Ratten (*utías*), an Bord nahmen. Dann segelten sie nach Norden, Richtung Kap Catoche, und folgten dabei der Route, die Hernández de Córdoba genommen hatte. Unterwegs sahen sie mehrere Orte mit hohen Türmen und Häusern aus Stein sowie mit Palmwedeln bedeckte Hütten. Einer dieser Orte, vielleicht Tulum, schien Fray Díaz mit seinen auf Pfeilern errichteten Gebäuden »so groß wie die Stadt Sevilla« zu sein. Zu dieser Zeit war Tulum ein Zentrum des Küstenhandels, in dem ein geschäftiges Treiben geherrscht haben dürfte. Auf einer anderen Landspitze sahen sie »einen sehr schönen Turm, bewohnt von Frauen, die ohne Männer lebten ... und die wahrscheinlich zum Geschlecht der Amazonen gehörten«.[19]

Der nächste Ort, an dem die Flotte vor Anker ging, lag kurz hinter Campeche, in der Nähe von Champoton; Hernández hatte ihm den Namen Lázaro gegeben. Am 26. Mai ging der größte Teil der Mannschaft in Booten an Land, wobei sie drei Geschütze und mehrere Arkebusen mitnahmen. Die Maya bereiteten ihnen einen freundlichen Empfang, luden sie in die Stadt ein, forderten sie jedoch kurze Zeit später auf, wieder abzuziehen. Grijalva verlangte ein weiteres Mal Gold. Die Maya antworteten, sie hätten keins, und wiederholten ihre Aufforderung an die Fremden, die Stadt zu verlassen. Es ist anzunehmen, daß sie von dem Kampf gehört hatten, der sich im Jahr zuvor ganz in der Nähe abgespielt hatte, und daß sie daher darauf vertrauten, siegreich aus einer möglichen Auseinandersetzung hervorzugehen. Grijalva bat um Wasser. Die Indianer zeigten ihm Brunnen. Nachdem die Spanier ihre Fässer gefüllt hatten, beschloß Grijalva, die Nacht in der Stadt zu verbringen. Die Maya brachten ihm einen gebratenen Truthahn, Mais und andere Gemüsesorten. Wieder verlangte der Anführer der Spanier Gold. Diesmal schenkten die Ureinwohner ihm eine Maske aus vergoldetem Holz und zwei Goldplatten. Dann forderten sie ihn ein weiteres Mal auf, mit seinen Leuten abzuziehen. Sie sagten, sie wollten nicht, daß er sich noch mehr Wasser nehme. Doch die Kastilier blieben bei ihrer Absicht, in der Stadt zu übernachten. Ganz in der Nähe hatten sich 3000 *naturales* versammelt. Die ganze Nacht über war der durchdringende Lärm von Trommeln und Muscheltrompeten zu hören. Jene Männer, die bereits Hernández de Córdoba begleitet hatten, müssen den Eindruck bekommen haben, daß die Ereignisse eine beunruhigend vertraute Wendung nahmen. Mehreren Kastiliern wäre es lieber gewesen, dem Feind sofort entgegenzutreten. Doch Grijalva lehnte einen Angriff ab; und so waren »alle Männer bedrückt, weil ihr Anführer sie nicht gegen die Indianer kämpfen lassen wollte«. Unterdessen suchten mehrere Eingeborene das Lager der Spanier auf. Einige tanzten sogar nach den Klängen eine Flöte, die einer von Grijalvas Männern spielte. Diese Verknüpfung von Freundlichkeit und Drohung hatte etwas Zermürbendes.[20]

Bei Tagesanbruch sahen die Spanier, daß sich die Indianer mit den Kriegsfarben Schwarz und Weiß bemalt hatten. Ein Maya-Häuptling legte eine Weihrauchfackel zwischen seine Männer und die Kastilier. Nach der Übersetzung von Julianillo sagte er: »Seht diese Fackel, die wir anzünden und zwischen unsere Heere legen werden. Wenn ihr euch nicht beeilt und euch zurückzieht, bevor die Fackel erlischt, werdet ihr sterben. Ihr seid uns als Gäste unerwünscht.« Mit einem ähnlichen rituellen Akt hatten die Maya bereits Hernández de Córdoba zum Rückzug bewegen wollen. Da sich die Kastilier nicht zurückzogen, kam es zum Kampf.

Grijalva verfolgte eine klügere Taktik als sein Vorgänger, und dank einer geschickten »psychologischen Kriegsführung« und der Überlegenheit der spanischen Waffen konnte er seine Position halten. So ließ er Kanonen in einem der Türme eines Tempels aufstellen, der die Spanier zuvor so tief beeindruckt hatte. Der Lärm dieser Geschütze erschreckte die Maya. Drei von ihnen starben durch Kanonenschüsse oder Armbrustpfeile. Nach der Version, die Fray Díaz von den Ereignissen gibt, wurden mehrere Indianer niedergestochen und anschließend lebendig begraben.[21] Die Kastilier hielten die Heuschrecken, die plötzlich scharenweise über sie niedergingen, irrtümlich für Pfeile.[22] Die Maya zogen sich zurück, als sie auf diese unerwartet heftige Gegenwehr stießen und nachdem sie mindestens einen Expeditionsteilnehmer, Juan de Guetaría, einen baskischen Hauptmann, getötet hatten. Etwa 40 Kastilier einschließlich Grijalva, der ein oder zwei Zähne verloren haben soll, wurden verwundet. Am nächsten Tag näherte sich erneut eine Gruppe von Indianern. Grijalva ließ ihnen durch seinen Dolmetscher ausrichten, daß er keinen Kampf und auch kein Gold wolle, sondern nur Holz und Wasser. Die Maya schenkten ihm daraufhin eine weitere Maske aus vergoldetem Holz. Offenbar wollten die meisten Kastilier bleiben und Guetaría rächen, doch Grijalva gab klugerweise den Befehl, an Bord der Schiffe zu gehen. Noch in derselben Nacht setzten sie die Segel. Kurz vor ihrer Abfahrt kam ein Maya zu Grijalva und erbot sich, die Spanier an einen Ort zu bringen, wo sich Menschen gleich ihnen aufhielten, mit großen Schiffen, scharfen Schwertern und festen Schilden. Der Hauptunterschied zwischen den Kastiliern und diesen Menschen bestehe darin, daß jene riesige Ohren hätten. Zum großen Verdruß seiner Männer lehnte Grijalva das Angebot ab. Er war einer der wenigen Conquistadoren, die sich nicht von derartigen Erzählungen beeinflussen ließen. Die Leichtigkeit, mit der es den Maya gelang, die Kastilier zu beeindrucken, erklärt sich daraus, daß die Maya ähnliche Mythen wie die Europäer hatten; so ist in einer ihrer Legenden von einem Gebiet die Rede, das von amazonenähnlichen Wesen bewohnt wurde: eine Gegend im Westen, »wo angeblich ausschließlich Frauen lebten«.[23]

Die Flotte segelte über den Punkt hinaus, an dem Hernández kehrtgemacht hatte. Allerdings handelte es sich nicht um ein völlig unbekanntes Gebiet, da der Steuermann Alaminos bereits 1513 mit Ponce de León weiter entlang der Küste vorgestoßen war, wobei nicht klar ist, ob er sich daran erinnerte.

Als nächstes ankerten sie in einem sicheren Hafen an der schmalen Öffnung einer großen Lagune. Alaminos glaubte, ein natürlicher Kanal führe von hier aus zur Bahía de la Ascensión zurück. Daher gaben sie dem Gewässer den Namen »la Laguna de Términos«.

Grijalva blieb mit seinen Männern fast zwei Wochen in diesem Hafen; in dieser Zeit reinigten sie eines der Schiffe und aßen die köstlichen Fische der Lagune. Sie nannten den Ort, der heute Puerto Real heißt, »Puerto Deseado«, »Ersehnter Hafen«, weil dies der erste günstige Ankerplatz war, den sie bis dahin ausfindig gemacht hatten. Die Gegend war unbewohnt, doch sie stießen auf die Ruinen von Tixchel, einem ehemaligen Vorposten des Volkes der Acalán. Von weitem sahen sie auch das Handelszentrum der Region, Xicallanco (heute befindet sich an dieser Stelle der Ort Cerrillo), das zwar von Chontal-Maya bewohnt, aber von mexikanischen Kaufleuten regiert wurde. Wie schon zuvor sahen sie auch hier Tempel und obendrein Fischer, die goldene Angelhaken zu verwenden schienen. Vermutlich waren sie jedoch aus Kupfer (auch wenn in Kolumbien und Ecuador gelegentlich goldene Angelhaken benutzt wurden). Vermutlich beobachteten sie einige der Reiher, für die die Lagune berühmt war. In der kaninchenreichen Region Tabasco ließen sie versehentlich eine Mastiff-Hündin zurück (die ihren europäischen Herren im Jahr darauf wieder zulief).[24] Sie nahmen vier Indianer gefangen, die sie tauften und als Dolmetscher einsetzen wollten, da Julianillo kein Chontal-Maya sprach. Einen dieser Gefangenen nannten sie nach seinem spanischen Taufpaten, einem der Kapitäne Grijalvas, »Pedro Barba«.

Um den 8. Juni segelten die Spanier weiter zur Mündung des Río Tabasco, den sie in Río Grijalva umbenannten – einen Namen, den er bis heute behalten hat. Wieder fanden sie einen guten Ankerplatz. Durch die Strömung des Flusses wurde dort das Süßwasser mehrere Meilen ins Meer hinausgetragen. Grijalva und die meisten Mitglieder seiner Expedition fuhren in kleinen Booten flußaufwärts. Erneut sahen sie am Ufer eine große Zahl bewaffneter Indianer, die teilweise vergoldete Schilde trugen. Es waren Chontal-Maya, die vermutlich aus der Stadt Acalán kamen, in den Ausläufern des Gebirges von Chiapas gelegen. Einige von ihnen näherten sich in einem Kanu und fragten Grijalva, was er hier wolle. Er antwortete, er wolle Handel mit ihnen treiben und gab ihnen ein paar Schnüre mit grünen Perlen und einige Spiegel. Kurze Zeit später kam ein Häuptling an Bord von Grijalvas Flaggschiff und huldigte dem Anführer der Spanier, indem er seinen Begleitern befahl, Grijalva einen Brustharnisch und Armbänder aus Gold, eine Krone aus fein gearbeiteten Goldblättern und geschnürte Sandalen, die ebenfalls mit Gold verziert waren, anzulegen. Grijalva erwiderte diese Geste und befahl, dem Häuptling spanische Kleider anzulegen: einen Wams aus grünem Samt, rosa Strümpfe, Gamaschen und einen Samthut. Der Indianerhäuptling sagte, er wolle den Namen »Grijalva« annehmen. Grijalva war von dieser Idee begeistert. Er erklärte, er und seine Männer wollten mit den Eingeborenen Freundschaft schließen und einen Teil ihres Schmuckes gegen weiteres Gold der *naturales* eintauschen. Doch obschon die Eingeborenen sie mit anderen Geschenken überhäuften, brachten sie kein weiteres Gold.[25] Die Maya gaben ein Festessen zu Ehren der Spanier und stellten weitere Tauschgeschäfte in Aussicht. Mehrere Männer Grijalvas wollten »in das Gebiet eindringen«, um auf eigene Faust nach Gold zu suchen, doch Grijalva hielt sie davon ab; dies war vernünftig. In der Region gab es keine Goldvorkommen – das Gold, das die Maya besaßen, hatten sie durch Tauschhandel erworben. Der Häuptling bot Grijalva an, einen Gefangenen (vielleicht Pedro Barba) gegen dessen Gewicht in Gold freizukaufen. Doch Grijalva wollte nicht warten, da er darin eine List vermutete (das ist die einzig mögliche Erklärung).

Um sich mit den Indianern zu verständigen, mußte Grijalva die Dienste zweier Dolmetscher in Anspruch nehmen. Er sprach zuerst mit Julianillo, der mittlerweile ein wenig Spanisch beherrschte und der seinerseits die Worte Grijalvas Pedro Barba mitteilte, welcher sowohl Yucatec- als auch Chontal-Maya sprach.

Grijalva segelte in nordwestlicher Richtung weiter. In den folgenden Tagen ging die Expedition an der Mündung des Río Tonalá und vor dem heutigen Ort Coatzacoalcos vor Anker. Die ortsansässigen Indianer schenkten den Spaniern weitere Edelsteine und Schmuckstücke. In Coatzacoalcos veranstaltete der Häuptling zu Ehren Grijalvas ein Festessen und ließ dessen Gefährten in hübschen, mit grünen Zweigen bedeckten Hütten einquartieren. Der Häuptling wollte Grijalva auch einen zwölfjährigen Jungen als Sklaven schenken. Doch der *capitán* wies auch dieses Geschenk zurück.

Die Region, die heute Tabasco genannt wird, stand damals in wirtschaftlicher Blüte, weil dort Kakaobohnen angebaut wurden, die sowohl als Ausgangsstoff für das sehr beliebte Schokoladengetränk als auch als Zahlungsmittel des mexikanischen Reichs begehrt waren. Aus dieser Gegend kamen auch gegerbte Jaguarfelle, mit Schnitzereien verzierte Schildkrötenpanzer und Grünstein (*chalchihuite*), der in Mexiko so hoch geschätzt wurde. All diese Produkte stammten von den Ausläufern des Chiapas-Gebirges und wurden auf dem Río Usumacinta zur Küste transportiert. Die Mexica tauschten diese Gegenstände gegen Gold, Kupfer, gefärbte Hasenfelle, Obsidian und Sklaven, die in einer Gegend, in der ganzjährig Ackerbau betrieben wurde, besonders gebraucht wurden.

Die Flotte segelte weiter bis zu der Stelle, an der heute die Stadt Veracruz liegt. Grijalva hatte Schwierigkeiten mit einem seiner Kapitäne, Pedro de Alvarado, der ihn verärgerte, weil er auf eigene Faust einen malerischen Fluß, den Papaloapan (der später nach ihm in Río Alvarado umbenannt wurde) hinauffuhr und so einen großen Umweg machte.

Die Expedition setzte ihre Reise entlang der mexikanischen Küste fort. Francisco de Montejo, der Edelmann aus Salamanca, segelte in seiner Brigantine nahe an der Küste, während sich die übrigen Schiffe etwas weiter draußen auf See hielten. An diesem Küstenabschnitt gab es besonders viele indianische Siedlungen, und während die Kastilier weiterhin die zahlreichen Tempel bestaunten, setzte der Anblick der Schiffe die Indianer in Verwunderung.

Um den 17. Juni herum erreichte Grijalva eine vor Veracruz gelegene Insel, die etwa 2,5 Kilometer lang und 1,2 Kilometer breit war. Als sie an Land gingen, sahen sie zwei auf Pyramiden errichtete Steintempel. An der Spitze einer dieser Pyramiden entdeckten sie einen Puma aus Marmor und davor ein Becken mit Blut, das nach Ansicht der Kastilier acht Tage alt war (es ist nicht ersichtlich, worauf sich dieses Urteil stützte). Außerdem gab es eine Statue, die vermutlich den unheilbringenden Gott Tezcatlipoca darstellte. Vor dieser Plastik fanden sie Kleider, einen Feigenbaum, vier tote Indianer (darunter zwei Kinder) und zahlreiche Schädel und Knochen. Die Wände waren mit getrocknetem Blut überzogen. Die Kastilier trafen einen Indianer an, der ihnen die Bedeutung dieser Dinge erklären sollte. Als man ihn zu Grijalva schaffte, wäre er beinahe vor Furcht gestorben, doch konnte er den Fremden den Ritus des Menschenopfers erklären.[26]

Es war das erste Mal, daß die Kastilier umfassend über die kultischen Opferungen informiert wurden, welche von den Mexica und den von ihnen unterworfenen Völkern praktiziert wurden. Diese Darlegungen machten einen düsteren Eindruck auf sie; sie nannten die Insel »Isla de los Sacrificios« (Insel der Opferungen).

Unter den übrigen Gebäuden auf der Insel war ein Triumphbogen, der ihrer Meinung nach genauso imposant war wie der römische Triumphbogen im spanischen Mérida. Archäologische Funde deuten darauf hin, daß die beiden Tempel auf der Insel den Göttern Quetzalcoatl und Tezcatlipoca geweiht waren.

Am nächsten Tag sahen die Kastilier von ihren Schiffen aus, wie am Ufer zwei weiße Fahnen geschwenkt wurden. Grijalva sandte Montejo in einem kleinen Boot mit etwa 40 Mann einschließlich der Arkebusiere und Armbrustschützen sowie eines Dolmetschers (entweder Julianillo oder Pedro Barba) an Land; sie sollten herauszufinden, was die Eingeborenen wollten. Gleich nachdem sie aus dem Boot ausgestiegen waren, überreichten ihnen die Indianer zahlreiche Umhänge in schönen Farben. Nachdem Montejo diese Geschenke angenommen hatte, fragte er sie, wie nicht anders zu erwarten, ob sie Gold hätten. Sie antworteten, sie würden ihm abends ein wenig Gold bringen. Montejo kehrte daraufhin zur Flotte zurück. Abends kamen ein paar Indianer in einem Kanu zur Flotte, brachten jedoch nur weitere Umhänge. Ihr Anführer sagte, sie würden an einem anderen Tag Gold bringen.

Am Tag darauf erschienen die Indianer erneut auf den Sanddünen gegenüber der Isla de los Sacrificios und schwenkten wieder weiße Fahnen. Sie verlangten nach Grijalva, der diesmal selbst mit ein paar seiner Hauptleute an Land ging. Der Häuptling und sein Sohn bereiteten ihm einen herzlichen Empfang und baten ihn, in einer Hütte Platz zu nehmen, die mit frisch geschlagenen Ästen bedeckt war. Sie brachten Grijalva wohlriechenden Weihrauch dar, boten ihm Tortillas an und schenkten ihm auch einige verschiedenfarbige Baumwollumhänge. Grijalva hielt sich zu diesem Zeitpunkt außerhalb der indianischen Stadt Chalchicueyecan auf, die in der Nähe der heutigen Hafenstadt Veracruz lag; angeblich zählte die Stadt 500 Häuser. Nach einem (unglaubhaften) Bericht soll sie von einer Mauer umgegeben gewesen sein.[27] In der Ferne konnte Grijalva den schneebedeckten Gipfel des Orizaba erblicken.

Diese *naturales* behandelten die Spanier mit außerordentlicher Hochachtung. Dies stand in scharfem Gegensatz zu dem Empfang, den ihnen die Maya in Yucatán bereitet hatten, die in den Spaniern ein neues und potentiell gefährliches Volk von Eroberern sahen (vielleicht weil sie etwas von den spanischen Aktivitäten in der Karibik gehört hatten). Die Indianer dieses Gebietes waren Totonaken, die zu den unbotmäßigsten Tributvölkern der Mexica gehörten.

Die Totonaken waren zu Beginn der christlichen Zeitrechnung von den Bergen nördlich des heutigen Bundesstaates Puebla zur Küste gewandert. Nach einer Überlieferung waren sie die Erbauer der Tempel der Sonne und des Mondes in Teotihuacan. Möglicherweise waren sie auch das Volk, unter dessen Einfluß sich in der Region von Veracruz eine Hochkultur entwickelt hatte, deren bedeutendstes Werk das Zentrum für Zeremonialspiele in El Tajín war. Um 700 n. Chr. hatte das Volk, das in der Gegend des heutigen Veracruz lebte und möglicherweise zu den Totonaken gehörte, Terrakottaköpfe für Gräber und Altäre gefertigt. Die Mexica wurden in ihrem Kunstschaffen wahrscheinlich von Skulpturen aus Veracruz beeinflußt, die sowohl aus gebranntem Ton als auch aus Stein gearbeitet waren. Die Totonaken bauten auch Vanille an (wenn auch nicht im gleichen Umfang wie später), die sie bereits zur geschmacklichen Verfeinerung von Schokolade verwendeten. Sie hatten zahlreiche Mythen: So glaubten sie beispielsweise, daß die Fische früher einmal Menschen gewesen seien.[28]

Das Reich der Totonaken bestand aus etwa einem Dutzend kleiner Fürstentümer, von denen die meisten bis zur Mitte des 15. Jahrhunderts zunächst von den Texcoa und dann von Montezuma I. unterworfen wurden. Einige dieser Fürstentümer bewahrten jedoch ihre Unabhängigkeit bis zur Regierungszeit des Eroberers Ahuítzotl. Auch hatten die Mexica die Gewohnheit, die von ihnen unterworfenen Fürstentümer nicht zu zerschlagen, sondern lediglich zu Tributleistungen zu verpflichten.

In diesem Fall verlangten die Mexica einen hohen Anteil an den geschmackvollen Baumwollgewändern, für welche die Region bekannt war; zweimal jährlich mußten die Totonaken 400 Frauenblusen und -röcke, 400 kleine Umhänge mit weißen und schwarzen Borten, 400 halb gepolsterte Umhänge, 400 vier *brazas* (ein *braza* entspricht 1,85 Meter) große Umhänge, 400 weiße Umhänge, ebenfalls vier *brazas* groß, 160 »sehr reich verzierte Umhänge für Herren« und 1200 schwarz und weiß gestreifte Umhänge bei den Mexica abliefern. Einmal pro Jahr mußte die Provinz zwei Kriegertrachten einschließlich Schilden, eine Halskette aus Grünstein, 400 Quetzalfedern, zwei in Gold gefaßte Lippenpflöcke aus blauem Kristall, zwanzig in Gold gefaßte Lippenpflöcke aus hellem Bernstein, einen Kopfputz aus Quetzalfedern und 200 Kilogramm Kakaobohnen (in zwanzig »Lasten«) abliefern.[29]

Die Totonaken mußten sich einige dieser Dinge durch Tauschhandel in anderen Gegenden beschaffen. Ebenso mußten sie prächtige Vögel, wie die Schmuckamsel, den rosafarbenen Löffelreiher und den mexikanischen Trogon fangen, deren Federn sie ihren mexikanischen Herren abliefern mußten. Das Ausmaß dieser Tributlasten erklärt, weshalb die Totonaken Grijalva einen so herzlichen Empfang bereiteten. Ihr heimlicher Groll mag sich noch dadurch verstärkt haben, daß sie die Mexica als ein »neureiches« Volk ohne hochstehende Kultur betrachteten. Für die Mexica wiederum waren die Totonaken der Inbegriff der Leichtlebigkeit, ein Volk, dessen Frauen elegante, hübsch gewebte Kleider trugen und in dem größere sexuelle Freizügigkeit herrschte als im sittenstrengen Hochland.[30]

Die Mexica unterhielten in der Region mehrere Garnisonen: in Actopan, Nauhtla und Tizpantzinco, nördlich unweit der Küste, und in Cuetlaxtlan im Süden. Manchmal lieferten die Totonaken ihren Tribut in diesen Garnisonen ab, von wo aus die Mexica selbst den Transport nach Tenochtitlan übernahmen; in anderen Fällen wiederum wurde der Tribut direkt in die mexikanische Hauptstadt gebracht. Der Herrscher von Tlacotlalpan, einer Stadt am Río Papaloapan, in der Nachbarprovinz Tochtepec gelegen, wurde vom Kaiser in Tenochtitlan ernannt, was untypisch für das mexikanische Reich war, dessen Monarchen die indirekte Herrschaft über die unterworfenen Völker bevorzugten.

Die Totonaken waren ein kultiviertes Volk. Sie waren berühmt für ihre bunten Stickereiarbeiten. Sie waren groß, hatten meist gesunde Haut und längliche Köpfe. Sie waren gute Tänzer, benutzten Fächer, um sich bei Hitze Kühlung zu verschaffen, betrachteten sich häufig im Spiegel und trugen hübsche Sandalen. Sie stachen sich Löcher durch Lippen, Nasen und Ohren, die groß genug waren, um kunstvoll gearbeitete Schmuckstücke durchzustecken. Ihre blauen und goldenen Lippenpflöcke erfüllten die Spanier mit großer Abscheu, da sie die Unterlippe so weit nach unten zogen, daß die Zähne sichtbar waren. Allmorgendlich, bevor die Totonaken mit der Arbeit anfingen, verbrannten sie Weihrauch, und manchmal schnitten sie sich in die Zunge oder die Ohren, um mit dem so gewonnenen Blut die Haupttempel und die Nahrungsmittel zu besprengen. Auch Menschenopfer wurden dargebracht, doch wurden offenbar ausschließlich Kriegsgefangene geopfert.[31]

Die Region war heiß und ungesund, aber fruchtbar. Der Norden war trocken, und der Süden, unterhalb des heutigen Veracruz, war feucht. Zu Beginn des 16. Jahrhunderts wanderten infolge der Hungersnöte in Zentralmexiko viele Menschen in diese Küstenregion ab.[32] So ist es durchaus möglich, daß einige der Indianer, denen die Kastilier begegneten, noch nicht lange in dieser Gegend lebten.

Die Totonaken hatten eine eigene Sprache, welche die Mexica für »barbarisch« hielten; einige von ihnen sprachen jedoch auch Nahuatl. Charakteristisch für die Totonaken war die große Bedeutung, die sie dem Tanz der »*voladores*« beimaßen. Dabei kletterten Männer auf eine Plattform, die sich am oberen Ende eines hohen Mastes befand; dort tanzten sie eine Weile, bevor sie sich, mit den Beinen an einem Seil hängend, das an der Spitze des Mastes befestigt war, in 52 größer werdenden Kreisen (die 52 Jahre des mexikanischen »Jahrhunderts« symbolisierend) zum Boden hinabschwangen. Die Hauptstadt der Totonaken war Cempoallan, etwa 30 Kilometer von der Stelle entfernt, wo Grijalva gelandet war. In ihrem Zentrum befand sich ein sakraler Bezirk, in dessen Umkreis mehrere tausend Menschen lebten.

Die Kastilier blieben zehn Tage in oder genauer (da sie auf ihren Schiffen schliefen): vor Chalchicueyecan. Sie gingen jeden Tag an Land, und die Indianer bauten jedesmal neue Hütten aus frisch geschlagenen Palmwedeln, um sie vor der Hitze zu schützen. Der Häuptling bezeigte gegenüber den Fremden »so viel Zuneigung, daß es wunderbar war«. Die Kastilier gaben ihm den Spitznamen »Ovando«, weil er genauso aussah wie der Gouverneur. Er und sein Sohn sprachen ganz offenherzig mit den Fremden, als seien sie langjährige Bekannte und als bestünden keine sprachlichen Barrieren; die Totonaken zeigten keinerlei Mißtrauen. Grijalva sagte immer wieder, er brauche Gold. Daraufhin brachten ihm die Totonaken ein paar Goldbarren – Grijalva verlangte mehr davon. Am Tag darauf brachten sie ihm eine hübsche Goldmaske, eine menschenförmige Figur mit einer kleineren Goldmaske und sogar eine Art Tiara – »aus Gold, wie die des Heiligen Vaters« – sowie einige weitere Gegenstände aus Gold.[33] Grijalva erklärte ihnen daraufhin, daß er Gold zum Einschmelzen brauche. Die Totonaken versicherten, sie würden Goldstaub von den Hügeln mitbringen, zu denen sie tagsüber ihre Leute schickten. Sie würden nachts mit einer fingergroßen Röhre voll Gold zurückkehren. Sie beschrieben auch die Methoden, mit denen sie in den Flüssen nach Gold suchten und mit denen sie das Gold zu Barren oder Scheiben formten.

Während dieser ganzen Zeit scheinen die Beziehungen zwischen den Kastiliern und den Totonaken hervorragend gewesen zu sein. Die Gastgeber überhäuften sogar die gewöhnlichen Soldaten mit Geschenken. Jeden Tag wurden die Spanier mit Essen versorgt. Man rauchte gemeinsam Tabak; zweifellos hatten einige Kastilier bereits in Kuba an einem solchen Ritual teilgenommen. Die Totonaken erzählten den Fremden auch von der Macht der »großen Stadt Mexiko« und von dem Unmut, den die Küstenvölker gegen sie hegten. Zu dieser Zeit nahm der *tlillancalqui*, der Abgesandte Montezumas, in der im Kapitel ›Furcht, nicht Zuneigung‹ beschriebenen Weise Kontakt mit Grijalva auf. Vielleicht war Montezumas Besorgnis, welche die Nachricht von der Ankunft der Kastilier erregte, auch darauf zurückzuführen, daß er von dem guten Verhältnis zwischen den Fremden und den tributpflichtigen Vasallen der Mexica erfuhr.

Der Franziskanermönch Fray Toribio de Benavente alias Motolinía, der 1524 in dieses Gebiet kam, schrieb nach 1530, daß die Kastilier zu Beginn »großes Erstaunen und große Bewunderung hervorriefen. Weil die Spanier über das Meer gekommen waren (etwas, das die Eingeborenen bis dahin für unmöglich gehalten hatten), solch sonderbare Kleider trugen, so unerschrocken und lebhaft waren ... so machtvoll und wagemutig, als seien alle Eingeborenen ihre Vasallen ... und in so kleiner Zahl in dieses Gebiet eingedrungen waren ... nannten sie die Kastilier *teteuh*, Götter, was die Kastilier zu *teules* entstellten«.[34]

Die Begeisterung beruhte auf Gegenseitigkeit. Ebenso wie die Totonaken die Kastilier bewunderten (zum Teil aus strategischen Gründen, weil sie sich von ihnen Unterstützung im Kampf gegen die Mexica erhofften), schickten die Kastilier ihrerseits überschwengliche Briefe in die Heimat: »Wir glauben, daß dies das reichste und fruchtbarste Gebiet der Erde ist«, schrieb Fray Díaz. In jenen Tage angeregter Unterhaltungen erzählten die Eingeborenen Grijalva zweifellos auch, daß die Mexica ein Reich besaßen, zu dem auch ihr Gebiet gehörte, und daß sie »ein politisches Leben mit Gesetzen, Verordnungen und öffentlichen Plätzen für die Rechtsprechung« hatten.[35] Sie sagten ihm, daß die Mexica sehr kunstfertig seien, wie man an ihren goldenen Vasen und geschmackvollen Baumwollumhängen sehen könne. Die Totonaken teilten ihm offenbar auch mit, daß die Mexica ihre religiösen Riten vor einem großen Marmorkreuz, auf dem eine Goldkrone stand, feierten. An diesem Kreuz sei einst ein Mann gestorben, der heller gestrahlt habe als das Licht der Sonne. Möglicherweise handelte es sich hierbei um eine Geschichte, die der Dolmetscher erfand, um sich bei seinen Herren beliebt zu machen. Grijalva gewann anscheinend auch den Eindruck, daß sich die Totonaken beschnitten; diese Fehleinschätzung war darauf zurückzuführen, daß er nicht erkannte, daß sämtliche Priester der Region ihren Penissen Blut entnahmen, um sich zu kasteien oder Opfer darzubringen. »Wahrscheinlich lebten ganz in der Nähe Juden und Mauren«, lautete der lakonische Kommentar des Fray Díaz.

Die Spanier sahen, wie fruchtbar das Gebiet war, in dem sie an Land gegangen waren. Aus diesem Grund hielten es einige von ihnen für sinnvoll, hier eine Kolonie zu gründen. Die Kapitäne führten ein langes Gespräch über dieses Thema; obwohl Grijalva der Befehlshaber der Expedition war, war es für jemanden in seiner Position unverzichtbar, schwierige Angelegenheiten mit seinen Gefolgsleuten zu besprechen, da sich diese freiwillig dazu verpflichtet hatten, seinen Befehlen zu gehorchen und ohne Lohn, nur mit einem Anspruch auf einen Teil der potentiellen Erträge des Unternehmens, für ihn zu arbeiten.

Grijalva war gegen eine Kolonisierung. Er war der Meinung, daß er dazu nicht genug Männer hatte, denn dreizehn waren den Verwundungen erlegen, die sie in Champoton erlitten hatten. Außerdem begann ihr Vorrat an Maniokwurzelbrot (von dem die Kastilier abhängig waren, auch wenn sie von den Eingeborenen mit Maistortillas versorgt wurden) zu verschimmeln, und auch die Moskitos setzten ihnen schwer zu. Grijalva sagte, Diego Velázquez habe ihn nicht dazu ermächtigt, eine Siedlung zu gründen. Darauf entgegneten zwei seiner Kapitäne, Alvarado und Alonso de Ávila, dies sei zwar richtig, doch habe ihm Velázquez die Kolonisation auch nicht ausdrücklich verboten. Grijalvas Kaplan, Fray Juan Díaz, beklagte, daß es ihrem Anführer einfach an dem nötigen Wagemut fehle, um sich des Gebietes zu bemächtigen.[36]

So verlas Grijalva das *requerimiento* vor den Bewohnern Chalchicueyecans und nahm das Gebiet im Namen von Königin Juana und König Karl von Kastilien in Besitz.[37] Dazu brauchte man ein anderes *requerimiento*, da die Kastilier glaubten, sie befänden sich nunmehr auf einem Kontinent und nicht auf einer Insel wie »Yucatán«. Die

Breite der Flüsse, die Höhe der weit entfernten Berge und die Vielfalt und der Reichtum der Sprachen ließen sie zu dieser Schlußfolgerung gelangen. Sie nannten den Ort, an dem sie gelandet waren, »San Juan de Ulúa«: »San Juan«, weil sie dem Ort am 24. Juni, der dem Heiligen Johannes geweiht ist, seinen Namen gaben; »Ulúa«, wegen einer sprachlichen Verwechslung, wie sie damals häufig vorkam: Als die Spanier die Ureinwohner fragten, wo sie seien, antworteten diese mit einem von den Mexica verwandten Ortsnamen: »in Culhúa«. Zu dieser Zeit verfügten die Kastilier über keine Dolmetscher, da weder Julianillo noch Pedro Barba Nahuatl beherrschten, während ein Nahuatl sprechender Indianerjunge, den sie an der Küste gefangen hatten, erst ein paar Brocken Spanisch sprach.

Bevor die Expedition ihre Reise fortsetzte, beschloß Grijalva, Alvarado zurück nach Kuba zu schicken, damit dieser seinem Onkel Velázquez einige der Dinge zeige, die er bislang aufgetrieben hatte, und auch um einige der kranken Seeleute zurückzubringen. Obwohl Alvarado das Abenteuer liebte, erklärte er sich damit einverstanden, angeblich, weil er sich selbst nicht besonders wohl fühlte (das war zumindest seine Begründung), zweitens weil er in eine Indianerin auf Kuba verliebt war,[38] und schließlich, weil er sich über den mangelnden Unternehmungsgeist von Grijalva ärgerte – was wohl der ausschlaggebende Grund war.

Alvarado kehrte mit dem größten Teil des Goldes, das Grijalva erhalten hatte und dessen Wert sich auf 16 000 bis 20 000 Pesos belief, und zahlreichen weiteren schönen, kunstvoll gearbeiteten Gegenständen, die jedoch damals »von nur geringem inneren Wert« zu sein schienen (womit die Spanier sagen wollten, daß sie nach ihrer Einschmelzung nur wenig einbrachten), nach Kuba zurück. Grijalva schrieb einen Brief an seinen Onkel, in dem er seine Reise beschrieb, und auch die anderen Kapitäne gaben Alvarado Briefe an ihre Familien mit. Wahrscheinlich berichteten sie, daß die meistbegehrten kastilischen Gegenstände in dem neuentdeckten Gebiet Glasperlen waren, von denen Grijalva 2000 mitgenommen hatte; außerdem Stecknadeln und Nähnadeln, von denen er 2000 bzw. 1000 verschenkt hatte; und schließlich Scheren und Kämme, die noch beliebter waren und deren kleiner Vorrat (sechs bzw. 20) am schnellsten zur Neige ging.[39]

Nachdem Alvarado aufgebrochen war, gingen auch die übrigen Spanier wieder an Bord ihrer Schiffe; die Totonaken vergossen Tränen, als die Spanier abfuhren – vielleicht aus Höflichkeit, doch vermutlich eher, weil sie gehofft hatten, die Spanier würden ihnen beim Kampf gegen Montezuma beistehen. Sie schenkten Grijalva eine Indianerin, »so elegant gekleidet, daß sie in Brokat nicht schöner ausgesehen hätte«. Fray Díaz schrieb: »Was mehr könnte ich über dieses Volk berichten, denn was ich gesehen, war so wunderbar, daß man es kaum glauben kann.« Aus Versehen ließen sie einen Conquistador, Miguel de Zaragoza, an der Küste zurück. Er lebte unter den Totonaken, wobei er sich jedoch offenbar versteckt hielt.[40]

Die Expedition segelte entlang der Küste in nördlicher Richtung weiter, bis über die Stelle hinaus, wo heute die Stadt Tuxpan liegt. Sie gaben einer Stadt an der Küste den Namen Almería, weil diese ihrer Ansicht nach der gleichnamigen Stadt in Spanien glich (obwohl sie faktisch ihren totonakischen Namen, Nauhtla, behielt). Vor der Mündung eines Flusses, den sie Río de Canoas (der heutige Río de Cazones) nannten, wurden sie von Indianern angegriffen – es handelte sich vermutlich um Huaxteken, die nach Ansicht des freilich zu Übertreibungen neigenden Fray Díaz »nicht kleiner als Sevilla war, sowohl was die Zahl der Häuser aus Stein und der Türme betraf als auch hinsichtlich ihrer Ausmaße«. Kaum hatten sie die Spanier gesichtet, stürzten sich einige dieser *naturales* in ihre Kanus und attackierten die Flotte mit Pfeil und Bogen. Mit ihren Kupferäxten zerhackten sie die Ankertaue von Montejos Schiff. Doch Grijalvas Geschütze jagten den Angreifern einen Schrecken ein. Angeblich wurden vier Indianer von Kanonenkugeln bzw. Armbrustpfeilen getötet; außerdem sollen die Spanier ein Kanu versenkt haben. Die Indianer zogen sich daraufhin zurück und verzichteten auf weitere Attacken.[41] Einige Conquistadoren wollten an Land gehen und die Stadt erobern, doch Grijalva verweigerte ihnen ein weiteres Mal die Erlaubnis zu einem gewagten Unternehmen.

In der Nähe des heutigen Kap Rojo erschwerte Gegenwind den weiteren Vorstoß der Flotte nach Norden. Alaminos riet daraufhin zur Rückkehr nach Kuba; hinzu kam, daß eines der Schiffe leckte und die Regenzeit begonnen hatte und zwei von Grijalvas Kapitänen, Montejo und Ávila, behaupteten, ihre Männer seien des Seefahrens überdrüssig. So kehrte die Expedition um, sie kamen jedoch nur langsam voran. Eine Zeitlang blieben sie an der Mündung des Río Tonalá, wo sie einem Hafen den Namen San Antonio gaben und das lecke Schiff notdürftig ausbesserten. Wieder wollten einige Kastilier an diesem Ort bleiben und eine Kolonie gründen, doch Grijalva lehnte dies erneut ab. Während ihres Aufenthaltes kam es zu weiteren Kontakten mit den ortsansässigen Indianern, die ihnen viele wertvolle Gegenstände einschließlich einiger weiterer Äxte aus Kupfer (das sie für Gold hielten, bis sich die Äxte mit Grünspan überzogen) als Geschenke überreichten.[42] Hier scheint der Chronist Bernal Diáz auch die ersten Orangen Amerikas gepflanzt zu haben; zumindest behauptete er dies später.

Grijalva ließ die Anker lichten, doch stellte sich ihrer Rückreise ein unerwartetes Hindernis in den Weg: das Flaggschiff *San Sebastián* wurde beschädigt, als es vor der Mündung des Flusses auf eine Sandbank lief, und es mußten erneut Reparaturen durchgeführt werden. Um sich die lange Wartezeit zu vertreiben, unternahmen die Conquistadoren einige kleinere Erkundungsgänge ins Landesinnere. Der *veedor* Peñalosa und Fray Díaz beobachteten, wie auf einer Pyramide ein Mensch geopfert wurde. »Hätten wir einen wackeren Anführer gehabt«, klagte Fray Díaz zutiefst enttäuscht, »dann hätten wir hier über 2000 Goldstücke herausschlagen können. Doch unter dem Befehl Grijalvas konnten wir weder Tauschhandel treiben, noch die Gegend besiedeln, noch überhaupt etwas Nützliches ausrichten.«[43]

Anschließend segelte die Flotte am Westufer der Laguna de Términos, unweit von Xicallanco und der Isla de Carmen, entlang. Sie ankerten auch vor Champoton, wo Hernández de Córdoba von den Maya angegriffen worden war. Die Indianer rüsteten sich erneut zum Kampf, doch Grijalva ließ die Segel setzen und vermied auf diese Weise eine bewaffnete Auseinandersetzung. Als nächstes gingen sie bei Campeche an Land, und am 21. September ankerten sie vor Kap Catoche. Dann setzten sie über die Straße von Yucatán in Richtung Kuba. Am 29. September erreichten sie den im Westen des heutigen Havanna gelegenen Ort Mariel, und am 4. Oktober liefen sie Matanzas an, wo sie am darauffolgenden Tag an Land gingen. Grijalva erholte sich ein paar Tage auf einem der Landgüter von Velázquez in einem Ort, der unlängst – vermutlich nach dem Leuchtturm an der Mündung des Guadalquivir, der das letzte war, was die meisten Conquistadoren auf ihrem Weg nach Westindien von Spanien sahen – auf den Namen Chipiona getauft worden war. Zahlreiche Mitglieder der Expedition kehrten direkt in ihre Häuser in Sancti Spiritus und Trinidad zurück. Grijalva traf erst einige Wochen später in Santiago ein, wo sich unterdessen die Ereignisse überstürzt hatten.

Die Conquistadoren, die im Anschluß an Grijalva nach Mexiko kamen, hatten keine sonderlich hohe Meinung über dessen Leistungen. Cortés beispielsweise sagte, als man ihn später über seine eigene Ruhmestaten befragte, Grijalva sei aus San Juan de Ulúa zurückgekehrt, ohne eine einzige Stadt in dieser Gegend gesehen und »ohne das geringste erreicht zu haben«. Dieses Urteil ist ungerecht. Grijalva erweiterte das Wissen der Spanier über den amerikanischen Kontinent. Er fuhr bis Kap Rojo, das 1600 Kilometer nördlich des äußersten Punktes liegt, den Hernández de Córdoba auf seiner Expedition erreichte. Grijalva war der erste, der in Kuba darüber berichtete, daß in Mexiko ein bedeutendes Reich existieren mußte. Er nahm freundschaftliche Beziehungen zu den Totonaken auf und kehrte mit interessanten Goldschmiedearbeiten und anderen wertvollen Objekten nach Kuba zurück. Grijalva führte den Brauch ein, zwei Dolmetscher zu verwenden, einen, der vom Spanischen ins Chontal-Maya übersetzte, und einen zweiten, der von dieser Sprache ins Yucatec-Maya übersetzte. Er war ein vorsichtiger Mann, dem es an Charisma und Fortüne fehlte; dennoch scheint die Reise seinem Onkel Velázquez einen Gewinn eingebracht zu haben.[44]

Seit der Rückkehr Pedro de Alvarados hatte der Gouverneur zahlreiche Aktivitäten entfaltet. Er war von den Schätzen, die der Kapitän mitbrachte, so beeindruckt, daß er Alvarado mehrere Tage lang immer wieder umarmt haben soll. Dann schickte er einige der Gegenstände an seinen Vertreter beim spanischen Hof, Fray Benito Martín, damit dieser sie dem König und Bischof Fonseca zeige. Er wußte, daß der Bischof beim Anblick dieser prächtigen Objekte aus Amerika entzückt sein würde.[45]

Alvarado verhielt sich illoyal gegenüber Grijalva. Er war verärgert über die Rüge, die Grijalva ihm erteilt hatte, nachdem er den Fluß hinaufgesegelt war, der heute seinen Namen trägt. Er beklagte sich über Grijalvas Weigerung, eine Kolonie zu gründen, und über seine mangelnde Bereitschaft, »die Geheimnisse des Gebietes zu erforschen«. Velázquez war wütend. Er kam zu der Überzeugung, daß er offensichtlich einen Dummkopf (*bobo*) zum Anführer der Expedition ernannt hatte.[46] Das war ein ungerechtes Urteil, da Grijalva sich genauestens an seine Anweisungen gehalten hatten.

Dennoch beunruhigte Velázquez der Gedanke, daß Grijalva verschollen sein könnte: Aus diesem Grund stellte er ein Kommando auf, das nach ihm suchen sollte. Die Leitung übertrug er Cristóbal de Olid, einem aus Andalusien stammenden Mitglied seiner Gefolgschaft, der entweder aus Baeza oder aus Linares gebürtig war. Olid war ein grober Kerl, aber ein ausgezeichneter Kämpfer. Sofern man ihm nicht den Oberbefehl anvertraute, war er »ein Hektor im Zweikampf«, wie Hernán Cortés ihn – wenn auch erst nach Olids Tod – rühmte.[47] Besonders die Tatsache, daß Olid zu Pferd genauso tapfer kämpfte wie zu Fuß, beeindruckte seine Freunde. Er war ein starker, großer, breitschultriger Mann von frischer Gesichtsfarbe, aber obgleich er ebenmäßige Gesichtszüge hatte, kräuselte sich seine Unterlippe so, als wäre sie gespalten.

Olid brach mit nur einem Schiff nach Yucatán auf. Er lief Cozumal an und nahm die Insel im Namen König Karls und Königin Juanas in Besitz, nicht wissend, daß Grijalva diesen förmlichen Akt bereits vollzogen hatte. Anschließend nahm er, der Route Hernández de Córdobas folgend, Kurs auf Yucatán. Doch in der Straße von Yucatán verlor er in einem schweren Sturm seine Anker; es war die »Jahreszeit der Wirbelstürme«. Olid ging in der Nähe der Laguna de Términos an Land, wo er auf frische Spuren der Expedition Grijalvas stieß. Aufgrund seiner eigenen Schwierigkeiten beschloß er jedoch, nach Kuba zurückzukehren. Dort traf er eine Woche vor der Expedition ein, die zu finden ihm nicht gelungen war.

Ein Grande, auf Brokat geboren

> »Schließlich benahm sich Cortés dort wie ein Grande und wie ein Mann, der auf Brokat geboren ward, und er verschaffte sich so viel Autorität, daß keiner es wagte, ihm anders als mit Liebe entgegenzutreten.«
> *Bartolomé de Las Casas, Historia de las Indias*

Die überraschende Rückkehr des Pedro de Alvarado aus den neuentdeckten Gebieten veranlaßte den Gouverneur von Kuba, Diego Velázquez, nach Möglichkeiten zu suchen, um aus den Entdeckungen in Yucatán und »Ulúa« weiteren Gewinn zu ziehen. Als erstes gab er als zuständiger Beamter der Krone der neuen »Insel« Yucatán einen Namen. Er entschied sich – zu Ehren des jungen Königs von Spanien – für den Namen »Carolina«, der jedoch schon bald wieder in Vergessenheit geriet. Sodann überlegte er noch vor der Rückkehr von Grijalva, wie er eine weitere Expedition organisieren konnte.

Velázquez wollte, daß dieses Unternehmen von jemandem geführt wurde, der, erstens, mehr Phantasie als Grijalva besaß und, zweitens, einen Teil oder auch sämtliche Kosten der Reise übernahm. Es sollte jedoch keine große Eroberungsfahrt werden, denn diese wollte er ja selbst anführen, sobald er aus Spanien die Erlaubnis dafür erhielt. Vielmehr wollte er mit der dritten Expedition Zeit gewinnen und verhindern, daß Diego Colón oder ein Abenteurer diese Chance vor ihm nutzte. Daher war es schwierig, einen geeigneten Anführer zu finden. Kein Wunder, daß Velázquez – aus seiner späteren Sicht – einen Fehlgriff tat.

Er dachte zunächst daran, einen anderen Neffen um Hilfe zu bitten: Baltasar Bermúdez, der aus Cuéllar gebürtig war und der seine Nichte, Iseo Velázquez, geheiratet hatte. Doch Bermúdez lehnte das Angebot mit der Begründung ab, daß die Kosten in Höhe von etwa 3000 Dukaten die möglichen Erträge überstiegen. Ein weiterer Kandidat war Vasco Porcallo de Figueroa, ein Estremeño und Vetter des Herzogs von Feria, der in der Nähe von Trinidad eine Hazienda bewirtschaftete. Die Porcallos gehörten dem Kleinadel von Cáceres an, während die Figueroas von höherem Stand waren. Doch Velázquez verwarf den Vorschlag, weil er Figueroa (ironischerweise, wenn man die späteren Vorgänge bedenkt!) für einen unbotmäßigen Mann hielt, der seinen, Velázquez', Rang als Oberbefehlshaber nicht anerkennen würde. Dennoch war es wohl ein Glück, daß Vasco Porcallo nicht zum Zuge kam, denn er war ein Sadist: 1522 wurde er angeklagt, die unter seiner Obhut stehenden Indianer durch Abschneiden der Geschlechtsteile verstümmelt zu haben.[1]

Zu den weiteren Kandidaten für die Position des Anführers der Expedition gehörten mehrere nahe Verwandte Velázquez', wie seine Cousins Bernardino Velázquez und Antonio Velázquez Borrego. Doch all diese Edelmänner aus Cuéllar und Segovia lehnten das Angebot ab; sie waren glücklich auf ihren Gütern in Kuba. Einige derjenigen, die mit Alvarado aus dem neuentdeckten Gebiet zurückgekehrt waren, sprachen sich dafür aus, Grijalva eine zweite Chance zu geben. Doch Velázquez war zu verärgert über ihn.[2]

Schließlich ernannte Velázquez auf den Rat von Amador de Lares (seinem Buchhalter) und Andrés de Duero (seinem Sekretär) einen Mann, den er seit über zehn Jahren protegierte und der ebenfalls ein

Neffe von ihm war, wenngleich sein Name dies nicht verriet: der junge Bürgermeister (*alcalde*) von Santiago, Hernán Cortés. Sowohl Lares als auch Duero glaubten, sie könnten sich einen Anteil am Ertrag der neuen Expedition sichern. Daher unterzeichnete Lares, der (wie bereits erwähnt) weder lesen noch schreiben konnte, einen Brief an Cortés, in dem er diesen bat, den Gouverneur in Santiago aufzusuchen.

Cortés hielt sich damals auf seinem Gut in Cuvanacan am Río Duaban auf, wo er gemeinsam mit einem Freund aus Sevilla, Francisco Dávila, nach Gold suchte. Cortés und Dávila hatten sich auf Hispaniola kennengelernt. Cortés nahm die Einladung an. Zwei Wochen später erhielt Dávila einen Brief von ihm, in dem dieser ihm mitteilte, daß Velázquez ihn gebeten habe, eine neue Expedition nach Yucatán anzuführen, und daß er sich dazu bereit erklärt habe.[3]

Cortés war vermutlich 1482 geboren worden, so daß er zu dieser Zeit 36 Jahre alt war, also das richtige Alter erreicht hatte, um eine Expedition anzuführen. Er war 1506 im Alter von 24 Jahren nach Hispaniola gekommen, lebte mittlerweile also seit rund zwölf Jahren in Westindien.[4]

Hernán Cortés stammte aus einer der aufsässigsten Familien in der rebellischsten Stadt, Medellín, in der Estremadura, der gewalttätigsten Gegend von Kastilien. Er war der Nachkomme einer riesigen Familie von *hidalgos* aus dieser Region, mit der fast alle, die von dort nach Amerika gingen, in irgendeiner verwandtschaftlichen Beziehung standen. Sein Vater, Martín Cortés, war angeblich ein armer Fußsoldat gewesen, der sich trotz seines Adelsstandes kein Pferd leisten konnte. Doch Cortés' Hauskaplan und Biograph, Fray López de Gómara, behauptete, Martín Cortés habe einmal unter dem Befehl »eines Verwandten, Alonso de Hinojosa«, der wahrscheinlich aus Trujillo stammte, in einer berittenen Kompanie gedient. Der Pater brachte allerdings gewöhnlich das zu Papier, was sein Gönner ihm sagte – dennoch könnte diese Information stimmen, denn Martín Cortés kämpfte in mehreren Kriegen. Es handelte sich dabei freilich meist um Konflikte privater Natur, in denen zwei Adelsfamilien aus der Estremadura um die Herrschaft über Schlösser, Land und Viehherden kämpften; oftmals befehdeten sich sogar zwei Linien derselben Familie. Diese Geplänkel wuchsen sich zwischen 1470 und 1480 zu einem regelrechten Bürgerkrieg aus, in dem die Katholischen Könige und ihre adligen Gefolgsleute der von Portugal unterstützten Thronanwärterin, »La Beltraneja«, einer Nichte Isabels der Katholischen, und deren adliger Anhängerschaft gegenüberstanden. Außerhalb der Städte herrschten unterdessen »Raub und Totschlag«; die Brücken über die Flüsse waren zerstört, und man pflegte nur im Schutz einer bewaffneten Schar zu reisen.

Martín Cortés war offenbar der uneheliche Sohn eines gewissen Rodrigo de Monroy, dessen ruhmreiches Patronymikon er sich als zweiten Familiennamen zugelegt hatte, wie es später auch Hernán Cortés tat. Die Monroys waren eine Familie, die in der Estremadura in hohem Ansehen standen, nicht nur weil sie zwei Burgen, Belvís und Monroy, besaßen, sondern auch weil sie sich gegenseitig immer wieder blutige Händel lieferten und in jeder Generation aufsässige Krieger hervorbrachten. Rodrigos Vater, Hernán Rodríguez de Monroy, hatte im Auftrag des Königs die von den Mauren regierte Stadt Antequera erobert; dies war in einer Familie, die sonst nur Privatkriege ausfocht, ein sozusagen einzigartiger Dienst im öffentlichen Interesse. Möglicherweise hinterließ die Mutter von Martín Cortés, María Cortés, ihrem Sohn ein kleines Gut in Medellín, was den Familiennamen erklären würde.

Martín Cortés stand eine Zeitlang im Dienst des illustresten Mitglieds dieser Familie, eines leiblichen Cousins seines Vaters, der den Spitznamen »El Clavero«, »der Schlüsselmeister«, trug, weil er in dem berühmten Orden der Alcántararitter das gleichnamige Ehrenamt bekleidete. El Clavero war ein legendärer Held von »herkulischer« Statur, der angeblich so schwer war, daß ihn kein Pferd tragen konnte. Er nahm es ohne weiteres mit zwei tüchtigen Fechtern auf. Aufgrund eines Sehfehlers konnte er nachts besser sehen als am Tage. 1480 waren es annähernd 50 Jahre, in denen er ununterbrochen an irgendwelchen Kämpfen teilgenommen hatte, manchmal gegen die Krone, meistens gegen seine Familie, mitunter gegen seine eigenen Brüder. Einmal überwand er trotz der schweren Ketten an seinen Beinen die gewaltige Außenmauer der knapp 25 Kilometer südöstlich von Medellín gelegenen prächtigen Burg Magacela, in deren Verlies ihn einer seiner Cousins gesperrt hatte. Obwohl er sich auf der Flucht beide Beine und viele andere Knochen brach, wehrte er sich bei dem Versuch, ihn wieder zu ergreifen, so sehr, daß man ihn erst nach heftigem Kampf überwältigen konnte. Ein anderes Mal plante er offenbar, die Estremadura an Portugal abzutreten. Nach der Wiederherstellung des Friedens in den 80er Jahren des 15. Jahrhunderts flüchtete er nach Lissabon, wo er verbittert den Rest seines Lebens im Exil verbrachte.

Martín Cortés indes nahm wie sein Onkel Hernán Monroy, »*El Bezudo*«, »der Dicklippige«, und sein Feudalherr, der Graf von Medellín, sowie einige weitere *hidalgos* der Stadt an den letzten Schlachten der *reconquista* Granadas teil. Danach ließ er sich in Medellín nieder, etwa 32 Kilometer westlich der verfallenen einstigen römischen Provinzhauptstadt Mérida. Auch Medellín war eine ehemals römische Stadt, die im 1. Jahrhundert vor Christus von Metellus Pius gegründet worden war, dem sie ihren Namen verdankt. Gewiß bewahrte man die römische Zeit damals in sehr viel lebendigerer Erinnerung als heute, da in der Stadt die Überreste eines Theaters, einiger Villen und einer Brücke zu sehen waren. Medellín liegt heute abseits der Hauptverkehrswege, damals jedoch führte die am stärksten benutzte Fernstraße von Sevilla nach Valladolid und Guadalupe an der Stadt vorbei, die zudem im Zentrum eines fruchtbaren Tales lag.

Martín Cortés soll von seiner Mutter eine Mühle am Ufer des Río Ortigas (ein Nebenfluß des Guadiana) geerbt haben, einige Bienenstöcke südlich von Medellín und zudem einen kleinen Weinberg im Tal des Río Guadiana. Außerdem besaß er einige Weizenfelder. All diese Besitztümer warfen jährlich etwa einen Ertrag von 230 Kilogramm (zwanzig *arrobas*) Honig, 360 Litern Wein und etwa 60 Zentnern Weizen ab, was die geringe Summe von 5000 Maravedís einbrachte, die ihn zu einen armen Mann gemacht hätte, wenn er über keine sonstigen Einkünfte verfügt hätte.[5] Doch Martín Cortés besaß zudem noch ein Haus am Hauptplatz von Medellín (in dem Hernán Cortés geboren wurde) und einige weitere Gebäude in der Stadt, die ihm Mieteinnahmen einbrachten. Dieses teils in der Stadt, teils auf dem Land gelegene Grundeigentum war typisch für die damalige Zeit, und es ermöglichte Martín Cortés, als Ratsherr (*regidor*) und sogar als Vorsteher des Stadtrats (*procurador-general*) das politische Geschick der Stadt mitzugestalten.

Bischof de Las Casas kannte Martín Cortés. Er schrieb, daß Martín »recht arm und demütig, aber auch ein alter Christ [also weder Jude noch Maure] und, so sagt man, ein *hidalgo* war«; das ist eine nicht sonderlich beruhigende, wenn auch zweifellos zutreffende Beschreibung seiner Herkunft. Mochten die Monroys auch Aufrührer gewesen sein, so waren sie doch zweifellos Aristokraten, denn die uneheliche Geburt schloß nach kastilischem Gewohnheitsrecht die Vererbung der *hidalguía* nicht aus, sofern es sich um einen männlichen Nachkommen handelte. Die uneheliche Geburt war auch kein soziales Stigma;

so waren der Graf und die Gräfin von Medellín, die Herren der Geburtsstadt des Cortés, der Oberbefehlshaber der Spanier im Krieg gegen Granada, Rodrigo Ponce de León, Marquis von Arcos, und sein Bruder Juan, der Entdecker Floridas, als uneheliche Kinder zur Welt gekommen. Ein *hidalgo* durfte einem unehelichen Sohn seine *hidalguía* übertragen, sofern er sich in Höhe von mindestens 500 *sueldos* für ihn verbürgte, was eine geringe Summe darstellte; freilich war die *hidalguía* damals nur noch mit dem einen Vorrecht verbunden, von gewissen Steuern befreit zu sein.

Als Hernán Cortés 1525 in Valladolid die Aufnahme in den Orden der Sankt-Jakobsritter beantragte, sagten mehrere Personen aus, daß seine Eltern *hidalgos* gewesen seien; daher hatte er Anrecht auf ein Wappenschild (genauer gesagt: auf das Wappen von Rodríguez de Varillas, einer Adelsfamilie aus Salamanca, von der die Monroys in männlicher Linie abstammten).[6]

Der erste Biograph von Cortés, der sizilianische Humanist Marineo Siculo, behauptete (ohne die geringsten Beweise zu besitzen), Cortés' Vorfahren seien italienische Adlige gewesen; damit verriet er das Vorurteil über ein glückliches Zeitalter, in dem die italienische Abstammung als eine Auszeichnung angesehen wurde. Diese Behauptung ist jedoch nicht richtig, auch wenn sein Held Ambitionen besessen haben mag, die den Bestrebungen italienischer Renaissancefürsten glichen.

Der Nachname Monroy klingt vornehm: Die Monroys besaßen, wie bereits erwähnt, zwei große Burgen in der Estremadura. Allerdings trug auch eine Familie von Keksbäckern in Triana diesen Namen.[7]

In demselben Untersuchungsverfahren, in dem man ergründen wollte, ob Cortés würdig war, in den Orden der Sankt-Jakobsritter aufgenommen zu werden, wurden seine Großeltern väterlicherseits nur indirekt erwähnt, und zwar von einem gewissen Juan Núñez de Prado, der zwar erklärte, sie stammten seiner Meinung nach aus Salamanca, der aber ihre Namen nicht anzugeben vermochte. Aus diesem Grund dürfte die Vermutung, Martín Cortés sei ein uneheliches Kind gewesen, richtig sein. (Der damals achtzigjährige Núñez de Prado wußte mit Sicherheit bestens über die Monroys Bescheid, denn er hatte eine Frau aus dieser Familie geheiratet.)

Vermutlich lernte Hernán Cortés die Kunst des Kämpfens von seinem Vater, und er wurde ein hervorragender Reiter. Die Grundausbildung eines angehenden Soldaten dürfte damals die Vermittlung der

Kenntnisse und Fertigkeiten, die man für die Bedienung der ersten Feuerwaffen brauchte, sowie die Grundregeln der militärischen Disziplin umfaßt haben.

Die Mutter von Hernán Cortés, Catalina, entstammte einer ebenso illustren Familie wie sein Vater. Catalinas Vater, Diego Alfon Altamarino, war Amtsschreiber und eine Zeitlang auch Majordomus von Beatriz Pacheco, der Gräfin von Medellín.[8] Außerdem trug er den Titel eines »königlichen Notars«, der ihm eine halbamtliche Stellung verlieh; er stand wegen seiner Gelehrsamkeit in hohem Ansehen und hatte vermutlich an der Universität von Salamanca studiert. Zweifellos wußte er bestens über das gesellschaftliche Leben in Medellín Bescheid, da er gewissermaßen die »tragende Säule« der Verwaltung bildete, selbst wenn er nur als Stellvertreter seines Herrn auftrat. Wie Martín Cortés engagierte auch er sich aktiv in der Kommunalpolitik von Medellín, wenn auch nicht als Ratsherr, sondern als Bürgermeister (*alcalde ordinario*). Er war mit Catalina Pizarro verheiratet.

Sowohl die Altamiranos als auch die Pizarros stammten aus der etwa 65 Kilometer nördlich von Medellín gelegenen Stadt Trujillo. Die etwa ein Dutzend *hidalgo*-Familien von Trujillo und Medellín heirateten meistens untereinander. So war Catalina Pizarro mit dem Eroberer von Mexiko verwandt. Als Hernán Cortés von Velázquez mit der Leitung der Expedition beauftragt wurde, hielt sich der unbarmherzige Francisco Pizarro noch immer in Castilla del Oro auf. Er kommandierte den Trupp von Soldaten, der im Oktober desselben Jahres, 1518, Núñez de Balboa festnahm, einen anderen tüchtigen und ideenreichen Conquistador, der vermutlich in Jérez de los Caballeros geboren worden war. Mitglieder der Familien Pizarro (die dem Historiker Oviedo zufolge »ebenso stolz wie arm« waren)[9] und Altamirano förderten die Karriere von Cortés, indem sie ihn in schwierigen Zeiten immer wieder unterstützten. Doch zu der Zeit, als Hernán Cortés geboren wurde, gehörten die beiden Familien zwei verfeindeten Parteien an: die riesige Sippe der Altamiranos stand an der Spitze der einen Fraktion, während die Pizarros deren Gegenspieler, die Bejaranos, unterstützten. Der Streit hatte sich an der Besetzung städtischer Ämter entzündet, auch wenn gegensätzliche Haltungen hinsichtlich des staatlichen Schafzuchtmonopols, der *Mesta*, ebenfalls eine Rolle gespielt hatten. Doch diese Dispute waren mittlerweile praktisch vergessen, und der eigentliche Streitpunkt waren Schlägereien, Beleidigungen und Morde aus jüngster Zeit. Eine Ehe zwischen Angehörigen der beiden Familien hätte genauso provozierend gewirkt wie eine Heirat zwischen Capulets und Montagues. Vielleicht zogen die Großeltern von Hernán Cortés aus diesem Grund nach Medellín um.

Medellín mit seinen etwa 2500 Einwohnern dürfte allerdings kaum ein friedlicher Ort gewesen sein, da die Stadt an der Grenze zwischen den Gebieten lag, die von den beiden mächtigen Ritterorden, Santiago und Alcántara, kontrolliert wurden. Die Stadt selbst wurde von einer Burg überragt, in der während der frühen Kindheit von Cortés die grimmige Gräfin von Medellín, Beatriz Pacheco, residierte, eine uneheliche Tochter des Günstlings von König Enrique, des Marquis von Villena. Aufgrund dieser verwandtschaftlichen Beziehung war Beatriz in den Bürgerkriegen eine entschiedene Parteigängerin von Juana La Beltraneja, eine Feindin der Katholischen Könige und eine Verbündete von *El Clavero*. Die Gräfin überstand 1479 eine lange Belagerung durch königliche Truppen. Medellín und Mérida waren die letzten beiden bedeutenden Städte, die La Beltraneja weiterhin als Königin von Kastilien anerkannten. Vor seinem Tod hatte Beatriz' Gatte, Graf Rodrigo, testamentarisch verfügt, daß sein Sohn nicht von seiner Ehefrau großgezogen werden sollte – daraufhin ließ die Gräfin den Erben sofort in eine maurische Zisterne (*aljibe*) einschließen, aus der ihn später Einwohner der Stadt befreiten. Diese Erfahrung verwandelte ihn in eine »regelrechte Hyäne«, einen leidenschaftlichen Gegner von allem, wofür seine Mutter eintrat. Dennoch gingen nach ihrem Tod die Auseinandersetzungen zwischen dem neuen Grafen und der Stadt weiter; auch Martín Cortés ergriff Partei gegen ihn. Sein Schwiegervater, Altamirano, muß schwere Zeiten durchgemacht haben, gleich ob er nun in erster Linie als Bürgermeister oder als Majordomus tätig war. Die Raubüberfälle, Morde, rechtswidrigen Gefängnisstrafen, Schlägereien, Drohungen und unerlaubten Landbesetzungen, die sich während Cortés' Kindheit in Medellín ereigneten, sind in den zahllosen Fällen, die dem königlichen Hof zur Entscheidung vorgelegt wurden, ausführlich dokumentiert.

Der Anbau von Weizen und Flachs stellte die wichtigste Einnahmequelle Medellíns dar. Das Hieronymitenkloster in dem etwa 80 Kilometer nordöstlich gelegenen Guadalupe nutzte das Weideland der Stadt. Der Orden der Alcántararitter bewirtschaftete die fruchtbaren Böden in den nahegelegenen Tälern des Serena und war aus diesem Grund auf ein gutes Einvernehmen mit dem jeweiligen Herrn von Medellín angewiesen. Der Graf von Medellín, aufgrund der militärischen Ambitionen seiner Vorfahren hoch verschuldet, versuchte immer wieder, seiner wirtschaftlichen Notlage mit Waffengewalt abzuhelfen. Die Stadt, deren Vorkämpfer Juan Núñez de Prado war, opponierte gegen ihn, und die Familie von Cortés leistete Núñez de Prado Gefolgschaft; dieser hatte seine eigenen Pläne hinsichtlich der Ländereien des Grafen und vielleicht sogar in bezug auf dessen Titel. Zu Beginn des 16. Jahrhunderts begann der Herzog von Alba, der seinen Einfluß in dieser Region stärken wollte, die Widersacher des Fürsten für seine Zwecke zu nutzen.

Während der Kindheit von Cortés war Medellín wie viele spanische Orte ähnlicher Größe eine Stadt der drei Kulturen: der christlichen, islamischen und jüdischen. Während die genaue Größe jeder Bevölkerungsgruppe auch weiterhin ein Gegenstand von Spekulationen bleibt, stellten jedenfalls in der Estremadura die Muslime und Juden gemeinsam ein Drittel der Gesamtbevölkerung. Da die Stadt erst seit 1235 nicht mehr unter maurischer Herrschaft stand, setzte sich die christliche Bevölkerung fast ausschließlich aus Zuwanderern zusammen, die nach diesem Zeitpunkt nach Medellín gezogen waren, während mehrere maurische Familien in der Stadt geblieben waren. Im jüdischen Viertel lebten 60 bis 70 Familien, also insgesamt etwa 250 Menschen. Für die spanischen Juden war Medellín eine bedeutende Stadt; so hatten beispielsweise 1488 nur neun kastilische Städte mehr Gelder zur Finanzierung des Krieges gegen Granada entrichtet.[10] Der junge Cortés dürfte daher in Sichtweite einer Moschee und einer Synagoge aufgewachsen sein, die gleich neben den katholischen Kirchen von Santiago (so genannt zu Ehren des Ordens, der die Stadt befreit hatte) und von San Martín standen, den man in jenen Tagen besonders glühend verehrte.

Die meisten Juden (in der ganzen Estremadura lebten etwa 10000) mußten 1492, als Cortés sieben Jahre alt war, nach Portugal flüchten, von wo sie 1497 ein weiteres Mal vertrieben wurden. Die plötzliche Verbannung dieser großen, alteingesessenen Minderheit, die Spanien unter so schmachvollen Umständen verlassen mußte, war eines der einschneidendsten Ereignisse in Cortés' Kindheit.

Vermutlich lebten in Medellín auch ein paar türkische und afrikanische Sklaven, die aus Portugal eingeführt worden waren. In jener Zeit waren schwarze Sklaven in ganz Spanien anzutreffen.[11] Die Tatsache, daß Cortés schon sehr früh Angehörige nichtchristlicher Völker zu Gesicht bekam, dürfte seine Einbildungskraft und seine Einstellung zu den Völkern, denen er in der Neuen Welt begegnen sollte, nachhaltig geprägt haben.

Das nächstgelegene kulturelle Zentrum war Zalamea de la Serena, 40 Kilometer südlich von Medellín, wo Juan de Zúñiga, der letzte unabhängige Großmeister des Ordens der Alcántararitter, Nachfolger Monroys und Förderer des bedeutenden Philologen Antonio de Nebrija, einen eleganten, wenn auch bukolischen Hof unterhielt. Dort schrieb Nebrija zwischen 1487 und 1490 sein *Isagiogicon Cosmographicae*. Und Abrahán Zacuto, der letzte große jüdische Denker Spaniens, erhob 1486, ebenfalls an diesem Ort, mit seinem Werk *El Tratado de las influencias del Cielo* (seine Tafeln glichen stark den zyklischen »Venus-Tafeln« der Maya) die Astrologie fast in den Rang einer Wissenschaft.[12]

Zalamea lag wie Medellín an der Hauptverkehrsstraße zwischen Sevilla und Valladolid – vielleicht erfuhr Cortés nach 1492 von Leuten, die aus Zalamea oder aus dem Tal des Río Guadiana kamen, der durch Medellín floß und westlich von Huelva ins Meer mündet, von den Chancen, welche die Gebiete jenseits des Atlantiks bieten sollten; vielleicht war auch Portugal die Quelle der Gerüchte, die besagten, daß jenseits des Meeres reiche Goldvorkommen und soziale Aufstiegschancen warteten. Einige der 200 »freiwilligen Edelleute«, die Kolumbus auf seiner zweiten Reise begleiteten, stammten vermutlich aus der Estremadura, einer oder zwei sogar aus Medellín (zum Beispiel Luis Hernández Portocarrero).

Obwohl Cortés in seinen letzten Lebensjahren zahlreiche Briefe schrieb, berichtete er darin nur selten von seiner Kindheit. Wir wissen über diese Zeit eigentlich nur, daß er bei seiner Geburt in Lebensgefahr schwebte und daß er von María Esteban, einer Amme aus Oliva (einem kleinen Ort südwestlich von Medellín, in der Sierra de la Garza), gerettet wurde. Sie schrieb das »Wunder« dem heiligen Petrus zu, was die spätere Verehrung Cortés' für diesen Heiligen erklärt. Er soll bis ins Jünglingsalter gekränkelt haben, außerdem war er ein Einzelkind – beides dürfte ihm in einer Gesellschaft, in der soldatische Fertigkeiten zählten und Handgemenge in den Städten an der Tagesordnung waren, Schwierigkeiten bereitet haben. Vielleicht wollten seine Eltern ihn aufgrund seiner schwächlichen Konstitution schulisch ausbilden lassen. Sie sollen auch versucht haben, einen Pagen aus ihm zu machen, doch sie fanden in der Burg von Medellín keine geeignete Stelle für ihn. So wurde Cortés statt dessen Meßdiener in einer Kirche, vermutlich in San Martín.[13] Durch diese religiösen Betätigungen von Kindheit an erwarb der künftige Conquistador jenes Gefühl für die Liturgie und jene Fertigkeit in der Kunst des Predigens, die ihn später zu einem sehr erfolgreichen Bekehrer machen sollten.

Obgleich es nur wenige Aufzeichnungen über die Kindheit von Cortés gibt, dürfte er in Anbetracht seiner engen verwandtschaftlichen Beziehungen zu den Altamiranos in einem deutlich kultivierteren Umfeld aufgewachsen sein als die meisten anderen Conquistadoren aus der Estremadura.

Cortés verließ Medellín als Jugendlicher. In späteren Jahren förderte er Personen, die aus dieser Stadt kamen (zum Beispiel Rodrigo Rangel, Alonso Hernández Portocarrero, ein Vetter des Grafen von Medellín, Gonzalo de Sandoval, Alonso de Mendoza, vielleicht auch Andrés de Tapia und Juan Rodríguez de Villafuerte – den Letztgenannten trotz dessen offenkundig beschränkten Fähigkeiten). Als Cortés es sich leisten konnte, großzügige Geschenke zu machen, bedachte er sowohl den Grafen von Medellín als auch dessen Enkel. Er nannte einen Ort in Mexiko Medellín und spendete Geld für eine Kapelle, die zu Ehren des heiligen Antonius im dortigen Franziskanerkloster errichtet werden sollte. Cortés umgab sich bevorzugt mit Estremeños; der in Badajoz geborene Pedro de Alvarado, den Cortés vermutlich aus seiner Jugend kannte, wurde sein engster Vertrauter. Doch auch nachdem er berühmt geworden war, dachte Cortés nie daran, in seiner Heimatstadt ein Schloß zu bauen; er vermachte sogar den Grundbesitz seiner Familie einem Neffen, Juan Altamirano.[14]

Die Pizarros hingegen kauften nach der Eroberung Perus zahlreiche Liegenschaften in der Estremadura, und sogar in Medellín selbst erwarben sie Grundstücke im Wert von 1,6 Millionen Maravedís. Cortés dürfte sich deshalb endgültig aus seiner Heimatstadt zurückgezogen haben, weil er sich nicht erneut der Feudalgewalt eines so exzentrischen, anspruchsvollen und unberechenbaren Herrn unterwerfen wollte, als welcher sich der Graf von Medellín immer wieder entpuppt hatte; außerdem hatte sich Martín Cortés auf die Seite der Gegner des Grafen wie etwa Juan Núñez de Prado gestellt. Zudem war der Graf ein politischer Verbündeter (und Schwager) des Gouverneurs von Castilla del Oro, Pedrarias, der mit Cortés verfeindet war. In Trujillo, einer Stadt, die dem Orden der Sankt-Jakobsritter gehörte, verfügten die Pizarros in einer der beiden streitenden Faktionen bereits über eine beherrschende Stellung, und außerdem gab es keinen herausragenden

Feudalherrn, was jedoch nichts daran änderte, daß es dort genauso viele politische Unruhen gab wie in Medellín: Juan Núñez de Prado tötete 1510 in Trujillo bei einem Handgemenge einen Anhänger des Grafen von Medellín.[15]

1496, im Alter von zwölf Jahren, ging Cortés nach Salamanca, der angeblichen Geburtsstadt seines Vaters. Zweifellos stand die Stadt seit langem in enger Verbindung mit den Familien Monroy und Rodríguez de Varilla. Ein Epitaph in einer Kapelle im Kreuzgang der alten Kathedrale bittet Gott, den Monroys »einen ebenso großen Teil des Himmels zu geben, wie sie und ihre Vorfahren ihn bereits auf Erden verdient haben«. Offenbar lebte Cortés zwei Jahre in Salamanca, und zwar bei seiner Tante (der Halbschwester seines Vaters) Inés de Paz und deren Ehemann, Francisco Núñez de Valera, der wie Diego Altamirano Notar war.[16] Angeblich lernte Cortés Latein und Grammatik, entweder bei Francisco Núñez oder in einer Schule, um sich auf das Studium der Rechte vorzubereiten, also in die Fußstapfen seines Großvaters mütterlicherseits zu treten. Es gibt keine Dokumente, aus denen hervorgeht, daß er die Universität besucht hat, doch diese »Zuchtanstalt von Gelehrten und Edelleuten« (wie sie in edler Langmut vom italienischen Humanisten Lucio Marineo Siculo beschrieben wurde, der dort als Professor für Dichtkunst lehrte) besaß damals einen ausgesprochen »estremadurischen« Charakter. Cortés nahm wahrscheinlich an einigen Seminaren teil. Diego López aus Medellín erklärte 1525, er habe »in der derselben Klasse [*estudio*] wie Cortés studiert«.

Nach Darstellung von Las Casas, der Cortés kannte und bis zu einem gewissen Grad bewunderte, obgleich er sein späteres Vorgehen mißbilligte, war Cortés nicht nur Inhaber des Titels eines Bakkalaureus der Rechte, sondern auch ein guter Latinist (der zudem noch gut Latein sprach). Später bewies er seine guten Rechtskenntnisse, auch wenn er mit Sicherheit keinen akademischen Grad in diesem Fach besaß, denn selbst wenn die amtlichen Dokumente Fehler enthalten sollten, hätte er jedenfalls in nur zwei Jahren keinen Bakkalaureus-Titel erwerben können. Cortés besaß einige, wenn auch keine sonderlich tiefschürfenden Kenntnisse der Klassiker; Las Casas dürfte diesbezüglich ein sicheres Urteilsvermögen besessen haben, da er selbst flüssig Latein sprach. Marineo, der sizilianische Professor für Dichtkunst, dessen Lateinkenntnisse noch besser gewesen sein müssen als die von Las Casas, meinte sogar überschwenglich: »Er hatte große Freude an der lateinischen Sprache«[17] (Marineo lernte Cortés Ende der 20er Jahre des 16. Jahrhunderts kennen). Dennoch könnte Cortés die zahlreichen Anspielungen auf klassische Werke, die er in seine Gespräche und Briefe einzustreuen pflegte, durchaus einer der damals gerade erschienenen Sammlungen von Sprichwörtern entnommen haben. Die meisten seiner Lieblingssentenzen – wie etwa »Glück hat nur der Tapfere« (»*Fortes Fortuna adiuvat*«), das ursprünglich aus dem Theaterstück *Phormio* des Terenz stammt, und »Ein Reich, das im Innern zerstritten ist, kann nicht bestehen« aus dem Markus-Evangelium – finden sich in den *Adagia* des Erasmus und vergleichbaren Werken. Es war damals große Mode, zu zitieren. In dem herrlich pikanten Werk *La Celestina* von Fernando de Rojas, das 1499 in Burgos erschien, zitieren sogar die Mägde aus Horaz. Möglicherweise hat Cortés das Buch gelesen, denn Rojas hielt sich zur gleichen Zeit wie Cortés in Salamanca auf.

Später stellte sich Cortés als jemand dar, der gern liest, »sofern er Zeit dafür hat«. Doch (in seiner Jugend) »interessierte er sich mehr für Waffen«[18] und für Glücksspiele – eine Gewohnheit, die er bis an sein Lebensende beibehielt.

Diese Interessen erklären, weshalb Hernán Cortés im Unterschied zu einem anderen aufgeweckten und ehrgeizigen Landsmann, dem 1486 bei Llerena (dem Sitz der Inquisition in der Estremadura) geborenen Juan Martínez Siliceo, der ebenfalls aus einer altchristlichen Familie (wenn auch niedrigeren Standes) stammte, niemals daran dachte, eine kirchliche Laufbahn einzuschlagen. Siliceo, dessen wirklicher Name Guajirro lautete, wurde in den 40er Jahren des 16. Jahrhunderts zum Erzbischof von Toledo berufen und erwarb sich in diesem Amt vor allem den Ruf der Unbeugsamkeit.

Zweifellos wurde Cortés von der ausgelassenen Atmosphäre geprägt, die in jenen Jahren unter den mehreren tausend schachspielenden und gitarrezupfenden Latinisten in Salamanca herrschte. Mehrere Professoren versuchten der mittelalterlichen »Barbarei«, wie Nebrija nach einem Besuch in Italien die Zustände an der Universität nannte, ein Ende zu setzen. Nebrija selbst war nach Zalamea gegangen, doch seine Schüler waren beschäftigt: Pietro Martire hielt dort 1488 eine Vorlesung über die zweite Satire des Juvenal, mit der er die Studenten drei Stunden lang in seinen Bann schlug. Lucio Marineo, der erste Italiener, der in Spanien Vorträge über die Renaissance hielt, wollte das Latein wieder zu einer lebenden Sprache machen. (In Salamanca war eine Vorschrift erlassen worden, nach der alle Gespräche auf Latein geführt werden sollten, doch es war die erste von vielen ähnlichen Regeln, gegen die fortwährend verstoßen wurde.) Nebrijas berühmte These vom Parallelismus zwischen der Größe der spanischen Sprache und jener der spanischen Nation muß Cortés bekannt gewesen sein, und sei es auch nur, weil unter dem geistigen Einfluß Nebrijas in Salamanca eine neue Akademie mit einer großen, von einem Kuppeldach bedeckten Bibliothek erbaut worden war.[19]

In Salamanca muß den Studenten ein Gefühl der nationalen Größe vermittelt worden sein. Juan del Encina, »der Vater des spanischen Renaissancetheaters« veröffentlichte hier seine Verse über die Katholischen Könige, die als Motto des Kapitels ›Die goldenen Jahre beginnen‹ zitiert wurden (vgl. S. 91).

1501 kehrte der 17jährige Cortés nach Medellín zurück. Seine Tante nahm ihn herzlich auf, und 25 Jahre später schrieb er in einem seiner wenigen privaten Briefe, die erhalten sind, daß er ihre »Güte und Zärtlichkeit« nie vergessen habe.[20] Seine Eltern sollen über seine Heimkehr verärgert gewesen sein; sie hatten gehofft, er würde, wie sein Großvater Altamirano, eine juristische Laufbahn einschlagen und vielleicht in den Dienst der Krone treten als einer der neuen *letrados*, Beamte mit Universitätsstudium, die von den Katholischen Königen so sehr geschätzt wurden, weil sie keine ererbte Amtsgewalt besaßen. *Letrados* konnten viel Geld verdienen, da jeder, der eine königliche Gefälligkeit begehrte, einen Amtsträger bestechen mußte. Ein entfernter Verwandter der Familie Cortés, Lorenzo Galíndez de Carvajal, nur zwölf Jahre älter als Hernán Cortés, war ein ebensolcher Beamter (er war ein Vetter zweiten Grades von Martín Cortés' Großvater, Rodrigo de Monroy).

Doch Cortés suchte das Abenteuer. Er scheint sich allerdings zunächst nicht schlüssig gewesen zu sein, ob er nach Westindien gehen oder unter dem Befehl des legendären »Gran Capitán«, Gonzalo Hernández de Córdoba (der damals jene 150 Jahre dauernde Epoche einleitete, in der die spanischen Fußtruppen unbesiegt blieben), an den spanischen Feldzügen in Italien teilnehmen sollte. Die Versuchung, nach Italien zu gehen, muß angesichts der vielen Estremeños (einschließlich einiger Verwandter seines Vaters), die dorthin aufbrachen, sehr groß gewesen sein. 1501 hatte eine große Flotte von Málaga aus Kurs auf Italien genommen. An Bord der Schiffe waren einige berühmte Männer: der »Samson aus der Estremadura«, Diego de Paredes (den Sancho Pansa in Cervantes *Don Quijote* als lächerliche Figur schildert); der Vetter von Cortés' Mutter, Gonzalo Pizarro, der Vater des Eroberers von Peru, und ein Onkel von Cortés, der eheliche Bruder seines Vaters, Pedro de Monroy.

Aus Gründen, die er nie näher darlegte, entschied sich Cortés für Westindien. Er wollte Fray Nicolás de Ovando – den ebenfalls aus der Estremadura stammenden (seine Familie kam aus Brozas, einem Ort zwischen Cáceres und Alcántara) *Comendador de Lares* des Ordens der Alcántara-Ritter, der über die Monroys ein weiterer entfernter Verwandter von ihm war – auf einer Expedition begleiten, die im Jahr darauf Spanien verlassen sollte. Außerdem hatte eine von Ovandos Schwestern einen Bruder von Juan Núñez de Prado geheiratet, der ein Freund und Förderer der Familie Cortés war. Hernando de Monroy, ein weiterer Vetter, war Quartiermeister von Ovandos Expedition. Ovando wollte zahlreiche Estremeños mitnehmen; Francisco de Lizaur, sein aus Brozas stammender Sekretär, dürfte bestens über die Vorfahren von Cortés und wohl auch ihn selbst Bescheid gewußt haben.

Cortés begab sich nach Sevilla, wo Ovando seine Expedition aus 32 Schiffen vorbereitete, welche Hispaniola zu neuer Blüte erwecken sollte, nachdem die Insel von »den Genuesern« verwüstet worden war, und die zu diesem Zweck Schweine, Hühner, Kühe und 60 Pferde sowie 13 Franziskaner mit sich führte.

Sevilla war damals mit seinen etwa 40000 Einwohnern die größte Stadt Spaniens und das Zentrum der spanischen Seefahrt, »ein regelrechtes Babylon«. Italienische Seeleute, deutsche Buchdrucker, Sklaven aus Guinea, die von portugiesischen Händlern feilgeboten wurden, und Nachfahren afrikanischer Sklaven drängten sich in der Stadt. Die Geschäftstüchtigkeit der alteingesessenen genuesischen Kaufleute hatte sich auf den örtlichen Adel übertragen, was in scharfem Gegensatz zu den engstirnigen Rivalitäten in Städten wie Medellín stand. Die Genueser wetteiferten mit den Kaufleuten aus Burgos, die alle Arten von Waren anboten, von denen viele aus den Niederlanden kamen. Sie bezahlten diese Waren mit den Erträgen aus dem Verkauf kastilischer Wolle. Die neue, noch immer nicht vollendete Kathedrale von Sevilla war damals die größte der gesamten christlichen Welt; der Hafen der Stadt der beste Spaniens; die Pontonbrücke über den Guadalquivir, die Sevilla mit Triana verband, ein technisches Meisterwerk. Ein römischer Aquädukt versorgte die Stadt mit Wasser aus Carmona; es gab zahlreiche gepflasterte Straßen, rings um die Kathedrale (vielbenutzte) Marmorstufen und in den Häusern gepflegte Patios, zahllose Brunnen, Blumen und Bäume. Die öffentlichen Bäder Sevillas (die tagsüber von Frauen, abends von Männern benutzt wurden) müssen die Estremeños in Erstaunen versetzt haben. Die Einwohner Sevillas waren auf ihre weiße Seife, die in Triana hergestellt wurde, ebenso stolz wie auf ihr Olivenöl und ihre Orangen. Vermutlich beeindruckten die breiten Straßen Sevillas Cortés genauso wie, einige Jahre später, den Venezianer Andrea Navagero. Allerdings waren diese Straßen meistens mit Unrat bedeckt und von vagabundierenden Kindern bevölkert, während sich der Fluß – die Verkehrsader, der die Stadt ihren Reichtum verdankte – in eine stinkende Brühe verwandelt hatte und die Einwohner immer wieder von der Pest heimgesucht wurden. Cortés sah bestimmt auch den berühmten Palast der Herzöge von Medina Sidonia und die im Mudejarstil erbaute Burg von Triana, in der Personen gefangenhalten wurden, die man des Judentums bezichtigte (etwa 20 Personen zu der Zeit, als Cortés sich dort aufhielt). Vielleicht war er Zeuge eines *Autodafés,* das außerhalb der Mauern, auf dem San-Sebastián-Feld, stattfand. Der König und die Königin hielten sich im Januar 1502 in Sevilla auf, und im Frühling desselben Jahres wurden die Mauren mit Gewalt aus der Stadt vertrieben.[21]

Im Jahre 1503 erhielt Sevilla das Monopol für den Handel mit Amerika, und die Casa de la Contratación wurde gegründet. Im gleichen Jahr ließ sich der deutsche Buchdrucker Jacobo Cromberger in der Calle de los Marmolejos nieder. Zur selben Zeit wurde das Fundament für die Universität Sevilla gelegt, der durch eine *cédula* das Recht zum *estudium generale* verliehen wurde (im Jahr 1505 erwirkte Rodrigo Fernández de Santaella eine Bulle des Papstes).

Nach der Verehrung zu schließen, die Cortés der Virgen de los Remedios später entgegenbrachte, entwickelte er offenbar zu dieser Zeit eine besondere Hochachtung vor der Jungfrau. Ein Gemälde der Jungfrau, die mit anmutigen Gesichtszügen und Augen mit schmaler Lidspalte im sienesischen Stil dargestellt ist (das Bild wurde um 1400 gemalt), hing damals – und hängt noch immer – an einem Ehrenplatz an der Westseite des Chors der Kathedrale von Sevilla. Doch Cortés dürfte auch erkannt haben, daß das in einer Seitenkapelle derselben Kirche hängende Bild der Virgen de la Antigua im ganzen ästhetisch wohlgefälliger ist; so wurden zahllose Schiffe (darunter Ovandos Flaggschiff), Inseln und Orte in Amerika einschließlich der ersten spanischen Stadt auf diesem Kontinent, La Antigua in Darién, nach ihr benannt.

Zu guter Letzt nahm Cortés doch nicht an Ovandos Expedition teil. Während er auf sein Schiff wartete, verletzte er sich – unter nie ganz geklärten Umständen –, als er bei dem Versuch, durchs Fenster in das Zimmer eines Mädchens einzusteigen (oder auch das Zimmer durchs Fenster zu verlassen), von einer Mauer herabfiel.[22]

Während seiner Genesung zog er sich noch eine besondere Form der Malaria zu, die als *cuartanas* bezeichnet wird, weil sie mit Fieber einhergeht, das schubweise alle vier Tage auftritt. Sevilla war eine Brutstätte derartiger Infektionen. Vielleicht war die Krankheit auch sein Glück, denn auf Hispaniola herrschten noch ungesündere Lebensbedingungen, und von zweieinhalbtausend Kastiliern, die mit Ovando reisten, starben eintausend, weitere fünfhundert erkrankten schwer.[23]

Da keine weitere größere Expedition nach Westindien in Aussicht stand, liebäugelte Cortés erneut mit dem Gedanken, nach Italien zu gehen. Offenbar machte er sich auf den Weg nach Valencia, wo er ein Schiff nach Neapel besteigen wollte. Valencia war damals die bedeutendste Hafenstadt Spaniens, die Handelsmetropole des Königreichs, in die viele Kaufleute aus Barcelona wegen der dortigen politischen Wirren übergesiedelt waren. Aufgrund der geographischen Nähe zu Italien war Valencia ein Zentrum italienischen Gedankengutes, wie etwa des Humanismus. Italienische und deutsche Baumeister und Bildhauer sowie flämische Maler hatten in der Stadt gearbeitet. Die wunderschöne, direkt ans Consulado del Mar angrenzende Lonja (Warenbörse) war erst vor kurzem fertiggestellt worden. Im Jahre 1500 war die *Estudi general* als Universität anerkannt worden; dort studierte man die Werke des »Antibarbaristen« Nebrija mit dem gleichen Eifer wie in Salamanca, und schon bald sollte der aus Valencia gebürtige junge Philosoph Joan Lluís Vives die Hauptströmungen des spanischen Humanismus in mehreren wirkungsmächtigen Werken zusammenfassen. Doch die »Damen, die schönsten, reichest geschmückten und nettesten, die man sich vorstellen kann« und die Vielzahl feiner Tucharten, die in Valencia hergestellt wurden, vor allem das berühmte *»draps d'or«* und *»damasquí d'or«*, mit Goldfäden durchwirktes Damast- und Brokatgewebe, dürften einen so aufmerksamen Besucher wie Cortés nicht minder beeindruckt haben.

Wäre Cortés nach Italien gegangen, hätte er möglicherweise im April 1503 den Triumph des »Gran Capitán« in Cerignola miterlebt. Vielleicht hätte er sich sogar der blutdürstigen spanischen Leibgarde des großen Cesare Borgia angeschlossen, der ebenfalls aus Valencia stammte. Doch Hernán Cortés scheint erneut gezögert zu haben. Statt nach Neapel zu gehen, schweifte er offenbar nach Lust und Laune, »*al la flor del berro*«, wie es sein Biograph López de Gómara ausdrückte, im Lande umher.[24] Dieses Zwischenspiel dauerte zwei Jahre (wenn man davon ausgeht, daß Cortés nicht, wie bislang angenommen, bereits 1504, sondern erst 1506 nach Westindien reiste). Vielleicht besuchte er in dieser Zeit Städte wie Granada, deren prächtiger Seidenmarkt ihm offenbar lebhaft in Erinnerung blieb. Nach Darstellung eines anderen Biographen, seines Neffen Suárez de Peralta, verbrachte er anschließend mindestens ein weiteres Jahr in der Stadt Valladolid, die (mit etwa 35 000 Einwohnern) kaum kleiner war als Sevilla. Wahrscheinlich verschaffte ihm sein Onkel aus Salamanca, Núñez de Valera, eine Stelle in der Kanzlei eines Notars (*escribano*), in der Cortés jene Tätigkeit erlernte, die für die Politik in Westindien von so grundlegender Bedeutung sein sollte. Zweifellos sah er auch, wie einträglich dieses Amt war.

Zu dieser Zeit muß er sich in die wichtigste (kurz zuvor erstmals gedruckte) kastilische Gesetzessammlung, die *Siete Partidas*, eingearbeitet haben, die auf den im 13. Jahrhundert regierenden König Alfonso el Sabio zurückging. Damals war für das Amt des Notars keine akademische Ausbildung erforderlich; vielmehr genügte es, wenn eine Person Erfahrung im Aufsetzen von Verträgen, Testamenten, Urkunden und anderen rechtlichen Dokumenten besaß. Das Studium der Rechtswissenschaft war zwar wünschenswert, aber nicht obligatorisch.[25]

Diese Jahre in Salamanca und Valladolid sowie die kürzeren Aufenthalte in Sevilla und, möglicherweise, in Valencia prägten den jungen Cortés nicht nur in intellektueller Hinsicht, sondern gaben ihm auch die Gelegenheit, etwas von der Welt zu sehen. Salamanca war eine der Städte, welche die Katholischen Könige ihrem Erben, dem Infanten Juan, zu dessen Hochzeit im Jahre 1497 geschenkt hatten, wo er noch jung starb. In Salamanca wurde auch ein reger Handel mit Tüchern, Seide, Webstoffen und Leder betrieben. Valladolid hatte sogar noch mehr den Charakter einer königlichen Residenz; sie war die spanische Stadt, die am stärksten einer »Hauptstadt« glich. Hier war die unglückliche Infantin Juana 1496 durch Ferntrauung mit dem flämischen Prinzen Philipp dem Schönen (*el hermoso*), einem notorischen Schürzenjäger, vermählt worden; hier hatte das Berufungsgericht für

Nordspanien seinen Sitz, und hier waren im letzten Jahrzehnt des 15. Jahrhunderts imposante neue Gebäude errichtet worden: das Dominikanerkolleg San Gregorio, der Convento von San Pablo und der von dem Baumeister Lorenzo Vázquez de Segovia entworfene Colegio Mayor de Santa Cruz mit einer Fassade im italienischen Stil. Der Ruhm der Silberschmiede von Valladolid mehrte sich Jahr für Jahr. Und die Stadt war reich: Als Karl V. 1517 in Valladolid einzog, empfingen ihn die Bürger der Stadt in prachvollen Brokatgewändern, über denen sie schwere Goldketten trugen, von denen einige 6000 Dukaten wert waren und zweifellos aus amerikanischem Gold bestanden. Sowohl in Salamanca als auch in Valladolid dürfte Cortés klargeworden sein, was für eine einflußreiche Persönlichkeit Juan Rodríguez de Fonseca war, der damals noch Bischof von Badajoz war und dessen Machtfülle – zwar nicht de jure, aber doch de facto – dank seines Amtes als Minister für Westindien ständig zunahm. Vielleicht begegnete der junge Cortés dem Bischof oder dessen Mitarbeitern, Conchillos und Los Cobos, verschwiegenen und klugen Männern, die schon bald die Stufen der Macht erklimmen sollten.[26]

Zweifellos entwickelte Cortés in jenen Jahren seine persönlichen Ambitionen; und so strebte er fortan nach einem Lebensstil, der sich stark von dem des durchschnittlichen Sohnes eines armen *hidalgo* aus Medellín unterschied. Gewiß war ihm aufgefallen, wie großzügig Bischof Fonseca flämische Maler, kastilische Kapellen und bedeutende Klöster mit Geld unterstützte. Und er dürfte auch, wenngleich aus einiger Entfernung, die »großartige Prachtentfaltung« (wie es der deutsche Reisende Thomas Münzer nannte) berühmter kastilischer Adliger wie des Grafen von Benavente oder der Familie Mendoza miterlebt haben. Kolumbus war von dem Lebensstil von Alfonso Enríquez, Admiral von Kastilien und Onkel Ferdinands des Katholischen, beeindruckt gewesen. Vielleicht lag Cortés' Ruhmbegierde ein ähnliches Erlebnis zugrunde. Möglich ist auch, daß er die neue Ausgabe des *De bello gallicum* von Julius Cäsar oder das von Enrique de Villena stammende Werk *Doze trabajos de Hércules*, 1499 in Burgos erschienen, gelesen hat. Sein Ehrgeiz war – wie der anderer Zeitgenossen – offenbar nicht nur Ausdruck hemmungloser Selbstsucht, sondern hatte zugleich einen dämonischen Zug, der, wie es Burckhardt in seiner Studie über die italienische Renaissance formulierte, mit der völligen Unterordnung des Willens unter einen Zweck und dem Einsatz beliebiger, sogar verbrecherischer Mittel zu Erreichung dieses

Zwecks verbunden war. Cortés strebte nicht nur nach Reichtum, sondern auch danach, wie ein König zu leben, wie ein Bischof Geschenke zu verteilen, einen Titel zu erlangen und als »Don« angesprochen zu werden, eine Auszeichnung, die damals selbst Adligen nur selten zuteil wurde. »Ich ziehe es vor, reich an Ruhm als reich an Gütern zu sein«, schrieb er später einmal seinem Vater. Und Las Casas sagte über Cortés, er habe sich wie ein Mann verhalten, »der auf Brokat geboren wurde«; wie einer der Granden von Valladolid.[27]

Es handelte sich hierbei in vielerlei Hinsicht um den traditionellen, im mittelalterlichen Spanien weit verbreiteten Ehrgeiz, wie er in zahllosen Balladen und Ritterromanen besungen wurde. Niemand blickt mit größerem Stolz auf seine Herkunft als jemand, der, wie Cortés im Jahre 1506, kaum einen Heller besaß. Die Erinnerung an das Wappen des Rodríguez de Varillas mit seinen Goldbarren und silbernen Jerusalemer Kreuzen dürfte Cortés seine eigene Armut schmerzlich bewußt gemacht haben, aber gleichzeitig ein Ansporn für ihn gewesen sein. Auch das Andenken an El Clavero, Juan de Zúñiga, den Bischof von Badajoz und den Grafen und die Gräfin von Medellín, die Cortés vermutlich in ihrer Burg gesehen hatte, spielte wohl eine gewisse Rolle. Historiker haben darüber gestritten, ob Cortés die Aufgaben, die er sich in Westindien selbst übertrug, in einer Weise erledigte, die eher dem Mittelalter oder eher der Renaissance zuzuordnen wäre. Zweifellos wurden ihm durch Balladen und seine Erfahrungen in der Estremadura gewisse mittelalterliche Wertvorstellungen vermittelt, die seine innere Einstellung prägten: Wie die meisten Conquistadoren seiner Generation sah er in den Ureinwohnern der Karibik und der karibischen Küstenregion ein neues Geschlecht von Mauren, das man bekehren und unterwerfen mußte. Doch dürften seine Ziele in einem gewissen Maße auch vom Geist der Renaissance, der ihm in Salamanca und Valladolid nähergebracht wurde, beeinflußt worden sein. Auch wenn er vielleicht nicht von Leon Battista Albertis Werk *Della famiglia* gehört hatte, so hätte er diesem doch gewiß in der Ansicht zugestimmt, daß die Erziehung darauf abziele, Menschen zu formen, welche die »Schönheit der Ehre, die Wonnen des Ansehens und die Göttlichkeit des Ruhms zu schätzen wissen«.[28]

Im Sommer 1506 hielt sich der vermutlich nun vierundzwanzigjährige Cortés ein weiteres Mal in Sevilla auf. Nachdem er einige Wochen lang in einer Kanzlei gearbeitet hatte, schiffte er sich schließlich nach Westindien ein. In Sanlúcar de Barrameda, der Hafenstadt an der

Mündung des Guadalquivir, die wegen ihres Salzhandels berühmt war, ging er an Bord eines Schiffes, das Waren für Hispaniola geladen hatte. In Gegenwart des Notars Martín Segura erklärte er sich damit einverstanden, für die Überfahrt und die Verpflegung an Bord der *San Juan Bautista* (einer *nao* mit einer Tonnage von 100 Bruttoregistertonnen, dem häufigsten Schiffstyp, der damals auf der Atlantikroute eingesetzt wurde) Luis Fernández de Alfaro elf Golddukaten zu bezahlen.[29] Fernández de Alfaro, ursprünglich Schiffskapitän von Beruf, hatte schon damals eigens für den Handel mit Westindien eine Schiffahrtsgesellschaft gegründet. Er wurde schon bald zu einem bedeutenden Kaufmann, mit dem Cortés später zahlreiche wichtige Geschäfte abschloß. Dennoch segelte Cortés schließlich auf keinem dieser Schiffe, vermutlich weil Alfaro in jenem Jahr nicht Santo Domingo, sondern Puerto Plata an der Nordküste Hispaniolas anlief. Vielmehr fuhr Cortés auf der *Trinidad*, deren Kapitän Antonio Quintero aus Palos war.

Im Schweiße ihres Angesichts, unter großen Strapazen und Entbehrungen

> »... und mit den 2000 Castellanos, welche die Indianer, die ihm von Diego Velázquez zugeteilt worden waren, im Schweiße ihres Angesichts und unter großen Strapazen und Entbehrungen aus den Minen für ihn herausholten, begann er sich herauszuputzen und das Geld mit vollen Händen auszugeben.«
> *Bartolomé de Las Casas, Historia de las Indias*

Cortés hinterließ keinen Bericht über seine Reise nach Westindien. Es ist jedoch anzunehmen, daß das Schiff, wie damals bei Fahrten über den Atlantik üblich, auf Las Palmas, »dem Land voller Zuckerrohr« und dem ersten kastilischen Sprungbrett in die überseeischen Territorien, einen Zwischenaufenthalt einlegte, um Wasser und Vorräte an Bord zu nehmen. Der Kapitän seines Schiffes, Quintero, trennte sich später von den übrigen Schiffen, mit denen er segelte, geriet in schlechtes Wetter und traf in angeschlagenem Zustand in Santo Domingo ein.

Die Reise dürfte so ähnlich verlaufen sein wie die eines Dominikanermönchs, der den Atlantik 40 Jahre später überquerte und über seine Erfahrungen schrieb: »Das Schiff ist ein sehr sicheres und enges Gefängnis, aus dem man nicht entfliehen kann, auch wenn es dort keine Ketten gibt ... die Hitze, die stickige Luft und das Gefühl, eingesperrt zu sein, erzeugen mitunter eine tiefe Beklemmung. Zum Schlafen legt man sich gewöhnlich einfach auf den Boden ... Die allgemeine Seekrankheit und die schlechte Gesundheit tragen ein übriges dazu bei, daß die meisten Passagiere umhertorkeln, als seien sie trunken und als litten sie an schwerer Pein ... Überall, doch vor allem unter Deck, herrscht ein Gestank, der im ganzen Schiff unerträglich wird, wenn die Lenzpumpe arbeitet, was vier- bis fünfmal am Tag geschieht ...« Der Schmutz an Bord war entsetzlich; der einzige Abtritt, der an der Außenseite der Reling hing, war gefährlich; das einzige Fleisch war Speck, und alle an Bord litten die meiste Zeit über unter brennendem Durst. Bittgebete an San Telmo, den Schutzheiligen der Seefahrer, »das lebendige Licht, das die Seeleute für heilig halten«, um mit Camões zu sprechen, erwiesen sich als recht wirkungslos, was die Verhütung von Krankheiten betraf.[1]

Man vertrieb sich die Zeit wahrscheinlich mit Hahnenkämpfen, Würfel- und Kartenspielen, Theaterstücken und Tänzen, Gebeten, simulierten Stierkämpfen, Liedern, dem lauten Vorlesen von Romanen, dem Rezitieren von Balladen und der Beobachtung der Gestirne.

Nach der Ankunft in Santo Domingo gebärdete sich Cortés als vornehmer Herr, als glaube er, »man müsse nur die Insel betreten und schon hätte man die Taschen voller Gold«. Wem er begegnete, erzählte er, er wolle nach Gold schürfen. Gouverneur Ovando war unterwegs, gewiß mit seinem aus der Estremadura stammenden Sekretär Lizaur, während Hernando de Monroy, der Quartiermeister der Kolonie, auf dessen Unterstützung Cortés gerechnet haben mochte, gestorben war. Doch ein Freund Ovandos, ein gewisser Medina, sagte Cortés, daß sowohl harte Arbeit als auch Glück erforderlich seien, um Gold zu finden. Dennoch schloß Cortés schon bald Freundschaft mit dem Sekretär Lizaur – eine Beziehung, die sicherlich von großem Nutzen für ihn war.

Gouverneur Ovando war dem Neuankömmling zweifellos gewogen, vielleicht weil dieser ein entfernter Verwandter war, vielleicht weil er ein Monroy war, vielleicht weil er intelligent und zu allem bereit zu sein schien oder auch einfach, weil er aus der Estremadura kam. In jenen Tagen war Blutsverwandtschaft der entscheidende Faktor in den meisten Angelegenheiten. Zunächst schickte Ovando Cortés mit einer Expedition nach Xaragua, in den Westen der Insel. Seit der Ermordung von Königin Anacoana und ihren wichtigsten Gefolgsleuten durch Diego Velázquez und Juan de Esquivel waren viele Monate vergangen, doch dürfte das Massaker noch immer in lebhafter Erinnerung gewesen sein. Vielleicht stellte es für Cortés eine Lektion in Grausamkeit dar. Anschließend bot Gonzalo de Guzmán, ein Kolonist, der später zum Vizegouverneur von Kuba aufstieg, Cortés eine Beschäftigung in seiner Zuckerrohrmühle an (eine der ersten, die in der Neuen Welt errichtet wurden), auch wenn wir nicht wissen, um was für eine Arbeit es sich handelte. Noch später ernannte Ovando ihn zum Notar, *escribano*, der neugegründeten Stadt Azúa de Compostela, die an einer geschützten Bucht an der Südküste der Insel, etwa 95 Kilometer westlich von Santo Domingo, angelegt worden war; dort hatten Kolumbus und seine Schiffe 1502 Zuflucht vor einem Wirbelsturm gesucht. Offenbar bekam Cortés auch einige Eingeborene und eine *encomienda* in der Indianersiedlung Daiguao zugeteilt.

Cortés sollte nie wieder so lange an einem Ort wohnen wie in Azúa, wir kennen jedoch die genaueren Umstände seines Lebens in dieser unbedeutenden Stadt nicht. Cortés' Name findet sich auch nicht in den Dokumenten, die sich mit den damaligen Schwierigkeiten der Insel befassen. Er erwarb sich einen Ruf, allerdings eher als zügelloser Schürzenjäger denn als lateinkundiger Jurist. Er beteiligte sich an Schlägereien; eine Wunde, die ihm in einem dieser Handgemenge beigebracht wurde, hinterließ eine Narbe auf seinem Kinn. Mit Sicherheit erlangte er Kenntnis von allem, was sich in der Stadt ereignete, denn in Westindien wie in der Estremadura war der Notar der wichtigste Chronist sämtlicher Begebenheiten. Cortés versah nunmehr praktisch das gleiche Amt wie sein Großvater Altamirano, wenn auch in einer Kolonie. Doch er träumte von Größerem, wie aus einer Anekdote hervorgeht, der zufolge er vor den Augen seiner Freunde ein Glücksrad skizzierte und ihnen sagte, er werde »entweder beim Klang von Trompeten speisen oder am Galgen sterben«.[2] Francisco de Garay, ein weiterer »Alchimist der Tinte«, wie der Historiker Oviedo Juristen zu nennen pflegte, hatte in jüngster Zeit mit seinen Goldminen sehr viel Geld verdient und sollte bald als Provinzgouverneur Karriere machen. Cortés strebte das gleiche Ziel an.

Cortés sah den tragischen Rückgang der eingeborenen Bevölkerung auf Hispaniola und beschloß daraufhin, die Insel zu verlassen. 1509 wollte er mit einer Expedition aus mehreren hundert Mann, die von Diego de Nicuesa angeführt wurde, nach Darién gehen, doch plötzlich auftretende Probleme mit seinem rechten Bein ließen ihn im letzten Augenblick von dem Vorhaben Abstand nehmen.[3] Auch dieser scheinbare Rückschlag erwies sich als glückliche Fügung, denn die Expedition unter Nicuesa, einem Günstling des mächtigen Lope de Conchillos, erlitt Schiffbruch.

Azúa zählte nicht mehr als 750 Einwohner. Auf einer Landkarte Hispaniolas, die der Steuermann Andrés de Morales 1508 im Auftrag von Ovando anfertigte, ist Azúa mit einer Kirche aus Stein dargestellt, bei der es sich in Wirklichkeit jedoch um eine umgebaute Indianerhütte (*bohio*) gehandelt haben muß; dies läßt sich jedenfalls aus dem pessimistischen Bericht ableiten, den der Richter Zuazo im Jahre 1518 anfertigte: »Ich muß Eure Majestät darüber aufklären, daß alle Orte mit Ausnahme der Stadt Santo Domingo, in der es Gebäude aus Stein gibt, ... nur Häuser aus Stroh aufweisen, wie man sie auch in armen spanischen Dörfern findet.« Während der Amtszeit von Cortés begann man mit dem Anbau von Zuckerrohr, der weiter florierte, nachdem Cortés den Ort verlassen hatte; ein Kaufmann aus Genua, Jácome de Castellón, errichtete auf einer Länderei sogar eine prosperierende Zuckerrohrmühle.[4]

Unterdessen nahm Cortés an der Eroberung Kubas durch Diego Velázquez teil. Als Vizegouverneur hatte Velázquez die militärische Befehlsgewalt über Azúa innegehabt, so daß er die Entwicklung des jungen Estremeño verfolgen konnte. Cortés war zusammen mit dem Schatzmeister der Insel, Cristóbal de Cuéllar (der bald Velázquez Schwiegervater werden sollte), dafür zuständig, daß ein Fünftel sämtlicher Erträge, die auf Kuba erzielt wurden – von Gold bis zu Sklaven –, an den König von Spanien abgeführt wurde.

Wie Las Casas war vermutlich auch Cortés bei der Verbrennung des Indianerhäuptlings Hatuey anwesend. Diese Erfahrung muß für ihn eine weitere Lektion in Grausamkeit gewesen sein. Vermutlich begleitete er Velázquez auf dessen erstem Feldzug durch Kuba, auf dem man nach geeigneten Orten für die Gründung von Städten Ausschau hielt. Angeblich ließ Cortés die erste Gießerei und das erste Hospital Kubas errichten.[5] Zweifellos sah er die Berichte, *relaciones*, über seine Leistungen, die Velázquez danach an den König schickte; vermutlich wirkte er sogar an ihrer Abfassung mit. Nach der Eroberung ernannte ihn der Gouverneur zu seinem Sekretär und überließ ihm eine *enco-*

mienda, die er gemeinsam mit Juan Suárez, einem Siedler, der kürzlich mit seiner Familie aus Granada gekommen war, bewirtschaften sollte.

Cortés ließ sich zunächst in der neugegründeten Siedlung Asunción de Baracoa nieder, dem ersten Sitz des Gouverneurs Velázquez auf der Insel. Er war nicht nur der erste Notar, sondern offenbar auch der erste Viehhalter auf Kuba. Doch sein eigentliches Interesse galt nach wie vor der Suche nach Gold. Und schon bald darauf, um das Jahr 1512, entdeckte er diese fundamentale Quelle menschlicher Glückseligkeit bei Cuvanacan, wo er und seine Indianer im dortigen Fluß erfolgreich Gold wuschen. Er häufte ein kleines Vermögen an, gründete eine Hazienda und zeugte mit einer Indianerin eine Tochter, die auf den Namen Leonor Pizarro getauft wurde. Gouverneur Velázquez stand bei ihr Pate.[6]

1514, als Cortés 30 Jahre alt war, kam es zum ersten Streit zwischen ihm und seinem Wohltäter, dem Gouverneur. Cortés schloß sich einer Gruppe unzufriedener Siedler an, die Velázquez aufforderten, ihnen mehr Eingeborene zuzuteilen. Sie wählten Cortés zu ihrem Anführer, da er der Mutigste unter den Vertrauten des Gouverneurs zu sein schien. Dieser Akt der Illoyalität hatte zur Folge, daß Cortés seine Stellung als Sekretär des Gouverneurs verlor und auf dessen Geheiß nach Santo Domingo verbracht und unter Arrest gestellt wurde. Am Ende ließ sich der Gouverneur jedoch dazu erweichen, seinem Sekretär zu verzeihen, und er scheint sogar in der Frage der Zuteilung von Indianern nachgegeben zu haben. Damals glaubten die Siedler, eine Kolonie lasse sich nur mit dem *encomienda*-System erfolgreich verwalten.

Im Jahr darauf trat ein neues Problem auf. Juan Suárez, der *encomendero*, mit dem Cortés seine *encomienda* teilte, nahm seine Mutter María de Marcayda und seine drei Schwestern auf der Rückreise von Santo Domingo nach Kuba mit. Die Frauen waren ursprünglich als Gesellschafterinnen der neuen Vizekönigin, María de Toledo, Gattin des Diego Colon und Nichte des Herzogs von Alba, nach Westindien gekommen. Die Suárez waren arm, doch sie behaupteten, entfernte Verwandte der Herzöge von Medina Sidonia und der Marquis von Villena zu sein. »La Marcayda«, die Mutter, war Baskin; ihr Gatte, Diego Suárez Pacheco, stammte ursprünglich aus Ávila. Die Familie war nach Granada umgesiedelt, nachdem die Stadt nicht mehr unter maurischer Herrschaft stand. Sie gehörten zum Gefolge der Braut von Diego Velázquez, María de Cuéllar (die seine Cousine und Tochter seines Schatzmeisters Cristóbal de Cuéllar war; sie starb eine Woche nach der Heirat), die von Santo Domingo nach Kuba reiste. Cortés machte Catalina, einer der drei Schwestern von Juan Suárez, den Hof, versprach, sie zu heiraten, verführte sie und weigerte sich dann, sein Versprechen einzulösen.[7]

Catalina hatte kein Vermögen und kaum genügend Geld, um sich einzukleiden. Ihr Bruder mußte ihr einige Kleider von María de Cuéllar kaufen, als diese versteigert wurden. Sie drohte damit, Cortés wegen Bruchs des Eheversprechens zu verklagen, worüber es zwischen Cortés und Velázquez, der sich in eine von Catalinas Schwestern verliebt hatte, zu einem weiteren Zerwürfnis kam. Juan Suárez, Antonio Velázquez (ein Vetter des Gouverneurs) und Baltasar Bermúdez (dem Velázquez als erstem die Leitung der dritten Expedition nach Mexiko antrug) versuchten Cortés zu überreden, sein Eheversprechen gegenüber Catalina einzulösen. Doch dieser blieb bei seiner ablehnenden Haltung. Daraufhin ließ der Gouverneur Cortés in den Kerker werfen. Doch es gelang Cortés zu fliehen, und er erlebte weitere pikareske Abenteuer. Er suchte Zuflucht in einer Kirche. Anschließend wurde er vom *alguacil* (ein Amtsträger mit polizeilichen Befugnissen) Juan Escudero verhaftet und in Eisen gelegt (eine Maßnahme, die Escudero später bereute). Cortés floh erneut, diesmal verkleidet; schließlich versöhnte er sich mit Velázquez. Las Casas erinnerte sich, daß Cortés zu dieser Zeit »so niedergeschlagen und so demütig war, daß er sich nach einer Gefälligkeit des niedrigsten Dieners von Velázquez sehnte«.[8]

Sodann begleitete er Velázquez auf einer kleinen Expedition, deren Ziel es war, ein paar »Rebellen« in Westkuba zu unterwerfen. Auf dem Rückweg wäre er bei einem Inspektionsritt über sein Landgut bei Baracoa beinahe in den Bocas de Bany ertrunken. Er kehrte zwar nicht auf seinen Posten als Sekretär des Gouverneurs zurück, doch er heiratete Catalina. Der versöhnliche Velázquez nahm als Trauzeuge an der Hochzeitsfeier teil. Die Ehe blieb kinderlos. Später behauptete Cortés (und einige andere), Catalina sei oft krank gewesen, habe ein schwaches Herz gehabt und sich vor der Arbeit gedrückt. Dennoch scheint er in den Jahren vor 1518 so glücklich mit ihr gewesen zu sein »wie mit der Tochter einer Herzogin«.[9] Er ließ es sich gutgehen und gab viel Geld für seine Frau und für die Gäste aus, die sich gern in seinem Haus versammelten, weil er sie mit spannenden Erzählungen zu fesseln wußte.

Cortés arbeitete hart, um Gold zu finden. »Im Schweiße ihres Angesichts und unter großen Strapazen und Entbehrungen« – mit diesen

Worten beschrieb Las Casas das Leben der Indianer in seinen Minen. In einem Prozeß, den Cortés 1529 anstrengte, behauptete er, Eigentümer einer Hazienda (»der besten auf der ganzen Insel«) am Río Duabán zu sein. So erwarb er sich ein Vermögen; nach Darstellung von Sepúlveda, dem Historiker Karls V., »ein beträchtliches Vermögen«.[10] Es war jedenfalls so groß, daß Velázquez glaubte, Cortés könne einen Großteil der Kosten für die Ausrüstung der neuen Expedition Richtung Westen übernehmen.

Wie Velázquez siedelte auch Cortés von Baracoa nach Santiago de Cuba um, das zum neuen Sitz der Regierung Kubas wurde. Er erwarb erneut das Wohlwollen des Gouverneurs, der ihn zum *alcalde* (Bürgermeister) von Santiago ernannte. In diesem Amt schüchterte er offenbar viele der Personen ein, mit denen er zu tun hatte. 1517 kehrte er zusammen mit einem weiteren Estremeño, Diego de Orellana, vermutlich ein entfernter Verwandter, als *procurador* nach Santo Domingo zurück, um die Genehmigung für Grijalvas Expedition einzuholen.[11]

1518 stand Hernán Cortés in dem Ruf, ein kluger, tüchtiger und eloquenter Mann zu sein. Er fand bei jedem Anlaß die treffenden Worte, und er konnte geistreiche Gespräche führen. Er hatte bereits politische Erfahrungen gesammelt – und er besaß, wie alle erfolgreichen Männer, die Fähigkeit, seine wahren Absichten so lange zu verschleiern, bis die Frucht, nach der ihm gelüstete, von selbst vom Baum fiel. Las Casas beschrieb ihn als einen besonnenen Mann, der niemals in Zorn geriet.[12]

Diese Selbstbeherrschung stand in seltsamem Gegensatz zu seinem Ruf, immer wieder mit Velázquez aneinanderzugeraten; das war nicht die einzige widersprüchliche Seite an ihm. So ging Cortés zu dieser Zeit regelmäßig zur Messe und betete häufig, andererseits schien er, wenigstens später, Frauen wie Trophäen zu sammeln.[13] Dennoch war der Gouverneur 1518 sicher, daß er die Befähigung zu einem tüchtigen Anführer hatte: Cortés war offenbar ein aufmerksamer Beobachter, zudem konnte er sich über die Aussicht, neue Gebiete zu entdecken, genauso enthusiastisch äußern wie einst Kolumbus. Doch seine Kommentare bezogen sich immer auf konkrete Ziele. Er strebte danach, die Aufmerksamkeit des Königs von Kastilien auf sich zu ziehen, Ehre und Reichtum zu erlangen, die es ihm erlauben würden, sich wie ein Renaissance-Fürst zu gebärden und freigebig Schenkungen an Kirchen und Klöster zu machen, kurz: ein Mann zu sein, der »auf Brokat geboren ward«.

Der schwächste Punkt von Cortés war vermutlich seine militärische Unerfahrenheit, hatte er doch noch nie Soldaten in einer Schlacht befehligt. Seine Kampferfahrung beschränkte sich auf ein bis zwei schändliche Vorfälle auf Santo Domingo und Kuba, bei denen er unter dem Befehl von Velázquez gestanden hatte. Doch ist anzunehmen, daß Velázquez die Kaltblütigkeit bemerkte, die Cortés hierbei bewies; Velázquez rechnete überdies nicht damit, daß Cortés größere Kämpfe zu bestehen haben würde als Hernández de Córdoba oder Grijalva.

Außerdem schien Cortés ein intelligenter Mann zu sein. Gleich ob er nun an der Universität Salamanca eingeschrieben gewesen war oder nicht, so hatte er sich doch jedenfalls dort oder in Valladolid genügend Kenntnisse angeeignet, um als ein belesener Mann zu gelten. Abgesehen von den Priestern muß er zu den wenigen Personen auf Kuba gehört haben, die Latein lesen konnten. Aufgrund seiner Tätigkeit als Notar in Azúa und auf Kuba war er sich obendrein der vielschichtigen rechtlichen Grundlagen und Möglichkeiten jeder Stellung, die er antrat, genau bewußt. Granden wie Velázquez irrten oftmals bei der Beurteilung von Personen wie Cortés, deren Fähigkeiten sie entweder über- oder unterbewerteten und die sie als gefügige Untergebene betrachteten.

Zweifellos schätzte Velázquez Cortés völlig falsch ein. Dies hing damit zusammen, daß sich Cortés in seinem Schatten, als sein Sekretär, Gefolgsmann und Ratgeber entwickelt hatte. Die Männer im Umkreis des Velázquez nannten ihn »Cortesillo«, womit sie andeuten wollten, daß er ein schwieriger Mensch und ihres Erachtens sogar ein Dummkopf war. Der Gouverneur bezeichnete ihn in seiner Korrespondenz, etwa in seinen Briefen an Bischof Fonseca, als *criado*, Knecht;[14] allerdings muß man berücksichtigen, daß ein *criado* damals mehr war als nur ein einfacher Bediensteter: Er teilte als Mitglied des Haushaltes das alltägliche Leben seines Herrn, und er kannte dessen politische Verpflichtungen und Privatangelegenheiten.

Cortés war »von mittlerer Statur, ging ein wenig gebeugt und trug einen dünnen Bart«. Er hatte »eine gewölbte Brust, keinen nennenswerten Bauch und O-Beine. Und er war schlank«.[15] Aussagen anderer Zeugen lassen vermuten, daß er einen kleinen Kopf besaß und etwa 1,65 Meter groß war.

Seine Haut- und Haarfarbe läßt sich nicht eindeutig klären. Alle Aussagen zeitgenössischer Zeugen stimmen darin überein, daß er eine blasse Gesichtsfarbe hatte. Auf dem einzigen zu seinen Lebzeiten angefertigten Porträt, einem Aquarell des Augsburger Malers Christoph Weiditz, der 1529 Spanien bereiste, ist Cortés mit hellem Haupthaar und hellem Bart dargestellt. Eine Münze aus derselben Zeit, auf der sich offenbar ein wirklichkeitsgetreueres Porträt des Conquistadors befindet, trägt nichts zur Aufklärung der Sache bei, obgleich Cortés darauf zweifellos als der »kluge und vorsichtige Mann« dargestellt ist, als den ihn Las Casas beschrieb. Vielleicht hing dies damit zusammen, daß er damals von einer Krankheit genas. Im Jahr darauf, 1530, schrieb sein erster Biograph, der Humanist Marineo Siculo, sein Haar sei »rötlich«. Fray López de Gómara, der ihm in den 40er Jahren als Kaplan zur Seite stand, bestätigt dies: »Er trug einen hellen Bart und lange Haare.« Die eingeborenen mexikanischen Zeitzeugen behaupteten, die meisten Kastilier hätten helles Haar gehabt, nur wenige seien dunkelhaarig gewesen. Bernal Díaz hingegen, der Cortés zweieinhalb Jahre lang fast täglich sah, schrieb, daß »sein Bart ebenso wie sein Kopfhaar dunkel und schütter waren«.[16] In Wahrheit dürfte sein Haar braun gewesen sein mit einem Stich ins Rote.

Diego Velázquez sagte Cortés, daß Grijalva (von dessen Rückkehr man noch nichts wußte) versagt habe, und bat ihn, eine Expedition in die neuentdeckten Gebiete zu führen, da Grijalva offenbar in Schwierigkeiten war. Anders als Castilla del Oro, das arme Lehen des Pedrarias am Isthmus von Darién, seien die »Inseln« Yucatán und San Juan reich. Cortés könne davon ausgehen, dort viel Gold zu finden. Die Expedition werde ihn berühmt machen. Obendrein werde er, Velázquez, Cortés zwei bis drei Schiffe zur Verfügung stellen – allerdings müsse Cortés das Geld für weitere Schiffe und alles übrige selbst auftreiben. Vielleicht entschied sich Velázquez deshalb für Cortés, weil er glaubte, daß dieser mehr Männer um sich scharen konnte als jeder andere.[17]

Cortés nahm den Auftrag an, Velázquez ernannte ihn daraufhin zum »Befehlshaber und obersten *caudillo*« der Expedition. Am 23. Oktober überreichte er ihm eine Urkunde mit detaillierten Instruktionen. Dieses von Andrés de Duero aufgesetzte Dokument, das jedoch möglicherweise von Cortés selbst überarbeitet wurde, sollte später Anlaß zu einer gerichtlichen Kontroverse geben, da Velázquez behauptete, Cortés habe seine Befehle mißachtet.[18]

Es handelte sich um ein langes und in mancher Hinsicht widersprüchliches Dokument. In der Präambel wurde noch einmal die Vorgeschichte der Expedition des Grijalva erzählt. Im selben Abschnitt war auch von der Notwendigkeit die Rede, neue Gebiete »zu besiedeln und zu erkunden« (*poblar y descubrir*). Dies lief im Grunde genommen auf eine Ermächtigung zur Kolonisation hinaus. Dagegen sahen die Instruktionen als solche, im Unterschied zur Präambel, eine Entdeckungsfahrt vor, auf der in bescheidenem Umfang Handel getrieben werden sollte (in bescheidenem Umfang, weil privater Handel verboten war).

Nach den Instruktionen bestand der Hauptzweck der Expedition darin, Gott zu dienen. Blasphemie und sexueller Verkehr mit Indianerinnen waren verboten. Auch durften diese Frauen nicht umworben, geschweige denn vergewaltigt werden. Das Spielen von Karten war untersagt. Kubanische Indianer durften nicht an der Expedition teilnehmen. Die Schiffe mußten zusammenbleiben und westwärts die Küste entlangsegeln, wie Grijalva es getan hatte. Die Kastilier verpflichteten sich, sämtliche Indianer, denen sie begegneten, gut zu behandeln, den Eingeborenen von Cozumel von der Macht des Königs von Spanien zu berichten und davon, wie dieser die karibischen Inseln unter seine Herrschaft gebracht hatte, und diesen Indianern das *requerimiento* bzw. eine Version davon vorzulesen, das sie ebenfalls der Herrschaftsgewalt von Karl V. unterstellte, der sie im Gegenzug zu schützen versprach. Cortés sollte an allen Stellen, an denen er an Land ging, das jeweilige Gebiet im Namen der Krone von Kastilien auf möglichst feierliche Weise und selbstverständlich in Anwesenheit eines Notars, *escribano*, in Besitz nehmen. Dabei ging man stillschweigend von der Annahme aus, Cortés werde ausschließlich an Inseln anlegen. Die Möglichkeit, daß er auf ein großes Reich traf, wurde überhaupt nicht in Betracht gezogen.

Cortés sollte den Indianern von Yucatán mitteilen, daß Velázquez mit großem Kummer von dem Kampf zwischen Hernández de Córdoba und dem Volk von Champoton gehört habe. Er sollte auch die wahre Bedeutung der Kreuze von Cozumel herausfinden und erkunden, woran die *naturales* in Yucatán und anderen Orten glaubten und ob es Kirchen und Priester gab. Cortés sollte den Eingeborenen klarmachen, daß es nur einen Gott gebe; er sollte versuchen, Informationen über den Verbleib von Grijalva und Cristóbal de Olid sowie der Christen zu bekommen – darunter möglicherweise Diego de Nicuesa, des mit Velázquez befreundeten Conquistadors, der 1510 auf einer Reise von Darién nach Santo Domingo spurlos verschwunden war –, die, wie die schielenden Maya berichtet hatten, angeblich in Yucatán gefangengehalten wurden.

Außerdem mußten ein Schatzmeister und ein Inspektor (*veedor*) ernannt werden, die das Gold, die Perlen und die Edelsteine sammeln und katalogisieren sollten, welche die Expedition im Tauschhandel mit den Indianern erwerben würde. Diese Gegenstände sollten in einer »Kiste mit drei Schlössern« verwahrt werden, für die Cortés und die beiden Beamten jeweils einen Schlüssel besitzen würden. Sie sollten mit dem Inspektor von Grijalvas Flotte, Francisco de Peñalosa, zusammenarbeiten, falls sich die beiden Expeditionen begegnen sollten. Im Falle, daß Cortés seine Brennholz- oder Wasservorräte auffüllen mußte, sollte er immer einen Mann seines Vertrauens mit der Führung des Landungstrupps betrauen. Unter keinen Umständen durfte irgend jemand an Land übernachten. Cortés sollte über die Vegetation und die landwirtschaftlichen Produkte der neuen Gebiete Bericht erstatten – und natürlich sollte er herausfinden, ob es dort Gold gab. Alvarado hatte Velázquez im Auftrag Grijalvas mehrere Geschenke aus dem wertvollen Edelmetall überreicht: Goldstaub, Goldplatten und Goldschmiedearbeiten. Der Gouverneur wollte wissen, ob die Totonaken das Metall nahe der Küste eingeschmolzen oder ob sie es in dieser Form von einem anderen Ort bezogen hatten, und wenn ja, woher. Cortés verpflichtete sich, sobald wie möglich ein Schiff zurückzuschicken, das Nachricht von ihm geben sollte; außerdem sollte es das Gold und die anderen Kostbarkeiten, die sie bis dahin eingetauscht hatten, nach Kuba transportieren.

Es gab auch einige märchenhaft anmutende Instruktionen: So sollte Cortés den Aufenthaltsort der Amazonen, die in letzter Zeit einen so unerschöpflichen Gesprächsstoff bildeten, aufspüren und herausfinden, ob es stimmte, daß in den neuentdeckten Gebieten Menschen mit riesigen Ohren und sogar einige mit Hundegesichtern lebten, wie die Maya Grijalva mitgeteilt hatten und wie Velázquez zweifellos von Alvarado erfahren hatte. In jener Epoche waren diese Menschen mit Hundegesichtern noch immer ein Thema von allgemeinem Interesse: Sowohl Plinius der Ältere als auch Solinus, der dessen Werk zusammenfaßte, hatten sich ausführlich mit dieser Form menschlicher Monstrosität beschäftigt; und im *Livre des Merveilles* stellte der Duc de Berry ähnliche Menschen dar, die sich von dem Duft von Früchten ernährten und unter den Pygmäen im Lande Pitan lebten.[19] Die beiden vorangehenden Expeditionen waren auf keine derartigen Menschen gestoßen, vielmehr stützten sich Velázquez und seine Beamten auf das, was sie in Romanen gelesen hatten.

Wie die meisten derartigen Instruktionen enthielten auch diese eine Klausel, die Cortés dazu ermächtigte, in Fällen, die in den voranstehenden Paragraphen nicht eigens geregelt waren, sämtliche erforderlichen Abhilfsmaßnahmen zu ergreifen. Ein weiterer Paragraph übertrug ihm die richterliche Gewalt in sämtlichen Strafsachen.

Vermutlich verrieten weder Velázquez noch Cortés ihre wahren Absichten, als sie das Dokument unterzeichneten: Der Gouverneur wollte mit der Expedition vor allem Zeit gewinnen, während Cortés, nach dem Eifer zu schließen, mit dem er seine Vorbereitungen traf, von Anfang an die hochfliegendsten Pläne hegte. Diese Urkunde, eine *capitulación*, stellte einen Vertrag dar, in dem die Krone unter gewissen Auflagen ihre Erlaubnis zu einem privaten Unternehmen erteilte. Alles übrige war Sache der Expeditionsteilnehmer.[20]

Das Dokument wurde Cortés im Rahmen einer kleinen Feier in Santiago überreicht. Der Gouverneur hatte noch immer keine Antwort auf sein im Vorjahr an die Krone gerichtetes Gesuch erhalten, ihm den Titel eines *adelantado* von Yucatán zu verleihen. Daher unterzeichnete er als Stellvertreter des Admirals und Oberbefehlshabers, Diego Colón. Neben Cortés und Velázquez nahmen Alonso de Parada, der amtliche Notar Kubas, und ein Berater von Velázquez, Alonso de Escalante (dessen Haus in Santiago als Gießerei benutzt wurde), Vicente López, ein Assistent des Notars, und Andrés de Duero, der Sekretär des Gouverneurs, an der Zeremonie teil.[21]

Es gibt einige Ungereimtheiten im Zusammenhang mit den Instruktionen. Die wichtigste davon hängt mit der Tatsache zusammen, daß Grijalva nach Kuba zurückgekehrt war und sich seit dem 30. September auf Velázquez' Gut Chipiona und ab dem 8. Oktober in Matanzas, einem recht bedeutenden Hafen, aufhielt. Obgleich Velázquez Cortés beauftragte, nach Grijalva zu suchen, muß er um den 20. Oktober von dessen Rückkehr Kenntnis erlangt haben. Vermutlich schrieb er sogar an Grijalva, noch bevor er Cortés die Instruktionen aushändigte, und befahl ihm, unverzüglich seine Schiffe und Männer nach Santiago zu schicken, damit sie sich der neuen Expedition anschlössen. Wir wissen nicht mit Sicherheit, ob Cortés von Velázquez über Grijalvas Rückkehr informiert wurde, da er später aussagte, er habe erst nach seiner Abreise aus Santiago de Cuba, um den 10. November, »durch göttliche Eingebung« davon erfahren.[22]

Diese Ungereimtheit läßt sich zum Teil damit erklären, daß Velázquez die neue Expedition so schnell wie möglich losschicken wollte, da er befürchtete, es könne jederzeit ein ähnliches Unternehmen von Hispaniola aus eingeleitet werden. Antonio Sedeño, der oberste Zahlmeister (*contador*) Puerto Ricos, hatte im selben Jahr eine Expedition aus drei Schiffen und einer Brigantine nach Honduras geschickt. Auch wenn sie in einem Sturm unterging, muß Velázquez dies als eine Warnung erschienen sein.[23]

Eine weitere Erklärung liegt darin, daß der Gouverneur als erster die Meerenge finden wollte, welche die »Insel« Yucatán vom »Festland« trennte, wo der »Galan« Pedrarias de Ávila als Gouverneur amtierte. Velázquez, Grijalva, Cortés, Alvarado und andere auf Kuba waren damals fest davon überzeugt, daß im Westen eine lange Küstenlinie verlief, die durch eine Meerenge von einigen großen Inseln (Yucatán, Ulúa) getrennt war, doch sie glaubten auch, daß jenseits der Meerenge ein unbekanntes Gebiet liege – vielleicht waren China oder Indien ganz in der Nähe. Magellan hatte durch seine Weltumseglung noch nicht bewiesen, welche riesigen Ausmaße die »Südsee« (der Pazifik) besaß. Und selbst danach hatte man noch immer eine falsche Vorstellung von der Lage der Kontinente: So wurden China und Indien in einer 1548 erschienen Ausgabe der *Geographie* des Ptolemäus als unmittelbar an Mexiko angrenzend dargestellt. Wie Kolumbus auf seiner Reise im Jahre 1502, so waren auch Hernández de Córdoba und Grijalva auf ihren Entdeckungsfahrten in den Jahren 1517 und 1518 zu dem Schluß gekommen, daß die Völker, welche die von ihnen angelaufenen Küstenstriche besiedelten, kulturell »höherstehend« waren als die Indianer »der Inseln«. Daher ist es möglich, daß sich Cortés und Velázquez stillschweigend darin einig waren, daß die Expedition ein gefährlicheres Unternehmen darstellte, als dies aus den Instruktionen vom 23. Oktober hervorging, und daß sie insgeheim der Aufnahme von Beziehungen mit den Gebieten diente, nach denen Kolumbus gesucht hatte.[24]

Nachdem Cortés seine Anweisungen erhalten hatte, begann er unverzüglich, sich nach Männern und Schiffen umzusehen und Vorräte einzukaufen. Durch den städtischen Ausrufer ließ er bekanntmachen, daß er dringend Männer für eine Expedition suche. Da er es sehr eilig hatte, gab er keine Schiffe in Auftrag, obgleich die Krone den Einwohnern Kubas jüngst die Erlaubnis zum Bau von Schiffen erteilt hatte. In Santiago kaufte er bei dem Ladenbesitzer Diego Sainz Lebensmittel im Wert von 5000 bis 6000 Goldstücken auf Kredit. Zahlreiche Freunde und auch Velázquez gewährten ihm ein weiteres Darlehen in Höhe von insgesamt 6000 Goldstücken. Cortés zeigte sich großzügig: Viele von den Männern, die bei ihm anheuerten, bat er immer wieder zur Tafel.[25]

Anschließend versicherte er sich der Unterstützung Pedro de Alvarados, der seit seiner Rückkehr aus den neuen Gebieten im Vormonat innerlich vor Tatendurst zu brennen schien. Die Begeisterung, mit der dieser Conquistador auf das Angebot, an der neuen Expedition teilzunehmen, reagierte, und seine Bereitschaft, ein Schiff, Pferde und Mannschaft selbst zu finanzieren, deuten darauf hin, daß die Gründe, die er für seine Rückkehr nach Kuba angeführt hatte, nur vorgetäuscht waren. Denn Alvarado war, nachdem er einige der »Geheimnisse des neuen Landes« gesehen hatte, zweifellos deshalb umgekehrt, weil er sich einen mutigeren Anführer als Grijalva wünschte. Vielleicht kannten sich Cortés und Alvarado aus Kindertagen; Alvarados Vater, Gómez de Alvarado, hatte möglicherweise eine Zeitlang in Medellín gelebt. Cortés und Alvarado sprachen mit Sicherheit ausführlich über die Bedeutung der Entdeckungen Grijalvas, die Eigenart des geheimnisvollen Reiches in den Bergen hinter San Juan de Ulúa und den tieferen Sinn der Menschenopfer. Alvarados ungestüme Wesensart mag Cortés fasziniert haben. Vielleicht war Alvarado auch von dem begeisterten Empfang, den die Totonaken den Kastiliern bereitet hatten, beeindruckt gewesen – möglicherweise hatte er sogar erkannt, daß man sich diese Begeisterung für einen Feldzug gegen das Reich der Mexica zunutze machen konnte. Dies würde die bedingungslose Unterstützung erklären, die Cortés später Alvarado immer wieder zuteil werden ließ, auch wenn dieser sie gar nicht verdiente. Es würde auch erklären, weshalb der so vorsichtige Cortés plötzlich davon überzeugt war, daß sich nunmehr die große Chance bot, die ihm die Göttin Fortuna vorbehalten hatte, und wieso er sein gesamtes Vermögen in diese Expedition investierte.

Velázquez war zunehmend beunruhigt über die Größenordnung des Unternehmens von Cortés, da die Ausgaben in keinem Verhältnis zu den Zielen, die er in seinen Instruktionen festgeschrieben hatte, zu stehen schienen. Cortés tat offenbar, »was er wollte«. Er begann, wie ein König zu leben, sein Verhalten änderte sich, auch kleidete er sich nun so, wie es sich seines Erachtens für einen *caudillo* geziemte: Er trug einen Hut mit einem Federbusch, ein Goldmedaillon und einen Überwurf aus schwarzem Samt mit goldfarbenen Schleifen.[26]

Zunächst war Velázquez jeden Tag zum Hafen von Santiago hinuntergegangen, um sich persönlich ein Bild vom Fortgang der Vorbereitungen für die Expedition zu verschaffen. Als Cortés jedoch zusehends seinen Verdruß erregte, blieb er fern. Baltasar Bermúdez und zwei der zahlreichen Mitglieder der Familie Velázquez, die sich damals auf Kuba aufhielten, reute es immer mehr, daß sie das frühere Angebot des Gouverneurs, die Leitung der Expedition zu übernehmen, ausgeschlagen hatten. Sie versuchten den Gouverneur gegen Cortés aufzustacheln. Velázquez' Narr, Cervantes, stichelte seinen Herrn mit der Bemerkung, er habe den falschen Mann zum Befehlshaber der Flotte bestellt und Cortés werde sich mit den Schiffen aus dem Staub machen. Velázquez erzählte Cortés von dem Scherz, worauf Cortés mit ernster Miene entgegnete, »Franquescillo« sei doch nur ein verrückter Narr. Duero meinte, ein Verwandter Don Diegos müsse den Narren bestochen habe, daß dieser solche Reden führe. Am Ende schloß sich der Narr selbst Cortés' Expedition an.[27]

Nicht viel später als zwei Wochen, nachdem man ihm die Führung der Expedition angetragen hatte, verfügte Cortés bereits über drei Schiffe (darunter eine Brigantine) und etwa 300 Männer. Der persönliche Einsatz und die Willensstärke, die dies ermöglichten, beunruhigten den Gouverneur zutiefst. Gewöhnlich nahm die Vorbereitung derartiger Expeditionen Monate in Anspruch. Der Beamte der Krone begann sich zu fragen, ob sein Narr mit seinen Voraussagen nicht recht gehabt habe. Er trug sich mit dem Gedanken, Cortés durch jemand anderen zu ersetzen. Als Cortés von Velázquez' Überlegungen erfuhr, trieb er seine Vorbereitungen noch hastiger voran. Er glaubte, daß Velázquez, selbst wenn alles gutging, seinen Teil ihrer Übereinkunft, nämlich die Erträge der Expedition zu teilen, nicht erfüllen würde. Wenn sich der Gouverneur entschlossen hätte, Cortés zu entlassen, hätte er dies ohne weiteres tun können, denn er gebot auf Kuba über eine unumschränkte Machtfülle und war bei den spanischen Kolonisten überaus beliebt. Unterdessen riß der Strom von Männern, die sich unter Cortés' Banner scharten, nicht ab; einige kamen sogar eigens aus Hispaniola, so auch Francisco Rodríguez Magariño, der Konstabler (*alguacil*) von Puerto Real, das an der Nordküste dieser mittlerweile verwüsteten Insel lag. Vermutlich hatte es Cortés auch deshalb besonders eilig, weil er befürchtete, jeden Tag könne aus Kastilien die königliche Ernennung von Velázquez zum *adelantado* von Yucatán eintreffen, wovon Velázquez wahrscheinlich sogleich Gebrauch gemacht hätte und wodurch alles sehr viel komplizierter geworden wäre.[28]

Velázquez rang sich schließlich dazu durch, Cortés von seinem Posten abzulösen. Allerdings wollte er seinem ehemaligen *criado* nicht selbst gegenübertreten. Aus diesem Grund trug er Amador de Lares auf, Cortés aufzusuchen und ihm mitzuteilen, er, der Gouverneur, werde ihm sämtliche Auslagen erstatten, wenn er seine Reisevorbereitungen abbreche. Er versuchte Cortés auch vom Kauf weiterer Vorräte abzuhalten, was recht einfach zu sein schien, da er selbst Eigentümer des größten Kramladens (in dem Wein, Öl, Essig und sogar Kleider verkauft wurden) auf Kuba war.[29] Doch Cortés schien sich davon nicht beirren zu lassen. Schließlich raffte sich Velázquez dazu auf, die Vereinbarungen mit Cortés zu widerrufen und die Vollmacht, die er ihm erteilt hatte, auf einen gewissen Luis de Medina zu übertragen. Doch (nach Aussage eines angeheirateten Neffen von Cortés) erdolchte Cortés' Schwager, Juan Suárez, den Boten, den Velázquez zu Medina geschickt hatte, auf einem einsamen Weg und warf seine Leiche in eine Schlucht. Dann brachte er die Dokumente, in denen Medina zum neuen Anführer der Expedition ernannt wurde, unverzüglich zu Cortés.[30]

Cortés erkannte, daß es ratsam war, Santiago so bald wie möglich zu verlassen. Seine Kapitäne und Freunde waren der gleichen Meinung. Daher schickte er einige seiner Diener bewaffnet zu Fernando Alonso, dem Verwalter, *obligado*, des städtischen Schlachthofs, um das gesamte Schlachtfleisch aufzukaufen. Alonso zögerte und machte geltend, er sei vertraglich verpflichtet, die Stadt mit Fleisch zu versorgen. Daraufhin plünderten Cortés' Männer das Schlachthaus und ließen kein einziges Schwein, keine Kuh und kein Schaf zurück. Alonso begab sich zu Cortés und flehte diesen an, ihm »um Gottes willen« wenigstens einen Teil des Fleisches zurückzugeben, da er mit einer Geldstrafe belegt werde, wenn er die Bevölkerung nicht mit Fleisch versorge. Cortés überreichte ihm eine Goldkette mit einem Emblem in Form einer Distel, die er um den Hals getragen hatte – offensichtlich in der Annahme, sie werde die Strafe und die Kosten für das Fleisch abdecken.[31]

Als nächstes stattete Cortés dem *contador*, Amador de Lares, einen Besuch ab. Er teilte ihm mit, er wolle unverzüglich mit den abfahrtbereiten Schiffen in See stechen, und bat ihn, diese Schiffe zu registrieren. Er entsprach diesem Wunsch, auch wenn nur schwer zu ersehen ist, wie er diese Handlung mit seiner Loyalität gegenüber Velázquez in Einklang brachte. Allerdings ist es auch möglich, daß der *alguacil mayor* (oberste Konstabler) die Entscheidung traf. Cortés ging an Bord seines Flaggschiffs. Der Abschied von seiner Frau, seinen Minen und seinem Haus schien ihm nicht schwerzufallen. Sein einziges Interesse galt nunmehr der Expedition.

Unterdessen berichtete der verärgerte Metzger Velázquez, was sich zugetragen hatte. Der Gouverneur ging bei Tagesanbruch zum Kai. Von einem kleinen Boot aus führte Cortés, von Bewaffneten umringt, ein kurzes Gespräch mit ihm. Velázquez sagte: »Wie kommt es, mein Freund [*compadre*], daß Ihr Euch so heimlich davonmacht? Nimmt man so von mir Abschied?« Cortés erwiderte: »Verzeiht mir, doch all diese Dinge wurden gründlich durchdacht, bevor ich sie anordnete. Wie lauten Eure Befehle jetzt?« Velázquez, fassungslos ob dieses Ungehorsams, antwortete nicht. Cortés befahl seinen Kapitänen, die Segel zu setzen. Er (und sie) wußten aus Erfahrung, daß Velázquez zwar leicht in Zorn geriet, aber ebenso leicht Verzeihung gewährte. Vielleicht hoffte Cortés, der Gouverneur werde sich stillschweigend mit seiner Vorgehensweise abfinden. Man schrieb den 18. November 1518.[32]

Teil III
Die Geheimnisse des Landes ergründen

Ein Edelmann als Freibeuter

> »All dies sagte mir Cortés selbst, zusammen mit anderen Dingen, die damit in Verbindung standen, nachdem er in der Stadt Monzón zum Marquis erhoben worden war, wohin der Kaiser eine Versammlung einberufen hatte. Und er sprach lachend und spottend die Worte: ›Wahrlich, ich führte mich damals wie ein Edelmann auf, der zum Freibeuter geworden war.‹«
> *Bartolomé de Las Casas,* Historia de las Indias

Cortés verließ Santiago mit sechs Schiffen; ein siebtes Schiff mußte er zurücklassen, da es im Hafen repariert wurde. Er hatte nicht viele Lebensmittel an Bord, besonders die Brotvorräte waren sehr knapp – aus diesem Grund lief er die kleine Hafenstadt Macaca (wahrscheinlich das heutige Pilón) bei Kap Cruz an. Ein Freund, Francisco Dávila, der dort eine Länderei besaß, lieferte ihm 1000 Rationen Maniokwurzelbrot, und auch ein königliches Gut scheint Cortés mit Vorräten versorgt zu haben. Er entsandte ein Schiff nach Jamaika, das dort Wein, 800 Speckseiten und weitere 2000 Rationen Maniokwurzelbrot als Proviant aufnehmen sollte.[1]

Als nächstes lief die Flotte Trinidad an, die kleine spanische Siedlung an der Südküste Kubas, unweit des Landgutes, das Las Casas einige Jahre zuvor bewirtschaftet hatte. Der Bürgermeister dieses Ortes war Francisco Verdugo, ein junger *hidalgo* aus Cojes de Íscar – einem Dorf in der Nähe von Cuéllar –, der mit Velázquez' Schwester Ines verheiratet war. Zur gleichen Zeit, als Cortés eintraf, erhielt Verdugo einen Brief des Gouverneurs, in dem ihn dieser anwies, die Armada aufzuhalten. Velázquez hatte beschlossen, Cortés durch Vasco Porcallo de Figueroa abzulösen. Francisco de Morla und Diego de Ordás, zwei von Cortés' Kapitänen, erhielten Briefe mit denselben Befehlen. Morla, der aus Jerez stammte, war Kammerherr, *camarero*, von Velázquez gewesen; Ordás stammte aus Castroverde de Campos in Léon. Er hatte sein erstes Abenteuer in Amerika im Jahre 1510 erlebt, als er an der verhängnisvollen Expedition des Alonso de Ojeda in Kolumbien teilnahm, auf welcher der Kartograph Juan de la Cosa bei der

Schlacht bei Turbaco von einem Giftpfeil getötet wurde und worauf die Conquistadoren ein entsetzliches Blutbad unter den Indianern anrichteten. Ordás hatte auch an der Eroberung Kubas teilgenommen. Er war bekannt geworden, weil ihn sein Bruder Pedro in einem Sumpf einfach seinem Schicksal überlassen hatte. 1518 hatte der Gouverneur den damals vierzigjährigen Ordás wahrscheinlich deshalb gebeten, Cortés zu begleiten, damit er eine Meuterei auf der Expedition – vor allem wohl seitens ihres Anführers – verhinderte. Wie die meisten Beamten im Dienst des Gouverneurs war er ein entfernter Verwandter von Velázquez; seine Mutter, eine geborene Girón, entstammte einer illustren Familie. Er hatte einen dünnen schwarzen Bart, ein markantes Gesicht, er stotterte ein wenig und war ein schlechter Reiter (so daß er häufig Fußsoldaten befehligte). Auf der Expedition finanzierte er sein eigenes Schiff einschließlich der Besatzung von 60 Mann und des aus Fleisch, Maniokwurzelbrot, Wein, Hühnern und Schweinen bestehenden Proviants. Er war ein vorzüglicher, meistens recht sarkastischer Briefschreiber.[2] Wie für mehrere andere Kapitäne von Cortés' Expedition war es auch für Ordás ratsam, Kuba zu verlassen, da er offenbar seine Schulden (die vermutlich mit dem Perlenhandel zusammenhingen) bei mehreren Gläubigern nicht begleichen konnte.

Als Cortés von diesen Briefen des Velázquez erfuhr, geschah etwas Bemerkenswertes: Es gelang ihm nämlich unter Einsatz von Fähigkeiten, die ihm zuvor niemand zugetraut hätte, nicht nur, Ordás und Morla auf seine Seite zu ziehen, sondern er brachte Morla auch dazu, Francisco Verdugo zu überreden, der Expedition ein paar Pferde, mehrere Fuhren Futter und weiteres Brot zur Verfügung zu stellen. Und er überredete sogar einen von Velázquez' Boten, Pedro Laso, sich der Expedition anzuschließen. Hier zeigte sich erstmals jene Überredungsgabe, die zu seinen gefährlichsten Waffen zählen sollte. Jahre später erklärte Verdugo, er habe Cortés auf Geheiß von Velázquez mit diesen Waren versorgt.[3] Dies bedeutete zweifellos, daß er einer früheren Weisung des Gouverneurs entsprach und die gerade eingetroffene Anordnung bewußt ignorierte.

Anschließend befahl Cortés Ordás, mit einer Brigantine, der *Alguecebo*, ein Schiff zu kapern, das dem Vernehmen nach mit Lebensmittelvorräten auf dem Weg nach Darién war. Ordás hatte Erfolg. Er stellte die Ladung aus 4000 *arrobas* Brot und 1500 Speckseiten oder gepökelten Hähnchen sowie einer Stute und einem Fohlen sicher. Der Eigner des Schiffs, Juan Núñez Sedeño, ein Kaufmann aus Madrid, der selbst an Bord war, beschloß, sich mit Cortés zusammenzutun.[4] Viele Jahre später (1542, in Spanien), als Cortés mit Las Casas über diese Ereignisse sprach, räumte er ein: »Wahrlich, ich führte mich damals wie ein Edelmann auf, der zum Freibeuter geworden war.«

Wenigstens eine der Betätigungen von Cortés hatte nichts mit Piraterie zu tun: Sein Page, Diego de Coria, beobachtete, wie er die ersten acht Nächte nach der Abfahrt von Santiago Notizen machte. Worum handelte es sich? Um Briefe nach Spanien? Briefe an seinen Vater und an den Richter *de las Gradas* in Sevilla, Licenciado Céspedes, in denen er seine Pläne darlegte? Oder um Schreiben an die Kaufleute in Hispaniola oder Sevilla, in denen er die neuen Chancen rühmte, die sich ihnen bald bieten würden? Der Page sollte es nie erfahren.

Einige der Teilnehmer an Grijalvas Expedition schlossen sich in Trinidad der Flotte von Cortés an. Von dort aus schickte er Boten auf mehrere Landgüter im Umkreis des 65 Kilometer entfernten Sancti Spiritus, von wo bald weitere Conqistadoren zu ihm stießen; darunter auch einer der wichtigsten Teilnehmer der Expedition: ein ehemaliger Bürger Medellíns, Alonso Hernández Portocarrero, ein Verwandter des Grafen jener Stadt. Obgleich dieser Conquistador ständig am Fluchen war und seine militärischen Fähigkeiten nicht erwiesen waren, freute sich Cortés doch darüber, daß er von einem Grande aus seinem *pueblo* begleitet wurde. Portocarrero war außerdem ein Neffe des Richters Céspedes. Er besaß auf Kuba eine kleine Hazienda, auf der 150 Indianer für ihn arbeiten mußten. Doch er war gewiß nicht reich, denn Cortés verkaufte die goldenen Quasten an seinem eigenen Samtumhang, um ihm ein Pferd kaufen zu können. In Trinidad warb er noch zwei weitere aus Medellín stammende Männer an, Rodrigo Rangel und Gonzalo de Sandoval – der Letztgenannte war erst 21 Jahre alt. Mit 14 Jahren hatte er Velázquez als Page gedient. Seine Ausdauer sollte ihn später zum erfolgreichsten Hauptmann von Cortés machen. Sie alle (und andere mehr) steuerten weitere Lebensmittel bei, die sie auf ihren Gütern erzeugt hatten, insbesondere Maniokwurzelbrot und geräucherten Schinken.[5] Davon gab es mittlerweile auf Kuba ein reichliches Angebot, da sich die verwilderten Schweine dort genauso stark vermehrten wie in der Estremadura.

Inzwischen wußte Cortés auch, daß Grijalva zurückgekehrt war; er hatte es in Macaca erfahren.[6] Grijalva hatte zahlreiche interessante und schöne Goldschmiedearbeiten, eine Sklavin mit prachtvollem Schmuck, mehrere Indianer und, was bei einem scheinbar so vernünftigen Mann wie ihm überrascht, verlockende Neuigkeiten über das Volk der Amazonen mitgebracht. Aufgrund all dessen bemühte sich Velázquez um so entschlossener, die Expedition des Cortés so schnell wie möglich zu unterbinden.

Doch dieser segelte von Trinidad aus weiter zu der kleinen Hafenstadt San Cristóbal de la Habana an der Südküste Kubas. Diese Stadt wurde zur damaligen Zeit gerade an die Nordküste verlegt, 80 Kilometer von ihrem ursprünglichen Standort entfernt, mit der offiziellen Begründung, der Hafen liege dort günstiger – vielleicht auch, weil ein Verwandter von Velázquez, Juan de Rojas, dort ein Landgut besaß. Unterwegs verirrte sich Cortés in dem gefährlichen Archipel, dem Velázquez den Namen »Los Jardines de la Reina«, die Gärten der Königin, gegeben hatte. Sein Flaggschiff lief auf Grund, und es dauerte mehrere Tage, bis man es wieder flottgemacht hatte. Einige der Conquistadoren, die mit Grijalva in dem »neuen Land« gewesen waren, darunter Pedro de Alvarado und seine Brüder sowie die Kapitäne Francisco de Montejo und Alonso de Ávila, und schließlich auch Cristóbal de Olid, der »Hektor des Zweikampfes«, der sich auf die Suche nach Grijalva begeben hatte, trennten sich von der Flotte und segelten auf eigene Faust nach Havanna. Während sie dort auf ihren Anführer warteten, vertrieben sie sich die Zeit mit Diskussionen über ein anregendes Thema: Wer von ihnen würde Cortés' Stelle einnehmen, wenn dieser für immer verschollen bliebe?[7]

Havanna, damals eine neugegründete Stadt, stand loyal zu Velázquez. Die meisten der wenigen dort lebenden Siedler weigerten sich, Cortés zu helfen. Dennoch stieg dieser im Haus von Pedro Barba ab, der ebenfalls an Grijalvas Expedition teilgenommen hatte (der Maya-Dolmetscher war nach ihm benannt) und die Befehlsgewalt über die Stadt besaß. Cortés stellte sein Banner in der Straße zur Schau, und er ließ seine Expedition durch den Ausrufer ankündigen. Daraufhin schlossen sich ihm nicht nur ein oder zwei weitere Abenteurer an, sondern er gewann auch die Unterstützung von Cristóbal de Quesada, der im Auftrag des Bischofs den Zehnten für die Kirche eintrieb. Auch Francisco de Medina, der Eintreiber der Krone für die »*cruzada*« (»Kreuzzug«) genannte Steuer (ursprünglich eine freiwillige Spende, um die Kosten des Kriegs gegen die Mauren abzudecken, doch mittlerweile eine gewöhnliche Steuer, die auf die Neue Welt ausgedehnt worden war), erklärte sich bereit, Cortés zu helfen. Diese beiden verkauften Cortés weitere 5000 Rationen Brot, 2000 Speckseiten, Bohnen und Kichererbsen sowie Wein, Essig und 6000 Laib Maniokwurzelbrot – eines der wenigen karibischen Produkte, das zu verzehren sich die Kastilier »herabließen«: klugerweise, denn es war sehr viel länger haltbar als Weizenbrot.[8] Ein weiterer Freiwilliger, der Cortés in Havanna seine Dienste anbot, war Juan de Cuéllar, der eine Länderei bei Sancti Spiritus besaß und der, vermutlich ein Verwandter von Velázquez, zu dem neuen *caudillo* sagte, daß er ihn zu begleiten wünsche, worauf Cortés entgegnete, daß ihn dies freue. Cuéllar war mit Grijalva in dem neuen Land gewesen und mit Alvarado zurückgekehrt.

Da aber traf ein weiterer enger Vertrauter von Velázquez, Gaspar de Garnica, an Bord eines Schiffes in Havanna ein. Er überbrachte Cortés einen weiteren Brief des Gouverneurs, in dem dieser ihn aufforderte, die Reise zu unterbrechen. Garnica führte noch zwei weitere Briefe mit sich, die Velázquez an seinen Vetter Juan Velázquez de León, der sich Cortés in Trinidad angeschlossen hatte, und an Diego de Ordás gerichtet hatte. Fray Bartolomé de Olmedo, ein Mercedarier, der sich bereit erklärt hatte, Cortés zu begleiten, erhielt einen Brief von einem Ordensbruder, der zum engeren Kreis von Velázquez gehörte. Alle diese Schreiben forderten ihre Empfänger auf, Cortés aufzuhalten. Ordás wurde von Velázquez sogar angewiesen, Cortés festzunehmen und als Gefangenen nach Santiago zu überstellen. Ordás lud ihn daraufhin ein, auf der Karavelle, auf der Garnica gekommen war, ein Abendessen einzunehmen. Doch Cortés, der eine Falle witterte, simulierte Magenschmerzen. Garnica schrieb an Velázquez, er habe es nicht gewagt, Cortés festzunehmen, da dieser bei seinen Soldaten äußerst beliebt sei.[9]

Tatsächlich schien Velázquez gewillt zu sein, Cortés zu vergeben. Anfang Dezember 1518, zwei Wochen nachdem Cortés Santiago verlassen hatte, wurde Velázquez von (dem vermutlich aus Hispaniola kommenden) Andrés de Tapia aufgesucht, einem jugendlichen Mann von 22 Jahren, der einst in Sevilla Kammerdiener von Kolumbus gewesen war. Tapia eröffnete ihm, er gedenke, in Cortés' Dienste zu treten, worauf Velázquez, der Tapia herzlich wie einen Neffen empfing, erklärte: »Ich weiß nicht, welche Absichten Cortés mir gegenüber hegt, doch gewiß keine guten, denn er hat sein ganzes Vermögen aufgewendet und sich obendrein noch verschuldet. Er hat meine Beamten in seine Dienste genommen, als sei er einer der Granden Spaniens. Dennoch wünschte ich mir, Ihr würdet ihn begleiten. Er hat den Hafen erst vor knapp 15 Tagen verlassen, so daß Ihr ihn bald einholen könnt. Ich werde Euch und den ein, zwei anderen, die sich ihm ebenfalls anschließen möchten, dabei helfen.«

Velázquez gewährte Tapia und seinen Gefährten einen Kredit in Höhe von 40 Dukaten, damit sie sich in einem Geschäft, das ihm gehörte, einkleiden konnten. Ihrer Meinung nach hätten sie für die gleichen Kleider in einem anderen Geschäft nur ein Viertel dessen bezahlt, was Velázquez von ihnen verlangte. Dennoch brachen sie auf und stießen in Havanna zu Cortés. Vielleicht war dieses Verhalten von Velázquez weniger auf seine Versöhnlichkeit als vielmehr darauf zurückzuführen, daß er inzwischen Grijalva empfangen hatte. Er hatte diesem bittere Vorwürfe gemacht, weil er sich nicht über seine Instruktionen hinweggesetzt und in dem neuentdeckten Gebiet keine Kolonie gegründet hatte.[10] Die Ernüchterung über Grijalva dürfte sich nur schlecht mit dem gleichzeitigen Zorn auf Cortés vertragen haben.

Velázquez empfing einen weiteren Besucher: Juan de Salcedo, der ebenfalls an der Expedition des Grijalva teilgenommen hatte und der den weiten Weg von Havanna nach Santiago zu Pferd zurückgelegt hatte. Der Gouverneur fragte ihn: »Was soll ich tun? Eigentlich habe ich Hernán Cortés den Auftrag erteilt, nach Grijalva zu suchen, und ihn nicht ermächtigt, die neuen Gebiete zu besiedeln. Was ratet Ihr mir?« Salcedo kannte Cortés sehr gut, denn er hatte Leonor Pizarro geheiratet, die Kubanerin, mit der Cortés vor einiger Zeit ein Kind gezeugt hatte. Er antwortete Velázquez: »Ich empfehle Euch, selbst in die neuen Gebiete zu gehen«, und begab sich daraufhin zu den Hieronymitenmönchen in Santo Domingo, bei denen er für den Gouverneur eine Erlaubnis erwirkte, das neue Land zu besiedeln.[11] Die Mönche waren zu diesem Zeitpunkt bereits offiziell ihrer Ämter enthoben, doch führten sie, gemäß einer stillschweigenden Übereinkunft, bis zur Ankunft ihres Nachfolgers, Figueroa, die Amtsgeschäfte weiter. Sie befürworteten nun fast alle Gesuche, die an sie gerichtet wurden.

Doch Velázquez war in einer schwachen Position, da es ihm unmöglich gewesen wäre, binnen kurzem eine neue Flotte aufzustellen, sei es, um mit Cortés zu konkurrieren, sei es, um gemeinsame Sache mit ihm zu machen. Cortés ließ sich offenkundig nicht von seinem Vorhaben abbringen, nicht zuletzt, weil er und einige andere ihr ganzes Vermögen in das Unternehmen gesteckt hatten.

Die Frage, wie hoch der Anteil an den Kosten der Expedition war, den Cortés bzw. Velázquez trugen, läßt sich nach so langer Zeit nicht mehr mit Sicherheit beantworten. Velázquez behauptete in seinem Testament, er habe angeboten, ein Drittel der Kosten zu bestreiten, in der Annahme, Cortés würde ein weiteres Drittel übernehmen und die Freiwilligen brächten das letzte Drittel auf (und würden entsprechend an den Erträgen beteiligt). Freunde von Cortés bestätigten im Jahr darauf in einem Brief, den vermutlich Cortés selbst aufgesetzt hatte, daß Velázquez in der Tat ein Drittel übernommen hatte. Pedro de Alvarado behauptete, wie bereits erwähnt, die Kosten für eine *nao* und deren gesamte Ausrüstung getragen zu haben. Das gleiche galt für Ordás. Cortés selbst beteuerte, »fast zwei Drittel« der Kosten aufgebracht zu haben, einschließlich der Löhne für die See- und Steuerleute. Doch mehrere Zeugen gingen bei dem 1520 durchgeführten *juicio de residencia* (disziplinarischen Ermittlungsverfahren) gegen Cortés noch weiter und sagten aus, alle hätten gewußt, daß Cortés die Kosten bestritten habe. Jahre später schrieb der Polemiker Sepúlveda in seinem Werk *De Orbe Novo*, nachdem er mit Cortés selbst gesprochen hatte, die beiden Männer hätten sich darauf geeinigt, je die Hälfte beizusteuern.[12]

Am glaubwürdigsten dürfte die Zeugenaussage des Steuermanns Antonio de Alaminos sein, eines redlichen Mannes, der 1522 behauptete, Cortés und Velázquez hätten die Flotte gemeinsam finanziert, wobei jedoch der größere Anteil auf Cortés entfallen sei. Dennoch bestritt Cortés vermutlich nicht mehr als ein Drittel der anfallenden Kosten aus eigenen Mitteln; das waren etwa 6500 Pesos. 1520 versicherte er, seine Kosten hätten sich auf etwa 20 000 Pesos belaufen, drei Viertel davon seien Kredite gewesen. 1529 veranschlagte er die Kosten nur noch auf 12 000 Goldstücke (*Castellanos*), von denen er die Hälfte als Kredit aufgenommen habe. Infolgedessen waren viele Siedler auf Kuba (darunter Pedro de Villaroel, der Vizegouverneur in Havanna) der Meinung, ihnen stünde ein Anteil an den Erträgen des Unternehmens zu.[13]

Die Expedition war wie die meisten Vorhaben dieser Zeit ein privates Unternehmen. Das Vorbild dafür – wie für vieles andere in der Phase des Aufbaus des spanischen Kolonialreichs – lieferten bestimmte mittelalterliche Bräuche. Die Krone hatte (indirekt) ihre Erlaubnis erteilt, und der Gouverneur der Krone hatte den Anführer ernannt – dieser war für die Ausrüstung der Expedition zuständig. Die Freiwilligen nahmen deshalb an der Reise teil, weil sie ihr Glück zu machen hofften. Nur die 50 bis 60 Seeleute und die fünf Steuerleute wurden – von Cortés – bezahlt. Die Soldaten, gleich ob Offiziere oder einfache Infanteristen, lebten wie gewöhnlich von ihren Hoffnungen (»todas andarieron a su costa« bzw. »por ganar su vida«). Nachdem sie sich jedoch einmal der »Armee« des *caudillo* angeschlossen hatten, war ihnen bei Todesstrafe verboten, sich abzusetzen.[14]

Cortés führte vor Kap Corrientes, unweit der Westspitze Kubas, eine Besichtigung seiner Flotte durch. Wenigstens in diesem Punkt folgte er seinen Instruktionen.

Er verfügte nunmehr über elf Schiffe, von denen jedoch nur vier eine größere Tonnage besaßen: das Flaggschiff, die *Santa María de la Concepción*, eine *nao* mit einer Ladefähigkeit von 100 Tonnen, und drei weitere Schiffe mit einer Ladefähigkeit von 60 bis 80 Tonnen. Bei den übrigen handelte es sich um kleinere Schiffe bzw. Brigantinen. Alle größeren Schiffe und vielleicht auch einige der Brigantinen dürften in Spanien auf Kiel gelegt worden sein. Die von Pedro de Alvarado befehligte und offenbar auch finanzierte *nao* fehlte bei der Inspektion der Schiffe;[15] Cortés beschloß, ohne ihn zu segeln. Ein weiteres Schiff, das Cortés gekauft hatte, wurde, wie bereits erwähnt, noch immer in Santiago ausgebessert.

Einschließlich der Männer, die später mit Alvarado nachkamen, bestand die Expedition von Cortés aus 530 Europäern, darunter 30 Armbrustschützen und zwölf Arkebusieren, welche eine andere soziale Stellung hatten als die Hauptleute und die Fußsoldaten. In Italien hatten sich *condottieri* der Einführung dieser Schußwaffen widersetzt: Paolo Vitelli hatte gefangengenommenen deutschen *schiopettieri* die Augen ausreißen und die Hände abschneiden lassen, weil er es eines Ritters unwürdig erachtete, von gemeinen Männern mit Gewehren niedergestreckt zu werden. Cortés hatte keine derartige Abneigung gegen den Einsatz moderner Technik, wie man daran ersehen kann, daß er vierzehn Geschütze des gleichen Typs wie Grijalva mitnahm: vermutlich zehn Feldschlangen aus Bronze und vier Falkonetten sowie zweifellos einige Kanonen mit Hinterladung – Lombarden –, mit denen damals viele Schiffe ausgerüstet waren und die eine höhere Feuergeschwindigkeit aufwiesen als die Vorderlader. Diese Waffen, die meistens Namen trugen (San Francisco, Juan Ponce, Santiago usw.), wurden von Fachleuten bedient: Francisco de Mesa; einem Levantiner namens Arbenga; Juan Catalán, einem der wenigen Katalanen in Westindien; Bartolomé de Usagre, seinem Namen nach ein Estremeño. Der Hauptmann dieser kleinen Artillerie-Einheit war Francisco de Orozco, »der ein tüchtiger Soldat in Italien gewesen war«.[16] (Die Teilnahme an den Kriegen in Italien galt als die magische Feuerprobe für Soldaten.) Die Armbrustschützen standen unter dem Befehl von Juan Benítez und Pedro de Guzmán, die sich meisterhaft auf die Reparatur dieser Waffen verstanden.

An der Expedition dürften etwa 50 Seeleute teilgenommen haben, darunter viele Ausländer (wie es damals auf spanischen Schiffen üblich war): Portugiesen, Genueser, Neapolitaner und sogar ein Franzose.[17]

Etwa ein Drittel der Teilnehmer an der Expedition stammten aus Andalusien, knapp ein Viertel aus Altkastilien und nur 16 Prozent aus der Estremadura. Die meisten waren aus Sevilla und Huelva gebürtig. Wie so oft waren viele der Hauptleute Estremeños. Auch einige Spanierinnen reisten mit der Flotte: zwei Schwestern von Diego de Ordás, drei oder vier Mägde und ein oder zwei Frauen, die als Wirtschafterinnen mitfuhren. Man weiß nicht genau, welche Rolle diese »*conquistadoras*« spielten – wie Andrea del Castillo, die Schwiegertochter von Francisco de Montejo, diese Frauen in einem späteren Untersuchungsverfahren nannte. Doch gewiß hatte Andrea del Castillo recht, als sie sagte, daß Frauen ihres Standes, die an diesen Abenteuern teilnahmen, tatkräftig mit anpacken mußten.[18] Eine oder zwei dieser Frauen erwiesen sich später als tüchtige Kämpferinnen.

Die Steuerleute von Cortés waren dieselben, die schon im Dienst von Hernández de Córdoba und Grijalva gestanden hatten: Alaminos, Juan Álvarez der Lahme, Pedro Camacho und Pedro Arnés de Sopuerta. Cortés nahm auch zwei Geistliche mit: den aus Sevilla stammenden Fray Juan Díaz, der ebenfalls an Grijalvas Expedition teilgenommen hatte, und Fray Bartolomé de Olmedo, ein Mercedarier aus Olmedo, einer Stadt unweit von Valladolid und Cuéllar. Dieser verfügte über ein sicheres Gespür, und seine Ratschläge (im allgemeinen empfahl er, Geduld zu haben) sollten für Cortés noch von unschätzbarem Wert sein. Er war eine Frohnatur und ein sehr guter Sänger. Dennoch hatte er Feinde, die behaupteten, er sei mehr an Gold als an Seelen interessiert. Olmedo, der vermutlich an der Universität von Valladolid studiert und einige Jahre in den *conventos* von Segovio und Olmedo gelebt hatte, war ein gebildeter Mann. Da er nicht nur weltlicher gesinnt war als Díaz, sondern auch ein sehr viel besseres Urteilsvermögen besaß als dieser, hatte seine Stimme bei Cortés größeres

Die Geburtsorte der Conquistadoren, die Cortés begleiteten

BADAJOZ
Pedro de Alvarado & seine Brüder

BAENA
Cristóbal de Olid

BURGOS
Pedro de Maluenda
Gerónimo Ruiz de la Mota

BURGUILLOS DEL CERRO
Leonel de Cervantes

CÁCERES
García Holguin
Gutierre de Badajoz
Juan Cano

CASTROVERDE DE CAMPOS
Diego de Ordás

CIUDAD REAL
Alonso de Ávila

CIUDAD RODRIGO
Gutiérrez de Badajo

COJECES DE ISCAR
Fco. Verdugo

CORDOBA
Fco. Hernandes de Córdoba
Lope Ochoa de Caicedo

CUÉLLAR
Diego Velázquez
Juan Velázquez de León
Juan de Cuéllar
Juan de Grijalva
Baltasar Bermúdez

ÉCIJA
Gerónimo de Aguilar

ENCINASOLA
Fco. de Glores

FONTIVEROS
Juan de Salamanca

FREGENAL DE LA SIERRA
Juan Jaramillo

GIBRALEÓN
Alfonso Peñate

ILLESCAS
Pedro Gutiérrez de Valdelomar

JEREZ DE LA FRONTERA
Fco. de Morla

MADRID
Juan Núñez Sedeño

MARCHIENA
Francisco de Mesa

MEDELLIN
Hernán Cortés
Gonzalo de Sandoval
Alonso de Mendoza
Alonso Hernández Portocarrero
Juan Rodríguez de Villafuerte

MEDINA DEL CAMPO
Bernal Días del Castillo
Cristóbal de Morante
Cristóbal de Olea
Fco. de Lugo (Fuencastín)

MEDINA DE RIOSECO
Fco. de Saucedo »el pulido«

NAVALMANZANO
Pánfilo de Narváez

NIEBLA
Gonzalo Guerrero

OLIVA
Fco. Álvarez Chico

OLMEDO
Fr. Bartolomé de Olmedo

OROPESA
Bernardino Vázquez de Tapia

PINTO
Diego de Godoy

PLASENCIA
Andrés de Tapia

SALAMANCA
Fco. de Montejo
Juan de Salamanca
Bernardino de Santa Clara

SANLÚCAR DE BARRAMEDA
Luis Marín
Alonso Caballero

SAN SEBASTIÁN
Juan Bono de Quejo

SEVILLA
Martin López
Fr. Juan Díaz
Juan de Limpias
Cristóbal de Tapia

TIEMBLO
Cristóbal del Corral

TORDESILLAS
Julián de Alderete

TORO
Diego de Soto
(Bischof Rodríguez de Fonseca)

TUDELA DE DUERO
Andrés de Duero

VALENCIA DE DON JUAN
Cristóbal Flores

ZAMORA
Antonio de Villafaña
Antonio de Quiñones

Gewicht. Alle beide waren jedoch von einem starken spirituellen Tatendrang erfüllt; so ermöglichten sie den Führern der Expedition, die Messe zu hören, allen voran Cortés, der, was immer er denken mochte, fast jeden Tag öffentlich niederkniete (was selbst seine Feinde bezeugten).[19]

An der Expedition nahmen etwa ein Dutzend Männer teil, die eine Art Berufsausbildung absolviert hatten, darunter allerdings nur ein Arzt, Pedro López, und mehrere Notare, deren Dienste Cortés später immer wieder in Anspruch nahm, sowie ein halbes Dutzend Zimmerleute. Abgesehen von den Seeleuten befanden sich einige weitere Griechen, Italiener, Portugiesen und andere Ausländer an Bord der Schiffe.

Trotz des Verbots von Velázquez hatte Cortés einige hundert kubanische Indianer, darunter einige Frauen und mehrere freigelassene afrikanische Sklaven, angeworben; es fuhren auch einige schwarze Sklaven mit. Möglicherweise war darunter auch Juan Garrido, ein freigelassener Schwarzafrikaner, der in Lissabon zum Christentum übergetreten war und später berühmt wurde, weil er der erste war, der in Mexiko Weizen anbaute. Ein Bürger Kubas sagte später aus, seinem Eindruck nach habe jeder Teilnehmer an der Expedition zwei kubanische Diener gehabt.[20] Der Fischer Melchorejo, einer der schielenden Maya, die Hernández de Córdoba in Yucatán gefangengenommen hatte, nahm ebenfalls an der Expedition teil (sein Gefährte, der unter Heimweh leidende Julianillo, der Grijalva begleitet hatte, war inzwischen gestorben). Francisquillo, der des Nahuatl mächtige Indianer, den Grijalva gefangengenommen hatte, war ebenfalls an Bord von Cortés' Schiff.

Die wichtigste Neuerung auf dieser Reise bestand in den 16 Pferden, die man mitnahm und die in den Worten Piedrahitas, des Chronisten der Eroberung Neu-Granadas, »das Rückgrat der Kriege gegen die Eingeborenen« bildeten.[21] Vermutlich stammten diese Pferde aus derselben Zucht wie jene, die Diego Velázquez später in seinen Pferdeporträts darstellte: robuste, gedrungene, relativ kurzbeinige Tiere, die kräftig genug waren, einen Mann in Rüstung und einen schweren, bequemen maurischen Sattel zu tragen. Man pflegte damals *a la jineta* zu reiten, das heißt mit langen Steigbügeln, einem mächtigen Gebiß und nur einem Zügel; die Reiter drückten mit den Beinen nach innen, und sie veranlaßten das Pferd durch Drücken am Hals und nicht durch Ziehen am Maul zum Richtungswechsel. Vor der Überfahrt von

Kuba nach Yucatán hievte man die Pferde wahrscheinlich mit Hilfe eines Flaschenzugs auf Deck, wo sie während der Reise blieben. Die Pferde waren teuer; jedes kostete mindestens 3000 Pesos, mehr als ein afrikanischer Sklave. Einige der Tiere waren zweifellos Nachkommen der Pferde, die Kolumbus auf seiner zweiten Reise nach Hispaniola gebracht hatte. Bernal Díaz erinnerte sich an die Namen einiger von ihnen: el Rey (»der König«), Rolandillo (»kleiner Roland«) und Cabeza de Moro (»Mohrenkopf«).

Sie führten auch zahlreiche irische Wolfshunde oder Mastiffs mit sich. Die Spanier hatten bereits in anderen Teilen ihres Imperiums und in den Kriegen gegen die Mauren Hunde als äußerst brutale Kampfwaffe eingesetzt. Cortés wäre niemals auf den Gedanken gekommen, auf diese Waffe zu verzichten. Sein Vater hatte ihm vielleicht erzählt, daß ein Hund, Mohama, in Granada so tapfer gekämpft hatte, daß er den einem Reiter gebührenden Anteil an der Siegesbeute erhielt. Tatsächlich wurden in den Kriegen in Europa regelmäßig Hunde eingesetzt. Heinrich VIII. schickte wenig später 400 Mastiffs (einige davon mit leichter Rüstung) an Karl V., welcher diese gegen die Franzosen einsetzte. Bei der Eroberung von Puerto Rico hatte Ponce de Leóns Hund Becerrillo (»kleines Kalb«) mit seinem »rötlichen Fell und seinen schwarzen Augen« eine wichtige Rolle gespielt. Ein Nachkomme Becerrillos, Leoncillo (»kleiner Löwe«), begleitete Balboa, als dieser erstmals den Pazifik erblickte.

Die Kapitäne der Expedition warfen für Cortés einige Führungsprobleme auf: Manche von ihnen besaßen mehr Kriegserfahrung in Westindien als er; andere waren enge Freunde von Diego Velázquez; darunter als der prominenteste Diego de Ordás, der sich bereits durch seine zwielichtige Rolle in Havanna hervorgetan hatte. Weitere »Velázquisten«, wie man sie später nannte, waren Francisco de Montejo, der aus Salamanca stammende Kommandant einer der vier *naos*, Francisco de Morla und Juan Velázquez de León. Der Letztgenannte, ein tapferer Kämpfer mit einem gepflegten kraushaarigen Bart und einer rauhen Stimme, war ein temperamentvoller Mann mit sehr vornehmen Allüren, dessen Zuneigung zu seinem Verwandten, dem Gouverneur, nachgelassen hatte, nachdem dieser seinem Wunsch nach Zuteilung weiterer Indianer nicht entsprochen hatte.

Wieder andere Männer verloren nur selten ein gutes Wort über Cortés. Der bekannteste von diesen war Juan Escudero, jener Konstabler, *alguacil,* von Asunción de Baracoa, der Cortés 1515 nach einer seiner

Auseinandersetzungen mit dem Gouverneur verhaftet und eingesperrt hatte.

Doch zugleich hatte der *caudillo*, wie Velázquez ihn nannte, auch einige treue Freunde, überwiegend Estremeños. Dazu gehörten Alonso Hernández Portocarrero und Gonzalo de Sandoval aus Medellín, Juan Gutiérrez de Escalante, der schon Grijalva begleitet hatte, Alonso de Grado, aus Alcántara gebürtig, »ein Mann mit vielen Gaben, wenngleich nur ein mittelmäßiger Soldat« und Bewirtschafter einer kleinen *encomienda* auf Hispaniola, und – vor allem – Pedro de Alvarado und seine vier Brüder, die von Anfang an zu den stärksten Stützen des neuen *caudillo* gehörten. Auch zwei Kastilier standen hinter Cortés: Francisco de Lugo, ein unehelicher Sohn von Álvaro de Lugo, dem Feudalherrn von Fuencastín, einem Ort unweit von Medina del Campo, und Bernardino Vázquez de Tapia, Grijalvas Fähnrich.

Doch diese Männer waren weder hinsichtlich ihrer Erfahrung noch in bezug auf ihre Zahl den Freunden des Gouverneurs ebenbürtig. Daher mußte Cortés versuchen, die letzteren auf seine Seite zu ziehen, indem er sie förderte und motivierte, ohne dabei seine eigenen Freunde zu verlieren; eine sehr heikle Aufgabe.

Die Tatsache, daß Cortés sich bereits seinen eigenen »Hofstaat« zugelegt hatte, der dem des Grafen von Medellín oder eines anderen Barons aus der Estremadura nachgestaltet war, erleichterte ihm die Erfüllung seiner Aufgaben, obgleich Ovando und Velázquez ihren Hof ebenso organisiert haben dürften. Cristóbal de Guzmán war sein Truchseß; Rodrigo Rangel war Kämmerer (*camarero*) und Joan de Cáceres, ein erfahrener Mann, wenn auch ein Analphabet, sein Majordomus. Der erste stammte aus Sevilla, die übrigen beiden aus der Estremadura (Rangel kam aus Medellín). Den Expeditionsteilnehmern fiel auf, daß Cortés, »nachdem er einen Haushalt gegründet, wie ein Fürst lebte«. Dennoch verhielt er sich, nach Erinnerung von Juan Núñez Sedeño, noch eine geraume Zeit »wie ein Kamerad« gegenüber den übrigen Teilnehmern der Expedition.

Die übrigen Begleiter des Cortés waren, wie Fernando de Zavallos 1529 in einem Gerichtsverfahren aussagte, »junge Männer in bedürftiger Lage, die sich [Cortés] leicht gefügig machen konnte«. Das jugendliche Alter war gewiß ein kennzeichnendes Merkmal; die meisten Expeditionsteilnehmer dürften Anfang Zwanzig gewesen sein. Diego de Vargas gab 1521 in einem Untersuchungsverfahren zu Protokoll, daß unter den Begleitern Cortés' Männer gewesen seien, die sich als reich ausgaben, und andere, die weniger besessen hätten, als sie sich wünschten, darunter viele Arme und Verschuldete.[22] Zweifellos bildete die zweite dieser beiden Gruppen das Rückgrat von Cortés' Truppe, setzte sie sich doch aus Männern zusammen, die nach Reichtum strebten und bereit waren, dafür große Mühen auf sich zu nehmen. Vermutlich waren die meisten von ihnen nach 1513 nach Westindien – Kuba, Hispaniola oder Tierra Firme – gekommen. Allerdings dürften auch einige ältere Männer, die bereits an den ersten Expeditionen nach Hispaniola teilgenommen hatten, und Gestalten mit verstümmelten Ohren – ein Zeichen dafür, daß sie früher einmal in Kastilien wegen Raubes verurteilt worden waren – darunter gewesen sein. Mehrere Expeditionsteilnehmer (Cristóbal de Gamboa, Joan de Cáceres) waren 1502 mit Ovando nach Westindien gekommen und hatten an der Eroberung Kubas teilgenommen. Die meisten, wenn auch keineswegs alle, konnten lesen und schreiben.

Die Vorräte an Brot, geräuchertem und gepökeltem Fleisch, Speck, Salz, Öl, Essig und Wein reichten aus, um die etwa 500 Personen einige Wochen lang zu versorgen. Mais, Chilies und Maniokmehl stellten zweifellos einen Notvorrat dar. Das Süßwasser wurde in Fässern transportiert, die jedoch häufig leckten, weil sich das aus Europa stammende Holz, aus dem sie gewöhnlich hergestellt wurden, in den Tropen rasch zu zersetzen begann (so daß man schon bald Wasser und Wein nur noch in irdenen Gefäßen aufbewahrte). Man nahm nicht mehr Wasser mit, als man vermutlich für die Überfahrt nach Yucatán benötigte.

Die Bewaffnung der Expedition bestand, abgesehen von den Geschützen, Arkebusen und Armbrüsten sowie der zugehörigen Munition, vor allem aus Schwertern und Lanzen. Cortés hatte vor der Abfahrt Leibrüstungen aus Baumwolle in Auftrag gegeben, die als Schutz vor Pfeilen dienen sollten und die, wie er gehört hatte, von den Indianern in Yucatán wegen ihres geringen Gewichts bevorzugt wurden. Diese Rüstungen waren in der Nähe von Havanna, wo Baumwolle angebaut wurde, von kubanischen Indianerinnen gewebt worden. Doch jene Männer, die sich dem Ritterstand zugehörig fühlten (oder ihm tatsächlich angehörten), hatten die traditionellen Helme, Brustharnische und Schilde aus Stahl mitgenommen, die zwar sehr schwer waren, aber ihre Wirkung auf die Ureinwohner nicht verfehlten, wie Cortés den Berichten von Teilnehmern an früheren Expeditionen entnommen hatte. Sie hatten zweifellos auch viele Ersatzteile an Bord, nicht nur für die Waffen, sondern auch für die Pferde, die Zaumzeug, Sättel, Steigbügel und natürlich Hufeisen benötigten.

Zur Fracht gehörten schließlich auch noch die Geschenke, welche die Conquistadoren für die Indianer mitnahmen und welche die gleichen waren, die schon Hernández de Córdoba und Grijalva mitgeführt hatten: Glasperlen, Glocken, Spiegel, Nadeln, Broschen, Lederwaren, Messer, Scheren, Zangen, Hämmer, eiserne Äxte und kastilische Kleidungsstücke, wie Halstücher, Kniebundhosen, Hemden, Umhänge und Strümpfe. Die meisten dieser Gegenstände waren wohl in Deutschland, Italien und Flandern hergestellt worden; allerdings waren darunter auch Austernschalen von den Kanarischen Inseln und einige Perlen aus dem heutigen Venezuela.

Nach Aussage von Cortés' Kaplan, López de Gómara, hielt Cortés vor dem Aufbruch der Flotte eine Rede. Dies ist schon möglich, obgleich man sich kaum vorstellen kann, daß er genau jenen eindringlichen Appell an den Wunsch nach Ruhm und Reichtum vortrug, den obiger Autor, in der Redekunst der späten italienischen Renaissance beschlagen, später veröffentlichte. López de Gómara zufolge behauptete Cortés in der Rede nämlich, daß die Expedition den Conquistadoren »große und reiche Länder, Königreiche, größer, als das Imperium unserer Gebieter, ... und überreichlichen Lohn, in schwerer Drangsal verpackt«, einbringen werde.[23] Wenn Cortés so unverblümt gesprochen hätte, dann hätten die unter seinem Befehl stehenden Freunde Velázquez' ihn auf der Stelle gestürzt. Cortés wußte vermutlich, daß moderne Heerführer Ansprachen an ihre versammelten Truppen hielten. Doch ist unklar, an wen er seine Worte gerichtet haben könnte: Nur an die Mannschaft seines eigenen Schiffs? Oder an seine Kapitäne, die er eigens für seine Rede von ihren Schiffen zu sich beorderte?

Dennoch gab Cortés seinen Männern eine Vorstellung von dem, was er dachte, indem er eine Fahne, die er in Santiago in Auftrag gegeben hatte, mit einem blauen Kreuz und dem lateinischen Wahlspruch: »*Amici, sequamur crucem, et si nos fidem habemus, vere in hoc signo vincemus*« (»Freunde, laßt uns dem Kreuz folgen, und wenn wir festen Glaubens sind, dann werden wir in diesem Zeichen den Sieg davontragen«)[24] am Masttopp seines Flaggschiffs aufhängen ließ. Dieses Motto erinnerte die gebildeten Männer bzw. diejenigen, die als gebildet gelten wollten, natürlich an das Zeichen des Kreuzes, das der Legende nach dem Heer des Kaisers Konstantin vor der Schlacht bei der Milvischen Brücke erschienen war. Doch in den Instruktionen von Diego Velázquez war mit keinem Wort von einer möglichen Schlacht die Rede, geschweige denn von der Pflicht, siegreich daraus hervorzugehen; vermutlich war Cortés, dem der Mercedariermönch Bartolomé de Olmedo mit seinen Lateinkenntnissen zur Seite stand, in einer Ballade auf diesen Wahlspruch gestoßen. Einige von Cortés' Bewunderern dürften von diesem Appell an den Glauben wenig begeistert gewesen sein: Gonzalo de Sandoval beispielsweise vermittelte immer den Eindruck, als verleugne er die göttliche Vorsehung, und »redete ständig schlecht von unserem Herrgott und seiner gebenedeiten Mutter«.[25] Wenn er kämpfte, dann für Kastilien.

Die Religiosität von Cortés ist für alle ein Rätsel, außer für diejenigen, die wie der erste Historiker der mexikanischen Kirche, Fray Mendieta, im Geiste seliger Einfalt davon überzeugt waren, daß Cortés von Gott auserwählt worden war, um seine Ziele zu erreichen. Die Aussagen über seine Gottesfurcht sind so widersprüchlich wie die Angaben über seine Haarfarbe. »Obgleich ein Sünder, war er doch gläubig und tat gute Werke«, schrieb der Franziskaner Motolinía, der ihn in seinen späteren Lebensjahren gut kannte (er war sein Beichtvater), und fügte hinzu: »Er beichtete unter vielen Tränen und empfing das Abendmahl in andächtiger Besinnung, und er legte seine Seele und sein Vermögen in die Hände seines Beichtvaters, damit dieser damit schalte, wie es seinem Gewissen gefalle.« Cortés' Lieblingsschwur war: »Auf Ehre und Gewissen!« – Diego de Ordás hingegen, der ihn während der kommenden 18 Monate fast täglich zu Gesicht bekam, schrieb 1529, daß »Cortés' Gewissen nicht größer war als das eines Hundes«. Er sei ein Frauenheld gewesen, zudem habgierig und verzückt von allem »weltlichen Gepränge«, über das er sich in seinem Testament so abfällig äußerte; andererseits hielt er packende Predigten, betete oft und trug gewöhnlich eine Goldkette mit einer Medaille, auf deren Vorderseite die Jungfrau Maria und auf deren Rückseite Johannes der Täufer dargestellt war.[26]

In Wahrheit dürfte Cortés zwar ein überzeugter Christ gewesen sein, seine christlichen Überzeugungen und Handlungen jedoch durchaus mit einer auf Eigennutz gerichteten Gesinnung in Einklang gebracht haben. Cortés wie Kolumbus waren von einem unentwirrbaren Knäuel von Motiven beseelt: In erster Linie strebten sie zweifellos nach Ruhm und Reichtum sowie, sofern es ihnen zweckdienlich oder vorteilhaft erschien, auch danach, Gott zu dienen. »Für Gott und gute

Erträge« lautete der Wahlspruch des Kaufmanns aus Prato, Francesco Datini. Vor der Gegenreformation und vor der Gründung des Jesuitenordens war die römisch-katholische Kirche eine weitherzigere Unternehmung als danach. Cortés verzieh Sandoval und Portocarrero ihre gotteslästerlichen Sprüche, weil sie enge Vertraute von ihm waren; andere hingegen (Cristóbal Flores, Francisco de Orduña) bestrafte er ostentativ für das gleiche Vergehen.

Cortés liebte das Glücksspiel. Er fühlte sich zu den materiellen Dingen des Lebens hingezogen, die er in seiner Kindheit so schmerzlich vermißt hatte und mit denen er jetzt Eindruck machen wollte. Er genoß es, sich mit einem Gefolge zu umgeben, und um seine Ziele zu erreichen, war ihm jedwede Taktik recht, sei es auch eine, die man (in Anbetracht der Epoche) mit vollem Recht als machiavellistisch bezeichnen könnte. All dies zeigt, wo seine Prioritäten lagen. Doch er entwickelte sich in dem Maße weiter, wie seine Expedition an innerer Stärke gewann. Er wurde vermutlich um so gottesfürchtiger, je mehr Herausforderungen er bestehen mußte. Die Kirche lieferte oftmals einen bequemen Vorwand für militärische Angriffe – und dies (auch wenn wir hier vorgreifen) bei der Eroberung Mexikos in viel stärkerem Maße als bei der Eroberung anderer Gebiete in der Karibik –, weil die Religionen Altmexikos und der von den Mexica unterworfenen Völker viel furchteinflößender waren als die Westindiens. Schließlich bildete das Christentum das geistige Fundament von Cortés' Expedition, auch wenn die Ehre Kastiliens das äußere Dekor abgab. Nach Meinung der Conquistadoren umfaßte das Christentum die Sittlichkeit, die die Kampfmoral stärkte, das Gemeinschaftsgefühl, das dem einzelnen in der Schlacht Kraft gab, und den Glauben, der vielleicht sogar Gefangenen, die dem Tod auf dem Opferstein entgegensahen, Trost spendete.

Die Abreise von 500 Männern bedeutete einen schweren Aderlaß für Kuba – die gesamte kastilische Bevölkerung der Insel dürfte im Jahre 1518 nicht mehr als 1000 Männer betragen haben. In Baracoa blieben gerade ein oder zwei kastilische Haushalte übrig.[27] Wenn die eingeborene Bevölkerung einen Führer gehabt hätte oder wenn die Franzosen schon damals mit der gleichen Entschlossenheit, mit der sie spanische Schiffe auf hoher See zu attackieren begannen, das spanische Kolonialreich angegriffen hätten, wäre Velázquez bei der Verteidigung seines kleinen Reichs in arge Bedrängnis geraten.

Cortés schickte vor seiner Abreise einen ehrerbietigen Abschiedsbrief an den Statthalter. Doch im Innersten bedeuteten ihm Achtung und Gehorsam nichts. Er allein war Herr seiner Entschlüsse. Allerdings behielt er seine Meinung für sich; vor seiner Abreise aus Kuba sprach er mit niemandem über seine wahren Absichten. Doch alle Indizien deuten darauf hin, daß er die neuen Gebiete entdecken, erobern und kolonisieren (*descubrir* und *poblar*) wollte. Bernal Díaz erinnerte sich daran, daß Cortés sich dahingehend geäußert hatte, bevor er Santiago verließ.[28] Jemand, der nur Handel treiben möchte, nimmt weder Pferde noch Geschütze mit.

So brach denn die dritte kastilische Expedition am 18. Februar 1519 in Richtung Yucatán auf.

Der Vorteil, im Besitz von Pferden und Geschützen zu sein

> »Der Vorteil, im Besitz von Pferden und Geschützen zu sein, verschafft den Wenigen Macht und Stärke gegen die Vielen.«
> *Fray Motolinía in einem Brief an Karl V., 1555*

Gleich nachdem seine Flotte in See gestochen war, weihte Cortés sie seinem Schutzpatron, dem heiligen Petrus, der ihm, wie er glaubte, einmal als Kind in Medellín das Leben gerettet hatte. Er befahl den Kapitänen der Schiffe, in Sichtweite des Flaggschiffs zu segeln, und ließ eine Laterne am Heck dieses Schiffes aufhängen, um ihnen die Orientierung zu erleichtern. Sollte schlechtes Wetter aufziehen, würden sie sich in dem sicheren Hafen Cozumel auf der Insel Santa Cruz sammeln, denn dieser Ort war den Steuerleuten inzwischen wohlbekannt.

Zwei Gründe bewogen Cortés, diesen Ort anzusteuern: Erstens war dies der kürzeste Weg zur »Insel« Yucatán; zweitens nahm er die Anweisung des Velázquez ernst, nach den angeblich dort gefangengehaltenen Christen zu suchen.

Tatsächlich gerieten sie sogleich in schlechtes Wetter, schon in ihrer ersten Nacht auf See wurden die Schiffe zersprengt. In der Morgendämmerung des nächsten Tages vermißte Cortés fünf Schiffe – abgesehen von dem schon länger verschollenen Alvarado. Francisco de Morla bemerkte, daß das Ruder seines Schiffes abgebrochen war. Er sprang selbst ins Meer, um es herauszuholen. Als Cortés in Cozumel eintraf, lagen dort bereits mehrere Schiffe der Expedition vor Anker. Als erstes war die *San Sebastían* mit Alvarado eingetroffen. Dieser beteuerte, er habe den Sammelplatz vor der kubanischen Küste vor Cortés erreicht. Doch schlechtes Wetter habe ihn gezwungen, wieder in See zu stechen.[1]

Als Cortés und seine Männer an Land gingen, bemerkten sie, wie Grijalva vor ihnen, daß die Bewohner der Küstendörfer ins Innere der Insel geflüchtet waren. Der Grund dafür war nicht nur ihre natürliche Scheu, sondern auch die Tatsache, daß sich Alvarado auf Kosten der Einheimischen »vergnügt« hatte. Er hatte Truthähne, Männer, Frauen und Ornamente als Beute genommen. Cortés rügte ihn; dies sei »keine Art, das Land zu befrieden [*apaciguar*]«. Alvarado bestritt, etwas Ungewöhnliches getan zu haben. Als seine Männer an Land gegangen seien, hätten sie keine Eingeborenen angetroffen; deshalb hätten sie sich selbst mit den Nahrungsmitteln versorgt, die sie in den verlassenen Häusern vorgefunden hätten. Cortés ließ Camacho, den Steuermann Alvarados, für kurze Zeit in Arrest setzen, weil dieser nicht, wie vereinbart, an dem Sammelplatz gewartet hatte.[2]

Auch diese Rüge trug deutlich Cortés' eigene Handschrift, denn in den Instruktionen, die ihm Velázquez erteilt hatte, war mit keinem Wort von Befriedung die Rede.

Im Verlauf der nächsten Tage versammelten sich neun der zehn Schiffe, mit denen Cortés von Kuba aus in See gestochen war, in Cozumel. Das ausstehende zehnte Schiff unter dem Kommando von Alonso de Escobar schien endgültig verschollen zu sein.

Cortés sah sich die Indianerdörfer auf Cozumel selbst an. Etwa ein Drittel seiner Männer war bereits mit Grijalva auf der Insel gewesen, doch für ihn und alle anderen besaß der Tempel der Göttin des Regenbogens, Ix Chel, mit seinem strohgedeckten Heiligtum an der Spitze einer vielstufigen Pyramide, die typisch für die ganze Region war, den Reiz des Neuen. Dasselbe galt für den seltsamen Honig, die fremdartigen Früchte, die neuen Gemüsesorten und die Meeresvögel. Bei ihrer Ankunft sahen die Kastilier auch erstmals »Betten aus einheimischer Baumwolle, genannt Hängematten«, *hamacas* – ein Wort, das Cortés bis dahin unbekannt gewesen war, obgleich Hernández de Córdoba und Grijalva Hängematten gesehen haben mußten und vermutlich sogar darin geschlafen hatten. Er und seine Freunde entdeckten auch eine Fülle reizvoller Ornamente »und, Heiliger Vater, sogar Bücher«, wie Pietro Martire in einem Brief an den Papst schrieb, nachdem er im Jahr darauf mit Mitgliedern dieser Expedition gesprochen hatte.[3]

Diese »Bücher« waren eigentlich Folgen wunderschön gemalter Bilder, die auf Baumrinde aufgetragen waren, welche man zuvor mit Bitumen beschmiert und zu meterlangen Pergamentbögen gedehnt hatte. Sie dürften den altmodischen, illuminierten Manuskripten Europas ähnlicher gesehen haben als den neuen Druckwerken, mit denen die Generation von Cortés damals vertraut wurde.

Die Spanier fanden eine Frau (vermutlich die Frau eines Häuptlings) mit ihren Kindern und Bediensteten. Sie war zurückgeblieben, als die Mitglieder ihres Stammes geflohen waren. Cortés schenkte ihr Kleider und andere »cosas de Castilla«. Den Kindern gab er Spielzeug, den Dienerinnen Scheren und Spiegel. Durch seinen nicht besonders zuverlässigen Dolmetscher Melchorejo bat Cortés die Frau, die Häuptlinge und die übrigen Inselbewohner zur Rückkehr zu bewegen. Er versprach, sie gut zu behandeln – und sie kamen zurück. Cortés ordnete an, man solle ihnen die Gegenstände, die Alvarados Männer vor seinem Eintreffen aus ihren Häusern gestohlen hatten, soweit wie möglich zurückgeben. Nun forderte der Häuptling der Insel seine Leute auf, den Kastiliern Nahrungsmittel zu bringen: Fisch, Brot und Honig. Anschließend fand ein Begrüßungszeremoniell zwischen den beiden Anführern statt. Die Indianer verbrannten Harz auf dem Hauptplatz vor dem Tempel, der bald von einem weihrauchähnlichen Duft erfüllt war.[4]

Cortés wirkte so überzeugend, daß die Maya von Cozumel ihm gebannt zuhörten, als er ihnen durch Melchorejo erklärte, wie abscheulich in seinen Augen Menschenopfer waren. Sie fragten ihn, welchem Gesetz sie sich statt dessen unterwerfen sollten. Cortés erwiderte, es gebe nur einen einzigen Gott, den Schöpfer des Himmels und der Erde, den Spender allen Lebens. Er unterbrach eine kultische Feier der Eingeborenen, um eine Messe zu lesen, in der er seinen verblüfften Zuhörern mitteilte, daß er ihre Götterstatuen zertrümmern und ihnen ein besseres Gesetz und bessere Gegenstände der Anbetung geben wolle. Er versuchte sie davon zu überzeugen, daß die Götter in ihren Tempeln böse seien und ihre Seelen der Hölle ausliefern würden. Er forderte sie auf, ihre Statuen durch eine Statue der Jungfrau Maria zu ersetzen. Diese Tat werde ihnen gewiß reiche Ernte bringen und ihre Seelen retten.[5]

Dies war das erste Mal, daß sich Cortés vor den *naturales* als Prediger versucht hatte. Vielleicht hatte ihm Fray Olmedo mit Rat beigestanden, vielleicht aber hatte er auch während seiner Jahre als Meßdiener in der Kirche San Martín in Medellín die Kunst der Predigt erlernt und erinnerte er sich nun an die Themen dieser Predigten. Die Kerzen dürften seine Zuhörer freilich stärker beeindruckt haben als seine salbungsvollen Worte. Wie dem auch sei, sie unternahmen jedenfalls nichts, als Cortés einigen seiner Männer befahl, die Götterstatuen die Stufen der Tempel hinabzurollen – offenbar mit Ausnahme der hohlen Statue, in der sich in der Vergangenheit Priester versteckt hatten, um zu den Gläubigen zu sprechen. Die Indianer waren auch sprachlos, als Cortés einen christlichen Altar mit einer Statue der Heiligen Jungfrau aufstellen ließ (vermutlich ein tragbarer Altar von einem der Schiffe). Offenbar behängten sie die Jungfrau sogar mit indianischen Gewändern. Zwei Zimmerleute, Alonso Yáñez und Álvaro López, bauten ein Kreuz, das der Estremeño Martín Vázquez auf der Spitze des hohen Turms der Hauptpyramide befestigte. Die Maya stellten auch in ihren Kanus Statuen der Mutter Gottes auf.[6] Während der Zeit, in der sich die Kastilier bei ihnen aufhielten, wurden offenbar keine Menschenopfer dargebracht, doch waren Menschenopfer bei den Maya sowieso seltener als bei den Mexica. Statt dessen töteten sie Rebhühner, Wachteln und Hunde. Vielleicht glaubten die Maya auch, das neue christliche Kreuz sei eine Geste der Ehrerbietung gegenüber ihrem eigenen, getünchten Kreuz, das sowohl Hernández de Córdoba als auch Grijalva mit Staunen betrachtet hatten.

Diese flüchtige Bekanntschaft mit den Ureinwohnern von Cozumel bedeutete für Cortés die Bestätigung dessen, was Alvarado und andere ihm mitgeteilt haben dürften, nämlich, daß dieses Volk einer höheren Kultur angehörte als die Indianer auf Hispaniola und Kuba. Zweifellos hatte Cortés von der in Spanien geführten erbitterten Kontroverse über die Frage gehört, ob die Indianer der Neuen Welt von Natur aus Sklaven seien. Für ihn war klar, daß die Indianer der »neuen Inseln« zwar dunkelhäutige und unwissende Götzenanbeter, doch zugleich auch Menschen waren, die »man in den Rang von Kindern Gottes, Brüdern und Schwestern Christi und Erben Seiner Herrlichkeit erheben« konnte.[7]

Dieser religiöse Bekehrungseifer wurde noch verstärkt, als er die Eigenart der Religion der Maya und die Häufigkeit von Menschenopfern erkannte. Mochten diese *naturales* auch in politischer und technischer Hinsicht hochstehend sein, so ließ ihre Religion sie doch als verderbte Wesen erscheinen. Daher war Cortés um so mehr geneigt, die Anweisung des Velázquez zu beherzigen, der ihm befohlen hatte: »Der höchste Zweck, den Ihr und Eure Gefährten auf dieser Reise immer im Auge haben müßt, besteht darin, Gott, unserem Herrn, zu dienen und ihn zu rühmen und unseren heiligen katholischen Glauben auszubreiten.«

Die Beziehungen zwischen den Maya und den Spaniern waren gut. Cortés versuchte die Indianer immer wieder mit weitschweifigen Ausführungen dazu zu bewegen, König Karl als ihren Souverän anzuerkennen. Vielleicht nahm er sich dabei die Handlungsweise des Königs von Kastilien gegenüber den maurischen Fürsten zum Vorbild. Die Maya wiederum bestaunten die Bärte und die Hautfarbe der Kastilier.[8] Die Pferde allerdings bekamen sie nicht zu Gesicht, da die Kastilier diese Geheimwaffen auf ihren Schiffen ließen.

Nach einiger Zeit teilten die Maya Cortés mit, daß »in dem [nahen] Land, das Yucatán genannt wird, zwei Christen lebten, die vor langer Zeit in einem Boot dorthin gebracht worden seien, und daß ein Fürst dieses Landes sie gefangenhalte«. Der *caudillo* versuchte den Häuptling von Cozumel dazu zu bringen, einen Boten dorthin zu schicken. Dieser jedoch befürchtete, daß sein Bote gefangengenommen und verspeist werden würde. Cortés beschloß daraufhin, seine eigenen Boten loszuschicken. Juan de Escalante, einer von Cortés' Freunden, fuhr mit seiner Brigantine zur Küste Yucatáns und setzte dort mehrere Maya ab. Ordás eskortierte ihn mit 50 Mann in zwei weiteren Brigantinen. Einer der Boten trug, versteckt in seinem Haar, einen Brief von Cortés bei sich, in dem der *caudillo* darlegte, er sei mit 550 Spaniern gekommen, um diese Gebiete zu erforschen und zu besiedeln.[9]

Nach einer Woche waren diese Männer zur Enttäuschung von Cortés noch immer nicht zurückgekehrt. Cortés wollte nicht nur die Spanier aus ihrem tropischen Gefängnis befreien, er ging auch davon aus, daß ein Spanier, der einige Jahre lang mit den Indianern zusammengelebt hatte, ein besserer Dolmetscher sei als Melchorejo oder Julianillo, deren spärliche Kenntnisse des Kastilischen ein schwerwiegendes Hemmnis darstellten. Aufgrund seiner Erinnerung an die *Reconquista* mußte Cortés wissen, daß ein guter Dolmetscher sein Gewicht in Gold wert ist. Dennoch ließ er nach der Rückkehr von Escalante und Ordás Vorkehrungen für die Abreise treffen. Die Expeditionsteilnehmer, die sich schweren Herzens von der duftenden Insel Santa Cruz (wie sie Cozumel nannten) trennten, nahmen Honig und Bienenwachs mit auf

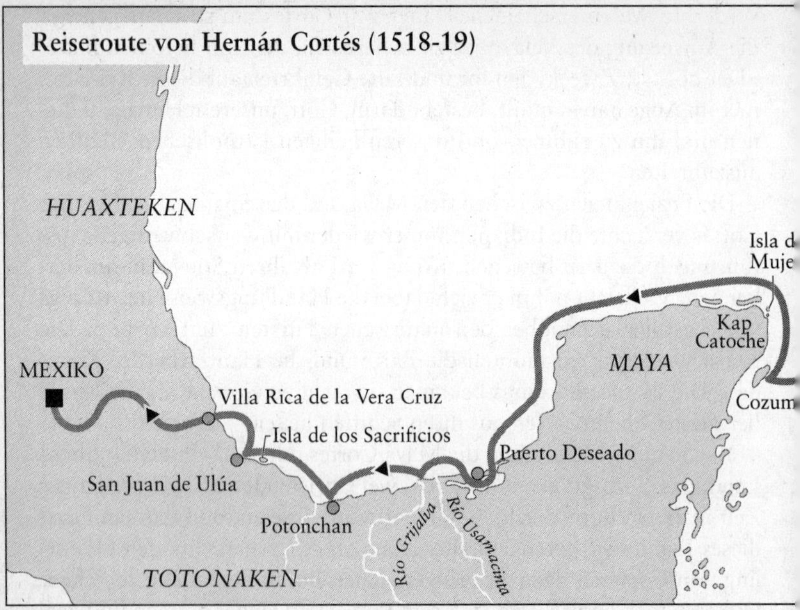

ihre Schiffe. Die Flotte segelte zunächst zur Isla de Mujeres, einer weiteren kleinen Insel, die von Hernández de Córdoba entdeckt und benannt worden war. Der Tag, an dem sie dort vor Anker gingen, war in Spanien der erste Tag des Karnevals, wie ihnen in einem plötzlichen Anflug von Heimweh bewußt wurde. Cortés hatte die Insel nur deshalb angesteuert, um einen Blick darauf zu werfen. Gerade als er den Befehl zu Weiterfahrt Richtung Kap Catoche geben wollte, signalisierte Juan de Escalante durch einen Kanonenschuß, daß seine Brigantine ein Leck hatte. Der Ausfall dieses Schiffes wäre besonders hart gewesen, da es viele Vorräte an Bord hatte, darunter den größten Teil des in Kuba geladenen Brotes. Daher beschloß Cortés, nach Cozumel zurückzusegeln und das Schiff dort ausbessern zu lassen, da sich die *naturales* ihnen gegenüber so gastfreundlich verhalten hatten. Als die Spanier in Cozumel eintrafen, sahen sie mit Freude, daß die Statue der Heiligen Jungfrau noch immer an ihrem Platz stand.[10]

Die Reparatur des Schiffes nahm mehrere Tage in Anspruch, während deren die Spanier ihre Wasservorräte erneut auffüllten. Am 12. März waren sie zur Abfahrt bereit. Alle Teilnehmer der Expedition

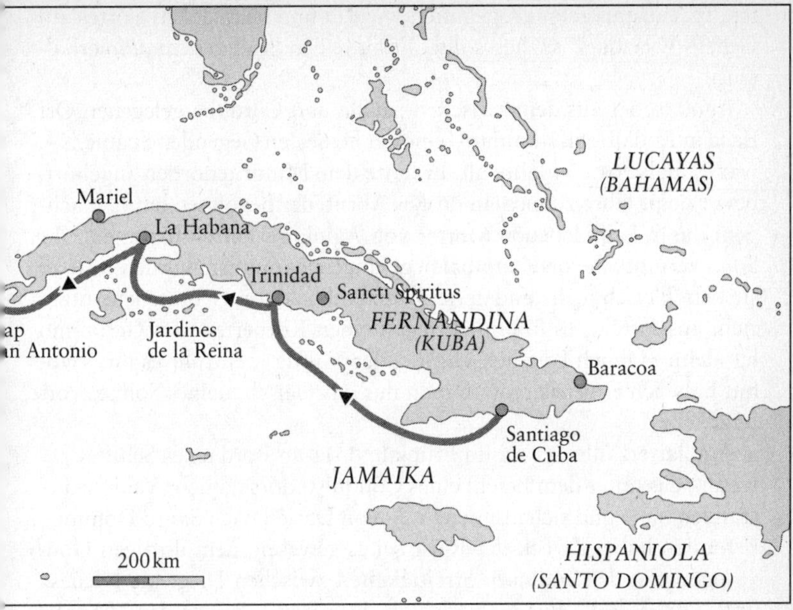

mit Ausnahme von Cortés und zehn weiteren Kommandanten, die am Ufer auf die kleinen Boote warteten, die sie zu ihren Schiffen bringen sollten, hatten sich bereits eingeschifft. Doch ungünstige Windverhältnisse zwangen sie dazu, eine weitere Nacht auf der Insel zu verbringen. Der nächste Tag war ein Sonntag; Cortés bestand darauf, vor der Abfahrt die Messe zu hören. Nach dieser weiteren Verzögerung sahen sie, wie sich ihnen ein Kanu aus Richtung Yucatán näherte. Cortés befahl Andres de Tapia, sich die Sache näher anzusehen. In dem Kanu »saßen drei nackte Männer mit Lendenschurz, die die Haare nach Frauenart gebunden hatten und Pfeile und Bogen in den Händen hielten. Sie gaben den Kastiliern durch Zeichen zu verstehen, daß sie sich nicht fürchten sollten, und legten am Ufer an«. Einer von ihnen ging auf die Kastilier zu und fragte sie auf spanisch: »Werte Herren, seid Ihr Christen? Wer ist Euer Gebieter?« Einer von Tapias Männern, Angel Tintorero, antwortete, sie seien Kastilier und Untertanen (*vasallos*) des Königs von Kastilien. Worauf der andere sie unter Freudentränen bat, Gott zu danken. Er tat das gleiche. Es war Gerónimo de Aguilar, einer jener Männer, die, wie ihnen die Maya auf Cozumel erzählt hatten, in Yucatán gefangengehalten wurden und nach denen Cortés auf Geheiß Velázquez' suchen sollte. Er hatte den Brief des *caudillo* erhalten.[11]

Aguilar, der aus dem zwischen Sevilla und Córdoba gelegenen Ort Écija in Andalusien stammte – eine der heißesten Gegenden Spaniens –, war damals etwa 30 Jahre alt. Er hatte dem Minoritenorden angehört, bevor neun Jahre zuvor sein großes Abenteuer begonnen hatte. Nachdem die in Écija lebende Mutter von Aguilar erfahren hatte, daß ihr Sohn vermutlich von Kannibalen gefangengenommen worden war, aß sie kein Fleisch mehr und geriet beim Anblick von Gebratenem außer sich, aus Furcht, es könnte sich um einen Körperteil von Géronimo handeln. »Oh ich Unglückseligste aller Mütter«, entfuhr es ihr, »womit habe ich es verdient, daß man mir das Fleisch meines Sohnes vorsetzt?«[12]

Aguilar erzählte, er sei im Frühjahr 1511 an Bord eines Schiffes gewesen, das unter dem Befehl eines Conquistadors namens Valdivia gestanden habe und sich auf dem Weg von Darién nach Santo Domingo befunden habe. Zweck der Reise sei es gewesen, dem dortigen Gouverneur von den endlosen Streitigkeiten zwischen Diego de Nicuesa und Núñez de Balboa zu berichten. Das Schiff sei vor den Víboras, einer Inselgruppe vor Jamaika, auf eine Sandbank gelaufen. Er selbst, Valdivia und zwanzig weitere Männer hätten sich, ohne Lebensmittel und ohne Wasser, in ein Beiboot begeben und seien mit nur einem Paar Ruder in See gestochen. Sie seien von einer starken westwärts gerichteten Strömung erfaßt worden. Nach großen Entbehrungen seien sie schließlich an der Küste Yucatáns gestrandet. Die Hälfte der Männer sei zu diesem Zeitpunkt bereits tot gewesen.[13]

Die Maya hätten die Überlebenden gefangengenommen, Valdivia und vier weitere Männer geopfert und ihre Körper bei einem Festessen verzehrt. Aguilar und die übrigen seien in Käfige gesperrt worden, offenbar um sie für ein späteres Festessen zu mästen. Doch sie seien aus den Käfigen ausgebrochen und geflüchtet; ein anderer Maya-Häuptling, Xamanzana, habe ihnen zwar Zuflucht gewährt, sie aber zu Sklaven gemacht. Nach einiger Zeit seien nur noch er und Gonzalo Guerrero, der aus Niebla stammte, einer wenige Kilometer von Palos entfernten Hafenstadt am Río Tinto, am Leben gewesen.

Um sich geistig zu sammeln, habe er, Aguilar, die Tage gezählt. Doch als man ihn befreite, irrte er sich um drei Tage: Als er Tapia traf, glaubte er, es sei Mittwoch, nicht Sonntag. In einer Darstellung wird behauptet, er habe immer ein vielbenutztes, mit Malereien versehenes Stundenbuch (eine Sammlung traditioneller Gebete) bei sich getragen. Er sehnte sich nach der spanischen Lebensweise zurück; anders Gonzalo Guerrero. Aguilar hatte ihm Cortés' Brief geschickt. Doch Guerrero hatte mittlerweile eine Maya-Indianerin zur Frau und mit ihr drei Kinder. Seine Frau war die Tochter von Na Chan Can, dem Herrscher von Chactemal, der einzigen Region Yucatáns, in der Kakao angebaut wurde und die ein paar hundert Kilometer weiter südlich lag. Guerrero hatte sich die Nase und beide Ohren durchstechen und sein Gesicht und seine Hände tätowieren lassen, um sich äußerlich ganz den Indianern anzugleichen, und schämte sich nun dafür. Außerdem war er militärischer Berater von Na Chan.[14]

Vielleicht hatte Guerrero auch traurige Erinnerungen an seine Heimatstadt Niebla; die Conquistadoren beklagten die Bräuche der Eingeborenen in Amerika – doch hatte der Dichter Juan del Encina etwa nicht beschrieben, wie sogar die Bewohner von Niebla einst durch eine Hungersnot zum Kannibalismus getrieben worden waren?

Cortés kam sofort auf die Idee, daß Aguilar, der Chontal-Maya sprach, als der Dolmetscher dienen könnte, den er so dringend brauchte, auch wenn seine Spanischkenntnisse verkümmert waren (und er des Spanischen nie wieder ganz mächtig werden sollte), was nach acht Jahren in der Wildnis auch nicht weiter verwunderlich war.[15] Dennoch war er von sehr großem Nutzen. Aguilars Berichte über die Menschenopfer bei den Maya müssen die Begeisterung der Conquistadoren gedämpft und zugleich ihren Missionierungswillen gestärkt haben.

Cortés gab seiner Flotte den Befehl zur Abfahrt. Doch zuvor hielt er noch einmal eine Predigt vor den Ureinwohnern, in der er auf die Bedeutung des Seelenheils einging. Bei dieser Gelegenheit erprobte er, wie gut sich Aguilar als Dolmetscher eignete; dieser bestand die Prüfung mit Bravour. Anschließend zerstörten die Kastilier die letzten noch erhaltenen Götterfiguren.

Die Maya schienen über die geplante Abreise von Cortés betrübt zu sein. Dieser erkannte nun, wie verhältnismäßig einfach es war, diese Indianer zu beeindrucken und ihre Zuneigung zu gewinnen. Vielleicht aus jener natürlichen Höflichkeit heraus, welche die Bewohner dieser Gebiete von jeher auszeichnete, baten ihn die Indianer, einen Priester zurückzulassen. Doch Cortés konnte Fray Juan Díaz und Fray Bartolomé de Olmedo nicht entbehren.[16]

Die Expedition segelte erneut zur Isla de Mujeres, wo man Wasser und Salz an Bord nahm. Sie warteten dort zwei Tage auf einen günstigen Wind, um Kap Catoche zu umschiffen. In der Zwischenzeit fingen sie einen Hai, in dessen Magen sie typisches Treibgut des 16. Jahrhunderts fanden: drei Schuhe, einen Zinnteller, über 30 Speckseiten und einen Käse.[17]

Nachdem die Flotte Kap Catoche hinter sich gelassen hatte, folgte Cortés der gleichen Route, die schon Hernández de Córdoba, Grijalva und seine eigenen Steuerleute genommen hatten. Er ließ eine Brigantine in Küstennähe segeln, die nicht nur nach dem verschollenen Schiff unter Kapitän Alonso de Escobar Ausschau halten, sondern auch »die Geheimnisse des Landes« ergründen sollte. Er erwog, Champoton anzulaufen, um für die Niederlage von Hernández de Córdoba Rache zu üben; doch seine Steuerleute, die auf früheren Fahrten bemerkt hatten, wie seicht die Küstengewässer dort waren, brachten ihn davon ab. Nach ein paar Tagen entdeckten sie in dem Hafen, den Grijalva Puerto Deseado genannt hatte, das vermißte Schiff von Escobar. Der Steuermann Juan Álvarez »der Lahme« hatte Escobar und seine Leute dorthin geführt, da er von seiner früheren Reise mit Grijalva wußte, daß sie dort mit Hilfe örtlicher Nahrung überleben konnten, auch wenn sie keine Vorräte mehr an Bord hatten. Tatsächlich hatten sie gut gelebt; sich von Hasen und Wild ernährt, wobei ihnen die wie durch ein Wunder wiederentdeckte Mastiffhündin, die Grijalva zurückgelassen hatte, tatkräftig geholfen hatte. Diese frühe europäische Kolonistin Yucatáns hatte sich ein Jahr lang offenbar mühelos mit Nahrung versorgt. Selbst das Schiff von Escobar hatte von diesem üppigen Leben profitiert, denn als Cortés es entdeckte, war seine Takelage mit Hirsch- und Hasenfellen umwickelt.[18]

Cortés segelte weiter zur Mündung des Río Usamacinta, dem er den Namen San Pedro und San Pablo gab. Um den 22. März erreichten sie dann den Río Grijalva (bzw. Tabasco). Cortés sagte, er werde an Land gehen, um die Nahrungsmittel- und Süßwasservorräte aufzufüllen – doch sie hatten noch genug von beidem. Vermutlich suchte er nach Gold: Er wußte, daß Grijalva an dieser Stelle eine goldene Figur, die einen Menschen darstellte, überreicht worden war.

Obgleich der Río Grijalva ein breiter Fluß ist, hielten es die Steuerleute für unklug, mit den großen Schiffen flußaufwärts zu fahren. Daher brach Cortés mit seinen Brigantinen und den Beibooten der Karavellen zur Erkundung des Flusses auf. Am Ufer des Flusses sahen die

Kastilier zahlreiche Indianer, die Federschmuck trugen und sie aufmerksam beobachteten. Da sich Grijalva im Jahr zuvor an der gleichen Stelle friedlich verhalten hatte, zeigten die Chontal-Maya keine Furcht. Etwa zweieinhalb Kilometer flußaufwärts stießen die Kastilier auf eine Siedlung, die angeblich 25 000 Häuser zählte, die meisten davon aus Adobeziegeln erbaut und mit Strohdächern bedeckt. Wie alle vergleichbaren Angaben dürfte auch diese Zahl stark übertrieben sein; jedenfalls handelte es sich in den Augen der Kastilier um eine recht große Stadt aus Steinbauten, die von »sehr begabten Architekten« entworfen zu sein schienen.[19] Es war Potonchan, ein bedeutendes Handelszentrum, das sich ungefähr an der Stelle der heutigen Stadt Frontera befunden haben muß. Da sich jedoch der Lauf des Río Grijalva seit dem 16. Jahrhundert verlagert hat, können wir nicht mit Sicherheit angeben, wo die Stadt lag. Wahrscheinlich wurde in der Region Kautschuk gewonnen, der damals zu Sandalensohlen und Bällen verarbeitet wurde.

Kurz bevor die Kastilier anlegten, näherten sich ihnen die Einwohner der Stadt in Kanus und fragten Cortés, was er wolle. Cortés ließ ihnen durch Aguilar ausrichten, daß er Nahrungsmittel brauche und dafür bezahlen wolle. Er sagte, er sei ein Bruder jenes Grijalva, zu dem die Indianer im Jahr zuvor ein so gutes Verhältnis hergestellt hätten. Die Indianer antworteten, die Kastilier sollten sich am nächsten Tag auf dem Platz vor der Stadt versammeln. Dies taten sie, nachdem sie die Nacht auf dem sandigen Flußufer verbracht hatten. Jede Seite versuchte die andere zu täuschen: Die Maya nutzten die Nacht, um Frauen und Kinder aus der Stadt zu bringen, während die Kastilier Verstärkung, darunter Armbrustschützen und Arkebusiere (aber noch nicht die Pferde), von den Schiffen herbeischafften.[20]

Am Morgen brachten die Maya acht Truthähne und Mais für zehn Personen sowie nach Darstellung des Augenzeugen Juan Álvarez eine Maske aus Gold und einige weitere Schmuckstücke. Dann forderten sie die Kastilier auf, wieder fortzugehen. Cortés lehnte dies ab und erklärte, sie hätten nicht genügend Lebensmittel gebracht, und außerdem hätte er gern einen Korb voll Gold. Die Indianer erwiderten, sie wünschten weder Krieg zu führen noch Handel zu treiben. Sie hätten nicht mehr Gold. Wenn die Kastilier sich nicht zurückzögen, würden sie alle getötet werden. Sie versprachen, am nächsten Tag weitere Lebensmittel zu bringen; wenn Cortés Wasser brauche, könne er es aus dem Fluß schöpfen. Cortés erwiderte, das Wasser des

Flusses sei salzig – worauf die Indianer entgegneten, um Süßwasser zu erhalten, brauche er nur Löcher in den Sand einer der Inseln zu graben.[21]

Drei weitere Tage vergingen. Die Kastilier blieben auf ihren Schiffen auf dem Fluß, und Cortés ließ weitere Verstärkung von der vor Anker liegenden Flotte holen. Außerdem schickte er Pedro de Alvarado und Alonso de Ávila mit 50 Männern auf einen Erkundungsgang flußaufwärts, auf dem sie nach einer Furt oberhalb der Stadt suchen sollten. Ordás leitete einen weiteren Spähtrupp. Er behauptete später, auf 30000 Indianer gestoßen zu sein, vor denen er das *requerimiento* verlesen habe. Ein anderer kastilischer Trupp verhinderte, daß er von den Indianern umzingelt wurde.[22] (Wie wir immer wieder sehen werden, war es damals üblich, bei Schlachten die Stärke und die Verluste des Gegners sowie andere Dinge zu übertreiben; so berichtete der Historiker Chastellain, Karl der Kühne, der Herzog von Burgund, habe bei der Schlacht von Gavre nur fünf Edelmänner verloren, während die Rebellen von Gent 20000 bis 30000 Fußsoldaten eingebüßt hätten, so wie der Held des Rolandsliedes mit seinen 60 Anhängern 100000 Gegner in die Flucht schlug …)

Am Morgen des vierten Tages brachten die Indianer wieder acht Truthähne und Mais für zehn Personen. Cortés erklärte erneut, er wolle die Stadt besichtigen und wünsche mehr Nahrungsmittel. Die Indianer antworteten, sie würden darüber nachdenken. In der folgenden Nacht brachten sie ihre Familien und einen Großteil ihrer Habe aus der Stadt. Gleichzeitig verlegten sie Krieger in die Stadt: »Die ganze Nacht über hatten die *naturales*, die viele Feuer angezündet hatten und ihre Hörner bliesen, ein sehr wachsames Auge auf uns«, sagte ein Conquistador.

Am nächsten Tag brachten die Indianer in acht Kanus einen weiteren kleinen Vorrat an Nahrungsmitteln. Sie beteuerten, mehr könnten sie nicht herbeischaffen, da die Einwohner die Stadt aus Furcht vor den Fremden und ihren großen Schiffen verlassen hätten. Einige von Cortés Männern begaben sich daraufhin in die Stadt, um nach Vorräten zu suchen. Doch sie wurden eingekreist und traten überstürzt den Rückzug an. Cortés, davon unbeeindruckt, befahl, die Kranken sollten auf die Schiffe zurückkehren, während sich die Gesunden auf den Kampf vorbereiten sollten. Der nächsten Abordnung von Indianern, die zu ihm kam, sagte er, es sei unmenschlich, die Kastilier verhungern zu lassen. Wenn die Indianer ihm gestatteten, die Stadt zu betreten, und wenn sie seinen Männern zu essen geben würden, dann gäbe er ihnen gute Ratschläge.

Die Indianer erwiderten, sie brauchten keine guten Ratschläge und sie würden die Kastilier keinesfalls in ihren Häusern bewirten. Cortés versicherte ihnen, sie würden reich belohnt, wenn sie seinem Rat folgten. Er müsse die Stadt betreten, damit er sie dem mächtigsten Herrn der Welt, seinem König, der ihn ausgesandt habe, sich dieses Land anzusehen und zu besuchen, beschreiben könne.[23] Er, Cortés, wolle Gutes tun, doch wenn die Indianer ihm dabei nicht helfen wollten, könne er ihre Seelen nur Gott befehlen. Die Maya forderten ein weiteres Mal, die Kastilier sollten abziehen und sie nicht länger behelligen. Wenn sie nicht fortgingen, würden sie alle getötet werden. Cortés erwiderte, er werde noch am selben Abend in die Stadt einziehen, auch wenn er sie dadurch verärgere. Darauf brachen die Maya in Gelächter aus. Dann befahl Cortés dem Notar Diego de Godoy, eine Erklärung zu verlesen, in der die Indianer dazu aufgefordert wurden, die Oberhoheit des Königs von Spanien anzuerkennen. Godoy hatte diesen Dienst bereits zweimal auf der Expedition von Grijalva erbracht, wenn auch nicht in Potonchan.

Diese Handlung hatte eine unerwünschte Folge: Die Maya griffen die Kastilier unverzüglich mit Pfeilen und Steinen an, die sie mit ihren Bogen und Schleudern verschossen. Sie gingen auch so weit in den Fluß, bis ihnen das Wasser an die Knie reichte, um die Boote der Conquistadoren zu attackieren.[24] Daraufhin ließ Cortés einige der Geschütze und die meisten seiner Männer an Land bringen. Bei Sonnenuntergang feuerten die Kastilier die Geschütze auf die Indianer ab, die zunächst vor Schreck zurückwichen. Doch sie sammelten sich wieder und setzten den Kampf fort. Sie beschossen die Kastilier erneut mit Pfeilen und schleuderten mit Hilfe ihrer *atlatls* Speere auf sie. Sie setzten auch ihre Schwerter mit den spröden Obsidianklingen ein. Wahrscheinlich hatten sie mehr Kampferfahrung als die Männer von Cortés, von denen nur wenige je zuvor an einer echten Schlacht teilgenommen hatten – zumindest nicht an einer Schlacht gegen einen zahlenmäßig so weit überlegenen Gegner.

Zwanzig Kastilier wurden verwundet. Doch Alvarado und Ávila (die über versteckte, durch die Sümpfe führende Pfade von der entgegengesetzten Seite in die Stadt gelangt waren) fielen den Indianern in den Rücken, so daß die etwa 400 Maya-Krieger, die sich ihnen entgegengestellt hatten, binnen kurzem entweder tot, gefangen oder geflüchtet waren. Die Kastilier rückten ins Zentrum der Stadt vor. Sie schliefen im Innenhof des Haupttempels. Zuvor hatte Cortés zum Zeichen dafür, daß er das Gebiet in Besitz genommen hatte, drei Kerben in den prächtigen Wollbaum geschnitten, der auf dem Platz stand, auf dem all diese Ereignisse stattgefunden hatten. Gewiß hatte er von denjenigen seiner Männer, die Pedrarias auf dessen Expedition begleitet hatten (Vázquez de Tapia, Montejo, vielleicht auch Bernal Díaz), erfahren, daß »der Galan« bei seiner Ankunft in Castilla del Oro den gleichen rituellen Akt der Inbesitznahme durchgeführt hatte, der sich nicht allzusehr von den Bräuchen der Maya unterschieden haben dürfte.[25]

Der einzige Verlust, den die Kastilier erlitten, war Melchorejo, ihr alter Dolmetscher, der während der Kämpfe die Gelegenheit zur Flucht nutzte. Wir wissen nicht, ob er zu seinem Volk in Yucatán zurückkehrte und seine alte Tätigkeit als Fischer wieder aufnahm. Wie Aguilar von zwei Gefangenen erfuhr, hatte Melchorejo den Maya geraten, die Kastilier Tag und Nacht anzugreifen, da sie wie alle Menschen sterblich seien.[26]

Aus diesem Sieg in Potonchan zog Cortés mehrere Lehren. Erstens erkannte der *caudillo*, wie wirkungsvoll der Einsatz von Geschützen war, auch wenn dies diejenigen, die Grijalva begleitet hatten, nicht überraschte; zudem hatte Velázquez bei der Eroberung Kubas ebenfalls Feuerwaffen benutzt, und Cortés hatte dies mit Sicherheit selbst miterlebt. Die entscheidende Erkenntnis lag jedoch für Cortés darin, daß der Einsatz von Geschützen selbst bei diesen kulturell höherstehenden Indianern eine Schockwirkung entfalten konnte, die in keinem Verhältnis zu den tödlichen Folgen ihres Gebrauchs stand.

Zweitens erkannten die Kastilier, daß sie eine Schlacht gegen eine erdrückende Übermacht von Indianern siegreich und ohne größere Verluste bestehen konnten. Wir wissen nicht, wie viele Indianer den Spaniern entgegentraten, doch dürften sie mindestens im Verhältnis 10 zu 1 in der Überzahl gewesen sein. So konnten die Kastilier im Leben eine Legende verwirklichen, die an ihre Lieblingsromanzen erinnerte: Aufgrund der Waffen und der Kampftaktik der Eingeborenen erlitten die *hidalgos* zwar zahlreiche Verwundungen, die jedoch nur in den seltensten Fällen tödlich waren, so daß sie sich wie Hektor oder Roland vorkamen und glaubten, sie könnten das Zeitalter der Paladine, wie es in den Balladen besungen wurde, zu neuem Leben erwecken.[27]

Die Indianer kämpften, um ihre Gegner zu verwunden und gefangenzunehmen (entsprechend waren ihre Obsidianschwerter gestaltet), nicht um sie zu töten. Sie schienen geradezu den Wunsch zu haben, »sich auf den Spitzen der kastilischen Schwerter aufzuspießen, um ihrer Gegner habhaft zu werden«, wie Bernal Díaz über eine spätere Schlacht schrieb. Ein Krieger hätte vermutlich in der Zeit, die er brauchte, um einen Gegner gefangenzunehmen, drei Feinde töten können.[28]

Wahrscheinlich zogen sie aus diesem Kampf noch eine dritte Lehre: Um sich gegen die brüchigen, wenn auch scharfen Schwerter dieser Feinde zu schützen, genügte jene »Rüstung« aus gepolsterter Baumwolle, wie sie die Mexica trugen und die Cortés noch auf Kuba so sehr beeindruckt hatte. Fortan verwandten die Spanier ihre metallenen Rüstungen – wie die *naturales* ihren Federschmuck – nur noch als Mittel der »psychologischen Kriegsführung«.

Am 25. März, dem Tag nach der Schlacht, ließ Cortés die Gefangenen zu sich bringen. Er sagte ihnen, die Schuld an dem, was geschehen sei, träfe sie, denn er habe sie eindringlich gebeten, friedlich zu bleiben. Wenn sie wollten, könnten sie nun nach Hause gehen. Und er fügte hinzu, er wolle mit ihrem König sprechen, denn er habe ihm noch immer viele Dinge mitzuteilen. Nachdem die Kastilier die Gefangenen freigelassen hatten, beobachteten sie, daß sich die Maya für einen erneuten Angriff formierten. Aus diesem Grund entsandte Cortés mehrere kleine Spähtrupps in die Umgebung der Stadt, welche sämtliche Indianer gefangennahmen, deren sie habhaft werden konnten. Cortés versprach, sie wie Brüder zu behandeln, wenn sie ihre Waffen niederlegten.

Am nächsten Morgen kamen 20 Häuptlinge in die Stadt. Sie begrüßten Cortés auf traditionelle Weise, indem sie mit den Händen den Boden berührten und sie anschließend küßten.[29] Sie sagten, ihr Herr habe ihnen aufgetragen, Cortés zu bitten, die Stadt nicht niederzubrennen, und ihm mitzuteilen, man werde die Spanier mit weiteren Nahrungsmitteln versorgen. Cortés erwiderte, er sei in der Absicht gekommen, Gutes zu tun, und er kenne die Wahrheit über viele große Geheimnisse, welche die Indianer gewiß mit großer Freude vernehmen würden.

Ein weiterer Tag verging. Die Maya kehrten mit ein paar Früchten zurück. Sie entschuldigten sich dafür, daß sie nicht mehr Nahrungsmittel bringen könnten, doch die Bewohner der Stadt hätten sich zerstreut und würden sich aus Furcht versteckt halten. Sie würden jedoch gerne einige der berühmten Perlen und vielleicht auch ein paar Glokken als Geschenke annehmen. Was den Herrscher von Potonchan anlange, so habe sich dieser in eine weit entfernte Festung begeben. Cortés entließ die Boten, nachdem er ihnen eröffnet hatte, daß er am nächsten Tag mit seiner Armee ausrücken und so viele Nahrungsmittel wie möglich auftreiben wolle. Er riet den Indianern, eine große Menge davon bereitzuhalten. Offenbar verschenkte er keine weiteren Perlen.

Am nächsten Tag sandte er drei Kompanien mit insgesamt 250 Mann und einigen kubanischen Kundschaftern aus; sie wurden von den Estremeños Gonzalo de Alvarado (einem Bruder von Pedro), Gonzalo de Sandoval und Domingo García de Albuquerque angeführt. Sie sollten auf den Feldern nach Mais suchen, den Indianern anbieten, die gewünschten Waren zu bezahlen, und sich nicht weiter als zehn Kilometer von der Stadt entfernen.

Einer dieser Expeditionszüge stieß bei einem Dorf namens Centla auf zahlreiche Maisfelder, die jedoch von Indianern geschützt wurden, welche sich weigerten, den Mais zu verkaufen. Es kam zum Kampf. Da die Indianer den Kastiliern zahlenmäßig weit überlegen waren, mußten diese den Rückzug antreten. Möglicherweise wären sie alle getötet oder gefangengenommen worden, wenn ihnen ihre Kameraden aus den anderen Kompanien und Cortés selbst nicht zu Hilfe geeilt wären. Der Anführer der Spanier, der von einigen kubanischen Indianern über die Kampfhandlungen unterrichtet worden war, erwies sich in diesem Kampf als ein überaus tüchtiger Schwertkämpfer.

Am nächsten Tag gingen die Kämpfe weiter. Cortés hatte inzwischen einige Verwundete auf die Schiffe bringen lassen und den Rest seiner Armee und, zum ersten Mal, die meisten der Pferde als Verstärkung angefordert. Die Kastilier mußten sich inmitten der Felder fünf großen Abteilungen von Maya-Kriegern stellen. Bewässerungsgräben beeinträchtigten die Schlagkraft des spanischen Heeres; die Armbrustschützen und Arkebusiere blieben weitgehend wirkungslos, sogar die Geschütze hatte keine durchschlagende Wirkung, denn die Indianer lernten offenbar schnell, ihre Furcht vor den Kanonen zu bändigen. Mit den Pferden hingegen verhielt es sich anders. Cortés und etwa ein Dutzend Reiter hatten eine geradezu sensationelle Wirkung. Diese verdankte sich sowohl dem bloßen Anblick und der Schnelligkeit dieser Tiere als auch der Leichtigkeit, mit der die Spanier sie einsetzten. Die Indianer glaubten tatsächlich, daß es sich um Ungeheuer handele.

Es war das erste Mal, daß bei einer kriegerischen Auseinandersetzung in Amerika Pferde zum Einsatz kamen, wie ein Augenzeuge dieser Vorgänge, Martín Vázquez, später anmerkte.[30]

Ein »besonders erfolgreicher Reiter« war Francisco de Morla, der, auf einem Apfelschimmel reitend, die Indianer in arge Bedrängnis brachte. Offenbar glaubten sie, er sei ein Zentaur. Einige einfältige Kastilier, die Morla in seinem stählernen Helm und Harnisch nicht erkannten, glaubten, der heilige Jakobus persönlich sei ihnen zu Hilfe geeilt, wie er der Legende nach den Spaniern in den Schlachten gegen die Mauren schon so oft beigestanden hatte. Sie sahen darin ein äußerst günstiges Vorzeichen.[31]

Schließlich zogen sich die Indianer zurück. Diese Schlacht von Centla endete folglich mit einem bemerkenswerten Sieg der Kastilier. Trotz der schweren Kämpfe hatten sie keinen Mann verloren, wenngleich 60 von ihnen verwundet waren, einige davon schwer. Bald darauf wurden jedoch weitere hundert Mann durch die Hitze und infolge des Verzehrs unsauberen Wassers vorübergehend kampfunfähig. Die Indianer sagten, sie hätten 220 Krieger verloren; möglicherweise waren es auch mehr, bis zu 800.[32]

Nach der Schlacht kam eine Abordnung von 30 mit »eleganten Umhängen« bekleideten Indianern, die Hühner, Früchte und Maiskuchen mitbrachten. Sie baten um die Erlaubnis, ihre Toten zu begraben oder zu verbrennen, um zu verhindern, daß sie zu stinken anfingen oder von wilden Tieren gefressen wurden. Cortés gab ihnen seine Erlaubnis, allerdings unter der Bedingung, daß ihm der Herrscher von Potonchan diese Bitte persönlich vortrage. Daraufhin begab sich dieser Herrscher bzw., was wahrscheinlicher ist, jemand, der sich für ihn ausgab, tatsächlich zu Cortés. Er brachte weitere Nahrungsmittel und Geschenke mit, darunter Schmuckstücke aus Gold und aus Türkis; außerdem 20 Frauen, die für die Conquistadoren kochen sollten, da er angeblich gehört hatte, daß die Kastilier keine Frauen bei sich hatten (vermutlich waren die wenigen weiblichen Expeditionsteilnehmer auf den Schiffen zurückgeblieben). Cortés nahm diese Geschenke an, einschließlich der Frauen, die er seinen Kapitänen »zuteilte«. Cortés ließ einen Hengst drohend mit den Hufen scharren und zum Wiehern bringen. Die erschrockenen Maya brachten dem Pferd daraufhin nicht nur Truthähne, sondern auch Blumen dar. Cortés erklärte den Eingeborenen, »die Apostel seien zornig«, weil ihre Truppen angegriffen worden seien. Um dies zu unterstreichen, ließ er eine Kanone abfeuern. Auch dies hatte die erwünschte Wirkung: die Indianer in Schrecken zu versetzen.[33]

Cortés stellte diesen Maya drei Fragen: Wo befanden sich die Gold- und Silberminen? Weshalb hatten sie ihm die Freundschaft versagt, die sie Grijalva gewährt hatten? Und weshalb waren so viele von ihnen vor so wenigen Europäern geflohen?

Die Maya antworteten, sie selbst besäßen keine Minen. Gold interessiere sie nicht sonderlich. Doch landeinwärts, in Mexiko zum Beispiel, lebten Völker, die Gold hochschätzten. Diese Antwort war eine List, welche die Ureinwohner häufig anwandten, um die Kastilier zum Weiterziehen zu bewegen. Grijalva, so fuhren sie fort, sei mit kleineren Schiffen und weniger Männern gekommen; außerdem habe er Gold eintauschen wollen, keine Nahrungsmittel. Und was ihre Niederlage gegen einen zahlenmäßig so stark unterlegenen Gegner anlangt, räumten die Maya ein, daß die Schwerter ihrer Feinde sie geblendet hätten, daß viele der mit Schwertern zugefügten Verwundungen tödlich gewesen seien (anders als die Verwundungen, die sie ihren Gegnern beibrächten) und daß die Kanonen sie erschreckt hätten. Auch die Schnelligkeit der Pferde habe sie verblüfft, insbesondere ihre Mäuler hätten ihnen große Angst eingejagt.

Die Maya sagten auch, daß sie zwar nicht alles von dem, was Cortés über den christlichen Gott und den Kaiser gesagt habe, verstanden hätten, aber begierig darauf seien, mehr darüber zu erfahren. Sie fanden sich damit ab, daß ihre Götterstatuen zerstört werden mußten, da sie nach Ansicht der Kastilier böse Mächte verkörperten. Einige davon hatten sie sogar schon von sich aus zertrümmert, da ihre Götter sie in der Stunde ihrer größten Bedrängnis im Stich gelassen hatten. Derartige Dinge waren nach einer Niederlage zu erwarten; so zerstörten beispielsweise die Mexica immer die Tempel ihrer besiegten Feinde. Angeblich erklärten sich die Maya mit großer Begeisterung zu Vasallen des Königs von Kastilien – allerdings ist zu bezweifeln, daß sie wußten, was sie sagten, denn später verwechselten sie immer wieder das Wort »Vasall« mit dem Wort »Freund«.[34] Jedenfalls nahm Cortés sie ebenso überschwenglich in Gegenwart eines der Notare, Pedro Gutiérrez, als Vasallen auf und betrachtete sie später anscheinend auch als solche, ganz so, als seien sie Einwohner einer von der kastilischen Armee (in der Martín Cortés und wohl auch die Väter vieler anderer Expeditionsteilnehmer gedient hatten) auf ihrem Weg nach Granada eroberten maurischen Kleinstadt.

Danach gestattete Cortés den Indianern, in die Stadt zurückzukehren, allerdings unter der Auflage, daß sie mit den Menschenopfern aufhörten, ihren Dämonen abschwörten und »hinfort ihre Seele zu Jesus Christus erheben«. Cortés hielt eine mitreißende Ansprache (*plática*) an die Indianer, in der er auf göttliche wie auf menschliche Themen einging. Er erzählte ihnen, daß Gott der Herr aller Dinge sei, der Wohltäter all derer, die Gutes täten, und die Geißel derer, die Böses im Schilde führten. Ihr weltlicher Herr aber sei der König von Kastilien, auf dessen Geheiß er, Hernán Cortés, als »Statthalter Gottes« in diese Gegend gekommen sei. Die Zimmerleute bauten einen weiteren Altar und ein weiteres Kreuz. Mehrere Götterstatuen wurden zertrümmert.[35]

Die Kastilier blieben drei Wochen in Potonchan. Sie gaben der Stadt den Namen Santa María de la Vitoria, der jedoch schon bald wieder in Vergessenheit geriet. Am Palmsonntag, dem 17. April, lichteten sie die Anker. Doch zuvor taten sie ihr Bestes, um diesen Tag genauso zu feiern wie in Spanien: Sie zogen, festlich gekleidet und Palmzweige in den Händen haltend, in feierlicher Prozession durch die Stadt, wobei sie ein Bildnis der Jungfrau Maria mit sich führten. Die Conquistadoren errichteten ein Kreuz auf dem Platz, auf dem sie die ersten mühsamen Gespräche mit den Indianern geführt hatten. Anschließend wurde die Messe gelesen. Danach gingen sie an Bord ihrer Schiffe, noch immer die Zweige in Händen haltend. Die Maya waren tief beeindruckt und schlossen sich vermutlich der Prozession an. Dies war der Beginn jenes synkretistischen Prozesses, dem die katholische Kirche Mexikos ihr heutiges Gepräge verdankt.

Potonchan brachte den Kastiliern noch einen weiteren Nutzen. Unter den Frauen, die der Maya-Herrscher Cortés geschenkt hatte, war ein Mädchen, das Chontal-Maya und Nahuatl beherrschte – die Sprachen, die man in Potonchan und im mexikanischen Reich sprach. Sie konnte sich folglich zunächst in Nahuatl mit den Mexica verständigen und anschließend in Maya mit Gerónimo de Aguilar, der sich dann seinerseits mit Cortés auf Spanisch unterhielt. Diese konsequente Doppelübersetzung war zeitraubend. Doch erwies sie sich für die Kastilier schon bald als äußerst nützlich, erlaubte sie doch eine Verständigung auf einer ganz anderen Ebene, als dies mit den Dolmetschern Melchorejo und Julianillo möglich gewesen war – ja sogar auf einer ganz anderen Ebene, als sie je zuvor von den Kastiliern in Westindien erreicht worden war.

Cortés hatte dieses Mädchen zunächst seinem Medellíner Mitbürger Alonso Hernández Portocarrero »zugeteilt«, der vermutlich zu dieser Zeit nach Alvarado sein engster Freund war. Doch schon nahm Cortés selbst sie als Geliebte. Wie die anderen Frauen, die der Herrscher von Potonchan Cortés geschenkt hatte, wurde auch sie getauft. Diese Frauen waren die ersten Maya, die sich dazu bereit fanden. Sie erhielten christliche Namen.

Der ursprüngliche Name der Dolmetscherin war Malinali (nach dem gleichnamigen zwölften Monat des mexikanischen Kalenders) – sie wurde jetzt auf den Namen »Marina« getauft. Schon ihr bisheriges Leben war »pikaresk« verlaufen, um ein Wort zu benutzen, das die Kastilier zu dieser Zeit noch nicht erfunden hatten. Ihr Vater war der Herrscher, *tlatoani*, von Painala gewesen, einem Dorf etwa 40 Kilometer von Coatzacoalcos. Ihre Mutter war offenbar die Herrscherin des kleinen Ortes Xaltipan gewesen, der ganz in der Nähe lag. Marina dürfte also eine sorgenfreie Kindheit verlebt haben. Nach dem Tod ihres Vaters änderte sich freilich ihre Lage: Möglicherweise aus politischen Gründen heiratete ihre Mutter einen anderen Fürsten aus der Gegend, mit dem sie einen Sohn zeugte. Die Mutter und der Stiefvater von Malinali hofften, dieser würde eines Tages als ihr Erbe die Herrschaft über die drei Orte antreten. Aus diesem Grund verkaufte die Mutter das Mädchen an Kaufleute aus Xicallanco, dem an der Laguna de Términos gelegenen Handelshafen, und gab vor, ihre Tochter sei tot. Die Xicallanca verkauften Malinali an Maya-Händler, die das Mädchen ihrerseits an das Volk von Potonchan verkauften.

Der Nahuatl-Dialekt, den Marina als Kind erlernt hatte, war im südlichen Grenzgebiet des mexikanischen Reiches verbreitet. Dieser Dialekt wies mancherlei Unterschiede zu der Sprache auf, die in Tenochtitlan gesprochen wurde, was erklärt, weshalb die Kastilier anfangs viele Nahuatl-Wörter falsch schrieben. Die Kastilier tauften Malinali auf den Namen »Marina«, weil dies der Lautgestalt ihres ursprünglichen Namens entsprach: ein »l« in Nahuatl wird wie ein »r« im Spanischen ausgesprochen.

Marina war klug und mitunter mitfühlend. Nach der Überlieferung war sie »schön wie eine Göttin«[36], wobei dieses Urteil von ihren Porträts in den mexikanischen Bilderhandschriften nicht direkt bestätigt wird. Vermutlich von Ostern 1519 an arbeitete sie eng mit Cortés zusammen (zwar beklagte Cortés noch im Juli 1519, es fehlten ihm Dolmetscher, durch die er den Totonaken die Wahrheit über die christliche Religion mitteilen könne, doch lag dies daran, daß Marina deren Sprache nicht beherrschte). Sie bildeten ein Duo, das Beredsamkeit mit Scharfsinn, Frömmigkeit mit Drohungen, Subtilität mit Brutalität verknüpfte. Nach einiger Zeit war Marina des Spanischen so weit mächtig, daß Cortés auf die Dienste von Aguilar als Zweitdolmetscher verzichten konnte. Bei allen wichtigen Gesprächen zwischen den Kastiliern und den Mexica fungierte nun Marina als Dolmetscherin. Wir werden niemals wissen, welche Übersetzungsfehler sie machte und welche Vorurteile sie hegte; an ihrer uneingeschränkten Loyalität gegenüber Cortés kann jedenfalls kein Zweifel bestehen.

Marina muß einen starken Eindruck auf die Mexica und andere, mit denen sie sprach, gemacht haben, denn im alten Mexiko (wie auch im mittelalterlichen Europa) war der Lebenskreis der Frau gewöhnlich ganz auf »Haus und Herd« beschränkt. Eine mexikanische Frau und Mutter fungierte als Hausverwalterin, von deren Tüchtigkeit das Wohlergehen einer manchmal sehr großen Familie abhängen konnte. Sie mußte als Frühstück Maisschleimsuppe (*atolli*) zubereiten, wenn ihre Familie dem einfachen Volk angehörte, oder Schokolade, wenn ihr Mann Adliger war. Ansonsten beschäftigte sie sich hauptsächlich mit dem Weben von Stoffen und dem Mahlen von Getreide. In den Bilderhandschriften sind die Frauen meist kniend dargestellt, während die Männer sitzen.

Die Flotte segelte weiter und erreichte, nachdem sie die Mündung des Río Tlacotalpan überquert hatte, am Gründonnerstag, dem 20. April 1519, die Insel, der Grijalva den Namen Isla de los Sacrificios gegeben hatte. Cortés und seine Männer besichtigten den Ort, der in Grijalva so großes Entsetzen ausgelöst hatte, weil er dort auf die Überreste geopferter Menschen gestoßen war. Mehrere Indianer näherten sich der Brigantine von Juan de Escalante. Sie erkundigten sich freundlich nach Grijalva, Pedro de Alvarado und ein oder zwei weiteren Männern, die an dessen Expedition teilgenommen hatten. Cortés hätte seinem Vorgänger eigentlich für dessen diplomatisches Vorgehen dankbar sein müssen. Doch jetzt, da er sich der entscheidenden Stunde seines Lebens näherte, hatte er keine Zeit für derartige Feinfühligkeiten.

Als nächstes ging die Flotte vor ihrem offiziellen Bestimmungsort, San Juan de Ulúa, vor Anker, wo Grijalva im Jahr zuvor zwei glückliche Wochen verbracht hatte. Während sie sich auf die Landung vorbereiteten, spielte Alonso Hernández de Portocarrero Cortés gegenüber darauf an, was dieser wohl im Sinn hatte; er hatte sich zweifellos schon oft zuvor mit Cortés über dessen Zukunftspläne unterhalten: »Mir scheint, Herr, daß diejenigen, die bereits zweimal in diesem Land waren, zu Euch sagen:

Siehe Frankreich, Montesinos,
Siehe Paris, die Stadt!
Siehe das Wasser des Duero,
Das sich ins Meer ergießt.[37]

Und er fügte hinzu: »Ich sage Euch, daß Ihr auf reiche Länder blickt, und ich wünsche Euch, daß Ihr sie weise regiert.«

Portocarrero zitierte aus einer der Romanzen aus dem Zyklus von Montesinos, der in Medellín zu der Zeit, als die beiden künftigen Conquistadoren dort ihre Kindheit verbrachten, offenbar sehr populär gewesen war. Die Anspielungen auf Montesinos sollten sich als prophetisch erweisen. Der Ritter Montesinos war in dieser Ballade der Sohn eines gewissen Grafen Grimaltes und einer Tochter des Königs von Frankreich. Grimaltes war durch den Schurken Tomillas in Verruf gebracht worden; der verkleidete Montesinos begab sich nach Paris, um sich für die seinem Vater angetane Schmach zu rächen. Er spielte mit Tomillas Schach, Tomillas schwindelte – worauf Montesinos ihm mit dem Schachbrett einen tödlichen Schlag auf den Kopf versetzte. Anschließend gab er sich als der Enkel des Königs zu erkennen. Alles wurde ihm verziehen, denn »wer im Auftrag des Königs handelt, ist gegen alle Gefahren gefeit«, wie es in der Ballade weiter heißt.

Cortés antwortete: »Möge Gott uns im Kampf genausoviel Glück bringen wie dem Paladin Roland. Denn mit Euch und den anderen Edelleuten als Hauptleuten werde ich mich leicht durchzuschlagen wissen.«[38]

Es ist anzunehmen, daß in diesem Gespräch Montesinos für Cortés stand und Tomillas für Diego Velázquez. Als in der malerischen Bucht die Anker zum Meeresboden hinabrasselten, hielt Cortés vor der Kulisse der in der Ferne schimmernden weißen Stadt aus steinernen Häusern (die schon Grijalva gesehen hatte) zweifellos eine Predigt. Mit Sicherheit zitierte er ein Sprichwort – eine jener zahllosen Redensarten, die im 15. Jahrhundert bei den europäischen Nationen im Schwange waren, vielleicht »Je mehr Mauren, um so reicher die Beute« oder, falls er eine klassische Anspielung bevorzugte, »Sparta ist dein; regier es; unser Schicksal ist Mykene«.[39]

So reich, daß man meinen könnte, Salomo habe sich hier das Gold für den Tempel beschafft

»Dieses Land ist offenbar so reich, daß man meinen könnte, Salomo habe sich hier das Gold für den Tempel beschafft.«
Cortés über die Gegend um Vera Cruz, 1519

Am Gründonnerstag 1519 fanden sich die Schiffe von Cortés' »heiliger Gesellschaft«, »*santa compañía*«, wie Las Casas die Expedition ironisch nannte, vor jener Insel ein, der Grijalva im Jahr zuvor den Namen San Juan de Ulúa gegeben hatte. Die Insel lag weniger als eine Meile vom mexikanischen Festland entfernt, unweit der Totonaken-Stadt Chalchicueyecan, wo sich heute der Hafen von Veracruz befindet. Einige Indianer näherten sich in Kanus den spanischen Schiffen. Sie kamen im Auftrag des neuen mexikanischen Tributeintreibers, Teudile, der im 30 Kilometer entfernten Cuetlaxtlan residierte. Er war der Nachfolger von Pinótl und wollte den Zweck der spanischen Expedition in Erfahrung bringen. Die Indianer bezeugten Cortés ihre Hochachtung, »wie es ihrer Sitte entsprach«.[1]

Cortés ließ den Ureinwohnern durch seine Dolmetscher Aguilar und Marina mitteilen, daß er am folgenden Tag an Land gehen und mit ihrem Gouverneur sprechen wolle. Dieser möge sich nicht bekümmern, Cortés habe ihm viele interessante Dinge mitzuteilen. Dann schenkte er den Indianern ein paar blaue Glasperlen und ließ ihnen Wein ausschenken. Die Tatsache, daß es offenbar keine Verständigungsschwierigkeiten gab, deutet darauf hin, daß die Indianer Mexica waren, die Nahuatl sprachen, denn Marina sprach kein Totonakisch.

Am folgenden Tag, Karfreitag, brachen Cortés und etwa 200 Kastilier in Booten und Brigantinen zur Küste auf – die Indianer hatten sie weder eingeladen noch angegriffen. Sie nahmen Pferde, Geschütze, kubanische Sklaven und ein paar Hunde mit. Francisco Mesa, »der Veteran der Italien-Feldzüge« begleitete sie, um die Kanonen, vermutlich Hinterlader von den Schiffen, in Stellung zu bringen.[2]

Am Ufer wurde den Spaniern ein herzlicher Empfang bereitet, allerdings von Totonaken, nicht von Mexica. Als die Expedition von Grijalva hier eingetroffen war, war Francisco de Montejo als erster an Land gegangen. Diesmal jedoch behielt sich Cortés diese Ehre selbst vor. Nach einem Bericht (der sich auf Cortés' eigene Angaben stützt) wurden die Spanier mit »Zeichen der Liebe« begrüßt. Wie die Maya von Potonchan hatten auch die Totonaken Grijalva als einen gütigen Mann in Erinnerung. Vielleicht hatten sie auch das zurückliegende Jahr darauf gehofft, daß ihnen die Kastilier als Verbündete in einem Befreiungskrieg gegen die Mexica beistehen würden. Daher beschenkten sie Cortés großzügig mit Nahrungsmitteln (Bohnen, Fleisch, Fisch, Maiskuchen, Truthähne), Umhängen und einigen Kupfer- und Silbertellern. Die Kupferteller stammten aus der Grenzprovinz Tepecualcuilco im Osten, die Silberteller waren vermutlich durch Tauschhandel erworben worden, da im Reich Montezumas kein Silber erzeugt wurde. Es mußte die Kastilier sonderbar anmuten, mit Gewändern beschenkt zu werden, doch im Reich der Mexica war die Kleidung ein Ausdruck der »Identität; selbst die Götter mußten sich schicklich kleiden«. Die Totonaken fragten nach einigen der Männer, die an Grijalvas Expedition teilgenommen hatten, unter anderem nach Benito, dem Tamburinspieler, der, wie im Jahr zuvor, mit den Indianern tanzte. Sie lachten und freuten sich.[3] Cortés gab ihnen Geschenke für ihre Häuptlinge: zwei Hemden, zwei Wämser (einen aus Satin und einen aus Samt), ein paar goldfarbene Gürtel, zwei rote Baskenmützen und zwei Paar Kniebundhosen. Die Indianer nahmen diese Gegenstände sicherlich nicht gleichgültig entgegen, schließlich war Rot die Farbe, mit der der Gott Quetzalcoatl ihrer Überzeugung nach seinen Körper zu bemalen pflegte.

Am nächsten Tag, Ostersamstag, kam einer der Abgesandten Montezumas mit einem großen Gefolge von Dienern – ein dramatischer Augenblick: Der *caudillo* empfing einen Beamten der größten Monarchie in Amerika. Dennoch wurde dieser Moment nicht besonders feierlich begangen. Bei dem Abgesandten handelte es sich offenbar um den Sklaven Cuitlalpitoc, der von Montezuma zur Küste geschickt worden war, um zu ergründen, was dort vorging. Cuitlalpitoc brachte Nahrungsmittel mit, die den Bedarf der gesamten Expedition für mehrere Tage deckten, und weitere Schmuckstücke. Cortés verbot den Mitgliedern seiner Expedition, Gold anzunehmen oder privat zu tauschen. Unmittelbar vor dem Lager ließ er jedoch einen Tisch aufstellen, an dem die Indianer offiziell Handel treiben konnten. Von nun an kamen jeden Tag Totonaken und ortsansässige Mexica, um Cortés Goldschmiedearbeiten anzubieten, die seine Diener gegen Perlen, Spiegel, Broschen, Nadeln und Scheren eintauschten.[4]

Am Ostersonntag kam der Tributeintreiber Teudile, um Cortés persönlich zu begrüßen. Er wurde von zahlreichen unbewaffneten Männern begleitet, die mit elegantem Federschmuck und bestickten Umhängen bekleidet waren und viele Vorräte mitbrachten. Er sagte, er komme im Auftrag Montezumas, der von den Neuankömmlingen und auch von der Schlacht bei Potonchan gehört habe (was der Kaiser später Cortés auch selbst mitteilte).[5]

Teudile schenkte Cortés mehrere wertvolle Schmuckstücke und Federarbeiten. Er bot ihm Weihrauch und Strohhalme dar, die er in sein Blut getaucht hatte. Er und die Mitglieder seines Gefolges »aßen Erde«, das heißt, sie berührten den Boden mit einem befeuchteten Finger, den sie anschließend zu den Lippen führten. Cortés erkannte, daß sie damit ihre Achtung vor ihm zum Ausdruck bringen wollten, und er erwiderte den Gruß. Er überreichte Teudile einen Mantel aus Seide und eine Halskette aus Glasperlen sowie zahlreiche weitere Nippsachen aus Kastilien.[6] Teudile befahl seinen Männern, für die Besucher mehrere hundert Hütten aus grünen Ästen und mit improvisierten Dächern zum Schutz gegen Regen zu errichten. Schon bald würde die Regenzeit einsetzen. Außerdem stellte er Cortés 2000 Diener zur Verfügung. Dies war der erste Hinweis für Cortés, daß in Mexiko kein Mangel an Arbeitskräften herrschte. Unter diesen 2000 Personen befanden sich gewiß auch Spione, Priester und Zauberer, und Gastfreundschaft verband sich mit taktischem Kalkül. Es war – aus Sicht der Mexica – besser, die Neuankömmlinge schliefen an Land als auf ihren Schiffen.

Cortés bat seine Priester Fray Díaz und Fray Olmedo, eine feierliche Messe zu lesen. Die Spanier stellten ein Kreuz auf dem sandigen Boden auf, beteten den Rosenkranz, und als eine Glocke läutete, rezitierten sie das Angelusgebet. Teudile und seine Begleiter beobachteten das Schauspiel mit gebannter Neugierde: Weshalb demütigten sich diese Männer vor zwei Stücken Holz? Anschließend aßen die kastilischen Führer mit Teudile, mit dem sie dank der Dienste von Marina und Aguilar ein stockendes Gespräch führen konnten.[7]

Cortés erklärte, er sei ein Untertan von Don Carlos von Österreich, dem König von Spanien und dem Herrscher über den größten Teil der Welt (»*el mayor parte del mundo*«). Nachdem Don Carlos von der Existenz Mexikos gehört hatte, habe er ihn als Botschafter ausgesandt, um Teudiles König viele interessante Dinge zu erzählen.

Cortés Selbstdarstellung als »Botschafter« seines Königs war ein geschickter, wenn auch unnötiger Schachzug, denn die Mexica behandelten für gewöhnlich diplomatische Vertreter mit Respekt. Wo, fragte Cortés weiter, hielt sich Montezuma auf? Wann könne er ihn sehen?

Teudile antwortete, Montezuma sei ein ebenso großer Herrscher wie der König von Cortés, und alle anderen Fürsten seien seine Untertanen. Er werde einen Boten zu Montezuma schicken, um dessen Absichten in Erfahrung zu bringen. Inzwischen übergab er Cortés im Namen Montezumas eine Kiste voller Goldarbeiten, einige hübsch gearbeitete weiße Baumwollumhänge und viele weitere Nahrungsmittel: Truthähne, gebackenen Fisch und Früchte. Die meisten der Goldobjekte waren Schmuckstücke: Pektorale, Ringe, kleine Glocken und Lippenpflöcke. Im Gegenzug schenkte Cortés Teudile weitere Perlen, einen mit Einlegearbeiten versehenen Armstuhl und eine karmesinrote Mütze mit einer Goldmünze; darauf war der heilige Georg dargestellt, wie er, auf einem Pferd reitend, den Drachen tötet. Diese Münze stammte unter Umständen aus Valencia oder Katalonien. Teudile nahm diese Dinge im Namen Montezumas höflich, aber ohne Überschwang in Empfang. Las Casas meinte sogar, gewiß übertreibend, Teudile habe den Eindruck erweckt, er halte diese Geschenke für »Mist«. Cortés sagte zu ihm, Montezuma möge in dem Stuhl sitzen und die karmesinrote Mütze tragen, wenn er, Cortés, ihn aufsuche. Er wünsche sich außerdem, daß die Mexica »in den Tempeln ihrer Stadt, in denen sie die Götzenstatuen aufbewahrten, die sie für Götter hielten, ein Kreuz errichteten ... und eine Statue der Mutter Gottes, die ihren Sohn auf dem Arm trägt, aufstellten«. Wenn sie dies täten, werde ihnen das Glück hold sein. Er werde dafür sorgen, daß diese Gegenstände christlicher Verehrung nach Mexiko geschickt würden. Dann fragte er, wie alt Montezuma sei und wie er aussehe. Teudile antwortete: »Er ist ein Mann mittleren Alters; er ist nicht beleibt, sondern klein und schlank.«[8]

Cortés ließ seine Männer in militärischer Formation zum Klang von Trommeln und Querpfeifen paradieren. Anschließend inszenierten sie einen Schaukampf, bei dem sie ihre Schwerter funkeln ließen. Alvarado führte eine Schar von Reitern an, die Glocken am Zaumzeug ihrer Pferde befestigt hatten und den Strand entlanggaloppierten. Die Lombarden wurden mehrfach abgefeuert. Teudile war sprachlos vor Bewunderung. Als der Donner der Geschütze erschallte, warfen er und seine Begleiter sich erschrocken zu Boden. Auch der große Appetit der Pferde erstaunte sie. Wahrscheinlich glaubten die Mexica weiterhin, daß es sich um Hirsche handelte. Doch vielleicht hielt auch ihre

Folklore noch immer die Erinnerung daran wach, daß es vor langer Zeit in Amerika Pferde gegeben hatte, denn zu gewissen Festen formten sie aus Amarantsamen Hirsche mit Mähnen und Schwänzen.[9]

Cortés führte mit Teudile eine folgenreiche Unterhaltung. Er fragte ihn, ob Montezuma Gold besitze – er frage danach, weil er wisse, daß dieses Edelmetall ein gutes Mittel gegen Herzweh sei, woran mehrere seiner Männer litten. Ja, antwortete Teudile, Montezuma besitze Gold.[10] Angesichts der Goldgier der Spanier bedeutete diese Information eine unmittelbare Bedrohung für die Mexica.

Im übrigen erwies sich Teudile als ein tüchtiger Diener seines Herrn. Er wurde von Künstlern begleitet, die ihre Eindrücke von den Fremden und deren Pferden, Schwertern, Geschützen und Schiffen sorgfältig auf Leinwand festhielten. Er versuchte von Montezuma mehr Gold für Cortés zu bekommen, und er ließ ihm dessen Geschenke zukommen, wozu auch ein vergoldeter, wenn auch rostiger Helm von einem von Cortés' Soldaten gehörte. Beim Anblick dieses Helms sagte Teudile, Montezuma werde sich sehr darüber freuen, da er der Kopfbedeckung gleiche, die der Gott Huitzilopochtli im Großen Tempel in Tenochtitlan trage. Vermutlich glaubte er, daß dieser Helm Montezuma helfen werde, die wahre Identität der Fremden herauszufinden, da die Götter im alten Mexiko vor allem an ihrem Kopfschmuck kenntlich waren. Cortés lieh Teudile den Helm unter der Bedingung, daß Montezuma ihn mit Goldstaub gefüllt zurückschickte. Er wolle, sagte er, herausfinden, ob das Gold in diesem Land das gleiche sei wie in Europa.

Teudile kehrte nach Cuetlaxtlan zurück, er ließ einen Stellvertreter zurück, der die Diener beaufsichtigen sollte, die sich um die spanische Expedition kümmerten. Sie bauten mehrere hundert Hütten für die Fremden und versorgten sie regelmäßig mit Tortillas, Bohnen, Fisch und Fleisch sowie mit Heu für ihre Pferde.[11]

Der Bericht von Teudile erreichte Montezuma in eineinhalb Tagen. Die Nachrichten wurden von Boten überbracht, die die Eindringlinge an der Küste gesehen hatten, und nicht, wie es in Mexiko sonst üblich war, durch Staffelläufer (Männer, die im Abstand von acht Kilometern stationiert waren, beförderten Botschaften auf exakt festgelegten Wegen weiter).[12]

Es ist anzunehmen, daß Montezuma über sämtliche Aktivitäten von Cortés an der Küste Yucatáns unterrichtet wurde: über seine Predigten über den einzig wahren Gott; über seine Reden über den großen spanischen König; über die zahlreichen Bildnisse der Mutter Gottes, die er aufstellen ließ; und über die entschiedene Ablehnung, auf die das Menschenopfer bei den Fremden stieß.

Montezuma vernahm die Nachrichten, die ihm Teudile überbringen ließ, mit großer Besorgnis. Wenn er auch nur das geringste von den Aktivitäten der Kastilier in Castilla del Oro und in der Karibik gehört hatte (und davon ist auszugehen), dann muß ihn das Gefühl beschlichen haben, daß sich die Heuschrecken, die Tenochtitlan umschwirrten, diese Monster aus dem Schattenreich, in immer kleineren Kreisen der Stadt näherten. Nach der Darstellung in einer Chronik wäre Montezuma vor Schrecken beinahe gestorben, nach einer anderen war er »voller Furcht und wie gelähmt. Seine Seele war krank und das Herz schnürte sich ihm zu«. Zunächst schien es, als wolle er sich nicht einmal anhören, was die Boten zu berichten hatten. Er wußte nicht, ob er schlafen oder essen sollte. Niemand durfte ihn ansprechen. Er seufzte ununterbrochen. Nichts konnte ihn erfreuen. Nichts von dem, was ihm früher einmal Vergnügen bereitet hatte, war für ihn noch von irgendeiner Bedeutung. Er sagte immer wieder: »Was wird mit uns geschehen?« Er weinte – ein normales Verhalten selbst für hartgesottene, tapfere Mexica. Hatte nicht sogar der kaltherzige Tlacaelel Tränen vergossen, als Montezuma I. gestorben war?[13]

Montezuma besaß ein ausgeprägtes Bewußtsein für die Verantwortung, die ihm oblag. Bei seiner Amtseinführung hatten ihm die Ältesten gewiß gesagt: »Fortan tragt Ihr die Last und Bürde dieses Volkes ... Ihr, Herr, müßt dieses Volk für viele Jahre erhalten und schützen ... Bedenkt, Herr, daß Ihr über einen schmalen Weg, der links und rechts von tiefen Abgründen gesäumt wird, einen hohen Berg hinaufgehen müßt ... Regiert mit Milde: zeigt weder Zähne noch Klauen.«[14] Viele Abschnitte dieser Reden betonen die Rolle des Kaisers als Schutzherr seines Volkes. Diese Rolle sollte nun bald ernsthaft auf die Probe gestellt werden.

Montezuma empfing die Boten im Haus der Schlangen, das zu seinem Zoo gehörte. Doch zuvor ließ er zwei Gefangene opfern; so konnten die Boten reichlich mit dem Blut der Opfer besprengt werden. Anschließend lauschte er ihren Berichten. Die Nahrungsmittel der Fremden, so erzählten sie, seien wie menschliche Nahrung weiß und süß. Dies bestätigte, daß die Fremden dieselben Menschen waren (oder doch zumindest derselben Rasse angehörten) wie diejenigen, die im Jahr zuvor gelandet waren. Diese Männer, fuhren die Boten fort, bedeckten ihren ganzen Körper mit Ausnahme ihres Gesichtes mit Kleidern. Ihre Gesichter seien weiß und ihre Augen bleich wie Kreide. Viele von ihnen hätten helles Haar, manche aber auch schwarzes und gelocktes. Die meisten von ihnen trügen lange Bärte. Ihre Kampfausrüstung sei aus Eisen; sogar ihre Kriegstracht sei aus Eisen; die Helme zum Schutz ihrer Köpfe seien aus Eisen; aus Eisen seien auch ihre Schwerter, aus Eisen ihre Armbrüste, aus Eisen ihre Schilde und Lanzen.[15]

Montezuma erschrak sehr, als die Boten ihm erzählten, wie die Fremden ihre Geschütze abgefeuert hatten, wie der Donner der Kanonen sie taub gemacht hatte, wie sehr der Rauch, der von den Geschützen aufgestiegen war, gestunken hatte und wie ein Hang, der von einer Kanonenkugel getroffen worden war, zu zerbersten schien und Bäume zersplitterten. Was die »Hirsche« betraf, auf deren Rücken die Fremden ritten, so vernahm er mit Entsetzen, daß sie »so hoch wie Dächer« waren. Dann waren da noch die Hunde; diese Tiere, so berichteten die Boten, seien riesengroß, gefleckt wie Ozelote, und hätten platte, flatternde Ohren, große Zungen, funkelnde gelbe Augen, ausgezehrte Bäuche und deutlich sichtbare Rippen. Sie liefen keuchend, mit heraushängenden Zungen umher. Ihr Gebell ließ die Mexica erstarren; sie besaßen zwar selbst kleine Hunde, diese bellten jedoch nicht, sondern heulten nur (auch wenn die Mexica Hunde manchmal als Haustiere hielten, wurden sie doch meistens verzehrt oder geopfert, um die Seelen der Toten durch die Unterwelt zu begleiten). Montezuma hörte auch mit Sorge, daß sich die Spanier danach erkundigt hätten, was für ein Mensch er selbst sei. Diese vermessene Neugier deutete darauf hin, daß die Neuankömmlinge möglicherweise sogar beabsichtigten, nach Tenochtitlan zu kommen.[16]

Der Kaiser dachte daran, zu flüchten oder sich zu verstecken. Seine Berater machten ihm Vorschläge, und er entschied sich für Cincalco, das »Haus des Maises«, eine Höhle bei Chapultepec, das für seine frischen, duftenden Blumen bekannt war. Die Mexica glaubten, diese Höhle weise den Weg zu einem verborgenen Paradies im Innern des Berges, das von Huemac, einem vor langer Zeit verstorbenen König, beherrscht werde; dieser hatte im alten Tollan die Interessen des einfachen Volkes gegen seinen Rivalen, den aristokratischen Quetzalcoatl, verteidigt. Hervorragende Personen kamen nach ihrem Tod dorthin. Offenbar glaubte Montezuma fest daran, daß der Geist von

Huemac ihn trösten würde. Doch dann fühlte er sich so schwach, daß er sich nicht einmal mehr zu dem Entschluß, sich zu verstecken, durchringen konnte. Er zog lediglich von einem Palast zum nächsten. Eine Quelle berichtet, er habe sich auf den Weg in ein Versteck gemacht; doch ein Priester habe ihn gesehen und zu ihm gesagt, er, der Kaiser, dürfe sich nicht aus seiner Verantwortung stehlen. Montezuma zauderte.[17]

Montezumas panische Stimmung übertrug sich auf sein Volk. Allenthalben herrschte Furcht, Schrecken und Sorge. Die Menschen gingen mit gesenktem Haupt umher und grüßten sich unter Tränen.

Die große Schwierigkeit bestand darin herauszufinden, wer die Neuankömmlinge waren. Montezuma mußte mindestens vier Möglichkeiten in Erwägung ziehen. Es konnte sich um eine neue Gruppe von Eindringlingen handeln, die, anders als die Chichimeken im Norden, das östliche Meer überquert hatten, in der Absicht, »zu plündern und zu erobern«. Dies war anscheinend die Meinung der Boten Teudiles, die selbst mit den Kastiliern gesprochen hatten. Ihrer Einschätzung nach handelte es sich lediglich um einen neuen »mächtigen und grausamen Feind«.[18] Auch die Maya schienen dieser Meinung gewesen zu sein; daher ihre Entschlossenheit zu kämpfen, gegen Hernández de Córdoba in Champoton, gegen Grijalva in Lázaro, gegen Cortés in Potonchan. Vielleicht hatte der kastilische »Deserteur«, Gonzalo Guerrero, die Maya zu dieser Haltung gebracht. Doch Montezuma war viel zu sehr von der symbolischen Bedeutung aller Dinge überzeugt, als daß er diese Option auch nur einen Augenblick lang ernstlich erwogen hätte. Auch waren seine Beziehungen zu den Maya nicht gut, und es war unklar, ob sie ihm die Berichte von Guerrero in unverfälschter Form übermittelten.

Die zweite Möglichkeit bestand darin, daß die Fremden Abgesandte eines großen Herrschers aus einem fernen Reich waren, die in friedlicher Absicht gekommen waren, um Handel zu treiben, die Gegend zu erkunden und zu predigen. Niemand in Mexiko scheint diese günstige Deutung in Betracht gezogen zu haben.

Die Totonaken warteten mit einem dritten Vorschlag auf: Ihrer Meinung nach waren Cortés und seine Gefährten »vom Himmel gesandt« worden, waren sie »Unsterbliche«; zweifellos Götter, wenn auch keine Götter, die von einem bestimmten Ort kamen, also keine alten mexikanischen Götter, die aus der Verbannung zurückkehrten. Sie waren vielmehr neue Götter, die keinen Platz im reichbesetzten Pantheon gehabt hatten. Die Tatsache, daß die Spanier fröhliche, eigenwillige und wankelmütige Wesen waren (auch wenn sie gegenüber den Totonaken keine Gewalt anwandten), stand dieser Deutung nicht entgegen. Götter sind keine Heiligen. Viele lokale Gottheiten hatten, wie die altgriechischen Götter, immer wieder ihre Launenhaftigkeit gezeigt. So war der gewöhnlich abstinente Gott Quetzalcoatl aus Tollan vertrieben worden, nachdem er den Fehler begangen hatte, zu viel zu trinken und dann seine Schwester zu verführen (»Bringt mir meine ältere Schwester Quetzalpetlatl«, hatte er mit benebelter Stimme gefordert, »auf daß wir uns gemeinsam betrinken.«). Sogar der mächtige Huitzilopochtli hatte den Mexica die Kleider gestohlen, als sie auf ihrer denkwürdigen Wanderung nach Süden in dem See Pátzcuaro ein Bad nahmen. Quetzalcoatl und Tezcatlipoca waren ständig am Streiten. Auch waren die mexikanischen Götter keineswegs allmächtig: So konnte Quetzalcoatl nicht verhindern, daß die Buckligen, die sein Gefolge bildeten, bei der Überquerung der Sierra im Schnee erfroren. Bernal Díaz scheint diese Eigentümlichkeit der mexikanischen Gottheiten (vielleicht aufgrund eines Irrtums) erfaßt zu haben, als er bemerkte, daß die Totonaken die Spanier »*teules* nennen, ein Wort, das ihre Götter und bösen Geister bezeichnet«.[19] Das Wort, das Bernal Díaz aufgriff, bezeichnete keine Götter im christlichen oder griechischen Sinne. Vielmehr verwies es auf die Vorstellung einer magischen Substanz, eines Lebensfeuers und einer heiligen Kraft, die sich in einer konkreten Erscheinung sinnlich manifestieren konnte.

Vielleicht neigten die Totonaken auch deshalb dieser Deutung zu, weil sie hofften, die Neuankömmlinge würden ihnen trotz ihrer geringen Zahl im Kampf gegen die Mexica beistehen.

Die vierte Möglichkeit schließlich bestand darin, daß die Kastilier Herrscher oder sogar Götter waren, die, vor langer Zeit verschollen, nunmehr zurückkehrten; vielleicht der blutdürstige Huitzilopochtli, vielleicht der meist gutmütige Quetzalcoatl oder auch der proteushafte Tezcatlipoca.

In einem Brief, den Cortés im September 1520 an den Kaiser Karl V. schrieb, schilderte er, daß Montezuma bei ihrer ersten Begegnung (wir greifen hier den Ereignissen vor) den Eindruck eines »geschlagenen Herrschers« gemacht habe. Die Mexica, habe Montezuma gesagt, seien selbst einst Fremde gewesen, die aus fernen Gegenden hierhergezogen seien. Sie seien von einem Herrscher in das malerische Hochtal von Mexiko geführt worden, der später in seine Heimat zurückgekehrt sei. Als dieser Herrscher nach einiger Zeit wieder nach Mexiko gekommen sei, habe er erkennen müssen, daß das Volk, das er in das Hochtal geführt hatte, Mischehen mit den Einheimischen eingegangen war, Häuser errichtet hatte und ihm nicht mehr folgen wollte, da es ihn nicht länger als Führer anerkannte. Daher sei er erneut fortgegangen. Laut Cortés sagte Montezuma auch: »Wir haben immer geglaubt, daß seine Nachfahren eines Tages zurückkommen würden, um dieses Gebiet zu unterwerfen und uns zu Vasallen zu machen.« Das gleiche habe Montezuma später zu den Führern seines Volkes gesagt. Cortés erwähnte diese Prophezeiung auch, als er einige Jahre später im Rahmen des gegen ihn eingeleiteten *juicio de residencia* eine Frage beantwortete.[20] Montezuma soll lediglich von einem Herrscher und nicht, zumindest nicht ausdrücklich, von einem Gott gesprochen haben – doch mag dies auf eine gewisse sprachliche Unschärfe hinsichtlich des Unterschieds zwischen einem Gott und einem Herrscher zurückzuführen sein, da beide als *teules* bezeichnet wurden.

Die Darstellung, die der erste spanische Vizekönig von Mexiko, Antonio de Mendoza, 1540 in einem Brief an seinen Bruder Diego von diesen Ereignissen gab, stimmt weitgehend mit der Version von Cortés überein. Demnach war der verschollene Herrscher niemand anderer als der Gott Huitzilopochtli selbst, der aus dem Norden, nicht aus dem Osten gekommen sei und der mit 400 Männern Tenochtitlan gegründet habe; dann habe er sich zunächst nach Guatemala und später nach Peru begeben. Nach dieser Version war Mexiko dann viele Jahre lang ohne Herrscher, später hätten die Mexica ihr Reich aufgebaut. Als dann die Kastilier gekommen seien, hätten sie geglaubt, Cortés sei Huitzilopochtli, der zurückgekehrt sei, um seine alten Ansprüche geltend zu machen.[21]

Der kastilische Helm, den Teudile an Montezuma geschickt hatte, dürfte, sofern er tatsächlich der Kopfbedeckung der im Großen Tempel von Tenochtitlan aufgestellten Statue des Huitzilopochtli glich, diese Deutung untermauert haben. Sie mag zusätzlich dadurch an Plausibilität gewonnen haben, daß Cortés' persönliche Standarte blau war; Blau war eine bevorzugte Farbe von Huitzilopochtli – was die hohe Wertschätzung erklärt, die der Türkis (und folglich Mosaiken aus Türkis) bei den Mexica genoß.

Nach 1540 griffen sämtliche Chronisten diese Version auf. So heißt es in dem (in den 50er Jahren des 16. Jahrhunderts entstandenen) *Codex Florentino*, in dem Fray Sahagún die Erzählungen der Stammesältesten von Tlatelolco zusammenfaßte, die ersten Besiedler des Hochtals von Mexiko seien von einem Gott und weisen Männern angeführt worden. Diese hätten dem Volk gesagt: »Unser Herrscher, der Beschützer aller Dinge, der Wind und die Nacht, verlangen, daß ihr hierbleibt. Wir werden fortgehen und euch hier zurücklassen ... Unser Herr, der Allmächtige, zieht weiter, und wir gehen mit ihm ... Wenn das Ende der Welt gekommen ist, wird er zurückkehren, um euch zu danken. So zogen sie fort Richtung Osten und nahmen alle Handschriften, Bücher, Bilder, ... Liederbücher und Flöten mit ...«[22]

Ein Historiker aus dem frühen 17. Jahrhundert, Ixtlilxochitl, ein Nachfahre der königlichen Familie von Texcoco, schrieb, Montezuma und die Mexica hätten, als sie von den Fremden erfuhren, diese sogleich für die »Söhne der Sonne gehalten, welche die Prophezeiungen ihrer Vorfahren erfüllten«.[23]

Ein weitere Möglichkeit, die Montezuma in Betracht ziehen mußte, bestand darin, daß nicht Huitzilopochtli, der Gott, der die Mexica ins Hochtal von Mexiko geleitet hatte, sondern Quetzalcoatl, »die gefiederte Schlange«, eine vermutlich halb historische, halb göttliche Gestalt, die Eindringlinge anführte – eine vielschichtige Gottheit.[24]

Der historische Quetzalcoatl war wahrscheinlich ein König oder Priester der Tolteken gewesen. Vielleicht hatte er Tollan gegründet; vielleicht war er auch ein Eroberer gewesen; vielleicht war er auch der letzte König dieser Stadt gewesen. Jedenfalls wurde seine Lebensgeschichte durch mythische Elemente überhöht, und seine Persönlichkeit ging in mehreren Gottheiten auf. Dem Mythos nach (und vielleicht auch in Wirklichkeit) war Quetzalcoatl in Tollan ein Förderer von Gelehrsamkeit und Kultur sowie, vor allem, ein Gegner des Menschenopfers gewesen: »Viele Male versuchten die Zauberer ihn zu täuschen, damit er Menschenopfer vollbringe ... Doch er ließ sich nie dazu verleiten ...« Es kam zu einer Krise: Entweder machte sich Quetzalcoatl selbst lächerlich, oder seine Feinde (vielleicht der Gott Tezcatlipoca) überlisteten ihn. Er wurde aus Tollan verbannt, streifte umher, geriet in Schwierigkeiten, begab sich nach Cholula, einer Stadt zwischen den Bergen und der Küste, und verschwand auf einem Floß aus Schlangen im östlichen Meer nahe Veracruz; möglicherweise ging er auch nach Yucatán (eine symbolische Umschreibung der historisch verbürgten Abwanderung der Tolteken in diese Region, wo auf ihre geistige Anregung hin Chichén Itzá erbaut wurde). Vielleicht war der historische Quetzalcoatl ein religiöser Erneuerer, der von konservativen Kräften aus dem Weg geräumt wurde; dies würde auch das Interesse an der Verbreitung des Mythos von Huitzilopochtli erklären. Vielleicht war Quetzalcoatl auch ein autochthoner Gott des Hochtals, den der Kaiser Itzcoatl und sein Stellvertreter Tlacaelel nicht anerkannten, weil er ihnen zu milde erschien, und den sie aus diesem Grund aus den Annalen der Geschichte tilgten. Doch der unbezwingbare Quetzalcoatl war bereits zum Sinnbild vieler Dinge geworden: des Windes, des Geistes der Erneuerung, des Sonnenlichts, des Morgensterns, des »Kriegers der Morgendämmerung« und, wie es im *Codex Chimalpopoca* heißt:

> Wahrlich, er war der Anfang
> Wahrlich, aus ihm ging es hervor
> Aus Quetzalcoatl
> Alle Kunst und alles Wissen.[25]

Unabhängig davon, ob Quetzalcoatl ursprünglich eine historische Figur gewesen war oder nicht, befand sich das Zentrum seines Kultes 1519 jedenfalls in Cholula, einer Stadt nahe Huexotzinco, jenseits der Vulkane. Dort stand offenbar auch eine Statue, die ihn als einen Mann mit langem Bart darstellte.[26]

Vermutlich sind viele Tolteken nach Cholula emigriert oder geflohen, doch auch an vielen anderen Orten standen kleinere Tempel, die Quetzalcoatl geweiht waren. In Tenochtitlan war er der Schutzgott der *calmécac*, der Schule für die Oberschicht, in der den Schülern zweifellos seine Legende erzählt wurde. Im 15. Jahrhundert hatten die Herrschenden offenbar einen Versuch unternommen, seine Anziehungskraft zu brechen, und sich dazu einer Methode bedient, die an totalitäre Regimes des 20. Jahrhunderts erinnert: Die Priester, welche die Menschenopfer vornahmen, wurden mit einem seiner Namen (Topiltzin) benannt.

Das Verhältnis zwischen Quetzalcoatl und den Mexica, die mit so großer Hochachtung auf Tollan zurückblickten, war somit vielschichtig. Montezuma II. scheint sich für seine Legende interessiert zu haben, vielleicht sogar schon vor 1519 – ihm kamen gelegentlich Zweifel, ob die Mexica keinen Fehler gemacht hatten, als sie ihr Geschick Huitzilopochtli anvertrauten. Wäre es den Mexica besser ergangen, wenn sie wie das Volk von Cholula Quetzalcoatl zu ihrem Hauptgott gemacht hätten? Montezuma ließ im heiligen Bezirk in Tenochtitlan einen neuen, runden Tempel errichten, den er 1505 Quetzalcoatl weihte (die meisten mexikanischen Tempel waren rechteckig; die Kreisform sollte Quetzalcoatl in seiner Eigenschaft als Gott des Windes unterstützen, da man glaubte, daß Kreise den Luftstrom begünstigen). Von dort aus konnte man beobachten, wie die Sonne zwischen den beiden Schreinen auf der Spitze des Großen Tempels emporstieg. Auf der oberen Plattform des Tempels schlug ein Priester bei Sonnenauf- und Sonnenuntergang eine Trommel. Montezuma hatte auch eine besonders schöne Truhe aus Grünstein anfertigen lassen, auf der er selbst als Büßer und der Gott (mit Bart) dargestellt waren.[27] Vielleicht sollten in dieser Truhe die kultischen Geräte, vor allem Opfermesser, die Montezuma verwenden wollte, um Quetzalcoatl zu besänftigen, aufbewahrt werden. Kurz zuvor war auf einem steinigen Hang außerhalb von Tollan eine Reliefdarstellung von Quetzalcoatl, wie er sich mit einem spitzen Knochen das Ohr durchsticht, in Stein gemeißelt worden. Der Stil läßt vermuten, daß der Bildhauer den Gott als Herrscher von Tenochtitlan darstellen wollte.

Die Mexica sahen sehr wahrscheinlich einen Zusammenhang zwischen Quetzalcoatl und der Ankunft von Cortés und der Conquistadoren, da 1519, »1-Schilfrohr« nach dem mexikanischen Kalender, das Jahr des Quetzalcoatl war. Er war im Jahre »1-Schilfrohr« geboren worden, und er war nach genau einem »Jahrhundert« von 52 Jahren in einem Jahr »1-Schilfrohr« gestorben. Auch in Europa hätte man ein solches Zusammentreffen als unheilverheißend angesehen und es keinesfalls als bedeutungslos abgetan. »1-Schilfrohr« verhieß auch für die Könige nichts Gutes. Zitieren wir noch einmal aus dem *Codex Chimalpopoca*:

> Kommt er an 1-Krokodil, trifft es die alten Männer und Frauen …
> Kommt er an 1-Jaguar, 1-Hirsch, 1-Blume, trifft es die Kinder.
> Kommt er an 1-Schilfrohr, trifft es die Könige … [28]

Die Mexica glaubten, daß nichts durch Zufall geschieht. Obgleich sie (das heißt ihre Herrscher und Hohenpriester) es verstanden, Ereignisse der Vergangenheit so umzudeuten, daß sie zu dem entsprechenden Datum des Kalenders paßten, hätten sie spontan jedes ungewöhnliche Ereignis in diesem Jahr mit Quetzalcoatl in Verbindung gebracht.

Auch andere Anzeichen dürften Montezuma als ehemaligem Hohenpriester und Herrn der Kalender nicht entgangen sein. So glaubte man von jeher, daß die Jahre, die im Zeichen des Feuersteins standen, aus dem Norden kamen; die Jahre des Hauses aus dem Westen; die

Jahre des Kaninchens aus dem Süden und die Jahre des Schilfrohrs aus dem Osten. Die Conquistadoren waren zweifellos aus dem Osten gekommen und damit aus der Himmelsrichtung, in der, der Legende nach, Quetzalcoatl auf seinem Schlangenfloß verschwunden war.[29]

Alle rätselhaften Anzeichen von »neuen Menschen« wurden entsprechend in den Erzählungen als Ereignisse gedeutet, die ihren Ursprung im Osten hatten: die Berichte über Kolumbus' Schiff in Mittelamerika im Jahr 1504, die Flotte von Yãñez Pinzón und Diaz de Solís im Jahr 1508, die angeschwemmte Truhe mit Kleidungsstücken, die Schiffbrüchigen Guerrero und Aguilar, die Sichtung von Ponce de León im Jahr 1513 (falls sie stattfand), die Berichte über die Jamaikanerin in Cozumel.

Cortés und seine Männer sollen bei ihrer Landung schwarze Kleidung getragen haben, weil Karfreitag war: Schwarz war eine der Farben Quetzalcoatls. Die Tatsache, daß Cortés in seinen Ansprachen an Fürsten der Maya, Totonaken und Mexica immer wieder die Praxis der Menschenopfer geißelte, dürfte die Vermutung, daß Cortés diese vielschichtige Gottheit verkörpert, weiter erhärtet haben.

In einem Bericht aus dem Jahre 1528 findet sich ein erster Hinweis darauf, daß Montezuma geglaubt hat, Quetzalcoatl, »der weiße Held der Morgendämmerung«, sei zurückgekehrt. Diese Vermutung wurde zu Beginn der 30er Jahre des 16. Jahrhunderts wiederholt und später von Fray Motolinía aufgegriffen. 1541 erklärte der Vizekönig Mendoza in einem Brief an den Historiker Oviedo (der sich zu dieser Zeit in Santo Domingo aufhielt, um Material für seine Geschichte Westindiens zu sammeln), er habe niemals geglaubt, daß die Mexica von Huitzilopochtli angeführt worden seien; er wisse, daß sie einen Herrscher namens »Quezalcoat« gehabt hätten.[30] Vermutlich handele es sich um eine Verwechslung, so daß eigentlich von jeher Quetzalcoatl gemeint gewesen sei.

Dieser Gottheit wurde in den 30er Jahren des 16. Jahrhunderts häufig ein entscheidender Einfluß auf die Geschehnisse zugeschrieben. In den 50er Jahren behauptete Fray Sahagún steif und fest, die Abgesandten, die Montezuma zur Küste geschickt habe, hätten geglaubt, Quetzalcoatl sei zurückgekehrt. Montezuma habe gesagt: »Er ist erschienen! Er ist zurückgekehrt! Er wird hierher, zu seinem Thron und Baldachin, kommen, denn dies hat er verheißen, bevor er fortging.« So verschmilzt diese Legende mit der anderen, nach der die Spanier einen verschwundenen Herrscher und dessen Gefolge verkörperten.

Danach wurde die Legende zum Gemeingut. So betonte etwa der *Codex Ramírez,* daß »sämtliche Zeichen und Äußerungen der Kastilier zweifelsfrei darauf hindeuteten, daß der große Kaiser Quetzalcoatl gekommen war, der vor langer Zeit aufs Meer hinausgefahren war, der aufgehenden Sonne entgegen, und der versichert hatte, er werde nach einiger Zeit zurückkehren.« Fray Diego Durán beschrieb zunächst die mythische Abreise von Quetzalcoatl (den er meist Topiltzin nennt) und behauptete dann, Quetzalcoatl selbst habe prophezeit, Fremde in bunten Gewändern würden von Osten her in das mexikanische Reich einfallen und es zerstören, um die schlechte Behandlung zu rächen, die er von den Mexica erfahren habe.[31]

Möglicherweise glaubte Montezuma auch, die Fremden würden von einem anderen Gott angeführt, vielleicht von Tezcatlipoca, »rauchender Spiegel«, der im Unterschied zu den übrigen Göttern für allmächtig gehalten wurde und der Quetzalcoatl durch eine List dazu gebracht hatte, Tollan zu verlassen. Er war der Gott, der die Menschen gern beschwindelte, um sich zu bereichern, der Gott »der Sorge und des Elends«, der »alles zu Fall brachte«, der »über die Menschen spottete und sie lächerlich machte ... und sie zu Sünde und Laster verführte«. Wo immer er auf der Erde in Erscheinung trat, stiftete er große Verwirrung. Er war ein launenhafter Gott, doch er verkörperte auch die göttliche Allmacht. Und aufgrund einer jener verblüffenden Zwiefältigkeiten, die von den Mexica so geschätzt wurden, war er zugleich der ewig jugendliche Krieger, der Schutzherr der Militärakademie und der königlichen Familie, der einem »Reichtum, Heldentum, Tapferkeit, Würde, Ansehen, Edelmut und Ehre« verschaffen konnte. Angeblich hatte er einmal vierhundert Männer – etwa die gleiche Zahl von Männern, die Cortés begleiteten – und ebenso viele Frauen erschaffen, nur um das heftige Verlangen der Sonne nach Menschenblut und Menschenherzen zu stillen. Wie es sich für einen Gott geziemte, der einen Obsidianspiegel als Emblem hatte, war Tezcatlipoca ein Meister der Metamorphose. So trat er einmal als nackter Verkäufer grüner Chilies in Erscheinung, um die Tochter von Huemac zu verführen; ein anderes Mal nahm er die Gestalt eines kleinen alten Mannes mit silberweißem Haar an, der sich auf verschlagene Weise Eingang in das Haus des Quetzalcoatl in Tollan verschaffte. Es dürstete ihn nach Reichtum. Auch wurde er mit Hautkrankheiten in Verbindung gebracht. Das meiste, was die Spanier in Mexiko taten, etwa die verzweifelte Suche nach Gold und die Einschleppung der Pocken, paßte gut zu seiner Wesensart.[32]

Er ist launisch.
Er möchte umschmeichelt werden.
Er verspottet uns.
Er tut, was er will,
Und was er will, das geschieht:
Er legt uns auf seinen Handteller,
Und läßt uns wie Kieselsteine hin- und herrollen ...[33]

Bedenkt man die soziale Stellung Montezumas als höchster Herrscher mit religiösen Verantwortlichkeiten, bedenkt man zudem seinen natürlichen Aberglauben und die Tatsache, daß es im Leben der Mexica keine Handlung ohne religiöse Bedeutung gab, dann ist es nicht weiter verwunderlich, daß der Kaiser zumindest eine Zeitlang glaubte, die übers Meer gekommenen Fremden könnten Götter sein.

All die vorstehend erwähnten Möglichkeiten gaben Anlaß zur Besorgnis. Tezcatlipoca, der keineswegs ein friedlicher und toleranter, sondern ein blutrünstiger und unberechenbarer Gott war, stellte eine noch beängstigendere Möglichkeit dar als Quetzalcoatl. Montezuma scheint zwischen diesen beiden Deutungen geschwankt zu haben. Wer hätte das unter ähnlichen Umständen nicht getan? Vielleicht spürte dieser intelligente Mann, daß die Ankunft der Kastilier ein zutiefst beunruhigendes Ereignis darstellte – und was beunruhigend war, mußte gottähnlich sein. Schließlich beherrschte die Religion das Leben der Menschen. Die Vorstellung, daß die Ankunft von Cortés keine religiöse Bedeutung habe, wäre den meisten Mexica genauso lächerlich erschienen wie einem Marxisten die Annahme, er sei in seinem Handeln nicht von ökonomischen Motiven angetrieben worden.

Dagegen scheinen einfachere, stärkere, weniger religiös angehauchte Mitglieder der Familie Montezumas, wie etwa sein Bruder Cuitláhuac und später sein Vetter Cuauhtémoc, nie die geringsten Zweifel gehegt zu haben: Wie die Maya – und übrigens auch die Boten Montezumas – hielten sie Cortés und seine Begleiter offenbar für eine Bande von Verbrechern – für politische Terroristen, wie das 20. Jahrhundert sie nennen würde. Vielleicht sahen sie in Montezumas Erklärung, nach der die Neuankömmlinge eine Reinkarnation von Quetzalcoatl und dessen Gefolge waren, nur eine bequeme Entschuldigung für seine zaudernde Haltung.

In den Legenden der Mexica, die mit Sicherheit aus der Zeit vor der Conquista stammen, finden sich nur sehr spärliche Hinweise auf einen

Herrscher oder Gott, der zurückkehren wird, um ein verlorenes Gebiet zurückzufordern. Die praktisch einzige Andeutung findet sich in einer Legende, die berichtet, daß einige große Helden wie Nezahualcoyotl (und selbstverständlich auch Quetzalcoatl) auf Xico, einer Insel, auf die sich die Tolteken nach dem Untergang ihrer Hauptstadt geflüchtet haben sollen, aufhielten und in einen tiefen Schlaf gesunken seien, aus dem sie erst erwachten, wenn sie wieder gebraucht würden. Allerdings bedeutet die Tatsache, daß keine Zeugnisse erhalten blieben, nicht, daß es keine gab. Fast alle Bilderhandschriften des alten Mexikos wurden in dem folgenden Krieg vernichtet. Die Mexica lebten in einer Welt, in der sich ihrer Überzeugung nach die Ereignisse der Vergangenheit wiederholten. Eines ihrer Sprichwörter lautete: »Morgen wird es so sein wie heute; irgendwann, irgendwo wird es wieder so sein. Was vor langer Zeit geschah und nicht mehr geschieht, wird wieder sein; es wird genauso sein wie in jenen fernen Zeiten: Wer heute lebt, wird wieder leben …«[34]

Ein Drachenkopf für ein florentinisches Kelchglas

> »… der besagte Oberherrscher kam mit vielen Eingeborenen und brachte dem besagten Anführer Fernando Cortés einen goldenen Kopf, gleich dem eines Drachen …«
> *Juan Álvarez in einem Untersuchungsverfahren in Kuba, 1521*

> »Und Cortés sandte Montezuma durch jene Boten, was wir in unserer Dürftigkeit aufbieten konnten: ein florentinisches Kelchglas, geschliffen und vergoldet, darauf zahlreiche Bäume und Jagdszenen dargestellt waren …«
> *Bernal Díaz über das Jahr 1519*

Montezuma beschloß, die geheimnisvollen Besucher zu besänftigen, mochten sie nun Götter sein oder nicht. Zunächst einmal sollten sie alles erhalten, was sie sich wünschten. Zu diesem Zweck schickte er weitere Boten mit erlesenen Geschenken zur Küste. Der höchstrangige dieser Emissäre war erneut Teoctlamacazqui, der das Amt des *tlillancalqui*, des Wächters des Hauses der Finsternis, bekleidete. Montezuma scheint im Gespräch mit diesem Amtsträger eine größere Besorgnis bekundet zu haben als früher, anläßlich der Landung von Grijalva. Von tiefem Pessimismus erfüllt, sagte er offenbar, er wisse, daß sein Schicksal besiegelt sei. Augenscheinlich lasse der Herr der Schöpfung (Tezcatlipoca, »Rauchender Spiegel«) seinem Zorn gegen ihn freien Lauf. Montezuma bat den *tlillancalqui*, nach seinem Tod für seine Kinder zu sorgen. Angeblich fügte der Kaiser hinzu: »Wir alle werden durch die Hände dieser Götter sterben, und die Überlebenden werden ihre Sklaven und Vasallen sein. Sie werden die Macht übernehmen, und ich werde der letzte Herrscher dieses Landes sein. Selbst wenn ein paar unserer Verwandten und Nachfahren überleben sollten, werden sie Unfreie sein.«[1] Worauf Montezuma in Tränen ausgebrochen sein soll.

Teoctlamacazqui erinnerte daran, wie freundlich Grijalva gewesen sei. Weder er noch die anderen hochrangigen Würdenträger der Mexica waren so pessimistisch gestimmt wie der Kaiser. Doch Montezuma wollte keinen Trost annehmen und schickte seinen Abgesandten unverzüglich zur Küste. Unter den ungewöhnlich großzügigen Geschenken, die dieser mitnahm, befanden sich zahlreiche Gaben, die mit den Legenden von Quetzalcoatl und Tezcatlipoca in Verbindung standen: Goldschmuck, Quetzalfedern, Obsidian, Türkis, Halsketten aus in Gold gefaßter Jade; goldene Glocken und Halsketten; goldene Figurinen, die Enten, Löwen, Jaguare, Hirsche und Affen darstellten; Pfeile, Bogen und Speere, ebenfalls aus Gold, außerdem schöner Kopfschmuck und zahlreiche Fächer aus grünen Federn, einige davon mit goldenen Anhängseln. Hinzu kamen dekorative Umhänge, Perücken, Spiegel, Schilde, Masken, Pelze, Stäbe, Ohrringe, Diademe, Brustharnische, Federbüsche und Schnürstiefel, geschmückt mit Schellen.[2]

All dies wurde in Körben zu den Fremden geschafft. Montezuma sprach zu seinen Emissären: »Macht euch unverzüglich auf den Weg. Huldigt unserem Gott ... Sagt ihm, sein Stellvertreter Montezuma habe euch geschickt. Dies seien die Gaben, die ich ihm zu Ehren anläßlich seiner Heimkehr nach Mexiko darbrächte.« Der Ausdruck »sein Stellvertreter« könnte durchaus wörtlich gemeint gewesen sein, denn Montezuma erkannte Cortés als seinen Herrn an; wahrscheinlicher aber ist, daß Montezuma damit seine Höflichkeit zum Ausdruck bringen wollte: Die Wendung »zu euren Diensten, mein Herr« bedeutet zu jener Zeit keineswegs, daß der Sprecher einen niedrigeren gesellschaftlichen Rang bekleidete als der Angesprochene.

Montezuma erteilte offenbar noch einen weiteren Befehl, der darauf hindeutet, daß er sich über die Identität der Fremden noch nicht ganz sicher war. Der Darstellung von Fray Durán zufolge trug er seinem Stellvertreter auf, sich »völlige Gewißheit darüber zu verschaffen, ob der Fremde wirklich derjenige ist, den unsere Vorfahren Quetzalcoatl nannten. Wenn er es ist, dann begrüße ihn in meinem Namen und überreiche ihm diese Geschenke. Befiehl dem Gouverneur von Cuetlaxtlan, ihn mit allen Arten von Nahrungsmitteln zu versorgen, mit gebratenem Geflügel und Wild ... Beobachte ganz genau, ob er ißt oder nicht, denn wenn er ißt und trinkt, was du ihm gibst, dann ist er gewiß Quetzalcoatl, da dieser die Gerichte dieser Gegend kennt ... Sag ihm dann, er möge mir erlauben zu sterben. Nach meinem Tod könne er gerne hierher kommen und die Herrschaft in seinem Reich übernehmen, denn es ist seines ... Doch er möge erlauben, daß ich hier sterbe. Dann könne er zurückkehren, um sich seines Besitzes zu erfreuen ... Falls er die Speisen, die du ihm gebracht hast, nicht mögen sollte«, fuhr Montezuma angeblich fort, »und falls ihm nach Menschenfleisch gelüstet und er gerne dich verspeisen würde, dann beuge dich seinem Wunsch. Ich verspreche dir, daß ich für deine Frau, deine Kinder und Verwandten sorgen werde ...«[3]

Zu diesem Zeitpunkt scheint Montezuma noch einen weiteren Entschluß gefaßt zu haben: Er befahl, in den Hang des Berges Chapultepec, der außerhalb der Stadt am gegenüberliegenden Ufer des Sees lag, eine Skulptur seines Gesichts zu meißeln. Dies war seit den Tagen von Montezuma I. ein fester Brauch der mexikanischen Herrscher. Sie erteilten diesen Auftrag, wenn sie spürten, daß das Alter begann, seinen Tribut zu fordern. Der Kaiser war 52 Jahre alt (das entsprach einem vollständigen Zyklus des mexikanischen Kalenders), als er den Bildhauern Modell saß; auch frühere Herrscher hatten in diesem Lebensalter ihre Büsten in Auftrag gegeben.[4]

Die Stelle, an der die Bildhauer ihr Werk in Stein meißelten, dürfte nicht allzu weit vom Eingang der Höhle, die Montezuma als Versteck in Betracht gezogen hatte, entfernt gewesen sein. Vielleicht erteilte er diesen Auftrag auch gerade zu dem Zweck, diesen Plan durchführen zu können. Auf der Skulptur finden sich als Datumsangaben »1-Schilfrohr« (für 1519), aber auch »4-Haus« (für 1509), das Jahr, in dem das neue Feuer im Rahmen einer feierlichen Zeremonie nach Tenochtitlan gebracht worden war.

Nachdem Teoctlamacazqui mit seinem Gefolge an der Küste eingetroffen war, verlangte er nach Cortés. An diesem Tag hielt sich Cortés jedoch offenbar auf seinem Schiff auf. Erinnern wir uns daran, daß Velázquez ihm befohlen hatte, aus Sicherheitsgründen nicht an der Küste zu übernachten, eine Anweisung, die er nicht immer befolgte – ebensowenig wie die Studenten der Universität Salamanca immer Latein sprachen, wie es eigentlich von ihnen gefordert wurde. Doch zumindest an diesem Tag scheint er dem Befehl gehorcht zu haben. Die Emissäre Montezumas wurden auf einem Boot zu ihm gebracht. Dank der Dolmetscher Marina und Aguilar konnten sich die Kastilier mit ihnen verständigten. Sie fragten: »Wer seid Ihr? Woher kommt Ihr?« Worauf die Boten wahrheitsgemäß erwiderten: »Wir kommen aus Mexiko.« Wer auch immer von dem kastilischen Schiff aus mit ihnen sprach (wahrscheinlich Marina), antwortete darauf: »Ihr mögt von dort kommen oder auch nicht. Vielleicht täuscht Ihr uns.«

Nach der Version, die Fray Sahagún in seiner Chronik gibt, erklärten die Mexica, sie seien gekommen, um ihren Herrn und König Quetzalcoatl zu sehen – worauf die Kastilier angeblich miteinander zu flüstern begannen und sich gegenseitig fragten: »Was kann es bedeuten, wenn sie sagen, ihr Herr und König befinde sich hier und sie wünschten ihn zu sehen?« Schließlich (so fährt Sahagún in seiner Chronik fort) habe sich Cortés so königlich gekleidet, wie er nur konnte, und auf einen Stuhl gesetzt, der wie ein Thron hergerichtet worden sei. Die Kastilier erlaubten nun den Mexica an Bord zu kommen, wo sie von Cortés begrüßt wurden. Sie fielen vor ihm nieder und küßten das Deck. Dann erboten sie sich, zehn Sklaven vor ihm zu opfern. Cortés lehnte dieses Angebot ab.[5]

Die Boten hielten nun die Rede, wie Montezuma sie geheißen hatte: »Flehet, daß der Gott uns anhören möge. Sein Stellvertreter Montezuma ist gekommen, um ihm zu huldigen. Er ist der Herrscher der Stadt Mexiko.« Sodann kleideten sie Cortés wie eine mexikanische Gottheit.

Diese sonderbare Begrüßungszeremonie war ein alter Brauch der Mexica. Juan Álvarez, einer der anwesenden Conquistadoren, erklärte später, sie sei »Sitte unter den Fürsten dieser Indianer« gewesen. Grijalva hatte weiter im Süden, bei Potonchan, eine ähnliche Begrüßungszeremonie erlebt. Die Boten setzten Cortés einen goldenen

»Drachenkopf« auf, hängten ihm einem prächtigen Umhang aus Federn um die Schultern, legten ihm Fußringe aus Gold und Silber an und hängten ihm schlangenförmige grüne Ohrringe um beide Ohren. Neben ihn legten sie weitere Kunstgegenstände: einen Spiegel aus Obsidian, den er auf dem Rücken tragen sollte, ein goldenes Tablett, einen goldenen Krug, Fächer und einen Schild aus Perlmutt. Das klingt nicht gerade nach der gewöhnlichen Aufmachung des Quetzalcoatl, doch Álvarez drückte sich vielleicht nur unbeholfen aus. Der Kopf eines Jaguars, den Quetzalcoatl der Sage nach als Kopfschmuck getragen haben soll, könnte durchaus an einen Drachenkopf erinnert haben. Das gleiche gilt für die übrigen Schmuckstücke. Obgleich Álvarez es nicht erwähnte, ist anzunehmen, daß die Boten Cortés auch ein Paar kunstvoll gearbeitete Sandalen überreichten, denn im Schuhmacherhandwerk waren die Mexica besonders große Meister; so konnte sich die Gottheit deutlich von den gewöhnlichen Sterblichen absetzen. Bilder in Sahagúns großartigem Buch zeigen die Darbietung von Fächern aus Federn.[6]

Wenn Cortés etwas über die religiösen Riten der Mexica gewußt hätte, dann wäre er vielleicht beunruhigt gewesen, da den zur Opferung Ausersehenen häufig das typische Gewand des Gottes angelegt wurde, dem sie geopfert werden sollten. Auch wenn Cortés ein Renaissancemensch gewesen sein mag, so hätte er doch jenen *condottiere* aus Siena, der von seinen machiavellistischen Gebietern aufgefordert worden war, sich selbst zu opfern, um so die Heiligsprechung zu erlangen, gewiß nicht um sein Schicksal beneidet.

Die Abgesandten fragten, ob noch weitere Herren (*teules*) an Bord seien. Die Kastilier zeigten auf Pedro de Alvarado, den engsten Vertrauten von Cortés, den man mit seinem auffällig hellen Haar durchaus für einen Gott halten konnte, wenn auch für einen nordischen. Die Mexica legten ihm ähnliche Kleider an wie Cortés, und sie nannten ihn »Tonatiuh«, ein Wort, das die Sonne als tagschaffende Kraft bezeichnete und das in allen Ländern ein Kompliment darstellt, in Mexiko allerdings ein besonders großes, denn hier ging die Sonne in zahllose Metaphern und Redewendungen ein: »Er bewegt die Sonne ein wenig weiter« hieß soviel wie »Er wird zu einem kleinen Kind«; während »Die Sonne hat sich verfinstert« bedeutete »Ein Herrscher ist gestorben«. Vielleicht hatte es mit diesem Spitznamen jedoch noch mehr auf sich. So sollen ihn die *naturales* in Guatemala, wo Alvarado später seine Laufbahn als Conquistador fortsetzte, für einen so schönen und grausamen Mann gehalten haben, daß Masken, die sein Gesicht darstellten, sich großer volkstümlicher Beliebtheit erfreuten.[7]

Die Mexica fragten Cortés, ob er beabsichtige, sich in ihre Hauptstadt zu begeben – die große Stadt, in der Montezuma in seinem, Cortés', Namen regiere.

Marina antwortete für Cortés, daß er Montezumas Hände viele Male küsse und die Absicht habe, nach Tenochtitlan zu gehen, um Montezuma zu sehen und »seine Gegenwart zu genießen«. Zuvor aber müsse er seine Angelegenheiten an der Küste in Ordnung bringen. Er hoffe, daß man ihm den besten Weg nach Tenochtitlan zeige.

Nun bestanden die Mexica darauf, sich – wahrscheinlich aus den Ohren oder den Handgelenken – Blut abzuzapfen. Einer von ihnen bot Cortés in einer adlerförmigen Schale etwas Blut an. Cortés erzürnte (oder gab vor, zornig zu sein) und versetzte dem Mexica einige Schläge mit der flachen Seite seines Schwertes.[8] Angeekelt von der Offerte, begann er sie zu drangsalieren: »Sollen dies etwa all Eure Geschenke gewesen sein?« »Dies, Herr, ist alles, was wir mitbrachten«, antworteten die Abgesandten. Worauf Cortés befahl, sie alle fünf in Eisen zu legen. Anschließend feuerten die Kastilier eine Lombarde auf das Meer ab. Die Emissäre, die nahe bei dem Geschütz standen, fielen, zu Tode erschrocken, aufs Deck. Mitglieder der Besatzung hoben sie auf und gaben ihnen Speisen und Getränke, auch Wein. Cortés fuhr fort, sie einzuschüchtern: »Hört, mir wurde gesagt, die Mexica seien sehr stark, äußerst tapfer und grausam. Ich habe gehört, daß ein Mexica zehn oder sogar zwanzig seiner Feinde verfolgen, vertreiben, bezwingen und einfangen kann. Ich möchte Euch auf die Probe stellen, um herauszufinden, wie stark und tapfer Ihr wirklich seid.« Er gab ihnen Schilde aus Leder und Schwerter aus Stahl, dann sagte er: »Morgen früh, bei Tagesanbruch, werden wir kämpfen und unsere Kräfte messen. Wir werden Mann gegen Mann antreten und sehen, wer verliert.«

Diese Ankündigung versetzte die Mexica in Angst und Schrecken. Sie sagten: »Dies hat uns Euer Stellvertreter Montezuma nicht aufgetragen. Wir sind nur gekommen, um unseren Herrn zu grüßen. Wir können nicht tun, was der Herr von uns verlangt – wenn wir dies täten, würden wir Montezuma verärgern, und er würde uns bestrafen.«

»Nein«, entgegnete Cortés, »ich bestehe darauf. Ich möchte Eure Tapferkeit bewundern, denn in Kastilien geht das Gerücht, daß Ihr sehr stark und kühn [*muy gente de guerra*] seid. Laßt uns nun essen, und am Morgen werden wir kämpfen.«

Danach erlaubte er den Mexica, ihre Boote zu besteigen. Vermutlich hatte er nie ernsthaft daran gedacht, wirklich ein Turnier gegen die Mexica auszutragen. Er wollte sie provozieren, um zu sehen, wie sie auf seine brutale Haltung reagierten. Die Indianer aber kehrten sogleich ans Ufer zurück. Sobald sie das Ufer erreicht hatten, machten sie sich unverzüglich auf den Weg nach Tenochtitlan. In Cuetlaxtlan forderte der Tributeintreiber Teudile sie zum Bleiben auf, sie antworteten jedoch: »Nein! Wir haben es eilig, denn wir müssen unserem Gebieter Bericht erstatten ... Wir müssen ihm erzählen, was wir für schreckliche Dinge gesehen – Dinge, die noch nie zuvor erblickt wurden.«[9]

Nach ihrer Ankunft in Tenochtitlan unterrichteten die Boten Montezuma umgehend über das, was sie gesehen hatten. Dieser rief daraufhin den Kronrat ein, um über das weitere Vorgehen zu beratschlagen. Vermutlich versammelten sie sich im Haus der Adler-Ritter, wie es bei bedeutenden Anlässen üblich war. Auf den niedrigen, aus Holz geschnitzten Bänken, die mit Darstellungen prachtvoll gekleideter und bewaffneter Figuren bemalt waren, hatten Cacama, der König von Texcoco, und Totoquihuatzin, der Dichter-König von Tacuba, Platz genommen. Zweifellos entspann sich eine jener »langen, seltsamen und feierlichen Aussprachen«, die für derartige Sitzungen kennzeichnend waren. Der Kaiser sagte offenbar, daß die Fremden, die über das östliche Meer gekommen seien, gewiß die gegenwärtigen Herrscher des mexikanischen Reiches vertreiben würden, sofern es sich bei ihnen wirklich um Quetzalcoatl und dessen Söhne handle. Aus diesem Grund solle man sie auf keinen Fall in die Hauptstadt hineinlassen. Wenn sie hingegen, wie sie behaupteten, Abgesandte eines großen Herrschers aus dem Land, wo die Sonne aufgeht, seien, solle man sie empfangen und anhören. Diese zunächst unverständlich anmutende Argumentation verdeutlicht Montezumas Einstellung: Die Mexica würden gegen Götter kämpfen, Menschen dagegen als ihre Gäste empfangen.

Montezuma war verpflichtet, seinen Kronrat zu konsultieren, und umgekehrt waren die Ratsmitglieder verpflichtet, ihm beratend zur Seite zu stehen. Allerdings war der Kaiser nicht an ihre Empfehlungen gebunden, konnte sich jedoch auch nicht ohne weiteres über das Votum des Rates hinwegsetzen, da dort seine vier wichtigsten Berater vertreten waren, darunter auch sein mutmaßlicher Nachfolger. Auch der *cihuacoatl*, der Vize-Kaiser, die Hohenpriester und ehemalige hochrangige Offiziere gehörten dem Kronrat an; vielleicht auch die Führer der *capultin* und einige Richter: insgesamt 30 Honoratioren, vielleicht aber auch nur zwölf – wahrscheinlich schwankte die Mitgliederzahl. Die Tatsache, daß Kaiser Ahuitzótl es 1501 einen Tag, nachdem er jenen verhängnisvollen Beschluß gefaßt hatte, der zur Überschwemmung von Tenochtitlan führte, für tunlich hielt, sich beim Kronrat zu entschuldigen, ist bezeichnend für das Verhältnis zwischen dem Kaiser und dieser Institution.[10]

Zweifellos wurde die Möglichkeit erörtert, daß die Spanier tatsächlich Götter waren. Vielleicht beratschlagten die Ratsmitglieder auch lange über die Frage, ob die Fremden überhaupt etwas mit Quetzalcoatl zu tun hatten – jedenfalls scheinen sie in dieser Frage zu keinem endgültigen Schluß gelangt zu sein. Am Ende der Sitzung bat Montezuma seinen Bruder Cuitláhuac, Herrscher von Iztapalapa, einer Stadt am Südufer des Sees, das Wort zu ergreifen. Dieser sagte angeblich: »Ich rate Euch, niemanden in Euer Haus einzulassen, der Euch daraus vertreiben wird.« Cuitláhuac, der allgemein als Nachfolger Montezumas galt, hatte das Expeditionsheer angeführt, das Cacama als König von Texcoco eingesetzt hatte; außerdem war er der Befehlshaber des Heeres gewesen, das die Region Oaxaca nach einem Aufstand zurückerobert hatte. Vielleicht stand er in Kontakt zu den Maya und zu den Händlern von Xicallanco, und möglicherweise waren Gerüchte über das Verhalten von Pedrarias und anderen Conquistadoren in Castilla del Oro zu ihm gedrungen.[11]

Cacama, König von Texcoco und ein Neffe Montezumas, vertrat eine andere Meinung: »Es wäre ein Zeichen niedriger Gesinnung, wenn Ihr die Abgesandten eines großen Herrschers, wie es der König von Spanien zu sein scheint, nicht vorlaßt, denn Fürsten sind verpflichtet, Abgesandte anderer Herrscher anzuhören. Ihr habt genügend tapfere Soldaten an Eurem Hof, die uns gegen sie verteidigen können, falls sie unlautere Absichten hegen sollten.«

Die Mexica waren routinierte Gastgeber. Sie empfingen häufig Fürsten anderer Völker, um ihnen ihre Größe und, mitunter, auch ihre Grausamkeit vorzuführen. Menschen aus weit entfernten Gebieten strömten zu ihren Märkten, vor allem zum Markt von Tlatelolco. In Tenochtitlan gab es zahlreiche Gästehäuser. Zu den zahlreichen »Ausländern« (also Familien nichtmexikanischer Abstammung) in Tenochtitlan gehörten beispielsweise die Maler der Bilderhandschriften, die offenbar zu den Nachfahren einer Gruppe von Mixteken gehörten, die im 15. Jahrhundert ins Hochtal von Mexiko gekommen waren. Tenochtitlan hatte auch Flüchtlinge aufgenommen, darunter Bewohner von Culhuacan, die sich im 15. Jahrhundert im südöstlichen Bezirk der Hauptstadt niedergelassen hatten. Einige Cuauhquecholteken, ebenfalls Opfer der Kriege gegen die Tlaxcalteken, hatten sich in der Nähe des großen Marktes von Tlatelolco angesiedelt.[12]

Schließlich scheinen sich die meisten Mitglieder des Kronrates der Empfehlung von Cuitláhuac angeschlossen zu haben, nach dessen Ansicht sie unbedingt verhindern mußten, daß Cortés nach Mexiko gelangt. Sie sollten sich zwar bereit erklären, sämtliche Wünsche der Fremden zu erfüllen, diesen jedoch zugleich klarmachen, daß es für Montezuma unmöglich sei, sich mit Cortés zu treffen, und daß der Kaiser sich auch nicht zur Küste begeben werde. Außerdem sollte man Cortés einschärfen, daß er nicht nach Tenochtitlan kommen könne, weil der Weg lang und mühsam sei und durch das Gebiet feindlicher Stämme führe. Ferner beschlossen sie, sämtlich Magier und Zauberer Mexikos zusammenzurufen und ihnen zu befehlen, »ihre ganze Kunst und Macht darauf zu verwenden, die Kastilier zu schädigen, zu behindern und zu erschrecken, damit sie es nicht wagten, nach Mexiko zu kommen«.[13]

Zunächst folgte Montezuma diesen Empfehlungen. Er ließ die Kastilier mit weiteren Lebensmitteln versorgen und bekundete sein Bedauern darüber, daß es ihm unmöglich sei, sich mit Cortés zu treffen. Gleichzeitig schickte er seine Magier und Wahrsager, die dem Gott Tezcatlipoca unterstanden, zur Küste, damit sie herausfänden, ob sie einen Zauber gegen die Conquistadoren anwenden können. Vielleicht könnten sie die Spanier »durch einen Wind wegblasen«.

Montezuma schreckte nicht vor dem Versuch zurück, die Kastilier zu überlisten, auch wenn sie Götter sein mochten, denn es war irdischen Herrschern nicht verboten, den Unsterblichen einen Streich zu spielen.

Teudile, der mexikanische Gouverneur von Cuetlaxtlan, erschien einige Tage später, um den 1. Mai, erneut im Lager von Cortés. Wieder brachte er Geschenke mit: weiße und bunte Umhänge, Gold und Federschmuck, Geschmeide aus Gold und Silber und vor allem die beiden großen mit Gold und Silber beschichteten Holzscheiben bzw. -räder, mit deren Anfertigung man bereits im Jahr zuvor begonnen hatte und die eigentlich für Grijalva bestimmt gewesen waren.[14]

Das Goldrad hatte einen Durchmesser von etwa zwei Meter, eine

Dicke von fünf Zentimetern und ein Gewicht von etwa 17 Kilogramm. Das versilberte Rad war etwas kleiner und wog etwas weniger, etwa 11 Kilogramm. Diese Scheiben waren mit traditionellen mexikanischen Emblemen verziert, welche die kosmische Zeitrechnung der Mexica darstellten. Auf beiden Scheiben fanden sich Darstellungen von Tieren. Im Mittelpunkt des vergoldeten Rades waren die Sonne und ein König auf einem Thron dargestellt, während im Zentrum des versilberten Rades der Mond und eine Frau abgebildet waren.[15]

Eigentlich wäre zu erwarten gewesen, daß diese Frau das Erdungeheuer repräsentiert, das oftmals auf derartigen Gegenständen abgebildet wurde, und zwar meistens als Widersacher des Huitzilopochtli. Doch die Beschreibungen, die man in spanischen Quellen findet, untermauern diese Vermutung nicht. Beide Scheiben bestanden aus einem hölzernen Kern, der offenbar mit Beschlägen aus getriebenem Metall überzogen worden war. Vielleicht stellten sie die beiden Kalender der alten Mexikaner dar, die sie den Spaniern gaben, um sie mit der mexikanischen Zeitrechnung vertraut zu machen.

Obgleich Montezuma den Kastiliern noch viele weitere Geschenke überreichen ließ, waren diese beiden großen Räder doch die bedeutendsten. Das Denken der Mexica war dualistisch geprägt; daher war es nur konsequent, diese Dualität auf symbolische Weise durch zwei Objekte darzustellen, welche das männliche und das weibliche Prinzip verkörperten: durch die Sonne, Tonacatecuhtli, die als männlich, lichtbringend, göttlich, aktiv und geisthaft angesehen wurde, und durch den Mond, der für die Mexica das Weibliche, die Nacht, das Unergründliche, das Passive, das Irrationale und Erdverbundene versinnbildlichte.[16]

Teudile versorgte die Spanier auch mit Truthähnen, Eiern und Tortillas, die er zum Entsetzen der Conquistadoren mit dem Blut frisch geopferter Menschen besprengt hatte. Dies war eine der Prüfungen, mit denen die Mexica herausfinden wollten, wer die Fremden wirklich waren. Die Reaktion der Kastilier war eindeutig: sie ekelten sich. »Es empörte sie und erfüllte sie mit heftigem Abscheu.« Doch sie aßen einige der Nahrungsmittel, die nicht mit Blut bespritzt waren, wie etwa Süßkartoffeln, Yuccas, Guajavas, Avocados, Johannisbrot und Kaktusfrüchte.[17] Das Gold, das Silber und den Federschmuck nahmen sie auch an.

Anschließend trug Teudile Cortés die Antwort Montezumas vor. Montezuma, so sagte er, sei hocherfreut, Nachrichten vom König von

Kastilien zu erhalten. Er hoffe, dieser Monarch schicke ihm mehr von diesen »ungewöhnlichen, tüchtigen, einzigartigen und nie zuvor gesehenen Männern«. Cortés könne alles nehmen, was er brauche, um jene sonderbare Krankheit seiner Männer zu heilen, die sich nur mit Gold behandeln lasse. Wenn es in Mexiko irgend etwas gebe, was Cortés seinem König schicken wolle, brauche er nur darum zu bitten. Ein Treffen mit Montezuma dagegen sei nicht möglich: Montezuma könne nicht zur Küste kommen, da er seinen Verpflichtungen bei dem bevorstehenden Blumenfest, das im Monat Tlaxochimaco begangen werde, nachkommen müsse. Auch könne Cortés nicht nach Tenochtitlan kommen, da der Weg schwierig und mühsam sei, »sowohl wegen der zahlreichen steilen Berge ... als auch wegen der weiträumigen, menschenleeren Wüsteneien ...; und zudem sei ein Großteil des Gebietes, das er durchqueren müsse, von grausamen, ihm feindlich gesinnten Stämmen bevölkert ...«[18]

Cortés seinerseits schenkte Teudile eine Garnitur spanischer Kleidungsstücke. Zweifellos hatte er mittlerweile erkannt, daß die Mexica sich gern herausputzten. Er sagte, er müsse unbedingt mit Montezuma zusammentreffen, andernfalls falle er bei seinem König in Ungnade. Er sandte Montezuma einige weitere Geschenke: ein angeblich in Florenz hergestelltes, vergoldetes Kelchglas, auf dem zahlreiche Bäume und Jagdszenen dargestellt waren, und drei Hemden aus holländischem Tuch – einem im 16. Jahrhundert viel verwendeten Hemdenstoff.[19] Teudile antwortete, er werde diese unerquickliche Nachricht an Montezuma weiterleiten, und entfernte sich. Doch zuvor versuchte er die Conquistadoren noch dazu zu bewegen, ihr Lager weiter landeinwärts aufzuschlagen, um so den lästigen Moskitos an der Küste zu entgehen, wie er behauptete. Doch eine solche Verlegung hätte auch die Gefahr erhöht, daß die Kastilier von den Indianern umzingelt würden.

Gleich nachdem Teudile sich verabschiedet hatte, wurde Cortés von 20 Totonaken aus Cempoallan aufgesucht, einer etwa 30 Kilometer weiter nördlich gelegenen Küstenstadt. Diese Totonaken waren größer als ihre Stammesgenossen in den Städten jenseits von San Juan de Ulúa. Sie trugen Lippenpflöcke aus Türkis, die ihre Unterlippen bis übers Kinn hinaus dehnten. Diese Männer hatten eine interessante Geschichte zu erzählen: Sie sagten, sie kämen im Auftrag ihres Herrschers, dem es gelungen sei, seine Unabhängigkeit von Montezuma zu bewahren. Dies war nur die halbe Wahrheit, denn wenngleich er unabhängig war, so war er den Mexica doch tributpflichtig. Doch das Verlangen dieser Totonaken, sich von der beherrschenden Macht dieser Region zu distanzieren, beeindruckte Cortés. Er war erfreut, von ihnen zu hören, daß viele Völker, die sich im Verlauf der letzten 100 Jahre aufgrund militärischer Niederlagen den Mexica unterworfen hatten, dies nunmehr bedauerten. Außer der vagen Versprechung, ihnen im Fall einer Hungersnot beizustehen, tat der Kaiser von Mexiko offenbar recht wenig für seine Vasallen. Städte in der Nähe von Mexiko erhielten gewisse Vergünstigungen dafür, daß sie den Mexica Arbeitskräfte für öffentliche Bauvorhaben bereitstellten. Unterworfene Städte hingegen, die weiter von Mexiko entfernt lagen, wie etwa Cempoallan, kamen nicht in den Genuß derartiger Vergünstigungen.[20]

Das Schicksal von Cuetlaxtlan ist ein anschauliches Beispiel dafür, welche Folgen die Unterwerfung unter Tenochtitlan haben konnte: Nachdem diese Stadt von den Mexica erobert worden war, mußte sie jedes Jahr zehn Bahnen Baumwollstoff, einige Grünsteine und mehrere Jaguarfelle abliefern. Nach einem Aufstand, den die Mexica niederschlugen, wurde ihr jährlicher Tribut stark erhöht: Sie mußten künftig weitere 20 Bahnen Baumwollstoff, 1000 kleine Ballen Stoff, einige Schlangen, weiße Tierhäute sowie rote und weiße Steine abliefern.

Cortés war sich über sein weiteres Vorgehen noch keineswegs im klaren, doch der heimliche Groll, den andere Indianervölker gegen die Mexica hegten, konnte seiner Ansicht nach nur von Vorteil sein. Zweifellos wußte er, daß interne Streitigkeiten unter den Mauren den Katholischen Königen die Rückeroberung Granadas stark erleichtert hatten.

Aber wenngleich Cortés die Rivalitäten zwischen den Ureinwohnern mit Erleichterung zur Kenntnis nahm, mußten ihm die Spannungen, die sich mittlerweile unter den Kastiliern entwickelt hatten und die teilweise mit ihrer anhaltenden Untätigkeit zusammenhingen, doch beunruhigen. Cortés selbst hatte viel zu tun. Er und seine Freunde, Pedro de Alvarado und seine drei Brüder, Portocarrero, Escalante, Olid, Lugo, Ávila und der junge Gonzalo de Sandoval berieten zweifellos miteinander über die Frage, wie sie gegenüber den Abgesandten Montezumas auftreten sollten (wann ihrer Meinung nach Brutalität, wann Höflichkeit angezeigt war). Gewiß sprachen sie auch über die ferne Zukunft und vertrieben sich die Zeit mit Witzen über Diego Velázquez.

Andere Expeditionsteilnehmer dagegen wollten umkehren: Freunde und Schützlinge von Velázquez glaubten, Cortés stehe im Begriff, Dinge zu tun, zu denen er nicht ermächtigt sei. Dazu gehörten der Verwandte des Gouverneurs, Velázquez de León, sein ehemaliger Majordomus, Diego de Ordáz, Francisco de Montejo und der ehemalige *alguacil* von Baracoa, Juan Escudero, seit 1514 mit Cortés verfeindet, sowie Fray Juan Díaz, der Priester aus Sevilla, der offenbar notorisch mit Expeditionsleitern über Kreuz geriet (er hatte bereits mit Grijalva Schwierigkeiten gehabt).

Der erste Anlaß, der zu Spannungen zwischen Cortés und diesen Männern führte und der die Expedition in zwei Gruppen spaltete, war das Gerücht, mehrere Soldaten hätten mit den Indianern privat Tauschhandel getrieben, um sich so Gold zu verschaffen. Weshalb ließ Cortés dies zu? Velázquez hatte diese große Expedition nicht organisiert, damit einfache Soldaten das Gold an sich brachten. Daher sollten nach Ansicht der Freunde des Gouverneurs von Kuba sämtliche Wertgegenstände, die man bislang vereinnahmt hatte, ausgestellt werden, um den Königlichen Fünften auszusondern. Zunächst war Cortés mit diesem Vorschlag einverstanden und beauftragte einen seiner Protégés, Gonzalo de Mexía, einen Estremeño aus Jerez de los Caballeros, sich der Sache anzunehmen. Mexía, der in Trinidad auf Kuba ein Landgut besaß, hatte Glück gehabt; die kubanischen Indianer hatten sein Leben geschont, als die Conquistadoren eine ihrer wenigen Niederlagen hinnehmen mußten. Die Schlacht fand unweit eines Ortes statt, der aufgrund der hohen Zahl gefallener Kastilier den Namen Matanzas, »Gemetzel«, erhielt.[21]

Dieser Vorfall gemahnte Cortés daran, daß er auf dieser Expedition seinen Willen nur dann durchsetzen konnte, wenn seine Freunde geschlossen hinter ihm standen.

Doch bevor sich diese Krise zuspitzte, hatten sich bereits Montezumas Zauberer ans Werk gemacht. Sie waren ohne Schwierigkeiten ins Lager der Spanier gelangt; vermutlich hielten sich dort zu dieser Zeit so viele indianische Diener – Mexica und Totonaken – auf, daß man unschwer Einlaß finden konnte. Die Magier probierten alle möglichen Zaubermittel aus. Doch sie mußten feststellen, daß »die Spanier einen Floh, der sie sticht, so lange suchen, bis sie ihn gefunden haben, um ihn zu töten, und daß sie die ganze Nacht mit Gesprächen zubringen und daß sie schon im Morgengrauen wieder auf den Beinen sind und sich sogleich auf ihre Pferde schwingen«. Auch sei ihre Haut so hart, daß man unmöglich die Lage ihres Herzens herausfinden könne. So überbrachten die Magier Montezuma schlechte Neuigkeiten: »Wir sind keine ebenbürtigen Gegner. Im Vergleich zu ihnen sind wir ein Nichts.«[22]

Kurz darauf stattete Teudile Cortés einen dritten Besuch ab. Wieder brachte er Gegenstände aus Baumwolle, Federarbeiten und vier schöne Schmuckstücke aus Jade mit. Doch diesmal forderte er ihn auf, das Land zu verlassen; es sei zwecklos, auf eine Zusammenkunft mit Montezuma zu hoffen. Cortés erwiderte, er werde so lange bleiben, bis er den Kaiser gesehen habe. Teudile sagte verärgert, Cortés solle nicht länger auf seinem Vorhaben beharren und abziehen. Er nahm die etwa 2000 Indianer mit, die er bei seinem ersten Besuch mitgebracht hatte und die sich um die Kastilier gekümmert hatten. Die Mexica stellten auch ihre Lebensmittellieferungen an die Kastilier ein, worauf die Vorräte der Expedition zur Neige gingen, denn das Maniokwurzelbrot, das sie von Kuba mitgenommen hatten, war mittlerweile verschimmelt. Hätten sie nicht große Mengen an Schalentieren gefangen, wäre vermutlich eine Hungersnot bei ihnen ausgebrochen.[23]

Cortés nahm an, daß sich die Mexica zum Kampf rüsteten. Aus diesem Grund befahl er, alle Kleidungsstücke und sonstigen Vorräte auf die Schiffe zurückzuschaffen. Er schickte Alvarado mit einhundert Soldaten, fünfzehn Armbrustschützen und sechs Arkebusieren ins Landesinnere, wo sie Mais beschaffen sollten. Etwa 14 Kilometer von der Küste entfernt stießen sie auf ein verlassenes Dorf, das an einem Fluß lag und in dessen Zentrum ein großes, mit Gold geschmücktes Haus stand. Das Dorf hatte auch einen Tempel, auf dessen Altar die Kastilier ein weiteres Mal Hinweise auf erst kurz zurückliegende Menschenopfer entdeckten: Blut und Messer aus Feuerstein. Dort und in einem oder zwei weiteren verlassenen Dörfern fanden sie reichlich Vorräte. Über einen Ausrufer befahl Alvarado seinen Männern, nichts außer den Nahrungsmitteln anzurühren. Diese Vorräte aber nahmen sie mit.[24]

Wie immer erlaubte Alvarado seinen Männern, mit roher Gewalt vorzugehen. Er selbst nahm zwei Indianerinnen gefangen. Später erklärte er: »Sollte das eine oder andere Dorf niedergebrannt oder geplündert worden sein, so habe ich dies weder gesehen noch gewußt, geschweige denn gebilligt ...« Jahre später sagten mehrere Zeugen im Rahmen des *residencia* gegen Alvarado aus, dieser habe oft ein brutales Verhalten an den Tag gelegt. Sie behaupteten, man habe versucht,

Alvarado wegen dieser Mißhandlungen zu belangen, doch Cortés habe seine Hand über ihn gehalten, und so sei nichts geschehen.[25]

Die Anzeichen von Menschenopfern machten einen nachhaltigen Eindruck auf die Conquistadoren. Sie kannten diese Praktik weder von den Taíno auf Hispaniola und auf Kuba noch von den Kariben der Kleinen Antillen, obgleich diese in dem (weitgehend unbegründeten) Ruf standen, Kannibalen zu sein. Die Portugiesen waren bei den Tupinambá in Brasilien auf Kannibalen gestoßen. Die Kastilier erkannten nunmehr die Gefahr, in der sie sich befinden würden, wenn sie in die Hände der Mexica fielen. Das Menschenopfer war keineswegs nur ein Vorwand für die spanische Intervention. Aguilar (nicht der Dolmetscher), ein Mitglied der Expedition, ließ keinen Zweifel daran: »Meiner Ansicht nach gibt es auf der Erde kein anderes Reich, in dem Gott unser Herr so mißachtet und beleidigt wurde und in dem man den Satan so inbrünstig verehrte [wie in Mexiko].«[26]

Dadurch gewannen die Argumente derer an Gewicht, die es für ratsam erachteten, nach Kuba zurückzukehren, weil der *caudillo* (wie sie sagten), seinen Auftrag erfüllt habe: Er hatte weitere Kreuze in Yucatán gesehen; er hatte einen kastilischen Gefangenen befreit; er hatte San Juan de Ulúa angelaufen; er hatte viel Gold erhalten, und er hatte viele neue Erkenntnisse über das mexikanische Reich gewonnen.[27]

Die Freunde von Cortés dagegen vertraten einen anderen Standpunkt. Cortés hatte vor seiner Abreise aus Kuba offen die Möglichkeit in Erwägung gezogen, eine Siedlung zu gründen. Dieser Plan hatte die Zustimmung vieler Expeditionsteilnehmer gefunden. Der Steuermann Alaminos, nicht gerade ein Anhänger von Cortés, sagte später aus, daß »alle Männer besagten Anführer einmütig aufforderten, besagtes Land zu besiedeln«. Portocarrero, ein Parteigänger von Cortés, gab das gleiche zu Protokoll.[28] Viele dieser Männer, die nach Westindien gekommen waren, um ihr Glück zu machen, hatten bereits in Castilla del Oro, auf Kuba und vielleicht auch auf Hispaniola Enttäuschungen erlebt – »Yucatán« oder »Ulúa« verhießen ein Ende dieser Pechsträhne. Man konnte ihre Meinung unmöglich einfach übergehen; vielleicht besaß sie ein größeres Gewicht, als die meisten Historiker bislang glaubten. Und vielleicht hatten sie schon auf Kuba den Eindruck gewonnen, daß selbst Velázquez im Grunde genommen eine Kolonisierung gutheiße.[29]

Cortés manövrierte sich mit großem Geschick in eine Position, in der er scheinbar den Standpunkt der vorsichtigen Partei einnahm. Er sagte sogar zu Freunden, die ihn zur Gründung einer Siedlung drängten, daß er dazu nicht ermächtigt sei. War er von Velázquez etwa nicht ausdrücklich angewiesen worden, nur nach Grijalva zu suchen und keine weiteren Schritte zu unternehmen?[30]

Cortés wiegte die Freunde des Gouverneurs im Glauben, sie hätten ihn davon überzeugt, daß es an der Zeit sei, nach Kuba zurückzukehren. Er sagte zu ihnen, er sei in Anbetracht der Tatsache, daß ihre Vorräte zur Neige gingen und ihn weder Velázquez noch die Hieronymitenmönche in Santo Domingo angewiesen hatten, eine Siedlung zu gründen, ebenfalls der Ansicht, je schneller man Kurs auf Kuba nehme, um so besser. Er ordnete an, alle Güter und Personen einzuschiffen.

Daraufhin protestierten seine Freunde oder besser gesagt: die Conquistadoren, die einen weiteren Aufenthalt befürworteten. Die Gebrüder Alvarado, Portocarrero, Sandoval, Alonso de Ávila, Juan de Escalante und Francisco de Lugo beschuldigten Cortés, sie vor der Abfahrt aus Kuba getäuscht zu haben, da er damals seine Absicht bekundet habe, eine Siedlung zu gründen. Sie forderten ihn »im Namen Gottes und des Königs« auf, eine Kolonie zu errichten und sich über den Willen Diego Velázquez' hinwegzusetzen. Die Mexica würden ihnen voraussichtlich nicht erlauben, dieses Land ein weiteres Mal zu betreten, während – sobald erst einmal eine mächtige Stadt in diesem reichen Land errichtet sei – ein gewaltiger Andrang von Siedlern aus Kastilien einsetzen werde, was zu Nutz und Frommen Gottes und des Königs sei. Weshalb lasse er jene, die umkehren wollten, nicht ziehen? Die Abenteuerlustigen könnten doch bleiben. Außerdem solle Cortés aufhören, Gold einzutauschen, wie er es bislang getan hatte, da sonst das Land zugrunde gerichtet werde. Weshalb sollten sie, seine treuen Kämpfer, tatenlos zusehen, wie er das ganze Gold einsammelte, von dem nur er und, schlimmer noch, Diego Velázquez profitieren würde?

Cortés schien zu zögern. Er tat so, als müsse er sich über sein weiteres Vorgehen erst noch klar werden. Doch zugleich begann er insgeheim, nach einem geeigneten Ort für eine Siedlung Ausschau zu halten, einem Ort, der auch einen guten Hafen besitzen sollte. Seiner Ansicht nach würde der Hafen von San Juan de Ulúa langfristig ihren Ansprüchen nicht genügen, obgleich Veracruz (wie die Stadt später genannt wurde) gerade auf lange Sicht zu einem der bedeutendsten Häfen Amerikas werden sollte. Cortés schickte zwei Brigantinen mit je 50 Mann an Bord los; sie sollten die Küste in nördlicher Richtung entlangsegeln, um nach einem besseren Platz zu suchen. Francisco de Montejo, der Anführer der »Velázquisten«, befehligte das eine Schiff; Rodrigo Álvarez Chico, ein Estremeño seines Vertrauens, das andere. Der Steuermann Alaminos fuhr auf dem ersten Schiff mit. Velázquez de León wurde von Cortés mit der Leitung einer dreitägigen Expedition ins Landesinnere betraut.[31]

Vermutlich wollte der *caudillo* erst wissen, wie reich diese Gegend tatsächlich war, bevor er beschloß, eine Siedlung zu gründen. Doch als er dann sah, »wie viele Schätze dieses Land besaß, wie leicht man ihrer habhaft werden konnte und mit wieviel Wohlwollen ihn die Eingeborenen empfingen« – wie ein Zeuge in einem Gerichtsverfahren später aussagte –, stand sein Entschluß fest.[32] Er suchte jetzt nur noch nach einem Weg, diesen Entschluß auf legale Weise in die Tat umzusetzen.

Es ist nicht klar, ob er schon zu diesem Zeitpunkt den Plan gefaßt hatte, nach Tenochtitlan zu gehen, doch mit Sicherheit bezweifelte weder er noch irgendein anderer Expeditionsteilnehmer, daß es legitim war, im Gebiet der Totonaken oder der Mexica eine Kolonie zu gründen. Nicht einmal die Dominikaner wären auf den Gedanken gekommen, daß die indianischen Fürsten (im Unterschied zu den einzelnen Indianern) die rechtmäßigen Eigentümer dieses Landes sein könnten.

Während Montejo und Velázquez de León unterwegs waren, führte Cortés einen regelrechten *coup d'état* durch; ihre Abwesenheit kam ihm hierbei allzu gelegen, als daß es sich um einen bloßen Zufall handeln könnte. Wahrscheinlich waren die meisten der 50 Männer, die Montejo begleiteten, ebenfalls Anhänger des Gouverneurs von Kuba. Sicherlich wollte Cortés wirklich wissen, ob es weiter nördlich eine günstige Stelle für einen Hafen gab – andererseits erleichterte es die Dinge ganz erheblich, daß Montejo und Velázquez de León in einem so entscheidenden Augenblick nicht zugegen waren. Denn, wie ein Zeuge in dem späteren Untersuchungsverfahren gegen Cortés aussagte, wurde »Don Hernando Cortés in jenen Tagen von den Bürgermeistern [*alcaldes*] und Ratsherren [*regidores*] der besagten Stadt Villa de la Vera Cruz zum *Justicia mayor* und *Capitán general* gewählt, bis Seine Majestät etwas anderes verfügen«.[33]

Cortés landete diesen Coup auf folgende Weise: Er berief zunächst eine Versammlung ein. Er sagte zu denjenigen, die unbedingt eine Kolonie in Mexiko gründen wollten, daß er nicht länger mit Gold handeln werde, weil er vor allem dem König dienen wolle – obgleich er gehofft habe, durch den Goldhandel seine Kosten für die Ausrüstung der

Flotte zu decken. Dann erklärte er sich, scheinbar widerstrebend, damit einverstanden, eine Stadt zu gründen, die den Namen »Villa Rica de la Vera Cruz« tragen sollte (wobei *rica* darauf verwies, daß dieses Land reich war, während *Vera Cruz*, das »Wahre Kreuz«, daran erinnerte, daß die Expedition an einem Karfreitag an der Küste gelandet war). Die Mitglieder der Expedition sollten die Bürgerschaft der Stadt bilden.

Als nächstes erklärte er seinen Männern, daß die Eingeborenen Mexikos kulturell höherstehend, vernünftiger und intelligenter seien als die Indianer in der Karibik. Das Land sei offenbar sehr viel größer als der Ausschnitt, den sie bislang gesehen hätten. Sie sollten Wälle und Befestigungsanlagen errichten, wie es die Portugiesen in Afrika getan hatten (und wie es Las Casas für die Nordküste Südamerikas angeraten hatte). Sobald sie die Stadt erbaut hätten, könnten sie ihr ganzes Hab und Gut an Land bringen und ihre Schiffe nach Kuba zurückschicken. Sie könnten mit Cempoallan und anderen mit den Mexica verfeindeten Völkern Handel treiben. Alle Expeditionsteilnehmer würden zu Bürgern, *vecinos*, der neuen Stadt und erhielten das Recht, bei den Wahlen zum Stadtrat ihre Stimme abzugeben. Cortés wußte, was er tat: Velázquez war bei der Gründung von Städten auf Kuba genauso vorgegangen. Cortés selbst hatte bei diesen Gelegenheiten oftmals als Notar die Gründungsurkunden ausgefertigt. Doch er steuerte auch eine eigene, originelle Idee bei: Aufgrund der Kenntnisse, die er sich während seines Studiums in Salamanca und seiner Tätigkeit bei einem Notar und auch als Notar angeeignet hatte, legte er sich eine Argumentation zurecht, wonach die Herrschaftsgewalt dann, wenn eine ordnungsgemäß konstituierte Verwaltung fehlte, wieder an die Volksgemeinschaft zurückfalle, die nunmehr ihre rechtlichen Vertreter selbst wählen dürfe.[34]

Mehrere Männer, die Cortés' Vertrauen genossen, wurden daraufhin zu den ersten *alcaldes* und *regidores* der neuen Stadt ernannt. Offenbar fand eine Wahl statt, bei der per Handzeichen abgestimmt wurde. Sowohl Andrés de Tapia als auch Martín Vázquez, die im Rahmen des 1534 gegen Cortés eingeleiteten Ermittlungsverfahrens als Entlastungszeugen vernommen wurden, beteuerten, die Beamten seien einstimmig gewählt worden, und Vázquez fügte noch hinzu, er habe seine Stimme abgegeben und seine Meinung kundgetan. Der offizielle Historiker Karls V., Juan Ginés de Sepúlveda, erwähnt in einem Werk aus den 50er Jahren des 16. Jahrhunderts ausdrücklich, damals sei eine »Versammlung« einberufen worden. Tatsächlich jedoch wurden die Beamten entweder von Cortés ernannt, oder es wurden nur Personen aufgestellt, die Cortés genehm waren. Eine echte Wahl stand nie zur Debatte. Für Cortés stellte keiner der Kandidaten eine Gefahr dar. So waren fast alle Amtsträger der neuen Stadt Estremeños.[35] Der (in Medellín geborene) Portocarrero war einer der beiden Gemeindevorsteher (*alcaldes mayores*). Alvarado (aus Badajoz gebürtig) und Alonso de Grado (aus Alcántara gebürtig) waren Ratsherren (*regidores*). Ein weiterer bedingungsloser Gefolgsmann von Cortés, der aus Oliva bei Medellín stammende Francisco Álvarez Chico (ein Bruder Rodrigos), wurde Sprecher des Stadtrates (*procurador-general*), und der junge (in Medellín geborene) Gonzalo de Sandoval, einer von Cortés' neuen Günstlingen, wurde Konstabler (*alguacil*), während Gonzalo de Mexía (aus Jerez de los Caballeros) das Amt des Schatzmeisters bekleidete (er stand damals noch in einem guten Verhältnis zu Cortés, wurde aber später zu einem seiner Feinde). Der *escribano,* Notar Diego de Godoy, trug einen Namen aus der Estremadura, der in Medellín sehr bekannt war (obgleich er in Pinto bei Toledo geboren worden war). Die einzigen, die nicht aus der Estremadura stammten, waren Ávila und Olid (aus Ciudad Real bzw. Baena gebürtig); Escalante (vermutlich in Huelva geboren) und der aus Salamanca stammende Montejo, der sich noch immer auf Erkundungsfahrt entlang der Küste befand und gemeinsam mit Portocarrero zu Sprechern des Stadtrates ernannt wurde.

Diese Männer trugen die gleichen Titel (*alguacil, regidor, alcalde*) wie die kommunalen Verwaltungsbeamten im fernen Kastilien. Sie fungierten in ihrer Gesamtheit (sowohl in Villa Rica de la Vera Cruz wie auch in Kastilien) als beratende Versammlung, *regimiento* genannt. Cortés wußte genau, wie eine Stadtverwaltung aufgebaut war, denn sowohl sein Vater, Martín Cortés, als auch sein Großvater, Diego Alfon Altamirano, hatten einst in Medellín solche Ämter bekleidet. Alvarado wurde nicht nur zum *regidor*, sondern auch zum *capitán-general de entradas* (»Oberbefehlshaber für Vorstöße ins Landesinnere«) ernannt; diese Bestallung läßt Cortés' Schwäche für das Rittertum erkennen, so unklug diese auch sein mochte. Allerdings war »Tonatiuh«, der Vertraute und faktische Stellvertreter von Cortés, zu dieser Zeit offenbar der von Cortés favorisierte Hauptmann.[36]

Die Ratsherren von Villa Rica de la Vera Cruz forderten Cortés auf, er möge ihnen die Anweisungen zeigen, die Velázquez ihm mitgegeben hatte. Er händigte ihnen das gewünschte Dokument aus. Nach sorgfältiger Prüfung kamen sie – wobei sich Alvarado, Escalante, Portocarrero, Grado, Olid und Ávila besonders hervortaten – zu dem Schluß, daß Cortés keine Handlungsvollmacht mehr besitze, und erklärten deshalb seine Mission für beendet. Cortés legte daraufhin seine Ämter nieder. Doch dieser Rücktritt war (wenn auch rechtlich einwandfrei) letztlich bloße Augenwischerei – denn unmittelbar darauf und zweifellos aufgrund vorheriger Absprachen ernannte die Ratsversammlung Cortés zum Obersten Richter (*justicia mayor*) von Villa Rica und zum Befehlshaber des königlichen Heeres (*capitán de las armadas reales*), bis daß der König eine anderweitige Verfügung treffe.[37]

Cortés bezeichnete diese Ernennungen immer als »Wahl«; er beteuerte, er habe erst dann mit der Besiedlung Mexikos begonnen, als die neue Ratsversammlung ihn hierzu ermächtigt habe, und all seine Befugnisse seien ihm von diesem Organ verliehen worden.

Der Zweck der Expedition änderte sich nun von Grund auf. Cortés behauptete, bei der Abreise von Kuba sei die Suche nach Grijalva sein einziges Ziel gewesen; später jedoch habe er erkannt, was für ein wunderbares Land Mexiko sei und »daß sowohl Gott als auch der König hocherfreut sein würden und sich die königlichen Steuer- und Zinseinnahmen stark erhöhen würden, wenn man eine Kolonie gründete«. So begann er aufgrund der Befugnisse, die ihm der neue Stadtrat verliehen hatte und die es ihm erlaubten, sich über die Anweisungen von Diego Velázquez hinwegzusetzen, mit der »Besiedlung« des Ortes.[38]

Die Gegner von Cortés bezichtigten ihn später der Rebellion: Cortés und seine Komplizen hätten alles so eingefädelt, daß der Eindruck entstanden sei, »sie übernähmen die Macht im Namen Seiner Majestät«. Da sie sich jedoch nicht auf die Vollmachten gestützt hätten, die Cortés von Velázquez erhalten habe, sei ihre Vorgehensweise rechtswidrig gewesen.[39]

Cortés hingegen argumentierte, daß nach traditionellem spanischem Recht, wie es König Alfonso X. el Sabio in der Gesetzessammlung *Las Siete Partidas*, »Die sieben Kapitel«, kodifiziert hatte, jede Gemeinde einen Gemeinderat einsetzen könne. Außerdem könnten sämtliche Gesetze auf Antrag der »redlichen Männer« einer Gemeinde außer Kraft gesetzt werden. In Mexiko sei diese »Gemeinde« von der Expedition selbst gebildet worden, in der seine Anhänger gegenüber den Parteigängern von Velázquez in der Mehrheit gewesen seien. Zwar existierte die Stadt »Villa Rica de la Vera Cruz« vorläufig noch nicht, doch schon bald würde sie, wenn auch erst in groben Umrissen, sichtbar sein. Zudem wollte Cortés nicht bloß eine neue Gemeinde gründen, sondern auch, wie seine Freunde (oder vielleicht auch er selbst) in einem Brief an den König schrieben, eine Stadt, in der »Gerechtigkeit« waltete: die erste Gemeinschaft in Amerika, von der man dies sagen können sollte. Vielleicht erinnerte sich Cortés daran, daß sein Vater Martín Cortés im Jahr 1494 ein Gesuch an den König und die Königin gerichtet hatte, ihm seine Rechte an einem Grundstück in der Nähe der Stadt Valhermoso zu bestätigen, wobei er absichtlich die dem Grafen von Medellín unterstehende kommunale Obrigkeit überging.[40]

Keiner der Conquistadoren hatte seit der ersten Reise des Kolumbus in Erwägung gezogen, so vorzugehen, wie Cortés dies getan hatte. Núñez de Balboa hatte mit dem Gedanken gespielt, die Unabhängigkeit von Kastilien zu erlangen, doch er hatte nie daran gedacht, die Unabhängigkeit zu erklären, obgleich er die Gouverneure in Santo Domingo überging und die direkte Unterordnung unter die Krone forderte. Diego Velázquez hatte auf Kuba Städte gegründet, die ihre eigene Identität entwickelten; doch er hatte die Behörden auf Hispaniola konsultiert, bevor er seine Pläne in die Tat umsetzte. Vermutlich kannte Cortés noch aus seiner Zeit in Salamanca und Valladolid die einschlägigen Bestimmungen aus den *Siete Partidas*. Vielleicht gab es auf Kuba oder sogar in Villa Rica eine Abschrift dieser Gesetzessammlung. Dennoch können auch juristische Argumente, so aufschlußreich sie sein mögen, zu weit getrieben werden. Eine sorgfältige Lektüre eines anderen Abschnitts der *Siete Partidas* hätte vielleicht ergeben, daß man Cortés wegen Hochverrats verurteilen konnte. Womöglich deutet die Tatsache, daß er später mehrfach den Satz äußerte: »Wenn man die Gesetze brechen muß, um regieren zu können, dann darf man sie brechen«, darauf hin, daß er sich durchaus der Rechtswidrigkeit seiner Vorgehensweise bewußt war.[41]

Nach 22 Tagen auf See und kurz nach »den Machinationen« (wie Pietro Martire die Vorgänge bissig nannte) im Zusammenhang mit Cortés' Rücktritt und seiner Wiederernennung kehrten Montejo und Alaminos von ihrer Erkundungsfahrt Richtung Norden zurück. Sie waren nicht sonderlich erfolgreich gewesen. Unmittelbar nachdem sie San Juan de Ulúa verlassen hatten, waren sie von einem Sturm überrascht worden, der sie 150 Seemeilen nach Norden abtrieb. Dann gerieten sie in eine Gegenströmung, die sie etwa die gleiche Strecke in umgekehrter Richtung mitriß. Dennoch konnten sie berichteten, daß sich möglicherweise ein kleiner Hafen etwa 40 Seemeilen nördlich als Ort für eine Siedlung eigne.[42]

Montejo erkannte sofort, daß sich die politische Lage einschließlich seiner eigenen Stellung grundlegend verändert hatte. Wie er dem kastilischen Kronrat im folgenden Jahr berichtete, hatte sich die Expedition während seiner Abwesenheit in eine Stadt verwandelt. Obendrein war er, Montejo, zu einem der Gemeindevorsteher ernannt worden. Cortés, der wußte, daß man Adlige genauso leicht kaufen kann wie gemeine Männer, sicherte sich Montejos Zustimmung zu seinen »Machinationen« offenbar mit einem Bestechungsgeld von 2000 Pesos.[43]

Nachdem die Mitglieder der Ratsversammlung Cortés in seine bedeutenden Ämter gewählt hatten, ergriffen sie eine weitere ungewöhnliche Maßnahme: Sie beschlossen, daß Cortés nach Abzug des königlichen Fünften von dem zu erwartenden Ertrag der Expedition ein weiteres Fünftel für sich beanspruchen dürfe.[44] Dieser Beschluß bedeutete auch, daß die Spanier den größten Teil des Goldes, der in ihren Besitz gelangen würde, einschmelzen mußten, was der Grund dafür ist, daß so wenig Goldschmuck der Mexica erhalten ist.

Cortés erklärte sein System später folgendermaßen: »Bis sie eine Siedlung aufgebaut hatten, mußten sie von den Vorräten leben, die sie an Bord ihrer Schiffe mit sich führten. [Cortés] ... nahm deshalb, was er für sich und seine Diener brauchte, während die restlichen Güter auf die Männer der Expedition aufgeteilt wurden, nachdem man einen angemessenen Preis für sie festgesetzt hatte.« Die Männer bezahlten Cortés die Waren, die er ihnen übergab (zum Beispiel ein Pferd, eine Arznei oder ein Schwert), in bar, oder sie zogen die Kosten von dem Anteil an dem Beutegut ab, das ihnen am Ende des Abenteuers zustand. Nach Aussage von Cortés forderten ihn die Männer der Expedition auf, auch für die Geschütze und die Schiffe einen Preis festzusetzen, damit ihm die Auslagen dafür erstattet würden. Sie verlangten außerdem, er solle Wein, Brot, Kleidung, Waffen, Pferde und anderes mehr aus Kuba kommen lassen, weil dies »billiger sei, als wenn sie auf Händler angewiesen wären«.[45]

Doch Cortés tat all diese Vorschläge als nebensächlich ab und beteuerte, er werde die Kosten für die Ernährung und Bewaffnung der Expeditionsteilnehmer tragen. Vorläufig solle niemand für irgend et-

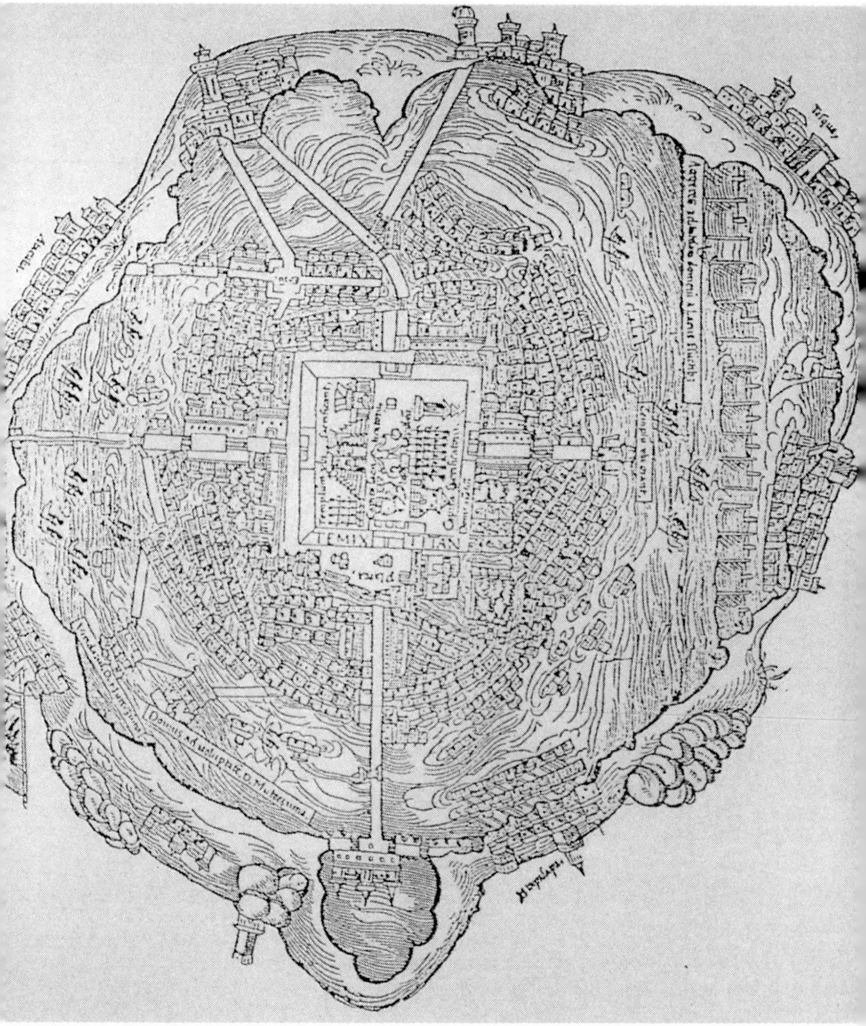

Karte von Tenochtitlan, die im Jahre 1524 – angeblich auf Cortés' Anregung hin – zusammen mit der ersten lateinischen Ausgabe von Cortés' zweitem Brief an König Karl V. in Nürnberg veröffentlicht wurde. Die Zeichnung stammt jedoch vermutlich von einem Deutschen; möglicherweise hat sie Albrecht Dürer bei seinem Plan einer »Idealstadt« beeinflußt.

Religiöse Überzeugungen I. Oben links: Coyolxauhqui, vermutlich eine Personifikation des Mondes, war eine bedeutende Göttin der Mexica. Ihr kolossaler Steinkopf sollte den Betrachter in Schrecken versetzen. Oben rechts: Xipe Topec, »der gehäutete Herr«, verkörperte die Fruchtbarkeit. Der Gott der Goldschmiede trägt die Haut eines geopferten Gefangenen. Unten: Die Mexica glaubten auch an Vorzeichen, wie beispielsweise Kometen, die Montezuma II. hier vom Dach eines Hauses beobachtet.

Religiöse Überzeugungen II. Links: Die Conquistadoren beteten zur Jungfrau Maria (und stellten in vielen eroberten Tempeln Madonnen auf), von der es zahlreiche unterschiedliche Darstellungen gab; unter anderem die »Virgen de los Remedios« in der Kathedrale von Sevilla (um 1400), eines der Lieblingsbilder von Cortés. Rechts: »La Virgen de los Navegantes« (Die Jungfrau der Seefahrer), Gemälde von Alejo Fernández (1514), auf dem (ganz links) Kolumbus, vielleicht auch Bischof Fonseca, der »Minister für Westindien«, und eine *nao* abgebildet sind, eines der Schiffe, die die Welt eroberten.

Ideale
Der Held der Mexica war der Adlerkrieger (um 1500).

Der Held der Spanier war der Ritter, hier von Christoph Weiditz auf einem Pferd dargestellt, wie es in Amerika eingesetzt wurde (um 1528).

Opferung und Herrschaft Oben: Das Menschenopfer sollte die Einhaltung der gesellschaftlichen Normen sicherstellen und war der Höhepunkt der mexikanischen Zeremonien; die hier gezeigte Abbildung ist dem *Codex Magliabecchiano* entnommen (um 1540). Unten: Kastilien wurde überwiegend von Adligen regiert, die in Burgen residierten, wie etwa der Burg von Medellín in der Extremadura, dem Geburtsort von Hernán Cortés.

Schicksals- und Glücksräder

Links: Die Mexica glaubten, daß das Leben gemäß einem komplizierten Kalender wie diesem aus Stein (um 1480) vorherbestimmt sei.

Unten: Die Spanier betrachteten das Glücksrad mit fast der gleichen Ehrfurcht (Ausschnitt aus einem flämischen Gobelin, der anläßlich der Krönung Karls V. im Jahre 1520 angefertigt wurde).

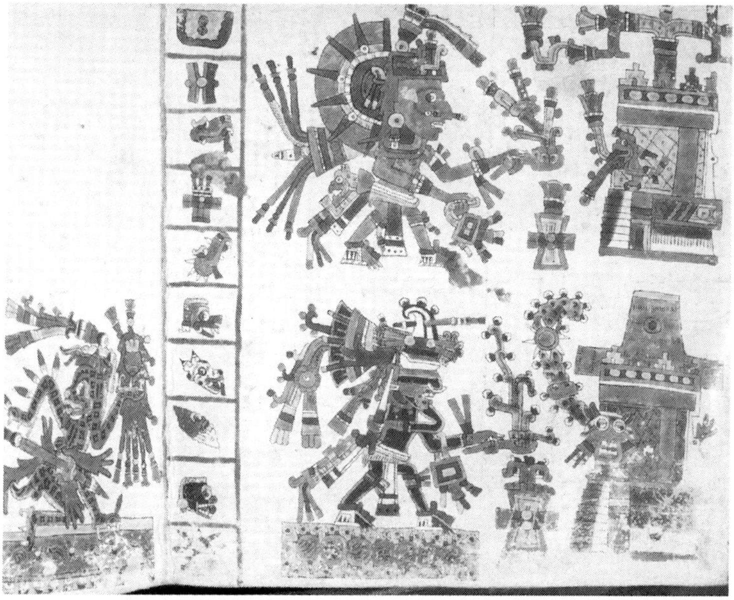

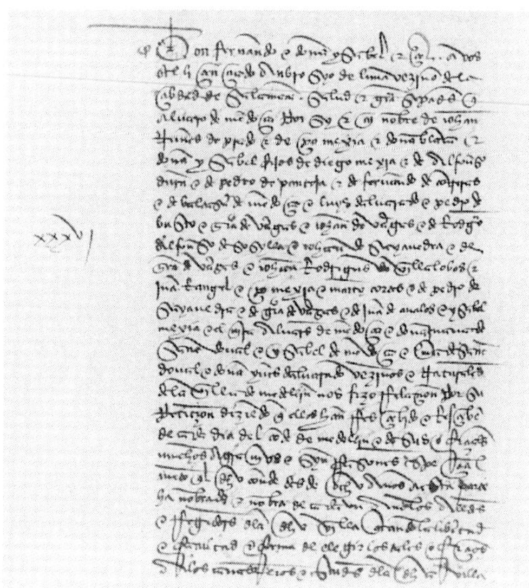

Hieroglyphen und Buchstaben

Oben: Der *Codex Cospi* ist ein seltenes Beispiel einer mixtekischen Bilderhandschrift aus präkolumbianischer Zeit.

Links: Die Spanier besaßen das lateinische Alphabet. Dieses Manuskript, ein Urteil des spanischen Königs, erwähnt in Zeile 12 Martín Cortés, Hernáns Vater.

»Ein Mann, geboren auf Brokat« Porträt des Hernán Cortés von Christoph Weiditz aus dem Jahre 1528 – das einzige nach dem Leben gefertigte Bildnis des Eroberers (enthalten im *Trachtenbuch* des Malers). **Kleines Bild:** Ein Kupferstich, der Cortés im Alter von 63 Jahren, kurz vor seinem Tod, zeigt.

was zahlen. Diese scheinbare Großzügigkeit führte später zu Unstimmigkeiten.

Die »Männer der Expedition«, mit denen Cortés seine Gespräche führte, beschränkten sich in Wirklichkeit auf die Mitglieder der Ratsversammlung. Die breite Masse wurde gewiß nicht einbezogen. Vielleicht nahmen die einfachen Expeditionsteilnehmer an einer »Versammlung« teil, doch handelte es sich dabei zweifellos um eine manipulierte Veranstaltung. Einige der Männer sagten später aus, Cortés habe getan, was er nicht hätte tun dürfen. Doch sie hätten es nicht gewagt, den Mund aufzumachen, aus Angst, gehängt zu werden. Andere nahmen kein Blatt vor den Mund: Cortés, so sagten sie, hätte nicht ohne ihr Einverständnis zum Oberbefehlshaber ernannt werden dürfen. Sie würden lieber nach Kuba zurückkehren, als unter seinem Befehl dienen. Der *caudillo* beschwichtigte sie durch eine »Kombination von Drohungen und Geschenken«.[46] Wahrscheinlich äußerte er sich abfällig über den Bischof von Burgos, Rodríguez de Fonseca, der immer einen guten Sündenbock abgab.

Daraufhin beschloß der *caudillo*, in Quiahuiztlan, dem Ort, den Montejo empfohlen hatte, die neue Stadt Villa Rica de la Vera Cruz zu gründen. Sämtliche Vorräte und die meisten Geschütze wurden auf die Schiffe verladen und zu dem künftigen Hafen befördert. Cortés selbst führte vierhundert Mann einschließlich der Pferde und zweier kleiner Geschütze auf dem Landweg zum vereinbarten Ort.[47] Bis zu ihrer Ankunft war die Expedition gleichsam ein »Stadtrat ohne Stadt«, was recht ungewöhnlich ist, wohingegen eine Stadt ohne Stadtrat schon häufiger anzutreffen ist …

Sie begrüßten ihn mit Trompeten

> »Daraufhin begab sich der Marquis nach Cempoal, und sie begrüßten ihn mit Trompeten.«
> *Historia de los Mexicanos por sus pinturas, um 1535*

Der gescheiterte Versuch der Zauberer, Furcht und Schrecken unter den Spaniern zu verbreiten, löste bei den Bewohnern Tenochtitlans Besorgnis aus, und wieder machte Montezuma keinen Hehl aus seiner

Furcht. So wurden in Tenochtitlan »Versammlungen abgehalten … Auf den Straßen traten die Einwohner zu Gruppen zusammen … Sie gingen mit gesenktem Haupt … sie wehklagten … und grüßten sich unter Tränen«.

Doch die Panik ging vorüber. Nachdem Montezuma sich damit abgefunden hatte, daß die Kastilier ihre Drohung höchstwahrscheinlich wahr machen und nach Tenochtitlan kommen würden, beschloß er, sie dadurch von ihrem Vorhaben abzubringen, daß er ihnen unterwegs jedes erdenkliche Ungemach bereitete: »Er faßte sich ein Herz. Er überwand sich. Er besänftigte sich. Er meisterte seine Erregung.«[1] Montezuma ließ umgehend an sämtlichen Wegen Kundschafter postieren, die ihn ständig über die Geschehnisse auf dem laufenden hielten. Auf diese Weise wäre er zumindest gut unterrichtet.

Die erste bedeutende Nachricht, die Montezuma erreicht haben muß, war, daß Cortés um den 7. Juni 1519 auf dem Landweg zu dem von Montejo vorgeschlagenen Hafen bei Quiahuiztlan aufgebrochen war. Vor seiner Abreise nahm er das Gebiet in gewohnter Manier für die Krone Kastiliens in Besitz, indem er den Notar Diego de Godoy das *requerimiento* verlesen ließ. Die Tatsache, daß Grijalva ein Jahr zuvor ganz in der Nähe das gleiche getan hatte, störte ihn nicht weiter, denn er verachtete seinen Vorgänger.

Quiahuiztlan war 65 Kilometer entfernt, wäre also auf dem kürzesten Weg in zwei Tagesmärschen zu erreichen gewesen. Doch Cortés und seine Männer sollten viel länger brauchen, denn auf halber Strecke lag die am Meer gelegene Hauptstadt der Totonaken Cempoallan, mit deren Häuptling, einem Feind Montezumas, Cortés Freundschaft schließen wollte.

Die Expedition schlug in der ersten Nacht, nachdem sie von San Juan de Ulúa aufgebrochen war, ihr Lager am Ufer eines Flusses auf (vermutlich der heutige Río Antigua), an der Stelle, an der später das zweite Veracruz erbaut werden sollte. Dies hatten ihnen die Totonaken von Cempoallan geraten, die sie mit ihnen mittlerweile wohlvertrauten Lebensmitteln versorgten: Truthahn und Tortillas. Unterwegs sahen die Kastilier gewiß die Reihen sorgfältig bestellter Maisfelder. Ein Conquistador meinte, es handele sich um »eine Art Kichererbse«, obgleich er die Pflanze aus Westindien gekannt haben mußte.[2]

Einhundert Totonaken aus Cempoallan kamen zur Begrüßung der Kastilier; auch sie brachten Truthähne mit. Sie sagten, ihr Gebieter bedauere es, Cortés nicht persönlich willkommen heißen zu können, doch er sei zu beleibt für derartige Anstrengungen. Die Spanier freuten sich bei dem Gedanken an den Wohlstand, auf den ein derartiges Gebrechen hindeuten mußte. Noch am selben Abend zogen sie in Cempoallan ein, das in weitem Umkreis von gut bewässerten Gemüse- und Obstgärten umgeben war.

Cempoallan war einer der zahlreichen Orte, an denen die Indianer die kastilischen Reiter auf ihren Pferden zunächst für Kentauren hielten. Doch auch mit den Spaniern ging die Phantasie durch. Eine Vorhut aus mehreren Reitern wurde an den Toren der Stadt begrüßt; sie machten kehrt, um Cortés mitzuteilen, sie hätten Häuser mit silbernen Dächern gesehen. Cortés befahl ihnen, umzukehren und der Sache auf den Grund zu gehen, dabei aber nach außen hin völlig gleichmütig zu bleiben, denn kastilische *hidalgos* durften sich durch nichts aus der Fassung bringen lassen. Bei näherer Prüfung zeigte sich dann, daß das vermeintliche Silber nichts anderes war als leuchtend weiße Farbe, die in der Sonne glänzte.[3]

Als Cortés in der Stadt eintraf, wurde er von den Indianern »mit Trompeten begrüßt«; diese »Trompeten« waren große mit einem Loch versehene Muschelschalen (sogenannte *atecocoli*). Auch der Häuptling, offenbar tatsächlich eine wohlbeleibte Erscheinung, hieß ihn willkommen. Angeblich mußten 20 000 bis 30 000 Bewohner der Stadt Tribut an die Mexica leisten. Das würde bedeuten, daß in der Stadt insgesamt etwa 200 000 Menschen lebten. Die erste Zahl muß, wenn sie überhaupt den mindesten Bezug zur Wirklichkeit aufweist, die Bewohner eines angrenzenden tributpflichtigen Gebietes miteingeschlossen haben.[4] Nach einer anderen zeitgenössischen Schätzung belief sich die Einwohnerzahl der Stadt Cempoallan dagegen auf nur 14 000; dies dürfte der Wahrheit näher kommen.

Der Häuptling Tlacochcalcatl bat die Kastilier zu bleiben; eine Einladung, welcher der neuernannte *justicia mayor* nur allzugern Folge leistete. Hernández de Córdoba war es in Yucatán ebenso ergangen. Die Gäste wurden in einem Palast untergebracht, den man eigens für sie geräumt hatte und der einer reichen Witwe, einer Nichte des Häuptlings, gehörte, von den Kastiliern »Catalina« genannt (die Mutter und die Ehefrau von Cortés trugen auch diesen Namen). Man brachte den Spaniern Strohmatten und Lebensmittel. Der Empfang war so herzlich, daß Cortés eine Falle vermutete. Da er kein Risiko eingehen wollte, verwandelte er das Gebäude in eine Festung; er ließ Kanonen am Eingang postieren und Nachtwachen aufstellen. Am nächsten Tag stattete Tlacochcalcatl den Conquistadoren einen Besuch ab; er ließ ihnen weitere Lebensmittel und auch einige der ihnen mittlerweile vertrauten Geschenke – Goldschmuck, Umhänge und Federn – überreichen. Abends gab er für die Anführer der Kastilier ein »denkwürdiges Bankett mit interessanten Suppen und Geschenken«.[5] Mehrere Tage lang waren die Kastilier mit nichts anderem beschäftigt, als die erste Stadt im Reich der Mexica, die ihnen bereitwillig ihre Pforten geöffnet hatte, genau in Augenschein zu nehmen.

In Begleitung von 50 Mann stattete Cortés dem »fetten Häuptling« (wie ihn die Spanier fortan nannten) einen Höflichkeitsbesuch ab, wobei er zahlreiche Kleidungsstücke aus Baumwolle als Geschenke mitnahm. Mit Hilfe der Dolmetscher Marina und Aguilar, denen zwei Nahuatl sprechende Totonaken zur Seite standen, begannen die beiden ein gewiß recht umständliches und langsames Zwiegespräch. Aber Cortés hatte es nicht eilig. Der Kazike bekundete seine Empörung darüber, daß er Montezuma Tribut leisten mußte. Er beklagte, die Mexica nähmen ihnen alles weg. Zuerst hätten sie religiöse Vorwände benutzt, dann hätten sie sämtliche Waffen im Land beschlagnahmt und viele Menschen versklavt. Früher habe Cempoallan in »Frieden, Ruhe und Freiheit« gelebt.

Vielleicht tat Tlacochcalcatl den Mexica damit ein wenig Unrecht. Der spanische Richter Alonso de Zorita behauptete später, die Mexica hätten bei der Festsetzung der Tribute »großes Augenmerk darauf gerichtet, daß niemand stärker belastet wird als die anderen. Ein jeder zahlte nur wenig; da die Bevölkerung zahlreich war, konnten sie mit wenig Mühe und ohne Verstimmung auszulösen große Mengen von Gütern einsammeln ...«[6]

Der Häuptling erzählte auch von der Stärke Tenochtitlans und davon, daß die inmitten eines Sees erbaute Stadt als uneinnehmbar galt. Aber die Völker von Tlaxcala und Huexotzinco sowie die Totonaken würden die Mexica hassen. Ixtlilxochitl, der noch immer Ambitionen auf den Thron von Texcoco hege, sei ebenfalls mit Montezuma verfeindet und würde Cortés vielleicht auch unterstützen. Wenn es Cortés gelänge, ein Bündnis zwischen diesen vier Völkern zu schmieden, würde man Montezuma mühelos bezwingen.[7]

Diese Einlassungen waren allerdings nicht ganz zutreffend: Tlaxcala und Huexotzinco, die beide, etwa 16 Kilometer voneinander entfernt, in der gemäßigten Zone lagen und die man nach etwa zwei Drittel Wegstrecke von Cempoallan nach Tenochtitlan erreichte, befanden sich nicht in derselben politischen Lage. Obgleich beide seit langem »Feinde des Hauses« waren – wie die Städte, die »Blumenkriege« mit Tenochtitlan geführt hatten, genannt wurden –, leistete nur Tlaxcala offenen Widerstand gegen die Mexica, während die Position des mit Tlaxcala verfeindete Huexotzinco weniger eindeutig war.

Dennoch hatte Tlacochcalcatl Cortés die bislang aufschlußreichsten Informationen geliefert. Nunmehr verstand Cortés auch, weshalb der Häuptling sie so herzlich empfangen hatte: Er wünschte sich einen Verbündeten. Der Rat, die Kastilier sollten sich mit den Totonaken und anderen Völkern gegen Montezuma verbünden, gab Cortés erstmals einen Wink, wie er einen ernsthaften Angriff gegen das Reich der Mexica vorbereiten könne. Obgleich er eine Zeitlang die Absicht gehegt hatte, an der Küste eine Siedlung zu gründen, war er offenbar noch nicht auf den Gedanken gekommen, ein Bündnis zum Kampf gegen Mexiko aufzustellen; der Häuptling von Cempoallan sollte daher eine entscheidende Rolle in Cortés' Abenteuer spielen. Vielleicht erzählte dieser noch eine oder zwei weitere Anekdoten, zum Beispiel, wie Cuetlaxtlan, die Stadt Teudiles, nach einem bewaffneten Aufstand, in dessen Verlauf die Einwohner die mexikanischen Verwalter in ein Haus eingesperrt und dieses in Brand gesetzt hatten, von den Mexica unterworfen worden war.[8]

Cortés erklärte, er sei unter anderem auch deshalb in dieses Land gekommen, um Streit zu schlichten und Tyrannen zu stürzen; diese Selbstdarstellung als Anführer einer christlichen Friedensstreitmacht ist noch bemerkenswerter als die andere Rolle, in die er immer wieder schlüpfte, nämlich die eines Botschafters Karls V. Vielleicht erinnerte er sich an Vorkommnisse in Medellín, bei denen ein Vertreter der Krone interveniert hatte, um Streitigkeiten mit dem Grafen der Stadt zu schlichten.[9]

Bei der Besichtigung von Cempoallan entdeckten die Kastilier einen sakralen Bezirk, in dem – wie üblich – ein Pyramidentempel mit Treppenaufgang und palastartige Unterkünfte für die Priester standen. (Bernal Díaz meinte reichlich respektlos, die Priester dieses Ortes hätten ihn an Dominikaner bzw. Kanoniker erinnert.) Einige dieser eindrucksvollen Gebäude haben sich bis heute erhalten, auch wenn sie zu Ruinen zerfallen und von Pflanzen überwuchert sind. In unmittelbarer Nähe des Bezirks befand sich ein imposantes Schädelgerüst, wenngleich hier keine echten Schädel, sondern weiß bemalte, aus gebranntem Ton gefertigte Nachbildungen aufgestellt waren. Möglicherweise wurden die Spanier auch Zeugen einer kultischen Opferung in Cempoallan. Cortés selbst entdeckte zufällig fünf Sklaven, die zur Opferung bestimmt waren, und befreite sie aus ihrem Gefängnis.

Tlacochcalcatl war entsetzt. »Ihr werdet mich und mein ganzes Reich zerstören, wenn Ihr mir diese Sklaven wegnehmt«, sagte er. »Wenn wir keine Opfer mehr darbringen, werden unsere erzürnten Götter uns mit Plagen heimsuchen: Heuschrecken, die unsere Felder kahlfressen; Hagelkörner, die die Ähren zu Boden drücken; Dürren, die unsere Äcker aussengen, und strömender Regen, der unsere Felder überschwemmt.« Daraufhin gaben die Spanier die Sklaven zurück; es war ratsam, sich vorläufig die Freundschaft dieses Häuptlings zu erhalten. Insbesondere die beiden Priester, die an der Expedition teilnahmen, Fray Olmedo und Fray Díaz, meinten, »die Zeit sei noch nicht reif, um alte Riten abzuschaffen«.[10]

Cortés und die Mitglieder seiner Expedition verbrachten zwei erholsame Wochen in Cempoallan. Dann, um den 1. Juni herum, brach die Expedition auf und zog entlang der Küste bis Quiahuiztlan, das Montejo als Standort der ersten kastilischen Siedlung auf dem mexikanischen Festland vorgeschlagen hatte. Cortés nahm das Angebot des Kaziken von Cempoallan, ihm Träger auf die Reise mitzugeben, bereitwillig an. Fortan standen der Expedition fast immer vierhundert einheimische Träger zur Verfügung. Die Kastilier mußten daher ihre Ausrüstung, ihre Geschenke, Waffen, Zelte und ihr Bettzeug nur noch selten selbst tragen – ein unschätzbarer Gewinn.

In Quiahuiztlan gab es bereits eine kleine Totonaken-Stadt, die auf einem Hügel mit Ausblick aufs Meer lag. Als Cortés dort ankam, stellte er fest, daß seine Schiffe noch immer nicht eingetroffen waren, obschon er selbst mit Verspätung angelangt war. So beschloß er, in die Stadt einzuziehen; er befahl seinen Reitern, den steilen Pfad, der zur Stadt führte, hinaufzureiten, ohne unterwegs abzusitzen: *Hidalgos* mußten nicht nur absolut unerschütterlich erscheinen, sondern auch den Eindruck erwecken, ihnen sei nichts unmöglich.

Der Häuptling von Cempoallan hatte einen Boten zu den Totonaken geschickt, um sie über die bevorstehende Ankunft der Kastilier zu unterrichten; daher wurde die Expedition herzlich begrüßt. Die Kastilier sammelten sich auf dem Platz im Zentrum der Stadt. Die Einwohner beäugten neugierig die Bärte der Fremden, wie sie denn jegliche Form von Verzierung faszinierte. Der Herrscher der Stadt begrüßte Cortés so, wie es sich für Götter und überraschend auftauchende Granden geziemte: Sie nahmen beide vor einem Kohlenbecken Platz. Dann wurde Cortés mit Weihrauch umgeben. Der Herrscher legte ihm die Probleme des Ortes dar und versicherte, daß auch ihn die Forderungen der mexikanischen Tributeintreiber zur Verzweiflung trieben. Die Mexica verschleppten sogar die Söhne und Töchter der Stadtbewohner, um sie zu versklaven oder zu opfern. Dieser Herrscher beging nicht den Fehler, zu glauben, daß sich die Fremden – mochten sie nun Götter sein oder nicht – nur für Prinzipien interessierten. Übermäßige Tributforderungen bildeten einen nicht minder annehmbaren Gesprächsstoff.[11]

In diesem Augenblick traf sinnigerweise eine Abordnung mexikanischer Tributeintreiber (*calpixque*) in Quiahuiztlan ein. Die Beamten trugen mit Stickereien verzierte Gewänder, und ihre nach hinten gekämmten Haare glänzten in der Sonne. Sie rochen an Blumen, die sie in der einen Hand hielten, während sie sich mit der anderen Hand auf einen Krummstab stützten. Da bei den Mexica nur die Angehörigen der Oberschicht an bestimmten Blumensorten riechen durften, waren diese *calpixque* zweifellos Adlige. Sie wurden von beflissenen Dienern begleitet, die aufdringliche Moskitos und Mücken mit Wedeln von ihren Herren abzuhalten suchten. Sie schritten direkt an den Kastiliern vorbei, ohne sie eines Blickes zu würdigen. Der Herrscher von Quiahuiztlan erbebte.

Der Anblick dieser hochstehenden Amtswalter faszinierte Cortés und seine Gefährten. Cortés erklärte beschwichtigend, er sei sicher, Montezuma werde sich darüber freuen, daß der Herrscher der Stadt ihn und seine Freunde so herzlich empfangen habe; der Fürst von Quiahuiztlan war sich da weniger sicher. Er schickte sich an, die nötigen Vorkehrungen zu treffen, um die Tributeintreiber in gewohnter Weise zu empfangen: mit weiteren Blumen, Truthahn und Schokolade. Doch Cortés hielt ihn zurück. Er riet dem Herrscher, die Verwalter festzunehmen, an Pfähle binden zu lassen und sie dann in einen unmittelbar an sein Zimmer angrenzenden Raum zu sperren, wo sie von seinen eigenen Leuten bewacht würden. Der Fürst von Quiahuiztlan war entsetzt, doch er tat, wie er geheißen worden war.

In jener Nacht griff Cortés zu einer List. Er befahl seinen Wachen, zwei der Verwalter heimlich freizulassen und zu ihm zu bringen. Dann forderte er Aguilar und Marina auf, so zu tun, als wollten sie den Auftrag der beiden in Erfahrung bringen. Diese erklärten, sie seien mexikanische Tributeintreiber und befremdet über diese Form der Behandlung, denn gewöhnlich sei man hier sehr zuvorkommend zu ihnen. Sie glaubten, die Kastilier hätten das Volk von Quiahuiztlan dazu angestiftet, sich so unklug zu verhalten und sie festzunehmen. Auch befürchteten sie, daß ihre Gefährten, die übrigen Tributeintreiber, getötet würden, bevor Montezuma von ihrer Bedrängnis erfuhr. Die Bewohner der Küste seien Barbaren und würden sich bei der erstbesten Gelegenheit gegen Montezuma erheben; dies würde Montezuma zutiefst erzürnen – die Niederwerfung des Aufstandes würde ihm große Opfer und Mühe abverlangen.

Cortés sagte den Beamten, er habe sie befreit, weil er nicht wünsche, daß die Abgesandten Montezumas mißhandelt würden. Ihm persönlich gefalle, was er über Montezuma gehört habe. Er wäre ihnen dankbar, wenn sie ohne Groll zurückkehrten und dem Kaiser übermittelten, er, Cortés, betrachte Montezuma als einen Freund. Er hoffe, Montezuma werde seine Freundschaft nicht verschmähen, so wie es Teudile (seiner Meinung nach) törichterweise getan hatte. Er gehe davon aus, daß Montezuma gern mit ihm zusammentreffen würde und den König von Kastilien als Freund gewinnen möchte. Zum Abschluß versicherte er, alles in seiner Macht Stehende zu tun, um zu verhindern, daß die übrigen Tributeintreiber getötet würden. Daraufhin ließ er die beiden Männer frei. Ein paar Seeleute segelten mit ihnen in einem kleinen Boot in nördlicher Richtung an der Küste entlang und setzten sie an einer Stelle außerhalb des Totonaken-Gebietes ab. Von dort kehrten sie schnellstens nach Tenochtitlan zurück.

Der Herrscher von Quiahuiztlan war wütend, als er am Morgen entdeckte, daß zwei seiner Gefangenen geflohen waren. Wahrscheinlich hätte er die übrigen Beamten hinrichten lassen, wenn Cortés nicht interveniert hätte. Er sagte, sie hätten vermutlich nur die Befehle ihrer Vorgesetzten ausgeführt. Das »Naturrecht« – vielleicht erinnerte er sich an einen Ausspruch des Aristoteles, den er in einem der Hörsäle im weit entfernten Salamanca aufgeschnappt hatte – verbiete es, sie hinzurichten. Cortés erbot sich, die Gefangenen statt dessen auf einem seiner Schiffe einzusperren, welche soeben vor der Küste eingetroffen waren. Der Herrscher von Quiahuiztlan erklärte sich mit dieser Lösung einverstanden, und die Tributeintreiber wurden in Eisen auf eine *nao* gebracht.

Der Erfolg des Vorgehens gegen die mexikanischen Beamten ermutigte das Volk von Quiahuiztlan. In der Stadt entspann sich eine Diskussion, indes vermutlich auf die Gemeindeältesten beschränkt – doch immerhin kam es überhaupt zu Beratungen, was in europäischen Städten vor Erhebungen gegen einen Kaiser keineswegs selbstverständlich war. Schließlich verkündete der Herrscher der Stadt, die Einwohner würden mit Freude an einem Aufstand gegen Montezuma teilnehmen, vorausgesetzt, Cortés führe sie an. Es ist schwer zu sagen, ob Cortés dieses Anerbieten in diesem Moment zupaß kam. Vielleicht hätte er die Beziehung zu Montezuma lieber noch eine Zeitlang in der Schwebe gelassen. Dennoch erklärte er, wenn die Totonaken es wünschten, werde er sie befehligen und sie schützen, da er ihre Freundschaft höher schätze als die von Montezuma. Er fragte den Herrscher von Quiahuiztlan, wie viele Männer er bereitstellen könne. »Hunderttausend«, war die ermutigende Antwort.[12]

Diese Begebenheiten stimmten Cortés sehr zuversichtlich. Vermutlich reifte in diesen Tagen in ihm der Entschluß – Naturrecht hin, Naturrecht her –, umgehend möglichst viele der mit den Mexica verfeindeten tributpflichtigen Völker um sich zu scharen und gegen Mexiko zu ziehen. Nichts deutet darauf hin, daß er sich bereits früher mit diesem abenteuerlichen Plan, der unmittelbar dem *Amadís de Gaula* entsprungen zu sein schien, getragen hatte.

Doch bevor er mit der Umsetzung dieses Planes beginnen konnte, mußte er die Gründung der neuen Stadt, Villa Rica, zu Ende bringen. Mittlerweile war seine Flotte eingetroffen, so daß die Expedition zur Küste aufbrechen und mit der Anlage einer Siedlung beginnen konnte. Bevor Cortés Quiahuiztlan verließ, vereidigte er den Herrscher in einer kuriosen Zeremonie, welcher auch der Notar Godoy beiwohnte, als Vasallen des Königs von Spanien. Der Fürst schien sich über die genaue Bedeutung der dabei gesprochenen Worte keine größeren Gedanken zu machen. Er glaubte, einen mächtigen Verbündeten gegen die Mexica gewonnen zu haben, und es störte ihn auch nicht, daß Cortés seine Stadt in Archidona umbenannte (da sie wie die gleichnamige Stadt bei Málaga auf einem Hügel lag). Sie behielt diesen neuen Namen jedoch nicht lange.[13]

Villa Rica de la Vera Cruz wurde offiziell am 28. Juni 1519 gegründet. Ein passendes Datum, denn an diesem Tag wurde in dem 9000 Meilen entfernten Frankfurt am Main Karl von Österreich, der bis dahin als König Don Carlos I. von Spanien regiert hatte, nach beispiellosen Bestechungen endlich zum Kaiser Karl V. des Heiligen Römischen Reiches gewählt. Cortés und seine Gefährten erfuhren allerdings erst Monate später von dieser Thronbesteigung.

Der Standort dieser ersten Stadt Villa Rica de la Vera Cruz läßt sich heute nicht mehr leicht bestimmen. Zweifellos lag sie an der Küste, unweit der sogenannten Laguna Verde, wo heute das erste Atomkraftwerk Mexikos steht. Die Hügel reichen fast bis ans Meer, Sanddünen säumen die Küste, und eine Brise sorgt für angenehme Frische. Cortés selbst entwarf den Plan für den Hauptplatz der neuen Stadt, der von der Kirche, dem Rathaus, Baracken, dem Schlachthaus und dem unentbehrlichen Begleiter jedes Imperiums, dem Kerker, eingerahmt werden sollte. Vorgesehen war auch eine aus Steinen erbaute Festung. Angeblich beteiligte sich Cortés sogar selbst an der Aushebung der Fundamente. Auch wurde an der Plaza ein Magazin erbaut, zur Erinnerung daran, daß man im Begriff stand, eine zivilisierte Gesellschaft zu errichten.

Auch wenn sich die Quellen darüber ausschweigen, ist anzunehmen, daß die kubanischen Knechte von Cortés oder seinen Hauptleuten die schwersten Arbeiten bei der Errichtung dieser ersten Stadt Neuspaniens ausführten – Erdreich ausheben, Bäume für Bauholz roden, Ziegel fertigen.

Die Ankunft weiterer, noch höhergestellter Gesandter Montezumas sorgte für einige Verwirrung. Ihr Anführer war Motelchiuh, der als *uitznahuatl* ein hohes militärisches Amt in Tenochtitlan bekleidete. Er wurde von zwei Neffen Montezumas, vier älteren Beratern und zahlreichen Dienern begleitet. Sie sagten, sie kämen sowohl im Auftrag von Cacama, dem König Texcocos, als auch im Auftrag Montezumas.[14] Sie hatten den kastilischen Helm bei sich, der Teudile so gut gefallen hatte und den sie nun, Cortés' Wunsch gemäß, mit Goldstaub gefüllt zurückbrachten. Montezuma schickte ihn als Heilmittel für die »Krankheit des Herzens«, die Cortés und seine Männer angeblich befallen hatte. Die Neffen erklärten: Da Cortés so freundlich gewesen sei, den Tributeintreibern das Leben zu retten, verzeihe ihm Montezuma die Taktlosigkeit, die er durch seinen Aufenthalt bei einem so nichtswürdigen Volk wie den Cempoalla begangen habe. Montezuma schickte ihm weitere Geschenke, darunter Kleider und Federn. Die Gesandten sagten auch, daß Montezuma krank sei, was ihn jedoch nicht davon abhalte, sich mit Kriegen und zahlreichen Verhandlungen zu beschäftigen. Sie wüßten nicht, wann ein Treffen mit dem Monarchen möglich sei; aber sie seien sicher, daß schließlich eine solche Begegnung stattfinden werde. Wenn Cortés sich nun wirklich nach Tenochtitlan begeben wolle, möge er die Reise gemächlich angehen.

Überall stünden Führer zu seiner Verfügung, und er müsse lediglich auf seine Gesundheit aufpassen.

Cortés empfing die Gesandten herzlich und versuchte sie so bequem wie möglich unterzubringen; in Anbetracht der Wohnverhältnisse in der neuen Stadt dürfte ihre Unterkunft jedoch sehr viel unkomfortabler gewesen sein, als sie es gewohnt waren. Mit Sicherheit waren die Mexica bestürzt über diesen augenfälligen Beweis für die Entschlossenheit der Spanier, im Land zu bleiben. Cortés schenkte den Mexica erneut grüne und blaue Glasperlen, von denen er einen unerschöpflichen Vorrat zu besitzen schien, und wieder forderte er Alvarado auf, ein Schaureiten am Strand abzuhalten.

Sodann schickte er heimlich nach dem Herrscher von Quiahuiztlan. Durch seine Dolmetscher ließ er dem Potentaten ausrichten, daß er von allen Untertanenpflichten gegenüber Montezuma frei sei. Cortés hoffe indes, er werde es ihm nicht übelnehmen, wenn er die übrigen Tributeintreiber ebenfalls freilasse und sie den Gesandten übergebe, damit sie mit diesen nach Mexiko zurückkehren könnten. Der Totonakenherrscher beteuerte, daß ihm jeder Wunsch seines neuen Herrn, Cortés', Befehl sei.

Als der Herrscher von Quiahiuztlan in seine Stadt zurückkehrte, ließ er in der ganzen Provinz die Nachricht verbreiten, ein Gott oder jedenfalls ein mächtiger Fürst sei aus dem Osten gekommen, um die tributpflichtigen Städte von der Knute Mexikos zu befreien. Zur selben Zeit kehrte Motelchiuh überglücklich mit den freigelassenen Tributeintreibern nach Tenochtitlan zurück. Cortés' Diplomatie begann Früchte zu tragen.

Bald schon sah sich Cortés genötigt, sein Beistandsversprechen gegenüber den Totonaken einzulösen. Der Häuptling von Cempoallan ließ ihm durch einen Boten ausrichten, daß die Mexica seit einigen Jahren in Tizapancingo, einer Stadt in den Bergen, etwa 32 Kilometer südwestlich, eine Garnison unterhielten. Als die tributpflichtigen Städte ihre Unabhängigkeit erklärt hatten, waren die meisten Tributeintreiber dorthin geflohen, und es sah so aus, als würde nun dort ein mexikanisches Heer aufgestellt, das den Aufstand der Totonaken niederwerfen sollte.

Cortés reagierte unverzüglich. Er setzte sich in Begleitung der meisten Conquistadoren, seiner 16 Pferde und einem Trupp von Totonaken aus Quiahuiztlan umgehend nach Tizapancingo in Bewegung. Miguel de Zaragoza, der verschollene Teilnehmer der Expedition des

Grijalva, der sich bis zur Ankunft von Cortés unter den Totonaken versteckt gehalten, tarnte sich als Indianer, und so – nach Art der indianischen Bauern zwei Eimer tragend – konnte er die Vorkehrungen der Mexica ausspionieren. Die Mexica kamen aus der Stadt heraus und stellten sich Cortés in voller Kriegstracht (bestehend aus Federn, Körperbemalung, Schilden und Muschelschalen) entgegen. Doch scheinen sie schon beim bloßen Anblick der Kastilier in panischem Schrecken auseinandergestoben zu sein, wobei ihnen die Bärte der Conquistadoren offenbar genausoviel Furcht einjagten wie ihre Pferde. Cortés' Reiter setzten den Mexica nach und schnitten ihnen den Weg ab. Allerdings konnten die Pferde den Felsen, auf dem die Stadt erbaut worden war, nicht erklimmen; Cortés und einige andere saßen ab und öffneten die Stadttore gewaltsam mit Hilfe ihrer Degen. Sie entwaffneten die wenigen Mexica, die in der Stadt verblieben waren, und übergaben sie mitsamt der Stadt dem Häuptling von Cempoallan, unter der Auflage, daß kein Gefangener getötet werden sollte. Anschließend kehrten Cortés und seine Männer nach Villa Rica de la Vera Cruz zurück.

Dieser rasche Sieg beeindruckte die Totonaken nachhaltig und veranlaßte sie dazu, ihren Aufstand gegen Mexiko auszudehnen.[15] Auch war sich Cortés seiner Sache jetzt noch sicherer; er und seine Hauptleute zogen aus diesem Sieg den Schluß, daß die Mexica trotz ihres Ruhms keine besonderen militärischen Fähigkeiten, keine Geheimwaffen und nur wenig Disziplin besaßen.

Auf ihrem Rückweg nach Villa Rica de la Vera Cruz kamen Cortés und seine Männer durch Cempoallan. Cortés nutzte die günstige Gelegenheit, die ihm sein Sieg verschaffte, um auf die Zerstörung der Götterstatuen in den Tempeln zu bestehen. Tlacochcalcatl widersetzte sich dem noch immer, worauf Cortés drohte, ihn und all seine Stellvertreter zu töten, wenn sie sich weiterhin dagegen sträubten. Er befahl etwa fünfzig seiner Männer, die Götterstatuen, die an der Spitze der Tempelpyramide aufgestellt waren, umzustürzen. Nach Darstellung von Bernal Diáz »brachen die Häuptlinge und die Priester in ein furchtbares Wehklagen aus und bedeckten ihre Gesichter, als sie ihre Götzen zertrümmert auf dem Boden liegen sahen, und sie flehten die Götzen um Vergebung dafür an, daß sie ihnen nicht beistehen konnten«.[16]

Die Stellvertreter Tlacochcalcatls begannen die Spanier anzugreifen, doch der Häuptling schritt ein. Ihr Überleben, so dachte er gewiß, sei es allemal wert, eine Messe über sich ergehen zu lassen. Nach einigen kritischen Momenten wurde so schließlich doch noch ein Konflikt vermieden. Die Hartnäckigkeit der Spanier verwunderte die Cempoalla, denn sie waren es gewohnt, daß die Götter der Besiegten zerstört wurden. Die Sieger aber – und sie betrachteten sich als solche – zeigten niemals ein solches Entgegenkommen. Ob Sieger oder nicht, die Kastilier (darunter Bernal Díaz) empfanden jedenfalls tiefe Genugtuung, als sie die Götterstatuen die Stufen des Haupttempels hinabwarfen und die Priester unter Gewaltandrohung dazu bewegten, sich die Haare abzuschneiden. Der Anblick der schmutzigen langen schwarzen (oftmals blutverklebten) Haare der Priester in Mexiko erfüllte die Kastilier mit Widerwillen. Sie hatten noch nicht erkannt, daß diese absichtliche »Unreinlichkeit« ein Zeichen der Unterwerfung unter höhere Mächte darstellte.[17]

Die Kastilier tünchten den Tempel und stellten darin ein Kreuz und ein Madonnenbildnis auf. Fray Olmedo las eine Messe. Anschließend wurde Juan Torres, ein aus Cordobá gebürtiger lahmer alter Mann, zum »Aufseher« des neuen Altars ernannt. Gleichzeitig ließ Cortés vier indianischen Priestern die Haare abschneiden und trug ihnen auf, sich um den Altar zu kümmern und ihn sauberzuhalten. Niemand nahm Notiz von diesem erstaunlichen Vorgang, der zweifellos eine der unerhörtesten Begebenheiten in Cortés' ganzem Leben darstellte, legte er doch die Verantwortung für einen christlichen Altar in die Hände totonakischer Priester, die nicht einmal getauft waren und die aus Cortés Sicht noch immer an den Teufel glauben mußten.[18]

Bei dieser Gelegenheit scheinen die Kastilier auch erstmals mexikanischen Indianern gezeigt zu haben, wie man Kerzen herstellt. Diese Fertigkeit war nach Auffassung der *naturales* in der Tat eine Messe wert. Die übelriechenden, qualmenden Fackeln, welche die Indianer bislang benutzten, waren mit großen Nachteilen verbunden und lösten häufig Brände aus. Kerzen waren sicherer und hielten länger. Dies war einer der ersten Fälle, in denen die Eingeborenen zur ihrem eigenen Nutzen eine europäische Technik übernahmen.

Die Cempoalla versuchten sich dadurch an die neue, christliche Religion zu gewöhnen, daß sie sie ihren eigenen religiösen Bräuchen einverleibten. Keine mexikanische Gemeinde sträubte sich dagegen, die Mutter Gottes in ihrem Tempel aufzustellen, pflegte man doch jede neue Gottheit bereitwillig aufzunehmen. Um zu zeigen, daß er keineswegs unter chronischem Trübsinn litt, schenkte Tlacochcalcatl Cortés acht Mädchen von hoher Geburt. Sie trugen elegante Kleider, goldene Halsketten und Ohrringe. Cortés ließ sie taufen, gab ihnen christliche Namen und teilte sie unter seinen Hauptleuten auf. Der Häuptling schenkte Cortés seine eigene Nichte »Catalina«.

Es ist nicht anzunehmen, daß die Totonaken sich wirklich mit der Niederlage ihrer Götter abfanden. Zweifellos glaubten der Häuptling von Cempoallan und seine Berater, daß die Befreiung vom Joch der mexikanischen Herrschaft durchaus ein verbales Zugeständnis, das man jederzeit zurücknehmen konnte, wert sei.

Als Cortés um den 1. Juli herum nach Villa Rica zurückkehrte, freute er sich sehr, als er sah, daß Verstärkung aus Kuba eingetroffen war; eine unter dem Befehl von Francisco de Saucedo, genannt *el Pulido*, der Hübsche (wegen der großen Sorgfalt, die er auf sein Äußeres verwandte), stehende Karavelle mit sechzig Mann und mehreren Pferden (einschließlich einiger Stuten) war vor der neugegründeten Stadt vor Anker gegangen. Saucedo stammte aus Medina de Rioseco, einer Stadt, die zum Lehen der berühmten Familie Enríquez gehörte (in deren Dienst Saucedo einst gestanden hatte), welche die reichste feudalherrschaftliche Stadt Spaniens war. Das Schiff Saucedos war jene Karavelle, die Cortés gekauft und dann in Santiago zur Kielholung zurückgelassen hatte. Saucedo, der seit ihrer gemeinsamen Zeit auf Hispaniola mit Cortés befreundet war, hatte zu den Kandidaten gehört, die Velázquez für den Posten des Anführers der ersten Expedition in Erwägung gezogen hatte. Der wichtigste Mann in Saucedos Gefolgschaft war Luis Marín aus Sanlúcar de Barrameda, der einer Familie mit Genueser Abkunft entstammte und der, obschon er lispelte, ein kurzweiliger Unterhalter war. Auch tat er sich schon bald als ein tüchtiger Kämpfer in dem von Cortés geführten kleinen Heer hervor.

Obgleich die Verstärkung willkommen war, die Neuigkeiten, die Saucedo mitbrachte, waren es doch viel weniger. Er berichtete, im Frühjahr sei auf Kuba ein Brief eingetroffen, worin stand, daß der Kastilische Kronrat, der am 18. November in Saragossa zusammengetreten war (am selben Tag hatte Cortés Santiago de Cuba verlassen), dem Gouverneur Diego Velázquez die »Erlaubnis und Vollmacht erteilt, auf eigene Kosten Inseln und Festländer zu suchen, die bis jetzt noch nicht entdeckt worden sind« – vorausgesetzt natürlich, diese lagen außerhalb der Interessensphäre, die der Papst dem König von Portugal zugesprochen hatte. Diese Erlaubnis bezog sich auf das Land im Umkreis von Cozumel und Yucatán (das man in Saragossa, der Namensgebung des Hernández de Córdoba folgend, als »Santa María de los Remedios« bezeichnete). Diese Ernennung war für Velázquez so ermutigend, wie sie für Cortés entmutigend war. Allerdings erhielt Velázquez weniger, als er gehofft hatte: Er blieb Vize-Gouverneur von Kuba und Stellvertreter von Diego Colón, dem Admiral Westindiens, war jedoch immer noch der *audiencia*, dem Obersten Gerichtshof in Santo Domingo, unterworfen. Außerdem hatte man ihm den Titel eines *adelantado* vorenthalten. Immerhin gewährte man ihm zahlreiche Rechte in Yucatán: Der Ertrag der Expedition sollte an ihn und an seine Erben fallen; sobald er die vierte Insel entdeckt hatte, sollte er bis zu seinem Tod ein Zwanzigstel des Erlöses erhalten. Und wenn er Gold fand, mußte er zunächst nur ein Zehntel an die Krone abführen.[19]

In Anbetracht dieser für Velázquez nicht vollauf befriedigenden Lösung setzte Fray Benito Martín, der Hauskaplan und Beauftragte des Gouverneurs in Spanien, seine Verhandlungen, Schmeicheleien und zweifellos auch Bestechungen fort. Er sprach mit Bischof Fonseca, mit allen einflußreichen flämischen Höflingen des Königs, bei denen er sich Gehör verschaffen konnte, und mit den hochrangigen Beamten der Casa de la Contratación in Sevilla. Fray Martín war ein geschickter Intrigant. Zu der Zeit, als Saucedo in Villa Rica eintraf, war Velázquez bereits der Titel eines *adelantado* von Yucatán und Mexiko verliehen worden, auch wenn sein Amtstitel in bezug auf Kuba gleich blieb; so lautete sein offizieller Titel von nun an: »*Adelantado* Diego Velázquez, Stellvertreter unseres Gouverneurs der Insel Fernandina, Befehlshaber (*capitán*) und Zuteiler von Eingeborenen«. Doch diese Ernennung erfolgte erst im Mai 1519, so daß sowohl Velázquez als auch Saucedo zur Stunde noch nichts von diesem Sieg wußten. Bischof Fonseca hatte überdies erreicht, daß sein Beichtvater, der Dominikanerpater Fray Julián Garcés, ein gelehrter Latinist, zum Bischof von Cozumel ernannt worden war. Es ist nicht ganz klar, welchen Nutzen die Einwohner von Cozumel aus seiner Gelehrsamkeit ziehen sollten, da er nicht die Absicht hatte, sich sogleich vor Ort zu begeben. Fray Benito Martín hatte sich selbst das in seinen Augen niedrigere, wenngleich ebenfalls keine persönliche Anwesenheit erfordernde Amt des »Abtes von Culhúa« gesichert.[20]

Die Neuigkeiten, die Saucedo alias *el pulido* mitbrachte, überzeugten Cortés von der Notwendigkeit, unverzüglich eine eigene Delegation nach Spanien zu entsenden, die den König informieren und ihm

Geschenke und Bittschriften überreichen sollte. Der *caudillo* wählte für diese Mission zwei Männer aus: seinen alten Freund Portocarrero und seinen neuen Freund Montejo, dessen Vertrauenswürdigkeit jedoch noch immer zweifelhaft war. Obgleich sich Portocarrero bei den Kämpfen in Potonchan und Champoton nicht hervorgetan hatte, wußte Cortés, daß er ihm vertrauen konnte, weil dieser Conquistador aus Medellín stammte und dank seiner Familie und seiner Beziehungen bestens über die Sitten am Hof Bescheid wußte (er war ein Neffe des bekannten Richters von Sevilla, Licenciado Céspedes, und ein Vetter des schwierigen Grafen von Medellín). Cortés mochte ihn zwar als Gesprächspartner missen, nicht aber als Kämpfer. Auch war es ein kluger Gedanke, Montejo als ehemaligen Anführer der »Velázquisten« aus Mexiko zu entfernen, auch wenn er offenkundig den potentiellen Nutzen eines weiteren Vorstoßes ins Reich der Mexica erkannt und sich sogar zeitweilig mit Cortés verbündet hatte. Montejo war ein fähiger, weitsichtiger Mann, wie seine spätere Eroberung Yucatáns zeigen sollte. Er war scharfsinnig genug, um die Vorteile der Pläne von Cortés zu erkennen und um Cortés' Führung zu schätzen. Doch sein Selbstbewußtsein machte ihn zu einem potentiellen Rivalen des *caudillo*. Dennoch konnte Cortés davon ausgehen, daß Montejo sich am Hof für ihn einsetzen würde. Er wollte die beiden Männer auf seinem Flaggschiff unter dem Steuermann Antonio de Alaminos in die Heimat zurückschicken. Ihre Mission diente vor allem dem Ziel, das Einverständnis des Königs für das Vorgehen von Cortés zu erwirken.

Portocarrero und Montejo kehrten jedoch nicht als bloße Abgesandte von Cortés nach Spanien zurück, vielmehr reisten sie als *procuradores,* Bevollmächtigte des Rates der Stadt Villa Rica de la Vera Cruz. Dieser Titel hatte großes Gewicht. Die Mitglieder der *cortes* (Ständeversammlung) von Kastilien oder von Aragón waren *procuradores* ihrer Städte und nicht nur einfache Abgeordnete. Die meisten größeren Städte Kastiliens entsandten in dieser Epoche zwei *procuradores* in die *cortes*. Auch die Städte auf Hispaniola und Kuba hatten ihre *procuradores*, die sich einmal jährlich versammelten, um gemeinsame Probleme zu erörtern und um (zumindest manchmal) einen *procurador-general* zu ernennen, der die Wünsche der betreffenden Kolonie persönlich dem König von Spanien darlegen sollte.[21]

Indem Cortés seinen Emissären diesen Titel beilegte, versuchte er, sie und sein eigenes Unternehmen in ein anerkanntes Verhaltensmuster einzufügen. Allerdings bestand die Hauptaufgabe der *procurado-*

res im spanischen Mutterland darin, über die Steuern (*servicios*) abzustimmen, während die *procuradores* von Villa Rica die Anerkennung ihrer Stadt erwirken sollten.

Cortés gab seinen *procuradores* Schriftstücke und wertvolle Geschenke mit, darunter mehrere Briefe an den König (und an die geistig umnachtete Königin Juana, die formell noch immer als Mitregentin ihres Sohnes firmierte). Bevor er die Schriftstücke abfaßte, besprach er zweifellos die politische Lage im Mutterland mit jenen Personen seines Gefolges, die Spanien nach ihm verlassen hatten, denn seine Kenntnisse des Hofes stammten aus der Zeit vor 1506. Er besaß kein Wissen aus erster Hand über die sonderbare Behandlung, die man Königin Juana angedeihen ließ, über den Tod von König Ferdinand und über den Unmut, den man in Kastilien gegen König Karl und dessen flämische Höflinge hegte. Gewiß gaben ihm Portocarrero, Montejo, Vázquez de Tapia (dessen Onkel ein Mitglied des kastilischen Kronrates gewesen war und der noch über weitere gute Beziehungen verfügte), Velázquez de León und wohl vor allem Fray Bartolomé de Olmedo wichtige Aufschlüsse. Doch selbst sie dürften nichts von der Anarchie gewußt haben, die Kastilien 1519 infolge der Forderungen der kastilischen Gemeinden (*comunidades*) bedrohte.

Offenbar wurden insgesamt drei Briefe an den König geschickt: ein gemeinsamer Brief des Rates von Villa Rica, der beschrieb, was der Expedition bislang widerfahren war; zweitens ein Brief von der Streitmacht in Villa Rica, der von den meisten oder allen Männern unterzeichnet war, die unter Cortés' Befehl standen, und drittens ein persönlicher Brief von Cortés an den König. Der erste dieser Briefe blieb erhalten, die letzteren beiden nicht. Es wurde bezweifelt, daß der dritte überhaupt existierte bzw. überbracht wurde.[22] Wahrscheinlich stammten alle Briefe einschließlich des ersten, erhalten gebliebenen – offiziell vom Rat Villa Ricas verfaßt – aus der Feder von Cortés, da er sich durch den gleichen schmeichlerischen Stil auszeichnet, der auch die folgenden Briefe des *caudillo* prägt, wenngleich das gelegentlich darin auftauchende, geschickt eingefügte Pronomen »wir« den Leser an das vermeintliche Autorenkollektiv erinnern soll.

Auch die *procuradores* hatten ihre Anweisungen: siebenunddreißig klar formulierte Artikel, die zweifellos ebenfalls von Cortés niedergeschrieben worden waren. Dieses Dokument ist erhalten geblieben.

Der erhaltene Brief des Stadtrates schildert die Reisen von Hernández de Córdoba und Grijalva in geringschätzigem Ton und beschreibt, wie sich der Rat von Villa Rica de la Vera Cruz konstituierte und Cortés in die leitenden Ämter wählte. Sowohl König Karl als auch seine Mutter, Königin Juana, werden gebeten, Cortés in diesen Positionen zu bestätigen. Der Brief forderte eine amtliche Untersuchung, eine *residencia*, über die Aktivitäten des Gouverneurs Velázquez, da dieser gegen seine Amtspflichten verstoßen habe. Er flehte die Monarchen an, Velázquez kein *adelantadamiento* und auch kein weiteres Gouverneursamt zu gewähren. Sollte dies bereits geschehen sein (was in der Tat der Fall war), möge man die Ernennung widerrufen. Der Brief sagte weiter, das Land berge so viele Reichtümer wie jene Gegend, in der sich Salomon das Gold für den Bau des Tempels in Jerusalem beschafft habe, und es gebe hier alle Arten von Wild einschließlich Löwen und Tiger. Des weiteren ging der Brief auf den barbarischen Brauch des Menschenopfers ein, der, so gab der Brief zu verstehen, praktisch jede Maßnahme zum Schutz der Indianer rechtfertige; doch fügte er hinzu, daß die Totonaken, abgesehen von ihren Menschenopfern, politisch begabter und vernünftiger seien als alle anderen Völker, denen die Conquistadoren in Westindien begegnet seien. Nach Ansicht der Conquistadoren konnte man »die Hingebung, den Glauben und die Hoffnung«, die dieses Volk seiner Religion entgegenbrachte, so umleiten, daß sie sich auf die göttliche Macht des wahren Gottes richteten. Wenn sie dem christlichen Gott mit genausoviel »Vertrauen, Inbrunst und Eifer« dienten, wie sie Tlaloc und anderen Gottheiten dienten, dann »würden sie viele Wunder wirken«. (Umgekehrt hatte Pedro Vaz da Caminha in einem Brief, den er im Jahre 1502 während der gemeinsam mit Amerigo Vespucci unternommenen Brasilienexpedition nach Lissabon schickte, behauptet, daß die dortigen Eingeborenen gerade wegen ihrer Einfalt gute Christen abgeben würden.)[23]

Ungeachtet seiner Begeisterung beteuerte der Brief des Stadtrats, daß alle Ureinwohner – vermutlich waren nur die Männer gemeint – Sodomiten seien, wofür es jedoch keinerlei Beweise gab. Der Brief war in altmodischer Anrede an König Karl und Königin Juana gerichtet: »Hochstehendste und mächtigste vortrefflichste Fürsten, allerkatholischste Könige und Herren« (*»muy altos y muy poderosos excelentísimos príncipes, muy católicos reyes y señores«*). Doch im weiteren verwendete er die modernere Anrede »Eure Majestäten«, was ein Synonym für »Eure Hoheiten« war. Der bzw. die Verfasser betonte(n), der Brief solle den Monarchen einen Einblick in die Wirklichkeit des Landes verschaffen, in welchem sie ein Lehen (*»feudo«*) errichten könnten

– ein kastilisches Wort von unzweideutig imperialem Charakter, wenn auch von mittelalterlichem Beiklang. Zweifellos stellte(n) der oder die Schreiber des Briefes die Greuel der Mexica-Religion besonders heraus, um eine mögliche Annexion des Landes von vornherein zu rechtfertigen – doch bedeutet das nicht, daß ihr Entsetzen über die Bräuche, die sie entdeckt hatten, nur vorgetäuscht war.

Von dem zweiten Brief – dem des Heeres – wissen wir nur aufgrund von Anspielungen in anderen Dokumenten. Doch er scheint in siegesgewissen Worten geendet zu haben, welche die Bereitschaft von Cortés' Männern verkündeten, zu sterben, um das neu entdeckte Gebiet im Namen des Königs zu halten, bis sie dessen Antwort auf ihren Brief erhielten.[24]

Der dritte Brief, Cortés' sogenannte »erste« *carta de relación*, wird vielleicht eines Tages in einem vernachlässigten Archiv aufgefunden werden. Man kann jedoch gewisse Vermutungen über seinen Inhalt anstellen: So erwähnte Cortés selbst in einem Brief an den König im September 1520, daß er in dieser ersten *carta* versichert habe, das ganze Gebiet zu erobern und zu befrieden und »Montezuma tot oder lebend zu ergreifen, aber als Untertan Eurer Majestät«.[25] Dies war ein deutlicher Hinweis darauf, daß Cortés beabsichtigte, sich nach Tenochtitlan zu begeben und das Reich der Mexica zu unterwerfen. Cortés schrieb möglicherweise auch über seinen Plan, eines Tages die »Südsee« zu erkunden.

In seinen Instruktionen für die *procuradores* betonte Cortés den Eifer, mit dem er seinem König diene. Er wiederholte, daß Velázquez unter keinen Umständen der Titel eines *adelantado* verliehen werden solle, denn eine solche Ernennung würde den Interessen des Königs zuwiderlaufen. Cortés ersuchte um die Erlaubnis, den Conquistadoren *encomiendas* zu gewähren, wie dies bereits auf Hispaniola und auf Kuba geschehen war. Er beteuerte, die Eingeborenen besser behandeln zu wollen, als es seine einstigen Wohltäter Ovando und Velázquez auf Hispaniola bzw. Kuba getan hatten. Er ersuchte darum, die Conquistadoren – er verwendete dieses Wort ohne die geringste Scheu – für zehn Jahre von Ausfuhr- und Einfuhrzöllen (*almojarifes*) zu befreien und die Abgabe an die Krone ebenfalls für zehn Jahre vom fünften auf den zehnten Teil der Expeditionserträge herabzusetzen (ein Privileg, das erst unlängst Velázquez eingeräumt worden war, wie Cortés gewiß von Saucedo gehört hatte). Jene Männer, die Cortés von Anfang an begleitet hatten, sollten mit Grundstücken (*solares*) in der Stadt

Villa Rica belohnt werden. Cortés begehrte noch mehrere weitere Vollmachten: zur Gründung von Hospitälern und *cofradías* (religiösen Bruderschaften); zum Kauf von Sklaven und zum Sklavenfang; zum Schmelzen und Prägen von Gold und Silber – normalerweise ein Monopol der Krone. Er behauptete zudem, Velázquez habe sich nicht an der Finanzierung der Expedition beteiligt – eine Aussage, die einer genaueren Prüfung nicht standhalten würde.

Die Instruktionen ließen keinen Zweifel daran, daß Cortés in naher Zukunft nicht nach Kuba zurückzukehren gedachte; die Anwesenheit seiner Frau auf dieser Insel scheint ihm nicht sonderlich viel bedeutet zu haben. Die Anspielung auf die gute Behandlung der Eingeborenen dürfte Cortés' eigenen Wunsch zum Ausdruck gebracht haben, denn er hatte mit eigenen Augen die Vernichtung der autochthonen Bevölkerung auf Hispaniola und Kuba gesehen. Und er war klug genug, um zu wissen, daß fürsorglich behandelte Indianer gesundheitlich widerstandsfähiger waren und als Arbeitskräfte eingesetzt werden konnten. Zweifellos wußte er von den rührigen Bemühungen von Las Casas (mit dem er auf Hispaniola und Kuba Umgang gehabt hatte), das Los der Ureinwohner aus moralischen Gründen zu verbessern.

Cortés vertraute Juan Bautista, dem Kapitän der *Santa María de la Concepción*, einen weiteren Brief an, in dem er darum bat, gewisse Dinge direkt an ihn zu schicken, und in dem er seinem Vater Martín eine Vertretungsvollmacht erteilte. Gewiß gab er dem Kapitän und den *procuradores* bei Übergabe des Briefes die mündliche Weisung, mit jenen Kaufleuten in Verbindung zu treten, die er in Sevilla kannte und mit denen er während seines Aufenthalts auf Hispaniola und Kuba in Kontakt geblieben war, wie etwa Luis Fernández de Alfaro und Juan de Córdoba. Cortés bat die *procuradores* zudem, seinen Eltern Gold zu überreichen und ihnen von seinen Abenteuern zu berichten.[26]

Den *procuradores* wurden auch einige private Briefe mitgegeben: Einer davon, den ein Diener aus »Nueva Sevilla« an seinen Herrn in Spanien schrieb und der vom 28. Juni 1519 datiert, blieb erhalten. Dieses überschwengliche Dokument vermittelt einen anschaulichen Eindruck von der Begeisterung, die damals ein rangniederes Mitglied der Expedition erfüllte: »Yucatán«, so schrieb er, sei »das reichste Land der Erde«; es gebe dort »sagenhafte Mengen Goldes«, viele Baumwollkleider, »reich geschmückt mit gestickten Figuren«, schöne Frauen, Himmelbetten, Marmorpaläste, Städte größer als Sevilla,

Gärten mit wunderhübschen Tischen für Festessen; die Eingeborenen züchteten Bienen, äßen Pfirsiche und verehrten Götzen. Doch man wisse immer noch nicht, ob dieses Gebiet auf dem Festland liege oder nicht.[27]

Neben den Briefen schickte Cortés dem König von Spanien und dessen Mutter Königin Juana eine Menge Kostbarkeiten.

Der Rat von Villa Rica hatte verfügt, daß sämtliche Objekte, welche die Expedition in Verwahrung genommen hatte – die Baumwollarbeiten und der Federschmuck sowie Gold und Silber – auf dem Marktplatz der Stadt zusammengetragen werden sollte; vermutlich bestand dieser Platz damals aus einer sandigen Fläche unweit des Strandes, von halbfertigen Holzhäusern und einer im Bau befindlichen Kirche – ebenfalls aus Holz – gesäumt. Die Schatzmeister bezifferten den Wert des Goldes und Silbers allein nach seinem Gewicht auf 22 500 Pesos. Den Wert des Federschmucks und der Baumwollarbeiten, so erkannten sie scharfsinnig, könne man nicht bestimmen.

Gonzalo de Mexía, der Schatzmeister der Armee, und Alonso de Ávila, der für die Erhebung des Fünften der Krone zuständige Finanzbeamte, weigerten sich, die Erträge auf die Mitglieder der Expedition aufzuteilen. Sie behaupteten, man müsse zunächst Cortés, der die ganze Unternehmung aus eigenen Mitteln finanziert habe, die Auslagen zurückerstatten. Cortés tat diesen loyalen Vorschlag mit einer großmütigen Geste ab. Er schlug vor, alles, was sie zusammengetragen hatten, dem König zu überlassen; allerdings nach Abzug des ihm als Befehlshaber der Armee zustehenden Anteils; vielleicht hatte er auch bereits das weggenommen, was er für sich in Anspruch nahm.

Diese Zweideutigkeiten markierten den Beginn einer endlosen Serie von Streitigkeiten darüber, wie die Beute von Mexiko aufgeteilt werden solle. In diesem Fall verstauten die Kastilier offenbar den mit Goldstaub gefüllten Helm, die Gold- und Silberscheiben, Figurinen und den größten Teil des Federschmucks sorgfältig in Kisten, die sie an den König schickten. Bernal Díaz zufolge sandten sie dem König auch zwei reich bebilderte Bücher, die »gefaltet waren wie kastilisches Tuch« – und die vielleicht zu denjenigen gehörten, die Cortés auf dem Weg nach Cempoallan in einem Tempel gefunden hatte. (Bei diesen Büchern handelte es sich möglicherweise um den sogenannten *Codex Vindobensis Mexicanus*, der vermutlich mixtekischen Ursprungs war und der heute in der österreichischen Nationalbibliothek in Wien verwahrt wird, und den *Codex Nuttall*, der nach seinem letzten privaten

Besitzer auch *Codex Zouche* genannt wird und sich heute in London befindet, vielleicht auch um den *Codex Tró-Cortesianus*, der sich heute im Museo de América in Madrid befindet.) Zwei indianische Jungen und zwei Mädchen, die sie, vermutlich in Cempoallan, vor dem Opfertod errettet hatten, vervollständigten den Schatz, der nach Kastilien gesandt wurde.

Cortés war sich der Schönheit dieser Geschenke durchaus bewußt. Über die Kleinodien schrieb er später, daß »der Gold- und Silberschmuck so naturgetreu war, daß kein Schmied auf der Welt bessere Arbeit hätte leisten können, daß die Edelsteine so schön waren, daß man sich verwundert fragt, mit welchen Werkzeugen sie so vollkommen bearbeitet wurden; und daß der Federschmuck an Herrlichkeit alle Wachs- und Stickereiarbeiten übertraf«.[28]

Doch vermutlich sandte Cortés nicht alles, was er seit seiner Ankunft in Mexiko erhalten hatte, an den König. So werden beispielsweise die Geschenke, die Cortés in San Juan de Ulúa überreicht worden waren, mit keinem Wort erwähnt. Die Listen der Gegenstände, die in verschiedenen Texten enthalten sind, stimmen nicht völlig überein. Auch die Wertangaben weichen voneinander ab: So war etwa dem Brief des Rats von Villa Rica eine Quittung der *procuradores* über den Fünften der Krone beigefügt, die auf 2000 Castellanos lautete, was bedeutete, daß sich die Gesamtsumme auf 10 000 Castellanos belaufen haben müßte. Doch der Gesamtwert all der Gegenstände, die den beiden Schatzmeistern vorgelegt worden waren, betrug, wie bereits erwähnt, 22 500 Pesos, was etwa 20 000 Castellanos entspricht.[29] Demnach hat der König also nur ein Zehntel und kein Fünftel der angemeldeten Waren erhalten.

Die lange Liste der übersandten Artikel (die sich heute im spanischen Nationalarchiv befindet) vermittelt trotz ihrer pedantischen Nüchternheit einen Eindruck von der überwältigenden Schönheit der Kostbarkeiten. So heißt es: »Gegenstand: zwei Colliers aus Gold und Edelsteinen, eines davon, mit der Figur eines Ungeheuers in der Mitte, besitzt acht Schnüre, an denen 232 rote Steine und 163 grüne Steine aufgezogen sind; an besagtem Collier und an besagter Einfassung hängen 27 goldene Schellen, in deren Mitte sich vier Figuren aus großen, in Gold gefaßten Edelsteinen befinden, und an jeder der beiden Figuren im Zentrum hängen schlichte Anhänger, während an jeder der beiden äußeren Figuren je vier Anhänger befestigt sind. Und das andere Halsband hat vier Schnüre mit 102 roten Edelsteinen und 172 grünlich schimmernden Edelsteinen, und um die besagten Edelsteine herum sind 26 goldene Schellen angeordnet, und außerdem enthält besagtes Halsband zehn große, in Gold gefaßte Edelsteine ... Des weiteren zwei grüne Federarbeiten mit Goldbesatz, die sie auf ihren Köpfen tragen ...« Im selben Stil geht es über viele feinsäuberlich von Hand geschriebene Zeilen weiter.[30]

Einer dieser Kopfschmucke muß dem berühmten Federschmuck ähnlich gewesen sein, der aus einem halbkreisförmigen Band mit 450 Quetzalfedern von neunzig Zentimeter Länge besteht und sich heute in Wien befindet.

Portocarrero und Montejo nahmen 4000 Pesos für ihre Auslagen und eine etwas geringere Summe für Cortés' Vater mit, insgesamt also etwa 7500 Pesos. Legt man den normalen Wechselkurs des Pesos zugrunde, würde dies einer Summe von etwa 7000 Castellanos entsprechen; dies würde zusammen mit dem Fünften der Krone in Höhe von 2000 Castellanos fast dem Gesamtwert aller deklarierten Fundstücke gleichkommen. Jedenfalls ist der Verbleib von 10 000 Castellanos (etwa 11 000 Pesos) ungeklärt.

Die beiden *procuradores* hatten in Villa Rica die Ämter von *alcaldes mayores* bekleidet. Folglich mußte man Nachfolger für sie finden: Alonso de Ávila, der erfahrene Kapitän aus Ciudad Real, der bereits an Grijalvas Expedition teilgenommen hatte, und den Cortés trotz seines schwierigen Charakters schätzen gelernt hatte, und Alonso de Grado aus Alcántara in der Estremadura, ein *encomendero* aus La Concepción auf Hispaniola, den Cortés zu dieser Zeit als guten Schreiber und Musiker bewunderte, später jedoch als jämmerlichen Feigling verspottete. Beide waren zuvor *regidores* gewesen. Dieses Amt wurde nun Vázquez de Tapia übertragen.

Vielleicht war diese Einsetzung weiterer Freunde von Cortés in städtische Ämter der Grund dafür, daß eine ernste Verschwörung gegen Cortés angezettelt wurde; das seit langem schwelende Komplott der »Velázquisten« spitzte sich nach der Bestallung, aber noch vor der Abreise der *procuradores* zu. Vielleicht war der Inhalt des später verlorengegangenen Briefes von Cortés, nämlich der Plan des *caudillo,* Montezuma gefangenzunehmen bzw. zu töten, allgemein bekannt geworden. Jedenfalls machten einige Mitglieder der Expedition unmißverständlich klar, daß sie nicht an einer *entrada* ins Landesinnere teilnehmen wollten. Sie wünschten vielmehr nach Kuba auf ihre Farmen und zu ihren Familien zurückzukehren. Das Motiv ihrer Verschwörung war allerdings nicht mehr die Freundschaft zu Velázquez, sondern die Angst vor der Zukunft.[31]

Cortés bewältigte diese heikle Situation mit altbewährtem Geschick. Er sagte: »Natürlich können sie abreisen.« Er erlaubte einem bekannten Reiter namens Morón, sein Pferd zu verkaufen. Cortés verhielt sich so, als ob er seinen Feinden wirklich gern die Freiheit gegeben hätte, heimzukehren. Doch unter den gegebenen Umständen besann er sich anders und widerrief seine Erlaubnis und sagte, der Rat der neugegründeten Stadt habe beschlossen, daß niemand abreisen dürfe, weil jeder gebraucht werde.

Mehrere Freunde von Velázquez beschlossen daraufhin, Cortés herauszufordern. Sie planten, sich einer der Brigantinen zu bemächtigen, den Kapitän umzubringen und nach Kuba zurückzukehren, um Velázquez genügend Zeit zu geben, Montejo und Portocarrero auf ihrem Weg nach Spanien abzufangen. Dies hätte bedeutet, daß die für den König bestimmten Geschenke zunächst in die Hände von Velázquez gelangt wären – eine Tatsache, die Cortés in einem späteren Brief an Karl ausdrücklich erwähnte. Das Komplott wurde jedoch von einem gewissen Bernardino de Soria verraten.[32] Cortés ließ die Verschwörer verhaften, darunter Fray Juan Díaz, Velázquez de León, Diego de Ordás, Escobar, der ehemalige Page von Velázquez, und Cortés' alter Feind, Escudero, der vormalige *alguacil* von Baracoa. Zum Kreis der Verschwörer gehörten auch ein Steuermann, Diego Cermeño, und einige Matrosen, unter anderem Gonzalo de Umbría sowie Alfonso Peñate und seine Brüder, die aus Gibraleón stammten (eine auf halber Strecke zwischen Huelva und Sevilla gelegene Stadt), die sich bereit erklärt hatten, die Brigantine nach Kuba zurückzusegeln.

Der *caudillo* beschloß, an den Rädelsführern ein Exempel zu statuieren, um den Konspirationen gegen ihn ein Ende zu setzen. Zweifellos wurde er von Freunden wie Alvarado und Sandoval bestärkt, eine harte Linie zu verfolgen. Er wählte sich Escudero und Cermeño als Anführer der Verschwörer aus. Es dürfte kein bloßer Zufall gewesen sein, daß der erste der beiden ein alter Feind von ihm war: Cortés war ein paar Jahre zuvor, als Velázquez ihn verfolgen ließ, von dem damaligen *alguacil* von Baracoa verhaftet worden. Die Männer wurden vor ein Kriegsgericht gestellt, das der Stadtrat von Villa Rica, dessen neuernannte Bürgermeister, Ávila und Grado, selbstverständlich Vertraute von Cortés waren, einsetzte. Cortés scheint den Vorsitz geführt zu haben. Escudero und Cermeño wurden zum Tod durch den Strang verurteilt. Gonzalo de

Umbría wurde ein Stück eines Fußes abgeschnitten – eine äußerst ungewöhnliche Strafe, die gelegentlich über Sklaven verhängt wurde und deren genauere Umstände sich nicht mehr aufklären lassen.[33]

Peñate und seinen Brüdern wurden je einhundert Peitschenhiebe verabreicht. Fray Juan Díaz gab man zu verstehen, daß er nur deshalb nicht gehängt wurde, weil er Geistlicher war. Die übrigen wurden auf das Flaggschiff gebracht und dort mehrere Tage lang eingesperrt, bis sich Cortés mit ihnen aussöhnte. Ordás behauptete später, er habe während der ganzen Zeit des Arrests gefürchtet, Cortés werde ihm den Kopf abschneiden. Doch dazu kam es nicht, und Ordás verwandelte sich später, vielleicht aus Dankbarkeit, wie mehrere andere Verschwörer, in einen bedingungslosen Anhänger des *caudillo*.[34]

Eine Zeitlang herrschte im Lager eine Atmosphäre der Angst: Noch ein Jahr später stand der Galgen, an dem Escudero gehängt worden war, an seinem Platz. Juan Álvarez sagte im Jahre 1521 aus, er und viele andere hätten die damalige Handlungsweise von Cortés zwar mißbilligt, aber aus Furcht, ebenfalls gehängt zu werden, geschwiegen. So lautete eine der Ende der 20er Jahre des 16. Jahrhunderts gegen Cortés erhobenen Anschuldigungen, er habe den Verurteilten keine Gelegenheit gegeben, sich zu verteidigen; während im Jahre 1521 behauptet wurde, die Richter der mutmaßlichen Missetäter seien voreingenommen gewesen, da sie von Cortés bestimmt worden seien und sich gemeinsam mit diesem gegen Velázquez »erhoben« hätten. Cortés erwiderte auf diesen Vorwurf, es habe sich um eine gefährliche Verschwörung gehandelt und der »Diebstahl einer Karavelle« sei ein todeswürdiges Verbrechen – außerdem habe er als Befehlshaber der Expedition richterliche Befugnisse besessen.[35]

Als nächstes ergriff der *caudillo* eine Maßnahme, deren Verwegenheit sogar seine Freunde überraschte: Er befahl den Kapitänen von neun der zwölf Schiffe, die vor Villa Rica ankerten, ihre Schiffe auf Grund zu setzen. Anschließend sollten sie die gesamte Takelage, die Segel, Anker, Kanonen und andere Ausrüstungsgüter (darunter auch tragbare Altäre und Marienbildnisse) an Land schaffen, da sie möglicherweise noch anderweitig verwendet werden konnten. Cortés wollte das Schiffsholz, soweit wie möglich, zum Bau von Häusern verwenden. Anschließend erklärte er die Schiffe für seeuntüchtig – ein Urteil, welches Portocarrero später in einer eidesstattlichen Erklärung in Spanien bestätigte. Wahrscheinlich mußte Cortés die Kapitäne reich entlohnen, um sie für eine solche Aktion, die natürlich ihrem Instinkt zuwiderlief, zu gewinnen. Sie wurden dann mitsamt ihren Matrosen in seine Armee übernommen.[36]

Auf diese Weise hoffte der *caudillo* alles defätistische Gerede über eine Rückkehr nach Kuba endgültig zum Verstummen zu bringen. Dies würde selbst die Widerspenstigsten dazu zwingen, ihn zu unterstützen, und ihnen zeigen, daß sie jetzt nur noch »wie Männer sterben« oder ins Landesinnere aufbrechen konnten. Hätte Cortés dies nicht getan, hätte er möglicherweise viele der Männer, die ihn schließlich auf seiner Reise ins Landesinnere begleiteten, nicht »vom Hafen wegbekommen«.[37]

Die Schiffskapitäne taten, wie sie geheißen worden waren: Alle außer drei Schiffen (eine *nao* und zwei Brigantinen) wurden manövrierunfähig gemacht. Cortés sagte später aus, daß die Expeditionsteilnehmer »fortan ganz allein auf sich gestellt waren und die Gewißheit hatten, daß sie das Land entweder erobern und gewinnen oder bei dem Versuch sterben würden«.[38]

Cortés ging damit ein erhebliches Risiko ein. Schon allein aus diesem Grund sprachen er und seine Freunde später in hochtrabenden Worten darüber: Der Advokat, der Cortés in dem Ermittlungsverfahren des Jahres 1529 verteidigte, nannte diese Tat »einen der hervorragendsten Dienste an Gott seit der Gründung Roms«. Vielleicht verfiel Cortés auch deshalb auf diesen Plan, weil sich einige Jahre zuvor im heutigen Nicaragua etwas Ähnliches ereignet hatte: Gonzalo de Badajoz (vermutlich ein Bruder von Gutierre de Badajoz, der Cortés begleitete) hatte seine Schiffe absichtlich auf Grund gesetzt, um die Flucht von achtzig Seeleuten aus Nombre des Díos zu verhindern.[39]

Alle Augenzeugen bestätigten die Darstellung von Cortés, derzufolge die Schiffe gestrandet und nicht verbrannt worden seien. Der sprichwörtliche »Brand der Schiffe« wurde offenbar erstmals in dem 1546 (also noch zu Lebzeiten Cortés') veröffentlichten, Cortés gewidmeten Buch *Diálogo sobre la dignidad del hombre* des Historikers Cervantes de Salazar erwähnt. Der Irrtum beruht möglicherweise darauf, daß die frühesten Dokumente von einem »Zerbrechen«, *quebrando*, der Schiffe sprachen – ein Wort, das Cervantes dank der unleserlichen Handschrift eines Schreibers vielleicht als *quemando*, Verbrennen, entzifferte.

Cortés hielt anschließend eine Rede, möglicherweise vor einer weiteren Versammlung der Armee (wie Sepúlveda schrieb). Er erklärte, daß als »*broma*« bezeichnete Bohrwürmer die Schiffe unbrauchbar gemacht hätten. Wir wissen nicht, ob irgendeiner seiner Zuhörer den Doppelsinn, der in dieser Täuschung mitschwang (das Wort »*broma*« bedeutet im Spanischen nämlich auch »Scherz, Ulk«), erkannte. Dann führte er aus, daß jetzt der rechte Zeitpunkt für die Reise nach Mexiko-Tenochtitlan (*la entrada de México*) gekommen sei; dies scheint die erste öffentliche Erwähnung dieses Plans gewesen zu sein. Er sagte, er könne sich nicht vorstellen, daß jemand so kleinmütig sei, sein Leben höher zu schätzen als Cortés das seine, oder so verzagt, daß er Bedenken hege, ihn zu begleiten. Sollte es aber doch solche Männer geben, dann mochten sie mit dem Segen Gottes auf dem einzigen verbliebenen Schiff nach Kuba zurücksegeln; obgleich er glaube, daß sie sich schon bald über sich selbst ärgern würden, wenn sie von den Abenteuern hörten, die ihnen auf diese Weise entgangen seien. Scham (und Furcht vor der Reaktion von Cortés) bemächtigten sich der Unentschlossenen, schließlich schworen alle Cortés Treue bis in den Tod; eine Zeitlang zumindest war damit alles Gerede über eine Rückkehr nach Kuba zum Verstummen gebracht. Abgesehen von den Seeleuten waren alle Männer, an die Cortés appellierte, Abenteurer wie er selbst, die es zu Reichtum bringen wollten.

Die Schwierigkeit bestand für Cortés darin zu erklären, was die Expedition in Tenochtitlan tun würde. Jahre später gab Joan de Cáceres in dem Ermittlungsverfahren gegen Cortés zu Protokoll, die meisten Expeditionsteilnehmer hätten geglaubt, sie begäben sich der Sehenswürdigkeiten wegen nach Tenochtitlan.[40] Das ist nicht besonders wahrscheinlich, auch wenn der Cid einst seinen Männern gesagt hatte, sie müßten auf ihrem Weg fortschreiten:

> Denn wir leben durch die Kraft unserer Schwerter und Lanzen.
> Anders können wir in diesem kargen Land nicht bestehen.
> Und so müssen wir weiterziehen.
> Und er sagte auch:
> Höret, ihr Ritter, die Wahrheit aus meinem Munde:
> Wer an einem Ort verharrt, dem zerrinnt das Glück.

Vermutlich hatte sich die Erwägung, Montezuma »tot oder lebend« zu ergreifen, mittlerweile zu einer ernsthaften Absicht verdichtet.

Wahrscheinlich glaubte Cortés, daß es ihm zusammen mit seinen neuen Verbündeten und einigen anderen Indianern (etwa den geheimnisvollen Tlaxcalteken) durch Diplomatie und Höflichkeit gelingen werde, das Vertrauen Montezumas zu gewinnen, so daß der Kaiser ihn von selbst zu seinem Ersten Minister ernennen würde (so wie es Juan II. mit Álvaro de Luna getan hatte) und er nicht gegen ihn kämpfen mußte. Vielleicht hatten er und Alvarado auch den noch verwegeneren Plan gefaßt, Montezuma gefangenzunehmen und ihn anschließend dazu zu zwingen, die spanischen Interessen zu vertreten, so wie es der Cid mit einigen Anführern der Mauren getan hatte; oder, um eine Parallele aus der Renaissance anzuführen, wie es Karl der Kühne, Herzog von Burgund, im Jahre 1468 in Péronne mit dem französischen König Ludwig XI. getan hatte. Immerhin war Karl der Kühne der Schwiegervater von Kaiser Maximilian, der Großvater von Philipp dem Schönen und Urgroßvater von Karl V.; eine Tatsache, die am spanischen Hof zur Zeit von Cortés' Aufenthalt in Valladolid noch in lebhafter Erinnerung gewesen sein dürfte. Doch einen solchen kühnen Plan hätte er zweifellos für sich behalten.

Aber es ist durchaus möglich, daß Cortés und Alvarado mittlerweile hinreichend über Montezuma und dessen Reich informiert waren, um seine wahrscheinliche Reaktion auf den Einzug der kastilischen Streitmacht in Tenochtitlan vorauszusehen. So schrieb Andrés de Tapia in seinen Memoiren, Marina habe Cortés gesagt, daß Montezuma und seine Vorfahren als Fremde in das Land gekommen seien, das sie jetzt beherrschten; daß sie unter dem Vorwand, eine neue Religion zu verkünden, ein Reich errichtet hätten; daß sie denjenigen Frieden zusicherten, die ihnen Tribut leisteten, und daß sie auf einer Insel in einem See lebten.[41] Diese Auskunft dürfte die Mitteilungen des Kaziken von Cempoallan bestätigt haben. Vielleicht konnte Cortés dadurch, daß er das Gefühl der Mexica, Neuankömmlinge zu sein, geschickt ausnutzte, die freiwillige Anerkennung der Überlegenheit der neuen Fremden erreichen.

Zweifellos wußte Cortés, daß die Eroberung eines großen Reiches in rechtlicher, moralischer und strategischer Hinsicht etwas ganz anderes war als die Besetzung einer unbewohnten Insel oder einer Karibikinsel, die von einem kleinen Stamm bewohnt wurde, ganz zu schweigen von einem Brückenkopf, wie ihn alle Conquistadoren seit Kolumbus zunächst errichtet hatten. In dieser Hinsicht hatte sich Cortés von Kolumbus inspirieren lassen, der offenbar nicht darüber nachgedacht hatte, was er getan hätte, wenn er wirklich nach Hangzhou gelangt wäre. Hätte er sich nach der Ming-Hauptstadt Peking begeben, so wie es Cortés jetzt in bezug auf Tenochtitlan plante?

Portocarrero und Montejo brachen vermutlich am 16. Juli auf der einzigen seetüchtig gebliebenen *nao*, der *Santa María de la Concepción*, nach Spanien auf.[42] Montejo ließ nicht nur seine Geliebte, die Dolmetscherin Marina, zurück, sondern auch seinen leiblichen Sohn, Montejo *el mozo* (der Junge), den er mit seiner Geliebten in Sevilla gezeugt hatte.

Cortés traf nun seine letzten Vorbereitungen für die *entrada,* den Marsch auf Tenochtitlan. Er beabsichtigte, seinen treuen Freund Juan de Escalante mit einhundertfünfzig Mann, zwei Pferden und zwei Arkebusieren in Vera Cruz als Gouverneur zurückzulassen. Die wichtigste Aufgabe von Escalante bestünde darin, Vera Cruz gegen ein Expeditionsheer zu verteidigen, das vielleicht von Diego Velázquez gegen Cortés ausgesandt würde. Die örtlichen Eingeborenen wurden demgegenüber als eine bloß zweitrangige Bedrohung betrachtet.

Viele der Männer, die mit Escalante in Vera Cruz zurückblieben, waren Matrosen von den seeuntauglich gemachten Schiffen; die Hälfte von ihnen war krank oder alt. Die wenigen kastilischen Frauen, die an der Expedition teilnahmen, blieben wohl ebenfalls bei Escalante. Die einzigen wichtigen Personen, die zurückgelassen wurden, waren Francisco Álvarez Chico und Pedro de Ircio, der mit Saucedo gekommen war. Ersterer, ein aus der Estremadura stammender Freund von Cortés, war nach der Abreise der beiden früheren Amtsträger zum neuen *procurador* von Vera Cruz ernannt worden. Er nahm Cortés das Versprechen ab, daß diejenigen, die zum Schutz der neugegründeten Stadt am Meer zurückblieben, am Gewinn der Expedition beteiligt würden; dies wurde ihm förmlich zugesichert. Ircio blieb zurück, weil er ein krankes Bein hatte und allen mit Anekdoten aus seiner Zeit als Haushofmeister des unnachgiebigen andalusischen Aristokraten Pedro Girón auf die Nerven fiel.

Die Absprache, wonach Cortés ein Fünftel der Beute zustand – nach Abzug des Fünften der Krone –, wurde ebenfalls bestätigt. Diese Vereinbarung wurde später kritisiert, denn Cortés wurde dadurch stillschweigend auf eine Stufe mit dem Monarchen gestellt. Bei ordnungsgemäßer Erfüllung der Absprache hätten die einfachen Expeditionsteilnehmer jedoch 64 Prozent des Gesamtertrages und nicht bloß das ursprünglich von ihnen erwartete Drittel erhalten.[43] Die Fürsten von Cempoallan und Quiahuiztlan versprachen, die neue Stadt mit Lebensmitteln zu versorgen. Sie bekundeten ihre Freude darüber, daß die Kastilier Cempoallan den Namen »Nueva Sevilla« geben wollten – obgleich der neue Name schon bald wieder in Vergessenheit geraten sollte.

Werde ich den Sieg erringen, wenn ich weiterziehe?

»Sprich, pilgernder Ritter:
Werde ich den Sieg erringen, wenn ich weiterziehe?
– Geh nicht dorthin, guter König,
Guter König, geh nicht dorthin,
Denn Mérida ist sehr stark …
So sprach Oliver.
So sprach Roland.
Ihr lügt, pilgernder Ritter,
Ihr sagt nicht die Wahrheit …«
Romanze über die Pilgerfahrt von Mérida nach Paris

Um den 8. August 1519 brach Cortés mit seiner »heiligen Gesellschaft« (wie Las Casas sarkastisch formulierte), die aus etwa dreihundert spanischen Conquistadoren bestand – darunter etwa vierzig Armbrustschützen und zwanzig Arkebusiere –, nach Tenochtitlan auf. Die Streitmacht war in Kompanien mit je etwa fünfzig Mann eingeteilt, die von Alvarado, Velázquez de León, Olid, Ávila und Sandoval aus Medellín, dem Jüngsten und Unerfahrensten, geführt wurden. Als Fähnrich diente Cristóbal de Corral. Die meisten Conquistadoren trugen über ihren Jacken bzw. Umhängen (*sayos*) Rüstungen, die sie sogar während des Schlafes anbehielten, doch handelte es sich dabei überwiegend um gepolsterte Baumwollrüstungen in mexikanischem Stil. Cortés nahm vermutlich auch einhundertfünfzig eingeborene Diener aus Kuba mit, und, was vielleicht am wichtigsten war, achthundert Cempoalla und andere Totonaken, die von einem Häuptling namens Mamexi geführt wurden. »Sie waren eine große Hilfe«, erklärte einige Jahre später Joan de Cáceres, Cortés' Majordomus, mit Fug und Recht, denn sie trugen die Ausrüstung, die Lebensmittel und die Munition, und sie zogen die (vermutlich nur drei) Kanonen.[1]

Bei den Geschützen dürfte es sich um schmiedeeiserne Falkonetten gehandelt haben, die etwa 1,2 Meter maßen und Kugeln oder Steine von zwei bis drei Pfund verschießen konnten. Vielleicht war auch eine schwerere bronzene Feldschlange darunter, die Kugeln zwischen acht und dreizehn Kilogramm abfeuern konnte. Cortés hatte offenbar von Diego Hernández, einem Tischler aus Sealices (heute Sanfelices) de los Gallegos (unweit Ciudad Rodrigo) einige Handkarren mit Rädern zimmern lassen. Diese ersten Fahrzeuge Amerikas, von Totonaken gezogen, transportierten die Geschütze, bis die Achsen brachen. Sie riefen bei den Indianern gewiß fast ebensoviel Erstaunen hervor wie die Pferde.

Die Totonaken errichteten Hütten, wo immer die Kastilier ihr Nachtlager aufschlagen wollten. Sie »dienten mit großer Bereitwilligkeit und nahmen jede Arbeit an, die ihnen angetragen wurde«. (Die Heere der Mexica führten üblicherweise einen Träger für je zwei Soldaten mit.)[2]

Cortés nahm etwa fünfzehn Pferde mit, die den »Hauptleuten« vorbehalten waren, außerdem verfügte er über zahlreiche »Hunde, die eine große Hilfe für die Spanier darstellten, weil sie zum Kämpfen abgerichtet waren«.[3] Vermutlich befanden sich unter den Totonaken viele mexikanische Spione – möglicherweise Fernkaufleute (*pochteca*) –, so daß Montezuma mit Sicherheit über sämtliche Bewegungen von Cortés genauestens im Bilde war.

Cortés' Truchseß Cristóbal de Guzmán und sein Majordomus Cáceres trugen einen Umhang und einen Teppich mit sich, auf dem sich ihr Herr nach dem Essen ausruhen konnte, wobei diese Siestas mitunter im Schatten eines Baumes oder eines Hügels stattfanden. Cortés schlief wenig und beteuerte ein wenig verstiegen: »Ich werde mich nicht eher ausruhen, bis ich Montezuma gesehen und sein Land in Augenschein genommen habe.«[4]

Auch wenn Cortés auf seinem Schiff zweifellos ein oder zwei venezianische Sanduhren mit sich geführt hatte, hätte es wenig Sinn gehabt, sie auf die Reise ins Landesinnere mitzunehmen. Dagegen nahm der *caudillo* offenbar einen Kompaß mit; dieser machte einen starken Eindruck auf die Eingeborenen, die glaubten, er sehe darin die Zukunft vorher.[5]

Vor dem Aufbruch hielt Cortés eine weitere Ansprache an seine Männer. Bernal Díaz zufolge sagte Cortés in dieser Rede, wie wichtig es sei, alle Schlachten zu gewinnen. »Das Land erobern oder sterben« – so lautete sein Leitspruch. Diese Devise dürfte die Hälfte seiner Männer schockiert haben, doch, ob sie wollten oder nicht, blieb ihnen jetzt nichts mehr anderes übrig, als den *caudillo* zu unterstützen. Cortés griff offenbar ein weiteres Mal das Thema des antiken Rom auf. Wir können nur darüber spekulieren, wie viele seiner Gefolgsleute den Vergleich zwischen ihm selbst und Cäsar, als dieser vor der Überquerung des Rubikon stand, begriffen – falls er tatsächlich diese Anspielung machte. Bernal Díaz dürfte durch die Lektüre einer Ballade, die

Cortés' Marschroute von San Juan de Ulúa nach Tenochtitlan

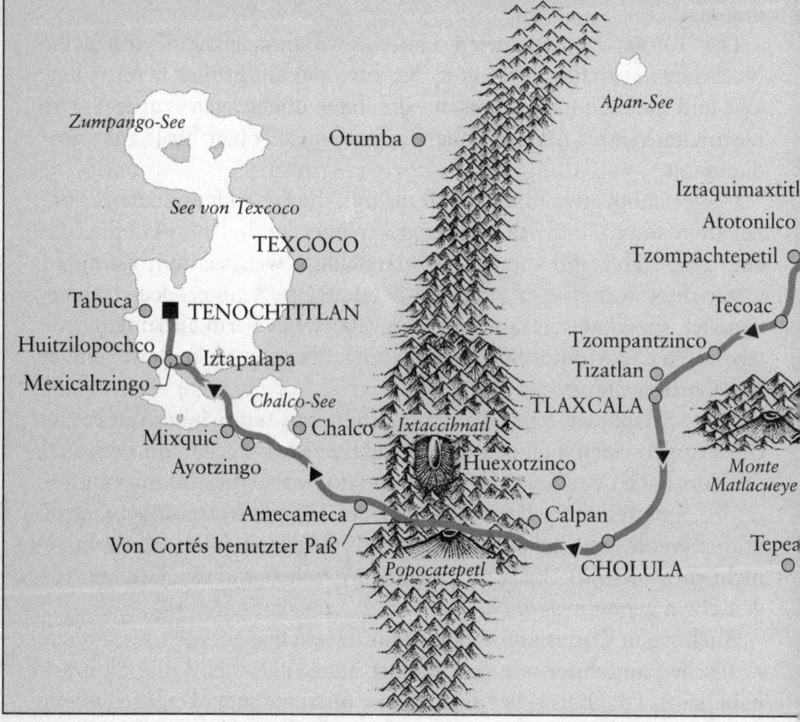

die Durchquerung des Rubikon durch Cäsar behandelte, mit dem Thema vertraut gewesen sein.[6]

Cortés ging auch auf religiöse Motive seines Vorstoßes ins Hinterland ein. Er schrieb später in einem Brief, es sei ein Dienst an Gott, »wenn dieses Volk durch Eure Königlichen Hoheiten zu unserem hochheiligen katholischen Glauben hingeführt wird und wenn die Verehrung, die es seinen Götzen entgegenbringt, in Achtung vor der göttlichen Macht des wahren Gottes umgewandelt wird«.[7] Das Menschenopfer gab der Expedition einen Vorwand und half Cortés gewiß dabei, die Unterstützung von Männern zu erlangen, die vor einer gewöhnlichen *entrada* zurückgeschreckt wären. Cortés selbst hätte beteuert, daß Las Casas' spöttisch gemeinter Ausdruck »heilige Kompanie« durchaus seine Berechtigung hatte.

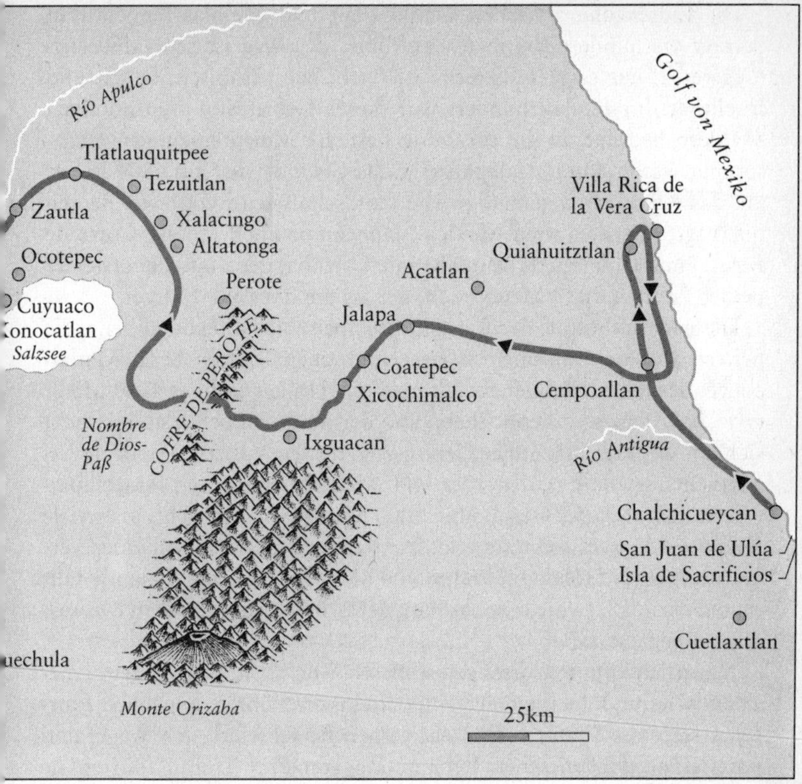

Es war für Cortés unumgänglich, sich mit seinen Männern in dieser Weise zu verständigen, da er zwar vom Stadtrat von Villa Rica de la Vera Cruz mit Vollmachten ausgestattet worden war, seine Führungsgewalt sich aber im Grunde von überkommenem kastilischem Gewohnheitsrecht herleitete. Ehedem gelobte ein Hauptmann einer Kompanie seinem Befehlshaber Treue, erwartete von diesem jedoch im Gegenzug, daß er seine Ehre achtete und ihn vor wichtigen Beschlüssen konsultierte. Sämtliche Expeditionen nach Art der Cortésschen setzten sich aus freien Kompanien zusammen, die vor allem durch ihr Gewinnstreben und nicht etwa durch die strenge Zucht ihres Befehlshabers zusammengehalten wurden. Es war durchaus ernst gemeint, wenn sich die Conquistadoren untereinander als Gefährten bezeichneten.[8]

Die Entfernung zwischen Cempoallan und Mexiko-Tenochtitlan beträgt vierhundert Kilometer Luftlinie, der Weg ist sehr abwechslungsreich. Die erste Teilstrecke ist flach, heiß, tropisch, feucht und fruchtbar. Im 16. Jahrhundert war dieses Gebiet von weiträumigen Wäldern bedeckt, in die sorgfältig bestellte Maispflanzungen eingesprengt waren. Hinter Jalapa steigt das Gelände steil auf 1800 Meter an, das Klima wird gemäßigt. Die Landschaft wird von zwei Bergen überragt, von den alten Mexica Nauhcampatepetl (heute: Cofre de Perote) und Citlatepetl (heute: Monte Orizaba) genannt. Der erste der beiden ist über 4000 Meter hoch, der zweite über 5400 Meter.

Die nächste Etappe der Reise führte über eine kalte, öde Ebene, die beherrscht war von einem Salzsee und einem dritten Berg, Matlalcueye, der heute Malinche heißt und eine Höhe von über 4500 Meter erreicht. Zwischen dieser Ebene und der Stadt Tenochtitlan erstreckt sich ein weiterer mächtiger Gebirgszug, dessen Vulkane Popocatepetl (»rauchender Berg«), der etwa 5400 Meter hoch ist, und Ixtaccihuatl (»weiße Frau«), der knapp über 5000 Meter Höhe erreicht, über viele Kilometer hinweg sichtbar sind. Der Paß zwischen den Vulkanen verläuft auf einer Höhe von knapp 4000 Metern, und das Gelände fällt dann bis zum See von Tenochtitlan, der 2200 Meter über dem Meeresspiegel liegt, stetig ab.

Natürlich kannte Cortés selbst diesen Weg nicht, doch er hatte mexikanische und auch einige cempoaltekische Führer; angeblich führten erstere die Spanier absichtlich über die schwierigsten Wege, und nach einer unbewiesenen Behauptung von Fray Durán führten sie Cortés zu Beginn der Reise sogar bewußt an den Rand eines Abgrunds.[9] Obgleich wir niemals wissen werden, ob dies stimmt, mutet es doch seltsam an, daß Cortés' Reiseroute nach Tenochtitlan ausgerechnet über Jalapa und Tlaxcala führte: Die Salzseen im Osten der heutigen Provinz Puebla stellten damals ein sehr viel schwererer zu überwindendes Hindernis dar als heute. Die Boten Montezumas reisten in der Regel über Cuatlaxtlan und das heutige Orizaba.

Da Cortés nach eigenem Selbstverständnis als Botschafter des Königs von Spanien unterwegs war, konnte er mit einem friedlichen Empfang durch Städte rechnen, solange er auf den üblichen Wegen blieb. Doch selbst dann würde die Expedition auf Pfade stoßen, die so schmal waren, daß sie hintereinander gehen mußten. Mexikanische Heere ernährten sich auf ihren Feldzügen von Tortillas und geröstetem Maismehl; die eingeborenen Hilfskräfte versorgten die Kastilier auf ähnliche Weise. Die Mexica veranschlagten den täglichen Wasserbedarf eines Soldaten auf zwei Liter, und entsprechend wurde die Route eines mexikanischen Heeres so gewählt, daß dieser Bedarf gedeckt werden konnte. Gewiß gingen die Träger davon aus, daß Cortés und die Conquistadoren eine vergleichbare Menge brauchten.[10]

Die Mexica kontrollierten den größten Teil des Gebietes zwischen der Küste und der Hauptstadt. Je ein mexikanischer Statthalter residierte in Cuetlaxtlan und in Acatlan, einer Totonaken-Stadt etwa 25 Kilometer nordöstlich der heutigen Stadt Jalapa sowie in Xicochimalco, der wichtigsten nahuatlsprachigen Stadt der Region, etwa 25 Kilometer südlich von Jalapa. Doch jenseits dieser mexikanischen Städte lag die Stadt Tlaxcala, Sitz der Hauptfeinde der Mexica.

Es gab noch zwei weitere bedeutende Städte auf dem Weg zwischen Cempoallan und Tenochtitlan: Huexotzinco und Cholula (östlich der beiden großen Vulkane Popocatepetl bzw. des Ixtaccihuatl gelegen). Die Bewohner von Huexotzinco waren ebenfalls mit den Mexica verfeindet und traditionelle Verbündete der Tlaxcalteken, mit denen sie gegenwärtig jedoch auf schlechtem Fuß standen. Doch wie bereits erwähnt, hatten sich diese alten Feind- und Freundschaften mittlerweile gewandelt. Huexotzinco und Cholula waren älter als Tlaxcala, und beide hatten ein zwiespältiges Verhältnis zu Mexiko.

Die politische Lage in der Region war brisant. Sowohl Huexotzinco als auch Cholula hatten den Aufstieg des mexikanischen Imperiums begünstigt, denn sie hatten Tenochtitlan im Jahre 1428 geholfen, Azcapotzalco zu besiegen. Cortés brauchte einen geschichtlichen und geographischen Führer. Die Cempoalla waren für diese Rolle nicht geeignet, doch einer ihrer Führer riet Cortés, über Tlaxcala zu marschieren – unter den dort lebenden Todfeinden Montezumas werde Cortés bestimmt Freunde finden.[11]

Der Totonaken-Häuptling Teuche sagte Cortés, er sei als kleiner Junge in Tenochtitlan gewesen. Er sei überzeugt, daß die Kastilier getötet würden, wenn sie gegen die Mexica kämpften. Dennoch werde er sie begleiten, wenn sie aufbrechen würden.[12]

Cortés mußte dieses Gebiet im Sommer durchqueren; es regnete jeden Nachmittag, die Wege waren meist schlammig und Ruhepausen unmöglich.

Auf diesen erneuten Beweis der Entschlossenheit von Cortés, nach Tenochtitlan zu kommen, reagierte Montezuma mit einem weiteren

Anfall von großer Angst. Sein Verhaltenskodex verbot es ihm, zum Krieg gegen die Kastilier zu rüsten, da hiermit alle erdenklichen Rituale, diplomatischen Missionen, Aufforderungen zur Unterwerfung und das Überreichen von Keulen und Schilden an den Feind verbunden gewesen wären. Auch hätten die *calpultin* Soldaten ausheben und organisieren müssen, während den Tributeintreibern und Hofmeistern besondere Aufgaben übertragen worden wären. Um Krieg führen zu können, mußte man ein Heer aufstellen, die ausgehobenen Soldaten in strammen Formationen antreten lassen und Priester, die Götterstatuen trugen, an die Spitze der Marschkolonnen stellen sowie, vor allem, die nach dem Kalender für die Kriegsführung geeignete Jahreszeit beachten, die erst in ein paar Monaten begann. Zudem kam Cortés, wie es schien, als Botschafter und nicht als Feind. So begnügte sich Montezuma trotz seiner Zweifel und Ahnungen damit, prächtige Bilderhandschriften zu konsultieren, mit seinen Beratern zu diskutieren, Opferungen abzuhalten, möglicherweise heilige Pilze zu verzehren und abzuwarten.

Cortés' Expedition hatte Cempoallan (Nueva Sevilla) erreicht und schickte sich an, nach Jalapa aufzubrechen. Ein Bote, den Juan de Escalante von der Küste geschickt hatte, überbrachte die Nachricht, einige kastilische Schiffe seien vor Vera Cruz aufgetaucht. Es handelte sich um eine Flottille von vier Schiffen, die unter dem Kommando von Alonso Álvarez de Pineda stand. Pineda kam im Auftrag von Francisco de Garay, dem ruhelosen Gouverneur von Jamaika, der noch immer glaubte, zukünftig eine wichtige Rolle auf dem neuen Kontinent spielen zu können. Um mit den Neuankömmlingen in Verbindung zu treten, ließ Escalante einen Reiter mit rotem Umhang am Strand entlanggaloppieren. Er wurde von den Schiffen aus gesehen, worauf mehrere Männer in einem kleinen Boot zum Strand ruderten. Escalantes Leute ergriffen drei von ihnen. Einer davon, der Notar Guillén de la Loa, verriet unklugerweise, daß er im Auftrag von Álvarez de Pineda komme, um Cortés gewisse Schriftstücke vorzulegen, in denen er aufgefordert wurde, Mexiko mit de Garay zu teilen.[13]

Garay, der dank der Goldschätze in Santo Domingo noch immer ein steinreicher Mann war, hatte es auf das große Gebiet nördlich von Vera Cruz abgesehen, Pánuco genannt, seitdem Grijalva dort einen Fluß entdeckt hatte. Álvarez de Pineda, der von Florida herabgesegelt und die Mündung des Mississippi gekreuzt hatte, kannte die Größe des von Garay geforderten Gebiets.

Cortés begab sich schleunigst mit hundert Mann zur Küste zurück und ließ den Rest seines Heeres (zur großen Verärgerung von Alonso de Ávila, der sich selbst als Stellvertreter des *caudillo* betrachtete) unter dem Befehl von Pedro de Alvarado und Gonzalo de Sandoval in Cempoallan zurück.[14] Cortés legte den Eindringlingen in freundlichen Worten nahe, auf ihr Schiff zurückzukehren und ihren Anführer zu bitten, Villa Rica einen Besuch abzustatten. La Loa sagte, daß er dies nicht tun könne – worauf Cortés alle festnehmen ließ. Er konnte sie jedoch schon bald dazu überreden, sich seinem Heer anzuschließen. Unter diesen Männern waren der Zimmermann Andrés Núñez und der Harfenspieler Maese Pedro.

Wenig später gingen mehrere weitere Mitglieder von Garays Expedition an Land; auch sie wurden durch List dazu gebracht, sich zu ergeben. Álvarez de Pineda segelte davon. Er kannte Cortés von Santo Domingo her und wußte daher aus Erfahrung, daß der Hauptmann aus Medellín, hatte er erst einmal Befehlsgewalt, nicht leicht auszumanövrieren war.

Cortés kehrte schleunigst zu seinem Heer zurück, wobei er vermutlich einen oder zwei von Garays Leuten mitnahm und die übrigen bei Escalante zurückließ. Die Expedition setzte ihren Marsch am 16. August fort. Am nächsten Tag erreichte sie offenbar einen Ort in der Nähe des heutigen Jalapa, das damals vermutlich näher an der Küste lag als die moderne Stadt. Montezuma hatte die örtlichen Machthaber angewiesen, für das Wohl der Besucher zu sorgen. Möglicherweise rasteten die Spanier dort ein bis zwei Tage, bevor sie in südlicher Richtung weiterzogen, um so die steilste Stelle des Cofre de Perote zu umgehen. Ihr Weg führte sie durch Coatepec (das in einiger Entfernung von der heutigen Stadt gleichen Namens lag) und dann durch die befestigte mexikanische Stadt Xicochimalco, die in einer strategisch günstigen Position einige Kilometer oberhalb der hübschen modernen Ortschaft Xico lag. Auch dort wurden sie freundlich aufgenommen, obgleich sie zu Fuß in die Stadt einziehen mußten.[15]

Dann zogen sie weiter nach Ixguacan und stiegen entlang dem Grat des Cofre de Perote empor, bis sie einen Paß erreichten, den sie Nombre de Díos nannten. Heute, am Ende des 20. Jahrhunderts, ist dieser Pfad immer noch leicht auffindbar, auch wenn er kaum begangen wird. Es war und ist ein öder und kalter Weg; der Nebel senkt sich weit herab, und der Reisende hat den Eindruck, die Tropen zu verlassen und nach Skandinavien zu gelangen. Mehrere kubanische Hilfskräfte der Expedition erfroren. Cortés entsandte eine Vorhut aus 150 Mann unter dem Befehl Alvarados.[16]

Schließlich wurde der Weg zunehmend flacher, und die neue Landschaft muß den Conquistadoren nach den öden Bergpfaden auf den ersten Blick wie ein liebliches Gefilde erschienen sein. Immerhin dürften dort einige Agaven gewachsen sein; diese Kakteen, die in jedem Klima und auf sämtlichen Böden gedeihen, waren für die indigenen Gesellschaften ein wertvoller Rohstofflieferant: ihre Dornen dienten als Nadeln und Nägel, ihr Saft wurde zu *pulque* vergoren und aus ihren Fasern wurden Schnüre hergestellt. Hier stieß Alvarado wieder zu Cortés. Doch die Durchquerung dieser Ebene war mühevoller als der Aufstieg: Das Gebiet wurde von einem Salzsee beherrscht, und es gab kein Süßwasser. Die örtlichen Indianer waren den Mexica tributpflichtig, dennoch scheinen sie keinerlei Feldfrüchte angebaut zu haben.

Cortés wollte diese Trockenzone nördlich umgehen; wir wissen nicht, ob er eine südliche Umgehung in Erwägung zog und verwarf. Möglicherweise wäre diese Route kürzer gewesen, doch wären sie dort auf andere Hindernisse gestoßen. Kein einziger Bericht, nicht einmal eine der zahlreichen Anzeigen gegen Cortés, erwähnt diesen Punkt bzw. das Motiv für diesen Entschluß.

Auch der Weg nach Norden führte durch eine karge Gegend; die Berichte sprechen von drei Tagen ohne Wasser und ohne Nahrung.[17] Im weiteren Verlauf wandte sich die Expedition westwärts und zog durch Altotonga, Xalacingo, Teziutlan und Tlatlauquitepec. Diese Städte existieren noch heute, wenngleich sich ihre Standorte ein wenig verlagert haben. Im Unterschied zu der Route zwischen Jalapa und dem Salzsee lagen diese Städte an guten Straßen. Jede dieser Ortschaften zählte angeblich über dreihundert Einwohner. In Xalacingo wurden die Kastilier mit einem goldenen Halsband, einigen Gewändern und zwei Mädchen beschenkt.

Hinter Tlatlauquitepec bog die Expedition Richtung Süden ab und geriet, nachdem sie einen Grat entlanggezogen war, in eine gebirgige Region. Sie überquerte einen weiteren hohen Paß, den »Brennholzpaß« (paso de la leña), und gelangte dann nach einem langen Marsch durch ein schmales, aber schönes Tal zu der Stadt Zautla. Wir wissen nicht, was der Grund für diesen weiteren Umweg war. Der Wunsch, den Kaziken von Zautla zu treffen? Oder die Kaziken der weiter talabwärts, Richtung Tlaxcala, gelegenen Ortschaften? Leiteten die Führer die Expedition absichtlich um? Vielleicht erschien aber auch der Weg über den Gebirgskamm, der sich heutzutage als die naheliegendste Route aufdrängt (und durch die modernen Orte Xonocatlan, Cuyuaco und Ocotepec führt), damals als ungeeignet, weil er zu nahe am Westufer des Salzsees verlief. Diese letzte Erklärung ist die wahrscheinlichste.

Jedenfalls dürfte die letzte Etappe der Route nach Zautla heute noch fast genauso aussehen wie im Jahre 1519: Der Weg ist bis zu der Stelle im Tal, an der er auf den Río Apulco stößt, nicht viel mehr als ein schmaler Pfad, der sich serpentinenförmig durch den Kiefernwald windet und scheinbar kein Ende nehmen will. Dennoch traf Cortés bereits um den 24. August in Zautla ein, nur knapp über eine Woche nach dem Aufbruch aus Cempoallan – eine Woche freilich, die den Expeditionsteilnehmern als die längste ihres Lebens erschienen sein dürfte.

Der Häuptling von Zautla, Olintecle, war der erste bedeutende indianische Führer, den die Kastilier seit ihrem Aufbruch aus Cempoallan trafen. Dieser Potentat, der den Mexica tributpflichtig war, bereitete den Conquistadoren einen herzlichen Empfang. Er stellte ihnen – vermutlich auf Weisung Montezumas – Unterkünfte und eine geringe Menge Lebensmittel zur Verfügung. Die Freude darüber, daß sie zum ersten Mal, seitdem sie Villa Rica verlassen hatten, wieder unter einem Dach schliefen, wurde allerdings durch den Anblick jener bemerkenswerten Schädelgerüste, die gewöhnlich vor mexikanischen Tempeln aufgebaut waren, ein wenig getrübt. Auf den Gerüsten in Zautla wurden auch Oberschenkelknochen und andere ausgewählte Teile des menschlichen Körpers zur Schau gestellt. Nachdem Cortés dieses grauenvolle Arrangement gesehen hatte, fragte er Olintecle, ob er ein Vasall Montezumas sei, was den Kaziken überraschte: Gab es denn irgend jemanden, der nicht Vasall oder Sklave Montezumas war? War Montezuma etwa nicht der Herrscher der Welt? Zweifellos war Olintecle als Gast zu hohen mexikanischen Festen nach Tenochtitlan eingeladen worden, wo er, versteckt hinter einem der berühmten rosafarbenen Wandschirme, den spektakulären Menschenopfern beigewohnt hatte. Cortés wiederholte seine mittlerweile bekannte Predigt über die Überlegenheit der christlichen Religion und sprach von den Interessen des Königs von Spanien. Er bat Olintecle, künftig auf Menschenopfer zu verzichten und seinen Untertanen den Verzehr von Menschenfleisch zu verbieten. Er sagte, Montezuma und alle Völker dieser Gegend würden schon bald Vasallen Karls V. werden, auch wenn er nicht genauer darlegte, wie diese bemerkenswerte Tat vollbracht werden sollte. Doch er versuchte Olintecle zu überreden, sofort den Vasalleneid auf den spanischen König zu leisten, was ihm große Vorteile einbrächte – andernfalls würde er vielleicht bestraft werden. Cortés bat Olintecle außerdem, ihm Gold zu geben, als Zeichen dafür, daß er in den Dienst von König Karl und Königin Juana getreten sei.

Olintecle räumte zwar ein, daß er ein wenig Gold besitze, meinte aber, er werde Cortés erst dann etwas davon geben, wenn Montezuma dies anordne. Vermutlich auf den Rat von Fray Olmedo hin entschloß sich Cortés, ihn nicht weiter zu behelligen. Er sagte lediglich, er werde schon in Kürze Montezuma bitten, Olintecle eine entsprechende Weisung zu erteilen. Auch verzichtete er darauf, ein Kreuz und ein Marienbild aufzustellen, da Fray Olmedo dies für verfrüht hielt.

Olinteclés Unnachgiebigkeit war vermutlich darauf zurückzuführen, daß in Zautla eine mexikanische Garnison stationiert war.[18] Der Häuptling sagte Cortés, Montezuma habe dreißig mächtige Vasallen, von denen jeder über 100 000 Mann gebiete; außerdem opfere er jährlich 20 000 Menschen und residiere am schönsten und bestbefestigten Ort der Welt.

Während des Aufenthalts der Kastilier in Zautla bellte jede Nacht ein Mastiff von Francisco de Lugo. Die Einwohner von Zautla fragten einige der Cempoalla, welche die Kastilier begleiteten, ob es sich um einen Löwen, einen Tiger oder einfach um ein Tier handle, das zum Töten von Indianern abgerichtet worden sei. Die Cempoalla antworteten, daß die Kastilier Hunde mit sich führten, um jeden zu töten, der sie belästige. Die Einwohner von Zautla fragten auch nach den Pferden und den Geschützen. Als Olintecle hörte, daß die Pferde jeden einholen könnten, dem sie nachsetzten, und daß die Kanonen aus großer Entfernung jeden treffen könnten, den die Kastilier zu töten wünschten, meinte er offenbar erstaunt: »Nun, dann müssen sie Götter sein.« Die mit den Spaniern verbündeten Totonaken unternahmen nichts, um diese Deutung zu korrigieren. Olintecle schenkte Cortés schließlich einige Goldarbeiten von eher minderer Qualität: drei Halsketten, vier Anhänger und einige handgeschmiedete goldene Eidechsen sowie einige Gewänder und Mais; außerdem vier Indianerinnen, die Brot für die Expedition backen sollten.[19]

Einige Häuptlinge aus nahegelegenen Ortschaften statteten Cortés aus Neugierde ebenfalls einen Besuch ab, und auch sie schenkten ihm

Frauen und Kolliers. Olintecle selbst hatte dreißig Ehefrauen und einhundert Mägde.[20]

Von Zautla aus schickte Cortés vier Häuptlinge der Cempoalla mit dem Auftrag nach Tlaxcala, die Herrscher der Stadt über seine bevorstehende Ankunft zu informieren. Sie überbrachten Grußbotschaften und Friedenszeichen: einen roten Tafthut, »wie er damals in Mode war«, ein Schwert und eine Armbrust. Die Boten sollten den Herrschern überdies mitteilen, daß Cortés im Namen des Königs von Kastilien gekommen sei, um Tlaxcala in seinem bewundernswerten Kampf gegen die Tyrannei des Schlächters Montezuma beizustehen. Cortés fügte – vermutlich in einem Brief (den die Tlaxcalteken nicht lesen konnten) – einen kurzen theologischen Traktat bei, in dem er die Überlegenheit des christlichen Gottes darlegte.

Cortés verbrachte mehrere Tage unter diesen unbehaglichen Umständen in Zautla. Offenbar wurde ein Fest veranstaltet, bei dem Olintecle fünfzig Männer opferte. Cortés erwähnt nirgends, daß er bei diesem Schauspiel zugegen war. Die Einwohner von Zautla trugen ihn und seine Freunde entweder auf ihren Schultern oder in Hängematten durch die Stadt.[21]

Bevor er seinen Marsch fortsetzte, fragte der *caudillo* Olintecle, welches der beste Weg nach Mexiko sei. Der Häuptling riet ihm, über Cholula zu ziehen. Mamexi, der Anführer der Cempoalla, die Cortés begleiteten, meinte, dies wäre Selbstmord; es sei am besten, den Weg über Tlaxcala zu nehmen, da die Kastilier in dieser Stadt höchstwahrscheinlich freundlich aufgenommen würden.[22] Allerdings schlossen sich beide Städte nicht gegenseitig aus; Cholula war weiter entfernt als Tlaxcala. Angesichts ihres gegenwärtigen Standortes konnte die Expedition Tlaxcala kaum umgehen.

Die Kastilier hatten, was die nächste Etappe ihres Weges anlangte, im Grunde keine andere Wahl, als dem Lauf des Río Apulco bis nach Iztaquimaxtitlan, einer Gebirgsstadt von lokaler Bedeutung, in der mehrere tausend Familien lebten und eine mexikanische Garnison stationiert war, zu folgen. Cortés pries die dortige Festung in überschwenglichen Worten: sie sei »besser als alle, die es in Spanien gibt«.[23] In Iztaquimaxtitlan wurden Cortés und seine Männer auf Montezumas Ersuchen erneut vom Kaziken der Stadt gastlich bewirtet und beherbergt. Dieser Häuptling hatte zu jenen gehört, welche die Conquistadoren in Zautla besucht und ihnen Frauen und Halsketten geschenkt hatten.

Die Gastfreundschaft, die den Kastiliern erwiesen wurde, dürfte die örtlichen Herrscher und ihre Untertanen an den Rand des Ruins gebracht haben. Mit Sicherheit mußten die Maisvorräte, die sie für den Fall einer Hungersnot oder Überschwemmung angelegt hatten, in Anspruch genommen werden.

Cortés wartete in Iztaquimaxtitlan auf die Rückkehr der Boten, die er nach Tlaxcala gesandt hatte. Da er keine Nachricht von ihnen erhielt, zog er in Begleitung von über tausend einheimischen Kriegern das Tal hinab.[24] Einige Kilometer südlich stießen sie auf eine drei Meter hohe und zwanzig Schritt breite Steinmauer, die mehrere Kilometer quer durch das Tal führte und zwei Gipfel miteinander verband. Die Mauer, die von einer anderthalb Fuß hohen Brustwehr gekrönt wurde, besaß zwar eine Pforte, aber wie gewisse europäische Festungen aus der Renaissancezeit machte der Gang hinter der Pforte eine Biegung nach rechts. Es handelte sich um eine Grenzmauer, von den Bewohnern von Iztaquimaxtitlan zum Schutz vor den Tlaxcalteken errichtet.

Mauern jeglicher Art waren im alten Mexiko eine Seltenheit – der Schutzwall war daher greifbarer Ausdruck der unerbittlichen Feindschaft zwischen Tlaxcala und Mexiko. Vermutlich stieß Cortés bei einem Ort namens Atotonilco auf die Mauer und hielt diese Befestigung für nutzlos. Vielleicht war sie mehr von symbolischem als von taktischem Wert.

Als sie dieses Hindernis überwanden, zitierte Cortés ein weiteres Mal die Lieblingsmaxime von Konstantin: »Ihr Herren, laßt uns dem Banner folgen, dem Zeichen des Heiligen Kreuzes, auf daß wir mit ihm den Sieg davontragen.«[25]

Sie zogen weiter. Cortés und einige Reiter bildeten die Spitze. Sie hatten bereits die Stelle passiert, wo heute die Stadt Terrenate liegt, und sie befanden sich wahrscheinlich gerade am Hang des Berges Matlalcueyatl, als zwei der an der Spitze reitenden Männer auf eine kleine Gruppe von etwa fünfzehn tlaxcaltekischen Kundschaftern stießen. Diese flohen, als sie die Pferde sahen. Doch Cortés holte sie ein und versuchte sie zu beruhigen, indem er durch Zeichen seine Verhandlungsbereitschaft signalisierte. Aber die Indianer blieben erst stehen, als die Reiter sie überholt hatten, und riefen die Hauptmacht des tlaxcaltekischen Heeres zu Hilfe, die weiter talabwärts wartete. Diese Kundschafter töteten mit ihren obsidianbesetzten Schwertern zwei Pferde (eines davon gehörte Olid) und verwundeten drei weitere.[26]

Nun kam eine sehr viel größere tlaxcaltekische Streitmacht herangezogen, die laut Andrés de Tapia, der es allerdings wie die meisten seiner Gefährten mit Zahlen nicht so genau nahm, aus über 100 000 Kriegern bestand. Wie groß ihre Zahl auch gewesen sein mag, sie hatten jedenfalls ihre Gesichter so bemalt, daß sie schreckenerregenden Grimassen glichen. Dieser Anblick, die bloße Zahl der Feinde, ihre wilden Sprünge in die Luft und der Klang ihrer Kriegsrufe versetzten nicht wenige Kastilier in große Furcht. Einige wollten bei Fray Olmedo oder Fray Díaz die Beichte ablegen. Doch mittlerweile waren die übrigen Reiter eingetroffen, darunter Alvarado, Ávila, Sandoval und Lugo, die den Indianern schwer zusetzten und eine unbestimmte Zahl von ihnen – zwischen sechzehn und sechzig – töteten, worauf sich die übrigen zurückzogen.[27]

Cortés befahl, die toten Pferde sorgfältig zu begraben, damit der Feind keine Aufschlüsse über den Körperbau der Tiere erlangen könne. Dennoch war ihm klar, daß die Tlaxcalteken jetzt immerhin wußten, daß Pferde sterblich sind.

Der Sieg einer Handvoll Reiter über eine große Zahl von Indianern beruhte nicht nur auf den Pferden und ihren Reitern, sondern auch – wie immer – auf der Kampftaktik der Indianer, die üblicherweise nur frontal angriffen. Folglich kämpften immer nur die Krieger in vorderste Reihe; sobald diese niedergemacht war, trat die nächste an ihre Stelle, dann die dritte und so weiter. Eine Handvoll Gegner konnte daher, sofern sie standhielt, durchaus Hunderte oder sogar Tausende töten. Auch die Artillerie war sehr wirkungsvoll, da das Töten aus der Ferne bei den Indianern als unehrenhaft galt. Solche Feinfühligkeiten berührten die Kastilier nicht; ihnen war es gleich, auf welche Weise ein Feind getötet wurde, Hauptsache er starb.

Den Tlaxcalteken ging es – wie den Maya von Potonchan und allen anderen Eingeborenen der Region – weniger darum, ihre Feinde zu töten, als Gefangene für die kultischen Opferungen zu machen: Besonders erpicht waren sie auf »Berühmtheiten«, die man der Sonne opferte, um deren Feuer mit Blut zu nähren. Diese Beschränkung sollte sich als verhängnisvoll erweisen. Zudem zerbarsten ihre mit Obsidianklingen besetzten Schwerter, mit denen sie ihren Gegnern an sich schwere Verwundungen beibringen konnten, meist schon nach kurzer Zeit an den stählernen Schwertern und Rüstungen der Europäer. Gerade die stählernen Schwerter der Kastilier waren sehr wirkungsvolle Waffen, gleichviel, ob sie von den Fußsoldaten oder den wenigen Reitern gehandhabt wurden. Und schließlich war den Eingeborenen jegliche militärische Disziplin fremd, wogegen die Conquistadoren auf Befehle hörten.

Dies war das erste größere Gefecht, das Cortés seit Potonchan ausgetragen hatte; allerdings wurde der Sieg durch den Verlust zweier Pferde getrübt. Schlimmer noch aber war die Erkenntnis, daß sie überhaupt hatten kämpfen müssen. Die Totonaken hatten Cortés den Eindruck vermittelt, die Tlaxcalteken gäben ideale Verbündete für die Kastilier ab. Jetzt erkannten Cortés und seine Hauptleute zum ersten Mal, daß die Indianer ein gewaltiges Heer gegen sie ins Feld führen konnten (wie übertrieben auch immer die von ihnen angegebene Zahl der Feinde sein mochte). Die Besorgnis der Hauptleute wurde bald darauf noch größer, als zwei der vier Boten aus Cempoallan, die Cortés nach Tlaxcala gesandt hatte, zurückkehrten. Die Emissäre sagten, die Männer, die gegen die Kastilier gekämpft hätten, stammten aus einigen der unabhängigen Otomí-Gemeinden im Osten und nicht aus Tlaxcala selbst. Die Tlaxcalteken böten an, Schadenersatz für die getöteten Pferde zu leisten.

Die Kastilier hatten kein Öl bei sich und behandelten ihre Wunden mit dem Fett eines toten Indianers. Anschließend setzten sie ihren Marsch fort. In jener Nacht, vermutlich der des 31. August, schlief die Expedition im Freien, am Ufer eines Flusses, unweit des heutigen La Noria. Da ihre Lebensmittelvorräte noch immer knapp waren, verzehrten sie zum Abendessen junge Hunde aus der nahegelegenen Stadt.[28] Sie waren jetzt noch etwa dreißig Kilometer von Tlaxcala entfernt.

Nach Tenochtitlan war Tlaxcala der interessanteste Ort des alten Mexiko. Das von diesem Stamm beherrschte Territorium war sehr klein, vermutlich noch kleiner als das des heutigen mexikanischen Bundesstaats Tlaxcala, und dicht bevölkert. Die Bevölkerung setzte sich aus drei ethnischen Gruppen zusammen: den Pinomes, den frühesten bekannten Bewohnern der Region, die als unzivilisiert und ungebildet galten; den Otomí, die ebenfalls wegen ihrer angeblichen Unzivilisiertheit und ihrer als primitiv verschrienen Sprache verachtet wurden, aber als Krieger geschätzt waren; und die Tlaxcalteken im eigentlichen Sinne, die von den Chichimeken abstammten, Nahuatl sprachen und etwa zur gleichen Zeit, als die Mexica im Becken von Mexiko eintrafen, von den Bergen im Norden her einwanderten. Auch sie errichteten ihre Hauptstadt angeblich an der Stelle, die ihnen von einem Vogel angezeigt wurde: in ihrem Fall von einem Silberreiher. Sie hatten die lokale politische Struktur geschaffen und erhalten. Tlaxcala zählte im Jahre 1519 insgesamt etwa 150000 Einwohner.[29]

Die traditionelle Einstellung der Mexica gegenüber den Otomí kommt in einem Abschnitt des *Codex Florentino* besonders anschaulich zum Ausdruck. Die Mexica hielten die Otomí angeblich für Dummköpfe: »Bist du etwa ein Otomí? Wie kommt es, Otomí, daß du nichts verstehst? Bist du zufällig ein Otomí? ... Ein echter Otomí, ein jämmerlicher Otomí, ein Grünschnabel, ein Dummkopf ... ein Otomí-Schwachkopf, ein Otomí.«[30] Im *Codex Florentino*, welcher die mexikanische Sichtweise wiedergibt, wird behauptet, die Otomí verbrächten zuviel Zeit mit Grübeleien. Tatsächlich war diese Charakterisierung unzutreffend, denn die Otomí waren tapfer, unverwüstlich und verfaßten einige ansprechende, wenn auch einfache Gedichte, wie etwa folgende:

Der Fluß fließt, fließt,
hält niemals inne.
Der Wind weht, weht,
flaut niemals ab.
Das Leben vergeht,
kehrt niemals zurück.[31]

Oder:

Im Himmel ein Mond
In deinem Gesicht ein Mund;
Im Himmel viele Sterne,
In deinem Gesicht nur zwei Augen.[32]

Die Otomí-Frauen sollen ihre Brüste blau angemalt, protzige Gewänder getragen und den von den Mexica bereitwillig übernommenen Brauch erfunden haben, einem Feind die Haut abzuziehen und diese bei kultischen Anlässen zu tragen: »In Texcalopan bearbeitete eine adlige Otomí-Frau am Ufer eines Flusses Agavenfasern. Sie häutete einen Tolteken namens Xiuhcozcatl. Dann zog sie seine Haut über. Es war das erste Mal, daß die Haut eines Tolteken als Putz getragen wurde ...«[33]

Tlaxcala war im Grunde genommen weniger ein Staat als vielmehr eine – gegen die Mexica gerichtete – militärische Föderation von etwa zweihundert kleineren Städten. Tlaxcala selbst, das damals etwas nördlich von der heutigen Stadt gleichen Namens lag, war in vier Bezirke unterteilt. Maxixcatzin, der Herr von Ocoteloco, einem dieser Bezirke, war der militärische Oberbefehlshaber der Föderation. Er und Xicotencatl, der Herr von Tizatlán, einem weiteren Bezirk, waren die gemeinsamen politischen Führer der Region. Beide standen im Jahre 1519 bereits in hohem Alter. Einige Chronisten behaupten sogar, es sei Maxixcatzin gewesen, der den *cihuacoatl* Tlacaelel in den 40er Jahren des 15. Jahrhunderts auf die Idee der »Blumenkriege« gebracht habe. Auch wenn dies unwahrscheinlich ist, so erlebte er doch gewiß die Zeit mit, in der sich diese Konflikte verschärften. Sie und die Führer der anderen beiden Bezirke – Temilotecatl, der Herr von Tepeticpac, und Citlalpopocatzin, der Herr von Quiahuiztlan – waren die Häupter verschiedener Dynastien, bei denen die Thronfolge anders als bei den Mexica vom Vater zum Sohn verlief.[34] Die Ahnenreihe erstreckte sich in allen vier Bezirken auf etwa sieben Generationen. Folglich besaß Tlaxcala seit dem 14. Jahrhundert seine gegenwärtige politische Gestalt.

Tlaxcala war einst eine bedeutende Handelsstadt gewesen, deren Kaufleute bis zum Pazifik und zum Golf von Mexiko auszogen. Wie die Mexica strebten auch die Tlaxcalteken nach Größe. Ihr Gott Camaxtli hatte ihnen verkündet, daß sie dazu auserwählt seien, die Welt zu beherrschen. Doch zu Beginn des 15. Jahrhunderts verfeindeten sie sich mit den Mexica, weil diese ihre Handelsaktivitäten erfolgreich einschränkten und sie verarmten. Sie besaßen keine eigene Baumwolle und folglich auch keine Gewänder aus diesem Material. Ebensowenig verfügten sie über eigenes Salz: ein Mangel, den sie aufgrund der Nähe der Salzseen von Alchichica – die von den Mexica kontrolliert wurden – als besonders erniedrigend empfunden haben dürften. Es gab in Tlaxcala auch keine Edelsteine, keine schönen Federn und kein Gold. Als Folge des sonderbaren Brauchs der »Blumenkriege« entging Tlaxcala zwischen 1450 und 1510 der Eingliederung in das mexikanische Imperium. Doch seine wirtschaftliche Isolation nahm offenbar weiter zu. Die Tlaxcalteken galten als unzuverlässig; sie hatten die Einwohner von Cuetlaxtlan ermuntert, den Mexica Widerstand zu leisten, unterstützten sie jedoch nicht, als diese von den Mexica angegriffen wurden. Auch wenn sie nicht beliebt waren, wurden sie doch gelegentlich bewundert.[35]

Die Tlaxcalteken verzagten jedoch nicht. Obwohl sie vom mexikanischen Imperium eingeschlossen waren, waren sie davon überzeugt, frei zu sein. Sie kultivierten ihr Land auf ähnliche Weise wie die Europäer: Der größte Teil davon wurde von Kleinbauern bestellt, die den Pachtzins in Form von Naturalien an Feudalherren bezahlten, die zusätzlich grundlegende Eigentümerrechte wie etwa die Verfügungsmacht über das Wasser und die Nutzung der Wälder behielten. Die Tlaxcalteken hatten mehrfach mexikanischen Heeren widerstanden, welche ihnen jedesmal an Stärke weit überlegen waren. Sie waren nicht nur frei, sondern hatten auch Konsultationen zwischen den Städten ihres Territoriums zu einem festen Brauch gemacht, weshalb Cortés sie pathetisch mit den freien Republiken Genua und Venedig verglich (die er nicht aus eigener Anschauung kannte). Pietro Martire verglich Tlaxcala sogar in noch hochtrabenderen Worten mit »der römischen Republik vor ihrer Entartung zur Tyrannis«. Die Antwort von Papst Leo X., an den der Brief mit diesem Vergleich gerichtet war, ist nicht erhalten. Venedig und Genua waren zwar räuberische Staaten, aber im Hinblick auf die Menschenopfer konnten sie sich nicht mit Tlaxcala messen: Angeblich wurden bei dem Jahresfest, das jeweils im März im Tempel von Matlaluege, knapp 20 Kilometer von der Stadt entfernt, begangen wurde, 800 Gefangene zu Ehren des Gottes Camaxtli geopfert. Anschließend sollen die Gliedmaßen der Geopferten mit Chilies zubereitet und verzehrt worden sein.[36]

Es ist unklar, wie unabhängig Tlaxcala wirklich war. Montezuma sagte später in Tenochtitlan zu Andrés de Tapia, er hätte Tlaxcala jederzeit erobern können, habe es jedoch vorgezogen, Tlaxcala wie einer Wachtel in einem Käfig scheinbar die Freiheit zu lassen, damit die Mexica nicht verlernten, Krieg zu führen und damit sie immer über genügend Opfergefangene verfügten. Dies wurde von den Tlaxcalteken entschieden bestritten, und sie hatten vermutlich recht. Einst mag das Verhältnis tatsächlich so gewesen sein, wie es Montezuma beschrieb, doch die Waffengänge in den Jahren unmittelbar vor der Ankunft der Conquistadoren scheinen mit großer Erbitterung geführt worden zu sein. Im Jahre 1519 jedenfalls hätten die Mexica Tlaxcala gern erobert, wenn sie dazu in der Lage gewesen wäre. Daß es ihnen nicht gelang, war einer der Gründe für ihre Niederwerfung. Vermutlich war die Erklärung, die Montezuma Tapia gab, lediglich die Ausrede, die sich die Mexica selbst für ihre Mißerfolge zurechtlegten.[37]

Es gab außer Tlaxcala noch andere Staaten in der Einflußsphäre von Tenochtitlan, die sich ihre Unabhängigkeit von den Mexica bewahrt hatten: die kleine Republik der Yopi an der Pazifikküste im heutigen Bundesstaat Guerrero; Metztitlán in den Sierras des Nordostens; und die Chinantla, ein Bergvolk in der Sierra zwischen dem Becken von Mexiko und Oaxaca. Die Tlaxcalteken jedoch waren das mit Abstand mächtigste dieser Völker und das einzige, das die Mexica ernsthaft in Bedrängnis bringen konnte.

Entschlossen, keinen von uns am Leben zu lassen

> »Und wir wußten mit Sicherheit, diesmal waren sie entschlossen, keinen von uns am Leben zu lassen.«
> *Bernal Díaz über den Kampf gegen Tlaxcala*

Als die von Cortés entsandten Emissäre aus Cempoallan Ende August 1519 in Tlaxcala eintrafen, wurden sie vor eine Art Generalversammlung der Fürsten geführt, der sie ihre Botschaft überbringen sollten. Nachdem sie dies getan hatten, wurden sie beköstigt und unter Bewachung gestellt. Anschließend erörterten die tlaxcaltekischen Herrscher die kastilische Frage.

Maxixcatzin plädierte für die Annahme des Friedensangebots der Fremden. Wie viele Tlaxcalteken glaubte anscheinend auch er, die Neuankömmlinge seien Götter, so daß es angemessen war, Frieden zu schließen.[1] Diejenigen, welche die Handelsinteressen des Staates vertraten, unterstützten ihn, doch die militärischen Befehlshaber mit Xicotencatl dem Jüngeren an der Spitze widersetzten sich diesem Standpunkt. Dessen Vater, Xicotencatl der Ältere, der zusammen mit Maxixcatzin die politische Führungsverantwortung hatte, war alt und blind und scheint schon damals seinen Sohn ermächtigt zu haben, für ihn zu sprechen. Temilotecatl, Herrscher des dritten Bezirks, schlug vor, die Kastilier zwar freundlich aufzunehmen, sie aber gleichzeitig streng zu überwachen und eine formelle Übereinkunft hinauszuzögern. Xicotencatl der Jüngere sollte unterdessen eine große Streitmacht – vornehmlich aus Otomí – aufstellen, und diese sollte die Eindringlinge in einem Moment angreifen, in dem sie sich keiner Gefahr versähen. Wenn Tlaxcala gewönne, würden die üblichen Festmahle veranstaltet und Gefangene geopfert. Wenn Tlaxcala verlöre, könnten die Herrscher die Otomí dafür verantwortlich machen. Dieser raffinierte Plan wurde von der ganzen Versammlung begeistert unterstützt.

Das erste Geplänkel mit den Reitern war also keineswegs zufällig gewesen. Die Angreifer waren Otomí aus Tecoac, und der Zusammenstoß war sorgfältig vorbereitet worden, um Tlaxcala so viele Erkenntnisse wie möglich über die Spanier zu verschaffen.

Bei einem weiteren Treffen, nach dem ersten Gefecht, beschlossen die Führer, den Spaniern Schadenersatz für die getöteten Pferde anzubieten – dies geschah jedoch nicht zwecks Wiedergutmachung, sondern um herauszufinden, wieviel die Pferde den Kastiliern wert waren.

Cortés hatte es also mit schlauen Gegnern zu tun. Nach Darstellung des *Codex Ramírez* hatten sich die Kastilier bislang auf einen mexikanischen Führer verlassen, der hoffte, daß sie von den Otomí vernichtet würden.[2]

Nachdem Cortés und seine Männer diese Nacht am Ufer eines Flusses in der Nähe von Terrenate verbracht hatten, brachen sie im Morgengrauen auf. Offenbar gab es eine Diskussion über die beste Taktik, in welche auch die einfachen Soldaten einbezogen wurden; dabei einigte man sich unter anderem darauf, daß die Reiter im Fall eines Angriffs rasch auf den Feind zugaloppieren und ihn zu zerstreuen versuchen sollten, wobei sie ihre Lanzen mehr vertikal als horizontal halten sollten, damit sie nicht daran vom Pferd gezogen werden konnten.

Die Kastilier stießen wenig später auf ein Dorf, in dem sie die anderen beiden Cempoalla fanden, die Cortés als Boten nach Tlaxcala gesandt hatte. Sie erzählten unter Tränen, man habe sie gefesselt, um sie zu opfern und dann zu verzehren. Doch es sei ihnen gelungen, zu fliehen.[3]

Nicht weit von dort war ein weiteres Heer von Indianern erschienen; wieder Otomí. Cortés näherte sich ihnen friedlich und begann mit Hilfe von Marina und Aguilar und in Gegenwart seines Notars Diego de Godoy, eine *requerimiento* zu verlesen. Doch dies zeigte keinerlei Wirkung: Die Otomí schenkten Cortés' Darlegungen über den Papst, über sein eigenes Verhältnis zum König von Spanien und dessen Angebot, ihnen den Vasalleneid abzunehmen, nicht die geringste Aufmerksamkeit. Sie attackierten die Expedition mit Pfeilen und Speeren, die sie mit Hilfe von *atlatls* (Speerschleudern) verschossen. Die Kastilier rückten vor, worauf es zum Gefecht kam: »*¡Santiago y cierra España!*«, der alte Schlachtruf in den Kämpfen gegen die Mauren, hallte an den unbekannten Hängen wider. Nach mehreren Stunden erbitterten Kampfes schlugen die Spanier und ihre Verbündeten die Otomí zurück und rückten vor. Doch dadurch gerieten sie in einen Hinterhalt – Xicotencatl hatte noch sehr viel mehr Otomí-Krieger auf beiden Seiten der Bergschlucht postiert, in die sie vorgestoßen waren. Cortés schätzte die Größe dieses weiteren Aufgebots an Kämpfern auf die magische Zahl von 100 000. Sein Biograph, mit dem er Jahre später viele Gespräche führte, sprach von »unzähligen Indianern«, während Díaz del Castillo (der, wie immer, bescheidener war) eine Zahl von 40 000 nennt.[4] All diese Schätzungen waren zweifellos übertrieben.

Die alten Mexikaner – und in diesem Punkt glichen die Otomí und die Tlaxcalteken den Herrschern des Tals – waren fasziniert von der Idee eines Hinterhalts, allerdings nicht als Methode, um von einer versteckten Stellung aus anzugreifen, denn dies wäre ehrlos gewesen, sondern um dem Feind auf eine überwältigende Weise entgegenzutreten.[5]

In diesem Kampf unternahmen die Otomís große Anstrengungen, um cines der spanischen Pferde einzufangen, was ihnen schließlich auch gelang. Sie erbeuteten eine Stute (die Juan Núñez Sedeño gehörte), die von Pedro de Morón geritten wurde. Morón wurde schwer verwundet. Er war einer der Velázquisten gewesen, die unbedingt nach Kuba hatten zurückkehren wollen; ein paar Tage später starb er. Der Verlust einer Stute war ein herber Schlag für Cortés, und er war noch betrübter, als er später erfuhr, daß die Tlaxcalteken sie zusammen mit dem roten Tafthut geopfert hatten: Vermutlich sahen die Priester in Tlaxcala darin so etwas Ähnliches wie einen *tecpillotl*, einen von einem roten Lederband zusammengehaltenen Federbusch, den die Mexica dem Herrscher zu überreichen pflegten, gegen den sie in den Krieg zu ziehen beschlossen hatten.[6]

Die Kastilier bahnten sich schließlich einen Weg durch die Schlucht. Dem berittenen Diego de Ordás gelang der Durchbruch als erstem, wie er in einem Untersuchungsverfahren betonte, das er zwei Jahre später im eigenen Interesse einleiten ließ.[7] Die verbündeten Totonaken waren in diesem Gefecht eine große Unterstützung: Die sechs Geschütze, vierzig Armbrustschützen und die fünf oder sechs Arkebusiere machten einen starken Eindruck auf die Otomí. Der Tod mehrerer Otomí-Häuptlinge zu Beginn der Schlacht hatte auch eine erhebliche Wirkung, denn für die Indianer war der Tod eines Anführers – und das damit verbundene Verschwinden der Standarte, die an seinem Rücken befestigt war – gleichbedeutend mit einer Niederlage, so daß sie in diesem Fall mitunter vom Schlachtfeld flohen.

Die Conquistadoren verbrachten diese Nacht auf dem Gipfel des Tzompachtepetl. Dort stand ein kleiner Tempel mit Götterstatuen, den sie sogleich auf den Namen »Victoria« (Sieg) tauften. Hier harrten sie zwei Wochen aus, in denen sie unter einem ständigen Mangel an Lebensmitteln litten, der sie dazu zwang, Regenwasser zu trinken und sich fast ausschließlich von Bohnen zu ernähren. Trotz angeschlagener Kampfmoral gelang es ihnen, sporadische Angriffe der Indianer abzuwehren.[8]

Am nächsten Tag machten die Otomí keinen Ausfall. Cortés schickte eine weitere Friedensbotschaft. Nachdem er Ordás die Befehlsgewalt über das Lager übertragen hatte, brach er mit der Hälfte seiner Streitmacht – zweihundert spanischen Fußsoldaten und mehreren hundert Indianern – auf: sie zogen plündernd und brandschatzend durch die nähere Umgebung und machten zahlreiche Gefangene. Sowohl Juan Álvarez als auch Francisco Aguilar sagten später unabhängig voneinander aus, daß die Kastilier bei dieser Expedition viele unnötige Grausamkeiten begangen hätten, indem sie beispielsweise Indianern Nasen, Ohren, Arme, Füße und Hoden abgeschnitten und Priester von Tempeln herabgestoßen hätten. Bernal Díaz dagegen behauptete, die Greueltaten seien »von unseren Verbündeten, die grausame Menschen sind«, verübt worden.[9] Vermutlich waren Kastilier und Indianer gleichermaßen dafür verantwortlich. Was Cortés betrifft, so deutet alles darauf hin, daß er diese Taten kaltblütig ausführte, um Schrecken zu verbreiten. Empört über den Widerstand eines Volkes, von dem er Hilfe, wenn nicht Freundschaft erwartet hatte, und verärgert über die anhaltenden Schwierigkeiten bei der Versorgung mit Lebensmitteln, rächte er sich an Zivilisten. Es war die erste derartige Aktion, die Cortés anordnete. Vermutlich löste die Nachricht davon bei den Tlaxcalteken ungläubiges Staunen aus, denn selbst die Mexica hatten so etwas noch nicht getan. Cortés erinnerte sich wahrscheinlich daran, wie wirkungsvoll eine solche Vorgehensweise auf Hispaniola und Kuba gewesen war.

Als Cortés in der Nacht zurückkehrte, erhielt er die Antwort der tlaxcaltekischen Führer, die darin bestand, ihn auf den nächsten Tag zu vertrösten. Cortés und seine Leute verbrachten eine unruhige Nacht: Die meisten schliefen in voller Montur und in Waffen, um für einen nächtlichen Angriff gewappnet zu sein, der jedoch ausblieb.

Viele legten die Beichte ab und beteten mit den Priestern für einen glücklichen Ausgang der Schlacht. Am Morgen überbrachten ihnen die Tlaxcalteken allerdings zu ihrem Erstaunen eine beträchtliche Menge an Lebensmitteln: dreihundert Truthähne und zweihundert Körbe mit Maiskuchen. Allerdings waren diese Geschenke nicht als milde Gabe gedacht. Vielmehr hatten die Tlaxcalteken einen raffinierten Plan ausgeheckt: »Sobald sie [die Conquistadoren] sich sattgegessen haben, werden wir sie angreifen, töten und anschließend verzehren, und auf diese Weise werden sie uns die Truthähne und die Kuchen bezahlen. Wir werden herausfinden, wer ihnen befohlen hat, hier einzufallen. Wenn Montezuma dahintersteckt, dann soll er sie auslösen. Wenn ihre eigene Tollkühnheit sie hierher geführt hat, dann sollen sie dafür zahlen ...« Cortés sah die Träger der Lebensmittel als Spione an, die sein Lager gründlich auskundschaften wollten.[10]

Die Tlaxcalteken sammelten sich in dem Tal unterhalb des Berges, auf dem sich das kastilische Lager befand. Nach Aussage von Fray Aguilar hätte ihre Zahl ausgereicht, die »Sonne zu verfinstern«. Natürlich übertrieben diejenigen, die später die Begebenheit schilderten, einschließlich Cortés selbst. Doch die Tlaxcalteken boten gewiß die beste Streitmacht auf, die sie zusammenstellen konnten und die diesmal nicht nur aus Otomí bestand: Die in Kohorten eingeteilten Soldaten trugen Federschmuck und Kriegsbemalung, Rüstungen aus Holz, Leder und Baumwolle und waren mit Obsidianschwertern, Pfeil und Bogen, Lanzen und Speerschleudern bewaffnet. Jede Kohorte wurde von Muschelbläsern und Trommlern begleitet, welche die lange *teponaztli* schlugen (einen hohlen Zylinder aus Holz, der im oberen Teil zwei Spalte aufweist, auf die der Trommler mit Schlegeln, die an den Enden Gummibälle tragen, schlägt) – eine imposante Schlachtordnung. Die Feindseligkeiten begannen. Abgesehen von der lakonischen (und verwunderlich präzisen) Anmerkung, sie seien damals von 149 000 Indianern angegriffen worden, schwieg sich der *caudillo* später über dieses Ereignis weitgehend aus und widmete dieser größten und vermutlich bislang schwierigsten Schlacht der Kastilier in Westindien nur wenige Zeilen.[11]

Andere Schriftsteller liefern genauere Aufschlüsse. Vielleicht gibt Bernal Díaz die beste Erklärung für das Schweigen seines Anführers über diese »gefährliche und schwankende Schlacht«, denn Cortés erinnerte sich wohl nur ungern an jene heiklen Momente, welche die Kastilier erlebten – »Wir befanden uns in einem Zustand großer Verwirrung«, fuhr Bernal Díaz fort. Cortés' Befehle wurde nicht verstanden. Der Steinhagel aus den Schleudern der Indianer, die spitzen Wurfspeere und die mit Obsidianklingen besetzten Schwerter schienen eine Zeitlang eine ernsthafte Bedrohung darzustellen. »Nur der Einsatz unserer blanken Stahlschwerter hat uns gerettet«, erinnerte sich Bernal Díaz.[12]

Indes – es gab noch mehrere andere Gründe für den Sieg der Spanier. Zu den Faktoren, die bereits eine Woche zuvor das Los gewendet hatten (Fechtkunst, Pferde, das Bestreben der Indianer, Gefangene zu machen, statt ihre Feinde zu töten, und der Einsatz »feuerroter Blitze« aus den Geschützen), kam das dichte Gedränge der aufmarschierten Tlaxcalteken, das sie für eine Panik anfällig machte. Auch wenn die Kanonenkugeln ihre Ziele verfehlten, so lösten sie doch Panik aus, wenn sie mitten in der Menge niedergingen. Außerdem gab es Uneinigkeiten auf seiten der Tlaxcalteken: die beiden militärischen Befehlshaber, Xicotencatl der Jüngere und sein Stellvertreter, Chichimecatecle, beargwöhnten sich gegenseitig. Die Kastilier dagegen hatten ausführliche und eindeutige Anweisungen erhalten: Die Reiter sollten ihre Lanzen kurz halten und auf die Augen ihrer Feinde zielen, die Fechter sollten auf den Bauch ihrer Gegner zielen, und die Arkebusiere und Armbrustschützen sollten mit ihrer Munition haushalten.

Die Conquistadoren, deren »Waffen müde waren vom Töten der Indianer«, verspürten eine große Erleichterung, als sich die Tlaxcalteken schießlich vom Schlachtfeld zurückzogen.[13] Obgleich sie, wie in den vorangegangenen Kämpfen, nur wenige Tote zu beklagen hatten (vermutlich nur ein bis zwei), waren etwa sechzig Mann und sämtliche Pferde verwundet. In dieser Nacht schliefen die Kastilier erneut in der Nähe des kleinen Turms auf dem Gipfel des Tzompachtepetl. Und wieder versorgten sie die Wunden der Verletzten mit dem Fett toter Indianer.

Am folgenden Tag brach Cortés zu einer weiteren »Strafexpedition« auf, in deren Verlauf er zehn Dörfer niederbrannte – darunter eines mit über dreitausend Einwohnern – und viele Indianer umbrachte.[14] Auch diesmal dürfte Cortés beabsichtigt haben, die Indianer durch Furcht und Schrecken zum Niederlegen der Waffen zu bewegen. Anschließend kehrte er zu seinem Lager auf dem Berg zurück – offenbar gerade zur rechten Zeit, da die Tlaxcalteken einen weiteren Angriff starteten. Der Kampf an diesem zweiten Tag verlief offenbar ähnlich wie der erste und brachte ebenfalls keine endgültige Entscheidung.

Etwa zu dieser Zeit empfing Cortés den Besuch von weiteren Abgesandten Montezumas; es handelte sich um fünf oder sechs Häuptlinge, die wie gewöhnlich von einer großen Zahl von Dienern begleitet wurden. Der Kaiser, so berichteten sie, sei erfreut über den großen Sieg der Kastilier über die Tlaxcalteken; er freue sich auch darüber, daß die Kastilier jetzt so nahe bei seiner Stadt seien. Er ließ Cortés Goldschmiedearbeiten im Wert von tausend Castellanos, einige Baumwollgewänder und mehrere prachtvolle Federarbeiten als Geschenke überreichen. Auch ließ Montezuma den *caudillo* wissen, er würde gerne Vasall des spanischen Königs werden – Cortés möge ihm mitteilen, welcher Tribut seiner Ansicht nach angemessen sei. Montezuma versprach, die festgesetzte Summe jährlich in Form von Kleidern, Gold, Silber oder Jade zu bezahlen. Doch es gebe ein Hindernis – Montezuma bat Cortés, nicht nach Mexiko zu kommen, nicht etwa, weil er die Besucher nicht zu sehen wünsche, sondern weil die Wege schlecht seien, durch zerklüftetes Gelände führten und weil es in seiner Stadt nicht genügend Vorräte gebe. Er wolle nicht, daß die Kastilier unter Entbehrungen litten.[15]

Die Abgesandten rieten Cortés auch, unter keinen Umständen den Tlaxcalteken zu trauen; diese seien Verräter und würden ihn zweifellos töten. Cortés erwiderte, er sei entschlossen, sich nach Tlaxcala zu begeben. Er war insgeheim froh darüber, zu hören, daß die Mexica auf so schlechtem Fuß mit den Tlaxcalteken standen. »Jedes Reich, das in sich selbst entzweit ist, wird verwüstet werden« (»*Omne regnum in se ipsum divisum desolabitur*«), merkte er dazu auf lateinisch an, sinngemäß einen Ausspruch aus dem Markus-Evangelium zitierend.[16]

Die Tlaxcalteken hielten nach diesen Rückschlägen einen weiteren Kriegsrat ab. Erneut prallten unterschiedliche Standpunkte aufeinander: Xicotencatl der Jüngere beschuldigte seinen Kollegen Chichimecatecle, als Truppenführer versagt zu haben; dieser weigerte sich daraufhin, weiter an den Kämpfen teilzunehmen und drohte Xicotencatl. Die hinzugezogenen Priester behaupteten, die Ereignisse bewiesen, daß die Kastilier keine Götter, sondern Menschen seien; schließlich würden sie Truthähne, Hunde, Brot und Früchte verspeisen. Ihre Geschütze erzeugten keine Blitze, und Francisco de Lugos Hund sei auch kein Drachen. Unterdessen hatten die Gesandten aus Cempoallan, die wie alle Totonaken die Conquistadoren noch immer für Götter hielten, den Tlaxcalteken offenbar indiskreterweise erzählt, die Macht der Besucher schwinde nach Einbruch der Dunkelheit. Xicotencatl der Jüngere bereitete aus diesem Grund einen Nachtangriff vor. Er befahl zunächst fünfzig seiner Freunde, das Lager der Kastilier unter dem Vorwand, Friedensverhandlungen führen zu wollen, auszukundschaften. Sie nahmen vier unglückliche alte Frauen mit und übergaben sie den Kastiliern mit dem Rat, sie zu opfern und zu verzehren. Cortés erwiderte, er sei insbesondere deshalb gekommen, um sie im Namen Christi und des Königs von Spanien inständig zu bitten, in Zukunft auf Menschenopfer zu verzichten. Er sagte auch, er und seine Gefährten seien keine Götter, sondern Menschen aus Fleisch und Blut und sie wollten als solche behandelt werden.[17]

Das Auskundschaften gehörte nicht gerade zu den Stärken der Abgesandten. So erkannte der Cempoalla Teuch gleich, daß es sich um Spione handelte, und auch Cortés fiel ihre »späherische Neugierde und ihr Bemühen, uns auszuhorchen«, auf. Er ließ einen von ihnen beiseite nehmen und ausfragen. Der Mann gestand, daß Xicotencatl plane, in dieser Nacht das Lager anzugreifen. Die Tlaxcalteken wollten die Hütten der Spanier in Brand stecken und sie dann angreifen. Fünf weitere dieser unfähigen Spione bestätigten diese Aussage. Cortés ließ daraufhin alle Boten festnehmen und ihnen die rechte Hand, den Daumen oder, laut Aussage eines Conquistadors, Ohren und Nase abschneiden, worauf man ihnen diese traurigen Trophäen um den Hals band. Anschließend sandte er sie mit folgender Botschaft nach Tlaxcala zurück: »Sagt euern Führern, daß es tapferer Soldaten und aufrechter Bürger unwürdig ist, sich zu solch abscheulichen Kriegslisten herabzulassen ... wir sind bereit, jederzeit – bei Tag und bei Nacht – gegen euch zu kämpfen ...« Dieses Verhalten war zwar im Lichte der Kriegsbräuche des alten Mexiko ungewöhnlich, aber nicht unbekannt; so hatte Kaiser Itzcoatl nach einer Schlacht gegen Xochimilco jedem Gefangenen ein Ohr abschneiden lassen.[18]

Die Tlaxcalteken waren offenbar über die Behandlung, die ihren Boten zuteil geworden war, nicht allzu erschüttert, denn sie setzten ihre Vorbereitungen für den nächtlichen Überfall fort. Die Kastilier waren, wie sie es angekündigt hatten, gewappnet, ja sie griffen sogar noch vor Einbruch der Dämmerung selbst an. Wieder blieb der Anblick der Pferde und das Donnern der Kanonen nicht ohne Wirkung. Cortés ließ an den Pferden Schellen anbringen, die einen unheimlichen Klang erzeugten. Nach Schilderung der Mexica wurden die Tlaxcalteken »völlig besiegt ... [Die Spanier] spießten sie auf, durchbohrten sie mit ihren Speeren. Sie richteten ihre Geschütze auf sie. Sie beschossen sie mit Eisenkugeln. Sie beschossen sie mit Armbrüsten ... Viele von ihnen wurden getötet.« Das Gefecht dauerte nur kurz, und die Tlaxcalteken flohen durch die Maisfelder zurück zu ihrer Stadt.[19]

Nach diesem Gefecht blieb Cortés mehrere Tage lang in seinem Lager; wie Fray Olmedo und viele seiner Männer war er an Fieber erkrankt. Er nahm mehrere Kamilletabletten ein, die er aus Kuba mitgebracht hatte, welche jedoch nur wenig Besserung brachten. Geheilt hat ihn allem Anschein nach, zumindest zeitweise, ein Angriff durch drei große Indianerverbände am dritten Tag. Er bestieg sein Pferd und kämpfte den ganzen Tag. Am nächsten Tag schien es ihm besser zu gehen.[20]

Offenbar verließ Cortés das Lager in der folgenden Nacht erneut, wobei er einhundert Fußsoldaten und sämtliche Reiter sowie einige verbündete Indianer mitnahm. Sie waren kaum aufgebrochen, als etwas Mysteriöses geschah: Zuerst stürzte Cortés' Pferd zu Boden, dann fünf weitere; alle bockten. Cortés schickte sie zum Lager zurück, wo sie sich bald erholten. Einige Gefolgsleute des *caudillo* drängten ihn zur Umkehr, denn sie sahen in dem Vorfall ein schlechtes Omen. In seinem unerschütterlichen, wenn auch in diesem Fall absurden Optimismus beteuerte Cortés, die Verweigerung der Pferde sei, im Gegenteil, ein günstiges Vorzeichen. Er und seine Gefährten setzten ihren Marsch zu Fuß fort, wobei sie die Orientierung verloren. Vor Morgengrauen überfiel Cortés zwei Dörfer und tötete zahlreiche Einwohner. Bei Tagesanbruch attackierte er eine größere Stadt, vermutlich Tzompatzinco, in der zahlreiche Otomí-Krieger übernachteten.[21] Mit Hilfe seiner Dolmetscher gelang es Cortés, die Führer der Stadt davon zu überzeugen, daß er keine feindlichen Absichten hege. Er bat sie, ihm dringend benötigte Nahrungsmittel zur Verfügung zu stellen. Das Gerücht über die Änderung seines Verhaltens breitete sich rasch in den nahegelegenen Dörfern aus und zeitigte eine sehr viel stärkere Wirkung als die vorangehenden brutalen »Strafexpeditionen«. Dennoch stand er jetzt im Ruf, unberechenbar zu sein. Allerdings verhielten sich Götter ganz ähnlich.

Die Kastilier kehrten anschließend ins Lager zurück; die Erleichterung war groß, denn Cortés war länger weggeblieben, als er vorgehabt hatte. Viele hatten bereits befürchtet, er sei getötet oder gefangengenommen worden; kurz, er habe sich wie »Pedro Carbonero« verhalten, ein unkluger spanischer Feldherr, der sich im 15. Jahrhundert weit in maurisches Territorium vorgewagt hatte und mit all seinen Männern getötet worden war.

Doch die Freude über die Rückkehr von Cortés wich schon bald einer anderen Stimmung. Obgleich seit dem Auszug aus Cempoallan wie durch ein Wunder nur wenige Conquistadoren im Kampf gefallen waren, waren viele später ihren Verwundungen oder Krankheiten erlegen: fünfundvierzig laut Bernal Díaz, Alonso de Grado zufolge fünfundfünfzig seit dem Aufbruch von Kuba.[22] Cortés bestritt diese Zahlen nicht. Die Männer froren, hatten offenbar nicht genug zu essen, und mehrere waren krank. Sie begannen sich zu fragen, wohin all diese Kämpfe führen sollten. Wenn schon die Tlaxcalteken so gute Krieger waren, wie würde es den Kastiliern dann erst mit den gewiß sehr viel gefährlicheren Mexica ergehen? Niemand wußte, was sich unterdessen in Vera Cruz ereignete, und Cortés' Pläne waren undurchsichtig. Das maßlose Selbstvertrauen, das ihn nach dem ersten Gefecht gegen die Mexica unweit der Küste erfüllt hatte, war verflogen. Er wäre verspottet worden, wenn er ein weiteres Mal die Absicht kundgetan hätte, Montezuma lebend oder tot zu ergreifen. Wieder einmal waren diejenigen die Wortführer des Protests, die Familie, Heim und Gesinde auf Kuba zurückgelassen hatten.

Ihr Anführer war der *alcalde mayor* von Vera Cruz, Alonso de Grado, einer der ranghöchsten von Cortés' Gefährten. Gewiß, Gott habe der Expedition bislang beigestanden, doch sei es äußerst unklug, ihn allzusehr herauszufordern. Daher schlage er vor, nach Vera Cruz zurückzukehren, ein Schiff zu bauen und es nach Kuba zu schicken, um Hilfe zu holen. Er persönlich halte es für einen Jammer, daß sämtliche Schiffe zerstört worden seien. Er sagte, weder Alexander der Große noch Cäsar – um zwei Helden zu erwähnen, die damals jeder *hidalgo*, der etwas auf sich hielt, als Vorbilder verehrte – hätten es gewagt, eine so kleine Streitmacht wie die von Cortés gegen ein offenbar so großes Volk wie die Mexica in die Schlacht zu führen. Er sprach als Eigentümer eines Landgutes und indianischer Sklaven auf Hispaniola. »Möge Gott mich nach Kastilien führen!« lautete das Leitmotiv seiner Rede.[23]

Mit seiner Erwiderung gelang es Cortés, die Gemüter zu beschwichtigen. Er sagte, er sei zuversichtlich, daß der Krieg gegen Tlaxcala bereits zu Ende sei. Er verteidigte auch die Zerstörung der Schiffe. Seiner Ansicht nach würden sich die mit ihnen verbündeten Totonaken gegen sie wenden, wenn sie den Marsch nach Mexiko abbrechen und nach

Vera Cruz zurückkehren würden. Obgleich die eine Alternative schlecht sei, sei die andere noch miserabler. Daher sei es »tausendmal besser, für eine gute Sache zu sterben, als in Schande den Rückzug anzutreten« (wie einer seiner Lieblingsverse aus dem *Rolandslied* lautete). Mit diesen Worten konnte er fürs erste eine Meuterei abwenden. Doch es war klar, daß die defätistische Stimmung nur durch einen baldigen Sieg über die Tlaxcalteken endgültig gebannt werden konnte. Erneut wurde mahnend an das Schicksal von Pedro Carbonero erinnert: Die Kastilier wußten, daß sie im Fall ihrer Niederlage und Gefangennahme noch schlimmere Martern würden erdulden müssen als er.[24]

Zum Glück mußte Cortés nicht lange warten, bis er vorläufig zufriedengestellt wurde: In Tlaxcala wurde eine anhaltende Diskussion über die Frage geführt, ob man den Krieg fortsetzen solle oder nicht. Zwei Wahrsager wurden geopfert, um die geistige Konzentration der Führer zu verbessern. Maxixcatzin und mittlerweile auch Xicotencatl der Ältere sprachen sich nachdrücklich für einen Friedensschluß aus, während Xicotencatl der Jüngere für eine Fortsetzung des Kriegs plädierte. Doch die Niederlagen hatten alle tief erschüttert, und die Tatsache, daß die meisten der Getöteten Otomí waren, beunruhigte die Tlaxcalteken aufs äußerste, da die Otomí im Ruf standen, tapfere Kämpfer zu sein. Dennoch hatten die Spanier sie wie Nichts behandelt. »Im Nu – in der Spanne eines Lidschlags hatten sie sie vernichtet.«[25] Der Friedensschluß verzögerte sich ein paar Tage. Doch schließlich gab das Votum der beiden älteren Führer den Ausschlag.

Xicotencatl der Jüngere begab sich daraufhin in Cortés' Lager und bat um Vergebung dafür, daß sein Volk die Waffen gegen die Kastilier erhoben hatte. Angeblich fügte er hinzu: »Wundert Euch nicht, daß wir nie einen Kaiser anerkannt haben, daß wir uns niemals einem fremden Herrscher unterwarfen und daß wir die Freiheit so innig lieben, denn wir und unsere Vorfahren haben großes Ungemach erduldet, weil wir uns nicht dem Joch Montezumas und der Mexica unterwarfen, die uns dafür von der Versorgung mit Salz und Baumwollkleidung abschnitten ... Aber wir versprechen jetzt, Euren Befehlen zu gehorchen, wenn Ihr uns in Euer Bündnis aufnehmt.« Er sagte, die Herrscher von Tlaxcala besäßen zwar weder Gold noch Silber, wünschten aber dennoch mit den Spaniern Freundschaft zu schließen; sie seien sogar bereit, Vasallen des Königs von Kastilien zu werden. Zur gleichen Zeit brachten tlaxcaltekische Boten Lebensmittel, Federn, Weihrauch und

Sklaven ins Lager der Spanier und erklärten: »Wenn Ihr zu den Göttern gehört, die Fleisch und Blut essen, dann verzehrt diese Sklaven, und wir werden Euch weitere bringen; wenn Ihr milde Götter seid, dann empfangt diesen Weihrauch und diese Federn; wenn Ihr Menschen seid, dann nehmt diese Truthähne, Kirschen und Beeren.«[26] Sie luden die Kastilier unter den üblichen Höflichkeitsbezeigungen nach Tlaxcala ein: »Ihr seid ermattet von mühsamer Arbeit, Ihr Herren. Doch nun habt Ihr Eure ärmliche Heimat erreicht« – kurz, die Kastilier mochten frei über Tlaxcala verfügen.

Cortés erwiderte, daß die Tlaxcalteken die alleinige Schuld für ihre Schwierigkeiten trügen. Er sei in dem Glauben in dieses Land gekommen, Freunde zu treffen, und die Cempoalla hätten ihn in dieser Auffassung bestärkt. Er habe Boten gesandt, um den Tlaxcalteken seine friedlichen Absichten kundzutun, doch sie hätten ihn angegriffen und zwei Pferde getötet. Darauf hätten sie viele Tage lang gegeneinander gekämpft. Doch er verzeihe ihnen mit großer Freude. Er betonte noch einmal, daß er ein Mensch und kein Gott sei, und fügte hinzu, es sei wichtig, einen dauerhaften Frieden zu schließen. Xicotencatl erwiderte, er sei der gleichen Meinung. Er und sein Gefolge seien sogar gewillt, als Geiseln in der Gewalt der Kastilier zu bleiben. Nach einigen Tagen erklärte sich Cortés schließlich bereit, nach Tlaxcala zu gehen.[27]

Die mexikanischen Gesandten, die sich während des größten Teils der kriegerischen Auseinandersetzung bei den Kastiliern aufgehalten hatten, baten Cortés, noch so lange mit dem Aufbruch nach Tlaxcala zu warten, bis sie eine neue Anweisung von Montezuma erhalten hätten. Cortés erklärte sich damit einverstanden, erstens, weil er noch immer an Fieber litt, und zweitens, weil er es für möglich hielt, daß das, was die Mexica über die Unzuverlässigkeit der Tlaxcalteken sagten, zutraf.[28]

Binnen sechs Tagen erhielten die mexikanischen Gesandten eine Antwort von ihrem Kaiser: Montezuma warnte die Kastilier erneut davor, sich mit den Tlaxcalteken einzulassen. Die Einwohner von Tlaxcala seien arm und besäßen keine guten Wollgewänder, und sie würden die Spanier gewiß ausrauben, da diese Freunde Montezumas seien. Der Kaiser ließ Cortés gleichzeitig einige weitere Geschenke überreichen: Gold im Wert von dreitausend Pesos und zweihundert Ballen Baumwolle.[29]

Cortés hatte sich jedoch bereits entschlossen, die Einladung der

Tlaxcalteken anzunehmen. Am nächsten Tag stattete deren Führer Cortés einen Besuch ab, schenkten ihm Goldgeschmeide und Edelsteine und wiederholten ihre Einladung. Cortés saß von seinem Pferd ab, verbeugte sich tief, umarmte Xicotencatl den Älteren und hielt eine wohldurchdachte Rede, in der er betonte, daß er sich für die Freiheit der Tlaxcalteken verbürgen wolle. Er nahm ihre Einladung nicht nur an, sondern leistete ihr auch auf der Stelle Folge; die Tlaxcalteken trugen sogar die Geschütze der Spanier. Es folgten Festmahle und Feiern, die sich über mehrere Tage hinzogen.

Auch wenn das Anrücken der geheimnisvollen Eindringlinge Montezuma mit Sicherheit weiterhin mit Sorge erfüllte, dürfte er doch während dieser Tage in erster Linie von den Vorbereitungen für den herannahenden Monat des »Straßenfegens« in Anspruch genommen worden sein. In diesem Monat wurde ein Fest zu Ehren von Toci, »unserer Großmutter«, gefeiert. Die Bezugnahme auf das »Fegen« war eine Anspielung auf das Herannahen der Winterregen, die den Beginn der Kriegszeit ankündigten. Der Aufwand an feinsinniger Symbolik und an Prunk war beachtlich: Vier Tage lang wurden vor dem »Haus der Lieder« Tänze aufgeführt; die Tänzer umkreisten jene Sklavin, die dazu auserkoren worden war, Teteo Innan, »die Mutter der Geretteten«, zu verkörpern. Sie wurde zunächst gequält, dann herausgeputzt und schließlich geopfert. Ihr Leichnam wurde im Rahmen einer Zeremonie gehäutet, und ihre Haut wurde anschließend von einem Priester angezogen, der eine Zeitlang in einer Art kultischem Spiel den versammelten Kriegern hinterherjagte, bevor er die Kriegssaison eröffnete. Auch der Kaiser pflegte sich bei diesem Anlaß unter die Krieger zu mischen und anschließend den mit Quetzalfedern geschmückten Rittern des Adler- und Jaguarordens Abzeichen anzustecken. Vermutlich erfüllte Montezuma diese Aufgaben in diesem Jahr mit schwerem Herzen. Er mußte befürchten, daß der Krieg, in den er vielleicht bald hineingezogen würde, alles andere als ein »Blumenkrieg« werden würde.

Möglicherweise gab Montezuma zu dieser Zeit mehrere weitere Kunstwerke in Auftrag, darunter ein Bild der Zeremonie des »Bindens der Jahre«, auf der auch der Schädel des Todesgottes zu sehen war. 1519 war zweifelsfrei kein Jahr, in dem ein solches Binden, eine neue Feuerzeremonie, anstand. Aber vielleicht – so mag Montezuma gedacht haben – hatten sich die Priester ja auch bei ihren Berechnungen geirrt, und der Kalender mußte so geändert werden, daß er mit der

Ankunft der mysteriösen Besucher in Einklang stand. In der Vergangenheit hatten Dürren bereits mehrfach zur Verlegung von Zeremonien des neuen Feuers geführt. In dieser Skulptur war auch eine vom Himmel fallende Spinne dargestellt. Die Spinne war das Symbol der Tzitzime, unheilbringender Monster, die beim Weltuntergang auf die Erde herabkommen sollten. Montezuma, ein frommer Mann, war auf praktisch alles gefaßt.[30]

Diese Grausamkeit führte zur Wiederherstellung der Ordnung

> »Cesare Borgia war angeblich grausam, [doch] diese Grausamkeit führte zur Erneuerung der Romagna, zu ihrer Einigung und zur Wiederherstellung von Ordnung und Gehorsam.«
> *Machiavelli, Der Fürst (1513)*

Am 18. September 1519 zog Cortés mit seiner Expedition in Tlaxcala ein. Die tlaxcaltekischen Führer, in rote und weiße Gewänder aus Agavenfasern gekleidet, da sie aufgrund der mexikanischen Blockade keine Baumwolle besaßen, bereiteten ihnen einen herzlichen Empfang. Sie wurden auch von Priestern in weißen Kapuzen begrüßt, welche die üblichen Räucherpfannen mit glühenden Kohlen bei sich führten, um den göttlichen Besuchern zu huldigen. Die Priester machten, wie gewöhnlich, einen abstoßenden Eindruck auf die Conquistadoren: Wie alle indianischen Priester, denen sie zuvor begegnet waren, trugen sie langes, verfilztes und mit Blut verklebtes Haar. Auch ihre Fingernägel waren von einer für die Conquistadoren schreckenerregenden Länge.[1]

Die Herrscher von Tlaxcala brachten die Kastilier in einigen »sehr hübschen Häusern und Palästen« unweit des Haupttempels unter. Sie versorgten die gesamte Expedition einschließlich der Totonaken und der anderen mit den Spaniern verbündeten Indianer mit Lebensmitteln. Sogar die Hunde und die Pferde erhielten ihren Anteil an den Truthähnen und am Mais. Die Kastilier wußten ganz genau, daß die umfassende Unterstützung durch die Totonaken in den vorangegangenen Kämpfen von entscheidender Bedeutung gewesen war. »Wären sie nicht gewesen«, erklärte einer von Cortés' Vertrauten, Francisco de

Solís, ganz unverblümt, »dann hätten wir nicht gewonnen.«[2] (Die Soldaten von Iztaquimaxtitlan waren umgekehrt, als sie erfuhren, daß die Fremden mit den traditionellen Feinden der Mexica Frieden geschlossen hatten.)

Cortés und seine Männer blieben zwanzig Tage in Tlaxcala. Dieser Aufenthalt war in der Geschichte der Eroberung Mexikos so wichtig wie eine gewonnene Feldschlacht, denn er erlaubte den Conquistadoren, neue Kräfte zu sammeln. Die Unzufriedenheit der unter Heimweh leidenden Kastilier verflog, sobald ihnen bewußt wurde, daß sie ein weiteres Mal ohne nennenswerte eigene Verluste eine große Armee bezwungen hatten. Der herzliche Empfang durch die Tlaxcalteken schien ernstgemeint zu sein. Die Stadt beeindruckte sie; Cortés selbst berichtete später dem König, er glaube, sie sei »viel größer als Granada«. In Wirklichkeit war Tlaxcala vermutlich kleiner als diese Stadt, und ihre einstöckigen Häuser mit Flachdach dürften kaum von vergleichbarer Schönheit gewesen sein. Doch natürlich war die Kombination von Originalität und Ähnlichkeit das bemerkenswerteste Element. Es gab jeden Tag einen Markt, zu dem, wie Cortés mit seinem üblichen Hang zu Übertreibungen betonte, »30 000 Menschen strömten, um ihre Waren feilzubieten und um einzukaufen«. Vor allem aber seien sie »so gesittet und klug, daß es nicht einmal das beste Volk in Afrika mit ihnen aufnehmen kann«.[3] Der Kommentar des *caudillo* mag aus dem Mund eines Befehlshabers, der so viele Indianer auf so erbarmungslose Weise umgebracht hatte, ein wenig unglaubwürdig klingen; vielleicht redete er sich ein, daß es sich bei den Getöteten überwiegend um Otomí gehandelt habe.

In Tlaxcala sahen die Kastilier auch zum ersten Mal, wie die Bewohner der gemäßigten Zone von Mexiko lebten. Wenn sie durch die sauberen Straßen gingen, registrierten sie gewiß die Kleidung der Tlaxcalteken: Männer mit Umhängen aus Agavenfasern, deren Enden (ähnlich wie bei den Togen der Römer) über der rechten Schulter verknotet waren und die über Lendenschurzen (*maxtlatl*) getragen wurden – den unerläßlichen Kleidungsstücken der Männer aller sozialer Klassen, meist vorn und hinten mit Schärpen versehen. Sie sahen gewiß die fast ebenso unverzichtbaren Hüftgewänder: ein diagonal gefaltetes quadratisches Tuch, das um die Taille getragen wurde und an der Seite gebunden war. Die Kastilier dürften schon bald erkannt haben, daß die Tlaxcalteken die meisten Typen von Kleidungsstücken verwandten: eine spezielle Version des Schottenrocks, Umhänge, offene und geschlossene Leibröcke, ja sogar hosenähnliche Kleidungsstücke, wie etwa die prachtvollen Kriegstrachten.[4]

Sicher sahen sie auch die Frauen in ihren weißen Röcken aus Agavenfasern, dem grundlegenden Kleidungsstück der Frauen, über denen sie üblicherweise Kittel (*huipilli*) trugen; nur die armen Frauen bedeckten ihre Brüste gewöhnlich nicht. Allerdings dürften Frauen auf den Straßen von Tlaxcala genauso selten anzutreffen gewesen sein wie in den Gassen Sevillas, denn ihr Platz war vor allem im Haus – vielleicht sahen die Spanier in den Innenhöfen der Wohnblocks webende Frauen. Und gewiß war ihnen nicht entgangen, daß sich die Tlaxcalteken nachts, vor dem Schlafengehen, mit ihren Umhängen bedeckten.

Cortés informierte sich über den Weg nach Tenochtitlan. Seine Expedition hatte zu diesem Zeitpunkt weit über die Hälfte der Strecke von der Küste zur Hauptstadt der Mexica zurückgelegt. Sie mußten nun ein weiteres Gebirge überqueren, das die letzte große Hürde vor ihrem Ziel darstellte. Der *Codex Florentino* vermittelt einen Eindruck von den Gesprächen zwischen den Conquistadoren und den Tlaxcalteken. Die Kastilier fragten: »Wo liegt Mexiko? Was für ein Ort ist es? Ist es noch weit entfernt?« Die Tlaxcalteken antworteten: »Es ist nicht weit entfernt. Man kann die Stadt in drei Tagen erreichen ... es ist ein imposanter Ort, [die Mexica] sind sehr mächtig, sie haben sehr tapfere Krieger, und keine Gegend ist vor ihren Eroberungszügen sicher.«[5]

Das Wichtigste, was Cortés bei seinem Aufenthalt in Tlaxcala erreichte, war die Besiegelung eines dauerhaften Bündnisses. Offenbar basierte diese Allianz auf der erstaunlichen Freundschaft zwischen dem *caudillo* und den beiden betagten Indianerführern Maxixcatzin (»Wollring«) und Xicotencatl (»Wespenring«) dem Älteren. Xicotencatl der Jüngere teilte die Begeisterung seines Vaters für die Fremden nicht – er war der Befehlshaber des Heeres gewesen, das Cortés auf dem Feld besiegt hatte, und er glaubte nicht, daß ein Bündnis mit diesen Fremden ihnen irgendwelche Vorteile einbrächte. Doch momentan zählten diese Vorbehalte nicht, denn in Friedenszeiten waren sein Vater und Maxixcatzin die Herrscher von Tlaxcala.

Cortés gelang es durch seine Persönlichkeit, sich bei Maxixcatzin und Xicotencatl *père* Respekt zu verschaffen. Es war das erste Mal seit Kolumbus' vorübergehendem Bündnis mit den Guacanagarí auf Hispaniola im Jahre 1492, daß ein kastilischer Befehlshaber eine Allianz mit den Führern eines Indianerstammes zu schließen versuchte, was zeigt, daß Cortés ein Meister der Diplomatie war. Der *caudillo* sicherte den Bestand dieses Bündnisses unter anderem dadurch, daß er seinen Gefolgsleuten befahl, nur das zu nehmen, was die Indianer ihnen freiwillig gaben, und ihnen das Betreten gewisser Teile der Stadt, wie etwa des Tempels, untersagte. Die Tlaxcalteken glaubten offenbar seiner Beteuerung, er sei gekommen, um ihnen zu helfen.[6] Sie selbst hatten vor, ihn für ihre eigenen Zwecke einzuspannen.

»Die Höflichkeit und Herzlichkeit, mit denen die Führer der Tlaxcalteken sprachen«, waren für die Conquistadoren anscheinend ebenfalls beeindruckend. Sie schienen zu verstehen, was sie sagten, als sie sich bereit erklärten, Vasallen des Königs von Spanien zu werden.[7]

In Wahrheit jedoch war ihre Feindschaft gegen die Mexica so groß, daß sie nahezu jedes Zugeständnis gemacht hätten (das selbstverständlich ohne weiteres wieder rückgängig gemacht werden konnte), um einen zuverlässigen Verbündeten gegen ihre verhaßten Unterdrücker zu finden. Zudem dürften ihre Führer ein realistisches Bild von der Kampfkraft der Spanier gewonnen haben. Nach übereinstimmender Darstellung von Bernal Díaz und dem tlaxcaltekischen Historiker Camargo behauptete Xicotencatl der Ältere, einer ihrer Götter habe ihnen durch ihre Priester mitgeteilt, aus der Richtung der aufgehenden Sonne würden Männer aus fernen Gegenden kommen, um sie zu unterwerfen und zu beherrschen. Wenn die Spanier diese Männer wären, dann würden sie, die Tlaxcalteken, sich freuen, denn sie hätten sie als wacker und tapfer kennengelernt.[8] Vielleicht hatten die Führer der Tlaxcalteken diesen Mythos ausgeschmückt oder aufgegriffen (oder sogar erfunden), um sich Mut im Kampf gegen die Mexica zu machen bzw. um dafür zu sorgen, daß ihr eigenes Volk (insbesondere die Anhänger von Xicotencatl dem Jüngeren) die Neuankömmlinge gastlich aufnahm.

Die Tlaxcalteken wünschten das Bündnis durch den Austausch von Geschenken zu besiegeln. Doch wieder hatten sie aufgrund der mexikanischen Blockade (einer bequemen Entschuldigung für alle Unzulänglichkeiten) außer Nahrungsmitteln und Mädchen nicht viel zu bieten. Camargo schrieb, den Kastiliern seien »dreihundert schöne und reich geschmückte Sklavinnen« sowie ein oder zwei Töchter der Herrscher von Tlaxcala geschenkt worden. Cortés nahm dieses Geschenk an und teilte die Frauen unter seinen Männern auf – wobei die Hauptleute die adligen Mädchen bekamen. Die Tlaxcalteken hofften, daß ihre Töchter auf diese Weise eine neue Generation tapferer Krieger gebären würden.[9]

Cortés seinerseits ließ aus Cempoallan einige der Dinge herbeischaffen, welche die Expedition dort zurückgelassen hatte: Umhänge, Tuch, Salz und so weiter. All dies wurde von den Tlaxcalteken, denen es aufgrund der anhaltenden mexikanischen Blockade an »allem mangelte«, freudig angenommen.[10]

Cortés kamen plötzlich Skrupel wegen der Mädchen; vermutlich hatte er ein weiteres Mal mit Fray Bartolomé de Olmedo gesprochen. Er sagte, auch wenn er die Geste schätze, wolle er doch, daß die Sklavinnen für Marina arbeiteten und daß die adligen Frauen vorläufig bei ihren Eltern blieben. Die Tlaxcalteken fragten nach dem Grund für diesen Gesinnungswandel. Cortés erwiderte, der König von Kastilien wünsche, daß seine Gastgeber ihre Götterstatuen zerstörten und die Menschenopfer einstellten. Er zeigte ihnen Bildnisse des Jesuskindes und der Jungfrau Maria. Wenn sie Brüder der Kastilier werden wollten und wünschten, daß die Kastilier ihre Töchter annähmen, sollten sie beginnen, den christlichen Gott anzubeten, und ihre Götter aufgeben. Andernfalls würden sie nach ihrem Tod in die Hölle kommen und dort ewig im Feuer rösten. So würde niemals eine neue Herrenrasse entstehen.

Obgleich Maxixcatzin und Xicotencatl an einer von Fray Juan Díaz zelebrierten Dankmesse für den Frieden teilgenommen hatten, antworteten sie, wie vorherzusehen war, mit einer Frage: Wie konnten sie auch nur erwägen, ihre Götter aufzugeben? Was würden ihre Kinder und ihre Priester dazu sagen? Das Volk würde sich erheben. Daraufhin riet Fray Olmedo Cortés, die Dinge nicht zu überstürzen: »Es wäre nicht richtig, sie mit Gewalt zu Christen zu machen. Wartet ab«, sagte er klugerweise, »bis unsere Ermahnungen nach und nach ihre Wirkung entfalten.« Mehrere Vertraute von Cortés, wie Lugo, Velázquez und Alvarado, pflichteten Olmedo bei. Die tlaxcaltekischen Herrscher erklärten, sie würden vielleicht nach einiger Zeit den christlichen Glauben annehmen, wollten aber zuvor noch mehr über die spanischen Bräuche erfahren.[11]

Unterdessen überredeten die Kastilier ihre Gastgeber, einen ihrer Tempel zu säubern, die darin stehenden Götterstatuen zu entfernen und diesen Raum den Christen zur Verfügung zu stellen. Sie stellten dort, wie nicht anders zu erwarten, drei Madonnenbildnisse und ein Kreuz auf. Einem auf das 17. Jahrhundert zurückgehenden Kommentar eines Nachfahren von Montezuma zufolge geschah dies gegen den Rat von Fray Olmedo und Fray Juan Díaz.[12]

In den folgenden beiden Wochen erzählte Cortés unermüdlich von den Vorteilen des Christentums. Der Historiker Camargo berichtet von einer langen, offenbar romanesk überhöhten Unterredung zwischen den Führern von Tlaxcala und Cortés über den Zweck der Expedition und die Herkunft der Conquistadoren. Waren sie Söhne von Göttern oder Menschen? Cortés ging in seiner Antwort auf das Verhältnis zwischen der christlichen Religion und der weltlichen Macht ein. Er kritisierte den Brauch des Menschenopfers. Außerdem beteuerte er erneut, daß die Kastilier genauso wie die Tlaxcalteken Menschen seien; der einzige Unterschied zwischen ihnen bestehe darin, daß sie, die Kastilier, Christen seien.[13]

Angeblich gelang es Cortés schließlich, die vier politischen Oberhäupter von Tlaxcala – also Maxixcatzin, Xicotencatl den Älteren, Citlalpopocatzin und Temilotecutl – dazu zu bewegen, sich von Fray Juan Díaz taufen zu lassen und die Namen Don Lorenzo, Don Vicente, Don Bartolomé und Don Gonzalo anzunehmen. Anschließend sollen zahlreiche weitere Tlaxcalteken dem Beispiel ihrer Führer gefolgt sein: Alle, die den Namen Juan annehmen wollten, wurden an einem Tag getauft; alle, die sich Pedro nennen wollten, am nächsten Tag, worauf zahlreiche Juanas und Marías folgten.[14]

Die erste Aussage, derzufolge dieses spektakuläre Ereignis tatsächlich zu dieser Zeit stattgefunden hat, stammt jedoch aus der Zeit um 1550. Diese unsichere Beweislage deutet darauf hin, daß diese Begebenheit genauso erfunden ist wie das angebliche wunderbare Erscheinen eines Kreuzes an der Stelle, an der das erste Zusammentreffen zwischen den vier Herrschern von Tlaxcala und Cortés stattfand.[15] Die Idee eines christlichen Gottes als einer weiteren zwar mächtigen, aber keineswegs einzigartigen Gottheit störte die Führer der Stadt gewiß nicht. Aber Cortés und seinen beiden geistlichen Ratgebern gelang es nicht, den Tlaxcalteken durch ihre Dolmetscher die christliche Vorstellung von einem eifersüchtigen Gott, der keine Rivalen duldet und die gesamte Liebe und Verehrung des Bekehrten verlangt, verständlich zu machen. Wenn eine solche Bekehrung tatsächlich damals stattgefunden hätte, dann hätte der Dominikaner Fray Aguilar (der Conquistador auf dieser Expedition, der später in einen Mönchsorden eintrat) dies in seinen Memoiren gewiß erwähnt. Auch Cortés brüstete sich nicht damit, was er gewiß getan hätte, wenn sich das Ereignis wirklich zugetragen hätte. Und doch scheinen Cortés' Predigten einen großen Eindruck auf die tlaxcaltekischen Herrscher gemacht zu haben.

Die hochwohlgeborenen Mädchen aus Tlaxcala wurden vermutlich getauft, bevor Cortés sie unter seine Hauptleute verteilte. So wurde Tecuelhuatzin, eine Tochter von Xicotencatl, auf den Namen »Doña María Luisa« getauft und Alvarado übergeben; Juan Velázquez de León erhielt Maxixcatzins Tochter, »Doña Elvira«, während Sandoval, Olid und Ávila drei andere Indianerinnen in Besitz nahmen. Von diesem Zeitpunkt an scheinen alle höherrangigen Offiziere eine indianische Frau an ihrer Seite gehabt zu haben, Cortés mit Marina eingeschlossen. Binnen weniger Wochen fanden auch viele einfache Soldaten Frauen. Und so dauerte es nicht lange, bis die ersten *mestizos* – mochten sie nun die erhoffte neue »Kriegerrasse« darstellen oder nicht – das Licht der Welt erblickten. Juan de Nájera, der Cortés begleitete, sagte später, daß »viele von ihnen heirateten«.[16]

Während des gesamten Aufenthalts in Tlaxcala blieben die Abgesandten Montezumas in Cortés Gesellschaft. Cortés verhandelte weiterhin mit ihnen, da er noch immer hoffte, »kampflos in Tenochtitlan einziehen zu können«. Aus diesem Grund hörte sich Cortés ihre täglichen Äußerungen des Befremdens darüber an, daß sich die Kastilier bei den Tlaxcalteken aufhielten, diesem armen, verruchten, räuberischen und heimtückischen Volk. Irgendwann während dieser Tage bat Montezuma die Kastilier, unverzüglich nach Tenochtitlan zu kommen, um so zu verhindern, daß sie noch länger bei den Tlaxcalteken blieben. Jeden Tag suchten die mexikanischen Emissäre den *caudillo* auf, um ihm nahezulegen, Tlaxcala so bald wie möglich zu verlassen und sich nach Cholula zu begeben, dessen Herrscher Verbündete der Mexica seien. Umgekehrt wurde Cortés täglich aufs neue von den Tlaxcalteken gedrängt, Cholula zu meiden, denn der beste Weg nach Tenochtitlan führe über die Stadt Huexotzinco, deren Einwohner mit ihnen verbündet seien.[17]

Cortés entschloß sich schließlich, dem Rat der Mexica zu folgen und nach Cholula zu gehen. Aber er nahm auch das Angebot der Herrscher von Tlaxcala an, ihm Träger und Krieger zur Verfügung zu stellen. So verstand er es erneut, beide Seiten mit Höflichkeit zu behandeln. Außerdem schickte er zwei seiner Gefolgsleute nach Tenochtitlan; sie sollten sich einen Eindruck von der Stadt verschaffen, bevor er selbst dorthin aufbrach. Die beiden – Pedro de Alvarado, der zu dieser Zeit Cortés' zuverlässigster Stellvertreter war, und Bernardino Vázquez de Tapia aus Oropesa, der ehemalige Fähnrich Grijalvas (ein

Conquistador mit einflußreicher Verwandtschaft) – sollten möglichst auch mit dem »großen Montezuma« sprechen.

Es muß eine außergewöhnliche Reise gewesen sein. Die beiden Männer legten die etwa 100 Kilometer (Luftlinie) lange Strecke nach Tenochtitlan zu Fuß zurück, da Cortés keines seiner Pferde entbehren konnte. Der ungewohnte Anblick der beiden bewaffneten spanischen Conquistadoren, die vermutlich in traditioneller Rüstung und mit Schwertern durch die mexikanische Landschaft zogen, muß die Bewohner der indianischen Dörfer, durch die sie kamen, sehr verwundert haben. Natürlich wurden sie von mexikanischen Führern begleitet. Die Tlaxcalteken mißtrauten dem Abenteuer und versuchten mehrfach, Vázquez de Tapia zufolge, die beiden Conquistadoren unterwegs umzubringen. Die Reise muß beschwerlich gewesen sein, denn die Mexica ermahnten die beiden Kastilier immer wieder, schneller zu gehen, und zogen sie sogar auf einigen Etappen der Strecke regelrecht hinter sich her. Sie begaben sich zunächst nach Cholula, das am Fuß der Gebirgskette auf gleicher Höhe wie Tlaxcala lag, umgingen dann den Vulkan Popocatepetl in südlicher Richtung und erreichten schließlich das am großen See gegenüber Tenochtitlan gelegene Texcoco. Dort trafen sie offenbar auf eine Abordnung aus Tenochtitlan, zu der auch ein Sohn Montezumas und Cuitláhuac, Herrscher von Iztapalapa, gehörten; dieser, ein Bruder Montezumas, hatte sich am energischsten gegen einen Besuch der Kastilier in Tenochtitlan ausgesprochen. Cuitláhuac sagte, Montezuma sei krank, so daß sie nicht in die Stadt kommen und den Kaiser auch nicht sehen könnten. Vázquez de Tapia erklärte später, seiner Ansicht nach habe sich unter den indianischen Anführern, denen er in Texcoco begegnet sei, Montezuma – inkognito – befunden.[18] Diese Erkundungsmission dürfte den Spaniern zumindest die Erkenntnis gebracht haben, daß ihre Freunde die Größe von Tenochtitlan nicht übertrieben hatten.

Unterdessen rüstete Cortés seine Expedition für den Marsch nach Cholula und sandte mehrere Tage, bevor er Tlaxcala verließ, Boten in jene Stadt. Vermutlich lagen diesem Entschluß strategische Erwägungen zugrunde: Er wollte nicht, daß ein allem Anschein nach so mächtiger Ort wie Cholula seinem Heer in den Rücken fallen konnte.

Die Tlaxcalteken warnten Cortés erneut, daß die Cholula gewiß Intrigen gegen ihn schmieden würden – auf den Straßen der Stadt seien bereits Sperren errichtet worden, so daß die Conquistadoren, sobald sie erst einmal die Stadtmauern passiert hätten, leicht gefangengenommen werden könnten. Die Cholula hätten auf den Flachdächern ihrer Häuser Steine gehortet, um die Expedition von oben anzugreifen. Cortés erfuhr auch, daß einer der tlaxcaltekischen Befehlshaber – vielleicht ein Bruder von Xicotencatl dem Jüngeren – insgeheim mit den Cholula ein Komplott zur Ermordung der Kastilier schmiedete.[19] Er hörte dies von Alvarado, der es seinerseits von María Luisa erfahren hatte. Cortés ließ den verräterischen Kommandeur heimlich erdrosseln und sandte dann Cristóbal de Mata mit einigen anderen auf Erkundungsmission. Sie kehrten mit einigen rangniederen Adligen aus Cholula zurück, die sich mit der Ausrede, sie seien krank gewesen, bei Cortés dafür entschuldigten, daß sie ihm keine Aufwartung gemacht hatten.

Cortés behandelte sie von oben herab: Sie sollten binnen drei Tagen mit hochrangigen Fürsten zurückkehren, die würdig seien, mit den Vertretern des Königs von Kastilien zu verhandeln. Andernfalls gehe er davon aus, daß Cholula in offener Rebellion stehe – eine bemerkenswerte Aussage, selbst im Zeitalter der Conquistadoren, denn die Cholula konnten sich gar nicht auflehnen, da sie noch gar nicht den Vasalleneid auf den kastilischen König geleistet hatten ... Es gab allerdings auch hierfür einen Präzedenzfall: König Alfonso XI. von Kastilien hatte dem Papst gesagt, daß die Königreiche Afrikas »kraft unseres königlichen Rechts« zu Spanien gehörten. Auch die Mexica selbst betrachteten alle unabhängigen Völker in ihrem Einflußgebiet als Rebellen, da sie, die Mexica, sich für die einzigen legitimen Erben der Tolteken hielten. Folglich waren ihrer Ansicht nach sämtliche Völker, die die Tolteken beherrscht hatten, auch Bestandteile ihres Imperiums, und jede Widersetzlichkeit war »Rebellion«.[20]

Diese Drohungen von Cortés zeigten Wirkung. Mehrere hohe Herren von Cholula statteten Cortés' Heer einen Besuch ab und erklärten ihre frühere Unbotmäßigkeit mit der Furcht vor einem Verrat der Tlaxcalteken. Cortés berichtete später, sie hätten sich ohne weiteres bereit erklärt, in Gegenwart des Notars Godoy einen Vasalleneid auf den König von Spanien zu leisten; allerdings glaubten sie gewiß wie viele andere Völker, diesen Eid jederzeit brechen zu können.[21]

Tlaxcala ist etwa vierzig Kilometer von Cholula entfernt. Cortés und seine Streitmacht brachen am 12. Oktober in Begleitung zahlreicher – möglicherweise mehrerer tausend – Tlaxcalteken auf. Die Herrscher von Tlaxcala gaben Cortés einen Rat: Im Fall eines Kampfes gegen die Mexica solle er alle töten, »und niemanden verschonen; weder die Jungen, damit sie nicht wieder zu den Waffen greifen, noch die Alten, damit sie keinen guten Ratschläge mehr geben können«.[22]

In der ersten Nacht nach dem Aufbruch von Tlaxcala schlug die Expedition ihr Lager in offenem Gelände auf; Cortés schlief in einem Bewässerungsgraben in der Nähe des Río Atoyac. Am nächsten Tag kamen mehrere Führer von Cholula mit großem Gefolge zu den Kastiliern und brachten ihnen Mais und Truthähne. Sie sagten, sie fürchteten, man habe der Expedition viel Abträgliches über Cholula erzählt – Cortés möge diesen Lügen keinen Glauben schenken. Einige Priester, die Kohlenbecken trugen, räucherten für Cortés und seine Hauptleute, andere bliesen Muscheltrompeten und spielten auf Flöten. Diese Würdenträger waren mit ärmellosen Baumwollgewändern bekleidet, von denen einige wie Chorhemden auf der Vorderseite geschlossen und an der Seite mit Baumwollfransen besetzt waren.

Cortés hielt seine übliche Predigt über die Frevelhaftigkeit ihrer Götter, die Sünde des Menschenopfers und den Nutzen der Anbetung des christlichen Gottes. Die Cholula erwiderten, man könne schwerlich von ihnen erwarten, daß sie im selben Moment, in dem die Kastilier in ihr Gebiet gekommen seien, ihre Götter preisgäben.[23]

Am Abend dieses Tages zogen die Expeditionsteilnehmer in Cholula ein, wo sie bequem untergebracht und mit Lebensmitteln versorgt wurden. Wie viele Lebensmittel es waren, ist freilich umstritten: Andrés de Tapia zufolge war die Menge zunächst ausreichend, Cortés dagegen behauptete, die Menge sei von Anfang an gering gewesen und jeden Tag spärlicher geworden. Cortés' Majordomus, Joan de Cáceres, sagte später: »Wenn wir sie um Mais für die Pferde baten, bekamen wir Wasser; und wenn wir sie um Gras baten, brachten sie uns etwas anderes und sehr wenig obendrein.«[24] Unterdessen erlaubten die Cholula einigen – laut der unglaubhaften Darstellung von Cortés 5000 – der Tlaxcalteken und Totonaken, die größtenteils außerhalb der Stadt untergebracht waren, die Stadt zu betreten – eine sehr unkluge Entscheidung, denn diese Indianer trugen die Geschütze und weitere Ausrüstungsgegenstände der Kastilier.

Cholula existierte seit eintausend Jahren. Angeblich wurde die Stadt zunächst lange Zeit von einem tyrannischen Olmekenvolk regiert, das aus der tropischen Zone in der Nähe von Coatzacoalcos stammte. Doch Ende des 13. Jahrhunderts scheinen einige Adlige aus Tula mit ihrem Gefolge eingefallen zu sein; sie vertrieben die Olmeken und führten den Kult des Quetzalcoatl ein, dessen Tempel sich an der Stelle befand, wo heute die Kirche San Francisco und die Capilla de los Reyes stehen. Im Innern dieses Tempels stand offenbar die bereits erwähnte große Statue des Quetzalcoatl mit einem langen Bart: eine Darstellungsweise, die im alten Mexiko erst relativ spät aufkam (auch wenn der auf der »Hackmack'schen Steinkiste« abgebildete Quetzalcoatl ebenfalls einen Bart trägt). In Cholula wurde Quetzalcoatl vor allem mit dem Zyklus der Venus, des Morgensterns, in Verbindung gebracht. Zudem gab es einen Tempel, der dem Gott Huitzilopochtli geweiht war.

Die größte Pyramide Cholulas, an deren Spitze der Tempel für den Gott Tlaloc stand, ist noch heute zu sehen. Sie war höher als die Pyramide in Tenochtitlan (120 gegenüber 114 Stufen) und bedeckte eine Fläche von etwa 46 450 Quadratmetern: sie war somit der größte Pyramidenbau der Welt. Zusammen mit den zahlreichen weiteren Schreinen machte sie Cholula zu einem der bedeutendsten religiösen Zentren ganz Amerikas. Ein spanischer Beamter schrieb in den 80er Jahren des 16. Jahrhunderts, daß die beiden Herrscher von Cholula sämtliche anderen Regenten der Region in ihren Ämtern bestätigen mußten und daß Cholula das Rom oder Mekka seiner Welt und seiner Zeit gewesen sei. Auch wenn diese Aussage gewiß übertrieben war, verdeutlicht sie doch die Bedeutung der Stadt.[25]

Andrés de Tapia, der später eine *encomienda* in der Umgebung von Cholula bewirtschaftete, schrieb in seinem Bericht über die Eroberung, daß die spanische Expedition zu diesem Zeitpunkt erfahren habe, welche Rolle Quetzalcoatl in Cholula spielte. Dieser »Hauptgott«, »Quetzalquate«, sei ein Mensch gewesen, der in der fernen Vergangenheit gelebt und die Stadt gegründet habe. Er habe den Bürgern befohlen, keine Menschen, sondern nur Wachteln zu opfern. Tapia fügte hinzu, der Gott habe angeblich ein weißes Gewand, ähnlich einer Mönchskutte, getragen und darüber einen Umhang, der mit roten Kreuzen und grünen Steinen geschmückt gewesen sei.[26] Wir werden sehen, daß Tapias Beschreibung der Priesterroben sich nicht allzusehr von der Cortés' unterscheidet und daß Tapia anders als gewisse spätere Autoren, die den Quetzalcoatl-Mythos ausschmückten, nicht schrieb, der Gott sei von weißer Hautfarbe gewesen, habe einen Bart getragen und werde eines Tages zurückkehren.

Was die Bevölkerung betrifft, so behauptete Fray Aguilar, Cholula habe 50 000 bis 60 000 Häuser gezählt, die massive Dächer und Süßwasserbrunnen besessen hätten. Ein spanischer Stadtrat in Tenochtitlan berichtete später – etwas realitätsnäher –, die Cholula hätten im Kriegsfall etwa 25 000 Männer aufbieten können. Diese Zahlen deuten darauf hin, daß die Stadt zwischen 180 000 und 200 000 Einwohner gehabt hat. Dies scheint eine recht hohe Zahl zu sein, doch vermutlich zählte die Stadt mehr Einwohner als irgendein anderer Ort zwischen Tenochtitlan und dem Meer. Cortés beschrieb, das »mit zahllosen Türmen geschmückte« Cholula sei »schöner als alle Städte Spaniens«.[27] Von der Spitze der Großen Pyramide aus zählte er vierhundertdreißig Türme (also Pyramiden) – eine weitere seiner merkwürdig präzisen Zahlenangaben. Bernal Díaz verglich Cholula mit Valladolid, was zumindest damals ein Kompliment war. Cholula hatte einen riesigen Markt, der insbesondere für seine Federarbeiten, seine Töpferwaren und für Edelsteine berühmt war: Montezuma speiste angeblich nur von dem feinen Cholula-Geschirr, das sehr viel kunstvoller gestaltet war als vergleichbares mexikanisches Steingut.

Die Stadt wurde von zwei Männern regiert: Tlaquiach, dem obersten weltlichen Herrscher, und Tlalchiac, dem geistlichen Oberhaupt. Sie wohnten in Häusern, die unmittelbar an den Tempel des Quetzalcoatl angrenzten. Die Namen dieser Potentaten bedeuteten »Herr der Erde« und »Herr der Unterwelt«. Ihnen standen vier weitere Fürsten zur Seite, aus deren Kreis nach mexikanischer Art die Nachfolger für die beiden Oberhäupter gewählt wurden. Die Cholula sprachen Nahuatl, und sie erkannten die Oberhoheit der Mexica an, denen sie Tribut leisteten. Dennoch waren sie stolz, und zwar mit Recht, da sie sich keine bedrohliche Situation vorstellen konnten, in der Quetzalcoatl ihnen nicht beistehen würde.[28]

Inzwischen unternahmen die mexikanischen Gesandten einen erneuten Anlauf, um Cortés von seinem Plan abzubringen, sich nach Tenochtitlan zu begeben: Montezuma würde vor Angst sterben, wenn die Kastilier in Tenochtitlan einzögen, und zudem sei der Weg von nun an sowieso unpassierbar, es sei unmöglich, unterwegs Lebensmittel zu beschaffen, und außerdem wimmle Montezumas Zoo vor wilden Tieren, insbesondere Reptilien, wie etwa Alligatoren, welche die Kastilier in Stücke rissen, wenn sie losgelassen würden.[29] Doch Cortés ließ sich auch weiterhin nicht beirren. Vermutlich waren Alvarado und Vázquez de Tapia mittlerweile zurückgekehrt, so daß der *caudillo* eine Vorstellung von dem Gelände hatte, das er durchqueren mußte.

Wir wissen nicht genau, was sich als nächstes in Cholula abspielte.

Offenbar hatte die Stadt wirkliche Probleme, Cortés' Streitmacht mit Lebensmitteln zu versorgen. Jedenfalls brachten die Cholula am dritten Tag nur Holz und Wasser.[30] Fray Aguilar erinnerte sich später daran, daß die Spanier die Tlaxcalteken um Hilfe bei der Suche nach Lebensmitteln baten.

Die Herrscher der Stadt mieden auch weiterhin jeglichen Kontakt mit Cortés. Dieser schickte nach Tlaquiach, dem weltlichen Oberhaupt, worauf Tlaquiach antwortete, er sei zu krank, um sein Haus zu verlassen. Mitgliedern der Expedition fiel auf, daß die Cholula damit begannen, Sperren auf den Straßen der Stadt zu errichten und Steine auf den Dächern anzuhäufen – die Warnungen der Tlaxcalteken schienen sich zu bewahrheiten. Einige Tlaxcalteken und Cempoalla berichteten, die Cholula schmiedeten mit den Mexica und mit einigen kubanischen Dienern der Expedition ein Komplott, um die Spanier zu töten. Dann kam das Gerücht auf, daß Vorbereitungen für einen Hinterhalt getroffen worden seien, in den die Kastilier nach dem Verlassen Cholulas gelockt werden sollten. Eine »Adlige« aus Cholula erzählte Marina offenbar, Montezumas Heer sei in der Nähe in Stellung gegangen und sie solle sich bei ihr verstecken, wenn sie dem Tod entgehen wolle. In Zukunft könne sie bei ihr leben und ihren Sohn heiraten.[31]

In dieser Atmosphäre zunehmender Verdächtigungen ließ Cortés zwei Priester kommen, die sich in dem nahegelegenen großen Tempel aufhielten. Er fragte sie nach dem Grund der allgemeinen Nervosität. Als er keine Antwort erhielt, bat er sie erneut, nach Tlaquiach zu schicken, der diesmal auch tatsächlich kam. Cortés stellte ihm dieselbe Frage und brachte damit den Herrscher in Verlegenheit. Schließlich antwortete Tlaquiach, Montezuma habe befohlen, den Spaniern keine weitere Hilfe zukommen zu lassen.[32]

Cortés befragte die beiden Priester. Unter Folter erzählten sie, für die Nervosität in der Stadt sei ihr Verbündeter Montezuma verantwortlich.[33] Der Kaiser wisse, daß die Kastilier auf dem Weg nach Tenochtitlan seien, könne sich aber nicht entscheiden, wie in dieser Angelegenheit zu verfahren sei. Er wechsle ständig seine Meinung: Den einen Tag erwäge er einen friedlichen Empfang der Expedition, am nächsten Tag wolle er das gesamte Expeditionsheer auslöschen. Dies war vermutlich eine treffende Beschreibung von Montezumas Gemütszustand.

Jedenfalls, so fuhren die Priester fort, lauere den Spaniern auf dem Weg nach Mexiko eine Streitmacht von 20000 Kriegern auf. Die Mexica wollten die Conquistadoren bei ihrem Aufbruch aus Cholula in Richtung der Berge in einen Hinterhalt locken; zu diesem Zweck sollten die Cholula den Kastiliern zahlreiche Hängematten mit Trägern zur Verfügung stellen, um so scheinbar ihre Reise bequemer zu gestalten. Sobald all ihre Feinde in den Hängematten verstaut seien, würden sie lebend zu Montezuma geschafft. Man wolle sie selbstverständlich gefangennehmen und nicht töten. Zwanzig Kastilier dürften die Cholula für sich behalten, um sie in ihrer Stadt zu opfern. In die Häuser unweit des Ortes, wo der Hinterhalt gelegt werden sollte, würden bereits lange Stangen, Stricke und Lederhalsbänder eingelagert, mit denen man die Conquistadoren fesseln und in die Hauptstadt von Mexiko schaffen wolle.[34] Die meisten Frauen und Kinder von Cholula seien aus der Stadt gebracht worden, damit sie nicht in die Kämpfe verwickelt würden, und dem Kriegsgott Huitzilopochtli seien bereits sieben Menschen geopfert worden.

Cortés besprach die Angelegenheit mit seinen Hauptleuten. Einige (vielleicht Grado und möglicherweise auch Ordás) äußerten die Ansicht, sie sollten sich nach Tlaxcala zurückziehen; andere hielten es für ratsam, die geplante Reiseroute zu ändern und sich Mexiko über die freundlich gesinnte Stadt Huexotzinco zu nähern. Wieder andere (vermutlich Alvarado, Olid und Sandoval) sprachen sich für einen Präventivschlag aus. Die Tlaxcalteken, die gewiß kaum wußten, was sie unterstützten, waren mit diesem Vorschlag einverstanden, ja sie hatten vielleicht sogar darauf gedrungen.

Der letzte Standpunkt setzte sich durch. Cortés bereitete eine exemplarische Strafaktion vor, nicht ohne zuvor seine indianischen Verbündeten zu bitten, ein bestimmtes Zeichen (vermutlich eine Blume) in ihrem Kopfschmuck anzubringen, damit man sie im Falle eines Kampfes von den feindlichen Indianern unterscheiden könne.[35]

Der *caudillo* bat die Herren von Cholula, sich im Hof des Quetzalcoatl-Tempels – ihrer üblichen Versammlungsstätte – einzufinden, damit er sich vor seinem Aufbruch nach Mexiko von ihnen verabschieden könne. Über einhundert – unbewaffnete – Würdenträger einschließlich Tlaquiach folgten seiner Einladung. Die Spanier schlossen daraufhin die Tore zum Innenhof. Cortés fragte die Cholula, warum sie ihn und die übrigen Expeditionsmitglieder töten wollten, wo sie doch nichts anderes getan hätten, als sie vor ihren Göttern zu warnen und von weiteren Menschenopfern abzuraten. Er sagte, er wisse, daß im Umkreis der Stadt ein großes mexikanisches Heer aufgezogen sei.

Die Herren von Cholula gaben dies zwar zu, erklärten aber, Montezuma habe es so befohlen. Cortés machte, wie es seine Gewohnheit war, eine Anspielung auf die spanischen Gesetze, nach denen ein solcher Fall von Hochverrat nicht unbestraft bleiben dürfe; für dieses Verbrechen verdienten die Führer von Cholula den Tod.[36]

Daraufhin wurde als Signal eine Arkebuse abgefeuert, und binnen zwei Stunden töteten die Kastilier mit ihren tlaxcaltekischen und cempoaltekischen Verbündeten nicht nur die etwa 100 Herren, sondern auch viele Cholula, die sich in der Nähe des Hofes versammelt hatten (Cortés bezifferte die Zahl der Getöteten auf dreitausend). Tatsächlich wurden viele Indianer erstochen, erschlagen und auf andere Weise umgebracht.[37]

Die Tlaxcalteken und Totonaken plünderten anschließend die Stadt und legten Feuer an die bedeutendsten Gebäude und Tempel. Der Tempel des Huitzilopochtli (der Gott, dessen Präsenz die Oberhoheit der Mexica unterstrich) brannte nach Aussage von Andrés de Tapia zwei Tage lang. Viele Priester stürzten sich selbst von seiner Spitze in die Tiefe, um nicht von den Tlaxcalteken gefangengenommen oder getötet zu werden. Die indianischen Verbündeten benutzten die Gelegenheit, »um sich als treue Vasallen von König Karl zu bewähren«, wie ein Conquistador, Martín López, viele Jahre später erklärte. Erst nach zwei Tagen setzte Cortés den Plünderungen ein Ende. Viele Cholula wurden gefangengenommen und nach Tlaxcala gebracht, um dort geopfert zu werden. Nur die wenigen Cholula, die mit den Kastiliern zusammengearbeitet hatten, wurden verschont. Der *caudillo* hielt ein weiteres Mal seine übliche Rede und befahl den Priestern, die noch am Leben waren, ihre Tempel zu tünchen, damit er dort Kreuze und Marienbildnisse aufstellen könne. Er ordnete die Zerstörung sämtlicher Götterstatuen in Cholula an – ein Befehl, dessen Ausführung die Priester hinauszögerten: verständlicherweise, wie Fray Olmedo meinte. Cortés ließ sie gewähren.[38]

Die Siegesbeute war von beträchtlichem Wert, denn in Cholula gab es viel Gold, viele Edelsteine und bemerkenswerte Federarbeiten. Die Kastilier fanden in Cholula auch Gefängniskäfige aus dicken Holzstäben, in denen Indianer – darunter auch einige Kinder – zusammengepfercht waren, die zum Zweck ihrer späteren Opferung gemästet wurden. Cortés ließ sie frei.

Nach Darstellung des Historikers Juan Ginés de Sepúlveda, der diesen Vorfall Jahre später mit Cortés besprach, gab es eine weitere Unterredung zwischen Cortés und den wenigen überlebenden Anführern von Cholula. Cortés kehrte zu dem Platz zurück, auf dem einige der Überlebenden gefangengehalten wurden und geißelte ihre Treulosigkeit. Sie schoben ihrerseits die Schuld auf Montezuma und flehten Cortés um Vergebung an. Sie sagten, wenn er ihre Entschuldigung annehme, würden sie ihm fortan treu dienen. Sie würden auch dafür sorgen, daß die Cholula, die geflohen seien, zurückkehrten. Cortés war der Ansicht, daß er die Stadt bereits genügend bestraft und die Bevölkerung hinlänglich eingeschüchtert hatte (er selbst benutzte das Wort »*atemorizar*«), und ließ deshalb zwei Anführer frei. Einige der Geflohenen kehrten daraufhin tatsächlich zurück. Dann ließ er die restlichen mit der Mahnung frei, er hoffe, sie würden sich in Zukunft anders verhalten.

Das Blutbad von Cholula stellte eines der umstrittensten Ereignisse in Cortés' Leben dar, und die Diskussion darüber ist bis heute nicht verstummt. Es war Las Casas, der diesen Vorfall in seiner berühmten Polemik *La Brevísima Relación de la Destrucción de las Indias* allgemein bekannt machte. So behauptete er beispielsweise, die Conquistadoren hätten durch das Massaker den Indianern Schrecken einflößen und so ihre Widerstandskraft brechen wollen; es habe sich um eine wohlkalkulierte Taktik gehandelt.[39] Er erinnerte an das vergleichbare Blutbad in Xaragua auf Hispaniola und in Caonao auf Kuba. Las Casas' zufolge rezitierte Cortés sogar auf dem Dach, von wo aus er das Geschehen verfolgte, eine zu dieser Zeit berühmte Ballade:

Nero blickte vom Tarpeischen Felsen
auf das brennende Rom hinab;
Kinder und Alte schrien,
doch all dies rührte ihn nicht.[40]

Es ist äußerst unwahrscheinlich, daß sich diese Episode tatsächlich zugetragen hat. Doch der Tenor von Las Casas' Behauptung dürfte durchaus richtig sein. Sogar Cortés' eigene Freunde wie Juan Gonzáles de León (ein Sohn des Entdeckers von Florida, Ponce de León) räumte bei seiner Vernehmung im Rahmen des *juicio de residencia* von Cortés ein, daß »besagte Strafaktion nützlich gewesen ist, um die Bewohner der Region einzuschüchtern«. Francisco de Flores, ein anderer Freund Cortés', vielleicht ebenfalls aus Medellín stammend, jedenfalls ein Estremeño, sagte aus, die Strafaktion sei angemessen gewesen, um die Befriedung des Landes zu erreichen. Alonso de la Serna, ein Conquistador aus einem Ort in der Nähe von Jaén, erklärte, die Maßnahme habe »so große Furcht verbreitet, daß niemand es wagte, nochmals Verrat zu begehen«.[41]

Im Jahre 1581 wies der damalige spanische *corregidor* Gabriel Rojas darauf hin, daß die Eingeborenen von Cholula jegliche Verratsabsicht gegen die Kastilier bestritten hätten: Ihre einzige Schuld sei gewesen, daß sie den Spaniern nicht die notwendigen Lebensmittel zur Verfügung gestellt hätten (Rojas fügte freilich hinzu, daß dies nicht glaubhaft sei).[42] Andere, einschließlich Fray Motolinía, beteuerten, daß es irgendein Komplott gegeben habe.

Wollte man etwas anderes behaupten, müßte man unterstellen, daß Cortés und Díaz del Castillo ihre Schilderungen dieses Ereignisses weitgehend erfunden und miteinander abgesprochen hätten, was recht unwahrscheinlich ist: Cortés erzählte, daß die Tlaxcalteken Barrikaden, auf Dächern gehortete Steine, gesperrte Straßen und Straßen mit Fallgruben entdeckt hätten.[43]

Möglicherweise gab es also tatsächlich eine Verschwörung (auch wenn wir nicht wissen können, was daraus geworden wäre); möglicherweise wurde diese von den Mexica angestiftet und bis zu einem gewissen Grad auch vorbereitet; vielleicht erinnerten sich die Cholula, die wie die meisten Völker der Region ein ausgeprägtes Geschichtsbewußtsein besaßen, auch daran, daß sie ihren Legenden zufolge erst nach der heimtückischen Ermordung der Giganten, die vor ihnen in dieser Gegend gelebt hatten, seßhaft geworden waren.[44] Vermutlich sickerte das Gerücht über diesen Plan zu den Tlaxcalteken durch, die es als Vorwand benutzten, um die Kastilier zur Zerstörung einer feindlichen Stadt anzustiften, und Cortés, der sich an die abschreckende Wirkung ähnlicher Gemetzel auf Hispaniola und Kuba erinnerte (wie Las Casas schreibt), ergriff die Gelegenheit, »um ein Exempel zu statuieren«. Nach Aussage des Majordomus' von Cortés, Joan de Cáceres, war es eine »Strafaktion« (*castigo*) zum Zweck der Abschreckung.[45] Die Expeditionsteilnehmer waren zu dieser Zeit gewiß nervöser, erschöpfter und verwirrter, als es ihre Chronisten verzeichneten. Vielleicht hielt es Cortés für vorteilhaft, sie in einen Kampf zu schicken, der dann eine nicht mehr zu bändigende Eigendynamik entfaltete – und sei es auch nur deswegen, weil die Tlaxcalteken darin eine Gelegenheit zur Rache sahen. Allerdings dürfte diese Rache in ihrem Ausmaß alle früheren »Massaker« weit hinter sich gelassen haben. Vielleicht hatte Cortés ursprünglich beabsichtigt, nur einige der Anführer von Cholula umzubringen; doch sobald das Blutvergießen begonnen hatte, mögen die Conquistadoren und ihre Verbündeten von einer Art Blutrausch befallen worden sein, dem Hunderte zum Opfer fielen. Alle an dem Gemetzel beteiligten Conquistadoren scheinen jedenfalls später nur ungern darüber gesprochen zu haben.

Cortés mußte als nächstes mit den mexikanischen Gesandten verhandeln, die während dieser Ereignisse, »halb tot vor Angst«, in ihren Unterkünften gezittert hatten.[46] Cortés sagte den Emissären, die Herren von Cholula hätten Montezuma die Schuld an diesen verräterischen Handlungen gegeben. Da dies zeige, daß der Kaiser nicht Wort halte, hätten die Kastilier ihre Pläne geändert: Er habe eigentlich beabsichtigt, in Frieden und als Freund nach Tenochtitlan zu kommen – jetzt werde er in kriegerischer Absicht in das Reich Montezumas einfallen und Verwüstungen wie ein Feind anrichten.

Die eingeschüchterten Gesandten erwiderten, ihnen sei nicht bekannt, daß der Kaiser die Cholula in irgendeiner Weise dazu ermuntert habe, sich Cortés entgegenzustellen. Sie fragten ihn, ob sie einen Boten zu Montezuma schicken dürften, um so die Wahrheit in Erfahrung zu bringen. Ein scheinbar beschwichtigter Cortés erklärte sich damit einverstanden.[47] Daraufhin legte ein Bote im Eiltempo die 95 Kilometer lange Strecke nach Tenochtitlan zurück. Als der Kaiser und das Volk erfuhren, was geschehen war, machte sich erneut Panik breit: »... Das gemeine Volk wurde von Schrecken ergriffen. Es war, als ob die Erde bebte ... als ob das Land sich im Kreis drehte.«[48] Eine Folge dieser Neuigkeiten war, daß Cortés fortan kaum noch als Verkörperung des milden Gottes Quetzalcoatl gelten konnte, denn dieser hätte sich im Hof des ihm selbst geweihten Tempels niemals so brutal verhalten. Wenn Cortés ein Gott war, dann einer des Kriegs oder der Gewalt – vielleicht Tezcatlipoca, vielleicht sogar Huitzilopochtli.

Noch beunruhigender aber war die Tatsache, daß Quetzalcoatl nicht eingegriffen hatte. Obgleich seine Priester die Muscheltrompeten geblasen hatten, hatte der Gott nichts unternommen. Er hatte die Cholula nicht nur ihrem Schicksal überlassen, sondern auch geduldet, daß die Feinde sein heiliges Haus entweihten, seine Priester ermordeten, seine Statuen zerstörten. Jedenfalls wurde Cortés von nun an nicht mehr als eine Verkörperung des Quetzalcoatl betrachtet. Die Nachricht von diesen Ereignissen muß den Mexica wie eine Katastrophe erschienen sein. Fortan gab es keine Gewißheiten mehr, denn nichts hatte sich als heilig erwiesen.

Der Bote der mexikanischen Gesandten kehrte binnen sechs Tagen nach Cholula zurück. Er wurde von Männern begleitet, die Gold im Wert von tausend Castellanos, fünfzehnhundert Baumwollumhänge und große Mengen Lebensmittel mit sich führten. Montezuma entschuldigte sich bei Cortés überschwenglich für die vermeintliche Rebellion. Er selbst habe nichts damit zu tun. Schuld seien vielmehr die Befehlshaber der örtlichen mexikanischen Garnisonen (in Izúcar und Acatzinco), die mit den Herrschern von Cholula befreundet gewesen seien. Er wiederholte ein weiteres Mal, daß er Cortés alles zukommen lassen werde, was er wünsche, sofern er nicht nach Mexiko komme. Er habe allerdings Schwierigkeiten, die Kastilier mit Lebensmitteln zu versorgen, da Tenochtitlan selbst seine Lastenträger nicht entbehren könne. Cortés schickte eine seiner verschlagenen Antworten zurück: Auch er habe ein Problem. Er müsse seinem Herrscher, König Karl, einen Bericht über Montezuma und dessen Reich schicken – worauf Montezuma auf ebenso vieldeutige Weise antwortete: Wenn Cortés nach Tenochtitlan gelange, sei er, Montezuma, erfreut, ihn zu sehen.[49] Doch sogleich dachte er über einen neuen Weg nach, dies zu vermeiden.

Eine weitere neue Welt großer Städte und Türme

> »Und am nächsten Tag kam besagter Ordás zurück ... und berichtete, daß er eine weitere neue Welt großer Städte und Türme gesehen habe, und ein Meer und mitten darin eine sehr große Stadt, und wahrlich, sie scheint ihn mit Furcht und Erstaunen erfüllt zu haben.«
> *Fray Aguilar, Relación breve de la conquista de la Nueva España*

Mexiko-Tenochtitlan ist nur 80 Kilometer (Luftlinie) von Cholula entfernt. Beide Städte liegen etwa 2200 Meter über dem Meeresspiegel, doch zwischen beiden erstreckt sich ein gewaltiger Gebirgszug mit den beiden Vulkanen Iztaccihuatl und Popocatepetl als den höchsten Erhebungen. Mehrere Pässe führen über dieses Gebirge, das eine natürliche Schutzmauer und Barriere bildet: Ein Pfad verläuft südlich des Popocatepetl – diesen nahmen Alvarado und Vázquez de Tapia bei ihrem Marsch nach Texcoco; ein zweiter, nördlich des Iztaccihuátl entlangführender, folgt dem Lauf des Río Atoyac von Huexotzinco bis kurz vor seine Quelle, und ab dort einem anderen, abschüssigen Flußlauf, der unweit von Chalco in den See mündet. Dieser Pfad war praktisch während der gesamten neueren Geschichte der Region der Hauptverbindungsweg zwischen Mexiko und Veracruz. Eine dritte, bequemere Route führt ein gutes Stück weiter nördlich am Apan-See vorbei und steigt nahe Otumba ins Hochtal von Mexiko hinab. Der vierte, schwierigste Weg, führt zwischen den Vulkanen hindurch. Auch heute noch ist er größtenteils nur ein schmaler Pfad, der durch verfallene Dörfer führt, bevor er, auf einer Höhe von knapp 4000 Metern, den Paß erreicht, der heute »Paso de Cortés« heißt, weil sich die Conquistadoren Tenochtitlan über diese Route näherten. Cortés entschied sich für diesen Weg, weil er davon ausging, daß die Mexica dies für die unwahrscheinlichste Option hielten und diesen Zugang daher nicht blockierten.

Cortés brach vermutlich am 1. November 1519 von Cholula auf. Zu diesem Zeitpunkt verabschiedeten sich seine ersten indianischen Verbündeten, die Totonaken und Cempoalla, und kehrten schwer beladen mit Geschenken von Cortés (die dieser größtenteils von Montezuma erhalten hatte) in ihre Heimatorte zurück. Diese *naturales* wurden von etwa eintausend Tlaxcalteken ersetzt, die ihren neuen Verbündeten nur allzu bereitwillig zur Hand gingen: Sie halfen nicht nur die Geschütze zu ziehen (was bis dahin die Totonaken übernommen hatten), sondern bereiteten auch die Tortillas zu – eine Arbeit, die zuvor vermutlich von einigen der dreihundert Frauen verrichtet worden war, die Maxixcatzin und Xicotencatl Cortés geschenkt hatten. Die Kastilier wurden außerdem von der kleinen Gruppe mexikanischer Gesandter und deren Dienern begleitet.

Beim Aufbruch aus Cholula schickte Cortés zehn Kundschafter unter dem Befehl von Diego de Ordás voraus; sie sollten den Vulkan Popocatepetl beobachten, der zu dieser Zeit bedrohlich anmutende Rauchwolken ausstieß. Der Popocatepetl war in den vorangegangenen Jahren mehrfach ausgebrochen, zuletzt im Jahre 1509. Die meisten Conquistadoren sahen zum ersten Mal einen Vulkan; einige der Männer hatten vielleicht den Ätna oder den Vesuv gesehen, und ein oder zwei weitere die Vulkane auf den Kanarischen Inseln.

Als Ordás nicht mehr weit vom Gipfel des Popocatepetl entfernt war, stieß dieser einer Rauchwolke aus, die »wie ein Pfeil« emporschoß und heißes Gestein umherschleuderte. Dennoch näherte sich Ordás dem Gipfel »bis auf eine Entfernung von zwei Lanzen«, doch der Rauch und die Kälte sowie die Steine und die Asche zwangen ihn zur Umkehr. (Heutzutage würde kein Bergsteiger die letzte Etappe des Aufstiegs, die durch schneebedecktes Gelände führt, ohne Steigeisen in Angriff nehmen; falls Ordás' Darstellung richtig ist, muß es sich um zwei außerordentlich lange Lanzen gehandelt haben ...) Zweifellos kehrte Ordás mit nützlichen Informationen über den besten Weg zum großen See und aufschlußreichen Angaben über die felsige Oberfläche der in jüngster Vergangenheit ausgestoßenen Lava zurück; nach Aussage seines Gefährten Gutierre de Casamori brachte er auch einige Eiszapfen mit (was jedoch recht unwahrscheinlich ist). In der klaren Luft hatte Ordás den See und die Städte des Hochtals von Mexiko gesehen, die, verstreut, tief unter ihm lagen: »eine weitere neue Welt großer Städte und Türme, und ein Meer und mitten darin eine sehr große Stadt«.[1] Vielleicht dachte er an den verlockenden Anblick von Neapel, der sich einer bekannten Romanze zufolge König Alfonso geboten hatte, welcher wußte, daß die Eroberung der Stadt Tausende seiner Männer das Leben kosten würde. Genauso hatten auch der Cid und seine Männer nach dem *El cantar del Mio Cid*:

> Valencia betrachtet, das sich vor ihnen erstreckte,
> und jenseits davon das Meer
> und dort die große und wohlbestellte *huerta*
> und allerlei Dinge, die sie ergötzten;
> und sie erhoben die Hände, um Gott zu danken
> für dieses so gute und großzügige Geschenk ... [2]

Als Ordás im Jahre 1525 die Erlaubnis erhielt, sein eigenes Wappen zu führen, ließ er den rauchenden Vulkan als Motiv darin aufnehmen.

Das Gros der Expedition verließ unterdessen voll neugewonnener Zuversicht Cholula. Das Tatsache, daß es während des Aufstiegs zum Paß unter den Expeditionsmitgliedern weder Streitigkeiten noch Verzagtheiten gab, muß ein weiteres ermutigendes Zeichen gewesen sein.[3] Velázquez de León und Ordás schienen nun beide froh darüber zu sein, daß sie Cortés begleiteten. Die Erinnerung an den Gouverneur von Kuba war verblaßt.

Das langsam dahinziehende Expeditionsheer muß für die Mexica ein furchteinflößender Anblick gewesen sein. Die Gewährsleute von Sahagún erinnerten sich daran, wie sich die Kastilier zu einem großen

Zug formierten, »... der auf seinem Vormarsch den Staub aufwirbelte. Ihre eisernen Lanzen, ihre eisernen Hellebarden funkelten aus weiter Ferne, und ihre eisernen Schwerter bewegten sich wie Wellen in einem Wasserlauf ...«. Ihre Panzerhemden und Helme klirrten. Einige steckten von Kopf bis Fuß in eisernen Rüstungen, sie ritten, als seien sie in Eisen verwandelt worden, »dessen Glitzern uns Furcht einjagte«. Sie verbreiteten großen Schrecken. »... Und ihre Hunde gingen voraus. Sie liefen vor ihnen her, bildeten ihre Vorhut. Sie spitzten ihre Ohren, weiteten ihre Nüstern, und der Speichel troff ihnen aus dem Maul ...«[4]

Am ersten Tag nach ihrem Auszug aus Cholula kam die Expedition bis Calpan, einer recht großen Stadt, die einst mit Huexotzinco verbündet gewesen war. Mehrere Herren von Huexotzinco machten Cortés dort ihre Aufwartung und rieten ihm, wie schon zuvor die Tlaxcalteken, davon ab, nach Tenochtitlan zu gehen, da die Stadt sehr mächtig und daher uneinnehmbar sei. Wenn die Kastilier jedoch entgegen ihrem Rat weiterzögen, dann sollten sie wissen, daß sie an der höchsten Stelle des zwischen den beiden Vulkanen hindurchführenden Passes auf zwei Wege stoßen würden: Der eine sei mit gefällten Bäumen, Kakteen und anderem Gestrüpp unpassierbar gemacht, während der andere frei passierbar sei. Sie sollten den versperrten Weg nehmen, da die Mexica ihnen auf dem anderen zweifellos auflauern würden.[5] Nachdem die Emissäre aus Huexotzinco ihren Rat erteilt hatten, kehrten sie in ihre Stadt zurück – gewiß hoch befriedigt, einen Besuch der Kastilier abgewendet zu haben, wofür sie ihrem Gott Camaxtli freudig gedankt haben dürften. Zweifellos waren die Vorbereitungen für das Fest zu Ehren dieses Gottes am 15. November in vollem Gange.

Am nächsten Tag brach die Expedition in aller Frühe auf, legte 16 Kilometer zurück, bewältigte einen Höhenunterschied von einigen weiteren hundert Metern und erreichte kurz vor Mittag den höchsten Punkt des Passes. Nach der Legende war dies die Stelle, an welcher der Gott Quetzalcoatl auf seinem Flug von Tula Rast gemacht hatte und die ihn begleitenden Zwerge und Buckligen erfroren waren.[6] Ebenfalls an dieser Stelle hatte einige Jahre zuvor ein Gesandter aus Huexotzinco, der nach Tenochtitlan unterwegs gewesen war, um die Mexica um Beistand gegen die Tlaxcalteken zu bitten, ein Gedicht geschrieben:

Ich steige empor und gelange zum Gipfel:
der riesige blaugrüne See,

bald friedlich, bald stürmisch,
Gischt und Gesang zwischen den Felsen …[7]

Dieses Gedicht deutet darauf hin, daß der Blick auf den See vom Paß aus damals nicht durch Bäume beeinträchtigt wurde. Allerdings dürfte der Dichter diese Zeilen im Frühjahr geschrieben haben, denn der November ist hier meist wolkenreich, neblig und verregnet. Vermutlich herrschten an jenem 2. November 1519 ähnliche Witterungsbedingungen, da sowohl Cortés als auch die übrigen Kastilier später mit keinem Wort erwähnen, daß sie vom Paß aus Tenochtitlan und den See sahen.

Die Conquistadoren stießen tatsächlich auf jene Weggabelung, von der die Abgesandten aus Huexotzinco gesprochen hatten: Der eine Weg war, wie angekündigt, versperrt, während der andere frei war. Cortés fragte die mexikanischen Emissäre ganz unverfänglich, weshalb es zwei Wege gebe und weshalb einer davon unpassierbar gemacht worden sei. Diese leidgeprüften Diener Montezumas, die ihre Mitreisenden nicht zu beeinflussen vermochten und bei ihrer Rückkehr nach Tenochtitlan um ihr Leben bangen mußten, erklärten, die Blockade solle Reisende davon abhalten, diesen Weg zu wählen, da er windig, länger und stellenweise schwer zu begehen sei. Cortés bestand dennoch darauf, diesen Weg zu nehmen, und befahl den Tlaxcalteken, die Bäume und andere Hindernisse beiseite zu räumen. Anschließend begann Cortés' Heer, über diesen Weg in das Hochtal von Mexiko hinabzusteigen. Kurz bevor die Expedition die Stadt Huehuecalco erreichte, setzte leichter Schneefall ein. In Huehuecalco befand sich jedoch eine riesige Zufluchtsstätte, in der die Expedition die Nacht verbringen konnte und in der Lebensmittelvorräte lagerten, die vielleicht für das mexikanische Heer bestimmt waren, das auf einem seiner Märsche zu einem »Blumenkrieg« hier rasten würde. Eine starke Wachmannschaft wurde aufgestellt, die nach Aussage von Cortés nötig war, da mit einem Angriff gerechnet werden mußte.[8]

Einige ortsansässige Indianer, die ihm einen Höflichkeitsbesuch abstatteten, beehrte Cortés hier mit einer weiteren seiner gestrengen Ansprachen: »Ihr sollt wissen, daß diejenigen, die mit mir kommen, nachts nicht schlafen werden; wenn sie überhaupt schlafen, dann nur tagsüber ein wenig. Und in der Nacht tragen sie ihre Waffen bei sich und töten jeden, den sie umhergehen oder das Lager betreten sehen, und es gibt nichts, das dies verhindern könnte. Laßt dies euer Volk wissen, und sorgt dafür, daß sich nach Sonnenuntergang niemand unserem Lager nähert, denn wer dies tut, wird sterben, und es würde mich bekümmern, wenn jemand zu Tode käme.«

Trotz dieser Warnung konnten einige der ortsansässigen Indianer ihre Neugier nicht zügeln und versuchten auszuspähen, was die Kastilier bei Nacht trieben. Sie wurden umgebracht, wie Cortés es angedroht hatte – über diese Angelegenheit wurde kein weiteres Wort verloren.[9]

Am nächsten Tag war das Wetter besser, und die Kastilier konnten vom Kamm der Sierra einen Großteil des Hochtals von Mexiko überblicken: den blauen See in etwa 16 Kilometer Entfernung und, etwa doppelt so weit entfernt, Anzeichen einer großen Stadt; zahlreiche weitere Siedlungen mit Häusern, aus denen Rauchfahnen aufstiegen; grüne, sorgfältig bestellte Mais- und Bohnenfelder in der fruchtbaren Zone, in deren unmittelbarer Nähe sie sich aufhielten. Wenn die Legenden der Mexica stimmten, dann hatte sich ihren Vorfahren – damals ein kleiner Stamm – über zweihundert Jahre zuvor ein ganz ähnlicher Anblick geboten, wenn auch aus einer anderen Perspektive. In die Freude der Conquistadoren mischte sich Sorge, und es gab einige, die noch immer dachten, es sei besser, nach Tlaxcala zurückzukehren und dort zu warten, bis Verstärkung eintraf.[10] Doch solche Überlegungen ließen Cortés kalt. Zu dieser Zeit befand sich die Expedition auf dem Territorium der Chalca, deren Hauptstadt Chalco an der Bucht im Südosten des Sees lag.

Die Chalca waren in den Jahren der Einwanderung Gefährten der Mexica gewesen. Neben Xochimilco war das von ihnen bewohnte Gebiet das fruchtbarste des gesamten Hochtals von Mexiko. Die Chalca sollen den Mexica beigebracht haben, wie man aus dem Saft von Agaven *pulque* herstellt. Ihre Bildhauerkunst war nicht nur älter, sondern auch stilistisch ausgefeilter als die der Mexica, die von ihnen vermutlich auch in dieser Kunst beeinflußt wurden. In späteren Jahren leisteten sie Widerstand gegen die Mexica, kämpften gegen sie und wurden besiegt. Der ihnen auferlegte Tribut umfaßte zunächst Steine und Arbeitskräfte, die dazu eingesetzt wurden, Teile von Tenochtitlan zu errichten bzw. umzubauen. Im Jahre 1519 mußten sie den Mexica beträchtliche Mengen unterschiedlicher Artikel als Tribut leisten: zweimal jährlich achthundert große Umhänge und einmal jährlich zwei Kriegstrachten mit Schilden, sechs Fässer Mais, zwei Fässer Bohnen und zwei Fässer Salbei.[11]

Unmittelbar nachdem sie das Territorium der Chalca betreten hatten, trafen die Kastilier auf eine weitere Abordnung Montezumas, die von einem Adligen namens Tziuacpopocatzin angeführt wurde. Montezuma hatte diesem befohlen, sich als Kaiser zu verkleiden und auszugeben. Offenbar glaubte er, daß sich die Kastilier zurückzögen, sobald sie das vermeintliche Objekt ihrer Neugierde in Augenschein genommen hätten. Mehrere Magier, zu denen Montezuma großes Zutrauen hatte, gingen hinter dem Anführer der Delegation her, der auch einige Geschenke überbrachte: goldene Papierschlangen, Quetzalfedern und goldene Halsketten. Die Kastilier freuten sich über diese Geschenke. Sahagúns Gewährsleute beschrieben ihre Reaktion folgendermaßen: Als ihnen die Geschenke übergeben wurden, »schienen [sie] zu lächeln und sich riesig zu freuen. Sie schienen wie Affen nach dem Gold zu greifen. Sie schienen zufrieden, gesättigt und froh zu sein. In Wahrheit aber waren sie von einem unstillbaren Durst nach Gold erfüllt. Sie stopften sich voll damit und lechzten und gierten danach wie Schweine. Sie gingen umher und entrissen sich gegenseitig die goldenen Luftschlangen und schwenkten sie entzückt hin und her, während sie sinnlose Laute von sich gaben. All ihre Worte waren nichts als Gestammel ...«.[12]

Zunächst machte Tziuacpopocatzin großen Eindruck auf die Kastilier. Sie fragten die mit ihnen verbündeten Tlaxcalteken, ob dies Montezuma sei. Als die Tlaxcalteken dies verneinten, stellten sie dem Mexica dieselbe Frage; er erwiderte: »Ja, ich bin Euer Diener. Ich bin Montezuma.« Darauf brachen die Kastilier in Gelächter aus, und Cortés rief anscheinend aus: »Geh fort von hier. Weshalb lügst du uns an? Wer glaubst du, sind wir? Du kannst uns nichts vormachen, du kannst dich nicht über uns lustig machen. Du wirst uns nicht einschüchtern und nicht blenden, unseren klaren Blick nicht trüben und nicht in die Irre führen. Du wirst uns nicht verhexen und uns keinen Sand in die Augen streuen. Du bist nicht Montezuma!« Den indianischen Quellen zufolge fügte Cortés hinzu: »Jetzt kann sich Montezuma nicht mehr vor uns verbergen. Er kann nicht vor uns fliehen. Wohin könnte er auch gehen? Ist er etwa ein Vogel, der davonfliegen kann? Oder kann er sich einen Gang durch die Erde graben? Gibt es irgendwo einen Berg mit einer Höhle, in der er Zuflucht suchen könnte? ... Wir werden ihn sehen. Wir werden ihm ins Angesicht schauen. Wir werden seine Worte vernehmen, aus seinem Mund werden wir sie hören.«[13]

Unterdessen erwiesen sich die Zauberer, die Tziuacpopocatzin begleiteten, als genauso untauglich wie ihre Vorgänger, die Cortés noch an der Küste aufzuhalten versucht hatten. Noch schlimmer aber war, daß sie angeblich ein unheilkündendes Erlebnis hatten: Bei ihrer Rückkehr aus dem Lager der Kastilier (das sagten sie wenigstens Montezuma) begegneten sie zufällig einem betrunkenen Mann aus Chalco, der mit acht Stricken über der Brust gefesselt war. Er sagte zu ihnen: »Weshalb seid Ihr hierhergekommen? Was wollt Ihr? Was könnte Montezuma jetzt noch gegen die Spanier ausrichten? Ist er vielleicht wieder zu Sinnen gekommen? Steckt ihm nun die Angst in den Knochen? Denn er machte einen großen Fehler. Er ließ das einfache Volk im Stich. Er vernichtete Menschenleben ...«

Die Zauberer sagten Montezuma, sie hätten sogleich einen »kleinen Hügel aus Erdreich und Steinen errichtet und mit Stroh und Blumen bedeckt«, um dem Betrunkenen eine Schlafstätte zu schaffen. Doch der habe keinerlei Notiz davon genommen und sie vielmehr aufgefordert, den See zu betrachten. Er sagte: »Weshalb steht Ihr so trübsinnig hier herum? Tenochtitlan ist dem Untergang geweiht. Es wird niemals wiedererstehen. Dreht Euch um und seht, was den Mexica widerfahren wird.« Die Zauberer taten, wie sie geheißen worden waren, und sahen, daß alle Tempel, Paläste und Gebäude in Flammen standen. Überall wurde gekämpft. Sie folgerten daraus, daß der betrunkene Mann aus Chalco der boshafte Gott Tezcatlipoca sein müsse, der, vielleicht auch nach Ansicht von Montezuma selbst, eine wichtige Rolle bei der Enträtselung all dieser Vorgänge spielen würde. Als sie sich wieder umdrehten, um dem Fremden weitere Fragen zu stellen, war dieser verschwunden. Sie kehrten nach Tenochtitlan zurück und erzählten ihre Erlebnisse Montezuma, der tief bestürzt erwiderte: »Was können wir tun? ... Wir sind am Ende ... Vielleicht sollten wir die Berge erklimmen, vielleicht sollten wir fliehen ... Unglücklich sind die armen alten Männer und Frauen, und die Kinder, die noch keinen Verstand haben. Wo können sie in Sicherheit gebracht werden? Wohin können wir uns wenden? Wir müssen uns mit unserem Schicksal abfinden ...«[14]

Was immer man von diesem angeblichen Erlebnis der Zauberer halten mag, ist es immerhin möglich, daß sie in ihrer Verzweiflung Zuflucht zu heiligen Rauschpilzen nahmen, die auf jenen Hängen wuchsen, die sie so zögerlich hinabstiegen. Die Visionen dieser Zauberer erinnern – wie die Montezumas und andere, von denen bereits die

Rede war – an Beschreibungen moderner Erfahrungen mit diesem Halluzinogen.

Montezuma beriet sich erneut mit dem obersten Kronrat. Unter den Teilnehmern befanden sich, wie gewöhnlich, der Bruder des Kaisers, Cuitláhuac, und sein Neffe Cacama, der König von Texcoco. Es folgte eine weitere langwierige Diskussion über die Frage, ob und – falls ja – wie man die Kastilier empfangen sollte. Sowohl Cuitláhuac als auch Cacama und die meisten anderen Mitglieder dieses Gremiums waren gegen einen Empfang und plädierten vielmehr dafür, jede Handbreit des Weges nach Tenochtitlan gegen die Eindringlinge zu verteidigen. Anscheinend befürwortete sogar Montezuma eine Zeitlang eine eindeutige Linie; so soll er gesagt haben: »Wir müssen uns weder verstekken noch fliehen, noch Feigheit zeigen, noch befürchten, daß der Ruhm Mexikos erlöschen wird. Wir sind entschlossen, für die Verteidigung Tenochtitlans zu sterben.« Diese Einstellung war jedoch nicht von Dauer, und schon bald darauf hielt er es wieder für richtig, »die Spanier als Gäste zu empfangen und ihnen Nahrungsmittel und Geschenke zu überreichen«.[15]

Zu diesem Zeitpunkt dürften die Feste, die alljährlich in dem mexikanischen Monat Tepeilhuitl (Ende Oktober) abgehalten wurden, wie auch die Herstellung kleiner Figuren aus Amarantsamen, die Berggötter (als Symbole des Wassers) darstellten, in Tenochtitlan zum Abschluß gekommen sein. Nach einem Festzug mit Liedern und Tänzen wurden die Frauen, die diese Götter verkörperten, und ein Mann, der eine Schlange repräsentierte, feierlich geopfert; Mexiko begann sich auf eine Trockenperiode von sechs Monaten vorzubereiten. Die Tatsache, daß die Spanier von den Bergen herabkamen, dürfte manch einem als günstiges Omen erschienen sein: Vielleicht waren sie ja Boten des Regengottes Tlaloc und nicht des Quetzalcoatl. Die Mexica glaubten, daß es genauso viele kleine Tlalocs wie Berge gibt; aus diesem Grund opferten sie bei bestimmten Anlässen Kinder, die als Verkörperungen dieser kleinen Tlalocs betrachtet wurden: Sie bemalten sie mit blauer Farbe, die das Wasser symbolisierte, und sperrten sie zum Teil in heilige Käfige, in denen sie sie verhungern ließen.[16]

Der unaufhaltsame und für die Mexica noch immer unerklärliche Marsch von Cortés auf Tenochtitlan ging weiter. Die Expedition zog bergabwärts, ohne sich einen der zahlreichen mexikanischen Schreine, mit denen die Hänge dieser Berge übersät waren, aus der Nähe anzusehen. Sie durchquerten Eichenwälder, in denen versprengte Erlen, Akazien und Zypressen standen. Vermutlich sahen sie viele Weißschwanzhirsche, die, wie die Kastilier bald herausfinden sollten, die wichtigsten Fleischlieferanten in Altmexiko waren. Ab und zu dürften sie zwischen den Bäumen, in der Ferne, einen flüchtigen Blick auf leuchtend lila und gelbe Felder erhascht haben. Einen Tag, nachdem Cortés den Paß verlassen hatte, erreichte die Expedition das untere Ende des Pfades, der auf der Höhe des Sees von Mexiko verlief, und verbrachte die Nacht in der Stadt Amecameca. Dies war eine der zahlreichen Städte, die vermutlich im 13. Jahrhundert von nomadischen Chichimekenstämmen (von denen die Mexica als letzte im Hochtal von Mexiko eintrafen) gegründet worden waren. Amecameca war der einzige Ort, aus dem die kriegerischen Nomaden die Ureinwohner verjagt hatten. Die meisten dieser Städte wurden mittlerweile von königlichen Familien toltekischer Abstammung regiert, die somit entfernte Verwandte der mexikanischen Monarchen waren. In Amecameca, das etwa 3000 Einwohner zählte, wurden Cortés und seine Männer »in einigen sehr guten Häusern« untergebracht, die dem örtlichen Herrscher gehörten. Dieser Würdenträger, wahrscheinlich ein Vetter Montezumas, gab Cortés alle Lebensmittel, die er brauchte, ein wenig Gold und vierzig junge Sklavinnen, die Fray Durán zufolge »hübsch gekleidet und reizvoll geschmückt« waren. Der *caudillo* nahm diese Geschenke ohne jene Heuchelei entgegen, die er beim Empfang ähnlicher Gaben in Tlaxcala zur Schau getragen hatte.[17] Die Expedition scheint die beiden Nächte des 3. und 4. November in Amecameca verbracht zu haben.

Cortés hörte dort mit Befriedigung mehrere weitere Klagen der Einwohner über die räuberischen Methoden von Montezumas Tributeintreibern. Er sagte, daß er sie nicht sofort von dieser Bürde befreien könne, aber hoffe, dies in einiger Zeit nachholen zu können. Die Häuptlinge behaupteten auch, sie seien sich völlig sicher, daß die Mexica beabsichtigten, die Kastilier bald nach ihrer Ankunft umzubringen. Cortés bestritt dies energisch und erwiderte, er müsse sich nach Tenochtitlan begeben, um Montezuma darzulegen, was der christliche Gott angeordnet habe.[18]

Am nächsten Tag zogen die Kastilier weiter und verbrachten die folgende Nacht in Chalco, der ersten Stadt, die sie am Ufer des Sees – wenn auch in einer kleinen Bucht – sahen. Chalco zählte etwa doppelt so viele Einwohner wie Amecameca, also ungefähr sechstausend. In dieser Nacht vertrieb Cortés mit ein paar Schüssen aus seinen Arkebusen mehrere Kanus, die nach Aussage eines seiner Gefolgsleute »voller Spione« waren – vielleicht waren sie aber auch nur mit Neugierigen vollgestopft.

Während Cortés sich in Chalco aufhielt, rief Montezuma in Tenochtitlan erneut den Kronrat zusammen, dem unter anderem die Könige von Texcoco und Tacuba angehörten. Die Anwesenheit von Cortés in Chalco dürfte ihn beunruhigt haben, denn diese Stadt hatte sich seit ihrer Eroberung öfter als jede andere tributpflichtige Stadt gegen die Mexica erhoben.[19] Hatte nicht ein Dichter aus Chalco vor langer Zeit folgende Zeilen geschrieben?

Sinnt über folgendes nach, o Fürsten von Chalco,
O Fürsten von Amecameca:
Eine Wolke aus Schilden hängt über unseren Häusern
Ein Regen aus Speeren!
Wie lautete das Urteil des Lebensspenders? ...
Auf dem Feld der Schellen,
Auf dem Schlachtfeld,
Zersplittern die Speerschafte.
Hier in Chalco der gelbe Staub,
Die Häuser haben zu qualmen begonnen ...
O du, der du inmitten von Rohrkolben herrschst,
O Montezuma, O Nezahualcoyotl,
Du, der du das Land zerstörst, Chalco zugrunde richtest,
hab Erbarmen! [20]

Doch diese Monarchen hatten kein Erbarmen gehabt. Montezuma II., der Urenkel des Montezuma, von dem das Gedicht spricht, wußte gewiß von dem Haß auf die Mexica, der seit zwei Generationen in Chalco unter der Oberfläche brodelte.

Montezuma wandte sich mit folgenden sonderbaren Worten an die Könige von Texcoco und Tacuba: »Mächtige Herrscher, es ist richtig, daß wir drei hier sind, um die Götter zu empfangen, und aus diesem Grund möchte ich bei Euch Trost suchen und auch von Euch Abschied nehmen. Wie wenig haben wir uns an den Gebieten erfreut, die uns unsere Vorfahren vermachten! Diese Könige und großen Herrscher sind in Frieden und Eintracht aus dieser Welt gegangen. Doch jetzt kommt Leid über uns! Womit haben wir dieses Schicksal verdient? Womit haben wir die Götter beleidigt? Wer sind diese Männer, die gekommen sind? Von woher kommen sie? Wer wies ihnen den Weg? Es gibt nur eine Lösung: Wir müssen unsere Herzen stärken, um das Kommende zu ertragen, denn sie stehen vor unseren Toren.«

Mehrere Herrscher sollen vor Angst geweint haben. Dann machte Montezuma den Göttern erneut Vorwürfe, weil sie ein so schreckliches Schicksal über ihre Völker gebracht hätten; »später ging er hinaus in die Stadt und vergoß vor dem Volk viele Tränen wegen der Ankunft der Fremden. Er flehte die Götter an, die vertrauten Götter, Erbarmen zu haben mit den Armen, den Waisen, den Alten und den Witwen. Anschließend entnahm er sich Blut aus seinen Ohren, Armen und Schienbeinen und bot es den Götter dar ...«[21] Trotz dieses tränenreichen Intermezzos erwog Montezuma auch weiterhin die Option, die Besucher zu täuschen und sogar zu ermorden. Der Kaiser empfand offenbar einen unbeschreibliche Angst vor den kommenden Ereignissen; diese Reaktion war verständlich, denn nach dem mexikanischen Kalender war noch immer das Jahr »1-Schilfrohr«, das ungünstig für Könige war. Zudem wußte man nicht genau, was die Fremden vorhatten: Würden sie sich wie Botschafter verhalten, wenn man sie als solche behandelte?

Montezuma versuchte auch weiterhin ihre Ankunft hinauszuschieben. Während sich Cortés in Chalco aufhielt, entsandte der Kaiser eine weitere Delegation, die von vier mexikanischen Häuptlingen angeführt wurde, die, wie gewöhnlich, Gold und Gewänder als Geschenke mitbrachten. Sie sagten, der Kaiser bedauere sehr, Cortés nicht persönlich begrüßen zu können, da er unglücklicherweise krank sei – sie hingegen stünden den Kastiliern zur Verfügung. Montezuma sei betrübt über die Widrigkeiten, die sie auf ihrer langen Reise erdulden mußten. Er habe Cortés bereits viel Gold und Jade für den christlichen König und für die Götter, an die, wie er wisse, die Christen glaubten, zukommen lassen und bitte Cortés nun noch einmal eindringlich, nicht nach Tenochtitlan zu kommen, da man nicht genügend Lebensmittel zur Versorgung der Expedition habe. Zudem sei der Landweg äußerst beschwerlich. Am bequemsten sei die Anfahrt mit dem Kanu, die aber sei gefährlich. Das ganze Volk sei gegen einen Aufenthalt der Kastilier. Wenn Cortés in seine Heimat zurückkehrte – so versprach Montezuma erneut –, würde er ihm regelmäßig Tribut in Form von Gold leisten, der an jedem von Cortés gewünschten Ort abgeliefert würde.

Cortés überreichte den Abgesandten wie üblich Glasperlen als Geschenke und sagte, die Wankelmütigkeit Montezumas überrasche ihn.

Wie könnten er und seine Streitmacht umkehren, nachdem sie einen so weiten Weg zurückgelegt hätten und sich fast in Sichtweite von Tenochtitlan befänden? Wenn es allein von ihm abhinge, so erklärte er mit gewohnter Verschlagenheit, würde er aus Rücksicht auf die Gefühle Montezumas eine Umkehr sogar in Erwägung ziehen, doch dann würden er und seine Männer als Feiglinge gelten. Er sei entschlossen, Montezuma zu sehen, da ihm der König von Kastilien dies befohlen habe, er sei gehalten, für seinen Monarchen einen Bericht über die Ereignisse anzufertigen. Doch selbstverständlich werde er nach dem Einzug in die Hauptstadt dorthin zurückkehren, von wo er gekommen sei, sobald die Anwesenheit der Kastilier zu einer Last werde. Was die Versorgung mit Lebensmittel anlangte, die für die Mexica verständlicherweise ein Anlaß zur Sorge sei, beteuerte er, daß er und seine Männer mit sehr wenig auskämen.[22]

Die Kastilier verbrachten die folgende Nacht in Ayotzingo, nur etwa acht Kilometer von Chalco entfernt. Dort stießen sie auf so viele Abfälle menschlichen Ursprungs, daß sie mutmaßten, ein mexikanisches Heer befinde sich in der Nähe und bereite sich auf einen Angriff vor. Sie verließen Ayotzingo am frühen Morgen des folgenden Tages. Bald darauf näherten sich ihnen erneut vier mexikanische Häuptlinge, welche ankündigten, daß Cacama, eine Neffe Montezumas und König von Texcoco, zu ihnen unterwegs sei. Nachdem Cacama einer mit grünen Federn, silbernen Umrandungen und goldenen Ziselierungen geschmückten Sänfte entstiegen war, überbrachte er folgende äußerst doppeldeutige Botschaft: »Malinche«, so wandte er sich in mexikanisch korrekter Anrede an Cortés (Malinche heißt soviel wie Gebieter der Marina), »wir sind hierhergekommen, um dir zu Diensten zu stehen und dir alles zu geben, was Ihr und Eure Gefährten brauchen, und um Euch in Eurem Zuhause, unserer Stadt, unterzubringen. Denn so hat es unser Herrscher, der große Montezuma, befohlen, und er bittet dich ein weiteres Mal um Verzeihung dafür, daß er nicht persönlich gekommen ist; dies liegt an seinem schlechten Gesundheitszustand und nicht am fehlenden guten Willen.«[23]

Cortés antwortete mit einer Rede und schenkte Cacama drei Perlen: Kleinodien, die offenbar für einen Anlaß wie diesen aufbewahrt worden waren (vermutlich stammten sie von der Insel Margarita, die vor der Küste Venezuelas liegt, und waren Cortés auf Kuba von dem Genueser Juan Riberol, dem für Westindien zuständigen Agenten des Sevillaner Silberschmiedes und Perlenhändlers Juan de Córdoba, mit dem der *caudillo* bereits Geschäfte gemacht hatte, angeboten worden). Die Kastilier legten einen Teil des Wegs in Gesellschaft von Cacama zurück. Obgleich dieser instinktiv feindselige Gefühle gegen Cortés hegte und frei von den spirituellen Bedenken Montezumas war, war der traditionelle mexikanische Sinn für Gastfreundschaft so tief in ihm verwurzelt, daß er den mutmaßlichen Botschafter eines fremden Monarchen standesgemäß behandelte. Was er nicht wußte, war, daß der König von Kastilien keine Ahnung von dem hatte, was Cortés tat, ja nicht einmal wußte, wer Cortés war, und ihm keinerlei Auftrag erteilt hatte.

Die Expedition kam nun durch die Ortschaft Mixquic, Hauptstadt eines winzigen Stammes, der Mixquica, die vor dem Ende des 14. Jahrhunderts von den Mexica unterworfen worden waren. Mixquic, »die schönste Stadt, die wir bis dahin gesehen hatten«, war von zahlreichen Türmen geschmückt und scheint teilweise im See erbaut worden zu sein. In ihrer Umgebung wurden zahlreiche *chinampa*-Felder bestellt. Hier erfuhr Cortés, daß der Weg nach Tenochtitlan, der vermutlich über einen Damm führte, welcher im vorangegangenen Jahrhundert als Fronarbeit von den Xochimilca aufgefüllt worden war, frei passierbar war und keinerlei Schwierigkeiten bereiten würde.[24]

Etwa sechseinhalb Kilometer hinter Mixquic erreichten sie den Anfang eines Dammweges – etwa »eine Lanzenlänge« breit –, der zu einer Insel führte, auf welcher die Stadt Cuitláhuac errichtet worden war. Dies war die Hauptstadt eines anderen kleinen Stammes (mit etwa 3000 Mitgliedern), den die Mexica schon frühzeitig während ihres Aufstiegs zur Großmacht unterworfen hatten. Einige waren der Ansicht, daß sich hier einst das Legendäre Azatlan befunden habe. Die Herren des Ortes baten Cortés, die Nacht in ihrer Stadt zu verbringen. Er war geneigt, ihr Angebot anzunehmen, doch die mexikanischen Führer bedrängten ihn, noch am selben Tag über einen weiteren Dammweg zur Halbinsel Culhuacan zu ziehen. Cortés gab ihrem Drängen nach, weil er fürchtete, daß die Mexica den Dammweg blokkierten, bevor er sein Ziel erreichte.[25]

Diese Städte – Mixquic, Cuitláhuac und Culhuacan – hatten die Kultur im Hochtal von Mexiko begründet. Culhuacan, das einst die Mexica besiegt hatte, bevor es dann von diesen unterworfen wurde, genoß unter den abhängigen Städten einen ganz besonderen Status. Angeblich floh die alteingesessene Dynastie von Tula nach dem Fall ihrer Stadt nach Culhuacan. Selbst im Jahre 1519 galten die Monarchen von Culhuacan noch immer als Abkömmlinge des Herrschergeschlechts von Tula und konnten nach wie vor Achtung, wenn auch keinen Gehorsam von anderen Städten erwarten. Im Jahre 1519 wurde eine Tochter Montezumas mit Tezozomoc, dem Herrscher von Culhuacan, verheiratet.[26]

Nachdem die Mexica aus Chapultepec vertrieben worden waren, hatten sie eine Zeitlang in Tizapan gelebt, einer Stadt auf dem Festland, die damals zur Einflußsphäre von Culhuacan gehörte. Sie nannten sich selbst oft Culhua, weil ihr erster Monarch, Acampichtli, dem Geschlecht der Culhua (und folglich der Tolteken) entstammte. Als sich Bernal Díaz diesem Gebiet näherte, mutete ihn die Seenlandschaft voller Pyramiden (»Türme«) und Dammwege so zauberhaft an, daß sie ihm »den Seiten von *Amadís de Gaula* entstiegen zu sein schien«.[27] Diese vielzitierte Aussage beweist, daß Bernal Díaz, auch wenn er ein Landsmann des Autors gewesen sein mag, *Amadís de Gaula* entweder vergessen oder gar nicht gelesen hatte, da in diesem Ritterroman nur wenige Beschreibungen von schönen Türmen und Städten vorkommen. Andererseits hatte König Perion in *Amadís* einen Traum, in dem »ein ihm unbekannter Mann sein Zimmer durch eine Geheimtür betrat, ihm mit einer Hand zwischen die Rippen faßte, sein Herz herausriß und es in einen Fluß warf«. War dies eine prophetische Vision für Tenochtitlan, in Medina del Campo verfaßt?

Diese Nacht verbrachten die Conquistadoren in der Culhua-Stadt Iztapalapa, die am Ufer des Sees, gegenüber von Tenochtitlan, lag. Die Ältesten der Stadt einschließlich des Herrschers Cuitláhuac (er trug denselben Namen wie die nahegelegene Stadt), eines Bruders von Montezuma, kamen ihnen entgegen und begrüßten sie in der Nähe des »Sternenhügels«. Dieser erloschene Vulkan spielte in der Mythologie der Mexica eine große Rolle, weil hier alle zweiundfünfzig Jahre – zum letzten Mal im Jahre 1507 – die Feuerzeremonie stattfand, bei der »die Jahre gebunden« und ein neues »Jahrhundert« eingeleitet wurde. Offenbar hatten die berühmten Tolteken den Sternenhügel zum Sitz ihrer Hauptstadt erkoren, bevor sie nach Tula gezogen waren. Daher galt dieser Ort als heilig.

Angeblich zählte Iztapalapa 12000 bis 15000 Einwohner; die Hälfte der Häuser stand auf Pfählen im See, die andere Hälfte auf dem Land. Der Ort war nur acht Kilometer (Luftlinie) von Tenochtitlan entfernt, dessen imposante Gebäude in der Ferne deutlich zu erkennen waren. Nach Ansicht Cortés' waren die zweistöckigen Gebäude, in denen sie untergebracht waren, »genausogut wie die besten in Spanien, was die Qualität der Steinmetzarbeiten betrifft«. Es gab prächtige Räume aus Stein mit Dächern aus Zedernholz und Innenhöfe, die mit Markisen aus Baumwolle überdacht waren. Cortés und seine Gefährten waren auch von den Blumen, den Süßwasserteichen, der Obstplantage mit ihrem großen Fischteich und den Gemüsegärten nachhaltig beeindruckt; Bernal Díaz beobachtete, wie Kanus durch ein spezielles Schleusentor in die Gärten hineinfuhren.[28] Von hier aus dürfte Cortés den sechzehn Kilometer langen Nezahualcoyotl-Damm gesehen haben, der nördlich von Itzapalapa errichtet worden war. Er führte an Tenochtitlan vorbei und erreichte in Atzacualco das Nordufer des Sees. Dieser auf Nezahualcoyotl zurückgehende Damm war in den 40er Jahren des 15. Jahrhunderts als Schutzmaßnahme gegen Überflutungen errichtet worden, die zuvor schwere Verwüstungen angerichtet hatten.

Am nächsten Tag, dem 8. November, trat Cortés den Marsch auf Tenochtitlan in wohlgeordneter Formation an: vier Reiter in traditioneller europäischer Rüstung an der Spitze (vermutlich Alvarado, Sandoval, Olid und Velázquez de León), dann der Fähnrich (Cristóbal del Corral), dann eine Abteilung Fußsoldaten mit gezogenen Schwertern unter Führung von Diego de Ordás, dann einige weitere Reiter in Baumwollrüstung und mit Lanzen bewaffnet. Das nächste Kontingent setzte sich aus Armbrustschützen zusammen, die ihre Köcher seitlich an den Hüften befestigt hatten und ebenfalls Baumwollrüstungen und Helme mit Federbusch trugen. Ihnen folgten die restlichen Reiter und die Arkebusiere. Cortés selbst ritt in der Nachhut, umringt von einer kleinen Gruppe von Reitern und einigen weiteren Fähnrichen, an die sich vermutlich Cortés' persönliches Gefolge unter Führung seines Majordomus' Joan de Cáceres anschloß. Den Abschluß bildeten die verbündeten Indianer in Kriegstracht und Kriegsbemalung; einige von ihnen trugen Lasten, andere zogen – vermutlich auf den Holzkarren, die Diego Hernández an der Küste angefertigt hatte – die zwei oder drei Lombarden.[29]

Diese außergewöhnliche Formation zog von Iztapalapa aus zunächst in westlicher Richtung über den Damm. Zu ihrer Linken erstreckte sich die Halbinsel Culhuacan, in deren Süden Mexicalzingo lag, die kleinste der vier Culhúa-Städte, deren Bevölkerung aus etwa 3000 Familien bestand. Dieser Iztapalapa-Damm, »eine Lanzenlänge über dem Wasserspiegel gelegen« (und ebenso breit), zog sich über drei Kilometer hin, bevor er etwa anderthalb Kilometer vor der Stadt Coyoacán in den Nord-Süd-Hauptdamm einmündete, der nach Tenochtitlan führte. Bevor sich die Kastilier nach Norden wandten, dürften sie die beiden ansehnlichen Städte Coyoacán und Huitzilopochco mit ihren »sehr guten Häusern und Türmen« gesehen haben.[30] An dieser Stelle waren die Conquistadoren noch zweieinhalb Kilometer von den ersten Häusern der Hauptstadt entfernt. Zweifellos befanden sie sich in einem Zustand größter Erregung.

Die Tepanekenstadt Coyoacán war einer der Bündnispartner von Azcapotzalco gewesen, bevor es in den 20er Jahren des 15. Jahrhunderts von den Mexica erobert und zerstört wurde. Die Mexica wandelten Coyoacán in eine große Gartenstadt mit Privatgrundstücken um, welche an mexikanische Adlige vergeben wurden. Ein Großteil der ursprünglichen Bevölkerung wurde versklavt. Im Jahre 1502 ließ Kaiser Ahuítzotl in einer seiner letzten Amtshandlungen den Herrscher von Coyoacán erdrosseln, weil dieser den ungelegenen Rat erteilt hatte, es sei unklug, die Gewässer des nahegelegenen Huitzilopochco umzuleiten.

Der große und breite Damm führte die Kastilier schließlich an ihr Ziel. Dieser Damm war vermutlich genauso hoch und mit 42 Metern etwa doppelt so breit wie der Iztapalapa-Damm – Cortés zufolge konnten acht Reiter bequem nebeneinander herreiten.

In dem schwachen Versuch, den Besuchern auf symbolische Weise ihre Unerwünschtheit vor Augen zu führen, hatte Montezuma offenbar seinen Untertanen befohlen, ihre Häuser nicht zu verlassen, um die Ankunft der Besucher zu beobachten. Daher war diese Gegend wie leergefegt, doch entlang den Straßen und auf dem See scheinen seine Anweisungen nicht befolgt worden zu sein.[31]

Die kastilische Expedition hinterließ natürlich einen gewaltigen Eindruck. Sahagún beschrieb später, wie die Reiter immer wieder Volten ritten, wiederholt nach vorn preschten und wieder umkehrten, wie die Pferde bei jedem Halt mit den Hufen scharten, schwitzten, mit ihren Schellen rasselten und mitunter wieherten, wie die Reiter aufmerksam die Umgebung beobachteten, die großen Hunde vorausrannten, jeden unbekannten Geruch erschnupperten und japsten, wie Corral, der Hauptfähnrich, abgesetzt von der übrigen Truppe marschierte, sein Banner bald vor und zurückschwenkend, bald im Kreise drehend. Die funkelnden Stahlschwerter und Stahllanzen machten auf die Mexica einen ebenso tiefen Eindruck wie die Armbrustschützen und Arkebusiere, die ihre Waffen handhabten und so taten, als wollten sie sie abfeuern. Die mit den Spaniern verbündeten Indianer, die hinter Cortés marschierten, stießen Kriegsrufe aus, indem sie mit den Händen auf ihre Lippen schlugen, pfiffen und schrien. Vermutlich trugen die Tlaxcalteken ihre traditionellen, halb roten, halb weißen Umhänge. Ihre Freude über diesen triumphalen Einzug in die Stadt ihrer Feinde muß grenzenlos gewesen sein.

Aber auch Cortés und seine Männer kamen aus dem Staunen nicht heraus, denn vor ihnen lag eine Stadt, die größer als jede erschien, die sie bis dahin zu Gesicht bekommen haben mochten – obgleich Neapel und Konstantinopel mit jeweils über 200 000 Einwohnern nahe an Tenochtitlan herankamen. Einer oder zwei von Cortés' Männern, die »italienischen« Veteranen und die Griechen, wie etwa Andrés de Rodas, hatten diese Städte möglicherweise gesehen. Doch die meisten der Kastilier waren noch nie in einer Stadt gewesen, die größer als Sevilla war. In der Alten Welt wurde die Hauptstadt von Mexiko nur von den Städten Chinas (die natürlich keiner der Expeditionsteilnehmer kannte) an Größe weit übertroffen. Die Kastilier waren auch von der großen Anzahl von Kanus beeindruckt, die sie auf dem See sahen, darunter viele große, die bis zu sechzig Personen faßten. Die Kanus bestanden aus ausgehöhlten Baumstämmen, und viele hatten sich dem Damm genähert, weil ihre Insassen die Besucher genauer in Augenschein nehmen wollten. Die Conquistadoren glaubten, daß die zahlreichen mit Stuck verzierten Tempelpyramiden (sowohl auf den Inseln als auch in Tenochtitlan) mit ihren Plattformen für die Altäre der Götter – in den Worten von Fray Aguilar – »mit Türmen versehene Festungen, prächtige Bauwerke ... königliche Wohnhäuser [waren]. Was für einen wunderbaren Anblick diese herrlichen Anhöhen boten ... alle waren mit Stuck verziert, aus Stein gemeißelt, von verschiedenen Typen von Mauerzacken gekrönt, mit Tierzeichnungen geschmückt und mit Steinfiguren ...!«[32]

Der Dammweg war zwar breit, wurde aber immer wieder von Brükken aus Holzbalken unterbrochen, was die Kastilier ebenfalls beunruhigt haben dürfte. Diese Brücken dienten zwar in erster Linie dazu, Kanus eine ungehinderte Überfahrt von einem Ufer des Sees zum anderen zu erlauben, doch darüber hinaus waren sie auch eine Verteidigungsvorrichtung, die möglicherweise schon bald zum Einsatz kommen würde.

Etwa zwei Kilometer vor dem Haupttor der Stadt erreichte die Expedition einen Ort namens Acachinanco, wo der Dammweg endete und die ersten Häuser der Stadt begannen. An dieser Stelle wurden traditionellerweise die heimkehrenden Helden begrüßt; so hatte beispielsweise Kaiser Ahuízotl hier die »Händler der Vorhut«, die zu weit entfernten Orten gereist waren, willkommen geheißen. Hier befand sich auch eine Stelle, die Malcuitlapilco genannt wurde, »das Ende der Reihe der Gefangenen«, wo die Schlange derjenigen geendet hatte, die bei der Einweihung des Großen Tempels im Jahre 1487 geopfert worden waren. Dies muß ungefähr dort gewesen sein, wo heute die Einsiedelei San Antonio el Abad steht. Von hier aus führte ein weiterer Dammweg in südwestlicher Richtung nach Coyoacán, außerdem stand hier eine mächtige Festung mit zwei Türmen, die jeweils von einer vier Fuß dicken Mauer umgeben waren und nach Cortés' Beschreibung eine Brustwehr mit Zinnen aufwiesen. Ein Gefolge prunkvoll gekleideter mexikanischer Adliger kam den Kastiliern nun zur Begrüßung entgegen. Sie taten dies, wie gewöhnlich, indem sie mit einer Hand den Boden berührten und diese anschließend küßten. Sie schauten nicht den *caudillo* an, sondern nur zu Boden, wie es sich als Zeichen der Hochachtung gegenüber Herrschern geziemte. Cortés berichtete, es habe eine ganze Stunde gedauert, bis alle damit fertig gewesen seien. Anschließend zogen sie gemeinsam in Tenochtitlan ein.[33]

Trotz allem hatte sich Montezuma zu guter Letzt entschlossen, Cortés in Begleitung seiner Berater zu begrüßen. Welche Zweifel er auch immer an den Absichten von Cortés und seiner göttlichen oder menschlichen Natur hegte, so wurde er durch die mexikanische Tradition der Gastfreundschaft doch quasi dazu gezwungen: »Es war Brauch bei den Indianern, Fremde zu beherbergen und ihnen gute Unterkünfte zur Verfügung zu stellen.« Auch die Mexica selbst hatten während ihrer legendären Wanderungen eine solche Aufnahme erfahren. Ein Präzedenzfall freilich ließ nichts Gutes ahnen: König Achitometl von Culhuacan hatte den Mexica während ihrer langen Wanderschaft Gastfreundschaft gewährt, aber wie Montezuma hatte er dies nur aus Furcht getan.

Montezuma kam ihnen in einer Sänfte mit einem Baldachin aus grünen Federn entgegen, der mit Stickereien aus Gold- und Silberfäden verziert war, und in den Jadesteine eingelegt waren. Sie wurde von Adligen getragen, während andere Vornehme vor der Sänfte hergingen und den Boden fegten. Ein weiterer Mann schritt vor dem Kaiser her und trug einen Stab als Zeichen der kaiserlichen Machtfülle.[34] Montezuma selbst trug vermutlich einen bestickten Umhang, einen Kopfschmuck aus grünen Federn und mit Gold verzierte Sandalen, deren Oberleder mit Edelsteinen besetzt war. Die Sänfte war mit Blumen, Kakaoblüten, Girlanden, Blumenkränzen und Goldketten geschmückt. Der Kaiser brachte viele Geschenke mit.

Die Kastilier wurden zunächst von einer anderen Gruppe von Fürsten willkommen geheißen, die sich in zwei Reihen aufstellten. Auch sie waren festlich gekleidet, wenn auch jeder auf eine andere Weise. Unter ihnen befanden sich Totoquihuatzin, der König von Tacuba, Cacama, der König von Texcoco, und Itzquauhtzin, der betagte Gouverneur von Tlatelolco. Auch sie vollführten das zeremonielle Küssen ihrer Hände, nachdem sie mit diesen die Erde berührt hatten. Sie fegten den Boden und breiteten Umhänge vor sich aus. Alle mit Ausnahme von Montezuma (und vermutlich Cacama und Cuitláhuac) waren barfuß.

Montezuma entstieg der Sänfte. Cortés saß von seinem Pferd ab und ging auf den Kaiser zu, um ihn zu begrüßen. Er wollte ihn »auf spanische Weise« (wahrscheinlich mit einer Umarmung) begrüßen, doch Diener hielten ihn zurück. Statt dessen gab er ihm die Hand. Montezuma grüßte ihn. Seine Worte wurden von Aguilar und Marina übersetzt, wenngleich (wie bereits erwähnt) Marina nicht genau verstand, was Montezuma sagte, da ihr eigener Coatzacoalcos-Dialekt sich stark von der vornehmen Ausdrucksweise Montezumas unterschieden haben dürfte.[35] Nach Darstellung von Cortés und anderen spanischen Augenzeugen handelte es sich um eine förmliche Begrüßungszeremonie. Offenbar fragte Cortés: »Seid Ihr es wirklich? Montezuma?« Worauf Montezuma kurz antwortete: »Ja, ich bin es.« (Die dramatischere Begrüßungszeremonie, die sich Fray Sahagún zufolge auf dem Damm abgespielt haben soll, dürfte zu einem späteren Zeitpunkt stattgefunden haben.) Aber wir müssen davon ausgehen, daß Montezuma, nachdem er sich einmal dazu durchgerungen hatte, Cortés zu begrüßen, geläufige mexikanische Grußformeln wie »Ich verneige mich vor Euch« oder »Ich küsse Eure Füße« verwendete und mit dem ebenso gebräuchlichen »Das ist alles« schloß.[36] Für die Spanier waren derartige Begrüßungen problemlos verständlich, sofern sie richtig übersetzt wurden. Als Cortés zu Montezuma sprach, zog er eine Halskette aus Perlen (Cortés nannte sie »Diamanten aus Glas«) aus, die offenbar mit Moschus parfümiert war, und legte sie um den Hals des Kaisers. Montezuma seinerseits forderte einen Diener durch einen Wink auf, Cortés zwei Halsketten aus roten Schneckenhäusern zu überreichen, an denen acht Garnelen aus Gold hingen, die zweifellos mit dem Gott Quetzalcoatl in Verbindung gebracht wurden.

Vermutlich fand keiner der Kastilier an dem Lippenpflock aus poliertem Stein, der mit der Figur eines blauen Kolibris verziert war und in der Unterlippe des Kaisers steckte, Gefallen, und auch seine großen Ohrpflöcke und türkisblauen Nasenornamente dürften nicht ihren Beifall gefunden haben. Doch der kunstvolle Kopfputz aus Federn, den sowohl der Kaiser als auch die Adligen trugen, und die Trachten aus Jaguarfellen der hochrangigen Krieger, die sich die Schädel der Tiere über ihre Köpfe gezogen hatten, setzten die Spanier sicherlich in großes Erstaunen.

Montezuma bat seinen Bruder Cuitláhuac, gemeinsam mit ihm den Einzug in die Stadt anzuführen. Ihnen folgten die Adligen, die sich in zwei Reihen aufgestellt hatten; sie berührten mit ihren Händen den Boden und grüßten Cortés. Niemand blickte Montezuma an. Das ganze Gefolge bewegte sich langsam auf der breiten, geraden Straße, die zunächst von Häusern aus getünchten Adobeziegeln und dann von Palästen gesäumt wurde, zurück ins Zentrum der Stadt. Auf den Dächern drängten sich die Schaulustigen, die den Einzug der Fremden mit sichtlicher Verwunderung verfolgten. »Wer vermochte die Zahl der Männer, Frauen und Kinder auf den Straßen, den Dächern und in der Kanus auf den Kanälen zu zählen, die gekommen waren, uns zu sehen?« fragte Bernal Díaz Jahre später in pathetischem Ton. Und er schloß eine literarische Anspielung an, die allen Lesern von Romanen vertraut sein durfte: »Dies alles steht mir noch immer vor Augen, als hätte es sich gestern zugetragen.«[37]

Cortés und seine Männer wurden in den Palast des Axayácatl geführt, in welchem Montezumas Vater, der vorletzte Kaiser, residiert hatte. Vielleicht war es die einzige große Unterkunft, die verfügbar war; dennoch war es ein hochsymbolischer Akt: Obgleich die Mexica ihre Vorfahren nicht verehrten, brachten sie ihnen doch Hochachtung entgegen. An diesem Ort, dem Ziel ihrer außergewöhnlichen Reise, feuerten die Arkebusiere eine Salve ab, welche die Luft mit beißendem Rauch erfüllte. Auch die Geschütze wurden abgefeuert, um das Gefühl des Triumphes zum Ausdruck zu bringen, das alle – wenn auch nur vorübergehend – nach dem Einzug in die Stadt empfanden.[38] Zweifellos freuten sich die wenigen Valencianer in Cortés' Heer ganz besonders über eine solche, ihnen wohlvertraute Form des Feierns.

Der Valencianer Rodrigo Borgia feierte seinen Einzug in Rom als Papst Alexander VI. auf ähnliche Weise. Die Feste in Valencia zeichneten sich von jeher durch lautes Getöse – vor allem durch Feuerwerk – aus.

Nach dem Urteil von Cortés war der Palast des Axayácatl ein »stattliches und schönes Gebäude« in der Nähe des Hauptplatzes. Er scheint von Fronarbeitern – vielleicht sogar von Arbeiterinnen, wenn es stimmt, daß nur wenige Männer jenen Krieg überlebten – aus Chalco für Montezuma I. errichtet worden zu sein, als Teil des Tributs, den diese Stadt nach ihrer Niederlage zu entrichten hatte. Er muß sehr groß gewesen sein, da er genügend Platz für Cortés und dessen Gefolge bot. Montezuma führte den *caudillo* in einen Saal, der auf den Innenhof ging, und bat ihn, auf einem großen Thron Platz zu nehmen. Er sagte, Cortés möge hier so lange warten, bis all seine Männer – einschließlich der Tlaxcalteken und der Cholula – untergebracht seien. »Malinche«, so sprache er Cortés mit seinem ordnungsgemäßen mexikanischen Namen an: »Ihr und Eure Brüder seid zu Hause. Ruhet Euch aus.« Er werde nach dem Abendessen zurückkommen. Danach wurden Speisen für die Besucher gebracht: Truthahn und Tortillas, wie immer, aber auch Gras für die Pferde, und Frauen, um die Tortillas zuzubereiten.[39]

Fray Aguilar schrieb über diesen Palast: »Er war eine wahre Augenweide. Es gab darin zahllose Kammern, Vorzimmer, prächtige Säle, Matratzen aus großen Umhängen, Kissen aus Leder und Baumwolle, gute Eiderdecken und wunderbare weiße Pelzroben sowie handgefertigte Holzsessel. Auch die Dienerschaft geziemte sich eines großen Fürsten und Herrschers.«[40]

Montezuma kehrte, wie versprochen, nach dem Abendessen zum Axayácatl-Palast zurück und hielt dort eine Ansprache. Cortés berichtete zehn Monate später in einem Brief an Karl V., was der Kaiser gemäß der Übersetzung von Marina und Aguilar bei dieser Gelegenheit sagte. Cortés ging es in diesem Brief vor allem darum, herauszustellen, daß Montezuma damals einen erstaunlichen Akt der Unterwerfung vollzogen habe, dem er, Cortés, eine offizielle Bedeutung beimaß und der ihn dazu berechtigte, die späteren Feindseligkeiten der Mexica als Rebellion zu betrachten, so wie er es bei den Cholula getan hatte.

Cortés zufolge wiederholte Montezuma zunächst die übliche Begrüßungsformel, die bei allen feierlichen Anlässen in Tenochtitlan gesprochen wurde: »Unser Gebieter, Ihr müßt erschöpft sein, Ihr habt Mühsal erduldet, doch nun habt Ihr Eure Stadt, Mexiko, erreicht ...« Dieser herzliche Empfang durch Montezuma war sicher teilweise auf die höflichen Umgangsformen zurückzuführen, für welche die Mexica bekannt waren. Tatsächlich wurde der zentrale Teil der zitierten Grußformel (»Ihr habt Mühsal erduldet«) bei allen möglichen Anlässen verwendet. Hatte Emerson mit seinem Diktum recht, Höflichkeit sei ihrer Substanz beraubte Tugendhaftigkeit? Oder kam Goethe der Wahrheit näher, als er behauptete, es gebe keine äußere Form von Höflichkeit ohne tiefere sittliche Grundlage? Auf die Mexica traf zweifellos die zweite Aussage zu. Allerdings war die Begrüßung vielleicht deshalb besonders herzlich, weil Montezuma von der Brillanz, der Energie, dem Selbstbewußtsein und der Stärke der Kastilier, die er nun selbst erlebt hatte, tatsächlich tief beeindruckt war. Wahrscheinlich wünschte sich Montezuma die Freundschaft eines Monarchen wie Karls V., dem seine Männer noch in so weiter Ferne die Treue hielten.

In Anbetracht der umständlichen Übersetzungsprozedur ist es durchaus möglich, daß Cortés aus diesen Äußerungen Montezumas dessen Bereitschaft herauslas, nicht nur die Freundschaft, sondern auch die Oberherrschaft von Karl anzunehmen. Wahrscheinlicher aber ist, daß der Ausdruck der Freundschaft so verdreht werden konnte, daß sich, ohne offenkundige Lüge, der Anschein erwecken ließ, Montezuma habe derartige Zugeständnisse gemacht. Die Kastilier wußten, daß der Ausdruck »*ésta es su casa*«, »dies ist dein Haus«, nicht immer im wörtlichen Sinn zu verstehen war. Zwischen einer Aussage wie »Sagt Eurem König, daß ich sein untertänigster und ergebenster Diener bin«, die keinerlei formelle Verbindlichkeit aufweist, und einer Aussage wie »Sagt Eurem König, daß ich sein treuer Vasall bin«, mit der vielleicht eine Abtretung von Machtbefugnissen gemeint sein könnte, besteht nur ein geringfügiger Unterschied.

Was Montezuma als nächstes sagte, ist umstritten. Wir wollen daher den Gang der Erzählung unterbrechen, um (ähnlich wie bei einer früheren Analyse von Montezumas Beweggründen) die Versionen der verschiedenen Quellen zu erörtern. In dem oben erwähnten Brief an Karl V. behauptete Cortés, Montezuma habe in seiner Rede im November 1519 zu verstehen gegeben, daß er den *caudillo* und dessen *santa compañía* für verschollene Götter oder Herrscher halte, deren Rückkehr er mit Furcht erwartet habe. Montezuma habe zudem zugegeben, daß die Mexica ursprünglich Fremde gewesen seien und daß sie ein Herrscher, dessen Vasallen sie damals gewesen seien, in das

Hochtal von Mexiko geführt habe. Dann, so fährt Cortés fort, habe Montezuma berichtet, daß »der Herrscher, der uns, die Mexica, nach Tenochtitlan brachte, in seine Heimat zurückkehrte. Nach langer Zeit suchte er uns erneut auf und stellte fest, daß das Volk, das er geführt hatte, sich mit den Ureinwohnern vermischt, viele Kinder gezeugt und Städte erbaut hatte, in denen es lebte. Als er sie zum Weiterziehen bewegen wollte, sträubten sie sich und wollten ihn sogar nicht mehr als ihren Führer anerkennen.« Und so kehrte er erneut in seine Heimat zurück: »Und wir haben immer geglaubt, daß seine Nachfahren eines Tages wieder hierherkommen würden, um ... uns zu Vasallen zu machen.«[41]

Cortés zufolge hat Montezuma an dieser Stelle nicht von Quetzalcoatl gesprochen (oder wenigstens erinnerte er sich nicht daran, daß Montezuma bzw. die Dolmetscher Quetzalcoatl erwähnten). Da die Kastilier – so der Kaiser – aus dem Osten, dem Gebiet der aufgehenden Sonne, gekommen seien, und da sie von einem großen König (Karl V.) gesprochen hätten, der nach seinem, Montezumas, Verständnis bereits von ihnen (den Mexica) gehört habe, gehe er davon aus, daß Karl V. ihr natürlicher König sei.[42] Und nach Darstellung von Cortés fügte Montezuma hinzu: »Seid gewiß, daß wir Euch gehorchen wollen und Euch in Vertretung jenes großen Herrschers als unseren Gebieter anerkennen. Darin wird es keinerlei Irrtum und keinerlei Täuschung geben. Ihr könnt in meinem ganzen Herrschaftsgebiet nach Belieben Befehle erteilen, diese werden befolgt werden. Und da Ihr Euch in Eurer Heimat und Eurem Haus befindet, solltet Ihr Euch ausruhen und Euch von der Mühsal Eurer Reise und Eurer Kämpfe erholen.«

Montezuma sagte dann angeblich, er sei über die Kämpfe bei Potonchan und gegen die Tlaxcala unterrichtet; auch sei er, Montezuma, im Gegensatz zu dem, was man Cortés auf seinem Weg nach Tenochtitlan gesagt haben mochte, kein Gott, sondern ein Mensch. Er wolle außerdem klarstellen, daß die Mauern des Palastes, wie auch die meisten übrigen Gebäude der Stadt, (wiederum anders als man Cortés versichert haben dürfte) nicht aus Gold, sondern aus Stein, Kalk und Adobe bestünden.[43]

Diese Version der Ereignisse spiegelte sich natürlich auch in der von Cortés selbst angeregten und von seinem späteren Hauskaplan, López de Gómara, verfaßten Biographie wider. Gómara schilderte in den 50er Jahren des 16. Jahrhunderts die Begebenheit in ähnlichen Worten, obgleich Montezuma ihm zufolge darüber hinaus sagte, er wisse, daß Cortés und die Kastilier sterbliche Menschen seien, ihre Pferde glichen mexikanischen Hirschen, und ihre Büchsen erinnerten an mexikanische Blasrohre. Der offizielle Historiker Karls V., Sepúlveda, der später mit Cortés sprach, schmückte die Erzählung weiter aus; ihm zufolge sagte Montezuma, der König von Kastilien entstamme demselben »Geschlecht wie unser eigener erster König«.[44]

Die anderen Conquistadoren weichen in ihren Darstellungen geringfügig voneinander ab. So widmete etwa Bernal Díaz, der ebenfalls in den 50er Jahren des 16. Jahrhunderts schrieb – wenngleich in Guatemala und nicht in Spanien – dieser Rede nur wenige Zeilen. Montezuma habe behauptet, daß »er uns nun, da wir bei ihm seien, zu Diensten sei und uns alles geben wolle, was er besitze; und daß es gewiß stimme, daß wir diejenigen seien, von denen seine Vorfahren vor langer Zeit gesprochen hätten, als sie von Männern erzählten, die von dort kämen, wo die Sonne aufgehe, um diese Gegend zu beherrschen«. Fray Aguilar, ein anderer Augenzeuge, der in den 60er Jahren des 16. Jahrhunderts im El Escorial schrieb, ging in seiner Beschreibung der Selbsterniedrigung Montezumas sogar noch weiter als Cortés. Seiner Darstellung zufolge erklärte Montezuma vor einem Notar nicht weniger, als daß er der Vasall des Königs von Kastilien sein wolle, daß er diesem wie seinem eigenen Herrn dienen wolle, daß die Kastilier herzlich willkommen seien, da sie nach Hause zurückgekehrt seien, und daß seine Vorfahren immer gesagt hätten, daß eines Tages bewaffnete und bärtige Männer aus der Gegend des Sonnenaufgangs kommen würden, die unbezwingbar seien, da sie die künftigen Herren der Erde wären. Fray Aguilar fügte hinzu, daß Montezuma »uns für unsterblich hielt und uns *teules* nannte, was soviel heißt wie Götter«.[45] Allerdings verwechselte Aguilar möglicherweise diese Rede mit einer anderen, die Montezuma im Januar 1520 hielt und die wir später erörtern werden.

Nach Darstellung eines dritten Conquistadors, Andrés de Tapia, hielt Montezuma besagte Rede ein paar Tage später, nachdem Cortés einen versteckten Goldschatz entdeckt hatte.[46]

Keiner der Entlastungs- oder Belastungszeugen im *juicio de residencia* gegen Cortés erwähnte etwas von dieser Rede – allerdings wurden sie auch nicht danach gefragt.

In den meisten Werken aus dem Ende des 16. Jahrhunderts wurde dieses Ereignis erwähnt, so schrieb Fray Sahagún (dem zufolge Montezuma seine Rede auf dem Dammweg hielt), daß Montezuma nach der üblichen, konventionellen Begrüßung (»O Herr, Ihr seid erschöpft, Ihr habt Mühsal erduldet«) in überschwenglicher Weise fortgefahren sei: »Ihr seid gekommen, die Stadt Mexiko zu regieren. Ihr seid gekommen, Euch auf Eurer Matte, auf Eurem Thron niederzulassen, die ich kurze Zeit für Euch besetzte, für Euch hütete, denn Eure Statthalter waren fortgegangen.« Anschließend habe Montezuma die Kaiser von Mexiko aufgezählt, die vor ihm regiert hätten, und hinzugefügt: »Könnte doch nur einer von ihnen bestaunen, was nun mir widerfahren, was ich heute sehe ... Nein, ich träume nicht ... Ich sehe es nicht nur im Traum, ich träume nicht nur, daß ich Euch sehe, daß ich Euch ins Gesicht blicke. Eine Zeitlang war ich tief betrübt. Ich starrte auf die geheimnisvolle Gegend, aus der Ihr gekommen seid ... Ihr seid den Wolken, dem Nebel entstiegen ... Die Herrscher gingen fort und ließen uns in der Gewißheit zurück, daß Ihr kommen würdet, die Stadt zu besuchen und Euch auf Eurem Thron niederzulassen; und nun ist dies in Erfüllung gegangen.«[47]

Auch die verlorengegangene sogenannte *Crónica X*, die vermutlich in den 30er Jahren des 16. Jahrhunderts von einem Mexica auf Nahuatl verfaßt wurde, scheint eine Rede Montezumas mit ähnlichem Wortlaut enthalten zu haben, da sämtliche Werke, die sich auf diese *Crónica* berufen, eine solche Erklärung enthalten, auch wenn diese nicht den gleichen überschwenglichen Stil hat wie jene Sahagúns. Fray Durán beispielsweise behauptete, Montezuma habe nicht nur gesagt, daß er ein Interimsverwalter des von Cortés' Vater Quetzalcoatl verlassenen Königreichs sei, sondern sich (nach Bekundung des Augenzeugen Fray Aguilar) auch bereit erklärt, ein Vasall des Königs von Spanien und Christ zu werden. Nach dem *Codex Ramírez* jedoch, der sich ebenfalls auf die *Crónica X* stützt, erklärte Montezuma lediglich, er stehe dem König von Spanien zu Diensten und Cortés könne frei über sein gesamtes Hab und Gut verfügen.[48]

Lassen wir die nebensächlichen Punkte außer Betracht: Die Frage, ob Montezuma die Spanier auf dem Dammweg begrüßte, ob bei der Rede des Kaisers ein Notar zugegen war und worauf Montezuma anspielte, als er sagte, er sei ein Sterblicher und sein Palast bestehe nicht aus Gold. Diese Rede Montezumas wurde ebenso wie eine weitere, später gehaltene Rede als »apokryph«, als »höchstwahrscheinlich fiktiv« und als Ausdruck eines »mythisch-historischen Anachronismus« charakterisiert. Es wurde außerdem behauptet, Cortés habe sich bei der Wiedergabe des Teils der Rede, in dem Montezuma behauptet, er sei ein Mensch und kein Gott, stilistisch vom *Nunc Dimittis* beeinflussen lassen.[49]

Cortés war skrupellos, einfallsreich und verschlagen; ein Mensch von proteushaftem Charakter. Dennoch ist schwer vorstellbar, daß er die ganze Rede erfunden hat, ohne sich im mindesten auf das zu beziehen, was Montezuma tatsächlich sagte, schließlich erklärte sich dieser später bereit, sich den Kastiliern auszuliefern. Montezuma muß bereits bei diesem ersten Zusammentreffen über die übliche ausgesuchte Höflichkeit hinausgegangen sein, und sein Verhalten muß irgendein außergewöhnliches Element stillschweigender Unterwerfung enthalten haben, wobei das visuelle Imponiergehabe der spanischen Truppe und die Kenntnis der in Cholula begangenen Grausamkeiten eine nicht unerhebliche Rolle gespielt haben dürften.

Hätte Cortés die Wahrheit in dem Maße verdreht, wie dies von einigen behauptet wurde, wäre er zweifellos später von seinen eigenen Kameraden bloßgestellt worden. Der Brief an den König, in dem Cortés die Ereignisse beschrieb (die zweite *Carta de Relación*) wurde 1522 von dem deutschen Buchdrucker Jacob Cromberger in Sevilla verlegt. Er fand ein breites Echo. Viele Leute einschließlich zahlreicher Conquistadoren lasen ihn – hätte tatsächlich ein gravierender Meinungsunterschied im Hinblick auf die Geschehnisse bestanden, dann wären zu diesem Zeitpunkt noch genügend Männer am Leben gewesen, die die Wahrheit kannten und die Cortés mittlerweile haßten. Sie hätten sicher dafür gesorgt, daß eine Lüge publik gemacht worden wäre. Einer der beiden Dolmetscher, die bei dieser ersten Begegnung dabei waren, Fray Gerónimo Aguilar, erhob in dem 1529 gegen Cortés durchgeführten Ermittlungsverfahren schwere Beschuldigungen gegen ihn. Wenn Cortés gelogen hätte, dann hätte Aguilar, der mittlerweile mit ihm verfeindet war, gewiß nicht gezögert, seinen einstigen *caudillo* – gerade in einer so wichtigen Angelegenheit – der Falschaussage zu bezichtigen.

Ebensowenig hätten Bernal Díaz und Fray Aguilar ihre Version der Ereignisse mit Cortés absprechen können: Díaz schrieb in den 50er Jahren des 16. Jahrhunderts, nach Cortés' Tod, in Guatemala und Aguilar in dem Augustinerkloster El Escorial, ein Jahrzehnt später. Es ist äußerst unwahrscheinlich, daß einer der beiden zu einer Absprache mit Fray Sahagún, der sich damals in Mexiko aufhielt, und anderen Personen, die sich große Mühe gaben, authentische Berichte der Indianer über die Ereignisse zu sammeln, bereit gewesen wäre.

Natürlich ist es denkbar, daß der Mythos von Montezumas Unterwerfung in den 60er Jahren des 16. Jahrhunderts bereits so fest verwurzelt war, daß er vorbehaltlos selbst von solchen Personen akzeptiert wurde, die Augenzeugen gewesen waren und vielleicht eine abweichende Version hätten schildern können. Doch Bernal Díaz fühlte sich niemandem verpflichtet, und eines der Ziele, die er mit seinem Werk verfolgte, bestand darin, Cortés auf menschliches Maß zu stutzen.

Die mutmaßlichen Zugeständnisse Montezumas im Hinblick auf die Anerkennung der kastilischen Oberhoheit lassen sich mit Cortés' geschicktem und mit Sicherheit absichtlichem Mißbrauch der traditionellen mexikanischen Höflichkeit erklären, einschließlich der Bemerkung Montezumas, die Kastilier könnten frei über seinen Schatz verfügen. Cortés erklärte diese vermeintlichen Zugeständnisse Montezumas damit, daß dieser außergewöhnlich höflich gewesen sei. Vermutlich griff er Montezumas Rede mit der Entschlossenheit eines Mannes auf, der erkannt hatte, daß sein Gegner beim Schachspielen einen Fehler gemacht hatte. Cortés deutete die Worte Montezumas bewußt in seinem Sinne um. Doch in seiner Wiedergabe der Rede dürfte er sich nicht so weit von den tatsächlichen Ausführungen Montezumas entfernt haben, wie dies behauptet worden ist.

Jedenfalls ist davon auszugehen, daß Cortés mit Hilfe seiner Dolmetscher Marina und Aguilar eine würdevolle Erwiderung formulierte: »Habt Vertrauen, Montezuma, fürchtet nichts. Wir lieben Euch sehr. Unser Herz ist heute sehr zufrieden. Wir sehen Euch von Angesicht zu Angesicht, wir hören Euch. Wir wünschen Euch seit langem zu sehen, uns persönlich mit Euch zu unterhalten.«

Das Auftreten Marinas als Dolmetscherin erstaunte den mexikanischen Kaiser und Adel – wie schon zuvor Teudile und die Totonaken an der Küste – vermutlich ebensosehr wie der Anblick der Pferde und der Geschütze. Zweifellos wußten sie durch ihre Spione, die Cortés begleitet hatten, von der Existenz Marinas, doch sie hatten sie weder gesehen noch bei ihrer Arbeit gehört.

Gleichgültig, was Montezuma und Cortés nun wirklich gesagt haben, war die allgemeine Stimmung unter den Mexica anders, als Montezuma sie beschrieb. Denn niemandem gleich welchen Standes konnte entgangen sein, daß die Spanier, die im Jahr »1-Schilfrohr« – dem Jahr des Quetzalcoatl – in Veracruz angekommen waren, beschlossen hatten, am Tag »1-Wind« – dem Zeichen des Quetzalcoatl in seiner Bedeutung als Wirbelwind – in die Hauptstadt einzuziehen.

Doch vielleicht interpretierten sie die Bedeutung, die dem Quetzalcoatl unter diesem Zeichen zukam, anders als der Kaiser. Sowohl die Räuber als auch die Zauberer hielten es für ein positives Zeichen. Von den Zauberern hieß es, daß sie an diesem Tag ihre Chancen nutzten, um ihre Opfer während des Schlafes zu hypnotisieren, sich in deren Häusern festzusetzen, die Vorräte zu verzehren, die Frauen zu vergewaltigen und, wie Räuber, deren Wertsachen zu entwenden.[50] Die allgemeine Stimmung war demnach so, »als hätten alle berauschende Pilze verzehrt, als hätten sie etwas Entsetzliches gesehen. Der Schrekken saß allen in den Gliedern, als ob die ganze Welt entleibt worden sei. Die Menschen gingen, von Schrecken gepeinigt, zu Bett«. Die Flöten und Pfeifen, welche die Mexica gewöhnlich in ihren Häusern spielten, dürften stumm geblieben sein. Normalerweise wurde in den staatlichen Schulen, in denen die Kinder der Armen erzogen wurden, allabendlich gesungen und getanzt. Zweifellos herrschte am Abend des 8. November überall Stille.

Allerdings ertönten um Mitternacht wie immer die Muscheltrompeten vom Gipfel des Großen Tempels und von den kleinen Schreinen in den Bergen, und die Priester zapften sich, von den Spaniern unbemerkt, in der Stadt und an fernen Orten Blut ab, damit – Kastilien hin oder her – die Sonne in ein paar Stunden wieder aufgehen würde.[51]

Teil IV
Cortés und Montezuma

Ein Ebenbild des Quetzalcoatl

> »Jene Zauberer, die Temacpalitotque genannt wurden … verwandelten sich in ein Ebenbild des Ehecatl oder Quetzalcoatl, wenn sie ein Haus ausrauben wollten; und bis zu fünfzehn oder zwanzig von denjenigen, die sich darauf verstanden, zogen tanzend dorthin, wo sie stehlen wollten. An ihrer Spitze ging einer, der das Ebenbild des Quetzalcoatl trug, und ein zweiter, der den Arm – vom Ellbogen bis zur Hand – einer Frau trug, die in ihrem ersten Kindbett gestorben war …
>
> *Codex Florentino, Buch X*

Auch wenn die Nacht des 8. November 1519 in Tenochtitlan ungewöhnlich ruhig war, dürfte der städtische Alltag im Morgengrauen des 9. November seinen normalen Gang genommen haben. Ein Frühaufsteher unter den Conquistadoren hätte vermutlich Jungen gesehen, die in der Dämmerung mit Kohlen, für die Räucherpfannen auf den Spitzen der Pyramiden bestimmt, durch die Straßen in der Nähe des Axayácatl-Palasts eilten, oder Mädchen, die den Priestern Tortillas brachten. Vielleicht hätte er auch Händler gesehen, die in Kanus mit ihren Waren von fernen Orten zurückkehrten; sie taten dies immer vor Tagesanbruch, um kein öffentliches Aufsehen zu erregen. Und alle dürften gehört haben, wie die Priester mit ihren Muscheltrompeten den neuen Tag begrüßten. Später vernahmen die Expeditionsteilnehmer vermutlich die Trommelgeräusche, die von der Spitze des runden Quetzalcoatl-Tempels herkamen und den Sonnenaufgang anzeigten, das triumphale Wiederauferstehen des »türkisfarbenen Fürsten, des hochfliegenden Adlers«: den Anbruch des Arbeitstags.

Dieser neue Tag dürfte Cortés und seine Gefährten dazu veranlaßt haben, sich über ihre Lage Gedanken zu machen. Rückblickend stellte Cortés die Dinge so dar, als habe der bloße Akt des Einzugs in Tenochtitlan genügt, um das Reich zu erobern. Auch wenn er dies so geplant haben mochte, war doch seine gegenwärtige Lage in dieser unberechenbaren und halb verwunschenen Stadt äußerst bedrohlich.

Vorerst wurden die Kastilier umgehend mit allem versorgt, was sie verlangten: weiße Tortillas, Truthähne, Eier und Trinkwasser. Die Pferde wurden mit Getreide gefüttert und bekamen Streu aus Blumen, und auch die Hunde wurden gut behandelt. Selbst einer großen Stadt wie Tenochtitlan, die auf Besucher eingestellt war, dürfte es nicht leichtgefallen sein, den Bedarf der Fremden zu decken. Doch vorläufig riefen diese Forderungen weder Unmut noch größere Schwierigkeiten hervor, da die Mexica über ausreichende Vorräte an Lebensmitteln verfügten.

Cortés und sein Gefolge ruhten sich mehrere Tage aus und schauten sich in Begleitung von Dienern Montezumas die Sehenswürdigkeiten der Stadt an. Das Erstaunen der Conquistadoren war um so größer, als die meisten von ihnen aus der Provinz stammten und noch nie in einer Großstadt gelebt hatten. Das Gitternetz enger Gassen, die gerade so breit waren, daß zwei Personen nebeneinander gehen konnten, beeindruckte sie ebensosehr wie die breiten Hauptstraßen aus festgestampfter Erde, die in der Mitte Rinnen und an beiden Seiten Gehsteige aufwiesen. Sie bewunderten die großen Häuser mit ihren geräumigen Innenhöfen und Gärten, in denen vielfach Obst und Gemüse sowie Zierbäume angebaut wurden. Sie sahen den nicht abreißenden Strom von Menschen, die in Häuser ein- und ausgingen, die selbst nach Ansicht eines so hartgesottenen Conquistadors wie Diego de Ordás den spanischen Häusern überlegen waren.[1]

Alle Gebäude hatten Flachdächer, und der typische Wohnblock bestand aus einem ummauerten oder eingezäunten Grundstück, auf dem eine Reihe getrennter Wohneinheiten mit zahlreichen kleinen Räumen errichtet worden war, die auf einen offenen Innenhof gingen: Wohnverhältnisse, die – wie sich ihnen vielleicht aufdrängte – denen in Sevilla nicht gänzlich unähnlich waren. (Eine Wohnung beherbergte im Schnitt zehn bis fünfzehn Personen. Auch dies dürfte einem Sevillaner des frühen 16. Jahrhunderts vertraut vorgekommen sein.)[2] Falls die Spanier einige der Häuser der gewöhnlichen Mexica besichtigten, sahen sie, daß diese »meist außer dem ärmlichen Gewand, das sie trugen, ein bis zwei Steinen zum Mahlen von Mais, einigen Töpfen, um den Mais zuzubereiten, und einer Schlafmatte aus Schilfgras keine weiteren Möbel oder Kleidungsstücke besaßen«.[3] In jedem Haus gab es mindestens eine Terrakottafigurine eines Gottes, und in den Häusern der Wohlhabenden zahlreiche derartige Statuetten aus Stein bzw. Holz. Die Häuser bestanden aus Adobeziegeln, die Dächer aus Agavenblättern oder Kiefernholz, die Fußböden aus Lehm oder aus vulkanischem Trümmergestein. Die Wände waren mit Lehm verputzt. Zweifellos war die Luft in den Wohnungen voller Rauch, vor allem morgens, wenn die Frauen die Tortillas für die Hauptmahlzeit des Tages zubereiteten (der Kamin war in Mexiko genauso unbekannt wie in Kastilien). Die Feuerstelle bildete den Mittelpunkt der häuslichen Aktivitäten; die drei Steine, auf denen die Holzscheite verbrannt wurden, galten als heilig. Zu späterer Stunde widmeten sich die Frauen dann der Weberei, ihrer traditionellen Beschäftigung, gleich, wie alt sie waren und welche gesellschaftliche Stellung sie innehatten.

Viele der wohlhabenden Mexica tünchten ihre Häuser mit Kalk und verzierten sie mit Stuckarbeiten. Den Conquistadoren dürfte auch aufgefallen sein, daß mitunter zwei verwandte kleinere Familien zusammenwohnten und daß die Reichen ihre Häuser oftmals mit Ornamenten schmückten, ähnlich wie begüterte Familien in Spanien ihr Wappen über der Eingangstür anzubringen pflegten. Gewiß überraschte es sie zu sehen, daß an den Straßen, vor allem in den Randbezirken der Stadt, zahlreiche Parzellen, *chinampas*, angelegt waren, auf denen Familien, die in der Nähe wohnten, Gemüse anbauten. Die meisten Familien – auch diejenigen, die keine Gärten besaßen – züchteten auf den Dächern oder in den Innenhöfen ihrer Häuser Blumen, viele besaßen einen Truthahn, einen Papagei, einige Hasen und mitunter einen Hund, die sie mästeten, um sie später zu verzehren. Die Spanier sahen sicher auch die zahllosen Verkäufer dampfender Schokolade, Lieblingsgetränk der mexikanischen Oberschicht, und hörten, wie sowohl Männer als auch Frauen zur Vorbereitung auf ein Fest unentwegt Kalebassen verschiedenster Größen schüttelten.

Da die Besucher zwei Wochen in Tlaxcala verbracht hatten, dürfte ihnen so mancher Anblick mittlerweile vertraut gewesen sein. Die Mexica und die Tlaxcalteken trugen ganz ähnliche Kleidung, abgesehen davon, daß sogar die Oberschicht in Tlaxcala aufgrund der mexikanischen Blockade gezwungen war, Umhänge aus Agavenfasern statt, wie die Mexica, aus Baumwolle zu tragen. Die Spanier dürften mittlerweile mit den Umhängen der örtlichen Indianer vertraut gewesen sein, welche über der rechten Schulter verknotet waren und über Lendenschurzen getragen wurden. Allerdings gab es bei den Mexica Unterschiede in der Farbe und in der Musterung der Gewänder, in denen sich die Klassenzugehörigkeit des Trägers widerspiegelte – durch geringfügige Unterschiede in der Bekleidung setzten sich die Angehörigen des Adels (in Tenochtitlan, aber nicht in Tlaxcala) von der übrigen Bevölkerung ab: mit Quasten, Stickereien, Fransen – und längeren Gewändern.

In Tenochtitlan gab es viele Prostituierte, vielleicht Nachkommen eines unterworfenen Stammes. Der *Codex Florentino* beschreibt eine typische Prostituierte: »Sie stellt sich zur Schau und bewegt sich auf laszive Weise … Sie sieht aus wie eine bunte Blume … Sie betrachtet sich im Spiegel … Sie badet … Sie läuft mit hoch erhobenem Haupt umher, [sie ist] grob, betrunken, schamlos und ißt Pilze. Sie schminkt ihr Gesicht, schminkt es auf vielfältige Weise; ihr Gesicht ist mit Rouge geschminkt, ihre Wangen sind angemalt … mit Koschinellefarbe eingerieben … Sie flicht ihr Haar zu kleinen Hörnern [eine beliebte Haartracht] … findet Gefallen an ihrem Körper … und winkt dem einen zu … lockt den anderen zu sich her …«[4]

Die anderen Frauen, die sie in den Straßen sahen, trugen geflochtenes oder mit bunten Bändern geschmücktes Haar. Üblicherweise schminkten sie sich nicht; aber vielleicht hatten sie ihr Haar mit Indigo dunkelblau gefärbt, und viele Frauen in Tenochtitlan, insbesondere die Otomí-Frauen, hatten ihren Körper zu erotischen Zwecken tätowiert oder bemalt.

Einige der Männer und Frauen, denen die Conquistadoren sicher auch in den Straßen begegneten, trugen nur Lendenschurze aus Papyrus. Sie hatten Tlazolteotl, der Göttin der Beichte und der sinnlichen Liebe, ihre Sünden (zum Beispiel Ehebruch) gestanden und taten nun Buße, indem sie in der Öffentlichkeit sangen und tanzten (Tlazolteotl, »die Vertilgerin von Schmutz« – das heißt Sünden –, war gleichzeitig diejenige, welche »die Befleckung entfernen konnte«). Da zu Lebzeiten nur eine Beichte erlaubt war (eine zweite Beichte wurde mit der öffentlichen Steinigung geahndet), dürften die meisten der Reumütigen in höherem Alter gewesen sein. Nachts dürfte sich den Spaniern der gleiche Anblick geboten haben wie in Tlaxcala: Männer und Frauen, die auf Matten schliefen und sich mit Umhängen oder manchmal auch mit Federdecken zudeckten.[5]

Überall herrschte geschäftiges Treiben. Das Seeufer beispielsweise muß mit Männern übersät gewesen sein, die Vögeln mit Netzen auflauerten oder mit Harpunen und Speerschleudern (*atlatls*, die auch in Kämpfen eingesetzt wurden) Jagd auf Fische machten. Das Geräusch der Paddel zahlloser Kanus, rhythmisch ins Wasser des Sees eintauchend, dürfte bei einigen Sevillanern eine beruhigende Erinnerung an den Guadalquivir wachgerufen haben.

Sicher sahen die Kastilier auch viele Mexica tanzen, denn es gab nicht nur die kultischen Festtänze, sondern auch Blumentänze, Tänze unterworfener Völker, Tänze auf Stelzen, sogar Tänze der Lahmen, Tänze bei Fackelschein, Tänze im Regen, traditionelle und brandneue Tänze: jeden Abend wurde auf öffentlichen Plätzen und in Privathäusern bei Fackelschein getanzt.

Man kann es den Conquistadoren nicht verdenken, daß sie sich in ein exotisches Venedig versetzt fühlten; sie hatten gewiß von dieser italienischen Stadt gehört, kannten sie jedoch vermutlich nicht aus eigener Anschauung. Tenochtitlan erschien ihnen nicht bloß als »ein zweites Venedig«, sondern als ein »großes Venedig«, ja sogar als ein »prachtvolles Venedig«. Sie erkannten gewiß die Bedeutung, die in Mexiko der Religion zukam, auch wenn ihnen deren Manifestationen einschließlich der Mathematik beängstigend und befremdlich erschienen.

Bernal Díaz beobachtete, daß die Kanus menschliche Exkremente transportierten, die zur Salzgewinnung, zur Heilung von Hautkrankheiten und als Dünger verwendet wurden; er sah auch, daß »es auf allen Straßen Zufluchtsstätten aus Schilf, Stroh oder Gras gibt, in die sich die Passanten zurückziehen können, wenn sie ihren Darm ungestört entleeren wollen«. Der See wurde zur Entsorgung der Abwässer genutzt; dies dürfte jedoch nicht sonderlich effektiv gewesen sein, da der Ausfluß gering war. Der Müll wurde ebenfalls mit Kanus zum Stadtrand transportiert und zur Erweiterung des Stadtgebiets verwendet.

Was auch immer die Mexica von den Kastiliern hielten: Es dürfte ihnen kaum entgangen sein, daß für die meisten Kastilier ein Bad eine Seltenheit war, während sich die Mexica häufig wuschen, mit dem Wasser, das der Aquädukt heranführte, oder im See. Auch suchten sie häufig die öffentlichen Bäder auf, in denen heiße Steine zur Dampferzeugung eingesetzt wurden und in denen man sich auch mit Gräsern peitschen oder massieren lassen konnte. Dort wuschen sie auch ihre Haare mit Seife, die aus dem Fruchtfleisch der Avocado, der Frucht des Seifenbaums oder den Wurzeln von *Saponaria americana* hergestellt wurde. Den Spaniern müssen die Mexica ebenso waschsüchtig erschienen sein wie die Mauren, während sie selbst einen starken Körpergeruch verbreitet haben dürften. (Die Mexica wandten sich vermutlich des öfteren mit Bittgebeten an die Wassergöttin Chalchihuihtlicue, »die mit dem Juwelenkleid«, Gefährtin des Regengottes Tlaloc.)

Den Gefolgsleuten von Cortés, die in Sevilla oder Medellín, in Cuéllar oder Medina del Campo geboren waren, dürfte vor allem aufgefallen sein, daß sie sich im Zentrum einer wohlhabenden, sauberen und geordneten Gemeinde aufhielten. Die Heere von Straßenfegern, von Kanalreinigern, von Männern, die nachts in regelmäßigen Abständen Kohlenbecken aufstellten, und von denjenigen, die menschliche Exkremente einsammelten, um sie als Dünger oder zum Gerben von Leder zu verwenden, schienen auffällig gut organisiert zu sein.

Ein weiterer Aspekt dürfte den Conquistadoren besonders ins Auge gestochen haben: Diejenigen, die als erste von ihren Eindrücken berichteten, darunter auch Cortés, beschrieben die charakteristischen Pyramidentempel der Mexica als Moscheen, »*mezquitas*«, und sie verglichen die Kleidung der Mexica mit jener der Mauren.[6]

Schließlich waren diese Conquistadoren Angehörige einer Generation, der die Vorstellung, andere Kulturen zu erobern, vertraut war, wenn schon nicht durch ihre Väter in Granada, so doch immerhin durch die Urgroßväter ihrer Urgroßväter in Sevilla und Córdoba. Die kastilischen Bezwinger des Islam hatten das Wort »Conquistador« als Kampfwort gegen die Mauren benutzt; Überreste von »El-Andalus« waren damals in allen Teilen Spaniens zu sehen. Hatte nicht der deutsche Reisende Thomas Münzer im Jahre 1492 über Sevilla geschrieben: »Noch heute sind hier viele Monumente und Spuren der früheren Herrschaft anzutreffen«?[7] Die Kirche San Salvador in Sevilla war die ehemalige Hauptmoschee der Stadt und hatte weitgehend ihr altes Gepräge bewahrt. Einige der Wände der neuen Kathedrale von Sevilla waren Teile einer anderen Moschee gewesen. Man mußte nicht nach Granada gehen (keiner der Expeditionsteilnehmer stammte von dort), wenn man schöne maurische Gärten sehen wollte, denn der Alcázar in Sevilla (den Peter der Grausame wiederaufgebaut hatte) war eines der Lieblingsschlösser der königlichen Familie.

Diese Erinnerung an eine andere eroberte Zivilisation stärkte das spanische Selbstvertrauen in dieser romanesk anmutenden Situation in Tenochtitlan. Für einen Conquistador aus Kastilien dürfte kein großer Unterschied zwischen einem goldenen Lippenpflock aus Mexiko und goldenen Ohrringen aus Jaén bestanden haben; zwischen den mit Stickereien verzierten Kleidungsstücken aus »El-Andalus« und solchen aus Texcoco; zwischen den wunderschönen Glasschalen aus der Zeit des Kalifats, die im Tal des Guadalquivir zu finden waren, und denen aus Cholula. Der Markt in Tlatelolco glich dem *Souk* in Granada. Für Cortés wurde die Erinnerung an die Eroberung von El-Andalus durch den Schatten der großen Burg von Medellín und die Anwesenheit einer geschäftigen maurischen Minderheit wachgehalten, die ihren Jahrmarkt im November in einer Straße unweit seines Geburtshauses abhielt. Zudem besaß ein Maure namens Mohammed Rondé y Maray in Cortés' fernen Kindertagen einen kleinen Weingarten in unmittelbarer Nähe des Weingartens von Cortés' Familie am Ufer des Río Ortigas. Wenn man den Islam besiegen konnte, wieso sollte man dann nicht auch Huitzilopochtli bezwingen können?

Zweifellos waren Cortés und seine Gefährten die ganze Zeit über fest davon überzeugt, daß sie den Vorteil der wahren Religion besaßen. Einige, vor allem Cortés selbst, hielten ihre Schreibkundigkeit für einen weiteren Beweis ihrer Überlegenheit. Die Mexica kommunizierten oft, aber immer nur mündlich; Cortés dagegen machte sich ständig Notizen für seine Befehle oder auch bloß, um die Chronik der Ereignisse festzuhalten. Für einen *escribano* wie ihn – das Wort definiert die spezifische Eigenart seiner Mission – dürfte der Vorteil, der in der Beherrschung des Alphabets lag, offenkundig gewesen sein.

Cortés konnte nicht wissen, was sein nächster Schritt sein würde. »Montezuma lebend oder tot zu ergreifen« war ein Versprechen, das sich an der Küste gut angehört hatte, aber als Handlungsmaxime in Tenochtitlan verstiegen erscheinen mußte. Die Größe der Stadt, die Anzahl der Mexica und Zugbrücken dürften Cortés beunruhigt haben. Dreihundert Kastilier und einige tausend unausgebildete und unberechenbare Verbündete, mit denen er sich nicht direkt verständigen konnte, stellten gegenüber einer Einwohnerschaft von mindestens 50 000 Erwachsenen nicht gerade eine schlagkräftige Streitmacht dar. Mochte Montezuma auch verbale Zugeständnisse gemacht haben, so wurde er doch offenbar weiterhin von einer starken Leibwache geschützt.

Cortés fand bald heraus, wie groß die Stadt war, daß sie in vier Bezirke eingeteilt war (mit Tlatelolco als fünftem Bezirk), daß breite Straßen, die vom Hauptplatz ihren Ausgang nahmen, diese Bezirke trennten, daß jeder Bezirk seinen eigenen Haupttempel besaß, der gleichzeitig der Sitz des Bezirksgouverneurs war, und daß diese Bezirke in kleinere Zonen eingeteilt waren (deren Beziehung zu den älteren Sippenbezirken, *calpultin*, Gegenstand wissenschaftlicher Kontroversen ist, auch wenn feststeht, daß auch sie einen Tempel beherbergten, der gleichzeitig als Sitz der lokalen Verwaltung fungierte).[8]

Doch erst später erkannte der *caudillo* die Größe von Montezumas Reich. Obgleich er wußte, daß es sich bis zum Golf von Mexiko erstreckte, wurde ihm erst nach einiger Zeit klar, daß es auch bis zur »Südsee« reichte. Seiner Einschätzung nach war das Reich der Mexica fast so groß wie Spanien, was freilich übertrieben ist; das Reich der Mexica umfaßte eine Fläche von etwa 324 000 Quadratkilometern, das spanische Königreich dagegen etwa 777 000 Quadratkilometer.[9] Wenn man jedoch Tlaxcala, Michoacan und Yucatán, die dem alten Mexiko kulturell vergleichbar waren, zu dieser »neuen Welt« hinzuzählt, dann beträgt deren Gesamtfläche knapp 1,3 Millionen Quadratkilometer.

Am Tag nach ihrer Ankunft statteten Cortés und mehrere seiner Vertrauten Montezuma in dessen Palast, auf der anderen Seite des Hauptplatzes, gegenüber dem Tempel, einen Besuch ab. Vier Hauptleute waren dabei: Velázquez de León, Diego de Ordás, Pedro de Alvarado und Gonzalo de Sandoval; die beiden ersten zählten zum Kreis der »Velázquisten«, die beiden letzteren waren seine Freunde. Sie wurden von fünf Soldaten begleitet (darunter, nach eigenem Bekunden, auch Bernal Díaz).[10]

Der Palast Montezumas, der *tecpan*, war ein neues Gebäude; vor Montezumas Regierungszeit und dem Wiederaufbau großer Teile der Stadt nach der Überschwemmung im Jahre 1502 hatten die Kaiser in dem Palast residiert, in welchem jetzt Cortés und seine Expedition untergebracht waren. Der neue Palast, der auf den ersten Blick aus Marmor zu sein schien, bestand aus Alabaster, Jaspis und rot und weiß gemasertem Porphyr. Die Außenmauer war offenbar mit Bildern von Adlern und Jaguaren geschmückt. Viele Decken waren aus lackiertem Holz, das stellenweise mit astförmigen Schnitzereien verziert war, viele Innenwände waren gestrichen. Das Symbol des Hasen über dem Hauptportal zeigte den Tag an, an dem der Palast fertiggestellt worden war. Im Erdgeschoß waren das Verwaltungszentrum des Reiches sowie Werkstätten für Handwerker wie Töpfer, Goldschmiede und Federarbeiter untergebracht. Mit einer Fläche von fast zweieinhalb Hektar besaß er tatsächlich gewaltige Ausmaße; er umfaßte mindestens einhundert große Räume, unter anderem Büros, Kultstätten, Küchen und Wohnräume für die zahlreichen Mitglieder der kaiserlichen Familie und Gefolgsleute aller Art. Die einfachen Korridore waren oft mit Matten bedeckt, während die luxuriösen Flure mit Baumwolle, Hasenfellen und Federn ausgelegt waren. Ein Saal war mit Darstellungen der landschaftlichen Schönheiten Mexikos geschmückt. Im zweiten Stock des Gebäudes befanden sich die kaiserlichen Gemächer. Diener, Schmeichler und Bittsteller sowie Schatzmeister, Haushofmeister und Zahlmeister drängten sich in drei geräumigen Innenhöfen; in einem davon stand ein hübscher Brunnen. Die Atmosphäre mutete die Conquistadoren auf eine unheimliche Weise mediterran an.[11]

Die ganze Nacht über brannten im Palast Feuer in kupfernen Kohlenbecken, welche von Dienern regelmäßig mit Holz geschürt wurden. Diese Gesellschaft, in der Kerzen unbekannt waren, benutzte Fackeln, die in den Kohlenbecken entzündet wurden; ein Feuer ausgehen zu lassen stellte nicht nur ein Verbrechen, sondern auch ein schlechtes Omen dar. Ein Kohlenbecken stand in der Vorhalle des Palastes, ein anderes in einem Innenhof, der gleichzeitig als Wartesaal diente, und ein drittes in Montezumas Schlafgemach.[12] Zahlreiche hölzerne Skulpturen und Wandschirme schmückten das Gebäude; die Magazine waren mit Federarbeiten und Umhängen gefüllt. Zahlreiche Räume und Nebengebäude des Palasts dienten speziellen Zwecken: etwa das »Haus der Lieder«, in dem unentwegt Gruppen von Mexica tanzten – zum Vergnügen oder zur Feier eines bedeutendes Ereignisses –, oder das »Haus der Wolkenschlange«, ein prächtiger Schrank, in dem Instrumente und Trachten für alle möglichen weltlichen und religiösen, volkstümlichen oder militärischen Zeremonien aufbewahrt wurden.

Montezuma empfing die kastilische Delegation mit großer Höflichkeit und bat Cortés, zu seiner Rechten auf einer Matte Platz zu nehmen. Der Kaiser saß gewöhnlich auf einem Thron, der aus Schilfgrasbündeln geflochten war und eine Rücklehne besaß (wenngleich es möglich ist, daß dieser durch einen berühmten Tempelstein, eine filigrane Skulptur, ersetzt worden war, die Montezuma anläßlich der letzten Zeremonie des Neuen Feuers im Jahre 1507 in Auftrag gegeben hatte).[13]

Mit Hilfe seiner Dolmetscher Marina und Aguilar hielt Cortés seine übliche, wenn auch diesmal durch zahlreiche Höflichkeitsformeln gemilderte Rede über die Wohltaten des Christentums. Er sagte, die Christen beteten den einzigen, wahren Gott an. Er erklärte, daß der Sohn Gottes, Jesus Christus, das Martyrium des Kreuzes und den Tod auf sich genommen habe, um die Menschheit zu retten. Dieser Christus sei dann drei Tage nach seiner Hinrichtung wiederauferstanden und in den Himmel aufgefahren. Christus und sein Vater hätten alles erschaffen, und die Wesen, welche die Mexica als Götter verehrten, seien nach seiner, Cortés', Ansicht Dämonen. Ihr Anblick sei häßlich und ihre Taten seien unheilbringend.

Cortés ging auch auf die christliche Schöpfungsgeschichte und auf die Überzeugung der Christen ein, daß alle Menschen Brüder seien, da sie alle – auch die Mexica – von Adam und Eva abstammten. (Schon im folgenden Jahr stellte Paracelsus seine häretische Theorie vor, nach der es zwei Schöpfungen gegeben habe, eine im Westen und eine im Osten.[14] Doch Cortés wußte davon nichts, ebensowenig konnte er von den Aktivitäten des damals noch unbekannten Wittenberger Mönchs Martin Luther Kenntnis haben.)

Cortés sagte des weiteren, er hoffe, daß Montezuma bald mit der Opferung gefangengenommener Indianer aufhöre, weil alle, Priester wie Opfer, Brüder seien. Sein König werde bald Männer schicken, die viel frommer seien als er selbst – die erste Anspielung auf die Franziskaner- und Dominikanermönche, die Cortés aufgrund seiner Erfahrung in der Karibik zum Kommen ermuntern wollte (im Gegensatz zu Priestern wie Fray Juan Díaz). Cortés erklärte vielleicht auch, daß er nicht nur deshalb nach Tenochtitlan gekommen sei, um die Grüße seines Monarchen zu überbringen, sondern auch, um festzustellen, wer die Schuld an den Streitigkeiten zwischen den Mexica und den Tlaxcalteken trug.[15]

Montezuma lauschte diesen außerordentlichen Worten des *caudillo*, die von Aguilar und Marina übersetzt wurden, mit gespannter Aufmerksamkeit. (Interessant wäre, welche Übersetzungsfehler ihnen unterliefen, welche Bedeutungsnuancen sie hinzufügten oder wegließen.)

Anschließend überreichte einer der Neffen des Kaisers Cortés und seinen vier Hauptleuten einige Geschmeide aus Gold und zehn Lasten feinen Tuchs. Die begleitenden Soldaten bedachte er mit goldenen Halsketten und zwei Lasten Umhängen. Offenkundig hatte sich der Kaiser über die Ränge und sozialen Stellungen der Kastilier informiert, bevor er die Geschenke aussuchte. Montezuma schenkte Cortés auch zahlreiche mit Stickereien verzierte Baumwollumhänge, die dieser für bemerkenswert hielt, »wenn man bedenkt, daß sie nicht aus Seide waren« (dieses Detail verrät seine andauernde Vorliebe für diesen Stoff). Bernal Díaz zufolge wiederholte Montezuma dann, was er in seiner Begrüßungsrede gesagt hatte: Er halte es für gewiß, daß die Kastilier diejenigen seien, die gemäß der Prophezeiung der Ahnen der Mexica aus der Richtung der aufgehenden Sonne kommen würden, und führte seine frühere Weigerung, sie zu empfangen, auf schlechte Ratschläge zurück.[16]

Cortés und sein Gefolge verabschiedeten sich mit den freundlichen Worten: »Mögen Euer Gnaden nun in Ruhe Ihr Abendmahl einnehmen.« Vermutlich hatten sie die raschelnden Schritte der Lakaien und das vertraute Geräusch aufgetragenen Geschirrs vernommen. Montezuma dankte Cortés für seinen Besuch. Als die Kastilier den Saal verließen, sahen sie, daß der Kaiser tatsächlich zu speisen begann. Später sagte Cortés zu seinen Gefolgsleuten: »Wir haben unsere Pflicht getan, wenn man bedenkt, daß es der erste Versuch war.«[17]

Zwei oder drei Tage nach seiner Ankunft in Tenochtitlan besuchte der *caudillo* den Markt von Tlatelolco, über den ihm die Conquistadoren, die ihn bereits gesehen hatten, viel erzählt haben dürften.

Die Größe dieses Markts erstaunte die Spanier; nach Cortés' Einschätzung war dieser weitläufige, mit einer Arkade versehene Platz doppelt so groß wie der Hauptplatz von Salamanca. Andere Expeditionsteilnehmer, die angeblich schon in Konstantinopel und in ganz Italien einschließlich Rom gewesen waren, sagten, sie hätten noch nichts dergleichen gesehen.[18]

Natürlich betrachteten die Conquistadoren diesen Markt mit kastilischen Augen und verglichen ihn mit dem, was sie von Kastilien her kannten. Zweifellos unterschätzten sie den zeremoniellen Aspekt, der in allen hier vorgenommenen Tauschgeschäften mitschwang. Jedenfalls war Tlatelolco das Zentrum des mexikanischen Handels, der größte Handelsplatz Amerikas. Der Markt war während der Regierungszeit von Cuauhtlatoa gegründet worden, einem König von Tlatelolco, der in der Mitte des 15. Jahrhunderts geherrscht hatte und der, wie die Tlatelolca beteuerten, in Wahrheit jene Siege erfochten habe, die fälschlicherweise Montezuma I., dem damaligen Kaiser von Mexiko, zugeschrieben würden. Hier wurde erstmals mit feiner Baumwolle und mit vielen anderen Gütern gehandelt.[19] Und hier hatten sich auch einige der Vorfälle ereignet, die im Jahre 1475 jenen Krieg gegen Tenochtitlan auslösten, der für die Tlatelolca verheerende Folgen hatte. Nach dieser Niederlage hatten die Kaiser von Mexiko zwar den großen Tempel von Tlatelolco geschlossen, doch sie wagten es nicht, den Markt anzurühren.

Jeden Tag strömten Tausende von Menschen auf den Marktplatz, um Waren zu tauschen. In der Regel handelte es sich um Naturaltausch, nur wenn sich die Händler nicht über den Wert einigen konnten, nahmen sie Zuflucht zu Kakaobohnen oder Umhängen. Aus diesem Grund ging es auf dem Markt von Tlatelolco (und folglich erst recht auf allen kleineren Märkten des Landes) nicht in erster Linie um Gewinnerzielung im klassischen Sinne, sondern vielmehr um eine mühelose Umverteilung von Waren, die von der Obrigkeit gefördert wurde. Der Markt wurde alle fünf Tage abgehalten. Im Urteil der Kastilier zeichnete sich dieser Markt – wie so viele andere Dinge in Tenochtitlan – vor allem durch seine »große Ordnung« aus. Aus Sorge um das Wohl des Volkes überwachte die Regierung den Markt; sie wollte verhindern, daß Marktbesucher geschädigt, mißhandelt, betrogen oder beleidigt wurden und setzte Marktinspektoren ein, die sicherstellen sollten, daß keiner den anderen übervorteilte; sie legten auch den Preis der Artikel und die Qualitätsanforderungen fest.[20]

Drei Richter hielten sich ständig auf dem Markt bereit, um in Streitfällen unverzüglich ihr Urteil zu fällen. Wer Waren verkaufen wollte, die erwiesenermaßen aus einem Diebstahl stammten, wurde hingerichtet, es sei denn, er gab den Namen desjenigen preis, von dem er die Waren bezogen hatte. Jedem Produkt war ein spezifisches Verkaufsareal zugewiesen – wie auf dem großen Markt von Medina del Campo, wie Bernal Díaz anmerkte. Der Platz war offenbar eine ebenso große Vergnügungsstätte wie die Märkte in der Alten Welt: Er war »so einladend und ansprechend und genußvoll ..., daß zahlreiche Menschen dorthin strömten«. Es wurden auch viele Güter feilgeboten, die von Privatpersonen ohne ausdrückliche behördliche Genehmigung von Regionen außerhalb des Reiches eingeführt worden waren; offenbar kontrollierte die Regierung die Handelsgeschäfte nur halbherzig. Eine Ausnahme bildeten lediglich Gold und Kupfer, auf die an der Marktbude eine Steuer erhoben wurde, sofern diese nicht schon direkt bei den Herstellern eingezogen worden war.[21]

Es gab etwa fünfzig verschiedene Sektionen für den Verkauf von Edelmetallen, Steingut, Kleidern, Lebensmitteln, Messern, Steinen und Baumaterialien wie Matten, Tünche und sogar Fertigdächern. Fertigerzeugnisse und Rohstoffe wurden ebenfalls getrennt verkauft. Hauptberufliche Kaufleute und Fernhändler tauschten Luxusartikel, und zahllose Kleinfamilien, deren hauptsächliche Betätigung darin bestand, ihre Felder zu bestellen, boten Maiskuchen (*tamales*) oder

Maisbrei an. Es gab Stände, an denen Vögel, Säugetiere und Häute feilgehalten wurden. Salz und Baumwollumhänge waren die begehrtesten Produkte, auch sie hatten ihre eigenen Verkaufszonen. Cortés behauptete, es habe einen Sektor gegeben, in dem mehr Baumwolle angeboten worden sei als Seide auf dem Seidenmarkt von Granada.[22]

Alle Waren wurden nach Zahl und Größe, nicht nach Gewicht, verkauft, da Gewichte im alten Mexiko unbekannt waren: Goldstaub beispielsweise (der importiert wurde, da im Hochtal von Mexiko kein Gold vorkam) wurde in Gänsefederkielen verkauft. In vielen Sektoren des Marktes wurden Dienstleistungen angeboten, Haarschneiden zum Beispiel. In einem anderen Bereich wurden Sklaven feilgeboten, die, ähnlich wie die guineischen Sklaven in Lissabon, mit Halsketten an Pfähle gebunden waren. Die Preise schwankten. Sklaven, die keine sonderlich guten Tänzer waren, kosteten dreißig große Umhänge; für jene, die gut zu tanzen verstanden, wurden vierzig Umhänge verlangt. Kanus, mit menschlichen Exkrementen gefüllt, wurden von ihren Erwerbern zum Gerben von Leder verwandt.[23] Der Markt von Tlatelolco war, wie die meisten großen Märkte, auch ein beliebter Aufenthaltsort von Prostituierten und Glücksspielern.

Der Markt wurde von einer großen Pyramide mit einem Huitzilopochtli-Tempel an der Spitze überragt, welche an einer Seite des Platzes stand. Montezuma hatte sie wiedereröffnet, nachdem sie nach dem Krieg zwischen Tlatelolco und Tenochtitlan in den 70er Jahren des 15. Jahrhunderts dreißig Jahre lang vernachlässigt worden war. Während dieser Zeit hatte sie als Bedürfnisanstalt und Müllhalde gedient. Montezuma war auf die Unterstützung der Fernkaufleute (*pochteca*) angewiesen, deren Operationsbasis in Tlatelolco lag – aus diesem Grund förderte er sie. Er gewährte ihnen sogar die Ehre, im Namen des Dreierbundes erneut in den Krieg ziehen zu dürfen. Dennoch mußten sie wie Angehörige eines unterworfenen Volkes weiterhin Tribut leisten.[24] Statt von einem unabhängigen Monarchen wurde Tlatelolco von einem Militärgouverneur (*cuauhtlatoani*) regiert, den Montezuma ernannt hatte; dieses Amt wurde seit vierzig Jahren, seit der Niederlage der Tlatelolca, von demselben Mann bekleidet. Der Tempel allerdings war wiedereröffnet worden.

Cortés kehrte nach Tenochtitlan zurück, wo er vor dem Großen Tempel haltmachte. Das Bauwerk mit seinen zwei parallel verlaufenden Treppen aus je 113 Stufen wies einen Neigungswinkel von 45° auf und ließ sich daher nur mühsam ersteigen; es sei »höher als die Kathedrale von Sevilla«, beteuerte Cortés in seinem gewohnten Hang zu Übertreibungen (La Giralda, der Turm der Kathedrale von Sevilla, war damals 80 Meter hoch, die Pyramide von Tenochtitlan dagegen nur 46 Meter). Diese Pyramide war nicht einmal so hoch wie die von Cholula, und mit 75 Meter Seitenlänge an der Basis war sie auch erheblich kleiner als die Sonnenpyramide in Teotihuacan, was Cortés allerdings nicht wissen konnte. Wie die meisten Tempel der Region besaß sie an ihrer Spitze eine Plattform aus Stein, auf der zwei Heiligtümer standen: Jenes an der nördlichen Seite war dem Gott Tlaloc geweiht, das andere an der südlichen Seite dem Gott Huitzilopochtli. Diese beiden Götter, jener des Regens und jener der Sonne (also der Naturkräfte, von denen die Fruchtbarkeit der Erde abhängt), waren somit gemeinsame Objekte der Anbetung an der Spitze eines Tempels, der von einem ehemaligen Nomadenvolk erbaut worden war. Jedes Sanktuarium beherbergte in seinem Innern die Statuen bestimmter Götter, während an seiner Außenseite einige Statuen von Schutzgöttern aufgestellt waren. In der Existenz der beiden Heiligtümer spiegelte sich ein mittlerweile bereits sehr alter Kompromiß zwischen den Priestern des Tlaloc, die bereits vor der Einwanderung der Mexica in dem Becken anzutreffen gewesen waren, und den Priestern des Huitzilopochtli, des Gottes der Mexica, wider.

Vermutlich sollte die Pyramide in ihrem Aufbau an den heiligen Berg Coatepec (»Schlangenberg«) erinnern, die Geburtsstätte des Huitzilopochtli, vielleicht sogar an die Erde selbst. Sie symbolisierte die himmlische Ordnung, denn sie war auf vier Plattformen erbaut. Die drei unteren Plattformen umfaßten jeweils zwölf Sektionen; die oberste Plattform bildete die dreizehnte und kleinste Sektion, auf der die Tempel standen. Sowohl die Pyramide als auch die Sanktuarien waren neu; sie waren erst im Jahre 1487 im Rahmen der (bereits beschriebenen) prunkvollen Feierlichkeiten eingeweiht worden. Doch dieses neue Monument war auf vier älteren Bauwerken errichtet worden, die ihrerseits zu verschiedenen Zeitpunkten nach der Gründung der Stadt erbaut worden waren.

Wie alle bedeutenden Sakralbauten wurde auch dieser Tempel rund um die Uhr von schwarzgekleideten Priestern und einigen Priesterinnen betreut, deren Ohrläppchen zerfetzt waren, weil sie sich daraus ständig Blut für kleinere Opferzeremonien entnahmen. Ihr Haar war zerzaust und verfilzt, und ihre Gesichter waren aufgrund des Fastens und ihrer regelmäßigen Blutopfer (die meisten Priester entnahmen sich mindestens einmal täglich Blut, um Buße zu tun) aschfahl. Sie trugen Halsketten, an welchen jene Muscheltrompeten hingen, mit denen sie den Tagesanbruch und die Abenddämmerung ankündigten. Cortés behauptete, Frauen sei der Zutritt zu diesen Tempeln verboten gewesen. Doch er war falsch unterrichtet; vielleicht waren ihm die Priesterinnen in ihren schwarzen Gewändern entgangen; sie spielten tatsächlich nur eine untergeordnete Rolle.[25]

Montezuma begleitete seine Besucher auf diesem Abschnitt ihres Rundgangs durch die Stadt. Einige Priester halfen ihm, die »Jadestufen« emporzusteigen, wie der symbolträchtige Name dieser Treppe lautete, deren Steilheit sicherstellen sollte, daß die Leichen der Geopferten ungehindert zum Boden hinabfielen. Cortés dagegen wies die Hilfe der Priester zurück, obwohl er zumindest eine leichte Rüstung getragen haben dürfte. Er begann den Aufstieg ohne fremde Hilfe, wobei er gewiß an dem monumentalen Reliefporträt der toten und zerrissenen Coyolxauhqui, der Schwester des Huitzilopochtli, vorbeikam – vielleicht sogar darüber ging. Dieses Relief war in den Steinboden unmittelbar vor der Pyramide (genannt »Huitzilopochtlis Eßtisch«) eingelassen, auf den die Körper der Geopferten fielen, nachdem sie die zeremoniellen Stufen hinuntergeworfen worden waren. Als Cortés, wie die Tausende von Opfergefangenen, die vor ihm die Pyramide erstiegen hatten (und als Leichen die Stufen hinabgefallen waren), an den Froschskulpturen an einer Seite des Tempels vorbeiging, dürfte er keine klare Vorstellung von dem gehabt haben, was ihn erwartete.

An der Spitze angelangt, sagte Montezuma zu Cortés: »Ihr seid gewiß erschöpft von dem Aufstieg.« Diese Aussage war, wie wir bereits sahen, eine konventionelle Höflichkeitsfloskel der Mexica. Cortés erwiderte, er und seine Freunde würden »niemals ermüden«, eine prahlerische Behauptung, die ebenso unpassend wie plump erschienen sein muß, vor allem mit den schwitzenden Kastiliern an seiner Seite.[26]

Nachdem Cortés und die übrigen Conquistadoren die Spitze der Pyramide erreicht hatten, dürfte ihr Blick als erstes auf die zurückgeneigte mehrfarbige Statue eines *chacmool* gefallen sein, eines Götterboten, der zwischen Priester und Gott vermittelt, und sodann auf den grünen Hinrichtungsstein (*techcatl*) vor den Heiligtümern. Sie sahen sicherlich die strohgedeckten Altäre auf der hinteren, östlichen Seite der Plattform, gekrönt »von hübschen Zinnen aus kleinen schwarzen Steinen, die in vollkommener Ordnung und Harmonie eingesetzt waren; der ganze Bau war mit weißem Stuck verziert und rot angemalt«.[27]

Die Heiligtümer wurden von zwei Steinfiguren bewacht, die mit Schmuck aus Türkis und Perlmutt, mit Goldmasken, schlangenförmigen goldenen Gürteln und ebenfalls aus Gold gefertigten Ketten menschlicher Schädel geschmückt waren. Eine dieser beiden Figuren war offenbar die Erdgöttin Coatlicue (»Schlangenrock«, die Mutter Huitzilopochtlis), die bedeutendste der bekannten mexikanischen Skulpturen, deren Kopf aus zwei ineinander verknäulten Schlangen bestand. Über beiden Heiligtümern, vermutlich in der Mitte, befand sich eine riesige Skulptur aus Grünstein (Diorit), den Kopf Coyolxauhquis darstellend, die Inkarnation der Nacht, deren zerstückelter Leib am Fuß der Treppe als Relief dargestellt war. Der Altar des Huitzilopochtli war von steinernen Schmetterlingen (den Symbolen der Sonne) umrandet, während der Altar des Tlaloc von Muscheln (den Symbolen des Wassers) eingerahmt war.

Montezuma liebte Anhöhen. Er hatte sich häufig zum Gipfel des Chapultepec tragen lassen – vorbei an den in Stein gemeißelten Flachreliefs seiner Vorgänger (und mittlerweile auch von ihm selbst) –, um sich an der grandiosen Aussicht, die sich dem Betrachter vom Gipfel aus bot, zu ergötzen.[28]

Voller Stolz zeigte er seinen Gästen die Sehenswürdigkeiten Mexikos: die beiden Städte unter ihnen, durch Dammstraßen miteinander verbunden, mit ihren von Menschen wimmelnden Märkten und geraden Straßen, viele mit Kanälen versehen; die großen Häuser mit ihren Flachdächern, die oftmals bepflanzt waren;[29] die vielen Nebenpyramiden, von kleineren Tempeln gekrönt; die große Menagerie (an welche die kleineren Tierparks, die sich zur gleichen Zeit einige italienische Fürsten leisteten, nicht heranreichten), in der Montezuma heilige Tiere wie etwa Jaguare hielt, die für die Herrscherfamilie von besonderer Bedeutung waren; die oftmals exotische Vegetation und die leuchtenden Farben; die Dammstraßen nach Norden, Süden und Westen; der malerische See, der mit Kanus gesprenkelt war; die kleinen und großen Städte am anderen Ende des großen Sees; in der Ferne die Sierra mit majestätischen Vulkanen und schließlich der Paß zwischen den Vulkanen, den Cortés selbst mit seiner »*santa compañia*« überquert hatte.

Cortés, stark beeindruckt, aber entschlossen, sich nichts anmerken zu lassen, sagte zu Fray Olmedo, dies sei der richtige Zeitpunkt, um herauszufinden, ob Montezuma den Kastiliern erlauben würde, eine Kirche auf diesem Aussichtspunkt zu errichten. Der Gedanke war nicht völlig abwegig, hatte doch Montezuma selbst einen besonderen Tempel (den *coacalco)* innerhalb des Tempelbezirks erbauen lassen, in dem die Götterstatuen unterworfener Völker aufbewahrt wurden. Doch Fray Olmedo hatte Bedenken; er hielt den Zeitpunkt für verfrüht. Cortés befolgte seinen Rat und bat Montezuma statt dessen darum, das Heiligtum besichtigen zu dürfen, worauf der Kaiser die Priester anwies, ihn hineinzuführen.

Offenbar betraten die Conquistadoren das südliche Heiligtum, das des Huitzilopochtli. Dort standen zwei Altäre, der eine Huitzilopochtli geweiht, der andere dem geheimnisvollen und proteischen Tezcatlipoca. Es war das erste Mal, daß die Kastilier diese schreckenerregenden Götter aus der Nähe sahen. In der Dunkelheit dürften sie jedoch zunächst kaum mehr gesehen haben als die ausgemeißelten Formen am Fuß der Skulpturen – Formen, die gewissermaßen dazu bestimmt waren, in der Finsternis begraben zu sein. Später sahen sie die Augen, die aus strahlenden Edelsteinen bestanden. Huitzilopochtli trug in seiner Linken einen goldenen Bogen und in seiner Rechten goldene Pfeile – Symbole, die ihn als Gott des Kriegs und der Jagd auswiesen. Um seinen Hals hingen weitere Gegenstände aus Gold, die menschliche Gesichter darstellten, und silberne Objekte, menschliche Herzen darstellend.

Hinter den Statuen der Hauptgötter stand eine kleinere Granitfigur, die ein Wesen darstellte, das halb Mensch, halb Eidechse zu sein schien und einen Umhang aus Edelsteinen trug. Vor den Götterstatuen standen Kohlenbecken, in welchen die noch warmen Herzen von Gefangenen lagen, die am selben Tag geopfert worden waren. Die Wände waren, wie immer, mit verkrustetem Blut überzogen und strömten einen widerwärtigen Geruch aus. Priester schlugen in der Dunkelheit eine große, vertikale Trommel, eine *huehuetl*, deren düstere Klänge den Raum erfüllten.

Offenbar wirkte der Anblick dieser unheimlichen Figuren auf die Spanier zutiefst verstörend. Da die Statuen selbst nicht erhalten geblieben sind, wissen wir nicht, aus welchem Material sie waren: Sowohl Cortés als auch sein Freund Andrés de Tapia (der die Tempelpyramide einige Monate später erneut besichtigte) sagten, die großen Statuen hätten aus Samen bestanden, die mit dem Blut geopferter Menschen verklebt gewesen seien. Tapia fügte der Genauigkeit halber noch hinzu, es habe sich um das Blut von Kindern gehandelt. Der Chronist Fray Durán dagegen schrieb, die Statue des Huitzilopochtli sei aus Holz gewesen; der Gott habe auf einer Bank aus blauem Holz, die einer Sänfte geglichen habe, gesessen. Die Statue des Tlaloc im nördlichen Heiligtum sei aus Stein gewesen; Durán fügte hinzu, daß »sein Gesicht sehr häßlich war und dem Kopf einer Schlange mit riesigen Giftzähnen glich«.[30]

Cortés sagte zu Montezuma: »Ich verstehe nicht, weshalb ein so großer Fürst und weiser Mann wie Ihr noch nicht erkannt hat, daß diese Götzen keine Götter sind, sondern unheilbringende Wesen, die Teufel heißen. Daher hoffe ich, daß Euer Gnaden uns erlauben wird, hier ein Kreuz und ein Madonnenbildnis aufzustellen. Ihr werdet sehen, welchen Schrecken sie Euren Götzen einflößen werden.« Die anwesenden Priester waren über diese Worte verärgert, und auch Montezuma zeigte sich wenig erfreut. Er erwiderte: »Wenn ich gewußt hätte, daß Ihr solche Beleidigungen aussprechen würdet, dann hätte ich Euch meine Götter nicht gezeigt. Wir halten sie für gute Wesen; sie geben uns Gesundheit, Wasser und reiche Ernten, Regen und Siege im Krieg; aus diesem Grund müssen wir ihnen Opfer darbringen. Ich bitte Euch, keine weiteren schändlichen Dinge über sie zu sagen.«[31] Cortés scheint sich entschuldigt zu haben, was bei ihm selten vorkam. Sein Biograph, López de Gómara, zitiert eine schöne Rede, die Cortés angeblich bei dieser Gelegenheit hielt; aber sie hört sich eher nach Dichtung als nach historischer Wahrheit an.

Montezuma ärgerte sich vermutlich weniger über die Präsentation der Jungfrau Maria als einer Anwärterin auf einen Platz im mexikanischen Pantheon als über den Ausschließlichkeitsanspruch des Christentums, der schon einen Griechen oder Römer in der Antike verstimmt haben dürfte. Cortés und die Kastilier stiegen die Pyramide hinab und ließen den ins Gebet vertieften Montezuma zurück.

Vielleicht betete der Kaiser für die Armen: »O Herr, denke an diejenigen, die auf dem Boden des Lebens liegen, an diejenigen, die mit Füßen getreten werden, die Unwissenden, die Armen, die Elenden, die Nutzlosen, jene, die keine Freude kennen, die Unzufriedenen, die all ihre Tage in Elend und Betrübnis verbringen.« Wahrscheinlicher aber ist, daß er sich in diesem düsteren Augenblick in der Geschichte der Mexica an ein Gebet erinnerte, das sechzehn Jahre zuvor, anläßlich seiner Thronbesteigung, gesprochen worden war: »O Herr, unsichtbarer, ungreifbarer Herr … öffne mir die Augen, schenke mir Großmut, erleuchte mich, weise mir den rechten Weg ... erleuchte mich, ermuntere mich, mach mich zu deinem Stuhl ... zu deiner Flöte ... bewahre mich vor Stolz und Streitsucht ... möge ich mich nie über das einfache Volk erheben ... Herr, erhöre meine Bitten ...«[32] Vermutlich brachte er auch einige Opfer dar, als Buße für die Sünde, die er begangen hatte, als er den neugierigen Gästen erlaubte, den Tempel zu besichtigen.

Nach seiner Rückkehr in die Residenz der früheren Kaiser beschloß Cortés, auf den Bau einer Kapelle in den spanischen Quartieren zu bestehen. Bis dahin war die Messe unter improvisierten Umständen abgehalten worden. Montezuma erklärte sich einverstanden und stellte ihnen die notwendige Hilfe zur Verfügung: Tischler, Steinmetze und Maler. Sie errichteten binnen zwei Tagen tatsächlich ein christliches Heiligtum im Palast. Von da an hörten die Spanier regelmäßig die Messe.[33] Die Tatsache, daß Cortés in dieser relativ unbedeutenden Angelegenheit das Einverständnis Montezumas einholen mußte, deutet darauf hin, daß der Kaiser noch nicht den Vasalleneid auf den König von Spanien abgelegt hatte.

Während der Bauarbeiten an der Kapelle stieß Alonso Yáñez, einer der Tischler von Cortés, auf Anzeichen dafür, daß eine Tür in einem Saal des Palastes vor nicht allzu langer Zeit verriegelt worden war. Cortés ließ sie aufbrechen. Dahinter befand sich eine Reihe von Räumen, in denen die Spanier in Truhen aus Flechtwerk einen riesigen Goldschatz in Form von Geschmeiden und Götterfigurinen, aber auch Federarbeiten, einige Gegenstände aus Jade und mehrere Goldteller und -schalen fanden.

Das Gerücht von dem Schatzfund breitete sich rasch im Lager der Kastilier aus. Doch Cortés wollte zunächst nicht, daß Montezuma davon erfuhr.[34] Später informierte er den Kaiser; dieser sagte zu Cortés, er könne das Gold behalten, aber er bitte ihn, die Federarbeiten herauszugeben, da sie das Eigentum der Götter seien. Die Kastilier hatten nichts dagegen, denn die prächtigen mexikanischen Federarbeiten hatten ihre Begehrlichkeit noch nicht geweckt. Ihnen ging es einzig um das Gold.

Cortés selbst war vermutlich der Conquistador mit dem sichersten ästhetischen Urteil. In seinen Briefen an Karl V. kommt ein gewisses Kunstverständnis zum Ausdruck: »Kann es etwas Erhabeneres geben«, schrieb er beispielsweise einige Monate später, »als die Nachbildungen aus Gold, Silber, Stein und Federn, die dieser barbarische

Herrscher von allen Gegenständen in seinem Reich anfertigen läßt und die im Falle der Gegenstände aus Silber und aus Gold so naturgetreu sind, daß kein Silberschmied auf Erden sie besser machen könnte? ... Und die Federarbeiten könnten nicht prächtiger sein, wenn sie statt aus Federn aus Wachs oder Stickereien bestünden.«[35] Doch die Kunstwerke sollten seinen Kaiser nicht in dem Maße bewegen, wie er es erhofft hatte.

Auch Bienen und Spinnen stellen Kunstwerke her

> »Die bloße Tatsache, daß die Mexica eine gewisse Kunstfertigkeit zeigen, sagt nichts über ihre Sittlichkeit aus. Auch einige kleine Tiere wie Bienen und Spinnen stellen Kunstwerke her, deren Perfektion die geschickteste menschliche Hand nicht nachahmen kann. Auch die Tatsache, daß die Mexica Straßen, eine rationale Lebensweise und eine Form des Handels besitzen, entspricht der natürlichen Notwendigkeit und beweist nur, daß sie weder Bären noch Affen sind und daß es ihnen nicht völlig an Vernunft gebricht. Andererseits ... tut keiner von ihnen etwas aus eigenem Willen, unterstehen sie völlig der Willkür ihrer Herrscher ... und dies ist nicht etwa auf den Einsatz von Gewalt zurückzuführen, sondern geschieht auf freiwillige und spontane Weise – ein sicheres Zeichen für ihre unterwürfige und niedrige Gesinnung.«
> *Ginés de Sepúlveda, Democrates Alter (1544)*

Die Muße nach dem Gewaltmarsch von der Küste herauf bekam dem kastilischen Heer nicht gut, und das Staunen über die Eigenart der Stadt wurde langsam von Befürchtungen verdrängt. Mehrere Hauptleute, einschließlich derer, die gemeinsam mit dem *caudillo* zu Montezuma gegangen waren – Diego de Ordás, Velázquez de León, Pedro de Alvarado und Sandoval –, suchten ihren Befehlshaber auf. Die Tlaxcalteken, von denen sich offenbar noch immer viele in Tenochtitlan aufhielten, hatten ihnen gesagt, daß es ihnen niemals gelingen würde, mit dem ganzen Schmuck und dem Gold, dessen sie mittlerweile habhaft geworden waren, aus der Stadt zu fliehen, und daß die Mexica planten, sie zu töten. Mehrere Spanier erklärten, sie fühlten sich in einem »Spinnennetz« gefangen.[1]

Ordás behauptete, er habe von einem Dach aus gesehen, wie leicht die Mexica ihnen den Rückzug abschneiden könnten, indem sie einfach die Zugbrücken hochzögen. Die Spanier besaßen keine Boote, in denen sie aus der Stadt hätten fliehen können. Mehrere Verbündete hatten sie warnend darauf hingewiesen, daß sie in Tenochtitlan der Tod erwarte. Wer wußte zudem, was hinter der Fassade von Höflichkeit und Unterwürfigkeit wirklich im Kopf des mexikanischen Kaisers vor sich ging? Der Dolmetscher Gerónimo de Aguilar beteuerte, die Tlaxcalteken hätten ihm versichert, mit der Freundlichkeit der Mexica habe es bald ein Ende. Vielleicht war dies bloß darauf zurückzuführen, daß der Reiz des Neuen, der von den Besuchern ausging, langsam verflog. Doch vielleicht war auch etwas Ernsteres im Kommen: Als Cortés vom Dach des Axayácatl-Palasts nach Süden schaute, erschien es ihm, als seien bereits eine oder zwei der Brücken auf dem Dammweg, über den die Expedition in die Stadt gelangt war, hochgezogen worden.[2]

Bei dem Untersuchungsverfahren über seine Amtsführung im Jahre 1529 sagte Cortés selbst aus: »Als er [das heißt Cortés selbst] nach wenigen Tagen die Größe und die Stärke der Stadt und die vielen Indianer gesehen hatte, die ihn und seine Begleiter jederzeit töten konnten, ohne daß eine Verteidigung dagegen möglich gewesen wäre, überlegte er sich, wie er ihre Sicherheit gewährleisten konnte ...« In Anbetracht der Tatsache, daß Cortés dem König von Spanien bereits mitgeteilt hatte, daß er Montezuma lebend oder tot gefangennehmen werde, hatte der *caudillo* vermutlich bereits in Vera Cruz einen Plan gefaßt. Fray Aguilar behauptete allerdings in seinen Memoiren, daß Diego de Ordás als erster auf die Idee gekommen sei, Montezuma als Geisel zu nehmen, und daß Cortés zunächst erwidert habe, dies sei nicht möglich, weil Montezuma sich bereit erklärt habe, ein Vasall des Königs von Spanien zu werden.[3] Doch Ordás sprach vielleicht nur das aus, was Cortés insgeheim dachte.

Noch während Cortés die Vorteile eines sofortigen Schlags gegen Montezuma sorgsam abwog, erreichten ihn schlechte Nachrichten von der Küste. Die Tlaxcalteken teilten ihm mit, daß Juan de Escalante, sein Stellvertreter in Villa Rica de la Vera Cruz, und sechs andere Kastilier sowie viele Totonaken getötet worden seien. Qualpopoca, Montezumas Statthalter in Nauhtla (von Grijalva in »Almería«

umbenannt), das etwa achtzig Kilometer nördlich von Vera Cruz lag, hatte im Namen der Mexica von einigen Orten im Umkreis von Cempoallan den üblichen halbjährlichen Tribut gefordert. Diese überwiegend totonakischen Orte hatten sich geweigert zu zahlen, mit der Begründung: »Malinche hat es verboten.« Qualpopoca hatte mit Vergeltungsmaßnahmen gedroht, worauf Escalante Botschaften zu den Mexica schickte, in denen er sie aufforderte, diese Orte nicht zu plündern oder anderweitig zu behelligen. Als die Mexica diese Warnungen ignorierten, brach Escalante, dem Vorbild Cortés' folgend, mit seinen örtlichen Verbündeten auf, um Qualpopoca in die Schranken zu weisen. Außerdem verlangte er von ihm Gold. Als Qualpopoca dies ablehnte, kam es in der Nähe von Nauhtla-Almería zur Schlacht. Während des Kampfes wurde Escalante von seinen Verbündeten im Stich gelassen und mußte schließlich, tödlich verwundet, den ungeordneten Rückzug antreten (zuvor allerdings brannte er die Stadt nieder). Er war gezwungen, einen gewissen Juan de Argüello, einen korpulenten Leonesen, als Gefangenen zurückzulassen. Argüello wurde geopfert und sein Kopf mit einem krausen schwarzen Bart wurde als Trophäe an Montezuma gesandt.[4] Montezuma war entsetzt beim Anblick dieses Geschenks. Er befahl, den Kopf in eine andere Stadt zu schicken, vielleicht nach Tula, wo er neben dem Schiffszwieback von Grijalva begraben wurde.

Cortés beschloß daraufhin, den Zwischenfall in Almería als Vorwand für den eigenmächtigen, verwegenen und vermutlich lange im vorhinein geplanten Schritt zu nutzen, von dem Diego de Ordás gesprochen hatte. Es gab auch eine strategische Rechtfertigung: Um zu verhindern, daß sie die Unterstützung der Totonaken verloren, war ein Gewaltstreich erforderlich.

Cortés ersuchte am 14. November um eine Audienz bei Montezuma. Er wurde, wie immer, von mehreren hochrangigen Hauptleuten (Alvarado, Sandoval, Velázquez de León, Lugo und Ávila) und etwa dreißig weiteren Männern, die alle bewaffnet waren, sowie den Dolmetschern Marina und Gerónimo de Aguilar begleitet.

Nachdem sie Montezumas Thronsaal betreten hatten, begann Cortés, wie schon einige Male zuvor, mit dem Kaiser zu scherzen. Montezuma, nichts Böses ahnend, bot Cortés Schmuckstücke, eine seiner Töchter und die Töchter mehrerer Adliger für die Begleiter des *caudillo* als Geschenke an. Cortés brachte zwar seine Dankbarkeit zum Ausdruck, sagte aber (ähnlich wie zuvor in Tlaxcala, wo er erklärt hatte, er könne keine Frau zur Gemahlin nehmen, die nicht getauft sei) in salbungsvollem Ton, er dürfe nach christlichem Recht die Tochter Montezumas nicht zur Gattin nehmen, da er bereits verheiratet sei (dies war das erste Mal, daß der *caudillo* Catalina Suárez de Cortés erwähnte, seitdem er Santiago de Cuba verlassen hatte).

Dann wechselte Cortés abrupt das Thema und sagte, er sei verwundert darüber, daß Montezuma seinen Hauptleuten in Nauhtla den Befehl erteilt habe, die Garnison anzugreifen, die er in Vera Cruz zurückgelassen habe. Er habe alles Mögliche getan, um Montezuma zu helfen, doch nun sei genau das Gegenteil dessen eingetreten, was er gewollt habe. Genau dieselbe Folge von Ereignissen habe sich in Cholula abgespielt, erklärte er frostig. Anschließend zeigte er Montezuma einen Brief, den angeblich Pedro de Ircio von der Küste gesandt hatte und in welchem dem Kaiser eine Mitschuld am Tod der Kastilier gegeben wurde. Cortés sagte, er sei bereit, alles zu vergeben, wenn Montezuma ihn unauffällig ins Quartier der Kastilier begleite. Wenn er jedoch um Hilfe rufe oder das geringste Aufsehen errege, würden seine Hauptleute ihn auf der Stelle töten. Mit einem für ihn typischen Trick gab der *caudillo* seine Freunde als Urheber dieses Plans aus und behauptete, er tue nur das Allernötigste dessen, was von ihm erwartet werde. Falls Montezuma seiner Bitte jedoch nicht nachkomme, würden die ihn begleitenden Hauptleute »sehr verärgert sein«.[5]

Diese deutlichen Worte versetzten Montezuma in großen Schrekken. Die Vorstellung, daß Juan Velázquez de León mit seinem großen schwarzen Bart und seiner tiefen Stimme in Zorn geriet, war äußerst unangenehm. Indes war die Alternative genauso besorgniserregend. Er sagte im Brustton innerster Überzeugung: »Meine Person ist nicht dazu geschaffen, ins Gefängnis zu gehen. Selbst wenn ich es wollte, würde mein Volk es nicht dulden.« Es folgte eine Diskussion – die sich nach Aussage von Cortés' Majordomus, Joan de Cáceres, über den größten Teil des Tages hinzog, während sie Tapia zufolge vier Stunden und Cortés zufolge eine halbe Stunde dauerte. Der Kaiser beteuerte, er selbst habe niemals einen Angriff auf die Conquistadoren an der Küste befohlen. Er werde den Vorfall unverzüglich aufklären lassen. Wenn irgendein Fehlverhalten nachgewiesen werden könne, würden die Schuldigen bestraft. Daraufhin sandte er Boten an die Küste, die Nachforschungen anstellen sollten. Cortés sagte, er wolle, daß drei seiner eigenen Leute Montezumas Emissäre begleiteten: Francisco Aguilar, Andrés de Tapia und Pedro Gutiérrez de Valdelomar.[6]

Doch »die Hauptleute« waren mittlerweile nervös geworden. Velázquez de León sagte, Montezuma müsse sich nun entscheiden: Entweder er begleite sie, oder er würde auf der Stelle getötet. Montezuma fragte Marina, was Velázquez gesagt habe, welche antwortete, sie rate Montezuma, die Kastilier ohne Aufsehen in ihre Quartiere zu begleiten. Sie würden ihn dort mit dem gebührenden Respekt behandeln. Wenn er dies nicht täte, würden sie ihn gewiß töten. Montezuma bot seinen Sohn und zwei Töchter als Geiseln an, damit Cortés diesen Akt der Majestätsbeleidigung vermeiden könne. Was würden seine Berater sagen, wenn er als Gefangener abgeführt würde?

Aber Cortés beteuerte, daß er keine Wahl habe: Montezuma müsse so lange bei den Kastiliern bleiben, bis die Ereignisse von Almería aufgeklärt seien. Inzwischen könne er die Verwaltung seines Reichs vom Axayácatl-Palast aus weiterführen.[7]

Montezuma erklärte sich schließlich bereit, Cortés zu begleiten. Wieso und wie es ihm gelang, unbemerkt an seinen Wachen vorbeizukommen, ist nicht ganz klar. Er beteuerte, er gehe nicht deshalb mit, weil man ihm mit der Anwendung von Gewalt gedroht habe, sondern aus gutem Willen. Er sagte seinen Wachen, Beratern und Verwandten, er habe mit dem Gott Huitzilopochtli gesprochen, der ihm mitgeteilt habe, es sei gut für seine Gesundheit, wenn er ein Weile mit den Kastiliern zusammenlebe. Daher habe er sich zu diesem Schritt entschlossen. Er durchquerte die Stadt in einer Sänfte, die von seinen Adligen getragen wurde. Einige von diesen fragten ihn, ob sie gegen die Kastilier kämpfen sollten. Montezuma beteuerte ein weiteres Mal, er werde aus Freundschaft ein paar Tage bei den Fremden verbringen. Cortés selbst behauptete, er habe Montezuma viele interessante Dinge über die Natur des christlichen Gottes mitzuteilen. Montezuma regierte sein Reich weiter, wenn auch »wie ein Gefangener«, wie es Cortés einige Jahre später formulierte. Sein Volk dürfte allerdings über seine wahre Lage im Bild gewesen sein, da er Tag und Nacht von einer bewaffneten kastilischen Wache umgeben war. Tatsächlich erinnerte sich der Historiker Ixtlilxochitl später, daß diese unerhörte Tat des Cortés' die ganze Stadt in Schrecken versetzte.[8]

Es war ein brillanter Handstreich: ein Beispiel für Cortés' außerordentliches Geschick; eine Bestätigung der Renaissanceanschauung, daß große Kühnheit große Siege zu erringen vermag. Nichts in der Ideologie der Mexica, nichts von dem, was Montezuma in der *calmécac* gelernt haben mochte, legte ihm eine so jämmerliche Unterwerfung nahe. Ja, er erinnerte sich zweifellos an die Reden alter Männer, die genau das Gegenteil empfahlen. Falls Montezuma ein subtiles Täuschungsmanöver vorgehabt haben sollte, dann verschleierte er dies auf perfekte Weise.

Bartolomé de Las Casas fragte Cortés später, »kraft welchen Gesetzes« er Montezuma gefangengenommen habe. Cortés antwortete mit einem jener Zitate, die ihm so leicht über die Lippen kamen und die Las Casas davon überzeugten, daß er ein »guter Latinist« war: »*Qui non intrat per ostium fur est et latro.*« (»Wer nicht durch die Vordertür eintritt, ist ein Dieb und ein Räuber.«) Und Cortés fügte hinzu: »Laß deine Ohren hören, was deine Lippen sagen.« Worauf alle Anwesenden in Gelächter ausbrachen, außer Las Casas, der nach eigenem Bekunden über diesen weiteren Beweis von Cortés' Gefühllosigkeit Tränen vergoß.[9]

Tatsache ist jedenfalls, daß dieser Schritt, ob er nun erst kurz zuvor von Ordás angeraten worden war oder ob Cortés ihn von langer Hand geplant hatte, für den Erfolg der Expedition von ausschlaggebender Bedeutung war. Die Entführung – denn so mußte dieser Akt erscheinen – gab Cortés eine Strategie: Er würde Montezuma erlauben, weiterhin über das Reich zu herrschen, aber gleichzeitig würde er, Cortés, Montezuma beherrschen.

Cortés scheint niemals an der Rechtmäßigkeit seines Eindringens in das Reich Montezumas gezweifelt zu haben. Er glaubte, damit der katholischen Kirche, dem König und langfristig auch den Mexica, denen er eine neue politische und geistliche Welt zu eröffnen hoffte, zu Diensten zu sein. Ein Dialog in dem Werk *Democrates Alter*, das einige Jahre später von einem Bekannten Cortés', dem Philosophen Ginés de Sepúlveda, geschrieben wurde, vermittelt uns einen gewissen Eindruck von dem, was damals im Kopf des *caudillo* vorgegangen sein mag. So stellt in diesem fiktiven Werk ein gewisser Leopoldo die Frage, ob es »mit der Gerechtigkeit und der christlichen Barmherzigkeit in Einklang steht, daß die Christen einen Krieg gegen unschuldige Sterbliche führten, die ihnen keinerlei Unrecht zugefügt hatten«. Durch den Mund seines Protagonisten Demokrates erwidert Sepúlveda: »Um diese Frage zu beantworten, mußt du die Wesensart und Würde dieser Menschen [i.e., der Indianer] kennen ... insbesondere der klügsten und tapfersten von ihnen, der Mexica ... Als Montezuma merkte, daß Cortés mit ihm eine Art Besprechung in Tenochtitlan abhalten wollte, versuchte er dieses Vorhaben mit allen Mitteln zu vereiteln. Doch trotz all seiner Machenschaften gelang ihm dies nicht. Als ein Gefangener seiner Furcht empfing er daraufhin Cortés und sein Gefolge aus etwa dreihundert Spaniern in der Stadt. Cortés ... der die Feigheit, Trägheit und Unkultiviertheit dieses Volkes verachtete, versetzte den König und die Fürsten derart in Schrecken, daß sie das Joch und die Herrschaft des Königs von Kastilien annahmen. Er stellte denselben König Montezuma dann unter Arrest ... was in der ganzen Stadt eine so tiefe Bestürzung auslöste, daß niemand zu den Waffen griff, um den König zu befreien.«[10]

Montezuma scheint sich tatsächlich schon bald an seine Wärter gewöhnt zu haben. Der Kaiser mochte nicht nur Cortés, sondern auch die Wachposten, die ihn zum Lachen brachten. Ein Page von Cortés, ein Junge namens Orteguilla, der bereits ein wenig Nahuatl gelernt hatte, wuchs ihm besonders ans Herz. Von ihm lernte Montezuma etwas über Spanien und die dortigen Bräuche, während Orteguilla eine Menge über die Besonderheiten des mexikanischen Regierungssystems erfuhr und diese Informationen an Cortés weitergab. Cortés selbst führte mit Montezuma endlose Gespräche über Gottvater, den König von Spanien und die komplexe Beziehung zwischen den beiden.[11]

Itzquauhtzin, der betagte Gouverneur von Tlatelolco, und vielleicht auch einige weitere Mitglieder des Kronrates begleiteten Montezuma als Gefangene in den Palast des Axayácatl.[12]

Die meisten Adligen Mexikos ließen sich nicht täuschen; viele von ihnen weigerten sich, Montezuma in seinem »Gefängnis« zu besuchen. Die Bürger von Tenochtitlan versorgten die Fremden auch weiterhin mit Lebensmitteln und Wasser. Aber sie gehorchten ihrem Kaiser nicht länger: »Man schenkte ihm keine Beachtung mehr.«[13] Wahrscheinlich glaubte die Mehrheit der eingeweihten Bürger, Cortés habe Montezuma hypnotisiert, um ihn ruhigzustellen und so ungestört bestehlen zu können – so wie man es von Räubern im Zeichen »1-Wind« erwartete.

Die Gefangennahme Montezumas löste eine schwere politische Krise aus, da der Kaiser für die Leitung des mexikanischen Reiches unverzichtbar war. Der Kaiser war nicht nur »derjenige, der die Regierungsgeschäfte führt«, sondern auch »das Herz der Stadt«, eine »Quetzalfeder«, »ein großer Baum aus seidener Wolle« und »eine Mauer, eine Brustwehr«, in deren Schatten das Volk Zuflucht suchte. Seine Worte wurden als »kostbare Smaragde« betrachtet, und er galt auch als Sprachrohr der Götter, deren »Stuhl, Flöte, Zähne und Ohren« er war.[14] Seine Aufgabe bestand nicht nur darin, die Mexica zu regieren, sondern auch darin, das Universum selbst zu erhalten. Jetzt befand er sich in der Gewalt einer völlig unberechenbaren Gruppe von Fremden, von denen niemand wußte, ob sie Götter oder Dämonen, Botschafter einer großen Macht oder bloß, wie die Chichimeken, Terroristen waren.

Die Entmachtung des Kaisers löste verständlicherweise große Ängste aus: »Panik hatte alle erfaßt«, schrieb Fray Sahagún auf Grundlage der Aussagen seiner zahlreichen Gewährsleute, »so als ob sie allen Mut verloren hätten. Und bei Einbruch der Nacht war der Schrecken groß, Entsetzen ergriff alle, Furcht befiel die Mexica. Noch im Schlaf wurden sie von schrecklichen Ängsten heimgesucht.«[15]

Zweifellos rezitierten die Menschen alte Gedichte:
Wir kamen nur, zu schlafen.
Wir kamen nur, zu träumen.
Es ist nicht wahr, es stimmt nicht,
daß wir kamen, um auf der Erde zu leben.[16]

Die Bestürzung in Tenochtitlan nahm noch größere Ausmaße an, als die Boten Montezumas mit Qualpopoca, dessen Söhnen und fünfzehn weiteren mexikanischen Führern als Gefangenen von der Küste zurückkehrten. Diese Männer wurden Montezuma übergeben, der sie seinerseits widerstandslos an Cortés auslieferte. Qualpopoca sagte Cortés, daß er zwar ein Vasall Montezumas sei, aber nicht auf Montezumas Geheiß gehandelt habe, als er gegen Escalante kämpfte. Später behauptete er – vermutlich unter der Folter – genau das Gegenteil und beteuerte, auf Befehl Montezumas gehandelt zu haben. Cortés ging zu Montezuma und sagte ihm, seiner Meinung nach habe er diese Aktionen angeordnet. Aber selbst wenn dies der Fall sei, habe er, Cortés, ihn mittlerweile so sehr ins Herz geschlossen, daß er ihm um nichts in der Welt Schaden zufügen wolle.

Dieses geschickt inszenierte Wechselbad zwischen Zuwendung und Brutalität gewährleistete Montezumas anhaltende Bereitschaft zur Zusammenarbeit. Unmittelbar nach diesen freundlichen Worten an Montezuma befahl Cortés, Qualpopoca, dessen Söhne und die fünfzehn anderen mexikanischen Adligen auf dem Platz vor der Großen Pyramide bei lebendigem Leib zu verbrennen. Die Scheiterhaufen wurden aus hölzernen Pfeilen und Degenscheiden errichtet, die aus der Rüstkammer des Palasts entnommen wurden: eine trickreiche Methode, um die Waffenkammer zu inspizieren und die dortigen Bestände zu verringern, aber auch um Montezuma zu demütigen. Der Kaiser mußte der Hinrichtung beiwohnen. Cortés ließ ihn in Eisen legen, »um einem Aufruhr vorzubeugen«. Die Mexica verfolgten die Verbrennung in gebanntem Schweigen.[17]

Die Verbrennung auf dem Scheiterhaufen war eine damals in Europa gängige Hinrichtungsform, vor allem für die Opfer der Inquisition. Im Jahre 1511 hatte Diego Velázquez auf Kuba vermutlich in Gegenwart Cortés', seines damaligen Sekretärs, den Taino-Häuptling Hatuey lebendig verbrennen lassen. Bei den Mexica wurden diejenigen »lebendig geröstet«, die als Schüler der öffentlichen Schule (*calmécac*), *pulque* tranken oder Ehebruch begingen. Der dämonische Tlacaelel hatte den sogenannten »Herd der Götter« erfunden, auf dem er im Jahre 1467 die Gefangenen aus Cholula hatte hinrichten lassen.[18] Und Nezahualpilli ließ seine untreue Königin im Jahre 1499 bei lebendigem Leib verbrennen. Montezuma II. hatte den »Herd der Götter« angeblich etwas wahlloser als Strafe verhängt. Dennoch dürfte der Tod des Qualpopoca die Mexica aufgrund der Härte dieser Strafe, der Schnelligkeit ihrer Vollstreckung (vermutlich starben die Gefangenen, ohne in den Genuß von Halluzinogenen zu kommen) und des hohen gesellschaftlichen Rangs der Opfer tief bestürzt haben. Irgendwann sagte Montezuma gewiß zu sich: »Du wirst den Adler-Krieger und den Ozelot-Krieger brauchen«, um die große Prüfung zu bestehen, der sein Volk unterworfen war. Dennoch zögerte er noch immer.

Cortés befahl, Montezuma die Fußeisen abzunehmen, und sagte dem Kaiser nach eigenem Bekunden, er sei nun frei. Doch Montezuma, der über den Ruf, in dem er mittlerweile bei seinen Untertanen stand, besorgt gewesen sei, habe es vorgezogen, wie ein von Menschen gefangener wilder Vogel vorläufig bei seinen Entführern zu bleiben. Er sagte Cortés, wenn er jetzt ginge, würden ihn möglicherweise »einige Häuptlinge ... dazu veranlassen, etwas gegen seinen Willen zu tun ...«, was der kastilischen Sache abträglich sei.[19] Gleich, ob Cortés' Ausführungen über seine Bereitschaft, Montezuma freizulassen, richtig sind oder nicht, dürfte der Anblick des verängstigten Monarchen während der brutalen Hinrichtung eines seiner Stellvertreter eine weitere Stufe seines Autoritätsverlusts gekennzeichnet haben.

Doch dieser Niedergang war äußerlich nicht sichtbar. Einige Wochen lang schien es, als übe Montezuma weiterhin die Regierungsgewalt aus – eine sowohl für die Kastilier als auch für die Mexica befremdliche Lage. Er badete sich regelmäßig, nahm seine aufwendigen Mahlzeiten ein, konnte mit der ständigen Anwesenheit seiner höchsten Beamten rechnen und traf sich weiterhin heimlich mit seinen Mätressen. Wie immer stand er um Mitternacht auf, um vom Dach des Palastes den Polarstern und den Großen Bären, das Siebengestirn und andere Konstellationen zu beobachten und ihnen sein Blut darzubringen. Er empfing weiterhin zahllose Bittsteller und ernannte Richter. Er betete, er gab Bankette. Ab und zu verließ er gemeinsam mit den Kastiliern die Stadt, um Vögel zu jagen oder zu fischen oder bloß, um die Landschaft zu genießen – zweifellos besuchte er auch die ein oder andere Villa, die er in verschiedenen Städten besaß. Vermutlich widmete er sich zudem der Falkenjagd, der Jagd mit Blasrohren (bemalte Instrumente mit goldenen Mundstücken, mit denen Kugeln aus gebranntem Lehm verschossen wurden) oder der Jagd mit Pfeil und Bogen bzw. mit Netzen. Cortés zufolge kehrte Montezuma nach diesen Zerstreuungen »froh und zufrieden« in die ihm zugewiesenen Gemächer zurück. Seine Hofnarren rissen weiterhin derbe Witze, gelenkige Jongleure ließen Holzklötze auf den Sohlen ihrer Füße tanzen; verstümmelte Zwerge sprangen und tanzten, während Sänger zu den Klängen von Flöten, Trommeln, Klappern und Schellen ihre Lieder vortrugen.[20] Manchmal besuchte Montezuma seinen Zoo, um die Jaguare, die Ozelote und die mißgestalteten Menschen zu betrachten. Und gelegentlich schaute er sich das beliebte Ballspiel (*tlachtli*) an, auch wenn er vermutlich nicht mehr, wie früher, die Hüftpolster und den Ledergürtel selbst anlegte, um in einem mit Stukkatur verzierten Innenhof südlich des Haupttempels gegen seine Neffen und Vettern zu spielen.

Die Beliebtheit dieses Spiels im alten Mexiko zeigt sich darin, daß die Städte am Golf alljährlich 16000 Gummibälle als Tribut in Tenochtitlan ablieferten; diese Bälle stellten zweifellos eine der erstaunlichsten Neuheiten dar, denen die Kastilier, die mit Sicherheit nur Bälle aus Federn bzw. Leder kannten, in Tenochtitlan begegneten. Dieses Spiel erfreute sich insbesondere bei den Adligen großer Beliebtheit, die sich, sofern sie nicht gerade Krieg führten, unentwegt dieser Form der Zerstreuung widmeten. Wer zum Spielen zu alt war, schloß Wetten auf den Ausgang ab, bei denen es, nach den Beschreibungen der am Rand der Spielfelder als Einsatz angehäuften Mengen von Umhängen,

Lendenschurzen, Lippenpflöcken aus Grünstein und Ohrpflöcken aus Gold zu urteilen, offenbar um große Summen ging.[21] Wie bei den meisten Dingen im alten Mexiko war auch bei diesem Spiel der erste Eindruck trügerisch, denn es handelte sich eher um eine Zeremonie denn um eine Zerstreuung, mehr um eine symbolische Handlung als um ein bloßes Vergnügen. So diente das Spielfeld auch gleichzeitig als Warte für astronomische Beobachtungen.

Montezuma beschenkte seine kastilischen Wachposten häufig mit Geschmeide und Frauen. Diese behandelten ihn ihrerseits mit dem gebührenden Respekt. Einmal verstießen ein Seeman namens Trujillo und eine Armbrustschütze namens Pedro López gegen diese Regeln der Höflichkeit, worauf der *caudillo* sie angemessen bestrafte.[22]

Die Stadt kehrte unterdessen zu einer Art Normalität zurück. Allnächtlich tanzten und sangen die Zöglinge in den staatlichen Schulen, allnächtlich erschallten Muscheltrompeten von den Pyramiden und, als Reaktion darauf, von den nahegelegenen Bergen, allnächtlich wurden in den Palästen und oftmals auch in den Hütten beim Schein von Fackeln Feste gefeiert. Die Conquistadoren sahen Menschen, die Geschenke – Blumen oder Tortillas – bei sich trugen, denn es galt als beleidigend, wenn man jemanden besuchte, ohne ihm etwas mitzubringen. Die *calpullec*, Vorsteher der Stadtbezirke, begaben sich jeden Tag zu der traditionellen Versammlungsstätte, dem *calpixcalli*, um die Anweisungen der kaiserlichen Beamten entgegenzunehmen.[23] Die Gerichte fällten ihre Urteile, und das geregelte Leben der einfachen Mexica ging weiter, mit seinen zwei Mahlzeiten pro Tag, eine am Morgen und die andere, wenn die Sonne im Zenit stand; beide Male bildeten Tortillas die Grundlage, die ab und zu mit Fisch oder Wild bzw. Amarantsuppe angereicht wurde. In regelmäßigen Abständen trafen weiterhin Tribute in Tenochtitlan ein (außer, so ist anzunehmen, von den tributpflichtigen Städten an der Küste, die von Cortés »befreit« worden waren).

Montezuma ließ auch weiterhin Menschenopfer darbringen. Cortés tat so, als nehme er keine Notiz davon.[24] Die Feste mußten weitergehen, und ein mexikanisches Fest ohne Menschenopfer wäre ungefähr so gewesen wie ein spanisches Fest ohne Stierkampf. Gewiß glaubte Montezuma auch, daß die Welt untergehen würde, wenn er die Opferungen einstellte.

So folgte auf das Jagdfest im Monat der »Kostbaren Federn« (*Quecholi*) das bedeutendere Fest »Hissen der Fahnen« (*Panquetz-*

alitztli), woran sich *Atemoztli*, »Wasserfall«, und *Tititl*, »Rituelles Necken der Frauen«, anschlossen. Vor allem das Fest *Panquetzaliztli* war mit der Opferung einer größeren Zahl von Gefangenen verbunden.

Die Priester »blätterten weiterhin lärmend die illuminierten Handschriften durch«, während die Wahrsager weiterhin aus der Konstellation der Gestirne das Schicksal und den Charakter Neugeborener vorhersagten. Sie schlugen hierzu im heiligen Buch der Wahrsagekunst nach, dem *tonalámatl*, und sie sagten den Ratsuchenden: »Du bist gekommen, um dein Spiegelbild zu sehen, das dein künftiges Geschick verkündet.«[25]

Ungeachtet der scheinbaren Kontinuität schien sich die Persönlichkeit Montezumas zu verändern: Der Stolz, die Arroganz und die Härte, die ihn bis dahin ausgezeichnet hatten, verschwanden. Der neue Montezuma war nachgiebig, unentschlossen und unterwürfig, wenn auch vielleicht, hinter dieser Fassade, verschlagen und unzuverlässig.

Was die Kastilier betrifft, so führten auch sie viele Wochen lang ein normales Leben, soweit dies unter solchen Umständen möglich war. Cortés hörte täglich in seinem Hauptquartier die Messe und befahl seinen Männern, das gleiche zu tun. Als um Weihnachten der Weinvorrat zur Neige ging, begnügten sie sich mit Gebeten.[26]

Cortés spielte mit Montezuma häufig mexikanische Spiele, etwa *totoloquí*, ein Spiel, das mit kleinen Goldkugeln gespielt wurde, oder *patolli*, ein (dem Backgammon ähnliches) Würfelspiel, das auf einer schwarzen Matte gespielt wurde, auf die eine Punktetafel in Form eines Kreuzes aufgetragen war: Die Spielmarken waren schwarze Bohnen, in die Zahlensymbole eingeritzt waren.[27] Anders als das Ballspiel war das *patolli* bei allen Klassen beliebt, und einige Personen lebten davon (und starben daran), daß sie Wetten darauf abschlossen. Gewissenhafte Eltern versuchten ihren Kindern diese Spiele zu verleiden.

Bei diesen Spielen zwischen Spaniern und Mexikanern schrieb Alvarado gelegentlich die Punkte auf, die der Kaiser erzielte, und mogelte sogar zu dessen Gunsten. Montezuma war wie die meisten seiner Untertanen ein passionierter Spieler. Wenn Cortés gewann, schenkte er seinen Gewinn den Neffen des Kaisers, wenn Montezuma gewann, schenkte er seine Siegesprämie den kastilischen Soldaten. Cortés brachte Montezuma auch die Kunst des Armbrustschießens bei. Montezuma beteuerte immer wieder, daß er Cortés »wie einen Bruder«

liebe. Manchmal sprach er darüber, wie er die Mexica regierte; zu dieser Zeit machte er auch die Aussage, daß sein Volk »nicht mit Liebe, sondern mit Schrecken behandelt werden müsse« und daß der Staat notwendigerweise auf Ordnung beruhe.[28] Hin und wieder unterwies Fray Olmedo den Kaiser in der christlichen Glaubenslehre. Vielleicht mißdeutete dieser Mercedarier Montezumas höfliche Aufmerksamkeit als echtes Interesse.

Die Abenteurer der *santa compañía* hatten sich mittlerweile an das mexikanische Essen und die mexikanischen Essenszeiten gewöhnt. So nahmen sie jetzt das Frühstück, bestehend aus mit Honig gesüßten oder mit Pfeffer gewürzten Maiskuchen (*tamales)*, welche auf schwarzen oder roten Steinguttellern aus Cholula angerichtet wurden, erst gegen zehn Uhr morgens ein. Sie tranken mit Honig gesüßten Kakao aus bemalten Kalebassen. Wie ihre Gastgeber nahmen sie ihre Hauptmahlzeit zu Mittag ein, wenn es zu heiß war, um sich im Freien aufzuhalten; während sich jedoch die meisten Mexica mit Maiskuchen, Bohnen und Tomaten begnügen mußten, wurden die Spanier zweifellos regelmäßig mit Hund, Truthahn, Hirsch und sonstigem Wild (Fasan, Rebhuhn, Wildschwein, Leguan, Ente und weiteren der vierzig Wasservogelarten des Sees) bewirtet. Auch dürfte man ihnen Disteln und Ratten mit Soße, Wassermolche, Eier von Wasserfliegen, Kaulquappen, Ameisen, Frösche und Agavenwürmer serviert haben, obgleich das Stillschweigen, das die Memoirenschreiber über dieses Thema wahrten, darauf hindeutet, daß ihnen dieses Kleingetier nicht besonders mundete. Doch offenbar stellten sie fest, daß die Larven von Salamandern genausogut schmeckten wie Aal und daß die Algen des Sees den Geschmack von Manchegokäse besaßen.[29] Indes dürften viele von ihnen den spanischen Rotwein und sogar das Pökelfleisch aus ihrer Heimat schmerzlich vermißt haben. Offenbar erfreute sich *pulque* keiner großen Beliebtheit (obgleich dieses Getränk nach dem Urteil Jacques Soustelles wie Apfelwein schmeckt). Cortés selbst wurde vermutlich wie ein König behandelt: Frauen, die ihre Füße wahrscheinlich mit Kopalharz eingerieben und blau gefärbt hatten, brachten ihm mit Wasser gefüllte Kalebassen.

Die Mexica hatten ziemlich strenge Tischsitten. Sie bleuten ihren Kindern ein: »Schneidet beim Essen keine Grimassen, schmatzt nicht laut, schlingt nicht wie ein Vielfraß … Wenn ihr Wasser trinkt, dann schlürft nicht wie ein kleiner Hund, sondern saugt es ein. Eßt nicht mit allen Fingern … sondern nur mit den drei Fingern eurer rechten

Hand.«[30] Diejenigen, die diese Regeln in der *calmécac* gelernt hatten, dürften gegen die Tischmanieren der Spanier, die ebenso wie ihre Körperhygiene weit hinter dem mexikanischen Niveau zurückblieben, einen tiefen Widerwillen empfunden haben.

Die Memoirenschreiber schweigen sich auch darüber aus, ob die Mexica den Kastiliern halluzinogene Naturprodukte wie den *peyote*-Kaktus bzw. heilige Pilze angeboten haben. Obgleich die Mönche in späteren Schriften das Interesse der *naturales* an diesen Stoffen mißbilligten, dürfte es die aus der Estremadura stammenden Conquistadoren kaum verwundert haben: Stechapfel, Alraunwurzel und Tollkirsche wurden in den ländlichen Gegenden Europas zu ähnlichen Zwecken, wenn auch mit weniger sensationellen Ergebnissen verwendet.[31] Einige der Kastilier, die auf Kuba die Gewohnheit angenommen hatten, nach dem Essen Tabak zu rauchen, taten es jetzt wie die mexikanischen Adligen in bemalten Pfeifen aus Schilfrohr oder gebranntem Ton (in Mexiko wurde der Tabak mit Holzkohle und Amberharz vermischt).

Kartenspiele erfreuten sich nicht nur bei den beiden Anführern großer Beliebtheit: Obgleich die Kastilier keine Karten mitgebracht hatten, malte Pedro Valenzuela, ein aus Palencia stammender älterer Conquistador, schöne Spielkarten auf Häute, die normalerweise für Trommeln verwendet wurden. Auch in Cortés' Privatleben tat sich etwas; obgleich er die Beziehung zu seiner Dolmetscherin Marina aufrechterhielt, genoß er offenbar auch die Zuneigung einer Tochter (»Doña Ana«) und einer Nichte (»Doña Elvira«) Montezumas, auch wenn er sich noch einige Wochen zuvor kritisch zu derartigen Affären geäußert hatte.[32]

Cortés hatte auch mit Problemen zu kämpfen. Es erreichten ihn beispielsweise schlechte Nachrichten über Alonso de Grado, den er als Nachfolger Escalantes zum Befehlshaber der Garnison in Vera Cruz ernannt hatte. Grado lebte angeblich auf großem Fuß; er war dem Glücksspiel und der Schlemmerei ergeben, während er gleichzeitig von seinen totonakischen Nachbarn Schmuck und Frauen abpreßte. Cortés, der sich daran erinnerte, daß Grado ihn während des Feldzugs gegen Tlaxcala herausgefordert hatte, verdächtigte diesen, heimlich eine Absprache mit Diego Velázquez vorzubereiten für den Fall, daß der Gouverneur sich in Cortés' Aktivitäten in Mexiko einzumischen versuchen sollte. Aus diesem Grund ließ er ihn durch Gonzalo de Sandoval, seinen jungen Freund aus Medellín, ablösen. Dessen erste, wenig beneidenswerte Aufgabe bestand darin, Alonso de Grado in Ketten und geleitet von Pedro de Ircio nach Tenochtitlan zurückzuschikken – wo er, nach einem rauhen Empfang durch Alvarado, in den Stock gelegt wurde.

Eine weitere Maßnahme von Cortés stand in ihrer Bedeutung nur wenig hinter der Entführung Montezumas zurück. Es war dies sein irgendwann im November gefaßter Entschluß, seine exponierte strategische Position dadurch auszugleichen, daß er Schiffe bauen ließ, die, wie er selbst sagte, »in der Lage wären, wann immer wir es wünschten, dreihundert Männer und die Pferde zum Festland zu transportieren«.[33]

Er besprach diese Frage mit seinen Hauptleuten, die einen gewissen Martín López aus Sevilla als den geeignetsten Mann für die Überwachung des Baus der Schiffe vorschlugen. López empfahl den Bau von Brigantinen, da sich diese sowohl mit Hilfe von Segeln als auch mit Rudern (ja selbst mit Paddeln) fortbewegen ließen. Er entwarf Pläne und erklärte sich bereit, die Ausführung des Projekts zu überwachen, obwohl er selbst noch kein Schiff gebaut hatte, sich einige seiner Diener jedoch auf dieses Handwerk verstanden.

Martín López – damals vierundzwanzig Jahre alt – war in der Pfarrei San Vicente in Sevilla geboren worden und stammte von einem berühmten mittelalterlichen Ritter, Pedro Álvarez de Osorio, ab, welcher nach der Befreiung der Stadt durch den Heiligen Ferdinand zu den ersten Spaniern gehört hatte, die sich dort niederließen. Außerdem war López ein entfernter Verwandter der Familie Ponce de León. Er hatte sich für die Reise gut eindeckt: »Zwei Schläuche Wein, zwei oder drei Truhen mit Kleidung und viele weitere Vorräte« waren an Bord seines Schiffes gebracht worden, bevor er von Kuba aus in dieses neue Land aufbrach. Er hatte die beiden Brüder Pedro und Miguel La Mafla, geschickte Zimmerleute, als Diener mit auf die Reise genommen. Mehrere mittellose Conquistadoren hatten regelmäßig auf seine Kosten mit ihm gespeist. Martín López eignete sich hervorragend für die ihm übertragene Aufgabe, da er ein »sehr kundiger und intelligenter Mann« war, wie mehrere seiner Freunde in einem späteren Gerichtsverfahren aussagten, »eine Person, die bereit war, zu jeder Tages- und Nachtzeit überall hinzugehen und alles zu tun«.[34]

Cortés beauftragte Martín López mit dem Bau von vier Brigantinen. Er scharte eine kleine Gruppe von Handwerkern um sich (die Hufschmiede Pedro Hernández und Hernán Martín, die Säger Diego

Hernández und Sebastián Rodríguez, den Zimmermann Andrés Núñez und die Gebrüder La Mafla). Sandoval schickte aus Vera Cruz viele Ausrüstungsgegenstände der auf Grund gesetzten Schiffe: Ketten für Anker, Segel, Takelwerk, Pech und einen weiteren Kompaß. Montezuma, den man im Glauben wiegte, die Boote dienten Vergnügungszwecken, stellte den Spaniern zudem einige indianische Zimmerleute zur Verfügung. Um sich das nötige Holz zu beschaffen, fällten sie Eichen in der Nähe von Texcoco und Zedern in der Nähe von Tacuba. Nach ihrer Fertigstellung maßen die Brigantinen etwa zwölf Meter. Jede konnte vier Bronzekanonen und fünfundsiebzig Mann befördern. López' Auslagen (die offenbar nie beglichen wurden) für die vier Boote beliefen sich auf insgesamt zweitausend Pesos, in denen vermutlich sein Honorar und die Löhne der Handwerker enthalten waren.[35]

Nach der Fertigstellung dieser Schiffe luden die Spanier Montezuma zu einer Ausflugsfahrt ein. Der Kaiser fuhr in Begleitung von Alvarado und einigen weiteren kastilischen Hauptleuten (Velázquez de León, Olid und Ávila) über den See, um auf der kleinen Insel Tepepolco (später in El Peñón del Marqués umbenannt) nahe Iztapalapa auf Jagd zu gehen.[36] Sie wurden von zahlreichen Soldaten eskortiert. Sie nahmen mehrere Geschütze mit, deren Handhabung Mesa, einem Veteranen der Italienkriege, oblag. Montezuma fühlte sich sichtlich wohl. Die Jagd, im allgemeinen mit Pfeil und Bogen, aber auch mit Fallen, war ein Zeitvertreib, der der mexikanischen Oberschicht vorbehalten war. Sie diente vor allem der Beschaffung von Häuten, Fellen und Fleisch, die königliche Jagd verfolgte zusätzlich den Zweck, Tiere für den Zoo einzufangen. Es schien Montezuma nicht zu beunruhigen, daß die Brigantinen mit ihren Segeln sehr viel schneller waren als seine besten Kanus. Bei diesem Ausflug wollte Cortés die Seetüchtigkeit der Schiffe überprüfen. Von nun an kreuzten die Brigantinen ständig auf dem See, und die Conquistadoren erhielten so unschätzbare Aufschlüsse über die charakteristischen Merkmale, die Vegetation, die Häfen und die Tiefe des Sees.

Sie erkannten, daß das Becken nicht einen großen See, sondern fünf miteinander verbundene Seen beherbergte: im Norden den Xaltocan- und Zumpango-See, in der Mitte den Texcoco-See und im Süden den Xochimilco- und Chalco-See. Sie stellten fest, daß der See im allgemeinen ziemlich seicht war (zwischen einem Meter fünfzig und höchstens drei Metern), und daß alle Seen nur etwa die Hälfte des Jahres miteinander verbunden waren. Der Texcoco-See war am tiefsten gelegen und bildete daher das Sammelbecken des aus den anderen Seen abfließenden Wassers; der Xochimilco- und der Chalco-See lagen etwa drei Meter höher. Da das Wasser des Xochimilco-Sees das ganze Jahr über in den Texcoco-See abfloß, enthielt dieser frisches Süßwasser, außerdem gab es an seinem Ufer viele kleine Quellen. Obwohl der Xaltocan- und der Zumpango-See ebenfalls höher als der Texcoco-See gelegen waren, floß ihr Wasser nur zu bestimmten Zeiten des Jahres in diesen ab. Aus diesem Grund war ihr Wasser salzhaltiger als das der anderen, kleineren Seen.[37]

Auch die Salzigkeit des Sees dürfte die Aufmerksamkeit der Conquistadoren erregt haben, da ein Abschnitt des Ostufers ganz der Salzgewinnung vorbehalten war: Eine Tatsache, die irgend jemand bald darauf Pietro Martire in Spanien hinterbracht haben muß, schrieb dieser doch schon wenig später an Papst Leo: »Sie härten es [das Salz], indem sie das Wasser in Bewässerungsgräben leiten, um es einzudicken, und nachdem das Salz fest geworden und erstarrt ist, sieden sie es und formen es zu rundlichen Würfeln.«

Das mexikanische Reich schien während des größten Teils dieser Periode weiterhin zu funktionieren: Die unterworfenen Völker lieferten ihre Tribute ab, und die Fernkaufleute gingen weiterhin ihren Handelsgeschäften nach. In *urbs et orbis* wurden »Harmonie und Ordnung« bewahrt, wie Cortés diesen Sachverhalt in einer seiner positiven Stimmungslagen bewundernd nannte.

Für unseren Herrgott müssen wir etwas wagen

> »Und ich verpfände mein Ehrenwort darauf ... es ist wahr, daß der Marquis übernatürlich hoch sprang und, das Gleichgewicht haltend, mit der Stange auf die Augen des Götzen einschlug, bis dessen Goldmaske zu Boden fiel, wobei er sagte: ›Für unseren Herrgott müssen wir etwas wagen.‹«
>
> *Andrés de Tapia, in seiner Relación, um 1539*

Das 18 Monate umspannende mexikanische Jahr begann im Februar, so daß der Januar, eine Zeit des Frosts und der Dürre, das Ende des alten Jahres markierte. Wie in den meisten Jahren gab auch zu Beginn des Jahres 1520 die Ungewißheit, ob und wann Regen kommen würde, den Anlaß zur größten Sorge. Wir können daher davon ausgehen, daß die Mexica – einschließlich derer, mit denen die Spanier in ständigem Kontakt standen – ihre Zeit vor allem mit Bittgebeten an den »gütigen Zauberer« Tlaloc zubrachten:

O unser Herr, O Ernährer, O Herr der grünen Pflanzen,
Herr Tlaloc, Herr der süß düftenden Ringelblume, Herr des Kopal!
Die Götter, unsere Herren, die Ernährer,
Die Herren des Kautschuks, die Herren der süß duftenden Ringelblume,
Die Herren des Kopal
haben sich selbst in eine Truhe eingesperrt, in eine Kiste
haben sie sich eingeschlossen.
Sie haben Jade und Türkis und den kostbaren Lebensschmuck versteckt.
Sie haben ihre Schwester, Chicomecoatl, die Göttin der
Früchte der Erde, fortgetragen
und ebenso die karmesinrote Göttin des Chili.
Oh, die Früchte der Erde vertrocknen.
Die Schwester der Götter, die Lebenserhalterin,
schleppt sich mühsam dahin.
Sie ist mit Staub bedeckt, sie ist von Spinngewebe eingehüllt,
sie ist völlig erschöpft und müde.[1]

Die Mexica hegten jetzt allerdings nicht mehr nur diese altbekannten Befürchtungen. Denn dem freundlichen Empfang, den sie den Kastiliern als ihren Gästen bereiteten, wurde durch Zwistigkeiten über religiöse Fragen und über jenes andauernde Motiv des Blutvergießens in der Neuen Welt, Gold, ein Ende gesetzt. Zudem stellte sich die Frage, wer die eigentlichen Machthaber des Imperiums waren: die Mexica oder die Kastilier und ihre Verbündeten.

Der Religionsstreit entzündete sich an den Menschenopfern. Bei den *totoloque*-Spielen mit Montezuma und den Gesprächen nach Tisch ging Cortés auch weiterhin auf »die Dinge Gottes« ein und bestand darauf, daß Montezuma diesen Brauch und den Verzehr von Leichenteilen aufgeben möge. Die Conquistadoren waren zwar zu praktisch jeder Grausamkeit fähig, doch der Kannibalismus, mochte es auch ein ritueller sein, erfüllte sie mit Entsetzen. Einem Menschen mit einer Pike die Eingeweide herausreißen war eine Sache – das Schmoren eines menschlichen Fußes dagegen stellte eine Beleidigung Gottes dar. Cortés' Forderungen, diesen Brauch abzuschaffen, zeitigten keinerlei Wirkung. Daraufhin griff Cortés auf eine Methode zurück, die er oft einsetzte und die darin bestand, das Verdienst (oder die Schuld) für eine Initiative anderen anzurechnen. So sagte er, seine »Hauptleute« drängten auf die Abschaffung der Menschenopfer, außerdem wünschten sie auch nach wie vor, ein Kruzifix und ein Marienbild an der Spitze des Großen Tempels aufzustellen. Vermutlich glaubte er, mit der Zeit würde sich schon von selbst erweisen, wie wohltuend dies für die Seelen der Mexica sei. Montezuma antwortete: »O Malinche, wie könnt Ihr von uns verlangen, daß wir die ganze Stadt zugrunde richten? Unsere Götter sind sehr erzürnt über uns, und ich weiß nicht, ob sie unser Leben verschonten, wenn wir ausführten, was Ihr uns geheißen habt.«[2]

Cortés wechselte daraufhin das Thema und fragte Montezuma, in welchen Gegenden des Reiches nach Gold geschürft werde, und der Kaiser antwortete ihm wahrheitsgemäß. Vermutlich ließ er eigens eine Übersicht über die Bezugsquellen dieses Tributs erstellen, oder aber er erlaubte den Spaniern, in eine bereits vorhandene Liste Einblick zu nehmen. Den Conquistadoren war aufgefallen, daß ein Beamter, dem sie den Spitznamen »Tapia« gaben (vielleicht weil er einem gestrengen königlichen Inspektor gleichen Namens auf Hispaniola glich), sämtliche Einkünfte des Kaisers in sorgsam geführten Büchern verzeichnete. »Wir schlugen in Montezumas Steuerrollen nach, um herauszufinden, von welchen Provinzen er Gold als Tribut erhielt, wo die Minen lagen und von wo er Kakao und Baumwollumhänge bezog ...«, berichtete Bernal Díaz.[3]

Gold bedeutete den Mexica weniger als den Kastiliern, und es war für sie eine neuere Ware als Federn oder Jade. Hätte Cortés gefragt, von wo die Mexica diese anderen Produkte, zu welchen auch Papier gehörte, bezögen, hätte er wohl eine weniger zufriedenstellende Antwort erhalten (Papier war bei zahlreichen Festen ein unverzichtbares Element, bildete aber auch das Rohmaterial für die Tributverzeichnisse, von denen Díaz sprach). Und doch verschwieg Montezuma einige der Provinzen, von denen er Gold bezog.[4] Er sagte, das meiste Gold stamme aus Zacatula, einem Mixteken-Gebiet im Süden, im heutigen Bundesstaat Oaxaca. Nicht weit davon entfernt lag Malinaltepec, ein von den Mexica kontrolliertes Chinanteken-Gebiet, ebenfalls im Süden. Er führte drei weitere Fundorte an: Tututepec, im Südwesten, im heutigen Bundesstaat Guerrero; Coatzacoalcos, am Golf von Mexiko; und Tochtepec im Süden des heutigen Bundesstaates Oaxaca. Es gab eine weitere vielversprechende Zone im Nordosten, im heutigen Pánuco. An all diesen Orten wurde das Gold aus goldhaltigen Bächen und Flüssen ausgewaschen. Anschließend wurde es in einem dreifüßigen Tiegel aufbereitet: eine offenkundig primitive Form des Schmelzens.

Was die Bearbeitung des Goldes betrifft, so waren die Mixteken die vollendetsten Goldschmiede unter den Indianern. Ihr Stammesgebiet glich einem Flickenteppich kleiner Monarchien, und obgleich die Mexica diese fast alle unterworfen hatten, ließen sie deren Herrschern weitgehend freie Hand. Wie die Tarasken schienen die Mixteken in kultureller und politischer Hinsicht weniger »entwickelt« zu sein als die Mexica: Sie besaßen weder eine Hauptstadt noch eine zentrale Regierung. Doch sie produzierten buntbemalte Töpferwaren von bewundernswerter Qualität, sie verstanden sich meisterhaft auf das Verzieren von Jade, Onyx, Muschelschalen und Steinen, und sie waren zudem sehr begabte Goldschmiede, die prächtigen Goldschmuck anfertigten, wobei sie sich stilistisch von den Bildern in den Codices inspirieren ließen. Tatsächlich glich der Schmuck der Mixteken in Gold umgesetzten Bildern. Ihre hübschen Schellen, ihre Ringe und ihr thematischer Rückgriff auf eine kosmische Symbolik machten ihre Produkte einzigartig. Dieser Schmuck, dessen älteste Exemplare um 1000 nach Christus hergestellt worden waren und der nach der mexikanischen Überlieferung ursprünglich aus Tollan stammte, war möglicherweise zunächst aus dem Süden, vielleicht sogar aus Peru, importiert worden.[5]

In die erste dieser vielversprechenden Regionen schickte Cortés Gonzalo de Umbría; er war einer der Seeleute gewesen, die der *caudillo* während der Ereignisse in Vera Cruz im Mai bestraft hatte; angeblich hatte er Umbrías Zehen abschneiden lassen. Doch was auch immer mit Umbrías Füßen geschehen war, sie mußten mittlerweile jedenfalls wieder weitgehend verheilt gewesen sein, auch wenn er bei dieser Expedition vermutlich auf einem Pferd ritt. Auf dem Weg nach Zacatula sahen er und seine Gefährten befestigte Gebäude, die, wie Cortés später in seinem notorischen Hang zu Übertreibungen sagte, »mächtiger und besser gebaut waren« als die Festung von Burgos.[6]

In die Region von Coatzacoalcos im Südosten entsandte Cortés

Diego de Ordás und zehn weitere Kastilier mit dem Auftrag, nach Gold und einem neuen Hafen zu suchen; Ordás fand allerdings nur eine geringe Menge des Edelmetalls (im Wert von fünfzig Pesos). Was den Hafen betraf, so hatten Ordás und seine Männer zunächst den Eindruck, daß der Río Coatzacoalcos aufgrund seiner Breite und seiner scheinbaren Strömungslosigkeit eine Meerenge mit Verbindung zur »Südsee« darstellen könnte – etwas, woran der *caudillo* verständlicherweise ein starkes Interesse hatte. Doch Ordás berichtete, daß der Kanal sich wenige Meilen vom Meer entfernt in einen gewöhnlichen Fluß verwandelte; man müsse daher in einer anderen Region nach der Meerenge suchen. Ordás nutzte die Gelegenheit, um in der Nähe der heutigen Ortschaft San Miguel de Malinaltepec ein befestigtes Gehöft anzulegen, das einerseits als kastilischer Stützpunkt (womit das Gebiet offiziell annektiert wurde) und andererseits als Zuchtfarm für Mais, Kakao, Bohnen und Enten dienen sollte.[7]

Cortés überging einstweilen einige der Orte, die Montezuma ihm genannt hatte, doch er sandte Andrés de Tapia und Diego Pizarro, einen Verwandten mütterlicherseits (von dem er kaum mehr als seinen Namen kannte), nach Pánuco – vielleicht mit dem Auftrag, herauszufinden, ob Garay, Gouverneur von Jamaika, erneut dort gelandet war.

Aufgrund entsprechender Anweisungen Montezumas scheinen die Mitglieder dieser Expeditionen von den örtlichen Indianern gut versorgt worden zu sein. Die Fremden wurden in keiner Weise behelligt und sogar reich mit Schmuckstücken und Gold beschenkt: mit zahllosen kleinen Figurinen, Nachbildungen von Vögeln und Ohrpflökken, Lippenpflöcken, Halsketten, Ohrringen und Broschen in Form grotesker Tiere.

Umbría kehrte aus dem Mixteken-Gebiet mit der Nachricht zurück, daß in Zentral-Oaxaca und in den zur Ostküste hin gelegenen Gebieten zweifellos Goldminen existierten. Tapia und Pizarro brachten aus dem Nordosten Gold im Wert von einigen tausend Pesos und die beruhigende Nachricht, daß die Bewohner dieser Gegend schlecht über die Mexica sprachen und sie aus tiefstem Herzen haßten. Ordás seinerseits hatte zwar keinen guten Hafen entdeckt, brachte bei seiner Rückkehr jedoch einige Geschenke für Cortés mit. Tochel, Kazike eines in der Nähe von Coatzacoalcos (und nicht weit von Potonchan, dem Schauplatz von Cortés' erstem Sieg) ansässigen Stammes, war angeblich bereit, dem König von Kastilien zu huldigen und ihm künftig

Tribut zu zahlen.[8] Hernán de Barrientos legte südlich von Tenochtitlan auf dem Gebiet der Chinantla, in der Region der Zapoteken, einen weiteren Bauernhof an, den er offenbar über ein Jahr ganz auf sich allein gestellt verwaltete.

Zu Beginn des Jahres 1520 löste Cortés die Frage der obersten Regierungsgewalt in Tenochtitlan zu seiner Zufriedenheit. Allerdings ist zweifelhaft, ob Montezuma diese Lösung ebenfalls als befriedigend ansah.

Cortés hatte immer wieder verlangt, Montezuma solle die Oberhoheit des Königs von Spanien anerkennen. Doch die Notwendigkeit, diese Anerkennung formell zu besiegeln, dürfte ihm besonders dringlich erschienen sein, nachdem Cacama, König von Texcoco, Ende 1519 den Versuch unternommen hatte, sich sowohl gegen seinen Onkel Montezuma als auch gegen die Fremden, die sich offenbar der Seele Montezumas bemächtigt hatten, aufzulehnen.

Die Berichte über diese Begebenheit widersprechen sich; die glaubwürdigste Darstellung stammt aus der Feder des Historikers der königlichen Familie von Texcoco, Fernando Alva Ixtlilxochitl. Im allgemeinen prospanisch oder doch zumindest prochristlich eingestellt, vermittelt dieser Schriftsteller des ausgehenden 16. Jahrhunderts den Eindruck, als sei die ganze Erhebung auf einen einzigen Akt der Überreaktion von Cortés zurückzuführen. Seiner Version zufolge zeigten zwei der zahlreichen jüngeren Brüder Cacamas, Nezahualquentzin und Tetlahuehuequititzin, einigen Spaniern den Reichtum und die Pracht Texcocos. Als sie zum Haus des verstorbenen Monarchen Nezahualcoyotl kamen, traf ein Bote Montezumas ein. Der Emissär nahm Nezahualquentzin zur Seite und sagte ihm, der Kaiser hoffe, er werde die Kastilier gut behandeln und ihnen sein ganzes Gold geben. Die Kastilier mißdeuteten das Verhalten des Boten; sie argwöhnten ein Komplott. Nezahualquentzin wurde festgenommen und zu Cortés gebracht, der befahl, ihn wegen Verschwörung zu hängen. Auf die Intervention des weinenden Montezumas hin wurde die Strafe nicht vollstreckt. Doch der Zwischenfall erzürnte Cacama; er lehnte sich offen gegen seinen Onkel auf, dem er sich so lange Zeit untergeordnet hatte. Vielleicht war die Verbrennung Qualpopocas der Wendepunkt gewesen, der Cacama die Fruchtlosigkeit seiner früheren Beschwichtigungsbemühungen vor Augen geführt hatte. Jedenfalls machte er den Mexica jetzt zum Vorwurf, daß sie den Forderungen der Spanier nachgegeben hatten. Er verließ heimlich Tenochtitlan, da es den Mexica seiner Ansicht nach an Widerstandsgeist mangelte, wenigstens solange sie von Montezuma regiert würden. Cacama kehrte in seine eigene Stadt zurück und plante dort, seinen Onkel und alle mexikanischen Adligen aus der Knechtschaft zu befreien, in die sie sich begeben hatten. Ixtlilxochitl, Cacamas Bruder und sein einstiger Rivale um den Thron, sagte, er sei ebenfalls der Meinung, es müsse etwas geschehen. Er schlug ein Treffen in dem nahegelegenen Wald von Tepetzinco vor, wo sie Vorkehrungen für eine gemeinsame Blockade Tenochtitlans treffen könnten. Der vereinbarte Treffpunkt konnte nur mit einem Boot erreicht werden. Cacama bestieg zusammen mit Ixtlilxochitl und einem weiteren Bruder, Coanocochtzin, ein Kanu. Er hätte wissen müssen, daß Ixtlilxochitls Feindschaft gegen Montezuma ihn zu einem Agenten von Cortés gemacht hatte. Das Kanu nahm nicht Kurs auf Tepetzinco, sondern auf Tenochtitlan, wo Cacama an Cortés ausgeliefert wurde.[9]

Nach einer anderen Version vereinbarte Cacama ein Treffen mit den Herrschern von Coyoacan, Tacuba, Iztapalapa, Toluca und Matalcingo, um den Sturz Montezumas und die Vernichtung der Kastilier zu planen. Die versammelten Anführer hätten sich zwar auf die Notwendigkeit einer Auflehnung, nicht aber auf einen Nachfolger Montezumas verständigen können. Der Herrscher von Toluca, der als Krieger in hohem Ansehen stand, befürchtete, übergangen zu werden, und beklagte sich daher bei Montezuma. Da der Kaiser seine eigene Position gefährdet sah, weihte er Cortés ein, worauf dieser einen gemeinsamen Angriff der Kastilier und Mexica auf Texcoco vorschlug. Montezuma lehnte ab. Daraufhin bemühte sich Cortés, Cacama zu einer positiveren Haltung gegenüber den Kastiliern zu bewegen. Cacama antwortete jedoch, er habe genug von Cortés' Schmeicheleien. Er wünschte, er hätte Cortés nie kennengelernt. Weitere Gespräche dieser Art folgten. Cacama beteuerte Montezuma gegenüber, die Kastilier seien keine Götter, sondern Hexer, die durch Zauberei seinem Onkel Kraft und Mut geraubt hätten. Er bedrängte die Mexica, den Kastiliern den Krieg zu erklären. Er glaube, sämtliche Conquistadoren könnten in einer Stunde getötet werden, und kurze Zeit später würden die Mexica das Fleisch ihrer Opfer verzehren. Doch noch bevor Cacama ein Komplott aushecken konnte, wurde er aus einer schönen Villa am See entführt und zusammen mit Montezuma gefangengehalten.[10]

Ganz gleich, welche Version der Wahrheit entspricht – Cacama geriet schließlich in die Gewalt von Cortés. Er, und mit ihm der Herrscher von Toluca, der Herrscher von Iztapalapa, der König von Tacuba und einige andere wurden von Cortés in Haft genommen. Sie wurden bald darauf an eine Eisenkette gefesselt, die von den Ankerketten der vor Vera Cruz auf Grund gesetzten Schiffe übriggeblieben war. Cacamas Bruder, Conacochtzin, wurde zum König von Texcoco ernannt.

Damit war die tragische Geschichte Cacamas jedoch noch nicht zu Ende, denn dieser bemühte sich später um eine Aussöhnung mit Cortés, vermutlich um seine Freiheit wiederzuerlangen. Aus diesem Grund bat er Cortés, einige Männer zu seinem, Cacamas, Haushofmeister in Texcoco zu schicken. Dieser Beamte würde ihnen eine weitere, beträchtliche Menge Gold aushändigen. Cortés sandte demgemäß Rodrigo Álvarez Chico, Vázquez de Tapia und einige andere zum gegenüberliegenden Ufer des Sees. Sie kehrten mit Gold im Wert von 15 000 Pesos zurück (sowie mit zahlreichen Goldschilden und vielen Gewändern). Alvarado sagte zu Cortés, seiner Überzeugung nach befinde sich in Texcoco noch weiteres Gold, woraufhin Cortés den in Eisen gelegten Cacama in Begleitung von Alvarado nach Texcoco schickte. Als sie nicht zurückkehrten, entsandte er Vázquez de Tapia und Rodrigo Rangel nach Texcoco. Als diese in Texcoco eintrafen, sahen sie, daß Alvarado Cacama an einen Pfahl gebunden hatte und ihn mit glühenden Holzscheiten foltern ließ. Auf diese Weise gelang es ihm, Cacama Gold im Wert von weiteren 8000 bis 9000 Pesos abzupressen.[11]

Die Behauptung, Cacama sei auf einem Scheiterhaufen gefoltert worden, klingt zu detailliert, um eine reine Erfindung zu sein; dennoch behauptete Pedro Sánchez Farfán, der im *juicio de residencia* gegen Alvarado als Zeuge gehört wurde, er habe Cacama wohlbehalten nach Tenochtitlan zurückkehren sehen. Alvarado selbst beteuerte, er habe Cacama nicht gefoltert; falls diesem eine schlechte Behandlung widerfahren sei, so sei dies einzig und allein »auf die Schwierigkeiten und den Spott zurückzuführen, die Cacama den Spaniern zufügte, und um ihn einzuschüchtern«. Und er fügte hinzu: »Danach gaben sie mir einige Lippenpflöcke von geringem Wert.« Ein anderer Zeuge, der im Rahmen desselben Ermittlungsverfahrens vernommen wurde, Cristóbal Flores, sagte, er habe gehört, daß Cacama gefoltert worden sei, damit er verrate, wo sich weiteres Gold befinde. Aber er, Flores, sei bei dieser Folter nicht persönlich zugegen gewesen.[12]

Offenbar war diese »Rebellion« Cacamas der entscheidende Anlaß für Cortés, um die Position der Spanier in Mexiko ein für allemal zu regeln. Wie sagte doch später sein Kaplan López de Gómara: »Ich weiß nicht, was geworden wäre, wenn es viele Cacamas gegeben hätte.«[13]

Nach Darstellung von Cortés und seinen Freunden bewegte der *caudillo* eines Tages – vermutlich Anfang Januar 1520 – Montezuma dazu, die wichtigsten Herrscher des mexikanischen Reiches zusammenzurufen. Diese leisteten der Aufforderung Folge. Joan López de Jimena, einer der Kastilier, die bei diesem Ereignis zugegen waren, benutzte für diese Zusammenkunft später den Terminus »*junta*«. Möglicherweise handelte es sich um dieselben Herrscher, die Cortés einige Tage zuvor in Ketten hatte legen lassen und die sich daher bereits im Palast aufhielten. Die Versammlung fand in dem Saal statt, in dem Montezuma gefangengehalten wurde. Abgesehen von Cortés, dessen Notar Pero Hernández und dem Pagen Orteguilla waren mehrere weitere Conquistadoren anwesend: Juan Jaramillo, Andrés de Tapia, Alonso de Navarrete, Alonso de la Serna und Francisco de Flores sowie Joan López de Jimena. Francisco de Flores zufolge erzählte Montezuma (möglicherweise zum ersten Mal) seinen Statthaltern die Legende von einem großen Herrscher, der aus dem Osten kommen werde, um ihr Land »zu unterwerfen, zu beherrschen und zu regieren« (*soyulgadas, mandadas e gobernadas*), und der ihnen große Wohltaten erweisen werde. Nachdem sich Montezuma dann bereit erklärt habe, ein Vasall von Cortés – in dessen Eigenschaft als Stellvertreter des Königs von Spanien – zu werden, habe er alle anwesenden Herrscher gefragt, ob sie seinem Beispiel folgen würden, worauf »alle Montezuma antworteten … sie seien bereit, Vasallen zu werden … und besagter Zeuge [Flores] habe geglaubt, daß diese Erklärung in der ordnungsgemäßen Form erfolgt sei, da Cortés, wie immer, einen Notar bei sich hatte«. Auch Alonso de la Serna und Juan Jaramillo waren der Ansicht (und bezeugten später unter Eid), die Herrscher seien der Bitte Montezumas gefolgt. Alonso de Navarrete sagte aus: »… Alle antworteten besagtem Montezuma, und dieser Zeuge verstand nicht, was sie sagten, doch den Dolmetschern zufolge billigten und folgten sie Montezumas Bitte.«[14]

Cortés hielt nach seinem eigenen Bekunden ein Rede, in der er ebenfalls an die alten Schriften erinnerte, welche voraussagten, daß die Mexica von einem großen Herrscher aus einem fernen Land unterworfen würden, und daß er, Cortés, von diesem Herrscher geschickt worden sei. Dieser Version zufolge gab Montezuma zurück, daß die Führer des Dreierbundes sich nicht beklagen wollten, im Gegenteil, froh seien, in einer Epoche geboren worden zu sein, in der sie die Christen sehen und Berichte über den König von Kastilien vernehmen könnten, und daß sie entzückt seien, diesem Monarchen ihre Reverenz erweisen zu dürfen und unter seinem Schutz zu leben sowie, nach Aussage von Joan de Cáceres, Majordomus von Cortés, »seine Sklaven zu sein«. Andrés de Tapia bestätigte diese Version. Zu dieser Zeit, so sagte er, habe er selbst bereits ein wenig Nahuatl gesprochen und daher beurteilen können, daß die Dolmetscher Montezumas Worte wahrheitsgemäß übersetzten. Er habe gesehen, daß Montezuma dem König von Kastilien Gehorsam geschworen habe und daß alle übrigen Herrscher seinem Beispiel folgten und »ein jeder sich als Vasall Seiner Majestät bekannte«. Joan López de Jimena beteuerte, er habe den Dolmetscher Aguilar sagen hören, daß sich die Herrscher durch gemeinsamen Beschluß (*auto*) zu Gehorsam und Vasallendienst verpflichtet hätten. Der offizielle Chronist der Regierungszeit Karls V., Ginés de Sepúlveda, der in den 50er Jahren des 16. Jahrhunderts schrieb, legte in seinem exzellenten ciceronianischen Latein Montezuma sogar die folgenden Worte in den Mund: »Ich bin sicher, daß der spanische Soldat mit der Unterstützung und der Vollmacht der Götter hierhergekommen ist, um die Rechte des altehrwürdigen Königs einzufordern.«[15]

Sowohl Tapia als auch Cortés zufolge leistete Montezuma seinen Eid unter vielen Tränen. Nachdem die Versammlung der Tränen wegen kurz unterbrochen worden war, lieferten der Kaiser, die Könige und die Adligen nach Darstellung von Alva Ixtlilxochitl den Spaniern Brüder, Töchter und Kinder als Geiseln aus, um so die Ernsthaftigkeit ihrer Schwüre zu verbürgen. Möglicherweise erinnerte sich Cortés bei der Planung dieses Handstreichs daran, daß die Mohammedaner nach der Eroberung Sevillas durch den heiligen Ferdinand im Jahre 1248 ihre Moscheen offiziell den Kastiliern überlassen hatten. Als Jurist erkannte er den Nutzen einer formalrechtlichen Absicherung seiner Maßnahmen. Anschließend versuchte er die Mexica zu trösten, indem er ihnen versicherte, sie stets gut zu behandeln. Er versprach Montezuma sogar, daß sie schon bald gemeinsam ein noch größeres Reich als das der Mexica erobern würden.[16] Dies war in erster Linie ein wohlkalkulierter Trick, um den Kaiser zu beschwichtigen. Doch vielleicht war es auch ein ernstgemeintes, wenn auch kurzlebiges Ziel von

Cortés: Weshalb sollte Montezumas Heer, ausgerüstet mit den Waffen von Cortés, nicht China erobern, das nach allgemeiner Überzeugung ganz in der Nähe lag?

Cortés sagte den versammelten mexikanischen Fürsten auch, daß sie nun als Vasallen König Karls den Prozeß des Wandels vollenden und sich zum Christentum bekehren sollten. Montezuma kannte offenbar bereits einige Gebete, wie etwa das Vater Unser, das Ave-Maria und das Glaubensbekenntnis (natürlich in Latein); jemandem, der wie er in einer *calmécac* erzogen worden war, bereitete das Auswendiglernen keinerlei Mühe. Doch der Kaiser hatte anscheinend – ebenso taktvoll wie taktisch klug – beschlossen, mit der Taufe bis Ostern zu warten.[17]

Der Schlüssel zu dieser erstaunlichen Begebenheit lag, wie der Historiker Oviedo fünfzehn Jahre später anmerkte, in der Tatsache, daß Montezuma (Cortés zufolge) bei der Ablegung seines Vasalleneids so viele Tränen vergoß, daß sogar der *caudillo* und seine Freunde zu Tränen gerührt waren. Oviedo, ein eingefleischter Skeptiker, schrieb: »Wenn das, was Cortés sagte und schrieb, tatsächlich der Wahrheit entsprach, dann zeigte sich darin, daß Montezuma allein durch die listigen Worte von Cortés zur Abtretung seiner Souveränität und zur Unterwerfung unter den König von Kastilien bestimmt wurde, ein außerordentliches Maß an Gutgläubigkeit und Weitherzigkeit. Und die Tränen, die er vergoß, als Cortés seine Rede hielt und ihm drohte, während er ihn gleichzeitig seiner Macht beraubte … schienen mir etwas anderes zu bedeuten bzw. anzuzeigen als seine und ihre Worte … denn die Untertanentreue, die man Fürsten schwört, wird normalerweise von Gelächter und Gesang, von Musik und Frohsinn begleitet, nicht von Trauer und Tränen und Schluchzen, besonders wenn derjenige, der den Treueeid leistet, ein Fürst ist.«[18]

Man hat die Authentizität dieser Szene in Zweifel gezogen. Wie die Rede, die Montezuma in der Nacht vor Cortés' Ankunft in Tenochtitlan hielt, wurde sie als ein weiteres »Märchen« des phantasiereichen Erzählers Cortés abgetan. Doch Cortés war nicht der einzige Zeuge. Mindestens sechs weitere Conquistadoren, die diesem Ereignis beiwohnten und in den 30er Jahren des 16. Jahrhunderts im Rahmen des *juicio de residencia* von Cortés als Zeugen gehört wurden, bestätigten in groben Zügen Cortés' Darstellung. Sie sagten unter Eid aus. Und nicht alle waren Freunde von Cortés. Namentlich Alonso de la Serna wich später in wesentlichen Punkten von Cortés ab. Wenn sie alle gelogen hätten, wäre hierfür eine weitreichende Konspiration erforderlich gewesen, die gewiß aufgedeckt und von Cortés' Feinden, die zum fraglichen Zeitpunkt zahlreich und aktiv waren, weidlich ausgeschlachtet worden wäre.

Tatsächlich dürfte Cortés in seiner Version der Ereignisse weder gelogen noch die ganze Wahrheit gesagt haben. Er brachte die Mexica durch Drohungen dazu, seinen Plan zu akzeptieren. Montezuma, dessen Handeln von Furcht und Faszination bestimmt war, wollte noch immer den Wünschen des *caudillo* nachkommen. Die anderen Fürsten waren, wie bereits erwähnt, in Eisen gelegt und mußten sich daher wohl oder übel mit Cortés' Ansinnen abfinden. Nach Ansicht eines bedeutenden neuzeitlichen Historikers akzeptierten die Mexica Cortés' Forderungen »aus Aberglaube bzw. aus Schrecken«.[19] Es wäre nicht sonderlich klug gewesen, wenn Cortés bei seiner Schilderung der Ereignisse gelogen hätte. Wozu lügen, wenn man einschüchtern kann?

Die Frage, ob die Dolmetscher Marina und Aguilar Montezuma das Wesen der »Vasallität« auseinanderzusetzen vermochten, ist ebenfalls von großer Bedeutung. Juan Cano, ein Conquistador, der später Tecuichpo heiratete, Tochter von Montezuma und dessen offizieller Gattin, sagte einmal, er sei sich nicht sicher, ob Montezuma die Zeremonie verstanden habe, da die Dolmetscher die Worte Cortés' nicht richtig übersetzt hätten. Er korrigierte sich jedoch später und beteuerte – obschon er zu diesem Zeitpunkt kein Freund mehr von Cortés war –, Montezuma habe seine Herrschaftsgewalt freiwillig auf Cortés übertragen.[20]

Tatsächlich bestand zwischen der »Vasallität« im spanischen Sinne und der Beziehung, welche die mexikanischen Fürsten an Montezuma band, kein so großer Unterschied, als daß der Kaiser diesen Begriff nicht hätte verstehen können. Das Wort mochte eine Vielzahl unterschiedlicher Bedeutungen umfassen und außerhalb des lokalen Kontextes nicht voll verständlich sein. Doch wenn Montezuma weinte, so kann dies nichts anderes bedeuten, als daß er, zumindest annähernd, den Sinn der Worte verstand. Viele Jahre später ersuchte ein Enkel Montezumas die spanische Krone darum, ihm den Titel eines Granden zu verleihen. Er behauptete, daß Montezuma, hätte er noch weitere neue Welten besessen, zweifellos zugunsten des Königs von Spanien darauf verzichtet hätte.[21]

Aufgrund dieser Unterwerfung konnte Cortés behaupten, daß, erstens, Montezuma den König von Spanien als seinen Herren anerkannt habe und daß folglich, zweitens, jeder Akt des Widerstands gegen seine Expedition als »Rebellion« bestraft werden konnte. Auf diese Weise gab er seinem »Abenteuer« sozusagen ein rechtliches Korsett; diese Vorgehensweise war erstmals in Cholula erprobt worden. Es gab mittelalterliche und sogar neuere Präzedenzfälle für seine Maßnahme: beispielsweise als die Spanier im Jahre 1488 eine Rebellion auf der kanarischen Insel Gomera mit der Begründung niederschlugen, die *guanches*, die Ureinwohner, hätten »den Weg der Vasallität gegenüber ihrem Herrn« verlassen.[22]

Obgleich diese Zeremonie wie ein Farce anmutete, verschaffte sie Cortés einen bequemen Vorwand, weiteres Gold zu fordern. So erwähnte er einige Tage später die gewaltigen Kosten, die dem König von Kastilien durch die italienischen Kriege und andere Unternehmungen entstanden seien. Es sei daher wünschenswert, daß jeder Einwohner Mexikos einen Beitrag leiste, um diese unvermeidlichen Auslagen zu decken.[23] Offenbar brachte Montezuma Verständnis für diese unverschämte Forderung auf. Er entsandte eine weitere Delegation von Beamten mit dem Auftrag, eine Sonderabgabe Gold zu erheben.

Abenteuerliche Exkursionen ins Landesinnere waren eine Sache, Ausflüge in Tenochtitlan selbst eine andere. Um der von Montezuma offensichtlich für legitim gehaltenen Forderung zu entsprechen, führten die Diener des Kaisers Andrés de Tapia und einige andere von Cortés' Freunden in das *totocalli*, das »Haus der Vögel« (das sich ungefähr an der Stelle befand, wo später die Kirche San Francisco erbaut wurde, und das daher ganz in der Nähe des Palastes lag, in dem die Conquistadoren untergebracht waren). Cortés hatte diesen Zoo bereits in den ersten Tagen seines Aufenthalts in Tenochtitlan besichtigt: Er war hingerissen von den Fliesen, dem Gitterwerk und der liebevollen Pflege, die den dort gehaltenen Vögeln und anderen Tieren zuteil wurde. Die große Zahl tropischer Vögel muß eine berückende Stimmung erzeugt haben. Den Conquistadoren wurde dort eine weitere große Sammlung von Goldplatten, -barren und -schmuck gezeigt. Tapia erzählte Cortés davon, worauf der *caudillo* den gesamten Schatz in sein eigenes Quartier schaffen ließ.[24]

Im Haus der Vögel wurden auch viele Umhänge und Federarbeiten aufbewahrt. Doch, wie immer, schenkten die Conquistadoren diesen Dingen wenig Beachtung. Zitieren wir Sahagún: »Die Spanier verlangten nach Gold. Und Montezuma führte sie zum *totocalli*, dem Schatzhaus, und dort wurden ihnen all die prächtigen Federarbeiten, die Fächer aus Quetzalfedern, die Schilde, die Goldscheiben, die Halsketten, die goldenen Halbmonde, die goldenen Beinreifen, die goldenen Armspangen, die goldenen Stirnbänder ausgehändigt ... Sie lösten auf der Stelle das ganze darin enthaltene Gold heraus ... schmolzen es zu Barren ein ... von den Smaragden, *chalchihuites*, nahmen sie alle, die ihnen gefielen, während sich die Tlaxcalteken die übrigen aneigneten ... Die Spanier sahen gierig und zufrieden aus. Sie klopften sich gegenseitig auf die Schulter, als seien sie glücklich ... sie schwärmten aus, sie eilten geschäftig hin und her, das Herz von Habgier erfüllt ... Sie bemächtigten sich aller Gegenstände, die ausschließlich Montezuma gehörten ...«[25] Ein Großteil des Tributs, der im Verlauf vieler Jahre an das mexikanische Reich abgeführt worden war, gelangte so in die Hände der Fremden.

Marina hatte sich offenbar unterdessen ganz auf die Seite der Spanier geschlagen. Jedenfalls stieg sie nach dieser schändlichen Tat auf ein Flachdach, vermutlich das des Hauses der Vögel, und rief, eine Beleidigung an die andere reihend: »O Mexica, kommt hierher. Die Spanier haben große Drangsal erduldet. Bringt Nahrungsmittel, reines Wasser, alles, was sie brauchen. Denn sie sind jetzt erschöpft und ermattet. Sie sind in Bedrängnis.« Als sie sah, daß diese Worte nicht verfingen, fragte sie die Mexica: »Weshalb wollt ihr nicht kommen? Es scheint, ihr seid verärgert.« Doch »die Mexica schwiegen und rührten sich nicht. Eine lähmende Furcht hatte sie ergriffen ... Keiner wagte es, sich zu nähern: als ob dort ein wildes Tier auf sie lauere, als ob der Tod sie erwarte.« Schließlich brachten sie die gewünschten Lebensmittel, aber »in großer Furcht; sie legten sie auf den Boden und entschwanden in Windeseile ...« Sahagún versuchte später Cortés' Verhalten bei der Plünderung des Palastes damit zu rechtfertigen, daß der *caudillo* auf diese Weise die Habgier seiner Hauptleute habe befriedigen wollen.[26] Doch auch er selbst war an der Beute keineswegs uninteressiert.

Während die Expeditionszüge ins Landesinnere und die Anhäufung von Gold in Tenochtitlan im Gange waren und Cortés noch immer das Gefühl hatte, mit dem Thron und dem Reich seines Gefangenen ganz nach Belieben verfahren zu können, kam das Gespräch erneut auf die Frage der Menschenopfer im Großen Tempel. Andrés de Tapia bezeugte – und schrieb später –, daß er eines Tages mit Cortés und einigen anderen zum Platz vor dem Großen Tempel aufgebrochen sei, der, von zahlreichen Türmen gesäumt, der bedeutendste Platz Tenochtitlans war. Er hatte eine Fläche von etwa 16000 Quadratmetern und wurde von mehreren Sakralbauten eingerahmt (einige davon dienten praktischen Zwecken, wie etwa die Zelle, in der jene Kinder gefangengehalten wurden, die als Opfer für den Regengott bestimmt waren, oder die daran angrenzende, größere Zelle für Erwachsene, die auch als Küche benutzt wurde, in der die Gliedmaßen der geopferten Gefangenen zubereitet wurden).[27] Hier befanden sich außerdem die Schädelgerüste, die beiden Rundsteine, auf denen bestimmte Kriegsgefangene Gladiatorenkämpfe austrugen; Brunnen, die sakralen Zwekken dienten, und ein Steingarten, in dem nach mexikanischem Glauben der Geist des Gottes Mixcoatl hauste.

Es ist kaum anzunehmen, daß sich die Conquistadoren zum bloßen Zeitvertreib auf diesem Platz aufhielten. Zweifellos hatten sie vorher einen Plan ausgeheckt. Tapia jedenfalls behauptete, Cortés habe ihm befohlen, zur Spitze der Pyramide emporzusteigen und die dortigen Altäre zu inspizieren.[28] Er erklomm die Stufen in Begleitung einiger verwunderter Priester: Kein Mexica hätte es gewagt, sich unaufgefordert dorthin zu begeben. Nachdem Tapia die Pyramidenspitze erreicht hatte, betrat er einen Tempel, dessen Eingang durch einen Vorhang aus Hanf, an dem viele Schellen hingen, abgeschirmt wurde: Es handelte sich vermutlich um den Tempel des Tlaloc. Dies würde erklären, weshalb seine und Cortés' Beschreibung der Gebäude an der Pyramidenspitze voneinander abwichen. Er sah die steinerne Statue des Tlaloc mit den vorspringenden Augen und eine andere Statue, deren Identität er nicht bestimmen konnte. Am Nacken beider Statuen hing ein weiteres Gesicht, das einem gehäuteten menschlichen Kopf glich. Wie im Tempel des Huitzilopochtli, den Cortés einige Monate zuvor besichtigt hatte, waren beide Götterstatuen mit einer Blutkruste überzogen, die an manchen Stellen »zwei bis drei Finger dick war«. Auch wenn die Statue des Tlaloc häßlich aussah, so galt er doch als der Schöpfer der Schönheit:

> Von woher kommen die berauschenden Blumen,
> die berauschenden Lieder?
> Schöne Lieder kommen nur von dem, der im Himmel wohnt,
> nur von seiner Wohnstatt kommen die Blumen …[29]

Cortés war zusammen mit zehn Kastiliern und einigen weiteren Priestern, die das Läuten der Schellen gehört hatten, Tapia zur Pyramidenspitze gefolgt, »scheinbar, um sich die Zeit zu vertreiben«, wie Tapia erstaunlicherweise in seinen Memoiren schrieb. Der *caudillo* forderte die Priester auf, sogleich Bildnisse Christi und der Jungfrau Maria im Tempel aufzustellen und das Blut von den Wänden abzuwaschen. Die Priester lachten und sagten, wenn sie dies täten, würde sich nicht nur Tenochtitlan, sondern das ganze Reich gegen die Spanier erheben. Cortés befahl einem seiner Männer, sich zu den Gemächern Montezumas zu begeben und dafür zu sorgen, daß Montezuma in »sicherer Verwahrung gehalten« werde. Außerdem beorderte er dreißig bis vierzig Mann zum Tempel. Doch noch bevor diese eintrafen, begann der *caudillo*, die Götterstatuen zu zertrümmern: »Erzürnt über die Worte, die er hörte, ergriff er eine Eisenstange und begann auf die steinernen Götterstatuen einzuschlagen. Und ich verpfände mein Ehrenwort darauf und schwöre bei Gott, es ist wahr, daß der Marquis [i.e. Cortés] übernatürlich hoch sprang und, das Gleichgewicht haltend, mit der Stange auf die Augen des Götzen einschlug, bis dessen Goldmaske zu Boden fiel, wobei er sagte: ›Für unseren Herrgott müssen wir etwas wagen.‹«[30] Und obschon Cortés beteuerte, er habe sich nur die Zeit vertreiben wollen, dürfte doch feststehen, daß es eine geplante Aktion war, daß Cortés nur so tat, als sei er erzürnt, und daß er Tapia zur Pyramidenspitze vorgeschickt hatte, um das Terrain zu erkunden.

Es dauerte nicht lange, bis Montezuma über den Vorfall unterrichtet wurde und er an Cortés die Bitte übermitteln ließ, ihm den Besuch der Pyramide zu erlauben und die Götterstatuen vorläufig nicht weiter zu beschädigen. Cortés erklärte sich einverstanden. Als Montezuma eintraf, schlug er vor, die mexikanischen Götter auf einer Seite der Altäre und die kastilischen Götter auf der anderen Seite aufzustellen. Doch Cortés lehnte diesen nachgerade anglikanischen Kompromiß ab. Montezuma versicherte, er werde alles in seiner Macht Stehende tun, um Cortés' Forderungen zu erfüllen, vorausgesetzt, der *caudillo* erlaube den Mexica, ihre Götter an einen Ort ihrer Wahl zu verbringen. Und er fügte offenbar hinzu, daß die Mexica zwar ursprünglich nicht aus diesem Tal stammten, aber bereits vor langer Zeit eingewandert seien. Daher sei es möglich, daß sie in ihren religiösen Überzeugungen dem einen oder anderen Irrtum unterlegen seien; Cortés, der erst vor kurzem hier eingetroffen sei, mochte besser unterrichtet sein. Cortés erklärte sich mit Montezumas Plan einverstanden und sagte über die Götter, die er zu zerstören begonnen hatte: »Sie sind nur Stein. Glaubt an unseren Gott, der Himmel und Erde erschuf, und an seinen Werken werdet Ihr erkennen, wer der Herr ist.«[31]

Drei oder vier Tage später kamen offenbar mehrere hundert Priester mit Stricken und einigen Rollen, wie sie von den Europäern benutzt wurden, um Schiffe an Land zu ziehen. Sie stiegen mit Matten und Decken aus Agavenfasern zur Pyramidenspitze empor. Dort formten sie daraus eine lange Unterlage, auf welche sie die Statuen (vermutlich sowohl des Tlaloc als auch des Huitzilopochtli) legten, damit diese nicht zerbrachen. Anschließend ließen sie die Götterstatuen und ein »heiliges Bündel« weiterer kultischer Gegenstände vorsichtig auf Bohlen, die sie zuvor eingefettet hatten, zum Fuß der Pyramide herab: »Sie taten dies in so vollkommenem Zusammenspiel und in so völliger Stille, daß unsere Leute tief erstaunt waren, da sie selbst praktisch jede Verrichtung unter großem Geschrei vollführten ... Als sich unterwegs ein oder zwei kleine Brocken von den Statuen ablösten, wickelten sie diese in die Zipfel ihrer Umhänge, als handele es sich um Relikte eines Heiligen.«[32]

Am Fuß der Treppe legten sie die Götterstatuen auf Tragen; Priester und Adlige trugen sie fort und versteckten sie, so daß die Kastilier sie nie mehr zu Gesicht bekamen. Niemand wollte später ihren Aufenthaltsort preisgeben, »nicht einmal für Geld«.[33] Offenbar wurden sie zunächst in einem Schrein in Montezumas Palast versteckt, später im Palast eines mexikanischen Adligen namens Boquín in Azcapotzalco. Danach verliert sich ihre Spur.

Nachdem die Götterstatuen entfernt worden waren, ließ Cortés die Tempel an der Spitze der Pyramide säubern. Einige der Innenwände wurden eingerissen, um Platz zu schaffen für eine größere Kirche. Bei diesen Arbeiten stießen die Kastilier in einem Raum, der hinter den verbliebenen Götterstatuen lag, auf eine lebensgroße Ersatzstatue des Huitzilopochtli, aus Mais und anderen Gemüsesorten bestehend, welche durch Blut miteinander verklebt waren. Diese Statue war bei festlichen Anlässen aus dem Tempel herausgeholt und mit Gold und anderen Edelsteinen geschmückt worden, während sie die übrige Zeit nicht geschmückt war – was ihr ein noch schreckenerregenderes Aussehen verlieh. Die Kastilier zerstörten auch diese Statue. Den Schmuck beschlagnahmten sie. Nur einige Götter, die fest in die Wände eingemauert waren, ließen sie an ihrem Platz.[34] Die Spanier entdeckten in Ritzen an der Pyramidenspitze neben Gold auch die Asche von Montezumas Vorgängern. Im allgemeinen wurden die sterblichen Überreste des Herrschers auf der höchsten Stufe des Tempels beigesetzt. Der Nachfolger ließ die Treppe dann um zwei Stufen verlängern.

Bald darauf stellten die Kastilier in den Tempeln an der Spitze der Großen Pyramide von Tenochtitlan Bildnisse der Heiligen Jungfrau und des heiligen Christophorus auf. (Der Kult des heiligen Christophorus war im späten Mittelalter in Europa weit verbreitet. Es schien nicht mehr als angemessen zu sein, daß dieser Schutzheilige der Reisenden einen Platz in Tenochtitlan erhielt. Die Mexica verwunderten sich gewiß über die große Anzahl von untergeordneten Gottheiten, die die Christen zu verehren schienen: nicht bloß den heiligen Christophorus, sondern auch den heiligen Antonius [den Schutzheiligen der Liebenden], den heiligen Hubertus [gegen Wutanfälle], den heiligen Benedikt [für Verheiratete, die auf Abwege gerieten] und so weiter.)

Die Spanier feierten. Unter Führung von Fray Olmedo und Fray Juan Díaz zog eine Prozession bewaffneter, das *Te Deum* singender Christen langsam die Stufen des Tempelpyramide hinauf. Anschließend wurde eine Messe zelebriert (mit Wein aus Vera Cruz). Wenige Tage später brachten einige Mexica den christlichen Gottheiten welke grüne Maisstengel dar, in der Hoffnung, diese würden ihnen den so dringend benötigten Regen bringen. Einmal mehr war das Glück auf Cortés' Seite: Am nächsten Tag regnete es.

Cortés berichtete, daß die Opferungen von diesem Zeitpunkt an eingestellt wurden: »Während der ganzen restlichen Zeit, die ich in der Stadt zubrachte, sah ich kein einziges Mal, daß eine lebende Kreatur getötet oder geopfert wurde.« Auch wenn die Opferungen im Großen Tempel aufgehört haben mochten, gingen sie in den kleinen Tempeln doch gewiß weiter. Cortés verfuhr wahrscheinlich nach dem Grundsatz, daß alles, was er nicht sah, auch nicht existierte. Gleichzeitig sorgte er dafür, daß sich, wie in Cempoallan, die »Diener des Teufels«, für die er die mexikanischen Priester weiterhin hielt, um den christlichen Altar kümmerten: Er ließ dort einen alten spanischen Soldaten als Wache aufstellen und bat Montezuma, »den Priestern zu befehlen, den Altar nicht zu berühren, außer um ihn zu säubern und um Weihrauch zu verbrennen und um Wachskerzen Tag und Nacht am Brennen zu halten und um ihn mit Ästen und Blumen zu schmükken«.[35] Ebenfalls wie in Cempoallan brachten die Conquistadoren den Priestern vermutlich bei, wie Kerzen hergestellt werden – der spanische Importartikel nach Westindien, der von den Ureinwohnern am bereitwilligsten übernommen wurde.

Die Historiker Oviedo schrieb im Jahre 1540 über diese außerordentliche Begebenheit: »Ich halte es für ein Wunder, daß Montezuma und die indianischen Adligen diese Behandlung ihrer Tempel und Götzen mit großer Geduld ertrugen. Daß sie sich verstellten, erwies sich später, als sie sahen, wie gering die Zahl der Fremden war … Die Zeit enthüllte, was die Indianer in ihren Herzen verbargen …«[36]

Zu Beginn des Jahres 1520 machten die Expeditionsmitglieder eine Bestandsaufnahme der bis dahin erbeuteten Vermögenswerte. Sie veranschlagten den Wert des Goldes, das sie sowohl in Form von Geschenken als auch durch Beschlagnahme erhalten hatten, auf 160 000 Pesos. Der Königliche Fünfte belief sich folglich auf 32 000 Pesos. Darin nicht berücksichtigt waren die Schmuckstücke aus Gold und aus Silber, die ihrerseits nach Auskunft von Cortés mindestens weitere 75 000 Pesos wert waren. Cortés behielt ein Fünftel der verbleibenden Menge Gold (128 000 Pesos), also 25 600 Pesos, für sich.[37] Somit blieben 102 400 Pesos für die Ausschüttung unter die Conquistadoren übrig, doch Cortés bestand darauf, seine Auslagen, darunter die Heuer für die Seeleute und die Kosten für den Bau der Schiffe, den Proviant und die Pferde erstattet zu bekommen. Außerdem mußten die beiden Priester der Expedition, Cortés' Bevollmächtigte in Spanien und die siebzig in Vera Cruz zurückgelassenen Männer entlohnt werden.

Das wenige nach diesen Abzügen verbleibende Geld wurde dann tatsächlich ausgeschüttet, und ein bis zwei Soldaten scheinen zufrieden gewesen zu sein. Höherrangige Offiziere wie etwa Andrés de Tapia erhielten fünfhundert Pesos, während gewöhnliche Soldaten mit einhundert Pesos entlohnt wurden. Die meisten empfanden diesen geringen Betrag als eine Beleidigung. Anscheinend beschwichtigte Cortés sie, indem er ihnen heimlich Geld zukommen ließ. Alle Schätzungen wurden nach dem Einschmelzen des Goldes einschließlich des meisten Schmucks vorgenommen; dies entsprach überkommenen Gepflogenheiten, ja sogar der Gesetzeslage (auch wenn Cortés nicht wissen konnte, daß am 14. September 1519 in Barcelona die Einschmelzung von Gold gesetzlich angeordnet wurde, »da es andernfalls unmöglich ist, das Gewicht des Goldes zu bestimmen oder seinen Wert zu schätzen«). Gewiß waren die Mexica bestürzt, als sie sahen, daß ihre Kunstwerke zerstört wurden; dennoch scheinen sie nicht dagegen protestiert zu haben. Der einzige Indianerhäuptling in Spanisch-Amerika, der dies tat, war der Sohn von Comogre, einem Kaziken in Panama, der Balboa dafür tadelte, daß er Goldmasken einschmolz.[38] (Cortés hatte mehrere Fachleute, darunter Antonio de Benavides, mitgenommen, um diese Aufgaben durchzuführen.)

Der geschätzte Wert der Beute – 160 000 Pesos – wurde später in Frage gestellt. Cortés' Feinde veranschlagten den Wert auf mindestens 700 000 Pesos. In einem Prozeß im Jahre 1529 wurde sogar behauptet, Montezuma habe Cortés Gold, Federarbeiten, Gewänder und Silber im Gesamtwert von 800 000 Pesos überreicht.[39] Wir werden wahrscheinlich nie wissen, welche dieser lange zurückliegenden Schätzungen der Wahrheit entsprach.

Verglichen mit dem, was andere Conquistadoren zusammentrugen (und an die Krone abführten), handelte es sich um beträchtliche Summen. Ponce de Léon beispielsweise sammelte als Gouverneur von Puerto Rico in dreizehn Jahren (1509 bis 1521) knapp 22 000 Pesos ein, von denen er etwa 4000 an den König schickte.[40]

Es gab weitere Streitigkeiten. In dem einige Jahre später durchgeführten *juicio de residencia* gegen Alvarado wurde diesem vorgeworfen, er habe sich 30 000 Pesos und Federarbeiten, Jade, Gewänder und Kakao angeeignet, ohne den Königlichen Fünften abzuliefern. Velázquez de León und Gonzalo de Mexía, der Schatzmeister der Armee (der dafür zu sorgen hatte, daß die Männer der Expedition ihren gerechten Anteil an der Beute erhielten), stritten sich über Goldplatten, die der erstgenannte bei Goldschmieden in Azcapotzalco hatte anfertigen lassen (viele Hauptleute hatten ähnliche Aufträge erteilt). Mexía forderte ein Fünftel der Kosten für die Krone. Velázquez behauptete, Cortés habe ihm das Gold geschenkt, und daher sei kein Fünfter fällig. Sie zogen ihre Schwerter und kämpften. Beide wurden verwundet. Später »verlor« Mexía zudem angeblich 3000 Pesos.[41]

Cortés ließ beide Conquistadoren in Ketten legen und in einen Raum, der an die Gemächer Montezumas angrenzte, einsperren. Der Kaiser hörte, wie Velázquez de León über die schweren Ketten stöhnte, die ihm jede Bewegung zur Mühsal machten. Von dem Pagen Orteguilla erfuhr er, was geschehen war, worauf er Cortés um Milde bat. Cortés entsprach der Bitte und schickte Velázquez de León zunächst nach Cholula, mit dem Auftrag, dort nach weiterem Gold zu suchen; später befahl er ihm, Ordás zu folgen und eine Stadt bei Coatzacoalcos zu gründen.[42] Dies war nicht das einzige Mal, daß Montezuma zugunsten eines Kastiliers intervenierte, den Cortés bestrafen wollte.

Mexía blieb ein wenig länger in Arrest. In seiner Wut entfuhr ihm eine unbedachte Äußerung: »Hernan Cortés begnügt sich nicht damit, die Regierungsgewalt über die Gemeinde zu übernehmen, er will auch noch die Macht des Königs an sich reißen.« Als Cortés von diesem Kommentar erfuhr, ließ er Mexía viele Tage lang »in eine kleine Hütte sperren, in der er keine Besucher empfangen durfte«.[43] Später behauptete er, er habe Mexía deshalb eingesperrt, weil er Gelder veruntreut habe. Mexía, ein Estremeño, der zuvor ein Günstling von Cortés gewesen war, soll ihm diese Behandlung nie verziehen haben.

Eines Tages im März 1520 begab sich der Page Orteguilla zu Cortés. Er sagte ihm, daß Montezuma ihn zu sehen wünsche, und er fügte hinzu, daß er mehrere heimliche Gespräche zwischen Montezuma und dessen Statthaltern beobachtet habe, was darauf hindeute, daß sie ein Komplott schmiedeten. Cortés ging in Begleitung von Olid und vier anderen Hauptleuten sowie den beiden Dolmetschern zum Kaiser. An diesem Tag schien Montezuma ein neuer Mensch zu sein. Er sagte, seine Götter, die so lange Zeit geschwiegen hatten, hätten ihm jetzt befohlen, gegen die Kastilier Krieg zu führen, weil diese Gold und andere Dinge geraubt, ihn selbst und andere Herrscher eingesperrt und ein Marienbild sowie ein Kruzifix an ihren heiligen Stätten aufgestellt hätten. Da er die Kastilier liebgewonnen habe, wolle er, daß sie abzögen, bevor sie angegriffen würden. Er werde dem *caudillo* vor seiner Abreise jeden Wunsch erfüllen und bot Cortés zwei Lasten Gold für sich selbst und eine Fuhre für jeden seiner Männer an. Mit keinem Wort erwähnte er den einst verschollenen Gott bzw. Anführer der Mexica und auch nicht die Legende, nach der er zurückkehren werde, um das Reich zu regieren; ebensowenig sprach er von dem Eid, den Cortés ihn abzulegen nötigte, oder von König Karl von Spanien.

Das neue Selbstbewußtsein Montezumas war vermutlich zum Teil darauf zurückzuführen, daß sein eigenes Volk ihn bedrängte, die Kastilier wegen der Beleidigungen, die sie den Mexica zufügten, obwohl diese sie so herzlich empfangen hatten, zu vertreiben bzw. zu töten. Die Mexica begannen, vielleicht zum ersten Mal in der Geschichte des Reichs, das Urteilsvermögen ihres Monarchen in Frage zu stellen. Noch wichtiger aber war die Tatsache, daß am 14. Februar abendländischer Zeitrechnung für die Mexica ein neues Jahr begonnen hatte. Auf das fatale »1-Schilfrohr«, das den Königen Unglück bescherte, folgte das Jahr »2-Feuerstein«, das sehr viel verheißungsvoller war.

Feuerstein, *tecpatl*, wurde mit Anfängen und Ursprüngen in Verbindung gebracht. Das Messer aus Feuerstein (und wenn von Feuerstein die Rede war, war in aller Regel eine Messer gemeint) symbolisierte die Entstehung der Mexica. Das erste Messer aus Feuerstein war der

Überlieferung zufolge vom nächtlichen Himmel auf Chicomoztoc, den sagenhaften Hügel der Sieben Höhlen, gefallen, welcher als Geburtsstätte der Mexica galt. Aus diesem Messer entsprangen eintausendsechshundert Götter. Das Messer aus Feuerstein war aber auch ein Symbol für die Mexica selbst. »1-Feuerstein« stand mit dem Gott Huitzilopochtli in Verbindung. »2-Feuerstein« war zwar ein nicht ganz so günstiges Jahr, aber immer noch weitaus vielversprechender als »1-Schilfrohr«. Es war nicht länger erforderlich, Quetzalcoatl zu besänftigen.

Doch galt es jetzt, den Regengott Tlaloc zu beschwichtigen. Man mußte ihm im Verlauf mehrerer Feste Speisen, kostbare Gegenstände, Menschen und Kinder (als Verkörperungen der kleinen Tlalocs, die als Diener des gleichnamigen Hauptgotts betrachtet wurden) darbringen. Die Kinder mußten weinen, um dem Gott auf diese Weise unmißverständlich klarzumachen, was von ihm erwartet wurde; zu diesem Zweck wurden ihnen oftmals die Nägel ausgerissen und in den See geworfen, wo sie dem Glauben der Mexica nach von dem Seeungeheuer Ahuítzotl verschlungen wurden, das sich von den Nägeln ertrunkener Menschen ernährte. Manchmal handelte es sich bei den Kindern um die Sprößlinge von Vornehmen, auch wenn diese der Pflicht vermutlich dadurch entgehen konnten, daß sie Sklaven zur Opferung anboten.[44]

Während des zweiten Monats des mexikanischen Jahres, Tlacaxipeualiztli, wörtlich »die Enthäutung von Männern«, der vom 6. bis zum 25. März dauerte, wurden sehr aufwendige Zeremonien zur Feier des Frühlingsäquinoktiums abgehalten. Gewiß sehnte Montezuma diese Festlichkeiten herbei, zu denen auch ein Gladiatorenkampf gehörte, bei dem Krieger des Adler- und Jaguar-Ordens gegen Gefangene antraten, welche nur mit Schwertern mit Federklingen bewaffnet waren. Zu den Festlichkeiten gehörte auch das Anziehen der Häute geopferter Sklaven, die zuvor wenigstens neun verschiedene Götter (darunter Quetzalcoatl) verkörpert hatten, ebenso die Opferung von Gefangenen durch den geheimnisvollen Youallauan, »den Trinker bei Nacht« (weil der erste Regen nachts gefallen war), einen Priester, der den Gott Xipe Totec verkörpert. Schließlich sollte Montezuma bei einem Tanz die Haut eines gefangenen feindlichen Herrschers tragen.[45] Was würde mit dem Regen geschehen, wenn der Kaiser gefangengehalten würde und daher nicht an diesen Zeremonien teilnehmen könnte?

Vielleicht bekümmerte Montezuma auch die Inhaftierung und das

Leid seines Neffen Cacama, und auch Cortés' Charme, der so viele Siege errungen hatte, mochte nicht länger verfangen. Ausschlaggebend aber war wohl die Tatsache, daß die Deckung des Tagesbedarfs an Lebensmitteln der zwei- bis dreitausend Gäste (einschließlich der tlaxcaltekischen Verbündeten) selbst für die reichen Mexica zunehmend zu einer Bürde wurde.[46]

Die Mexica scheinen zu dieser Zeit auch einige bedeutende militärische Maßnahmen ergriffen zu haben, die sie vor den Spaniern geheimhielten. So hatten Mitglieder der kaiserlichen Regierung zu Beginn des Jahres Boten zu tributpflichtigen Monarchen geschickt, um diese aufzufordern, Tenochtitlan militärische und sonstige Hilfe zur Verfügung zu stellen, damit man die Eindringlinge vertreiben könne. Die Initiative zu diesen Maßnahmen muß von einem Mitglied des kaiserlichen Rats ausgegangen sein, das nicht unter Arrest gestellt worden war und sich heimlich mit Montezuma in Verbindung setzen konnte, der, so müssen wir annehmen, sämtliche Initiativen, die er in Gang gesetzt hatte, zu koordinieren suchte. Unter denjenigen, die den Mexica ihre Unterstützung anboten, war auch Cuauhtémoc, ein junger Vetter Montezumas, der einst Herrscher von Ixtatecpan gewesen war und nun seit einiger Zeit ein administratives oder politisches Amt in Tlatelolco bekleidete. Die Mexica unternahmen somit den ernsthaften Versuch, ein neues Heer aufzustellen, obgleich (nach dem Kalender) die Kriegssaison vorüber war und die Kastilier durch die Inhaftierung des Kaisers die gesamte Befehlskette unterbrochen hatten.[47]

Cortés antwortete Montezuma, die Kastilier könnten zwar Tenochtitlan, aber leider nicht das mexikanische Territorium verlassen, da sie keine Schiffe hätten. Er bitte Montezuma daher, seine Gefolgsleute so lange im Zaum zu halten, bis er an der Küste drei Schiffe gebaut habe. Auch fragte er den Kaiser, ob er ihm Zimmerleute zur Verfügung stellen könne. Montezuma tat dies mit dem größten Vergnügen. Er sagte Cortés auch, er solle sich ruhig Zeit lassen, es habe keine Eile. Seine Freude über die Aussicht, daß seine lästigen Gäste ihm bald den Rükken kehren würden, wurde freilich gedämpft, als Cortés ihm eröffnete, daß die Kastilier im Falle eines Abzugs darauf bestehen würden, ihn, Montezuma, mitzunehmen, damit er den König von Kastilien kennenlerne.[48]

Der Plan, die Schiffe zu bauen, machte Fortschritte. Cortés befahl demselben Martín López, der zusammen mit dem Zimmermann Alonso Yáñez die Brigantinen für den See von Mexiko gebaut hatte, nach Cempoallan aufzubrechen und dort etwa Mitte März mit den Arbeiten zu beginnen. Die indianischen Tischler fällten das benötigte Holz an den Hängen des Orizaba und beförderten es zu den »Schiffswerften« in Vera Cruz. Cortés hoffte, auf diese Weise schon bald wenigstens ein Schiff zu haben, das Gold und andere Schätze nach Spanien bringen konnte. Er wollte außerdem ein Schiff nach Santo Domingo schicken, um dort zusätzliche Pferde und Waffen zu kaufen und weitere Männer zu rekrutieren, die seine Eroberungen sichern sollten. Zweifellos dachte er keinen Augenblick daran, sich aus Tenochtitlan zurückzuziehen. Nach seiner eigenen Darstellung befahl er den Zimmerleuten: »Tut eure Pflicht und baut diese Schiffe ... Fällt genügend Holz. Inzwischen wird uns Gott, der Herr, dessen Geschäft wir betreiben, Männer, Hilfe und Mittel schicken, damit wir dieses gute Land nicht verlieren ... Arbeitet so langsam wie möglich, aber gebt euch geschäftig, auf daß sie keinen Verdacht schöpfen ...«[49] Schon wenig später stand das erste Schiff am Ufer des Río Actopan unweit Cempoallan kurz vor der Fertigstellung. Dennoch bestand der eigentliche Zweck dieses Schiffbauprojekts darin, Montezuma zu beschwichtigen oder doch zumindest im ungewissen zu lassen.

Was auch immer Cortés' Pläne mit diesen Schiffen gewesen sein mochten, so wurden sie jedenfalls Anfang April durch beunruhigende Nachrichten durchkreuzt. Ein kubanischer Indianer im Dienst von Alonso de Cervantes, der mit Sandoval an der Küste gewesen war, berichtete bei seiner Rückkehr, daß vor Villa Rica de la Vera Cruz ein offenbar spanisches Schiff aufgetaucht sei. Die meisten Conquistadoren glaubten, es handle sich um Verstärkung aus Spanien, die aufgrund der Bemühungen der *procuradores* Montejo und Portocarrero eingetroffen sei. Doch der *caudillo* war da weniger optimistisch: Vielleicht kamen diese Kastilier auf Befehl des Diego Velázquez und führten nichts Gutes im Schilde.

Teil V
Cortés' Pläne werden durchkreuzt

Der König, unser Gebieter, ist mehr König als andere Könige

> »Der König, unser Gebieter, ist mehr König als andere Könige: mehr König, weil er mehr und größere Reiche als die anderen besitzt; mehr König, weil er als einziger auf Erden König von Königen ist; mehr König, weil er von königlicherem Wesen ist, da er nicht nur König und Sohn von Königen ist, sondern auch Enkel und Nachfolger von über siebzig Königen, und so liebt er seine Königreiche wie sich selbst …«
>
> *Ruiz de la Mota in Santiago de Compostela, April 1520*

Das Erscheinen der Flotte von Pánfilo de Narváez vor der Küste Mexikos im April 1520 war eine direkte Folge der Reise von Alonso Hernández Portocarrero und Francisco de Montejo neun Monate zuvor.

Wie wir uns erinnern, hatten diese beiden Conquistadoren als *procuradores*, Vertreter, der neugegründeten Stadt Villa Rica de la Vera Cruz an Bord der *Santa María de la Concepción* die Heimreise nach Spanien angetreten. Ihr Steuermann war der erfahrene Antonio de Alaminos und ihr Kapitän derselbe Juan Bautista, der mit Cortés von Kuba nach Vera Cruz gesegelt war. Die *Santa María*, Cortés' Flaggschiff und das letzte große Schiff an der mexikanischen Küste, beförderte Kostbarkeiten und äußerst wichtige Dokumente nach Spanien. Die *procuradores* hatten den Auftrag, den jungen König von Spanien, Karl V., dazu zu bringen, Cortés zum Gouverneur und Generalkapitän (militärischen Oberbefehlshaber) des neuentdeckten Gebietes einzusetzen, das er zu diesem Zeitpunkt noch nicht erobert hatte. Cortés hatte ihnen befohlen, sich direkt und so schnell wie möglich nach Spanien zu begeben. Daher hatte Alaminos beschlossen, Kuba nördlich zu umsegeln und dann dem Golfstrom zu folgen. Er hatte diesen Seeweg sechs Jahre zuvor als Mitglied der Expedition des Ponce de León entdeckt, die damals nach dem Jungbrunnen suchte. Man könnte die Entdeckung des Golfstroms durchaus als eine angemessene Entschädigung dafür ansehen, daß die Suche nach diesem sagenumwobenen Brunnen erfolglos verlief.

Nach dem Plan von Alaminos sollten sie anschließend Kurs Nordost auf die Lucayas, wie die Bahamas damals genannt wurden, nehmen, bevor sie zu der langen Überfahrt über den Atlantik ansetzen würden. Diego Velázquez schrieb später verärgert an seinen Freund, Bischof Fonseca, dies sei eine gefährliche Route, die sie nicht hätten einschlagen sollen.[1] Dennoch wurde sie schon bald zum meistbenutzten Seeweg für den Schiffsverkehr von Kuba und Mexiko nach Spanien.

Entgegen Cortés' Befehl überredete Montejo jedoch seine Gefährten dazu, auf Kuba einen Zwischenaufenthalt einzulegen. Dieses Verhalten war verständlich: Montejo besaß in Mariel, einem Küstenort, der nicht weit von ihrer Route entfernt lag, ein Gut; angeblich war zudem Portocarrero erkrankt. Nach einer ungewöhnlich zeitraubenden Überfahrt (vermutlich segelten sie an der Küste Yucatáns entlang) gingen sie am 23. August vor Mariel auf Kuba vor Anker; sie nahmen dort Trinkwasser, Maniokwurzelbrot und Schweine an Bord. Sie blieben drei Tage, die Montejo nutzte, um seine Angelegenheiten in Ordnung zu bringen. Während dieses Aufenthalts erhaschte einer von Montejos Dienern, Francisco Pérez, einen flüchtigen Blick auf den Schatz, den sie nach Spanien beförderten: »eine unermeßliche Menge Gold, tatsächlich so viel, daß es keinen anderen Ballast an Bord gab«. Später behauptete er, er habe nie zuvor solche Kostbarkeiten gesehen. Wahrscheinlich wurde er von Montejo eidlich zur Verschwiegenheit verpflichtet, doch unter diesen Umständen konnte Montejo kaum erwarten, daß Peréz dieses Versprechen halten würde. Vielleicht wollte Montejo auch, daß sich das Gerücht über die Reichtümer Mexikos verbreitete, um so kubanische Siedler zur Übersiedlung nach Mexiko zu ermuntern. Montejo wußte anscheinend nicht so recht, wem gegenüber er sich loyal verhalten sollte: Sollte er seinen alten Freund Velázquez einweihen? Oder sollte er seinem neuen Freund Cortés die Treue halten? Am besten würde es sein, es sich mit beiden nicht zu verderben. Cortés hätte sich in einer ähnlichen Lage genauso verhalten. Jedenfalls sandte Montejos Verwalter Francisco Peréz nach Santiago zu Velázquez. Er sagte dem Gouverneur, an Bord des Schiffes seines Gebieters befinde sich Gold im Wert von 270000 bis 300000 Castellanos.[2]

Diego Velázquez hatte in den ersten sechs Monaten nach Cortés' Abreise aus Kuba keinen größeren Anlaß zur Klage gehabt. Wie bekannt, verzieh er ebenso schnell, wie er in Zorn geriet. Zwar ließ er das Vermögen von Cortés und einigen anderen Conquistadoren auf

Kuba beschlagnahmen, und auch Cortés' Gattin, Catalina, dürfte geächtet worden sein, doch damit hatte es sein Bewenden. Inzwischen war die bescheidene kubanische Zuckerrohrernte eingebracht worden, hatte man weiteres Gold gefunden und Tabak geerntet; der kleine Hof des Gouverneurs in Santiago hatte überlebt. Die indianische Bevölkerung hatte weiter abgenommen, doch der fortdauernde Sklavenhandel mit Pedrarias in Castilla del Oro hatte die negativen wirtschaftlichen Folgen dieses Bevölkerungsschwundes aufgefangen.

Velázquez' einzige Sorge galt den jüngsten politischen Entwicklungen auf Hispaniola: Die schwachen Hieronymitenpater waren im Dezember 1518 abgesetzt worden. Ihre Nachfolge trat der Jurist Rodrigo de Figueroa an, der auch zum obersten Richter ernannt wurde. Dieser Estremeño und Verwandte des Grafen von Feria war für Velázquez eine unbekannte Größe. Figueroa traf im Sommer 1519 auf Hispaniola ein. Zu seinen Aufgaben gehörte auch die Durchführung eines Ermittlungsverfahrens über die Amtsführung seiner Vorgänger. Mit der Erklärung, daß es »zwei Klassen von Indianern gibt: diejenigen, die das Christentum und die kastilische Oberhoheit anerkennen, und diejenigen, die sich dem einen oder dem anderen widersetzen und die daher als Kariben getötet werden dürfen«, verriet er – zur großen Beruhigung von Velázquez – eine Gesinnung, die weder der eines Las Casas noch der eines Cisneros glich.[3]

Doch es gab eine weitere, beunruhigendere Neuigkeit: Die Vertreter (*procuradores*) der Siedler aus allen Teilen Hispaniolas hatten sich aufgrund der allgemeinen Unzufriedenheit über die übertriebenen Forderungen von Beamten (vor allem derjenigen von Velázquez' altem Freund, dem königlichen Schatzmeister Miguel de Pasamonte) und unter dem Einfluß ähnlicher Entwicklungen in Kastilien, im Januar versammelt und sich gleichsam als Parlament der Insel konstituiert. Zwar hatte Pasamonte im Juni bei der Krone eine erneute Erlaubnis für eine Sklavenfangfahrt nach Venezuela erwirkt, die kostenlose Arbeitskräfte für eine geplante Zuckerfabrik herbeischaffen sollte.[4] Dennoch hatten sich die politischen Rahmenbedingungen deutlich verschlechtert.

Velázquez hatte jedoch auch gute Nachrichten erhalten: Pánfilo de Narvaéz, Velázquez' Stellvertreter bei der Eroberung Kubas, der sich gegenwärtig in Spanien aufhielt, hatte im April von der Krone sämtliche Erlasse (*reales cédulas*) bekommen, die Velázquez für die Eroberung Yucatáns und des vorläufig als »Culúa« bezeichneten Gebietes benötigte. Velázquez' Bevollmächtigter in Spanien, Fray Benito Martín, hatte für ihn am Hof in Barcelona die völlige Unabhängigkeit von Diego Colón erfochten – auch wenn der Gouverneur im August noch keine Kenntnis davon gehabt haben dürfte. Im gleichen Monat erwirkte Fray Martín die königliche Zustimmung für die Ernennung von Pablo Mexía, einem Bürger Trinidads und einem Freund von Martín wie von Velázquez, zum *factor* (Fiskalbeamter, der für die Verwaltung der Sachmittel und der einlaufenden Naturalabgaben zuständig war. A.d.Ü.) der beiden »neuen Inseln« Yucatán und Cozumel.[5]

Doch Velázquez' Zufriedenheit währte nicht lange: Mit der Nachricht von Montejos Ankunft gab es keinen Zweifel mehr daran, daß »Cortesillo« eine riesige Summe Geldes und andere wertvolle Gegenstände aufgestöbert hatte, was ihm eine glänzende gesellschaftliche Zukunft zu verheißen schien. Die Tatsache, daß Cortés eine »unermeßliche« Menge Gold unter Umgehung von Velázquez direkt an die Krone schickte, stellte nicht nur eine unerhörte Dreistigkeit dar, sondern auch eine persönliche Beleidigung durch eine Person, die der Gouverneur viele Jahre lang für einen treuen Gefolgsmann (*criado mío de mucho tiempo*) gehalten hatte. Er habe Cortés vertraut, schrieb Velázquez an Rodrigo de Figueroa in Santo Domingo, und aus diesem Grund habe er ihm und nicht einem der vielen anderen verdienstvollen Männer einschließlich einigen seiner eigenen Verwandten die Führung der Expedition anvertraut.[6] Dies sei nun der Dank dafür!

Nach Rache dürstend und entschlossen, sich des Goldes zu bemächtigen und Cortés mit allen erdenklichen Mitteln Einhalt zu gebieten, sandte Velázquez zunächst Gonzalo de Guzmán, sinnigerweise ein ehemaliger Wohltäter von Cortés auf Hispaniola, und Manuel de Rojas, ein Mitbürger aus Cuéllar (und ein angeheirateter Neffe), los, um Montejo und Portocarrero auf hoher See abzufangen.

Doch Guzmán und Rojas verfehlten ihre Beute. Alaminos hatte die Emissäre von Cortés bereits sicher durch die Bahamas gelotst. So griff Velázquez am 7. Oktober zu juristischen Maßnahmen: Er leitete auf Kuba ein Ermittlungsverfahren gegen Cortés ein und ließ zehn Zeugen befragen, die unter Eid die Ansicht des Gouverneurs über das ruchlose Verhalten von Cortés bestätigten. Bei diesen Vernehmungen kamen zahlreiche Einzelheiten über die Reise von Montejo und Portocarrero zur Sprache; es wurde behauptet, sie hätten eine unvorstellbar große Menge Gold an Bord, und zu dem Schatz gehörten auch »zwei Scheiben aus Gold und aus Silber«. Velázquez und seine Freunde gingen gegen Montejo und Portocarrero auch mit rechlichen Mitteln vor und verlangten, beide wegen Betrugs zum Nachteil der Krone zu verurteilen. Guzmán brach am 15. Oktober nach Spanien auf, um dort die Klage einzureichen. Er nahm einen offiziellen Brief an Bischof Fonseca mit, in dem der Gouverneur die Ereignisse darlegte und den Bischof inständig bat, Cortés' Pläne zu durchkreuzen. Velázquez bat sogar Rodrigo de Figueroa in Santo Domingo, dem König von Cortés' »Auflehnung« zu berichten.[7]

Der Gouverneur plante auch eine Expedition, die Cortés verfolgen und bestrafen sollte. Eine Zeitlang trug er sich mit der Absicht, sie selbst anzuführen. Doch in seinem Alter hielt sich seine Begeisterung für derartige Unternehmungen in Grenzen; zudem brach im Oktober auf Kuba eine Pockenepidemie aus.

Es war das erste Mal, daß eine europäische Krankheit, die in die Neue Welt eingeschleppt worden war, epidemische Ausmaße annahm. Offenbar war sie zuerst im Jahre 1519 in Sanlúcar de Barrameda und anderen Orten Südwestspaniens ausgebrochen und von dort nach Hispaniola verschleppt worden, wo sie zu einem Massensterben führte. Diese Epidemie versetzte dem Regime der Hieronymitenmönche den Todesstoß: Sie mußten einräumen, daß ihre Mission gescheitert war, da ein Drittel der Indianer, die sie in neugegründeten Siedlungen zusammengefaßt hatten, gestorben war. Im Mai 1519 berichteten Beamte in Santo Domingo, daß die meisten Indianer auf der Insel von den Pocken dahingerafft worden waren. Ende 1519 hatte die Krankheit die indigene Bevölkerung quasi ausgelöscht.[8]

Nun erreichte die Epidemie Kuba. Auch hier kam es zu einem Massensterben, in dessen Folge die kubanische Goldproduktion, die von den eingeborenen Arbeitskräften abhängig gewesen war, zum Erliegen kam. In Anbetracht der Lage fühlte sich Velázquez nach eigener Aussage verpflichtet, auf Kuba bei seinen Untertanen zu bleiben, statt nach Yucatán und »Culúa« aufzubrechen.[9] Wahrscheinlich sagte er die Wahrheit – auch wenn Velázquez viele Fehler haben mochte, so war er sich seiner Pflichten als Staatsdiener doch wohl bewußt. Die Führung einer Strafexpedition gegen Cortés hätte ihm einen bequemen Vorwand geliefert, um nicht auf der pockenverseuchten Insel zu bleiben.

So beauftragte Velázquez den gerade aus Spanien zurückgekehrten Pánfilo de Narváez mit der Aufstellung eines Heeres, das Cortés wieder zur Besinnung bringen sollte. Pedrarias hatte in Castilla del Oro vorgeführt, wie man mit Emporkömmlingen verfahren mußte. Er hatte Balboa im Januar hinrichten lassen. Narváez würde das gleiche mit Cortés tun.

Portocarrero und Montejo waren Ende Oktober 1519 in Sanlúcar de Barrameda, an der Mündung des Guadalquivir, eingetroffen; möglicherweise schafften sie dort heimlich einen Teil des Goldes beiseite. Sevilla erreichten sie jedenfalls am 5. November. Allerdings wurden sie dort nicht als Helden und Entdecker empfangen, vielmehr beschlagnahmte Juan López de Recalde, ein Protegé von Bischof Fonseca und *contador* der Casa de la Contratación, unmittelbar nachdem die *Santa María de le Concepción* am Kai in Sevilla angelegt hatte, den Schatz und Gold im Wert von 4000 Pesos, das sie zur Bestreitung ihrer eigenen Ausgaben in Spanien und für Cortés' Vater mitgebracht hatten.[10]

Hinter diesem Willkürakt steckte Fray Benito Martín, Diego Velázquez' Kaplan. Vermutlich hatte ihm Velázquez im letzten Frühjahr etwas über die Umstände von Cortés' Abreise aus Santiago erzählt; zudem war ein Schiff, aus Kuba kommend, das von einem gewissen Luis de Covarrubias befehligt wurde, fast zur gleichen Zeit wie das der *procuradores,* aus Kuba kommend, in Sevilla eingetroffen. (Covarrubias überbrachte Briefe von Velázquez und auch eine gewisse Menge Gold, die Andrés de Duero an Cortés' Vater geschickt hatte – ein Hinweis darauf, daß selbst Personen, die zum engeren Kreis um Gouverneur Velázquez gehörten, sich etwas davon versprachen, mit dem neuen *caudillo* von »Culúa« in Verbindung zu bleiben.) Fray Martín ersuchte die Verantwortlichen der Casa de la Contratación – der Aufsichtsbehörde in Sevilla –, die *Santa María de la Concepción* über den Atlantik zu Diego Velázquez zurückzuschicken und dem Gouverneur die Vollmacht zu erteilen, Cortés zu bestrafen.

Da Kastilien im Spätherbst des Jahres 1519 von heftigen inneren Wirren heimgesucht wurde, gab man seinem Gesuch nicht sofort statt. Der junge König war im Juni zum Kaiser des Heiligen Römischen Reichs gewählt worden. Sein neuer Großkanzler, Mercurino Gattinara, ein gelehrter, weitsichtiger und intelligenter Piemonteser, wollte, daß Karl die Christenheit unter einer Krone vereine. Er hatte Karl geraten, sich zu diesem Zweck nach Deutschland, dem Herzen seines Reichs, zu begeben. Doch das Gerücht über die erneute Abreise des Monarchen rief in Spanien weniger Besorgnis als vielmehr zornige Enttäuschung hervor.

Unter diesen Umständen war es dem erfahrenen Bischof Fonseca ein leichtes, die Westindienpolitik der Krone weiterhin – wie schon seit 25 Jahren – in eigener Regie zu gestalten. Er legte großen Wert auf alles, was Kontinuität verhieß. Gewiß, er hatte den blassen Aragonesen Lope de Conchillos als Sekretär entlassen. Vielleicht hatte ihm ein untrüglicher Selbsterhaltungsinstinkt gesagt, daß es unklug sein könnte, weiterhin einen so unbeliebten *converso* zu protegieren. Im Jahr zuvor war eine starke Welle des Antisemitismus über den Hof hinweggeschwappt, nachdem sich das Gerücht verbreitet hatte, die Inquisition würde möglicherweise abgeschafft. Weder Fonseca noch sein neuer Sekretär, Francisco de los Cobos, ein Protégé von Conchillos, aber ein »alter Christ« aus Ubeda in der Nähe von Jaén, gewährten sich selbst oder ihren Kollegen in Spanien *encomiendas* oder *repartimientos* in Westindien, wie Conchillos dies im Jahre 1514 getan hatte (tatsächlich wäre es sehr schwierig gewesen, auf den Antillen genügend Eingeborene zu finden, um eine *encomienda* zu gründen). Auch verstiegen sich Fonseca und seine Mitarbeiter nicht mehr dazu, königliche Dokumente zu fälschen, wie sie es in den letzten Jahren der Herrschaft von König Ferdinand ungehindert getan hatten.[11] Dennoch bewahrte der Bischof seine frühere Machtfülle. Los Cobos hatte sich aus eigener Kraft emporgearbeitet, war ein genauso ehrgeiziger und tüchtiger Bürokrat wie Conchillos. Die Freunde Fonsecas konnten weiterhin damit rechnen, in einflußreiche Ämter berufen zu werden. Und der König interessierte sich, mit Ausnahme der von ihm finanzierten Reise des Portugiesen Magellan, der im August von Sanlúcar aus in See gestochen war, um einen Seeweg rund um die Erde zu finden, auch weiterhin kaum für die Ereignisse in Westindien.

Im November 1519 gelang es Fonseca, im Kastilischen Kronrat eine Art Untergremium von Männern seines Vertrauens einzusetzen, das er selbst leitete und das sich ausdrücklich – und mehr oder minder dauerhaft – um sämtliche Angelegenheiten der Krone in Westindien kümmerte. Ende März 1519 sprechen die Schriftstücke des Kastilischen Kronrats noch immer von »den Mitgliedern des Kronrats, die für die Angelegenheiten Westindiens zuständig sind«, im September dagegen zeichneten sich bereits silhouettenhaft die Umrisse des künftigen Indienrats ab, wenn dieser auch noch keinen eigenen Sitz, keine ständigen Beamten und keine offizielle Anerkennung besaß.[12]

Unterdessen setzte der Kaiser so großes Vertrauen in Fonseca, daß er ihm die Organisation der großen Flotte anvertraute, die ihn und seinen Hof im folgenden Jahr in die Niederlande bringen sollte.

Diese Entwicklungen schienen Fonsecas Position zu festigen. Dennoch war die Atmosphäre in Spanien einer echten Konsolidierung gleich welcher Art abträglich. Im größten Teil des kastilischen Herzlandes zwischen Duero und dem Tajo versuchten die *procuradores* der Stadtgemeinden ihren Einfluß auf die Politik der Krone zu behaupten.

Der Kaiser interessierte sich nicht sonderlich für Westindien, sein Kanzler Gattinara jedoch widmete den neuentdeckten Gebieten um so mehr Zeit. Tatsächlich schien er für alles Zeit zu haben. Er wollte dem Heiligen Römischen Reich, dem er nun zu dienen genötigt war, konkrete Gestalt geben. Soweit es um Westindien ging, ließ Gattinara keinen Zweifel daran, daß Fonseca in seinem Amt nur geduldet war. Er mochte zwar weiterhin die täglichen Angelegenheiten im Zusammenhang mit Westindien leiten, doch was einst unter der Regierung von Cisneros geschehen war, konnte – schien Gattinara andeuten zu wollen – sich aufgrund der bloßen Tatsache, daß er jetzt die Aufsichtsgewalt ausübte, jederzeit wiederholen.

All jene, die daran interessiert waren, die Praxis der spanischen Kolonialpolitik zu verändern, waren zu dieser Zeit sehr umtriebig. So unterbreitete etwa der Historiker Oviedo, der einst selbst Siedler in Castilla del Oro gewesen war, Fonseca Vorschläge zur Errichtung einer »Priorats-Festung« des Ordens der Sankt-Jakobsritter in Santo Domingo; dort sollten einhundert Ritter stationiert werden, um die Grenzen des Reiches zu sichern und Greueltaten und Disziplinlosigkeit zu verhindern. Fray de Las Casas schlug Diego Colón (der noch immer glaubte, dauerhafte Rechte an ganz Amerika zu besitzen) eine revidierte Fassung eines Projektes vor, das er zwei Jahr zuvor in einem Memorandum an Cisneros dargelegt hatte: eine Reihe von Festungen, die im Abstand von je 560 Kilometer an der Nordküste Südamerikas erbaut werden und als »befriedete Zonen« dienen sollten, in welchen die Indianer Zuflucht vor Versklavung, Vergewaltigung und Entführung finden sollten.

Fonseca hätte Cortés' Bevollmächtigte am liebsten in Sevilla wegen Rebellion hängen lassen, als er erfuhr, was sie zu tun versuchten. Doch sowohl Gattinara als auch der Bischof von Badajoz, Doktor Pedro Ruiz de la Mota, Almosenier von Kaiser Karl seit dessen Tagen in den Niederlanden, Mitglied des Kastilischen Kronrats und Präsident der kastilischen *cortes* (Landstände), nicht zu vergessen Francisco de los Cobos, der Sekretär des Königs, waren beeindruckt von der Menge und der Qualität des Goldes, das von Cortés geschickt worden war. Sie und andere Mitglieder des Hofes ließen verlautbaren, wie sehr sie sich darüber freuten, daß eine »neue Welt voller Gold« entdeckt worden war. Fonseca spielte daher auf Zeit, was aus seiner eigenen Sicht unklug war. Denn Portocarrero und Montejo sprachen natürlich über das, was sie gesehen hatten, und das gleiche taten Alaminos und die übrigen Mitglieder der Mannschaft der *Santa María de la Concepción*. Das beschlagnahmte Gold und andere Kostbarkeiten, die sie aus Mexiko mitgebracht hatten, wurden in der Casa de la Contratación ausgestellt. Der Historiker Fernández de Oviedo sah den Schatz wenige Tage bevor das Jahr 1519 zu Ende ging, unmittelbar vor seiner Abreise nach Hispaniola: »Es gab eine Menge zu sehen«, war sein Kommentar.[13] Obgleich die Einwohner Sevillas über die sich abzeichnenden politischen Umwälzungen genauso besorgt waren wie die übrigen Kastilier, waren sie doch hingerissen von den Kunstgegenständen, die darauf hinzudeuten schienen, daß Cortés tatsächlich ein Reich mit sagenhaften Goldschätzen entdeckt hatte. Vielleicht war dies schließlich doch noch das westindische Gegenstück des sagenumwobenen asiatischen Königreichs des christlichen Mönches Prester John.

Montejo und Portocarrero machten jetzt gemeinsame Sache mit Martín Cortés, Cortés' Vater, der offenbar vorläufig in die Hauptstadt Andalusiens gezogen war, und zwar in ein Haus im vormaligen jüdischen Viertel nahe Santa María la Blanca – vielleicht um aus erster Hand über die Abenteuer seines Sohnes auf dem laufenden gehalten zu werden, die dieser ihm mittlerweile in einem Brief geschildert haben mochte; vielleicht auch um den ständigen Schikanen in Medellín zu entgehen. Ein Freund der Familie Cortés (und Feind des Grafen), der siebzigjährige Juan Núñez de Prado, war etwa ein Jahr zuvor wegen Mordes angeklagt worden. Der einzige Lichtblick, den Medellín und der größte Teil der Estremadura (mit Ausnahme von Cáceres und Plasencia) damals boten, bestand darin, daß sie von den schweren politischen Wirren im Gefolge des Aufstands der *comuneros* verschont blieben. Vielleicht hatte diese Region bereits allzusehr unter den Nachwirkungen der Bürgerkriege im ausgehenden 15. Jahrhundert gelitten.

In diesem Winter führten Martín Cortés und die *procuradores* in

Sevilla lange Gespräche. Zweifellos einer Anweisung Cortés folgend, traten sie mit einigen berühmten Kaufleuten in Verbindung: mit Fernando de Herrera aus Medellín, mit Juan de Córdoba, dem Silberschmied und Perlenhändler, der mit Kolumbus befreundet gewesen war und der sich an der Ausrüstung der Flotte des Ovando im Jahre 1502 beteiligt hatte, und mit Luis Fernández de Alfaro, dem Schiffskapitän, der Cortés' erste Reise nach Santo Domingo arrangiert hatte und mittlerweile als Kaufmann tätig war. Diese Männer erklärten sich bereit, die *Santa María de la Concepción* in die »neuen Länder« zurückzuschicken, beladen mit den Gütern, die Cortés in einem Brief angefordert hatte: Wein, Öl, Mehl, Unterwäsche und sechs Stuten, die in Santo Domingo gekauft werden sollten. Juan de Córdoba und Fernández de Alfaro gründeten die »Yucatán-Gesellschaft«, die sich dem Handel mit »Yucatán« widmen sollte. Für den Kauf weiterer Güter liehen sich die *procuradores* und Martín Cortés außerdem bei einem gewissen Licenciado Juan de la Fuente Geld, wobei sie vermutlich auf die Überzeugungskraft der erbeuteten Kostbarkeiten setzten.[14]

Während ihres Aufenthalts in Sevilla konnten sich die *procuradores* völlig frei bewegen, und die Beamten der Casa de la Contratación unternahmen nichts, um sie festzunehmen, wie sie es ohne weiteres hätten tun können. Obgleich all diese Beamten von Fonseca ernannt worden waren, spürten sie vielleicht doch, daß es ratsam war, ein Auge zuzudrücken, um sich in diesen unsicheren Zeiten selbst zu schützen. Die *procuradores* wurden zudem von Portocarreros Onkel, Licenciado Céspedes, protegiert, der zu dieser Zeit Richter der Gradas in Sevilla war (zuständig für alle Streitigkeiten im Zusammenhang mit dem Markt) und als solcher ein einflußreiches Amt innehatte. Unterdessen hatte sich ihr Hauptfeind, Fray Benito Martín, auf dem schnellsten Weg zu Bischof Fonseca begeben, der seinerseits aus Barcelona aufgebrochen war, um die Aufstellung der königlichen Flotte in La Coruña zu überwachen. Fray Martín bestritt die Kosten seiner Reise mit Geldern, welche die Casa de la Contratación bei den *procuradores* beschlagnahmt hatte – auf diese Weise wurde erstmals Gold aus Mexiko in die spanische Wirtschaft eingeführt.[15]

Irgendwann im Januar brachen auch Montejo und Portocarrero zum Hof auf, der aufgrund der Pest, die in Barcelona wütete, nach Molins del Rey, einige Kilometer vor den Toren der Stadt, verlegt worden war. Die *procuradores* durchquerten ein Land, das ihnen damals wie ein fremder Kontinent erschienen sein dürfte, und sie kamen durch einige Regionen, die sich bereits in offener Auflehnung befanden. Als Portocarrero und Montejo in Begleitung von Cortés' Vater Martín schließlich Barcelona erreichten, war der gesamte Hofstaat nach Burgos umgezogen. Allerdings hatte sich der Kaiser bereits mit einigen wichtigen Angelegenheiten, die sich auf Westindien bezogen, befaßt. So hatte er Las Casas' Bericht über die Mißhandlungen an den Indianern durch die Kastilier in der Karibik gehört; eine Rede, die, wenn sie auch nur einen Bruchteil der Leidenschaftlichkeit aufwies, die Las Casas selbst ihr zuschrieb, einen starken Eindruck auf den Monarchen gemacht haben dürfte.[16]

Karl hatte zudem ein Dekret erlassen, wonach die Casa de la Contratación in Sevilla die Kleinodien, die Montejo und Portocarrero aus der Neuen Welt mitgebracht hatten, Luis Veret, dem Verwahrer der Kronjuwelen, zu übergeben habe. Noch bedeutsamer aber war, daß er einen freundlichen Brief an Cortés' Gesandte schickte, in dem er erklärte, daß er sich über ihre Ankunft freue, und ihnen befahl, zum Hof zu kommen, »zu dem Ort, an dem ich mich aufhalten werde« (»*a donde yo estoviera*«), die Totonaken-Indianer mitzubringen und sie gut zu behandeln. Karl sprach von diesen totonakischen Sklaven wie von Häuptlingen, nicht wie von Gefangenen, die zur Opferung bestimmt gewesen waren. Er befahl des weiteren, sie gut zu kleiden, mit Samtmänteln »in leuchtenden Farben«, Umhängen aus Scharlachtuch, schlichten Jacken und mit Strümpfen und Hemden aus goldenem Zwirn. Außerdem sollten den Indianern einige gute Pferde zur Verfügung gestellt werden, die sie zum Sitz des Kaisers bringen sollten.[17]

Der milde Ton dieser Briefe und die Tatsache, daß der Monarch seine Freude über ein baldiges Treffen mit den *procuradores* (die er bemerkenswerterweise als solche anredete) zum Ausdruck brachte, waren ein deutlicher Hinweis darauf, daß Fonsecas Macht am Schwinden war. Dieser Einstellungswandel war entweder auf den Einfluß von Las Casas oder auf das Wirken von Gattinara bzw. Francisco de los Cobos zurückzuführen.

Offenbar nahm Fray Benito Martín diese Briefe mit zurück nach Sevilla, worauf er sich schleunigst nach Kuba einschiffte, um den Gouverneur davon zu unterrichten, daß die *procuradores* von Vera Cruz in Spanien eingetroffen waren und daß Francisco de Montejo sich mehr als Abgesandter seines neuen Gebieters, Cortés', denn als Verbündeter seines früheren Herrn, Velázquez, verhielt.

Karl V. befaßte sich weiterhin mit Angelegenheiten Westindiens, obgleich er unterwegs war: Vom Kloster Santo Domingo de Calzada aus, das drei Tagesritte von Burgos entfernt war, schickte er einen Brief an Diego Velázquez über den kürzlichen Tod des *contador principal* von Kuba, Amador de Lares, der einst ein Freund von Cortés gewesen war.[18]

Cortés' Lobbyisten hatten trotz der Abreise des Königs viel in Barcelona zu tun. Sie nahmen Verbindung zu Francisco Núñez auf, einem Vetter von Hernan und einem Neffen von Martín Cortés (er war der Sohn jener Inés Gómez de Paz, Martín Cortés' Halbschwester, in deren Haus in Salamanca der junge Cortés gewohnt hatte). Francisco Núñez war wie sein Vater Anwalt. Er schloß sich den Freunden von Hernán Cortés an und reiste mit ihnen nach Burgos. Es gelang den *procuradores* auch, in Barcelona mit dem äußerst erfahrenen königlichen Berater Lorenzo Galíndez de Carvajal zusammenzutreffen, einem in Plasencia in der Estremadura geborenen Historiker und Juristen, der über die Seite der Monroys ein Vetter von Cortés war. Carvajal hatte im Jahre 1503 für die Krone ein Gutachten über die Reform der Staatsverwaltung verfaßt – eine wahrlich kühne Tat; auch seine Annalen über die Regierungszeit von Ferdinand und Isabel sind aufschlußreich. Er ließ sich schnell für Cortés' Sache einnehmen, zum einen wegen seiner Verwandtschaft mit den Monroys, zum anderen weil ihm die *procuradores* zweifellos den Reichtum Mexikos in schillernden Farben ausmalten. Estremeños pflegten sich gegenseitig zu unterstützen, und Galíndez de Carjaval hatte zudem selbst an den Fehden in Trujillo (wo sein Vater gelebt hatte und das nur 65 Kilometer von Plasencia entfernt war) auf der Seite der Altamiranos teilgenommen, mit denen Cortés – wie könnte es anders sein – mütterlicherseits verwandt war. Galíndez war ein sachlicher Mensch und stand der Korruption im Umkreis Fonsecas kritisch gegenüber, so daß seine Unterstützung für den fernen Vetter wahrscheinlich nicht durch Bestechung erkauft werden mußte.

Doch auch Burgos sollte die Hoffnungen der Freunde von Cortés auf ein Treffen mit dem Kaiser enttäuschen. Der Hof war von jeher auf Wanderschaft gewesen, und er blieb es auch während der Regierungszeit von Karl V. Als Montejo, Portocarrero, Martín Cortés und Núñez die Stadt erreichten, war Karl mit seinem Hof bereits nach Valladolid weitergezogen. Die Kürze seines Aufenthalts in Burgos hatte die Einwohner der Stadt erzürnt. Sie hatten geglaubt, daß sich die *cortes* von Kastilien hier versammeln würden, doch Karl hatte die Versammlung nach Santiago de Compostela einberufen – ein Entschluß, der sogar seine Freunde erstaunte. Hatte der heilige Isidor nicht prophezeit, daß das Reich an jenem Tag, an dem die *cortes* in Galizien zusammentreten würden, dem Untergang geweiht sei?[19]

Tatsächlich glich die Abreise des Königs aus Burgos einer Flucht. Der König war in Eile, und aus diesem Grund empfing er nicht einmal die drei Hieronymitenmönche, die nach ihrem glücklosen Wirken in Santo Domingo im Januar 1520 nach Spanien zurückgekehrt waren – sie zogen sich gekränkt in ihre Klöster zurück.[20] Der Kaiser wollte sich so schnell wie möglich nach Deutschland begeben, wo man ihn seiner Meinung nach dringender brauchte. Gemessen an seinen eigenen Kriterien hatte er recht, denn »die Bubenstücke Luthers«, wie Diego de Ordás die deutsche Reformation schimpfte, stellte eindeutig eine größere Bedrohung für die imperiale Sendung der Habsburger dar als die aufmüpfigen Stadträte Kastiliens.

Montejo und Portocarrero, die von Martín Cortés und Núñez begleitet wurden, holten den Hof schließlich in Valladolid ein. Sie waren keineswegs die einzigen – dort hielten sich, auf der Durchreise nach Santiago, auch die sich immer anmaßender gebärdenden *procuradores* der 30 bedeutenden kastilischen Städte auf, die in den *cortes* vertreten waren. Auch die Mitglieder des Kastilischen Kronrats hatten sich eingefunden. Die *procuradores* von Hernán Cortés, die vielleicht befürchteten, daß ihr angemaßter Titel beim Monarchen Argwohn erregen würde, unterbreiteten dem Kronrat eine Bittschrift von Cortés' Vater. Darin ersuchte dieser um die Freigabe der Gelder, welche die *procuradores* aus Vera Cruz mitgebracht hatten und die in Sevilla beschlagnahmt worden waren. Darüber hinaus forderte Martín Cortés von der Krone die Freigabe der *Santa María de la Concepción*, auf der die *procuradores* nach Spanien zurückgekehrt waren, um sie mit den Vorräten zu beladen, die mit dem Geld seines Sohnes gekauft werden sollten. Er bat die Krone außerdem darum, die Ernennung von Cortés zum Gouverneur und obersten Richter des neuentdeckten Gebietes zu bestätigen, die »bis zu dem Zeitpunkt [gelten soll], an dem die Eroberung des Landes abgeschlossen sein wird«.[21] Die Bittschrift ließ deutlich die Absicht Cortés' erkennen, ganz Mexiko zu erobern und nicht bloß Siedlungen an der Küste zu errichten. Der Text war zweifellos von Licenciado Francisco Núñez abgefaßt worden, doch die Informationen, die er enthielt, stammten natürlich von Montejo und Portocarrero.

Diese Bittschrift hätte leicht in der riesigen Menge von Schriftstükken, die der Kaiser tagtäglich erhielt, untergehen können. Karl V. verbrachte einen Großteil seiner Zeit in Valladolid mit Angelegenheiten wie dem Gesuch von Pedro Girón, dem Ehemann von Mencia de Guzmán – Tochter aus der ersten Ehe des verstorbenen Herzogs von Medina Sidonia –, der im Namen seiner Frau die ausgedehnten Besitzungen, die zu diesem Herzogtum gehörten, forderte und drohte, daß er, sollte man ihm keine Gerechtigkeit widerfahren lassen, sich diese selbst nehmen werde. Unterdessen erarbeitete in Salamanca eine Gruppe von Franziskanern, Dominikanern und Augustinern gemeinsam mit den Ratsherren dieser Stadt eine Tagesordnung für die bevorstehenden *cortes*, aus der später ein Revolutionsprogramm für die spanischen Städte werden sollte.[22] Die wichtigste Forderung bestand darin, daß der Kaiser nicht nach Flandern gehen solle. Aber die Mönche verlangten auch – und dieses Interesse für Westindien dürfte den Monarchen überrascht haben –, daß die Casa de la Contratación in Sevilla verbleiben möge (jedenfalls unter keinen Umständen in die Niederlande verlagert werden dürfe) und daß bezahlte Ämter, die mit Westindien und mit Kastilien zu tun hatten, nicht an Ausländer (und damit meinten die Antragsteller natürlich Flamen) vergeben werden dürften.

Der Kaiser – jener Herrscher, in dessen Namen Cortés so oft in fernen Gefilden und unter wenig verheißungsvollen Umständen zu verständnislosen Mexica sprach – war damals gerade zwanzig Jahre alt. Seine äußere Erscheinung war wenig einnehmend. Adrian von Utrecht war es nicht gelungen, ihm Latein beizubringen, und er sprach noch immer kein Spanisch, obwohl er es verstand. Karl V. schien ein unreifer, wenn auch ernster Jüngling zu sein. Er war kleinwüchsig, hatte ein bleiches Gesicht, und seine Augen blickten starr vor sich hin. Aufgrund einer Mißbildung seines langen (und von sehr vielen Porträts wohlbekannten) Unterkiefers stand sein Mund meistens offen, und zwar so weit, daß im Jahr zuvor, als er Catalayud durchreiste, ein Arbeiter froh gelaunt auf ihn zukam und ihm sagte: »Herr, macht Euren Mund zu, denn die Fliegen dieser Gegend sind frech!«[23] Er war so reserviert und sprach so langsam (sogar Französisch, das er gut beherrschte), daß man sich Sorgen um seine geistige Gesundheit machte: War nicht die geistig umnachtete Königin Juana seine Mutter …? Sein reserviertes, würdevolles Auftreten hatte in England großen Eindruck gemacht, wo er im Alter von dreizehn Jahren einen Staatsbesuch absolviert hatte. Doch die Engländer waren leicht zu beeindrucken. Die Spanier hingegen wünschten sich einen König, der mehr war als bloß ein burgundischer Adliger, der sich nicht klar ausdrücken konnte.

Doch obgleich Burgund den Kaiser zu beschränken schien, hatte es ihn doch geprägt. Er und mit ihm Europa verdankten Burgund seine hohen Prinzipien, sein ritterliches Betragen, seinen Lebensstil – der eines großen internationalen Herrschers –, seine vornehmen Umgangsformen und jenes Gefühl der Pflicht, für seine Ehre zu kämpfen, das in dem Kodex des Ordens vom Goldenen Vlies verkörpert war. Doch all dies lag in der Zukunft. Einstweilen konnte man sich nur schwer vorstellen, daß er in Tenochtitlan den Mittelpunkt aller Untertanen-, Treue- und Lehnspflichten bildete.

Doch die Neue Welt hatte in jenem Frühling in Valladolid sozusagen einen festen Platz auf der Tagesordnung Kastiliens. Am 3. März, nach der Messe (es war ein Sonntag), konnte der Hof erstmals sowohl die prächtigen Kunstgegenstände, die Cortés aus Mexiko gesandt hatte, als auch die Totonaken, die diese Objekte begleitet hatten, bestaunen. Luis Veret, Verwahrer der Kronjuwelen, hatte diese Kostbarkeiten in sorgfältig gearbeiteten Holzkisten aus Sevilla kommen lassen; sie wurden im Santa-Klara-Kloster ausgestellt. Dort konnte man auch fünf Totonaken, drei Männer und zwei Frauen, in Augenschein nehmen, die mittlerweile alle von bekannten Schneidern und Juwelieren Sevillas elegant und in leuchtenden Farben ausstaffiert worden waren, wie es der König seltsamerweise verlangt hatte: Aus den Dokumenten geht hervor, daß auf Karls Wunsch hin zusätzlich blauer und grüner Samt verwendet wurde. Auf Maultieren reitend, mit Handschuhen zum Schutz vor dem kastilischen Winter ausgestattet und von Domingo Ochandiano, einem Neffen des Schatzmeisters der Casa de la Contratación, geleitet, müssen sie bei ihrer Ankunft erschöpft gewesen sein, denn die Reise von Sevilla war lang. Überdies waren sie zunächst nach Valencia aufgebrochen und hatten sich erst in Linares nach Norden gewandt, als sie erfuhren, daß der Monarch Richtung Nordwesten und nicht Richtung Osten unterwegs war. Die verfügbaren Dokumente deuten indes darauf hin, daß der Monarch selbst den Schatz zu diesem Zeitpunkt noch nicht gesehen hatte.

Drei Personen, die sich die Prunkstücke in Valladolid ansahen, schrieben über ihre Eindrücke: der päpstliche Gesandte, Giovanni

Ruffo di Forli, Erzbischof von Cosenza; Bartolomé de Las Casas und Pietro Martire.

Der Erzbischof fand keinen Gefallen an den Indianern. Ihm erschienen die Frauen kleinwüchsig, unhöflich und von wenig einnehmendem Äußeren, obschon eine von ihnen recht gut spanisch sprach. Der Anblick der von Einstichen und Narben übersäten Körper der Männer flößte ihm Abscheu ein. Wie die meisten Europäer fand er die Lippenpflöcke, welche die Männer in den Unterlippen trugen, abstoßend. Andererseits freute es ihn zu hören, daß die Indianer zum Christentum übertreten wollten. Er bewunderte die großen Scheiben aus Gold und Silber und die übrigen Kleinodien, und auch die Bücher, die zum Beuteschatz gehörten, gefielen ihm. Mit Befriedigung nahm er zur Kenntnis, daß die Schriftzeichen, die sich angeblich darin fanden, »vermutlich von Indianern stammten«.[24] Es ist freilich ein Rätsel, was für Schriftzeichen er gemeint haben könnte.

Auch Las Casas sah die Indianer und den Kunstschatz in Valladolid, wie er in seiner *Historia* vermerkte. Er äußerte sich ausführlich zu den ausgestellten Kostbarkeiten und meinte unter anderem, daß »die Scheiben zweifellos äußerst sehenswert sind«.[25] Auf die Indianer hingegen ging er nicht näher ein. (Er schrieb auch, daß er den Kunstschatz am selben Tag gesehen habe wie der Kaiser; doch der Kaiser besichtigte ihn erst in Tordesillas. Freilich ist dieser Irrtum angesichts der Tatsache, daß Las Casas seine Erinnerungen viele Jahre später niederschrieb, durchaus verzeihlich.)

Pietro Martire schließlich, der feinsinnige Höfling, war restlos begeistert. In einem Brief an Papst Leo X. schrieb er: »Zweifellos ist das künstlerische Ingenium dieser Eingeborenen unübertroffen. Ich bewundere nicht so sehr das Gold und die Edelsteine als vielmehr die Geschicklichkeit der Künstler und die gekonnte Verarbeitung, die den Wert des Materials übersteigt ... Ich kenne nichts, dessen Schönheit das Auge mehr erfreuen könnte.« Sein besonderes Interesse galt den Bilderhandschriften, die Cortés aus Mexiko geschickt hatte. Martire war in Ägypten gewesen und kannte die großartige ägyptische Papyruskunst. Dies war etwas ganz Ähnliches. Er schrieb: »Sie binden sie [die Bücher] nicht wie wir, Blatt für Blatt, sondern sie dehnen ein einzelnes Blatt auf eine Länge von mehreren Ellen, nachdem sie eine gewisse Zahl quadratischer Blätter mit einem Bitumen, das so fest haftet, daß das Ganze durch die Hände des geschicktesten Buchbinders gegangen zu sein scheint, zusammengeklebt haben.«[26]

Der Brief von Martire fand eine enorme Resonanz. Leo X., der Medici-Papst, ließ ihn sich vermutlich, wie es seine Gewohnheit war, bei einem Abendessen im Kreis seiner Kardinäle und seiner Schwester laut vorlesen. Er wurde bald veröffentlicht, jedenfalls vor Ende des Jahres 1520. Gewiß sahen viele Menschen die Ausstellung in Valladolid, aber noch viel mehr erfuhren durch den Brief von Martire davon. Das Ereignis markierte den Beginn einer neuen Begeisterungswelle für das, was Martire andernorts das »reiche und wahre Elysium« nannte. Auf diese Weise verbreitete sich die Kunde von den »Büchern« und dem Gold der Mexica in Europa. Ein Schild aus Türkismosaik (das sich heute im Museum für Völkerkunde, Wien, befindet) scheint dasselbe zu sein wie jenes, das ein Schüler von Dürer, Stans Burckmaier, in einem Kupferstich darstellte.

Leider wissen wir nicht, was die Indianer, die nach Spanien verschleppt worden waren, von ihren »Gastgebern« hielten. Montaigne schildert in seinem Essay über Kannibalen eine (mit Hilfe von Dolmetschern geführte) Unterhaltung mit einigen brasilianischen Ureinwohnern aus dem Jahr 1562. Diese Indianer bekundeten ihr Erstaunen darüber, daß so starke Männer wie die königliche Schweizer Garde ein so schwaches Kind wie Karl IX. als König von Frankreich anerkannten; und sie zeigten sich auch verwundert über die Ungleichheit der französischen Gesellschaft.[27] Karl V. hätte möglicherweise ein ähnliches Staunen hervorgerufen, und die sozialen Gegensätze in Altspanien wären ihnen vielleicht ebenfalls erschreckend vorgekommen. Doch im Jahre 1520 mangelte es an Dolmetschern; die Indianerin, die angeblich Spanisch gelernt hatte, hat offenbar nicht viel gesprochen, und es sind keine Gespräche schriftlich überliefert.

Die Ausstellung war nicht nur eine Gelegenheit für den Hof, sich einen Eindruck von den Kunstschätzen Mexikos zu verschaffen, sondern auch eine Chance für die *procuradores*, den Hof kennenzulernen. Martire und Las Casas führten eingehende Gespräche mit ihnen; Martire sprach darüber hinaus auch mit dem Steuermann Alaminos.

Der zweite Faktor, der möglicherweise mit zu einem Einstellungswandel bei den Europäern gegenüber dem »neuen Elysium« beitrug, war ein Bericht über die Entdeckungsreise von Grijalva, den Fray Juan Díaz verfaßt hatte, jener Priester, der sowohl an dessen Expedition als auch an der Expedition von Cortés teilgenommen hatte. Sein *Itinerario* wurde am 7. März veröffentlicht und war ein vielgelesenes Buch. Fray Benito Martín, der Bevollmächtigte von Velázquez in Spanien, hatte die Publikation in die Wege geleitet, weil er hoffte, dadurch den Nachweis zu erbringen, daß es in Wahrheit der Neffe des Gouverneurs, Grijalva, gewesen sei, der das neue Land entdeckt und erstmals von dem neuen Reich gehört habe. Doch dieser Plan ging nicht auf. Das Buch stieß zwar auf große öffentliche Resonanz, aber es ließ Cortés' Aktivitäten nun noch faszinierender erscheinen.[28]

Zehn Tage später, am 17. März, kam es zu einem weiteren Ereignis, das mit dazu beitrug, daß sich die Einstellung der Alten Welt gegenüber Mexiko veränderte: Der berühmte Verleger Friedrich Peypus druckte in Nürnberg eine Broschüre, in der über die Expeditionen von Fernández de Córdoba, Grijalva und – zum ersten Mal – Cortés berichtet wurde. Diese Druckschrift – *Ein Auszug ettlicher Sendbrieff* – bestand angeblich aus Auszügen von Briefen an den König; der Verfasser könnte seine Informationen jedoch auch von Alaminos oder von einem Mitglied der Besatzung der *Santa María de la Concepción* erhalten haben.[29] Interessant ist die in der Schrift erhobene Beschuldigung, die Mexica opferten alljährlich mindestens fünftausend Kinder. Dennoch betonte Peypus, daß die Mexica eifrige Christen würden, sofern man sie nur im rechten Glauben unterweise.

Zu dieser Zeit hatte der Kaiser Valladolid bereits wieder verlassen, genauer gesagt: Er war verjagt worden. Die Ratsherren der Stadt hatten über das radikale Programm der Mönche von Salamanca debattiert, und sie beabsichtigten, sich mit Vertretern aller sozialer Klassen zusammenzusetzen. Die Stadt wimmelte vor Gerüchten: Angeblich wollte sich Karl nach Tordesillas begeben, seine (dort gefangengehaltene) Mutter Juana befreien und sie mit nach Deutschland nehmen. Versehentlich wurde die große Glocke der Kirche San Miguel geläutet, gewöhnlich ein Signal für eine bevorstehende Katastrophe. Mehrere tausend Bürger stürzten, mit Stöcken und Steinen bewaffnet, aus ihren Häusern und stürmten auf den Palast zu. Trotz des sintflutartigen Regens ergriff Karl die Flucht, wobei es am südlichen Stadttor zu einem Handgemenge kam. Er begab sich nach Tordesillas, das etwa 30 Kilometer in südwestlicher Richtung lag. Die Mitglieder des Hofes, die Vertreter der Landstände, die Freunde von Hernán Cortés und die Totonaken in ihren Samtgewändern folgten ihm dorthin. In Tordesillas schließlich sah der König alle Dinge, die ihm aus »Yucátan« geschickt worden waren, einschließlich der drei Indianer und der beiden Indianerinnen. Als er bemerkte, daß sie offenbar unter der Kälte litten, bat er darum, sie so schnell wie möglich nach Sevilla zurückzuschikken.[30] Es gibt keinerlei Beweis dafür, daß Karl in Tordesillas die *procuradores*, den Vater und den Rechtsberater von Cortés empfing, doch ist es wahrscheinlich. Die Begegnung kam, falls sie tatsächlich stattgefunden hat, zweifellos auf Vermittlung von Cortés' Förderer und Verwandten, Galíndez de Carvajal, dem aus der Estremadura stammenden Mitglied des Kastilischen Kronrats zustande. Nach dieser Begrüßung konnten Cortés' Bevollmächtigte gute Beziehungen zum Kronrat herstellen.

Der Kaiser und sein Hof brachen nach Santiago auf, der nächsten Etappe auf der langen Reise nach La Coruña, wo Fonseca die kaiserliche Flotte zusammenstellte. Die mexikanischen Kunstschätze begleiteten ihn, ebenso Cortés' Abgesandte. Die Totonaken kehrten unterdessen nach Sevilla zurück.

Karl V. machte unterwegs an 14 verschiedenen Orten halt. Einige dieser Ortschaften (Benavente, Astorga, Ponferrada und Sarriá) mögen für den Kaiser und sein Gefolge angemessene Unterkünfte zur Verfügung gehabt haben; bei anderen (Villapando, Bañeza, Mellide) dagegen dürfte dies kaum der Fall gewesen sein, obgleich die zweite Hälfte der Reise über die Straße nach Santiago führte, also irgendeine Form von Unterkunft vorhanden gewesen dürfte. Karl schickte von Astorga aus eigens eine Botschaft nach Sevilla, in welcher er die Casa de la Contratación ermahnte, »[die Totonaken] sehr gut zu behandeln, damit sie sich vollauf wohl fühlen«. Das offenkundige Interesse des Königs veranlaßte den Begleiter der Indianer, Domingo de Ochandiano, dazu, ihnen auf dem Weg nach Sevilla neue Handschuhe und Umhänge aus Wolle, ja sogar ein Pony zu kaufen und dafür zu sorgen, daß ihre Hemden gewaschen wurden.[31] Dennoch starb einer seiner Schutzbefohlenen (dem man den Namen Systan gegeben hatte); er wurde in Sevilla beerdigt, während die übrigen (denen man die Vornamen Tamayo, Carlos und Jorge gegeben hatte) auf einem Schiff, das von dem Sevillaner Ambrosio Sánchez befehligt wurde, nicht in ihre Heimat, sondern nach Kuba, die Domäne des Diego Velázquez, geschickt wurden. Offenbar kamen sie wohlbehalten dort an, doch anschließend verliert sich ihre Spur. Vielleicht haben sie einen Tropfen Totonaken-Blut in die Bevölkerung Kubas eingetragen.

Am 26. März trafen der Kaiser und sein Gefolge in Santiago de Compostela ein. Bischof Fonseca, der sich meisterlich auf die Organisation von Festlichkeiten verstand, empfing den Monarchen mit »einem reichhaltigen Angebot an Fisch, Obst, Wein und allem, was sonst noch erforderlich war«.[32] Der Kaiser blieb fünf Wochen in Santiago, bis zum 3. Mai.

Im Kloster San Francisco wurde die Sitzung der kastilischen *cortes* von ihrem Präsidenten, dem Bischof von Badajoz, Doktor Ruiz de la Mota, Almosenier des Königs, eröffnet, der in Gegenwart des Königs eine bemerkenswerte Rede hielt. Er ging darin mit keinem Wort auf den Aufruhr in Kastilien und die hohen Erwartungen unter den Mitgliedern der *cortes* ein. Mota sagte: »Der König, unser Gebieter, [ist] mehr König als andere Könige«; der König unterscheide sich von anderen Herrschern, weil Spanien nur ein Drittel seines gesamten Erbes ausmache (»*un tercio de vuestro pan*«). Als Nachkomme von siebzig Königen sei er König der Könige. Mota beklagte die Verzagtheit des spanischen Volkes. Der König sei zum Kaiser gewählt worden, und er habe das Amt angenommen und müsse nun Spanien verlassen, um an den Krönungsfeierlichkeiten teilzunehmen. Weshalb? Aus Ehrgeiz? Im Gegenteil: zum Ruhme Spaniens. So wie dieses Land vor langer Zeit Trajan, Hadrian und Theodosius auf den Thron des Römischen Imperiums entsandt habe, so suche »das Imperium seinen Kaiser [jetzt] erneut in Spanien«. Der Bischof fügte hinzu, daß »unser König von Spanien« nicht nur König der Römer, sondern »Herrscher der Welt« geworden sei, womit er Vorstellungen aus der Regierungszeit des Großvaters von Karl V., Ferdinand, aufgriff, welcher von einigen Franziskanern, die von den Werken des mittelalterlichen Abtes Joachim de Fiore beeinflußt waren, als »der letzte Weltherrscher« betrachtet worden war.

Die Rede des Bischofs enthielt auch eine Anspielung auf die »weitere neue Welt voller Gold, die für den Kaiser erschaffen worden ist, da sie vor unserer Zeit nicht existierte (»*otro nuevo mundo de oro fecho para él, pues antes de nuestros días nunca fue nascido*«): eine hübsche Übertreibung, die freilich den Freunden des Hernán Cortés sehr zupaß gekommen sein dürfte.

Anschließend sprach der König. Er bedaure es, Spanien verlassen zu müssen, und beteuerte, er werde in drei Jahren zurückkehren; kein öffentliches Amt in Kastilien werde an einen Ausländer vergeben. Obgleich dies die Mitglieder der *cortes* nicht beeindruckte, bewilligten sie schließlich die geforderten Steuern. Die Rede des Bischofs ließ sie im unklaren darüber, ob er und der Kaiser die Christenheit als das Reich ansahen oder ob sie politische Ziele im Auge hatten. Diese Frage wird von Historikern bis heute kontrovers diskutiert. Für die *procuradores* von Kastilien bedeutete dies, daß sie hohe zusätzliche Mittel auftreiben mußten, um den Kaiser in die Lage zu versetzen, einen Teil jener Darlehen zurückzuzahlen, die ihm deutsche Bankiers gewährt hatten, um sich den Kaisertitel zu sichern. Plötzlich hatte sich die Stimmung in Santiago zugunsten der *procuradores* von Villa Rica de la Vera Cruz gewandelt. Nichts schätzt eine Regierung, die knapp bei Kasse ist, so sehr wie »eine weitere neue Welt voller Gold«.

Am 30. April, nachdem die *cortes* ihre wichtigsten Arbeiten abgeschlossen hatte, wurden die *procuradores* in Santiago vom Kronrat empfangen. Erst zu diesem Zeitpunkt und nicht früher dürften sie auch Cortés' Briefe an den Kaiser überreicht haben.

Jene Mitglieder des Kastilischen Kronrats, die »sich mit den Angelegenheiten Westindiens befaßten«, waren Männer von Rang und Einfluß. Dazu gehörten Kardinal Adrian von Utrecht, der einstige Lehrer des Königs, ein gelehrter und frommer Mann, der inzwischen als Bischof von Tortosa amtierte; Gattinara, der Reichskanzler; Jean de Carondelet, Erzbischof von Palermo, der Bedeutendste unter den noch lebenden flämischen Höflingen des Kaisers; Antonio de Rojas, Erzbischof von Granada; Hernando de Vega, *comendador mayor* (Großkomtur) von Kastilien, verheiratet mit Blanca Enríquez de Acuña, einer Cousine des verstorbenen Königs Ferdinand, der Mann, der (selbstverständlich *in absentia*) im Jahre 1514 auf Hispaniola von Albuquerque mit dem größten Kontingent von Taino-Indianern bedacht worden war; und, natürlich, Bischof Fonseca.

Auch mehrere hohe Beamte nahmen an diesem Treffen teil, darunter Doktor Diego Beltrán, der bereits seit einiger Zeit im bzw. im Umkreis des Kastilischen Kronrats tätig war, nachdem er zwischen 1504 und 1516 der Casa de la Contratación in Sevilla vorgestanden hatte (er sollte 1523 das erste bezahlte Mitglied des Indienrates werden), außerdem der kleinwüchsige Luis Zapata, ein einstiger Günstling König Ferdinands; Licenciado García de Padilla, Licenciado Francisco de Aguirre; Cortés' Verwandter, Lorenzo Galíndez de Carjaval; Juan de Samano, königlicher Kanzlist, der die Briefe des Monarchen schrieb, außerdem Francisco de los Cobos, Sekretär des Königs.[33] Die Anhörung vor dem Kastilischen Kronrat dürfte für die *procuradores* von Vera Cruz eine heikle Angelegenheit gewesen sein, doch dank der geschickten Verteidigung durch Francisco Núñez und der Unterstützung durch Galíndez de Carjaval bestanden sie diese Prüfung sehr gut.

Montejo und Portocarrero mußten viele Fragen beantworten. Der erstgenannte bewies bei dieser Gelegenheit, daß er kein Freund von Diego Velázquez war; so erklärte er beispielsweise, die Schiffe, die Cortés auf Grund gesetzt habe, seien alt gewesen. Außerdem beteuerte er, Cortés habe mehr Geld für die Ausrüstung der Flotte nach Yucatán beigesteuert als Velázquez. Portocarrero behauptete, Cortés habe mehr als zwei Drittel der Kosten der Flotte bestritten (Cortés habe sieben, Velázquez dagegen nur drei Schiffe bereitgestellt). Beide sagten aus, der Gouverneur habe für die Expedition nicht mehr getan als ein Händler, der seine Waren verkauft. Sie hinterließen einen guten Eindruck.[34]

Die Mitglieder des Kronrats befragten offenbar auch Gonzalo de Guzmán, der sich Fonsecas Beschuldigung zu eigen machte, indem er behauptete, die Freunde von Cortés seien nichts als »Deserteure, Diebe und Hochverräter«. Fonseca wollte noch immer, daß Cortés wegen Rebellion verurteilt und gehängt wird – doch die Tage waren vorüber, da das Wort des Bischofs Gesetz war. Sein Stern war aus zahlreichen Gründen am Sinken, und dies, obwohl sein Bruder Antonio, Befehlshaber der Bürgerwehren, in Abwesenheit des Königs zum Generalkapitän von Kastilien ernannt worden war.

Schließlich vertagte der Kronrat den Beschluß über die Ernennung von Cortés zum Gouverneur und obersten Richter von Mexiko. »Sowohl Strafe als auch Belohnung werden so lange aufgeschoben, bis beide Parteien gehört worden sind«, berichtete Pietro Martire. Martín Cortés, Portocarrero und Montejo wurde jedoch gestattet, das Geld, das sie aus Mexiko mitgebracht hatten, nach eigenem Gutdünken zu verwenden, zum Beispiel um Proviant für Cortés zu kaufen oder um sich auf die Verteidigung von Cortés vorzubereiten, für den Fall, daß Velázquez einen Zivilprozeß gegen ihn anstrengen sollte. Am 10. Mai schickte der König genaue Anweisungen an die Beamten der Casa de la Contratación, die diesen Beschluß erläuterten und die er am 14. Mai bestätigte. Die Vertagung bedeutete zudem, daß der Kronrat die Notwendigkeit anerkannte, die Streitigkeit zwischen Cortés und Velázquez so zu entscheiden, als seien beide ebenbürtig. Cortés wurde zwar nicht, wie er und sein Vater es wünschten, zum Generalkapitän ernannt, aber er wurde inoffiziell als »Befehlshaber der Insel Yucatán« tituliert.[35] Zweifellos hatte die Stimmungslage in Santiago einen großen Einfluß auf diese Beschlüsse.

Noch wichtiger an den Beschlüssen des Kronrats war jedoch vermutlich die Tatsache, daß dessen Mitglieder erkannten, wie gut man den von Cortés gesandten Schatz gebrauchen konnte: Bereits am 10. April war der Buchhalter der Casa de la Contratación, López de Recalde, angewiesen worden, dem Vizekönig von Mallorca eintausend Dukaten des Goldes zu schicken, das Portocarrero und Montejo mitgebracht hatten. Aus der gleichen Quelle wurde der Bey von Tunis bedacht, einer der tributpflichtigen Herrscher Kastiliens an der nordafrikanischen Küste.[36] Vermutlich machte der Sekretär Los Cobos den König und die Ratsmitglieder auf diesen verheißungsvollen Aspekt der Aktivitäten von Cortés aufmerksam.

So fehlte nicht viel zu einem Sieg für Cortés' Freunde. Der Vorschlag, Diego Velázquez hinsichtlich seiner Ansprüche gegen Cortés auf den zivilrechtlichen Klageweg zu verweisen, stellte ein Zugeständnis von größter Tragweite dar. Zweifellos hatten Cortés' gewiefte Bevollmächtigte die königlichen Beamten durch Bestechung für sich gewonnen. So mußte Doktor Diego Beltrán, in der Vergangenheit ein unbeirrbarer Parteigänger Fonsecas (seines einstigen Förderers), bei einem disziplinarischen Untersuchungsverfahren über die Amtsführung des Indienrats gestehen, daß er von Cortés Geld erhalten hatte. Daher ist es nicht weiter verwunderlich, daß Carjaval in einem späteren Brief an Karl V. harte Worte für ihn fand und erklärte, Beltrán sei weder aufgrund seiner Abstammung noch aufgrund seines Lebensstils würdig, als Ratgeber eines Fürsten, geschweige denn eines Kaisers, zu fungieren.[37]

Der Kronrat setzte seine Beratungen über verschiedene Angelegenheiten während der letzten Tage vor der Abreise des Kaisers und seines Hofs am 20. Mai fort. Die Krone machte Zugeständnisse – so verfügte der Monarch in einem Dekret, daß in Zukunft kein Amt der Krone (einschließlich der Ämter, die mit Westindien in Zusammenhang standen) an Ausländer vergeben werden dürfe. Las Casas erhielt die Erlaubnis, in Cumaná, Venezuela, eine friedliche Kolonie zu gründen. Diego Colón erreichte eine Verlängerung seines Mandats (als Gegenleistung für ein Darlehen an den König). Das gegen Pedrarias in Darien eingeleitete Gerichtsverfahren wurde (zweifellos zum Schaden ebenso der Kastilier wie der Indianer) verschoben. Am 17. Mai beschloß der Kronrat formell, die Erörterung der Frage des Status von Cortés auf unbestimmte Zeit zu vertagen.[38]

Möglicherweise verließ Karl Spanien, ohne die Briefe Cortés' gelesen zu haben. Er nahm jedoch einen großen Teil des Schatzes einschließlich der beiden großen Scheiben aus Gold und Silber, die ihm Montezuma geschenkt hatte, mit. Offenbar halfen viertausend Pesos des Goldes, das Cortés aus Mexiko geschickt hatte, auch mit, die königliche Flotte zu finanzieren.[39]

Bereits lange vor diesen Ereignissen hatte Diego Velázquez Maßnahmen ergriffen, die den Machenschaften des aufrührerischen *caudillo* endgültig ein Ende bereiten sollten. Er hatte so viele Männer aufgestellt, wie er auftreiben konnte, und sie unter dem Befehl von Pánfilo de Narváez in die neuen Gebiete entsandt. Narváez war ein typischer Conquistador der zweiten Generation. Um 1475 – also fast zehn Jahre vor Cortés – in Navalmanzano unweit von Cuéllar, dem Geburtsort Velázquez', geboren, war er vermutlich von Kindheit an ein Freund des späteren Gouverneurs. Er war um 1498 nach Westindien gegangen und erwarb sich in Santo Domingo ein kleines Vermögen, bevor er als Stellvertreter zunächst von Juan de Esquivel nach Jamaika und dann von Velázquez nach Kuba ging. Narváez war groß, kräftig und hellhaarig (wie Alvarado), mit einem buschigen rötlichen Bart und einer Stimme, die Bernal Díaz zufolge »sehr tief und hallend klang, als ob sie aus einem Gewölbe käme«. Narváez war meistens von einer unüberlegten Brutalität und manchmal auch von einer brutalen Unüberlegtheit. Er war konventionell und gab sich den Anschein der Besonnenheit, der jedoch durch sein Verhalten Lügen gestraft wurde. Nach dem Massaker in Caoano auf Kuba fragte der auf seinem Pferd sitzende Narvaéz Las Casas: »Was haben die Spanier Eurer Meinung nach angerichtet?« – so als habe er selbst mit der ganzen Sache nichts zu tun gehabt. »Hol' euch alle der Teufel«, erwiderte Las Casas, dem zufolge sich Narváez nach solchen Ereignissen immer auf diese Weise benahm: »Er setzte sich hin und schwieg und verharrte reglos wie eine Statue aus Marmor, dabei hätte er dem Gemetzel Einhalt gebieten können, wenn er gewollt hätte.« Aus Velázquez' Sicht war er der geeignete Anführer der Expedition nach Mexiko. Doch im Hinblick auf die potentiellen Schwierigkeiten mit den Indianern und mit Cortés hätte Velázquez keine schlechtere Wahl treffen können. Narváez hielt sich in Spanien auf, als Velázquez im Jahre 1518 Cortés gebeten hatte, die dritte Expedition in die neuen Gebiete anzuführen. Allerdings hatte sich der Gouverneur Geld von ihm geliehen, um seinen Anteil an den Ausgaben von Cortés zu bestreiten.[40]

Narváez kannte den Hof von Kastilien aus eigener Anschauung. Er und der Vetter des Gouverneurs, Antonio Velázquez de Borrego, waren von 1515 bis 1518 *procuradores-generales* von Kuba gewesen. Doch er hatte seine Wähler enttäuscht, da es ihm nicht gelang, die Zustimmung der Krone für ihren Wunsch nach freiem Handel zwischen allen spanischen Kolonien Westindiens zu erwirken. Zusammen mit Antonio Velázquez hatte er einen Versuch gemacht, die Glaubwürdigkeit von Las Casas zu erschüttern, indem er ihn beschuldigte, »über Dinge zu sprechen, von denen er keine Ahnung hat«, und empfohlen, seinen Bericht als wertlos zu verwerfen.[41] Velázquez hatte ihm auf Kuba eine ansehnliche *encomienda* mit einhundertfünfzig Indianern überlassen – doch damit war er keineswegs zufrieden.

Narváez stach im März 1520 in See. Er wurde von vielen bekannten karibischen Abenteurern begleitet, die von den verheißungsvollen Aussichten in diesem neuentdeckten Gebiet angezogen wurden. Doch unter den Teilnehmern der Expedition befand sich auch ein Mann, den er am liebsten auf Kuba zurückgelassen hätte: Licenciado Lucás Vázquez de Ayllón, ein auf Hispaniola tätiger Richter, der von der *audiencia*, der obersten Kronbehörde Westindiens, in Santo Domingo entsandt worden war, um Kämpfe zwischen Spaniern, in diesem Fall zwischen Narváez und Cortés, zu verhindern.

Die Teilnahme von Vázquez de Ayllón an der Expedition kam völlig unerwartet. Der in Toledo geborene Vázquez gehörte zu den zahlreichen *conversos*, die von Bischof Fonseca protegiert wurden. Der mittlerweile fünfzigjährige Richter hatte eine wichtige Rolle in der tragischen Geschichte von Santo Domingo gespielt, da er nach seiner Ankunft in Westindien um das Jahr 1504 jener Richter gewesen war, der die Zuteilung von Indianern auf dieser Insel im Jahre 1513 überwacht hatte. Er selbst gehörte zu den bedeutendsten *encomenderos* Hispaniolas.[42]

Im Dezember des Jahres 1519 war den hochrangigen Beamten in Santo Domingo zu Ohren gekommen, daß Velázquez ein Expeditionskorps aufstellte, das Cortés nachsetzen sollte, und daß er zudem versuchte, den *caudillo* über die Institutionen Kastiliens zur Rechenschaft zu ziehen. Velázquez warb Kaufleute, Minenarbeiter und Viehzüchter an, um sie in die »neuen Gebiete« zu entsenden – Kuba wäre infolgedessen etwaigen Angriffen schutzlos preisgegeben. Juan Carrillo, der öffentliche Ankläger von Santo Domingo, empfahl der *audiencia*, jemanden zu entsenden, der diese Expedition verhindern sollte. Vom 3. bis zum 8. Januar 1520 führte der neue Richter und *de-facto*-Gouverneur Hispaniolas, Rodrigo de Figueroa, der nach dem Gesetz Velázquez gegenüber weisungsbefugt war, Nachforschungen durch.[43] Am 15. Januar verkündete er, es sei nicht im Interesse der Krone, wenn es zu bewaffneten Auseinandersetzungen zwischen zwei spanischen Conquistadoren käme. Er wies Vázquez de Ayllón an, sich mit zwei Schiffen und einigen weiteren Beamten (dem *alguacil mayor* von Santo Domingo, Luis de Sotelo, und dem *escribano* der *audiencia*, Pedro de Ledesma) nach Kuba zu begeben und Narváez' Expedition aufzuhalten.

Ayllón war ein Mann von rohen Ansichten: So hatte er im Jahre 1517 behauptet, die Indianer Hispaniolas seien nicht in der Lage, sich aus eigener Kraft am Leben zu erhalten. Auch hätten sie sich nicht die Fähigkeit erworben, friedlich mit den Spaniern zusammenzuleben. Ein umfangreiches Memorandum der Hieronymitenmönche aus dem Jahr 1517, das deutlich die Handschrift Ayllóns erkennen läßt, kommt sogar zu dem Fazit, daß sich die Indianer frohen Herzens in die ihnen angebotene Sklaverei ergeben hätten.[44] Andererseits war er der personifizierte Inbegriff von Disziplin und Treue zu Kastilien.

Ayllón wollte nicht nach Mexiko gehen – nicht zuletzt, weil er als Protégé Fonsecas vermutlich innerlich mit Narváez sympathisierte. Aber er war gehorsam gegenüber Vorgesetzten, traf am 24. Januar in Trinidad auf Kuba ein und holte Narváez' Flotte bei Xaraguas (dem heutigen Cienfuegos) ein. Er befahl Narváez in schroffem Ton, sich nicht nach Mexiko zu begeben, doch Narváez ignorierte die Anweisung und erklärte, Ayllón sei nicht befugt, ihm irgendwelche Befehle zu erteilen. Beide brachen daraufhin in denkbar schlechter Laune und auf verschiedenen Schiffen zum Sammelplatz der Flotte von Narváez, Guaniguanico (an der Südküste der Insel) auf.

Sie trafen sich ein weiteres Mal, diesmal in Anwesenheit von Velázquez, auf Narváez' Schiff. Ayllón unterrichtete Narváez und Velázquez förmlich über die ihm verliehenen Befugnisse. Die beiden weigerten sich, ihm zuzuhören. Dennoch verlas Ayllóns Sekretär Pedro de Ledesma dessen Instruktionen, unter denen sich auch der warnende Hinweis befand, es sei äußerst bedenklich, so viele Männer aus Kuba abzuziehen, denn dies würde die königlichen Einnahmen auf der Insel verringern. Das war richtig. So blieben etwa in Trinidad offenbar nur zehn Männer zurück. Im übrigen, meinte Ayllón, sei es am besten, wenn man die Frage, wie mit Hernán Cortés zu verfahren sei, allein dem Kaiser überlasse. Am 18. Februar überreichte Ayllón Velázquez eine Abschrift seiner Anweisungen; zwei Tage später befahl er Narváez unter Androhung einer Strafe von 50 000 Dukaten, diesen Vorschriften Folge zu leisten. Er schlug vor, Velázquez solle die Expedition auflösen und lediglich ein paar Schiffe mit Proviant zu Cortés schicken; auch möge er einige besonnene Männer zu ihm entsenden, die auf ihn einreden und ihn von seiner Rebellion abbringen sollten. Was den Rest der Flotte betraf: Weshalb sollte man sie nicht auf eine Entdeckungsreise etwa nach Cozumel schicken?[45]

Doch Narváez' Pläne waren bereits zu weit gediehen, um sie jetzt noch zu verschieben. Zwei Freunde Velázquez', derselbe angeheiratete Neffe Manuel de Rojas, der versucht hatte, Montejo und Portocarrero abzufangen, und Vasco Porcallo, der von Narváez angeworben worden war, behaupteten, Velázquez stehe in der Ämterhierarchie über Ayllón. Entsprechend befahl der Gouverneur, Narváez möge sein Vorhaben weiterverfolgen. Ayllón, der dies als Affront empfand und nicht unverrichteterdinge zurückkehren wollte, beschloß daraufhin, Narváez mit seinen beiden Schiffen zu begleiten. Durch sein Verhalten machte sich Narváez so einen potentiellen Verbündeten zum Feind. Ayllón war ein intelligenter und erfahrener Beamter, der über gute Beziehungen verfügte; aber er war auch korrupt, dünkelhaft und herzlos. In ähnlicher Weise kränkte Narváez den Notar Pedro de Ledesma, einen weiteren potentiellen Verbündeten, der sich entschieden dafür ausgesprochen hatte, die Indianer in immerwährender Sklaverei zu halten.[46] (Ledesma hatte unter den Hieronymitenmönchen in Santo Domingo am *juicio de residencia* gegen den großherzigen Richter Zuazo als Gerichtsschreiber teilgenommen.)

Unterdessen konnte Martín Cortés trotz des Aufruhrs in Kastilien die *Santa María de la Concepción* (die offenbar weiterhin unter dem Kapitän Juan Bautista fuhr) in Sevilla für 30 000 Maravedís verkaufen: eine Summe, die dem Sechsfachen seines Jahreseinkommens entsprach; während sich Kardinal Adrian unter anderem darum bemühte, die Ernennung von Fray Juan Garcés zum Bischof von Yucatán (das er beglückt als »Carolina« bezeichnete) durchzusetzen. In einem Brief vom September 1520 ersuchte Adrian Velázquez darum, in seiner Eigenschaft als Gouverneur der »Inseln« Culhuacan und Cozumel dem neuernannten Bischof sicheres Geleit zu gewähren und ihm ein standesgemäßes Einkommen zu sichern.[47] Mit dem Verkauf des Schiffs setzte sich Martín Cortés über die ausdrücklichen Anweisungen seines Sohnes hinweg, doch wollte er dies dadurch wettmachen, daß er ihm nicht nur die geforderten Lebensmittel und Kleidungsstücke, sondern auch zahlreiche Waffen schickte.

Die Einzelheiten dieser Transaktion liegen weitgehend im dunkeln, zum Teil wegen der damaligen Zustände in Kastilien. Doch ist anzunehmen, daß die Kaufleute Juan de Córdoba und Luis Fernández de Alfaro mit dem Erlös aus dem Verkauf des Schiffs ein anderes, größeres Schiff erwerben konnten, das schon bald mit einem reichlichen Vorrat an Waffen und Kleidung nach dem »neuen Goldland« segeln sollte. Die meisten Sevillaner, die mit Martín Cortés Geschäfte machten, waren *conversos*, die seit Jahren mit genuesischen Kaufleuten zusammenarbeiteten – dies bedeutete, daß Cortés von nun an das beste Handelsnetz Spaniens zur Verfügung stand.

Eine sehr tiefe und hallende Stimme, die klang, als ob sie aus einem Gewölbe käme

> »Narváez war damals etwa zweiundvierzig Jahre alt, groß und von kräftiger Statur; er hatte einen langgestreckten Kopf und einen rötlichen Bart, ein gefälliges Aussehen und eine sehr tiefe und hallende Stimme, die klang, als ob sie aus einem Gewölbe käme.«
> *Bernal Díaz über Pánfilo de Narváez*

Pánfilo de Narváez stach am 5. März 1520 mit neunhundert Mann und elf *naos* sowie sieben Brigantinen in See. Er wurde von zahlreichen Conquistadoren begleitet, die Cortés und dessen Kameraden seit Jahren von Hispaniola bzw. Kuba her kannten. Aufgrund des Massensterbens der indianischen Bevölkerung auf beiden Inseln stellten die *encomiendas* keine sichere Investition mehr dar, und viele der Expeditionsteilnehmer hofften, in den neuentdeckten Gebieten erneut ihr Glück zu machen. Cortés behauptete, daß »sich die meisten Männer von Narváez zur Teilnahme an der Expedition gezwungen sahen, aus Angst, daß, falls sie sich weigerten, Velázquez möglicherweise die Indianer zurückfordern würde, die er ihnen überlassen hatte«. Einige wenige waren in der Tat zwangsweise verpflichtet worden.[1] Doch ansonsten war Cortés' Bemerkung weit von der Wahrheit entfernt.

Ein typischer Vertreter der Abenteurer, die Narváez begleiteten, war Juan Bono de Quejo, der, aus San Sebastián gebürtig, später nach Palos umgezogen war. Der mittlerweile etwa fünfundvierzig Jahre alte Bono hatte wie Alaminos an der unglücklich verlaufenen vierten Reise des Kolumbus teilgenommen, und 1513 hatte er bei der Expedition des Ponce de León, die zur Entdeckung Floridas führte, ein Schiff befehligt. Nach 1515 handelte er zunächst mit indianischen Sklaven, dann mit Perlen zwischen der venezolanischen Küste und Kuba, wobei ihn genuesische Kaufleute wie etwa die Grimaldi-Brüder finanziell unterstützten. Seine Sklavenexpedition nach Trinidad gilt als ein besonders schändliches Unternehmen: »Juan Bono, *malo*« (»Johannes Gut, schlecht«) lautete die Quintessenz der Vorwürfe von Las Casas. Bono war ein Günstling Bischof Fonsecas, seit er 1513 in einem Prozeß gegen Diego Colón ausgesagt hatte. Auch Andrés de Duero, der Sekretär von Velázquez, der jedoch zu den Sympathisanten von Cortés gehörte, war mit von der Partie. Ein weiterer Expeditionsteilnehmer war Leonel de Cervantes, der einer Adelsfamilie aus der Estremadura entstammte. Er behauptete, ihm sei wegen seiner Heldentaten in den Italienischen Kriegen der Titel eines *comendador* des Ordens der Sankt-Jakobsritter verliehen worden, was jedoch zweifelhaft ist (sein Großvater, Diego, der dem Stadtrat von Sevilla angehört hatte, war ein Vetter Bischof Fonsecas). Zu den weiteren Teilnehmern gehörten: Géronimo Martínez de Salvatierra, ein Maulheld aus der Provinz Burgos, der das Amt des Quartiermeisters *(veedor)* bekleidete; ein Neffe des Gouverneurs Diego Velázquez, der den gleichen Namen trug (er war bezichtigt worden, einen gewissen Juan de la Pila auf offener Straße ermordet zu haben, doch wurde er nicht verurteilt); der Schwager von Diego Velázquez, Kapitän Francisco Verdugo, der als *alcalde* von Trinidad auf Kuba Cortés anderthalb Jahre zuvor unerwartet hilfreich gewesen war; Gaspar de Garnica, der Freund von Gouverneur Velázquez – er hatte im Jahr zuvor den Auftrag gehabt, Cortés in Havanna zu entführen; der oberste Konstabler *(alguacil mayor)* von Kuba, Gonzalo Rodríguez de Ocaña; Baltasar Bermúdez aus Cuéllar, ein angeheirateter Neffe Velázquez', der vom Gouverneur gebeten worden war, jene Expedition zu leiten, die schließlich Cortés anführte; Juan González Ponce de León, der Sohn des Entdeckers von Florida, der bei der Eroberung Puerto Ricos mehrere erstaunliche Abenteuer bestand. So hatte Narváez die »alte Garde« karibischer Conquistadoren bei sich, deren Erfahrungsschatz genauso reich wie ihr Ruf zweifelhaft war.

Wie die Expedition des Cortés und die meisten anderen Entdekkungsreisen in die Neue Welt bestand auch Narváez' Expedition offenbar zu einem Drittel aus Andalusiern. Acht bzw. zwanzig Prozent der Expeditionsteilnehmer stammten vermutlich aus der Estremadura bzw. aus Altkastilien. Die meisten Hauptleute von Narváez kamen – ebenso wie die meisten Beamten der kubanischen Kolonialverwaltung unter Velázquez – aus Altkastilien. Auch einige *conversos*, Neuchristen, nahmen an der Expedition teil: Bernardino de Santa Clara, dessen Vater oder Onkel königlicher Schatzmeister auf Hispaniola gewesen war; Hernando Alonso, ein sechzigjähriger Hufschmied aus Niebla, unweit Huelva, der mit Beatriz, einer (zweifellos unehelichen) Schwester von Diego de Ordás, verheiratet war. Narváez' Proviantmeister war Pedro de Maluenda, ein bekannter Händler, der einer bedeutenden *converso*-Kaufmannsfamilie aus Burgos entstammte.

Viele Expeditionsteilnehmer ließen Ehefrauen und Besitzungen auf Kuba zurück: Narváez erteilte seiner Frau María de Valenzuela die Vollmacht, während seiner Abwesenheit seine Güter zu verwalten.[2] Gewiß verließen einige der Conquistadoren Kuba wegen der dort grassierenden Pocken mit Erleichterung; andere dagegen dürften wegen der Gefahr dieser Epidemie für ihre Familien in tiefer Sorge Abschied genommen haben. Die meisten Kastilier, sofern sie das Erwachsenenalter erreichten, waren gegen die Krankheit immun – niemandem wäre es auch nur im entferntesten in den Sinn gekommen, daß sie einen tödlichen Erreger mit sich tragen könnten.

Um die Expedition mit Proviant zu versorgen, ließ Velázquez offenbar eine große Menge Maniokwurzelbrot bei den Bürgern Havannas beschlagnahmen, ohne sie dafür zu bezahlen. Er gab der Expedition auch viele kubanische Indianer mit, obwohl er Cortés das gleiche untersagt hatte.[3] Offenbar nahmen viele Conquistadoren afrikanische Sklaven mit.

Narváez setzte über die Straße von Yucatán und steuerte zunächst, wie alle früheren spanischen Abenteuerer in dieser Region, Cozumel an. Dort rettete er achtzig Teilnehmer einer Expedition unter Alonso de Parada, einem Salamantiner Freund von Diego Velázquez, die Schiffbruch erlitten hatten. Später ließ er die meisten von ihnen auf der Insel zurück, mit dem Auftrag, dort eine Siedlung zu gründen. Die Ureinwohner von Cozumel wurden durch die eingeschleppten Pocken rasch dezimiert, doch noch erkannte niemand das Ausmaß dieser Tragödie.

Anschließend folgte Narváez der Küste zunächst in westlicher, dann in südlicher Richtung, wie es schon vor ihm Hernández de Córdoba,

Grijalva und Cortés getan hatten. Das Wetter war wechselhaft, so daß sie nur langsam vorankamen. Erst am 7. April, Ostersonntag, erreichten sie die Mündung des sogenannten Río Grijalva. Dort gingen sie an Land, wie vor ihnen Grijalva und Cortés; sie fanden Potonchan und die übrigen Städte an der Küste verlassen vor. Die wenigen Indianer, mit denen Narváez in Verbindung treten konnte, waren ihnen feindlich gesinnt und bereit zum Kampf. Dies war – wie der neue Anführer mit Genugtuung feststellte – ein Ergebnis der schlechten Behandlung, die sie von Cortés erfahren hatten, als dieser hier gelandet war. Juan Bono de Quejo berichtete, die *naturales*, die er am Río Grijalva angetroffen habe, seien wie gelähmt gewesen vor Angst, daß Cortés zurückkehrt.[4] Narváez versprach, großmütiger zu sein als sein Vorgänger; er versicherte den *naturales*, daß sie als Vasallen des Königs von Spanien gut und würdevoll behandelt werden müßten.

Ein oder zwei Tage später nahm Narváez Kurs auf San Juan de Ulúa; sie brauchten zehn Tage, um die dreihundert Meilen lange Strecke zurückzulegen, weil sie von einem schweren Sturm überrascht wurden, kurz nachdem sie in See gestochen waren. Eines ihrer Schiff sank mit vierzig Mann an Bord (darunter der Kapitän Cristóbal de Morante, dem eines der drei Schiffe der Expedition des Hernández de Córdoba gehört hatte). Sechs weitere Schiffe wurden beschädigt. Erst am 19. April erreichte Narváez San Juan de Ulúa. Zu seinem großen Verdruß war der Richter Vázquez de Ayllón bereits drei oder vier Tage früher eingetroffen. Als Zeichen des großen Vertrauens in die Zukunft Mexikos hatte Ayllón einen Kaufmann, Juan de Herrera, auf einem seiner beiden Schiffe mitgenommen. Herrera sollte Waren verkaufen, die ihm ein anderer Kaufmann aus Santo Domingo, Juan de Ríos, anvertraut hatte, der als Agent einer Firma aus Burgos fungierte (er verkaufte alles, was er hatte, an Pedro de Maluenda und starb bald darauf).[5]

Ayllón erhielt unerwarteten Besuch: Francisco Serrantes, ein Schiffszimmermann, der Cortés nach Tenochtitlan begleitet hatte und sich anschließend mit dessen Vetter, Diego Pizarro, in die Provinz Pánuco begeben hatte. Serrantes ließ sich dort nieder, um ein Landgut aufzubauen; dieser eigenmächtige Entschluß deutete auf eine geistige Unabhängigkeit hin, die Cortés zutiefst mißfiel, als er von Pizarro davon erfuhr. Aus diesem Grund hatte sich Serrantes in einen erbitterten Gegner von Cortés verwandelt. Offenbar war er, nachdem ihm Gerüchte über die bevorstehende Ankunft von Narváez zu Ohren gekommen waren, schleunigst aufgebrochen, um beim Eintreffen der neuen Expedition in San Juan zu sein. Serrantes begab sich in einem Kanu zum Schiff des Richters Ayllón, um diesem alles mitzuteilen, was er über die Taten von Cortés und die Eigentümlichkeiten Tenochtitlans wußte: Cortés, so beteuerte er, habe viel Gold erhalten; ein Fünftel davon habe er für sich selbst behalten, während er den Rest sehr ungleich verteilt habe, zudem sei Cortés nicht gewillt, Weisungen von Velázquez oder irgend jemand anderem zu befolgen; vielmehr warte er die Reaktion von König Karl auf die Vorschläge seiner *procuradores* ab. Herrera gab eine sehr anschauliche Beschreibung von Tenochtitlan und behauptete, Cortés könne notfalls 50 000 Indianer gegen Narváez mobilisieren.[6]

Als pflichttreuer Staatsdiener behielt Ayllón diese interessanten Neuigkeiten nicht für sich. Er schickte Serrantes zu Narváez, der sich noch immer vor der Küste aufhielt. Serrantes erzählte Narváez die gleiche Geschichte; außerdem sagte er, wenn Narváez eine Kolonie zu gründen beabsichtige, sei die Umgebung von Coatzacoalcos am besten dafür geeignet, da der Boden dort fruchtbarer sei als hier an der Küste. Narváez schenkte diesem Ratschlag keinerlei Beachtung, aber er hörte sich mit gespannter Aufmerksamkeit alles an, was Serrantes sonst zu erzählen hatte. Anschließend begab er sich in einem kleinen Boot zu Ayllón.

Narváez erklärte, er werde am nächsten Tag mit all seinen Männern an Land gehen. Ayllón riet ihm davon ab, da dies zweifellos Spannungen mit den Indianern heraufbeschwören würde, doch Narváez erwiderte, er sei gezwungen, mit der Expedition zu landen, weil seine Schiffe stark beschädigt seien. Tatsächlich ging er genau so vor, wie er es geplant hatte, und setzte ein von langer Hand entworfenes Projekt in die Tat um: Die Gründung einer Stadt, die er San Salvador nennen wollte, ungefähr an der Stelle, wo sich das heutige Veracruz befindet, etwa fünfundsechzig Kilometer südlich von Villa Rica, der ersten von Cortés gegründeten Siedlung. Er ernannte sogleich *alcaldes* und *regidores*, so wie es Cortés vor ihm getan hatte; Baltasar Bermúdez wurde *alcalde mayor.*[7] Unter den übrigen *alcaldes* befand sich auch Francisco Verdugo, der dieses Amt bereits in Trinidad auf Kuba bekleidet hatte, sowie die meisten Hauptleute von Narváez: Salvatierra, Juan de Gamarra und zwei Neffen von Diego Velázquez, Pedro und Diego Velázquez der Jüngere. Sie begannen Häuser, eine Kirche, einen öffentlichen Platz und ein Gefängnis im üblichen Stil zu errichten.

Narváez gab sich alle Mühe, die Totonaken und die übrigen Indianer, auf die er traf, freundlich zu behandeln. Dies dürfte ihm schwergefallen sein, denn er besaß ein starkes Überlegenheitsgefühl und große Verachtung für die Ureinwohner, was auch für einige seiner Hauptleute galt, wie etwa Juan de Gamarra, der an mehreren brutalen Expeditionen des Pedrarias in Castilla del Oro teilgenommen hatte. Die Stärke von Narváez' Streitmacht, die offensichtlich der Cortésschen weit überlegen war, beeindruckte die Totonaken. Nach einigen Tagen ließ Narváez verkünden, Cortés und seine Gefährten seien Halunken, die nichts anderes im Sinn hätten, als zu plündern und Gefangene zu machen, und er, Narváez, werde sich bald nach Tenochtitlan begeben, um Montezuma zu befreien. Diese Verlautbarung traf bei den Kastiliern nicht auf einhellige Zustimmung: Narváez' eigener Schatzmeister Bernardino de Santa Clara beispielsweise meinte, es sei empörend, so von Cortés zu sprechen, wo er das Land doch offenkundig befriedet habe.[8] Und so wie viele der Expeditionsteilnehmer, die Cortés begleitet hatten, zu Anfang keine Vorstellung von den Zielen ihres Befehlshabers gehabt hatten, waren sich auch die meisten Teilnehmer der Expedition des Narváez über die Pläne ihres Anführers im unklaren.

Zunächst verlief Narváez' Aufenthalt in San Juan de Ulúa genauso friedlich wie der von Cortés. Über drei Wochen lang versorgten die Indianer die Expedition bereitwillig mit Brot, Hühnern und Bohnen.[9]

Wenn Narváez dennoch in wachsendem Maße beunruhigt war, lagen die Ursachen dafür woanders: Es war ihm sehr bald aufgefallen, daß die Teilnehmer seiner Expedition in der Frage, wie man sich gegenüber Cortés verhalten solle, geteilter Meinung waren. Ayllón betrachtete Narváez' Weigerung, ihm zu gehorchen, noch immer als eine Mißachtung der *audiencia* in Santo Domingo, und er machte aus dieser Einschätzung auch keinen Hehl. Noch schlimmer aber war, daß er günstig über Cortés zu sprechen begann, ja er schrieb ihm sogar einen Brief, in dem er seine Position darlegte.[10] Unterdessen machte sich Narváez bei seinen Gefolgsleuten unbeliebt, weil er die Geschenke der ortsansässigen Häuptlinge, die schon Grijalva und Cortés mit ähnlichen Gaben bedacht hatten, für sich behielt.

Narváez machte schließlich Ayllón für die wachsende Unzufriedenheit verantwortlich – in der Tat war die Anwesenheit des Richters ein wenig merkwürdig. Narváez befahl daher den »städtischen Beamten« von San Salvador, Ayllón festzunehmen und ihn zusammen mit seinen

Dienern und seinem Sekretär, Pedro de Ledesma, auf das Schiff zu bringen, auf dem er gekommen war, worauf er den Kapitän des Schiffes anwies, mit dem Richter nach Kuba zurückzukehren. Einige der Anhänger von Vázquez de Ayllón verbannte er auf ein zweites Schiff, das gleichzeitig mit dem ersten in See stach. Zwei weitere Conquistadoren ließ er ebenfalls festnehmen und einsperren, weil sie gut von Cortés gesprochen hatten: Gonzalo de Oblanco, ein *hidalgo* aus Leon, der infolge der Beschwerlichkeiten der Haft in dem behelfsmäßigen Kerker in weniger als einer Woche starb; und Sancho de Barahona, der vermutlich aus Soria stammte und der überlebte, um sich später zu revanchieren (und in mehreren Prozessen als Zeuge auszusagen). Fünf Freunde von Vázquez de Ayllón verließen daraufhin Narváez' Lager und liefen zu Cortés' Statthalter an der Küste, Sandoval, über, mit der Begründung, der Richter sei respektlos behandelt worden.[11]

Ayllón fuhr nicht nach Kuba. Der Richter sagte dem Kapitän des Schiffs, Juan Velázquez, und den Matrosen, daß er sie hängen lassen werde, wenn sie ihn dorthin brächten. Wenn sie ihn dagegen nach Santo Domingo führen, würde er dafür sorgen, daß sie ihre Freiheit behielten. So nahmen die Schiffe Kurs auf Santo Domingo. Die Fahrt wurde zu einer Tortur. Schließlich erreichten sie San Nicolás, eine kleine Hafenstadt an der Westküste Hispaniolas. Von dort trat Ayllón den äußerst beschwerlichen Fußmarsch zu der vierhundertachtzig Kilometer entfernten Hauptstadt Santo Domingo an. Dort angekommen, schickte er Briefe nach Spanien, in denen er Narváez' und Velázquez' Verhalten ihm gegenüber scharf tadelte. Ihr Betragen stelle eine Mißachtung nicht nur seiner Person, sondern auch der Krone dar. Wie wir noch sehen werden, waren diese Briefe eine große Hilfe für Cortés' Interessenvertreter in Kastilien.[12]

Unterdessen freute sich Narváez darüber, daß vier Überläufer von Cortés in seinem Lager eintrafen. Unter ihnen war auch Cervantes, »*el chocarrero*«, Velázquez' Hofnarr. Die übrigen drei waren mit Pizarro und Serrantes in Oaxaca gewesen. Sie alle genossen – wie auch Serrantes – aufgrund ihrer anschaulichen Beschreibungen der Wunder von Tenochtitlan und der Schandtaten von Cortés einen – wenn auch kurzlebigen – Ruhm. Offenbar dienten sie den neu eingetroffenen Kastiliern bei deren Unterredungen mit den Eingeborenen als Dolmetscher, auch wenn ihr Totonakisch für diesen Zweck kaum ausgereicht haben dürfte.[13]

Ein fünfter Überläufer kam nie im Lager von Narváez an: Cristóbal

Pinedo, ein ehemaliger Knecht von Narváez, der im Jahr zuvor mit Cortés nach Mexiko gegangen war und der, nachdem er gehört hatte, daß sein früherer Herr an Land gegangen war, ohne Erlaubnis Tenochtitlan verlassen hatte, um sich ihm anzuschließen. Cortés schickte ihm Indianer aus Mexiko, vermutlich Mexica, hinterher, die ihn abfangen sollten, bevor er die Küste erreichte. Sie holten ihn ein, doch Pinedo widersetzte sich seiner Festnahme. In dem anschließenden Handgemenge wurde der Kastilier getötet; sein Leichnam wurde in einer Hängematte nach Tenochtitlan gebracht. Cortés wurde später bezichtigt, nicht nur der Ermordung Pinedos stillschweigend Vorschub geleistet zu haben, sondern den Mexica dadurch auch einfältigerweise die Möglichkeit verschafft zu haben, herauszufinden, daß die Kastilier Menschen und keine Götter seien. Cortés wies beide Beschuldigungen zurück. Er erklärte, die Indianer in Mexiko hätten schon lange vorher gewußt, daß »wir alle Menschen sind und daß wir aufgrund der Sünde unseres Erzvaters Adam sterben müssen«. Cortés bestritt auch den Vorwurf, er habe damit rechnen müssen, daß die Indianer Pinedo töten würden. Doch Gerónimo de Aguilar, der Dolmetscher, bezeugte, er habe gehört, wie Cortés einigen Indianern befohlen habe, Pinedo zurückzubringen, und, »ihn umzubringen, falls sie ihn nicht zur Umkehr bewegen könnten«.[14]

Cortés Statthalter an der Küste war sein Gefährte aus Medellín, Gonzalo de Sandoval, der in Villa Rica de la Vera Cruz, einen Tagesritt nördlich von San Juan de Ulúa, residierte. Offenbar dauerte es einige Zeit, bis ihn die Nachricht von der Ankunft Narváez' erreichte – was in Anbetracht der Tatsache, daß Serrantes, der sich an einem ferneren Ort aufhielt, sehr schnell davon erfuhr, verwunderlich ist. Cortés selbst erfuhr durch eine Nachricht von Alonso de Cervantes, der sich in irgendeiner unbekannten Mission an der Küste aufhielt, davon, daß vor San Juan de Ulúa ein Schiff gesichtet worden war. Es handelte sich vermutlich um eines der beiden Schiffe Vázquez de Ayllóns, der, wie bereits erwähnt, vor Narváez eingetroffen war.

Cortés schickte fünf Männer seiner Streitmacht (Diego García, Francisco Bernal, Sebastián Porras und Juan de Limpias; sie wurden von Francisco de Orozco, einem ehemaligen Hauptmann der Artillerie, der in Italien gedient hatte, befehligt) zur Küste, mit dem Auftrag, herauszufinden, wer die Neuankömmlinge waren und was sie im Schilde führten. Er befahl seinen Männern, sie sollten sich nach der Überquerung des Gebirges, das Mexiko vom Meer abschirmt, trennen: Eine Gruppe sollte den nördlichen Weg nehmen, wie es Cortés selbst getan hatte, die andere Gruppe sollte die südliche Route über das heutige Orizaba einschlagen. Wenn sie unterwegs niemandem begegneten, der ihnen von der Küste entgegenkam, sollten sie sich dorthin begeben, wo die Neuankömmlinge gelandet waren, sich verkleiden und alles so gründlich wie möglich ausspionieren. Zur gleichen Zeit erhielten die beiden Expeditionen, die Cortés nach Südwesten ausgesandt hatte – die eine unter dem Befehl von Velázquez de León nach Coatzacoalcos, die andere unter Rodrigo Rangel nach Chinantla – Weisung, sich für einen Marsch nach Vera Cruz bereit zu halten.[15]

Doch zwei Wochen lang erhielt Cortés keine weiteren Nachrichten. Eine andere Person dagegen war gut informiert: Montezuma.

Die Beauftragten des Kaisers hatten offenbar immer mit der Möglichkeit gerechnet, daß weitere feindliche Expeditionen an der Küste landeten. Die Kunde von Narváez' Ankunft erreichte Montezuma in Form eines Stück Tuches, auf dem achtzehn Schiffe, fünf davon gestrandet und zertrümmert, dargestellt waren. Später brachte ein zweiter Bote eine weiteres Tuch, auf dem die Ankunft einiger Schiffe im Hafen abgebildet war.[16]

Montezuma unterrichtete Cortés nicht sofort von diesen Neuigkeiten, vielmehr trat er über Boten in direkte Verbindung zu Narváez, der dem Kaiser klar zu verstehen gab, daß zwischen Cortés und ihm kein Einvernehmen bestand. Nachdem Serrantes und andere ihn über die Ereignisse in Tenochtitlan informiert hatten, ließ er Montezuma sogar übermitteln, daß alle Teilnehmer der Expedition von Cortés Schurken seien: Er, Narváez, sei gekommen, sie gefangenzunehmen und Montezuma zu befreien, auch habe er, anders als Cortés, keinerlei Interesse an Gold. Sobald er Montezuma befreit und Cortés festgenommen habe, werde er das Land verlassen. Möglicherweise aufgrund dieser Zusicherungen beteuerte Montezumas Bote (ein Mann aus Tenochtitlan, dem der *caudillo* den Namen »Cortés« gegeben hatte) – eigenmächtig – gegenüber Narváez, er sei willkommen. Er beschwerte sich im Namen Montezumas darüber, daß Cortés den Kaiser als Geisel genommen hatte und ihn sehr schlecht behandelte.[17] Laut Aussage eines Zeugen im *juicio de residencia* gegen Cortés forderte Montezuma zudem, daß Cortés getötet oder festgenommen werden sollte. Er sandte Narváez Nahrungsmittel, Kleidung und Gold und wies seine Männer an der Küste an, Narváez mit Proviant zu versorgen. Vergessen schien die Zuneigung des Kaisers zu Cortés, sein Vasalleneid auf Karl V. und sein Wunsch, sich an Ostern taufen zu lassen.

Narváez antwortete, vermutlich nachdem er sich mit seinen Hauptleuten beraten hatte und im Widerspruch zu seinen früheren Verlautbarungen, daß ihn der König nach Mexiko geschickt habe, um das Land zu besiedeln (*poblar*), und daß er Montezuma freilassen und ihm das zurückgeben werde, was man ihm gestohlen habe; er werde niemanden töten. Er schlug einen Namenstausch zwischen ihnen vor: Er, Narváez, wolle sich fortan Montezuma nennen, während Montezuma in Zukunft den Namen Narváez tragen solle.[18] Dieser seltsam anmutende Vorschlag entsprach einem Brauch, der von den Kaziken auf Hispaniola oft mit Freude angenommen worden war.

Doch letztlich wollte Montezuma Narváez' Ankunft nicht länger vor Cortés verbergen; vielleicht fürchtete er, daß Cortés ihn bestrafen würde, wenn er die Neuigkeit von sich aus entdeckte. Montezuma zeigte Cortés die bemalten Leintücher und bedrängte ihn, Tenochtitlan zu verlassen. Er sagte zu Cortés, er wisse nun, daß unter den Kastiliern keine Eintracht herrsche und daß sie nicht alle demselben Herrn dienten. Er wies darauf hin, daß Cortés nunmehr viele Schiffe zur Verfügung stünden, so daß sie keine weiteren Schiffe bauen müßten und alle nach Kastilien zurückkehren könnten; es bedürfe auch keiner weiteren Entschuldigungen. Cortés war bereits von Cervantes über die Ankunft von zwei Schiffen unterrichtet worden, doch offenbar überraschte es ihn zu hören, daß weitere Schiffe eingetroffen waren. Er antwortete, alle Kastilier dienten demselben Herrn, doch die Neuankömmlinge seien vermutlich Schurken – Basken (*vizcainos*) –, die dem Land Unglück brächten, weil sie alles stehlen würden, dessen sie habhaft werden könnten.[19]

Cortés vermutete sogleich, daß es sich bei den Eindringlingen um Freunde von Diego Velázquez und nicht um eine Expedition handelte, die direkt aus Spanien kam. Obgleich er noch immer über keine Informationen aus erster Hand verfügte, schickte er daraufhin seinen Freund und Beichtvater, Fray Bartolomé de Olmedo, mit einem Brief zu den Unbekannten, die an der Küste gelandet waren. Wie er später in einem Brief an den König berichtete, schrieb er darin, er hoffe, daß die Neuankömmlinge »mich wissen ließen, wer sie seien, und, falls sie treue Vasallen des Königreichs und Eurer königlichen Hoheit seien, mögen sie mir schreiben, ob sie im Auftrag Eurer Hoheit gekommen seien, um das Land zu besiedeln und hier zu bleiben, oder ob sie weiterzögen oder zurückkehren müßten. Und falls sie irgend etwas benötigten, würde ich ihnen alles zur Verfügung stellen, was in meiner Macht stünde ... wenn sie sich jedoch weigerten, mir Aufschluß darüber zu geben, wer sie seien, dann würde ich sie im Namen Eurer Majestät auffordern, umgehend Euer Land zu verlassen und nicht von Bord zu gehen. Und wenn sie dennoch an ihren Vorhaben festhielten, dann würde ich mit der ganzen mir zu Gebote stehenden Streitmacht aus Spaniern und Eingeborenen gegen sie vorrücken«.[20]

Cortés fügte hinzu, er habe gehofft, daß Narváez sein christliches Bekehrungswerk unter den Indianern weder unterbrechen noch behinderen würde. Gleichzeitig entsandte Cortés Andrés de Tapia, der mittlerweile zu seinen engsten Vertrauten gehörte, nach Villa Rica de la Vera Cruz, damit er sich dort mit Sandoval berate. Tapia brauchte für den Weg dreieinhalb Tage, wobei er tagsüber zu Fuß marschierte und sich nachts von Indianern in einer Hängematte tragen ließ.[21]

Als Tapia in Vera Cruz eintraf, hatte Sandoval bereits den ersten Schlag gegen Narváez geführt. Er hatte zunächst sämtliche Bewohner der noch immer im Aufbau befindlichen Hafenstadt zusammengerufen und sie aufgefordert zu schwören, daß sie niemand anderen als Hernán Cortés als Gouverneur anerkennen würden. Dann schickte er die Verwundeten und Kranken sowie ein bis zwei alte Männer nach Papalotla, einer fünfundzwanzig Kilometer landeinwärts am Fuß der Sierra gelegenen Ortschaft.

Ein oder zwei Tage später traf eine Abordnung von Narváez in Villa Rica de la Vera Cruz ein; ihr gehörten der *escribano* Alfonso de Vergara, der Priester Fray Antonio Ruiz de Guevara und Antonio de Amaya, offenbar ein weiterer Verwandter von Diego Velázquez, an. Sie überbrachten Briefe von Narváez, die an verschiedene Mitglieder der Expedition von Cortés gerichtet waren und diese dazu bringen sollten, sich auf die Seite des neueingetroffenen Anführers zu stellen.[22] Die kleine Delegation wurde von drei weiteren Kastiliern und einigen kubanischen Indianern begleitet. Doch niemand empfing sie; Sandoval blieb in seinem Haus.

Die Männer von Narváez gingen zunächst zum Beten in die neue Kirche, einem äußerst primitiven und nicht gegen Wind geschützten Gebäude. Anschließend begaben sie sich in Sandovals Haus, das ebenfalls nicht viel mehr gewesen sein dürfte als eine große Hütte. Sie grüßten den Conquistador freundlich. Fray Guevara sagte, sie kämen im Auftrag von Narváez, der von Diego Velázquez zum Generalkapitän des neuentdeckten Gebiets ernannt worden und kürzlich an der Küste gelandet sei. Er rate Sandoval, sich unverzüglich Narváez zu ergeben, denn Cortés und seine Freunde seien Verräter. Sandoval entgegnete Guevara, daß er ihn nur deshalb für diese Worte nicht auspeitschen lasse, weil er Priester sei. Weiter sagte er, sie sollten auf der Stelle nach Mexiko-Tenochtitlan aufbrechen, denn dort habe sich Cortés als »Generalkapitän und *justicia mayor* Neuspaniens« fest etabliert.[23] Und er fügte hinzu, daß »wir hier alle bessere Diener Seiner Majestät sind als Velázquez und Narváez«.

Angenommen, Sandoval sprach tatsächlich von »Neuspanien«, war dies das erste Mal, daß dieser Ausdruck verwendet wurde, wenngleich er in den kommenden Monaten infolge eines Beschlusses von Cortés allgemein gebräuchlich werden sollte. Die Inspiration hatten der Wohlstand der Region und gewisse geographische Ähnlichkeiten zwischen Mexiko und Altspanien geliefert. »Neuspanien« und nicht etwa »Neukastilien«, denn die Königreiche Kastilien und Aragón waren nunmehr vereint, und was einst eine rein geographische Bezeichnung gewesen war, konnte jetzt in einem politischen Sinne gebraucht werden, wenigstens von Imperialisten, die sich in der Fremde aufhielten.

Fray Guevara bat nun den Notar Vergara, die amtlichen Schriftstücke zu verlesen, die er bei sich führte und in denen Cortés aufgefordert wurde, sich Narváez zu unterwerfen. Es handelte sich vermutlich um Dokumente, die einer von Velázquez' Juristen abgefaßt hatte und die vom Gouverneur unterzeichnet worden waren. Sandoval erklärte: »Wenn Ihr diese Urkunden verlest, werde ich Euch einhundert Peitschenhiebe verabreichen lassen.« Er fügte hinzu, daß er nicht beurteilen könne, ob Vergara tatsächlich ein Notar des Königs sei und ob die Dokumente Abschriften oder Urschriften seien. Falls er kein Notar sei, dürfe er jedenfalls ein solches Dokument auch dann nicht verlesen, wenn es echt sei. Vergara zögerte.

Doch Guevara, ein unerschrockener Mann, sagte wütend zu Vergara: »Wie könnt Ihr mit diesen Verrätern verhandeln? Nehmt die Verfügungen schon heraus und lest sie vor!«

Da befahl Sandoval seinen Soldaten, Guevara und seine Begleiter zu verhaften und sie als Gefangene nach Tenochtitlan zu schaffen. Totonaken, die beim Bau der Festung von Vera Cruz halfen, sperrten sie in einige der Holzkisten, die speziell für Träger (*tamemes*) angefertigt worden waren, und trugen sie unter dem Befehl des *alguacil* von Villa

Rica, dem aus Burgos gebürtigen Pedro de Solís, zur Stadt am See. Sie machten keine Rast und erreichten Tenochtitlan in vier Tagen, nachdem die Städte und Menschen, von denen sie unterwegs einen kurzen Blick erhaschen konnten, sie in ungläubiges Staunen versetzt hatten; Bernal Díaz zufolge glaubten sie gar, verhext worden zu sein bzw. zu träumen.[24] Sie erreichten ihr Ziel, noch bevor Fray Olmedo bzw. die fünf anderen von Cortés ausgesandten Kundschafter zurückgekehrt waren.

Cortés verstand es, die erstaunten Besucher für sich zu gewinnen; er ließ sie frei, ja er kam ihnen sogar aus Tenochtitlan ein Stück entgegen, um sie zu begrüßen, und er veranstaltete ein Festessen zu ihren Ehren. Mit seiner erprobten Fähigkeit, die Schuld für Widrigkeiten gleich welcher Art auf andere zu schieben, rügte er Sandoval dafür, daß er sie so grob behandelt hatte. Er stellte ihnen komfortable Unterkünfte zur Verfügung und traf sich dann einzeln mit ihnen.[25] Sie erzählten ihm alles, was er über Narváez' Expedition wissen wollte: die Stellung von Licenciado Ayllón, die Zahl der Expeditionsteilnehmer und die Identität der Anführer. Doch damit nicht genug: Binnen zwei Tagen gelang es dem *caudillo*, die Besucher mit Hilfe von Geschenken, Versprechen und Bestechungsgeldern für sich zu gewinnen. Der atemberaubende Anblick Tenochtitlans erleichterte Cortés die Überzeugungsarbeit. Guevara und Vergara räumten ein, daß sich Narváez bei seinen Hauptleuten keineswegs einhelliger Beliebtheit erfreue, und sie meinten, Cortés sei gut beraten, ihnen Gold oder Goldketten zu schenken, denn »Geschenke lassen Probleme verschwinden« (»*dádivas quebrantan peñas*«), wie die sprichwörtliche Weisheit lautet. Cortés griff den Vorschlag auf. Er gab ihnen sogar nicht nur Gold für sich selbst, sondern auch für andere. Auf diese Weise begann er, sich die Loyalität der Streitmacht des Narváez zu erkaufen.

Was für Dokumente auch immer diese Besucher bei sich führten, sie legten sie Cortés jedenfalls nicht vor, so daß dieser viele Jahre später in seinem *juicio de residencia* wahrheitsgemäß aussagen konnte, daß er »nicht wußte, daß Narváez Verfügungen Seiner Majestät bei sich trug, und auch nie davon erfuhr. Hätte er, Cortés, diese Dokumente gesehen oder Kenntnis von ihrem Inhalt erlangt, dann hätte er ihren Anweisungen selbstverständlich Folge geleistet ... obgleich Seine Majestät, hätte sie die Wahrheit [über die Vorgänge in Mexiko] gewußt, keine derartigen Verfügungen erlassen hätte ...«.[26]

Nach zwei oder drei Tagen schickte der *caudillo* Fray Ruíz de Guevara, Amaya und Vergara zu Narváez zurück. Ein gewisser Santos, ein Diener von Cortés begleitete sie, eine mit Gold beladene Stute führend. Als sie die Küste erreichten, erfuhren sie, daß Fray Olmedo mittlerweile dort eingetroffen war und Narváez Cortés' ersten Brief an ihn gelesen hatte (worauf Narváez' Stellvertreter, Salvatierra, seinen Vorgesetzten dafür tadelte, daß er sich so tief herablasse). Doch gab es auch andere Männer im Lager, die von den Berichten Fray Olmedos beeindruckt waren – und jetzt beschrieben Guevara, Amaya und Vergara ebenfalls die Größe und den Reichtum Tenochtitlans. Viele, die ihre Schilderungen hörten, wollten unverzüglich zur mexikanischen Hauptstadt aufbrechen: Endlich hatte man das langersehnte Eldorado gefunden! Wie wunderbar wäre es, den Moskitos und der Hitze zu entfliehen, die einem an der Küste das Leben schwermachten! Sich in einem »Venedig der Berge« aufzuhalten, dessen Reichtum und Schönheit alle Vorstellungskraft überstieg! Diese Expedition war wahrlich all dessen würdig, was sie in den Ritterromanen gelesen hatten! Guevara beteuerte, Cortés habe die reichste Stadt der Welt unterworfen, ein irdisches Paradies, und er werde all jene mit Gold beschenken, die ihn unterstützten.[27] Santos begann die Geschenke zu verteilen, und mehr und mehr Expeditionsteilnehmer bedrängten Narváez, eine gütliche Einigung mit Cortés zu erreichen, denn das Land sei gewiß groß genug für beide. Narváez war wütend über diese Forderungen und ignorierte sie. Er widmete sich weiterhin dem Bau seiner Stadt, San Salvador, die bereits im Frühsommer aus achtzig bis neunzig Häusern und einer Kirche aus Holz bestand. Doch sowohl Ruiz de Guevara als auch Vergara und Santos teilten weiterhin Gold von Cortés als Geschenk an Narváez' Männer aus. So erhielt Narváez' Artilleriehauptmann, Rodrigo Martínez, vermutlich 1000 Castellanos, Francisco Verdugo 1500 Pesos und Baltasar Bermúdez eine Summe unbekannter Höhe.[28]

Unterdessen sandte Narváez am 4. Mai sein Flaggschiff nach Kuba zurück, hauptsächlich um Velázquez über die Lage zu unterrichten, aber auch um Privatbriefe von Narváez' Männern zu überbringen. Auf diese Weise ging in Kuba die Nachricht von den Vorgängen in Mexiko rasch von Mund zu Mund: Cortés wohne in einer großen Stadt, die Venedig gleiche; er lebe mit den Indianern in Frieden, ja sogar in wechselseitiger Zuneigung (*amor*); er habe einen großen Gold- und Silberschatz angehäuft, während Narváez und seine Männer keinen Heller besäßen und sich an Cortés rächen und einen Teil seines Reichtums für sich haben wollten.[29]

Offenbar beteuerte Cortés in seinem (von Guevara überbrachten) Brief an Narváez, er sei hocherfreut darüber, daß ein alter Freund aus Hispaniola und Kuba an der Küste eingetroffen sei. Er sei jedoch verwundert darüber, daß er ihm nicht geschrieben habe, um so mehr, als Narváez, wie er wisse, mit mehreren Mitgliedern seiner, Cortés', Expedition in Kontakt getreten sei, um sie zur Auflehnung gegen ihren Anführer aufzuwiegeln. Auch bekundete er sein Befremden darüber, daß Narváez sich den Titel eines Generalkapitäns angemaßt und Ratsherren und Bürgermeister in einem Territorium ernannt habe, das Eigentum des Königs und bereits formell kolonisiert worden sei.[30]

Narváez antwortete nicht auf diesen Brief. Cortés erfuhr, daß seine fünf Emissäre von Narváez gefangengenommen worden waren und daß die Totonaken beschlossen hatten, sich auf die Seite der Neuankömmlinge zu stellen; sogar Cortés' erster Verbündeter, der Häuptling von Cempoallan, war der Anziehungskraft der Macht erlegen.

In Anbetracht dieser unmißverständlichen Anzeichen dafür, daß Narváez infolge seiner Position scheinbarer Überlegenheit nicht beabsichtigte, einen Kompromiß zu suchen, traf sich Cortés mit seinen engsten Freunden, um das weitere Vorgehen mit ihnen zu besprechen. Cortés bat sie um ihren Rat, worauf sie ihrerseits fragten: »Was, Señor, meint Ihr, daß wir tun sollten?« Cortés antwortete: »Tod dem Narváez und allen, die ihn unterstützen.«[31] Sie kamen überein, Narváez so schnell wie möglich anzugreifen.

Don Hernando die Ohren abschneiden

> »... und einer seiner Männer sprach zu besagtem Narváez, sie sollten Don Hernando die Ohren abschneiden und eines davon verspeisen.«
> *Zeugenaussage von Andrés de Tapia im juicio de residencia gegen Cortés*

Zu Beginn des Monats Mai im Jahre 1520 schien sich Hernán Cortés in einer schwachen Position zu befinden. Er hatte sein kleines Heer in vier Einheiten aufgeteilt: Er selbst verfügte in Tenochtitlan über ungefähr zweihundert Mann, jeweils etwa einhundertdreißig Mann hatte er Velázquez de León und Rangel auf ihre Expeditionen ins Landesinnere mitgegeben, und weitere hundert Mann waren unter Sandoval an der Küste stationiert. Zwar hielt er Montezuma und eine unbekannte Anzahl mexikanischer Fürsten gefangen, doch niemand wußte, wie lange diese Situation andauern würde. Zudem schien Montezuma insgesamt nicht mehr so willfährig zu sein wie noch wenige Monate zuvor. So war der Ostersonntag, der 8. April, vorübergegangen, ohne daß er sich hatte taufen lassen.

Doch Cortés hatte nicht die geringsten Bedenken, mit seiner Streitmacht zur Küste zu marschieren, um Narváez entgegenzutreten und, wenn nötig, gegen ihn zu kämpfen. Er übermittelte Velázquez de León und Rangel den Befehl, sich in Cholula mit ihm zu vereinen. Cortés wußte, daß dieser Befehl sein politisches Geschick auf eine schwere Probe stellen würde, denn Velázquez de León war nicht nur ein Verwandter von Diego Velázquez, sondern auch ein Schwager von Narváez. Daher war zu erwarten, daß Narváez Verbindung zu ihm aufgenommen hatte (was tatsächlich der Fall gewesen war).

Cortés verließ Tenochtitlan Anfang Mai mit etwa achtzig Soldaten, von denen die meisten Baumwollrüstungen mexikanischer Machart trugen. Alvarado, dessen Position als Cortés' Stellvertreter zu dieser Zeit unangefochten war, verfügte über einhundertzwanzig Mann – eine sehr geringe Zahl, um die sichere Verwahrung von Montezuma zu gewährleisten und die Quartiere der Spanier zu verteidigen. Er konnte jedoch mit der Hilfe zahlreicher indianischer Verbündeter, hauptsächlich Tlaxcalteken, rechnen. Die Kastilier, die zurückblieben, mußten auf eine Bibel schwören, daß sie Alvarado gehorchen und ihm treu dienen würden. Grund für diese Vereidigung war die Tatsache, daß viele von Alvarados Männern – zu Recht oder zu Unrecht – im Verdacht standen, Cortés nicht treu ergeben zu sein. Alonso de Escobar, Kapitän eines der Schiffe, das im Jahre 1518 mit Cortés Kuba verlassen hatte, und der danach als Velázquist gegolten hatte, wurde eine wichtige Funktion übertragen: Cortés hatte ihn auf seine Seite gezogen und ihm die Verwahrung des gesamten Goldes und der Schmuckstücke anvertraut, welche die Expedition angehäuft hatte: eingeschmolzenes Gold im Wert von etwa 132 000 Pesos und Schmuckstücke im Wert von weiteren 100 000 Pesos.[1]

Bevor Cortés Tenochtitlan verließ, umarmte er Montezuma herzlich. Er wußte zu diesem Zeitpunkt noch nicht, daß Montezuma direkte Fühlung mit Narváez genommen hatte. Er sagte, er müsse sich zur Küste begeben, um mit Narváez und dessen »Basken« zu rechten; andernfalls würden die Totonaken und die Mexica an der Küste schlecht behandelt. Montezuma zeigte sich betrübt, doch die Dolmetscherin Marina meinte, er täusche dies nur vor. Der Kaiser bot Cortés 100000 Krieger und 30000 Träger an, doch Cortés erwiderte ernst, das einzige, was er brauche, sei der Beistand Gottes. Er bat Montezuma bzw. dessen Priester, sich um das Marienbildnis im Großen Tempel zu kümmern und dafür zu sorgen, daß es immer von Blumen und Wachskerzen umgeben war; sicherlich hatten die Mexica mittlerweile gelernt, wie man Kerzen herstellt, und gewiß gab es genügend mexikanische Priester, die bereit waren, die ihnen angetragenen Aufgaben zu übernehmen. Montezuma versprach, sich darum zu kümmern, Alvarado und seinen Männern alle Wünsche zu erfüllen und alles Gut der Spanier bzw. des Königs von Kastilien sorgsam zu verwahren.[2] Montezuma bat den *caudillo* ihm mitzuteilen, wenn sich herausstellen sollte, daß die Neuankömmlinge feindliche Absichten hegten; dann würde er umgehend Krieger entsenden, um die Fremden zu vertreiben.

Cortés nahm den Weg, der zwischen den Vulkanen hindurchführte und den er noch von seinem Marsch nach Tenochtitlan im November kannte. Unmittelbar nach seiner Ankunft in Cholula schickte er eine Botschaft an die Tlaxcalteken, mit der Bitte, ihm viertausend Krieger zur Verfügung zu stellen. Doch diese verspürten nicht den geringsten Wunsch, ein weiteres Mal gegen Kastilier zu kämpfen – statt dessen schickten sie zwanzig Lasten Truthähne. Cortés ließ sich jedoch nicht entmutigen und erteilte Sandoval in Villa Rica den Befehl, mit seinen Soldaten zu dem Expeditionsheer zu stoßen, bevor es die Küste erreichte.

Cortés blieb bis zum Eintreffen der zweihundertsechzig Mann unter Rangel und Velázquez de León in Cholula. Letzterer zeigte Cortés einen Brief, in dem Narváez um seine Unterstützung ersucht hatte. Doch Velázquez de León hielt unbeirrbar an seiner Treue zu Cortés fest. Mit einer respektablen Streitmacht von etwa dreihundertfünfzig Mann setzte Cortés seinen Weg fort. Zum ersten Mal seit seinem Aufbruch aus Cempoallan im vorigen Jahr nahm er keine Diener mit, auch scheint er die Geschütze und die Arkebusiere, wenn auch nicht die Armbrustschützen, in Tenochtitlan zurückgelassen zu haben. Die einzigen Indianer, die dank des diplomatischen Geschicks von Pero González de Trujillo ihre Unterstützung anboten, waren die Huexotzinca: Sie waren bereit, ihm vierhundert Mann zur Verfügung zu stellen.[3] Cortés schlug das Angebot jedoch aus.

Narváez war unterdessen mit seiner Armee von »San Salvador« in nördlicher Richtung nach Cempoallan gezogen, wo er sich selbst als Gast desselben dickleibigen Häuptlings Tlacochcalcatl einnistete, der mit Cortés Freundschaft geschlossen hatte und jetzt äußerst nervös war. Narváez beschlagnahmte die spanischen Geschenke, die Cortés im Jahr zuvor dagelassen hatte. Der *veedor* von Narváez, Salvatierra, äußerte sein Erstaunen über den Ruhm, den sich Cortés offenbar hier erworben hatte. Auf Kuba hatte man »Cortesillo« als eine Person von völliger Bedeutungslosigkeit in Erinnerung.[4]

Etwa zwei Tage nachdem Cortés Cholula verlassen hatte, traf er auf Fray Olmedo und eine kleine Gruppe von Männern, die von Narváez zurückkehrten. Der Mönch schilderte, was sich in dessen Lager an der Küste zugetragen hatte: Narváez habe Licenciado Ayllón gezwungen, nach Kuba umzukehren; er habe den Häuptling von Cempoallan auf seine Seite gezogen; Narváez und Montezuma hätten Geschenke ausgetauscht; Narváez habe gesagt, er werde Cortés gefangennehmen und Montezuma befreien; Narváez wolle offenbar das ganze Gebiet für sich selbst erobern.[5] Er sagte weiterhin, Narváez habe ihn grob und herablassend behandelt; dennoch habe er Geschenke und Briefe an all jene verteilen können, die seines Erachtens beeinflußt werden konnten: Andrés de Duero zum Beispiel.

Die Nachricht, daß Montezuma und Narváez heimlich miteinander in Kontakt getreten waren, erzürnte Cortés; ja sie prägte sein späteres Verhalten gegenüber dem Kaiser. Doch es blieb ihm nur wenig Zeit, diese Neuigkeit zu verarbeiten, da er bereits in Quechula auf eine weitere Gesandtschaft von Narváez traf, welcher unter anderem Alonso de Mata, ein Notar (*escribano*) aus Quintana Rico (Santander), und Bernardino de Quesada aus Baeza, der in einigen Quellen ebenfalls als *escribano* ausgegeben wird, angehörten. Sie hatten von ihrem Anführer die gleichen Anweisungen erhalten wie Fray Ruiz de Guevara und Vergara. Alonso de Mata forderte Cortés auf eine zwar mutige, aber unkluge Weise heraus: Er zog mehrere Briefe aus seiner Tasche und begann sie zu verlesen. Cortés unterbrach ihn und forderte ihn auf, sich als königlicher Notar zu legitimieren. Mata entgegnete, dies könne er nicht, denn er habe die entsprechenden Urkunden im Lager von Narváez zurückgelassen. In der Tat scheint er ein gewöhnlicher *escribano* und kein *escribano del rey* gewesen zu sein. Cortés ließ sie alle festnehmen und einige Tage unter Arrest stellen, angeblich, weil sie entschlossen waren, sein Heer gegen ihn aufzuwiegeln. Doch dann ließ er sie frei, beschenkte sie und entließ sie mit versöhnlichen Worten, was sie so sehr beeindruckte, daß sie, vor allem aber Fray Ruiz de Guevara, bei ihrer Rückkehr in Narváez' Lager voll des Lobes für Cortés waren.[6]

Cortés zog weiter nach Orizaba, wobei er den bevorzugten Weg der Mexica benutzte, der ihn westlich an dem Berg vorbeiführte, der heute diesen Namen trägt. Die Streitmacht gelangte nach Tanpaniguita (zwischen Huatusco und Cempoallan, etwa 40 Kilometer von letzterer Stadt entfernt).

Offenbar verteilte Cortés dort vorsorglich etwas von dem Gold, das Rodrigo Rangel aus dem Südwesten mitgebracht hatte. Damit wollte er seine Männer bei Laune halten, für den Fall, daß es zu einem Kampf mit ihren Landsleuten kommen sollte, welche, wie mehrere Mitglieder seiner eigenen Expedition wußten, von ihm ebenfalls mit Gold beschenkt worden waren. Er dürfte bei dieser Gelegenheit zwischen 5000 und 15 000 Pesos verteilt haben. Er wies auch darauf hin, daß die Niederlage von Narváez mannigfaltige Vorteile mit sich bringen würde, und deutete anscheinend an, daß viele seiner Freunde nach der erfolgreichen Eroberung Mexikos gewiß zu Herzögen, Grafen und sonstigen Fürsten ernannt würden.[7]

In Ahuilizapan (Orizaba) nahm er die Kundschafter, die er losgeschickt hatte, um den eigentlichen Zweck der Landung des Narváez zu ergründen, und die mittlerweile entweder freigelassen oder geflüchtet waren, wieder in sein Heer auf. Sie konnten ihm weitere Informationen über die Stimmung in dem von Narváez gegründeten »San Salvador« geben.[8]

Da Cortés durch heftige Regenfälle am Weitermarsch gehindert wurde, sandte er einen seiner Freunde aus der Estremadura, Rodrigo Álvarez Chico, und Pero Hernández (den Notar) zu Narváez mit der ultimativen Aufforderung, sich den Befehlen des *caudillo* zu unterwerfen. Falls Narváez besondere Anweisungen des Königs habe, dann sei alles in Ordnung. Andernfalls aber solle er sich weder Generalkapitän noch *justicia mayor* nennen und sich auch, bei Androhung von Strafe, keine Befugnisse dieser Ämter anmaßen. Cortés forderte außerdem, die Männer von Narváez sollten sich ebenfalls seiner Befehlsgewalt unterwerfen – andernfalls werde er gegen sie vorgehen. Narváez begnügte sich damit, die Boten gefangenzunehmen.[9]

Cortés unternahm diesen Schritt offenbar nur, um eine rechtliche Handhabe für die militärischen Maßnahmen zu haben, zu denen er nunmehr entschlossen war. Seine Anweisungen waren eine Art *requerimiento*. Im Zeitalter der Conquistadoren hielten sich die Kastilier sowohl in den Bürgerkriegen als auch bei ihren Eroberungen an die Gesetze. Seine Boten konnten von Glück sagen, daß sie nur gefangengenommen wurden.

Es bedurfte jedoch noch einiger weiterer Intrigen, bevor die Schwerter gezogen werden konnten. Dazu gehörten kleinere Spähmissionen; so schickte Sandoval einige als Indianer verkleidete kastilische Soldaten in Narváez' Lager, wo es ihnen zu ihrer großen Befriedigung gelang, an Narváez' Stellvertreter Salvatierra einige Pflaumen zu verkaufen und zwei Pferde zu stehlen. Daraufhin ergriff Narváez die Initiative: Cortés' alter Freund Andrés de Duero, Fray Ruiz de Guevara und ein weiterer Priester, der an Narváez' Expedition teilnahm, Fray Juan de León, sowie einige Diener erschienen im Lager von Cortés. Duero schlug ein Treffen zwischen beiden *caudillos* vor, die von je zehn ihrer Leute begleitet werden sollten. Cortés scheint den Vorschlag ernsthaft erwogen zu haben, doch Fray Olmedo überzeugte ihn davon, daß es klüger sei, sich nicht darauf einzulassen. Tatsächlich hatte Narváez vorgehabt, eine Gruppe von Reitern unter Führung von Juan Yuste hinter einer Anhöhe in der Nähe des verabredeten Treffpunktes zu verstecken. Sie sollten über Cortés herfallen und ihn gefangennehmen oder töten, sobald die »Unterredung« begann. Später verteidigten die Freunde von Narváez ihren Anführer auf höchst unglaubwürdige Weise gegen den Vorwurf, er habe Cortés bei der Begegnung umbringen wollen: Sie behaupteten, erstens, die Initiative zu diesem Treffen sei nicht von Narváez ausgegangen, und, zweitens, jeder rechtmäßig eingesetzte Amtsträger habe das Recht, jederzeit jeden beliebigen Missetäter festzunehmen, und Cortés sei ein solcher gewesen.[10]

Duero überbrachte auch einen Brief von Narváez, dessen Inhalt seines Erachtens einen Kompromiß darstellte: Cortés sollte Narváez seine Befehlsgewalt über das Gebiet, das er entdeckt hatte, übertragen, im Gegenzug würde Narváez Cortés Schiffe zur Verfügung stellen, auf denen er sich mit seinen Männern zu einem Ort seiner Wahl begeben könne.

Cortés erwiderte in feierlichem Ton, wenn dieser Vorschlag vom König käme, würde er ihn den *alcaldes* und *regidores* von Villa Rica de la Vera Cruz unterbreiten; freilich könne er ihre Reaktion nicht vorhersehen.[11]

Der Plan von Narváez ging nicht auf. Cortés hatte Fray Ruiz de Guevara schon für sich gewonnen, Andrés de Duero hatte noch immer ein finanzielles Interesse an Cortés' Erfolg, und Fray Juan de León erwies sich ebenfalls als bestechlich.

Duero kehrte in Narváez' Lager zurück, während Cortés' Streitmacht durch die Ankunft von Sandoval, Tapia und etwa sechzig Mann aus Vera Cruz weiter verstärkt wurde. Die fünfzig Mann, über die Sandoval ursprünglich gebot, waren durch Pedro Villalobos und andere Deserteure, die das Verhalten von Narváez gegenüber Licenciado Ayllón mißbilligten, verstärkt worden. Außerdem schloß sich ihnen, aus Chinantla kommend, ein Soldat an – ein gewisser Tovilla –, der viele Erfahrungen in den Italienischen Kriegen gesammelt hatte. Er hatte auf Cortés' Bitte hin einige indianische Tischler dazu überredet, lange Lanzen mit Kupferspitzen herzustellen.

Cortés sandte Fray Olmedo mit einem weiteren Brief an Narváez zur Küste zurück. Dieses Schreiben war in einem anderen Ton gehalten als seine früheren Botschaften. Er schilderte darin – ähnlich wie in einem späteren Brief an den König – all seine Erlebnisse im zurückliegenden Jahr: Wie er zahlreiche Städte und Festungen erobert hatte, wie er Montezuma, den höchsten Herrscher in diesem Gebiet, gefangengenommen hatte und wie er viel Gold und zahlreiche Schmuckstücke gefunden hatte. Cortés forderte Narváez und dessen Hauptleute auf, ihre Absichten darzutun und ihm mitzuteilen, auf welche Weise er ihnen helfen könne. Sollten sie sich weigern, sähe sich Cortés gezwungen, sie zum Verlassen des Landes aufzufordern. Falls sie dieser Forderung nicht nachkämen, würde er sie angreifen und gefangennehmen oder töten, so als seien sie Fremde, die in das Reich seines Herrn und Königs eingefallen seien. Cortés ließ diesen Brief von seinen Hauptleuten und zahlreichen einfachen Soldaten unterzeichnen.[12]

Fray Olmedo überbrachte Narváez diese neue Botschaft der Unbeugsamkeit; er wurde von Bartolomé de Usagre begleitet, einem der ersten Gefährten von Cortés (einem Estremeño), dessen Bruder, wie der *caudillo* herausgefunden hatte, einer der Artillerieoffiziere von Narváez war. Sie überreichten Narváez den Brief. Dieser wollte Fray Olmedo und Usagre gefangennehmen lassen, doch Andrés de Duero hielt ihn davon ab, statt dessen schlug er vor, der Artillerist Usagre solle seinen Bruder Bartolomé zum Abendessen einladen, um ihn bei dieser Gelegenheit eingehend über die Pläne von Cortés auszuhorchen. Die Gäste konnten vermutlich einige für Narváez aufschlußreiche Informationen liefern – zusätzlich konnten sie in Begleitung des Bruders von Usagre mehrere alte Freunde von Cortés aus dessen Zeit auf Kuba treffen, darunter Bernardino de Santa Clara, der bereits Narvaéz' Haltung zu Cortés kritisiert hatte. Neben den Briefen, die Fray Olmedo im Auftrag von Cortés einigen Hauptleuten von Narváez überbrachte (Salvatierra, Juan de Gamarra, Juan Yuste und Baltasar Bermúdez – alle hochrangige Offiziere und *regidores* von »San Salvador«), verteilte er weiteres Gold, um sie zu bestechen: Der *caudillo* bot jedem einzelnen 20 000 Castellanos an, wenn sie sich ihm anschlössen. Ein Jahr später behauptete Juan Bono de Quejo, daß das Lager von Narváez bald von Goldstücken überschwemmt war, die angeblich von Cortés stammten.[13]

Narváez wollte Olmedo erneut festnehmen, doch Andrés de Duero sagte ihm, daß es Olmedo als Gesandtem von Cortés und Priester eher gebühre, zum Abendessen eingeladen zu werden. Narváez lud ihn ein, und die beiden trafen sich vor dem Essen. Olmedo hielt eine äußerst listige Rede, in der er behauptete, Narváez habe keinen treueren Diener als ihn und die Hauptleute von Cortés seien bereit, mit ihm in Verbindung zu treten.

Bis zu diesem Zeitpunkt hatte Olmedo keine Gelegenheit gehabt, Narváez Cortés' jüngsten Brief auszuhändigen. Narváez fragte danach. Olmedo antwortete, der Brief sei in seinem Quartier, obwohl er ihn in Wirklichkeit bei sich trug. Er nutzte die vermeintliche Herbeischaffung des Briefes als Vorwand, um mit zahlreichen Hauptleuten zu sprechen, in deren Begleitung er zu Narváez zurückkehrte. Anschließend verlas er Cortés' Brief. Mit dieser List sorgte er dafür, daß alle wichtigen Personen die Vorschläge von Cortés hörten. Narváez und Salvatierra gerieten außer sich vor Wut. Doch der Schaden war bereits angerichtet, und mehrere Hauptleute lachten.

Der nächste Zug in diesem byzantinischen Wechselspiel war ein weiterer Besuch von Andrés de Duero bei Cortés. Diesmal wurde er von Bartolomé de Usagre und mehreren kubanischen Indianern begleitet. Duero und Usagre schilderten, wie sich Fray Olmedo im Lager des Narváez gebärdet hatte.

Der eigentliche Zweck von Dueros zweitem Besuch bestand vermutlich darin, Cortés daran zu erinnern, daß sie im Jahre 1518 auf

Kuba übereingekommen waren, die Erträge der Expedition unter sich zu teilen. Cortés erkannte diese Vereinbarung mit Duero an. Sobald Narváez tot oder gefangen sei, würden er und Duero gemeinsam Westindien regieren und alles verfügbare Gold unter sich teilen. Cortés belud die kubanischen Indianer mit Geschenken für ihre Herren und riet Duero, mit Bermúdez zu verhandeln, um den Befehl über die Armee des Narváez' zu übernehmen (Bermúdez hatte einige Geschenke von Olmedo bzw. Guevara angenommen, so daß Cortés ihn für bestechlich hielt). Duero erklärte sich bereit, mit Bermúdez zu verhandeln; als sich Cortés von Duero verabschiedete, sagte er: »Und seht Euch vor, daß Ihr Euer Wort haltet; andernfalls, so schwöre ich Euch bei meinem Gewissen, stürme ich mit all meinen Gefährten binnen drei Tagen Euer Lager, und Ihr werdet der erste sein, den ich mit meiner Lanze aufspieße.« Duero lachte und versicherte, er werde gewiß nicht versäumen, Cortés zu helfen.[14]

Der letzte Abgesandte von Cortés war Juan Velázquez de León, der zusammen mit dem Seemann Antón del Río zu Narváez' Lager aufbrach. Dieser Hauptmann wurde, wie bereits erwähnt, gemeinhin als Günstling seines Verwandten, des Gouverneurs Velázquez, betrachtet. Narváez hatte ihm geschrieben und ihn aufgefordert, sich ihm anzuschließen – daher rechnete Cortés damit, daß er gut empfangen würde. Dies erwies sich als zutreffend.[15]

Inbesondere die Schmuckstücke, die Velázquez mitgebracht hatte, erregten allgemeine Bewunderung. Velázquez de León beteuerte, er sei nur gekommen, um herauszufinden, ob Narváez bereit sei, Frieden zu schließen. »Wie, Frieden mit einem Verräter schließen?« entfuhr es dem zornigen Narváez, worauf Velázquez empört erwiderte, Cortés sei kein Verräter, sondern ein treuer Diener des Königs. Narváez versuchte, die Gelegenheit zu nutzen, seinen Gegner durch Bestechung auf seine Seite zu ziehen: Sobald Cortés tot oder gefangengenommen sei, solle Velázquez de León den Befehl über alle Männer von Cortés und den Titel eines stellvertretenden Oberbefehlshabers erhalten. Der gleiche Vorschlag also, mit dem Cortés Duero zu ködern versucht hatte. Velázquez de León erklärte, er könne Cortés nicht verraten, worauf Narváez ihn festnehmen lassen wollte. Erneut redeten ihm Duero, Bemúdez und die Priester Ruiz de Guevara und León einen solchen Gewaltstreich aus. Statt dessen lud Narváez ihn nun zum Abendessen ein, wie bereits Fray Olmedo, in der Erwartung, daß er vielleicht die Rolle eines Vermittlers übernehmen würde. Velázquez de León war nicht nur mit Narváez selbst, sondern auch mit mehreren Hauptleuten seiner Armee verwandt – vielleicht würden ihn alte Erinnerungen, die tropische Nacht und der Wein aus Guadalcanal, mit dem Narváez' Expedition reichlich versorgt war, willfährig machen. Noch vor dem Abendessen ließ Narváez seine Männer vor Velázquez defilieren. Er ließ die Kanonen abfeuern, um die Indianer zu beeindrukken, die sich im Umkreis des Lagers versammelt hatten, und lobte öffentlich eine Belohnung für denjenigen aus, der Cortés, lebend oder tot, gefangennahm, so wie es Cortés im Falle Montezumas getan hatte. Teudile, der Statthalter Montezumas in Cuetlaxtlan, durch die neuesten Entwicklungen sehr verunsichert, beschenkte Narváez offenbar im Namen seines Kaisers mit Umhängen und Gold und gelobte, ihm treu zu dienen.[16]

Narváez' Plan, Velázquez de León für sich zu gewinnen, ging ebensowenig auf wie sein vorangegangener Versuch bei Fray Olmedo. Ein Streit zwischen Velázquez de León und seinem Verwandten, Diego Velázquez »el Mozo«, dem Neffen des Gouverneurs, drohte die Ehre der Familie zu beflecken. Eine Duell zwischen beiden wurde nur mit Mühe abgewendet. Beide fühlten sich gleichermaßen gekränkt, und jeder nahm für sich Anspruch, der wahre Hüter des Erbes der Familie Velázquez zu sein. Velázquez de León wurde aufgefordert, das Lager unverzüglich zu verlassen. So kehrte er in Begleitung von Fray Olmedo und Antón del Río zu Cortés zurück, ohne auch nur ansatzweise einen Kompromiß erreicht zu haben. Doch bevor er aufbrach, gab er offenbar Rodrigo Martínez, Narváez' Geschützmeister, weitere tausend Pesos, damit dieser die Zündlöcher der Kanonen von Narváez mit Wachs verstopfte.[17]

Einer Schätzung zufolge sympathisierten zu der Zeit, als Velázquez de León Narváez' Lager verließ, einhundertfünfzig von dessen Männern mit Cortés; einige scheinen Cortés entsprechende Briefe geschrieben zu haben.[18] Weder Cortés noch Narváez hatten sich jemals wirklich um einen Kompromiß bemüht. All diese Begegnungen und Botschaften waren lediglich Schachzüge, um sich eine moralisch überlegene Position zu sichern.

Velázquez de León und Olmedo stießen am Ufer des heutigen Río Antigua, nur wenige Kilometer vor Cempoallan, auf das dort liegende Heer von Cortés. Sie überreichten dem *caudillo* einen letzten Brief von Duero. Cortés ließ ihn vor seinen Hauptleuten verlesen, die formell den Stadtrat von Villa Rica de la Vera Cruz bildeten. In seinem Brief mahnte Duero Cortés eindringlich zur Besonnenheit, ansonsten führe er seine Männer gewiß zur Schlachtbank. Cortés bat seine Hauptleute erneut um ihren Rat, doch an diesem hatte sich seit ihrem Aufbruch aus Tenochtitlan nichts geändert: Das zu tun, was *er* für richtig hielt. Daraufhin zitierte Cortés ein kastilisches Sprichwort: »Laß den Esel mit dem Treiber sterben.«[19] Dann hielt er nach Darstellung von Bernal Díaz eine Rede »in einem so bezaubernden Stil und mit so wohlgeformten Sätzen, wie ich dergleichen niemals zuwege bringen könnte, so ergötzlich und verheißungsvoll war sie«. Cortés führte noch einmal aus, daß Diego Velázquez ihn als Befehlshaber entsandt habe – auch wenn er selbstverständlich anerkenne, daß unter seinen Zuhörern Männer seien, die als Anführer nicht minder tauglich gewesen wären. Er habe im Jahr zuvor nach Kuba zurückkehren und Diego Velázquez Bericht erstatten wollen, doch sein Heer habe ihn gedrängt, zu bleiben und eine Stadt zu gründen. Im Anschluß daran hätten ihn die Bewohner der Stadt – widerruflich der gegenteiligen Verfügung des Königs – zum Generalkapitän und *justicia mayor* ernannt. Selbstverständlich sei das Land so gut, daß es angemessen wäre, es einem Infanten oder einem *gran señor* zu übergeben …

Cortés fügte hinzu, er sei sicher, daß all seine Gefolgsleute ihn so lange nicht im Stich ließen, bis sie die Unterschrift des Königs auf einem Dokument sähen, das dies von ihnen verlange. Er erinnerte an die Schwierigkeiten und Gefahren ihrer Expedition. Dann kam er auf Narváez zu sprechen: Dieser habe Cortés und seine Männer für vogelfrei erklärt, als seien sie Mauren. Was für ein tragischer Irrtum! Er wisse, daß Narváez über viermal so viele Gefolgsleute gebiete wie er, diese seien jedoch bei weitem nicht so kampferprobt wie seine eigenen Männer, und ferner stünden viele nicht loyal zu ihren Hauptleuten; auch seien einige krank. Er, Cortés, vertraue fest darauf, daß Gott ihnen den Sieg schenken werde. Dann zitierte er ein weiteres Mal eines seiner beliebtesten Sprichwörter (aus dem *Rolandslied*): »Lieber für eine gute Sache sterben, als in Unehre leben.« Und er fuhr fort: »Unser Leben und unsere Ehre liegen in Euren und in Gottes Händen« – worauf einige seiner Männer ihn unter dem Ruf »Es lebe unser vortrefflicher Anführer« auf ihre Schultern hoben und ihn erst wieder absetzten, als er es energisch verlangte.[20] An diesem Abend sorgten Fray Olmedo und Velázquez de León mit ihren groben Scherzen über den mangelnden Zusammenhalt in Narváez' Lager für Stimmung; zweifellos waren auch die zahlreichen erfolglosen Abendessen von Narváez Gegenstand spöttischer Kommentare. Olmedo war ein guter Imitator, der sich auch über sich selbst lustig machen konnte.

Cortés teilte seine Männer in fünf Kompanien ein: Sechzig Mann unter dem Befehl seines Vetters Diego Pizarro sollten sich der Artillerie des Gegners bemächtigen; achtzig Mann unter Sandoval sollten Narváez tot oder lebendig gefangennehmen (in seinem schriftlichen Befehl an Sandoval titulierte Cortés diesen als »*alguacil mayor* Westindiens«).[21] Velázquez de León sollte mit einer dritten Gruppe von weiteren sechzig Conquistadoren seinen Vetter, mit dem er sich gestritten hatte, Diego Velázquez den Jüngeren, gefangennehmen. Ordás würde derweil mit einer vierten Kompanie aus etwa hundert Mann Salvatierra überwältigen. Cortés schließlich würde sich mit dem restlichen Heer bereithalten, um dort einzugreifen, wo er gebraucht würde.

Daraufhin legten sich die Soldaten zur Nachtruhe, obgleich der Regen und die bange Erwartung der bevorstehenden Schlacht ihnen wenig Schlaf gönnten. Cortés versprach dem ersten Mann, der Hand an Narváez legte, 1000 Castellanos, während der zweite, dritte und vierte je 600, 400 und 200 Pesos erhalten sollten.[22]

Narváez hatte unterdessen Cortés offen den Krieg erklärt. Einer seiner Gefolgsleute hatte vorgeschlagen, Cortés die Ohren abzuschneiden und eines davon zu verspeisen – ein Kompromiß, könnte es scheinen, zwischen den unerfreulichsten Bräuchen Spaniens und Mexikos.

Narváez ließ seine Artillerie, seine Reiter, Arkebusiere und Armbrustschützen in flachem Gelände etwa anderthalb Kilometer von Cempoallan entfernt in Stellung gehen, doch schon bald setzten heftige Regenfälle ein. Nach einigen Stunden entschlossen sich Narváez' Hauptleute, bis auf die Haut durchnäßt und des Wartens auf einen Angriff, der nach Meinung der Hälfte von ihnen nicht kommen würde, überdrüssig, nach Cempoallan zurückzukehren. Sie ließen ihre Pferde und anderes Kriegsgerät außerhalb der Stadt zurück. Die Anhänger von Narváez waren mittlerweile so siegesgewiß, daß ihnen eine Niederlage undenkbar erschien. Selbst als einer seiner Kundschafter Narváez mitteilte, daß Cortés mit seinem Heer nur etwa fünf Kilometer entfernt sei, wollte er dies noch immer nicht glauben. Der Häuptling von Cempoallan, der Cortés kannte und fürchtete, sagte ihnen, der *caudillo* werde dann angreifen, wenn sie es am wenigsten erwarteten. Doch Narváez' Hauptleute, Bono de Quejo und Salvatierra, lachten und fragten: »Glaubt Ihr etwa, daß ›Cortesillo‹ die

Kühnheit besitzt, mit den drei Mann, die er befehligt, unser Lager anzugreifen, nur weil dieser fette Indianer dies behauptet?«[23]

Narváez ergriff für die Nacht alle seiner Meinung nach erforderlichen Vorsichtsmaßnahmen: Er selbst schlug sein Nachtlager in dem Schrein an der Spitze des Großen Tempels auf; in dem Patio am Fuß der Tempelpyramide postierte er zwanzig Reiter; auf der oberen Plattform des Tempels ließ er Armbrustschützen in Stellung gehen: Dorthin zitierte er auch seine drei wichtigsten Stellvertreter, Salvatierra, Bono de Quejo und Gamarra. Vor dem behelfsmäßigen Quartier waren Geschütze aufgestellt worden. Das Heer von Narváez begab sich zur Nachtruhe. Zuvor verkündete freilich noch ein Herold inmitten allgemeiner Jubelrufe, daß im Falle eines Angriffs derjenige, der Cortés oder Sandoval tötete, eine Belohnung von 2000 Pesos erhalten werde: eine höhere Summe als Cortés auf den Kopf von Narváez ausgesetzt hatte.[24]

Nunmehr fand die Schlacht statt, die so lange gefürchtet und vorbereitet worden war. Es war Pfingstsonntag, die Nacht vom 28. auf den 29. Mai 1520.

Cortés hatte seinen Männern erklärt, Narváez erwarte sie vermutlich im Morgengrauen. Da sie jedoch sowieso keinen ruhigen Schlaf haben würden, könnten sie genausogut früher mit dem Angriff beginnen. Sie verließen ihr Lager in der Dunkelheit; der Regen dämpfte den Lärm, den ihre Bewegungen verursachten. Kurz vor dem Lager von Narváez stießen sie auf zwei von Narváez' Wachen, Gonzalo Carrasco und Alonso Hurtado. Letzterer konnte fliehen, während Carrasco gefangengenommen wurde. Als er sich weigerte, die gewünschten Informationen preiszugeben, würgte Cortés ihn. Schließlich verriet er, daß sich Narváez' Reitertruppe und anderes Kriegsgerät in der Umgebung von Cempoallan befänden, während Narváez selbst mit seinen Hauptleuten und den meisten seiner Männer im Tempelbezirk schlafe. Da Cortés das Zentrum Cempoallans von seinem eigenen Aufenthalt in der Stadt im Jahr zuvor noch gut in Erinnerung hatte, genügten ihm diese Informationen.

Sandoval brach umgehend mit seinen sechzig Mann nach Cempoallan auf. Der Regen hatte mittlerweile wohl aufgehört; Cortés erinnerte sich später an die Leuchtkäfer, die »Lunten von Arkebusen glichen«.[25]

Kurz vor Cempoallan ließen Cortés' Männer die Pferde und ihr Kriegsgerät in einem Graben zurück und vertrauten sie der Obhut des

Pagen Juan de Ortega und Marinas an. Die Expeditionsteilnehmer hörten, in dem dichten Wald am Ufer des Flusses knieend, die Messe, und Fray Bartolomé de Olmedo nahm ihnen die Generalbeichte ab.[26]

Der Wachtposten Hurtado war mittlerweile zu seinem Lager zurückgelaufen. Er rannte die Stufen der Pyramide hinauf, um seinen Anführer zu wecken, und sagte ihm, daß Cortés mit seinem Männern anrücke.[27]

Vermutlich hatte Narváez im Innersten geglaubt, daß Cortés zögern würde, ihn anzugreifen: Wenngleich es auf Hispaniola und in Darien zu ein oder zwei Geplänkeln zwischen konkurrierenden Gruppen von Conquistadoren gekommen war, hatte es in Amerika doch noch nie eine offene Schlacht zwischen Kastiliern gegeben. Vielleicht hatte er auch mit einer Kapitulation gerechnet. Juan Bono de Quejo sagte später aus, Narváez habe nicht gegen Cortés kämpfen wollen, da er ein gottesfürchtiger Mann gewesen sei, und weil er Cortés (den er von Santo Domingo und von Kuba her kannte) als seinen Sohn betrachtet habe.[28]

Narváez befahl seinen Freunden, sich kampfbereit zu machen. Einer seiner Männer, Alonso de Villanueva, hörte den Ruf »Zu den Waffen!« und wußte sofort, daß Narváez diesen Ruf ausgestoßen hatte. Juan de Salcedo hörte allerdings, wie Cortés' Männer riefen: »*Viva el Rey, Espíritu Santo!*« Villanueva eilte zur Spitze der Pyramide hinauf; dort sah er, daß Sandoval und Andrés de Tapia bereits mit ihren Männern eingetroffen waren. Sie hatten unbemerkt die Stufen der Pyramide erklommen und die Wachtposten vor Narváez' Quartier abgedrängt. Auf der kleinen Plattform an der Spitze der Pyramide begannen sie nun, mit Narváez und den etwa dreißig seiner Männer, die in der Nähe geschlafen hatten, zu kämpfen. Narváez führte gewandt einen großen Zweihänder, einen *montante*, mit dem er jedoch in der Dunkelheit wenig ausrichtete. Sandoval und seine Männer drängten ihn und seine Anhänger in einen der inneren Räume ab, die schwerer zu erreichen waren und in denen für gewöhnlich die Götterstatuen standen. Auch auf den Stufen der Pyramide kam es zu vereinzelten Kämpfen: Narváez' Fähnrich Diego de Rojas und Diego Velázquez der Jüngere wurden schwer verwundet.[29]

Narváez' Männer an der Spitze der Pyramide waren verwirrt und schlugen blindlings um sich. Nach einigen Momenten erbitterten Kämpfens hörte man Narváez plötzlich schreien: »Heilige Jungfrau, steh mir bei, sie haben mich gemeuchelt und mir ein Auge zerstochen.«

Tatsächlich hatte einer von Sandovals Pikeniers, Pedro Gutiérrez de Valdelomar, Narváez' rechtes Auge ausgestochen. Sandoval rief, er werde den Schrein in Brand setzen, wenn Narváez nicht die Waffen strecke. Als keine Antwort kam, setzte »der Bootsbauer« Martín López, Cortés großgewachser Schiffsbaumeister, das Strohdach in Brand. Als Narváez und seine Männer sahen, daß sie von Flammen umgeben waren, ergaben sie sich Pedro Sánchez Farfán (der später die Belohnung forderte, die Cortés für die Ergreifung von Narváez ausgesetzt hatte). Narváez' hatte an seinen Füßen Verbrennungen erlitten.[30]

Ihm floß das Blut aus dem Auge, und er verlangte nach einem Chirurgen; die Freunde von Cortés (Ávila, Sandoval und Ordás) rührte das wenig. Sie sagten ihm, er möge zum Teufel gehen, nannten ihn einen Verräter und warfen ihm andere Beleidigungen an den Kopf. Narváez wurde zu Cortés gebracht, welcher zu ihm sagte: »Verräter, Aufrührer [*revolvedor*], es ist dir besser ergangen, als du verdient hast.« Narváez antwortete: »Ich bin in Eurer Gewalt, und bitte Euch, um der Liebe Gottes willen, nicht zuzulassen, daß diese *hidalgos* mich töten.« Cortés befahl Sandoval, sich um den Gefangenen zu kümmern. Dieser ließ Narváez' Leibarzt, Maese Juan, suchen.[31]

Narváez hielt seine wichtigsten Dokumente unter seinem Hemd versteckt. Alonso de Ávila entriß sie ihm mit Hilfe von Sandoval und Diego de Ordás, worauf Narváez ausrief: »Alle Anwesenden sind meine Zeugen, daß Alonso de Ávila mir die Verfügungen des Königs entrissen hat.« Später sagte Alonso de Ávila aus, es habe sich bei diesen Papieren nicht um königliche Urkunden gehandelt, sondern um belanglose Schriftstücke (»*no son sino unos papeles*«). Er händigte sie sogleich Cortés aus. Dennoch schworen später mehrere Freunde von Narváez, unter diesen Papieren hätten sich auch Velázquez' Instruktionen befunden. Narváez wurde zusammen mit Salvatierra, Gamarra und einigen anderen in Ketten gelegt und in einem der Tempel gefangengehalten, während Cortés seine Aufmerksamkeit dem Rest der feindlichen Armee zuwandte.[32]

Narváez' Artilleristen hatten zwar einige ihrer Geschütze abgefeuert, doch in der Dunkelheit viel zu hoch gezielt. Dank der Bestechung des Geschützmeisters Martínez waren die Zündlöcher der Kanonen mit Wachs versiegelt worden, und auch, daß das Schießpulver im Regen feucht geworden war, dürfte den Angreifern genutzt haben. Pizarro und seine Männer nutzten die allgemeine Verwirrung, um sich der Geschütze zu bemächtigen. Was die Reiterei betraf, so gelang es

Cortés' Männern, die Sattelgurte zahlreicher Pferde von Narváez zu zerschneiden; ihre Reiter fielen zu Boden, sobald sie ihre Pferde besteigen wollten. Mehrere Pferde galoppierten herrenlos aus dem Lager, wurden jedoch schon bald wieder eingefangen – »gestohlen«, wie Narváez' Freunde später anbrachten. Schon hallte der Ruf: »Hoch lebe Cortés und sein Sieg!« durch das Lager, doch noch immer hielten sich einige Gefolgsleute von Narváez unter dem Befehl des verwundeten Diego Velázquez des Jüngeren in einem Tempel verschanzt, welcher mit Hilfe eines Marienbildes in eine behelfsmäßige Kapelle umgewandelt worden war. Cortés ließ sie aus Narváez' eigenen Geschützen beschießen (was zeigt, daß nicht das ganze Schießpulver feucht geworden sein kann). Cortés forderte sie auf, sich zu ergeben, andernfalls werde er alle Gefangenen umbringen lassen, und sie nahmen dieses Angebot, die Waffen zu strecken, bereitwillig an. Allerdings geriet der Vorwurf, Cortés habe eine Kirche beschossen, nicht so schnell in Vergessenheit.[33]

Nachdem sich die Nachricht von Narváez' Gefangennahme überall herumgesprochen hatte, ergaben sich auch seine Hauptleute, die jetzt ohne Anführer waren, mit einem Gefühl der Erleichterung. Cortés nahm sie großherzig auf. Wie bereits erwähnt, kannte er die meisten und bat sie, die jüngsten Vorfälle so schnell wie möglich zu vergessen – beide Seiten waren erleichtert. Auf einem Stuhl sitzend, ergötzte sie Cortés, der über seiner Rüstung einen langen orangefarbenen Umhang trug (vielleicht ein Geschenk von Montezuma), mit Berichten über den Reichtum Tenochtitlans.[34]

Später suchte Cortés Narváez in seinem Gefängnis auf, der zu ihm sagte: »Nun, General Cortés, Ihr dürft es Euch als ein große Leistung anrechnen, daß Ihr mich besiegt und gefangengenommen habt.« Cortés entgegnete in ernstem Ton, dieser Sieg sei Gott und den tapferen Männern, die für ihn kämpften, zu verdanken. Und er fügte ein wenig überheblich, wenn auch wohl treffend hinzu, die Gefangennahme von Narváez sei noch eine der geringsten Taten gewesen, die er in Neuspanien vollbracht habe. Narváez scheint fortan eine große Achtung vor Cortés gehegt zu haben; später sagte er zu Francisco de Garay, dem Gouverneur von Jamaika (getreu dem damals modischen Brauch, Parallelen zu bedeutenden Gestalten der klassischen Antike zu ziehen), daß Cortés »eine glückliche Hand gehabt hat: wie Octavianus, bei all seinen Unternehmungen, wie Caesar, bei seinen Eroberungen, und wie Hannibal, bei der Überwindung von Widrigkeiten«.[35]

Cortés beeilte sich, seinen Sieg auszunutzen. Er entsandte Francisco de Lugo mit dem Auftrag nach San Juan, den Kapitänen und Steuerleuten der Schiffe, mit denen Narváez' Heer aus Kuba übergesetzt war, zu befehlen, nach Villa Rica de la Vera Cruz zu kommen. Anschließend ernannte er Alonso Caballero, einen von Narváez' Kapitänen, aber auch ein alter Freund von Cortés, zum »Admiral« und übertrug ihm die Befehlsgewalt über diese Schiffe (Caballero entstammte einer bekannten *converso*-Kaufmannsfamilie aus Sanlúcar de Barrameda). Cortés befahl ihm, alles Kriegsgerät und die große Menge an Wein, Mehl, Schinken und Maniokwurzelbrot, die sich an Bord von Narváez' Flotte befanden, an Land zu bringen. All diese Vorräte waren für Cortés' Heer von unschätzbarem Wert. Danach ließ Cortés die meisten der Schiffe auf Strand setzen, wie er es ein Jahr zuvor mit seinen eigenen Schiffen getan hatte. Die gesamte Ausrüstung einschließlich der Segel und Steuerruder war an Land gebracht worden, wie auch alle übrigen Güter, die sich an Bord der Schiffe befanden, darunter Kleidung und Gold. Alles wurde als Kriegsbeute beschlagnahmt.[36] Nur zwei Schiffe, die er zum Kauf von Stuten, Kälbern, Schafen, Hühnern und Ziegen nach Jamaika schicken wollte, beließ Cortés in seetüchtigem Zustand.

Die Seeleute verlangten ihre Heuer. Cortés versprach, sie zu bezahlen, doch er scheint diese Zusage nicht erfüllt zu haben (zumindest nicht länger als ein paar Monate), wodurch er sich eine weitere Gruppe von Gegnern schuf, mit der er fertig werden mußte.

Dieser Sieg hatte nur einen geringen Blutzoll gefordert: Ungefähr fünfzehn von Narváez' Männern und zwei von Cortés' Gefolgsleuten waren – entweder im Kampf oder an den Folgen ihrer Verwundungen – gestorben, darunter der Fähnrich Rojas, ein junger Hauptmann namens Fuentes, wahrscheinlich Diego Velázquez der Jüngere und Alonso Carretero, einer der Soldaten Cortés', die sich Narváez angeschlossen hatten. Mehrere Männer waren verwundet worden, darunter Narváez, aber auch Escalona (ein weiterer Deserteur aus Cortés' Armee) und Tlacochcalcatl, der Häuptling von Cempoallan, der niedergestochen worden war, als er zwischen die Fronten geriet.[37] Cervantes *el chocarrero* wurde von den Siegern ausgepeitscht.

Nach Ansicht eines mexikanischen Historikers verdankte sich Cortés' Sieg mehr dem Einsatz von Gold als dem von Stahl.[38] Es ist richtig, daß Cortés seine Bestechungsgelder mit großem Geschick verteilte, aber seine Überrumpelungstaktik, seine Entschlossenheit, die Erfahrenheit seiner Männer und ihre Treue zu ihm spielten ebenfalls eine wichtige Rolle. Narváez und seine Männer hatten sich zudem aufgrund ihrer zahlenmäßigen Überlegenheit in einem verhängnisvollen Gefühl der Siegesgewißheit gewiegt.

Cortés ließ bereits nach kurzer Zeit alle Gefangenen mit Ausnahme von Narváez und Salvatierra wieder frei. Unter der Bedingung, daß sie sich seinem Heer anschlossen, gab er ihnen ihre Waffen und Pferde zurück. Alle bekundeten ihre große Freude darüber, daß sie mit ihm in die »reichste Stadt Westindiens« zurückkehren würden. Cortés' Großherzigkeit ging selbst einigen seiner eigenen Hauptleute zu weit: Alonso de Ávila sagte bitter, der *caudillo* wolle zweifellos Alexander dem Großen nacheifern, der immer den Besiegten größere Gunst erwiesen habe als seine eigenen Offizieren und Soldaten. Diese Anspielung ließ Cortés unbeeindruckt. Er erwiderte: »Diejenigen, die mir nicht folgen wollen, sind nicht dazu gezwungen, denn schließlich gebären die Frauen in Kastilien gewiß auch weiterhin Soldaten.« Ávila erwiderte: »Sie mögen Soldaten gebären, doch was wir hier brauchen, sind Hauptleute und Gouverneure.«[39]

Doch Cortés war entschlossen, die Dienste der Ärzte und der anderen Spezialisten, die Narváez begleitet hatten, zu nutzen. Zum Gefolge von Narváez gehörten auch einige Notare, die dem *caudillo* genau mitteilen konnten, wie die korrekte Anrede des neuen König-Kaisers Karl V. lautete: nicht länger »Eure Hoheit«, sondern »Eure Kaiserliche Majestät«.[40]

Cortés ließ zusätzlich durch einen Herold verkünden, daß alle, die bislang Narváez unterstützt hatten, in Zukunft ihn als Generalkapitän und *justicia mayor* anerkennen mußten. Er ließ Narváez' kleine Stadt San Salvador einschließlich der Kirche schleifen und verpflichtete all ihre Bewohner zwangsweise zum Dienst in seinem Heer.[41] Schließlich ließ er, um weiterer Kritik seitens seiner alten Freunde, wie etwa Ávila, vorzubeugen, Narváez' Hauptleute – Salvatierra, Pedro de Aguilar, Antonio de Amaya, Juan de Ayllón, Juan de Gamarra und Juan de Casillas zu Fuß nach Mexiko gehen. Dies erzürnte die Betroffenen. Schließlich waren sie »Ehrenmänner aus gutem Hause, die es nicht gewohnt waren, zu Fuß zu gehen«. Doch es kam noch schlimmer: In einer Schlucht unweit von Tepeaca, auf halbem Weg zwischen der Küste und Mexiko, wurden sie zusammen mit etwa vierzig weiteren Spaniern einschließlich einiger von Cortés eigenen Männern von Mexica und Texcoca gefangengenommen bzw. getötet.[42]

Obwohl der Häuptling von Cempoallan verwundet war, wollte er sich unbedingt mit Cortés versöhnen und bot ihm an, ihn in seinem Haus unterzubringen. Doch Cortés zog es vor, im Haus von »Doña Catalina« zu bleiben, bei der er schon im Jahre zuvor logiert hatte. Dort scheinen sie ihren Sieg fürstlich gefeiert zu haben.

Als nächstes schickte Cortés Juan Velázquez de León mit einhundertzwanzig Mann (darunter einhundert von Narváez) zur Küste, um jenseits des Río Pánuco eine Siedlung zu gründen – eine Maßnahme, die den Gouverneur von Jamaika, Francisco de Garay, von weiteren Einfällen in die Gegend abhalten sollte; gleichzeitig befahl er Diego de Ordás, sich mit weiteren einhundertzwanzig Mann (darunter ebenfalls hundert von Narváez) nach Coatzacoalcos zu begeben, um dort eine weitere Kolonie zu errichten.[43]

Diese Hauptleute waren bereits aufgebrochen und die restlichen Soldaten der beiden Heere ruhten sich noch aus, als Botello Puerto de Plata, ein Edelmann aus Santander, »ein lateinkundiger und wackerer Mann, der in Rom gewesen war und sich angeblich auf die Wahrsagerei verstand«, Cortés aufsuchte, um ihm zu sagen: »Señor, verweilt hier nicht allzu lange, denn Ihr solltet wissen, daß Pedro de Alvarado, Euer Hauptmann, den Ihr in der Stadt Mexiko zurückgelassen habt, in großer Gefahr ist, denn sie [die Mexica] führen Krieg gegen ihn und haben bereits einen Mann getötet, und sie versuchen über Leitern in unsere Quartiere einzudringen, so daß es ratsam wäre, wenn Ihr Euch eiligst auf den Weg machtet.«[44]

Der Legende nach war Botello von einem Dämon über diesen Vorfall unterrichtet worden, in Wirklichkeit dürfte es sich jedoch um einen tlaxcaltekischen Boten gehandelt haben. Cortés war sich noch nicht sicher, wie er auf diese »Wahrsagung« reagieren sollte, als vier Häuptlinge aus Tenochtitlan bei ihm erschienen. Sie kamen von Montezuma und berichteten ihm unter Tränen das gleiche. Ihrer Darstellung nach jedoch war Alvarado, der bei einem Fest, das Cortés selbst erlaubt habe, viele Indianer getötet und verwundet habe, für den Ausbruch der Kämpfe verantwortlich.[45]

Das Blut der Noblen floß in Strömen

> »Einige erkletterten die Mauern, sie konnten entkommen. Andere flüchteten sich in das *calpulli*, dort waren sie sicher. Wieder andere legten sich zwischen die Toten, stellten sich tot und konnten sich dadurch retten. Doch wenn sie sahen, daß einer atmete, streckten sie ihn nieder. Das Blut der Noblen floß in Strömen...«
> *Codex Florentino, Buch XII, Kapitel 20*

Wie wir uns erinnern, hatte Cortés Pedro de Alvarado, von den Mexica »Tonatiu« (»Die Sonne«) genannt, mit etwa hundert Kastiliern in Tenochtitlan zurückgelassen. Bei ihm befanden sich mehrere bekannte Conquistadoren, wie etwa Francisco Álvarez Chico und Bernardino Vázquez de Tapia, aber auch Fray Juan Díaz und *Francisquillo*, der mexikanische Dolmetscher aus Coatzacoalcos. Alonso de Escobar, einem Velázquisten, den Cortés in Vera Cruz auf seine Seite gezogen hatte, war das Amt des Verwalters sämtlicher Schätze, welche die Kastilier im Verlauf ihres sechsmonatigen Aufenthalts in der Hauptstadt angehäuft hatten, übertragen worden.

Die Abreise von »Malinche« zur Küste hatte bei den Mexica Hoffnungen geweckt. Auf den Straßen und Plätzen in der Nähe der Quartiere der Spanier herrschte erwartungsvolle Unruhe. Es gab die vielfältigsten Gerüchte. Man fragte sich: War Cortés tot? Wer waren die geheimnisvollen »Basken«, die angeblich an der Küste gelandet waren? Die Spannungen spitzten sich während der Feiern aus Anlaß des Toxcatl-Fests zu.[1]

Das Fest Toxcatl war eines der bedeutendsten Feste der Mexica. In früheren Generationen war es nichts weiter gewesen als eine rituelle Fürbitte um Regen, die mit dem Gott Tezcatlipoca in Verbindung stand. Später war es, wie so viele andere Feste, von den Priestern des Huitzilopochtli für ihren Gott vereinnahmt worden. Der Höhepunkt der Feierlichkeiten bestand in der Opferung eines jungen Mannes, der den Tezcatlipoca verkörperte. Das Opfer wurde jeweils am Ende des Toxcatl-Fests des vorangehenden Jahres aufgrund seiner Schönheit und seines gefälligen Auftretens ausgewählt. Von da an dürfte es bis zu seiner Opferung wie ein Gott gelebt haben.

Bevor Cortés Mexiko verließ, bat Montezuma ihn um die Erlaubnis, dieses Fest abzuhalten. Er bekam sie. Einige Tage vor dem Fest ersuchte Montezuma Alvarado darum, diese Erlaubnis zu bestätigen.

Auch dieser erteilte seine Zustimmung, allerdings unter der Auflage, daß kein Menschenopfer vollzogen werden dürfe. Mehrere Mexica fragten, ob sie für das Fest die Statue des Huitzilopochtli wieder in dem Tempel auf der Großen Pyramide aufstellen dürften, doch Alvarado lehnte dieses Gesuch ab.[2]

Während der letzten Tage vor dem Fest scheinen die Tlaxcalteken, die sich in der Stadt aufhielten (und die schmerzliche Erinnerungen an frühere Toxcatl-Feste bewahrten, bei denen die Mexica viele Angehörige ihres Volkes geopfert hatten), ihren kastilischen Bündnispartnern alle möglichen bangen Vorahnungen eingeflößt zu haben.[3]

Als die Mexica plötzlich ihre Lebensmittellieferungen an die Kastilier einstellten, verdichteten sich diese Befürchtungen. Die junge Waschfrau der Conquistadoren, die gesagt hatte, die Kastilier müßten etwas zu essen haben, wurde erhängt aufgefunden.[4] Dies sollte – so vermuteten die Spanier – ihre übrigen Bediensteten einschüchtern und sie davon abhalten, weiter für die Fremden zu arbeiten. Von nun an kaufte einer von Alvarados Gefolgsleuten, Juan Álvarez, die benötigten Lebensmittel auf dem Markt.

Eines Morgens dann begab sich Alvarado auf den Hauptplatz vor dem Großen Tempel. Dort sollte der größte Teil der Feierlichkeiten stattfinden. Alvarado sah, daß »Baldachine« über den Platz gespannt und zahlreiche Pfähle in den Boden gerammt worden waren; auch im Innern des Großen Tempels war ein großer Pfahl aufgestellt worden. Er fragte, was dies zu bedeuten habe. Vermutlich ein Tlaxcalteke sagte ihm, daß die Kastilier an die Pfähle gebunden und geopfert werden sollten. Der große Pfahl sei für Alvarado bestimmt.[5]

Alvarado beteuerte später, er habe selbst gesehen, wie mehrere Menschen geopfert worden seien, doch dies ist unwahrscheinlich, denn eine Opferung war eine feierliche Zeremonie und kein alltäglicher, beiläufiger Akt. Dennoch sagte ein Conquistador, Álvaro López, später aus, er habe gesehen, daß zahlreiche Töpfe, Pfannen und Äxte vorbereitet worden seien, und gehört, wie die Indianer gesagt hätten, daß sie die Spanier mit Knoblauch kochen und verspeisen wollten.[6]

Alvarado, durch diese Vorfälle bereits aufs äußerste beunruhigt, begegnete wenig später einer Frau, die letzte Hand an eine Statue des Huitzilopochtli legte, wie sie typischerweise bei diesem Fest verwendet wurde. Die Statue bestand aus einem Gerüst aus Stäben, das mit einem Teig aus Amarantsamen aufgefüllt worden war, welcher mit dem Blut kürzlich geopferter Gefangener verknetet worden war. Die Statue war mit schlangenförmigen Ohrringen aus Türkismosaik und einer Nase aus Gold geschmückt worden. Sie war kunstvoll gekleidet: Ein Lendenschurz bedeckte die Geschlechtsteile; darüber trug der Gott zwei Umhänge: einen aus Brennesseln, der andere bestand aus Totenköpfen und menschlichen Gliedmaßen. Den Abschluß bildete eine mit Darstellungen menschlicher Gliedmaßen und Genitalien bemalte Jacke. Auf dem Kopf trug der Gott einen Federschmuck, während sein Gesicht in Querstreifen bemalt war. In seiner rechten Hand hielt er eine blutgetränkte Standarte aus Papyrus und einen Schild aus Schilfgeflecht, während er in der Linken vier Pfeile hielt, die ihn als Kriegsgott auswiesen. In diesem Jahr war der Gott besonders aufwendig geschmückt, denn alle jungen Männer … die »kampferprobten Krieger« schienen entschlossen zu sein, mit dem Fest einen nachhaltigen Eindruck auf die Kastilier zu machen.[7] Der Teig war eine hoch geschätzte Substanz: Die aus Amarantsamen geformten Götterstatuen symbolisierten so die Nahrung für die Menschen, während die Menschen ihrerseits bzw., genauer gesagt, ihre Herzen und ihr Blut die Nahrung der Götter bildeten. Auch Statuen von Tlaloc und Tezcatlipoca waren aufgestellt worden. Alle drei Götter standen auf Tragen.

An dem Fest nahmen auch Mädchen, die zwanzig Tage lang gefastet hatten, und Männer, die ein ganzes Jahr lang kaum etwas gegessen hatten, teil. Siegreiche mexikanische Heerführer, die Eroberer von Soconusco und Städten in der Nähe von Cempoallan, machten sich zurecht, schmückten sich heraus und bemalten sich. Auch die zur Opferung vorgesehenen Menschen wurden vorbereitet, denn ungeachtet Cortés' (und Alvarados) Verbot wurde dieser Brauch fortgesetzt.[8]

Alvarado sprach mit einem dieser Gefangenen. Jener behauptete (in Anwesenheit des griechischen Conquistadors Andrés de Rodas), daß die Mexica die Marienbilder im Tempel bald durch eine neue Statue des Huitzilopochtli ersetzen würden.[9] Alvarados Männer hatten gesehen, wie Taue und andere Geräte zurechtgelegt worden waren, um die Statue zur Spitze der Pyramide zu hieven, und Alvarados Informant sagte, die Priester hätten bereits versucht, das »Retabel« (Altaraufsatz) der Madonna zu entfernen. Alonso Lopes sah auf dem Bild schwarze Fingerabdrücke, was für ihn ein eindeutiger Beweis dafür war, daß sich ein Priester daran zu schaffen gemacht hatte, denn für gewöhnlich bemalten nur diese frommen Männer ihren Körper mit schwarzer Farbe. Daraus ließ sich der Schluß ziehen, daß das Retabel – sofern es sich tatsächlich um ein solches handelte – auf wundersame Weise den Versuchen der Mexica, es zu entfernen, widerstanden hatte. Vermutlich war es jedoch einfach mit Nägeln fest in der Wand verankert worden – eine Technik, die den Mexica unbekannt war.

Alvarado stieß zufällig auf drei weitere Indianer mit kahlgeschorenen Köpfen, die, in neue Gewänder gehüllt, vor den drei Götterstatuen saßen, an die sie gefesselt waren: Sie harrten offenbar ihrer Opferung. Er nahm sie mit in sein Quartier und stellte sie unter Bewachung. Mit hoher Wahrscheinlichkeit handelte es sich um Kriegsgefangene und nicht um Mexica. Dennoch folterten die Spanier sie im Palast des Axayácatl, indem sie glühende Eichenholzscheite auf ihre Bäuche legten, um zu erfahren, was die Mexica im Schilde führten. Einer weigerte sich beharrlich, irgend etwas kundzutun. Nachdem die Spanier ihn längere Zeit gefoltert hatten, gaben sie auf und warfen ihn vom Dach des Palasts in den Tod. Einer der anderen »gestand« (laut Übersetzung des unzulänglichen Dolmetschers *Francisquillo*), daß sich die Mexica in zehn Tagen gegen die Conquistadoren erheben würden.[10] Vázquez de Tapia sagte später aus, Alvarado habe auch zwei Verwandte Montezumas foltern lassen – auch sie sprachen von einer bevorstehenden Erhebung.

Freilich sind diese »Geständnisse« wenig glaubwürdig, denn Alvarado stellte dem Dolmetscher Fragen wie: »Francisco, sagen sie, daß sie in zehn Tagen Krieg gegen uns führen werden?«, worauf dieser zwangsläufig antwortete: »Ja, Señor.« Daraufhin begab sich Alvarado zu diesem »Hund von Montezuma«, der ihn nicht mehr mit der gebührenden Achtung behandle. Nachdem er dem Kaiser dargelegt hatte, was ihm zu Ohren gekommen war, bat er ihn, diese potentiellen Unannehmlichkeiten zu verhindern.[11] Doch der Kaiser sagte, er könne nichts unternehmen, da er gefangengehalten werde.

Alvarados Besorgnis wuchs weiter, als ein getaufter Texcoca, »Don Hernando«, ihm gegenüber beteuerte, die Mexica würden bald ihn und alle übrigen Kastilier töten. Die Mexica, so sagte er, fertigten Leitern an, mit denen sie den Palast erstürmen wollten, um Montezuma zu befreien. Nach Auskunft eines Tlaxcalteken bohrten die Indianer bereits Löcher in die Rückwände des Palasts. Alavarado befürchtete, daß sie bald in der Lage wären, auf diesem Weg in den Palast einzudringen. Vermutlich glaubte er, daß die Rückkehr des Huitzilopochtli in den Tempel das Signal für den Beginn des Aufstands sein sollte.

Alvarado sagte später aus, sie hätten bei den Dienern Montezumas Keulen gefunden, mit denen die Conquistadoren erschlagen werden sollten; unter dem Bett des Kaisers hätte sogar eine vergoldete Keule gelegen.[12]

So muß am Vorabend des Festes in Tenochtitlan eine aufs äußerste gespannte und von bangen Vorahnungen geprägte Stimmung geherrscht haben. Der Anblick des Festtaumels, der die ganze Stadt ergriffen hatte, dürfte für die Mexica ebenso erbaulich wie für die Kastilier zermürbend gewesen sein: Die Conquistadoren, die unter Alvarados Befehl in Mexiko geblieben waren, waren ihren Gegnern nicht nur haushoch unterlegen, auch waren sie nicht die gewieftesten Conquistadoren im Land, und ihre Kampfmoral ließ zu wünschen übrig; zudem war Alvarado bei weitem kein so geschickter Anführer wie Cortés. Jener bot unterdessen an der Küste unweit von Vera Cruz einer zahlenmäßig mehrfach überlegenen spanischen Streitmacht die Stirn, deren Anführer Montezuma mitgeteilt hatte, Cortés und seine Männer seien Verbrecher auf der Flucht. Cortés hatte Montezuma und dessen Neffen Cacama beharrlich gedemütigt, die Spanier hatten sich bei zahlreichen Gelegenheiten äußerst brutal verhalten – vermutlich hätte jedes Volk die erstbeste Gelegenheit wahrgenommen, um seine frühere Unabhängigkeit wiederzuerlangen.

Doch es gibt keine Beweise für die Existenz eines Komplotts. Im *Codex Aubin* ist ein Gespräch zwischen Montezuma und seinem militärischen Oberbefehlshaber Ecatzin (»General Martín Ecatzin«, wie er in späteren spanischen Texten genannt wurde) wiedergegeben, der angeblich den Kaiser vor den Spaniern gewarnt hatte und, auf das Blutbad in Cholula verweisend, gesagt haben soll: »Laßt uns unsere Schilde in der Mauer verstecken« (womit die Mauer des Tempels gemeint war, in dem die wichtigsten Feierlichkeiten stattfinden sollten). Montezuma erwiderte angeblich: »Führen wir etwa Krieg? Gedulde dich!«[13] Angesichts der fortdauernden Geiselhaft Montezumas war es schwer, den Widerstand gegen die Spanier zu organisieren. Der kollektive Wille regierte, und der Kaiser war derjenige, der bestimmte, was der kollektive Wille sei. Nur er hätte die Initiative ergreifen können.

Cortés beteuerte später beharrlich, daß in Tenochtitlan Ruhe und Ordnung geherrscht hätten, wäre Narváez nicht gewesen.[14]

Die nun folgenden Ereignisse lassen sich am ehesten damit erklären, daß die Tlaxcalteken und vielleicht auch einige der mit den Mexica verfeindeten Texcoca die nervösen Kastilier davon überzeugten, daß eine Verschwörung im Gange sei. Daraufhin bedrängte Francisco Álvarez Chico, einer von Cortés' Vertrauten, Alvarado, die Spanier sollten den ersten Schlag führen, bevor sie ihrerseits von den Mexica angegriffen würden.[15] Alvarado war beunruhigt und zudem impulsiv: Er gehörte zu den Anführern, die davon ausgingen (oder sich davon überzeugen ließen), daß es besser sei, eine Schlacht, die unvermeidlich erscheint, nach eigenen Bedingungen auszufechten. Er war ein entschlossener Truppenführer und, wie Cortés, skrupellos. Doch wo Cortés versuchte, Schwierigkeiten zu umgehen, neigte er dazu, ihnen zuvorzukommen. Die Beschuldigung, Alvarado habe beim Anblick der tanzenden Mexica plötzlich den Schmuck der Adligen begehrt, ist nicht sonderlich glaubwürdig, denn er und seine Freunde hatten bereits eine ansehnliche Menge Gold angehäuft.

Die ersten Tage des Festes verliefen ohne Zwischenfälle. Die Mexica führten ihre traditionellen Tänze an den sakralen Stätten Tenochtitlans auf. Der schöne junge Mann, der den Gott Tezcatlipoca inkarnierte, wurde seinen acht Dienern vorgestellt. Mit seinem langen Kopf, seinem breiten Mund, seiner geraden Nase und Augenbrauen, die dicht über den Augen verliefen, verkörperte er das mexikanische Schönheitsideal. Seine Diener, die ein Jahr lang gefastet hatten, waren kunstvoll geschmückt worden. Dann schnitt man »Tezcatlipoca« die langen Haare und zog ihm das Kostüm eines »kampferprobten Soldaten« an, der auf dem Schlachtfeld mindestens vier Gefangene gemacht hatte. Vier Frauen, welche die Namen von Gottheiten trugen – darunter Xochiquetzal (»Blumenreiche Feder«), die Göttin der Liebe – wurden ihm beigesellt.

Man gab dem »Gott« eine Flöte und eine Muschel. Er wurde von den Priestern bemalt, mit Blumen und Federn geschmückt und für die Opferung hergerichtet. Diese sollte, wie immer, am vierten Tag des Festes im Tempel von Tlacochcalco auf der in der Mitte des Sees gelegenen Insel Tepepulco unweit Iztapalapa stattfinden. Das Opfer mußte den Eindruck erwecken, als biete es sich freiwillig dar – ein gewisses Maß an »Kooperation« war bei diesen Ritualen gewiß unabdingbar (zweifellos wurde dem »Gott« eine Sonderration »Obsidianwasser« [*pulque*] oder heilige Rauschpilze zugeteilt). Er wurde unter Bewachung in einem Kanu zur Insel gerudert, doch dort kam es entscheidend darauf an, daß er die Stufen der Pyramide freiwillig – ohne Anwendung von Gewalt – erklomm. Und sobald er die Spitze der Pyramide erreicht hatte, mußte er sich ebenso freiwillig umdrehen, den See betrachten und seine Flöte zerbrechen. Dann wurde seine Opferung vollzogen, die symbolisch für das Leben auf der Erde stand: »Denn der da frohlockte und sich an seinem Reichtum erfreute, der die Sanftheit und Güte und den Reichtum und den Wohlstand unseres Herrn [Tezcatlipoca] suchte und begehrte, endet so in großem Elend. Denn es heißt, daß niemand auf Erden sein Leben in Glück, Reichtum und Wohlstand beschließt.«[16] Eine Muscheltrompete wurde geblasen, und die Klänge der Flöte des neuen Tezcatlipoca, der bereits für das Fest des nächsten Jahres, 1521, auserwählt worden war, hallten in der ganzen Stadt wider.

Das Opferritual sollte die Zerbrechlichkeit der Liebe, die Vergänglichkeit der Schönheit und die Flüchtigkeit des Ruhms symbolisch vergegenwärtigen.

Das Flötenspiel des neuen Tezcatlipoca war das Startsignal für die Tänze auf dem Platz vor dem Großen Tempel. Im Jahr 1520 fiel dieses Ereignis vermutlich auf den 16. Mai.

Die Statue des Huitzilopochtli wurde am Fuß der Großen Pyramide abgestellt. Die Männer, die gefastet hatten, gingen an der Spitze des Umzugs. Ihnen folgten die Hauptleute. Die adligen Tänzer trugen über Lendenschurzen aus bestickter Baumwolle kunstvolle Umhänge, die mit Hasenfellen und Federn besetzt waren. Die aus Ozelotfell gefertigten Sandalen der Tänzer besaßen Sohlen aus Rehleder und waren mit Lederriemen geschnürt. Oberhalb der Fußknöchel trugen sie mit goldenen Schellen behangene Beinschienen, ebenfalls aus Ozelotfell. An kleinen Haarbüscheln auf ihren ansonsten kahlgeschorenen Köpfen hingen Federquasten. Außerdem trugen sie Halsketten aus Jade oder Muscheln, goldene Armspangen, Bänder aus Muschelschale, an denen ihre Federbüsche befestigt waren, während an ihren Handgelenken mit Jade besetzte Bänder aus weichem Leder hingen. Sie trugen Ohrpflöcke, Nasenschmuck und Lippenpflöcke aus Bernstein bzw. Kristall, und sie hielten Eisvogelfedern in ihren Händen.[17]

Die wichtigsten Musikinstrumente waren Trommeln; bei diesem Anlaß kamen zwei Typen zum Einsatz: Die große *huehuetl*, die ähnlich wie europäische Trommeln aus einem mit Schnitzereien verzierten ausgehöhlten Holzklotz bestand, der am oberen Ende mit bemalter Hirschhaut oder einem Stück *amatl*-Papier bespannt war und von Hand geschlagen wurde. Der zweite Typ war die *teponaztli*, eine horizontale Trommel, die ebenfalls mit Schnitzereien verziert war und mit einem Schlegel mit Gummispitze geschlagen wurde. Diese Trommel wurde üblicherweise aus einem speziellen rötlichen Holz mit schwarzer Maserung angefertigt.[18] Auch Flöten, Querpfeifen aus Knochen und Muscheltrompeten kamen bei diesen Festen zum Einsatz.

Nach Darstellung der Gewährsleute von Sahagún wurde der Tanz der Adligen von Liedern begleitet, die nahtlos aufeinanderfolgten und wie das »Rauschen von Wellen« klangen. Vermutlich nahmen etwa vierhundert Tänzer an dieser Aufführung vor mehreren tausend Zuschauern teil. Der Haupttanz war der sogenannte Schlangentanz, der bei vielen Festen, nicht nur bei dem Toxcatl-Fest zu sehen war. Alle Tänzer waren Männer, da es Frauen verboten war, in der Öffentlichkeit zu tanzen. Sich die Hände reichend, tanzten sie »in tranceartiger Verzückung« in konzentrischen Kreisen um die Trommeln herum. Jeder, der ohne Erlaubnis den Tanzplatz verlassen wollte, wurde von Aufsehern mit Stöcken aus Kiefernholz zurückgestoßen – die Disziplin mußte bis zum Ende gewahrt werden. Der geringste Fehler oder die kleinste Abweichung von der traditionellen Schrittfolge (oder vom Schlagrhythmus der Trommeln) wurde bestraft. Für die Mexica war der Tanz, wie Fray Motolinía später sagte, eine Methode, um die Gunst der Götter zu bitten, »indem man ihnen diente und sie mit ganzem Körper anflehte«. Die mexikanischen Tänze waren nach Ansicht der Conquistadoren »besser als die Zambra der Mauren«, die der schönste Tanz war, den die Spanier damals kannten. Allerdings stellten einige mexikanische Tänze eine Beleidigung für gute Christen dar, zum Beispiel der *cuecuexcuicatl*, der, wie Fray Durán später verschämt kommentierte, ein »aufreizender und lüsterner Tanz« war, bei dem sich die Tänzer so zügellos in den Hüften wiegten, begehrliche Blicke zuwarfen und »schamlose Koketterie« betrieben, daß man den Eindruck hatte, es sei »ein Tanz für liederliche Frauenzimmer und brünstige Männer«.[19]

Die Tänzer wurden bei diesem Fest von »Titlahuacan« angeführt, einem ständigen Begleiter des Tezcatlipoca, der Seite an Seite mit seinem geopferten Gefährten aufgewachsen war und nun die dunkle und wilde Seite des Gottes verkörperte. Auch er wurde später geopfert. Titlahuacan wurde von den meisten Führern der Mexica begleitet, einschließlich zahlreicher Verwandter Montezumas, kurz: von der Aristokratie des Reiches.

Die Mexica bemerkten die Ankunft der von Alvarado geführten Kastilier, die ihre Rüstung angelegt hatten und Schwerter und Schilde trugen, doch sie unternahmen nichts. Was hätten sie auch tun sollen? Denn schließlich waren die Mexica gleich nach Beginn des Tanzes in eine kollektive Ekstase verfallen; zudem war jede Bewegung durch die Regeln des Ritus festgelegt. Sie fuhren fort zu tanzen, heilige Lieder zu singen, ihre Götter zu preisen und sie anzuflehen, ihnen Frieden, Kinder, Gesundheit und Weisheit zu schenken. Einige dieser Festtänze dauerten mehrere Stunden lang; nur unter bestimmten Umständen durften die Tänzer den Platz für kurze Zeit verlassen, um zu essen und sich auszuruhen.

Einige Spanier und mit ihnen verbündete Indianer – darunter zweifellos Tlaxcalteken – blockierten die drei Zugänge zum Tempelbezirk: das Adler-Tor im kleineren Palast, das Schilf-Tor und das Tor der Obsidianschlange. An jedem Tor gingen etwa zehn Spanier in Stellung.[20] Alvarado und die übrigen mischten sich unter die Menge. Vielleicht glaubten die Mexica, die sie sahen, die Spanier würden die Rolle jener extravagant gekleideten Possenreißer spielen, die sich hin und wieder unter die Tänzer mischten, um für komische Entspannung zu sorgen.

Alavarado hatte seine Männer in zwei Gruppen eingeteilt: Sechzig von ihnen sollten Montezuma bewachen und die zahlreichen mit ihm inhaftierten mexikanischen Fürsten töten, während sich die übrigen sechzig zum Tempel begeben und die mexikanischen Adligen umbringen sollten, die an den Tänzen teilnahmen. Vázquez de Tapia beteuerte beim *juicio de residencia* gegen Alvarado im Jahre 1529, er habe Alavarado geraten, von seinem Vorhaben abzulassen, weil es verwerflich sei, doch diese Behauptung wurde von keinem der anderen Augenzeugen bestätigt.[21] Fray Juan Díaz, von dem zu erwarten gewesen wäre, daß er der Stimme der Barmherzigkeit Gehör verschaffte, scheint stumm geblieben zu sein.

Als die Tore zum Tempel verschlossen waren, gab Alvarado den Befehl: »*¡Mueran!*« (»Macht sie nieder.«) Seine Männer fielen über die Tänzer her, wobei sie mit dem jungen Hauptmann begannen, der zum Anführer des Tages erkoren worden war. Anschließend gingen die Kastilier auf die Priester los, welche die Trommeln schlugen. Die Gewährsleute Sahagúns schildern die Szene mit drastischer Anschaulichkeit: »Sie umzingelten die Tänzer ... sie stürzten zu den Trommeln. Sie hieben einem Trommler die Arme ab. Dann enthaupteten sie ihn: sein Kopf wirbelte weit durch die Luft ... Sie durchbohrten alle mit ihren eisernen Lanzen und machten sie mit ihren eisernen Schwertern nieder. Einigen schlitzten sie den Rücken auf, so daß ihre Eingeweide hervorquollen. Anderen spalteten sie den Schädel und zerhackten ihn in kleine Stücke. Ihre Schädel waren völlig zerfetzt. Wieder andere trafen sie an der Schulter … am Unterschenkel, am Oberschenkel. Einigen schlitzten sie den Bauch auf, so daß ihre Eingeweide zu Boden fielen …«[22]

Nachdem die meisten Tänzer hingeschlachtet worden waren, wandte sich Alvarado den Zuschauern zu. Keiner der Mexica war bewaffnet; sie wurden völlig überrascht. Keiner von ihnen hatte je ein Stahlschwert in Aktion gesehen, auch wenn einige von den Otomí davon gehört haben mochten, die im Auftrag der Tlaxcalteken gegen die Kastilier gekämpft hatten. Einige Mexica erklommen die Mauern und konnten fliehen. Andere suchten in dem sogenannten »Stammestempel« Zuflucht und retteten sich auf diese Weise. Wieder andere stellten sich tot: »Das Blut der Noblen«, schrieb Fray Sahagún, der mit Überlebenden des Gemetzels sprach, »floß in Strömen und machte den ganzen Boden schlüpfrig und verbreitete einen widerlichen Gestank …« Die Spanier durchstöberten alle Tempel, auch den »Stammestempel«. Einer der Priester versuchte daraufhin, die Mexica wieder zu sammeln: »Mexica, ziehen wir nicht in den Krieg? Fürchtet euch nicht …« Daraufhin griffen sie die Conquistadoren mit Holzstöcken an, welche freilich wenig gegen die Schwerter aus Toledo auszurichten vermochten.[23]

Juan Álvarez war zu dieser Zeit in der Stadt gewesen, um seinen täglichen Auftrag – die Beschaffung von Lebensmitteln – zu erfüllen. Als er – zweifellos in Begleitung tlaxcaltekischer Lastträger, aus Tlatelolco in den Palast des Axayácatl zurückkehrte –, sah er verwundete Indianer aus dem Tempelbezirk fliehen, gefolgt von Kastiliern, darunter Alvarado, der nun befahl, daß sich alle unverzüglich in ihre Quartiere zurückziehen sollten. Álvarez fragte: »Was soll mit den Lebensmitteln geschehen?« Worauf Alvarado erwiderte: »Zum Teufel damit. Wir haben gerade einen Schlag gegen die Indianer geführt. Da sie nicht den ersten Schritt unternahmen, haben wir es getan« (»*comenzamos nosotros los primeros*«). Alvarado sagte zu Álvarez, sie hätten zwei- bis dreitausend Indianer getötet – dies beweise, daß »derjenige den Sieg erringt, der den ersten Schlag führt« (»*el que primero acomete, vence*«).[24]

Die Kämpfe griffen bald auf sämtliche Straßen im Umkreis des Tempels über. Die Trommeln an der Spitze der Großen Pyramide wurden geschlagen; dies was der allgemeine Aufruf an die Mexica, zu den

Waffen zu greifen. Alle Männer wurden von den Führern der *calpultin* (das heißt von denjenigen unter ihnen, die das Massaker überlebt hatten) aufgefordert, sich zu den Rüstkammern zu begeben (die sich an jedem der vier Eingänge zum Tempelbezirk befanden), um sich dort zu bewaffnen. Einige mexikanische Führer, die dem Blutbad entronnen waren, führten den Gegenangriff an. Sie riefen: »O Mexica, o Häuptlinge, eilt herbei. Rüstet euch mit euren Waffen, Schilden und Pfeilen. Eilt herbei, schon sind viele Häuptlinge gestorben. Sie wurden getötet, zerschmettert, zerstückelt. Eilt herbei, o Mexica, o Häuptlinge.«[25]

Als die Kastilier in ihr Quartier zurückkehrten, stellten sie fest, daß ihre Gefährten, die Montezuma bewachten, viele der Fürsten getötet hatten, die mit Montezuma in Haft gehalten worden waren, darunter auch Cacama, den König von Texcoco. Offenbar wurden fast alle Fürsten, welche die Kastilier im Januar in Eisen gelegt hatten, umgebracht. Montezuma selbst und diejenigen seiner Gefährten, die das Blutbad überlebt hatten, darunter sein Bruder Cuitláhuac, der Gouverneur von Tlatelolco Itzquauhtzin, und möglicherweise der Stellvertreter des Kaisers, der *cihuacoatl*, waren in Ketten gelegt worden. Der blutüberströmte Alvarado (ein Stein hatte ihn verwundet) begab sich zu Montezuma und besaß die Unverschämtheit, zu dem unglücklichen Kaiser zu sagen: »Seht, was Eure Untertanen mir angetan haben.« Montezuma erwiderte: »Alvarado, wenn Ihr nicht angefangen hättest, dann hätten meine Vasallen dies nicht getan. Ihr habt Euch selbst und mich mit Euch zugrunde gerichtet.«[26]

Unterdessen bestürmten die Mexica in immer neuen Angriffswellen den Palast; sie versuchten, das Gebäude zu erklettern und das Tor in Brand zu setzen. Die Tlaxcalteken bewiesen ihre Treue zu ihren spanischen Verbündeten, indem sie »ihre Umhänge anfeuchteten, um damit die Flammen zu ersticken«. Entweder an diesem oder am nächsten Tag zündeten die Mexica die vier Brigantinen an (darunter auch jene, auf der Montezuma zur Jagd gefahren war); auf diese Weise nahmen sie Alvarado die Möglichkeit, sich über den See abzusetzen, und durchkreuzten Cortés' ursprünglichen Plan.[27]

Die Kämpfe dauerten an. Den Kastiliern gelang es trotz des Einsatzes von Geschützen und Armbrüsten nicht, auszubrechen. Einmal ließ sich die größte Kanone, die sie an der Pforte zu ihrem Quartier aufgestellt hatten, nicht zünden. Sie ging später versehentlich in einem unerwarteten, wenn auch günstigen Augenblick los. Ein anderes Mal, so behaupteten die Indianer später, hätten sie nicht nur eine Frau aus Kastilien – vermutlich die Heilige Jungfrau –, sondern auch die unverkennbare Gestalt des heiligen Jakobus auf seinem berühmten Schimmel gesehen. Vermutlich handelte es sich um María de Estrada, eine *conquistadora*, die von einem der Reiter Alvarados, möglicherweise Francisco Álvarez Chico, begleitet wurde. Ein Mexica sagte später angeblich: »Wenn uns María und der heilige Jakobus keinen solchen Schrecken eingejagt hätten, dann hätten wir euer Quartier zerstört und euch selbst gekocht, aber nicht verzehrt, denn wir haben bereits früher von euerem Fleisch gekostet, das bitter schmeckte; daher hätten wir eure Leichen den Adlern, Löwen, Tigern und Schlangen vorgeworfen, die euch für uns verschlungen hätten.« Und derselbe Mexica fuhr fort: »Doch wenn ihr Montezuma nicht bald freilaßt, dann werden wir euch töten und anschließend in Schokolade kochen. Wir werden dies tun, weil ihr Montezuma gefangengenommen und ihn mit euren schmutzigen Händen berührt habt – Montezuma, unseren Gebieter und Gott, der uns am Leben erhält. Weshalb werdet ihr nicht von der Erde verschlungen, ihr, die ihr unsere Götter gestohlen habt ...?«[28]

Als selbst diese »Wunder« keine durchschlagende Wirkung zeitigten, kehrte Alvarado zu Montezuma zurück und forderte ihn auf – wobei er ihm das Messer an die Brust setzte –, seinen Männern zu befehlen, den Kampf einzustellen. Daraufhin stieg Montezuma in Begleitung von Itzquauhtzin, dem mexikanischen Gouverneur von Tlatelolco, auf das Dach des Palasts und tat sein Möglichstes, um die Mexica dazu zu bringen, die Waffen niederzulegen. Auch Itzquauhtzin ergriff das Wort: »Mexica, hört mich an. Da wir den Kastiliern nicht ebenbürtig sind, sollten wir nicht länger gegen sie kämpfen. Legt die Schilde und Pfeile nieder. Die Leidtragenden sind die armen alten Männer und Frauen, das einfache Volk, die geistig Unreifen; jene, die kaum laufen können, die auf allen vieren kriechen, die noch in der Wiege liegen, die noch nicht zur Schule gehen. Aus diesem Grund sagt euer Herrscher: ›Laßt die Waffen schweigen‹, denn sie haben seine Füße in Eisen gelegt.«[29] Diese Rede blieb offenbar nicht ohne Wirkung, denn die Kämpfe flauten ab.

Es ist möglich, daß die Gefangenen sich anders verhalten hätten, wenn Montezuma von seinen Kundschaftern an der Küste nicht erfahren hätte, daß Cortés das Expeditionskorps von Narváez bereits besiegt hatte.

Dennoch sträubten sich viele Mexica, die Waffen niederzulegen. Sie glaubten zu Recht, dies sei eine günstige Gelegenheit, um mit den Neuankömmlingen Schluß zu machen. Daher kam es auch in den folgenden Tagen noch zu sporadischen Geplänkeln. Doch waren die Mexica noch immer führerlos, und es gab niemanden, der dieses Vakuum hätte ausfüllen können. Das Volk, das in »Eintracht und Ordnung« lebte, war nicht imstande, aus eigener Kraft einen neuen Führer zu bestimmen. Das änderte jedoch nichts an der Wut der Mexica über Montezumas feiges Verhalten. Ein Mann rief angeblich aus: »Was hat dieser Angsthase von Montezuma gesagt? Bin ich nicht einer seiner Krieger!«

Montezuma sollte nie mehr seine frühere Autorität zurückerlangen. Sowohl die Mexica als auch die Conquistadoren erkannten später, daß Vázquez de Tapia recht gehabt hatte mit seiner Behauptung, alle Männer Alvarados wären dem Tode geweiht gewesen, wenn Montezuma nicht den Forderungen der Kastilier entsprochen hätte.[30]

Die Leichen gefallener Krieger wurden in Mexiko üblicherweise im Rahmen einer Massenbestattung auf dem Platz vor dem Haupttempel verbrannt. Doch zuvor fand eine viertägige Totenwache im Kreis der Familie des Gefallenen statt. Alte Freunde suchten das Haus des Toten auf und brachten dem Toten Geschenke dar; manchmal war ein Hund darunter (der Xolotl verkörperte, den Gefährten der Mexica während ihrer Zeit als Jäger), der feierlich getötet wurde, um dem Toten in der Unterwelt Gesellschaft zu leisten. Die Leiche wurde mit den Insignien, den Farben und der Haartracht der Lieblingsgötter des Gefallenen versehen. Nach der Verbrennung nahm die Familie Haarlocken des Toten mit nach Hause, füllte seine Asche in eine Urne und brachte diese Urne später entweder auf den Berg Yohualichan nahe Culhuacan oder nach Teotihuacan. Handelte es sich um eine hochgestellte Persönlichkeit, wurde die Asche in die Ritzen der Mauer des Großen Tempels gestreut. Daran schloß sich eine achtzigtägige Trauerzeit an, in der sich die Witwen nicht waschen durften. Am Ende dieser Trauerperiode kratzten sie den Schmutz, der sich angesammelt hatte, von ihrem Körper ab und überreichten ihn, in *amatl* gewickelt, einem Priester.[31] Es ist nicht anzunehmen, daß einer dieser traditionellen Bräuche nach dem Blutbad abgekürzt wurde. Ganz im Gegenteil: Vermutlich wurden sie sogar mit größerer Sorgfalt als sonst ausgeführt.

Alvarado befand sich in einer heiklen Lage, da die Mexica ihn und seine Männer nicht mehr mit Proviant versorgten. Jeder Mexica, der dabei erwischt wurde, wie er den Kastiliern Tortillas brachte, wurde auf der Stelle getötet; dennoch gelang es Juan Álvarez offenkundig, hin und wieder Lebensmittel in der Stadt aufzutreiben, da er genau wußte, wohin er sich wenden mußte.[32] Das Befahren der Kanäle wurde zu einem gefährlichen Abenteuer; mehrere Brücken wurden hochgezogen, und die Straßen wurden unpassierbar gemacht, für den Fall, daß Alvarado versuchen sollte zu fliehen.

In der Stadt herrschte weiterhin ein heilloses Chaos. Die nächtlichen Wehklagen der trauernden Frauen und Kinder schienen in den Bergen widerzuhallen. Einem indianischen Gewährsmann zufolge rührte das Jammergeschrei »selbst Steine zu Tränen; sie [die Spanier] hatten acht- bis zehntausend Männer zerstückelt, die nichts getan hatten, um dieses Schicksal zu verdienen«.

Alvarado hatte die Elite der mexikanischen Aristokratie getötet: All jene Männer, die ihre Ausbildung in den *calmécac* erhalten hatten, wo man ihnen beigebracht hatte, stolz zu sein auf ihr Land, ihr Regierungssystem, die erstaunlichen Leistungen ihres Volkes, ihre Rituale und ihre Götter, ihre Dichtkunst und ihre Tänze, ihre Blumen und, zweifellos, auch ihre Opferzeremonien.

Nachdem das Toxcatl-Fest auf so brutale Weise beendet worden war, bereiteten sich die Priester gewiß auf den Monat Etzalqualiztli vor, der den Höhepunkt der Trockenzeit bildete und in dem die geistlichen Würdenträger gewissermaßen die Macht in der Hauptstadt übernahmen. Nach altem Brauch war es ihnen erlaubt, jede Person zu beschimpfen und zu mißhandeln, der sie beim Sammeln von Schilfrohr für die Sitzmöbel begegneten, welche eigens für die bevorstehenden Zeremonien angefertigt wurden. Sie opferten Kriegsgefangene, Sklaven und Kinder und warfen deren Herzen in einen Strudel in den See Pantitlan. Die Sklaven putzten sich als »Diener des Tlaloc« heraus und schminkten ihre Augen, um sie größer erscheinen zu lassen; sie gingen von Haus zu Haus und bettelten um *etzal* (ein karges Gericht aus Mais und Bohnen): eine symbolische Handlung, welche die Lebensmittelknappheit in dieser Periode sinnfällig machen sollte. Ende Mai setzten dann die Regenfälle ein.[33]

Als Lied erblicktest du das Licht der Welt, Montezuma

> »Als Lied erblicktest du das Licht der Welt, Montezuma,
> Als Blume erblühtest du auf Erden ...«
> *Angel Garibay, Historia de la literatura nahuatl*

Cortés trat den Rückmarsch von Vera Cruz nach Tenochtitlan an. Seine Streitmacht war durch Narváez' Expedition an Männern, neuen Pferden und nützlichem Kriegsgerät verstärkt worden. Narváez selbst hatte er unter Aufsicht von Francisco de Saucedo, »*el Pulido*«, Juan Rodríguez de Escobar und Francisco de Terrazas in seinem Gefängnis in Vera Cruz zurückgelassen. Noch bevor er die beunruhigenden Nachrichten aus Tenochtitlan erhalten hatte, hatte er Velázquez de León und Rodrigo Rangel mit jeweils 400 Mann aus Narváez' Expeditionskorps in Marsch gesetzt, mit dem Auftrag, an Orten, die sie vor der Schlacht von Cempoallan passiert hatten, Kolonien zu gründen. Doch jetzt ließ er den beiden Hauptleuten umgehend den Befehl übermitteln, so schnell wie möglich in Tlaxcala zu ihm zu stoßen.

Cortés und seine Männer trafen erschöpft in Tlaxcala ein. Es mangelte ihnen an Lebensmitteln, da sich die Bewohner des Gebietes um den Salzsee erneut, wie schon auf ihrer ersten Reise, als äußerst ungastlich erwiesen hatten. Mehrere Männer waren kurz davor, zu verhungern bzw. zu verdursten.[1] Zwei Mitglieder von Cortés' ursprünglicher Expedition, der Portugiese Magallanes und Diego Moreno, beschafften im Auftrag ihres Anführers Lebensmittel in der wohlhabenden Stadt Tepeaca, die an der westlichen Route zwischen Tenochtitlan und Vera Cruz lag. Die Führer von Tlaxcala hielten den Atem an. Sie wußten von dem Rückschlag, den die Spanier und ihre eigenen Krieger in Tenochtitlan erlitten hatten, doch sie hatten sich zu sehr an Cortés gebunden, um noch aus dem Bündnis ausscheiden zu können.

In Tlaxcala stießen Velázquez de León und Rangel mit ihren Männern zu Cortés, und obwohl dieser eine kleine Garnison unter dem Befehl eines gewissen Juan Páez in Tlaxcala zurückließ, dürfte er mit weit über tausend Spaniern und der doppelten Anzahl von Tlaxcalteken den großen See im Hochtal von Mexiko erreicht haben.

Alle waren erstaunt darüber, daß sie unterwegs auf keinerlei Kundschafter oder Spione trafen: Das Gebiet schien menschenleer zu sein.

Cortés hatte damit gerechnet, daß die Mexica ein Heer gegen ihn aufstellen würden, doch es gab keinerlei Anzeichen dafür.[2]

Die Expedition kam durch Texcoco, deren Bewohner die Conquistadoren verständlicherweise sehr kühl empfingen. Die Führer schienen die Stadt verlassen zu haben, mit Ausnahme von Ixtlilxochitl, der sich noch immer als Verbündeter von Cortés betrachtete. Von ihm erfuhr der *caudillo*, daß die Garnison unter dem Befehl Alvarados noch existierte.[3] Daraufhin ließ Cortés seinem Stellvertreter per Kanu eine Nachricht zukommen; doch noch bevor dieses Boot zurückkehrte, kam ein anderes Kanu mit zwei von Alvarados Männern aus Tenochtitlan: mit dem Notar Pero Hernández und einem jungen Mann namens Santa Clara. Sie teilten Cortés mit, Alvarado und fast all seine Männer seien noch am Leben. Nur fünf oder sechs Spanier seien getötet worden. Aber sie seien von den Mexica eingekesselt und könnten sich die benötigten Lebensmittel nur unter großer Gefahr und zu überhöhten Preisen beschaffen.

Hernández und Santa Clara überbrachten auch eine Botschaft Montezumas, der beteuerte, er sei über die Vorfälle genauso betrübt wie Cortés. Ihn treffe keinerlei Schuld. Er bat den *caudillo*, ihm nicht zu zürnen und in die Stadt zu kommen, um wie früher in Frieden dort zu leben.

Darauf zog Cortés mit seiner Expedition am Nordufer des Sees entlang, um sich der mexikanischen Hauptstadt von Westen zu nähern; er beabsichtigte, über den kürzesten Dammweg, den von Tacuba, nach Tenochtitlan vorzustoßen. Diese Reiseroute diente allerdings auch der Erkundung des Geländes, für den Fall, daß es erforderlich sein würde, dort zu kämpfen. Zudem scheinen alle übrigen Dammstraßen zu diesem Zeitpunkt bereits unpassierbar gewesen zu sein.

In Tacuba machten einige örtliche Kaziken Cortés ihre Aufwartung; sie waren an einem guten Einvernehmen mit dem *caudillo* interessiert. Sie rieten ihm: »Herr, verweilt hier in Tacuba oder in Coyoacán, und schickt nach Alvarado und Montezuma, denn wenn sich die Mexica gegen Euch erheben, könntet Ihr Euch hier, auf dem Festland, in dieser Ebene, besser gegen sie verteidigen als in der Stadt.« Ein kluger Rat, den Cortés jedoch nicht beherzigte. Am Morgen des folgenden Tages, des 24. Juni (Tag Johannes des Täufers), ritt er an der Spitze seiner Reitertruppe in leichtem Galopp und »unter lautem Gewehr- und Geschützfeuer und Jubelgeschrei« in die Hauptstadt ein. »Sie wirbelten dichte Staubwolken auf, und ihre Gesichter waren bedeckt mit aschgrauem Staub ... und ihre Kleider waren mit einer Kruste von Schmutz überzogen«, wie sich die Informanten von Fray Sahagún später erinnern sollten.[4]

Unterwegs sahen die Spanier einen toten Mexica, der an einem Baum auf einem ebenen Grundstück hing, auf welchem mehrere hundert Truthühner einen großen Haufen Brote verspeisten. Auf einer der Brücken des Dammwegs blieb das Pferd von Pedro de Solis mit einem Huf zwischen zwei Balken hängen und brach sich den Fuß. Der Wahrsager Botello, der sich in diesen Tagen nicht nur bester Laune, sondern auch eines hohen Ansehens erfreute, sah in beiden Ereignissen selbstverständlich unheilvolle Vorzeichen.[5]

Als die Kastilier in Tenochtitlan eintrafen, stießen sie auf Schlimmeres als auf böse Omen: auf völlige Stille. Die Bewohner hielten sich versteckt. Niemand begrüßte sie: »Die Mexica beschlossen daraufhin, sich versteckt zu halten ... sie wollten nicht mehr sprechen, sondern nur noch durch Türspalte, Mauerrisse und Löcher, die sie in Mauern gebohrt hatten, spähen ...«[6] Die Stille, die in der Stadt herrschte, erklärte sich zum Teil aus der achtzigtägigen Trauerzeit. Doch sie erweckte auch den Eindruck, als betrauerten die Bewohner Tenochtitlans eine Niederlage des mexikanischen Heeres, und auch, als hätten sie die Weisung erhalten, die zurückkehrenden Soldaten zu boykottieren. Zu dieser Zeit feierte man in Mexiko für gewöhnlich ein Blumenfest, das von Feierlichkeiten und Banketten begleitet wurde: Mädchen, die mit Girlanden geschmückt waren, bedienten die zur Opferung auserkorene Person, die Huixtocihuatl, die Salzgöttin, verkörperte, die ihrerseits zu den *tlaloques* gezählt wurde, den Dienern des Tlaloc. Vermutlich war das Fest zu diesem Zeitpunkt bereits zu Ende; andernfalls war es gewiß abgesagt worden.

Die Verstärkung des kastilischen Heeres bedeutete, daß Cortés' Männer zusätzliche Unterkünfte brauchten. Montezuma bot ihnen zu diesem Zweck den nahegelegenen Tempel des Tezcatlipoca an. Die übrigen logierten weiterhin im Palast des Axayácatl.[7]

Alvarado und seine Männer freuten sich begreiflicherweise, Cortés wiederzusehen. Sie waren dem Hungertod nahe und hätten keinem weiteren Angriff standgehalten. Der Markt war geschlossen. Auch das Wasser war ihnen ausgegangen, doch dann hatten sie einen tiefen Schacht in den Innenhof gegraben, der ihnen einen spärliche Menge des lebenspendenden Nasses lieferte. Aber es war salzig. Alvarado schilderte dem *caudillo*, was sich während seiner Abwesenheit zugetragen hatte. Anlaß des Aufruhrs seien das Marienbildnis und das Kreuz gewesen, die Cortés im Tempel des Huitzilopochtli aufgestellt habe. Einige Indianer hätten vergeblich versucht, diese christlichen Symbole zu entfernen. Er, Alvarado, habe dann von mehreren Tlaxcalteken erfahren, daß die Mexica beabsichtigten, ihn nach dem Fest anzugreifen, doch er sei ihrem Angriff zuvorgekommen. Cortés erwiderte: »Aber sie behaupten, daß sie Euch um Erlaubnis baten, das Fest und die Tänze abzuhalten.« Alvarado antwortete, dies sei richtig, doch das habe er nur getan, um sie in Sicherheit zu wiegen, anschließend sei er über die Anführer der Mexica hergefallen, um zu verhindern, daß sie ihn später angriffen. Cortés entgegnete, daß dies ein schwerer Fehler und eine große Dummheit gewesen sei.[8]

Alvarado schlug Cortés vor, er solle – um Montezuma und die Mexica zu beschwichtigen – so tun, als sei er über ihn, Alvarado, erzürnt, ja er solle sogar damit drohen, ihn zu verhaften und zu bestrafen. Doch Cortés lehnte dies ab; er war einfach nicht imstande, Alvarado zu tadeln. Dennoch scheint er eine Zeitlang unschlüssig darüber gewesen zu sein, wer die Hauptverantwortung für das Massaker trug. Später gab er wiederholt Narváez und dessen Intrigen mit Montezuma die Schuld an den Vorfällen.[9] Was Alvarado betraf, so schätzte er weiterhin dessen Eigenschaften und Fähigkeiten, doch nahm Alvarado nie mehr die herausragende Position als inoffizieller Stellvertreter des *caudillo*, als »*segunda persona*«, ein. Diese Stellung blieb fortan dem vertrauenswürdigeren, fleißigeren und berechenbareren Sandoval vorbehalten.

Montezuma hieß Cortés bei dessen Rückkehr willkommen. Gewiß war er der Überzeugung, daß der *caudillo* trotz all seiner Fehler nicht so unbesonnen handeln würde wie Alvarado. Cortés weigerte sich, mit ihm zu sprechen, worauf Montezuma tief gekränkt in seine Gemächer zurückkehrte. Wie schon beim ersten Eintreffen der Kastilier verfiel er erneut in einen Zustand tiefer Angst. Er schickte eine weitere Botschaft an Cortés und flehte ihn darin an, die Stadt zu verlassen. Cortés sagte, er werde erst dann wieder mit »diesem Hund Montezuma« sprechen, wenn jener ihm 20 000 Castellanos geschenkt habe.[10]

Montezuma ersuchte Cortés weiterhin um eine Unterredung, doch der *caudillo* lehnte diese Bitte beharrlich ab. Mehrere von Cortés' Hauptleuten (Velázquez de León, Lugo, Olid, Ávila) bedrängten ihn, seinen Zorn zu bändigen, doch Cortés sträubte sich: »Weshalb sollte ich mit einem Hund, der geheime Kontakte zu Narvaéz unterhielt und der uns nichts zu essen gibt, nachsichtig sein?« Hatte Montezuma

Narváez nicht sogar ein Goldmedaillon überbringen lassen, während er gleichzeitig so tat, als stehe er mit Cortés auf gutem Fuße? Der *caudillo* weigerte sich auch, einen Sohn Montezumas zu empfangen, obgleich ihm dieser Prinz ein ergreifendes Gesuch unterbreiten wollte.[11]

Der eigentliche Grund für Cortés Verärgerung war freilich die Tatsache, daß sein ursprüngliches Vorhaben, Tenochtitlan kampflos in seine Gewalt zu bringen und Kaiser Karl V. das mexikanische Imperium als ein funktionstüchtiges Gemeinwesen zu übergeben, offenkundig gescheitert war. Er mußte sich einen völlig neuen Plan ausdenken. Die wichtigsten Neuerungen, die Cortés bei seinem vorangegangenen Aufenthalt in Tenochtitlan oktroyiert hatte, waren, zugegebenermaßen, beibehalten worden: So hing etwa das Bild des heiligen Christophorus noch immer im Großen Tempel (Juan Gonzáles de León hatte es dort noch am 24. Juni mit eigenen Augen gesehen). Zudem war Cortés' ursprüngliches Heer durch die meisten von Narváez' Soldaten und Pferden verstärkt worden – dennoch hatten sich die Rahmenbedingungen für Cortés zwischen Anfang Mai und Ende Juni grundlegend verändert.[12]

Auch die Lage Montezumas hatte sich gewandelt. Infolge der Vernachlässigung durch Cortés hatte seine Selbstachtung stark gelitten. Er hatte vermutlich zu Cortés jene emotionale Bindung aufgebaut, wie sie Opfer von Entführungen häufig zu ihren Entführern entwickeln. Die Kränkung, die ihm Cortés zufügte, war für ihn daher doppelt schwer zu verkraften. Nachdem er sich im Winter zu einem willfährigen Werkzeug von Cortés gemacht hatte, konnte Montezuma nun kaum ohne Cortés' Aufmerksamkeit leben. Zudem war Montezumas Ansehen bei seinem eigenen Volk aufgrund des Blutbads im Tempelbezirk auf den Nullpunkt gesunken. Infolgedessen bestand in Mexiko ein Machtvakuum. Die meisten Führer des Volkes, die dieses Vakuum hätten ausfüllen können, waren umgebracht worden – niemand konnte die Initiative ergreifen, um einen neuen Herrscher zu bestimmen. In einer Gesellschaft, in der alle Lebensbereiche von überkommenen Bräuchen durchdrungen waren, gab es keinen Freiraum für Improvisationen.

Schließlich leistete Cortés der Sache der Mexica unabsichtlich Vorschub. Er war verärgert darüber, daß der Markt in Tlatelolco geschlossen worden war. Doch nicht genug damit, daß seine Armee ihren Bedarf an Lebensmitteln nicht mehr auf diesem Handelsplatz decken konnte, auch Cortés' eigenes Ansehen unter Narváez' Leuten sank, als sie erkannten, daß er ihnen nicht die verheißenen Reichtümer des berühmten Platzes zeigen konnte, welcher seiner Schilderung nach größer war als der Hauptplatz Salamancas oder Medina del Campos und »reicher als Granada«. Zu alledem hatte er den neuangeworbenen Kämpen auch noch versprochen, sie könnten in Ruhe schlafen. Doch einen Tag nachdem er dies gesagt hatte, mußte er einräumen, daß die Mexica die meisten Brücken über die Kanäle hochgezogen hatten. Die Stille, mit der er empfangen worden war, schien auch eine persönliche Niederlage für ihn zu bedeuten.[13]

Cortés ließ Montezuma durch die Dolmetscherin Marina bitten, die Öffnung des Marktes anzuordnen. Montezuma erwiderte, er könne nichts tun. Am besten sei es, einen der Fürsten, die mit ihm in Haft gehalten würden, freizulassen, damit dieser die Öffnung persönlich veranlassen könne. Cortés sagte, Montezuma möge nach eigenem Gutdünken bestimmen, wen immer er wolle. Montezuma entschied sich für seinen Bruder Cuitláhuac, den König von Iztapalapa. Dieser Fürst war von Anfang an dagegen gewesen, die Spanier nach Tenochtitlan hereinzulassen. Vielleicht wußte Cortés dies nicht, vielleicht war es ihm auch egal. Jedenfalls erlaubte er Cuitláhuac, den Palast des Axayácatl zu verlassen.

Unmittelbar nachdem der König auf freien Fuß gesetzt worden war, begann er den mexikanischen Widerstand zu organisieren. Es ist unklar, ob er bereits zu diesem Zeitpunkt förmlich zum Kaiser der Mexica gewählt wurde, ebenso unklar ist, ob sich Montezuma über die Folgen seines Tuns im klaren war. Jedenfalls hatten die Mexica von da an einen Feldherrn.[14]

Am selben Tag, dem 25. Juni, an dem Cuitláhuac freigelassen wurde, kehrte ein kastilischer Soldat aus Tacuba zurück; er war dorthin beordert worden, um eine Gruppe von Indianerinnen (einschließlich einer Tochter Montezumas) zu eskortieren, die angeblich Cortés gehörten (»*eran de Cortés*«) und die Cortés aus unbekanntem Grund in Tacuba zurückgelassen hatte, als er zur Küste aufbrach. Die Mexica überfielen diese kleine Expedition, bemächtigten sich der Frauen und verwundeten den Kastilier, der, wenn er die Indianerinnen nicht ihrem Schicksal überlassen hätte, vermutlich gefangengenommen und geopfert worden wäre. Alonso de Ojeda und Juan Márquez wurden angeblich ebenfalls angegriffen, als sie in die Stadt gingen, um Lebensmittel einzukaufen. Am selben Tag schickte Cortés einen Boten, Antón de Río, nach Vera Cruz, um den Einwohnern der Stadt mitzuteilen, daß die Spanier unter dem Befehl von Alvarado und er selbst wohlauf seien. Del Río glaubte, den Weg zu Fuß in drei Tagen zurücklegen zu können – doch schon nach einer halben Stunde kam er wieder zurück. Er war nicht durchgekommen, er war angegriffen, geschlagen und verwundet worden. Sämtliche Mexica der Stadt, so berichtete er, rüsteten sich zum Kampf. Der Alptraum, der Cortés bei seinem ersten Aufenthalt in Tenochtitlan bedrückt hatte, war Wirklichkeit geworden: Die Mexica hatten ihn umzingelt.[15]

Daraufhin schickte Cortés den unverwüstlichen Diego de Ordás mit dreihundert Mann, einigen Arkebusieren, Reitern und den meisten der Armbrustschützen los. Ordás wurde von Juan Gonzáles Ponce de León begleitet, dem Sohn des Entdeckers von Florida. Es ist nicht klar, was Cortés zu diesem Schritt bewog; möglicherweise wollte er sowohl die Lage erkunden als auch die Mexica beschwichtigen, um einen Kampf zu vermeiden. Am wahrscheinlichsten aber ist, daß er schlicht Flagge zeigen wollte.

Ordás war kaum in die Straße eingebogen, die in den Dammweg nach Tacuba mündete, als die Mexica ihn und seine Männer von den umliegenden Dächern mit Steinen zu bewerfen begannen. Vier oder fünf Kastilier wurden getötet und fast alle übrigen einschließlich Ordás selbst verwundet. Die Mexica verfolgten die fliehenden Kastilier bis zum Palast des Axayácatl, den sie erneut in Brand setzten. Der Rauch und die Hitze, die durch das Feuer entstanden, machten den Spaniern schwer zu schaffen; doch schließlich gelang es ihnen, die Flammen mit Erdreich und Bruchstücken von Mauern und Dächern zu ersticken. Die Mexica schlugen auch eine Bresche in die Mauer, durch die sie leicht in den Palast hätten eindringen können, wenn dort keine Armbrustschützen und Arkebusiere postiert gewesen wären. Die Informanten von Fray Sahagún bezeugten später deren wirkungsvollen Einsatz: »Sie zielten gut mit ihren eisernen Bolzen ... die surrend und zischend durch die Luft flogen ... Gewaltig war ihr Surren. Und auch die Pfeile verfehlten ihre Ziele nicht.«[16]

Über achtzig Conquistadoren einschließlich des *caudillo* selbst und Ordás wurden verwundet. Selbst nach Einbruch der Dunkelheit noch beschossen die Mexica von den Dächern der umliegenden Häuser die Spanier, welche ihrerseits damit beschäftigt waren, Breschen in den Mauern auszubessern und Wunden zu verbinden. Zwei Italiener in Cortés' Streitmacht wirkten mit Öl, Schottischer Wolle und, wie es den Verwundeten erschien, Zaubersprüchen wahre Wunder.[17]

Die Kämpfe zogen sich über mehrere Tage hin; die Kastilier unternahmen im Morgengrauen jeden Tages einen Ausfall, um die nahe gelegenen Häuser unter ihre Kontrolle zu bringen. Doch das nützte ihnen wenig, denn sobald sie sich abends in den Palast des Axayácatl zurückzogen, meist mit zahlreichen Verwundeten und einem oder zwei Toten, eroberten die Mexica die Gebäude wieder zurück. Juan González Ponce de León leitete einen Ausfall, bei dem es den Conquistadoren gelang, den Palast Montezumas zu erobern. Anschließend zogen sie sich jedoch wieder zurück. Den Spaniern mangelte es an gewöhnlichem Süßwasser; der faulige und salzige Sickerbrunnen, den sie im Haupthof gegraben hatten, war ihre einzige Trinkwasserquelle.[18]

Von den umliegenden Dächern aus warfen die Mexica unentwegt Steine auf das Quartier der Kastilier, so daß die Conquistadoren an den Rändern der Innenhöfe entlanggehen mußten, wenn sie nicht getroffen werden wollten. Unter diesen Umständen vermochten auch die Geschütze nicht viel auszurichten. Gewiß, die Kastilier brauchten ihre Lombarden und Feldschlangen nicht mehr genau auf ein Ziel auszurichten, denn sie konnten sicher sein, wohin sie auch schossen, in eine Gruppe von Mexica zu treffen. Doch hatte dies keinen nachhaltigen Effekt, denn wenngleich jeder Schuß vermutlich zehn oder auch zwanzig Mexica dahinraffte, wurden die Lücken sofort aufgefüllt. Die überlegene Waffentechnik fiel bei den Straßenkämpfen nicht ins Gewicht.[19]

Soldaten, die in Italien gegen die Franzosen oder gegen die Türken gekämpft hatten, sagten (gewiß nicht ohne einen Anflug von Übertreibung), sie hätten solche Schlachten und Kämpfer von solcher Tapferkeit wie die Mexica noch nicht erlebt. Die Mexica bedienten sich auch Methoden der psychologischen Kriegsführung: Jede Nacht sorgten ihre Zauberer dafür, daß Kastilier, die aus den Fenstern blickten, schreckenerregende Dinge sahen: einen auf einem Fuß umherspazierenden Kopf, springende menschliche Schädel oder enthauptete Körper, die sich stöhnend umherwälzten. Ein Soldat, der für kurze Zeit in der behelfsmäßigen Kirche im Palast des Axayácatl eingesperrt worden war, sagte seinen Wachen, er habe gesehen, wie tote Männer herumgesprungen seien und wie sein eigener Körper auf dem Altar gelegen habe. Bei diesen alptraumartigen Inszenierungen trat auch das unheimliche mexikanische Gespenst *youaltepuztli*, »Nacht-Axt«, auf, »ein Mensch ohne Kopf, der traditionellerweise in einem Spukzimmer herumwirbelt und dessen geöffnete Brust plötzlich unter fürchterlichem Getöse zuschnappt«.[20] »Nacht-Axt« zermürbte die Kastilier, vor allem die Soldaten von Narváez, die das Gespenst verwünschten. Wie glücklich waren sie doch auf Kuba gewesen, bevor sie törichterweise zuerst Narváez und dann Cortés gefolgt waren!

Auch die Mexica waren zu einer anderen, ungewohnten Art der Kriegsführung gezwungen, denn Straßenkämpfe waren ihnen – zumindest in dem Ausmaß, wie es der Krieg in ihrer eigenen Stadt erforderlich machte – bis dahin unbekannt gewesen. Zudem hatten sie nicht die Zeit gehabt, um jene ausgeklügelten Angriffstaktiken zu ersinnen, auf die sie früher so großen Wert gelegt hatten. Bei diesen neuen Kämpfen warteten die Krieger, die Schilde besaßen, nicht, bis ihre Frauen diese mit Federn gesäumt hatten; sie schmückten sich nicht mit goldenen Halsketten, und sie vertrauten auch nicht auf Umhänge aus »fürstlichen Federn« oder Federn des Silberreihers. Nicht etwa, daß sie diese Dinge mittlerweile geringschätzten; ab und zu schmückten sich ihre Anführer damit, um ihre Männer zu ermuntern. Doch im allgemeinen kämpften sie alle, so gut sie konnten, ohne Befehle, aber mit instinktiver Disziplin und entsprechend den allgemeinen Anweisungen von Cuitláhuac und den wenigen anderen Anführern, die das Blutbad Alvarados überlebt hatten.

Am 26. Juni kam Cortés auf die Idee, eine frühe Version eines Panzers zu bauen: eine quadratische Kriegsmaschine aus Holz mit einem *mantelete* (Sturmdach), welche Platz für zwanzig bis fünfundzwanzig Mann, darunter Arkebusiere, Armbrustschützen und Männer mit Piken, Äxten und Eisenstäben, bieten sollte. Diese Vorrichtung war in Europa häufig bei der Belagerung von Burgen eingesetzt worden. Einige dieser Maschinen sollten von Soldaten wie Bahren, auf denen Christus- und Madonnenfiguren bei Prozessionen in der Karwoche herumgeführt wurden, auf den Schultern mitten in die Schar der mexikanischen Krieger getragen werden. Durch Löcher und Schießscharten könnten sie dann das Feuer eröffnen. Versteckten »Pionieren« sollte so ermöglicht werden, Häuser und Mauern zu zerstören.[21] In der Nacht vom 26. auf den 27. Juni begannen sie mit dem Bau von drei oder vier dieser Maschinen. Ihr Zweck bestand weniger darin, einen Fluchtweg aus der Stadt freizukämpfen, als vielmehr darin, eine Schutzzone um den Palast des Axayácatl zu schaffen.

Doch noch bevor diese Apparate erprobt werden konnten, ereignete sich ein weiterer einschneidender Vorfall: Cortés sah zwölf Mexica, die prächtige Federbüsche und Insignien sowie mit Gold überzogene Schilde trugen. Diese Männer schienen die Anführer der Mexica zu sein. Einer von ihnen wurde von den anderen mit besonderer Ehrerbietung behandelt. Cortés vermutete, daß es sich um Cuitláhuac handelte, und bat Marina, Montezuma nach der Identität dieser Männer zu fragen. Dessen Antwort blieb vage: Möglicherweise handele es sich um Verwandte von ihm, darunter die Könige von Texcoco und Iztapalapa (oder anders gesagt: Cuitláhuac). Doch der Kaiser sagte auch, er glaube nicht, daß die Mexica zu seinen Lebzeiten einen Nachfolger für ihn wählen würden. Darauf bat Cortés (diesmal mit Hilfe von Aguilar und Marina) Montezuma, auf das Dach des Palastes zu steigen, um mit jenen unter den Mexica zu sprechen, die er erkannt habe. Montezuma weigerte sich zunächst. Cortés' Mißachtung hatte ihn gekränkt: »Was möchte Malinche noch von mir? Ich möchte nicht länger leben und ihm nicht mehr zuhören, denn ihm habe ich all dies zu verdanken.« Nun sprachen Cristóbal de Olid und Fray Bartolomé de Olmedo in den alten, herzlichen Worten mit ihm und überzeugten ihn davon, daß es vernünftig wäre, wenn er sich an sein Volk wenden würde. Er erklärte sich dazu bereit, freilich nicht ohne darauf hinzuweisen, daß diese Bitte reichlich spät an ihn herangetragen worden sei.[22]

Wie so häufig bei dem Versuch, die Begebenheiten jener Tage zu rekonstruieren, gehen die Meinungen darüber, was als nächstes geschah, auseinander. Allem Anschein nach wurde Montezuma von dem »*comendador*« Leonel de Cervantes und von Francisco de Aguilar (dem späteren Augustinermönch und Schriftsteller) auf das Dach des Palasts geführt. Die beiden Kastilier und möglicherweise einige weitere Conquistadoren hielten Schilde über ihn, um ihn vor dem Steinhagel zu schützen. Ob Montezuma seine Absicht, einen Appell an sein Volk zu richten, verwirklichte, ist umstritten (Cortés behauptet in dem Brief an den König, in dem er diese Begebenheit schildert, Montezuma sei von einem Stein getroffen worden, noch bevor er seine Rede begonnen habe). Einigen Augenzeugen zufolge verstummten die Mexica einen Augenblick lang, als sie Montezuma erblickten und als dieser seine Freunde und Verwandten anrief. Vermutlich beteuerte er erneut, er habe sich aus freien Stücken in den Gewahrsam der Kastilier begeben und könne jederzeit in seinen Palast zurückkehren – daher gebe es keinen Grund für diesen Krieg. Die Kastilier hätten sogar versprochen, aus der Stadt abzuziehen.[23]

Nach Darstellung einiger Quellen reagierten die Anführer der Mexica mit kämpferischer Entschlossenheit auf die Worte ihres Kaisers. So heißt es etwa im *Codex Ramírez*, einer der jungen Vettern Montezumas, Cuauhtémoc, der offenbar Statthalter von Tlatelolco war, habe gefragt: »Was sagt dieser Schurke Montezuma, diese Hure der Spanier? Glaubt er etwa, er könne uns davon abbringen, für das Reich zu kämpfen, das er, mit seiner weibischen Seele, aus reiner Furcht im Stich gelassen hat ... Wir wollen ihm nicht gehorchen, weil er nicht länger unser König ist; und wir müssen ihm die Strafe zukommen lassen, die einem Verräter gebührt.«[24] (Die Mexica pflegten, wie die Spanier, Weiblichkeit mit Feigheit gleichzusetzen. Den gleichen Fehler machten sie im Hinblick auf die männliche Homosexualität. Tatsächlich dürfte diese so spanisch klingende Rede die Äußerungen sinngerecht wiedergeben.) Bernal Díaz, ein Augenzeuge dieses Ereignisses, berichtet indes, die Anführer der Mexica hätten nach den üblichen Höflichkeitsbezeigungen verkündet, sie hätten Cuitláhuac zu ihrem neuen Herrscher gewählt, der Krieg müsse fortgesetzt werden, und sie hätten geschworen, nicht eher die Waffen niederzulegen, bis alle kastilischen Eindringlinge tot seien.

Jedenfalls löste Montezumas Rede (oder beabsichtigte Rede) einen Hagel von Steinen aus, die auf das Dach niedergingen, auf dem er stand. Die Wachen konnten ihn nicht schützen. Es schien, als »regneten Steine, Pfeile, Wurfspieße und Stöcke vom Himmel herab«. Drei Steine trafen den Kaiser laut Fray Aguilar, der sich auch auf dem Dach aufhielt, »auf die Brust«. Die Kastilier schafften ihn daraufhin eiligst vom Dach herunter und versuchten, die Wunden Montezumas zu behandeln.

Unterdessen dauerten die Kämpfe an. Möglicherweise gab es eine weitere Unterredung zwischen Cortés und den Mexica. Vermutlich verständigten sie sich über Marina, die mittlerweile offenbar so gut Spanisch sprach, daß sie allein, ohne Hilfe von Aguilar, dolmetschen konnte. Cortés unterbreitete ein Friedensangebot, allerdings in anmaßendem Ton. Die Mexica müßten wissen, daß seine Zuneigung zu Montezuma der einzige Grund sei, weshalb er die aufrührerische und widerspenstige Stadt noch nicht zerstört habe. Da sie, die Spanier, nun jedoch keine Rücksicht auf Montezuma mehr nehmen müßten, sollten die Mexica die Waffen niederlegen und seine Freunde werden. Die Mexica erwiderten in würdevollem Ton, daß sie ihre Waffen erst niederlegen würden, wenn sie frei seien und Rache genommen hätten. Falls Cortés nicht abziehe, würden sie ihn töten.[25]

Die trotzige Herausforderung ermunterte Cortés zu weiteren Wagnissen. Im Morgengrauen des 28. Juni ließ er seine drei Kriegsmaschinen aus dem Palast des Axayácatl auf eine der Brücken vorrücken. Hinter den Kampfapparaten marschierten zahlreiche Armbrustschützen und Arkebusiere; auch vier Geschütze, die von den Tlaxcalteken gezogen wurden, waren mit von der Partie. Doch als der Troß sein Ziel erreichte, waren die Verteidiger so zahlreich und die Steine, mit denen sie von den Dächern beworfen wurden, so groß, daß die Maschinen schwer beschädigt wurden und die Spanier keinen Schritt weiter vordringen konnten. Nachdem sie den ganzen Morgen gekämpft hatten, zogen sie sich zurück, wobei sie ihre neuen Waffen mühsam hinter sich her schleiften.[26] In dieser Nacht unternahm Cortés einen Ausfall aus seiner Festung, bei dem es ihm (da er die Mexica, die grundsätzlich nicht bei Nacht kämpften, überrumpelte) gelang, zahlreiche der Häuser, von denen aus seine Armee so wirkungsvoll mit Steinen beworfen worden war, in Brand zu setzen.

Am Tag darauf wandte er seine Aufmerksamkeit dem Yopico-Tempel zu, der in unmittelbarer Nähe seines Quartiers lag und jetzt als Festung diente. Aufgrund seiner Höhe gab er nicht nur einen hervorragenden Beobachtungsstand ab, sondern auch eine ideale Plattform für Steinwürfe auf die Kastilier. Dieser Tempel war dem Kult der Erde geweiht, und er besaß auf Bodenhöhe einen inneren Raum mit einer tiefliegenden Grube, in der nach den Frühjahrfesten, insbesondere aber nach dem Fest des »Xipe Totec« (der als Schutzgott der Goldschmiede einen Schild und einen Umhang aus Gold trug) die getrockneten Häute der Geopferten – als symbolische Samenhülsen – aufbewahrt wurden. Vermutlich befand sich hier auch der berühmte »Sonnenstein«, der noch heute das bekannteste Symbol der mexikanischen Kultur ist.

Die Kastilier unternahmen mit ihren reparierten Belagerungsmaschinen einen Angriff auf dieses Monument. Cortés behauptet, er sei nur von einer Handvoll Männer begleitet worden, doch vermutlich waren es mindestens vierzig, die von Pedro de Villalobos angeführt wurden. Es kam zu mehreren kleinen Gefechten mit den Mexica, welche die Conquistadoren von den obersten Stockwerken der umliegenden Häuser mit Steinen bewarfen. Dennoch erreichten die Kastilier unter dem Schutz ihrer – mittlerweile weitgehend zerstörten – Maschinen den Fuß der Pyramide. Cortés ließ den Tempel umstellen und anschließend stürmen. Es kam zu einem langwierigen Kampf auf den

Stufen des Tempels, und die Armbrustschützen, die Arkebusiere und hinter ihnen die mit Schwertern bewaffneten Fußsoldaten rückten langsam vor. Sie trafen auf den erbitterten Widerstand sehr vieler mexikanischer Verteidiger, von denen manche mit langen Piken bewaffnet waren, deren Spitzen nach Ansicht von Cortés so scharf waren wie jene der kastilischen Lanzen. Er und seine Männer kämpften sich – um den Preis einiger Toter und Verwundeter – Stufe um Stufe zur Spitze vor, wobei sie allerdings mehrfach zurückgeschlagen wurden. Cortés war – zumindest seiner eigenen Darstellung nach – unablässig am Kämpfen, obgleich er aufgrund einer Verwundung, die er am Tag zuvor davongetragen hatte, seine linke Hand nicht einsetzen konnte. Offenbar wäre er um ein Haar von zwei Mexica von der Spitze der Pyramide hinabgestoßen worden.[27]

»Was für ein Kampf! Und was für ein Anblick, unsere Männer mit Blut überströmt und mit Wunden übersät zu sehen!« erinnerte sich Bernal Díaz später. Es trugen sich ausschließlich Kämpfe Mann gegen Mann zu, ein Großteil davon auf den schwindelerregend steilen Stufen. An der Spitze angelangt, begannen die Conquistadoren wie üblich damit, die Götterstatuen die Treppen hinabzustoßen (die Statuen, die sie nicht von der Stelle bewegen konnten, setzten sie in Brand) – und die Priester hinter den Statuen her, die »wie schwarze Ameisen zu Boden purzelten«, wie sich einer von Sahagúns Informanten erinnerte. Zwei Hohepriester nahmen sie gefangen. Die Kastilier ihrerseits scheinen bei diesem riskanten Ausfall etwa zwanzig Mann verloren zu haben. »Es war kein Tag, um im Bett liegen zu bleiben«, bemerkte González Ponce de León, der selbst zahlreiche Priester von der Spitze der Pyramide hinabwarf.[28]

Offenbar kam es nun zu einer weiteren Unterredung zwischen Cortés und den Mexica über die Möglichkeit, Frieden zu schließen. Cortés sprach von der Spitze des Turms aus, wobei er sich in gewohnt pathetischer Weise ausdrückte: Er wolle den Frieden, weil es ihn bedrücke, die Verwüstungen zu sehen, die der Stadt zugefügt würden. Doch die Mexica mit ihren neuen Führern waren nicht länger bereit, dieser hochfahrenden Rhetorik zu glauben. Sobald die Kastilier ihr Land verlassen hätten, würden sie ihre Waffen niederlegen, sagte angeblich einer der mexikanischen Wortführer. Andernfalls würden sie bis zu ihrem Tod weiterkämpfen. Sie versuchten Cortés dazu zu überreden, den Palast des Axayácatl zu verlassen und nach Tacuba aufzubrechen. Doch der *caudillo* witterte in diesem Vorschlag (zweifellos zu

Recht) eine Falle, die den Mexica gestatten würde, ihnen auf dem Dammweg den Rückzug abzuschneiden und sie in aller Ruhe umzubringen. Angeblich behaupteten die Mexica auch, daß selbst dann, wenn für jeden getöteten Kastilier 25 000 Mexica sterben müßten, die Conquistadoren zu guter Letzt doch vernichtet würden.[29]

Die Kämpfe gingen folglich weiter; noch in derselben Nacht setzten die Kastilier die Häuser entlang jener Straße in Brand, die zu dem einzigen noch offenen Dammweg führte, nämlich dem nach Tacuba, in westlicher Richtung. Doch selbst dort waren einige Brücken zerstört worden. Cortés befahl den verbündeten Tlaxcalteken, die Lücken mit dem Schutt abgebrannter Häuser und Mauern aufzufüllen.

Montezuma starb vermutlich am Morgen des nächsten Tages, des 30. Juni. Die Kastilier führten seinen Tod auf die Verwundungen zurück, die er durch die Steinwürfe erlitten hatte. Montezuma hatte Cortés gebeten, sich um seine drei Töchter zu kümmern, vor allem die Älteste, die er als seine Erbin betrachtete; dies war ungewöhnlich, denn im allgemeinen wurde ein Bruder oder ein Vetter, nicht aber ein Kind, geschweige denn eine Frau, Nachfolger eines verstorbenen mexikanischen Kaisers. Er kann daher nur Erbin seines Privatvermögens gemeint haben. Montezuma, der bis zu seinem Tod von Cortés fasziniert war (vielleicht gerade am Ende seines Lebens, als er niemand anderen mehr hatte, an den er sich wenden konnte), soll den *caudillo* – laut dessen eigener Darstellung – nicht nur gebeten haben, seine Töchter taufen zu lassen. Er soll ihm auch versichert haben, daß er, Montezuma (falls er das Glück habe, am Leben zu bleiben, und falls Gott Cortés den Sieg über die Belagerer des Palasts schenke) seinen Wunsch, Seiner Majestät, dem König von Spanien, zu dienen, öffentlich (*largamente*) kundtun werde. Offenbar hatte Cortés Montezuma zu diesem Zeitpunkt seine »Tändelei« mit Narváez verziehen, denn er behauptete weiterhin, daß dieser die alleinige Schuld an dem brutalen Krieg trage, den Cuitláhuac gegen Montezuma und ihn begonnen habe, und daß Montezuma persönlich nicht das geringste mit dem Aufstand der Mexica zu tun gehabt habe.[30]

Nach einer anderen Version soll Montezuma, bevor er starb, auf seinen eigenen Wunsch hin getauft worden sein.[31] Dies entspricht gewiß nicht der Wahrheit – wäre es der Fall gewesen, hätten Cortés und andere mit Sicherheit in triumphierendem Ton davon gesprochen. Am wahrscheinlichsten ist, daß Montezuma, als ihm die Sterbesakramente angeboten wurden, es vorzog, die letzte halbe Stunde seines Lebens mit seinen eigenen Göttern zu verbringen.

Nach einem anderen, sich hartnäckig haltenden Gerücht wurde Montezuma von den Conquistadoren umgebracht.[32] Auch wenn nichts ausgeschlossen ist und auch wenn die Conquistadoren weder Barmherzigkeit noch Dankbarkeit kannten, ist dies ebenso unwahrscheinlich.

Andererseits hat Cortés nach Montezumas Tod all jene mexikanischen Fürsten – es mochten zwanzig bis dreißig gewesen sein –, die jetzt noch im Palast gefangengehalten wurden, anscheinend auf der Stelle umbringen lassen, an ihrer Spitze Itzquauhtzin, den von Tenochtitlan eingesetzten Gouverneur von Tlatelolco. Zu den Opfern dürfte auch der *tlacatecatl* Atlixcatzin gehört haben, ein Sohn des verstorbenen Kaisers Ahuízotl, der als der aussichtsreichste Anwärter auf den Thron erschienen sein dürfte. Ihre Ermordung befreite die Kastilier von der Last ihrer Bewachung, so daß mehr Männer zum Kampf verfügbar waren. Aguilar schilderte die Szene auf anschauliche Weise: »Einige der Indianer, die nicht getötet worden waren, trugen die Leichen hinaus. Am späteren Abend, etwa gegen zehn Uhr, kamen dann so viele Frauen mit brennenden Fackeln, Kohlenbecken und Feuern, daß wir einen großen Schreck bekamen. Sie kamen, um nach ihren Männern und Verwandten zu suchen, die tot im Säulengang lagen ... und als die Frauen ihre Verwandten und Angehörigen erkannten (was wir vom Dach aus deutlich sehen konnten), warfen sie sich, von tiefem Kummer und Schmerz ergriffen, auf die Leichen und stimmten ein so lautes Geschrei und Wehklagen an, daß uns Angst und Schrecken in die Glieder fuhren; und der Verfasser dieser Zeilen sagte zu seinem Gefährten [vermutlich Leonel de Cervantes]: ›Hast du nicht den Tumult und das Wehklagen dort unten gesehen? Denn wenn du es nicht gesehen hast, kannst du es von hier aus sehen.‹ Und niemals während des ganzen Krieges fürchtete ich mich so sehr wie bei diesem entsetzlichen Wehgeschrei.«[33]

Cortés ließ dem Hohenpriester, dem *cihuacoatl*, ausrichten, daß Montezuma gestorben sei, daß die Kastilier über seinen Tod zutiefst bekümmert seien und daß sie hofften, der Kaiser werde als der große Herrscher beerdigt, der er gewesen sei, während seine Nachfolger sich um eine Beendigung des Krieges bemühten.[34] Offenbar schoben die Kastilier die Leiche Montezumas aus dem Tor des Palasts, um sie den Mexica zu übergeben.

Falls der *caudillo* tatsächlich von »Beerdigung« gesprochen haben sollte, hätte dies seine Unkenntnis verraten, denn in Tenochtitlan wurden die Leichen von Kaisern, Adligen, Kriegshelden, ja der meisten Mexica, in der Regel verbrannt. Die Verbrennung war ein Zeichen dafür, daß der Geist des Verstorbenen in den Himmel auffuhr, um dort, vereint mit der Sonne, weiterzuleben. Die Beerdigung war einem speziellen Personenkreis vorbehalten: Frauen, die im Kindbett starben, Ertrunkenen und Menschen, die an Gicht, Aussatz und Wassersucht starben, das heißt, all jenen, die von den Göttern des Regens und des Wassers hinweggerafft wurden.

In Mexiko war die Bestattung eines Kaisers immer eine bedeutende Feierlichkeit: Mehrere Tage lang stimmten Frauen ein Wehgeschrei an, indem sie mit den Händen auf ihren Mund schlugen; man bekleidete den Toten mit seinen prächtigsten Gewändern und legte ihm ein Stück Jade in den Mund als Symbol des unsterblichen Herzens. Der Leichnam wurde feierlich aufgebahrt. Hinzu kamen die Leichen von mindestens zwanzig weiteren Personen: Der Privatpriester des verstorbenen Kaisers, seine Hofnarren, Zwerge, Buckligen und andere Diener wurden geopfert, um dem Toten in der anderen Welt zu dienen. Auch einige seiner Lieblingskonkubinen boten sich möglicherweise freiwillig dar, um den Kaiser auf seiner Reise durch die Dunkelheit zu begleiten. Ferner wurden etwa einhundert Gefangene geopfert. Die Herrscher nahe gelegener Städte – einschließlich derer, die mit den Mexica verfeindet waren, wie etwa Tlaxcala – wurden ebenfalls zu der Feuerbestattung eingeladen. Auf dem Hauptplatz leitete ein Priester, als Geist der Unterwelt verkleidet, die Beisetzungsfeier, bei welcher der Leichnam des Kaisers auf einen »göttlichen Scheiterhaufen« gelegt wurde.

Nach der achtzigtägigen Trauerzeit (derselbe Zeitraum wie für einen gewöhnlichen Mexica), während der mehrere Opferungen stattfanden, wurde eine Statue, die den Kaiser darstellte, samt einigen erhaltenen Überresten (seinem Haar beispielsweise) in einer Zeremonie verbrannt, die eine Wiederholung der ursprünglichen Beisetzungsfeier war, allerdings in kleinerem Rahmen abgehalten wurde.[35]

Im Falle Montezumas scheinen die traditionellen Feierlichkeiten aufgrund der beispiellosen Umstände seines Todes, und auch weil er gegen Ende seines Lebens in Verruf geraten war, ausgesetzt worden zu sein. Wir erfahren lediglich, daß »sie Montezumas Leichnam in ihre Arme nahmen und ihn nach Copulco brachten. Dort legten sie ihn auf einen Scheiterhaufen, den sie in Brand setzten. Das Feuer prasselte. Der Leichnam Montezumas verbrannte, wobei ihm ein fauliger Geruch entströmte.« Sicher erinnerten sich manche an den einstigen Ruf Montezumas als Schlächter, unbeugsamer Hoherpriester, entschlossener Reformer, erfolgreicher Feldherr und gestrenger Zuchtmeister: »Dieser Übeltäter hat die ganze Welt in Schrecken versetzt. Überall auf der Welt fürchtete man sich vor ihm. Wer ihn auch nur im geringsten beleidigte, war des Todes. Viele bestrafte er für Missetaten, die sie gar nicht begangen hatten.« Der Gouverneur von Tlatelolco, Itzquauhtzin, dagegen scheint im Tempelbezirk dieser Stadt in allen Ehren verbrannt worden zu sein.[36]

Montezuma war eine tragische Gestalt. In seiner Jugend ein unbeugsamer Mann, der sich seine Unbeugsamkeit sogar noch als Vorzug anrechnete, verlor er seine Macht infolge eines einzigartigen und unvorhersehbaren Vorgangs: seiner Entführung im November 1519, die ihn in ein gefügiges Werkzeug verwandelte. Wie es oft in solchen Fällen geschieht, scheint er eine Zuneigung zu seinen Entführern, allen voran Cortés, entwickelt zu haben. Diese emotionale Bindung ließ ihn als Feigling erscheinen. In dem verängstigten, manchmal albern kichernden Kaiser, der im Palast des Axayácatl gefangengehalten wurde, war keine Spur mehr zu erkennen von dem machtbewußten Autokraten, der er zehn Jahre zuvor gewesen war. Es wird immer unklar bleiben, ob der Mythos von Quetzalcoatl, von Tezcatlipoca oder irgendeiner anderen Gottheit einen entscheidenden Einfluß auf Montezumas Ansichten ausübte – jedenfalls war er ungewöhnlich abergläubisch. Mit Sicherheit setzte er Cortés – zumindest eine Zeitlang – mit einem im Osten verschollenen Herrscher gleich, bei dem es sich jedoch nicht unbedingt um Quetzalcoatl handeln mußte. Vielleicht benutzte Montezuma auch – zumindest unbewußt – die Annahme, er habe es mit einer Reinkarnation des Quetzalcoatl zu tun, als Rechtfertigung für seine Unentschlossenheit. Vermutlich ging er aus Gründen der vorübergehenden Beschwichtigung auch auf Cortés' Forderung ein, er und seine Fürsten sollten die Oberhoheit Karls V. anerkennen. Und schließlich glaubte er zweifellos auch, daß die unter Zwang gemachten Zugeständnisse gegebenenfalls ohne weiteres wieder rückgängig gemacht werden konnten. Im März 1520, als er Cortés aufforderte, das Land zu verlassen, hatte er einen Teil seiner früheren Beherztheit zurückerlangt, möglicherweise aufgrund des optimistischen Ausblicks, den das neue Jahr, »2-Feuerstein«, verhieß. Nach Alvarados Massaker schließlich mußte er erkennen, daß er keine weiteren Verhandlungen führen konnte. Von seinem eigenen Volk verstoßen, mußte er sich damit abfinden, nur noch eine Marionette der Eindringlinge zu sein.

Fortunas Rad dreht sich geschwind

»Fortunas Rad dreht sich geschwind, und auf große Wonne folgt schweres Leid.«
Bernal Díaz über die »noche triste«, *1520*

Die Kastilier gelangten in zunehmendem Maße zu der Überzeugung, es sei höchste Zeit, Tenochtitlan zu verlassen. Es mangelte ihnen an Lebensmitteln und an Schießpulver für die Geschütze; außerdem waren die Mauern des Axayácatl-Palasts mit Löchern übersät. Von den zahlreichen Tlaxcalteken, die am 24. Juni mit Cortés zurückgekehrt waren, waren nur noch 100 übrig. Die Conquistadoren und ihre Verbündeten mußten weiterhin fauliges Wasser trinken. Der Astrologe Botello sagte zu Alonso de Ávila, die Geister, mit denen er auf magischem Wege in Verbindung stehe, hätten ihm offenbart, sie alle würden getötet, falls sie nicht noch in dieser Nacht die Stadt verließen.[1] Ávila wiederum hinterbrachte Cortés diese Weissagung. Pedro und Gonzalo de Alvarado, Rodrigo Álvarez Chico und Diego de Ordás befürworteten ebenfalls einen sofortigen Abzug aus Tenochtitlan.

Zunächst beteuerte Cortés, er lasse sich eher zerstückeln, als daß er die Stadt verlasse; wenn er aus Tenochtitlan abzöge, würde er mit Sicherheit einen Großteil des Goldes und des Schmucks verlieren, der ihm geschenkt worden sei. Der *caudillo* meinte scherzhaft zu Tapia, falls sie Kanonenkugeln bräuchten, sollten sie welche aus Gold und Silber herstellen, davon hätten sie schließlich genug. Der bloße Gedanke an einen Abzug war Cortés unerträglich. Hatte er nicht versprochen, die Stadt dem König und damit indirekt auch Gott zu übergeben? Doch schließlich fand er sich widerstrebend damit ab, daß sie keine echte Alternative hatten.[2] Zum ersten Mal waren jene, die sich seiner Auffassung widersetzten, tapfere Männer und nicht, wie bei früheren Meinungsverschiedenheiten, ängstliche Freunde von Gouverneur Velázquez. Zudem war Botello in Rom gewesen, und seine astrologischen Fähigkeiten standen außer Zweifel.

Cortés beschloß, noch in der gleichen Nacht über jenen Dammweg abzuziehen, der in westlicher Richtung nach Tacuba führte und den die Kastilier noch von früheren Kämpfen kannten. Mehrere Hauptleute schlugen vor, bei Nacht aufzubrechen, weil die Mexica nur ungern in der Dunkelheit kämpften. Andere meinten, sie könnten unbemerkt fliehen, wenn sie die Hufe ihrer Pferde einwickelten. Wieder andere rieten dazu, bewegliche Holzbrücken zu bauen, die hintereinander über die Lücken gelegt werden könnten und so einen sicheren Marsch zum Festland ermöglichen würden.

Sie einigten sich darauf, den Palast des Axayácatl um Mitternacht zu verlassen. Die Vorhut sollte von Sandoval, Ordás, Francisco Acevedo, Antonio de Quiñones (ein Mann aus Zamora, zu dem Cortés in den zurückliegenden Wochen großes Zutrauen gefaßt hatte), Tapia und Lugo sowie etwa zweihundert (nach Cortés Worten) »jungen und tapferen« Männern gebildet werden. Bei ihnen handelte es sich zweifellos überwiegend um Cortés' eigene Männer und nicht um ehemalige Soldaten von Narváez (obgleich diese Unterscheidung immer mehr an Bedeutung verlor). Zu ihnen sollte sich eine kleine Gruppe geeigneter Begleitpersonen gesellen: die Geliebten von Cortés und Alvarado, Marina und Luisa, sowie die Priester Fray Olmedo und Fray Díaz. Cortés würde mit dem Hauptteil des Heeres folgen, das unter dem taktischen Befehl von Alonso de Ávila und Olid stehen sollte. Hinter ihnen würden die überlebenden Tlaxcalteken mit den Gefangenen, die bislang verschont worden waren, darunter Montezumas Sohn Chimalpopoca und zwei seiner Töchter, »Doña Aña« und »Doña Leonor«, marschieren.[3]

Die Nachhut schließlich sollten sechzig Reiter unter dem Befehl von Velázquez de León und Pedro de Alvarado bilden. Unmittelbar hinter Cortés sollten Alonso de Escobar und Cristóbal de Guzmán, Cortés' Majordomus und Verwahrer des Goldes, reiten. Cortés beabsichtigte zunächst, in der Nachhut zu reiten, doch Alvarado brachte ihn davon ab: »Es ist besser, wenn Ihr in der Vorhut reitet, denn diese wird auf den heftigsten Widerstand stoßen, und alle werden mit größerer Entschlossenheit kämpfen, wenn sie Euch dort sehen.«[4]

Die Conquistadoren verbrachten die letzten Stunden im Palast des Axayácatl damit, zu beratschlagen, was mit dem Schatz geschehen solle. Cortés berichtete später in einem Brief an den König, das Gold des Königs sei auf dem Rücken einer Stute verstaut worden, die von zuverlässigen Dienern begleitet werden sollte. Das restliche Gold gab er zur Verteilung unter seinen Männern frei; sie füllten es in die Taschen, die sie bei sich trugen. Der größte Teil dieses Goldes war zu Barren eingeschmolzen worden. Ein Soldat, Gonzalo Ruiz, sagte später, er habe sich drei Goldbarren im Wert von etwa 600 Pesos genommen, und insgesamt sei auf diese Weise Gold im Wert von 50000 Pesos verteilt worden. Die Kastilier übergaben sämtliche Quetzalfedern, die sie seit ihrer Ankunft in Tenochtitlan geschenkt bekommen bzw. zusammengetragen hatten, an die Tlaxcalteken.[5]

Viele Männer bestätigten diese Darstellung von Cortés in einzelnen Punkten: So sah Alonso de Villanueva in einem Raum des Palasts einen großen Haufen Gold, der, wie er später gehört habe, auf eine Stute verladen worden sei. Martín Vázquez will beobachtet haben, wie die Stute mit dem Gold beladen wurde. Tapia bezeugte, er habe gesehen, wie die Stute mit acht Binsenkörben und acht bis zehn Holzkisten bepackt worden sei. Andrés de Duero sah eine Stute, die mit acht Kisten beladen war, die »angeblich mit Gold gefüllt waren ..., das Ihren Majestäten [König Karl und Königin Juana] gehörte«.[6]

Andrés de Monjaraz sagte aus, er habe Velázquez de León mit einer Stute gesehen, die sich unter der Last der Goldbarren, die – wie ihm Alonso Pérez später gesagt habe – dem König gehörten, nur mühsam von der Stelle bewegt habe. Fray Juan Díaz bezeugte, daß Alonso de Escobar »in Abwesenheit des Schatzmeisters« das Gold in seinen Gewahrsam genommen habe. Andere versicherten, einem Knecht von Cortés, Terrazas, sei die Verantwortung für den königlichen Goldschatz übertragen worden. Rodrigo de Castañeda erzählte, er habe gesehen, wie sich Cortés mit großer Sorgfalt um seinen eigenen Schatz gekümmert und den Notar Pero Hernández zu sich bestellt habe, damit dieser bezeuge, daß die Tlaxcalteken unter einem Häuptling namens Calmecahua Gold im Wert von 300000 Pesos mit sich führten. In dem 1529 gegen Cortés eingeleiteten Ermittlungsverfahren wurde der Vorwurf erhoben, der *caudillo* habe 45000 Pesos, die dem König zugestanden hätten, unterschlagen. Diego de Ávila, ein Cortés durchweg feindlich gesinnter Zeuge, sagte aus, er habe gehört, wie Cortés Pero Hernández befohlen habe, das Gold des Königs zurückzulassen und nur sein eigenes, Cortés', mitzunehmen, worauf Hernández drei Pferde mit diesem Goldschatz beladen habe.[7] Die Goldbarren waren knapp unter einem Fuß lang, zwei Zoll breit und einen halben Zoll dick und paßten somit gut unter die Rüstung der Spanier.

Nach Cortés' Darstellung befahl er den »vier bis fünf vertrauenswürdigen Spaniern«, in deren Obhut er den Goldschatz gegeben hatte, ihr Augenmerk in erster Linie auf das Gold des Königs zu richten und sich um seinen Anteil keine Sorgen zu machen. Obgleich dies der Chronik der Ereignisse vorausgreift, soll nicht unerwähnt bleiben, daß Benavides, der Schmelzer der Expedition, zwei Monate später aussagte, die Kastilier hätten ursprünglich 132400 Pesos mitgenommen. Cortés sagte später, er habe 75000 Pesos für sich selbst behalten.[8] Möglicherweise sind all diese Aussagen irreführend, denn vielleicht ging viel mehr verloren, als all diese Einlassungen erahnen lassen.

Nach Aussage von Juan Jaramillo, einem Conquistador aus der Estremadura, verbrachte Cortés die Nacht vor der Flucht mit einer neuen Geliebten: einer gewissen »Doña Francisca«, einer Schwester Cacamas.[9]

Der Abzug der Conquistadoren begann – bei Nebel oder leichtem Sprühregen – in großer Stille am 1. Juli 1520 um Mitternacht. Niemand sprach ein Wort. Der Hauptmann Francisco Rodríguez Magariño und sechzig Helfer schleppten eine tragbare Holzbrücke, die aus Balken und Planken bestand und auf die alle große Hoffnungen setzten, weil sie sie gewissermaßen als eine Geheimwaffe betrachteten. Sie überbrückten damit am Stadtrand die erste Lücke im Dammweg. Sandoval oblag es, weitere Balken zur Überbrückung der übrigen Gruben in den Dammstraßen zu organisieren; all diese Balken stammten aus der Decke des Axayácatl-Palastes.[10]

Die meisten Expeditionsteilnehmer hatten bereits die ersten vier Brücken, alle noch innerhalb der Stadtgrenzen, hinter sich gelassen und schickten sich gerade an, den See zu überqueren, als sie von einer Mexica entdeckt wurden, die Wasser holen wollte. Die Frau schrie: »Mexica, kommt rasch herbei, unsere Feinde sind auf der Flucht. Jetzt, da es Nacht ist, stehlen sie sich heimlich davon!« Wenige Minuten später rief ein Mann, vermutlich ein Priester, von der Spitze des Tempels des Huitzilopochtli: »Führer der Mexica ... unsere Feinde entkommen, eilt zu euren Kriegskanus.«[11]

Offenbar hatte kein Mexica damit gerechnet, daß die Conquistadoren bei Nacht abziehen würden. Doch nun wurde die Kriegstrommel an der Spitze der Großen Pyramide geschlagen. Von den Klängen der Trommel geweckt, eilten die Männer Tenochtitlans zu ihren Kanus, in denen sie so schnell wie möglich zum Hauptkanal ruderten: »Die

Kriegskanus jagten wie Pfeile dahin; die Paddler ruderten aus Leibeskräften und ordneten sich selbst in Gefechtsformation.« Ihre Pfeile fielen »wie Heuschrecken« auf die fliehenden Spanier herab. Anscheinend wurden die Mexica von Tlaltececatzin, einem tepanekischen Fürsten, gegen die Kastilier geführt. Im Chaos des nächtlichen Angriffs und vielleicht auch in ihrer Wut scheinen die Mexica ihre übliche Taktik, die Feinde nicht zu töten, sondern gefangenzunehmen, vergessen zu haben. Alle Quellen berichten übereinstimmend, daß viele Kastilier im Kampf getötet wurden, und zwar meist, wie Verbrecher, durch Schläge auf den Hinterkopf.[12]

Trotz dieser Angriffe erreichte die Vorhut der kastilischen Marschkolonne sowie Cortés und seine Gefährten im zweiten Abschnitt des Zugs bei dem Dorf Popotla, das unmittelbar vor Tacuba lag, das Festland. Sie alle mußten die beiden letzten Kanäle, die nach ihrer letzten Spähpatrouille geöffnet worden waren, durchschwimmen. Nachdem Cortés einige wenige glückliche Soldaten, Marina, »María Luisa«, Fray Olmedo und Fray Díaz unter dem Befehl von Juan Jaramillo dort zurückgelassen hatte, kehrte er mit fünf Reitern (Olid, Sandoval, Ávila, Morla und Gonzalo Domínguez) zu dem unterbrochenen Dammweg zurück, um jenen zur Hilfe zu eilen, die unmittelbar hinter ihm gewesen waren.[13]

Dies war jedoch leichter gesagt als getan, da der gesamte Damm zu diesem Zeitpunkt von beiden Seiten von unzähligen Kanus angegriffen wurde. Sämtliche Brücken waren hochgezogen worden; die Balken, welche die Kastilier über die Breschen gelegt hatten, waren zerbrochen; die Hälfte der kastilischen Soldaten strampelte im Wasser umher, kurz: Das Chaos war unbeschreiblich, und viele Männer waren entweder bereits getötet worden oder ertranken. Die Geschütze, viele Pferde und ein Großteil des Goldes waren verlorengegangen. Alonso de Escobar, das Pferd mit Gold des Königs und die Schätze des mexikanischen Reichs »tauchten nicht wieder auf«. Pedro Gutiérrez de Valdelomar behauptete, er habe sich einen Augenblick lang auf dem Dammweg hinter dem Pferd befunden, es dann aber aus den Augen verloren.[14] Die Erinnerung an dieses Tier sollte die Spanier viele Jahre lang verfolgen.

Die schlimmste Katastrophe allerdings ereilte die Spanier im Tolteken-Kanal, auf der »Brücke des Massakers«, wie Francisco de Flores den Ort später nannte. Es handelte sich um die zweite Lücke im Damm außerhalb der Stadt (etwa an der Stelle, wo sich heute die

Sankt-Hippolytus-Kirche befindet). Die Körper der Toten schienen eine Zeitlang die Bresche aufzufüllen: »Alle stürzten hinein: die Tlaxcalteken, die Spanier, ihre Pferde und einige Frauen. Der Kanal war bis oben hin mit ihren Leibern gefüllt ... Und diejenigen, die zuletzt kamen ... gingen über einen Teppich von Leichen.«[15]

Das einzige, was man mit Sicherheit über diese für die Kastilier so schwarze Nacht sagen kann, ist, daß jene Conquistadoren, die mit Gold beladen waren, mit höherer Wahrscheinlichkeit umkamen als jene, die nur ihre Baumwollrüstung trugen.

Cortés und die meisten seiner Hauptleute scheinen pausenlos, wenn auch letzten Endes vergeblich gekämpft zu haben. Einmal fiel der *caudillo* ins Wasser und wurde von mehreren Mexica umringt, die ihn zweifellos gefangengenommen hätten, um ihn triumphierend zu opfern, hätten nicht rechtzeitig Cristóbal de Olea und Antonio de Quiñones eingegriffen. Die einzige Frau unter den spanischen Kämpfern, María de Estrada, beeindruckte angeblich ebenfalls durch ihre ebenso bemerkenswerte wie erfolgreiche Fechtkunst, wenngleich die Mexica sie diesmal nicht für die Mutter Gottes hielten. Im übrigen hatte Fray Juan Díaz gewiß recht, als er sich einige Jahre später mit Bitterkeit daran erinnerte, daß »in diesem Augenblick niemand etwas anderes im Sinn hatte, als seine eigene Haut zu retten«. Einige jedoch, darunter Ruy González, ein Conquistador, der mit Narváez gekommen war, behaupteten später, sie hätten viel getan, um ihren Gefährten beizustehen, und begründeten damit ihr Gesuch um ein Wappenschild.[16]

Inmitten der Dunkelheit, des Lärms und des allgemeinen Chaos verloren Velázquez de León und Alvarado die Kontrolle über die Nachhut. Alvarado bekannte später sogar, das Durcheinander sei so groß gewesen, daß er seine Männer nicht länger habe befehligen können. Sein Pferd sei getötet worden; doch er habe weitergekämpft, bis er allein gewesen sei. Man beschuldigte ihn, er sei einfach über eine dritte Bresche im Damm, den Graben von Petlacalco, gesprungen; in dem disziplinarischen Ermittlungsverfahren gegen ihn wurde dieser Sprung keineswegs als eine Heldentat, sondern als ein schweres Pflichtversäumnis gewertet, da er auf diese Weise seine Männer im Stich gelassen habe und vor dem Feind geflohen sei. Doch dieser »Sprung des Alvarado« hat nie stattgefunden. Vielmehr ging der Conquistador nach eigener Aussage über einen Balken, worauf es ihm mit Mühe gelungen sei, auf »die Kruppe« des Pferdes von Cristóbal Martín de Gamboa,

Cortés' Stallmeister, zu springen. Natürlich freute sich Cortés, ihn zu sehen, doch er fragte ihn: »Was ist aus den Männern geworden, die ich Euch anvertraut habe?« Alvarado erwiderte: »Señor, sie alle sind hier, und wenn einige fehlen, vergeßt sie« – eine äußerst irreführende Auskunft.[17]

Alvarado hatte mehr Glück als Velázquez de León, der gemeinsam mit ihm die Nachhut befehligt hatte und zu den Männern gehörte, die nicht wieder auftauchten (laut Juan Jaramillo war er beim Gold des Königs geblieben). Auch Francisco de Saucedo, *el pulido*, der Wahrsager Botello, Lares, der hervorragende Reiter (»Lares *el jinete*«), und Cortés' Diener Terrazas verschwanden spurlos. Montezumas Sohn Chimalpopoca, der von Cortés gefangengehalten worden war, wurde ebenso getötet wie seine Schwester, »Doña Ana«. Auch einige der mexikanischen Fürsten, die sich Cortés' Gefolge angeschlossen hatten, wurden von ihren Landsleuten umgebracht: zum Beispiel Xiuhtototzin, der Gouverneur von Teotihuacan, der sich im Krieg um den Thron von Texcoco auf die Seite des Prätendenten Ixtlilxochitl geschlagen hatte.[18] Angeblich wurden auch zwei Söhne und vermutlich mehrere Töchter des verstorbenen Königs Nezahualpilli umgebracht, unter anderem auch »Doña Juana«, die wahrscheinlich die Geliebte von Juan Rodríguez de Villafuerte, Cortés' Landsmann aus Medellín, gewesen war.

Einigen Soldaten der Nachhut, darunter Francisco de Flores, gelang es, das Festland zu erreichen. Doch viele ahnten, daß sie es nicht schaffen würden, den Damm zu passieren, und beschlossen daher, in ihr früheres Quartier zurückzukehren. Es ist anzunehmen, daß sich diejenigen, denen dies gelang, ein bis zwei Tage lang dort behaupteten, bevor sie überwältigt und anschließend geopfert wurden. Einem anderen Gerücht zufolge vergaß man in dem allgemeinen Durcheinander, 270 Kastilier von dem Beschluß, Tenochtitlan zu verlassen, zu unterrichten, so daß sie in ihrem Quartier zurückblieben, bis sie schließlich von den Mexica bezwungen und geopfert wurden. Vielleicht vergaß Alonso de Ojeda – dem die Aufgabe übertragen worden war, die Expeditionsteilnehmer zu wecken – auch schlicht einige der Männer des Narváez' im Tempel des Tezcatlipoca.[19]

Die Zahl der gefallenen Kastilier muß zwischen 400 – der Schätzung der Mexica (darunter angeblich zweihundert Reiter, doch das ist unmöglich, da sie nur über 100 Pferde verfügt hatten) – und den 1170, von denen der Augenzeuge Juan Cano sprach, gelegen haben. Vermutlich kamen Martín Vázquez und Bartolomé de Astorga der Wahrheit am nächsten, als sie im Jahre 1525 aussagten, in jener Nacht seien sechshundert Spanier umgekommen bzw. verschollen. Die Verluste der Tlaxcalteken bezifferten sich möglicherweise auf mehrere tausend.[20]

Cortés ließ trotz alledem keinen Zweifel daran, daß er diese »Rebellion« der Mexica, wie er ihr Verhalten sonderbarerweise weiterhin nannte, nach wie vor niederzuschlagen gedachte. Er verfügte noch immer über die meisten der Männer, die von Anfang an sein Vertrauen genossen hatten: die Alvarados, Olid, Sandoval, Tapia, Ordás, Ávila, Grado und Rangel. Viele der Toten waren Teilnehmer der Narváezschen Expedition gewesen. Weder Marina noch Gerónimo de Aguilar, die wichtigsten Dolmetscher, waren verletzt worden. Unmittelbar nachdem er zum zweiten Mal das Festland erreicht hatte, fragte Cortés, ob sein Schiffsbauer, Martín López, der die Brigantinen gebaut hatte, die Nacht überlebt habe. Die Antwort war »ja« – doch sei er schwer verwundet worden. Cortés erkundigte sich nach keiner weiteren Person. Er sagte nur lakonisch: »Ziehen wir weiter, denn es fehlt uns an nichts« (»*Vamos, que nada nos falta*«).[21]

Dem *caudillo* war wie all seinen Zeitgenossen der Mythos vom Glücksrad wohl vertraut. Nachdem Pietro Martire mit einigen Augenzeugen dieser Ereignisse in Mexiko gesprochen hatte, schrieb er an den Papst Adrian VI.: »Fortuna lächelt uns wie eine zärtliche Amme; doch ihr Rad dreht sich, und Liebkosungen verwandeln sich in Schläge ...«[22] »Fortuna dreht ihr Rad geschwind, und einige seiner Schöpfbecher sind voll, andere leer«, bemerkte Celestina in dem gleichnamigen Dialog. Auch Bernal Díaz beschwor die Glücksgöttin, als er, viele Jahre später, über diese Schlacht schrieb.

Genau zur gleichen Zeit, in der Mitte des Sommers 1520, wurde in der Werkstatt von Pieter van Aelst in Brüssel (vermutlich nach einem Entwurf von Bernard van Orley) zum Gedenken an die bevorstehende Krönung von Kaiser Karl V. ein prächtiger Wandteppich gewebt, auf dem ein Glücksrad dargestellt war. Auf diesem Gobelin reitet die Göttin Fortuna, eine Augenbinde tragend, auf einem Schlachtroß über den Himmel, wobei sie mit der Rechten Rosen verstreut und mit ihrer Linken Steine wirft. Unter ihr figuriert das berühmte Rad, das von einer Dienerin angetrieben wird. Über ihr sind die Insignien des Reiches abgebildet: Krone, Schwert und Zepter. Zu ihrer Rechten, inmitten der vom Glück Begünstigten, sind Galeonen, aber auch Julius Caesar dargestellt, der populäre Held dieser Epoche, wie er zur Küste gerudert wird. Caesar trägt die gleiche Kleidung, die auch Cortés getragen haben dürfte, und er betet.[23]

Teil VI
Aufschwung nach der Niederlage

Der süße Tod durch den Obsidiandolch

> »Möge sein Herz nicht in Furcht schwanken. Möge er die Lieblichkeit, die Süße des Todes durch den Obsidiandolch kosten …
> Möge er wünschen, möge er ersehnen den Blumentod durch den Obsidiandolch …
> Möge er kosten die Süße der Dunkelheit, das Getöse der Schlacht, das Brüllen der Menge …«
> *Gebet für die Gefangenen, aus dem Codex Florentino*

Die Niederlage der Kastilier »auf den Brücken« von Tenochtitlan war der schlimmste Rückschlag, den die Europäer bis dahin in der Neuen Welt erlitten hatten. Den Mexica war dies natürlich nicht bewußt, doch als sie die Leichen der Conquistadoren reihenweise auf den Boden legten, so daß sie »weißen Schilfgrasknospen, weißen Agavenknospen oder gar weißen Maisähren glichen«, waren sie überzeugt, die Eindringlinge endgültig losgeworden zu sein. Abgesehen von den Bergen toter Männer und Pferde fanden sie eine große Anzahl von Schwertern, Schwertgriffen, Armbrüsten, Lanzen und Arkebusen, Armbrust- und Bogenpfeilen, eisernen Pfeilspitzen, Helmen, Harnischen, Kettenpanzern, Brust- und Rückenharnischen, Halsbergen sowie Schilden aus Holz, Leder und Eisen. Außerdem fielen ihnen Sättel, Bruchstücke von Pferdepanzern, Stirnschilde, Trinkhörner und Küchenmesser, Dolche und Hellebarden sowie eine oder zwei der neumodischen kannelierten Rüstungen aus Deutschland in die Hände. Zahlreiche Goldbarren, Jadesteine und Halsketten kehrten aus dem Schlamm des Sees zu ihren ursprünglichen Eigentümern zurück. Einige spanische Dokumente dagegen dürften in selbigem Schlamm begraben worden sein: Velázquez' Instruktionen an Cortés, Gründungsurkunden der Stadt Villa Rica de la Vera Cruz und Schriftstücke, die Grado und Ordás Narváez weggenommen hatten. Zwischen den Leichen der Tlaxcalteken und anderer mit den Spaniern verbündeter Indianer lagen zahllose Federbüsche und Umhänge.[1]

Jenen Mexica, die Gefangene gemacht hatten, wurde zur Belohnung für ihre Ruhmestat vermutlich erlaubt, sich das Haar in einer bestimmten Weise zu schneiden. Den Kriegern, die ohne fremde Hilfe einen Gefangenen gemacht hatten, wurde bei einer feierlichen Zeremonie das Gesicht mit rotem Ocker und die Schläfen mit gelber Farbe bemalt; außerdem wurde ihnen ein orangefarbener Überwurf mit gestreiftem Saum und Insignien in Form eines Skorpions überreicht.[2]

Die Mexica richteten ihre Tempel wieder her und räumten den Schmutz, den Unrat und, in einigen Straßen, den Schutt beiseite. Sie versuchten zu ihrem normalen Lebensstil zurückzufinden. Vermutlich bereiteten sie das »große Fest der Herrscher« vor, das regelmäßig Ende Juni, im siebten Monat – Huey Tecuilhuitl – des mexikanischen Kalenders – stattfand. Wie in den vergangenen Jahren auch dürfte der Herrscher – mittlerweile Cuitláhuac – Mais aus dem großen Getreidespeicher (dem *petlacalco*) an das Volk verteilt haben, denn dies war normalerweise die Zeit der Nahrungsmittelknappheit, und man feierte bei diesem Fest die Macht des Kaisers.

Nach einem Sieg wurde überlicherweise abends am Fuß der Großen Pyramide ein zeremonieller Tanz aufgeführt. Im Schein von Kohlenbecken und Fackeln, die von jungen Männern gehalten wurden, tanzten nun »Hauptleute und andere tapfere und kampferprobte Männer«, die Sieger der »Schlacht auf den Brücken«, in Dreiergruppen: je zwei Krieger und eine Frau aus dem Kreis der sogenannten »Gefährtinnen unverheirateter Soldaten« – Prostituierte, die ihr Haar offen trugen und mit Stickereien verzierte Röcke anhatten (und die bei diesen Gelegenheiten eine beträchtliche Aufwertung ihres gesellschaftlichen Ansehens erfuhren). Alle trugen Ohrpflöcke aus Türkis, und die Krieger, die sich im Kampf ausgezeichnet hatten, trugen Lippenpflöcke in Form von Vögeln oder Seerosen. Zweifellos nahm Cuitláhuac selbst an diesem heiligen Fest teil.[3] Die Spanier nannten ihre Niederlage rückblickend nur kurz »*la noche triste*«, die traurige Nacht – für die Mexica hingegen war es eine Nacht des Triumphes.

Mit Sicherheit wurden einige der gefangenen Kastilier zusammen mit Cholula, Tlaxcalteken und Huexotzinca geopfert. Unter den ersteren befanden sich auch einige Offiziere der kastilischen Expedition: vermutlich Alonso de Escobar, der die Stute mit dem Goldschatz des Königs bewacht hatte, und Juan Velázquez de León, dessen Augen bei seiner Geburt die mächtige Burg Albuquerque in Cuéllar erblickten und die sich nun (falls er tatsächlich geopfert wurde und nicht gefallen war) für immer unter dem strahlend blauen Himmel über Tenochtitlan schließen sollten. Nachdem diesen Conquistadoren das Herz, »die köstliche Kaktusfrucht des Adlers«, mit Messern aus Feuerstein fachmännisch aus der Brust herausgetrennt und der Kopf abgeschnitten worden waren, warfen die Priester ihre verstümmelten Leichen die steilen Treppen des Tempels hinab, so wie (nach Überzeugung der Priester) einst der Gott Huitzilopochtli seine Schwester Coyolxauhqui von einem Berg hinabgestoßen hatte.

Wir wissen nicht, ob die Mexica die Gefangennahme der Kastilier – wie die der Tlaxcalteken – als einen großen Triumph betrachteten oder ob sie die Eindringlinge auf eine Stufe mit den »gemeinen« Huaxteken von der Küste stellten, was wahrscheinlich ist. In diesem Fall dürften den Opfern weder »Obsidianwein« (*pulque*) noch Halluzinogene angeboten worden sein, um ihnen die Angst vor dem bevorstehenden Tod zu nehmen.

Auch wissen wir nicht, ob diese Kastilier »wie eine Blume« starben, wie die Mexica respektvoll jene Opfergefangenen beschrieben, die sich ritterlich in den Tod fügten. Das Schweigen der Chronisten über diesen Punkt deutet darauf hin, daß nach dieser Schlacht einige der traditionellen Riten im Hinblick auf Gefangene übergangen wurden. So betrachtete sich beispielsweise der Krieger, der einen Gefangenen gemacht hatte, traditionellerweise als dessen Vater. Er brachte seinen »Schützling« in die »Kerkerhalle«, die im Keller des Königspalasts untergebracht war, wo die Gefangenen bis zu ihrer rituellen Opferung im Überfluß lebten. Möglicherweise verzichtete man in dieser speziellen Situation auf diese Dinge. Bemalten die Mexica diese Gefangenen mit roten und weißen Längsstreifen, wie sie es normalerweise mit Opfern taten? Wurden sie dazu gebracht, kleine Wimpel aus Papyrus zu tragen, mit denen üblicherweise Opfergefangene gekennzeichnet wurden? Und wurden sie an den Haaren die Stufen hinaufgezerrt, da sie gewiß nicht freiwillig zur Tempelspitze gingen? Es ist anzunehmen, daß die Priester die Herzen der geopferten Kastilier und Indianer wie üblich in die steinerne »Adlerschüssel« (*cuauhxicalli*) legten und daß die Krieger, die Gefangene gemacht hatten, einen der Schenkel verspeisten, während der andere im Palast verzehrt wurde. War der feindliche Kämpfer von zwei oder mehr Mexica überwältigt worden, dann wurde sein Körper aufgeteilt: Derjenige, der den größten Anteil an der Gefangennahme hatte, bekam den rechten Schenkel, der zweite den linken Schenkel, der dritte den rechten Oberarm, der vierte den linken Oberarm, der fünfte den rechten Unterarm und der sechste den linken Unterarm. Der verbleibende Rumpf wurde entweder den Tieren im

Zoo oder – an einem abgelegenen Ort am Seeufer – den Geiern zum Fraß vorgeworfen.[4] Die abgetrennten Köpfe der Opfer wurden, wie die Köpfe der erbeuteten Pferde, auf dem Schädelgerüst zur Schau gestellt.

Gefangene wurden nach Ansicht der Mexica nach ihrem Tod auf dem Opferstein zu »Gefährten des Adlers«, die vier Jahre lang die Sonne begleiteten, wobei sie Kriegslieder sangen und sich Scheingefechte lieferten, bevor sie sich als Kolibris reinkarnierten. Doch vielleicht wurden die Gefangenen der *noche triste* als dieser Vorzüge unwürdig erachtet.

Trotz dieses Sieges der Mexica hatten die Conquistadoren das mexikanische Reich in seinen Grundfesten erschüttert. Die bedingungslose Treue des Volkes zu seinem Kaiser existierte nicht mehr. Die unterworfenen Völker an der Küste hatten sich mit erstaunlicher Vehemenz aufgelehnt, und die Totonaken versorgten Tenochtitlan nicht länger mit tropischen Früchten. Die Blüte des Adels, der Priesterschaft und der Krieger war von Alvarado gemeuchelt worden. Die Erfolge einer kleinen Schar von Conquistadoren mit ihren vernichtenden Waffen hatten die Kampfmoral der Mexica erschüttert. Zwei der führenden Monarchen des Dreierbundes, welcher das Reich jahrelang regiert hatte, waren eines gewaltsamen Todes gestorben, ebenso Montezumas Onkel, der langjährige Militärgouverneur von Tlatelolco. Viele Gebäude Tenochtitlans waren abgebrannt. Die schönen Gärten der Häuser zwischen dem Palast des Axayácatl und dem See waren verwüstet. »Harmonie und Ordnung«, von den Mexica einst so hochgehalten, waren unwiderruflich zerstört.

Gewiß, es gab einen neuen, offenbar tapferen Monarchen: Cuitláhuac, Montezumas Bruder. Er hatte die Mexica zweifelsohne zu einem großen Sieg geführt. Die Inthronisierungsfeier dieses neuen Kaisers verlief vermutlich nach traditionellem Muster. Wie seine Vorgänger dürfte er, nur mit einem Lendenschurz bekleidet, von zwei Vornehmen über die Treppe des Haupttempels zur Spitze geführt worden sein; wie seine Vorgänger dürfte er diese fast völlige Nacktheit als ein Symbol der Rückkehr zur Einfachheit betrachtet haben; wie seine Vorgänger wird er auf der Plattform von einem Hohepriester schwarz angemalt und anschließend mit einer dunklen, »ärmellosen Jacke bekleidet worden sein, bevor sie ihm eine mit Tabak gefüllte und mit grünen Quasten geschmückte Gurde (Flasche) auf den Rücken hängten«. »Sie verschleierten sein Gesicht, bedeckten seinen Kopf mit einem grünen

Überwurf ... Sie zogen ihm seine neuen Sandalen mit grünen Kappen an und reichten ihm einen Weihrauchkessel, der mit [Darstellungen von] Totenschädeln bemalt war.« Er wird die Ermahnung des Hohenpriesters vernommen haben, daß »die Ordnung«, die ihm seine Vorfahren hinterließen, nicht an einem einzigen Tag geschaffen wurde, und er wird sich dann, unter dem Klang von Muscheltrompeten, in die Waffenkammer zurückgezogen haben, um vier Tage lang zu fasten und zu meditieren. Diese vier Tage wurden vermutlich von zwei weiteren Besuchen im Schrein des Huitzilopochtli unterbrochen, in dem der Kaiser Weihrauch verbrannt und sein Blut, das er sich mit Hilfe von Kaktusstacheln entnahm, dargebracht haben dürfte. Nach diesem Sühneopfer war er nach allgemeiner Auffassung für die Bürden seines Herrscheramtes und die Krönungsfeierlichkeiten gerüstet, bei denen der König von Texcoco einen grünen Smaragd in ein Nasenloch seines Vetters einführte, ihm Arm- und Fußspangen anlegte und ihn zum Adlerthron, der mit Adlerfedern und Ozelotfellen geschmückt war, geleitete. Daran schloß sich ein langer Umzug an, der in unmittelbarer Nähe des Axayácatl-Palasts am Yopico-Tempel endete. Der Besuch dieses Tempels sollte die Verbindung mit der Erde versinnbildlichen. Dort werden die Priester Wachteln geopfert und Weihrauch dargebracht haben, und der Kaiser wird erneut von seinem königlichen Blut geopfert haben.[5]

Damit war die Zeremonie freilich noch nicht zu Ende. Der Kaiser kehrte zum Palast zurück, wo mehrere Reden gehalten wurden. Die Könige von Texcoco und Tacuba sprachen als erste, gefolgt von anderen Herrschern. Sie erinnerten den Kaiser an seine Vorfahren und ermahnten ihn, weise, tapfer und streng zu sein: »Und nun, o Herr, o unser Herr, Herr der Nähe, der die Sonne zum Scheinen bringst, der den Tag erwachen läßt. Ihr seid es, denn der Herr wies mit dem Finger auf Euch, er deutete auf Euch. Unser Herr hat Euch erwählt ... hat Euren Namen in die Bücher geschrieben. Wahrlich es wurde verkündet, es wurde beschlossen über uns, im Himmel, und unter uns, im Reich der Toten, daß Ihr unser Herrscher sein und die Schilfmatte und den Schilfstuhl und die höchste Amtswürde des Reiches besitzen sollt. Der Agavenstachel, den Eure Vorfahren, Eure Urgroßväter pflanzten, den sie tief in die Erde einsetzten, als sie fortzogen, keimte und erblühte ...«[6]

In normalen Zeiten wäre der Kaiser dann in den Krieg gezogen, aus dem er (so zumindest die Erwartung) mit vielen Gefangenen nach Tenochtitlan zurückgekehrt wäre. Diese wären im Rahmen eines großen Tanzfestes, bei dem der frischgekürte Kaiser in seinem Amt bestätigt worden wäre, geopfert worden. Vielleicht fand dieses Tanzfest im Jahre 1520 ebenfalls statt, doch unternahm der neue Kaiser mit Sicherheit keinen feierlichen Feldzug.

Die ganze Abfolge von Ereignissen diente dazu, die enge Verbundenheit des Monarchen mit der Stadt und ihren Denkmälern hervorzuheben und dem Volk eine Zeremonie darzubieten, die die Stellung Tenochtitlans in der Welt versinnbildlichte.

Der neue Kaiser dürfte (traditionellem Brauch gemäß) auch über einen großen Stab von Beratern verfügt haben – denn ein kluger und weiser Mann war, wie die Mexica wußten, »eine brennende Fackel, die nicht qualmt« und »ein Spiegel, der auf beiden Seiten durchbohrt ist«, kurz: ein Mensch, »der weiß, wie es im Himmel und im Reich der Toten aussieht«. Ein weiser Mexica verstand es nicht nur, »das Herz zu trösten«, sondern auch, »allen Menschen beizustehen und sie zu heilen«.[7]

Die zentrale Frage, welche von den Weisen zu beantworten war, lautete: Hatte der verstorbene Montezuma II. recht gehabt, als er mit all seinen Äußerungen und seinem ganzen Verhalten zu verstehen gegeben hatte, daß für die Mexica tatsächlich die Endzeit, »4-Bewegung«, angebrochen war, in welcher der Zyklus der Fünften Sonne (der Sonne der Mexica) zu Ende gehen würde und in der schließlich ein gewaltiges Erdbeben alles Leben auslöschen würde?

Alles deutet darauf hin, daß die Weisen, die Priester und der neue Kaiser eine derart fatalistische Schlußfolgerung verwarfen. Die Spanier waren starke Gegner, aber sie waren keine Götter. Die Maya hatten sie in Champoton geschlagen. Die Mexica hatten »auf den Brükken« gegen sie gekämpft, und sie würden es erneut tun, falls es notwendig sein sollte. Die Spanier konnten bezwungen werden, und sie waren sterblich.

Es ist anzunehmen, daß die Mexica die Niederlage der Kastilier mit öffentlichen und privaten Festen feierten, wobei letztere den »Gastmahlen der Händler« geglichen haben dürften, bei denen »Diener und Gehilfen mit großer Sorgfalt Wege schmückten, den Innenhof fegten, den Boden planierten ... andere richteten Rohrkolben her und hängten sie auf ... Wieder andere rupften Vögel, töteten Hunde und sengten sie ab; dann bereiteten sie das Fleisch zu, schmorten es in Töpfen. Einige zerschnitten und zermahlten Tabakblätter, die sie mit einem kräftigen Strohhalm in Röhrchen füllten ... die Frauen bereiteten mit Hilfe getrockneter Maiskörner *tamales* zu: Unter einige mischten sie Bohnenmehl und gaben ihnen die Form von Muscheln ... andere schöpften und trugen Wasser ... wieder andere gruben den Boden um und zermahlten Kakaobohnen. Einige mixten das Pulver zu Schokolade ... andere kochten Eintöpfe und rösteten Chilies«.[8]

Als die Gäste schließlich eintrafen, kam es zu »herzlichen Umarmungen, zu großem Gedränge, Geschiebe und Geschubse«. Dann begaben sich alle auf ihre jeweiligen Plätze. Wie vertraut mutet uns ein anderer Bericht an: »Es herrschte Unordnung und Wirrsal, die Gäste gingen umher und stritten sich ... sie hasteten wie verstört umher und wimmelten durcheinander. [Dann] kamen die Diener, die Tabak und Blumen auftrugen ... Sie stellten Schüsseln mit Tabakröhrchen vor die Gäste hin. Diese begannen an den Tabakröhrchen zu ziehen und an den Blumen zu riechen ... Dann kamen jene, die die Schokolade servierten, und sie legten vor jeden Gast ein Stäbchen hin, mit dem die Schokolade vor dem Verzehr schaumig geschlagen wurde.« Vermutlich wurden gegrillte Truthähne und Hunde serviert, die bei den Gastmahlen reicher Kaufleute zusammen angerichtet wurden. Danach saßen alle eine kurze Zeit lang »entspannt und zufrieden auf ihren Plätzen ... und am Abend tranken die alten Männer und Frauen Wein [i.e. *pulque*] ... Ein Diener brachte einen Krug, der bald mit weißem Wein, bald mit Weinschorle, bald mit honiggesüßtem Wein gefüllt war ... Dann begannen die Gäste zu singen ... Lieder von Kummer und Leid ... Andere sangen nicht, sondern lachten und unterhielten ihre Tischgenossen mit witzigen Bemerkungen, worauf diese in prustendes Gelächter ausbrachen. Schließlich waren sie vor Lachen ganz erschöpft ... Ihr Lachen glich dem Bellen von Hunden.«[9] In den Häusern der Vornehmen erfreute man sich an Gesängen und Lustbarkeiten. Zweifellos erzählte man sich Witze über die Kastilier: über ihre maßlose Goldgier, ihre Hypokrisie, ihre bleiche Göttin, ihre scheußlichen Pferde und ihren widerlichen Geruch.

Doch waren diese Feste ein wenig verfrüht, denn der Feind hielt sich noch immer in der Nähe auf, und Cuitláhuac unternahm zunächst nichts, um den Kastiliern nachzusetzen, die seiner Auffassung nach gewiß endgültig geschlagen waren.

An der ersten Stelle, an der sich die Expedition sammelte – unter dem später so genannten »Baum der Tränen« in Tacuba –, stellte Cortés in einer Rede an sein geschlagenes Heer klar, daß die Niederlage in der *noche triste* seines Erachtens nichts weiter war als ein taktischer Rückschlag. Mit betonter Gelassenheit versicherte er, er beabsichtige noch immer, zu guter Letzt Tenochtitlan dem König von Spanien als Kriegsbeute zu übergeben. Fürs erste jedoch würden sie nach Tlaxcala aufbrechen und sich dort, wie er hoffe, in Gesellschaft von Freunden erholen. Nachdem sein ursprünglicher Plan gescheitert sei, die Stadt kampflos, durch bloße Einschüchterung einzunehmen, würde er sich eine Alternative ausdenken und dabei die den Mexica tributpflichtigen Völker stärker einbeziehen. Sicher, es handle sich vorerst noch um einen völlig unausgereiften Plan, der Zeit, Skrupellosigkeit und Glück erfordern werde, wenn er gelingen solle, doch die Göttin Fortuna wäre ihm nach diesen Rückschlägen gewiß bald wieder hold. Schon in den ersten Tagen nach der Niederlage auf den Brücken muß er sich einen neuen Plan zurechtgelegt haben.

In der Nacht der Niederlage war Cortés niedergeschlagen, er soll sogar Tränen in den Augen gehabt haben. Von seiner Streitmacht waren nur etwa vierhundert Mann und dreißig Pferde übriggeblieben; fast alle waren verwundet. Er hatte sich jedoch bald wieder soweit im Griff, daß er den Tlaxcalteken mitteilen konnte, er gräme sich nicht aus Verzagtheit, sondern aus Ergriffenheit darüber, daß der heilige Jakobus selbst und der gütige Gott ihn gerettet hätten, während so viele teure Gefährten und Freunde umgekommen seien. Er selbst fürchte die Mexica nicht im geringsten, denn sein eigenes Leben gelte ihm nichts, da es, selbst wenn er umgebracht würde, niemals an Christen mangele, die die Mexica unterwürfen; denn zu guter Letzt, dessen sei er gewiß, würde das Gesetz der Evangelien auch in diesem Land zur Geltung gebracht.[10]

Cortés und seine Männer brachen vor Morgengrauen auf; er wollte die gleiche, am Nordufer des Sees entlangführende Route nehmen, über die er nur eine Woche zuvor nach seinem Sieg über Narváez nach Tenochtitlan gelangt war.

In der ersten Nacht nach ihrem Abzug rasteten die Kastilier eine Weile in einem Tempel in Otoncalpulco, einem Ort, der, nachdem dort später eine Kirche errichtet worden war, Nuestra Señora de los Remedios (»des göttlichen Beistandes«) genannt wurde – nach der Madonna in der Kathedrale von Sevilla, zu der Cortés gebetet hatte, bevor er den Palast des Axayácatl verließ, und nach der auch die Insel Yucatán eine Zeitlang benannt worden war. Die Kastilier wurden unablässig, wenn auch unkoordiniert angegriffen. Nachdem sie sich einige Stunden lang ausgeruht hatten, zogen sie um Mitternacht bzw. in den ersten Stunden des 2. Juli weiter.

Geleitet von tlaxcaltekischen Führern, marschierten die Spanier den ganzen Tag, bis sie nach Teocalhueycan kamen. Die kampffähigen Soldaten bildeten die Vor- und die Nachhut, während die Verwundeten, von einer kleinen Schar Bewaffneter flankiert, in der Mitte gingen. Diese Etappe war nur acht Kilometer lang, doch aufgrund der schlechten Verfassung der Verwundeten und des unablässigen Beschusses mit Steinen und Pfeilen kamen sie nur langsam voran. Die Expedition schlug ihr nächstes Nachtlager in einem »Turm und einem befestigten Gebäude« in Teocalhueycan auf, die sich auf dem Gipfel eines runden Hügels befanden und von einem Steinwall umgeben waren. Die Bewohner des Ortes waren Tepaneken, die, nachdem sie in den 30er Jahren des 15. Jahrhunderts von den Mexica erobert worden waren, unter den Forderungen Montezumas gelitten hatten. Daher hieß sie der Kazike mit der gewohnten Höflichkeit der Bewohner Mexikos willkommen: »Unsere Herren, die Götter, sind ermattet: ruht euch aus; der Friede sei mit euch; erholt euch ...« Die Indianer gaben ihnen Futter für die Pferde und Wasser, Mais, Tortillas, Truthähne, Eier, *tamales* und verschiedene Kürbisarten für sich selbst.

Einmal glaubte Cortés, er habe sich verirrt. »Villafuerte«, fragte er einen Landsmann aus Medellín, »welche Richtung müssen wir einschlagen?« Rodríguez de Villafuerte wies den richtigen Weg.[11]

Am nächsten Tag brach Cortés nach Tepotzotlan auf, einer Stadt am Ufer des Sees, etwa vierundzwanzig Kilometer weiter nördlich. Obgleich die Einwohner der Stadt ebenfalls Tepaneken waren, waren sie in die Berge geflohen, als sie von der bevorstehenden Ankunft der Kastilier erfahren hatten. Sie hatten alles, einschließlich ihrer Lebensmittelvorräte, zurückgelassen, und so konnten die Kastilier im Palast speisen und übernachten. Doch lagen sie »von großer Furcht erfüllt, dicht und wirr beisammen«.[12]

Die dritte Station der Conquistadoren war Citlaltepec, eine weitere am Seeufer gelegene Ortschaft, die von Zumpango abhängig war und deren Kalksteinbrüche das Baumaterial für die Häuser Tenochtitlans geliefert hatten. Unterwegs waren die Kastilier weiteren sporadischen Attacken ausgesetzt. Die Nacht verbrachten sie erneut in einem Tempel mit einem Rundturm. Auch die Bewohner dieses Ortes waren geflohen, allerdings ohne Nahrungsmittel zurückzulassen. Am folgen-

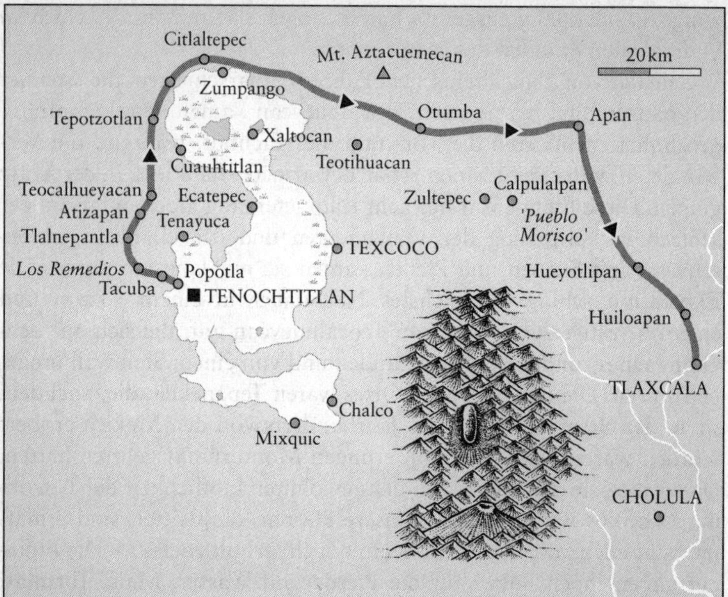

Der Fluchtweg von Cortés nach der »noche triste«

den Tag zogen sie in östlicher Richtung am Seeufer weiter. Unterwegs kam es erneut zu Überfällen; dabei wurde Cortés durch Steine, die ihn am Kopf trafen, verwundet. Bei einem dieser Überfälle töteten die Mexica das Pferd von Cristóbal Martín de Gamboa – vermutlich jenes, auf dem er in der *noche triste* Pedro de Alvarado gerettet hatte. Infolgedessen verfügten die Kastilier zum ersten Mal seit ihrer Niederlage über Fleischrationen.[13]

Ihr Weg führte sie nun am Fuß des Berges Aztacuemecan und an mehreren ihnen feindlich gesinnten Ortschaften vorbei. Manchmal war Gras ihre einzige Nahrung. Sie zogen weiter, wobei sie oftmals nur wenige Kilometer am Tag zurücklegten und unentwegt angegriffen wurden. Jeden Tag erlagen mehrere Kastilier ihren Verwundungen; das Heer war mittlerweile auf dreihundertvierzig Soldaten und siebenundzwanzig Reiter zusammengeschrumpft, die fast alle verletzt waren.[14]

Gleich hinter der berühmten Stadt Teotihuacan begannen sie den nördlichsten Paß des Gebirges zu ersteigen, das sie von ihrem Ziel

Tlaxcala trennte. Die Kastilier erreichten eine Stadt namens Otumba; in glücklicheren Zeiten war sie bekannt gewesen für den Obsidian, der in der Nähe abgebaut wurde, und auch wegen einer Legende, der zufolge der eines Verbrechens bezichtigte örtliche Gouverneur auf dem Weg zu seinem Richter, dem König von Texcoco, ein Gedicht verfaßte, das er bei seiner Ankunft dem König vortrug, woraufhin ihm dieser verziehen haben soll.[15]

Spätestens zu diesem Zeitpunkt scheint der neue Kaiser Cuitláhuac beschlossen zu haben, ein für allemal mit Cortés und den Conquistadoren Schluß zu machen. Zu diesem Zweck stellte er ein großes Heer auf, das er allerdings nicht selbst anführte; er übertrug die Befehlsgewalt auf seinen Stellvertreter, den *cihuacoatl*.

Die Schlacht zehrte an den Kräften der Conquistadoren. Wie immer kämpften die Mexica mit ihren Obsidianschwertern nicht, um zu töten, sondern um Gefangene zu machen – daher hatten die Kastilier nur geringe Verluste. Schon allein die gewaltige Übermacht der Mexica entkräftete die bereits geschwächten Soldaten von Cortés noch mehr. Sie kämpften stundenlang Mann gegen Mann. Die kleine Schar umzingelter Kastilier vermochte sich offenbar nicht aus der Umklammerung des Gegners zu lösen: »Wahrlich unsere Feinde ... waren unzählbar«, schrieb Alonso de Navarrete. Cortés schrieb in seinem Bericht über die Schlacht: »Wir konnten dem Feind nur wenig Widerstand entgegensetzen, denn wir waren müde und fast alle waren verwundet und vor Hunger entkräftet.« Um die Mittagszeit herum, nach mehreren Stunden unentwegten Kämpfens, bemerkte Cortés, daß die Kraft seiner Männer erlahmte. »Wir verloren den Mut«, erinnerte sich später Gaspar de Garnica, ein Baske und einer der Freunde von Velázquez, die mit Narváez nach »Neuspanien« gekommen waren.[16]

Es bedurfte eines entscheidenden Schlags, wenn der mühevolle Rückzug nicht umsonst gewesen sein sollte; Cortés selbst trug ihn vor. Er hatte seit einiger Zeit in der Ferne mehrere mexikanische Hauptleute in prachtvollen Federkostümen gesehen. Aus den zeitgenössischen Berichten geht nicht hervor, ob sie Insignien aus gepreßten Quetzalfedern, die Sonnen-Insignien aus schwarzen und weißen Federn oder ein anderes Prachtgewand aus dem reichhaltigen mexikanischen Fundus an Kriegskostümen trugen – jedenfalls stachen sie durch ihr Gepränge aus der Schar der Krieger hervor. Nachdem Cortés Ordás den Befehl über die Fußsoldaten übertragen hatte, brach er mit fünf Reitern (Sandoval, Olid, Alonso de Ávila, Alvarado und Juan de

Salamanca, der aus Fontiveros bei Ávila stammte) auf, um diese Gruppe mit Lanzen anzugreifen. Sie ritten quer durch die ungeordneten Reihen der mexikanischen Soldaten und überwältigten ihre überraschten Anführer. Cortés stieß den *cihuacoatl* zu Boden, worauf Juan de Salamanca ihn mit seiner Lanze tötete und auf Geheiß des *caudillo* den prächtigen Federschmuck und die Standarte des Kommandeurs an sich riß. Cortés schickte diese Trophäen später nach Salamanca. Der Verlust der Standarte schockierte die Mexica mindestens ebensosehr wie der Verlust ihres Anführers. Dies war zum einen auf die psychologische Wirkung zurückzuführen; doch die fest an einem Bambusgestell auf dem Rücken des Anführers verankerte Standarte wies dem Heer auch die Richtung. Ihr Verschwinden sorgte für Verwirrung.[17]

Cortés ritt bei diesem Abenteuer angeblich auf einem nicht eingerittenen Zugpferd. Die einzige Kämpferin in Cortés' Gefolge, die gebürtige Sevillanerin María de Estrada, kämpfte auch in dieser Schlacht mit einer Lanze in der Hand, »als ob sie einer der tapfersten Soldaten auf Erden gewesen wäre«.[18]

Bernal Díaz lobte die Kampfhunde: »Die Hunde kämpften wie wild«, woraus hervorgeht, daß viele von ihnen die *noche triste* überlebt hatten.[19] Die Mexica verloren dieses Gefecht, weil sie schlecht organisiert waren. Sie konnten einem Angriff von Reitern in offenem Gelände nicht standhalten, mochten ihre Gegner auch noch so erschöpft sein.

Die mexikanische Streitmacht trat just zu einem Zeitpunkt den Rückzug an, da sie nicht mehr weit von ihrem zweiten Sieg über die Kastilier entfernt war.

Seinem eigenen ersten Bericht zufolge büßte Cortés in Otumba zwei Finger seiner linken Hand ein, doch scheint diese Behauptung übertrieben zu sein. In einem späteren Bericht deutet er selbst an, daß er lediglich an der linken Hand verwundet worden war, so daß er die Zügel seines Pferdes nicht fest im Griff gehabt habe. Die persönlichen Beziehungen zwischen den Conquistadoren blieben schlecht; so verwundete Antonio de Avila, der als *alcalde* der Expedition fungierte, Hernando de Villanueva, als dieser aus der Marschkolonne ausscherte. Villanueva fragte sich, ob dies möglicherweise darauf zurückzuführen war, daß er einer von Narvaez' Männern gewesen war.[20]

Die Niederlage der Mexica bei Otumba ermöglichte den Conquistadoren, ihren langsamen Marsch durch die öde Landschaft Richtung Tlaxcala fortzusetzen. Bei den Mexica dagegen löste diese Niederlage eine neue Krise aus, die dazu führte, daß sich in Tenochtitlan zwei Faktionen bildeten. Die eine Gruppe wollte sämtliche Freunde der Kastilier – all jene, die während deren langen Aufenthalts in der Stadt in irgendeiner Weise mit ihnen zusammengearbeitet hatten – streng bestrafen, während sich die andere Gruppe aus den am Leben gebliebenen ehemaligen Beratern Montezumas zusammensetzte. Offenbar gab es einige Tage lang eine heftige Kontroverse zwischen den beiden Gruppen, doch schließlich setzten sich die Befürworter einer harten Linie durch. Anscheinend wurden mehrere ehemalige Freunde und auch Verwandte Montezumas, darunter einige seiner Kinder, umgebracht. Daraufhin feierten die Mexica unter der Leitung Cuitláhuacs das Fest »Huey Tecuilhuitl«. Das Volk begann wie in alten Zeiten die Götterstatuen mit Federn, Masken aus Mosaik und Halsketten zu schmücken. Die Mexica erkannten nicht die Gefahr, in der sie schwebten. Schließlich war es noch lange hin bis zur »Kriegssaison«, dem Winter; zudem waren die Kastilier weiterhin auf der Flucht.

Unterdessen verbrachten die Conquistadoren die erste Nacht nach der Schlacht bei Otumba in Xaltepec, einer Stadt, von der aus sie die ersten Ausläufer der Berge von Tlaxcala sehen konnten, wo sie sichere Zuflucht erhofften. Am 9. Juli, nur zehn Tage nach der *noche triste* überquerten sie das Gebirge und brachten langsam den weiten Weg nach Hueyotlipan hinter sich, der ersten Stadt im Reich der Tlaxcala, in der sie freundlich aufgenommen wurden. Diese herzliche Begrüßung erleichterte sie sehr. Vor allem aber für Cortés war sie wichtig, der sich andernfalls möglicherweise nicht als *caudillo* dieses zermürbten, erschöpften, hungrigen und verwundeten Heerhaufens, dessen Soldaten zum größten Teil hinkten und dessen wenigen Arkebusieren und Armbrustschützen die Munition ausgegangen war, hätte halten können. In Hueyotlipan erhielten sie Proviant und ruhten sich drei Tage lang aus. Cortés' alte Freunde, Maxixcatzin, Xicotencatl der Ältere und Chichimecatecle, der zweithöchste Militärbefehlshaber der Tlaxcalteken, machten ihnen dort ihre Aufwartung.[21]

Noch während sich die Conquistadoren in Hueyotlipan erholten, erließ Cortés einen äußerst unliebsamen Befehl: Alle, die ihr Gold bei der Flucht behalten hatten, sollten es ihm oder Pedro de Alvarado – bei Todesstrafe – aushändigen.[22] Durch diese Maßnahme wollte er die Schatztruhe der Expedition auffüllen. Im Jahre 1529 wurde behauptet, auf diese Weise sei Gold im Wert von 45 000 Pesos eingetrieben worden, das Cortés ganz für sich behalten habe.[23] Diego Holguín, ein Zeuge in dem von Diego Velázquez im Jahre 1521 auf Kuba angestrengten Untersuchungsverfahren, sagte aus, Cortés habe später einige Männer hängen lassen, weil sie seinem Befehl nicht nachgekommen seien. Doch dafür gibt es keinerlei Beweise. Dennoch ist viel Gold im Privatbesitz zahlreicher Kastilier verblieben. Jedenfalls hatte der *caudillo* einige Monate später genügend Geld, um es einigen seiner Gefolgsleute in Spanien zu schicken.

Unterdessen war in Tlaxcala eine lange Diskussion über die Frage geführt worden, wie man die Kastilier bei ihrer Rückkehr aus Tenochtitlan behandeln solle; diese Debatte war durch eine Botschaft aus Mexiko ausgelöst worden. Cuitláhuac hatte sechs Emissäre mit Baumwolle, Federn und Salz als Geschenken nach Tlaxcala entsandt. Sie versprachen weitere Geschenke für den Fall, daß die Tlaxcalteken Cortés ihre Hilfe verweigerten. Der älteste Mexica überreichte die Gaben, anschließend wurden er und seine Gefährten von den tlaxcaltekischen Herrschern empfangen. Dieser Abgesandte wies darauf hin, daß die Mexica und die Tlaxcalteken die gleichen Vorfahren, dieselbe Sprache und dieselben Götter hätten. Außerdem hätten sie gemeinsame Interessen. Auch wenn sie sich in den vergangenen Jahren über religiöse Fragen zerstritten hätten, so sei doch jetzt der rechte Augenblick, um zu einstigen, friedlicheren Zeiten zurückzukehren. Vermutlich griff der Gesandte die Äußerungen jenes mexikanischen Boten auf, der versucht hatte, die Tlaxcalteken zur Teilnahme an der Krönung des Ahuízotl zu bewegen: »Es gibt Zeiten unumgänglicher Feindschaft und Zeiten, in denen man die natürlichen Bande zwischen uns beachten muß.« Die Fremden, so warnten die Mexica, stellten eine Bedrohung für beide Völker dar, denn sie hätten Ausschreitungen begangen, die Reichtümer des Landes gestohlen, versucht, große Herrscher zu Vasallen zu erniedrigen, und Tempel entweiht. Die Mexica boten ein dauerhaftes Bündnis an, vermutlich nach dem Vorbild ihrer Allianzen mit Texcoco und Tacuba.[24]

Xicotencatl der Jüngere wollte das Angebot annehmen, denn er hatte niemals seine unerbittliche Feindschaft gegen Cortés aufgegeben. Vielleicht hatten die Mexica ihn auch besonders reichlich beschenkt, wie es Fray Aguilar andeutet. Xicotencatl bedrängte die Tlaxcalteken, die Kastilier so bald wie möglich umzubringen, was in Anbetracht ihres erschöpften Zustands leicht zu bewerkstelligen sei. Doch sein Vater und Maxixcatzin sprachen sich dafür aus, das im Jahr zuvor mit Cortés geschlossene Bündnis aufrechtzuerhalten. Es wäre nicht rechtens, so behaupteten sie anscheinend, Männer, die in so großer Bedrängnis seien und denen sie erst vor kurzer Zeit Freundschaft geschworen hätten, so grausam und verräterisch zu behandeln. Die Gegner wären beinahe handgreiflich geworden, doch schließlich setzte Maxixcatzin seinen Standpunkt durch, indem er eindringlich an die notorische Treulosigkeit, die beständigen Grausamkeiten und die gewohnheitsmäßige Arroganz der Mexica erinnerte. Trotz seines hohen Alters stieß Maxixcatzin Xicotencatl den Jüngeren die Stufen des Haupttempels hinab. Nun empfingen er und seine Kollegen die Kastilier herzlich.[25]

Laut Fray Aguilar, einem der Überlebenden der *noche triste*, hieß Maxixcatzin Cortés mit folgenden Worten willkommen: »Seid herzlich willkommen, Herr. Schon bevor Ihr nach Mexiko aufbracht, sagte ich Euch die Wahrheit, doch Ihr wolltet mir nicht glauben. Doch jetzt seid Ihr in Euer Haus zurückgekehrt, wo Ihr Euch ausruhen und von den vergangenen Strapazen erholen könnt.« Sie versorgten die Kastilier reichlich mit Truthähnen und Tortillas.[26] Die mexikanischen Gesandten reisten überstürzt und heimlich ab.

Die Führer der Tlaxcalteken verlangten jedoch weitreichende Gegenleistungen für ihre Unterstützung. Erstens sollten die Kastilier zusichern, ihnen Cholula zu übergeben. Zweitens verlangten sie die Erlaubnis, nach der Niederlage der Mexica eine Garnison in Tenochtitlan zu unterhalten, welche die Mexica für immer von Angriffen auf ihr Territorium abhalten sollte. Drittens wollten sie sich mit den Kastiliern die Kriegsbeute teilen, und viertens forderten sie die dauerhafte Befreiung von der Tributpflicht gegenüber dem Herrscher von Tenochtitlan, wer immer es sei.[27]

Cortés erklärte sich mit all diesen Bedingungen einverstanden, woraufhin er drei Tage später in Hueyotlipan herzlich empfangen wurde. Die Dienste der Tlaxcalteken waren praktisch jeden Preis wert; zu Recht beteuerten einige Zeugen in dem disziplinarischen Ermittlungsverfahren über die Amtsführung von Cortés im Jahr 1529: »Hätten sich die Tlaxcalteken gegen die Spanier erhoben, dann wären sie [die Spanier] alle umgekommen, weil viele Spanier schwer verletzt waren.« Viele Conquistadoren, einschließlich des Metallschmelzers Antonio de Benavides, sagten aus, daß, wären die Tlaxcalteken nicht gewesen, »kein Spanier den Mexica entkommen wäre, denn es gab keinen anderen Ort, an dem man uns Zuflucht gewährt hätte«.[28]

Die Kastilier wurden in Tlaxcala sogar noch freundlicher empfangen als in Hueyotlipan, obgleich die Stadt wegen der vielen Tlaxcalteken, die »auf den Brücken« getötet worden waren, in Trauer war. Das Expeditionskorps blieb zwanzig Tage in der Stadt, also genausolange wie bei seinem Aufenthalt im Jahr zuvor; vielleicht hing dies damit zusammen, daß die Tlaxcalteken nur für diesen Zeitraum über ausreichende Lebensmittelvorräte verfügten. In diesen zwanzig Tage erholten sich Cortés und viele andere weitgehend von ihren Verletzungen. Allerdings erlagen vier weitere Spanier ihren Verwundungen.[29]

Nachdem sich Cuitláhuac bei den Tlaxcalteken eine Abfuhr geholt hatte, setzte er alles daran, einen anderen Verbündeten zu gewinnen. Er wandte sich an die Tarasken und schickte zehn Boten mit prächtigen Geschenken (Türkis, grüne Federn, Rundschilde mit Goldeinfassung, Decken, Schellen und große Obsidianspiegel) zu Zuangua, dem *cazonci* (Herrscher). Diese Geste zeigte den Tarasken, daß die Mexica dringend ihre Hilfe brauchten. Die Boten erklärten: »Der Herrscher von Mexiko, unser Gebieter, schickt uns ... damit wir unserem Bruder, dem *cazonci*, von den Fremden berichten, die in unser Reich eingefallen sind. Wir haben gegen sie gekämpft und zweihundert der Männer getötet, die auf dem Rücken von Hirschen ritten, sowie zweihundert Unberittene. Diese Hirsche trugen eiserne Rüstungen. Die Fremden führten Dinge bei sich, die wie donnernde Wolken klangen und die all jene töteten, die davon getroffen wurden ... Sie verwüsteten unsere Stadt und töteten viele von uns. Sie wurden von Tlaxcalteken begleitet ...«[30]

Der *cazonci* überlegte und konsultierte seine Ratgeber: »Was sollen wir tun? Die Nachricht, die sie mir überbracht haben, ist sehr ernst.« »Wir wußten nicht, daß in der Ferne andere Völker leben ... [Doch] welchen Nutzen hätte ich davon, meine Soldaten den Mexica zu Hilfe zu schicken? Denn wir haben immer Krieg gegeneinander geführt, wenn wir uns zu nahe gekommen sind, und wir hegen Groll aufeinander ... Die Mexica sind gerissene Redner und sehr geschickt im Umgang mit der Wahrheit. Wir müssen auf der Hut sein, daß sie uns keine Falle stellen ... vielleicht werden sie sich an uns rächen wollen, indem sie uns hinterhältig töten.«

So gab der *cazonci* seinerseits den Boten nur Geschenke mit: Dekken, Geschirr aus Kürbis und lederne Kriegsjacken.

Kurze Zeit später hörte er von einigen Otomí, daß in Tenochtitlan tatsächlich eine fürchterliche Schlacht stattgefunden habe, die Stadt sei erfüllt vom »Gestank verwesender Leichen«.[31] Er stellte einige weitere Fragen und sagte: »Unsere Vorfahren haben uns nie von der Ankunft fremder Völker berichtet. Wenn [sie] davon wußten, dann haben sie es uns nicht mitgeteilt. Von woher sollten die Fremden kommen, wenn nicht vom Himmel? Und was sind das für Hirsche?«

Zuangua schickte Boten nach Mexiko, die dort weitere Nachforschungen anstellen sollten. Die Mexica hießen sie willkommen. Sie führten sie sogar zum Gipfel eines hinter Texcoco gelegenen Berges, vielleicht des Iztaccihuatl (wenn es sich um den Popocatepetl gehandelt hätte, wäre der Name gewiß erwähnt worden). Dort deuteten sie auf eine große und flache Lichtung in der Ferne, auf der sich die Kastilier aufhielten. Die Mexica schlugen den Tarasken ein formelles Bündnis gegen die Eindringlinge vor. Die Krieger aus Michoacan sollten sie von einer Seite angreifen, während die Mexica von der anderen Seite kämen. Auf diese Weise würden sie die Kastilier einkreisen: »Weshalb sollte es uns nicht gelingen, denn alle ergreifen vor den Kriegern Michoacans, die so gute Bogenschützen sind, die Flucht!«; die Mexica dachten an die kupfernen Pfeilspitzen der Tarasken.

Als der *cazonci* den Bericht seiner Boten hörte, befielen ihn erneut Zweifel: »Wozu sollen wir nach Tenochtitlan gehen? Vielleicht würde uns dort nur der Tod erwarten, und wir wissen, was sie anschließend über uns sagen würden. Vielleicht würden uns die Mexica sogar an diese Fremden verraten und uns umbringen lassen. Sollen die Mexica ihre Feinde doch selbst töten ... mögen die Fremden die Mexica töten, denn diese haben viele Jahre lang ein schlechtes Leben geführt.« Der *cazonci* beklagte, daß die Mexica schon lange Zeit kein Holz mehr in die Tempel gebracht und ihre Götter nur noch mit Liedern geehrt hätten: »Was nützen denn schon Lieder allein?« Dann fragte er, ob die Fremden nicht vielleicht einen guten Grund hatten, nach Mexiko zu kommen – offenkundig mußten sie von einem Gott gesandt worden sein. Abschließend meinte der *cazonci*, die Tarasken sollten die ihnen von den Göttern auferlegten Pflichten sorgfältig erfüllen, dann würden diese ihnen auch nicht zürnen. Den Mexica aber würden sie keinerlei Unterstützung gewähren.[32] Er war überzeugt davon, daß die überlegenen metallurgischen Fertigkeiten seines Volkes ihm erlauben würden, sich aus der Schlacht um Tenochtitlan herauszuhalten. Vermutlich besiegelte er mit diesem Entschluß das Schicksal der Reiche des alten Mexiko.

So blieb das Werben des neuen Kaisers Cuitláhuac um die Tarasken vergeblich. Er begann verzweifelt, weitere Initiativen zu ergreifen; so verkündete er beispielsweise, er werde allen Herrschern und Völkern, die die Kastilier töteten oder von ihrem Territorium vertrieben, ein Jahr lang von sämtlichen Tributpflichten freistellen.[33] Doch dieses Angebot scheint genauso erfolglos gewesen zu sein wie sein Plan, sich mit ehemaligen Feinden zu verbünden.

Im Tal von Tlaxcala sah sich Cortés, der natürlich keine Ahnung von den Verhandlungen der Mexica hatte, unterdessen vier Problemen gegenüber. Erstens mußte er einen Boten nach Vera Cruz entsenden, der die Ereignisse in Tenochtitlan schildern sollte, ohne jedoch die tatsächliche Zahl der Gefallenen preiszugeben, und der zudem die Stadtväter bitten sollte, ihm so viele Männer und soviel Munition wie möglich zur Verfügung zu stellen. Zudem ließ er Alonso Caballero, seinem »Admiral«, der das Kommando über die Schiffe an der Küste hatte, den Befehl übermitteln, er möge mit allen Mitteln verhindern, daß ein Schiff nach Kuba auslaufe. Wenig später trafen sieben Männer, von der Küste kommend, unter dem Befehl eines gewissen Pedro Lencero (der zum Kreis von Cortés' ursprünglichen Gefolgsleuten zählte), mit einer kleinen Menge Nachschub in Tlaxcala ein. Doch all diese Männer waren krank; sie litten entweder an Lebererkrankungen oder an Ödemen. Der Ausdruck »Lenceros Hilfe«, der soviel bedeutete wie »nutzlose Hilfe«, wurde für kurze Zeit zu einem geflügelten Wort dieser Epoche.[34]

Dann ereilte Cortés eine weitere Hiobsbotschaft: Der *caudillo* hatte schon früher einige kranke Diener, Silber und Gewänder in Tlaxcala zurückgelassen. Unmittelbar vor der Flucht aus Tenochtitlan im Juni hatte er einen seiner Hauptleute, Juan de Alcántara, zur Küste geschickt: sowohl um Nachschub zu holen, als auch um die Wertsachen, die Cortés in Tlaxcala gelassen hatte, mitzunehmen. Alcántara sammelte diesen Schatz und die Vorräte ein und brach mit etwa fünfundvierzig Fußsoldaten, fünf Reitern (darunter einem von Narváez' Hauptleuten, genannt Juan Yuste, ein ehemaliger *regidor* der ephemeren Stadt San Salvador) und zweihundert Tlaxcalteken zur Küste auf. Mit sich führten sie zwei Truhen mit Gold im Wert von 2000 Pesos und kleine Goldmünzen im Wert von weiteren 14000 Pesos, die Velázquez de León nach Tenochtitlan gebracht hatte. Diese kleine Heerschar geriet jedoch einige Kilometer westlich von Hueyotlipan, in Calpulalpan (einem Ort, der später in Pueblo Morisco umbenannt wurde), in einen Hinterhalt.

Nach der Katastrophe, die Salvatierra und die übrigen Mitglieder von Narváez' Expedition in der Nähe von Tepeaca ereilt hatte, war dies der zweite schwere Rückschlag für die Kastilier binnen kurzer Zeit – ganz zu schweigen von der großen Tragödie der Niederlage in der *noche triste*. Die Ereignisse in Pueblo Morisco scheinen zu den Faktoren gehört zu haben, die Cortés dazu veranlaßten, in den folgenden Wochen besonders brutale Angriffe auf die tributpflichtigen Völker der Mexica an der Küste zu unternehmen, um solche »Verbrechen« (also die Tötung von Kastiliern, nachdem sich die betreffenden Völker zu Vasallen König Karls erklärt hatten) in Zukunft zu verhindern.[35]

Als nächstes maßregelte Cortés einen seiner eigenen Männer, Juan Páez, der vor dem 24. Juni auf dem Weg nach Tenochtitlan in Tlaxcala zurückgelassen worden war. Nachdem die Tlaxcalteken gehört hatten, daß in der Stadt am See eine Schlacht im Gange war, hatten sie Páez 100000 Mann angeboten, um Cortés in der mexikanischen Hauptstadt zu unterstützen, doch der hatte behauptet, er habe strikte Order, Tlaxcala nicht zu verlassen. Es war nicht das letzte Mal, daß sich ein Kommandeur auf überholte Befehle berief, um seine Feigheit zu rechtfertigen.[36]

Das vierte Problem, das sich in Tlaxcala zuspitzte, war ein weiterer Protest der Kastilier, von denen nicht wenige zur Küste oder sogar nach Kuba zurückkehren wollten. Natürlich hatten das viele – insbesondere unter den sogenannten Velázquisten – von Anfang an im Sinn gehabt. Die erstaunlichen Erfolge in der zweiten Hälfte des vorangegangenen Jahres jedoch hatten ihre Proteste zum Verstummen gebracht. Diejenigen, die von dieser Gruppe übriggeblieben waren, begannen nun gemeinsame Sache mit den Überlebenden von Narváez' Expedition zu machen. Der Wortführer des Protestes war diesmal der für gewöhnlich schweigsame Andrés de Duero, ein alter Freund von Cortés und von Velázquez, der Narváez begleitet hatte. Duero und seine Gesinnungsgenossen setzten in die Tlaxcalteken kein so großes Vertrauen wie Cortés. Auch glaubten sie nicht, daß die Conquistadoren die Mexica besiegen könnten. Duero war erzürnt darüber, daß das Gold, das sich einige von ihnen in der *noche triste* angeeignet hatten, auf Cortés' Befehl abgegeben werden mußte. In die besorgte Unruhe dieser Männer mischte sich Furcht. Sie sagten: »Unsere Köpfe sind zerschlagen, unsere Körper sind mit Wunden bedeckt und von Fäulnis befallen; sie sind blutlos, schwach und nackt. Wir sind in ein fremdes

Land gekommen, und wir sind krank, entkräftet und von Feinden umgeben.«[37]

Offenbar richteten sie folgendes schriftliche Gesuch an Cortés:

»Hocherhabener Herr, die Hauptleute und Soldaten dieses Heeres, dessen General Euer Gnaden sind, treten vor Euch und sagen Euch, daß die Toten, die Schäden und die Verluste, die wir während unseres Aufenthalts in Tenochtitlan, von wo wir gerade zurückgekehrt sind, und auf dem Rückweg von dort zu beklagen hatten, Euch wohlbekannt sein dürften. Die meisten unserer Männer und Pferde sind tot. Die gesamte Artillerie ist verlorengegangen, unsere Munition ist aufgebraucht, und es fehlt uns an allem, was wir brauchen, um den Krieg fortzusetzen. Zudem sind wir sicher, daß die Bewohner dieser Stadt, die uns scheinbar so freundlich aufgenommen haben und die uns gegenüber ihren guten Willen zeigen, uns mit vorgetäuschten Worten und Taten in Sicherheit wiegen möchten, um uns dann, wenn wir es am wenigsten erwarten, anzugreifen und zu vernichten ... Wir können nicht glauben, daß diese Indianer ihr Wort halten oder daß sie zu unserer Verteidigung gegen ihr eigenes Volk und ihre Nachbarn zu Felde ziehen. Die Feindschaft und die Kriege zwischen ihnen in der Vergangenheit werden sich in Freundschaft und Frieden verwandeln, so daß sie mit vereinten Kräften und geballter Macht gegen uns vorgehen und uns vernichten werden. Wir alle haben erste Anzeichen dafür gesehen ... Außerdem sehen wir, daß Euer Gnaden, unser Anführer und General, schwer verwundet sind; die Chirurgen sagen, daß die Verletzung gefährlich ist und daß sie fürchten, Ihr werdet nicht mit dem Leben davonkommen. All diese Dinge stellen, wofern Euer Gnaden sie nur genauer besehen und prüfen wollen, überzeugende Gründe dafür dar, diese Stadt zu verlassen und nicht auf einen noch schlimmeren Ausgang unserer Sache zu warten. Wir sind auch darüber unterrichtet, daß Euer Gnaden, ohne die dringlichen und schlagenden Gründe für eine Beendigung dieses Eroberungszugs gebührend zu würdigen, weiterzumachen und den Krieg fortzusetzen gedenken – ein Plan, der, würde er in die Tat umgesetzt, unsere völlige Vernichtung bedeuten müßte. Aus diesem Grund bitten und ersuchen und fordern wir ... Euer Gnaden auf, diese Stadt mit dem gesamten Heer zu verlassen und nach Vera Cruz aufzubrechen, damit dort darüber befunden werde, was zum höchsten Nutzen und Frommen Gottes und Seiner Majestät sei. Mögen Euer Gnaden hierin nicht säumen, denn es könnte uns große Verluste bescheren, wenn der Feind die Straßen blockieren, unseren Proviant stehlen und einen grausamen Krieg gegen uns führen würde, so daß wir uns anschließend nicht mehr verteidigen könnten ... Aus diesem Grund fordern wir Euch in Gegenwart unseres Notars auf, eidesstattlich zu versichern; und wir werden Euer Gnaden und Euer Vermögen für alle Schäden, Toten und Verluste haftbar machen, die möglicherweise entstehen, wenn Ihr unseren Forderungen nicht nachkommt.«[38]

Andrés de Duero, der aufgrund seiner langjährigen Erfahrungen mit Velázquez wußte, wie man solche Schriftstücke abfaßt, dürfte der Autor dieses gewandt formulierten Gesuchs gewesen sein. Cortés reagierte auf diese neue Herausforderung mit gewohntem Aplomb. Laut seiner eigenen Darstellung (in einem Brief an den König) sagte er, daß »die Eingeborenen und insbesondere unsere Verbündeten, sobald sie bemerken würden, daß es uns an Tapferkeit gebricht, sich nur um so schneller gegen uns erheben würden, denn bekanntlich ›lacht das Glück dem Tapferen‹. Zudem sind wir Christen, die an die unermeßliche Güte und Barmherzigkeit Gottes glauben, der es nicht zulassen wird, daß wir alle zugrunde gehen und daß wir ein so großes und edles Land verlieren, das für Eure Majestät unterworfen wurde bzw. unterworfen werden soll ... Auch konnte ich nicht auf einen so großen Dienst [für Eure Majestät] verzichten, wie er in der Fortsetzung des Krieges lag. Aus diesem Grund mußte die Befriedung des Landes weitergehen ... und ich beschloß, daß ich unter keinen Umständen zu den Häfen am Meer gehen würde. Im Gegenteil, ich sagte ihnen, daß ich dieses Land ungeachtet aller Gefahren und Mühsal, die vor uns liegen mochten, nicht preisgeben wolle, denn dies wäre nicht nur schändlich für mich und gefährlich für alle, sondern auch ein großer Verrat an Eurer Majestät. Statt dessen beschloß ich, unsere Feinde überall, wo ich konnte, anzugreifen und sie auf jede erdenkliche Weise zu bekämpfen«.[39]

Cortés' Kaplan López de Gómara fügte einige Informationen hinzu, von denen anzunehmen ist, daß der *caudillo* sie ihm Jahre später anvertraute. So soll Cortés beispielsweise folgende rhetorische Fragen gestellt haben: »Welches Volk, das die Welt beherrschte, ist nicht wenigstens einmal besiegt worden? ... Welcher berühmte Heerführer kehrte um, weil er eine Schlacht verloren hatte? ... Ist einer unter euch, der es nicht als Beleidigung auffassen würde, wenn man ihm sagte, er sei geflohen?« Cortés behauptete auch, die Tlaxcalteken zögen die Knute der Spanier dem Joch der Mexica vor – was reichlich unverschämt war, wenn man an seine Vereinbarung mit ihnen denkt. Was seine eigenen Wunden betraf, so betrachte er sich als geheilt.[40]

Cortés appellierte an das Ehrgefühl der Kastilier, und wie so oft zeitigte seine Beredsamkeit auch diesmal den gewünschten Erfolg. Der Protest verstummte. Doch Cortés wollte keine Risiken eingehen. Er unternahm daher unverzüglich und – wie schon im Falle Cholulas und auch Tenochtitlans – erneut auf Drängen der Tlaxcalteken einen weiteren Feldzug, dessen Schauplatz die Provinz Tepeaca sein sollte.[41]

Besagte Strafaktion war angemessen

> »Die besagte Strafaktion war angemessen, um das Land zu befrieden, und da die Sache so neu war, war es gerechtfertigt, das zu tun, was getan wurde, und noch vieles mehr, um den *naturales* Furcht einzujagen, damit sie den Spaniern keinen Schaden zufügten …«
> *Francisco de Flores, Zeugenaussage im juicio de residencia gegen Cortés*

Tepeaca, eine befestigte Stadt auf der Spitze eines Berges, war in der flachen Region, die sich vom Vulkan Popocatepetl bis zu den Hängen des Monte Orizaba erstreckte, der wichtigste Tributlieferant des Dreierbundes. Im vorangegangenen Jahrhundert hatte sich die Stadt lange Zeit erfolgreich gegen die Einverleibung ins mexikanische Reich gewehrt. Im Jahre 1521 erinnerten sich vermutlich die ältesten Einwohner des Ortes noch immer daran, daß nach der Eroberung durch die Mexica zahlreiche ihrer Landsleute dem Gott Huitzilopochtli geopfert worden waren.

Tepeaca lag an dem besten Weg zwischen Tenochtitlan und Vera Cruz. Dies erklärte die enorme strategische Bedeutung, die einer Eroberung des Ortes durch die kastilisch-tlaxcaltekische Allianz (denn darin hatte sich Cortés' Expedition mittlerweile verwandelt) zukam. Die wirtschaftliche Bedeutung des Ortes geht aus der Liste der jährlich an Tenochtitlan entrichteten Tribute hervor: 4000 Lasten Kalk, 4000 Lasten dicker Schilfrohre, 8000 Lasten Schilfrohre zur Herstellung von Pfeilen und 200 Traggestelle zur Beförderung von Waren. Die

Stadt wurde wie Tlaxcala von vier gleichberechtigten Herrschern regiert.[1]

Cortés wollte aus mehreren Gründen einen Sieg über einen der wichtigsten Tributlieferanten Tenochtitlans erringen: erstens wegen der abschreckenden Wirkung auf andere Verbündete der Mexica; zweitens wegen der zermürbenden Wirkung auf die Kampfmoral der Bewohner Tenochtitlans selbst; drittens, um das Bündnis mit Tlaxcala zu festigen und, viertens, um seiner in sich zerstrittenen Streitmacht, in der die Männer von Narváez mit den verbliebenen Freunden von Diego Velázquez Intrigen schmiedeten, eine Beschäftigung zu geben.

Die Idee zu diesem Feldzug stammte von den Tlaxcalteken, die gleichsam die Rolle des »Jago« (aus dem *Othello* von Shakespeare) in dieser Expedition der Spanier spielten. Mehr als ein Zeuge im *juicio de residencia* gegen Cortés sagte später zu dessen Verteidigung aus, daß sich die Tlaxcalteken gegen die Kastilier erhoben und die Expedition vernichtet hätten, wenn Cortés Tepeaca nicht angegriffen hätte.[2] Wie schon bei den Begebenheiten, die sich im Jahre 1519 in Cholula ereigneten, spielte die bewußte Verbreitung von Angst und Schrecken eine wichtige Rolle in der psychologischen Kriegsführung der Spanier.

Den Vorwand für Cortés' Aktion im Jahre 1520 lieferte die Ermordung von etwa zwölf Hauptleuten von Narváez, die Cortés zu Fuß nach Tenochtitlan geschickt hatte – und die allesamt Stadträte der von Narváez gegründeten Stadt San Salvador gewesen waren, wie der *caudillo* nicht ohne Arglist erklärte. Er behauptete, daß die Einwohner Quechulas aufgrund ihrer Tributpflicht gegenüber Tenochtitlan ebenfalls Vasallen des Königs von Spanien geworden seien – daher stellte die Ermordung der Hauptleute nach Cortés' Verständnis einen Akt der Rebellion dar.[3] (Die Betonung dieses formaljuristischen Aspekts ist in Anbetracht der Umstände das sonderbarste Merkmal dieses Kriegszuges – zugleich ergreifend und lächerlich. Der moderne Beobachter weiß nicht, ob er wie Las Casas, als er vom *requerimiento* hörte, lachen oder weinen soll.)

Cortés erklärte den Einwohnern Tepeacas, er wolle die Motive dieser Mordtat ergründen und zudem in Erfahrung bringen, weshalb so viele Mexica in Tepeaca und den umliegenden Orten lebten (vermutlich war dies darauf zurückzuführen, daß die Mexica, nachdem sie siebzig Jahre zuvor Tepeaca erobert hatten und viele Bewohner der Stadt verbannt hatten, noch immer eine Rebellion befürchteten).

Nach einer Rast von zwanzig Tagen brach der Hauptteil des Heeres am 1. August unter Führung von Cortés nach Tepeaca auf. Mit der Verstärkung aus Villa Rica zählte die Expedition mittlerweile vermutlich etwas mehr als fünfhundert Kastilier, etwa siebzehn Pferde und sechs Armbrustschützen. Cortés ließ mehrere Verwundete in Tlaxcala zurück, außerdem Alonso de Ojeda und Juan Márquez, welche die Tlaxcalteken weiterhin militärisch ausbilden bzw. mit ihnen arbeiten sollten.[4] Da die Spanier gegen ein Volk kämpfen würden, das seit Jahren mit den Tlaxcalteken verfeindet war, gaben diese Cortés mindestens zweitausend eigene Krieger mit, die genauso begierig nach Vorräten wie nach Kriegsbeute waren. Das Heer wurde von einem Tlaxcalteken-Häuptling, Tianquizlatoatzin, und einigen Söhnen Xicotencatls, nicht aber von dem berühmten Xicotencatl dem Jüngeren, begleitet.

Tepeaca lag nur fünfundsechzig Kilometer (Luftlinie) südwestlich von Tlaxcala. Doch um dorthin zu gelangen, machte man am besten einen Umweg von mehreren Kilometern und umging den Osthang des Berges Matlalcueye (Malinche). So verbrachten die Expeditionsteilnehmer die erste Nacht nach ihrem Aufbruch aus Tlaxcala in der zum Herrschaftsgebiet der Tlaxcalteken gehörenden Stadt Tzompantzinco. Die zweite Nacht biwakierten sie in Zacatepec. Dort kam es zu einem Geplänkel mit Mexica und Tepeaca, die offenkundig zu keinerlei Kompromiß mit den Conquistadoren bereit waren.[5] Am vierten Tag nach dem Aufbruch aus Tlaxcala traf Cortés in der Stadt Acatzinco ein, deren Gouverneur von den Herrschern von Tepeaca eingesetzt wurde.

Von hier aus schickte Cortés eine Botschaft zu den Tepeaca, in welcher er sie aufforderte, ihre Einstellung gegenüber den Spaniern und ihre Motive für die Ermordung von Narváez' Hauptleuten darzulegen. Die Tepeaca gaben sich unbeugsam: Sie forderten die Kastilier zum Abzug auf, andernfalls würden die Conquistadoren bei einem Festmahl als Hauptgericht serviert. Dies wiederum war für Cortés der willkommene Anlaß, seinen Notar Pero Hernández anzuweisen, ein Dokument des Inhalts abzufassen, daß die Mexica – obwohl sie dem König von Kastilien die Lehenstreue geschworen hätten – achthundertsiebzig Kastilier und sechzig ihrer Pferde getötet hätten, so daß sie und ihre Verbündeten zur Strafe in die Sklaverei verkauft würden.[6]

Zwei Tage später griffen die Kastilier Tepeaca an. Die Schlacht wurde auf einem Mais- und Agavenfeld vor den Toren der Stadt ausgetragen. Die wenigen Pferde verschreckten die Gegner, wie sie es vor dem militärischen Fiasko in Tenochtitlan getan hatten. Die Tlaxcalteken kämpften mit großem Einsatz, um Tepeaca gefangenzunehmen und sie als Sklaven zu verschleppen. Etwa vierhundert Krieger wurden getötet. Cortés zog ins Zentrum der Stadt ein, der örtliche *tlatoani* erklärte sich bereit, formell den Vasalleneid auf Kaiser Karl V. zu leisten, und am 4. September 1520 gründete Cortés im Zentrum der Festung eine neue Stadt, die er zum Gedenken an die ehemalige Grenzstadt in Andalusien vor dem Fall Sevillas »Segura de la Frontera« nannte. Außerdem setzte er einen Stadtrat ein, in den er seine Vertrauten berief. In der Gründungsurkunde dieses Gremiums wurden Gotteslästerung und Glücksspiel als besonders verwerflich gebrandmarkt.[7]

Nach der Schlacht wurden viele Tepeaca deportiert. Cortés versklavte die Frauen und Kinder derjenigen, die entweder gefallen oder ihren Verwundungen erlegen waren – was ein Bruch mit früheren Gepflogenheiten bedeutete. Den meisten dieser neuen Sklaven wurde auf den Wangen ein Brandmal eingebrannt.[8] Sie wurden für zehn Pesos verkauft und waren fortan Sklaven im europäischen bzw. karibischen Sinn, insofern sie völliges Eigentum ihrer Herren wurden, bei denen es sich überwiegend um Spanier handelte. Auch ihre Kinder wurden als Sklaven betrachtet. Einige Tepeaca wurden den Hunden vorgeworfen, andere wurden willkürlich mit einer Lanze oder Pike durchbohrt. Cortés machte sich weiterhin die nützliche juristische Fiktion von der vermeintlichen Rebellion der Tepeaca zunutze. Was das Einbrennen von Brandmalen anlangte, war dies eine in Spanien gebräuchliche Strafe (hatte doch der Generalinquisitor Torquemada im Jahre 1484 verfügt, daß jeder, der seinen Anspruch auf beschlagnahmte Vermögenswerte nicht hinreichend glaubhaft machen könne, einhundert Peitschenhiebe erhalten und mit einem glühenden Eisen auf der Stirn gezeichnet werden solle).

Nach Aussage der mit Cortés verfeindeten Conquistadoren opferten und verzehrten die Tlaxcalteken zahlreiche gefangene Tepeaca. Die ersten Gerüchte über derartige Praktiken waren bereits nach der Schlacht bei Zacatepec aufgetaucht; nach Tepeaca scheint Cortés bewußt darüber hinweggesehen zu haben.[9]

Später wurden viele Beschuldigungen erhoben. So sagten die beiden Augenzeugen Diego Holguín und Juan Álvarez im folgenden Jahr bei einem Ermittlungsverfahren auf Kuba aus, der *caudillo* habe den Tlaxcalteken erlaubt, sich so viele Körperteile der getöteten Feinde zu nehmen, wie sie wünschten, und sie nach eigenem Gusto – geröstet oder anderweitig zubereitet – zu verzehren. Diego de Ávila behauptete, Cortés habe die Tepeaca aufgefordert, auf die Dächer ihrer Häuser zu steigen; von dort ließ er sie hinunterstoßen, worauf die Tlaxcalteken die Leichen fortgeschafft hätten, um sie zu verzehren. Angeblich gab es in der Nähe des kastilischen Lagers Hackblöcke und Schlachthäuser, wo die Leichen von Tepeaca küchenfertig hergerichtet wurden. Es gab zahlreiche Gerüchte, nach denen wenigstens ein Kastilier ebenfalls Indianerfleisch gegessen habe. Bono de Quejo berichtete, die Leichen der toten Indianer seien an mexikanische Hunde verfüttert worden, die dann ihrerseits von den Tlaxcalteken verspeist worden seien. Sowohl Bono de Quejo als auch Diego de Vargas erklärten, sie hätten gehört, daß viele Kastilier tote Tepeaca zu den Metzgern in Tlaxcala gebracht und sie dort gegen Hühner und Kleidungsstücke eingetauscht hätten, und daß die Tlaxcalteken pompöse Festmahle veranstaltet hätten, »bei denen die Mexica verspeist wurden«. Bono de Quejo, der mit großer Beflissenheit jene Gerüchte aufgriff, die Cortés in ein schlechtes Licht rückten, behauptete außerdem, ihm sei zu Ohren gekommen, daß ein Kastilier die Leber eines Indianers verzehrt habe. Für keine dieser Einlassungen gibt es überzeugende Belege; vielmehr spricht einiges dafür, daß Bono de Quejo und seine Gefährten sich bei dem Ermittlungsverfahren im Jahre 1521 allzusehr von einem Bericht Vespuccis inspirieren ließen, in dem dieser behauptete, er habe in Brasilien gepökeltes Menschenfleisch in einer Fleischerei hängen sehen. Andererseits waren die Conquistadoren hungrig. Im Jahre 1525 sagte Juan Ruiz aus, schon für ein Stück Hundefleisch wären sie dem Himmel dankbar gewesen.[10]

Cortés ging daran, die gesamte Provinz Tepeaca zu erobern. Er ging gegen die übrigen Städte genauso erbarmungslos vor wie gegen Tepeaca. Allerdings war diese Eroberung nicht allein sein Werk, so soll etwa Cristóbal de Olid die Einwohner Quechulas auf empörende Weise getäuscht haben. Die Stadt gehörte zu den wenigen im alten Mexiko, die von Mauern umgeben war. Als Olid einige Tage nach der Schlacht um Tepeaca dort eintraf, überraschte er die Einwohner bei der Arbeit auf den Maisfeldern. Er riet den – bewaffneten – Indianern, sie sollten nicht gegen die Kastilier kämpfen, da sie andernfalls mit Sicherheit den Tod fänden. Die Quechula glaubten ihm, legten ihre Waffen nieder und näherten sich den Kastiliern, um mit ihnen zu sprechen. Olid befahl García de Albuquerque, die gesamte Bevölkerung nach Tepeaca ins Lager von Cortés zu geleiten. Cortés ließ dort angeblich alle Männer – etwa zweitausend – aussondern und umbringen; etwa viertausend Frauen und Kinder wurden versklavt.[11]

Ähnliche Greueltaten sollen in Izúcar begangen worden sein, einer Stadt, die Kaiser Karl V. ebenfalls die Lehnstreue schwor, nachdem die dort ansässigen Mexica getötet, versklavt oder vertrieben worden waren. Mehrere weitere Städte (Tecamachalco, Acapetlahuacan) wurden offenbar nach der gleichen Taktik wie Tepeaca und Quechula unterworfen: durch Gemetzel, Versklavung, Zeichnung mit Brandmalen und der anschließenden Erlaubnis für die Tlaxcalteken, ihrem rituellen Kannibalismus zu frönen. Wieder andere Städte, wie etwa Huexotzinco und Cuetlaxtlan ergaben sich kampflos. Cortés wurde von seinen Feinden beschuldigt, er habe in Tepeaca und den umliegenden Orten zwischen 15 000 und 20 000 Indianer ermorden lassen, und zusätzlich den »Juden von Tlaxcala«, wie Diego de Vargas die verbündeten Indianer im Jahre 1521 nannte, die gleiche Anzahl zum Zweck der Opferung und Verspeisung überlassen.[12]

Obgleich diese Zahlen zweifellos übertrieben sind, war dieser Feldzug der langwierigste, brutalste und wichtigste, den Cortés in Neuspanien unternahm. In seinem Verlauf unterwarf er über die Hälfte des Landes, unterbrach die Verbindungen der Mexica zur Ostküste, schnitt sie schließlich von ihren Bezugsquellen für die von ihnen hochgeschätzten tropischen Gemüse und Früchte ab und veranlaßte Tausende von Indianern durch den Schrecken, den er verbreitete, dazu, ihn zu unterstützen und sich zu Vasallen des Königs von Spanien zu erklären. Außerdem verschaffte er sich eine sichere Operationsbasis.

Cortés schrieb einen Bericht über diese Ereignisse, in dem er die Greueltaten, die man ihm zur Last legte, implizit zugab: »Als wir auf das Territorium der besagten Provinz [Tepeaca] vorstießen, stellten sich uns viele Eingeborene in kriegerischer Absicht entgegen, und sie verteidigten den Zugang [zu ihrer Stadt], so gut sie konnten, von befestigten und gefährlichen Positionen aus. Ohne auf alle Einzelheiten dieser Schlacht einzugehen, was zuviel Zeit in Anspruch nehmen würde, möchte ich nur sagen, daß wir, nachdem wir sie im Namen Eurer Majestät aufgefordert hatten, Frieden zu schließen, und sie dieser Forderung nicht nachkamen, Krieg gegen sie führten und sie viele Male gegen uns kämpften. Doch mit Gottes Hilfe und dem glücklichen Beistand Eurer Majetät schlugen wir sie jedes Mal in die Flucht und töteten viele, ohne daß sie in diesem Krieg auch nur einen Spanier verletzt oder getötet hätten ... und binnen zwanzig Tagen befriedeten und unterwarfen wir zahlreiche Städte und Dörfer, und die Herren und Häuptlinge suchten uns auf und machten sich erbötig, Vasallen Eurer Majestät zu werden ... Ich habe aus dieser Provinz viele der Mexica vertrieben, die gekommen waren, um den Tepeaca zu helfen, Krieg gegen uns zu führen und sie mit Gewalt daran zu hindern, sich mit uns zu verbünden.« Im Hinblick auf die Versklavung führte er aus: »In einem bestimmten Gebiet dieser Provinz [in der Nähe von Zautla], wo sie zehn oder zwölf Spanier töteten, verhielten sich die Eingeborenen sehr kriegerisch und rebellisch ... Ich machte einige von ihnen zu Sklaven; ein Fünftel davon gab ich den Offizieren Eurer Majestät, denn ... sie alle sind Kannibalen ... Auch versklavte ich diese Indianer, um die [Mexica] in Schrecken zu versetzen, und auch weil es dort so viele Menschen gibt, daß sie sich niemals bessern würden, wenn ich keine schwere und grausame Strafe gegen sie verhängt hätte ...«[13]

Andere spanische Schriftsteller machen weniger Aufhebens um diesen Feldzug. Bernal Díaz (der krank in Tlaxcala zurückgeblieben war) erwähnt diese Aktionen nur beiläufig mit der Bemerkung, Cristóbal de Olid wäre beinahe von einigen von Narváez' Männern, die ihn begleiteten, zur Umkehr bewogen worden. Fray Aguilar scheint von einer besonders großen Gedächtnislücke, geplagt worden zu sein, als er in den 60er Jahren des 16. Jahrhunderts über die brutalen Ereignisse, an denen er vierzig Jahre zuvor teilgenommen hatte, merkwürdigerweise schrieb: »Tepeaca schwor dem spanischen König die Lehnstreue, ohne zuvor Widerstand geleistet zu haben. Von dort sandte der General Offiziere und Soldaten aus, um Frieden zu stiften und die Eingeborenen dazu zu bewegen, ihr Bündnis mit den Mexica zu brechen und sich statt dessen einem Bund mit dem König anzuschließen. Viele Orte taten dies und boten von sich aus Frieden an, und sie wurden vom General und seinen Offizieren gut behandelt, die nicht zuließen, daß etwas mit Gewalt weggenommen wurde, sondern darum baten, mit Nahrungsmitteln versorgt zu werden. Dies taten die Indianer bereitwillig. Auf diese Weise wurden viele Provinzen und Städte befriedet, die sich dem König unterwarfen, und andere kamen von weit her, um ebenfalls Frieden zu schließen ...«[14]

Vielleicht stellten Cortés' Feinde den rituellen Verzehr von Menschenfleisch durch die Tlaxcalteken bewußt so dar, als habe es sich um Kannibalismus in großem Rahmen gehandelt, doch zweifellos wurde viel Blut vergossen. Cortés war offenbar entschlossen, im Zentrum von Mexiko eine Zone zu schaffen, die ihm bedingungslos gehorchte. Und er war bereit, jede Aktion gutzuheißen, die ihn diesem Ziel näher brachte.

Unterdessen tat der mexikanische Kaiser Cuitláhuac sein möglichstes, um die Moral seiner Untertanen zu heben, die Verteidigungsanlagen instand zu setzen und generell die Macht des mexikanischen Reiches zu stärken. Er ließ den zerstörten *teocalli* (Großer Tempel) wiederaufbauen und die Götterstatuen an ihre früheren Plätze in den Heiligtümern zurückbringen. Straßen, Häuser und Dammwege wurden instand gesetzt. Cuitláhuac feierte seine Krönung zum Kaiser im September, wobei sich die Feierlichkeiten mit dem Fest Ochopaniztli (»Fegen«) überschnitten, bei dem vermutlich gefangene Kastilier und Tlaxcalteken geopfert wurden. Wie gewöhnlich wurden die Schädel der Geopferten auf dem großen Schädelgerüst, dem *tzompantli*, zur Schau gestellt. Da die Mexica glaubten, die Pferde der Conquistadoren würden beim Anblick von Pferdeschädeln erschrecken, befestigten sie die Schädel der Männer und der Pferde sorgfältig nebeneinander. Das Madonnenbild und die Statue des heiligen Christophorus wurden selbstverständlich aus dem Großen Tempel entfernt.

Doch nichts von alledem waren gezielte Vorkehrungen für einen kommenden Krieg. Die Mexica hatten diplomatische Initiativen ergriffen, da sie erkannt zu haben schienen, daß Cortés, solange er am Leben war, eine Bedrohung darstellte – doch waren diese Bemühungen erfolglos. Da es ihnen jedoch an einer klaren Strategie fehlte, begannen die Mexica offenbar, in einer Art eskapistischen Phantasiewelt zu leben: Wohlleben war ihnen momentan wichtiger als die Verteidigung. Dennoch wurde einiges getan: Neue Befestigungsanlagen wurden errichtet und lange Lanzen geschnitzt, ähnlich denen, die Cortés hatte anfertigen lassen, um sie gegen die Reiterei von Narváez einzusetzen. Allerdings wußte niemand, wann sie gebraucht werden würden.

In seiner neuen Operationsbasis in Tepeaca/Segura de la Frontera nahm sich Cortés die Zeit, um seine Handlungsweise rechtlich abzusichern. Am 20. August verfaßte er ein Schriftstück, in dem er ausführlich die Anstrengungen schilderte, die er unternommen hatte, um das Gold des Königs während der Flucht aus Tenochtitlan zu retten. Hierbei bediente er sich der bewährten Methode, Fragen an ausgewählte Mitglieder der Expedition zu stellen und deren Antworten wörtlich wiederzugeben. In dem Dokument wird die Schuld an der Tragödie der *noche triste* allein Narváez zugeschrieben.[15]

Anschließend überredete Cortés einige seiner Freunde dazu, folgendes Gesuch an ihn zu richten: Sie forderten ihn auf, in Anbetracht des großen Unheils, das Narváez und Velázquez in Mexiko angerichtet hatten, die Beschlagnahme beider Vermögen auf Kuba und in Santo Domingo zu verlangen. Obgleich vier bekannte Conquistadoren dieses Gesuch formell unterstützten und neun weitere (einschließlich eines Mitglieds von Narváez' Expedition) es im Prinzip befürworteten, machte sich Cortés gewiß keine Illusionen über dessen Erfolgsaussichten. Es ging ihm auch vermutlich in erster Linie darum, die Aneignung der Schiffe und sonstiger Güter von Narváez' Expedition juristisch zu rechtfertigen.

Cortés verfaßte im September noch ein drittes Schriftstück, in dem er die Ereignisse der vergangenen anderthalb Jahre, also seit seiner Ankunft in Mexiko, noch einmal Revue passieren ließ. Dieser gemeinschaftliche Brief des gesamten Heeres wurde von den 534 Spaniern unterzeichnet, die sich mit ihm in Tepeaca aufhielten.[16] Sie alle bekundeten ihre Überzeugung, es sei wünschenswert, Cortés in seinen Ämtern als Oberbefehlshaber und *justicia mayor*, in die er 1519 vom Stadtrat von Vera Cruz berufen worden sei, zu bestätigen.

1521 behauptete Diego Holguín, Cortés habe zusammen mit einigen seiner Freunde (Juan de Sarmiento, Domingo García de Albuquerque, der kurz zuvor zum *procurador* von Segura ernannt worden war, und Cristóbal del Corral, einem *regidor* dieses Ortes) die Unterschriftensammlung in die Wege geleitet. Diese Männer seien, so Holguín, von Haus zu Haus gegangen, um die Conquistadoren zu bitten, ihre Unterschrift auf ein unbeschriebenes Blatt Papier zu setzen, über dessen künftigen Inhalt sie bewußt im unklaren gelassen worden seien. Diego de Vargas sagte aus, Domingo García de Albuquerque habe ihn zweimal zu sich hereingerufen, als er zufällig an dessen Unterkunft vorbeigekommen sei, und ihn gebeten, zahlreiche Schriftstücke zu unterzeichnen, ohne sie ihm zu lesen zu geben – das zweite Mal habe er seine Unterschrift verweigert. Die Furcht machte die meisten gefügig, wurde im Lager doch sogar das Gerücht ausgestreut, in Sevilla sei öffentlich verkündet worden (vielleicht von dem dortigen Richter *de las gradas*, Alonso de Céspedes, einem Onkel von Alonso Hernández Portocarrero), daß jeder, der behauptete, Cortés sei ein Verräter, gehängt würde.[17]

Ein viertes Dokument, das Anfang Oktober von dem baskischen Juristen Juan Ochoa de Elizalde aufgesetzt wurde (den Cortés für seine

Zwecke einzuspannen begonnen hatte), bezog sich auf die Auslagen, die Cortés im Zusammenhang mit der ursprünglichen Expedition nach »Yucatán« gehabt hatte (Ochoa, der Sohn eines Geschäftsmanns aus Guipúzcoa, hatte selbst in Santo Domingo gelebt, bevor er an der Eroberung Puerto Ricos und Kubas teilgenommen hatte). Dieses Schriftstück – erneut in Form eines Fragebogens mit den Antworten von vierzehn Zeugen – sollte stichhaltige Beweise für einen eventuellen Prozeß von Cortés gegen Velázquez liefern, falls die Sache in Spanien geprüft würde.[18] Obgleich die Conquistadoren in Mexiko erfahren hatten, daß König Karl I. von Spanien zum Kaiser Karl V. des Heiligen Römischen Reiches und zum König von Deutschland gekrönt worden war, wußten sie noch immer nichts von den (für sie wichtigeren) Aktivitäten der beiden *procuradores* von Vera Cruz, Francisco de Montejo und Alonso Hernández Portocarrero.

Schließlich schrieb Cortés einen zweiten Erlebnisbericht (*carta de relación*) an den König von Spanien, in dem er seine Aktivitäten in den zurückliegenden fünfzehn Monaten schilderte. Cortés unterzeichnete diesen neuen Bericht zwar am 30. Oktober, änderte jedoch anscheinend seine Meinung über den angemessenen Zeitpunkt, ihn nach Spanien zu senden. Später beteuerte er, infolge schlechten Wetters habe sich die Absendung des Briefes bis März 1521 verzögert, als er ihn schließlich einem Freund aus Medellín, Alonso de Mendoza, anvertraute, der zusammen mit Cortés *alcalde* von Santiago de Cuba gewesen war.[19]

In diesem Brief stellte Cortés seine Niederlage in Tenochtitlan als einen vorübergehenden Rückschlag dar. Offenbar ohne Rücksprache mit anderen und ohne anderweitige Vorbereitungen legte er Kaiser Karl V. nahe, sich nun auch als Kaiser »Neuspaniens« zu betrachten, wobei er diese Bezeichnung für Mexiko jetzt erstmals offiziell verwendete. In Kastilien war der Begriff des Imperiums nicht geläufig; die kastilischen Denker und Beamten glaubten nur an den einen Kaiser der Christenheit, den des Heiligen Römischen Reiches, dessen Titel für gewöhnlich mit der Krönung durch den Papst bestätigt wurde. Der Papst sprach manchmal von der christlichen Welt als einem Imperium. In seiner bemerkenswerten Rede in Santiago de Compostela im April sprach Bischof Ruiz de la Mota davon, daß Karl »Kaiser der Welt« werde. Zwar hatte die Stadt Sevilla im Jahre 1508 König Ferdinand eine Kaiserkrone angeboten, doch zu behaupten, wie Cortés es in diesem Brief tat, Karl könne sich »mit gleichem Fug und Recht, mit dem

Ihr Euch Kaiser von Deutschland nennt, auch Kaiser dieses Reiches nennen«, bedeutete einen Sprung in unbekanntes geistiges Gelände, und obendrein, wie manche meinen, einen unpassenden und gezwungenen Sprung, da weder Kastilien noch Spanien ein Imperium waren, sondern weiterhin aus einer Reihe von Königreichen bestanden.[20] In diesem wie in so vielen anderen Punkten gab sich Cortés als ein Mensch der Renaissance zu erkennen, denn der Gedanke des universellen römischen Imperiums wurde ausschließlich von italienischen Autoren gepflegt.

Das gleiche gilt für jenes Streben nach Ruhm, auf das Cortés in diesem Brief ebenfalls einging. Er behauptete, daß er sich, wäre er bei dem Unternehmen ums Leben gekommen, »genügend Ruhm« erworben hätte. Und er fügte hinzu, daß er eingedenk der noch bevorstehenden Kämpfe »den höchsten Ruhm und die größte Ehre [erlangen werde], die jemals einer Generation zuteil geworden sind« (*»la mayor prez y honra«*).

Offenbar legte Cortés diesem Brief eine grobe Skizze Tenochtitlans bei. Dieses später in zahlreichen Publikationen abgedruckte Dokument gab die tatsächlichen Verhältnisse nur sehr ungenau wieder und unterschätzte die Größe der Stadt und des Sees ganz erheblich. Vermutlich stammt diese Skizze von einem Deutschen, der sich von Cortés' Beschreibungen inspirieren ließ.[21]

Schließlich bleibt zu vermerken, daß Cortés in diesem Brief die richtigen Anredeformeln für Karl V. verwendete: »Ehrwürdige Majestät« und »Kaiser« und nicht bloß »Höchster und mächtigster Herr«. Ein Jurist unter den Männern von Narváez hatte ihn über die Veränderungen in Spanien unterrichtet. Daher wußte Cortés auch, daß er seine Briefe nicht länger an den König und Königin Juana gemeinsam adressieren durfte.

Während Cortés auf diese Weise rechtlich und politisch Vorsorge für eine potentielle Verteidigung in Spanien traf, gab er seinen Plan bekannt, noch einmal gegen die Mexica in die Offensive zu gehen. Am deutlichsten manifestierte sich diese Absicht darin, daß er erneut den Bau von Schiffen (Brigantinen) anordnete, die das Gleichgewicht der Kräfte auf dem See verändern konnten. Vielleicht hatte er bereits am Ende der *noche triste* an so etwas gedacht, als er fragte, ob Martín López noch am Leben sei. Jedenfalls betraute Cortés López wieder mit dem Bau von Schiffen, wobei die Größenordnung dieses Auftrags alles Frühere weit übertraf. Er wies López an: »Mach dich mit deinen

Werkzeugen und allem Nötigen unverzüglich nach der Stadt Tlaxcala auf den Weg, und suche eine Stelle, wo du viel Holz – Eichen, Steineichen und Kiefern – fällen kannst, und säge dies so zu, daß wir dreizehn Brigantinen daraus herstellen können.«[22]

Eine Seeblockade hatte König Ferdinand III. bereits im Jahr 1248 bei der Belagerung und Eroberung Sevillas geholfen. Vermutlich stammte der Vorschlag, »auf dem Seeweg in die Stadt einzudringen«, von López selbst, wie dies Andrés de Tapia später in einem Prozeß behauptete.[23]

López brach in Begleitung mehrerer Gehilfen nach Tlaxcala auf, darunter sein Knecht Miguel de La Mafla, einer seiner Cousins, Juan Martínez Narices, und mehrere Handwerker. Einige dieser Männer hatten bereits am Bau der früheren Brigantinen und dem Schiff in Vera Cruz mitgewirkt, das bei der Landung der Expedition des Narváez' noch nicht fertiggestellt war. López gab sich große Mühe, um genügend Proviant einschließlich Öl, Käse und Wein (»Weiß- und Rotwein und alles Nötige«, sagte Lázaro Guerrero, einer der Handwerker) für seine Männer zu besorgen – Vorräte, deren Kosten er selbst trug und auf deren Erstattung er später Cortés verklagte; denn wenn Cortés »ihnen etwas gab, das er den Indianern weggenommen hatte, so gab er es ihnen an einem Tag und dann vierundzwanzig Tage lang nichts mehr, so daß sie praktisch dazu gezwungen waren, sich selbst zu versorgen«.[24]

Sie fällten das Holz an den Hängen des Berges Malinche und schafften es anschließend nach Tlaxcala. Zweifellos nahmen zahlreiche Tlaxcalteken und Huexotzinca an dieser Aktion teil. Das Spantenwerk einer Brigantine, die in Vera Cruz zurückgelassen worden war, wurde von Tlaxcalteken nach Tlaxcala geschafft – dort sollte es den Schiffszimmerern als Modell dienen. Möglicherweise nahmen die Indianer auch Bolzen und Takelwerk von den Schiffen mit, die am Strand von Cempoallan auf Grund gesetzt worden waren. Sie beförderten das Holz nach Tlaxcala und von dort zum Ufer des Flusses Zahuapan, unweit der Stadt Tizatlan.

López war die treibende Kraft des Unternehmens; einer seiner Arbeiter, Lázaro Guerrero, sagte später über ihn: »Er arbeitete unermüdlich am Bau [der Brigantinen]; er schuftete den ganzen Tag und oftmals, im Licht von Kerzen, auch noch nach Einbruch der Dunkelheit bis zum frühen Morgen; er arbeitete selbst und leitete und ermunterte die anderen Arbeiter mit dem Fleiß eines Mannes, der die Dringlichkeit der Sache begriffen hatte.« Er war auf die Idee gekommen, den Zahuapan zu einem kleinen See zu stauen, um darauf in der Trokkenzeit (Februar) die Seetüchtigkeit der Boote zu erproben. Auch dürfte er die Länge der Schiffe festgelegt haben: etwa zwölf Meter (womit sie genauso lang waren wie die Schiffe, die er zuvor am See von Mexiko gebaut hatte), außer dem »Flaggschiff«, das etwa fünfzehn Meter messen sollte.[25]

Als Martín López in Tlaxcala eintraf, erfuhr er, daß Cortés' Bundesgenosse, ja Freund, Maxixcatzin an den Pocken erkrankt war und im Sterben lag.[26] Er war sehr alt. Doch die Krankheit, an der er litt, war neu.

Diese Pockenepidemie in der Neuen Welt hatte auf Hispaniola ihren Ausgang genommen. Dort hatte sie Ende 1518 der bereits stark dezimierten indigenen Bevölkerung den Todesstoß versetzt. Daher kamen die halbherzigen Reformen zur Verbesserung der Lage der Indianer, die die Hieronymitenmönche beschlossen hatten, zu spät.[27] Ende 1519 erreichte die Seuche Kuba, wo sie sich so rasch ausbreitete, daß Velázquez es, wie bereits erwähnt, vorzog, auf der Insel zu bleiben und Pánfilo Narváez den Befehl über die Strafexpedition gegen Cortés zu übertragen. Narváez oder möglicherweise auch Alonso de Parada schleppte die Pocken nach Cozumel ein, wo die Krankheit erst nach ihrer Abreise epidemische Ausmaße annahm. Die Maya von Yucatán glaubten, die bösen Dämonen der Krankheit, die drei Kinder Ekpetz, Uzannkak und Sojakak, würden das neue Leiden nachts von Ort zu Ort weitertragen.

Die Seuche forderte im Reich der Maya einen gewaltigen Tribut. König Hunyg und sein ältester Sohn, Ahpop Achí Balam, starben in jenem Winter. Das gleiche Schicksal ereilte einen anderen Potentaten, Vakaki Ahmak. Die Beschreibung der Krankheitssymptome deutet nicht unbedingt auf Pocken hin, doch die Folgen waren die gleichen: »Zunächst erkrankten sie an Husten. Dann litten sie unter Nasenbluten und Blasenerkrankungen. Es war schrecklich, all die Toten zu sehen … Nach und nach wurden unsere Väter und Großväter und auch wir von dunklen Schatten und finsterer Nacht eingehüllt.« Der Chronist, Francisco Hernández Arana, ein Enkel von König Hunyg, fügte hinzu: »Der Leichengeruch verpestete die Luft … die Hälfte des Volkes floh auf die Felder, wo die Hunde und die Geier ihre Körper verschlangen.«[28]

Nach Neuspanien selbst scheinen die Pocken von einem der schwarzen Sklaven von Narváez, Francisco de Eguía, eingeschleppt worden zu sein. Er steckte in Cempoallan die Familie des Hauses an, in dem er gewohnt hatte, worauf sich die Krankheit von einer Familie zur anderen, von einer Stadt zur anderen, von einem Volk zum anderen ausbreitete. Die Epidemie dezimierte auch die Totonaken, die ersten Verbündeten von Cortés. Sie breitete sich zunächst in der heißen Zone aus und griff dann auf das Landesinnere über. An vielen Orten wurden ganze Familien hinweggerafft, nicht nur, weil die Krankheit bis dahin unbekannt gewesen war und sie folglich keine Immunität dagegen besaßen, sondern auch wegen des indianischen Brauchs, Krankheiten mit Bädern – und zwar abwechselnd kalten und warmen Bädern – zu kurieren. Außerdem benutzten sie Erdpech; die Menschen strömte aus allen Gegenden zu den Tempeln, um sich mit dieser »göttlichen Arznei« einsalben zu lassen; vermutlich verabreichten sie auch *pulque*, mit dem sie alle offenen Wunden bestrichen. Doch dies alles war vergeblich. In der Vergangenheit waren die Krankheiten der Mexica Folge ungesunder oder unzureichender Ernährung gewesen. Außerdem litten die Mexica an Gicht, Krebs und Lähmungen; viele waren lahm und blind; sie litten an Magenbeschwerden und Drüsenentzündungen. Für all diese Erkrankungen hatten sie Behandlungen, viele davon auf der Grundlage derselben halluzinogenhaltigen Pflanzen, die Priester und Zauberer bei ihrer Wahrsagerei verwendeten. Halluzinogene und Tabak wurden auch eingesetzt, um dem Arzt oder Patienten die Ursache einer Krankheit zu enthüllen, das heißt die schwarze Magie, die sie verursacht haben könnte. Viren jedoch waren im alten Mexiko unbekannt.[29]

Auch Hautkrankheiten waren verbreitet. Sie wurden nach Anschauung der Mexica manchmal von dem Gott Macuilxochitl (»Fünf-Blüte«) gesandt, der diejenigen, die während der Fastenzeit die vorgeschriebene sexuelle Enthaltsamkeit nicht beachteten, mit Geschlechtskrankheiten, Hämorrhoiden und Furunkeln bestrafte. Vor den Riten zu Ehren der Göttin Xochiquetzal (»Blüte der Quetzalfeder«) wurde von allen Bürgern erwartet, daß sie ein reinigendes Bad im Fluß nahmen; jene, die dies nicht taten, mußten damit rechnen, an »Pusteln, Lepra und Mißbildungen der Hände« zu erkranken.[30]

Andere Hautkrankheiten waren nach Überzeugung der Mexica Heimsuchungen, die ihnen von den Göttern Tezcatlipoca bzw. Xipe gesandt wurden. Zweifellos glaubten einige der Mexica, diese Epidemie beweise, daß Cortés mit diesen Göttern zumindest in Verbindung stehe, auch wenn er sie nicht unbedingt verkörperte (Xipe bestrafte die Menschen angeblich, indem er ihnen Blasen, Pickel, Geschwüre und Augenkrankheiten sandte). Die Mexica baten einen speziellen Wahrsager, einen *tlaolchayauhqui*, die Ursache dieser neuen Krankheit festzustellen; er tat dies für gewöhnlich dadurch, daß er das Muster von Maiskörnern bzw. Bohnen, die auf einen weißen Baumwollumhang geworfen wurden, deutete. Diesmal dürfte er ratlos gewesen sein.[31]

Vermutlich wurden die altbewährten Heilmittel ausprobiert: »Der Pfropf [der Eiterpusteln] wird mit Kiefernharz entfernt, worauf zerquetschte Schwarzkäfer darüber verteilt werden.«[32] Dies alles half nichts, und die Krankheit wurde von einer düsteren Stimmung begleitet, die die Mexica als Verlust ihrer Seele beschrieben.

Da nach Überzeugung der Mexica Krankheiten im allgemeinen Strafen der Götter waren, folgte aus der nunmehr grassierenden Epidemie zwangsläufig, daß viele Verbrechen begangen worden waren. Die Frage war nur: welche? Würde man die Antwort finden, könnte man die geeignete Buße tun: Festmahle mit den passenden Speisen für die richtigen Götter; Pilgergänge zu entlegenen Orten mit brennenden Kohlenbecken auf dem Kopf oder irgendeine Form von Blutopfer. Auch die Opferung eines Opossumschwanzes galt in manchen Fällen als angemessene Sühne. Zwölfhundert Pflanzenarten wurden in Altmexiko als Heilmittel verwandt. Irgendeine davon würde sich gewiß als wirkungsvoll erweisen.[33]

Dennoch wurde ein Ort nach dem anderen entvölkert. In zahlreichen Straßen lagen verwesende Leichen herum, weil die Lebenden Angst hatte, sie wegzuräumen. Beamte, in erster Linie darauf bedacht, sich nicht selbst zu infizieren, begruben die Leichen, wenn möglich, indem sie die Häuser über ihnen niederreißen ließen. Der Gestank war fast genauso groß wie die Verzweiflung und das Leid viel größer als alles Unheil, das die Eroberer bis dahin angerichtet hatten. Jene, die erkrankt waren, aber nicht starben, jagten den übrigen mit den Narben, die ihre Gesichter und Körper bedeckten, Schauder ein. In einigen Orten scheint die Hälfte der Einwohner dahingerafft worden zu sein.[34] Auf die Epidemie folgte oftmals eine Hungersnot.

Im September 1520 erreichte die Epidemie Chalco im Hochtal von Mexiko und wütete 70 Tage lang in dieser vormals wohlhabenden Stadt am See. Ende Oktober schließlich griffen die Pocken nach Tenochtitlan über.[35]

Die von den Spaniern importierte Krankheit verschonte niemanden; so wurde neben Maxixcatzin in Tlaxcala auch Cuitláhuac, der Nachfolger Montezumas als Kaiser von Mexiko, von der Seuche dahingerafft. Er starb schnell, und sein Name geriet ebenfalls rasch in Vergessenheit. Tatsächlich wissen wir kaum etwas über seinen Charakter, sein Aussehen und seine persönlichen Lebensumstände. Das einzige, was wir mit Sicherheit über ihn wissen, ist, daß er immer dagegen gewesen war, die Spanier in Tenochtitlan aufzunehmen; daß er einen außergewöhnlichen Nachtangriff auf die abziehenden Conquistadoren leitete; daß er seinen Sieg nicht nutzte und daß er ein erfolgloser Diplomat war. Er hinterließ eine Frau, Papantzin, eine Tochter von Nezahualpilli, dem König von Texcoco, einen Sohn, Axayactatzin (der im hohen Alter ein Informant des Historikers Ixtlilxochitl war), und zwei Töchter. Einige Autoren behaupteten, Cuitláhuac habe Tecuichpo, eine Tochter Montezumas, geheiratet; doch wenn dies geschah, dann wohl nur pro forma.[36]

Zu den Opfern der Seuche gehörten auch Totoquihuatzin, der König von Tacuba (Montezumas Schwiegervater), der König von Chalco und später im weit entfernten Tzintzuntzan, Zuangua, der *cazonci* der Tarasken.[37]

Das Erstaunliche an dieser Epidemie war die Tatsache, daß sie offenbar die Kastilier verschonte, während sie die Indianer massenweise dahinraffte. Die Mexica glaubten, wie schon gesagt, daß erzürnte Götter ihnen diese Heimsuchung zur Strafe gesandt hatten, was sie in der Überzeugung bestärkte, daß die Conquistadoren, wenn schon keine Götter, so doch jedenfalls Übermenschen, eine Art von Riesen seien, die letztlich über sie triumphieren mußten. Zweifellos überlebten die meisten Kastilier deshalb, weil ein Estremeño oder ein Sevillaner im Alter von fünfundzwanzig oder dreißig Jahren immun gegen diese Krankheit geworden war. Vermutlich hatten sie in ihrer Heimat bereits mehrere Epidemien – nicht nur Pocken – durchgemacht.

Offenbar erreichte die Pockenepidemie im Jahre 1520 solche Ausmaße, daß nicht nur die Vorbereitungen für das Erntedankfest, sondern die Ernte selbst ausfiel. Der Mais verrottete auf den Feldern. Die Mexica glaubten, daß eine mit dem Erntedankfest in Verbindung stehende Göttin, Atlan Tonnan, Hautkrankheiten sandte, aber auch heilte. Die Tatsache, daß sie nicht in der Lage bzw. nicht willens war, diese Krise zu bewältigen, dürfte die Moral der Mexica weiter gedrückt haben.

Die Kastilier scheinen das Ausmaß der Verheerung, das die Krankheit unter den Indianern anrichtete, nicht erkannt zu haben. Zwar erwähnte Cortés in seinem dritten Brief an seinen König und Kaiser – seinen »doppelten Kaiser« nach seiner Sicht der Dinge – die Epidemie, nicht aber die Verwüstungen, die sie hervorrief. Dennoch stellt das Buch *Chilam Balam de Chumayel*, das auf der Halbinsel Yucatán geschrieben wurde, welche einige Monate früher von der Epidemie heimgesucht worden war, die Krankheit als den Wendepunkt in der Geschichte Amerikas dar. Über die alten Zeiten, vor 1519, heißte es dort: »Es gab damals keine Krankheiten, keine Knochenschmerzen, kein hohes Fieber; es gab keine Pocken, keine Magenschmerzen, keine Schwindsucht ... Die Menschen gingen damals aufrecht. Doch dann kamen die *teules* und alles zerbrach. Sie verbreiteten Furcht, und sie kamen, die Blumen verwelken zu lassen ...«[38]

Eine der Folgen der Krankheit war, daß Cortés in der Region Tepeaca und in der Zentralebene, wo er inzwischen seine politische Herrschaft fest verankert hatte, als eine Art Königsmacher betrachtet wurde. Wenn ein örtlicher Herrscher starb, schlug Cortés dessen Nachfolger vor; als beispielsweise der Herrscher von Izúcar den Pokken erlag, entschied Cortés, daß ein Neffe Montezumas sein Nachfolger werden sollte. Das gleiche geschah in Cholula, wo die wenigen Adligen, die das Massaker im vorangegangenen Jahr überlebt hatten, an den Pocken starben.[39] Der *caudillo* wandelte sich vom Anführer einer Horde von Guerillakämpfern zum Führer eines großen Bündnisses.

Die Göttin Fortuna lächelte Cortés nunmehr auch wieder in anderer Hinsicht. So begann er beispielsweise Verstärkung von auswärts zu erhalten, denn im Verlauf dieser Wochen trafen sechs kleinere Expeditionen in San Juan de Ulúa bzw. Villa Rica ein. Zunächst ging ein Schiff aus Kuba vor Anker; es wurde von Pedro Barba befehligt und hatte dreizehn Soldaten, eine Stute und Maniokwurzelbrot als Proviant an Bord. Es war von Diego Velázquez geschickt worden, um Narváez mit Nachschub zu versorgen, da er von dessen Niederlage noch nichts wußte. Velázquez, der sich vorübergehend in der kubanischen Stadt Trinidad niedergelassen hatte, hielt Barba, seinen Stellvertreter in Havanna, gewiß für einen zuverlässigen Mann. Pedro Barba war mit Grijalva in Yucatán gewesen. Er trug auch einen Brief von Velázquez an Narváez mit sich; darin wies der Gouverneur diesen an, Cortés, falls er noch am Leben sei, umgehend als Gefangenen nach Havanna zu schicken. Doch Barba, der im Jahr 1518 Cortés fünfhundert

Rationen Brot verkauft hatte, war diesem von jeher freundschaftlich verbunden gewesen.[40]

In Villa Rica überredete Cortés' »Admiral«, Alonso Caballero, Pedro Barba dazu, die Seiten zu wechseln, und schickte ihn nach Segura, wo Cortés ihn herzlich empfing und ihn sogleich zum Hauptmann seiner Armbrustschützen ernannte. In den folgenden Kämpfen übertrug er ihm weitere verantwortungsvolle Aufgaben; Barbas Loyalität zu Velázquez war endgültig zerstört.[41]

Ein weiteres kleines Schiff, das Villa Rica anlief, wurde von Rodrigo Morejón de Lobera befehligt, einem Conquistador, der wie Bernal Díaz aus Medina del Campo gebürtig war. Auch er wurde von Alonso Caballero zur Aufgabe seines ursprünglichen Ziels bewegt. Mit seinen acht Soldaten, sechs Armbrustschützen, einer Stute und einer großen Menge Garn, aus dem neue Bogensehnen gefertigt werden konnten, begab er sich nach Segura.

Die dritte Expedition, die Villa Rica erreichte, stand unter dem Befehl von Diego de Camargo. Er war zu Beginn des Jahres mit einer weiteren Flotte, die der Gouverneur von Jamaika, Francisco de Garay, zusammengestellt hatte, in See gestochen. De Garay wollte sich unter allen Umständen einen Anteil an dem aus seiner Sicht sagenhaften Land Pánuco sichern, das für Cortés bloß die heiße, küstennahe Region nördlich von Villa Rica umfaßte. Diese Expedition wurde wie jene des Jahres 1519, auf welcher der Mississippi entdeckt worden war, von Álvarez Pineda angeführt. Die Flotte bestand aus drei Schiffen, die einhundertfünfzig Mann, sieben Pferde, einige Geschütze und Material für den Bau einer Festung transportierten. Doch obgleich sie an Land gegangen waren und mit der Errichtung einer neuen kastilischen Stadt begonnen hatten, wurden sie von den örtlichen Indianern besiegt. Sie schifften sich wieder ein, doch eines der drei Schiffe sank: Álvarez Pineda, der Veteran zahlloser Entdeckungsreisen in der Karibik, ertrank vor der Küste – und mit ihm viele weitere Kastilier. Als Camargo, der Kapitän, in Villa Rica eintraf, waren fast alle sechzig Mitglieder der Besatzung seines Schiffes krank. Dennoch begaben sie sich, ohne zu zögern, nach Tepeaca, um sich der Expedition von Cortés anzuschließen: Zweifellos zogen diese Kastilier einen Eroberungskrieg zu Lande bei weitem einer Entdeckungsfahrt auf See vor.[42]

Ein weiteres Schiff traf ein, von Garay als Verstärkung für Álvarez Pineda geschickt. Es wurde von Miguel Díez de Aux befehligt, einem energischen, arroganten, reichen und korpulenten Conquistador, einem engen Freund von Garay, seit sie gemeinsam zwanzig Jahre zuvor durch Zufall am Ufer des Ozama auf Hispaniola eine riesige Goldlagerstätte entdeckt hatten. Díez de Aux war einer der ersten Siedler auf Puerto Rico gewesen, wo er das Amt des *alguacil mayor* (obersten Konstablers) bekleidet hatte und *factor* (Verwalter) von San Juan gewesen war. Im Jahr 1511 hatte er ein hochbegehrtes königliches Privileg erhalten, das seine aus Cáceres gebürtige Ehefrau Isabel Carrión dazu berechtigte, Seidengewänder nach Westindien mitzunehmen und dort zu tragen. Miguel Díez war einer der wenigen Aragonier, die sich in die Tropen wagten. Diesmal war er in südlicher Richtung die Küste entlanggesegelt, ohne in jenem geheimnisvollen Pánuco, das Garay für sein gelobtes Land hielt, auch nur die geringste Spur von einem spanischen Schiff zu finden. Daraufhin ging er bei Villa Rica vor Anker. Von dort aus machte er sich mit seinen fünfzig Soldaten und sieben Pferden auf den Weg nach Tepeaca, wo er von Cortés, der ihn auf Hispaniola kennengelernt hatte, herzlich empfangen wurde. Obgleich er weit über vierzig Jahre alt war, stellte er doch eine wertvolle Bereicherung für die Expedition dar, denn er besaß die Fähigkeit, mit einstigen Rivalen Freundschaft zu schließen.[43]

Ein fünftes Schiff unter Kapitän Francisco Ramírez dem Älteren, das ebenfalls zur Expedition Garays gehörte, ging mit weiteren vierzig Soldaten, zehn Pferden, zahlreichen Armbrüsten und sonstigen Waffen vor Villa Rica vor Anker.

Zusätzliche Unterstützung kam von den Kanarischen Inseln: ein großes Schiff, das Juan de Burgos gehörte, lief Villa Rica an. Das Schiff kam ursprünglich aus Spanien und war auf Veranlassung von Cortés' Vater und seinen Geschäftsfreunden in Sevilla in See gestochen. Es hatte Proviant geladen, darunter Musketen, Schießpulver, Armbrüste und Armbrustpfeile sowie mehrere Pferde. Burgos, ein gebürtiger Kanare (*Isleño*), und der Kapitän des Schiffs, Francisco de Amedel, begaben sich mit ein oder zwei weiteren Männern nach Texcoco und schlossen sich dort mit ihrem wertvollen Kriegsgerät eine Zeitlang Cortés' Streitmacht an. Unabhängig davon traf ein siebtes Schiff ein, die *Santa Maria* unter Juan de Salamanca, die von Fernández de Alfaro und Juan de Córdoba aus Sevilla geschickt worden war und die unterwegs Santo Domingo angelaufen hatte. Möglicherweise hatte die *Santa Maria* Kriegsgerät geladen; auch befand sich vielleicht der genuesische Kaufmann Gerónimo de Riberol(o), Fernández de Alfaros Agent in Santo Domingo, an Bord des Schiffes, wie es in Sevilla geplant worden war. Die Ladung hatte einen Wert von über 1,25 Millionen Maravedís.[44]

Durch die Ankunft dieser Schiffe wurde Cortés' Expedition um etwa zweihundert Mann und fünfzig Pferde verstärkt. Doch diese Neuankömmlinge hatten keinen leichten Stand, denn sie waren sowohl bei den Conquistadoren »der ersten Stunde«, die Cortés von Anfang an begleitet hatten, als auch bei den Überlebenden der Narváezschen Expedition äußerst unbeliebt. Diese gaben ihnen alle möglichen Spottnamen, wie etwa »lahme Enten« (*lomos recios*) oder »kleine Sättel« (*los de las albardillas*).

Bei der Ankunft eines dieser Schiffe wurde Cortés das Gerücht hinterbracht, an Bord befinde sich ein königlicher Ermittlungsbeamter. Cortés soll dies folgendermaßen kommentiert haben: »Wir werden die Karavelle willkommen heißen und beglückwünschen, und wer auch immer dieser Ermittlungsbeamte sei, wir werden seine Briefe mit unseren Briefen beantworten ... und wenn ihm dies nicht genügt, dann werden wir ihn genauso tüchtig verprügeln, wie wir dies mit Narváez getan haben!«[45] Auch wenn dies nicht die Worte des *caudillo* gewesen sein mögen, so drücken sie doch vermutlich dessen Gesinnung aus.

Cortés schickte zusätzlich zwei Expeditionen los, die weiteres Kriegsgerät beschaffen sollten. Die erste Expedition, aus vier Schiffen bestehend, brach unter dem Befehl von Francisco Álvarez Chico und Alonso de Ávila nach Hispaniola auf, um dort weitere Pferde, Armbrüste, Geschütze und Schießpulver zu kaufen sowie, falls möglich, weitere Männer anzuwerben. Sie reisten in einem der Schiffe von Narváez, die Cortés requiriert hatte. Der *caudillo* schrieb einen Brief an den Präsidenten der dortigen *audiencia*, Rodrigo de Figueroa, in dem er die Ereignisse in Mexiko schilderte und ihn bat, ihm wenigstens keine Hindernisse in den Weg zu legen, falls er ihm nicht helfen wolle.[46]

Die zweite Expedition segelte nach Jamaika, um dort Pferde zu kaufen. Sie stand unter dem Befehl von Francisco de Solís, der zu Cortés' engsten Vertrauten gehörte. Solís hatte zwei Spitznamen: »der Obstzüchter« (»*el de la huerta*«) und »der mit der Seidenjacke« (»*el del chaquete de seda*«).

Cortés unterhielt keinerlei Kontakt zu Kuba, wo der Gouverneur und andere wegen des Ausbleibens jeglicher Nachrichten allmählich wütend wurden. Die Lage auf der Insel war schwierig. Ein Kaufmann berichtete im Sommer 1520 – gewiß mit einiger Übertreibung –, auf der Insel gebe es keine Männer mehr, in den Minen arbeiteten keine Indianer mehr, allenthalben finde man nur noch Frauen.[47]

Schließlich organisierte Cortés eine Expedition in Neuspanien selbst, die seinen Nachschub und seine Verbindungswege sichern sollte. Im Dezember führte Sandoval, der Hauptmann, der das besondere Vertrauen von Cortés genoß, zweihundert Soldaten, zwölf Armbrustschützen und zwanzig Reiter Richtung Norden in das Gebiet, das sie im vergangenen Herbst kurz vor der Schlacht gegen die Tlaxcalteken durchquert hatten. Cortés hielt es für notwendig, die Städte Zautla und Xalacingo zu erobern, die am Weg von Vera Cruz nach Tlaxcala lagen und von den Mexica vor kurzem erst mit Garnisonen belegt worden waren, welche für die Spanier eine Bedrohung der nördlichen Route von Mexiko nach Vera Cruz darstellten.

Dreißig Tage später und nach mehreren Gefechten stieß Sandoval wieder zu Cortés. Er hatte die Herrscher beider Orte (vermutlich regierte in Zautla noch immer der alte Gastgeber der Kastilier, Olintecle) dazu gezwungen, den Treueid auf Kaiser Karl V. zu leisten; auch hatte er viel Zaumzeug und zahlreiche Sättel, welche die Einwohner den Conquistadoren bei ihrem ersten Aufenthalt unbemerkt gestohlen hatten, zurückerlangt. Sie kehrten auch mit »einer reichen Ausbeute an Frauen und Jungen zurück«, die sie zum Zeichen ihrer Versklavung mit Brandmalen versehen hatten. Bei diesem Vorstoß waren nur acht Kastilier verwundet und drei Pferde getötet worden. Die spanischen Erfolge im Norden von Tlaxcala hatten die gleiche Wirkung wie der Feldzug, den Cortés im Süden und Westen Tepeacas unternommen hatte: Mehrere andere Städte, die zuvor in ihrer Loyalität geschwankt hatten, flehten um Frieden und erklärten sich im Gegenzug bereit, dem König-Kaiser von Spanien zu huldigen.[48] Es ist äußerst zweifelhaft, ob die Herrscher dieser Orte ahnten, auf welche Weise Cortés später ihre Erklärungen verwenden würde. Vorläufig schien diese Huldigung nichts anderes zu sein als ein mündliches Versprechen, künftig nicht mehr den Mexica, sondern Cortés Tribut zu leisten.

Aufgrund dieses neugewonnenen Selbstvertrauens hatte Cortés nichts dagegen einzuwenden, daß einige Mitglieder seiner Expedition – überwiegend Hauptleute, die mit Narváez gekommen waren –, nach Kuba zurückkehrten. Diese Männer verübelten Cortés weiterhin die Willkür, mit der er jene Conquistadoren behandelt hatte, die in Tenochtitlan Gold gehortet hatten. Einige behaupteten sogar, sie hätten gesehen, daß Cortés ohne Erlaubnis der Krone das Gold mit dem königlichen Wappen habe kennzeichnen lassen. Andere bezichtigten Alvarado, er habe sich das Gold angeeignet, das seine Gefährten beim (gesetzlich verbotenen) Glücksspiel gewonnen hätten, statt sie zur Rechenschaft zu ziehen, und als ein gewisser Gonzalo Bazán protestiert habe, habe er ihn auspeitschen lassen. In seinem *juicio de residencia* im Jahre 1529 gab Alvarado zwar zu, Bazán auspeitschen lassen zu haben, aber er habe dies getan, weil er ein notorischer Gotteslästerer, Falschspieler und Zotenreißer gewesen sei.[49]

Zu den Männern, die nach Kuba zurückkehrten, gehörte auch Cortés' alter Mitstreiter, Andrés de Duero (der Wortführer der Rebellen in Tlaxcala), Baltasar und Agustín Bermúdez (beiden war zwei Jahre zuvor die Leitung der Expedition von ihrem Verwandten, Gouverneur Velázquez, angetragen worden), Juan Bono de Quejo (der brutale Conquistador, der im Jahre 1513 an der Eroberung Trinidads teilgenommen hatte), Bernardino de Quesada (der Notar, den Narváez zu Cortés geschickt hatte, nachdem dieser Ruiz de Guevara gefangengenommen hatte), Leonel de Cervantes, »*el comendador*«, der Cortés versprach, mit seinen sieben Töchtern nach Neuspanien zurückzukehren und sie mit Conquistadoren zu verheiraten (er hielt sein Versprechen), und andere, die, wie etwa Juan Álvarez, in dem von Diego Velázquez im Jahr darauf eingeleiteten Ermittlungsverfahren gegen Cortés als Zeugen aussagen werden und denen Historiker – wenn auch nicht unbedingt Cortés selbst – später dankbar gewesen sind. Cortés gab diesen Männern Lebensmittel (gepökelten Hund, Mais und Truthahn), Gold (einen Großteil davon Andrés de Duero, der es möglicherweise Cortés' Vater in Spanien überbringen sollte), Schmuckstücke und Briefe (einschließlich einen der letzten an seine Frau Catalina und deren Bruder, Juan Suárez) mit auf den Weg, wobei die Schmuckstücke und das Gold aus den Überresten der Kriegsbeute stammten, die er in der *noche triste* gerettet hatte. Die Männer begaben sich nach Vera Cruz, wo sie mehrere Monate lang auf die Erlaubnis zur Abreise warteten.

Befreit – wie er glaubte – von den potentiellen Verschwörungen der Narváezisten, konnte sich Cortés auf die nächste Etappe seines Krieges gegen die Mexica konzentrieren. Seine Strategie wollte er in Tlaxcala ausarbeiten, wo er im Kreis seiner Verbündeten und seines Schiffsbaumeisters Martín López Weihnachten 1520 zu verbringen gedachte. Cortés ließ Francisco de Orozco, den Veteran der Italienkriege, der seit Anbeginn der Expedition die Artillerietruppe befehligte, mit sechzig Mann in Tepeaca zurück; er selbst brach am 13. Dezember nach Tlaxcala auf. Er machte mit den Reitern einen Umweg über Cholula, während die Fußsoldaten, von Diego de Ordás befehligt, den direkten Weg nahmen.

Der hauptsächliche Grund und Zweck dieses Krieges

> »Und nun beteuere ich im Namen Seiner Majestät, daß der hauptsächliche Grund und Zweck dieses Krieges und der anderen, die ich bislang geführt habe, darin besteht, besagten *naturales* die Erkenntnis Gottes und unseren heiligen katholischen Glauben zu bringen und sie darin zu unterweisen ...«
>
> *Militärische Befehle von Cortés, Tlaxcala, 22. Dezember 1520*

Nachfolger des unbekannten Kaisers Cuitláhuacs, der an den Pocken starb, wurde dessen Cousin Cuauhtémoc, Sohn des Onkels von Cuitláhuac und Montezuma, Ahuízotl, der Montezuma auf dem Kaiserthron vorausgegangen war. Dieser Prinz, wie die spanischen Memoirenschreiber ihn nannten, war damals Mitte Zwanzig. Cuauhtémoc wurde von ihnen beschrieben als ein Mann von anmutiger Gestalt und ebensolchen Gesichtszügen, mit einem langen Kopf und heiterer Miene, aber »würdevollen Augen, die große Willenskraft ausstrahlten ... und einer Haut, die heller war als die der meisten anderen Mexica«.[1] Er war beherzt und tapfer, und er hatte sich bereits als erfolgreicher Feldherr hervorgetan. Aber er war genauso erbarmungslos wie seine Feinde. So ließ er offenbar Montezumas Sohn Axoacatzin – vielleicht sogar mehrere Söhne des verstorbenen Kaisers – »nach türkischer Art« umbringen; er wollte nicht nur potentielle Rivalen beseitigen (denn die Thronfolge in Mexiko verlief nie vom Vater auf den Sohn), sondern auch potentielle Befürworter einer Beschwichtigungspolitik gegenüber den Kastiliern.

Die Mutter Cuauhtémocs war Tiacapantzin, Erbin des Throns von Tlatelolco und Tochter von Moquihuix, des letzten Königs dieser Stadt. Offenbar war Cuauhtémoc in Ixcateopan (im heutigen Bundesstaat Guerrero) aufgewachsen, einer Region, die damals von Chontal-Maya bewohnt wurde. Er dürfte jedoch einige Jahre vor der Ankunft der Kastilier nach Tenochtitlan zurückgekehrt sein. Cuauhtémoc scheint dann bereits in sehr jungen Jahren Führer des Volkes von Tlatelolco geworden zu sein.

Die wahlberechtigten Adligen entschieden sich deshalb für ihn, weil er aufgrund seines Alters, seiner Tatkraft und seiner Tapferkeit als der ideale Anführer der Mexica in diesen neuen und außergewöhnlichen Umständen erschien. Vermutlich standen zudem nur wenige Kandidaten zur Wahl: Zahlreiche Mitglieder der kaiserlichen Familie waren wie Cuitláhuac den Pocken erlegen oder dem Blutbad in Tempelbezirk zum Opfer gefallen oder auch bei den zwischenfamiliären Gewalttätigkeiten im Anschluß an die Schlacht von Otumba umgekommen. Cuauhtémoc hatte bei den Kämpfen, die auf das Gemetzel Alvarados folgten, seine Fähigkeiten unter Beweis gestellt. Einer Quelle zufolge warf er den verhängnisvollen Stein, der Montezuma verwundete; falls dies tatsächlich der Fall war, besaß seine Handlung eine weitreichende symbolische Bedeutung.[2] Der Ruf der Tapferkeit, der ihm vorauseilte, dürfte das Ominöse, das nach Auffassung der Mexica seinem Namen anhaftete (der auf Nahuatl so viel bedeutete wie »untergehende Sonne« oder »stürzender Adler«), ausgeglichen haben. Zudem vertrat er die Interessen Tlatelolcos, was für diejenigen, die für die Verteidigung der Partnerstädte verantwortlich waren, ein wichtiger Gesichtspunkt war.

Es ist anzunehmen, daß Cuauhtémoc die üblichen Stationen des Bildungswegs eines Mitglieds der mexikanischen Oberschicht durchlief: mehrere Jahre im *calmécac* mit seiner strengen Disziplin, regelmäßigem Aderlaß mit Hilfe von Agavenstacheln zum Zweck der Sühne, gezielter Abhärtung des Körpers gegen Kälte, Auswendiglernen der Lieder an die Götter und anderer Texte, körperlicher Arbeit in den Tempeln, dem Erwerb von Kenntnissen über den Kalender, die Geschichte und die Sitten und Bräuche. Es ist weiterhin wahrscheinlich, daß bei der offiziellen Wahl Cuauhtémocs zum Kaiser ähnliche Reden gehalten wurden wie in der Vergangenheit. So bat vermutlich Coanacochtzin, der neue König von Texcoco, der kraft seines Amtes einen maßgeblichen Einfluß auf den Wahlausgang hatte, seine Kollegen, einen Spiegel zu wählen, in dem sie sich alle wiedererkennen würden ... eine Mutter, die sie auf ihrer Schulter trage und einen Fürsten, der zu regieren verstehe. Die wahlberechtigten Adligen sagten Cuauhtémoc zweifellos auch die Worte, die König Nezahualpilli im Jahre

1502, als Montezuma gewählt wurde, an die übrigen Mitglieder des Wahlkollegiums gerichtet hatte: »Ihr seid kräftige Federn von den Flügeln der prächtigen Truthähne, der früheren Könige, Schmuckstücke und Edelsteine, die diesen königlichen Männern aus dem Schlund und von den Handgelenken fielen ... Sehet die Augenbrauen und die Wimpern, die von den tapferen Herrschern Mexikos abgefallen sind ... deutet mit Euren Händen auf den einen, der euch gefällt!« Anschließend werden sie zu Cuauhtémoc gesagt haben: »Nun bist du zum Gott erhoben, obgleich du ein Mensch bist wie wir, obgleich du unser Freund und unser Sohn bist ... Wir betrachten dich nicht länger als unseresgleichen, als Mensch ... [der Gott] spricht aus dir, dein Mund ist sein Mund, deine Zunge ist seine Zunge, dein Gesicht ist sein Gesicht, seine Ohren ...«[3]

Anschließend dürfte der in ein priesterliches Ornat gewandete Cuauhtémoc zur Statue des Huitzilopochtli geführt worden sein, wie nur wenige Monate zuvor Cuitláhuac. Er wird dem Gott unter dem Klang von Muscheltrompeten Weihrauch dargebracht haben, worauf seine vier wichtigsten Berater das gleiche taten. Kurz und gut: Man wird das traditionelle Krönungsritual befolgt haben.

Auch in Tacuba wurde ein neuer König gewählt: Tetlepanquetzatzin, der Sohn des alten Königs und ein Schwager Montezumas.

Mit Cuauhtémoc wurde ein Verfechter einer Politik des kompromißlosen Widerstands gegen die Spanier zum Kaiser gekürt. Er hatte seine Stimme gegen die Fremden erhoben. Er hatte Montezuma wegen seiner Beschwichtigungspolitik kritisiert. Er war mit einer Tochter Montezumas verheiratet. Manches deutet sogar darauf hin, daß er zwei Töchter seines Amtsvorgängers ehelichte: zuerst Prinzessin Xuchimatzatzin, die zum Zeitpunkt ihrer Eheschließung erwachsen gewesen sein dürfte und mit der er Kinder zeugte; und später die erst elfjährige Tecuichpo, die eheliche Tochter von Montezuma und dessen Hauptfrau, die bekanntlich das Lieblingskind ihres Vaters gewesen war. Ein späterer Gatte dieser Prinzessin sagte aus, sie habe bei ihrer Eheschließung mit Cuauhtémoc das gesamte traditionelle Hochzeitsritual durchlaufen, darunter auch das Schnüren des rituellen Knotens zwischen der Bluse der Braut und dem Umhang des Bräutigams und vermutlich auch das Legen des heiligen Jadesteins und der heiligen Quetzalfedern – Symbole des erhofften Kindersegens – in das Ehebett.[4] Zweifellos war diese Heirat ein politischer Schachzug, wie er unter ähnlichen Umständen auch in Europa praktiziert worden wäre.

Cuauhtémocs Aufgabe bestand darin, Vorkehrungen für die kommenden Kämpfe zu treffen und, wie sein Vorgänger, nach Bundesgenossen zu suchen. So sandte er, wie vor ihm Cuitláhuac, Boten zu Herrschern umliegender Städte. Doch diese zögerten noch immer, ihm zu helfen – entweder aus Furcht vor Cortés oder aus Haß auf die Mexica.

Die Reaktion der Tarasken war exemplarisch. Wie sein Vorgänger Cuitláhuac entsandte Cuauhtémoc Emissäre nach Tzintzuntzan, um den neuen *cazonci*, Zincicha, um Beistand zu bitten. Doch Zincicha hegte gegenüber den Absichten der Mexica genausoviel Argwohn wie sein Vater Zuangua. Er sagte: »Wir kennen ihre wahren Interessen. Mögen die Abgesandten meinem Vater in die andere Welt folgen und ihm dort ihr Gesuch vortragen.« Die mexikanischen Botschafter wurden über diese Antwort informiert. Sie erwiderten: »Wenn es denn sein muß, möge es schnell geschehen.« Zincicha ließ sie opfern.[5] Er wollte den alten Feinden seines Volkes unter keinen Umständen helfen. Die anderen diplomatischen Missionen waren ebenso vergeblich. Cuauhtémoc mußte schließlich erkennen, daß die frühere Macht der Mexica auf Furcht basiert hatte, doch diese Furcht war jetzt am Schwinden.

Zudem war Cuauhtémoc trotz seiner militärischen Ausbildung für den bevorstehenden Konflikt schlecht gewappnet. Kein Mexica, so klug und tapfer er auch sein mochte, hätte darauf vorbereitet sein können, denn sie alle waren, wie Cuauhtémoc, daran gewöhnt, ihr Leben an starren Regeln auszurichten. Diese Erfahrung dürfte all jenen vertraut sein, die sich daran erinnern, wie der französische Generalstab im Jahre 1940 die Bedrohung durch das Deutsche Reich verkannte: »*L'un est affaire de routine et de dressage; l'autre, d'imagination concrète, de souplesse d'intelligence et peut-être de caractère ...*«[6] Die Mexica lieferten ein extremes Beispiel für ein Leben, das ganz von überkommenen Sitten und Bräuchen bestimmt war. Cortés dagegen war selbst nach spanischen Maßstäben skrupellos unkonventionell. Das Unternehmen, das er jetzt plante, ging weit über das Vorstellungsvermögen der Mexica hinaus: Eine Belagerung nach europäischem Muster, begleitet von einer Blockade. Er dachte gar nicht daran, sich auf eine Schlacht einzulassen und seine Soldaten in einen Kampf Mann gegen Mann gegen die Adler- und Jaguar-Krieger zu schicken – vielmehr wollte er die gesamte Bevölkerung Tenochtitlans unter Druck setzen. Der Feind sollte gezielt geschwächt werden, indem man ihn von der Versorgung mit Nahrungsmitteln und Wasser abschnitt. Cortés wollte die schöne Stadt Tenochtitlan noch immer kampflos erobern und sie anschließend seinem Kaiser übergeben. Seine neue Strategie sollte weitere Zerstörungen verhindern.

Vielleicht zeigen uns diese Methoden einen Cortés, der nicht länger Taktiken nachahmte, die sich in den Kriegen gegen die Mauren bewährt hatten, sondern entschlossen war, neue Techniken auszuprobieren; hatte nicht der *gran capitán* (Feldherr), Hernández de Córdoba, im Jahre 1495 in Atella seinen ersten Sieg dadurch errungen, daß er das Heer Montpensiers durch eine Kombination von Angriffen und sorgfältiger Verschanzung zermürbte? War nicht das gleiche im Jahr 1503 in Cerignola geschehen, wo der Feind dazu verlockt worden war, eine gut befestigte Stellung der Spanier anzugreifen? Was machte es schon, daß der italienische *condottiere* Fabrizio Colonna die anschließende Schlacht mit den sarkastischen Worten kommentierte, die Spanier verdankten ihren Sieg einzig einem Graben, einem Wall und einer Arkebuse?[7] Hauptsache, die spanische Standarte wehte bei Einbruch der Dunkelheit über der Zitadelle des Feindes. Cuauhtémoc war offenbar nicht in der Lage, ähnlich flexibel zu reagieren.

In diesen letzten Monaten des Jahres 1520 schmiedete Cortés seine Pläne mit großem Geschick. Dank der Verstärkung, die im Spätsommer und Herbst eingetroffen war, verfügte er nun über achtzig Armbrustschützen und Arkebusiere sowie über vierzig Pferde und acht oder neun Feldgeschütze (wenngleich das Schießpulver etwas knapp war). Insgesamt (also einschließlich der Musketiere und der Armbrustschützen) gebot er jetzt über fünfhundertfünfzig Fußsoldaten, die er in neun Kompanien mit je sechzig Mann einteilte.[8] Befehligt wurden diese Kompanien von Alvarado, Olid, Sandoval, Gutierre de Badajoz, Verdugo, Rodríguez de Villafuerte, Ircio, Andrés de Monjaraz und Andrés de Tapia. Es fällt auf, daß frühere Hauptleute wie García de Albuquerque, Lugo, Ordás und Ávila nicht länger zum engeren Führungszirkel gehörten. Die Übermacht der Estremeños (neben Cortés, Alvarado, Sandoval, Badajoz und Rodríguez de Villafuerte) war leicht zurückgegangen. Außerdem waren zwei Andalusier (Ircio und Olid), ein Baske (Monjaraz), ein Kastilier (Verdugo) und ein Leonese (Tapia, der jedoch von seiner Abstammung her ein Estremeño war) unter den Hauptleuten vertreten.

Außerdem konnte er auf Verbündete zählen. Cortés war betrübt über den Tod Maxixcatzins, seines wichtigsten tlaxcaltekischen

Bündnispartners im zurückliegenden Jahr. Doch Xicotencatl der Ältere war fast genauso zuverlässig. Er wurde schon nach kurzer Zeit im Rahmen »des größten Festes, das zu jener Jahreszeit stattfand« auf den Namen »Don Lorenzo de Vargas« getauft. Maxixcatzins Thronfolger (ein zwölfjähriger Knabe) wurde auf den Namen »Don Lorenzo« getauft.[9]

Die Tlaxcalteken boten Cortés ein großes Heer an. Es ist schwer, genaue Angaben über dessen zahlenmäßige Stärke zu machen: López de Gómara zufolge wurden Cortés 80 000 Mann angeboten, »von denen die meisten Federbüsche trugen«, doch der *caudillo* habe nur ein Viertel davon beansprucht, da deren Versorgung mit Lebensmitteln möglicherweise Schwierigkeiten bereitet hätte. Vermutlich nahm er 10 000 Tlaxcalteken mit, die wohl überwiegend als Träger bzw. Diener der kastilischen Soldaten eingesetzt wurden.[10] Der Anführer der Tlaxcalteken war Chichimecatecle, der Stellvertreter Xicotencatls des Jüngeren, der sich nach den Gefechten mit den Spaniern im Jahr zuvor mit diesem zerstritten hatte. Auch er ließ sich noch vor dem Auszug aus Tlaxcala katholisch taufen. Zweifellos waren sich er und seine Männer im klaren darüber, daß sie sich diesmal auf einen Kampf einließen, der sehr viel schwerer war als alles, was sie oder ihre Vorfahren bislang durchgemacht hatten. Die Aussicht, die Mexica zu vernichten, berauschte sie geradezu. Aufgrund ihrer früheren Abmachung mit Cortés sahen sie in diesem Konflikt vermutlich den großen Krieg gegen die Mexica, für den es ihnen gelungen war, sich der Hilfe einiger geschickter Waffentechniker zu versichern, die man nach dem Sieg noch immer loswerden und samt ihrer Heiligen Jungfrau und ihrem heiligen Christophorus nach Hause schicken konnte.

Das gesamte Expeditionskorps – Kastilier und Tlaxcalteken – sammelte sich auf dem Platz vor dem Haupttempel in Tlaxcala. Cortés, der ein kurzes Gewand aus Samt trug, hielt eine Ansprache.[11] In einem Brief an den König im Mai 1522 behauptete er, gesagt zu haben, daß die Kastilier gegen ein Volk von Barbaren kämpften; daß sie, um dem König zu dienen, ihr Leben schützen müßten und daß sie mächtige Verbündete hätten. Die Kastilier setzten sich für eine gute und gerechte Sache ein. Die Mexica hätten sich der Rebellion schuldig gemacht. Die Triftigkeit dieser Bezichtigung hängt allerdings davon ab, welche Bedeutung man dem Treffen zwischen Cortés, Montezuma und dem mexikanischen Hochadel beimißt, das im Januar des vergangenen Jahres stattgefunden hatte. Cortés beabsichtigte nicht, das berühmte Zugeständnis, das der Kaiser dort angeblich gemacht hatte, als ungültig zu betrachten.

Doch der eigentliche Grund für den Krieg, so behauptete der *caudillo*, bestehe darin, den Glauben Christi zu preisen und zu predigen, »auch wenn« – wie er in ungewöhnlicher, aber treffender Freimütigkeit fortfuhr – »uns dies zugleich Ehre und Profit einbringt, Dinge, die nur selten in einem Beutel zu finden sind«.

Cortés beendete seine Rede mit einer weiteren hübschen Antwort auf die Frage, wie sich der Dienst an Gott und König mit der Bereicherung der Conquistadoren in Einklang bringen lasse: »... wir ehren unser Vaterland, wir verherrlichen unseren König, und wir machen uns reich: all dem dient das Unternehmen [der Eroberung] Mexikos«.[12] Anschließend ließ Cortés seinen Herold (*pregonero*), Antón García, eine Erklärung mit den »Kriegszielen und Verhaltensmaßregeln zur Sicherstellung von Zucht und Ordnung der Truppe« verlesen, die sein neuer Sekretär Juan de Ribera aufgesetzt hatte.

In diesem Dokument wird zunächst die »Götzenanbetung« angeprangert; dann heißt es, Zweck des Krieges gegen Mexiko sei es, den Indianern »die Erkenntnis Gottes und unseres heiligen katholischen Glaubens zu bringen sowie sie zu unterwerfen und unter das Joch der Herrschaft Seiner kaiserlichen und königlichen Majestät zu beugen, dem nun, kraft Recht und Gesetz, die Oberhoheit über all diese Gebiete obliegt«. Cortés' Ziel war damit unmißverständlich auf den Punkt gebracht: Eroberung. Die Monate des Versteckspiels um seine wahren Absichten waren vorüber.

Es folgten siebzehn disziplinarische Verhaltensregeln. Die wichtigste davon besagte, daß jeder Soldat, der Gott lästerte, eine Geldstrafe zu entrichten habe (wovon ein Drittel an die erste Bruderschaft Christi fließen sollte, ein religiöser Laienbund, der sich in der Gründungsphase befand). Duelle waren ebenso verboten wie herabsetzende Äußerungen über Hauptleute und das Schlafen außerhalb des Quartiers. Während des Marsches sollten alle dicht zusammenbleiben. Nach dem Ausbruch von Feindseligkeiten durfte sich niemand zwischen dem mitgeführten Gepäck verstecken: ein ungewöhnliche Anweisung, die eine Ahnung von dem vermittelt, was in der jüngsten Vergangenheit geschehen sein dürfte. Die Vergewaltigung von Frauen war verboten. Niemand durfte »ohne Erlaubnis des *caudillo* und die Zustimmung des Stadtrats von Villa Rica de la Vera Cruz« (dieser nützlichen Körperschaft, die man leicht anrufen konnte, wenn es darum ging, eine Handlung zu rechtfertigen, und die dann ebenso leicht übergangen werden konnte, da die »Ratsherren« meist gerade entlegene Gebiete durchstreiften und daher nicht konsultiert werden konnten) eine Stadt plündern. Eine solche Plünderung durfte erst stattfinden, nachdem der Sieg errungen und alle Feinde aus der betreffenden Stadt vertrieben worden waren. Andere Anweisungen bezogen sich auf das Schlagen der Trommeln, auf die Wahrung der militärischen Zucht und auf das Verbot, »Eingeborene« zu berauben. Alles Gold und Silber sowie sämtliche Perlen und Edelsteine, Federarbeiten, Kleidungsstücke und Sklaven waren an Cortés abzuliefern, der den Königlichen Fünften einbehalten würde. Die Preise für Hufeisen und Kleidung sollten aufgrund der skandalösen Preise, die in letzter Zeit für beiden Waren gefordert worden seien, festgesetzt werden. Schließlich wurde das Glücksspiel verboten, mit einer, wie es schien, ungerechten Ausnahme, denn in Cortés' Unterkunft war das Kartenspiel »in Maßen« erlaubt.[13]

Der *caudillo* hielt eine zweite Rede, die an seine Verbündeten gerichtet war; darin versicherte er den Tlaxcalteken, sie würden schon bald vom Joch der Knechtschaft der Mexica befreit. Er gelobte ihnen erneut, als Gegenleistung für ihren Beistand zahlreiche Vergünstigungen für sie zu erwirken.[14]

Obgleich Cortés mit einer Streitmacht aufbrach, deren zahlenmäßige Stärke in etwa der des Heeres entsprach, mit dem er vierzehn Monate zuvor gegen Tenochtitlan gezogen war (und obgleich die jetzige Kampfkraft möglicherweise sogar höher war), verfolgte er diesmal eine andere Strategie. Im Jahre 1519 hatte er gehofft, es würde ihm gelingen, sich Montezuma durch seinen persönlichen Einfluß gefügig zu machen und ihn als Marionette für seine Interessen einzuspannen. Diesmal beabsichtigte er, Montezumas Nachfolger auf dem Schlachtfeld zu besiegen.

Das entscheidende Element im Plan des *caudillo* – die Fertigstellung der Brigantinen – stand freilich noch aus. Als Cortés am 27. Dezember 1520 Tlaxcala verließ, war Martín López am Ufer des Flusses Zahuapan noch immer mit dem Bau der Schiffe beschäftigt. Cortés hatte bereits in Tlaxcala die an der Ostküste des Sees von Mexiko gelegene Stadt Texcoco als Operationsbasis für sein Heer ausgewählt. Dort wollte er warten, bis die (in ihre Bauteile zerlegten) Brigantinen auf dem Landweg herbeigeschafft und dort zusammengebaut würden. Diese Taktik war auf ihre Weise genauso kühn wie Cortés' gesamte

Feldzugsstrategie: Er wußte, daß trotz der Pockenepidemie genügend Träger für dieses gewaltige Vorhaben zur Verfügung stehen würden.

Die erste Nacht nach ihrem Aufbruch aus Tlaxcala verbrachte Cortés' Expedition in Texmelucan, einer Stadt in der Nähe des jetzigen Ortes San Martín Texmelucan, die früher zum Herrschaftsgebiet der Huexotzinca gehörte. Um die Bergkette, die den See von Mexiko abschirmt, zu überwinden, erstiegen sie anschließend entlang des heutigen Río Frío (der zu den Quellflüssen des Atoyac gehört) einen Paß, der etwa auf halbem Wege zwischen dem »Cortés-Paß« (den die Expedition im November 1519 überquert hatte) und dem noch weiter nördlich gelegenen Paß von Xaltepec-Apan (den Cortés bei seinem Rückzug im Juni 1520 genommen hatte) verlief. Dieser zentral gelegene Paß war damals »steiler und zerklüfteter als die anderen Zugänge« zum Hochtal von Mexiko. Cortés nahm an, er würde die Mexica auf diese Weise überraschen, so daß sie nur wenig Widerstand leisten würden.[15]

Mit dieser Einschätzung ging er allerdings fehl. Die Expedition verbrachte die Nacht des 28. Dezember bei kaltem Wetter, aber ohne Zwischenfälle, auf dem Paß: Am nächsten Tag entdeckten sie, daß der weitere Weg durch Bäume versperrt war, die erst vor kurzem gefällt worden waren. Auch gab es mehrere kleinere Überfälle aus dem Hinterhalt.[16] Die Vorhut, die vom Sohn des Entdeckers Ponce de León angeführt wurde, wähnte bald hinter jedem Baum einen Feind. Doch die Tlaxcalteken beseitigten die Hindernisse. Kurze Zeit später konnten die Kastilier erneut die Aussicht auf den See, das ferne Tenochtitlan und die große Geschäftigkeit am Fuß des Gebirges bestaunen.

Diesmal beschwor Bernal Díaz nicht den Präzedenzfall aus *Amadís de Gaula*. Zweifellos ahnte er, daß ihnen ein Kampf bevorstand, der erbitterter sein würde als alles, was auf den hochtönenden Seiten dieses Romanes geschildert wurde. Statt dessen vermerkte Díaz, daß alle Mitglieder der vorangegangenen Expedition sich voller Wehmut an jene Gefährten erinnerten, die bei ihrem letzten Aufenthalt im Hochtal von Mexiko ums Leben gekommen waren. Díaz zufolge schworen sie, dieses gelobte Land nur als Sieger zu verlassen. Nachdem sie diesen ein wenig tautologischen Entschluß gefaßt hatten (denn wenn sie besiegt wurden, konnten sie kaum damit rechnen, lebend aus dem Tal herauszukommen), zogen sie fröhlich weiter, »so als befänden sie sich auf einer Vergnügungsreise«. Sie sahen, daß die Mexica viele Rauchsignale sendeten, um ihre Landsleute von der Ankunft der Kastilier zu verständigen. Doch in der Nacht des 29. Dezember erreichte die Expedition unbehelligt die kleine Stadt Coatepec, das Zentrum einer dichtbevölkerten kleinen Provinz, welche von einem *calpixqui* regiert wurde, der von Texcoco eingesetzt worden war. (Einer Legende zufolge war Coatepec eine der ersten Siedlungen der Mexica im Hochtal gewesen. Sobald sie dann eine schöne Stadt errichtet hatten, sei ihnen von Huitzilopochtli befohlen worden, weiterzuziehen. Doch die Mexica hätten gezögert und seien in ihren Zweifeln von der Schwester Huitzilopochtlis, Coyolxauhqui, »der mit den goldenen Schellen«, bestärkt worden. Daraufhin habe Huitzilopochtli Coyolxauhqui auf dem Ballspielfeld enthauptet, und die Mexica hätten ihre Wanderung fortgesetzt.)

In dieser Nacht bekam Cortés Besuch von Ixtlilxochitl, dem Bruder von Cacama und Coanacochtzin, den Königen Texcocos, und unterlegenem Rivalen beider beim Streit um die Thronfolge; er bekräftigte seine Absicht, auf Cortés' Seite gegen Mexiko zu kämpfen, und überreichte dem *caudillo* eine goldene Kette als Zeichen des Friedens. Fortan war Ixtlilxochitl ein zuverlässiger und manchmal einflußreicher Verbündeter der Kastilier, auch wenn unklar blieb, über wie viele Kämpfer er gebot.[17]

Die Reiter, die Cortés wie gewöhnlich vorausgeschickt hatte, kehrten am nächsten Tag, dem 30. Dezember, zurück. Sie teilten dem *caudillo* mit, sie hätten gesehen, daß ihnen eine Abordnung unter Führung von sieben hochgestellten Persönlichkeiten aus Texcoco, die Friedensbanner trugen, entgegenkomme. Und tatsächlich dauerte es nicht lange, bis diese Fürsten Cortés ihre Aufwartung machten. Ihr Anführer richtete folgende Worte an Cortés: »Malinche, unser Herr und König Coanacochtzin schickt uns, um Euch ausrichten zu lassen, daß er Eure Freundschaft begehrt und daß er Euch in Frieden in Texcoco erwartet … Die Horden, die Euch in den Schluchten auflauerten, um Euch bei Euerem Abstieg anzugreifen, hat Cuauhtémoc geschickt und wir haben nichts mit ihnen zu tun.« Daraufhin boten sie Cortés die goldenen Banner dar. Cortés freute sich über diese friedliche Begrüßung und nahm das Geschenk an. Doch sowohl er als auch seine Hauptleute argwöhnten, daß diese zur Schau gestellte Freundschaft eine List war – schließlich war Coanacochtzin, der Bruder und Nachfolger Cacamas, Cuauhtémocs Freund und Verbündeter.

Cortés und seine Expedition verbrachten diese Nacht in der alten Stadt Coatlinchan, acht Kilometer vor Texcoco und dieser tributpflichtig. Die Texcoca hätten es gern gesehen, wenn die Kastilier auch dort geblieben wären. Doch wenn Cortés' gesamte Strategie Erfolg haben sollte, dann mußten die Spanier die Stadt mit ihrem leichten Zugang zum See in ihre Gewalt bringen. Aus diesem Grund machten sie sich am nächsten Tag in aller Frühe dorthin auf.

Die Kastilier waren nicht sicher, wie sie in Texcoco empfangen würden; bis zuletzt hielten sie einen Kampf für wahrscheinlich. Doch die Emissäre Coanacochtzins hatten ihnen Quartiere im Zentrum der Stadt versprochen, und sie hatten ihr Versprechen gehalten, wie Cortés feststellte, als er am nächsten Tag, dem 31. Dezember 1520, gegen Mittag in der Stadt eintraf. Der Palast des Nezahualpilli, in dem sie Quartier bezogen, lag in der Mitte der Stadt. Er war so groß, daß er nach Cortés' Ansicht doppelt so viele Kastilier hätte aufnehmen können. Doch im übrigen ließ der Empfang nichts Gutes ahnen, denn die Straßen waren wie ausgestorben.[18]

Cortés wollte Zwischenfälle vermeiden. Aus diesem Grund ließ er durch seinen Herold verkünden, die Soldaten der Invasionstruppen sollten bei Todesstrafe in ihren Unterkünften bleiben. Dann schickte er Alvarado und Olid mit einer kleinen Abteilung zur Spitze des Großen Tempels, von wo aus sich ihnen eine gute Aussicht auf den See bot. Mit Bestürzung sahen sie, daß ein Großteil der Bevölkerung in Kanus über den See flüchtete. Kurz darauf erfuhren sie, daß auch Coanacochtzin nach Mexiko geflohen war.

Cortés war verärgert über diese Flucht, und er erteilte die Erlaubnis zur Plünderung der Stadt. Wie schon zuvor in Tepeaca töteten die Kastilier die wenigen Männer, die sie antrafen, und nahmen die Frauen und Kinder gefangen, um sie öffentlich als Sklaven zu versteigern. Ixtlilxochitl behauptete später, er habe versucht, diese Greuel zu verhindern, doch die Tlaxcalteken hätten sich nicht davon abhalten lassen.[19]

Texcoco war die zweitgrößte Stadt des mexikanischen Reichs: Sie bedeckte eine Fläche von vierhundertfünfundvierzig Hektar, und ihre Bevölkerung belief sich auf etwa 25 000 Menschen. Ihre Herrscher, die eng mit der Führungskaste Tenochtitlans verwandt waren, blickten ebenfalls auf eine legendäre Gründergestalt zurück, die, etwa zehn Generationen zuvor, ihre Vorfahren aus ihrem alten Lebensraum – Höhlen und Wäldern – herausgeführt und zum Ufer des Sees geleitet haben sollte. Ihre Geschichte war friedlicher verlaufen als die der Mexica; so konnten die Gewährsleute Sahagúns bei mehreren Gelegenheiten berichten, dieser oder jener Herrscher von Texcoco habe »siebzig Jahre lang regiert; während dieser Zeit ereigneten sich keine denkwürdigen Vorfälle«.[20]

Die Texcoca pflegten das Andenken ihres Königs Nezahualcoyotl, des Philosophen und Dichters, »des Harun-al-Raschid der Neuen Welt«. Dieser Herrscher hatte nicht nur mit der Idee des Monotheismus geliebäugelt, sondern war auch verkleidet durch die Straßen seiner Hauptstadt gegangen, um »sich aus eigener Anschauung über Mängel und Bedürfnisse zu informieren und diesen abzuhelfen«.[21] Er ließ mehrere prächtige Ziergärten anlegen, unter anderem einen in Tetzcotzingo, einige Kilometer südöstlich von Texcoco, wo seine Gärtner Pflanzen aus der ganzen Region einzubürgern versuchten; dort gab es auch eine Freilichtbühne, und dort pflegte der König in einem erhöhten runden Schlafgemach mit einem herrlichen Blick auf den See zu nächtigen. Dieses »Lustschlößchen« beherbergte zahlreiche schöne Steinskulpturen, für die die Mexica berühmt waren, darunter auch ein großes rundes Becken. Nezahualcoyotl hielt dort Wettbewerbe für Musik und Dichtkunst ab, lauschte dem Gesang von Vögeln, die aus weit entfernten Regionen stammten und in Käfigen gehalten wurden und »deren Gesang so laut war, daß er die Worte der Menschen übertönte«. (Einige der *ahuehuete*-Bäume in diesen Gärten sind noch heute zu sehen.)

Viele der zahlreichen Prunkbauten Texcocos standen denen Tenochtitlans an Schönheit nicht nach. Mehrere besaßen Innenhöfe, um die herum die Haupträume angeordnet waren, so wie es auch in Andalusien der Fall war. Einige waren auf Terrassen erbaut worden, andere (darunter vermutlich auch das Gebäude, in dem Cortés und seine Expedition logierten) waren um eine Balkenkonstruktion errichtet worden, die so groß war, »daß ihre Montage die Geschicklichkeit und Kraft von Menschen weit zu übersteigen schien«. Da dieses Gebälk von hölzernen Stützpfeilern getragen wurde, die ihrerseits in einem steinernen Sockel verankert waren, konnte es Hallen mit einer Fläche von einhundertzehn Quadratmetern und mehr umspannen. Die Außenmauern der meisten Gebäude waren weiß getüncht: »Jeder, der nicht wußte, worum es sich handelte, konnte aus der Ferne den Eindruck gewinnen, er betrachte kleine schneebedeckte Hügel.«[22]

Ein zeitgenössischer Plan enthüllt die Gestaltung eines dieser Gebäude: Im Zentrum des größten Patios standen zwei Kohlenbecken, deren Feuer von Indianern unterworfener Städte unterhalten wurde.

Der Große Tempel überragte sein Gegenstück in Tenochtitlan um vier oder fünf Stufen. Das umliegende Land, das von den Texcoca bestellt wurde, war fruchtbar, da es von zahlreichen Wasserläufen durchzogen wurde. Texcoco hatte im Reich der Mexica einen bedeutende Rolle gespielt: Die großen Könige Texcocos, Nezahualcoyotl und Nezahualpilli, Vater und Sohn, hatten zusammen einhundert Jahre lang regiert und den mit ihnen verwandten Kaisern am gegenüberliegenden Ufer des Sees meist kluge Ratschläge erteilt. Sie hatten sich auch mit großer Begeisterung den mexikanischen Eroberungskriegen angeschlossen.[23]

Einige Chronisten schrieben Texcoco sogar einige der Eroberungen Mexikos zu und bescheinigten der Stadt, sie habe eine Zeitlang die tonangebende Rolle im Dreierbund gespielt. Wenn Begeisterung für Dichtung und Kunst, ganz zu schweigen von einer gepflegten Sprache, Kennzeichen einer hochstehenden Kultur sind, hatte Texcoco seinen Ruf zweifellos verdient. Die Stadt war berühmt für ihre Stoffe und ihre Töpferwaren, vor allem ihre runden Tassen, in denen Schokolade gereicht wurde. Wie ihre Kollegen in Tenochtitlan und Tlatelolco wohnten die Handwerker, die diese Waren herstellten, in bestimmten Vierteln. Zu Beginn des 15. Jahrhunderts hatte ein König von Texcoco Töpfer aus anderen Orten ermuntert, in seine Stadt zu kommen; mittlerweile waren sie in einer Art Zunft organisiert.[24]

Der hohe Lebensstandard in Texcoco war zum Teil auf das Tributsystem zurückzuführen. Sechs Monate lang mußten fünfzehn ausgewählte Städte den Bedarf der Paläste und Tempel decken, die folgenden sechs Monate mußten fünfzehn andere Städte diese Pflicht erfüllen.[25]

Während der ersten drei Tage ihres Aufenthalts in Texcoco kam niemand, um die Kastilier zu begrüßen. Die Furcht, die durch das Blutbad unter den Männern und die Versklavung der Frauen und Kinder ausgelöst worden war, war eine wirkungsvolle Abschreckung. Die Conquistadoren beschafften sich die nötigen Lebensmittel durch Plünderung der Vorratslager, die alles andere als üppig gefüllt waren – ein Hinweis darauf, daß die Texcoca ihren Abzug von langer Hand geplant hatten. Die Tlaxcalteken verbrachten unterdessen ihre Zeit damit, die beiden prächtigen Paläste, beide von dem verstorbenen König Nezahualpilli erbaut, in Brand zu setzen, wobei sie die königlichen Archive Texcocos und Mexikos zerstörten, in denen Landkarten, Bilderhandschriften und genealogische Register aufbewahrt worden waren.[26]

Trotz dieses Vandalismus gelang es den Kastiliern, an Stelle des geflohenen Coanacochtzin einen Marionettenherrscher einzusetzen. Die Wahl fiel auf einen seiner zahlreichen unehelichen Brüder: Tecocoltzin. Dieser verstarb jedoch bereits nach einem Monat. Cortés griff daraufhin auf einen Jungen, Huaxpitzcactzin, zurück, ein weiterer jüngerer und ebenfalls unehelicher Bruder des verstorbenen Königs. Dieser Junge wurde, wie zuvor Tecocoltzin, voller Optimismus auf den Namen »Fernando Cortés« getauft. Er stand völlig unter der Kuratel der Kastilier: Antonio de Villaroel (aus Medina del Campo) war sein Erzieher, und Pedro Sánchez Farfán (aus Sevilla) und der Knappe Ortega (der vermutlich aus Ecija stammte) waren seine Wächter.[27]

Nach drei Tagen schließlich machten die Herren von zwei Städten der Provinz Texcoco, Huexotla und Coatlinchan (wo die Spanier die Nacht vor ihrem Einzug in Texcoco verbracht hatten), sowie der Fürst von Chalco (Tenango) Cortés ihre Aufwartung. Unter Tränen beteuerten sie, sie hätten in der Vergangenheit gegen ihren Willen auf Geheiß der Mexica gegen Cortés gekämpft. Sie flehten den *caudillo* an, er möge ihnen vergeben; fortan würden sie alles tun, was er ihnen befehle. Cortés war sich nicht sicher, worauf sie anspielten, ging jedoch (zu Recht) davon aus, daß sie es gewesen waren, die ihn beim Abstieg vom Río-Frío-Paß mehrfach aus dem Hinterhalt überfallen hatten. Daher ließ er ihnen durch Marina ausrichten, er glaube, er habe ihre Städte in der Vergangenheit gut behandelt, doch er verstehe, daß die Frauen und die Familien der Männer aus ihren Städten in die Berge geflohen seien. Wenn die Fürsten und ihre Untertanen seine Freundschaft wünschten, dann müßten sie sie zur Rückkehr veranlassen, was den Fürsten verständlicherweise mißfiel.

Auch Cuauhtémoc nahm diese Verhandlungen (von denen er selbstverständlich bald erfuhr) mit Mißfallen zur Kenntnis. Er sandte Boten zu den betreffenden Fürsten und forderte sie auf, sich in dem abzeichnenden Krieg auf seine Seite zu stellen und unverzüglich nach Tenochtitlan zu kommen. Er sagte, die Kastilier würden mit Sicherheit besiegt. Doch die Fürsten nahmen die Boten gefangen und brachten sie zu Cortés. Obgleich dieser erkannte, daß die Mexica kriegerische Absichten hegten, wollte er vor den wenigen verbliebenen Einwohnern Texcocos unbedingt als ein Mann des Friedens dastehen, denn er hoffte noch immer, sie als Verbündete zu gewinnen und ihr Gebiet als Operationsbasis nutzen zu können. Daher ließ er Cuauhtémoc über diese Boten eine Nachricht übermitteln: Er wünsche, die Mexica wieder als Freunde zu gewinnen, wie es früher der Fall gewesen sei. Die Häuptlinge, gegen die er im Jahr zuvor gekämpft habe, seien tot; aus diesem Grund sollten sie die Vergangenheit vergessen. Er wolle nicht gegen sie kämpfen, da er ihre Ländereien und Städte nicht verwüsten wolle. Die Herrscher von Coatlinchan und Huexotla waren erfreut. Fortan arbeiteten sie mit Cortés zusammen, der ihnen im Namen von Kaiser Karl V. feierlich ihre »vergangenen Missetaten« verzieh.[28]

Diese Städte bereiteten Cortés nicht zuletzt aus kommerziellen Gründen einen so freundlichen Empfang. Die Kaufleute dieser Region verstanden sich auf ihr Metier, doch in den letzten Generationen hatten die Mexica sie an der freien Ausübung ihrer Handelsgeschäfte insbesondere mit den tropischen Regionen gehindert. Tenochtitlan und Tlatelolco hatten auf ihren Monopolen bestanden. Die Kaufleute von Coatlinchan konnten daher nur über die Mexica Waren aus der Region um Vera Cruz beziehen, und dieses Monopol war jetzt bedroht. Verständlich daher, daß sich die Wegbereiter dieses Wandels großer Beliebtheit erfreuten.

Sie alle waren Herren

> »Ich bedeutete ihnen, daß ich mit ihnen reden wollte ... und fragte sie, warum sie so närrisch seien und vernichtet werden wollten. Und ich fragte weiter, ob ein hoher Herr aus der Stadt unter ihnen sei, da ich ihn zu sprechen wünsche. Und sie antworteten mir, daß die ganze Kriegerschar, die ich hier sähe, aus Herren bestehe.«
> *Cortés, Dritter Brief an Karl V., 1522*

Noch bevor Cortés eine Antwort auf seine Botschaft an Cuauhtémoc erhielt, unternahm er einen Erkundungsmarsch um den See, dessen unmittelbarer Zweck darin bestand, Furage für seine tlaxcaltekischen Verbündeten zu beschaffen. Doch auch aus militärischen Gründen war eine solche Mission sinnvoll. Cortés kannte zwar das Gebiet nördlich des Sees, doch abgesehen von seinem Marsch über die Dammwege bei seinem ersten Einzug in Tenochtitlan im November 1519 wußte er nicht, was im Süden vor sich ging. Er ließ etwa dreihundertfünfzig Kastilier unter dem Befehl von Sandoval (der de facto immer deutlicher den Posten eines Stellvertreters des *caudillo* bekleidete, obgleich er formell nach wie vor als Konstabler, *alguacil*, firmierte) in Texcoco zurück, während er selbst mit zweihundert Mann (einschließlich achtzehn Reitern, zehn Arkebusieren und dreißig Armbrustschützen) und, laut Darstellung der Chronisten, etwa drei- bis viertausend Verbündeten aufbrach. Olid und Andrés de Tapia bekleideten beide den Rang eines stellvertretenden Befehlshabers dieser Expedition. Ihr Weg führte sie entlang des südöstlichen und später des südlichen Seeufers von Texcoco zu der strategisch bedeutsamen Stadt Iztapalapa. In diesem vormaligen Lehen des verstorbenen Kaisers Cuitláhuac hatte die Expedition im Jahr zuvor die Nacht verbracht, bevor sie die letzte Etappe ihrer Reise nach Tenochtitlan, den Marsch über die Dämme, in Angriff genommen hatte.[1]

Iztapalapa war gut dreißig Kilometer von Texcoco entfernt; als sich die Kastilier der Stadt näherten, traten ihnen bewaffnete Krieger entgegen. Da die Mexica mit der Möglichkeit rechneten, daß ihnen der Gegner überlegen war, ergriffen sie eine drastische Maßnahme: Ein wenig nördlich der Stadt schlugen sie eine Bresche in den Nezahualcoyotl-Damm, der nach Atzacualco führte und den salzhaltigen Teil des Sees von der süßwasserführenden Hälfte trennte. Nun strömte Salzwasser aus dem östlichen Teil des Sees von Texcoco in das Süßwasser des kleineren, westlichen Seeabschnitts. Auf diese Weise wollten die Mexica Iztapalapa (zwei Drittel der Stadt waren über Wasser erbaut) überfluten und die Kastilier ertränken und glaubten, diese einschneidende Maßnahme werde die Offensive der Kastilier zum Erliegen bringen. Doch sie täuschten sich. Cortés und seine Verbündeten stürmten die Stadt, töteten viele Einwohner, vertrieben die übrigen und zogen sich zurück, bevor sie von den Fluten eingeschlossen wurden. Hätten sie, wie ursprünglich geplant, die Nacht in Iztapalapa verbracht, wären sie ertrunken. Allerdings verloren sie den größten Teil des Schießpulvers für ihre Arkebusen. Cortés begann, die Zahl der getöteten Feinde zu übertreiben, was ein sicheres Indiz dafür ist, daß die Kämpfe immer brutaler wurden. Er gab den Tlaxcalteken die Schuld für das Gemetzel an den Einwohnern des Ortes: »Als die mit uns verbündeten Indianer sahen, daß Gott uns den Sieg geschenkt hatte, dachten sie nur ans Töten und Plündern.« Ixtlilxochitl, Cortés' Bündnispartner, lieferte sich mit einem der Häuptlinge von Iztapalapa, der ihn gefangennehmen und lebend nach Tenochtitlan schaffen sollte, eine Art Duell. Nachdem Ixtlilxochitl seinen Gegner überwältigt hatte, ließ er ihn an Händen und Füßen fesseln und ihn lebendig auf einem »göttlichen Herd« verbrennen. Nur ein Conquistador fand bei diesem Gefecht den Tod.[2]

Die Expeditionsteilnehmer verbrachten die Nacht in der Nähe der Stadt unter freiem Himmel. Als sie aufwachten, sahen sie, daß das Wasser aus dem Westteil des Sees in den anderen Teil strömte. Die Wasserspiegel der beiden Seen lagen jetzt fast auf gleichem Niveau. Der östliche Teil war übersät mit Kanus, in denen mexikanische Krieger saßen, die hofften, die ganze Expedition gefangennehmen zu können. Daraufhin kehrte Cortés nach Texcoco zurück, wobei er fast den ganzen Weg über kämpfen mußte. Die Mexica glaubten, sie hätten die Kastilier besiegt, da sie selbst niemals freiwillig Stellungen preisgaben, die sie einmal erobert hatten. Diese Mutmaßung erfreute sie, auch wenn sie auf falschen Annahmen basierte.[3]

Die nächsten Wochen gingen auf ähnliche Weise ins Land. So machten beispielsweise die Herrscher von Ozumba und Tepecoculuco (beides Städte, die von Chalco abhängig waren) und der Herrscher von Mixquic – der Stadt am Südufer des Sees, welche die Kastilier im Jahr zuvor voller Bewunderung »Klein-Venedig« (»Venezuela«) genannt hatten – Cortés ihre Aufwartung, um ihn um Vergebung zu bitten und zu Vasallen jenes christlichen Kaisers zu werden, dem Cortés diente. Cortés rügte sie wegen ihrer Illoyalität in der Vergangenheit, gab dann jedoch ihrem Gesuch statt.[4]

Doch damit waren diese Städte am Ufer des Sees Cortés keineswegs sicher; so meldeten die Fürsten von Coatlinchan und anderen Orten, die sich Cortés im Januar 1521 unterworfen hatten, dem *caudillo*, daß sie von den Mexica bedroht würden, weil sie damit begonnen hätten, Mais für die Kastilier zu ernten. Die Mexica, die selbst dringend Nahrungsmittel brauchten, hatten die Bauern auf den Feldern überfallen. Cortés entsandte daraufhin mehrere kleine Kompanien (bestehend aus jeweils fünfzig Tlaxcalteken und drei bis vier Kastiliern), um die Felder zu beschützen.

Die Herrscher von Chalco und Tlamanalco ließen Cortés daraufhin wissen, daß auch sie gern Frieden mit ihm schließen würden – doch sie könnten ihren Wunsch nicht in die Tat umsetzen, da noch immer mexikanische Garnisonen in ihren Städten lägen.

Das Friedensangebot Chalcos schien tatsächlich einen bedeutsamen Wandel anzukündigen. Aus diesem Grund entsandte Cortés Sandoval und Francisco de Lugo mit einer Heerschar, die genauso groß war wie jene, die er nach Iztapalapa geführt hatte, »um die Mexica aus dem Weg zu räumen«. Vor den Toren Chalcos, in den Maisfeldern, deren Früchte die Mexica unter keinen Umständen verlieren wollten, schlug Sandoval mehrere schwierige Schlachten, aus denen er jedoch siegreich und ohne größere Verluste hervorging.

Daraufhin wurde Chalco, zum ersten Mal seit fünfzig Jahren und zumindest formell, wieder zu einer unabhängigen Stadt, die keinen Tribut mehr an Mexiko leisten mußte. Dieser Wandel war verblüffend: Ein Fürst dieser Stadt bestand darauf, zusammen mit Sandoval nach Texcoco zurückzukehren, um Cortés persönlich zu danken. Er sagte diesem, ihr letzter Herrscher, der wie so viele andere den Pocken erlegen sei, habe vor seinem Tod den Wunsch geäußert, Cortés möge seine Söhne als Herscher der Stadt einsetzen, da er vorausgesehen habe, daß Männer mit Bärten aus der Richtung des Sonnenaufgangs kommen würden, um dieses Gebiet zu beherrschen. Cortés vollzog diese Krönungszeremonie gerne: Er setzte den älteren Sohn zum Herrscher von Chalco und den jüngeren Sohn zum Herrscher von Tlamanalco und Ayotzingo ein.[5]

Nach diesen Schlachten schickte Cortés acht mexikanische Gefangene, die Sandoval in Chalco überwältigt hatte, zu Cuauhtémoc, um diesem ein Friedensangebot zu übermitteln: Falls Cuauhtémoc das Angebot annehme, werde er, Cortés, ihm verzeihen. Doch er erhielt keine Antwort. Cuauhtémoc war entschlossen, bis zur Entscheidung gegen Cortés zu kämpfen und keinerlei Zugeständnisse zu machen. Gleichzeitig war er jedoch bereit, den unterworfenen Städten des Reichs alle erforderlichen taktischen Angebote zu unterbreiten, so etwa den Erlaß des Tributs als Gegenleistung für ihre Bereitschaft, das Bündnis gegen die Eindringlinge fortzusetzen. Doch keine der angesprochenen Städte scheint eine positive Antwort gegeben zu haben. Ihre Herrscher waren fasziniert von dem Gedanken an den möglichen Untergang der Mexica und wie gebannt von der magischen Anziehungskraft von Cortés und seinen Freunden.[6]

Ende Januar scheint Cuauhtémoc offiziell zum Kaiser gekrönt worden zu sein.[7] Er ließ die Befestigungsanlagen Tenochtitlans verstärken und bereitete die Stadt auf eine Schlacht vor, wie sie die Mexica bis dahin noch nicht erlebt hatten: Er ließ die Kanäle unter den Brücken vertiefen, mächtige Verschanzungen anlegen, Wurfspieße und -pfeile, ja sogar lange Lanzen anfertigen, an denen die Mexica einige der

Schwerter befestigten, die sie im Jahr zuvor von den Kastiliern erbeutet hatten.

Wie alle mexikanischen Monarchen begann auch Cuauhtémoc seine Regierungszeit mit einer militärischen Aktion. Doch sein Feldzug zum Ostufer des Sees hatte keinen rituellen Charakter, sondern war als Strafexpedition gegen Städte wie Coatlinchan gedacht, die gute Beziehungen zu den Kastiliern aufgebaut hatten. Bei diesem Unternehmen gewann er zwei Städte am Ufer des Sees als Bundesgenossen gegen die Conquistadoren. Doch Cortés gelang es ein weiteres Mal, seine Feinde mit Hilfe von zweihundert Fußsoldaten und zwei kleinen Feldgeschützen aufzureiben. Anschließend setzte er die Städte dieser Verbündeten der Mexica in Brand. Daraufhin kamen die Herrscher beider Städte zu Cortés, um ihm Abbitte zu leisten und ihn zu ersuchen, sie nicht weiter zu behelligen, wobei sie sich im Gegenzug verpflichteten, jeglichen Kontakt zu den Mexica abzubrechen.

Ende Januar ging auch Cortés davon aus, daß die Brigantinen fertiggestellt sein würden. Er schickte Sandoval über die nördlichste Route nach Tlaxcala, mit dem Auftrag, diese Geheimwaffen mit Hilfe tlaxcaltekischer Träger nach Texcoco zu bringen.

Der Konstabler (*alguacil*) brach mit einer kleinen Streitmacht aus Kastiliern und Texcoca auf. Unterwegs machten sie an der Stadt Calpulalpan halt (die an der Grenze zwischen den Herrschaftsgebieten von Tlaxcala und Texcoco lag und von den Kastiliern auf den Namen Pueblo Morisco getauft worden war), um dort »ein Exempel zu statuieren«. Während der Belagerung im Jahr zuvor hatten die Mexica dort fünfundvierzig Kastilier (unter dem Befehl von Juan de Alcántara) hingerichtet, die auf ihrem Weg nach Vera Cruz in einen Hinterhalt geraten waren. Als Sandoval den Tempel der Stadt einnahm, stieß er dort auf zahlreiche Spuren von Opferungen: die Häute von Pferden und das Blut von Kastiliern. In die Mauer des Gefängnisses war eine Botschaft eingeritzt: »Hier wurde der unglückliche Juan Yuste gefangengehalten«: Yuste, der möglicherweise aus der malerischen Stadt gleichen Namens in der Sierra de Gredos stammte, hatte Narváez begleitet und war von diesem zum *alcalde* seiner kurzlebigen Stadt San Salvador eingesetzt worden. Er war es auch, dem Narvaéz befohlen hatte, Cortés in der Nähe von Cempoallan in einen heimtückischen Hinterhalt zu locken, was jedoch mißlang.

Sandovals Verhalten rief keinerlei Kritik hervor. Bevor Sandoval aufbrach, fragte er Cortés offenbar: »Was soll ich tun, wenn sich mir

Quetzalcoatl (um 1500), die gefiederte Schlange, der mexikanische Gott des Windes, des Geistes und der Bildung, möglicherweise einst ein König von Tollan; vermutlich hielten die Mexica Cortés eine Zeitlang für die Reinkarnation dieses Gottes.

Spanien im Jahre 1517

Oben links: Der Regent, Kardinal Cisneros, der den Geruch von Schießpulver ebenso mochte wie den von Weihrauch.

Oben rechts: Königin Juana, die wegen ihrer geistigen Umnachtung bereits eingekerkert war.

Rechts: König Karl, damals erst siebzehn Jahre alt, später Kaiser Karl V.

Unten: Bartolomé de las Casas, Historiker und energischer Fürsprecher der Indianer.

Musik und Tanz Die Mexica verbrachten viel Zeit mit Musik und Tanz. Hier sind mehrere ihrer Musikinstrumente (**im Uhrzeigersinn von links oben**) abgebildet: eine Okarina, Flöten, Pfeifen und eine Trommel; außerdem ein Lippenpflock, der als Schmuck verwendet wurde.

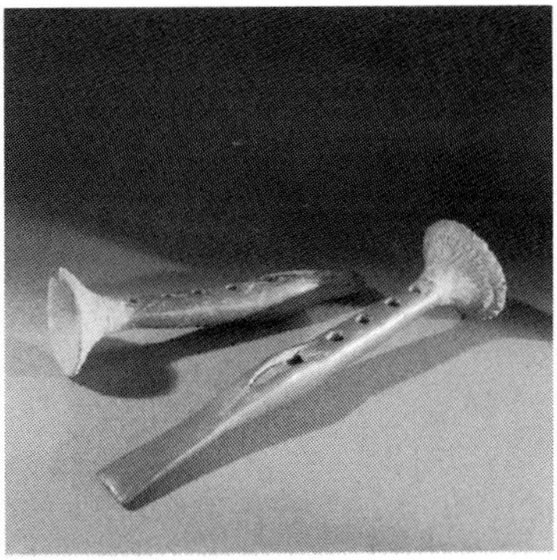

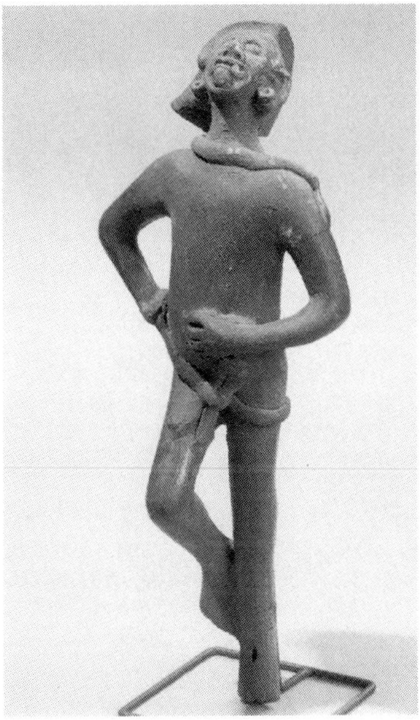

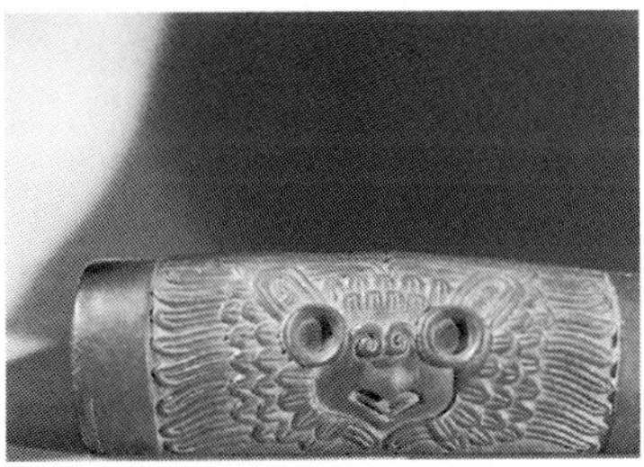

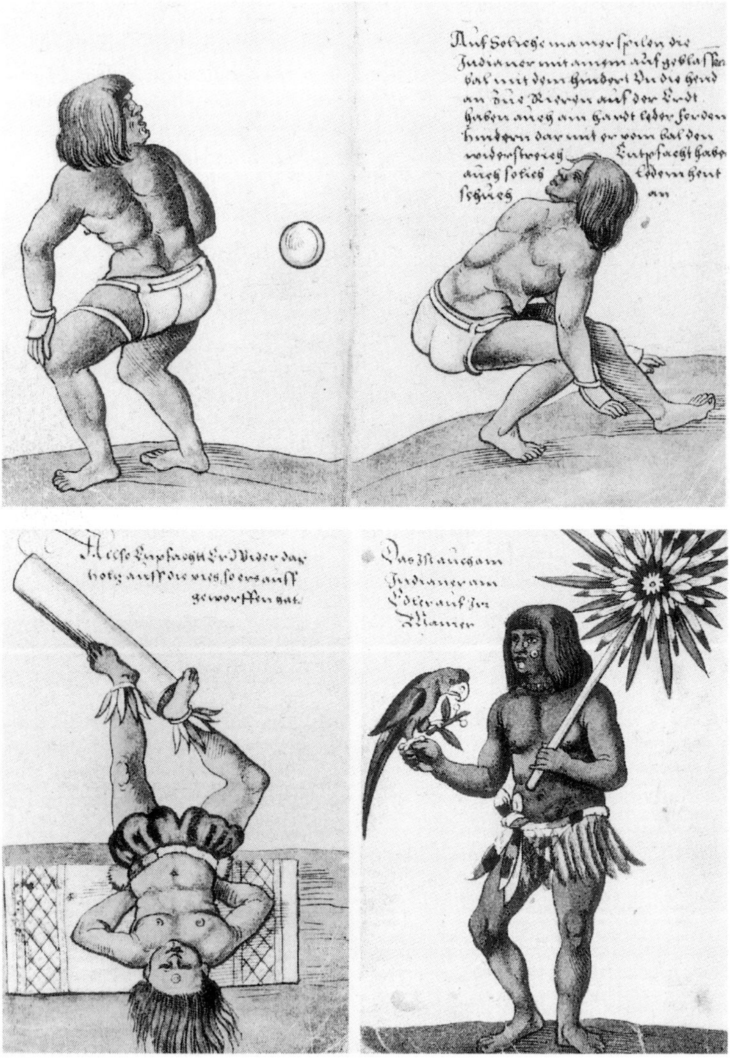

Spiele Die Mexica spielten mit Gummibällen und jonglierten Holzklötze mit den Füßen. Der Papagei erinnert uns daran, daß die Mexica für ihre Mosaikarbeiten Federn benötigten. Lebensnahe Skizzen von Weiditz, um 1528.

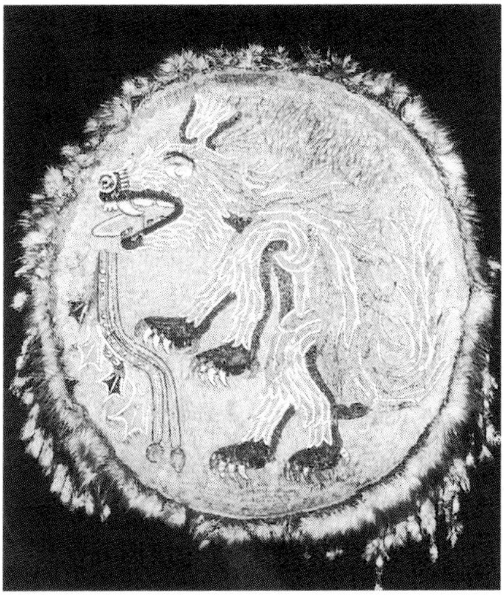

Krieg I. **Rechts:** Die Mexica waren geschickte Speerwerfer; sie schleuderten diese Waffen mit Hilfe von *atlatls* auf ihre Feinde. **Oben:** Sie schützten sich mit Schilden; hier ist ein zeremonieller Schild aus Federmosaik abgebildet, auf dem das Seeungeheuer Ahuítzotl dargestellt ist (Cortés schickte es möglicherweise an Karl V.).[2]

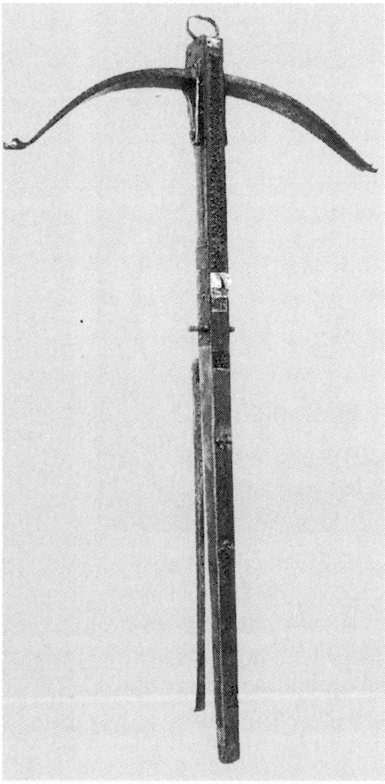
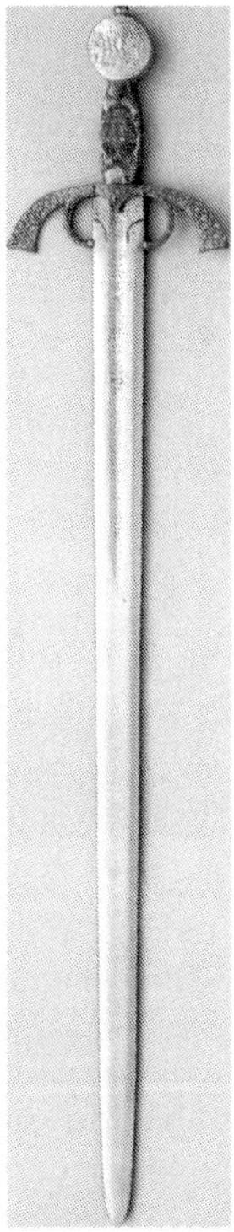

Krieg II.
Die Waffen der Spanier:
Oben links: Arkebuse; **Oben Mitte:** Armbrust; **Oben rechts:** das Toledo-Schwert, das angeblich Gonzalo Fernández de Córdoba gehörte. **Links:** Feldschlange.

Krieg III. Die Spanier verfügten über zwei Geheimwaffen: Brigantinen (**rechts**), die sie für die Seeblockade Tenochtitlans bauten; und Pocken (**unten**), die Tausende dahinrafften.

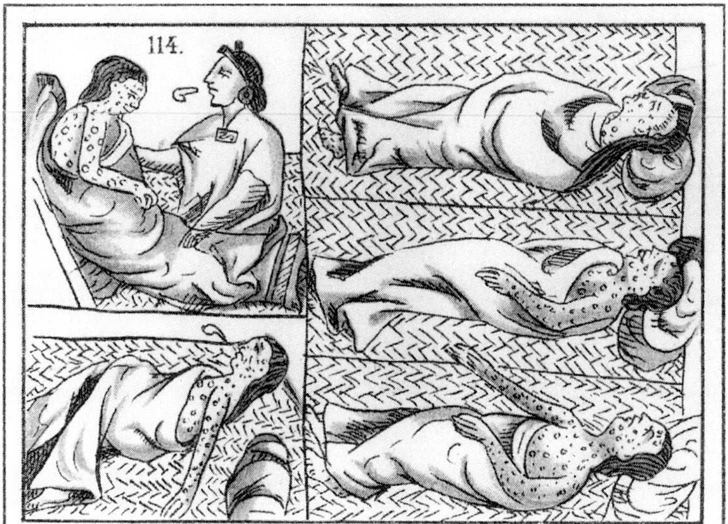

Folgen **Oben:** Der Truthahn, aus Mexiko nach Europa eingeführt, dargestellt in einem Gobelin nach einem Gemälde von Bronzino; **oben links:** Gesicht eines Mexica am Kapitell einer Säule im Innenhof des Fürstbischöflichen Palais von Lüttich, genannt »Lobpreis des Wahnsinns in Stein« (um 1525); **Mitte links:** ein pulque-Trinkbecher (um 1521); **unten links:** ein goldener Anhänger, der die Sonne darstellt, eine der wenigen Goldschmiedearbeiten, die nicht zu Goldbarren eingeschmolzen wurden.

die Indianer von Pueblo Morisco in friedlicher Absicht nähern?« Cortés antwortete angeblich: »Tötet sie, auch wenn sie ihre friedliche Absicht kundtun.«[8]

Anschließend zog Sandoval mit dreißig Mann weiter nach Tlaxcala. Doch bereits in Hueyotlipan traf er auf Martín López, der den Bau der Brigantinen organisiert hatte, und Chichimecatecle, den Anführer der Tlaxcalteken. Zweitausend Träger waren mit Proviant für Texcoco beladen, weitere achttausend beförderten Planken und Holz, das paßgenau für den Zusammenbau der Brigantinen zugeschnitten war. So zog Sandoval am 15. Februar an der Spitze einer fast zehn Kilometer langen Schlange von Trägern in Texcoco ein. Sie wurden unter den Klängen von Trommeln und Muscheltrompeten sowie von ebenso anfeuernden wie sonderbaren Jubelrufen empfangen: »*¡Viva, viva el emperador, nuestro señor!*«, und die noch kuriosere Verbindung: »*¡Castilla, Castilla, y Tlaxcala, Tlaxcala!*« Der Transport von Schiffen über einen so weiten Landweg stellte einen unerhörten Kraftakt dar. Noch erstaunlicher war freilich der Einsatz, mit dem die Tlaxcalteken den Kampf gegen ihre mexikanischen Vettern führten.

Die Kastilier, die während all dieser Expeditionen um den See (unter dem Befehl von Cortés und Sandoval) in Texcoco zurückgeblieben waren, hatten mit der Aushebung von Kanälen begonnen, in denen die Brigantinen von Texcoco aus direkt in den See fahren konnten. Die nächsten Wochen verbrachten sie mit der Fertigstellung dieser Kanäle und der Montage der Schiffe. »Macht eure Arbeit gut, und ich werde euch reichlich belohnen«, pflegte Cortés zu den Männern zu sagen, die an diesen Booten arbeiteten. Zu denen, die mit diesen Aufgaben betraut wurden, gehörte auch Hernando Alonso, der sechzigjährige zwangsgetaufte Hufschmied, der mit Narváez nach Neuspanien gekommen war, die *noche triste* und den Tod seiner Frau Beatriz de Ordás (die während des Tepeaca-Feldzugs einem Fieber erlegen war) überlebt hatte und nun angeblich »zahlreiche Nägel in die Brigantinen schlug«.[9]

Cortés unternahm im Februar einen zweiten Erkundungszug, der ihn diesmal zum Nordufer des Sees führte. Erneut brach er mit Alvarado, Olid und etwa der Hälfte seines Heeres auf – fünfundzwanzig Reitern, dreihundert Fußsoldaten, sechs kleinen Feldgeschützen und einer großen Zahl von Tlaxcalteken. Bereits am ersten Tag wurden sie angegriffen, doch konnten sie ihre Feinde rasch in die Flucht schlagen. Nachdem sie im Freien übernachtet hatten, zogen sie am zweiten Tag in Xaltocan ein, einer Stadt, die auf einer Insel unweit des Ufers erbaut worden war und damals von dem *tlatoani* der nahe gelegenen Stadt Guautitlan regiert wurde. Ende des 14. Jahrhunderts hatten Tepaneken zusammen mit Hilfe mexikanischer Söldnertruppen diese einstige Hauptstadt der Otomí erobert. Die Stadt war viele Jahre lang von den Mexica beherrscht worden. Nun versuchten diese sie auf die naheliegendste Weise zu schützen: durch Zerstörung des Dammweges, der sie mit dem Festland verband. Doch dieser Plan wurde von zwei Indianern, vermutlich Otomí, verraten. Sie zeigten Cortés auch einen alten Damm, der sich zwar in schlechtem Zustand befand, aber immer noch begehbar war. Die kastilischen Fußsoldaten gelangten auf diesem Weg in die Stadt; sie plünderten die Häuser und behandelten deren Bewohner gewiß mit größerer Brutalität, als es die einstigen mexikanischen Eroberer getan hatten. Anschließend kehrten sie zum Festland zurück, um die Nacht am Ufer des Sees – erneut unter freiem Himmel – zu verbringen.[10]

Am nächsten Tag erreichte Cortés die Hauptstadt der Provinz Guautitlan, die am Westufer des Sees lag. Diese große und schöne Stadt lag wie ausgestorben da; ihre Einwohner waren entweder in die nahe gelegenen Hügel oder nach Tenochtitlan geflohen.

Zwei weitere Städte, die von den Kastiliern heimgesucht wurden, hatten einst ebenfalls zum Herrschaftsgebiet der Tepaneken gehört: Teneyuca, eine nördlich von Tenochtitlan, am Ufer des Sees gelegene Stadt, und die einstige Hauptstadt des Tepanekenreichs, Azcapotzalco, die Stadt der Goldschmiede. Es ist anzunehmen, daß sie die Pyramide in Teneyuca – offenbar eine Nachbildung der Pyramide in Tlatelolco – nicht nur sahen, sondern auch unmittelbar daran vorbeikamen. In Azcapotzalco plünderten sie vermutlich die Werkstätten der Goldschmiede, doch obwohl sie aufgrund ihres früheren Aufenthalts in Tenochtitlan um den Reichtum der Stadt wußten, wird dies in den überlieferten Quellen mit keiner Silbe erwähnt. Azcapotzalco war bekannt dafür, daß es von zwei *tlatoani* – einem Tepaneken und einem Mexica – regiert wurde. Doch keiner von beiden war anwesend, als Cortés eintraf. Auch fehlte jegliche Spur von den Sklaven, die für gewöhnlich auf dem weithin bekannten Sklavenmarkt von Azcapotzalco versteigert wurden.

Am fünften Tag nach dem Aufbruch aus Texcoco erreichte die kastilische Expedition schließlich Tacuba, das dritte, kleinste und unbedeutendste Mitglied des Dreierbundes, das zusammen mit Tenochtitlan und Texcoco den Kern des mexikanischen Imperiums bildete. Und genau aus diesem Grund begab sich Cortés dorthin.

Tacuba lag an der Stelle des in westlicher Richtung verlaufenden Dammwegs von Tenochtitlan, wo dieser das Festland erreichte; in der *noche triste* hatte sich Cortés auf diesem Weg aus der Hauptstadt Mexikos abgesetzt. Tacuba war zwar klein, aber dennoch die bedeutendste tepanekische Stadt, und man hätte daher erwarten können, daß sie sich der antimexikanischen Allianz anschließt, denn die Tepaneken hatten ihre Unterwerfung durch die Mexica neunzig Jahre zuvor noch nicht vergessen. Allerdings war der alte Groll im Jahr zuvor nicht zum Vorschein gekommen, und auch im Jahre 1521 blieb er stumm. Dies war zweifellos auf die enge Verbindung zwischen den eingesetzten Königen von Tacuba und dem mexikanischen Königshaus zurückzuführen: Der neue Monarch, Tetlepanquetzatzin, war der erste Schwager Montezumas gewesen. So kam es, daß die Kastilier nicht friedlich empfangen wurden, sondern sich ihren Weg in die Stadt mit Gewalt erkämpfen mußten. Nachdem sie ihre Feinde niedergerungen hatten, quartierten sie sich in einem großen Gebäude ein, an das sie sich noch von ihrer traurigen Nacht im Jahr zuvor erinnerten. Die Tlaxcalteken steckten die verbliebenen Gebäude dieser ihnen so lange Zeit feindlich gesinnten Stadt in Brand, »als Strafe dafür, daß ihre Einwohner Mexiko geholfen hatten«.[11]

Am Tag darauf kehrte Cortés zu dem Dammweg zurück, auf dem so viele seiner Freunde umgekommen waren. Er war wiederaufgebaut worden. Die Mexica, die natürlich über all ihre Bewegungen unterrichtet waren, versuchten die Kastilier durch höhnische Zurufe an einen Punkt zu locken, an dem sie sie von See und von Land aus umzingeln konnten. Tatsächlich wagten sich die Conquistadoren zu weit vor und gerieten in Reichweite der Steine, welche die Mexica von den Dächern mit ihren *atlatls* auf sie herabschleuderten. Mehrere Kastilier wurden getötet, bevor Cortés, der sich kurzzeitig selbst verloren glaubte, den Rückzug befahl, den sie in großer Unordnung antraten.[12]

Cortés blieb sechs Tage in Tacuba und wurde dort in zahlreiche Gefechte verwickelt. Mehrfach unternahm er erfolgreiche Ausfälle über den Damm, wobei er neue Taktiken für diese Kampfmethode ausprobierte und erkannte, wie sehr sich die Lage zu seinen Gunsten ändern würde, wenn ihn Brigantinen von See her unterstützten. Die Tlaxcalteken verhöhnten ihre alten Erzfeinde in Tenochtitlan immer wieder durch laute Zurufe. Sie bereiteten sich auf einen Krieg im traditionellen Stil zwischen Tlaxcala und Tenochtitlan vor. Mit ihren Bannern, Federn und buntgeschminkten Körpern »boten sie einen spektakulären Anblick« (»*sin duda una cosa para ver*«).

Cortés hatte mehrere kurze Unterredungen mit den Mexica. Später behauptete er, eines seiner Hauptmotive für seinen Abstecher nach Tacuba sei gewesen, Cuauhtémoc von der Notwendigkeit von Gesprächen zu überzeugen, was nicht leicht zu bewerkstelligen war. Einmal riefen die Mexica vom anderen Ende des Dammes herüber: »Kommt her, kommt her und vergnügt euch!« und weiter: »Glaubt ihr vielleicht, ihr würdet hier von einem zweiten Montezuma empfangen, der euch tun läßt, was ihr wollt?« Cortés seinerseits fragte sie eines Morgens: »Seid ihr tatsächlich so töricht, eure Vernichtung zu ersehnen? Ist unter euch keiner der hohen Herren der Stadt [*algun señor principal*], mit dem ich sprechen kann?« Ein Mexica antwortete auf eine Weise, die den Kastiliern eine gewisse Bewunderung abgenötigt haben dürfte: »Wir alle sind Herren [*todos los que veis son señores*], so daß Ihr zu jedem von uns sagen könnt, was immer Ihr wünscht.« Einer von Cortés' Männern rief, die Mexica würden verhungern, worauf ein Mexica erwiderte, daß sie die Kastilier und Tlaxcalteken verspeisen würden, wenn sie Hunger hätten. Ein anderer Mexica warf Cortés einige Tortillas aus Maismehl zu und sagte voller Verachtung: »Nimm und iß sie, wenn du hungrig bist. Wir brauchen sie nicht.«[13]

Nachdem sich Cortés erneut aus eigener Anschauung von der strategischen Bedeutung Tacubas überzeugt hatte, kehrte er über den gleichen Weg, über den er gekommen war, nach Texcoco zurück; er legte ein weiteres Mal Zwischenaufenthalte in Guautitlan und Acolman ein, wobei er die meiste Zeit gegen entschlossene, wenn auch schlecht organisierte Mexica kämpfte. In der Nähe von Acolman (vermutlich unweit von Teotihuacan) hatten die Mexica einen Hinterhalt gelegt, doch Cortés und seine Reiter überraschten das große mexikanische Heer und zwangen es zum Rückzug. Die Kastilier ritten ihre Gegner mit Lanzen nieder. Der *caudillo* nannte diesen verheißungsvollen Sieg »eine äußerst schöne Sache«.[14] War nicht Achilles mit den Trojanern genauso verfahren?

Cortés' Rückkehr nach Texcoco fiel zeitlich mit den Angeboten weiterer der mexikanischen Herrschaft überdrüssiger Städte zusammen, dem spanischen König zu huldigen (darunter mehrere Küstenstädte nördlich von Villa Rica, wie etwa Tuxpan, Matalcingo und Nauhtla). Doch Cortés war nicht in der Lage, ihnen den Beistand zu gewähren, den sie im Gegenzug erbaten. Sogar die strategisch weitaus bedeutsameren Städte Chalco und Tlamanalco verlangten auch noch nach ihrem formellen Beitritt zur kastilischen Sache weiterhin militärische Hilfe, doch viele der Spanier waren verwundet, erschöpft oder auch bloß müde vom ständigen Tragen der Rüstung.[15]

Etwa zu dieser Zeit mußte der *caudillo* einen weiteren gefährlichen Anschlag auf seine Autorität abwehren. Ein Soldat namens Rojas hinterbrachte ihm, daß zahlreiche Conquistadoren (fast dreihundert nach Darstellung von Cervantes de Salazar) planten, ihn zu töten und einen seiner Kommandeure, Francisco Verdugo, Diego Velázquez' Schwager und einstiger Bürgermeister von Trinidad (auf Kuba), als seinen Nachfolger einzusetzen. Der Kopf der Verschwörung war ein Freund von Narváez und Velázquez, (der aus Zamora gebürtige) Antonio de Villafaña, der Schatzmeister der Expedition des Grijalva, der mit Narváez nach Neuspanien gekommen war. Bei Cortés' Expedition fungierte er als Verwahrer des Vermögens der Toten – ein Amt, das bei den Kastiliern von großer Bedeutung war. Villafaña plante, Cortés während des Abendessens im Kreis seiner Hauptleute und Günstlinge (Alvarado, Lugo, Olid, Tapia, Sandoval, Marín und Ircio) einen Brief zu überbringen, der angeblich von seinem Vater stammte. Während Cortés dieses gefälschte Dokument las, sollten er und seine engsten Freunde erdolcht werden. Es war wichtig, Cortés abzulenken, da er wie alle spanischen Ritter mit griffbereitem Schwert zu essen pflegte. Unterdessen sollte Narváez aus seinem Gefängnis in Vera Cruz entkommen und an Bord einer Karavelle nach Kuba fliehen. Diese Karavelle gehörte seinem ehemaligen Proviantmeister, dem *converso* Pedro de Maluenda aus Burgos.[16]

Nachdem der Soldat Cortés diese Verschwörung hinterbracht hatte, begab sich der *caudillo* unverzüglich in Begleitung von Sandoval und einigen anderen in die Unterkunft von Villafaña. In seiner Eigenschaft als *alguacil* nahm Sandoval den Verräter fest und beschlagnahmte bei ihm eine Liste mit den Namen von Personen, die sich bereit erklärt hatten, ihn zu unterstützen. Der Stadtrat, bestehend aus dem Quartiermeister Olid, den *alcaldes* (Marín und Ircio) und Cortés als *justicia mayor*, verhandelte gegen Villafaña und verurteilte ihn zum Tode durch den Strang. Unmittelbar nachdem Fray Díaz dem Gefangenen die Beichte abgenommen hatte, wurde das Urteil vollstreckt.

Cortés verkündete, Villafaña habe bei seiner Festnahme die Liste mit den Namen der Verschwörer verschluckt, er, Cortés, wisse also nicht, um wen es sich gehandelt habe. Tatsächlich waren auf der beschlagnahmten Liste vierzehn altbekannte Feinde von Cortés aufgeführt, deren Namen Cortés zwar nie preisgab, die jedoch leicht herauszufinden gewesen sein dürften. Zwar konspirierten diese Männer weiterhin, doch die meisten kehrten innerhalb weniger Wochen nach Kuba zurück. Verdugo seinerseits beteuerte, nichts von den Intrigen Villafañas gewußt zu haben.[17]

Das einzige weitere Opfer der Intrige war Diego Díaz, der Kapitän eines Schiffs, das Juan Bono de Quejo gehörte; er hatte sich bereit erklärt, Narváez und einige andere gegen einen Lohn von dreihundert Pesos nach Kuba zu bringen. Er wurde vom Stadtrat von Villa Rica unter Vorsitz von Alonso de Ávila zum Tode durch den Strang verurteilt.[18]

Anschließend ernannte Cortés Alonso de Quiñones, der wie Villafaña aus Zamora gebürtig war und ihm in der *noche triste* das Leben gerettet hatte, zu seinem persönlichen Leibwächter. Auch soll Cortés fortan immer in Harnisch geschlafen haben.

Etwa zur gleichen Zeit wurde Cortés' Streitmacht durch eine weitere von der Küste kommende Expedition verstärkt. Diese – die siebte seit ihrem Rückzug aus Tenochtitlan – bestand aus einem kleinen Trupp von Conquistadoren aus Santo Domingo, der dank der Bemühungen von Francisco Álvarez Chico, die dortigen Siedler für Cortés' Aktivitäten zu interessieren, nach Neuspanien gekommen war. Einer der Kolonisten, die in Santo Domingo den Erzählungen von Cortés' Emissär aufmerksam zugehört hatten, war Rodrigo de Bastidas, ein erfahrener Conquistador, der sich zunächst als Geschäftsmann in Triana niedergelassen hatte und im Jahr 1500 zusammen mit dem berühmten Steuermann Juan de la Cosa den Golf von Uraba entdeckt hatte. Obgleich Bastidas einer der wenigen Männer dieser Epoche war, denen Las Casas in seinem historischen Werk einen redlichen Charakter bescheinigte, war er Sklavenhändler und Eigentümer einer großen *encomienda*, auf der er mit Hilfe indianischer Fronarbeiter eine große Viehzucht betrieb.[19]

Bastidas hatte im Jahre 1505 als erster die Nordküste Venezuelas systematisch nach Perlen abgesucht und dürfte Cortés bereits vor 1510 kennengelernt haben. Bastidas war gegenwärtig in Santo Domingo oberster Eintreiber einer Steuer, *almojarifazgo* genannt, und außerdem einer der drei größten Schiffsbauer der Insel und ein Kompagnon der reichsten genuesischen Finanziers in Sevilla. Bastidas hatte aufgrund des indianischen Massensterbens auf Hispaniola und aufgrund der Situation in Spanien mit wirtschaftlichen Schwierigkeiten zu kämpfen.[20]

Vermutlich beteiligte sich auch der eine oder andere der erfolgreichen genuesischen Kaufleute, die sich inzwischen in Hispaniola niedergelassen hatten, an den Kosten und den Risiken dieser Unterstützung für Cortés: Einer von ihnen, Jacome de Castellón, hatte die Zuckerrohrmühle in Azúa (wo der *caudillo* einen Großteil seines dritten Lebensjahrzehnts verbracht hatte) in ein erfolgreiches Unternehmen verwandelt. Die Genueser stellten erhebliche Finanzmittel für die Kolonisierung anderer Teile des spanischen Reichs bereit – da wäre es verwunderlich gewesen, wenn sie sich nicht für die Aktivitäten in Neuspanien interessiert hätten.[21]

Jedenfalls war Bastidas für die Ausrüstung einer großen Hilfsexpedition für Cortés verantwortlich, die an Bord von drei Schiffen (einer *nao*, der *María*, mit einhundertfünfzig Registertonnen, und zwei kleineren Karavellen) zahlreiche Arkebusen und Schwerter, eine große Menge Schießpulver, zweihundert Mann, sechzig Pferde und einen Franziskaner aus Sevilla, Fray Pedro Melgarejo de Urrea, nach Neuspanien brachte.

Der Mönch hatte mehrere päpstliche Bullen (*bulas de cruzada*) bei sich, welche die Männer der Expedition ermächtigten, sich für eventuelle Sünden, die sie bei den Kriegen auf sich luden, selbst die Absolution zu erteilen. Wie vorauszusehen, war der fromme Mönch infolgedessen bei seiner Rückkehr nach Spanien ein reicher und wohlhabender Mann.[22] Doch zuvor wurde er zu einem engen Freund von Cortés, der ihn eine Zeitlang an Stelle von Fray Bartolomé de Olmedo als Beichtvater berief.

Eines von Bastidas Schiffen wurde von einem jungen Abenteurer aus Burgos befehligt, Gerónimo Ruiz de la Mota, der ebenfalls einer Familie von *converso*s entstammte; er war der Sohn eines Ratsherrn von Burgos, eines Cousins des damals einflußreichen Bischofs von Badajoz, des Almonesiers Karls V., und er selbst hatte eine Zeitlang das Amt eines Kammerherrn von Diego Colón bekleidet. Unter den Neuankömmlingen befand sich außerdem der Baske Hernán de Elgueta, der für Aufsehen sorgte, als er auf einer Fuchsstute den Weg von Vera Cruz heraufgeritten kam. Auch Cortés' Schwager und ehemaliger Partner, Juan Suárez, scheint mit dieser Expedition nach Neuspanien gelangt zu sein.

Doch der wichtigste von all diesen Männern, die mit Bastidas kamen, war Julián de Alderete. Dieser aus Tordesillas gebürtige Mann war von der Kolonialbehörde auf Hispaniola zum offiziellen Schatzmeister von Cortés' Expedition ernannt worden. Alderete war einst *camarero* (Kämmerer) von Bischof Fonseca gewesen; ein Vorleben, das für Cortés Ungutes verheißen konnte. Doch in Wahrheit zeigte seine – wenn auch lästige – Anwesenheit dem *caudillo,* daß die Kolonialbehörde in Santo Domingo begonnen hatte, die Bedeutung seiner Aktivitäten zu erkennen.

Auch Alderete bestaunte den Anblick Mexikos, der sich ihm von Texcoco aus bot. Eine Zeitlang war er ein demütiger Bewunderer von Cortés, doch dann wurde er zu einer Keimzelle der Opposition. Zu Beginn lieferte er Cortés jedoch gewiß nützliche Informationen über die politische Situation in Spanien: zum Beispiel, daß Königin Juana in der Burg seiner Heimatstadt unter unwürdigen Umständen gefangengehalten wurde.

Cortés erfuhr von den Neuankömmlingen auch, daß »alle Siedler, die auf den Inseln [der Karibik] leben, ganz versessen darauf sind, Euch zu dienen, doch Velázquez hat viele daran gehindert«. Der wachsende Erfolg von Cortés' Expedition übte eine geradezu magnetische Anziehungskraft auf arme Kastilier auf Hispaniola und Kuba aus. Doch Kuba litt unter den Folgen des von Velázquez verfügten Handelsverbots mit »Yucatán«. Selbst im Februar 1521 wußte in Santiago noch immer niemand, was mit Narváez und seiner Expedition geschehen war; der sevillanische Kaufmann Hernando de Castro glaubte gar, Narváez habe Cortés besiegt.[23]

Unmittelbar nach der Ankunft von Alderete schickte Cortés seinen zweiten Brief an Kaiser Karl V. und einen Teil des Goldes und anderer Geschenke, die er nach der *noche triste* eingesammelt hatte, in der Obhut von Alonso de Mendoza nach Spanien. Mendoza war auf Kuba Cortés' Verwalter gewesen. Er wurde von Diego de Ordás, der sich von einem entschiedenen Velázquisten in einen Parteigänger von Cortés verwandelt hatte, und Alonso de Ávila begleitet, jenem freimütigen Hauptmann, den Cortés zwar nicht mochte, aber respektierte. Weder Ordás noch Ávila hatten sich bei den jüngsten Kämpfen hervorgetan (obgleich Ordás während des Tepeaca-Feldzugs eine Kompanie befehligt hatte). Ávila war schon immer ein schlechter Reiter gewesen, und Cortés hatte Führungspositionen mit jüngeren Männern besetzt, da er glaubte, Ávila sei als Verhandlungsführer besser zu gebrauchen denn als Soldat. Diese Männer stachen am 5. März 1521 mit einem Mendoza gehörenden Schiff in See. Ordás trug fünfhundert Goldpesos bei sich, die ihm Cortés zur Deckung seiner Unkosten mitgegeben hatte. Er scheint auch einen weiteren Brief mitgenommen zu haben, der an die Krone appellierte, energisch gegen Velázquez vorzugehen. Er enthielt sogar den Vorschlag, Cortés selbst nach Abschluß der Eroberung Neuspaniens zum Gouverneur Kubas einzusetzen.[24]

Sie nahmen auch jene unzuverlässigen Conquistadoren mit, die Cortés im Jahr zuvor von Tenochtitlan nach Vera Cruz geschickt hatte. Offenbar steuerten sie zunächst Yucatán an, von wo sie nach Matanzas an der Nordküste Kubas segelten. Dort luden sie die widerspenstigen Mitglieder der Expedition ab. Ordás mußte feststellen, daß Velázquez seine Kommende in Trinidad enteignet hatte. Anschließend liefen sie Santo Domingo an, wo Alonso de Ávila von Bord ging, um sich einiger weiterer Angelegenheiten von Cortés anzunehmen, und wo die Geschenke, die nach Spanien geschickt werden sollten, öffentlich ausgestellt wurden. Zu den Besuchern der Ausstellung zählte auch Richter Zuazo. Zweifellos erzählte irgendeiner der Conquistadoren, vielleicht Ordás, diesem nüchternen und sehr erfahrenen Beobachter irgendwelche unglaublichen Geschichten, denn Zuazo schrieb einen Brief an seinen einstigen Vorgesetzten, Fray Luis de Figueroa, in dem er offenkundig diese Märchen wiedergab. So beteuerte er, die Mexica seien alle Sodomiten, würden Menschenfleisch verzehren und nicht an Gott glauben. Er beschrieb einige hohe Berge südwestlich von Tenochtitlan, wo Riesen von »unglaublicher Größe« lebten; Ordás bringe einen Knochen von einem dieser Riesen mit nach Spanien. Und er fügte eine der phantastischsten Sagen jener Zeit hinzu: »Hinter diesen Bergen steht ein großes Gebäude im Stil eines Frauenklosters, das von einer Äbtissin geleitet wird, welche die Kastilier ›Herrin des Silbers‹ nennen … diese Frau besitzt angeblich so viel Silber, daß sämtliche Säulen ihres Hauses daraus bestehen.«[25] Vermutlich handelte es sich um eine indirekte Anspielung auf Michoacan, wo tatsächlich Silber gefunden wurde, und auf den *cazonci*, der in eine Frau verwandelt wurde.

Doch Ordás setzte nicht nur Märchen in die Welt, sondern ließ auch ein Ermittlungsverfahren über seine Verdienste in Neuspanien in die Wege leiten, um die Enteignung seines Landbesitzes anzufechten. Dadurch verzögerte sich seine (wenn auch nicht Mendozas) Abreise nach Sevilla bis Ende September.[26]

Die auf Hispaniola ausgestellten Geschenke sollten die Neugier Spaniens wecken. Unter den Exponaten befanden sich drei Kriegstrachten aus Federgerüsten und einem Raubtierkopf als Kopfschmuck – eine treffliche Kombination für jeden, der sich wünschte, daß alte Ritterromane wahr würden; doppelseitige Überwürfe aus Federn, die so glatt ineinandergefügt waren, daß sie eine durchgehende Haut zu bilden schienen; Schilde aus Gold und aus Ozelotfell; »der Knochen eines Riesen«; einige Holzschnitzereien und mehrere Goldarbeiten in Form von Schmetterlingen, Hummeln, Vögeln und Blättern. Auch drei Indianer und Indianerinnen wurden nach Spanien geschickt. Die Geschenke waren nicht nur für den König bestimmt, sondern auch für andere Personen, die nach Cortés' Auffassung seiner Sache förderlich sein konnten: Doña María zum Beispiel, die Gattin von Diego Colón und eine Schwester des Herzogs von Alba. Nach Darstellung eines der Feinde des *caudillo* wollte Cortés als Gouverneur Neuspaniens bestätigt werden, und er wußte, daß es viele Wege gab, um dieses Ziel zu erreichen.[27]

Angeblich befanden sich an Bord des Schiffes 4000 Pesos für die königlichen Hoheiten und 25 000 Pesos für die Familie von Cortés, die zwischen seiner Frau und seinen Eltern geteilt werden sollten. Weitere 30 000 Pesos waren für Freunde und Anhänger in Kuba und Spanien bestimmt. Außerdem soll das Schiff 30 000 Pesos von anderen Conquistadoren nach Spanien gebracht haben. Später wurden auf Kuba jedoch Beschuldigungen laut, denen zufolge sich mehr Gold an Bord befunden habe, und zwar mindestens 100 000 Pesos, vielleicht auch 140 000 Pesos. Wenn dies tatsächlich der Fall gewesen sein sollte, handelte es sich zweifellos um Bestechungsgelder, die in Spanien an einflußreiche Persönlichkeiten verteilt werden sollten. Das Schiff beförderte auch etwa dreißig Lasten Maiskörner – der erste kommerzielle Export von Mexiko nach Europa.[28]

Neben Cortés' zweitem Brief (»*carta de relación*«) an den König überbrachte Mendozas Expedition vermutlich auch ein Dokument, in welchem der *caudillo* den König ersuchte, Mönche und Priester nach Neuspanien zu schicken, damit diese bei der »Bekehrung der Mexica« halfen.

Unterdessen war Cortés am Ufer des Sees von Mexiko dem Beispiel seiner Feinde gefolgt und hatte die Tarasken gebeten, sich mit ihm zu verbünden oder doch zumindest neutral zu bleiben. Im Februar sandte er eine kleine Delegation nach Michoacan, und Ende Februar oder Anfang März trafen mehrere Reiter (vermutlich unter dem Befehl von Francisco de Villadiego) in Tzintzuntzan ein. Der *cazonci* Zincicha, der auf Anraten eines Adligen namens Timas seine Brüder hatte umbringen lassen, um seine Macht zu festigen, bereitete ihnen einen freundlichen Empfang. Die Tarasken besaßen zwar hervorragende metallurgische Kenntnisse und Fertigkeiten, doch in anderer Hinsicht waren sie den Mexica unterlegen, die nicht müde wurden, darauf hinzuweisen, daß die taraskischen Männer keinen Lendenschurz, sondern eine Art Rock trugen; Umhänge waren unbekannt; und die Frauen trugen trotz des relativ kühlen Klimas keine Überkleider und bedeckten ihre Brüste nicht.[29]

Um die Kastilier zu beeindrucken, veranstaltete der *cazonci* eine Jagd und schenkte seinen Gästen fünf Hirsche, bevor er ihnen die Tracht lokaler Gottheiten anlegen ließ: Ihre Köpfe wurden mit goldenen Kränzen geschmückt, ihre Körper in Decken gehüllt und Rundschilde mit Goldeinfassung an ihre Arme gesteckt (so ähnlich hatten die Indianer bereits Grijalva und Cortés bei ihrer Ankunft in Vera Cruz herausgeputzt). Anschließend reichte man ihnen *pulque*, Brot und Obst. Die Kastilier erklärten, sie wollten Dinge wie die grünen Prachtfedern, die sie mitgebracht hätten, gerne eintauschen. Der *cazonci* war von dem Vorschlag begeistert, befahl jedoch, daß niemand mit ihnen privat Tauschhandel treiben solle. Die Kastilier schenkten dem *cazonci* zehn Schweine und einen Hund; sie sagten, der Hund könne seine Königin beschützen. Nachdem ihnen der *cazonci* seinerseits traditionelle taraskische Geschenke wie Decken, Kürbisgeschirr und lederne Kriegsjacken überreicht hatte, traten sie den Rückweg an.[30]

Unterdessen war Sandoval zum Ostufer des Sees zurückgekehrt. Im Verlauf mehrwöchiger Gefechte und Verhandlungen gelang es ihm und seinem Stellvertreter und Freund Luis Marín, einem Sanluqueño genuesischer Abstammung, viele kleinere Städte auf ihre Seite zu ziehen und als Vasallen des Königs von Spanien zu gewinnen. Immer wieder kam das Gerücht auf, ein großes mexikanisches Heer sei im Anmarsch, und die Bewohner der Uferstädte lebten weiterhin in großer Angst; dennoch hatte sich innerhalb nur weniger Wochen das Netz der mexikanischen Herrschaft in diesem Bereich des Hochtals gelockert, und Cortés hatte begonnen, die Rolle des obersten Herrschers zu spielen, wobei die Tlaxcalteken ihm als »Sepoys« (eingeborene Hilfstruppen) zur Seite standen.

Der wichtigste dieser kleineren Feldzüge Sandovals fand im März statt. Er führte ihn in die gemäßigte Zone südlich des Vulkans Popocatepetl, fast bis nach Cuauhnahuac (Cuernavaca: so nannten die Kastilier diesen Ort, weil der mexikanische Ortsname ihrer Ansicht nach ungefähr so ausgesprochen wurde), das genau südlich von Tenochtitlan auf der anderen Seite des Gebirges lag. Der *tlatoani* dieser Stadt war ein Mitglied der mexikanischen Königsfamilie, und er rangierte vor den neunzehn nachgeordneten *tlatoani* der Provinz Tlalhuic. Die Tlalhuica, die einen Nahuatl-Dialekt sprachen, hatten dem Herrscher von Texcoco einen großen Tribut geliefert. In dieser Region, die im Jahre 1521 dicht bevölkert war – obwohl sie wie die meisten anderen Provinzen des Reichs im Jahr zuvor von der Pockenepidemie heimgesucht worden sein dürfte –, lag eine mexikanische Garnison. Cuernavaca genoß bei den Mexica hohes Ansehen, denn dort wurde Baumwolle angebaut; außerdem war die Stadt von großer strategischer Bedeutung, da sie am Weg nach Xochichalco lag, einer heiligen Stadt, deren Bildhauer von alters her großen Ruhm genossen. Ihr Name bedeutete soviel wie »Blume«, und der Legende nach hatte sich hier das verlorene Paradies Tamoanchan (»nebelverhangenes Türkisland«) befunden. Dort soll der mexikanische Kalender erfunden worden sein, und dort kennzeichnete ein Baum die Stelle, an der nach dem Glauben der Mexica die Götter geboren worden waren und aus der die heiligen Rauschpilze und die meisten anderen Lebensformen entsprungen waren.[31]

So heißt es in einem Nahuatl-Gedicht:

In Tamoanchan
Auf dem Blumenteppich
Finden sich vollkommene Blumen
Blumen ohne Wurzeln ...

Und in einem anderen Gedicht heißt es über jene, die in dieses Paradies kamen:

Sie leben in ewigem Frühling
Nichts vergeht
Alles steht in ewiger Blüte
Alles strahlt in sattem Grün
Nichts verwelkt.[32]

Tamoanchan mit seinen neun Flüssen und seinem strahlenden Himmel war dem Quetzalcoatl geweiht, der nach mexikanischem Glauben dort lebte, bevor er sich nach Tula begab. In Tamoanchan wurde eines der für Europäer sonderbarsten mexikanischen Feste veranstaltet, bei dem alle Götter (durch Priester) gebeten wurden, Xochiquetzal, die Göttin der Liebe und Fruchtbarkeit, zu besuchen. Eine Frau wurde stellvertretend für die Göttin geopfert, worauf ein Priester ihre Haut überzog; blütentragende Bäume wurden aufgestellt, in deren Ästen kleine Jungen, die als Schmetterlinge und Vögel verkleidet waren, umherkletterten, während Priester-Götter unter den Bäumen so taten, als schössen sie mit Blasrohren auf sie.[33]

Tamoanchan scheint in vielen Legenden mit Tlalocan, der Wohnstatt des berühmten Regengotts, Tlaloc, gleichgesetzt worden zu sein. Fischer fingen angeblich in den wunderschönen Flüssen der Stadt Fische aus Jade.

Mit zweihundert Mann, zwanzig Reitern, einem Dutzend Armbrustschützen und einigen Arkebusieren sowie etwa eintausend Verbündeten aus Chalco und Tlaxcala brach Sandovals Expedition zur Schwelle dieses Zauberlandes auf. Zunächst gelangten sie über Tlamanalco und Chimalhuacan nach Oaxtepec, einer Stadt, die Cuernavaca tributpflichtig war. Hinter Chimalhuacan trafen sie auf ein mexikanisches Heer, das von Sandovals Reitern versprengt wurde. In Yecapixtla kam es zu einem ähnlichen Gefecht. Dort ließ Sandoval – dem Beispiel seines *caudillo* folgend – eine Botschaft überbringen, in der er die Einwohner der Stadt aufforderte, die mexikanischen Truppen zu verjagen, andernfalls werde er ihnen den Krieg erklären. Die Antwort war ebenso typisch: Die Kastilier sollten ruhig kommen, wenn sie wollten, denn die Einwohner von Yecapixtla freuten sich darauf, sich an ihrem Fleisch gütlich zu tun. Die Kastilier seien bestens als Opfer für ihre Götter geeignet. Der Herrscher von Chalco, der Sandoval während des gesamten Feldzugs begleitete und ihm vermutlich als Führer diente, meinte, diese Antwort lasse darauf schließen, daß sich ein großes mexikanisches Heer in der Stadt versammelt habe. Einige Conquistadoren sprachen sich daraufhin gegen einen Angriff aus. Doch der Sanluqueño Luis Marín machte geltend, ein Rückzug ohne Sieg würde ihnen gewiß Ärger einbringen. Sandoval stimmte zu und führte die Verbündeten aus Chalco und Tlaxcala beim Sturm auf die Stadt an. Anschließend kehrte er mit nur einem Mann Verlust und einer großen Kriegsbeute nach Texcoco zurück.[34]

Kaum war Sandoval zurückgekehrt, trafen Boten aus Chalco ein, die berichteten, 20 000 Mexica seien in Schlachtordnung vor Chalco in Stellung gegangen, und die um weitere Unterstützung baten. Cortés war verärgert darüber, daß Sandoval seinen Auftrag, die Städte am

See zu »befrieden«, nicht vollständig ausgeführt hatte, und schickte ihn deshalb nach Chalco zurück. Doch noch bevor er dort eintraf, bewiesen die Chalca, daß sie ihre Furcht vor den Mexica verloren hatten. Ohne Beistand der Kastilier (wenn auch mit Unterstützung aus Huexotzinco) war es ihnen gelungen, den Angriff ihrer alten Tyrannen zurückzuschlagen. Der Ausgang dieses Kampfes war ein untrügliches Anzeichen dafür, daß sich die Mexica – mochten sie nun auch von Cuauhtémoc, dem »stürzenden Adler«, angeführt werden – in einem Prozeß des Niedergangs befanden.[35]

Allerdings mußten die Kastilier etwa zehn Tage später, am 25. März, Chalco zu Hilfe eilen, um die Stadt vor einem anderen mexikanischen Heer zu schützen. Diesmal blieb Sandoval mehrere Tage und kehrte mit etwa vierzig gefangenen Mexica nach Texcoco zurück. Cortés verhörte sie: Sie gaben ihm Aufschluß über Cuauhtémocs Absichten, vor allem aber über seine Entschlossenheit, bis zur Entscheidung zu kämpfen. Er fragte sie, ob einer von ihnen bereit sei, Cuauhtémoc eine Botschaft zu überbringen, in welcher der *caudillo* erneut seine Hoffnung zum Ausdruck brachte, daß sich die Mexica dem König von Spanien unterwerfen würden, wie sie es schon einmal in der Vergangenheit getan hatten. Er, Cortés, wolle sie nicht vernichten, sondern ihr Freund sein und sie zum Christentum führen. Die Gefangenen fürchteten, hingerichtet zu werden, wenn sie mit einer solchen Botschaft zurückkehrten, doch schließlich kehrten zwei von ihnen zurück, wobei sie einen Teil des Wegs von fünf Reitern eskortiert wurden.[36] Cuauhtémoc reagierte mit einem weiteren Versuch, Chalco anzugreifen. Cortés brach am 5. April – nachdem die Expedition (am 31. März 1521) Ostern gefeiert hatte – mit dreihundert Männern und fünfundzwanzig Reitern auf, um Chalco zu verteidigen. Sie übernachteten in Tlamanalco. Doch die Bedrohung durch die Mexica schien sich am nächsten Tag verflüchtigt zu haben.

Als Cortés in Chalco eintraf, eröffnete er seinen neuen Verbündeten, daß er nicht beabsichtige, bei ihnen zu bleiben. Er wolle die Region südlich des Sees genauer erkunden als bei seinem ersten Aufenthalt in Texcoco und sich selbst einige der Städte ansehen, die – nur vorläufig, wie er befürchtete – von Sandoval erobert worden waren. Er war entschlossen, die ganze Gegend zu »befrieden«. Begleitet wurde er von den Hauptleuten Alvarado, Tapia und Olid. Die übrigen Conquistadoren blieben unter dem Befehl Sandovals in Texcoco zurück.

Zusätzlich diente die Expedition – wie schon jene von Sandoval – dem Zweck, tief in die Region südlich des Sees, auf das Territorium der Xochimilca vorzustoßen, die sich bislang noch nicht eindeutig auf die eine oder andere Seite geschlagen hatten, und anschließend möglicherweise Cuernavaca zu erobern, bevor sie über Xochimilco selbst zum See zurückkehren wollte. Daraufhin wollte Cortés über Tacuba und Acolman wieder nach Texcoco zurückmarschieren. Auf diese Weise würde er sich gründlich mit dem Gelände im Hochtal von Mexiko vertraut machen, bevor er nach Tenochtitlan selbst aufbrach.

Die ersten Etappen dieses Planes wurden erfolgreich ausgeführt. Von Chalco aus begab sich die Expedition zunächst nach Chimalhuacan, südlich von Amecameca. Ein großes Kontingent verbündeter Truppen aus Chalco, Texcoco und Huexotzinco stieß dort zu Cortés. Bernal Díaz veranschlagte ihre Zahl auf 20 000 und erklärte: »Bei keiner unserer früheren Expeditionen hatten uns so viele Krieger unserer Freunde begleitet ... sie kamen mit uns, um sich an dem Menschenfleisch gütlich zu tun, falls es zu Schlachten kommen sollte ... so wie es [bei den Kriegen] in Italien der Fall gewesen war, wo den Heeren immer Krähen, Milane und andere Raubvögel gefolgt waren, die sich von den Leichen ernährten, die auf den Schlachtfeldern zurückblieben.«[37]

Nachdem sie in Chimalhuacan übernachtet hatten, zog das Expeditionskorps, durch die indianischen Truppen mächtig verstärkt, nach Cuernavaca weiter. Unterwegs, auf einer felsigen Anhöhe bei Tlaycapan, die sich mitten in der Ebene zwischen Chimalhuacan und Oaxtepec erhob, stießen sie auf Mexica, die gleichsam aus dem Nichts aufzutauchen schienen. Ohne lange zu überlegen, befahl Cortés vier Hauptleuten, den Hügel zu erstürmen: Juan Rodríguez de Villafuerte, Francisco Verdugo, Pedro de Ircio und Andrés de Monjaraz. Diese Männer führten etwa vierzig bis fünfzig Soldaten gegen die Stellung der Mexica. Cortés' Fähnrich Cristóbal de Corral führte eine zweite Kompanie von etwa sechzig Fußsoldaten über den steilsten Hang die Kuppe hinauf. Doch die Erstürmung mißlang, mehrere Kastilier kamen ums Leben, und die Expedition verbrachte die Nacht unter recht schwierigen Bedingungen, da sie kein Wasser finden konnten, und unter dem unheimlichen Klang der Trommeln und Muscheltrompeten ihrer Feinde in der Ebene.[38]

Am nächsten Tag liefen die Dinge für die Kastilier besser: ein Angriff auf eine zweite Anhöhe war erfolgreich. Die auf dem ersten Hügel verschanzten Mexica ergaben sich, weil sie ebenfalls unter Wassermangel litten. Nachdem sich die beiden mexikanischen Kompanien an einer Quelle auf dem zweiten Hügel gelabt hatten, erklärten sie sich offenbar bereit, dem spanischen König zu huldigen – in welcher Form wissen wir nicht, doch jedenfalls auf eine Weise, die es Cortés erlaubte, sie als Rebellen zu betrachten, falls sie ihre Meinung ändern sollten. Nach diesem Sieg ruhte sich die Expedition zwei Tage lang aus. Dann setzten sie ihren Weg nach Oaxtepec fort, deren Herrscher sich kampflos ergaben. Oaxtepec war und ist noch heute eine (etwa 1400 Meter über dem Meeresspiegel in der gemäßigten Zone gelegene) fruchtbare Region, in der Blumen, Obst und Gemüse in großer Fülle gedeihen. Hier befanden sich auch die schönsten botanischen Gärten der Mexica, deren Anfänge auf Montezuma I. zurückgingen, der dort seltene, von der Küste stammende Baum- und Straucharten hatte anpflanzen lassen. Die Expedition schlug in diesen Gärten ihr Zeltlager auf. Cortés, Sandoval, der Schatzmeister des Königs, Alderete, und Bernal Díaz erklärten übereinstimmend, diese »Obstplantage«, wie sie die Gärten nannten, sei die schönste, die ihnen je zu Gesicht gekommen sei: »In ganz Spanien gibt es keine bessere Obstpflanzung ... Durch die unzähligen Obstbäume führten malerische Laubengänge«.[39]

Im Verlauf dieser Gefechte hatte sich auch Fray Melgarejo hervorgetan: »Er zeigte eine so große Tapferkeit und einen so großen Eifer, daß er jedem Gefecht mit einem Kruzifix in der Hand beiwohnte ... Er hielt zahlreiche Predigten vor dem Heer, was keine kleine Aufgabe war, denn es war äußerst schwierig, dafür zu sorgen, daß unsere Männer ruhig blieben und sich beherrschten, boten sich ihnen doch zahllose Gelegenheiten, um ihre Habsucht und ihre Grausamkeit an den Indianern auszulassen und um ihrem Anführer den Gehorsam zu verweigern. Das Feuer dieses heiligen Mönchs war mehr als notwendig, um ihnen Zucht und Mäßigung beizubringen ...«[40]

Die nächsten Städte auf dem Weg nach Cuernavaca waren Yautepec und Xiutepec. Ein großes mexikanisches Heer floh aus Yautepec, doch die Kastilier und ihre Verbündeten holten die Mexica bei Xiutepec ein und töteten fast alle. Cortés selbst schrieb darüber: »... wir durchbohrten viele mit unseren Lanzen und töteten die meisten; wir überraschten sie, denn wir trafen vor ihren Kundschaftern ein ... wir nahmen viele Frauen und Kinder gefangen, und die übrigen flohen. Ich blieb zwei Tage in dieser Stadt, da ich glaubte, ihr Herrscher würde kommen und den Vasalleneid auf Eure Majestät leisten; doch da er nicht kam, setzte ich die Stadt in Brand, als ich sie verließ. Doch zuvor machten mir einige Personen aus der Stadt, in der ich davor gewesen war, Yautepec, ihre Aufwartung und baten mich, ihnen zu verzeihen, und sie sagten, sie wollten Vasallen Eurer Majestät werden.«[41]

Am 13. April brach Cortés nach Cuernavaca auf. Auf der letzten Etappe des Wegs zu diesem bedeutenden Handelszentrum machte die Expedition zunächst in Teputzlan (Tepotzlan) halt. Die Einwohner dieses Ortes waren bekannt dafür, daß sie eine große Schwäche für *pulque* hatten. Der Schutzheilige der Stadt war Tepoztecal, der Gott alkoholischer Ausschweifungen.[42] Die Stadt war – und ist – außerdem bekannt für den schönen Bergtempel, den Ahuízotl, der Vorgänger Montezumas, als Symbol seiner Macht unmittelbar vor ihren Toren errichten ließ. Von dort marschierten die Spanier nach Cuernavaca, einer Stadt, die, wie sie zu ihrem Leidwesen erkennen mußten, von Schluchten umgeben war. Erst Ahuízotl war es gelungen, die Einwohner dieses Ortes zu unterwerfen, der auch berühmt dafür war, daß man dort den Kult der Xochiquetzal feierte, jener Göttin, die in Tamoanchan mit der Liebe in Verbindung gebracht wurde. Vermutlich erschienen diese örtlichen Kulte den mexikanischen Eroberern ebenso verlockend wie gefährlich.

Es gab keine andere Möglichkeit, in die Stadt zu gelangen, als über jene Brücken, welche von Einwohnern bereits zerstört worden waren. Doch die Spanier brachten ein weiteres Mal einige örtliche Indianer dazu, ihre Stadt zu verraten. Diese erzählten Cortés, daß sich nicht weit entfernt ein schmaler Verbindungspfad befinde, den die Reiter passieren könnten. Zur selben Zeit überquerten einige Kastilier (Olid, Tapia) eine der zerstörten Brücken. Andere überwanden die Schluchten, indem sie gefällte Baumstämme darüber legten. Die überrumpelten Verteidiger flohen, steckten allerdings zuvor die halbe Stadt einschließlich des von Ahuízotl erbauten Tempels auf rätselhafte Weise in Brand. Daraufhin fiel den Kastiliern die Stadt ohne große Mühe in die Hände; sie schlugen ihr Lager erneut in einem schönen »Obstgarten« auf, der dem *tlatoani* gehörte. Die örtlichen Kaziken kamen zu Cortés und unterwarfen sich freiwillig jenem geheimnisvollen Karl V., dessen Namen Cortés ständig im Munde führte. Die Kastilier nahmen einige Sklaven, jedoch vermutlich eher, um die Indianer einzuschüchtern, als um einen tatsächlichen Bedarf zu decken.[43]

Cortés muß diese Stadt gefallen haben, denn später ließ er dort einen Palast errichten und machte sie zum Zentrum einer weitläufigen *encomienda*. Fray Durán zufolge war sie schon zu seiner Zeit einer der schönsten Orte der Welt (»wäre nur die Hitze nicht so unerträglich gewesen«). Es gab Baumwolle im Überfluß. Doch damals gönnte Cortés seinem Heer keine Verschnaufpause, und schon am nächsten Morgen traten sie den Rückmarsch zum See von Mexiko an. Bei der Überquerung des Gebirges folgten sie vermutlich einem Pfad, der unweit der heutigen Straße von Cuernavaca nach Mexiko-Stadt verlief. Beide Städte liegen etwa achtzig Kilometer Luftlinie auseinander. Obgleich Cortés früh morgens aufbrach, beschloß er, die Nacht auf Bauernhöfen in einem Kiefernwald zu verbringen, die auf halbem Weg zu ihrem nächsten Etappenziel, Xochimilco, lagen. Dort war es kalt, und sie hatten kein Trinkwasser.[44]

Die nächste Schlacht – jene um Xochimilco – erwies sich als sehr viel schwieriger, als der *caudillo* erwartet hatte. Die Stadt lag auf einer Insel im See, etwa achthundert Meter vom Südufer entfernt. Die Xochimilca waren einst ein mächtiger Stamm gewesen, mit den Tepaneken verbündet. Ende des 15. Jahrhunderts waren sie von den Mexica erobert worden. Sowohl ihre Ländereien als auch die Arbeiter, die sie bestellten, waren von den Eroberern unter sich aufgeteilt worden. Ein Großteil der Einwohner Xochimilcos wie auch der nahegelegenen Stadt Coyoacan waren zu lebenslanger Sklavenarbeit verurteilt worden. Zu ihren Aufgaben hatte die Errichtung des Dammwegs nach Tenochtitlan gehört, und vermutlich hatten sie auch den riesigen aus Grünstein bestehenden Kopf von Coyolxauhqui, der Schwester Huitzilopochtlis, zur Einweihung des Großen Tempels im Jahre 1487 angefertigt – wobei dieser Kopf nach dem Vorbild von Chantico, Xochimilcos eigener Göttin, gestaltet werden sollte, was eine zusätzliche Demütigung darstellte. Die Xochimilca mußten außerdem regelmäßig Tribut an Tenochtitlan entrichten, den Großteil davon in Form von Gemüse und Blumen, die auf den *chinampas* am Südufer des Sees angebaut wurden. In den letzten Jahren hatten sich die Xochimilca zudem einen Namen als »meisterhafte Steinschneider« gemacht.[45]

Die Stadt war auch bekannt wegen eines legendären Vorfalls: Montezuma hatte auf einer Jagd in den nahegelegenen Gärten die Unbesonnenheit besessen, eine Maisähre zu pflücken, die bereits Gestalt angenommen hatte. Daraufhin beschwerte sich der Bauer: »Allmächtiger Herr, warum stehlt Ihr mir eine Maisähre? Bestraft nicht Euer eigenes Gesetz jeden mit dem Tode, der eine Maisähre raubt?« Angeblich belohnte Montezuma den Mann für seinen Mut, indem er ihn zum Herrscher von Xochimilco machte.[46] Wenn diese Geschichte stimmt, dann war er, dessen Name offenbar Yaomahuitzin lautete, vielleicht noch immer im Amt, als die Spanier eintrafen.

Die Spanier griffen Xochimilco auf direktem Wege an. Die Armbrustschützen und Arkebusiere zerstörten die Verteidigungsanlagen, und nach einem Vorstoß über den Dammweg wurde der größte Teil der Stadt erobert. Daraufhin verfolgten die Xochimilca eine Hinhaltetaktik: Sie baten um Frieden, während sie gleichzeitig auf Unterstützung von den Mexica hofften. Abends trafen die Mexica ein; sie versuchten den Kastiliern den Rückweg abzuschneiden, indem sie den Damm angriffen, über den Cortés und seine Männer in die Stadt eingedrungen waren. Doch diese List hatte keinen Erfolg – wieder einmal dank der Pferde. Die Mexica waren damit aber noch lange nicht besiegt. Viele von ihnen trugen Lanzen, an deren Spitzen erbeutete Toledo-Schwerter befestigt waren. Andere kämpften mit *montantes*, kastilischen Zweihändern, für die Pánfilo de Narváez eine Vorliebe gehabt hatte und die von Mexica bei der »Schlacht auf den Brücken« erbeutet worden waren. Die Mexica umzingelten die kastilische Vorhut, die von Cortés selbst angeführt wurde; das Pferd des *caudillo*, »El Romo« (»Stupsnase«) brach zusammen, und Cortés fiel zu Boden. Hätten sich die Mexica damit zufriedengegeben, ihn zu töten, wäre ihnen dies zweifellos gelungen. Aber sie waren wie immer darauf aus, ihn gefangenzunehmen, um ihn später zu opfern – eine für sie letztlich verhängnisvolle Einstellung. Schließlich wurde Cortés von einem unbekannten Tlaxcalteken und Cristóbal de Olea, einem Conquistador aus Medina del Campo, der bekannt war für seine Schnelligkeit, gerettet. Allerdings gelang es den Mexica, mehrere andere Kastilier gefangenzunehmen (darunter Juan de Lara und Alonso Hernández). Cuauhtémoc ließ sie opfern und ihre Arme und Beine in umliegenden Orten verteilen, als Beweis dafür, daß die Mexica im Begriff waren, den Krieg zu gewinnen.[47]

Diese Nacht verbrachten die Kastilier in Xochimilco. Cortés überwachte seine indianischen Verbündeten, denen er befohlen hatte, die Lücken in den Dämmen mit dem Schutt zerstörter Häuser aufzufüllen, eine Technik, die er erstmals im Jahr zuvor in Tenochtitlan angewandt hatte.

Am Tag darauf trugen die Mexica einen heftigen Angriff zu Land und von See vor. Cortés und mehrere seiner Hauptleute erstiegen die

Pyramide von Xochimilco, deren Tempel der Göttin Chantico geweiht war. Wie in anderen Chantico-Tempeln auch war der Hauptraum fensterlos und daher stockfinster; er besaß nur eine winzige Tür, durch welche die Priester in den Saal zu gehen pflegten. Von der Plattform der Pyramide aus sahen Cortés und seine Hauptleute, wie sich (ihrer Schätzung nach) 12 000 mexikanische Krieger in etwa 1000 Kanus unter den Schlachtrufen »Mexiko, Mexiko« und »Tenochtitlan, Tenochtitlan« der Stadt näherten.[48] Von Land und von See her folgte eine Angriffswelle auf die nächste.

Die vom Land her vorstoßenden Mexica wurden von den kastilischen Reitern in Schach gehalten, die sich auf dem instandgesetzten Damm frei bewegen konnten. Die Armbrustschützen wiederum wehrten die Angriffe von See her ab. Die Kastilier und ihre Verbündeten setzten alle Häuser in der Stadt in Brand mit Ausnahme derer, die sie selbst bezogen hatten. Sie erbeuteten dabei viele Gewänder und Gold. Als Cortés am dritten Tag ihres Aufenthalts in der Stadt beschloß, weiterzuziehen, gab er den Befehl aus, die gesamte Kriegsbeute zurückzulassen. Doch seine Männer protestierten, und so brach die Expedition schließlich mitsamt der Siegesbeute, dem Gepäck und den Verwundeten nach Coyoacán auf, wobei die Reiter hälftig auf die Vor- und Nachhut aufgeteilt wurden.[49]

Die Schlacht um Xochimilco war unerwartet mühsam gewesen, doch die Kastilier lernten daraus mehrere wichtige Lektionen: vor allem, daß die Tlaxcalteken die Lücken, die die Mexica in die Dämme brachen, so weit auffüllen konnten, daß die Pferde ohne Mühe darübergehen konnten. Das war während ihres Aufenthalts in Tenochtitlan im Jahr zuvor nicht möglich gewesen.

Die Stadt Coyoacán lag etwa dreizehn Kilometer in nordwestlicher Richtung am Ufer des Sees; dort begann der Hauptdamm nach Tenochtitlan. Coyoacán wurde von einem Tepaneken-Herrscher namens Coapopocatzin regiert und war das Zentrum für die Sammlung des Tributs, der für den Dreierbund bestimmt war. Cortés rechnete vielleicht mit einem freundlichen Empfang. War nicht einer der letzten Könige Coyoacáns vom mexikanischen Kaiser Ahuítzotl umgebracht worden, weil er diesem die Folgen seiner Bewässerungspolitik deutlich gemacht hatte? Doch die Einwohner Coyoacáns waren vorsichtig. Als der *caudillo* am 18. April dort eintraf, war die Stadt wie ausgestorben; das Volk und die Adligen waren nach Tenochtitlan geflohen. Cortés quartierte sich im Palast von Coapopocatzin ein und blieb dort zwei

Tage. Seine Gefolgsleute zerstörten derweil die Götterstatuen, brannten die Tempel nieder, versorgten die Verwundeten, fertigten Pfeile für die Armbrustschützen an, erkundeten den genauen Verlauf des Damms und erörterten die Möglichkeit, hier das Basislager für den geplanten Angriff auf die mexikanische Hauptstadt aufzuschlagen.[50]

Von Coyoacán aus kehrte Cortés rasch entlang dem West- und Nordufer des Sees – eine Route, die ihm mittlerweile vertraut war – nach Texcoco zurück. Er kam auch durch Tacuba, wo er erneut in Kämpfe verwickelt wurde. Unterwegs versucht er eine kleine mexikanische Kompanie in einen Hinterhalt zu locken, doch geriet er dabei selbst in einen Hinterhalt. Cortés entkam unverletzt, doch zwei seiner Pagen, der Sevillaner Pedro Gallego und der Baske Francisco Martín Vendabal, kamen ums Leben: Beide wurden gefangengenommen und vermutlich geopfert. Ein »tief betrübter« Cortés führte die Neuankömmlinge, den königlichen Schatzmeister Alderete und Fray Melgarejo, zur Spitze des Tempels von Tacuba, um ihnen Tenochtitlan zu zeigen. Wie nicht anders zu erwarten, versetzte sie der Anblick in bewunderndes Staunen. Doch Cortés trauerte weiterhin um seine Pagen. Licenciado Alonso Pérez, vermutlich der einzige echte Akademiker des ganzen Heeres (abgesehen von den Priestern), sagte zum *caudillo*: »Euer Gnaden, laßt Euch nicht verdrießen, denn dergleichen geschieht nun mal im Kriege; jedenfalls wird man von Euer Gnaden nie sagen können:

Vom Tarpeischen Felsen blickte ungerührt
Nero hinab auf das brennende Rom ...«

Cortés erwiderte auf diese Schmeichelei, Pérez habe selbst gesehen, wie oft Cortés Boten zu den Mexica gesandt habe mit dem Angebot, Frieden zu schließen. Er gräme sich nicht nur über den Verlust der Pagen, auch der Gedanke an die großen Mühen, die ihnen noch bevorstünden, bevor sie ihre Herrschaft über Tenochtitlan errichten könnten, bekümmere ihn, »doch mit Gottes Hilfe werden wir uns bald ans Werk machen«.[51]

Die Armee kehrte nun über das Nordufer des Sees nach Texcoco zurück. Sie führte mindestens einen erfolgreichen Angriff auf ein mexikanisches Heer durch, und Cortés behauptete, »mehr als einhundert Häuptlinge, die alle mit prächtigen Federkostümen geschmückt waren«, getötet zu haben.[52] Die Mexica glaubten vermutlich, daß sie ein weiteres Mal einen Angriff abgewehrt hatten. Tatsächlich hatte Cortés

– zur Vorbereitung der Belagerung Tenochtitlans – eine erfolgreiche, wenn auch schwierige Erkundungsexpedition unternommen.

Vermutlich widmeten sich die Mexica den Festen des Monats Etzalqualiztli mit der gleichen Tatkraft, mit der sie sich auf den Krieg vorbereiteten. Die Priester pflegten zu dieser Zeit des Jahres ein rituelles Bad im See zu nehmen, und der »Priester des Edelsteins« verkündete: »Das ist der Ort der Schlangen, der Ort der Moskitos, der Flug der Wildenten und das Rauschen der weißen Binsen.« Darauf sprangen die Priester ins Wasser; sie plantschten umher, wobei sie die Rufe von Enten, Ibissen und Reihern nachmachten. Dieses Ritual wiederholten sie vier Tage hintereinander. »Mit heiserer Stimme ahmten sie Vögel nach ... einige schnatterten wie Enten ... andere machten wie Kormorane ... wieder andere wie Reiher.«[53] Dies alles schien sich auf einem anderen Planeten zu ereignen als jenem, auf dem Martín López und seine Freunde mit akribischer Sorgfalt die Brigantinen bauten. Und doch geschah beides an ein und demselben See.

Teil VII
Die Schlacht um Tenochtitlan

Gedenkt der tapferen Herzen!

»Tapfere Mexica, wie ihr wißt, haben sich all unsere einstigen Vasallen gegen uns erhoben. Wir haben jetzt nicht mehr nur Tlaxcala, Cholula und Huexotzinco zu Feinden, sondern auch Texcoco, Chalco, Xochimilco und sogar Tacuba. Sie haben uns verlassen, um sich den Fremden anzuschließen. So gedenkt der tapferen Herzen der Mexica-Chichimeca, unserer Ahnen, die trotz ihrer geringen Zahl den Mut hatten, in dieses Land zu kommen …«
Ansprache von Cuauhtémoc, nach Fray Durán

Cuauhtémoc hatte gemeinsam mit seinen neuen Mitregenten Tetlepanquetzatzin von Tacuba und Coanacochtzin von Texcoco die Hauptstadt mit Sorgfalt und Geschick befestigen lassen. Tenochtitlan hatte seine alte Pracht bewahrt.

Doch das Reich lag in Trümmern. Der Verlust von Chalco war eine Katastrophe. Die Tatsache, daß andere Städte im Hochtal von Mexiko und am Ufer des Sees, ganz zu schweigen von Orten in der *tierra templada*, wie Oaxtepec, Cuernavaca und Huexotzinco, Frieden mit Cortés geschlossen hatten, verhieß für die Zukunft nichts Gutes. Cortés war bei der Eroberung Texcocos mit großer Brutalität vorgegangen. Vielleicht aufgrund der dadurch ausgelösten Furcht zeigte man sich dort immer mehr zur Kollaboration mit dem *caudillo* bereit. Tenochtitlan bekam bereits die Folgen der ausbleibenden Tributlieferungen zu spüren: Nicht nur die Versorgung mit Umhängen, Edelsteinen und Gold kam zum Erliegen, sondern auch zahlreiche Nahrungsmittel, an welche die Mexica gewöhnt waren, wurden knapp. Seit dem letzten Herbst waren zweifellos nur wenige Lieferungen von der fruchtbaren Küstenregion nach Tenochtitlan gelangt.

Für die Mexica war schon der bloße Gedanke, im Frühsommer in den Krieg zu ziehen – geschweige denn tatsächlich einen Krieg zu führen, wie sie es im Jahre 1520 getan hatten –, völlig unvereinbar mit ihrem überlieferten Brauchtum. Zu dieser Jahreszeit pflegten die Mexica ihre Äcker zu bestellen. Die Feste, die sie in diesen Monaten feierten, dienten alle dem Zweck, die Fruchtbarkeitsgötter zu besänftigen. Die Infragstellung dieser festgefügten Routine und andere unkonventionelle Taktiken der Kastilier (zum Beispiel die Tatsache, daß sie ihre Feinde töteten, keine Gefangene machten, nachts und ohne Vorwarnung kämpften) verwirrten und verunsicherten die Mexica.

Die Mexica scheinen ihre üblichen rituellen Aktivitäten nicht eingeschränkt zu haben, außer wenn sie dazu gezwungen waren – aufgrund des Verlusts unentbehrlicher Hilfsmittel für die Opferriten, aufgrund des Ausbleibens der Tributlieferungen oder aufgrund des Mangels an Priestern (infolge der Pockenepidemie). Vielleicht wurden einige Zeremonien sogar aufwendiger gefeiert, um die Götter zu beschwichtigen. Offenbar gab der Kaiser auch einige neue Kunstwerke aus Grünstein in Auftrag: zum Beispiel die Skulptur, die heute unter der Bezeichnung »Der *pulque*-Trinker« bekannt ist, mit einem ausgezehrten, knochigen Mund, der sinnbildhaft die Lebensumstände der damaligen Zeit verdeutlicht. Ein weiteres Produkt, das möglicherweise in diesen Monaten entstand, war eine dreifüßige Keramikschale mit der Darstellung eines Adlers und eines Jaguars, eng ineinander geschlungen; vielleicht war dies als Ermahnung an die Ritter dieser beiden Orden gedacht, bis in den Tod zusammenzustehen. Cuauhtémoc gab möglicherweise auch eine besonders schöne Statuette des Quetzalcoatl (aus Grünstein) mit erlesenen Basrelief-Figuren in Auftrag (die sich heute in Stuttgart befindet). Die Statuette weist an ihrer Basis Glyphen auf, die auf unheilvolle Ereignisse verweisen: »4-Wind«, das Datum einer früheren Vernichtung der Welt durch Orkane, die Quetzalcoatl gesandt hatte, und »9-Wind«, ein Datum, das Bezug auf die neun Höllenkreise nahm und als »Inbegriff des Verderbens« galt. Einer Interpretation zufolge soll diese Statuette Quetzalcoatl als Abendstern zeigen, der die Sonne in die Unterwelt trägt.[1] Zweck dieser kultischen Skulptur wird vermutlich die Bannung der darin angedeuteten Ereignisse durch ihre vorgreifende Vergegenwärtigung gewesen sein.

In den Wochen vor Beginn der Blockade Tenochtitlans unternahm Cuauhtémoc eine weitere bedeutende diplomatische Offensive, indem er zahlreichen unterworfenen Städten versprach, ihnen den Tribut zu erlassen. Doch der Groll gegen die Mexica saß tief. Die von ihnen unterworfenen Völker spürten, daß das Ende ihrer Peiniger nahe war. Vielleicht glaubten sie, daß die Stunde der Tlaxcalteken unmittelbar bevorstand. Cuauhtémocs Mahnung an die einstigen Tributvölker, sie hätten durch einen Sieg der Kastilier genausoviel zu verlieren wie die

Mexica, verfing nicht. Wäre es nicht im Grunde ein Sieg der Tlaxcalteken? Insbesondere die Tarasken in Michoacan verweigerten weiterhin jede Unterstützung.

Cuauhtémoc beging möglicherweise auch einige taktische Fehler. So sammelte er in Tenochtitlan zwar jede Menge Soldaten und Waffen an, vernachlässigte dafür aber die Beschaffung von Nahrungsmitteln. Dies mag darauf zurückzuführen sein, daß er nicht über die Mittel gebot, um sich rasch aus anderen als den versiegten Quellen mit ausreichenden Vorräten einzudecken. Zudem wußte er nicht genau, was die Kastilier im Schilde führten. Was seine Kundschafter berichtet hatten, war, daß Cortés Boote einsetzen wollte. Aus diesem Grund hatte Cuauhtémoc angeordnet, in der Umgebung der Stadt spitze Pfähle in den Grund des Sees zu rammen, und er hatte seinen Untertanen auch befohlen, ihr Kanuflotte einsatzbereit zu machen. Die Mexica setzten seit mehreren Generationen Kanus für kriegerische Zwecke ein. Sie verwendeten die Kanus jedoch weniger zur Kriegsführung auf See als zum Transport von Kriegern von einem Ufer des Sees zum anderen.[2] Die Vorstellung einer Belagerung durch Boote überstieg den Erfahrungshorizont der Mexica, auch wenn sie sich vielleicht daran erinnerten, daß sich ihr eigener Sieg (im Jahre 1428) über das Volk von Azcapotzalco, das vor ihnen das Hochtal beherrscht hatte, einer Belagerung verdankte. Allerdings erfolgte der entscheidende Angriff zu Land. Die Vorstellung eines langwierigen Verteidigungskriegs oder auch eines Kriegs, der mehr als ein paar Tage dauerte, war ihnen völlig fremd. In der Vergangenheit hatten die Mexica Feldzüge unternommen, bei denen sie im Anschluß an die üblichen Rituale und Herausforderungen ihre Fähigkeiten in einer offenen Feldschlacht erprobt hatten. Vermutlich nahm Cuauhtémoc an, daß seine Feinde einen Frontalangriff machen würden.

Gewiß riefen die Mexica ihre Götter an, damit diese ihnen den Sieg gaben oder auch nur, um sie um Beistand zu bitten. Doch die Priester schienen sich zu fürchten. Sie sagten, die Götter seien verstummt oder gestorben, da die Neuankömmlinge – mochten sie nun Götter sein oder nicht – gekommen seien, um ihnen ihre Kraft zu rauben. Offenbar hielt Cuauhtémoc auch eine Ansprache an seine ranghöchsten Gefolgsleute: »Tapfere Mexica, wie ihr wißt, haben sich all unsere einstigen Vasallen gegen uns erhoben. Wir haben jetzt nicht mehr nur Tlaxcala, Cholula und Huexotzinco zu Feinden, sondern auch Texcoco, Chalco, Xochimilco und sogar Tacuba ... So gedenkt der tapferen Herzen der Mexica-Chichimeca, unserer Ahnen, die trotz ihrer geringen Zahl den Mut hatten, in dieses Land zu kommen ... O Mexica, verzagt nicht und laßt euch nicht einschüchtern! Im Gegenteil, faßt Mut und verachtet mich nicht ob meines jugendlichen Alters!«[3] Wie es vor Schlachten üblich war, dürften die Adligen auch getanzt, gesungen und zur Steigerung ihres Mutes Rauschpilze, *peyote*-Kakteen und Samen von Stechapfel und Purpurwinde verzehrt haben. »Gedenkt der tapferen Herzen« lautete somit der Kern von Cuauhtémocs Appell. Die leuchtende Vergangenheit sollte die finstere Gegenwart überstrahlen.

Im alten Mexiko gab es kein stehendes Heer. Die Soldaten waren Arbeiter, *macehualtin*, oder Leibeigene, *mayeques*, die zwar in der Schule eine militärische Grundausbildung erhalten hatten, aber keinen Sold bekamen und darauf hofften, daß die Kriegsbeute sie für die Zeit der Abwesenheit von ihren Feldern oder ihren sonstigen Arbeitstätigkeiten, etwa als Handwerker, entschädigen würde. Diese Soldaten wurden noch immer von den *calpultin* ausgehoben und in Kompanien von etwa einhundert Mann eingeteilt, von denen jede ihre eigene Standarte besaß.[4] Die Führer der *calpultin* waren dafür verantwortlich, daß die Kompanien kampfbereit ausgerüstet wurden. Daneben gab es jedoch ein »stehendes« Korps von Offizieren und Wachtposten. Das »Offizierskorps« setzte sich ausnahmslos aus Adligen oder Kriegern zusammen, die sich in früheren Schlachten ausgezeichnet hatten. Die Gesamtheit der Offiziere bildete den Kriegsrat, der den Kaiser und dessen Generäle beriet. Die Mitglieder der Ritterorden bildeten ebenfalls einen eigenen Stand, und sowohl der Jaguar- als auch der Adlerorden stand nur Adligen offen. Die übrigen Orden – jene der Otomí und der Quachic – setzten sich aus Männer aller Klassen zusammen, die geschworen hatten, in Schlachten niemals zurückzuweichen.

Mit Sicherheit fragte Cuauhtémoc all diese Anführer um Rat, und mit Sicherheit wurde die militärische Taktik von ihnen gemeinsam beschlossen.[5] Doch machte offenkundig niemand den Vorschlag, auf die neuen Strategien der Eindringlinge mit einer völlig neuen Taktik zu reagieren: zum Beispiel die Dolche mit Feuersteinklingen, die bei den rituellen Opferungen verwendet wurden, als Waffen zu gebrauchen. Niemand kam auf die Idee, daß man die kleinen Räder, die im alten Mexiko hin und wieder als Spielzeug verwendet wurden, für den Transport von Kriegsgerät einsetzen könnte.

Das Gefühl, daß die alten Zeiten endgültig vorüber seien, war weit verbreitet. Angeblich beendete Cuauhtémoc seine Kriegsvorbereitungen während des Winters damit, daß er die Überreste des Schatzes von Montezuma an einer tiefen Stelle des Sees, genannt Pantitlan, versenkte.[6] Die wenigen Adligen, die Alvarados Blutbad im Sommer und die Pockenepidemie im Herbst des vergangenen Jahres überlebt hatten, erinnerten sich gewiß an die pessimistischen Verse Nezahualcoyotls:

Ich, Nezahualcoyotl, frage euch:
Sind wir wirklich tief in der Erde verwurzelt?
Trägt uns nicht schon der erste sanfte Windstoß hinweg?
Flüchtige Gäste sind wir!
Auch Jade zerbricht.
Auch Gold zerbirst.
Auch die Quetzalfeder vergeht.
Wir sind nur flüchtige Gäste auf der Erde.[7]

Cortés und seine bärtigen Soldaten wurden nicht von solchen melancholischen Gedanken bedrückt: Die Brigantinen waren einsatzbereit. Die Verbündeten warteten ungeduldig darauf, Rache an jenem Reich zu nehmen, das so viel Tribut aus ihnen herausgepreßt hatte. Die Tlaxcalteken, die Totonaken, die Chalca und die übrigen Verbündeten (bis hin zu den Cholula und Huexotzinca) waren blind für die Intoleranz der Kastilier. Sie schienen sogar in wachsendem Maße von der Skrupellosigkeit, der Körperkraft, der Freundlichkeit, der Tatkraft und vor allem der scheinbaren Immunität der Eindringlinge gegen Krankheiten fasziniert zu sein.

Auch das Geschick, mit dem Cortés den Bau der Brigantinen organisiert hatte, dürfte die Verbündeten beeindruckt haben. Tausende von Männern aus den Städten im Umkreis von Texcoco hatten unter Anleitung von Ixtlilxochitl und nach den Plänen von Cortés und Martín López in Schichten rund um die Uhr gearbeitet, um von Texcoco aus einen zwölf Fuß tiefen und ebenso breiten Graben von etwa zweieinhalb Kilometer Länge zum Ufer des Sees auszuheben, »ein gewaltiges und bewundernswertes Werk«, wie Cortés sagte. López arbeitete noch immer »wie ein Sklave« von morgens bis abends. Die Schiffe wurden in Texcoco zusammengebaut, um sie vor möglichen Sabotageakten der Mexica zu schützen. Wenn diese Arbeit am Seeufer verrichtet worden wäre, hätten die Mexica mit ihren Tausenden von Kanus das Unternehmen stören bzw. vereiteln können.[8]

Die zwölf Brigantinen liefen am 28. April vom Stapel. Die Flachboote, die sowohl mit Segel als auch mit Ruder ausgerüstet waren, konnten in dem seichten See manövrieren, ohne daß die Gefahr bestand, daß sie auf Grund liefen. Jede Brigantine bot Platz für etwa 25 bis 30 Mann. Die *capitana* (das Flaggschiff) war etwa zwanzig Meter (32 Ellen) lang, die übrigen etwa sechzehn Meter (27 bis 28 Ellen), demnach fielen sie ein wenig länger aus, als ursprünglich geplant. Am Bug der Schiffe waren kleine Bronzegeschütze aufgestellt, die Juan de Burgos aus Sevilla mitgebracht haben dürfte. Nur die *capitana*, das Flaggschiff, auf dem Cortés und Martín López fahren wollten, war mit einer schweren Eisenkanone bestückt. Die eine Hälfte der Schiffe war Einmaster, die andere Häfte Zweimaster.[9]

Texcoco diente jedoch nicht nur als Flottenstützpunkt. Im Mai 1521 glich die Stadt einer riesigen Werkstatt: Lanzen und Schwerter wurden geschliffen; Pedro Barba, der Kommandeur der Armbrustschützen, sorgte dafür, daß seine Männer nicht nur reichlich mit Pfeilen und Pfeilspitzen, sondern auch mit Bogensehnen, Schrauben und Klebstoff ausgerüstet wurden, damit sie im Notfall Pfeile reparieren konnten (hierfür verwendeten sie den Leim der Mexica, *zacotle*, der nach Ansicht einiger Spezialisten dem kastilischen Leim überlegen war). Die Rüstungen wurden poliert und ausgebessert. Und die Hauptleute erörterten mit Cortés die potentielle Taktik des Feindes. Etwa zu dieser Zeit scheint ein weiteres Schiff unter dem Kapitän Juan de Najira in Neuspanien eingetroffen zu sein; es hatte offenbar viel »Munition, Pulver, Männer und Pferde« an Bord.[10]

Cortés appellierte an seine Verbündeten, ihm so viele Männer wie möglich für die Erstürmung der Stadt zur Verfügung zu stellen. Sie sollten allerdings weniger zum Kämpfen als vielmehr für Hilfsdienste herangezogen werden. Die Truppen sollten sich binnen zehn Tagen bei ihm einfinden. Auch ersuchte er einige Städte, ihm Holzpfeile mit Kupferspitzen, wie sie in Kastilien gebräuchlich waren, zu liefern. Die Verbündeten reagierten schnell; jahrelang hatten sie einen heimlichen Groll auf die Mexica gehegt. Für die Tlaxcalteken waren die Mexica ein »Volk, das niemals rastete und niemanden in Ruhe ließ«. Die Otomí behaupteten, die Mexica seien der »Inbegriff des Bösen«.[11] Die angeforderten Pfeilspitzen wurden tatsächlich innerhalb von acht Tagen geliefert. Diese Völker wußten genau, daß sie ihr Schicksal mittlerweile so eng mit dem der Kastilier verknüpft hatten, daß sie den Sieg erringen mußten, wenn sie am Leben bleiben wollten.

Cortés' Plan sah mehrere Sanktionen vor. Der wichtigste Punkt war das Aushungern Tenochtitlans durch eine totale Blockade der Stadt, das heißt durch Zerstörung der Kanus und durch Besetzung der Dämme. Die Verluste auf eigener Seite sollten so gering wie möglich gehalten werden. Daher waren sich alle darüber im klaren, daß die Brigantinen von herausragender Bedeutung waren, und so wurde der Stapellauf der Schiffe zu einem regelrechten Freudenfest, bei dem – unter den Jubelrufen von Indianern und Kastiliern – Musik gespielt, Kanonen abgefeuert und Flaggen entrollt wurden. Fray Olmedo las am Ufer des Sees eine Messe.[12]

Kurze Zeit später nahm der *caudillo* eine Parade seiner Truppen ab. Die Kompanien der mit den Spaniern verbündeten Völker nahmen mit ihren flatternden Bannern, ihren Bögen und Pfeilen, ihren Schwertern, Wurfspießen, Speeren, Lanzen und Pfeifen getrennt voneinander Aufstellung. Ein weiteres Mal hörte man, wie aus den Mündern von Indianerhäuptlingen in prächtigen Federkostümen die Rufe »Viva el emperador!« und »Castilla, Castilla; Tlaxcala, Tlaxcala« erschallten. Angeblich konnte man im alten Mexiko die Stammeszugehörigkeit einer Person aus der Verteilung der vernarbten Wunden erschließen, die Zeugnis ablegten von ihren freiwilligen Blutopfern in der Vergangenheit.[13] So dürfte die Vielfalt der Narbenmuster bei den aufmarschierten Truppen sehr groß gewesen sein.

Cortés trug nun offenbar eine seiner üblichen Homilien vor, von der Dolmetscherin Marina für die Indianer übersetzt. Er erinnerte an die Anweisungen, die er in Tlaxcala erteilt hatte, und beschrieb, welche großen Erfolge er bislang mit so wenigen Männern erzielt hatte. Er beteuerte, daß die Verbreitung des christlichen Glaubens das wichtigste Motiv ihres Kampfes sei und daß sein politisches Ziel darin bestehe, das Volk und die Gebiete, die »sich erhoben haben«, erneut im Namen des Königs von Kastilien zu unterwerfen. Cortés glaubte, daß er mit dieser Ansprache seine Männer so sehr angespornt hatte, daß sie ein weiteres Mal bereit waren, »zu siegen oder zu sterben«.[14]

Die zahlenmäßige Stärke der Verbündeten läßt sich heute nicht mehr feststellen. Cortés behauptete, allein Tlaxcala habe ihm 50 000 Mann zur Verfügung gestellt, und er bezifferte die Gesamtstärke seiner Armee auf 150 000 Mann. Sein Kaplan und Biograph, López de Gómara, sprach von 60 000 Texcoca und 200 000 Indianern aus anderen Orten. Neuzeitliche Autoren haben die verschiedenen Kontingente einfach zusammengerechnet und sind so auf eine Gesamtstärke von 500 000 Männer gekommen. All diese Schätzwerte sind zweifellos stark überzogen. Weder die Mexica noch die Kastilier verfügten über eine zuverlässige Methode, um große Menschenmassen zu zählen. Dennoch konnte sich Cortés in den bevorstehenden Schlachten zweifellos auf ein sehr große Zahl indianischer Hilfstruppen stützen, die z. B. den Bau von Behelfsunterkünften, die Versorgung mit Proviant, das Zuschütten von Gräben, die Errichtung von Brücken und das Niederbrennen von Häusern des Feindes übernahmen. Die Texcoca und die Tlaxcalteken bildeten die Vorhut; erstere, weil sie unbedingt ihre wiederentdeckte Feindschaft gegen die Mexica unter Beweis stellen wollten, letztere, weil sie ein für allemal mit ihren Feinden Schluß machen wollten. Tausende von Indianern aus anderen Städten hofften ebenfalls, daß die Mexica bald vernichtet würden, und so griffen sie, getrieben von dem Wunsch, auf der Seite der neuen Herren des Hochtals zu stehen, gleichfalls zu den Waffen.

Die Texcoca und die Tlaxcalteken hatten eigene Befehlshaber, Ixtlilxochitl bzw. Chichimecatecle, die sich bemühten, die unerwartete Schar neuer Freiwilliger in die bestehenden Verbände einzugliedern. Ixtlilxochitl machte sich in Texcoco und dessen Vasallenstädten einen im Hochtal von Mexiko verbreiteten Brauch zunutze, nämlich die Aushebung von Soldaten und Zwangsarbeitern über die *calpultin* bzw. entsprechende Amtsträger.[15]

Nur ein Indianerführer unter Cortés' Verbündeten scheint Zweifel an dem Beschluß seines Volkes gehegt zu haben: Xicotencatl der Jüngere, der Feldherr, der die Tlaxcalteken im Oktober 1519 gegen Cortés geführt hatte und der sich später den Entscheidungen seines betagten Vaters und des mittlerweile verstorbenen Maxixcatzin beugen mußte. Im Jahr 1521 gehörte er erneut zum Kreis der höchsten militärischen Führer der Tlaxcalteken. Er hatte Cortés' Bitte um Verstärkung entsprochen und zusammen mit seinem Kollegen und einstigen Rivalen Chichimecatecle mehrere tausend Tlaxcalteken nach Texcoco geführt. Unmittelbar bevor die Blockade Tenochtitlans beginnen sollte, verließ Xicotencatl seine Männer und kehrte gemeinsam mit einigen seiner Freunde nach Tlaxcala zurück. Cortés schickte ihm einige Texcoca und zwei tlaxcaltekische Hauptleute mit dem Auftrag hinterher, ihn zur Umkehr zu bewegen. Xicotencatl wies die Aufforderung der Emissäre schroff zurück und erklärte, er bedauere zutiefst, daß sein Vater und Maxixcatzin Freundschaft mit Cortés geschlossen hätten. Daraufhin schickte Cortés Alonso de Ojeda und Juan Márquez, die eine

Zeitlang als Ausbilder der tlaxcaltekischen Truppen fungiert hatten, mit dem Befehl nach Tlaxcala, den Rebellen unverzüglich zurückzubringen. Sie taten, wie sie geheißen worden waren. Cortés ließ Xicotencatl vor den Augen sämtlicher in Texcoco zusammengezogener Indianer hängen. Pedro de Alvarado bat den *caudillo* vergeblich um Gnade für den Tlaxcalteken. Vielleicht erkannte sich Alvarado in gewissen Wesenszügen Xicotencatls wieder, zudem war Alvarados Geliebte, »María Luisa«, eine Schwester Xicotencatls. Dies war nicht das einzige Mal, daß Alvarado, der oft als erbarmungslos geschildet wird, sich für eine seines Erachtens gerechte Sache einsetzte. So befahl Cortés einmal, einen Spanier namens Mora zu hängen, weil er Indianern einen Truthahn gestohlen hatte: Alvarado rettete ihn vor dem Tod, indem er den Strick durchhieb.[16]

Die Indianer waren entsetzt, doch Cortés erteilte diesen Befehl ganz offenbar, um ihnen den Mut für ähnliches Verhalten zu nehmen. Diego Camargo, der Historiker aus Tlaxcala, schrieb, die Flucht Xicotencatls aus dem Lager in Texcoco habe nichts mit Politik zu tun gehabt, sondern mit der Liebe des mutmaßlichen Aufrührers zu einer Frau in Tlaxcala. Es wurde auch behauptet, daß Cortés das harsche Urteil erst gefällt habe, nachdem Xicotencatl dreimal von seinem Posten ferngeblieben sei. Doch deutet alles darauf hin, daß der *caudillo* selbst dann, wenn die einzige Verfehlung dieses Tlaxcalteken-Führers darin bestanden hätte, fischen zu gehen, froh war, ihn endlich hängen zu können.[17]

Die zahlenmäßige Stärke der Kastilier läßt sich natürlich sehr viel genauer angeben als die der Verbündeten. Cortés verfügte, nach den jüngsten Verstärkungen, über fast neunzig Reiter, etwa einhundertzwanzig Armbrustschützen und Arkebusiere, etwa siebenhundert Fußsoldaten, drei schwere Eisenkanonen und fünfzehn leichtere Geschütze (die auf den Brigantinen postiert waren), doch war das Schießpulver knapp (nur zehn Doppelzentner).[18] Praktisch alle Soldaten hatten sich mit gut gepolsterten Rüstungen, Halsschützern und Gamaschen sowie Eisenhelmen, Schilden und Schwertern versehen (einen Großteil dieser Ausrüstung, nicht bloß die Geschütze, hatte Juan de Burgos mitgebracht). Cortés verfügte, daß die Soldaten nur in Waffen und mit angezogenen Sandalen schlafen dürften, daß niemand in einem der umliegenden Orte Nahrungsmittel auftreiben dürfe, daß Glücksspiele, bei denen Pferde oder Waffen als Siegesprämie ausgesetzt wurden, verboten seien und daß niemand Verbündete mißhandeln oder Teile der Kriegsbeute unterschlagen dürfe. Wer während seines Wachtdienstes einschlief oder wer desertierte, wurde mit dem Tode bestraft.

Gegen Ende des 16. Jahrhunderts verbreitete Fray Sahagún aus heute schwer rekonstruierbaren Gründen das Gerücht, daß Cortés ungefähr zu dieser Zeit in Acachinanco, der kleinen Festung etwa in der Mitte des Dammes, der von Iztapalapa nach Tenochtitlan führte, mit Cuauhtémoc zusammengetroffen sei. Cortés soll seinem Gesprächspartner bei dieser Gelegenheit die Gründe dargelegt haben, weshalb er sich gezungen sah, einen Krieg zu führen; worauf Cuauhtémoc nur geantwortet habe, daß er sich dem Kampf stelle. Es gibt keine Beweise für diese Unterredung. Hätte sie tatsächlich stattgefunden, müßten sich in anderen Quellen Anhaltspunkte dafür finden. Wahrscheinlicher ist, daß Cortés eine Spaltung in den Reihen der Mexica selbst hatte herbeiführen wollen, indem er das Volk von Tlatelolco aufforderte, seine Verbündeten in Tenochtitlan zu verraten – eine Strategie, die jedoch nicht aufging.[19]

Cortés teilte seine Truppen bei ihrem letzten Aufmarsch in vier Kompanien ein: drei für den Angriff zu Land und die vierte unter seinem eigenen Befehl zur Bemannung der Schiffe. Die drei Heereskompanien standen unter dem Befehl der erfahrenen Hauptleute Pedro de Alvarado, Sandoval und Olid. Alvarado und Olid waren wie Cortés um Mitte Dreißig, Sandoval Anfang Zwanzig. Jeder Hauptmann befehligte fünfundzwanzig bis dreißig Reiter, fünfzehn Armbrustschützen und Arkebusiere sowie etwa einhundertfünfzig Fußsoldaten und zahlreiche verbündete Indianer. Cortés hatte dreihundert Kastilier für die Brigantinen zur Verfügung, das heißt pro Schiff etwa fünfundzwanzig Mann sowie sechs Armbrustschützen und Arkebusiere.[20]

Alvarados Stellvertreter waren sein Bruder Jorge, Gutierre de Badajoz und Andrés de Monjaraz. Ferner wurde er von Fray Juan Díaz, Bernal Díaz und seiner Geliebten »María Luisa« aus Tlaxcala begleitet. Olid wählte Andrés de Tapia, Francisco Verdugo und Francisco de Lugo zu seinen Stellvertretern, während Sandoval Pedro de Ircio und Luis Marín auf diese Posten berief.

Cortés verteilte die drei Brigaden auf die drei Hauptzugänge nach Tenochtitlan: Alvarado besetzte den Damm nach Tacuba, Olid den Damm nach Coyoacán und Sandoval den Damm nach Iztapalapa. Der vierte Damm, der in nördlicher Richtung zum Hügel von Tepeyac führte, auf welchem der berühmte Schrein der Göttermutter stand, wurde offengelassen, um als »silberne Brücke« zu dienen, über die Cuauhtémoc und die Mexica vielleicht unter dem Druck der Belagerung zu fliehen versuchen würden. Cortés war es vermutlich lieber, auf dem Festland zu kämpfen als in der »riesigen Festung im Wasser«.[21]

Was die Kapitäne der Brigantinen betrifft, scheint Cortés sie nicht allein nach dem Kriterium ihrer seemännischen Erfahrung, sondern zum Teil aufgrund politischer Erwägungen berufen zu haben, so zum Beispiel Ruiz de la Mota, den Vetter des Bischofs von Badajoz. Etwa die Hälfte dieser Kapitäne waren Männer, die Cortés seit seiner Landung in San Juan de Ulúa im Jahre 1519 begleiteten.

Der *caudillo* hatte gehofft, genügend Freiwillige für die Besatzung der Schiffe zu finden, auf die er so großen Wert legte. Doch es meldeten sich nur wenige, denn die Arbeit auf den Schiffen verhieß anstrengend und gefährlich zu werden, während sie gleichzeitig kaum Gelegenheit bot, sich militärische Meriten zu verdienen. So verpflichtete Cortés alle ehemaligen Seeleute und, nicht ohne Willkür, alle, die in den andalusischen Hafenstädten Palos, Moguer, Triana, Sanlúcar de Barrameda und Puerto de Santa María geboren worden waren.

Cortés hielt auf der *plaza* von Texcoco eine Ansprache an seine Truppen. Er erklärte, er setze großes Vertrauen auf die Brigantinen, da die Kastilier mit ihrer Hilfe die feindlichen Kanus zerstören und die Mexica in ihren Kanälen einschließen könnten. Er glaube, die Kanus seien für die Mexica genauso lebensnotwendig wie Nahrungsmittel.[22]

Am 22. Mai brachen Alvarado und Olid Richtung Norden auf, um Brückenköpfe auf den Dämmen von Tacuba und Coyoacan zu errichten. Olid wurde vom Gros der texcocanischen Streitmacht begleitet, die mittlerweile von Tetlahuehuequititzin, einem der zahlreichen Söhne des verstorbenen Königs Nezahualpilli, befehligt wurde. Es war vereinbart worden, daß Sandoval ein paar Tage später nach Iztapalapa aufbrechen sollte, worauf Cortés seinerseits mit den Brigantinen in See stechen würde.

Die erste Etappe des Angriffs auf Tenochtitlan verlief für die Kastilier recht unerquicklich. Alavarado und Olid hatten den Befehl, die erste Nacht in Acolman – einer von Texcoco abhängigen Stadt nahe Teotihuacan – zu verbringen, die einen eigenen *tlatoani* besaß (und die heutzutage berühmt ist für ihr Augustiner-Kloster aus den 40er Jahren des 16. Jahrhunderts, das eine Außenkanzel und bemerkenswerte Wandmalereien aufweist). Der Ort war damals bekannt dafür, daß man dort kleine kastrierte, gemästete und zum Verzehr bestimmte Hunde einkaufen konnte, aber auch für sein »unbekömmliches Klima und seine nächtliche Kühle«. Einer alten mexikanischen Volkssage zufolge war Acolman auch der Ort, an dem – durch einen magischen Sonnenpfeil – die ersten Männer und Frauen erschaffen worden waren. Irgendwo in der Nähe dieses berühmten Ortes gerieten Alvarado und Olid in Streit darüber, wo ihre Kompanien übernachten sollten. Die Soldaten der beiden Abteilungen begannen einander zu drohen. Erst durch Intervention von Fray Melgarejo und Luis Marín, von Cortés umgehend losgeschickt, nachdem er von den Streitigkeiten Kenntnis erlangt hatte, wurde der Disput beigelegt.[23]

Glücklicherweise kam es in den folgenden beiden Nächten, als die Kompanien in Citlaltepec und dann in Cuauhtitlan am Nord- bzw. Nordwestufer des Sees biwakierten, zu keinen weiteren Zwistigkeiten zwischen ihren Anführern. Am dritten Tag nach ihrem Aufbruch aus Texcoco erreichten sie zur »Vesperstunde« Tacuba. Dort nahmen die beiden Kompanien im Palast des Königs Quartier, in dem einige Wochen zuvor Cortés abgestiegen war. Die Tlaxcalteken, die Alvarado begleiteten, begaben sich sofort zum Dammweg nach Tenochtitlan, um die Lage zu erkunden. Zwischen ihnen und den Mexica kam es vor Einbruch der Dunkelheit zu mehreren Kämpfen.

Am nächsten Tag nach einer Messe, die von Fray Juan Díaz, Alvarados Priester, zelebriert wurde, verließen die beiden Kommandeure Tacuba. Mit einer kleinen Schar von Reitern ritten sie ans andere Ufer der Bucht, wo sie auf der Anhöhe von Chapultepec, dem »Hügel der Heuschrecken«, die Quelle unter ihre Kontrolle brachten, welche seit den Tagen Montezumas I. Tenochtitlan über den großen Aquädukt mit Wasser versorgte. Sie zertrümmerten die Rohrleitungen, so daß die Mexica fortan mit der spärlichen Menge an Süßwasser auskommen mußten, die die Brunnen in der Hauptstadt selbst hergaben.

In Chapultepec hatte Huemac, der letzte König des legendären Reichs der Tula, Selbstmord begangen, und hier hatten die mexikanischen Könige Steinplastiken von sich anfertigen lassen. Auch hatten sich die Mexica hier eine Zeitlang niedergelassen, bevor sie nach Tenochtitlan weitergezogen waren. Schließlich hatte der Ort auch eine starke symbolische Bedeutung: Die Mexica hatten hier die schlimmste Niederlage ihrer Frühgeschichte erlitten, nach der ihr König Huitzilihuitl als Sklave nach Culhuacan verschleppt worden und dort gestorben war. Der *Codex Vaticano* enthält ein ausdrucksvolles Bild, das zeigt, wie die Tepaneken in Chapultepec mexikanische Frauen ergreifen.[24]

Als Cortés diese Taktik ersann, mag er erneut an einen spanischen Präzedenzfall gedacht haben, denn das Heer König Ferdinands hatte bei der Belagerung der von den Mauren gehaltenen Stadt Ronda im Jahre 1485 die gleiche Maßnahme ergriffen: Der Befehlshaber Marquis von Arcos hatte die Wasserleitung zur Stadt, die von einer Quelle am Fuß einer Schlucht gespeist wurde, unterbrechen lassen.

Alvarado und Olid bemühten sich einige Tage lang, die Lücken im Damm nach Tenochtitlan aufzufüllen; es handelte sich dabei nicht um jenen, über den sie im Jahr zuvor geflohen waren, sondern um den weiter nördlich gelegenen Damm, der über die Insel Nonoalco führte. Doch sie machten kaum Fortschritte, da sie, wie vorauszusehen gewesen war, auf beiden Seiten des Dammes von mexikanischen Kanus attackiert wurden. Offenbar wurden etwa dreißig Kastilier von Steinen, welche die Mexica mit unerhörter Treffsicherheit schleuderten, verwundet. Dennoch brach Olid am folgenden Tag mit seinen Verbündeten aus Texcoco auf, um wie vereinbart etwa acht Kilometer weiter südlich in Coyoacán in Stellung zu gehen. Er ließ Alvarado in Tacuba zurück, der für viele Wochen dort blieb und von Zeit zu Zeit die Lükken aufzufüllen versuchte, welche die Mexica immer wieder in diesen Damm gruben. Olid entdeckte bald, daß die Verteidiger Tenochtitlans auch im Dammweg von Coyoacán Breschen ausgehoben hatten. Mehrere Tage lang kam es zu sporadischen Kämpfen auf offenem Feld, wenn Olids und Alvarados Männer auf den Bauernhöfen, die zwischen ihren beiden Hauptquartieren lagen, die Maisfelder plünderten und die überrumpelten Bauern mit Lanzen töteten.[25]

Am 31. Mai, dem Tag des Fronleichnamfestes, brach Sandoval mit seiner Kompanie von Texcoco nach Iztapalapa auf. Sie mußten knapp vierzig Kilometer zurücklegen und quartierten sich bei Einbruch der Dunkelheit in den Häusern ein, in denen die Expedition von Cortés bereits bei zwei früheren Gelegenheiten logiert hatte. Bei ihrer Ankunft wurden sie von der dortigen kleinen mexikanischen Garnison angegriffen, die jedoch den Rückzug antrat, als ihre Offiziere erkannten, daß sie Sandovals Streitmacht hoffnungslos unterlegen waren. Nach ihrem Abzug waren auf der Spitze des nahegelegenen Hügels des Huitzilopochtli (»el Cerro de la Estrella«, wie die Spanier ihn bald nennen sollten) Rauchsignale zu sehen. Nach Ansicht Sandovals sollten sie die mexikanische Kanuflotte alarmieren.[26]

Am 1. Juni schließlich wurden auf den Brigantinen die Segel gesetzt. Die Form des Sees hatte sich infolge der Öffnung des Nezahualcoyotl-Damms durch die Mexica bei der Schlacht um Iztapalapa einige Monate zuvor dauerhaft geändert. Dies ermöglichte den Kommandeuren der spanischen Flotte, den gesamten See als ein einheitliches Schlachtfeld zu behandeln.

Neben Cortés befand sich auch Martín López auf dem Flaggschiff, Cortés hatte ihn offenbar zum Ersten Steuermann der Flotte ernannt. Hinter den spanischen Schiffen fuhr der Oberbefehlshaber der Texcoca, Ixtlilxochitl, an der Spitze einer Flotte, die von seinem Nachfahren, dem Historiker gleichen Namens, mit blühender Phantasie auf 16 000 Kanus beziffert wurde.[27]

Cortés segelte nicht direkt nach Iztapalapa, um Sandoval zu Hilfe eilen, da er sah, daß sich auf der kleinen felsigen Insel Tepepolco etwa fünf Kilometer vom Ufer entfernt zahlreiche Mexica versammelt hatten, die ihren Landsleuten in Tenochtitlan Rauchsignale sandten. Die Insel diente offenkundig als ein vorgeschobener Spähposten. (Außerdem hatte sie eine große kultische Bedeutung. So begab sich beispielsweise am vierten Tag des Toxcatl-Fests [das im Jahre 1520 auf so brutale Weise von Alvarado unterbrochen worden war] der Mann, der dazu ausersehen worden war, den Gott Tezcatlipoca zu verkörpern, »freiwillig« auf den höchsten Punkt der Insel, bevor er im Tempel von Tlacochcalco geopfert wurde.) Cortés ging mit hundertfünfzig Männern an Land, erklomm die Anhöhe, überwand die Befestigungsanlagen und tötete sämtliche Einwohner mit Ausnahme der Frauen und Kinder. Für ihn war das »ein sehr schöner Sieg«.[28]

Cortés schreibt, daß nach diesem Sieg »über fünfhundert Kanus … auf uns zuhielten. Ich gab den Männern den Befehl, wieder an Bord der Brigantinen zu gehen, doch wir blieben, wo wir waren. Die Kanus machten in einer Entfernung von zwei Armbrustschüssen von uns halt.« Zwei Welten standen sich einen Augenblick lang reglos in der Mitte des Sees gegenüber.

Cortés sagte, daß er »fest entschlossen war, diese erste Begegnung mit einem großen Sieg zu beenden. Dies sollte auf eine Weise geschehen, daß die Indianer fortan große Furcht vor den Brigantinen haben sollten, denn diese würden den Ausgang des Kriegs entscheiden. Und Gott wollte es, daß ein Landwind aufkam, während wir uns gegenseitig belauerten, der sehr günstig für einen Angriff war, und so befahl ich den Kapitänen, durch die Flotte der Kanus durchzubrechen und ihnen nachzusetzen, um sie in Tenochtitlan einzuschließen. Dabei rammten die Brigantinen zahlreiche Kanus der Mexica«.

Doch nicht alles verlief nach Plan. Als der Wind aufkam, führte das Flaggschiff die spanische Flotte an. Die Mexica schenkten diesem Schiff besondere Aufmerksamkeit – zweifellos weil sie sahen, daß Cortés darauf fuhr, und weil sie von seiner Größe auf seine Bedeutung schlossen. Doch noch vor Ausbruch des Kampfes ließ der Kapitän, Rodríguez de Villafuerte, das Schiff auf Grund laufen. Villafuerte stammte wie Cortés aus Medellín; im *juicio de residencia* von Cortés wurde er als »ein sehr beherrschter Freund von Cortés« beschrieben. Doch stand er auch im Ruf, »ein unzuverlässiger Mann von geringer Urteilskraft« zu sein. Dies dürfte er auch bei dieser Gelegenheit unter Beweis gestellt haben. Zahlreiche Mexica enterten das Schiff, worauf Rodríguez de Villafuerte seinen Männern den Befehl gab, von Bord zu gehen. Martín López weigerte sich jedoch, dieser Anordnung zu folgen. Mit einigen wenigen Freunden schlug er den Angriff zurück, drängte die Mexica von Deck und tötete einen mexikanischen Hauptmann, den er in geringer Entfernung in einem Kanu an seiner prächtigen Federtracht erkannte, mit einem Schuß aus der Armbrust.[29] Offenbar fungierte López fortan als Befehlshaber der gesamten Flotte von Brigantinen, auch wenn Rodríguez de Villafuerte ihm weiterhin formell übergeordnet war.

Diesem Zwischenfall wurde damals anscheinend keine größere Beachtung geschenkt. Cortés schilderte die Schlacht als Triumph: »Und da der Wind sehr günstig war, rammten wir zahllose Kanus und töteten oder ertränkten sehr viele Feinde, was ein überaus spektakulärer Anblick war. Und wir verfolgten sie über drei Leguas [etwa 16 Kilometer], bis wir sie in ihrer Hauptstadt einkreisten.« Dieser Erfolg verdankte sich vor allem dem Einsatz der kleinen Bronzegeschütze, welche die Brigantinen an Bord hatten und deren Detonationen Schrekken und Tod brachten. Sandoval, der alles von Iztapalapa aus verfolgte, sagte später, nichts in der Welt habe ihn so sehr erfreut »wie der Anblick der dreizehn Segelschiffe, die, angetrieben vom günstigen Wind, über das Wasser glitten und die feindlichen Kanus zerstreuten«. Und Cortés' Kaplan sagte später, vermutlich nachdem er mit Cortés gesprochen hatte: »Dies war ein bedeutsamer Sieg und der Schlüssel [für den Ausgang] dieses Kriegs, denn wir waren jetzt die Herren des Sees, während wir unseren Feinden große Furcht eingeflößt hatten. Sie hätten vielleicht keine so großen Verluste erlitten, wenn sie nicht so zahlreich gewesen wären, denn sie behinderten sich gegenseitig – auch wären sie nicht so rasch besiegt worden, wenn das Wetter anders gewesen wäre …«[30]

Der Sieg veranlaßte Cortés, seine Pläne zu ändern. Ursprünglich hatte er vorgehabt, Sandoval in Iztapalapa zur Hilfe zu kommen und sich dann in Coyoácan mit Olids Kompanie zu vereinigen. Statt dessen begab er sich unverzüglich zur Festung Xoloc, die bei einem Ort namens Acachinanco auf dem Hauptdamm von Iztapalapa nach Tenochtitlan lag. Er war so der erste, der die von den Mexica geschaffene Gelegenheit ergriff, um den alten Deich des Nezahualcoyotl zu überqueren. Am Abend des gleichen Tages landete er mit dreißig Männern auf dem Damm, um die beiden kleinen Steintempel in Xoloc zu erobern. Ein weiteres Mal war Martín López der erste, der sich ins Gefecht stürzte: Er sprang unter dem Ruf »Sieg, Sieg für den König von Spanien!« mit der kastilischen Standarte vom Flaggschiff auf den festgefügten Damm.[31]

Es kam zu einem erbitterten Kampf, doch die Kastilier trugen schließlich den Sieg davon. Dies war zum Teil darauf zurückzuführen, daß Olid, dessen östliche Flanke von den Brigantinen abgeschirmt wurde, von Coyoacán aus über den Damm vorgestoßen war. Cortés brachte daraufhin seine drei »großen Eisengeschütze« an Land und feuerte eines in nördlicher Richtung entlang des Dammes ab; die Detonation verursachte zwar nur geringe Schäden, aber eine große Panik. Dennoch blieb der See auf beiden Seiten des Damms weiterhin von Kanus übersät, und die Kanone konnte kein zweites Mal abgefeuert werden, da das gesamte Schießpulver an Bord von Cortés' Schiff infolge einer Unachtsamkeit des Kanoniers Feuer fing (Cortés schickte eine Brigantine nach Iztapalapa, die ihm als Nachschub Sandovals Pulver bringen sollte). Ein Kastilier, der sich nach eigener Einschätzung an diesem Tag besonders hervortat, war der Zimmermann Diego Hernández, der laut seiner späteren Darstellung Kanonenkugeln nach Art der Mexica in die Reihen der Feinde schleuderte und dabei »genauso große Verwüstungen anrichtete wie ein Geschütz«.[32]

Die Schlacht zog sich bis spät in die Nacht hin, nachdem die Mexica um Mitternacht – also zu einer für sie ungewöhnlichen Stunde, da sie nur ungern in der Dunkelheit kämpften – einen Gegenangriff vortrugen. Nach mexikanischem Glauben trieben nachts allerlei Monster ihr Unwesen: Zwerginnen mit flatterndem Haar oder Totenschädel, die Reisende verfolgten, ganz zu schweigen von den fuß- und kopflosen

Kreaturen, die sich drohend auf dem Boden wälzten, wie sie die Kastilier im Jahr zuvor bei den Angriffen auf den Palast des Axayácatl gesehen hatten. An Kreuzungen lauerten angeblich wilde Tiere. Doch in dieser Nacht war die Dunkelheit für die Mexica mit noch schlimmeren Ungeheuern bevölkert, denn mehrere weitere Brigantinen stießen zu Cortés und feuerten ihre Geschütze auf die mexikanischen Kanus ab, die zudem von den Armbrustschützen und Arkebusieren beschossen wurden. Schließlich zogen sich die Mexica zurück. Cortés hatte eigentlich beabsichtigt, diese Nacht in Coyoacán zu verbringen, doch nun blieb er in Xoloc. Unterdessen schmiedeten die Kapitäne der Brigantinen Pläne für den folgenden Tag; sie wollten erkunden, »wo die Kanäle tief, gerade oder schmal waren ... und wo sie sich wanden und krümmten«, und sie wollten die nötigen Vorkehrungen treffen, um die Mexica von der Versorgung mit Nahrungsmitteln und Wasser sowie von der möglichen Hilfe der wenigen ihnen noch verbliebenen Alliierten abzuschneiden.[33]

Die Landung in der Mitte des Hauptdamms war eine Improvisation, die im Anschluß an das Landungsunternehmen auf Tepepolco und den Seesieg die Fähigkeit von Cortés zeigte, seine Pläne rasch den Umständen anzupassen.

Alvarado besaß weniger Improvisationstalent. Er schickte die Fußsoldaten los, die vorsichtig auf dem Damm von Nonoalco Richtung Tenochtitlan vorstoßen sollten, während er seine Reiter auf dem Festland zurückließ, damit sie die Nachhut deckten, falls eine der umliegenden Städte auf den Gedanken kommen sollte, ihnen in den Rücken zu fallen.

Bei beiden Unternehmungen konnten sich Cortés und seine Hauptleute auf ihre indianischen Verbündeten verlassen; namentlich Ixtlilxochitl scheint Cortés nicht von der Seite gewichen zu sein.[34]

Nachdem Cuauhtémoc die Taktik des Feindes durchschaut hatte, teilte er seine Streitmacht in vier Divisionen ein, die den Kastiliern an vier Fronten entgegentreten sollten: auf dem nördlichen Damm nach Tepeyac, auf dem es bislang noch nicht zu Feindseligkeiten gekommen war; Richtung Tacuba gegen Alvarado; gegen Cortés, Olid und Sandoval in Acachinanco, während die vierte Division sämtliche Landungsversuche des Feindes mit Hilfe der Brigantinen zurückschlagen sollte. Cuahtémoc selbst ließ sich in einem Kanu von Ort zu Ort rudern, um die Verteidigungsanstrengungen zu überwachen.[35] Erzürnt über den Tod so vieler mexikanischer Krieger und aufgebracht darüber, daß ihn so viele seiner einstigen Verbündeten (Chalco, Texcoco) im Stich gelassen hatten, beschloß er, keinerlei Schwäche zu zeigen. Er ordnete an, daß die Frauen die Schwerter ihrer gefallenen Männer ergreifen sollten. So kam es zu einer Art »Generalmobilmachung«.

Im Morgengrauen des nächsten Tages forderte Cortés von Olid, der mit seiner Kompanie in Coyoacán lag, Verstärkung an; darauf stießen etwa fünfzig Soldaten, sieben oder acht Reiter und fünfzehn Armbrustschützen und Arkebusiere in Xoloc zu ihm. Gerade als sie eintrafen, griffen die Mexica an, indem sie von ihrer Hauptstadt aus über den Damm und in Kanus zu beiden Seiten des Damms vorstießen. Die Mexica stimmten ein ohrenbetäubendes Kriegsgeschrei an, wozu Cortés anmerkte, man habe meinen können, »der Weltuntergang sei nahe«.[36] Doch die Kastilier gewannen die Oberhand, da es ihnen gelang, vorübergehend eine Brücke unmittelbar südlich von Xoloc zu öffnen, so daß mehrere Brigantinen in die westliche Seite des Sees einfahren konnten. Diese vier Schiffe, die sich dicht am Damm hielten, unterstützten zusammen mit den Brigantinen auf der östlichen Seite die Fußsoldaten und Reiter bei ihrem Vorstoß Richtung Norden auf die Hauptstadt. Die Kastilier überquerten einen Kanal, dessen Brücke beseitigt worden war, indem sie eine Brigantine als Ponton benutzten. Sobald sie mit den Geschützen und Pferden auf der Nordseite der Brücke angelangt waren, trieben sie die Mexica bis zu den ersten Häusern der Stadt zurück. Die Kastilier ruderten mit einigen Brigantinen in die Stadt hinein, wobei sie vorsichtig die Pfähle umschifften, die in den Boden der Kanäle gerammt worden waren, um ihre Durchfahrt zu behindern. Die Besatzungen der Schiffe setzten Häuser im Süden der Stadt in Brand, wodurch sie dem Krieg eine neue Dimension gaben. Falls Cortés Reue verspürte, weil er die gleiche Stelle auf dem Damm erreicht hatte, wo ihn, achtzehn Monate zuvor, erstmals »der große Montezuma« mit großer Höflichkeit empfangen hatte, behielt er dies für sich.

Die vier Brigantinen auf der Westseite des in Nord-Süd-Richtung verlaufenden Damms eilten daraufhin Alvarado zu Hilfe, der sich mit seiner Kompanie auf dem kurzen Damm von Nonoalco, der in west-östlicher Richtung verlief, zur Schlacht zu rüsten schien. Zwei weitere Schiffe segelten als Verstärkung für Sandoval nach Iztapalapa. Dieser nutzte sie ebenfalls als Pontons, um die Lücken in dem halbzerstörten Damm zu überwinden – was ihm ermöglichte, seine Kompanie nach Coyoacán zu verlegen, während Olid seine Operationsbasis nach Xolco verlagerte.

Die folgenden Wochen waren für die Kastilier beschwerlich und mühsam. Die Mexica stellten sich rasch auf diese neuen, bislang unbekannten Bedrohungen ein. So hoben sie Brustwehren auf den Dämmen aus, legten getarnte Fallgruben an, sie benutzten ihre neuen Lanzen mit erbeuteten Toledo-Schwertern an der Spitze, nutzten sogar kastilische Sicheln als Kampfwerkzeuge, schleuderten Wurfspieße und schossen unentwegt mit ihren Pfeilen. An Alvarados Front waren die meisten Kastilier verwundet. Und die Reiter wollten das Leben ihrer Pferde nicht im Kampf aufs Spiel setzen.[37]

Auch der Kampf auf dem Nord-Süd-Damm wurde keineswegs sofort entschieden. Tag für Tag füllten die Tlaxcalteken oder andere Verbündete die Löcher und Breschen, die von den Mexica über Nacht in den Damm gegraben worden waren. Anschließend drangen die Kastilier unter dem Geleitschutz von Brigantinen auf beiden Seiten des Damms bis zu den ersten Häusern der Stadt vor und töteten viele Mexica. Doch abends zogen sie sich wieder in ihr Lager in Xoloc zurück. Die Mexica nutzten die Gelegenheit, drangen erneut auf den Damm vor, in den sie Löcher gruben, wodurch sie die Kastilier (bzw., genauer gesagt, die mit ihnen verbündeten Indianer) dazu zwangen, am nächsten Tag die Straße wieder instandzusetzen. Die Kanus der Mexica wurden weiterhin von den Brigantinen in Schach gehalten, so daß Cortés die Seeherrschaft besaß; auch drangen die Brigantinen immer wieder in die Stadt ein, und ihre Besatzungsmitglieder setzten die Gebäude auf beiden Seiten der Kanäle in Brand.[38] Doch auch sie rückten nur langsam vor, denn es schien, als verfügten die Mexica über eine unerschöpfliche Reserve an Kriegern, die sie mit Steinen, Wurfspeeren und Pfeilen angriffen.

Diese Schlachten hatten etwas Absurdes: Obgleich die Kastilier den ganzen Tag kämpften, erzielten sie kaum Geländegewinne, hatten aber auch nur geringe Verluste. Dies läßt sich nur so erklären, daß Cortés in dieser frühen Phase vor allem die indianischen Verbündeten in den Kampf schickte.

Alvarado meldete Cortés, daß die Mexica ständig über den nördlichen Damm, der von Tlatelolco zum Hügel von Tepeyac führte, ungehindert nach Tenochtitlan hinein- und hinausgelangen konnten. Vermutlich brachten sie auf diesem Weg Vorräte in die Stadt. Darauf sandte Cortés Sandoval von Iztapalapa aus über Coyoacán und Tacuba zu dem nördlichen Damm und befahl ihm, diesen Weg zu blokkieren. Nach einigen Gefechten auf der Strecke von Iztapalapa nach

Coyoacán traf Sandoval schließlich mit dreiundzwanzig Pferden, achtzehn Armbrustschützen und etwa einhundert Fußsoldaten dort ein. Wenig später erhielt er als Verstärkung noch drei Brigantinen. Nachdem er die neue Stellung bezogen hatte, war Tenochtitlan praktisch völlig eingekreist.[39]

Mit diesen Entschlüssen, die zum Teil ungeplant und unabsehbar waren, veränderte Cortés die Art der Belagerung. Die Mexica besaßen nicht länger eine »silberne Brücke«, über die sie hätten fliehen können, wenn sie es gewollt hätten. Indem Cortés den Besatzungen der Brigantinen erlaubte, Gebäude in Tenochtitlan in Brand zu setzen, gab er die Stadt der Zerstörung preis. Die Conquistadoren waren keine Ästheten, und doch hatte Cortés sich an der Pracht Tenochtitlans ergötzt. Er hatte gehofft, Kaiser Karl V. ein Juwel und keine Ruine zu übergeben; dies bedeutete eine zweite weitreichende Änderung seiner Strategie.

Um so rasch wie möglich eine Entscheidung zu erzwingen, ohne weitere Verwüstungen anzurichten, beschloß Cortés nach weiteren zehn Tagen, um den 10. Juni herum, mit vereinten Kräften so tief wie möglich ins Herz Tenochtitlans vorzustoßen. Er übernahm den Befehl über alle zweihundert Fußsoldaten, die ursprünglich Olids Kompanie zugeteilt worden waren. Zusätzlich konnte er auf die Unterstützung durch die Brigantinen auf beiden Seiten des Dammes rechnen. Er befahl Alvarado und Sandoval, die im Westen bzw. Norden in Stellung gegangen waren, in der Nähe des Haupttempels bzw. des Palasts des Axayácatl (in dem die Spanier im Jahre 1520 Quartier bezogen hatten) zu ihm zu stoßen. Cortés brach auf. Hinter den Kastiliern marschierte auf dem Damm eine Streitmacht, die sich nach Cortés' Angaben aus 80 000 indianischen Verbündeten zusammensetzte, obwohl es in Wirklichkeit schon erstaunlich wäre, wenn ihre Stärke nur ein Zehntel dessen betragen hätte.

Der Vorstoß verlief zunächst erfolgreich. Cortés erreichte das Ende des Dammes unmittelbar vor dem »Tor des Adlers«, auf dem die Figuren eines Adlers, eines Ozelots und eines Wolfs dargestellt waren, die Wahrzeichen der Stadt. An dieser Stelle war eine lange Brücke hochgezogen worden, doch Cortés konnte mit einer Schar von Reitern und Fußsoldaten über die Brigantinen, die dicht aneinandergereiht als Pontonbrücken dienten, die Lücke überwinden und in die Stadt gelangen. Die mit den Kastiliern verbündeten Indianer begannen die umliegenden Häuser niederzureißen und benutzten den Schutt zum Auffüllen der Bresche.

Sobald die Kastilier dieses erstes Hindernis überwunden hatten, stießen sie in nördlicher Richtung in die Stadt vor, wobei sie vermutlich dem Verlauf der heutigen Avenida José María Pino Suárez folgten. Sie trafen auf weitere Verteidigungsanlagen: eine Barrikade und eine weitere Brücke über einen Kanal, die hochgezogen worden war; dies dürfte in der Nähe der Stelle gewesen sein, wo sich heute die Straßen San Antonio Abad und Fray Servando Teresa de Mier kreuzen. Cortés ließ zwei Geschütze auf die Mauer abfeuern. Der dadurch ausgelöste Tumult gab den Kastiliern genügend Zeit, den Kanal zu überqueren und die Befestigungsanlage zu stürmen. Die Mexica flohen zum Platz vor dem Großen Tempel. Die Kastilier setzten ihnen nach, und nachdem sie die Brücke über den Aquädukt überquert hatten, die von den Mexica nicht hochgezogen worden war (weil sie es für undenkbar gehalten hatten, daß Cortés so weit vorstoßen würde), erreichten sie schon bald den Rand des Platzes. Hier ließ Cortés erneut eines seiner Geschütze aufstellen und mehrere Schüsse abfeuern, die – wie er berichtete – große Zerstörungen anrichteten. Die Mexica wichen zum Tempelbezirk zurück. Die Kastilier verfolgten sie und gelangten so zum ersten Mal seit ihrem Abzug im Juli des vergangenen Jahres wieder in den Tempelbezirk. Doch hier waren die Mexica weit in der Überzahl. Als sie sahen, daß die Reiter in ihr Quartier zurückgekehrt waren, vertrieben sie die Spanier nicht nur aus dem Tempelbezirk, sondern drängten sie vom Platz vor dem Großen Tempel in die gerade Straße, die zum Damm führte. Die mit Obsidianklingen besetzten *macuauhuitls* und die Stöcke schienen dieses Mal den kastilischen Schwertern ebenbürtig zu sein. Cortés mußte das Geschütz zurücklassen, das er auf den Platz abgefeuert hatte. Die Mexica zogen es zum See und warfen es hinein.[40] Doch später kehrten mehrere kastilische Reiter zum Platz zurück, so daß Cortés bei Einbruch der Dunkelheit den Tempelbezirk vorübergehend wieder besetzen konnte.

Da es jedoch bereits sehr spät war, ordnete Cortés den Rückzug an. Dies war das Signal für einen massiven Angriff der Mexica, die zahllose Steine von den Dächern stießen oder warfen. Die Kastilier setzten bei ihrem Rückzug zahlreiche Häuser in Brand, damit sie bei ihrem nächsten Vorstoß in die Stadt nicht erneut Steinwürfen ausgesetzt wären.[41] Diese Vergeltungsmaßnahmen ließen Cortés' Hoffnung, seinem fernen König dieses »Groß-Venedig« in unversehrtem Zustand zu übergeben, weiter schwinden.

Alvarado und Sandoval unternahmen am selben Tag ähnliche Angriffe im Westen und Norden, bei denen sie jedoch nicht einmal in die Nähe des Zentrums vordrangen. Auch sie wurden von den traditionellen mexikanischen Waffen Pfeil und Bogen sowie Speer, von den Verteidigern mit großem Geschick gehandhabt, in Schach gehalten. Als die beiden Kommandeure den Befehl zum Rückzug gaben, waren sie noch immer fünf bzw. sechs Kilometer vom Zentrum entfernt.

Zu diesem Zeitpunkt waren in den Außenbezirken der Stadt bereits so viele Gebäude in Schutt und Asche gelegt worden, daß die mexikanischen Kanus praktisch außer Gefecht gesetzt waren. Cortés hielt es infolgedessen für vertretbar, mehrere Brigantinen, die das Lager in Xoloc bewachten, von dort abzuziehen. Er schickte je drei als Verstärkung zu Alvarado und Sandoval und befahl ihren Kapitänen, Tag und Nacht auf dem See zu kreuzen, um zu verhindern, daß Nahrungsmittel in die Stadt gelangten. Die Blockade war weitgehend erfolgreich, allerdings gelang es den Mexica binnen einer Woche, zwei der Brigantinen in eine Falle zu locken und ihre Kapitäne Pedro Barba und Juan Portillo zu töten.[42]

Unterdessen füllten die indianischen Unterstützungstruppen aus Cholula, Tlaxcala, Texcoco und Huexotzinco die Lücken im Damm und sogar die Löcher in den Straßen innerhalb Tenochtitlans auf. Ein oder zwei Tage zuvor war aus Texcoco ein neues Kontingent von Alliierten eingetroffen, gleichzeitig kam ein beachtliche Verstärkung aus Xochimilco und sogar eine Abordnung von einigen Otomí-Stämmen im Norden, die sich unabhängig voneinander bereit erklärten, zu Vasallen des König von Spanien zu werden und Cortés um Vergebung dafür baten, daß sie dies so lange hinausgezögert hatten. Cortés vergab ihnen gnädig. Etwa zur gleichen Zeit boten auch die Chalca und die Xochimilca Cortés jede erdenkliche Hilfe an, darunter Nahrungsmittel (Fisch und Kirschen) und Kanus. Sie erboten sich sogar, auf dem Damm Häuser zu bauen, welche die Kastilier als behelfsmäßige Unterkünfte nutzen könnten. Der Texcoca Ixtlilxochitl trat als Vermittler zwischen Cortés und diesen Völkern auf.[43]

Am 15. Juni unternahm Cortés einen weiteren großen Angriff nach Art des Vorstoßes vom 10. Juni. Dabei mußte er, wie zu erwarten, feststellen, daß die Mexica erneut Breschen in dem Damm geschlagen hatten. Doch auch diesmal schirmten die Brigantinen beide Flanken der Kastilier und ihrer Alliierten ab, die erneut die Lücken mit Booten schlossen, und ein weiteres Mal stießen sie über eine Lücke vor dem »Tor des Adlers« in die Stadt vor (wobei einige trotz ihrer Baumwollrüstung schwammen). Wieder zerstörten sie eine Barrikade in der Nähe der heutige Calle Fray Servando Teresa de Mier und drangen ein weiteres Mal bis zum Hauptplatz vor, obgleich sie diesmal auf sehr viel erbitterteren Widerstand stießen. Die Zahl, die Kampfkraft und die Disziplin der Mexica waren bemerkenswert.

Nach diesem Vorstoß zogen sich die Kastilier wieder zurück, und diesmal war die Wucht des Gegenangriffs geringer, da die Verbündeten die ganze Straße gesichert hatten, so daß die Reiter über ihre gesamte Länge galoppieren konnten.

Die offensichtliche Entschlossenheit der Mexica, auf Leben und Tod zu kämpfen, überzeugte Cortés von zwei bitteren Wahrheiten: Erstens, daß er und seine Gefährten wenig oder gar nichts von dem Gold und den anderen Reichtümern, die sie in der *noche triste* verloren hatten, zurückerlangen würden; zweitens – was sehr viel wichtiger war –, daß er in Anbetracht des Widerstands der Mexica keine andere Wahl hatte, als »die Stadt zu zerstören«, wie es Sepúlveda später mit gewohnter Unverblümtheit in seiner *Historia* formulieren würde.[44]

Cortés behauptete, diese Einsicht habe »schwer auf meiner Seele gelastet, so daß ich nach einem Weg suchte, ihnen [den Mexica] einen solchen Schrecken zu versetzen, daß sie ihre Irrtümer und die Verwüstungen, die wir anrichten würden, erkannten«.[45] Er wies die Kapitäne mehrerer Brigantinen an, den geeigneten Kanal hinaufzufahren und nicht nur den großen Palast des Axayácatl, wo sie im Jahr zuvor einquartiert worden waren, sondern auch Montezumas »Haus der Vögel« in Brand zu setzen. Dies traf die Mexica zwar, doch es hielt sie nicht davon ab, den Krieg fortzusetzen. So beschlossen Cortés und seine Hauptleute, in den Worten Fray Sahagúns, »die Mexica endgültig zu vernichten«.

Einige Jahre später wurde Cortés über seine Strategie befragt; es ging um die Frage, ob er unnötige Zerstörungen angerichtet habe. Mehrere seiner damaligen Gefährten verteidigten seine Vorgehensweise, so beteuerte etwa Luis Marín, sie hätten Tenochtitlan nicht erobern können, wenn sie es nicht dem Erdboden gleichgemacht hätten. Denn wenn die Kastilier die meisten Gebäude, die sie einnahmen, nicht zerstört hätten, dann wären die Mexica nachts dorthin zurückgekehrt, so daß am nächsten Tag eine weitere Schlacht um denselben Ort erforderlich gewesen wäre. Cortés' Methode sei die einzige Möglichkeit gewesen, die Stadt zu erobern. Alonso de Navarrete war gleichfalls der Ansicht, daß die Stadt, »wäre sie nicht zerstört worden, nicht oder doch zumindest nicht so schnell erobert worden wäre«. Juan López de Jimena sagte aus, es sei »zweckmäßig und notwendig gewesen, so zu verfahren, weil es in der Stadt große Gebäude gab, von deren Dächern die Mexica die Spanier angriffen«. Gaspar de Garnica (einer der Anhänger von Velázquez, der mit Narváez gekommen war) erklärte, daß »es unumgänglich war, so zu handeln, weil man die Schäden absehen konnte, die der Feind uns zugefügt hätte, wenn die Gebäude nicht abgerissen worden wären«. Und Rodríguez de Escobar betonte, daß »wir die Stadt nur um den Preis ihrer Verwüstung einnehmen konnten«. Andere äußerten sich im gleichen Sinne.[46]

Doch der Preis war schrecklich. Die Zerstörung Tenochtitlans war kein Zufall, sondern das Ergebnis einer zielgerichteten Strategie, die systematisch umgesetzt wurde, mit all der Zerstörungskraft eines europäischen Kriegs und mit völliger Gleichgültigkeit gegenüber der Vernichtung eines Juwels urbaner Architektur. Die Tlaxcalteken jubelten. Vielleicht versuchte auch Ixtlilxochitl Cortés mögliche Skrupel wegen seines Vorgehens auszureden. Vermutlich ergötzten sich alle Nicht-Mexica an dem Gedanken, Tenochtitlan dem Erdboden gleichzumachen. Alle Völker des Tals wollten alte Rechnungen mit den Mexica begleichen. Nur die Kastilier scheinen überhaupt Skrupel wegen der Strategie, die ihr Anführer beschlossen hatte, empfunden zu haben; doch diese Gewissensbisse wurden zum Schweigen gebracht.

Neben dem Donnern der Kanonen, den Kriegsrufen der Mexica und dem Wiehern der Pferde war jetzt auch noch das Geräusch brennender Gebäude, der Geruch von Staub und die Schreie von Menschen, die durch umstürzende Mauern begraben wurden, in der Luft.

Am Tag nach Cortés' zweitem Vorstoß in den Tempelbezirk kehrte seine Armee bereits im Morgengrauen in die Stadt zurück, in der Hoffnung, die Mexica hätten die Lücken noch nicht wieder geöffnet. Doch diese hatten über Nacht neue Löcher gegraben, und die Kastilier hatten die gleichen Schwierigkeiten wie zuvor. Die meisten der Conquistadoren mußten die Lücke zwischen dem Ende des Hauptdamms und dem »Tor des Adlers« schwimmend überwinden. Doch sobald sie erst einmal in der Stadt waren, befanden sie sich in einer günstigeren Lage als zuvor, weil die Mexica sie nun, da die meisten Gebäude entlang der Straße niedergebrannt waren, nicht mehr von den Dächern aus angreifen konnten. Nachdem die Kastilier demonstriert hatten, daß sie sich nach Belieben zum Hauptplatz begeben konnten, zogen sie sich erneut zurück. Einige von Cortés' Hauptleuten waren der Ansicht, daß er das Lager sofort auf dem Platz aufschlagen solle. Doch Cortés erinnerte sie daran, wie er im Jahr zuvor in Tenochtitlan eingekesselt worden war, aus diesem Grund lehnte er ihr Ansinnen ab. Zudem hätten die Kastilier, wenn sie das Lager auf dem Hauptplatz aufgeschlagen hätten, jede Nacht kämpfen müssen und hätten die Brücken nicht mehr sichern können. Dies jedoch hätte eine Gefahr dargestellt, wenn sie zur Flucht gezwungen gewesen wären. Außerdem standen im Umkreis des Hauptplatzes noch immer viele Gebäude, in denen sich die Mexica hätten verschanzen können.

Cortés zog es statt dessen vor, den Zermürbungskrieg fortzusetzen, indem er jeden Tag auf gleiche Weise in die Stadt eindrang und die Einwohner jedesmal an drei oder vier verschiedenen Stellen angriff. Er wurde bei diesen Vorstößen zu Beginn immer von den Brigantinen und nach einigen Tagen, gegen Ende Juni, von Kanus der Verbündeten begleitet. Am 20. Juni machte Cortés nicht am Hauptplatz halt, sondern stieß darüber hinaus in die Straße vor, die zum Tacuba-Damm führte, wo er sich bald mit Alvarado vereinigen konnte.

Dieser hatte seine Angriffe ebenfalls mit unverminderter Heftigkeit fortgesetzt. Jeden Tag rückte seine Kompanie in geschlossener Formation über den Damm vor, wobei sie trotz ständiger Attacken fortlaufend Geländegewinne erzielte. Doch es schien, als verfügten die Mexica über unerschöpfliche Reserven an Kriegern, die verhinderten, daß die Kastilier bei ihrem Vorstoß allzu rasch vorankamen. Und am Ende eines jeden Tages blieb den Kastiliern nichts anderes übrig, als in ihr Lager zurückzukehren, wo sie ihre Wunden mit Öl versorgen und verbinden konnten, und wo sie Tortillas, Gemüse und Kaktusfeigen, die etwa Mitte Juni reif werden, verzehrten. Doch in der Nacht wurden die Löcher, die die Kastilier tagsüber aufgefüllt hatten, von mexikanischen Truppen, denen vermutlich zahlreiche Frauen angehörten, wieder aufgegraben.[47]

Am 23. Juni wagte sich die Vorhut von Alvarados Kompanie zu weit vor; mehrere Brigantinen blieben an Pfählen, welche die Mexica in den Boden der Kanäle gerammt hatten, hängen, und die Angreifer mußten überstürzt den Rückzug antreten, wobei sie feststellten, daß eine der Lücken im Damm, die sie zuvor überwunden hatten, nicht richtig aufgefüllt worden war. So fielen mindestens fünf Kastilier lebend in die Hände der Mexica, die sie zweifellos opferten. Wären nicht in letzter Minute Reiter und Geschütze eingesetzt worden, dann wäre das Desaster für die Angreifer noch viel größer gewesen. Alvarado behauptete später, er sei zu einigen derjenigen geschwommen, die abgeschnitten gewesen seien, um ihnen zu helfen; hätte er es nicht getan, dann wären auch sie umgekommen.[48]

Als Cortés von diesem Zwischenfall erfuhr, war er beunruhigt. Er schickte Alvarado einen Brief, in dem er ihn aufforderte, niemals eine Lücke im Damm offen zu lassen; er könne sie zum Beispiel mit den Adobeziegeln oder dem Holz zuschütten, die nach der Zerstörung der Häuser als Schutt übrigblieben. Und er fügte hinzu, daß die Reiter grundsätzlich auf dem Damm schlafen und ihre Pferde gesattelt und gezäumt halten sollten.

Alvarado selbst kehrte dennoch abends immer wieder in die Stadt Tacuba zurück, um sich, wie er behauptete, für den nächsten Tag ausreichend mit Armbrüsten und anderem Kriegsgerät einzudecken. Doch gerüchteweise verlautete (und dies war auch eine der Anschuldigungen in seinem *juicio de residencia*), daß er in erster Linie zurückkehrte, um »María Luisa« in die Arme zu schließen.[49]

Ende Juni ereignete sich noch ein zweiter Rückschlag. Zwei Brigantinen ruderten in einen der inneren Kanäle hinein, als plötzlich die von Cristóbal Flores befehligte auf Grund lief und von den Mexica angegriffen wurde. Sie nahmen offenbar fünfzehn der an Bord befindlichen Kastilier gefangen und verwundeten zahlreiche weitere schwer, bevor es den Männern der zweiten Brigantine, von Gerónimo Ruiz de la Mota befehligt, gelang, die Mexica zurückzudrängen und das Schiff wieder flottzumachen.[50]

Dennoch schien Cortés bereits zu diesem Zeitpunkt die militärische Übermacht errungen zu haben. Er wurde von fast allen Städten am Seeufer unterstützt. Huitzilopochco, Culhuacan und Mixquic beispielsweise hatten erkannt, wie der Krieg sehr wahrscheinlich ausgehen würde, und auch sie versuchten, sich zu retten – wie sie glaubten –, indem sie Kaiser Karl V. huldigten. Die Bewohner dieser Orte gingen in den Lagern der Spanier ungehindert ein und aus. Viele kamen, um ihnen zu dienen; andere, um zu stehlen; einige, um zu essen; viele, um ihre Schaulust zu stillen, und wieder andere, um längs des Dammwegs, der zu Cortés' Hauptquartier führte, weitere Hütten zu errichten. Etwa tausend Indianer nächtigten dort, viele weitere in Coyoacán, das sich in eine weitläufige Barackenstadt verwandelte. Einmal überredete Cortés mehrere Tausend dieser Indianer, in ihren

Kanus von Coyoacán nach Tenochtitlan zu rudern, die Stadt von mehreren Seiten anzugreifen, die Gebäude in Brand zu setzen und möglichst große Verwüstungen anzurichten.[51] Doch vermutlich war mittlerweile die gewaltige Zahl der Bundesgenossen sowohl für Cortés als auch für Alvarado eher ein Hindernis, da sich ihre Koordination bei Kampfeinsätzen als äußerst schwierig erwies. Anders verhielt es sich mit dem Auffüllen von Breschen in den Dämmen und dem Bedienen bei Tisch, denn die spanischen Hauptleute scheinen weiterhin jeden Tag ein standesgemäßes Mahl eingenommen zu haben.

Als Cortés am 23. Juni in die Stadt einfiel, stellte er fest, daß die Mexica einen wohldurchdachten Rückzug aus der Zone zwischen dem zerstörten »Tor des Adlers« und dem Hauptplatz durchgeführt hatten. Mehrere Soldaten seines Heeres begannen die nach Westen, Richtung Tacuba, führende Straße zu räumen. Cortés fuhr in einer Brigantine zu Alvarado und konnte sich mit eigenen Augen davon überzeugen, daß dieser bereits weit auf dem Damm vorgedrungen war. Alvarado teilte ihm mit, daß er sein Lager schon bald auf einen kleinen Platz innerhalb Tenochtitlans verlegen wolle. Die indianischen Brotbäcker, die tlaxcaltekischen Verbündeten und die Reiter sollten in Tacuba zurückbleiben.

So schien Ende Juni der endgültige Sieg unmittelbar bevorzustehen. Cortés glaubte, Cuauhtémoc werde sich gewiß bald ergeben – die Kastilier hatten die Hälfte der Hauptstadt erobert. Alvarado, Sandoval und Cortés standen im Begriff, ihre Truppen zu vereinen. Die Stadt war völlig von der Versorgung mit Lebensmitteln und Wasser vom Festland abgeschnitten. Viele der intensiv bewirtschafteten *chinampas*, die innerhalb der Stadtgrenzen lagen und die für viele Familien die einzige Bezugsquelle für frisches Obst und Gemüse waren, waren verwüstet oder von den Angreifern besetzt worden. Die Brigantinen beeinträchtigten bzw. verhinderten den Fischfang und die Jagd auf Niederwild, mit der der einfache Mann aus Tenochtitlan so viel Zeit verbracht hatte, um seinen Speiseplan zu bereichern. Die Tausenden von Kanus der Verbündeten begannen für die Aufrechterhaltung der Blockade eine fast genauso wichtige Rolle zu spielen wie die Brigantinen. Die Mexica verfügten zwar noch immer über große Maisvorräte, die sie in der Vergangenheit angesammelt hatten, um sich für Dürreperioden oder Hungersnöte zu wappnen. Auch gab es Brunnen – doch all dies änderte nichts an der Notwendigkeit einer strengen Rationierung.

Auch kam es zu Zwistigkeiten unter den Mexica selbst. Zwei Söhne Montezumas, Axayaca und Xoxopehualoc, führten eine Gruppe von Adligen an, die Verhandlungen mit den Kastiliern aufnehmen wollten. Offenbar ließ Cuauhtémoc sie hinrichten. Zur Vergeltung scheinen einige ihrer Gefolgsleute die Hohenpriester der Götter Huitzilopochtli und Tezcatlipoca umgebracht zu haben.[52]

Dennoch hatten die Kastilier noch einen steinigen Weg vor sich.

Eine reiche Ernte an Gefangenen

> »Man hörte den Ruf: ›Mexica, jetzt ist der Moment gekommen! Wer sind diese Barbaren? Vertreiben wir sie von hier!‹ … Zu dieser Zeit begann die Jagd auf Menschen. Viele Männer aus Tlaxcala, Acolhuàcan, Chalco und Xochimilco wurden gefangengenommen. Es gab eine reiche Ernte an Gefangenen, eine reiche Ernte an Toten.«
> *Codex Florentino, Buch XII, Kapitel 25*

Die Mexica bewiesen weiterhin eine ungeheure Widerstandskraft. Jede Nacht hoben sie erneut die Lücken in den Dämmen aus, die von den Spaniern bzw. deren Verbündeten tags zuvor aufgefüllt worden waren. Und noch immer schienen sie in der Lage zu sein, Tag für Tag schweren Angriffen an drei Fronten standzuhalten. Sie verstanden es, sich mit großem Geschick auf die Pferde, die Geschütze und sogar die stählernen Schwerter der Kastilier einzustellen, so daß sie mit ihren Obsidianschwertern, Steinen, Pfeilen und ihren Keulen und Stöcken sehr viel größere Schäden anrichteten, als die Spanier erwartet hätten. Zwar töteten sie ihre Gegner nur selten, denn ihre Waffen waren nicht für diesen Zweck ausgelegt, doch sie brachten ihren Gegnern oftmals Wunden bei. Sie waren in der Lage, die weiteren Vorstöße der Spanier und deren Verbündeter mit bemerkenswertem Erfolg aufzuhalten, so daß die Conquistadoren auch nach einmonatiger Belagerung erst dann durch eine Straße zu marschieren wagten, wenn sie die angrenzenden Gebäude zuvor freigekämpft oder abgebrannt hatten.

Diese Widerstandskraft der Mexica dürfte nicht zuletzt darauf zurückzuführen sein, daß die Erziehung in den *calmécac* nunmehr ihre

Früchte zeitigte. Bevor die Jungen in diese Schulen eintraten, wurden sie von ihren Vätern ermahnt: »Mein Sohn, man wird dich weder ehren noch schätzen noch deinem Wort gehorchen. Man wird auf dich herabblicken, dich demütigen und dich verachten. Jeden Tag wirst du dir mit Agavendornen blutende Wunden beibringen, um Buße zu tun, und du wirst abends baden, auch wenn es sehr kalt ist ... um deinen Körper abzuhärten.«[1] Auch wenn die Erziehung im *telpochcalli* weniger streng war, so blieb sie doch eine Erziehung zu kollektivem Handeln. Alles diente dem Ziel, die Jungen auf den Krieg vorzubereiten – wenn auch nicht auf einen Krieg nach europäischem Muster, wie er jetzt in Tenochtitlan ausgetragen wurde; dabei kam auch der ideologischen Indoktrination eine wichtige Rolle zu.

In beiden Lehranstalten wurden den Schülern Lieder beigebracht, in denen frühere Kriege, lange verstorbene Kämpfer und legendäre Sieger besungen wurden. Im Jahr 1521 konnten die Mexica die Früchte ihrer Erziehung ernten.

Es ist durchaus möglich, daß die Mexica sich auch durch Drogen stärkten. So war beispielsweise die Lieblingsdroge der Chichimeken *peyotl*, ein kleiner weißer trüffelähnlicher Kaktus. »Diejenigen, die ihn aßen oder tranken [wahrscheinlich das in Wasser eingerührte Kaktuspulver], sahen entweder entsetzliche oder groteske Dinge. Die Trunkenheit hielt zwei oder drei Tage an. Diese Pflanze stärkte sie [die Chichimeken], gab ihnen Mut für den Kampf, bannte ihre Furcht und ließ sie weder Hunger noch Durst verspüren. Angeblich schützte sie sie vor allen Gefahren.«[2] Vielleicht verzehrten sie auch heilige Rauschpilze; die dadurch ausgelösten Empfindungen steigerten ihren Mut zu Tollkühnheit.

Ende Juni 1521 führte Cortés fast täglich im Morgengrauen Angriffe auf die mexikanische Hauptstadt durch und setzte weitere Gebäude in Brand. Nachdem die Verbündeten die Lücken in den Kanälen zugeschüttet hatten, erschienen die kastilischen Reiter und »ritten Volten, machten Schwenkungen und drehten sich um die eigene Achse«. Bei Einbruch der Dunkelheit zogen sie sich wieder zurück. Cortés vermied es, über den Hauptplatz und den Tempelbezirk hinaus vorzustoßen, aus Furcht, die Mexica könnten ihnen den Rückzug abschneiden. Die gleiche Taktik verfolgten Sandoval und Alvarado mit ihren Kompanien. Doch die Mexica hoben allnächtlich die zugeschütteten Gruben in den Dämmen wieder aus. Ihre Vorfahren hatten die Stadt erbaut. Sie würden sie bewahren oder mit ihr zugrunde gehen.

Cortés beriet sich mit seinen Hauptleuten darüber, ob eine weitere gemeinsame Offensive mit Alvarado und Sandoval sinnvoll sei, um beispielsweise zum Marktplatz von Tlatelolco vorzustoßen. Wenn dieser Platz fiele, würde den Mexica wenig zu verteidigen übrigbleiben. Von der Nachbarstadt abgeschnitten, stünden sie vor der Wahl, zu kapitulieren oder zu verhungern bzw. zu verdursten.

Cortés stand diesem Plan skeptisch gegenüber. Selbst wenn es den Kastiliern gelingen sollte, ihr Hauptquartier auf dem Marktplatz von Tlatelolco aufzuschlagen, könnten sie leicht eingekreist werden. Offenkundig litt der Feind unter keinem Mangel an Kriegern. Um nach Tlatelolco zu gelangen, mußte man einen der breiten Dämme überqueren, die trotz ihrer Breite unterbrochen werden konnten. Auf dem Platz konnten sie nicht mit der Hilfe der Brigantinen rechnen – die Belagerer konnten so ihrerseits zu Belagerten werden. Doch Cortés' Hauptleute (allen voran Verdugo, Olid, Tapia, Lugo und der Fähnrich Corral) drängten weiterhin auf die Umsetzung dieses Plans. Alvarado und seine Hauptleute versicherten, daß sie vor den »Drückebergern« von Cortés auf dem Platz eintreffen wollten. Sie wurden von Alderete, dem Schatzmeister des Königs, unterstützt, der erklärte, alle Kastilier befürworteten den Plan. Cortés maß dieser Empfehlung ein großes Gewicht bei und erklärte sich schließlich wider seine eigene, bessere Einsicht (zumindest behauptete er dies in seinem Bericht) bereit, am 30. Juni einen gemeinsamen Angriff zu unternehmen.[3]

Bevor dieser Angriff begann, ereignete sich eine bedeutsame (wenn auch bis heute nicht völlig verständliche) Veränderung in der Position der Mexica; diese betraf die relative Stärke von Tenochtitlan und Tlatelolco. Bis dahin hatten die Männer aus Tenochtitlan die Hauptlast des Kampfes getragen, und es waren die Gebäude Tenochtitlans, die niedergebrannt worden waren. Die sich im Norden anschließende Stadt Tlatelolco mitsamt ihren Vororten und abhängigen Gebieten war weitgehend verschont geblieben. Die Neutralität Tlatelolcos war die Folge einer jahrelangen herablassenden Behandlung durch die Herrscher Tenochtitlans: Die Einwohner Tlatelolcos beklagten sich darüber, daß Tenochtitlan offenbar nicht wisse, daß sie, die Tlatelolca, ebenfalls Mexica seien. Außerdem mußten sie ihren imperialen Nachbarn Tribut entrichten, seitdem diese sie im Jahre 1473 erobert hatten: jedes Jahr achtzig Kriegstrachten, achtzig Schilde, 64 000 Umhänge und über sechshundert Körbe. Verständlich, daß sie ihren Unterdrückern insgeheim grollten.[4]

Doch jetzt war Tenochtitlan auf die Hilfe Tlatelolcos angewiesen: auf seine Krieger, seine geographische Lage, die Tatkraft seiner Einwohner. Cuauhtémoc ersuchte Tlatelolco förmlich um Beistand. Dessen Herrscher entsprachen der Bitte, doch sie scheinen einen Preis dafür verlangt zu haben: Fortan sollte Tenochtitlan nicht länger die Geschicke des Reiches lenken; Cuauhtémoc mochte weiterhin als Oberbefehlshaber der Truppen fungieren, die gegen die Kastilier kämpften, doch nach dem Sieg sollte Tlatelolco die Vorherrschaft ausüben. Diese Bedingung war für Cuauhtémoc annehmbar, vermutlich aufgrund seiner tlatelolcanischen Abkunft, und weil er nach seiner Rückkehr ins Hochtal von Mexiko und vor seiner Inthronisation als Kaiser einer der Herrscher dieser Stadt gewesen war.[5]

Cuauhtémoc verlegte sein Hauptquartier in ein Gebäude in Tlatelolco, das Yacacolco genannt wurde (und das ungefähr an der Stelle stand, wo sich heute die Kirche Santa Anna befindet). Die Statue des Huitzilopochtli wurde vom Großen Tempel in Tenochtitlan nach Tlatelolco geschafft, und auch das Heer wurde nach Tlatelolco verlegt. Die restliche Bevölkerung Tenochtitlans tat ebenfalls ihr möglichstes, um sich nach Tlatelolco zurückzuziehen. Cortés versuchte, diese Veränderungen für seine Zwecke auszunutzen, als er davon hörte. Er bemühte sich um ein Treffen mit den Herrschern von Tlatelolco. Als er schließlich einen Weg fand, mit ihnen in Verbindung zu treten, ließ er ihnen ausrichten: »Weshalb wollt Ihr unbedingt mit ihnen untergehen, wo sie Euch doch so lange zum Narren gehalten haben?« Doch die Tlatelolca dachten nicht daran, zu kapitulieren. Vielmehr glaubten sie, daß die Stunde ihres Ruhms gekommen sei.

Ein paar Tage lang schien dies in der Tat möglich zu sein. Tlapanecatzin, einer der Herrscher von Tlatelolco, erbeutete ein kastilisches Banner – war dies kein günstiges Omen, das auf einen Sieg hindeutete? Dann endete auch noch Cortés' Offensive mit gebündelten Kräften in einem Fiasko. Der *caudillo* hatte Sandoval und Alvarado geschrieben, um sie in den Plan, auf dem Marktplatz von Tlatelolco ein Lager zu errichten, einzuweihen. Sandoval sollte sich mit Alvarado vereinen, jedoch seine Reiter auf dem Festland zurücklassen und so tun, als breche er sein Lager ab. Auf diese Weise sollte die Reiterei auf dem Dammweg, der mittlerweile fest in der Gewalt der Kastilier zu sein schien, die Mexica im Norden der Stadt in einen Hinterhalt lokken. Unterdessen sollte Alvarado gemeinsam mit den Fußsoldaten Sandovals von Westen aus vorstoßen.

Cortés teilte seine eigenen Truppen auf; sie sollten in gewohnter Weise über den südlichen Dammweg vorrücken. Sobald sie sich innerhalb der Stadtmauern Tenochtitlans befänden, sollten sie sich in drei Kolonnen aufteilen. Eine von Alderete befehligte Kolonne aus siebzig Fußsoldaten und sieben bis acht Reitern sollte über die Hauptstraße zuerst zum Hauptplatz vor dem Tempelbezirk und dann in nordwestlicher Richtung nach Tlatelolco vorstoßen. Sie würden von einer großen Zahl verbündeter Indianer unterstützt, welche die Lücken zuschütten sollten, die die Mexica nach Cortés' Überzeugung in die Straßen graben würden. Andrés de Tapia und Jorge de Alvarado sollten mit einer zweiten Kolonne ähnlicher Stärke über die Straße, welche die Stadt in west-östlicher Richtung durchschnitt, zum Tacuba-Damm vorrücken. Cortés selbst würde mit etwa einhundert Fußsoldaten und acht Reitern sowie einem großen Kontingent von Verbündeten über eine schmalere Straße nach Norden marschieren. Jede dieser Kolonnen mußte den breiten Kanal überqueren, der zwischen Tenochtitlan und Tlatelolco verlief, doch sie sollten dies an verschiedenen Stellen tun.[6]

Fray Olmedo hielt in Xoloc die Messe, die Brigantinen setzten die Segel, die Alliierten folgten in ihren Kanus und die Kastilier drangen über das mittlerweile in Trümmern liegende »Tor des Adlers« in die Stadt ein. Ihre Hauptstreitmacht teilte sich, wie geplant, in drei Abteilungen auf. Cortés' Kolonne eroberte bei ihrem Vorstoß zwei weitere Brücken und zwei Barrikaden. Cortés setzte über den Kanal, der Tenochtitlan von Tlatelolco trennte. Sein weiterer Vorstoß verlief jedoch schleppend, weil Tlatelolco weder über die breiten Straßen noch über die viereckige Aufteilung in *barrios* verfügte, die Tenochtitlan kennzeichneten. Auch war er mit den Straßenverhältnissen nicht besonders gut vertraut. Außerdem war Cortés alsbald mit einem starken mexikanischen Gegenangriff konfrontiert, der seinen Vorstoß zum Erliegen brachte. Er machte kehrt, um zu überprüfen, ob die Gruben noch immer zugeschüttet waren, mußte jedoch entdecken, daß eine breite Lücke in dem Damm, über den Alderetes Kolonne gekommen war, entweder unzulänglich aufgefüllt oder sogleich vom Feind wieder ausgehoben worden war. Jedenfalls war der breite Wassergraben zwischen den beiden Städten nicht zugeschüttet, so daß eine zehn bis zwölf Fuß breite Lücke klaffte, in der das Wasser bereits zweieinhalb Meter tief stand. Cortés machte später Alderete für diesen Fehler verantwortlich, während Alderete seinerseits die Schuld auf Cortés schob. Doch höchstwahrscheinlich waren die Mexica selbst auf den brillanten Einfall zu diesem Kommandounternehmen gekommen, nachdem Alderetes Kolonne vorbeigezogen war – jedenfalls hatte sich die Kriegsgunst binnen weniger Sekunden gegen die Spanier gewandt.

Auch Alderetes Männer wurden durch die schiere Wucht des mexikanischen Gegenangriffs zurückgedrängt. Doch der Rückzug verwandelte sich plötzlich in eine wilde Flucht, als das unerwartete Hindernis des frisch ausgehobenen Grabens ein Chaos auslöste. Da in der Straße ein dichtes Gedränge herrschte, konnten die Conquistadoren weder Geschütze noch Pferde einsetzen. Der Andrang ließ nicht nach, die indianischen Verbündeten gerieten in Panik, während die triumphierenden Mexica, nachdem sie die Gunst der Stunde erkannt hatten, mit ihren Kanus auf das Loch im Damm zuhielten. Dort versuchten sie möglichst vieler ihrer Feinde habhaft zu werden, als die Kastilier und ihre Verbündeten ins Wasser sprangen, um ans andere Ufer zu schwimmen. Cortés war so sehr mit Kämpfen beschäftigt – zumindest seiner eigenen Darstellung nach –, daß er die Gefahr, in der er schwebte, nicht erkannte. Ein weiteres Mal, wie schon zuvor »auf den Brücken« und in Xochimilco im Februar, hätten die Mexica ihn töten können, wäre nicht ihr tief in der Tradition verwurzelter Wunsch gewesen, ihn lebend zu ergreifen, um ihn anschließend auf dem Opferstein darzubringen. Diese so ersehnte Gefangennahme wäre vermutlich auch gelungen, hätte nicht (wie schon in Xochimilco) Cristóbal de Olea, der geschickte Fechter aus Medina del Campo, eingegriffen. Er rettete Cortés ein weiteres Mal, indem er den Mexica, die ihn ergriffen hatten, die Hände abschlug. Olea selbst wurde niedergestreckt und getötet. Danach schützte Cortés' oberster Leibwächter Antonio de Quiñones dessen Leben, indem er ihm klarmachte, daß es seine Pflicht sei, sich zurückzuziehen, da die Expedition ohne ihn verloren wäre.[7] Noch vor diesem Zwischenfall hatte Cortés verhindert, daß Martín Vázquez in die Hände der Mexica fiel; dies erklärt zweifellos, weshalb dieser Conquistador aus Llerena später immer zugunsten des *caudillo* aussagte.

Auch die Mexica hatten in diesen verworrenen Kämpfen ihre Helden. In dieser Phase des Krieges stammten die meisten davon aus Tlatelolco. Einer, der sich besonders hervortat, war Ecatzin, der den Otomitl angehörte, einem militärischen Orden, der mit den Adler- und Jaguar-Orden der Mexica vergleichbar war und dessen Angehörige geschworen hatten, niemals zurückzuweichen. Ecatzin schleuderte mit besonderer Treffsicherheit große Steine – die »Waffen«, die den Kastiliern die schwersten Schäden zufügten – auf den Feind. Er mischte sich – gelegentlich in der prächtigen Uniform, die ihm aufgrund früherer Heldentaten zustand, manchmal aber auch als einfacher Soldat verkleidet, jedoch immer barhäuptig, wie es die Sitte des Ordens verlangte – unter die mexikanischen Krieger.[8]

Das Seltsame an diesem Sieg der Mexica ist die Tatsache, daß – nach der Quellenlage zu urteilen – Cuauhtémoc selbst keine aktive Rolle in diesen Kämpfen spielte. Er erscheint als der distanzierte Kaiser, der Mann, der Entscheidungen trifft, aber nicht selbst direkt an dem Konflikt teilnimmt. Er wurde nie kritisiert. Doch Europäer mutet merkwürdig an, daß der Oberbefehlshaber eines so kriegerischen Volkes selbst über den Kämpfen zu stehen schien.[9]

Die Spanier und ihre Verbündeten erlitten empfindliche Verluste: »[Die Mexica] brachten eine reiche Ernte an Gefangenen und an Toten ein.«[10] Etwa zwanzig Kastilier, darunter Olea, dürften umgekommen sein. Doch vermutlich über fünfzig – einige Quellen sprechen von dreiundfünfzig –, darunter Cristóbal de Guzmán, der Truchseß von Cortés, der ihn während der gesamten Expedition begleitet hatte, gerieten in Gefangenschaft. Angeblich wurden außerdem zweitausend Krieger der mit Cortés verbündeten Indianerstämme getötet. Ein Geschütz und eine Brigantine gingen ebenfalls verloren.

Unterdessen waren Alvarado und Sandoval auf den Straßen, die zum Westdamm führten, langsam vorgerückt. Sie operierten getrennt voneinander, hatten jedoch Fühlung miteinander. Wie gewöhnlich wurde ihr Vormarsch durch die große Zahl der Mexica-Krieger verzögert. Gegen Abend sahen die Führer der beiden spanischen Kolonnen, daß sich ihnen weitere mexikanische Truppen näherten. Sie trugen die blutigen und bärtigen Köpfe kurz zuvor enthaupteter kastilischer Gefangener bei sich. Sie warfen diese »Trophäen« Alvarados Truppen vor die Füße, wobei sie riefen: »So wie wir Malinche und Sandoval umgebracht haben, werden wir auch euch bald töten.« Sandovals Kolonne sagten sie das gleiche, nur daß sie Sandovals Namen durch den Alvarados ersetzten.

Während die Mexica diese Drohungen ausstießen, vernahmen die Kastilier in der Ferne das Getöse von Trommeln, Trompeten und Hörnern, das darauf schließen ließ, daß Gefangene geopfert wurden. Das Donnern der Trommeln und Trompeten war so laut, daß – mit Cortés zu sprechen – der Weltuntergang bevorzustehen schien.[11]

Alvarado, Sandoval, Lugo und Tapia sowie die Kapitäne der Brigantinen sahen vom Tacuba-Damm aus, wie in der Ferne »unsere nackten Gefährten gewaltsam die Stufen des Großen Tempels [vermutlich der in Tlatelolco] hinaufgezerrt wurden. Nachdem sie [die Mexica] sie auf den kleinen Platz vor den Altären ihrer Götzen geschleppt hatten, setzten sie ihnen Federbüsche auf und zwangen sie, mit einer Art Fächer vor dem Gott Huitzilopochtli zu tanzen ... dann legten sie sie rücklings auf einige Opfersteine ... sägten ihnen mit langen Messern aus Feuerstein den Brustkorb auf, rissen ihnen das noch pochende Herz heraus und brachten es ihren Götzen dar ... die Körper stießen sie mit den Füßen die Stufen hinab; dort warteten schon ihre Metzger, um den Leichen Arme und Beine abzuschneiden und den Kopf einschließlich des Bartes abzuhäuten und daraus eine Art Lederhandschuh zu gerben, den sie bei ihren Trinkgelagen anzogen, während sie das Fleisch der Toten mit *chilmole* verspeisten ... und die Mägen und Innereien warfen sie den Tigern, Löwen und Schlangen, die sie in ihrem Zoo der Raubtiere hielten, zum Fraß vor«.[12] Natürlich war die Opferzeremonie bewußt so angelegt, daß sie weithin sichtbar war.

Der *Codex Florentino* beschreibt, wie bei diesem für die Kastilier so grauenvollen Rückschlag »einige Gefangene weinten, andere sangen, wieder andere schlugen sich mit der Handfläche auf den Mund, wie um Schlachtrufe auszustoßen«. Als sie Cuauhtémocs Hauptquartier in Yacacolco erreichten, zwang man sie dazu, sich in Reihen aufzustellen. Einer nach dem anderen wurde zur Spitze der Pyramide hinaufgezerrt, um dort geopfert zu werden. »Die Spanier machten den Anfang ... [dann] deren Verbündete ... Wie Perlen auf einer Schnur reihten sie die Köpfe der Spanier auf dem Schädelgerüst aneinander ... das gleiche taten sie mit den Köpfen von vier Pferden.«[13]

Nach und nach erkannten die kastilischen Hauptleute das ganze Ausmaß der Niederlage. Sandoval und Lugo fuhren in einem Boot in Cortés' Lager, um herauszufinden, was dort geschehen war, während Cortés in der gleichen Absicht Tapia mit drei Reitern (Juan de Cuéllar, Guillén de la Loa und Diego Valdenebro) auf dem Landweg in Alvarados Lager schickte. Schließlich suchte Sandoval Alvarado auf. Immerhin zeigte sich, daß die Kommandeure noch am Leben waren, so daß wieder ein gewisses Maß an trilateraler Kontrolle hergestellt werden konnte. Doch das war alles. Das unablässige Getöse der Trommeln und Hörner, das die Kastilier erschauern ließ, und das Stöhnen der Verwundeten machten diesen Tag zu einem der schlimmsten Momente der Expedition.

Die meisten der verbündeten Indianer verschwanden von einem Augenblick auf den nächsten. Diejenigen, die gerade zuvor noch Lükken in den Dämmen zugeschüttet, Geschütze geschleppt und Nahrungsmittel getragen und zubereitet hatten, schienen sich in Luft aufgelöst zu haben. Im Verlauf der nächsten Tage stellten die Städte am Ufer des großen Sees ihre Unterstützung für die Kastilier praktisch völlig ein. Die Legende, nach der die Neuankömmlinge unbesiegbar waren, war verflogen. Nur wenige der Verbündeten hielten Cortés die Treue: Ixtlilxochitl und etwa vierzig seiner Angehörigen aus Texcoco; ein Häuptling aus Huexotzinco, ebenfalls mit etwa vierzig Männern, in Sandovals Lager; und Chichimecatecle sowie zwei jüngere Söhne von Xicotencatl senior mit etwa vierzig Tlaxcalteken. Doch dies war nichts im Vergleich zu der gewaltigen Heerschar, von der die Conquistadoren bis dahin unterstützt worden waren. Anfang Juli 1521 glaubten vermutlich die meisten Bewohner des Hochtals von Mexiko einige Tage lang, daß das Reich der Mexica schon bald wieder aufleben würde. Hatte nicht Xicotencatl der Jüngere, bevor er gehängt wurde, prophezeit, daß die Mexica schließlich alle Kastilier töten würden?[14]

Vier Tage lang blieben die Conquistadoren in ihrem Lager, bewacht von den Brigantinen auf beiden Seiten des Dammes, gezwungen, den unentwegten Lärm der Opferungen, der Siegesfeier und des Jubels anzuhören. Ein Artillerist, der im Ruf eines Gesundbeters stand, Juan Catalán, ging durch das Lager und murmelte Bittgebete für die Verwundeten. Mehrere Kastilierinnen übernahmen in Cortés' Lager die Rolle von Krankenschwestern: zum Beispiel Isabel Rodríguez, die angeblich durch bloßes Handauflegen heilen konnte, und Beatriz de Paredes, eine *mulata*, die nicht nur Kranke pflegte, sondern gelegentlich auch an Stelle ihres Gatten, Pedro de Escoto, kämpfte.[15]

Dies war Cuauhtémocs große Chance. Er sandte Boten mit den gehäuteten Köpfen und den Händen und Füßen von Gefangenen sowie mehreren Pferdeköpfen zu den Häuptlingen von Chalco, Xochimilco, Cuernavaca und anderen Orten. Er ließ diesen Fürsten ausrichten, die Hälfte der Eindringlinge sei getötet und die übrigen seien verwundet worden. Huitzilopochtli habe die Mexica zu guter Letzt also doch nicht im Stich gelassen. Cuauhtémoc betonte, daß die Verbündeten von Cortés über Nacht geflohen seien. Er sagte, einige der gefangengenommenen Armbrustschützen brächten seinen Männern bei, wie man die Bogen der Europäer handhabt, und fünf Armbrustschützen würden sogar in Zukunft für ihn kämpfen. (Dies funktionierte allerdings nicht sonderlich gut, denn als die Feindseligkeiten wieder ausbrachen, wurde diesen Sevillanern – darunter offenbar auch Cristóbal de Guzmán – befohlen, auf ihre Landsleute zu schießen. Das taten sie auch, doch sie zielten in die Luft, so daß die Pfeile keinen Schaden anrichteten, worauf die Mexica die Männer zerstückelten.[16])

Tagtäglich trafen neue Hiobsbotschaften über »Rebellionen« – um in Cortés' Sprachgebrauch zu bleiben – von Völkern ein, die er für Bundesgenossen gehalten hatte, nicht zuletzt deshalb, weil er einige selbst als Verbündete gewonnen hatte. Die Führer von Cuernavaca ließen ihm eine weitere beunruhigende Nachricht zukommen. Sie hatten die Herrschaft der Kastilier anerkannt, als sich Cortés im Frühjahr dort aufgehalten hatte. Vor kurzem nun waren sie von einem Heer aus der nahegelegenen heiligen Stadt Malinalco angegriffen worden und ersuchten Cortés um Beistand. Diese Neuigkeit beunruhigte Cortés besonders stark, da Cuernavaca an den strategisch wichtigen Verkehrswegen in das Goldland im heutigen mexikanischen Bundesstaat Oaxaca lag. Cortés bemühte sich aus grundlegenden politischen Erwägungen, niemals ein Beistandsersuchen eines wichtigen indianischen Verbündeten abzulehnen.[17]

So entsandte er Andrés de Tapia mit achtzig Fußsoldaten und zehn Reitern nach Süden, in das Gebiet jenseits der Ajusco-Berge; Tapia sollte alle erforderlichen Maßnahmen ergreifen, um die Loyalität Cuernavacas zu ihm und der spanischen Krone wiederherzustellen. Dies war ein entscheidender Wendepunkt der Expedition. Tapia führte seinen Feldzug mit bemerkenswertem Erfolg durch; binnen zehn Tagen zwang er die Herrscher von Malinalco dazu, in ihrem prächtigen, aber entlegenen Sanktuarium Zuflucht zu suchen. Malinalco, ein Ort der Magie in den Hügeln westlich von Cuernavaca, war dem Kult der Jaguar- und Adler-Ritter geweiht. Sein Tempel, der zu Montezumas Lebzeiten einhundert Meter über dem Talboden aus Fels gehauen worden war, besaß (und besitzt) einen Eingang in Form eines Schlangenmauls. Angeblich lernten dort die Zauberer ihr Handwerk. Der Legende nach hatte Malinalxochitl (»Agavenblüte«), die Schwester Huitzilopochtlis, eine aus Pátzcuaro kommende Gruppe abtrünniger Mexica auf ihrem Weg nach Süden hierhergeführt, und sie lebte seitdem hier, wobei sie unentwegt Komplotte schmiedete.[18] Psychologisch gesehen hatte Cortés also allen Grund, die Bedrohung, die von diesem Ort ausging, ernst zu nehmen.

Eine ähnliche Expedition unter dem Befehl Sandovals brach einige Tage später auf, um den Otomí gegen Matalcingo beizustehen, dessen Herrscher durch den Anblick der gehäuteten Köpfe der Kastilier (die ihnen Cuauhtémoc überbringen ließ) nachhaltig beeinflußt worden waren. Sandoval besiegte zudem eine potentiell gefährliche Streitmacht aus Tula. Zur selben Zeit wurde Alonso de Ojeda nach Tlaxcala geschickt, um dort Furage zu besorgen, die kurze Zeit später, eskortiert von Pedro Sánchez Farfán und dessen Ehefrau María de Estrada, in Texcoco eintraf.[19]

Mitte Juli erkannten die Kastilier, daß Cuauhtémoc seinen Sieg vom 30. Juni nicht dazu genutzt hatte, sie in ihrem Lager anzugreifen. Vermutlich war dieses Versäumnis auf Erschöpfung zurückzuführen – den Mexica mangelte es an Nahrungsmitteln und Wasser. Obgleich die Kastilier fünf Brigantinen verloren hatten, reichten die verbliebenen aus, um ihre Seeherrschaft zu sichern; die Blockade wurde fortgeführt, auch wenn die Verbündeten ihre Kanus abgezogen hatten. Die Tlaxcalteken kehrten nach und nach zurück. Nicht nur den Kastiliern schien es, als sei der Sieg vom 30. Juni das letzte Aufbäumen der Mexica gewesen.

Diese Einschätzung bestätigte sich, als Chichimecatecle zu einem Zeitpunkt, da sich die Kastilier noch immer von ihrem Rückschlag erholten und ihre Wunden kurierten, mit einem tlaxcaltekischen Stoßtrupp ohne Beteiligung der Kastilier in die Stadt einfiel. Etwas Vergleichbares hatte es bis dahin nicht gegeben. Die Tlaxcalteken hatten Erfolg. Ihre Bogenschützen griffen eine Brücke an und eroberten sie, sie setzten dem Feind bis ins Zentrum der Stadt nach, wo es zu einem heftigen Gefecht kam, bevor sie dem spanischen Vorbild folgend, bei Einbruch der Dunkelheit mit zahlreichen Gefangenen einen strategisch sinnvollen Rückzug antraten. Die Wirkung dieses erfolgreichen Einfalls auf die Kampfmoral der Kastilier, der Tlaxcalteken und der übrigen Verbündeten war beträchtlich.[20]

Wie tollwütige Hunde

> »Obgleich unsere Feinde erkannten, daß es sie teuer zu stehen kommen würde, benahmen sie sich wie tollwütige Hunde, die wir auf keine Weise davon abhalten konnten, uns zu verfolgen«
> *Cortés, Dritter Brief an den König*

Einen kurzen Augenblick lang hatte die Expedition von Cortés im Juni 1521 gefürchtet, eine zweite *noche triste* zu erleben. Der Anblick ihrer auf dem Opferstein dargebrachten Gefährten hatte sie zutiefst entsetzt. Doch die Erfolge von Tapia und Sandoval gaben ihrer Kampfmoral neuen Auftrieb. Mitte Juli begannen die Conquistadoren versuchsweise mit neuen Angriffen auf die Stadt, wobei sie über die gleichen Wege vordrangen wie zuvor.

Eine Zeitlang mußten die Spanier die Breschen in den Dämmen selbst zuschütten. Sie stießen dabei auf die heftige Gegenwehr der Verteidiger, die sich noch mehr Mühe gaben, die Kastilier lebend zu ergeifen. Doch es wurde deutlich, daß es den Mexica schwerer fiel als früher, Ersatztruppen heranzuschaffen. Auch schienen sie die Gruben in den Kanälen und Dämmen nachts, wenn sich die Kastilier zurückgezogen hatten, nicht mehr so gründlich wieder auszuheben wie zuvor, was mit ihrer Erschöpfung infolge der Nahrungsmittelknappheit und ihrer schlechten Versorgung mit Wasser zusammenhängen mußte. Sie führten einen Nachtangriff auf das Lager Alvarados durch, wurden jedoch mühelos zurückgeschlagen.[1]

Unterdessen schien Cortés' alter Tatendrang zurückgekehrt zu sein. Nach Darstellung von Bernal Díaz, der sich damals in Alvarados Lager aufhielt, schrieb der *caudillo* ihnen unentwegt Briefe, in denen er ihnen mitteilte, was sie tun und wie sie kämpfen sollten.[2]

Die Regenzeit hatte begonnen. Jeden Nachmittag gegen vier Uhr setzten wolkenbruchartige Niederschläge ein, doch dies hielt die Kastilier nicht davon ab, wieder Gebäude niederzureißen und abzubrennen und die Kanäle aufzufüllen. Da diese Aktivitäten jedoch aufgrund der Regenfälle schleppend verliefen, änderten sie ihre Taktik: Sie beschlossen, sämtliche Gebäude in den Straßen, durch die sie vorrückten, dem Erdboden gleichzumachen, und die Kanäle, die sie überquerten, ein für allemal aufzufüllen, ganz gleich, wie lange sie dafür brauchten. Die Tlaxcalteken und anderen Verbündeten begannen nun wieder, diese Aufgaben zu übernehmen. Pedro Sánchez Farfán und António de Villaroel, die Leibwächter des jungen Marionettenkönigs von Texcoco, veranlaßten eine große Zahl von Texcoca zur Rückkehr, und auch aus Huexotzinco und Cholula trafen kleinere Kontingente ein.

Die Mexica kämpften weiterhin mit großer Tapferkeit und besetzten nachts immer wieder das Gelände, das sie tagsüber preisgegeben hatten. Doch um Mitte Juli hörten sie ziemlich unvermittelt damit auf, die Lücken in den Dämmen wieder aufzugraben. Für diese plötzliche Veränderung findet sich in den indianischen Quellen keine Erklärung, ja sie wird dort nicht einmal erwähnt. Tatsache ist, daß den Mexica allmählich die Männer ausgingen. Die einzige Neuerung von Cuauhtémoc bestand darin, daß er diesen wachsenden Mangel an Kämpfern dadurch zu kaschieren suchte, daß er Frauen als Krieger einsetzte und sie entsprechend kostümieren ließ.[3]

Zu dem Mangel an Kriegern kam die extreme Knappheit an Wasser und Nahrungsmitteln. Mitte des Monats stieß Alvarados Kolonne bis zu dem Brunnen vor, der den Mexica eine bescheidene Menge Brackwasser geliefert hatte, und zerstörte ihn. Fortan waren die Mexica auf das faulige Wasser des Sees angewiesen, so daß – laut dem *Codex Florentino* – »viele an blutigem Durchfall starben«.[4]

Das Selbstvertrauen der Kastilier erlebte einen weiteren Auftrieb, als neues Schießpulver, neue Armbrüste und sogar neue Soldaten eintrafen. Sie waren aus Vera Cruz entsandt worden, nachdem dort ein Schiff, das zur jüngsten Expedition von Ponce de León gehört hatte, vor Anker gegangen war.

Für weiteren Nachschub sorgte Francisco de Montano, der ursprünglich mit Narváez nach Neuspanien gekommen war. Er war nun Stellvertreter von Gutierre de Badajoz, der unter Alvarado eine Kompanie befehligte. Als das Schießpulver knapp wurde, erbot sich Montano freiwillig, zum Krater des Popocatepetl hinaufzusteigen, wo er sich mit bemerkenswerter Kaltblütigkeit an einer Kette herablassen ließ, bis er auf Schwefel stieß. Cortés schrieb rückblickend über dieses Unternehmen, die Indianer hätten es als eine wahre Heldentat betrachtet. Doch dasselbe war in Wirklichkeit lange zuvor bereits unter äußerst schwierigen Umständen von Indianern ausgeführt worden, denn die Mexica hatten mit eigenen Augen gesehen, daß »dieser Ort … mit tiefen Klüften übersät ist, so wie ein Netz, ein Rost oder ein Gitter. Zwischen zwei Abgründen können zwei Männer Seite an Seite gehen. Und aus den Klüften, die wie Felszacken eng nebeneinanderstehen, quillt dichter, giftiger Rauch!«.[5]

Unterdessen war es zwischen den Mexica und den Conquistadoren wieder zu ersten Gesprächsversuchen gekommen. Die Mexica scheinen auf eine sehr umständliche Art ihre Bereitschaft kundgetan zu haben, Frieden zu schließen, sofern die Kastilier im Gegenzug das Land verließen. Cortés nahm dieses Angebot nicht ernst. Er argwöhnte, daß es sich um eine List handelte, weil seine Feinde Nahrungsmittel brauchten. Dennoch schien die Tatsache, daß überhaupt ein Kontakt hergestellt worden war, einen Fortschritt darzustellen. Im Verlauf dieser fruchtlosen Verhandlungen zog ein betagter Mexica auf der mexikanischen Seite des Kanals, der zu dieser Zeit die Frontlinie bildete, Nahrungsmittel aus einem Rucksack und verzehrte sie ostentativ vor den Augen der Kastilier, um bei diesen den Eindruck zu erwecken, daß die Mexica keinerlei Entbehrungen litten. Freilich war diese Propagandaaktion reine Schauspielerei, denn der Versorgungsengpaß hatte mittlerweile ein solches Ausmaß erreicht, daß die Mexica Stroh und Gras verzehrten und sogar an Holz und Lehmziegeln genagt haben sollen.[6]

Ein oder zwei Tage später, als die Kastilier erneut zu dem mittlerweile in Schutt und Asche liegenden großen Platz unmittelbar vor dem Tempelbezirk vorstießen, ließen ihnen die Mexica eine Botschaft zukommen, in der sie sie aufforderten, haltzumachen, da sie Frieden zu schließen wünschten. Cortés befahl seinen Männern, nicht anzugreifen, und verlangte nach Cuauhtémoc. Die Mexica sagten, sie hätten nach ihm geschickt. Doch auch diese Initiative schien nur eine Kriegslist zu sein, die Mexica wollten noch lange keinen Frieden schließen. Als sich die Kastilier keiner Gefahr versahen, unternahmen sie einen weiteren Angriff mit Speeren, Steinen und Pfeilen.[7] Es ist allerdings auch möglich, daß sich in den widersprüchlichen Aktionen die Verwirrung widerspiegelt, die im Lager der Mexica herrschte, und daß verschiedene Kommandeure unterschiedliche Befehle gaben.

Kurze Zeit später nahmen die Kastilier drei hochstehende mexikanische Würdenträger gefangen. Cortés sandte sie mit einem Friedensangebot zu Cuauhtémoc. Sie sollten diesem ausrichten, daß Cortés persönlich hohe Achtung für den neuen Kaiser hege, was sich schon aus dessen enger Verwandtschaft mit seinem alten Freund Montezuma ergebe. Was für eine Tragödie wäre es, wenn eine so prächtige Stadt wie Tenochtitlan zerstört würde! Er, Cortés, wisse, daß es »die schönste Stadt der Welt« sei. Er sei darüber im Bilde, daß die Mexica jetzt keine Nahrungsmittel und kein Wasser mehr hätten. Er würde allen verzeihen, wenn Cuauhtémoc sich ergeben würde. Vermutlich hätten die Götter und Priester des Kaisers ihn schlecht beraten; Cortés führte Cuauhtémocs unkluges Verhalten auf sein jugendliches Alter zurück.[8]

Ixtlilxochitl nahm zu dieser Zeit seinen eigenen Bruder, Coanacochtzin, den König von Texcoco, gefangen, der als General eines mexikanischen Heeres fungiert hatte.[9]

Cuauhtémoc beriet sich offenbar in seinem Hauptquartier in Yacacolco mit seinen Hauptleuten und anderen Beratern über das weitere Vorgehen. Trotz seines Zorns scheint er mittlerweile selbst zu den Befürwortern eines Friedensschlusses gehört zu haben. Er sagte, er habe alles Erdenkliche getan, um den Krieg zu gewinnen, und seine militärische Taktik mehrfach geändert – doch die Spanier hätten ihn jedesmal überlistet. Sein Ausführungen stießen jedoch auf unerwarteten Widerspruch. Seine Hauptleute zeigten sich unnachgiebig. Sie bedrängten ihn, unter keinen Umständen mit »Malinche« zu verhandeln, denn dieser sei nicht vertrauenswürdig. Der Friede, von dem Cuauhtémoc spreche, entspringe ihres Erachtens reinem Wunschdenken. Es sei besser zu sterben, als sich freiwillig in die Gewalt derer zu begeben, die sie versklaven oder ihres Goldes wegen foltern würden. Diese wilde Entschlossenheit wurde von den Priestern noch durch die Zusicherung bestärkt, die Götter würden ihnen zu guter Letzt den Sieg bringen.[10] Keiner von ihnen wagte es, dem Gedanken Stimme zu verleihen, daß die Welt der Mexica an ihr Ende gelangt war, daß der in der Legende prophezeite letzte Akt kurz vor seiner Erfüllung stand und daß die Fünfte Sonne, die Sonne der Bewegung, am Erlöschen war. Eine solche Denkweise war durch Montezuma und seine Höflinge in Verruf geraten.

Noch bedeutsamer war die Tatsache, daß die Einwohner von Tlatelolco ihre Kollegen und Verwandten aus Tenochtitlan der Feigheit ziehen. Der Rückzug des mexikanischen Kaisers und seines Hofes in die einst verachtete Stadt der Händler, Tlatelolco, schien keinen Geist der Solidarität zwischen den beiden Städten erzeugt zu haben. Er scheint sogar eher die alten Spannungen, die Montezuma II. so geschickt besänftigt hatte, neu belebt zu haben. Die *Anales de Tlatelolco* vermitteln fast den Eindruck, daß der Konflikt zwischen Kastilien und Mexiko kaum heftiger war als der zwischen Tenochtitlan und Tlatelolco.[11]

Nun brachte jeder Tag den Kastiliern neue Siege. So legten Cortés und Sandoval am 22. Juli einen spektakulären Hinterhalt mit Pferden, die sie in einem Palast am Hauptplatz versteckten: Die Reiter fielen über die Mexica her, als diese aus ihren Verstecken herausströmten, um die Kastilier während eines Scheinrückzugs anzugreifen. Im Morgengrauen des nächsten Tages nahmen Cortés und seine Verbündete viele Mexica, darunter Frauen und Kinder, gefangen oder töteten sie, als sich diese auf der Suche nach etwas Eßbarem aus Tlatelolco herauswagten.[12] Wären die Mexica schlichte Kannibalen gewesen, dann wären sie bei so vielen Toten reichlich mit Fleisch versorgt gewesen. Am 24. Juli eroberten die Spanier den Damm nach Tacuba auf seiner gesamten Länge, und Cortés und Alvarado konnten fortan auf dem Landweg miteinander in Verbindung treten. Am selben Tag brannten die Tlaxcalteken den früheren Palast von Cuauhtémoc nieder. Am 27. Juli sah Cortés frühmorgens von Xoloc aus, wie Rauch von der Spitze der Tempelpyramide in Tlatelolco aufstieg; ein Zeichen, daß Alvarado schließlich nach einem langwierigen Kampf gegen Händler, Frauen und Soldaten den dortigen Marktplatz erobert hatte.[13]

Gutierre de Badajoz hatte sich in Begleitung von Francisco de Montano, den Alvarado unterdessen zu seinem Fähnrich gemacht hatte, zur Pyramidenspitze emporgekämpft, um dort das Banner von Cortés mit seinem blauen Kreuz auf gelbem Hintergrund aufzustellen: Eine Leistung, die nach Darstellung eines Chronisten das bedeutsamste Ereignis in der Geschichte der Belagerung war.[14]

Alvarado sah sich jedoch nach einem längeren Kampf in den Säulengängen, die den Platz säumten, erneut zum Rückzug gezwungen. Erst am folgenden Tag konnten er und Cortés frei um den Hauptplatz herumreiten, wobei sie sahen, daß die Dächer der umliegenden Häuser mit Feinden übersät waren. Doch der Platz war so groß, daß von diesen Aussichtspunkten keine Gefahr drohte. Cortés erklomm die Spitze des großen Tempels. Dort sah er die Köpfe der Conquistadoren, die in den letzten Wochen geopfert worden waren, doch er konnte sich auch davon überzeugen, daß sieben Achtel der Stadt in der Gewalt der Kastilier waren.[15]

Diese Phase des Krieges ist auch mit mehreren militärischen »Kunststücken« verbunden: So verhöhnten die Mexica Hernando de Osma wegen angeblicher Feigheit, indem sie ein erbeutetes spanisches Schwert schwenkten. Osma rächte sich für diese Beleidigung, indem er mit seinem Pferd quer durch die Schar der Feinde ritt. Cortés' altgedienter Fähnrich Corral schaffte es, sich aus einer Falle hinter den feindlichen Linien zu befreien. Der aus Santander gebürtige Rodrigo de Castañeda verkleidete sich als Mexica und hatte mit seiner Armbrust großen Erfolg, da er sich nahe an den Feind heranwagen konnte.[16]

Auch auf mexikanischer Seite gab es große Krieger: In Adler- oder Jaguarkostüme gekleidet, handhabten viele Hauptleute ihre Obsidianschwerter und Lanzen mit großem Geschick. Natürlich bemerkten sie, daß ihre Federbüsche bei den Kastiliern nicht Furcht, sondern Spott erzeugten; dafür hatten diese alten Kostüme nichts von ihrer Wirkung auf die Verbündeten von Cortés eingebüßt. Von Flötenspielern begleitet, waren die Mexica immer, selbst in ihrer größten Bedrängnis, ebenbürtige Gegner der Tlaxcalteken.

Die Kaltblütigkeit ihrer Feinde setzte die Kastilier weiterhin in Erstaunen. So verhöhnten etwa die Mexica die Tlaxcalteken dafür, daß diese ihre Stadt in Brand gesetzt hatten; wenn die Mexica siegten, würden sie die Tlaxcalteken dazu zwingen, die Stadt wieder aufzubauen. Und selbst wenn die Kastilier den Sieg davontragen sollten, würden sie den Tlaxcalteken zweifellos den gleichen Frondienst abverlangen.[17]

Zu diesem Zeitpunkt wurde Cortés erneut von einigen mexikanischen Führern aufgesucht, die ihm mitteilten, daß Cuauhtémoc über einen Kanal hinweg mit ihm sprechen wolle. Cortés begab sich zu dem vereinbarten Treffpunkt. Doch mexikanische Emissäre überbrachten ihm dort die Botschaft, daß Cuauhtémoc vergessen habe, daß die Spanier ihn mit Armbrüsten töten könnten. Cortés bot an, sich für seine Sicherheit zu verbürgen. Er machte ihnen offenbar auch das Angebot, für die Zeit eines ihrer traditionellen Feste einen Waffenstillstand zu schließen: Am 8. August pflegten die Mexica das Fest der toten Kinder, Miccailhuitontli, zu feiern. Doch die Mexica lehnten dieses Angebot ab.[18]

Cortés sagte, wenn sich Cuauhtémoc ergebe, werde er ihm erlauben, weiterhin so zu regieren, wie es seine Vorgänger getan hätten, sofern sich der Kaiser bereit erkläre, »Vasall« Karls V. zu werden. Cuauhtémoc ließ ausrichten, daß er ihm binnen drei Tagen seine Antwort übermitteln werde. Doch alle mexikanischen Hauptleute wollten noch immer bis zum Ende kämpfen. Die Befürworter eines friedlichen Ausgleichs mit Cortés waren entweder tot oder hielten sich versteckt. Nach Ablauf der drei Tage unternahmen die Mexica erneut einen schweren Angriff, dem die Kastilier nur mit Mühe standhielten.

Cortés quartierte sich in einem Zelt mit einem karmesinroten Baldachin ein, das auf dem Dach des Hauses eines adligen Tlatelolca namens Atzauatzin aufgeschlagen worden war, im Stadtbezirk Amaxac. Der entsetzliche Anblick, der sich ihm von hier aus bot, erfüllte ihn mit tiefer Bestürzung. Es gibt daher keinen Grund, die Behauptung des offiziösen Historikers Karls V., Sepúlveda, in Zweifel zu ziehen, daß sich der *caudillo* mittlerweile ernsthaft wünschte, die Mexica würden sich ergeben, um weiteres Blutvergießen zu verhindern.[19] Doch auch wenn die von den Mexica beherrschte Zone klein war und in Trümmern lag, so war sie doch schwer einzunehmen. Mochten auch nur sehr wenige Männer überlebt haben, so lagen auf den Dächern doch noch immer viele Steine, mit denen die Angreifer attackiert werden konnten.

Der Widerstand der Mexica überstieg alles, was die Spanier bei den jüngsten Kriegen in Spanien oder Italien erlebt hatten. Cortés zweifelte jetzt nicht mehr daran, daß er zu guter Letzt den Sieg erringen würde. Praktisch alle Verbündeten waren zurückgekehrt. Dennoch waren nicht alle Hindernisse aus dem Weg geräumt; so mangelte es den Kastiliern beispielsweise erneut an Schießpulver.[20]

In dieser Gemütslage ließ sich Cortés von dem Sevillaner Sotelo beeinflussen, der mit dem *gran capitán* in Italien gewesen war. Er schlug dem *caudillo* vor, ein großes Katapult zu bauen, um damit Steine und Kanonenkugeln ins Herz der Redoute von Cuauhtémoc zu schleudern. In einer kastilischen Armee konnte man nicht umhin, einem ehemaligen Gefährten des *gran capitán* Gehör zu schenken; Cortés versicherte Sotelo seiner vollen Unterstützung. Er hatte nichts dagegen, ein weiteres Element des Terrors in den Krieg einzuführen. Vielleicht würde der Schrecken, den das Katapult verbreitete, die Mexica dazu bringen, sich zu ergeben. Diese neue Aufgabe wurde Diego Hernández, der vor langer Zeit in Cempoallan die ersten Karren Neuspaniens gebaut hatte und der mit López an den Brigantinen gearbeitet hatte, übertragen.[21]

Nach der Fertigstellung wurde das Katapult an der Spitze der Pyramide aufgestellt, deren Tempel dem Gott Momoztl geweiht war. Doch trotz der Geschicklichkeit der Zimmerleute wollte der Apparat nicht funktionieren; die großen Steine rutschten von der Wurfschaufel herunter. Cortés kaschierte den Fehlschlag vor seinen Verbündeten, indem er erklärte, der Gedanke an die Verwüstungen, die das Katapult möglicherweise anrichten würde, habe ihn so sehr gegrämt, daß er auf seinen Einsatz verzichtet habe.[22]

Die Mexica lehnten weiterhin Verhandlungen ab. Die Ungeheuerlichkeit der Ereignisse, die Aussicht auf eine völlige Niederlage, die Befürchtung, das seit langem geweissagte Ende ihrer Geschichte könne unmittelbar bevorstehen, scheint sie in einen Zustand verzweifelter Tollkühnheit versetzt zu haben. Cortés und Alvarado hatten ihrer Einschätzung nach keine andere Wahl, als Tlatelolco Schritt für Schritt zu erobern. Der Bericht über diese Phase des Kriegs, den Cortés ein Jahr später an Karl V. schickte, liest sich wie ein Katalog von Greueltaten: »Als wir erneut in die Stadt eindrangen, stießen wir auf ganze Straßen, in denen sich hungernde Frauen und Kinder drängten«, und »die Zahl der Getöteten bzw. Gefangengenommenen überstieg 12 000«. Jeden Tag, so schrieb Cortés, »hofften wir, daß sie um Frieden bitten würden, den wir so sehr herbeisehnten wie unsere eigene Rettung; doch wir konnten sie nicht dazu bewegen.« Bei den meisten dieser Kämpfe wurden die Spanier von Alvarado befehligt. Er fiel mit seinen Reitern in eines der letzten Viertel ein, die noch von den Mexica gehalten wurden. Auch wenn es angesichts der Schwächung der Verteidiger kaum zu glauben ist, kam es erneut zu einem erbitterten Gefecht. Danach erlaubte Cortés den Verbündeten, die Überlebenden zu töten oder gefangenzunehmen.[23]

Cuauhtémoc reagierte auf den neuen Angriff von Alvarado mit der Ernennung eines »Quetzal-Eulen-Kriegers«. Dies war für gewöhnlich die letzte Kampfhandlung der Mexica in einem Krieg. In der Vergangenheit hatte ihnen dies immer den Sieg beschert. Das Federkostüm dieses Kriegers stammte von Ahuízotl, Cuauhtémocs Vater und Vorgänger Montezumas. Der *cihuacoatl* Tlacotzin hielt eine flammende Rede, in der er den Gott Huitzilopochtli um Beistand ersuchte und an die große Vergangenheit des mexikanischen Volkes erinnerte.[24]

Nach Aussage der Informanten Sahagúns verstörte dieser Anblick die Kastilier zunächst tatsächlich. Der Körper des Kriegers war unter den Federn, die mit großer Kunstfertigkeit auf einer Decke bzw. einem Gestell befestigt worden waren, nahezu unsichtbar. Die Federn, das Gold und der sonstige Schmuck waren so prachtvoll, daß es schien, »ein Berg zerberste«. Die Kastilier kämpften, als ob sie ein Monstrum gesehen hätten. In dem anschließenden Gefecht nahm die »Quetzal-Eule« offenbar drei Männer (vermutlich Verbündete und keine Kastilier) gefangen. Cuauhtémoc selbst opferte sie auf der Stelle. Einen Moment lang schien es, als würden sich die Kastilier tatsächlich zurückziehen. Und doch vermochte dies nichts an dem Faktum der Belagerung zu ändern. Die mit ihren Speeren und Pfeilen kämpfende »Quetzal-Eule« wurde eine Zeitlang von ihren Landsleuten aus der Ferne beobachtet. Doch dann stürzte sie nach Darstellung des *Codex Florentino* von einem Flachdach herab und wurde nicht mehr gesehen, worauf die Mexica nach und nach »entlang den Mauern flohen, sich schrittweise zurückzogen«.[25]

Mais wurde in Tlatelolco zu einem so begehrten Nahrungsmittel, daß Sklaven gegen zwei Handvoll des Getreides eingetauscht wurden; auch soll eine Handvoll Gold gegen eine Tagesration Mais eingetauscht worden sein – ein Handel, der etlichen Städten am Seeufer erkleckliche Profite bescherte.[26]

Doch die Anführer der Mexica gaben sich noch immer nicht geschlagen. Es bestand ein offenkundiger Gegensatz zwischen ihrer Haltung und den Aussagen der Gefangenen, die von den Kastiliern verhört wurden und die den Eindruck vermittelten, als ob das ganze Volk die Kapitulation wünsche. Doch der Prozeß der Kapitulation konnte nicht vom einfachen Volk in Gang gesetzt werden; dies war Sache der Anführer. Einer der Gefangenen sagte Cortés, daß er nicht verstehe, wieso der *caudillo* sie nicht alle umbrachte, um ihrem Leid ein Ende zu setzen. So kämen sie in den Himmel, wo sie mit Huitzilopochtli zusammenleben könnten.[27]

In dieser Phase der Belagerung nahmen die Kastilier einen Fürsten aus Texcoco gefangen, der der alten Ordnung treu geblieben war, einer der zahlreichen Söhne des verstorbenen Königs Nezahualpilli. Cortés schickte ihn zu Cuauhtémoc zurück, damit er den Kaiser überredete, Frieden mit den Spaniern zu schließen. Doch Cuauhtémoc ließ den Fürsten opfern und befahl einen erneuten Gegenangriff. Seine erschöpften, halb verhungerten Krieger besaßen noch immer genug Energie, um die Kastilier daran zu hindern, die Belagerung der Stadt sofort zu beenden.[28]

Als Cortés Anfang August von Xoloc aus erneut ins Zentrum der Stadt vorstieß, stellte er fest, daß zahlreiche Verbündete die vorangegangene Nacht auf dem Hauptplatz verbracht hatten. Sie lauerten wie Wölfe auf den passenden Augenblick, um über die letzten noch lebenden Mexica und deren Habseligkeiten herzufallen. Cortés blieb vor einer Barrikade in Tlatelolco stehen und rief den Mexica zu, weshalb Cuauhtémoc nicht komme, um mit ihm zu sprechen. Noch immer gelte sein altes Versprechen, daß er ihn in gebührender Weise empfangen werde, wenn er bereit sei, Frieden zu schließen. Die Mexica weinten, gingen fort und kehrten zurück, um Cortés mitzuteilen, daß Cuauhtémoc jetzt nicht kommen könne, weil es schon spät sei, doch am nächsten Tag werde er sich einfinden. Cortés befahl, auf dem Hauptplatz eine Plattform zu errichten, wie sie die Mexica bei feierlichen Anlässen zu verwenden pflegten. Auch Speisen wurden hergerichtet.[29]

Doch es kam zu weiteren Winkelzügen. Als sich Cortés am nächsten Tag nach Tlatelolco begab, ließ sich Cuauhtémoc von fünf hochrangigen Würdenträgern vertreten. Diese erklärten, Cuauhtémoc entschuldige sich, doch er sei krank und fürchte sich außerdem, vor Cortés zu erscheinen. Aber sie selbst würden alles tun, was die Kastilier von ihnen verlangten. Cortés bereitete ihnen einen herzlichen Empfang und gab ihnen zu essen und zu trinken. Er sagte ihnen, Cuauhtémoc habe nichts zu befürchten. Wenn er sich ergebe, werde er keinerlei Demütigung zu erdulden haben, auch werde man ihn nicht unter Arrest stellen. Die Mexica kehrten in ihr Hauptquartier zurück. Später machten sie Cortés erneut ihre Aufwartung, wobei sie ihm Baumwollgewänder als Geschenke überreichten. Sie sagten jetzt, der Kaiser werde unter keinen Umständen mit Cortés zusammentreffen. Es sei zwecklos, die Angelegenheit weiter zu erörtern. Doch Cortés ließ nicht locker. Cuauhtémoc könne sich davon überzeugen, daß sie gut behandelt worden seien. Warum also würden sie keinen weiteren Versuch unternehmen, ihn zu überzeugen? Sie versprachen, dies zu tun, und ihm am nächsten Tag Nachricht zu geben.[30]

Doch die Serie der Verzögerungen riß nicht ab. Die fünf mexikanischen Führer fanden sich wie verabredet am nächsten Tag bei Cortés ein. Sie baten ihn, sich zum Marktplatz von Tlatelolco zu begeben, dort werde sich Cuauhtémoc mit ihm treffen. Cortés suchte den vereinbarten Treffpunkt auf. Dort wartete er vier Stunden lang, ohne daß sich das geringste tat. Zornentbrannt befahl er Alvarado, einen neuen Angriff zu unternehmen. Dieser durchbrach nun mit seinen Reitern mühelos die letzten Verteidigungsanlagen der Mexica. Die verbündeten Indianer, überwiegend Tlaxcalteken, folgten ihm durch die engen Gassen. Sie töteten Frauen und Kinder sowie »Soldaten« mit einer Grausamkeit, die die Kastilier entsetzte. Nach Cortés Ansicht hatte man »eine so rabiate und widernatürliche Grausamkeit, wie sie die *naturales* dieser Gegend übten, noch bei keinem anderen Volk gesehen«. Alle späteren Berichte stimmen darin überein, daß die Spanier ihre Verbündeten mit allen Mitteln von dem Blutbad abhalten wollten, dabei aber keinen Erfolg hatten. Überall sah man abgehauene

Gliedmaßen, geplünderte Häuser, eingestürzte Dächer, blutverschmierte Wände und nicht beerdigte Leichen auf den Straßen. Cortés kehrte in sein Lager in Xoloc zurück, froh darüber, den Leichengeruch und den Anblick ausgemergelter Indianer hinter sich zu lassen. Die Spanier behaupteten, sie bzw. ihre Verbündeten hätten an diesem Tag 40 000 Mexica getötet bzw. gefangengenommen.[31]

Bei Einbruch der Dunkelheit setzten an diesem 12. August 1521 heftige Regenfälle ein. Die Mexica behaupteten später, sie hätten damals etwas gesehen, was sie als Omen betrachtet hätten: Eine Flamme, gleich einer Jaspiskugel, sei am Himmel erschienen: »sie glich einem sich rasch drehenden spiralförmigen Luftwirbel, einem kupferfarbenen Wind«. Diese Flamme umkreiste die Überreste des Nezahualcoyotl-Dammes, zog Richtung Coyoacán weiter und verschwand dann in der Mitte des Sees.[32]

Cuauhtémoc erkannte, daß die Niederlage unvermeidlich war. Doch er konnte sich nicht zur Geste der Kapitulation durchringen. Es stimmt, daß er einige Wochen zuvor erwogen hatte, mit den Kastiliern zu verhandeln. Doch es ist unwahrscheinlich, daß dies zu einem Ergebnis geführt hätte, das Cortés angenommen hätte. Zudem war es in den nachfolgenden Wochen zu Zerstörungen unvorstellbaren Ausmaßes gekommen. Cuauhtémoc war nicht in der Lage, die Katastrophe abzuwenden – er war in dem Glauben großgeworden, daß die Götter ihn und die Überreste seines Reichs letztlich retten würden. Er ließ die letzten Gefangenen herbeischaffen und nahm persönlich die Opferungen vor, die er für notwendig erachtete, damit keiner für die Kastilier und erst recht nicht für die Tlaxcalteken übrigblieb.[33] Er rief an einem Ort namens Tolmayecan eine letzte Versammlung ein, um sich mit den verbliebenen Anführern der Mexica zu beraten: mit dem *cihuacoatl* Tlacotzin, dem *tlillancalqui* Petlauhtzin (dessen Amtsvorgänger, den Grijalva und Cortés 1518 und 1519 getroffen hatten, war vermutlich getötet worden), dem *uitznahuatl* Motelchiuh, der zwei Jahre zuvor eine diplomatische Mission zu Cortés nach Vera Cruz geleitet hatte, dem *tlacochcalcatl* Coyoueuetzin, dem *tlacatectal* Temilotzin, dem obersten Richter Auelitoctzin sowie anderen Beamten. Auch Tetlepanquetzatzin, der König von Tacuba, wohnte der Versammlung bei.

Anscheinend wurde eine völlig wirklichkeitsfremde Diskussion darüber geführt, welche Art von Tribut man den Spaniern anbieten solle, und eine wirklichkeitsnähere über die Frage, »auf welche Weise wir uns ergeben sollten«. Cuauhtémoc fand sich jetzt mit der Einsicht ab, daß die Mexica nicht länger kämpfen konnten. Doch er selbst wollte sich nicht ergeben und teilte seinen Beratern mit, daß er die Stadt verlassen werde. Gewiß erinnerten sich die Mexica (und vermutlich auch die indianischen Verbündeten der Spanier) daran, daß Azcapotzalco im Jahre 1428 nach über hunderttägiger Belagerung gefallen war, daß Maxtla, der König dieser Stadt, in einer Badewanne getötet worden und die Bevölkerung von den mexikanischen Eroberern niedergemetzelt worden war.[34] Auch den Kastiliern, denen die Erinnerung an den heldenhaften Widerstand der Kelten in Numancia und an die berühmte Geste von Guzmán el Bueno in Tarifa geläufig war, dürfte diese Situation vertraut vorgekommen sein.

Die Priester wußten ebenfalls keinen Rat. Der *tlacochcalcatl* Coyoueuetzin sagte: »Laßt uns unseren Nachbarn, den Priester von Huitznauac, befragen.« Doch dieser Priester erklärte lediglich: »Edle Herren, hört, was wir voraussagen. Nur noch vier Tage, und seit Beginn des Kriegs werden achtzig Tage vergangen sein. Und so spricht das Orakel des Huitzilopochtli: Nichts wird geschehen.« Er prophezeite, daß die Mexica am achtzigsten Tag gerettet würden; dies gehe aus den Bilderhandschriften hervor. Folglich flammten die Kämpfe am nächsten Tag wieder auf.[35]

Während sich Alvarado anschickte, erneut in Tlatelolco einzufallen, bereitete sich der Kaiser darauf vor, die Stadt heimlich in einem Kanu zu verlassen. Doch das war unmöglich: Frauen, die den Flüchtenden erblickten, sollen laut *Codex Florentino* unter Tränen gewehklagt haben: »Da geht der junge König Cuauhtémoc, geht fort, um sich den Göttern auszuliefern.« Vermutlich wollte der Kaiser zum gegenüberliegenden Ufer des Sees fliehen, vielleicht nach Azcapotzalco, der Stadt, aus der die Statue des Huitzilopochtli fortgeschafft worden war. Von dort aus hätte er erneut das Banner der Mexica gegen die Kastilier erheben können. Er wurde von Tetlepanquetzatzin, dem König von Tacuba, dem Soldaten Tepotzitoloc, dem Pagen Yaztachimal und dem Steuermann Cenyaotl begleitet.[36]

Unterdessen setzte Cortés den Feind weiterhin unter Druck. Am Morgen des 13. August drang er in Begleitung von Männern, die drei schwere Geschütze beförderten, ein weiteres Mal in die Stadt vor. Er beriet sich mit Alvarado und Sandoval. Sie vereinbarten, daß das Abfeuern einer Arkebuse das Startsignal für die Kolonnen von Alvarado und Cortés (letztere unter dem Befehl von Olid) sein sollte, um in die Ruinen von Tlatelolco vorzustoßen und die restlichen mexikanischen

Krieger zum Ufer des Sees zu treiben. Dort sollte Sandoval sie mit den verbliebenen Brigantinen (vermutlich acht) erwarten. Sie alle hatten Befehl, nach Cuauhtémoc Ausschau zu halten: »Wir brauchen ihn lebend.«

Bevor die Kämpfe einsetzten, brachten die Mexica den *cihuacoatl* dazu, sich mit Cortés zu treffen. Der Potentat sagte dem *caudillo*, Cuauhtémoc wolle lieber sterben, als sich ergeben. Cortés antwortete kühl, daß in diesem Fall alle Mexica getötet würden.

Cortés beobachtete den Vorstoß der Kastilier gemeinsam mit Luis Marín, Francisco Verdugo und einigen anderen von seinem Zelt auf dem Dach des Gebäudes in Amaxac aus. Von hier aus konnten sie sehen, wie Alvarados Männer in den letzten von den Mexica gehaltenen Bezirk Tlatelolcos eindrangen, ohne auf den geringsten Widerstand zu stoßen.

Das Ende der Eroberung Tenochtitlans ließ selbst Cortés nicht ungerührt, denn als Alvarados Männer an jenem Morgen des 13. August, dem Tag des heiligen Hippolytus, in die Straßen von Tlatelolco eindrangen, sahen die Kastilier eine solche Not, »daß es uns unbegreiflich war, wie sie diese hatten ertragen können ... Zahllose Männer und Frauen kamen uns entgegen, und sie drängten so ungestüm aus der Stadt, daß sie sich gegenseitig ins Wasser stießen, wo sie ertranken ... wir stießen auf Berge von Toten und mußten über sie hinwegklettern.«

Die mit Cortés verbündeten Indianer, allen voran die Tlaxcalteken, kannten keine Gnade. Cortés hatte befohlen, keinen Zivilisten zu töten, dennoch töteten die Verbündeten eine große Zahl von Mexica, und nicht wenige von ihnen wurden geopfert, wie Cortés berichtete: »Es gab nicht einen unter uns [Kastiliern], dessen Herz nicht geblutet hätte, als er diese markerschütternden Todesschreie vernahm.«[37]

Die meisten Mexica ergaben sich kampflos. Sandoval stieß mit seinen Brigantinen zu den Liegeplätzen der mexikanischen Kanus vor. Sie zählten etwa fünfzig große Einbäume (*piraguas*), in die sich viele mexikanische Adlige flüchteten, wobei sie den Rest an Gold und anderen Kostbarkeiten, der ihnen geblieben war, sowie ihre Frauen, Kinder und einige Vorräte mit an Bord nahmen.

Eine der Brigantinen wurde von García Holguín befehligt. Dieser aus Cáceres in der Estremadura gebürtige *hidalgo* war einer derjenigen gewesen, denen Diego Velázquez das Kommando über die Expedition angetragen hatten, die schließlich von Cortés angeführt wurde.

Er hatte einige Reibereien mit Cortés gehabt, da er angeblich gesagt hatte, der *caudillo* diene weder Gott noch dem König. Jetzt war seine große Chance gekommen. Als er sah, daß eines der Kanus offenbar »Personen von Stand« beförderte, nahm er sogleich die Verfolgung auf. Er befahl den Ruderern des Kanus anzuhalten, was diese jedoch ignorierten. Daraufhin lud er das an Bord befindliche Geschütz, um das Kanu zu beschießen. Doch die Ruderer gaben ihm nun durch Zeichen zu verstehen, er möge dies nicht tun, da sie hohe Gäste an Bord hätten. Cuauhtémoc – denn um ihn handelte es sich – war offenbar noch immer gewillt zu kämpfen. Als er jedoch sah, daß die Spanier haushoch in der Überzahl waren, ergab er sich schließlich – allerdings ohne formell die Kapitulation seiner Stadt zu erklären. García Holguín näherte sich dem Kanu längsseits. Einer seiner Männer, Juan de Mansilla aus Altkastilien, nahm Cuauhtémoc und Tetlepanquetzatzin gefangen.[38]

Die triumphierenden Kastilier wollten zu Cortés fahren, um ihm ihre Beute vorzuführen. Doch Sandoval überholte García Holguín und befahl ihm kraft der ihm übertragenen Kommandogewalt, ihm die Gefangenen zu übergeben. García Holguín weigerte sich, worauf es zu einem unerquicklichen Streit kam, den Cortés schlichten ließ, indem er Luis Marín und Francisco Verdugo als Vermittler entsandte. Sie waren es auch, die schließlich Cuauhtémoc vor Cortés brachten – auf dem Dach des Hauses von Atzauatzin. Cortés, wie immer erpicht darauf, seine humanistische Bildung und seine Kenntnis volkstümlicher Balladen unter Beweis zu stellen, sagte zu García Holguín und Sandoval, daß ihr Streit ihn an einen ähnlichen Disput zwischen Marius und Sulla anläßlich der Gefangennahme von Jugurtha, dem König der Numidier, erinnere.[39]

Anschließend empfing Cortés den Kaiser Cuauhtémoc in einer pompösen, aber angemessenen Zeremonie. Cuauhtémoc hielt eine Rede, die etwa den folgenden Wortlaut hatte: »General, ich habe alles in meiner Macht Stehende getan, um mein Reich zu verteidigen und es nicht in Eure Hände fallen zu lassen. Da mir das Glück jedoch nicht hold war, bitte ich Euch, meinem Leben ein Ende zu setzen. Dies wäre nur recht und billig. Und gleichzeitig könnt Ihr das mexikanische Reich auslöschen, denn Ihr habt meine Stadt zerstört und meine Vasallen getötet.«[40]

Cortés antwortete in versöhnlichen Worten durch seine Dolmetscher Marina und Aguilar, die großen Anteil an dem spanischen Sieg hatten. Er sagte, daß er für den Kaiser jetzt noch höhere Wertschätzung empfinde als früher, weil er die Stadt mit solcher Tapferkeit verteidigt habe. Er wünschte sich nur, Cuauhtémoc hätte früher Frieden geschlossen, bevor so große Verwüstungen angerichtet worden seien. Doch jetzt möge er sich ausruhen. Danach könne er wie früher über sein Reich herrschen. Seiner eigenen Darstellung dieser Begegnung nach sagte er zu Cuauhtémoc, er habe »nichts zu befürchten«.[41] Leider erwiesen sich diese beschwichtigenden Worte bald als trügerisch, und Cuauhtémoc nahm sie vermutlich auch nicht ernst.

Cortés erkundigte sich nach Cuauhtémocs Ehefrau, der Tochter Montezumas. Der Kaiser antwortete, er habe sie in seiner letzten Unterkunft in der Gewalt der Kastilier zurückgelassen. Cortés ließ sie holen. Er empfing sie und ihr Gefolge mit ritterlicher Höflichkeit, befahl, sie und ihre Begleiterinnen gut zu behandeln und, vor allem, sie gut zu bewachen.

Während der langen Belagerung waren Tag für Tag Schlachtrufe, Gesang, Hörner, Trommeln und der Lärm einstürzender Gebäude zu vernehmen gewesen. Jetzt war in Tenochtitlan zum ersten Mal seit Monaten wieder Stille eingekehrt. Selbst die Muscheltrompeten blieben nachts stumm. Ein altes mexikanisches Gebet lautete folgendermaßen: »Herr und Gebieter, unsere Stadt ist ein Säugling, ein Kind, vielleicht hat es gehört ...«[42] Das Unglaubliche war eingetreten. Das Weltwunder Tenochtitlan war gefallen, so wie Tollan und Teotihuacan vor langer Zeit untergegangen waren.

Es regnete in Strömen. Donner grollte. Die Mexica glaubten von jeher, daß dieses Geräusch von dem Zerbrechen der Krüge herrührte, in denen die kleinen blauen Tlalocs, die Zwerge, die den großen Tlaloc bedienten, den Regen aufbewahrten. Diese Geister hausten im Gebirge, inmitten großer Schätze, und sie veranstalteten unentwegt Feste. Der Regen bewies, daß sie noch am Leben waren, und dies dürfte zu diesem Zeitpunkt das einzige ermutigende Zeichen für die Besiegten gewesen sein.

Am nächsten Tag fand ein weiteres formelles Treffen zwischen Cortés und den Führern der Mexica statt. Die meisten der hochrangigen mexikanischen Würdenträger, die Cuauhtémoc in den letzten Tagen der Belagerung konsultiert hatte, waren dabei zugegen. Cuauhtémoc trug einen Königsponcho aus Quetzalfedern, der allerdings schmutzig war. Coanacochtzin und Tetlepanquetzatzin waren in weniger prächtige Umhänge aus Agavenfasern gekleidet, die mit leuchtenden Blumen gesäumt waren. Doch auch diese waren schmutzig, wie es die überlieferten Sitten und Bräuche nach einer Niederlage verlangten. Den Mexica fiel auf, daß sich die Kastilier Taschentücher (»feine weiße Tücher«) auf die Nase preßten. Der durchdringende Leichengeruch peinigte sie.[43]

Bei diesem Treffen wurde der Sieg gewissermaßen offiziell besiegelt. Zwar mußten die Mexica kein Dokument unterzeichnen und Cortés verlas auch nicht das berüchtigte *requerimiento*, doch die Zusammenkunft zog formell einen Schlußstrich unter die Belagerung und den Krieg.

Auch über Gold wurde gesprochen. Cortés fragte: »Wo ist das Gold?« – worauf die Mexica ihm eine große Menge des Edelmetalls überreichten: Armbänder, Helme, Scheiben und sogar Flaggen. Dies alles war in den Kanus verstaut worden, als die mexikanischen Führer über den See fliehen wollten. Cortés fragte dann: »Ist dies alles?« Der *cihuacoatl* antwortete, zweifellos hätten die Kastilier das übrige Gold mitgenommen, als sie im Jahr zuvor die Hauptstadt verlassen hätten. Cortés entgegnete, dies alles sei in der *noche triste* verlorengegangen, und er fügte drohend hinzu: »Alles, was wir hatten, ist ins Wasser gefallen. Ihr werdet es nun wieder herbeischaffen.« Der *cihuacoatl* erwiderte, es seien die Tlatelolca gewesen, die in jener Nacht gegen die Kastilier gekämpft hätten, es müsse sich daher in ihrem Besitz befinden. Cuauhtémoc korrigierte diese Darstellung der Ereignisse; jedenfalls scheint es zu einem Disput zwischen den Gefangenen aus Tenochtitlan und denen aus Tlatelolco gekommen zu sein. Auf Cortés' Geheiß unterbrach Marina die Kontrahenten: »Die Hauptleute wollen wissen, ob dies wirklich alles ist.« Der *cihuacoatl* antwortete nun, vielleicht hätten einige Angehörige des einfachen Volkes das Gold nach der *noche triste* an sich genommen – man werde danach suchen. Marina sagte ihm: »Ihr werdet zweihundert Goldscheiben dieser Größe beibringen«, wobei sie mit den Händen einen großen Kreis beschrieb. Der *cihuacoatl* meinte im Einklang mit seiner bisherigen Argumentation: »Vielleicht haben es einige arme Frauen unter ihren Röcken versteckt.« Und er fügte nervös hinzu, er sei sicher, daß Cortés diesen Schatz zu guter Letzt finden werde. Der oberste Richter Auelitoctzin erklärte seinerseits, das gesamte Gold der Mexica sei im Besitz Montezumas gewesen, der es den Kastiliern geschenkt habe. Der Waffenstillstand wurde formell besiegelt. Doch die Diskussion sollte später wieder aufgenommen werden.[44]

Die Besiegten machten nach dem Fall Tenochtitlans schreckliche Tage durch. Die Tlaxcalteken, die Texcoca und andere mit den Spaniern verbündete Indianer richteten ein Blutbad unter den verhaßten Mexica an. Die Stadt war übersät mit Leichen, die nicht beerdigt wurden; der Gestank war fürchterlich. Es gab nach wie vor weder Lebensmittel noch Trinkwasser. Der gefangene Cuauhtémoc bat Cortés, allen Mexica, die noch am Leben waren, zu erlauben, in den nahegelegenen Städten am Seeufer Zuflucht zu suchen. Der *caudillo* erklärte sich damit einverstanden, und einige Tage lang wimmelte es auf den Dämmen von hungrigen, schmutzigen, stinkenden und kranken Flüchtlingen aller Altersstufen. Sie ließen die Ruinen ihrer Häuser hinter sich. »Kein Stein war auf dem anderen geblieben«, schrieb Pedro de Maluenda, einstiger Proviantmeister von Narváez, an seinen Partner auf Kuba, Hernando de Castro, und er fügte hinzu: »Wenn man von Tenochtitlan nach Vera Cruz reist, meint man, aus der Hölle in den Himmel zu kommen.« Das Gerücht kam auf, daß viele Frauen Gold und Edelsteine an ihrem Körper versteckten. Conquistadoren suchten überall danach, »selbst in den Nasenlöchern der Frauen«.[45] (Oft kam es dabei zu Vergewaltigungen.) Angeblich verbargen die mexikanischen Männer das Edelmetall unter ihren Lendenschurzen oder in ihren Mündern.

Die Conquistadoren versklavten die Männer und setzten sie als Boten, Knechte und Träger ein. Viele wurden mit Brandmalen versehen. Cortés ließ an den Stadttoren Wachen aufstellen, um die Mexica und die Kastilier davon abzuhalten, widerrechtlich Gold beiseite zu schaffen. Doch es wurde nicht viel Gold zusammengetragen, weder für den König noch für die Soldaten.

Bei der Bezifferung der Toten, die beide Seiten zu beklagen hatten, setzte sich die Serie der Unstimmigkeiten, Übertreibungen und Unwahrheiten, welche die Schätzungen von Beobachtern während des gesamten Feldzugs gekennzeichnet hatten, fort. So versicherte Cortés' Kaplan und Freund, Fray López de Gómara, daß die Kastilier nur fünfzig Männer und sechs Pferde verloren hätten, während die Mexica 100000 Opfer zu beklagen gehabt hätten, »nicht eingerechnet diejenigen, die an Hunger und Krankheiten starben«. Dieser Chronist machte die verbündeten Indianer, »die das Leben keines Mexica schonen wollten, gleich wie hart sie dafür bestraft wurden«, für einen Großteil der Toten auf Seiten der Verteidiger verantwortlich. Dem *Codex Florentino* zufolge kamen bei den Kämpfen 30000 Texcoca und über 240 000 Mexica, darunter fast die gesamte Adelskaste, ums Leben. Ixtlilxochitl veranschlagte die Zahl der getöteten Mexica auf 240 000. Bernal Díaz bezifferte die Verluste der Kastilier auf sechzig bis achtzig Männer, während Fray Durán schätzte, daß sich nach dem Ende der Schlacht über 40 000 Mexica umbrachten, indem sie sich mit ihren Kindern und Ehefrauen in die Kanäle stürzten.[46]

Spätere Chronisten kamen auf andere Schätzwerte, obgleich nur Fray Juan de Torquemada glaubte, die Kastilier hätten höhere Verluste erlitten, als Díaz eingeräumt hatte, doch auch er veranschlagte die Zahl der Gefallenen auf »weniger als hundert«. Cervantes de Salazar und später Antonio de Herrera waren indes der Ansicht, daß die Zahl Fünfzig richtig sei. Die Stimmigkeit all dieser Schätzungen läßt sich nur schwer beurteilen. Vielleicht kommt die von López de Gómara genannte Zahl von 100 000 gefallenen Mexica der Wahrheit am nächsten. Und angesicht der schwierigen Belagerung, die sich über fast drei Monate hinzog, dürfte die Zahl von mindestens einhundert gefallenen Kastiliern nicht zu hoch gegriffen sein. Vermutlich hatten die Kastilier in den beiden Jahren, die seit ihrer Ankunft in Mexiko vergangen waren, fast eintausend Männer verloren, bei einer Gesamtzahl von 1800 Spaniern, die zwischen 1519 und 1521 ins Land gekommen waren.[47] Die große Kluft zwischen den Verlusten der Conquistadoren und denen der Mexica ist gewiß ein Indiz für die überlegenen Kampftechniken der ersteren. Doch spiegelt sich darin auch der Haß wider, den die Verbündeten auf die Mexica empfanden.

Die Mexica gedachten ihrer Niederlage mit einem Klagelied:

Sie wurde Jaguar-Sonne genannt.
Da geschah es,
Daß der Himmel zerschmettert wurde.
Die Sonne wurde aus ihrer Bahn geschleudert.
Sobald die Sonne in den Zenit trat,
Brach die Nacht herein.
Und als es finster wurde,
Fielen Jaguare über die Menschen her …
Die Riesen begrüßten sich mit folgenden Worten:
›Gib acht, daß du nicht hinfällst, denn wer fällt,
Fällt für immer.‹[48]

Cortés ließ zur Feier des Sieges ein Festmahl ausrichten, das einen Tag nach dem Fall Tenochtitlans im Palast dles Herrschers von Coyoacán stattfand. Aus Vera Cruz, wo unlängst ein weiteres Schiff aus Spanien angelegt hatte, war Wein herbeigeschafft worden. Es gab Schweinefleisch aus Santo Domingo, auch mangelte es nicht an mexikanischem Truthahn und Maisbrot. Als die Gäste eintrafen, fand nur ein knappes Drittel von ihnen Sitzplätze. Der Wein floß reichlich, und einige Conquistadoren fielen betrunken die Stufen hinab und landeten auf der Straße. Soldaten hielten Reden, in denen sie ihre Hoffnung zum Ausdruck brachten, bald Pferde mit goldenen Sätteln zu besitzen. Armbrustschützen beteuerten, sie würde ihre Pfeile in Zukunft mit Goldspitzen versehen. Nachdem die Tische fortgeräumt worden waren, begannen die Gäste Karten zu spielen und zu tanzen. Auch die wenigen Frauen, die an der Expedition teilnahmen, waren dabei: María de Estrada beispielsweise, die außergewöhnliche *conquistadora*, deren Mut in der »Schlacht auf den Brücken« in der *noche triste* so große Bewunderung erregt hatte, und Francisca, die Schwester von Diego de Ordás, sowie die beiden Frauen, die »la Bermuda« genannt wurden. Sie tanzten ausgelassen mit Männern, die noch keine Zeit gefunden hatten, ihre Baumwollrüstungen abzulegen.[49]

Am nächsten Tag wurde eine Messe gelesen. Eine lange Prozession von Conquistadoren folgte einem Madonnenbildnis und dem Kreuz zur Spitze einer Anhöhe, von der aus man den See und die in Trümmern liegende Stadt überblicken konnte. Dort sangen sie ein *Tedeum*.[50]

In die Siegesfreude, die Cortés in diesen Augenblicken empfand, mischte sich freilich ein Anflug von Wehmut. In seiner eigenen Schilderung der letzten Etappen der Belagerung finden sich immer wieder Wendungen wie: »ihre Entschlossenheit, zu sterben, mußte einen betrüben«.[51] Auch die Zerstörung Tenochtitlans wog schwer, denn Cortés hatte die Absicht gehabt, die Stadt, von deren Schönheit er bereits in Vera Cruz gehört hatte, unversehrt in seine Gewalt zu bringen. Nun lag sie in Schutt und Asche. Hunderte heiliger Bücher waren vernichtet worden. Cortés hatte die schwierige Belagerung organisiert, er hatte den Bau der Brigantinen veranlaßt, er hatte mit diplomatischem Geschick und trotz geringer Erfolgsaussichten ein Bündnis mit den von den Mexica unterworfenen Völkern geschmiedet. Er hatte Freunde sterben sehen. Er hatte – unter geringen eigenen Verlusten – einen großen Sieg errungen. Seine Gefährten hatten gegen eine Übermacht gekämpft, die zunächst unbezwingbar erschien. Eine Zeitlang hatten manche Mexica ihn und seine Freunde für reinkarnierte Götter gehalten. Doch, um ehrlich zu sein, waren es zum Schluß die Mexica gewesen, die wie Götter gekämpft hatten.

Teil VIII
Nachspiel

Der allgemeine Exodus

»Der allgemeine Exodus geht weiter.
Die Herrscher, die Fürsten, die Adligen
lassen uns verwaist zurück.
Trauert, ihr Fürsten!
Kehrte je einer zurück aus dem Reich der Schatten?
Entrann je einer dem Ort, aus dem es kein Entrinnen gibt?
Trauert, ihr Fürsten!«
Dem mexikanischen Kaiser Axayácatl zugeschrieben, um 1477

Cortés hatte ein Reich erobert. Er hatte seine Fähigkeit zur Schmeichelei, zur Höflichkeit, zur Beredsamkeit, zum raschen Entschluß, zur Improvisation, zur Verschlagenheit und zur plötzlichen Änderung seiner Pläne klug genutzt. Seine Willensstärke und seine Tapferkeit selbst in widrigen Umständen hatten entscheidend zum Sieg beigetragen. Sein Ehrgeiz, sich durch eine Ruhmestat unsterblich zu machen, dürfte gestillt gewesen sein.

Cortés hatte diese Herausforderung mit Hilfe von Männern bestanden, die er selbst ausgewählt hatte. Die maßgebenden Hauptleute waren Estremeños gewesen. Die zwei ranghöchsten Kommandeure nach Cortés, Alvarado und Sandoval, kannte der *caudillo* vermutlich bereits aus gemeinsamen Kindertagen in Medellín. Auch hatte Cortés den beständigen Rückhalt einer starken Gruppe anderer Männer aus dieser Region Spaniens, die entweder als Hauptleute fungierten oder seinem Gefolge angehörten: Rodrigo Rangel, Rodríguez de Villafuerte (beide aus Medellín stammend), die übrigen Alvarado-Brüder, García de Albuquerque, die Gebrüder Ávarez Chico, Juan de Cáceres, Alonso de Grado, sein Vetter Diego Pizarro und García Holguín. Den wenigen führenden Persönlichkeiten aus Kastilien selbst (Tapia, Ordás, Ávila, Fray Bartolomé de Olmedo, Verdugo, Lugo) bzw. aus Sevilla und Andalusien (Sánchez Farfán, Martín López, Fray Juan Díaz, Olid) war es nie gelungen, innerhalb der Führungsmannschaft eine eigene Clique zu bilden (wie bereits erwähnt, stammte Tapia zudem möglicherweise aus der Estremadura). Der Sieg war somit überwiegend von *hidalgos* aus der unteren Estremadura erfochten worden, auch wenn diese von mehreren Händlern und Schiffskapitänen aus Sevilla – die meisten davon *conversos* – kräftig unterstützt worden waren (Juan de Córdoba, Pedro de Maluenda, Juan de Burgos, Cortés' »Admiral«, Alonso Caballero und Luis Fernández de Alfaro).

Doch etwas Entscheidendes fehlte. Weder Cortés noch irgend jemand anders in Neuspanien wußte, was ihr Kaiser von ihnen hielt. Obgleich eine Schiffsreise von Spanien nach Westindien damals etwa zwei Monate dauerte, waren mittlerweile zwei Jahre vergangen, seit Cortés' *procuradores* nach Spanien aufgebrochen waren. Cortés schrieb im August 1521 einen kurzen Brief in die Heimat, in dem er mitteilte, daß er die Stadt erobert hatte, und eine ausführlichere Schilderung der Ereignisse für die nahe Zukunft ankündigte. Diese Notiz erreichte Spanien im März 1522, wobei nicht klar ist, auf welchem Weg sie dorthin gelangte. Für weitere Monate blieben sie ohne Nachricht. Cortés glaubte einen Triumph errungen zu haben. Doch Ruhm ist auf Anerkennung, Applaus, Schmeichelei, den Beifall von Herzögen, das Lächeln von Infanten, die bewundernden Blicke in den Vorhallen der Macht angewiesen.

Die Wirklichkeit war zweifellos schwer zu ergründen.

Der mittlerweile zum Kaiser gewählte König Karl hatte im Mai 1520 Spanien verlassen, um sich nach Burgund zu begeben, wobei er die Freunde von Cortés in der Hoffnung zurückließ, daß ihr Anliegen möglicherweise erfüllt würde. Karl begab sich über England nach Flandern, bevor er schließlich mit seinem Hof, zahlreichen Beamten und dem größten Teil des Schatzes, der ihm von Cortés geschenkt worden war, einschließlich der berühmten Scheiben aus Gold und Silber in Brüssel eintraf.

Karl V. verließ Spanien nicht aus leichtfertiger Nachlässigkeit gegenüber seinem Erbe. In Deutschland erwartete ihn die schwerste Krise des abendländischen Christentums: Im Sommer des Jahres 1520 erklärte Papst Leo Martin Luther zum Ketzer und verfügte seine Exkommunikation, sofern er seine Lehre nicht öffentlich widerrief. Im Herbst veröffentlichte Luther seine Schrift *An den christlichen Adel deutscher Nation*. Der Kaiser war trotz seines jugendlichen Alters davon überzeugt, daß es seine Pflicht war, die Einheit der Christenheit zu bewahren. Am 23. Oktober sollte er in Aix-la-Chapelle gekrönt werden.

Doch Karl ließ Spanien in einer Krise zurück, die schwerwiegender war als alle anderen Umwälzungen, die das Land seit der Gründung des Königreichs Kastiliens im 13. Jahrhundert erlebt hatte. Der Aufstand der kastilischen *comunidades* war einerseits ein Protest gegen die politische Gleichförmigkeit, die von den »flämischen« Höflingen im Umfeld des Königs und Kaisers gefordert zu werden schien. Darüber hinaus brachte er den Wunsch nach Wiederherstellung älterer politischer Einheiten zum Ausdruck und stellte somit eine Vorwegnahme des Föderalismus dar. Die Ratsherren der bedeutendsten Städte Kastiliens, die *comuneros*, bemühten sich um die Wiedererlangung dessen, was sie als ihre altverbrieften Freiheitsrechte betrachteten. Teils schlossen sich die *comuneros* aus fiskalischem Eigeninteresse der Revolte an, teils schmiedeten sie eine Allianz alter Städte zur Eindämmung des Monopols der kastilischen Schafzüchtervereinigung, der *Mesta*. Viele Führer beteiligten sich aus Unzufriedenheit mit der Regierung bzw. mit den von ihr unterstützten Männern an der Revolte (dies scheint bei dem Briefpartner und ehemaligen Schüler von Pietro Martire, dem gebildeten Marqués de los Vélez, *adelantado-mayor* von Murcia, der Fall gewesen zu sein). Andere sahen in der Bewegung ein Streben nach Freiheit, einen Weg, der Armut ein Ende zu setzen, ja sogar eine Möglichkeit, in Kastilien jenes System freier Städte einzuführen, das seit Jahrhunderten in Italien üblich war.

Cortés' *procuradores* waren in dieser Situation die Hände gebunden. Sie kamen mit ihrem Anliegen keinen Schritt weiter, ebensowenig übrigens ihre Gegenspieler, die Freunde und Bevollmächtigten von Diego Velázquez. Sollten Montejo und Hernández Portocarrero tatsächlich so töricht gewesen sein, zu glauben, sie könnten Bischof Fonseca beeinflussen, dann hätten sie sich sehr schwer getan, ihn zu finden, denn im Sommer des Jahres 1520 war dieser Prälat auf der Flucht. Sein Bruder Antonio war der Oberbefehlshaber des königlichen Heeres in Kastilien – doch das half weder dem Bischof noch dessen Nichte Mayor Fonseca: Ihr Haus in Medina del Campo wurde in jenem Jahr von einer aufgebrachten Menge aus Protest gegen die Familie Fonseca niedergebrannt.[1] Nichts verdeutlicht die Eigenart der Krise im Spanien jener Jahre besser als die Tatsache, daß die Schwester Mayors, María, mit dem Marqués de Cenete verheiratet war, der (aufgrund eines Familienstreits über Liegenschaften) zu einem der Anführer der Rebellen in Valencia geworden war.

Unterdessen floh der Bischof von Burgos aus seinem Bischofssitz.

Von den Rebellen beschuldigt, seine öffentlichen Ämter zur persönlichen Bereicherung zu mißbrauchen, zog er in seiner Diözese heimlich von Pfarrei zu Pfarrei, ständig um sein Leben fürchtend, bis ihm auf dem Weg nach Santiago der Marqués von Astorga in dem gleichnamigen Ort Zuflucht gewährte. Auch sein neuernannter Assistent für Reichsangelegenheiten, der aus Madrid gebürtige *converso* Luis Zapata, ein ehemaliger Favorit König Ferdinands, war als Dominikaner verkleidet aus seiner Amtsstube in Valladolid geflohen. Andere Mitglieder des Kastilischen Kronrats wurden ebenfalls verschiedener Verbrechen bezichtigt: Doktor Beltrán und García de Padilla beispielsweise wurde vorgeworfen, sie hätten sich ihre Ämter im Jahre 1516 gekauft.[2] Der fromme Adrian von Utrecht, der Konnetabel von Kastilien, Iñigo de Velasco, und der Admiral von Kastilien, Fadrique Enríquez, die drei königlichen Regenten, wären ebenfalls nicht leicht zu finden gewesen, derweil sie sich um die Aufrechterhaltung eines Mindestmaßes an königlicher Autorität bemühten (die Ernennung von Velasco und Enríquez zu Mitregenten Adrians war ein kluger, wenn auch verspäteter Schachzug des Kaisers). Im Jahr 1520 mußte Adrian sogar eine Zeitlang ohne Truppen und ohne Geld in Valladolid ausharren. Königin Juana dagegen erlebte einen kurzen Triumph, den sie jedoch nicht ausnutzen wollte, als die *comuneros* ihr die kastilische Krone zu Füßen legten.

Die *audiencia* auf Hispaniola schickte aus Santo Domingo Briefe nach Spanien, in denen sie die schlechte Behandlung von Licenciado Ayllón durch Narváez anprangerte.[3] Diego Colón befahl nach seiner Rückkehr nach Hispaniola im November 1520 dem unbestechlichen Richter Zuazo, sich nach Kuba zu begeben und dort ein *juicio de residencia* gegen Diego Velázquez einzuleiten. Magellan durchfuhr in diesen Monaten jene Meerenge, die heute seinen Namen trägt und den Atlantik mit dem Pazifik (wie die »Südsee« bald genannt wurde) verbindet. Las Casas brach ein weiteres Mal mit einem neuen Plan für ein christliches Imperium nach Westindien auf. Cortés bereitete den Großangriff auf Tenochtitlan vor. Doch all dem schenkte niemand die geringste Beachtung. Die Berichte über die Ereignisse in Amerika fanden in einem Kastilien, das mit einem Mal ganz auf sich selbst fixiert war, keinerlei Widerhall mehr.

Doch fand zwischen den disparaten Teilen von Karls Reich – den alten und den neuen – ein Informationsfluß eigener Art statt. So wurde fern der Tumulte in Kastilien im Hôtel de Ville von Brüssel eine Ausstellung der exotischen Artefakte veranstaltet, die Cortés Montejo und Portocarrero für den König mitgegeben hatte. Aufgrund einer glücklichen Fügung weilte damals gerade der auf dem Höhepunkt seiner Schaffenskraft angelangte Albrecht Dürer im Rahmen einer »ausgedehnten Verkaufsreise«, wie sich sein Biograph ausdrückte, in Brüssel. Wie Martire, Las Casas, Oviedo und der päpstliche Nuntius in Spanien legte er seine Eindrücke schriftlich nieder: »Auch hab ich gesehen die Ding, die man dem König aus dem neuen gülden Land hat gebracht«, schrieb er, wobei er den gleichen Ausdruck verwendete, den sechs Monate zuvor Bischof Ruiz de la Mota benutzt hatte, »ein ganz güldene Sonnen, einen ganzen Klafter breit, desgleichen ein ganz silbern Mond, auch also groß, desgleichen zwo Kammern voll derselbigen Rüstung, desgleichen von allerlei ihrer Waffen, Harnisch, Geschütz, wunderbarlich Wehr, seltsamer Kleidung, Bettgewand und allerlei wunderbarlicher Ding zu männiglichem Brauch, das do viel schöner anzusehen ist dann Wunderding. Diese Dinge sind alle köstlich gewesen, daß man sie beschätzt nun hunderttausend Gulden wert. Und ich hab aber all mein Lebtag nichts gesehen, das mein Herz also erfreut hat als diese Ding. Dann ich hab darin gesehen wunderliche künstliche Ding und hab mich verwundert der subtilen Ingenia der Menschen in fremden Landen, und der Ding weiß ich nit auszusprechen, die ich do gehabt hab.«[4] Dürer war der erste Maler, der ein Tagebuch schrieb. Die Ausstellung mag keine völlige Überraschung für Cortés gewesen sein, denn die erste Druckschrift, die von Cortés' Entdeckungen berichtete – *Ein Auszug Ettlicher Sendbrief* –, war zu Beginn des Jahres in seiner Heimatstadt Nürnberg von seinem Bekannten Friedrich Peypus verlegt worden.

Dürers Kommentar war von großer Bedeutung, da er ein Protégé der Erzherzogin Margarete war, der Tante Kaiser Karls, die zudem eine Art »Ersatzmutter« für diesen gewesen war, und da folglich damit zu rechnen war, daß seine Äußerungen von ihr dem Kaiser selbst zugetragen würden (obgleich der Kaiser diese mexikanischen Kunstgegenstände bereits in Tordesillas in Augenschein genommen hatte). Dürer, selbst ein Sohn und Schwiegersohn berühmter Goldschmiede, der obendrein einst bei dem Goldschmied Wohlgemuth in die Lehre gegangen war, wußte, wovon er sprach, als er die Goldarbeiten lobte. Er wohnte am 23. Oktober der Krönung des Kaisers in Aix-la-Chapelle bei. Möglicherweise sprach er mit Karl über die Ausstellung in Brüssel. Keine der Zeichnungen, die Dürer, inspiriert von diesen Eindrücken, zu Papier brachte, ist erhalten geblieben. Im Jahre 1516 hatte er einen brasilianischen Eingeborenen und ein Nashorn gezeichnet (ohne es selbst gesehen zu haben), das für den König von Portugal aus Afrika nach Europa gebracht worden war. Wir können fast sicher sein, daß Dürer einige der Kunstschätze konterfeite, auch wenn die Zeichnungen verlorengegangen sind. Dürer hat damals seine ganze Kraft darauf verwandt zu erreichen, daß Karl V. die Leibrente weiterzahlte, die ihm von Kaiser Maximilian gewährt worden war.[5] Es mag auch sein, daß Dürer von Erasmus, dem er zu dieser Zeit erstmals persönlich begegnete, so eingenommen war, daß er keinen Freiraum für andere Emotionen hatte. Auch läßt sich nicht bestreiten, daß die Kunstgegenstände offenbar wenig Eindruck auf Kaiser Karl machten, dessen Stillschweigen über die ganze Frage Westindiens die bemerkenswerteste Lücke in seinen Memoiren darstellt.

Doch seine Schwester, die Erzherzogin, behielt einige der Kostbarkeiten, die ihr von Karl und dem Höfling la Chaulx geschenkt wurden. Ihr Hofmaler Jan Mostaert malte ein oder zwei Jahre später ein aufsehenerregendes Gemälde über ein Sujet, das manche als eine mexikanische Schlacht identifizierten, auch wenn es unter der – verharmlosend unschuldigen – Bezeichnung *Bild über ein koloniales Thema* firmiert. Auch ein Gemälde der Heiligen Jungfrau der Palme (bzw. des Sieges), das im gleichen Jahr für die Kathedrale von Amiens fertiggestellt wurde und auf dem eine erbitterte Schlacht zwischen dunkelhäutigen Indianern und Europäern in Rüstung am Rande eines imaginären Sees und auf den Stufen einer phantastischen Kathedrale dargestellt ist, könnte eine Reminiszenz an die Eroberung Mexikos sein. Der Baumeister des Fürstbischöflichen Palais von Lüttich, Erard de la Marck, ließ sich vielleicht bei der Ausmeißelung der Gesichter der Mexica auf einigen der Kapitelle ebenfalls von den Exponaten in Brüssel inspirieren. Möglicherweise schenkte Karl auch ungefähr zu dieser Zeit einige der Kunstgegenstände seinem Bruder, Erzherzog (und Infante) Ferdinand, der sie lange Zeit in seiner Burg Ambras bei Innsbruck aufbewahrte.[6]

Einige Monate später veröffentlichte Pietro Martire seine ersten Eindrücke aus Neuspanien, *De Insulis nuper repertis*. Dürers Wohltäterin Erzherzogin Margarete zugeeignet (die Martire kennengelernt hatte, als sie mit ihrem Gatten, Infante Juan, in Spanien lebte), erreichte dieses auf Latein geschriebene Werk eine beträchtliche Auflagenhöhe. Es enthielt (zweifelsohne zur großen Genugtuung von Fray

Benito Martín, dem Bevollmächtigten von Velázquez) den Text von Fray Juan Díaz' *Itinerario*, aber auch eine Schilderung von Cortés' Reiseroute bis Juli 1519 auf der Grundlage von Informationen, die Martire von Portocarrero und seinen Gefährten erhalten hatte. Ferner beschrieb Martire darin seine persönlichen Eindrücke von den Gold- und Silberscheiben. Wie immer dürften gute Latinisten an der Hast, mit der Martire sein Werk niederschrieb, und seinem ungehobelten Stil Anstoß genommen haben – dennoch war die Veröffentlichung ein bedeutsames literarisches Ereignis. Martire hatte am 7. März 1520 auch einen begeisterten Privatbrief an seine ehemaligen Zöglinge, die Marqueses de los Vélez und de Mondéjar, geschrieben. Darin pries er Tenochtitlan als »prachtvolles Venedig« und ließ sich weitschweifig über Themen wie Kakaobohnen und Menschenopfer aus.[7]

Die Schriften Martires und die Beschreibungen Dürers trugen mit dazu bei, daß sich am Hof von Karl V. die Einstellung gegenüber Amerika wandelte und das ursprüngliche Bild von einem »neuen Goldland« voller unerhörter Dinge, das die Phantasie der Ritterromane weit in den Schatten stellte, wieder die Oberhand gewann. Die Nachrichten führten dazu, daß Diego Velázquez, der zusehends als Repräsentant einer überlebten Epoche erschien, weiter an Einfluß verlor. Dennoch blieben die Auswirkungen der Eroberung Mexikos, wie der Westindiens im allgemeinen, auf die Kunst weiterhin gering, denn den gebildeten Europäern, die noch immer damit beschäftigt waren, sich aus den Fesseln des Mittelalters zu befreien, war nicht nach einem »Barbarismus« zumute.[8]

Die Verbreitung dieser Ansichten und das Wissen um die Größe der Aufgabe, die sich Cortés selbst gesetzt hatte, verhinderten jedoch nicht, daß Bischof Fonseca nach der Widerherstellung der königlichen Herrschaftsgewalt in Spanien ein weiteres politisches »Comeback« feierte. Die *comuneros* wurden im April 1521 in Villalar besiegt; noch im selben Monat wurde Königin Juana erneut ihrem grausamen Kerkermeister, dem Marqués de Denia, ausgeliefert, der sie die nächsten dreißig Jahre lang in einem fensterlosen Gelaß in Tordesillas einsperrte. Ende April 1521 war Fonseca und seinem Assistenten Luis Zapate erneut die Zuständigkeit für die Angelegenheiten Westindiens übertragen worden (gleichzeitig wurde Fonseca zum Richter ernannt, der all jene zur Rechenschaft ziehen sollte, die im Verdacht standen, in seiner ehemaligen Diözese Palencia mit den *comuneros* sympathisiert zu haben). Der Bischof ließ nicht nur den Freund und *procurador* von

Cortés, Alonso Hernández Portocarrero (unter dem Vorwand, er habe vor acht Jahren, vor seiner ersten Reise nach Westindien, eine gewisse María Rodríguez verführt), in den Kerker werfen, sondern er brachte auch bald den erschöpften Regenten Adrian von Utrecht dazu, einen von Fonsecas Günstlingen, Cristóbal de Tapia, den königlichen Inspektor (*veedor*) auf Hispaniola, zum Nachfolger von Cortés an der Spitze der Kolonialverwaltung Neuspaniens zu ernennen. Die Verurteilung Portocarreros muß um so skandalöser erscheinen, wenn man bedenkt, daß sein Kollege Montejo sich einst des gleichen Vergehens schuldig gemacht hatte, da er in Sevilla Ana de León verführt hatte; doch er blieb unbehelligt, was ein klares Indiz dafür ist, daß Fonseca hoffte, den Salamantiner auf seine Seite zu ziehen. Portocarrero starb bald darauf in seiner Kerkerzelle.[9]

Die Instruktionen an Tapia enthielten schwere Vorwürfe gegen Cortés, dem Habgier, Ehrgeiz und Ungehorsam zur Last gelegt wurden. Doch gleichzeitig wurde Narváez in noch schärferer Form beschuldigt, sich den Weisungen von Licenciado Lucás de Ayllón widersetzt zu haben. Schließlich gezieme es sich, Männer wie Ayllón so zu behandeln, »als seien sie unsere Minister«. Sowohl Cortés als auch Narváez sollten nach Spanien zurückgeschickt werden, wo ihnen der Prozeß gemacht werden sollte.[10]

Tapia, der *veedor* von Hispaniola, war im Jahr 1502 mit Ovando nach Westindien gekommen. Der Sohn eines Schneiders aus der Pfarrei Omnium Sanctorum in Sevilla hatte seine Karriere als Page von Bischof Fonseca begonnen, als dieser noch Archidiakon dieser Stadt gewesen war. Auch sein Bruder Francisco, mittlerweile ein *alcalde* in Santo Domingo, hatte als Page begonnen. Ein weiterer Bruder Tapias, Juan, der seit 1514 in Buenaventura auf Hispaniola ansässig gewesen war, hatte Narvaéz auf dessen Expedition gegen Cortés begleitet. Tapia schien eine Art Überlebenskünstler zu sein, war er doch aus einem schweren Zerwürfnis mit Gouverneur Ovando im Jahre 1510 als Sieger hervorgegangen. Er besaß einen ausgeprägten Geschäftssinn, und so hatte er, abgesehen von seiner Amtstätigkeit, zu den ersten gehört, die in die noch junge Zuckerindustrie Hispaniolas investiert hatten.

Adrian von Utrecht mißtraute Fonseca; es ist erstaunlich, daß er seine Zustimmung zur Ernennung Tapias erteilte. Doch sein kultivierter Geist wurde damals von anderen Dingen in Anspruch genommen: Im April 1521 hielt Martin Luther seine große Rede vor dem Reichstag zu Worms, und Adrians einstiger Zögling, Kaiser Karl, ächtete den unbeugsamen Mönch im gleichen Monat öffentlich. Die Kirche, deren Anliegen sich Adrian verpflichtet fühlte, befand sich im Umbruch. Der Aufstand der *comunidades* hatte ihn ebenfalls erschüttert, auch wenn diese Krise mittlerweile vorüber war. Im selben Monat kam es zu einer schweren Hungerrevolte in Sevilla, in deren Verlauf die Bewohner des Armenviertels in der Nähe der Calle de Feria die Waffenkammer des Palasts des Herzogs von Medina Sidonia plünderten und ein grünes maurisches Banner, das lange Zeit in der Omnium-Sanctorum-Kirche verwahrt worden war (dem Pfarrbezirk, in dem Tapia aufgewachsen war), zu ihrer Standarte machten. Adrians Aufmersamkeit dürfte daher von Dingen in Beschlag genommen gewesen sein, die nichts mit Westindien zu tun hatten.

Die Instruktionen an Tapia trafen also offenbar erst im Spätsommer in Santo Domingo ein.

Ein weiteres Dokument befaßte sich im selben Monat, dem April 1521, mit Neuspanien: die Bulle *Alias Felicis* von Papst Leo X. Nachdem Leo X. bereits eine menschliche Behandlung der Indianer in der Neuen Welt gefordert hatte, erlaubte diese Bulle zwei Franziskanern, sich in die neuen Lande zu begeben. Die Aufmerksamkeit Leos war zweifellos durch die Briefe Martires auf diese Angelegenheit gelenkt worden.[11] Diese Franziskaner waren Fray Jean Glapion, ein flämischer Beichtvater des Kaisers und berühmter Prediger, und Fray Juan de los Angeles, ein spanischer Aristokrat, Bruder des Grafen von Luna (sein bürgerlicher Name lautete Francisco de Quiñones). Doch obgleich sie sich unverzüglich von Rom nach Spanien aufmachten, zogen sich ihre Vorbereitungen für die Abreise sehr lange hin. Glapion starb vor der Abreise, und Fray de los Angeles wurde General des Franziskanerordens, so daß sich die geistliche Mission noch weiter hinauszögerte.

Unterdessen trafen im Herbst 1521 Antonio de Mendoza und Diego de Ordás aus Neuspanien kommend in Sevilla ein. Sie waren auf verschiedenen Schiffen gefahren, weil Ordás seine Verdienste vor einem Gericht auf Hispaniola zu Protokoll geben wollte (und vielleicht auch, weil er Perlen kaufen wollte, um sie anschließend in Spanien zu verkaufen: Die Flottille aus drei Schiffen, mit der Ordás fuhr, transportierte Perlen im Wert von 484 Goldmark).[12] Vermutlich trafen sie sich in Sevilla wieder. Mendoza führte Cortés' zweiten Brief an Kaiser Karl V. und einige Schmuckstücke sowie andere Gegenstände mit sich. Zwar hatten sie den Fall Tenochtitlans, der sich nach ihrer Abreise aus

Neuspanien zutrug, nicht mehr selbst miterlebt, doch sie wußten alles über die Stadt, ihre Größe, ihren Reichtum und ihre Pracht. Sie waren in Kastilien die ersten, die aus eigener Anschauung über Tenochtitlan berichteten, auch wenn sie nicht wußten, daß es inzwischen zerstört worden war. Ihre Schilderungen dürften in Sevilla großes Aufsehen erregt haben.

Ordás und Mendoza erreichten ein Spanien, das sich vom Bürgerkrieg erholte. Sevilla war Schauplatz einiger Kämpfe gewesen. Die fortbestehende Unsicherheit ermöglichte Cortés' neuen Gesandten, einen Großteil des Goldes zu verstecken, das sie heimlich für Cortés' Familie und zur Finanzierung von dessen Sache in Spanien bei sich führten. Das restliche Gold ließen sie in der Casa de la Contratación in Sevilla zurück, wo sie nur knapp ihrer Verhaftung entgingen. Das Gold, das Sandoval seinem Vater geschickt hatte, wurde vorübergehend beschlagnahmt. Anschließend besuchten sie Cortés' Vater in Medellín, einer Stadt, die während des Aufstands der *comunidades* von Unruhen verschont geblieben war (Mendoza stammte aus Medellín und hätte sich daher wahrscheinlich sowieso dorthin begeben). Sie nahmen Kontakt zu Francisco Montejo und möglicherweise auch zu dem inhaftierten Portocarrero auf. Die drei (Mendoza, Ordás und Montejo) suchten gemeinsam den Regenten Adrian von Utrecht auf, der sich in Vitoria niedergelassen hatte. Möglicherweise wurden sie von Martín Cortés und Francisco Núñez begleitet. In Vitoria überreichten sie Adrian anscheinend die Briefe von Cortés. Nach ihrer Lektüre und aufgrund des Eindrucks, den Ordás und Mendoza persönlich auf den Kardinal machten, erhielten sie die Erlaubnis, Bischof Fonseca der Befangenheit gegen Cortés zu beschuldigen. Adrian mißfiel, was ihm über die Aktivitäten Fonsecas in Sevilla zu Ohren kam, und aus diesem Grund scheint er fortan für die Freunde von Cortés und gegen Fonseca und Velázquez Partei ergriffen zu haben. Auch die Schilderungen, die er von Licenciado Lucás de Ayllón, der im selben Schiff wie Ordás aus Hispaniola zurückgekehrt war, über die Ereignisse in Mexiko hörte, dürften ihn beeinflußt haben. Das zufällige Zusammentreffen von Ayllón und Ordás mit dem einflußreichen Kaufmann García de Lerma aus Burgos auf dem Schiff führte wahrscheinlich zu einem umfassenden Austausch von Informationen über Neuspanien, die später für Cortés von großem Wert sein sollten.

Dennoch ist der einzige Anhaltspunkt für weitere Aktivitäten der Freunde von Cortés im Jahr 1521 ein Gesuch von Cortés' Vater Martín um die Rückerstattung der viertausend Pesos, die er zu Beginn des Jahres an Licenciado Céspedes, den Onkel von Portocarrero, in Sevilla geschickt hatte.[13] Vielleicht war mit diesem Geld jedoch auch ein Teil des Nachschubs bezahlt worden, der im Schiff von Juan de Burgos zu Cortés geschickt worden war und in der Schlußphase der Belagerung Tenochtitlans eine wichtige Rolle gespielt hatte.

Zur selben Zeit unternahm der Kastilische Kronrat einen weiteren Schritt zur faktischen Konstituierung eines ständigen Ausschusses seiner Mitglieder, des sogenannten Indienrats, wenngleich dessen formelle Gründung erst später stattfand. Irgend jemand, der im Winter 1521/22 in Mexiko eintraf (vielleicht Alaminos, der dorthin zurückkehrte, vielleicht Juan de Burgos), muß Cortés gesagt haben, daß dieser Rat bereits existiere, denn er benutzte diese Bezeichnung im Mai 1522.[14]

Adrian hätte eine endgültige Entscheidung über Cortés' Ansprüche und Forderungen fällen können. Wäre er ein Mann wie Kardinal Cisneros gewesen, hätte er dies wohl auch getan. Statt dessen verlegte er seinen »Hof« im März 1522 von Vitoria nach Saragossa und setzte seine Nachforschungen über die Lage in Neuspanien fort. Unterdessen wurde sein Interesse an Cortés durch ein völlig unvorhergesehenes Ereignis in Frage gestellt: Nach dem plötzlichen Tod von Leo X., dem letzten großen Renaissancepapst, im Dezember wurde Adrian im Januar 1522 auf den Stuhl Petri gewählt.

Dieser Vorgang setzte ganz Europa in Erstaunen, erstens, weil der Kaiser nicht versucht hatte, das Konklave zur Wahl des Menschen zu bewegen, der (nach Erzherzogin Margarete) den nachhaltigsten Einfluß auf seine eigene Kindheit ausgeübt hatte; und zweitens, weil das Kardinalskollegium ausnahmsweise einmal einen integren, gewissenhaften und gütigen Mann, »der wegen seiner Frömmigkeit allgemein geachtet wurde«, zum Oberhaupt der römisch-katholischen Kirche gekürt hatte. Die Frömmigkeit, die in Karls V. Persönlichkeit eine so wichtige Rolle spielte, ging auf Adrian zurück. »Wir sind überzeugt davon, daß Gott selbst diese Wahl getroffen hat«, schrieb Kaiser Karl an Lope Hurtado de Mendoza. Doch dieser Beschluß in Rom konnte sich nur negativ auf Cortés' Sache auswirken. Die Zuständigkeit Adrians für die Angelegenheiten Westindiens ging auf Francisco Pérez de Vargas über, den Schatzmeister Kastiliens, einen korrupten Beamten, der vom Herzog von Alba protegiert wurde; er war bekannt als der Mann, der unmittelbar nach Kardinal Cisneros' Ableben losgeschickt worden war, um all dessen Habseligkeiten an sich zu nehmen, und auch als der Beamte, der aus seinen öffentlichen Ämtern mehr Geld herausgeschlagen hatte als die meisten seiner Kollegen zusammengenommen.[15]

Adrian blieb noch einige weitere Monate in Saragossa. In diese Zeit fiel ein Ereignis, das sich günstig für Cortés auswirken sollte: Charles de Poupet, Seigneur de la Chaulx, ein enger flämischer Berater von Karl V. (er hatte während Karls Jugend in dessen Schlafzimmer zu nächtigen gepflegt), kam nach Spanien, um Adrian mitzuteilen, wie sehr sich der Kaiser über seine Wahl freue.[16] Zweifellos bestand der eigentliche Zweck seiner Reise darin, etwas über die Pläne, die der neue Papst in Rom hegte, in Erfahrung zu bringen. Da la Chaulx jedoch ein Freund von Erzherzogin Margarete war, da er zudem miterlebt hatte, wie die mexikanischen Kunstschätze bei der Ausstellung in Brüssel im Jahr zuvor bewundert worden waren, und da er ein sicheres Gespür für finanzielle Prioritäten hatte, war er ein überzeugter Anhänger von Cortés. Seine Anwesenheit in Spanien erwies sich der Sache des *caudillo* als überaus förderlich.

Adrian brach im August 1522 nach Rom auf. Er fand kein Gefallen an seinem neuen Amt. Man spottete über seine Frömmigkeit und gab ihm die Schuld an einer Choleraepidemie. Er gab nur wenige Kunstwerke in Auftrag. Cellini erwähnt in seinen Memoiren, daß dieser Papst im Unterschied zu seinem Vorgänger, Leo X., ein ausgesprochen knauseriger Mäzen gewesen sei.[17] Die Italiener lachten ihn aus, als er das Domkapitel der Kathedrale von Saragossa ersuchte, ihm den Kieferknochen des heiligen Lambertus zu übersenden. Und sie lachten, als Adrian wenig später an den Folgen seines maßlosen Bierkonsums starb.

Zu der Zeit, als Adrian nach Rom aufbrach, war der vergessene und ignorierte Cortés bereits seit einem Jahr der De-facto-Regent des mexikanischen Reiches. Diese Periode zeichnete sich durch sechs Dinge aus: die körperliche Erholung der Eroberer; den Beginn des Wiederaufbaus; die skrupellose Suche nach Gold; die Verfolgung der Ureinwohner; den Niedergang eines Großteils der alten Religion bei gleichzeitigem Fortwirken äußerst vitaler Restbestände und der Beginn der Kolonisierung weiterer Regionen in Mexiko.

Die körperliche Erholung ging mühelos vonstatten. Cortés verließ bald mit einem Großteil seines Heeres das große Lager auf dem

Damm bei Xoloc. Er quartierte sich in einem Palast in Coyoacán ein, in dem er bereits im letzten Frühjahr gewohnt hatte. Der Besitzer des Hauses, *tlatoani* dieser Stadt, wurde hinausgeworfen. Cortés machte den Palast zum Sitz seiner provisorischen Regierung des Reichs. Rodríguez de Villafuerte, sein loyaler, aber unfähiger Freund aus Medellín, durch dessen Unvorsichtigkeit bei der ersten Schlacht auf dem See beinahe das Flaggschiff verlorengegangen wäre, wurde kastilischer Gouverneur des fast menschenleeren Tenochtitlans.

Was die Verwaltung des mexikanischen Reiches anlangte, so bemühte sich Cortés, alte Prinzipien beizubehalten: Die politische Herrschaft sollte indirekt dadurch ausgeübt werden, daß die früheren Monarchen, die *tlatoani*, zu tributpflichtigen Vasallen der Kastilier erklärt wurden. In dieser Hinsicht verfolgte Cortés eine Politik, bei der er sich an den mündlich überlieferten Grundsätzen orientierte, nach denen die von den Christen eroberten Gebiete in der Estremadura und in Andalusien in der Anfangszeit verwaltet wurden. So verfügte er, daß jeder Herrscher in der Provinz Texcoco alljährlich 60 000 Goldpesos zu entrichten habe, »um nicht durch einen Besuch der Kastilier behelligt zu werden«. Außerdem mußten genau festgesetzte Mengen an Mais, Truthahn und anderen Tieren abgeliefert werden. Andere Herrscher des alten Reichs wurden genauso behandelt, wobei vermutlich die Angaben in Montezumas *Matrícula de Tributos* als Orientierungsrahmen bei der Festlegung der Tributhöhe herangezogen wurden. Im Prinzip wollte Cortés den meisten Provinzen »echte Freiheit zugestehen ... und ihre alten Bräuche mit Ausnahme des Menschenopfers unangetastet lassen«.

Doch die kastilische Herrschaft wurde zu einer direkten und unumschränkten. Auch wenn die einheimischen *tlatoani* vielfach in ihren Ämtern belassen wurden, so war doch die frühere imperiale Organisation der Mexica zusammengebrochen. Die Kastilier sorgten für Ersatz. Cuauhtémoc blieb formell Herrscher von Tenochtitlan. Ein Vetter von ihm, Auelitoctzin, vormals oberster Richter von Tlatelolco, wurde als Herrscher dieser Stadt eingesetzt. Tetlepanquetzatzin blieb formell König von Tacuba. In Texcoco regierte bereits ein neuer junger »Don Fernando«. Doch in Wirklichkeit waren sie alle machtlose Marionetten der Spanier. Cortés hielt Cuauhtémoc in Coyoacán gefangen und begann, dessen Vetter Tlacotzin, den stellvertretenden Kaiser (*cihuacoatl*), als De-facto-Gouverneur Mexikos zu benutzen. Tlacotzin, der sowieso besser für die innere Verwaltung des Reichs geeignet war, betrieb diese Kollaboration mehrere Jahre lang. Unter seiner Leitung und unter der kastilischen Oberaufsicht begann sich das Leben in Mexiko langsam zu normalisieren.[18]

Franziskaner wie Fray Toribio de Benavente (»Motolinía«) sollten sich später darüber beklagen, daß »die Mexica in jenen Jahren weiterhin ihren Dämonen dienten und huldigten. Die Spanier begnügten sich damit, Häuser zu bauen, und sie waren schon froh darüber, daß in der Öffentlichkeit keine Menschenopfer mehr stattfanden. Doch viele wurden insgeheim in den Randbezirken Tenochtitlans vollzogen. So konnte die Götzenanbetung weiterhin unbehelligt ihr Unwesen treiben …«.[19] Dieses Urteil zeichnete möglicherweise ein Zerrbild der Wirklichkeit, denn zahlreiche Mitglieder des alten Königshauses hatten begonnen, ihren Frieden mit den Eroberern zu machen. Viele ließen sich taufen. Mehrere weniger bedeutende *tlatoani*-Ämter blieben nach ihrer Christianisierung über mehrere Generationen hinweg erhalten.

Die daraus resultierende Verwirrung und möglicherweise auch Empörung kommt in einem Gedicht zum Ausdruck, das wahrscheinlich in dieser Zeit entstand:

> Wer bist du, der da neben dem Generalkapitän sitzt?
> Ach, es ist Doña Isabel, meine kleine Nichte!
> Ach, wahrhaftig, die Könige sind Gefangene … [20]

Der allgemeine Mangel an Nahrungsmitteln war gravierend und wirkte sich auch auf den (in rechtlich ordnungsgemäßer Form) eingeforderten Tribut aus. Im Jahr 1521 waren die Felder im Hochtal von Mexiko nicht eingesät worden, daher war der Mangel an Mais in den letzten Monaten jenes Jahres und im folgenden Jahr so groß, daß sogar die Kastilier unter Entbehrungen litten. Damals hatte der Handel mit Spanien und Hispaniola erst einen äußerst bescheidenen Umfang angenommen, während mit Kuba quasi überhaupt kein Warenaustausch stattfand. So gab es weder Wein noch Mehl noch Kleidung.[21] Die indianische Bevölkerung im Hochtal von Mexiko, der bereits die Pockenepidemie hart zugesetzt hatte, muß große Not gelitten haben, und daran änderte sich vermutlich mehrere Jahre lang nichts. Jenseits des Tals, an Orten wie Tlaxcala, Cholula, Oaxaca und Vera Cruz, waren die Lebensumstände sehr viel besser.

Ohne Nachricht aus Kastilien, ja ohne den geringsten Anhaltspunkt für die Gründe ihres Ausbleibens (Cortés dürfte kaum etwas vom Aufstand der *comuneros* gewußt haben), führte sich der *caudillo* wie ein Vizekönig oder gar König auf. In jenen ersten Tagen nach der Eroberung kamen ihm offenbar mancherlei Verstiegenheiten über die Lippen. So erklärte er beispielsweise im Beisein zahlreicher Kastilier, er würde gern dreißig bis vierzig Herzöge bzw. Fürsten ernennen und die Bewohner Neuspaniens zu ihren Untertanen machen. Vázquez de Tapia hörte ihn sagen, daß er, Cortés, falls der König Männer schicken würde, welche die Macht in Neuspanien übernehmen sollten, und einige diese Männer anerkennen sollten, ein Dutzend von ihnen hängen lassen würde, um den Rest zum Schweigen zu bringen.[22]

Einige behaupteten, Cortés habe die Angewohnheit gehabt, seine Hauptleute (Olid, Sandoval, Corral) mit einem Schwert auf die Schulter zu schlagen und in königlichem Stil zu sagen: »Gott und der Apostel Jakobus mögen einen tapferen Ritter aus Euch machen.« Auch soll er gesagt haben: »Selbst wenn der Infante Don Fernando [der künftige Kaiser von Österreich] als Gouverneur kommen sollte, würde ich ihm das Land nicht überlassen.«[23] (Es war gewagt, den Namen dieses Fürsten, der in Spanien aufgewachsen war, zu nennen, denn in Kastilien hatte es eine mächtige – mittlerweile aufgelöste – Gruppe von Höflingen gegeben, die gehofft hatten, daß statt Karl der Infante König werden würde.)

Ein andermal soll Cortés die Bemerkung gemacht haben: »Das Land, das wir erobert haben, gehört uns, und wenn der König es uns nicht gibt, dann werden wir es uns nehmen.« Andere behaupteten, sie hätten gehört, wie Cortés darauf bestanden habe, mit »Euer Hoheit« angeredet zu werden. Freunde von Cortés erzählten angeblich, sie hätten einen Eid darauf geschworen, das Land nur dann dem König zu übergeben, wenn Cortés zum Gouverneur ernannt würde. Gonzalo de Mexía, der in Verruf geratene Schatzmeister des Heeres, sagte einmal mit lauter Stimme: »Trotz allem wird sich Don Hernando nicht damit begnügen, das Land zu regieren, sondern versuchen, die ganze Autorität des Königs zu erringen.«[24]

All diese Bemerkungen könnten die Kommentare eines Eroberers gewesen sein, der in seiner Heimat nicht gebührend gewürdigt zu werden schien. Doch gibt es keinerlei Anhaltspunkte dafür, daß Cortés eine einseitige Unabhängigkeitserklärung erwogen hätte. Was er begehrte, war eine königliche Gunstbezeigung, die ihm ermöglichen sollte, wie ein Herzog, ein Förderer der Künste, ein bedeutender Arbeitgeber, ein Frauenheld, ein Freund von Fürsten zu leben. In seinem *juicio de residencia* wurden zahlreiche Zeugenaussagen, die ihn entlasteten, präsentiert, doch gab es auch manch belastende Einlassung. Francisco de Terrazas beispielsweise sagte, er habe Cortés niemals anders erlebt denn als einen entschiedenen Anhänger der Krone. Juan de Ortega erinnerte sich daran, daß Cortés in seinem Haus in Coyoacán ein flämisches Gemälde auf Holz hängen hatte, auf dem Karl V., die Königin und die Brüder und Schwestern des Königs dargestellt waren, und daß »er immer seinen Hut zog, wenn er daran vorüberging«.[25]

Bereits kurz nach dem Fall Tenochtitlans wurde mit dem Wiederaufbau der Stadt begonnen. Dabei benutzte Cortés den inhaftierten Exkaiser Cuauhtémoc, um sicherzustellen, daß die Mexica bei der Instandsetzung der Wasserleitungen, die von Chapultepec zur Hauptstadt führten, mithalfen, daß sie die Toten und den Schutt von den Straßen wegräumten und daß einige Mexica in ihre in Trümmern liegende Hauptstadt zurückkehrten und sich wieder dort niederließen. Auf der Ostseite der Stadt, gegenüber Texcoco, wurde ein neuer behelfsmäßiger Hafen erbaut. Pedro de Alvarado wurde zum *alcalde* der Hafenanlagen ernannt.

Die Kastilier setzten ihre »Strafmaßnahmen« nach dem August 1521 viele Wochen lang sporadisch fort, wobei unklar ist, nach welchen Kriterien sie dabei verfuhren und weshalb gewisse Personen umgebracht wurden und andere nicht. Vermutlich gab es gar keine Leitlinien. Die Liste derer, die nach dem Fall Tenochtitlans gehängt wurden, umfaßte auch zwei der vier *tlatoani* der ehemaligen Provinz Culhua: Macuilxochitl, *tlatoani* von Huitzilopochco, und Pizotzin, *tlatoani* von Culhuacan. In Tenochtitlan wurden auch der Hohepriester des Huitzilopochtli und der Priester des Xipe Totec gehängt. Mehrere mexikanische Führer wurden den Hunden vorgeworfen, darunter die *tlacatecatl* (militärische Befehlshaber) und die *tlillancalqui* (Verwalter des »Hauses der Finsternis«) von Tenochtitlan und Cuauhtitlan.[26] Die Vergeltungsmaßnahmen dürften Hunderte weiterer Opfer gefordert haben, deren Namen jedoch nirgends verzeichnet sind.

Die Repression war jedoch schon bald nicht mehr von der besessenen Suche nach Gold zu unterscheiden.

Dies stellte für die Spanier das schwierigste Problem dar. Die meisten Conquistadoren waren vor allem deshalb nach Neuspanien gekommen, weil sie es dort zu Reichtum bringen wollten. Doch hatten sie bislang nur wenig Gold aufgetrieben, auch wenn einzelne Spanier –

meist vergeblich – mit brutaler Gewalt nach dem begehrten Edelmetall gesucht hatten. Der wachsende Unmut, der Mangel an Nahrungsmitteln und das Ausbleiben von Nachrichten aus Kastilien ließen das Gerücht aufkommen, Cortés habe sich des gesamten Goldes bemächtigt. Cortés' Palast in Coyoacán war von einer getünchten Mauer umgeben – diese wurde nun mit schmähenden Kommentaren bekritzelt. Eines Tages stand dort zu lesen, Cortés habe seinen eigenen Soldaten eine schlimmere Niederlage zugefügt als den Mexica. Tags darauf folgte die Anmerkung: »Wie betrübt ist meine Seele, bis Cortés all das Gold zurückgegeben hat, das er an sich riß.« Cortés machte das Spiel eine Zeitlang mit und schrieb eines Tages den Satz: »Eine weiße Wand ist das Papier von Dummköpfen.« Vielleicht hatte er ja tatsächlich ein Vermögen auf die Seite geschafft: Juan de Ribera, Cortés' Sekretär, der sich später kritisch über ihn äußerte, erzählte Ende 1522 Pietro Martire in Spanien, Cortés habe einen geheimen Schatz von drei Millionen Pesos besessen.[27]

Einige Conquistadoren fanden statt Gold Rechnungen. Cortés' Expedition war ein privates Unternehmen, und so verlangten Männer wie Maese Juan, Narváez' Wundarzt, der seit der Schlacht von Cempoallan bei Cortés geblieben war, und der Apotheker Murcia überzogene Summen für die von ihnen während des Feldzugs geleisteten Dienste. Zwei von Cortés' Freunden, der *converso* Bernardino de Santa Clara, der sich als Pflanzer in Kuba angesiedelt hatte, und García Llerena, der, obgleich erst vor kurzem eingetroffen, ein vertrauenswürdiger Berater war, wurden zu Schiedsrichtern ernannt, welche die Preise für verkaufte Güter und auch für die Dienste der Ärzte festsetzen sollten. Sie legten fest, daß Personen, die ihre Schulden nicht bezahlen konnten, eine Nachfrist von zwei Jahren erhalten sollten, um ihre Gläubiger zu befriedigen.[28]

Andere Conquistadoren behaupteten weiterhin, Cortés strebe in Mexiko nach persönlicher Macht. Weshalb sonst hatte er eine Gießerei für die Herstellung neuer Geschütze errichten lassen? Würden diese nicht eher gegen Beamte des Königs als gegen aufständische Indianer eingesetzt werden?[29]

Zu dem wachsenden Unmut der Conquistadoren gesellten sich die Forderungen der königlichen Beamten, namentlich des königlichen Schatzmeisters Julián de Alderete. Auch er verlangte Gold, für sich selbst wie für die Krone. Aus diesem Grund erklärte sich Cortés schließlich damit einverstanden, die ranghöchsten indianischen Gefangenen ein weiteres Mal kommen zu lassen und zu verhören, um den möglichen Verbleib des »Schatzes von Mexiko« in Erfahrung zu bringen. Niemand scheint auf den Gedanken gekommen zu sein, daß ein Großteil des Goldes, des Bernsteins, der Jade, der Federn und anderer Kostbarkeiten des alten Mexiko nicht in den Lagerhäusern des Kaisers, sondern in jenen der *pochteca*, der Fernhändler, deponiert worden war. Privates Unternehmertum war im alten Mexiko in mancherlei Hinsicht höher entwickelt als in Altspanien.

Zu den Verhörten gehörten Cuauhtémoc, Tlacotzin, der *cihuacoatl*, Motelchiuh, der neue Majordomus von Tenochtitlan und der Kommandeur, der einst Cortés in Cempoallan aufgesucht hatte, sowie Tetlepanquetzatzin, der König von Tacuba, Oquitzin, der *tlatoani* von Azcapotzalco, der Stadt der Goldschmiede, und Panitzin, der *tlatoani* von Ecatepec, einer mexikanischen Stadt auf dem Festland unmittelbar nördlich von Tenochtitlan. Mit Hilfe von Marina fragte Cortés diese Herrscher nach dem Verbleib des Goldschatzes von Mexiko. Sie antworteten, daß sie alles, was sie besessen hätten, in Cuauhtémocs Kanu verladen hätten, und es sich daher bereits im Besitz der Kastilier befinde. Es gab eine Diskussion über die Frage, wo sich das Gold jetzt befinden könnte, wenn es sich tatsächlich so zugetragen habe, und ob in dem Kanu überhaupt eine größere Menge Gold gewesen sei. Die Mexica bestritten nachdrücklich die Existenz weiteren Goldes, während die Kastilier darauf beharrten, dies könne nicht alles gewesen sein. Wo war beispielsweise die goldene Statue der Huitzilopochtli, von deren Existenz sie wußten?

Da die mexikanischen Führer beharrlich schwiegen, forderte Alderete, Cuauhtémoc und den König von Tacuba zu foltern, um sie so zur Preisgabe von Informationen über den Verbleib des verschwundenen Goldes zu zwingen. Cortés beteuerte später, er sei gegen diese unmenschliche Tat gewesen, habe aber nicht die Macht besessen, den Schatzmeister des Königs daran zu hindern. So sagte er beispielsweise zu Andrés de Tapia, diese Tat habe immer schwer auf seinem Gewissen gelastet. Francisco de Terrazas erzählte das gleiche, wie übrigens auch Salcedo, der aussagte, Alderete habe Cortés eigens zu dem Zweck in seinem Haus aufgesucht, dessen Erlaubnis einzuholen. Hinzugefügt sei, daß mehrere Conquistadoren der Ansicht waren, daß Cortés keinen Druck auf Alderete ausüben wollte, weil er glaubte, der Schatzmeister könne andernfalls möglicherweise verraten, daß Cortés heimlich Gold gestohlen hatte.[30] Doch kann dies nicht die ganze Wahrheit sein, denn Cortés verfügte damals über genügend Macht, um Alderete davon abzuhalten, etwas zu tun, das er nicht guthieß.

Die folgende unmenschliche Tat stand zudem in krassem Widerspruch zu den Zusicherungen, die Cortés Cuauhtémoc gegeben hatte, als sich dieser ergab.

Cuauhtémoc wurde gefoltert, indem man ihn an einen Pfahl band und seine Füße (und vielleicht auch seine Hände) in Öl eintauchte, das anschließend angezündet wurde. Zuvor hatte der bedauernswerte Kaiser versucht, sich zu erhängen. Tetlepanquetzatzin, den König von Tacuba, mißhandelten die Kastilier auf ähnliche Weise. Tetlepanquetzatzin ließ Cuauhtémoc nicht aus den Augen, in der Hoffnung, dieser würde sich seiner erbarmen und sein Schweigen brechen oder ihm die Erlaubnis geben, das zu sagen, was er wußte. Doch der Kaiser blickte ihn nur voller Ingrimm an und sagte angeblich schmerzgequält: »Genieße ich etwa eine Wonne oder ein warmes Bad?«[31]

Trotz der späteren Behauptung des Conquistadors Martín Vázquez, eines Freundes von Cortés, der Kaiser habe nichts verraten, war die angewandte Foltermethode doch ausgesprochen brutal. Cuauhtémoc wurde zum Krüppel und hinkte den Rest seines Lebens. Die Verletzungen des Königs von Tacuba waren anscheinend noch schwerwiegender.

Schließlich gestand Cuauhtémoc, die Götter hätten ihm einige Tage vor dem Fall der Stadt mitgeteilt, daß die Niederlage unabwendbar sei. Daraufhin habe er angeordnet, alles Gold in den See zu werfen. Das war alles, was er preisgab. Kastilische Taucher begaben sich zu der Stelle im See, an der nach Aussage von Cuauhtémoc das Gold versenkt worden war – doch außer ein paar Schmuckstücken fanden sie nichts. Wenn das Gold tatsächlich im See versenkt worden war, dürfte sich dies mehrere Monate vor dem Fall der Stadt zugetragen haben. In den Ruinen des Palastes von Cuauhtémoc stießen die Kastilier jedoch zufällig auf eine große Scheibe aus Gold, ähnlich jener, die Montezuma Cortés geschenkt hatte.[32]

Die Kastilier verhörten außerdem mehrere mexikanische Priester über den Verbleib des in der *noche triste* verschollenen Goldes. Wo beispielsweise waren die acht großen Goldbarren, die in Montezumas Palast zusammengetragen worden waren, bevor die Conquistadoren in jener Nacht ihre Flucht aus der Stadt begannen und die offenbar im Gewahrsam von Ocuitecatl, Montezumas Majordomus, geblieben waren, welcher später der Pockenepidemie zum Opfer gefallen war? Von den acht Barren waren nur vier wieder aufgetaucht.

All diese Brutalität und dieses Wühlen nach Gold führte letztlich bei allen Beteiligten zu noch größerem Unmut. Angeblich belief sich der Gesamtwert des erbeuteten Goldes nun auf 185 000 bis 200 000 Pesos (zwischen dem 25. September 1521 und dem 16. Mai 1522 wurden offenbar Goldarbeiten im Wert von 174 000 Pesos eingeschmolzen).[33] Der der Krone zustehende Fünfte wurde auf 37 000 Pesos festgesetzt; Cortés behielt von der verbleibenden Summe 29 600 Pesos als sein Fünftel. So blieben zur Verteilung unter den Conquistadoren etwas weniger als 120 000 Pesos übrig – eine Summe, die, aufgeteilt auf schätzungsweise 750 Männer, etwa 160 Pesos pro Kopf ergab. Dieser Betrag erschien in Anbetracht der außergewöhnlichen Gefahren, die sie überstanden hatten, so lächerlich gering, daß einige Soldaten aus Philanthropie oder auch purer Ironie vorschlugen, die Summe sollte unter denen aufgeteilt werden, die Gliedmaßen verloren hatten, hinkten, gelähmt waren oder sich mit Schießpulver verbrannt hatten, oder auch unter den Hinterbliebenen der Gefallenen.

Zur Kriegsbeute gehörten auch Sklaven, einige goldene Kunstgegenstände und Schmuckstücke, auf die theoretisch ebenfalls der *quinto real* erhoben werden mußte. Zahlreiche dieser Arbeiten waren nach Cortés' Urteil »von geradezu unbeschreiblicher Schönheit«, so daß sie nicht hätten eingeschmolzen werden dürfen. Dies dürfte dennoch geschehen sein, worauf sie auf einen Gegenwert von 125 000 Pesos veranschlagt wurden.[34]

Noch gravierender aber war die Tatsache, daß an die ranghöchsten Hauptleute Sonderzahlungen geleistet wurden. Einige davon muten etwas merkwürdig an: So gingen 6000 Pesos an Francisco de Montejo (sie wurden für ihn reserviert, obgleich er sich in Spanien aufhielt und obschon er nur in minimalem Umfang zum Erfolg der Expedition beigetragen hatte), je 3000 Pesos an Julián de Alderete und Alonso de Ávila, je 2000 Pesos an Diego de Ordás, Antonio de Quiñones, Cortés' Leibwächter, und Licenciado Céspedes, Cortés' Advokat in Spanien (vermutlich für Portocarrero, seinen Neffen), und je 1500 Pesos an Juan de Ribera, Cortés' Sekretär, und an Fray Pedro Melgarejo. Ein später angestrengter Zivilprozeß förderte Anhaltspunkte dafür zutage, daß die »wahren Hauptleute« der *santa compañía* – Alvarado, Sandoval, Olid und Martín López – sogar nur je 400 Pesos erhielten, obgleich viele der Ansicht waren, daß sie sich eine sehr viel größere

Summe angeeignet hatten (was allerdings für López nicht zu gelten scheint).[35] Einer der neuen engen Freunde von Cortés, Diego de Ocampo, der aus Cáceres in der Estremadura stammende Bruder des Kuba-Umseglers, erhielt 6000 Pesos, eine schwer zu erklärende Summe, es sei denn, man nimmt an, das Geld sei indirekt für Cortés selbst bestimmt gewesen.

Nach all diesen Zahlungen erhielten die Reiter der Expedition je achtzig Pesos, die Armbrustschützen, Arkebusiere und Angehörigen anderer Sondereinheiten fünfzig und sechzig Pesos und die anderen noch weniger. Alle hielten diese Summen für lächerlich, schließlich kostete damals ein Schwert schon fünfzig und eine Armbrust sechzig Pesos.

Einige dieser Zahlungen erfolgten aufgrund des Geldes, das manche in die Ausrüstung der Expedition gesteckt hatten. Doch dies sorgte für viel böses Blut, nicht nur weil Cortés vermeintlich so viel für sich behalten hatte, sondern auch weil der Verdacht fortbestand, daß die tatsächliche Gesamtsumme weit über 200 000 Pesos betragen hatte; vielleicht wirklich 380 000 Pesos, wie Bernal Díaz behauptete, auch wenn es keinerlei Beweise dafür gibt. García del Pilar, einer von Cortés' Feinden, der rasch Nahuatl gelernt hatte, erklärte im *juicio de residencia* gegen den *caudillo*, daß ein Mexica namens »Juan Velázquez« ihn einst zur Insel Xaltocan geführt, ihm einen Saal voller Gold gezeigt und ihm angeboten habe, sich nach Belieben zu bedienen, bevor Cortés den Rest genommen habe. Ein anderer Zeuge, Marcos Ruiz, sagte, er habe gesehen, wie nämlicher »Velázquez« zusammen mit anderen Dienern von Cortés schwer mit Gold beladen gewesen sei, das für den *caudillo* bestimmt gewesen sei. Mehrere andere Zeugen beteuerten, sie hätten in Cortés' Haus einen eigens für das Einschmelzen von Gold eingerichteten Raum gesehen, in dem Indianer für ihn gearbeitet hätten – wobei sie zweifellos Goldarbeiten, die gegenüber Alderete nicht deklariert worden seien, zu Goldbarren einschmolzen.[36]

Diese Beschuldigung wurde entschieden zurückgewiesen: Cortés' Freunde erklärten, bei den Indianern, die in Cortés' Haus gegangen seien, habe es sich um Diener gehandelt, die Doña Marina Früchte gebracht hätten. Andere erzählten von einem großen Fest in Cortés' Haus, an dem mehrere Kastilierinnen teilgenommen hätten, die Cortés beschenken wollte. Er sei in seine Wohngemächer gegangen und habe dort vier große flandrische Truhen voller Goldbarren und Schmuckstücke geöffnet. Francisco de Orduña, im Jahr 1522 ein Verbündeter von Cortés, der jedoch ein paar Jahre später auf die Seite seiner Gegner wechselte, sagte 1529 aus, Cortés habe seinen Advokaten, Ochoa de Lexalde, angewiesen, Goldbarren im Wert von 12 500 bis 14 000 Pesos zu vergraben.[37]

Auch aus Texcoco traf eine geringe Menge weiteren Goldes ein. Obgleich diese Stadt unter ihrem neuen Herrscher Ixtlilxochitl zu den Verbündeten von Cortés gehört hatte, hatte sich der Exmonarch Coanacochtzin bis zum Ende als dessen Feind betrachtet. Er wurde gefangengehalten; die offenen Wunden, die durch die Eisen um seine Fußknöcheln verursacht wurden, bereiteten ihm starke Schmerzen. Sein Bruder Ixtlilxochitl berichtete Cortés davon, worauf dieser vorschlug, er solle ihn doch freikaufen. Ixtlilxochitl händigte Cortés sein gesamtes Gold aus, doch der *caudillo* war damit nicht zufrieden. Ixtlilxochitl ließ daraufhin das gesamte Gold einsammeln, das seine Familie in ihren vierhundert Häusern besaß, und erhöhte das Lösegeld. Dieses Gold scheint direkt an Cortés gegangen zu sein. García del Pilar sagte aus, er habe gesehen, daß einige von Ixtlilxochitls Männern in der Provinz Oaxaca Menschenfleisch verkauft hätten, und zwar mit der wenig glaubhaften Begründung, sie müßten dies tun, um mit dem Erlös Gold für Cortés zu kaufen.[38]

Die Lieder und Stimmen verstummten nur selten

> »Die siebte Plage war die Errichtung der großen Stadt Tenochtitlan, an der sich in den ersten Jahren mehr Menschen beteiligten als am Bau des Tempels von Jerusalem ..., und sie hatten die Gewohnheit, singend und plaudernd zu arbeiten, und die Lieder und Stimmen verstummten nur selten bei Tag und bei Nacht ...«
> *Fray Motolinía, Historia de Las Indias*

Entschlossen, den Verdruß über die dürftige Siegesprämie nicht in eine Rebellion umschlagen zu lassen, versuchte Cortés seinen Männern eine neue *raison d'être* zu geben, indem er einige von ihnen mit dem Auftrag losschickte, neue Gemeinden zu gründen. So entsandte er Sandoval im Oktober mit einem Expeditionsheer Richtung Süden, nach Tustepec. Nachdem dieser dort eine kleine Siedlung angelegt hatte, zog er weiter nach Coatzacoalcos, einer Stadt in der Nähe der Mündung des gleichnamigen Flusses, die als mögliche Alternative zu Vera Cruz für die Anlage eines Hafens in Frage kam. Francisco de Orozco, seit dem vorangegangenen Jahr Cortés' Statthalter in Tepeaca/Segura de la Frontera, erhielt den Befehl, sich nach Oaxaca zu begeben, der laut Montezumas *Matrícula de Tributos* bedeutendsten Goldförderregion Mexikos. Diego de Pineda und Vicente López brachen auf, um Pánuco zu erobern, jene flache und heiße Region nördlich von Villa Rica in der Nähe der Küste, die auf Francisco de Garay, den Gouverneur von Jamaika, eine so magische Anziehungskraft ausgeübt hatte. Cortés' einstiger Verwalter Rodrigo Rangel machte sich nach Villa Rica auf, um Pedro de Ircio, dem von Cortés eingesetzten Gouverneur der Stadt, Verstärkung zu bringen. Juan Álvarez (möglicherweise der vormalige Steuermann) wurde nach Colima geschickt, während Juan Rodríguez de Villafuerte nach Zacatula an der Pazifikküste aufbrach. Cristóbal de Olid zog in das unabhängige Königreich Michoacan. Kurze Zeit später erhielt Pedro de Alvarado, »Tonatío«, den Befehl, sich nach Tututepec, einer mexikanischen Garnisonsstadt in der Nähe der Pazifikküste, welche die Tlapaneken in Ayotlan kontrollierte, in Marsch zu setzen. Die Verve, mit der diese neuen Eroberungen durchgeführt wurden, zeigt den Kampfgeist der Conquistadoren.

Doch bevor diese Expeditionen ihr Ziel erreicht hatten und in manchen Fällen sogar, noch bevor sie aufgebrochen waren, sah sich Cortés mit der schwerwiegendsten Anfechtung seiner Autorität seit der Ankunft von Narváez konfrontiert, als der königliche Inspektor, Cristóbal de Tapia, an der Küste bei Vera Cruz an Land ging: Die ihm von Fonseca erteilten Instruktionen, die Macht in Neuspanien zu übernehmen, war im Spätsommer des Jahres 1521 auf Hispaniola eingetroffen.

Die *audiencia* von Hispaniola war von Tapias Instruktionen nicht sonderlich begeistert gewesen. Ihr lag mehr daran, mit dem Ermittlungsverfahren (*residencia*) voranzukommen, das, wie bereits erwähnt, von dem Richter Alonso de Zuazo gegen Diego Velázquez auf Kuba eingeleitet worden war, auch wenn Zuazo selbst nun von einem ähnlichen Verfahren in Santo Domingo bedroht war. Die *audiencia* hatte Tapia geraten, sich nicht nach Neuspanien zu begeben, weil man befürchtete, daß seine Ankunft zu diesem Zeitpunkt »den Faden der Eroberung Mexikos zerreißen würde«.[1] Tapia hatte sich über diese

Bedenken hinweggesetzt, weil er wußte, daß seine Instruktionen von Fonseca und dessen Kollegen, darunter auch Adrian von Utrecht, unterzeichnet worden waren.

Tapia traf Anfang Dezember 1521 mit kleinem Gefolge in San Juan de Ulúa ein. Er suchte unverzüglich die Ratsherren von Villa Rica auf, unter ihnen Jorge de Alvarado (der kurz zuvor Rodrigo Rangel als Statthalter von Cortés abgelöst hatte). Tapia zeigte seine Instruktionen und Beglaubigungsschreiben allen, denen er in Vera Cruz begegnete. Sie wurden für echt befunden. Da jedoch der größte Teil der Stadträte in Neuspanien von Anhängern Cortés' beherrscht wurde, gaben sie Tapia den Rat, den *caudillo* zu konsultieren. So schrieb er einen Brief an Cortés, in dem er diesem mitteilte, er sei im Namen des Königs als Gouverneur nach Neuspanien gekommen. Er hoffe, bald mit Cortés zusammenzutreffen, obgleich er sich vorläufig nicht selbst auf den Weg machen könne, da seine Pferde aufgrund der Reise durch die Karibik krank seien. Könne Cortés ein Treffen arrangieren? Er, Tapia, werde sich mit dem größten Vergnügen nach Tenochtitlan begeben, aber vielleicht sei es Cortés lieber, sich in der Nähe der Küste mit ihm zu treffen.[2]

Cortés hatte von Tapias Ankunft erfahren, bevor ihn dessen Brief erreichte. Er dürfte sich von seinem Aufenthalt auf Hispaniola noch bestens an Tapia erinnert haben. Cortés spielte ein weiteres Mal das juristische Spiel der Stadträte: Er befahl Sandoval, von Tustepec direkt nach dem an der Küste bei Vera Cruz gelegenen Ort »Medellín« (eigentlich Nauhtla) aufzubrechen und dort formell einen Stadtrat einschließlich (vermutlich abwesender) Ratsherren und Bürgermeistern einzusetzen, obwohl es sich damals noch immer um eine rein totonakische Stadt ohne einen einzigen spanischen Einwohner handelte. Er selbst ergriff die Gelegenheit, um in Tenochtitlan einen Stadtrat zu konstituieren, so daß es nunmehr mit Villa Rica de la Vera Cruz und Segura de la Frontera vier kastilische Städte in Neuspanien gab. Tapia würde sie alle überzeugen müssen.[3]

Nun schrieb Cortés einen freundlichen Brief an Inspektor Tapia, in dem er diesem mitteilte, daß er sich über seine Ankunft freue. Hatten sie nicht einst auf Hispaniola Tür an Tür gewohnt? Er könne sich niemanden vorstellen, der besser geeignet sei als Tapia, die Geschicke Neuspaniens zu lenken, und schlug vor, sie sollten sich in Texcoco treffen. Doch Tapia hatte auch an den Schatzmeister des Königs, Alderete, geschrieben und ihn über seine Instruktionen unterrichtet. Alderete hatte sich in jüngster Zeit mit Cortés überworfen, weil er gesagt hatte, der *caudillo* beschenke nur diejenigen mit Gold, die er möge. Cortés bezichtigte ihn daraufhin der Lüge. Alderete hatte bei diesen Worten den Griff seines Schwertes umfaßt, es aber nicht gezogen, sondern das Haus verlassen. Nun zeigte er den Brief Cristóbal de Olid. Olid, der mittlerweile über Cortés' Führung und über die Bescheidenheit seines eigenen Anteils an der Siegesbeute verärgert war, erklärte sich bereit, Tapia als Gouverneur anzuerkennen. Beide sprachen mit Francisco Verdugo und anderen alten Freunden von Diego Velázquez. Sie kamen überein, daß sie, falls Cortés sich weigern sollte, den neuen Gouverneur zu treffen, oder Anstalten machte, ihm den Gehorsam zu verweigern, eine Rebellion beginnen würden.[4]

Doch Cortés erlangte Kenntnis von dieser kleinen Verschwörung, wie es schon bei allen ähnlichen Intrigen in der Vergangenheit der Fall gewesen war. Er ließ sogleich seinen Plan fallen, sich mit Tapia in Texcoco zu treffen, und er enthob Olid unvermittelt des Amtes als Statthalter und Gouverneur von Tenochtitlan.[5] Dann schrieb er einen weiteren Brief an Tapia und teilte ihm mit, daß er es in Anbetracht der Tatsache, daß die Eroberung noch nicht abgeschlossen sei und daß jegliche Veränderung die Indianer aufbringen könnte, nun doch für klüger halte, Fray Pedro Melgarejo de Urrea zu Tapia zu schicken, damit dieser ihm ausführlich schildere, was vorgefallen sei, die von Tapia überbrachten Dekrete prüfe und eine Zukunftsplanung erarbeite. Fray Pedro, mittlerweile ein enger Freund von Cortés, machte sich auf den Weg.

Kurze Zeit später erhielt Cortés einen Brief vom Stadtrat von Villa Rica de la Vera Cruz, in dem dieser darlegte, was geschehen war, und erklärte, daß die Verzögerungen bei der Umsetzung der Anweisungen, die von dem neuen Gouverneur erlassen worden waren, Tapia verärgert habe. Er habe daraufhin »einige skandalöse Dinge angestellt« – vermutlich verkaufte er Waren, die er mitgebracht hatte.[6] Cortés setzte sich über diesen Brief hinweg und schrieb zurück, er wolle nun selbst zur Küste kommen – worauf diejenigen, die formal korrekt, wenn auch ein wenig fadenscheinig als *procuradores* der Städte Tenochtitlan, Segura und Vera Cruz fungierten und gerade in Coyoacán weilten, Cortés baten, aus Rücksicht auf die Sicherheit ganz Neuspaniens das Hochtal von Mexiko nicht zu verlassen. Andernfalls würden sich die Mexica zweifellos auflehnen. Sie würden glauben, Tapia sei ein zweiter Narváez. Statt des *caudillo* wollten sie selbst Tapia an der Küste aufsuchen.

Diese *procuradores* waren selbstverständlich Verbündete von Cortés: Vázquez de Tapia, Ratsherr von Vera Cruz; Cristóbal del Corral, Ratsherr von Segura de la Frontera und lange Zeit Fähnrich der Expedition; und Pedro de Alvarado, *alcalde mayor* von Tenochtitlan. Cortés mit seiner mittlerweile wohlerprobten Methode, scheinbar widerstrebend in einen Vorschlag einzuwilligen, den er höchstwahrscheinlich selbst ersonnen hatte, akzeptierte diesen Plan und verwarf offiziell jeden Gedanken daran, Coyoacán zu verlassen.[7]

Tapia traf die anderen führenden Conquistadoren Neuspaniens zunächst in Jalapa und dann, am 24. Dezember, in Cempoallan, wo Narváez anderthalb Jahre zuvor ein Auge verloren hatte. Pedro de Alvarado erschien als Repräsentant des neuen Stadtrats von Tenochtitlan, Corral für Segura/Tepeaca, Monjaraz für »Medellín« und Francisco Álvarez Chico, Jorge de Alvarado, Simón de Cuenca und Vázquez de Tapia für Vera Cruz. Sandoval, Diego de Soto und Diego de Valdenebro erschienen als Bevollmächtigte von Cortés.

Sie müssen einen starken Eindruck auf Tapia gemacht haben. Vermutlich kannte er mehrere von ihnen seit zehn oder mehr Jahren von Hispaniola her; damals dürfte er sie als unbedeutende Männer betrachtet haben, die zwar hochfliegenden Ambitionen hegten, aber bis dahin nicht viel davon eingelöst hatten. Pedro de Alvarado dürfte lediglich als der vielversprechende Verwandte seines *encomendero*-Kollegen, des in Santo Domingo ansässigen Diego de Alvarado, erschienen sein. Jetzt war Pedro wie diejenigen, die ihn begleiteten, ein erfahrener Mann, der Triumphe und Tragödien durchlebt hatte. Diese Männer demonstrierten ein unerschütterliches Selbstbewußtsein. Mochte man sie in Altspanien auch für Banditen halten, so wurden sie in Neuspanien doch als Paladine betrachtet.

Sie nahmen eine höfliche, aber entschlossene Haltung ein. Sie lasen Tapias Instruktionen aufmerksam durch und konnten sich selbst davon überzeugen, daß sie am 11. April letzten Jahres in Burgos ausgestellt worden waren. Sie küßten die Instruktionen sogar und legten sie auf ihre Köpfe, da es sich um Verfügungen des Königs von Spanien handelte. Doch sie sagten, bevor sie diesen Anweisungen nachkämen, müßten sie beim König Einspruch erheben. Sie behaupteten, Tapia habe keine Ahnung von den politischen Realitäten Neuspaniens, und er sei trotz seiner juristischen Ausbildung nicht als Gouverneur geeignet, denn dieses Amt erfordere ganz spezielle Fähigkeiten. Sie wüßten selbstverständlich, daß Fonseca, der Bischof von Burgos, ihnen allen feindlich gesinnt sei, ja, daß er unangemessene Anweisungen erteile, um seinen Freund, Diego Velázquez, zu begünstigen, der zweifellos den König über die Zustände in Neuspanien falsch unterrichtet habe. Es waren vermutlich Alvarado und Sandoval, die in all diesen Unterredungen als Sachwalter von Cortés den Ton angaben.

Der Inspektor beharrte zunächst darauf, daß sie, die *procuradores* der neugegründeten Städte Neuspaniens, keinerlei Vertretungsvollmacht besäßen, und forderte sie ein weiteres Mal auf, seinen Anweisungen Folge zu leisten. Doch die *procuradores* behaupteten erneut (nicht wahrheitsgemäß, soweit wir wissen), Tapias Ankunft habe bereits zu Unruhen geführt. Welche Schwierigkeiten müßten sich dann erst ergeben, wenn er die Macht übernähme?[8]

Tapia besaß nicht genügend Rückhalt, um sich mit Gewalt über diese Einwendungen hinwegzusetzen. Vielleicht war er bereits von Fray Melgarejo bestochen worden, damit er keine allzugroßen Schwierigkeiten machte. Vielleicht erhoffte er sich von seiner Reise nach Neuspanien sogar nichts anderes, als Bestechungsgelder dafür zu kassieren, daß er nichts unternahm – tatsächlich erklärte er sich schon bald bereit, nach Hispaniola zurückzukehren, um dort das Ergebnis der Beschwerde der Conquistadoren bei der Krone abzuwarten. Um diesen erfreulichen Ausgang einer potentiell gefährlichen Situation zu besiegeln, schenkte man ihm einige afrikanische Sklaven und Pferde. Tapia bat um ein notarielles Protokoll der Unterredung; dies wurde von Alfonso der Vergara ausgefertigt, einem Notar, der mit Narváez nach Neuspanien gekommen war. Er war es gewesen, der unter so ganz anderen Umständen im Frühjahr 1520 als Stellvertreter von Diego Velázquez Sandoval aufgefordert hatte, sich zu ergeben.

Kurz vor seiner geplanten Abreise erhielt Tapia Besuch von Alonso Ortiz de Zúñiga, der ebenfalls zu den Männern von Narváez gehört hatte und jetzt als Bevollmächtigter des königlichen Schatzmeisters Julián de Alderete auftrat (Ortiz de Zúñiga hatte von Cortés die Erlaubnis erhalten, Mexiko zu verlassen). Er überbrachte Tapia Briefe von Alderete. Über deren Inhalt ist nichts bekannt, doch nach ihrer Lektüre besann sich Tapia anders und sagte, er würde gern als »Privatbürger« in Neuspanien bleiben, bis er weitere Anweisungen vom König erhalten habe. Cortés' Freunde wollten diese Verzögerungstaktik nicht hinnehmen: Francisco Álvarez Chico gab in seiner Eigenschaft als Statthalter-Gouverneur von Villa Rica Tapia feierlich den Befehl, sich unverzüglich einzuschiffen, denn dies sei im wohlverstandenen

Interesse des Königs. Tapia versuchte nun, seine Abreise unter dem Vorwand, er müsse einige Sklaven verkaufen, weiter hinauszuzögern. Doch Sandoval drohte ihm, er werde ihn in einem Kanu nach Santo Domingo bringen lassen, falls er sich nicht unverzüglich an Bord seines Schiffes begebe. Bernardino Vázquez de Tapia zwang ihn, an Bord zu gehen, und Sandoval beobachtete das Schiff vom Ufer aus, um sich davon zu überzeugen, daß es tatsächlich in See stach.[9]

Anschließend kehrten die *procuradores* nach Coyoacán zurück, um Cortés von ihrer Leistung zu berichten. Als »Don Hernando« ihre Schilderungen vernahm, »zeigte er große Zufriedenheit und Freude«. Doch fortan behandelte Cortés diejenigen, die Tapia freundlich empfangen hatten, mit unnachsichtiger Härte. Olid, einst einer seiner Günstlinge, erhielt sein Amt als Statthalter-Gouverneur von Tenochtitlan nicht mehr zurück (obgleich Cortés ihn erneut nach Michoacan schickte), und Jorge de Alvarado verlor seinen Sitz im Stadtrat von Villa Rica. Pedro de Alvarado sagte seinem Bruder, er sei »ein Schwein und ein Narr« und er werde ihn in Zukunft nicht mehr seinen Bruder nennen. Ortiz de Zúñiga durfte sich nicht nach Santo Domingo einschiffen, wie er es geplant hatte, und wurde statt dessen nach Coyoacán zurückgeschafft, wo er drei Monate lang in ein behelfsmäßiges Gefängnis eingesperrt wurde. Francisco Verdugo wurde offenbar ähnlich schlecht behandelt. Im *juicio de residencia* gegen Cortés mußte sich der *caudillo* später unter anderem gegen den Vorwurf verteidigen, er habe diese Männer fortan gehaßt und versucht, sie zu vernichten. Auch Alderete, der soviel Wohlwollen für Tapia gezeigt hatte, bekam Cortés' Unmut zu spüren. Ihr Verhältnis blieb gespannt. Anscheinend nahm Cortés' Vergeltungsdrang einen geradezu obsessiven Charakter an. So wurde García del Pilar, der nach dem Eintreffen von Tapia lediglich gesagt hatte: »Jetzt haben wir einen neuen Gouverneur«, ebenfalls eingesperrt.[10]

Letztlich festigte die Tapia-Affäre Cortés' Stellung. Er ließ jetzt sogar Narváez kommen, um ihm die Überreste Tenochtitlans zu zeigen. Beide tauschten zahlreiche Schmeicheleien aus. Narváez beispielsweise erinnerte sich an die Worte, die Cortés nach seiner Gefangennahme an ihn gerichtet hatte, und sagte mit der ihm eigenen Höflichkeit: »*Señor capitán*, die geringste der Taten, die Ihr und Eure tapferen Soldaten vollbracht haben, war meine Gefangennahme.« Worauf Cortés mit stilisierter Bescheidenheit antwortete: »Dies alles haben wir nur Gott und unserem großen Caesar zu verdanken.«[11]

Kaum war Tapia nach Santo Domingo zurückgekehrt, traf ein Schiff aus Kuba ein, das von dem alten und verrufenen, aber unbeugsamen karibischen Conquistador, dem baskischen Navigator Juan Bono de Quejo, befehligt wurde. Er war, wie wir uns erinnern, mit Narváez nach Neuspanien gekommen. Dieser Überlebende der *noche triste* hatte zu den Freunden von Narváez (und Diego Velázquez) gehört, denen Anfang 1521 die Rückkehr nach Kuba erlaubt worden war. Bono de Quejo hatte im Rahmen von Velázquez' Ermittlungsverfahren im Juni 1521 schwere Beschuldigungen gegen Cortés erhoben. Nun kehrte er zurück, offenbar in dem Glauben, Cristóbal de Tapia habe die Macht übernommen. Er hatte Depeschen und Schriftstücke von seinem und Tapias Wohltäter, Bischof Fonseca, bei sich.[12] Dazu gehörten (nach Darstellung von Bernal Díaz) Versprechen von »einzigartigen Wohltaten« für alle, die Tapia als Gouverneur anerkannten. Quejo trug sogar vom Bischof unterzeichnete Briefe bei sich, auf denen Platz gelassen war für die Namen der Empfänger, so daß er sie ganz nach Gutdünken adressieren konnte. Außerdem hatte er einen Brief an Cortés bei sich, in dem Fonseca dem *caudillo* große Vergünstigungen für den Fall versprach, daß er die Macht friedlich an Tapia übergab.

Cortés gab vor, wütend zu sein. Er behauptete sogar, diese Interventionen von Bono de Quejo (und Fonseca) würden unter seinen Freunden der Idee neuen Auftrieb geben, eine aufständische »*comunidad*« zu gründen, wie dies in Kastilien geschehen war, »um die Ordnung so lange aufrechtzuerhalten, bis Euer Majestät die Wahrheit erfahren hat«.[13] Dennoch konnte der *caudillo* von Glück sagen, daß Bono de Quejo erst im Januar 1522 und nicht schon im Dezember 1521 eintraf; damals hätte er Cortés in ernste Bedrängnis bringen können. Quejo blieb eine Zeitlang in Mexiko und war während des Spätsommers ein häufiger Tischgast von Cortés.

Diese Affäre hatte ein Nachspiel, das Cortés mehr als zufriedenstellte: Die *audiencia* in Santo Domingo hatte Tapia geraten, sich nicht nach Neuspanien zu begeben, weil dies den »Faden der Eroberung zerreißen« würde, und bei seiner Rückkehr mußte er feststellen, daß er mittlerweile in Ungnade gefallen war. Zusätzlich stellte sich die *audiencia* jetzt ausdrücklich auf Cortés' Seite. Sie gab ihm die Erlaubnis, ganz Neuspanien zu erobern – eine Erlaubnis, die zwar spät kam, aber reichlich vage war und daher als eine Generalermächtigung betrachtet werden konnte, die nahezu sämtliche Gebiete abdeckte, auf die sich Cortés' Interesse richten konnte. Außerdem erhielt er die Erlaubnis, Sklaven mit einem Brandmal zu versehen, wie es Alonso de Ávila in seinem Auftrag gefordert hatte, und Indianer den *encomiendas* von Conquistadoren zuzuteilen, wie es bereits auf Hispaniola, Jamaika und Kuba geschehen war. Diese Anweisungen sollten so lange gültig sein, bis der König in Kastilien anderslautende Verfügungen erließ. Die *audiencia* hatte offenbar wegen dieser Angelegenheiten an den König, nicht aber an Bischof Fonseca geschrieben; ihre Mitglieder hatten sich über dessen Ernennung von Cristóbal de Tapia zum Gouverneur Neuspaniens geärgert. Ávila, der sich in Santo Domingo aufgehalten hatte, seit ihn Antonio de Mendoza und Diego de Ordás auf ihrer Rückreise nach Spanien im Jahr zuvor dort abgesetzt hatten, war mit dieser Neuigkeit nach Neuspanien zurückgekehrt (im September 1521 weilte er noch immer in Santo Domingo, weil er dort zugunsten von Diego de Ordás aussagen sollte). Die Beschlüsse der *audiencia* waren sein Verdienst gewesen, er hatte seit seiner Ankunft auf Hispaniola auf dieses Ziel hingearbeitet. Unter Umständen war es auch ein Triumph der Bestechungsgelder, die er in Cortés' Auftrag verteilte. Es steht zu vermuten, daß ein Teil des mexikanischen Goldes den Besitzer wechselte und die *audiencia* und andere beeindruckt waren von dem, was ihnen Ávila und Ordás über Mexiko erzählten.

Cortés war Ávila für diese Dienste sein Leben lang dankbar. Im April 1522 ernannte er ihn zum *alcalde mayor* (Ortsvorsteher) von Mexiko. Ende des gleichen Jahres gehörte Ávila zu den ersten, denen Cortés eine *encomienda* zuteilte, und er wurde so zum Herren von Tausenden von Indianern in Cuauhtitlan, einer Tepaneken-Stadt am Seeufer, unmittelbar nördlich von Tenochtitlan. Doch obgleich Cortés Ávila dankbar war, entwickelte sich zwischen ihnen nie ein herzliches Verhältnis; vielleicht störte sich Cortés an der kastilischen Herkunft Ávilas. Cortés fühlte sich offenbar nur unter Estremeños wohl. Auch Ávilas offene, arrogante, streitsüchtige und direkte Art mißfiel ihm. Obgleich der *caudillo* seine Dienste schätzte, hielt er ihn immer auf Distanz.[14]

Die Bedeutung Ávilas zeigte sich im April 1522, als er in seiner Eigenschaft als *alcalde mayor* ein Ermittlungsverfahren (*probanza*) leitete, das die Prüfung der Beschwerde von Cortés gegen die Ernennung von Cristóbal de Tapia zum Gegenstand hatte. Alle Zeugen sagten ganz in Cortés' Sinne aus, daß die Früchte der Eroberung wieder verlorengegangen wären, wenn Tapia Gouverneur geworden wäre, denn er sei nicht der geeignete Mann gewesen, um zu diesem Zeitpunkt ein Land wie Mexiko zu regieren.

Es wurden auch Zeugen zu den Expeditionen von Grijalva und Hernández de Córdoba vernommen, mit dem Ziel, den Anspruch Juan de Grijalvas, er habe das Gebiet im Auftrag seines Onkels Diego Velázquez entdeckt, zurückzuweisen und um den älteren Anspruch des mittlerweile verstorbenen Francisco Hernández de Córdoba, der seine Entdeckungsfahrt im Namen des Königs durchführte, zu untermauern. Sechs der Zeugen, die im Jahr 1521 befragt wurden, sagten aus, sie hätten gesehen, wie Cordóba an Land gesprungen sei und das Gebiet im Namen des Königs in Besitz genommen habe. Wenn die Conquistadoren genug Zeit hatten, über solche Dinge zu diskutieren, zeigt dies, daß sie mittlerweile ihre Herrschaft über Mexiko fest etabliert hatten.[15]

Sobald Cortés zu seiner großen Erleichterung Inspektor Tapia losgeworden war, wandte er sich wieder seinen Erkundungsvorhaben und seinen Reiseplänen zu. Er wollte seinen Triumph über eine Stadt mit der Eroberung eines Landes krönen. Die wichtigsten Vorhaben waren die Erkundungsreise Alvarados nach Tututepec im Südwesten, Richtung Oaxaca, Sandovals Expedition nach Coatzacoalcos und Olids Vorstoß nach Michoacan.

Alvarado verließ Tenochtitlan mit etwa zweihundert Männern, vierzig Reitern und zwei kleinen Geschützen. Nach der üblichen Abfolge von Verhandlungen und Verrat gründete er eine Stadt, die vorübergehend Segura de la Frontera genannt wurde. Alvarado begann sich später sehr für diese Region zu interessieren, in der ihm Cortés gegen Ende des Jahres eine große *encomienda* gewährte.[16]

Von Tututepec aus stieß Alvarado weiter nach Süden vor, um eine kastilische Siedlung in Tehuantepec zu gründen, einer am Isthmus gelegenen unzugänglichen, aber wohlhabenden Provinz des mexikanischen Reichs; ihr *tlatoani*, ein Zapoteke, der jedoch mit Montezuma verwandt war, hatte sich im Vorjahr den Kastiliern unterworfen. Es war eine anstrengende Expedition, die – auch für ihren Anführer – mit viel Ungemach verbunden war. In Tehuantepec ließ Alvarado den *tlatoani* einsperren, weil er ein Komplott befürchtete. Er erstickte auch eine mutmaßliche kastilische Verschwörung, indem er zwei seiner eigenen Männer (Salamanca und Bernaldino) hängen ließ, um ein abschreckendes Exempel zu statuieren. Alvarado schickte Cortés eine beträchtliche Menge Gold, die Cortés anscheinend für sich behielt. Im Jahr 1528 kam es deswegen zu einem unerfreulichen Prozeß.[17]

Nachdem Sandoval das Volk von Tustepec hart traktiert hatte, zog er, wie geplant, weiter in die Region von Coatzacoalcos. Kein Spanier – und vielleicht sogar kein Mexica – ahnte damals, daß dies die Wiege der »Mutterkultur« der ganzen Region war, die Gegend, in der die Hochkultur auf dem amerikanischen Kontinent Gestalt angenommen hatte. Die großartigen Kultstätten der Olmeken mit ihren rätselhaften kolossalen Steinköpfen, die die Gesichtzüge weinender Säuglinge tragen, waren von dichtem Buschwerk überwuchert. Dennoch handelte es sich, wie schon Cortés herausgefunden hatte, um ein dicht bevölkertes Gebiet, das sich unmittelbar an die Südostgrenze des mexikanischen Reichs anschloß. Sandoval versuchte also, das Territorium des alten Reichs auszudehnen, so wie es Cortés Montezuma als gemeinsames Projekt vorgeschlagen hatte. Diego de Ordás war bereits im Jahr 1520 in die Region vorgestoßen, ebenso Rodrigo Rangel und Juan Velázquez de León. Sie hatten gute Beziehungen zu den *naturales* hergestellt, so daß es zunächst zu keinen Feindseligkeiten kam.

Dennoch stieß das Vorhaben, eine ständige kastilische Siedlung zu gründen, auf die entschiedene Ablehnung der *naturales*. Sandoval ging mit Waffengewalt gegen die Indianer vor, bevor er seine Stadt – einschließlich Stadtrat – etwa fünfzehn Kilometer von der Mündung des Coatzacoalcos entfernt errichten konnte. Er nannte sie »Espiritu Santo«, weil sie einen Tag nach dem gleichnamigen Fest gegründet wurde; außerdem war es der Name der Stadt, in der Sandoval auf Kuba gelebt hatte.

Im Anschluß an die Gründung der Stadt teilte Sandoval jenen Conquistadoren, die sich bereit erklärt hatten, sich hier niederzulassen, Ländereien und Indianer zu. Zu diesen gehörten Luis Marín, ein Sanluqueño genuesischer Abstammung, der eng mit Sandoval befreundet war und von Cortés mehrfach beauftragt worden war, die friedliche Eintracht zwischen den Conquistadoren zu wahren; Bernal Díaz, der Chronist; Diego de Godoy, der Notar aus Pinto; Francisco de Lugo, einer der Reiter, die Cortés von Anfang an begleitet hatten, und weitere Männer, die schon bald zu den Feinden von Cortés gehören sollten, wie Gonzalo de Mexía, einstiger Schatzmeister des Heeres, und Pedro de Briones, ein Salamantiner, der später wegen Meuterei gehängt wurde. Diese Landzuweisungen hatten keinen offiziellen Charakter und mußten daher später bestätigt werden. Dies waren die ersten Kommenden, die in Neuspanien vergeben wurden.

Auch nach Michoacan wurden mehrere Expeditionen entsandt. Die erste nach der Eroberung Tenochtitlans wurde im Februar 1522 von einem gewissen Parrillas angeführt, der dort nach Proviant suchte. Es folgten zwei weitere unter Antonio Caicedo und Francisco de Montano. Montano, einer von Narváez' Männern, der aus Ciudad Rodrigo stammte, stellte gute Beziehungen zum *cazonci* her. Die wichtigste Expedition fand jedoch im Sommer 1522 unter Führung von Cristóbal de Olid statt. Olid zog an der Spitze einer Truppe von etwa zwanzig Reitern, zwanzig Armbrustschützen und einhundertdreizehn Fußsoldaten in Begleitung von Andrés de Tapia und Cristóbal Martín de Gamboa in der Hauptstadt der Tarasken, Tzintzuntzan, ein.[18] Die Tatsache, daß Cortés einen so skrupellosen Soldaten zum Anführer einer Expedition zu einem Ort wie diesem ernannte, beweist, daß es ihm gelegentlich an Urteilskraft mangelte – was sich auch in seinem unerschütterlichen Vertrauen zu Alvarado zeigt. Jedenfalls erschreckte die bloße Aussicht, Olid zu begegnen, den *cazonci* derart, daß er nach Uruapan floh. Eine Zeitlang ließ er sogar bewußt das Gerücht streuen, er habe sich im Pátzcuaro-See ertränkt.

Die Tarasken, wie sie mittlerweile genannt wurden, waren von den Kastiliern nachhaltig beeindruckt. Sie nannten diese »*tucupacha*«, Götter, bzw. »*teparachua*«, große Männer, oder auch »*acaececha*«, Männer mit Hüten. Sie glaubten, daß die sonderbaren Gewänder der Spanier aus Häuten toter Menschen bestanden, wie sie ihre eigenen Priester bei gewissen Festen zu tragen pflegten. Sie glaubten, daß die Pferde jenen künstlichen Hirschen mit Schwänzen und Mähnen glichen, die sie anläßlich des Cuingo-Fests aus Amarantsamen formten, und sie vermuteten sogar eine Zeitlang, daß die Pferde sprechen könnten, denn die Kastilier unterhielten sich mit ihnen. Die Tarasken nahmen an, daß ihre eigene Göttin Cueruahaperi, die Mutter aller Götter, den Kastiliern die Samen und den Wein gegeben hatte, die diese ihnen mitbrachten. Doch obgleich sie beeindruckt waren, fürchteten sie sich.[19]

Diese Angst beflügelte Olids Habgier. Er plünderte den Palast des *cazonci* auf der Suche nach Gold und ließ die Götterstatuen vom Tempel hinabwerfen. Der *cazonci* kehrte nach Tzintzuntzan zurück; er scheint die Präsenz der Kastilier zwar formell anerkannt zu haben, doch ging er nicht so weit, den Vasalleneid zu leisten. Das Interesse der Conquistadoren an Gold überraschte ihn; er drückte dies so aus: »Sie müssen sich davon ernähren, wenn sie es so sehr begehren.«[20] Olid schickte ihn mit mehreren Lasten Gold und Silber nach Tenochtitlan. Der *cazonci* reiste als Gast, auch wenn er fürchtete, ein Gefangener zu sein. Er blieb vier Tage in Tenochtitlan, wo man ihn festlich bewirtete und angenehm zerstreute, was einen solchen Eindruck auf ihn machte, daß er als eine mehr oder minder willfährige Marionette der Kastilier nach Michoacan zurückkehrte, auch wenn er nach außen hin einen gewissen Anschein der Unabhängigkeit wahrte. Angeblich sagte er nach seiner Rückkunft: »Die Großzügigkeit der Spanier ist geradezu unglaublich.« So blieb er gefügig, bis er sieben Jahre später während einer Expedition von Nuño de Guzmán, dessen Greueltaten die Brutalitäten Olids weit in den Schatten stellten, umgebracht wurde.

Olid selbst zog in westlicher Richtung weiter nach Colima, nachdem er zahlreiche taraskische Soldaten für seine Armee angeworben hatte. Cortés erteilte ihm diesen besonderen Auftrag, weil diejenigen, die er zuvor in diese Region entsandt hatte, Juan Álvarez und Juan Rodríguez de Villafuerte, dort keine kastilische Siedlung angelegt hatten. Colima, eine bescheidenere Version des Gemeinwesens von Michoacan, war gleichzeitig das Zentrum einer großen Zahl halbautonomer Städte, in denen Sprachen gesprochen wurden, die heute weitgehend ausgestorben sind. Olid gelang es, die Region zu »befrieden« – doch nach seiner Abreise brach eine Rebellion aus. Cortés entsandte Sandoval, um den Aufstand niederzuschlagen; dieser löste dadurch jedoch einen Aufstand in Coatzacoalcos aus, der von Luis Marín niedergeschlagen wurde.[21] All diese Aktionen führten schließlich dazu, daß im Jahr 1523 zunächst eine Kolonie in Colima und anschließend (was für Cortés' Pläne noch wichtiger war) ein Hafen und eine Schiffswerft in Zacatula am »Mar del Sur«, wie der Pazifik damals noch immer genannt wurde, angelegt wurden.

Die Entdeckung der Südsee an vier verschiedenen Stellen war eines der bedeutenden Ereignisse des Winters 1521/22. Der erste Ort, an dem die Kastilier die Gestade des Pazifiks erblickten, war Zacatula, das Zentrum einer weiteren dichtbevölkerten Region autonomer Stadtstaaten. Wie Coatzacoalcos lag auch diese Stadt außerhalb der Tributzone von Tenochtitlan und Michoacan. Francisco Álvarez Chico erkundete zu Beginn des Jahres 1522 die Küste zwischen Zacatula und Acapulco. Das Gerücht, daß es in der Nähe von Ciguatlan eine Insel gebe, die von Amazonen bewohnt sei, erwies sich jedoch als falsch.

Sandoval gründete eine Kolonie, aus der schon bald die Stadt Villa de la Concepción de Zacatula hervorging. Aus Vera Cruz kamen Zimmerer, Schmiede und Seeleute, aber auch Anker, Segel, Tauwerk und Takelage. Da die Region sehr waldreich war, konnten die ersten Kolonisten mühelos genügend Holz beschaffen, um drei Karavellen und zwei Brigantinen zu bauen, »erstere für Entdeckungsfahrten, letztere, um an der Küste entlangzusegeln«.[22]

Diese Erkundungsfahrten verfolgten mehrere Ziele, unter denen die Entdeckung der mutmaßlichen Meerenge zwischen der Karibik und der Südsee die höchste Priorität besaß. Die meisten Entdeckungsfahrer waren derart besessen von dieser Idee, daß »sie sich tausend Gefahren aussetzten«, wie Pietro Martire an den Herzog von Mailand schrieb. Doch möglicherweise ahnte Cortés mittlerweile, daß die Meerenge nicht existierte. Er beabsichtigte vielmehr, einen weiteren Seeweg nach China zu finden, von dem man trotz Magellan noch immer glaubte, daß es nicht weit entfernt sein könne. Vielleicht konnte man China selbst erobern. Wie sonst läßt sich Cortés' Beteuerung gegenüber Karl V. im Jahre 1522 verstehen, seine Pläne für die Südsee seien weitreichender als alles, was bislang in Westindien geschehen sei, und sie würden den König »zum Gebieter über mehr Reiche und Fürstentümer machen, als man bislang in unserer Nation gekannt hat«. Im Jahr 1524 schrieb er an den Kaiser, daß sein Abenteuer in der Südsee, unabhängig von der Existenz einer Meerenge, »einen sehr guten und sehr kurzen Seeweg von den Gewürzinseln [*la Especería*] zu den Reichen Eurer Majestät öffnen wird«.[23]

Die wichtigste Expedition in diesen Monaten führte Cortés selbst Richtung Osten, in die Region des Flusses Pánuco. Vielleicht behaupteten seine Kritiker zu Recht, er habe sich nur aus Furcht, sein ehemaliger Freund und jetziger Feind Garay könnte eine weitere Expedition dorthin unternehmen, zu diesem Vorstoß entschlossen. Cortés sah auch die strategische Notwendigkeit, die Karibikhäfen Villa Rica de la Vera Cruz und San Juan de Ulúa zu schützen. In dem jenseits von Tlaxcala gelegenen Ort Tututepec kam es zu einem gefährlichen Indianeraufstand, den Cortés niederschlug; er besiegte die sogenannten Rebellen in einer offenen Feldschlacht bei Acasuchtitlan. Danach verkaufte er einige der Gefangenen als Sklaven, um so Schadenersatz für zwölf getötete Pferde zu erhalten.[24] Wie Michoacan, Zacatula und

Espíritu Santo gehörte auch Pánuco nicht zu den Städten, die dem Dreierbund tributpflichtig gewesen waren. Das gesamte Gebiet war wie die meisten dieser für die Spanier neuen Territorien nichts anderes als ein Mosaik kleiner Stadtstaaten, die sich in der Vergangenheit zu einem Schutzbündnis gegen fremde Eroberer zusammengetan hatten. Die Huaxteken, deren Zahl sich zur Zeit ihres ersten Kontakts mit den Kastiliern auf etwa eine Million belaufen haben dürfte, kämpften mit großer Tapferkeit und Ausdauer gegen Cortés. Sie bereiteten ihm und späteren Conquistadoren große Probleme.

Dieser Feldzug nahm Cortés während des größten Teils der ersten Hälfte des Jahres 1522 in Anspruch. Es kam zu mehreren offenen Schlachten, einigen Augenblicken großer Bedrängnis und einigen schauerlichen Entdeckungen: So fanden die Conquistadoren beispielsweise in einem Tempel in einer schönen Stadt am Ufer eines Sees die gehäuteten Köpfe zahlreicher Kastilier – Trophäen des Siegs der Huaxteken über eine der Expeditionen von Gouverneur Garay. Doch schließlich wurde eine kastilische Kolonie in San Esteban del Puerto gegründet, deren Überreste noch heute in der modernen Stadt Pánuco zu sehen sind. Pedro Vallejo, einer der Conquistadoren, die Cortés in jenen Tagen mit verantwortungsvollen Posten betraute, wurde vom *caudillo* zu seinem dortigen Statthalter berufen, als das Gros der Expedition nach Mexiko zurückkehrte.

Cortés behauptete später, er habe aufgrund dieser Expedition der Krone eine große und fruchtbare Region übergeben können, und beklagte, daß er keinerlei Ersatz für seine Kosten erhalten habe (mit der Begründung, er sei nur deshalb in diese Region vorgestoßen, um Garays Pläne zu durchkreuzen). Cortés sagte, er habe über 30 000 Pesos aufgewendet und keine Siegesbeute gemacht.[25]

Ein bemerkenswertes Kennzeichen all dieser Expeditionen bestand darin, daß Indianer – Herrscher wie Soldaten – daran teilnahmen: Tlaxcalteken, Texcoca, aber auch Mexica. Die Anführer der Indianer durften Pferde reiten, kastilische Kleidung tragen und den kastilischen Rang eines Hauptmanns bekleiden. Cortés gestattete ihnen sogar, den Titel eines »Don« zu führen – obgleich er offiziell nicht dazu befugt war, diesen Titel zu vergeben. Diese Männer spielten eine wichtige Rolle bei der »Befriedung« der entlegenen Provinzen dessen, was bald zum Vizekönigreich von Neuspanien werden sollte. Sie waren mehr als bloße Sepoys des neuen Imperiums, denn nach zwei bis drei Generationen waren ihre Nachfahren in Lebensweise und Sprache nicht mehr von den Enkeln der Conquistadoren zu unterscheiden. Cuauhtémoc scheint diese Feldzüge in einem gewissen Umfang unterstützt zu haben; so stellte er angeblich 15 000 Soldaten zur Verfügung, die offenbar sogar von einem seiner Vettern befehligt wurden.[26]

Ebenso wichtig wie diese Beutezüge war freilich Cortés' zu Anfang des Jahres 1522 gefaßter Entschluß, Tenochtitlan an seinem früheren Standort wieder aufzubauen. Diese Entscheidung rief Unmut hervor, was zum Teil damit zusammenhing, daß Cortés seine Meinung geändert hatte. Zunächst hatte er erklärt, er wolle die Stadt entvölkern, und jeder Mexica, der sich dort wieder anzusiedeln versuche, werde gehängt. Zum damaligen Zeitpunkt hatte er jedoch nur den Bau einer Festung im Sinn gehabt, in der er seine wertvollen Brigantinen wirksam schützen konnte, die seine Herrschaft über den See sicherstellen sollten, falls es je erforderlich werden würde, die Stadt zu verteidigen. (Dieses Bauprojekt mochte etwas mit seinem Wunsch zu tun haben, das Versprechen zu erfüllen, das er zwei Jahre zuvor den Tlaxcalteken gegeben hatte, die er jedoch im übrigen recht kühl behandelte.) So wurden zur Vorbereitung auf einen möglichen Verteidigungskrieg zwei mächtige Wachtürme errichtet. Dazwischen wurde ein Gebäude mit drei Hallen und einem Zugang zum See für die Brigantinen erbaut. Die Arbeiten an diesen Bauwerken begannen gegen Ende des Jahres 1521. Sie wurden von Mexica ausgeführt, die unter der Leitung von Tlacotzin, dem *cihuacoatl*, standen, wobei die Kastilier an der Planung beteiligt waren. Die Gebäude wurden im Mudejarstil erbaut.

Später schrieb er dem König, er habe hin und her überlegt, ob er eine andere Stadt im Umkreis der Seen errichten solle, doch er sei zu dem Schluß gekommen, es sei besser, die Stadt wiederaufzubauen. Dies hatte nicht zuletzt strategische Gründe, denn wenn die Mexica den Kastiliern so lange hatten Widerstand leisten können, dann könnten sich auch die Kastilier notfalls lange Zeit dort verschanzen. Aber es gab auch einen psychologischen Grund: Wäre Tenochtitlan *nicht* wieder aufgebaut worden, dann wären die Ruinen der alten Stadt als ein Monument der einstigen Größe der Mexica erhalten geblieben.[27]

Hätte Cortés die Hauptstadt nicht in Mexiko-Tenochtitlan erbaut, dann, so glaubte er, wäre es möglicherweise zu einem Indianeraufstand gekommen.[28] Doch vielleicht hatte er auch noch einen tieferen, sehr persönlichen Beweggrund: Er wollte eines der Wunder der Welt, dessen Herrlichkeit er so oft in seinen Briefen in die Heimat beschworen hatte, wiedererstehen lassen. Keine Stadt in Europa war schöner, als es Tenochtitlan gewesen war, und nun sollten die Kapitale noch imposanter wiederaufgebaut werden. Cortés, der Renaissancefürst, würde etwas erschaffen, das selbst Venedig als ein Dorf erscheinen ließe.

Cortés' Entscheidung wurde später kritisiert. So sagte Vázquez de Tapia, im Jahr 1522 noch ein Freund von Cortés, alle außer Cortés hätten es vorgezogen, wenn die neue Hauptstadt in Coyoacán, Tacuba oder Texcoco errichtet worden wäre. Vázquez behauptete sogar, seiner Ansicht nach habe Cortés die Hauptstadt nur deshalb an ihrem früheren Standort wieder aufbauen lassen, weil er sich so im Notfall leichter der königlichen Obrigkeit hätte widersetzen können. Andere machten Cortés 1529 den gleichen Vorwurf. Doch im Jahr 1522 brachten diese Kritiker ihre Einwendungen verhaltener zum Ausdruck als sieben Jahre später – sofern sie damals überhaupt Widerspruch anmeldeten. Der Unmut, der damals artikuliert wurde, stammte von Soldaten, die es für besser hielten, die Stadt auf dem Festland, an einem gesünderen Ort in der Nähe des Gebirges, wo die Versorgung mit Trinkwasser gewährleistet wäre, zu erbauen.[29]

Bereits im Winter 1521/22 wurde mit den Planungen für den Wiederaufbau begonnen. Cortés beauftragte Alonso García Bravo aus Ribera, der im Jahr 1520 mit Diego Camargo nach Neuspanien gekommen war, einen Plan, eine sogenannte *traza*, zu entwerfen. García Bravo war ebensowenig ein gelernter Architekt, wie Martín López ein ausgebildeter Schiffsbaumeister gewesen war. Seine bautechnischen Erfahrungen beschränkten sich bis dahin auf die Mitwirkung am Bau der Festung in Villa Rica und die Errichtung einer Palisade (*palenque*), die als Lazarett für kranke Soldaten diente. Dies genügte Cortés, um ihn als einen »guten Geometer« einzuschätzen. Die *traza* orientierte sich bis zu einem gewissen Grad, zumindest im Stadtzentrum, an den Straßen und Kanälen der alten Stadt. Der frühere städtebauliche Grundriß wurde beibehalten, obgleich unklar ist, ob die neuen Baumeister einen Plan der alten Stadt besaßen. Das Stadtzentrum sollte den Kastiliern vorbehalten bleiben, während die Außenbezirke für die *naturales* vorgesehen waren. Die Stadtfläche wurde in Parzellen eingeteilt, denen bestimmte Funktionen zugeordnet wurden: eine Kathedrale, ein Gefängnis, der Gouverneurspalast, Märkte, Klöster und Baugrundstücke (*manzanas*), die Personen angeboten werden sollten, die ein Gebäude mit eigenen Mitteln errichten wollten. Es gab eine

Diskussion über die geeigneten Standorte für das neue Schlachthaus, den neuen Kornspeicher, die Brunnen, Brücken und Dämme, ganz zu schweigen von den Abwasserkanälen, Wasserleitungen und kleinen Plätzen. Die Fassaden sämtlicher Gebäude wurden von Architekten geplant, die sich auf Geheiß von Cortés um Gleichförmigkeit bemühten. Es sollte eine klassische Stadt werden. Bauentwürfe, die sich nicht in den Gesamtplan fügten, wurden verworfen.

Bravo plante die Stadt nach römischem Muster. So sollte beispielsweise jedes einzelne Gebäude durch Rohrleitungen mit Wasser versorgt werden (eine Aufgabe, für welche die Stadtverwaltung zuständig sein sollte), was damals in Kastilien unüblich war. Für die Pflasterung, Säuberung und Instandhaltung der Straße dagegen sollte der jeweilige Hauseigentümer verantwortlich sein. Die Hauptstraßen sollten vierzehn Ellen, *varas* (etwa 12 Meter), breit werden, während einige Kanäle verbreitert und tiefer gelegt werden sollten. Die vier *barrios* für die Indianer, die rings um die *traza* angelegt werden sollten, sollten ungefähr die gleichen Ausmaße haben wie die vier Viertel Tenochtitlans. Doch ihren einstigen Namen wurde ein christliches Präfix vorangestellt: San Juan Moyotla, Santa María Zoquiapan, San Sebastián Atzacualco und San Pablo Cuepopan. Mit dem Wiederaufbau dieser *barrios* und deren Wiederbesiedlung wurden verschiedene Führer der Mexica betraut. Tlatelolco sollte als Santiago Tlatelolco fortbestehen, und der berühmte Markt der Stadt sollte ebenfalls wiederhergestellt werden, und auch der große Tezontlalli-Kanal, der Tlatelolco von Tenochtitlan trennte, sollte wieder ausgehoben werden.

Die Wiederaufbauarbeiten wurden zu Beginn des Jahres 1522 in Angriff genommen. Zur gleichen Zeit wurden die Baugrundstücke verteilt – was erneut für Unmut sorgte. Dem *caudillo* wurde vorgeworfen, bei dieser Zuteilung seine Freunde besonders großzügig bedacht zu haben, während er sich gegenüber seinen Gegnern knauserig gezeigt habe. Auch verlautete gerüchteweise, er habe sich selbst nicht weniger als fünfzig Bauplätze reserviert. Später nahm manch einer Anstoß an den Türmen, mit denen Cortés und Alvarado ihre Paläste versahen (in Kastilien gab es ein Gesetz, das den Bau von Türmen nur bei vorheriger Genehmigung erlaubte, und man ging davon aus, daß dieses Gesetz auch in Neuspanien galt).[30]

Cortés ließ seinen Palast an jener Stelle errichten, an welcher der Palast Montezumas gestanden hatte; eine gewisser Juan Rodríguez diente ihm als Architekt, während die Bauarbeiter offenbar aus Chalco, Huexotzinco, Tepeapuloco und Otumba kamen, also aus den gleichen Orten, in denen sich früher die Mexica die Maurer für ihre großen Paläste »besorgt« hatten. Dem *caudillo* wurde ferner vorgeworfen, er habe sich trotz seiner regelmäßigen Teilnahme am Gottesdienst mit dem Bau einer Kirche Zeit gelassen und sich mit einer kleinen Kapelle in einer Vorhalle begnügt, die sich angeblich »unmittelbar neben einem Raum befand, in dem Indianer, Schwarze und Hunde schliefen und der als Stallung diente«.[31]

Am meisten beeindruckt jedoch in dieser Anfangszeit des Wiederaufbaus von Mexiko-Tenochtitlan das Ausmaß des Unterfangens. Arbeiteten im Frühjahr 1523 tatsächlich 400 000 Mexica unter der Leitung texcokanischer Vorarbeiter und unter der allgemeinen Oberaufsicht eines Fürsten aus Texcoco, »Don Carlos Ahuaxpitzatzin«, und des Ex-*cihuacoatl*, wie es Ixtlilxochitl behauptete?[32] Auf jeden Fall arbeiteten viele *naturales* aus allen Teilen des Hochtals von Mexiko und aus den benachbarten Regionen sehr hart und sehr lange an diesem gigantischen Vorhaben. Das Wissen, daß der einzige überlebende Sohn Montezumas, »Don Pedro Montezuma«, wie sein Name mittlerweile lautete, den Wiederaufbau eines Stadtviertels leitete, beflügelte die Phantasie der verbliebenen Mexica. All diese Männer arbeiteten mit den Conquistadoren zusammen und machten die Aufgabe so für Cortés sehr viel einfacher, als er hätte erwarten dürfen.

Der Franziskaner Fray Motolinía (der im Jahre 1524 in die Stadt kam) schrieb, an diesem gewaltigen Unternehmen hätten mehr Menschen mitgewirkt als am Bau des Tempels von Jerusalem, und die »Lieder und Stimmen verstummten nur selten bei Tag und bei Nacht«.[33] Im Europa des 16. Jahrhunderts erreichte kein Bauvorhaben auch nur annähernd die Größe, den Ehrgeiz und den Prunk dieses Unterfangens.

Die Mexica paßten sich schnell an europäische Techniken an. Alles Neue – von Nägeln bis zu Flaschenzügen, von Kerzen bis zu Stahlmessern, von Karren bis zu Schrauben – weckte ihr Interesse. Der Einsatz von Karren erwies sich als ganz besonders interessant, denn beim Bau der neuen Stadt wurde das Rad – eingebaut in Schubkarren und Handwagen – erstmals in Mexiko verwendet. Und schon bald sollte ein noch bedeutsameres Beförderungsmittel eintreffen: Das Maultier, die große Maschine der mexikanischen Gesellschaft für die kommenden vierhundert Jahre. Zweifellos war die mexikanische Kultur schon vor 1518 ein »Sammelsurium entlehnter Bräuche« gewesen – Bräuche, die von den Tolteken und den Maya, den Otomí und den Totonaken übernommen worden waren. Doch nichts beeindruckte die Mexica so sehr wie die europäischen Neuerungen. »Sie lieben Neuheiten«, bemerkten Luis Marín und Martín Vázquez, zwei Freunde von Cortés.[34]

In ähnlicher Weise sollten die Seelen der Mexica schon bald von europäischen Bettelmönchen gefangen werden. Doch in den Monaten unmittelbar nach dem Fall des alten Reichs machte der gewöhnliche mexikanische Arbeiter eine schwere Orientierungskrise durch. Er wartete vergeblich auf die Anweisungen, die ihm früher die günstigen Zeitpunkte für Aussaat und Ernte angezeigt hatten. Die Muscheltrompeten blieben stumm. Die Bilderhandschriften wurden vernachlässigt, sofern sie nicht ein Raub der Flammen geworden waren. Arbeit ohne zeremoniellen Rahmen war Arbeit ohne Billigung der Götter.

Jene Klausel in Adams Testament, die Frankreich ausschließt

> »Ich würde gern jene Klausel in Adams Testament sehen, die Frankreich von der Aufteilung der Welt ausschließt.«
> *Franz I., König von Frankreich*

Cortés hatte noch immer keine offizielle Nachricht vom König erhalten und wußte auch noch immer nichts Genaues über die Ereignisse in Kastilien. Er dürfte – möglicherweise von dem Steuermann Antonio de Alaminos oder von anderen, die im Jahre 1521 die Überfahrt von Alt- nach Neuspanien unternahmen – erfahren haben, daß der Grund für das lange Stillschweigen des Königs sein Aufenthalt in Flandern und sein Streben nach jener »Cäsarenrolle« war, von der Cortés in mehreren Dokumenten gesprochen hatte. Doch seit der Abreise von Montejo und Portocarrero aus Vera Cruz waren mittlerweile drei Jahre vergangen, und es war bereits ein Jahr her, seitdem die Schlacht von Villamar den Bestrebungen der *comuneros* ein Ende gesetzt hatte. Wie war es möglich, daß noch kein einziger Brief von der Krone eingetroffen war, deren Herrschaftsgebiet Cortés so beträchtlich erweitert hatte, wie er es sich selbst und anderen sagte? Der *caudillo* konnte nicht ahnen, welche schwerwiegenden Folgen die Niederlage der *comuneros* für freie Geister wie ihn haben sollte, denn der König bzw. dessen Berater erkannten schon bald, daß sich die (bereits mit weitgehenden Machtbefugnissen ausgestattete) Inquisition sowohl für politische als auch für spirituelle Zwecke einsetzen ließ.

So schickte Cortés weitere Briefe in die Heimat; zunächst einen dritten Erfahrungsbericht (*Carta de relación*), den er am 15. Mai 1522 in Coyoacán unterzeichnete. Er redete seinen Adressaten darin mit anderen Titeln an als im zweiten Brief, den er aus Segura de la Frontera geschickt hatte (der seinerseits eine andere Form der Anrede enthielt als der erste Brief, der vom Stadtrat von Vera Cruz stammte). So richtete Cortés diesen Brief an den »Allervortrefflichsten und allmächtigen Cäsar und unbesiegten Herrscher, Don Carlos, Kaiser, Augustus und König von Spanien für allezeit, unser Herr«. Der Brief enthält einen der anschaulichsten Berichte der spanischen Literatur des 16. Jahrhunderts. Cortés schildert darin ausführlich die Eroberung Tenochtitlans. Der königliche Schatzmeister Alderete, Alonso de Grado und Vázquez de Tapia bestätigten, daß er die Ereignisse wahrheitsgetreu wiedergab.[1]

Cortés schickte einen weiteren, persönlichen Brief an den Kaiser (da er wußte, daß die *Carta de relación* veröffentlicht würde), dessen Kernaussage lautete: »Ich möchte Euer Hoheit davon in Kenntnis setzen, daß ich mittlerweile … seit mehr als drei Jahren in diesem Land bin. Ich habe Euer Majestät und Euren Indienrat immer schriftlich über alle Dinge unterrichtet, die für Euch von großem Belang sind, doch bis heute habe ich keinerlei Antwort darauf erhalten. Der Grund hierfür liegt meines Erachtens darin, daß entweder meine Briefe nicht angekommen sind … oder daß die Personen, die für meine Angelegenheiten zuständig sind, ihre Pflichten vernachlässigt haben …«

Schließlich scheint Cortés einen dritten Brief geschrieben zu haben, in dem er der Krone den Vorschlag unterbreitete, die gesamte Pazifikküste auf eigene Kosten zu erkunden, wobei er sich im Gegenzug ein Zehntel des erbeuteten Schatzes und die Statthalterschaft über drei Inseln, die womöglich bei dieser Erkundungsreise entdeckt würden, ausbedang.[2]

Diese Briefe wurden von einem erstaunlich großen Schatz begleitet, dessen Dimensionen den Verdacht aufkommen lassen, daß der *caudillo* im Umgang mit seinen Gefolgsleuten alles andere als ehrlich war.

Cortés beschloß, dies alles im Gewahrsam seines zuverlässigen, wenn auch schwierigen Gefährten Alonso de Ávila und von Antonio de Quiñones, seinem Leibwächter in der letzten Phase des Krieges in Mexiko, nach Spanien zu schicken. Sie nahmen Gold im Wert von 50 000 Pesos, zahlreiche Schmuckstücke, darunter haselnußgroße Perlen, viele Jadesteine, einige vermeintliche Knochen von Riesen (möglicherweise handelte es sich um Knochen von Dinosauriern), drei lebende Jaguare (die von Cortés als »Tiger« bezeichnet wurden) und vor allen Dingen eine große Anzahl von Federmosaiken mit.

Die Liste der Empfänger war genauso bemerkenswert wie die der Geschenke. Cortés, der Mann, der »auf Brokat geboren worden war«, spielte die Rolle eines Maecenas der Neuen Welt. Die Krone sollte den Löwenanteil erhalten: Ihr Fünfter belief sich auf etwas über 9000 Pesos.[3] Doch auch alle Mitglieder des Kastilischen Kronrats, die sich mit den Angelegenheiten Westindiens befaßten, wurden bedacht – allen voran Bischof Fonseca. Mochte er auch ein Todfeind von Cortés gewesen sein, so war dies doch nicht der rechte Augenblick, sich dessen zu erinnern, denn bei all seinen Vorurteilen gegen Abenteurer war er ein Liebhaber der Künste. Auch den Bruder des Bischofs, Antonio, den in Verruf geratenen Befehlshaber des kastilischen Heeres während des jüngsten Aufstands – den Mann, der Medina del Campo in Schutt und Asche gelegt hatte –, vergaß er nicht. Natürlich schickte Cortés auch ein Geschenk an Bischof Adrian, dessen Bedeutung als Regent von Kastilien ihm bekannt gewesen sein dürfte, obgleich er nicht wissen konnte, daß Adrian inzwischen zum Papst gewählt worden war. Auf der Liste standen Fadrique Enríquez, Admiral von Kastilien, und Iñigo Fernández de Velasco, der Konnetabel – beide waren im Sommer 1520 zu Mitregenten Adrians ernannt worden, um zu verhindern, daß sich die Revolte der *comuneros* zu einer Revolution auswuchs. Auch der Bischof von Palencia, Doktor Pedro Ruiz de la Mota, ein Vetter eines der gleichnamigen Hauptleute Cortés' und jener Redner, der im Jahre 1520 in seiner Eigenschaft als Präsident der *cortes* von Kastilien Karl V. als »Kaiser der Welt« tituliert hatte, wurde bedacht. Vermutlich erhielt er das schöne, guterhaltene Federschild, das sich heute in Wien befindet und dessen Bildmotiv früher als Seeungeheuer beschrieben wurde, heute dagegen als Kojote gedeutet wird.

Niemanden dürfte es überrascht haben, auf der Liste jenen ewigen Höfling, den *comendador mayor* des Ordens der Sankt-Jakobsritter, Hernando de Vega, zu finden, der mit einer Kusine des verstorbenen

Königs Ferdinand verheiratet war und dessen Gier nach Schätzen aus Westindien von einem modernen Historiker als »unersättlich« bezeichnet wurde. Selbst die relativ unbedeutenden Beamten der Casa de la Contratación (Sancho de Matienzo, Francisco Pinelo und Juan López de Recalde, der Schatzmeister, der Verwalter und der Buchhalter dieser Behörde), die jahrelang alles in ihrer Macht Stehende getan hatten, um Cortés' Pläne zu vereiteln, wurden nicht vergessen. Auf der Liste tauchten auch die Namen mehrerer königlicher Sekretäre auf (unter anderem Doktor Luis Zapata, der kleinwüchsige Beamte, den Ferdinand der Katholische so sehr geschätzt hatte und der daher manchmal der »kleine König« genannt worden war).[4] Der aufsteigende Stern der königlichen Bürokratie, Francisco de los Cobos, und Doktor Lorenzo Galíndez de Carjaval wurden ebenfalls berücksichtigt. Dagegen überging Cortés Doktor Diego Beltrán, der in Kürze der erste bezahlte Angestellte des Indienrats werden sollte: Cortés' *procuradores* hatten sich bereits dessen Unterstützung gesichert.

Auch hochstehende kastilische Adlige wurden beschenkt, zum Beispiel der Herzog von Alba, angeheirateter Neffe von Diego Colón und dessen bester Freund am Hof. Der *caudillo* nahm auch den ungestümen Grafen von Medellín, den Feudalherrn seiner Heimatstadt, der bei Hof über viel Einfluß gebot, und dessen Sohn und Erben Juan in seine Liste auf. Dieses Geschenk machte er freilich weniger aus Zuneigung als aus lokalpolitischem Kalkül. Die bedeutsamste Auslassung auf dieser Liste betraf die flämischen Berater, die (abgesehen von Papst Adrian) mittlerweile einen großen Einfluß auf den König ausübten; nicht einmal der Name des Reichskanzlers Gattinara stand darauf.

Cortés' Geschenke an Fonseca waren typisch für alle übrigen Präsente: zwei exquisite Umhänge im Stil einer Bischofsrobe, einer in Blau, mit einem schweren Goldsaum und einem Kragen aus kunstvoll gearbeiteten Federn und weißem Besatz; der andere in Grün, mit einem mit Masken verzierten Kragen; vier mit Ornamenten versehene Schilde, einer davon mit einem Rubin in der Mitte; mehrere ausgestopfte Papageien mit echten Federn und Goldschnäbeln; eine große Grille aus Federn; ganz zu schweigen von einem Wappenschild aus langen grünen Federn mit goldenen Federkielen, der vermutlich ebenfalls nach der Eroberung von Indianern angefertigt worden war.[5]

Auch viele Kirchen und Kapellen wurden beschenkt. Der *caudillo* muß den Empfehlungen kluger Berater – entweder Fray Melgarejo oder Fray Olmedo oder auch Alderete – gefolgt sein, denn die Empfänger wurden mit Bedacht ausgewählt, auch wenn ihre bloße Anzahl jeden auf Sparsamkeit bedachten Hof hätte erschauern lassen. So gab es in Sevilla zwei Stätten, die Cortés besonders freigebig beschenkte: die Kapelle La Antigua in der Kathedrale mit ihrer schönen Madonna, die eine Rose in der Hand hält, deren Dach der Kardinal-Erzbischof Diego Hurtado de Mendoza just zur Zeit von Cortés' Abreise aus Spanien hatte erhöhen lassen, um dort Platz für sein eigenes Grab zu schaffen. Das Bildnis der *Virgen de la Antigua* wurde zu Beginn des 15. Jahrhunderts auf die alte Mauer der Moschee gemalt, die zu dieser Zeit von den Christen noch immer als Kirche genutzt wurde. Im Verlauf seiner Geschichte wurde das Bild stark überarbeitet, doch ist anzunehmen, daß die Rose bereits auf dem Bild war, als Cortés noch in Sevilla weilte; und das große Kartäuserkloster von Las Cuevas, »das zweitschönste nach Pavia«, wie Thomas Münzer bemerkte, das mit seinen wunderschönen Gärten und prächtigen Obstplantagen unmittelbar vor den Toren Sevillas am Westufer des Río Guadalquivir lag und in dem sich damals das Grabmal von Kolumbus befand. Dieses Kloster war nach Darstellung des venetianischen Gesandten Andrea Navagero »ein hübscher Ausgangspunkt für die Reise der Mönche ins Paradies«.[6]

Diese beiden Schenkungen erfolgten vermutlich aus taktischen Gründen und waren nicht Ausdruck Cortés' persönlicher Präferenzen. Er selbst hätte die Geschenke vielleicht lieber der *Virgen de los Remedios* als der *Virgen de la Antigua* zukommen lassen, doch die *Virgen de la Antigua* war nach der Häufigkeit zu urteilen, mit der damals Schiffe, aber auch Städte in der Neuen Welt nach ihr benannt wurden, die beliebteste Heilige Jungfrau in Sevilla. Kolumbus hatte eine der Inseln über dem Winde, die er auf seinem Weg von Spanien nach Hispaniola entdeckt hatte, diesen Namen gegeben, den sie bekanntlich auch heute noch trägt.

Cortés vergaß weder die Kapelle San Ildefonso in der Kathedrale von Toledo, die von dem gleichnamigen kriegerischen Erzbischof während der Regierungszeit von Alfonso VIII. erbaut worden war, noch das Kloster Santa Clara in Tordesillas, in dessen Hauptkirche sich (wie Cortés von Julián de Alderete, Angehöriger einer bekannten Familie aus Tordesillas, erfahren haben dürfte) zu dieser Zeit das Grabmal von Philipp dem Schönen befand. Eine weitere Schenkung ging an das Dominikanerkloster Sankt Thomas in Ávila, eine königliche Residenz, deren Bau angeblich durch den Verkauf der beschlagnahmten Habe vertriebener Juden finanziert worden war. Auch hier befand sich ein – von dem Florentiner Domenico Fancelli entworfenes – Grab: das des noch immer vielbetrauerten Infanten Juan, des einzigen Sohns des Katholischen Königs (ein einfaches Grabmal, das vom Schatzmeister des Prinzen, Juan Velázquez de Cuéllar, einem Vetter des Gouverneurs von Kuba, erbaut worden war).

Eine weitere Schenkung ging an die berühmte romanische Stiftskirche (*colegiata*) Nuestra Señora del Portal in Toro, die Lieblingskirche der mächtigen Familien Deza und Fonseca (wie Cortés möglicherweise von seinem neuen Majordomus, dem aus Toro gebürtigen Diego de Soto, erfuhr). Und so ging die Liste weiter: die Kreuzigungskapelle in Burgos, von deren berühmter Christusfigur es damals hieß, sie sei, ganz nach mexikanischem Stil, aus ausgestopfter Menschenhaut gemacht worden, obgleich sich inzwischen herausgestellt hat, daß sie aus Büffelhaut besteht (wenngleich ihre Haare menschlichen Ursprungs sind); die Kirche San Francisco in Ciudad Real, vermutlich auf Anraten von Alonso de Ávila, der aus dieser Stadt stammte; das Hieronymitenkloster in Guadelupe, das besonders von den Conquistadoren aus der Estremadura verehrt wurde; die Kathedrale von Santiago de Compostela; die Kathedrale San Salvador in Oviedo und natürlich das neue Kloster San Francisco in Medellín (das 1508 unmittelbar vor den Toren der Stadt, am Ufer des Río Ortigas in der Nähe des Weinbergs von Cortés' Vater vom Grafen von Medellín erbaut worden war).

Jeder einzelne dieser Orte hatte eine besondere Bedeutung im politischen und kirchlichen Leben Kastiliens. So beherbergte die San-Salvador-Kathedrale in Oviedo nicht nur eine der Sandalen des heiligen Petrus und einen der Krüge, in die angeblich das Wasser gefüllt worden war, das Jesus in Wein verwandelte, sondern auch die Grabmäler der Könige Asturiens. Die Kirche war so berühmt, daß die Stadt Oviedo im 15. Jahrhundert selbst oft als San Salvador bezeichnet wurde.[7] Wie auf der Geschenkliste für Personen gab es auch hier bemerkenswerte Auslassungen: kein einziges Geschenk für Salamanca und keines für Valladolid, die beiden Städte, in denen Cortés angeblich die Kunst des Lebens erlernt hatte.

All diese Kostbarkeiten reisten mit Ávila und Quiñones auf zwei Schiffen. Sie wurden von einem dritten Schiff begleitet, der *Santa María de la Rábida* unter Kapitän Juan Bautista, der im Jahre 1518

Cortés' *nao* (und im Jahre 1519 die *nao* von Montejo) befehligt hatte und zu Beginn des Jahres 1522 möglicherweise mit Alaminos auf einem anderen Schiff, der *San Antonio*, nach Mexiko zurückgekehrt war.[8] An Bord dieses Schiffes befanden sich Cortés' Metallschmelzer, Antonio de Benavides, und Juan de Ribera, Cortés' Sekretär, der ein wenig Nahuatl gelernt hatte.

Die Expedition führte neben Cortés' Briefen mehrere weitere Dokumente bei sich: eine neue Vollmachtsurkunde für Martín Cortés, den Vater des *caudillo*, und weiteres Geld für ihn. Der »Stadtrat von Mexiko« scheint ebenfalls einen Brief an den König gesandt zu haben, in dem die »großen Verdienste« von Cortés gewürdigt wurden. In einem Absatz dieses Briefes forderten die Stadträte die schnellstmögliche Entsendung von Bischöfen und Mönchen, die bei der Bekehrung der Indianer mitwirken sollten. Und sie vergaßen auch nicht darauf hinzuweisen, daß Neuspanien zweifellos zugrunde gerichtet würde, falls Tapia als Gouverneur bestätigt werden sollte. Der Stadtrat forderte den König auf, nicht zuzulassen, daß sich Bischof Fonseca in die Verwaltung Neuspaniens einmischt – dies würde den »Faden« zahlreicher Angelegenheiten, die mit der *conquista* in Verbindung stünden, zerreißen.[9] Fonseca hatte Ysaga, den neuen *contador* von Kuba, und Juan López de Recalde, dessen Amtskollegen in der Casa de la Contratación in Sevilla, angewiesen, Cortés nicht durch Waffenlieferungen zu unterstützen. Ferner brachte der Stadtrat seinen Wunsch zum Ausdruck, der König möge dafür sorgen, daß Garay so lange auf Jamaika bliebe, bis Cortés seine Eroberung Pánucos abgeschlossen habe, denn die gleichzeitige Anwesenheit zweier spanischer Anführer in diesem Gebiet sei gefährlich. Der Brief bat den König auch, keine weiteren Advokaten nach Neuspanien zu schicken, diese würden hier nur für Verwirrung sorgen. Schließlich bekundeten die Schreiber ihre Hoffnung, der König werde Velázquez als Gouverneur von Kuba abberufen und ihn dafür bestrafen, daß er versucht habe, Cortés umbringen zu lassen. Dieser Brief war eindeutig in Cortés' Geist abgefaßt, auch wenn er die Feder nicht selbst geführt hatte.

Der größte Teil des Schatzes befand sich mit Quiñones und Ávila an Bord der beiden Hauptschiffe, doch Ribera und Benavides führten anscheinend auf der *Santa María de la Rábida* Abschriften der wichtigsten Briefe, das Geld für Martín Cortés, einige Indianer und kleinere Federarbeiten und Schmuckstücke mit sich. Die Schiffe stachen am 22. Mai in See.

Die Reise stand unter einem unglücklichen Stern. Erstens befand sich auch Julián de Alderete, der königliche Schatzmeister, der während der Affäre Tapia zu einem Gegner von Cortés geworden war, an Bord. Er hatte sich vor seiner Abreise mit Cortés überworfen und dem *caudillo* angeblich auf den Kopf zugesagt: »Verfluchter Verräter, ich kann Euch nicht länger ertragen. Ich muß mich nach Kastilien begeben, um dem Kaiser, unserem Herrn, persönlich Bericht zu erstatten.«[10]

Schon bald nach Auslaufen der Schiffe aus dem Hafen von Vera Cruz wurde Alderete krank; er starb in der Nähe von Havanna – manche behaupteten, an den Folgen einer Vergiftung, andere, weil er am Abend vor der Abreise einen verdorbenen Salat verzehrt habe. Dann brach mitten auf dem Atlantik einer der Jaguare aus seinem Käfig aus, tötete zwei Seeleute und verwundete einen dritten schwer, bevor er über Bord sprang.[11] Jaguare spielten eine wichtige Rolle in der mexikanischen Mythologie. Dieser hätte es gewiß verdient, zu einer Legende zu werden.

Nach einer Reise ohne weitere Zwischenfälle wurde Antonio de Quiñones, Cortés' Leibwächter, auf der Azoreninsel Terceira bei einem Streit um eine Frau erstochen. Schließlich griff der französische Pirat Jean Fleury aus Honfleur die kleine Flotte auf halbem Weg zwischen den Azoren und Spanien mit sechs Schiffen an, die unter dem Oberbefehl des französischen Admirals Jean Ango aus Dieppe standen. Ango, offenbar davon überzeugt, daß das »neue Goldland« viele Reichtümer barg, nachdem er von den ersten Geschenken gehört hatte, die Cortés Karl V. geschickt hatte, befahl Fleury, sich auf die Lauer zu legen. Fleury kaperte die beiden Schiffe, die den größten Teil des Schatzes an Bord hatten, und brachte sie, Alonso de Ávila und den Schatz nach Dieppe. Fleury war der Vorläufer zahlloser Piraten, die die Kriege zwischen Frankreich und Spanien als Vorwand für ihre Freibeuterei auf hoher See benutzten, und er war obendrein einer der erfolgreichsten. Franz I. lieferte die Rechtfertigung für diese Raubzüge: »Ich würde gern die Klausel in Adams Testament sehen, die Frankreich von der Aufteilung der Welt ausschließt.«[12] So gingen die Geschenke des Hernán Cortés verloren – und so tritt Frankreich in die moderne Geschichte Mexikos ein. Unterdessen setzte das dritte Schiff mit dem Schmelzer Benavides und Cortés' Sekretär Juan de Ribera an Bord seine Fahrt Richtung Sevilla fort.

Im Jahre 1527 können wir einen letzten flüchtigen Blick auf diese

Geschenke werfen. In jenem Jahr veranstaltete Ango in seinem Herrenhaus in Dieppe ein Fest; manche seiner Gäste reisten eigens von Paris aus an. Bei dem Fest wurde ein Maskenspiel mit dem Titel »Les Biens« aufgeführt, das einer seiner besten Seefahrer, Jean Parmentier, der auch ein *homme de lettres* war, ersonnen hatte. Alle Reichtümer der Erde wurden auf symbolische Weise dargestellt. Antike Helden defilierten in exotischen Gewändern, die zweifellos aus Cortés' Schatz stammten. Es trat beispielsweise Alexander der Große unter einem Baldachin auf, der angeblich von Indianern gefertigt worden war. Vor ihm stand ein halbnackter Page im Federschmuck, der einen Zweihänder hielt.[13] Abgesehen von einem großen Jadestein, den Admiral Philippe de Brion Chabot kaufte, weil er ihn für einen Smaragd hielt, sind die Schätze der Mexica anschließend spurlos verschwunden. Vielleicht wird man eines Tages in den noch immer bestehenden Gärten von Varengeville auf Überreste dieser Kostbarkeiten stoßen. Vielleicht ermöglichte ihr Verkauf Ango aber auch, den Wiederaufbau der Kirche Saint-Jacques in Dieppe zu finanzieren oder italienische Künstler anzuwerben, damit sie sein neues *manoir* in dem Dorf Varengeville mit eigenen italienischen Medaillons schmückten, auf denen er, seine Frau, der König und die Königin zu sehen sein würden. Das meiste Gold wurde jedoch zweifellos eingeschmolzen und die Türkise aus ihren Fassungen herausgebrochen; die Federn verrotteten in irgendeinem ausrangierten Schrank in Varengeville.

Vermutlich stellen die Figuren in Angos Kapelle in besagter Kirche Saint-Jacques und eine der Masken, die das kolossale Grab seines Schutzherrn, des Kardinal-Erzbischofs D'Amboise, in Rouen säumen, einen matten Abglanz von diesen so leichtfertig zerstörten Kostbarkeiten dar. Möglich ist auch, daß ein Freund von Kardinal D'Amboise, der exzentrische Kardinal-Bischof von Lüttich, Erard de la Marck, sich von einigen der Pretiosen Fleurys (bzw. Cortés') inspirieren ließ; darauf deuten beispielsweise die federgeschmückten steinernen Masken an den Kapitellen der Säulen seines neuen erzbischöflichen Palais hin, dessen Grundstein im Jahre 1526 gelegt wurde: ein *Lobpreis des Wahnsinns* in Stein, wie dieses Kunstwerk geistreich beschrieben wurde.[14]

Als Cortés – vermutlich zu Beginn des Jahres 1523 – die Nachricht vom Verlust eines Großteils dieses erlesenen Schatzes erreichte, befiel ihn tiefe Niedergeschlagenheit. Der »ritterliche Korsar« von Kuba im Jahre 1518 war von einem echten Profi überlistet worden. Wie recht hatte doch Isabel die Katholische gehabt, als sie meinte, die Franzosen seien »ein Volk, das unsere kastilische Nation verabscheut«! Alle Geschenke von Cortés waren mit taktischem Kalkül ausgewählt worden, um einflußreiche Persönlichkeiten auf seine Seite zu ziehen – doch sie hatten auch Zeugnis von seinen Taten abgelegt. Dieses Debakel führte dazu, daß erstmals in Erwägung gezogen wurde, in Zukunft Schatzflotten mit Geleitschutz fahren zu lassen.[15] Doch das kam für die Geschenke des *caudillo* zu spät.

Dem dritten Schiff der Expedition, der *Santa María de la Rábida*, gelang es freilich, der Aufmerksamkeit der Franzosen zu entgehen; so trafen Juan de Ribera, Antonio de Benavides und Juan Bautista am 8. November in Spanien ein.[16]

Ein absoluter Herrscher

Gonzalo de Mexía über Cortés, um 1524

Im Herbst 1522 war die Lage in Kastilien eine ganz andere als noch ein Jahr zuvor, als Ordás und Mendoza in die Heimat zurückgekehrt waren (die ihrerseits wiederum ganz andere Verhältnisse vorgefunden hatten als Montejo und Portocarrero im Jahre 1519). Am 1. März 1522 war die Nachricht vom Fall Tenochtitlans eingetroffen; ein kurzer Bericht über dieses Ereignis wurde im September als Nachtrag in Crombergers Ausgabe von Cortés' zweiter *Carta de Relación* (die er in Tepeaca verfaßt hatte) abgedruckt. Im Mai signalisierte der neue Papst Adrian, daß er, obgleich von seinen Plänen, der Herausforderung Luthers entgegenzutreten, in Beschlag genommen, die Angelegenheiten Westindiens keineswegs vergessen hatte, und erließ in Saragossa eine Bulle, in der er den Beschluß seines Vorgängers bestätigte, Bettelmönche, »und insbesondere Minderbrüder strenger Observanz«, nach Mexiko zu entsenden (Adrian war erst am 7. August nach Rom aufgebrochen und zog am 29. desselben Monats in der heiligen Stadt ein).[1]

Im Juni bewies König-Kaiser Karl auf dem Rückweg von Deutschland, daß auch er die Bedeutung der Entdeckung Mexikos erkannt hatte, als er seinem Amtsbruder, Heinrich VIII. von England, offenbar einige der Pretiosen Montezumas zeigte.[2] Am 16. Juli traf Karl in Santander ein. Von dort begab er sich nach Palencia, wo er Neuigkeiten aus Westindien erfuhr – nicht nur aus dem Munde Bischof Fonsecas und Ruiz de la Motas, sondern auch aus dem Brief, den Cortés ihm am 30. Oktober 1520 geschrieben hatte, und in dem kürzeren, heute verschollenen, der im März 1522 eingetroffen war. Der Kaiser kam am 25. August in Valladolid an, der Stadt, die er als seine Hauptstadt in Spanien betrachtete. Er sollte sieben Jahre in Spanien bleiben: die längste Zeit, die er jemals ununterbrochen an einem Ort verweilte.

In diesem Sommer war der Kaiser damit beschäftigt, die verschiedenen Räte und Unterausschüsse seines spanischen Reichs neu zu organisieren; so verkleinerte er etwa den Kastilischen Kronrat, entließ zahlreiche seiner Beamten und ernannte andere. Der Indienrat stand im Begriff, als eigenständige Sonderbehörde anerkannt zu werden: Doktor Diego Beltrán wurde im Mai 1523 zu dessen Mitglied auf Lebenszeit, zum ersten bezahlten Beamten des Indienrats ernannt. Karl entsprach dem Wunsch Papst Adrians, Bischof Fonseca die judikative Zuständigkeit im Falle Cortés zu entziehen. Fonseca scheint dafür gemaßregelt worden zu sein, daß er Informationen über Cortés und dessen Gesuch zurückgehalten hatte. Sein Schützling, der langjährige Schatzmeister der Casa de la Contratación in Sevilla, wurde aufgrund der Anschuldigungen, die sein neuernannter Kollege, der *factor* Aranda, gegen ihn erhoben hatte, seiner Ämtern entbunden.[3] Karl berief einen Sonderausschuß ein, der ihn in der Angelegenheit Cortés beraten sollte. Fonseca gehörte diesem nicht an.

Der Sonderausschuß setzte sich aus folgenden Personen zusammen: dem Großkanzler Mercurino Gattinara, der nach dem Tod des Prinzen de Cröy in Worms zum obersten Berater des Kaisers avanciert war; zwei flämischen Höflingen, la Chaulx und de la Roche; dem unvermeidlichen Hernando de Vega, *comendador mayor* des Ordens der Sankt-Jakobsritter; Lorenzo Galíndez de Carvajal, Mitglied des Kastilischen Kronrats, Vetter von Cortés, Anwalt und Historiker; und Francisco Pérez de Vargas, Schatzmeister von Kastilien. Diese Männer trafen sich in Gattinaras Residenz in Valladolid.

Weder Cortés noch Velázquez konnten mit einem Ausschuß, der sich aus diesen Männern zusammensetzte, zufrieden sein. La Chaulx und Galíndez de Carvajal standen vermutlich auf Cortés' Seite. Der korrupte Vargas und Hernando de Vega, Besitzer einträglicher Pfründe und weit entfernter Lehen, schwankten in ihrer Sympathie.

Auch de la Roche war unentschieden. Doch in Spanien dürfte allen klar gewesen sein, daß Gattinara den Ausschlag geben würde.

Die Männer dieses Ausschusses dürften die Briefe gelesen haben, die Cortés und andere Expeditionsteilnehmer an den König gerichtet hatten, und auch die Briefe von Velázquez, Ayllón und Tapia werden durch ihre Hände gegangen sein. Zweifellos prüften sie weitere Schriftstücke der *audiencia* in Santo Domingo und von Kuba, darunter auch diejenigen, die aus dem Ermittlungsverfahren stammten, das der Gouverneur dort im Juni des vorangegangenen Jahres in die Wege geleitet hatte. Mit Sicherheit lasen sie auch einen vom Januar 1520 datierenden Brief des Schatzmeisters von Hispaniola, Miguel de Pasamonte, in dem dieser dem König riet, Cortés, falls er der Rebellion schuldig sei, zu bestrafen, um andere davon abzuschrecken, das gleiche Verbrechen zu begehen. Aber sie sahen sich auch die Dokumente an, die Ordás aus Neuspanien mitgebracht hatte, zum Beispiel die Erklärungen zugunsten von Cortés, von zahlreichen Conquistadoren 1520 in Tepeaca unterzeichnet.[4]

Vielleicht ging auch der Bericht über die Diskussionen in Mexiko, bei denen der mittlerweile in Frankreich inhaftierte Ávila den Vorsitz geführt hatte, über ihre Schreibtische. Zusätzlich dürften sie zahlreiche Personen angehört haben, die sich damals in Spanien aufhielten und etwas über die Streitigkeit zwischen Velázquez und Cortés wußten. So empfing der Ausschuß gewiß die Verwandten Diego Velázquez' aus Cuéllar, Manuel de Rojas und Bernardino Velázquez, und Andrés de Duero, Cortés' einstigen Gefährten, Diego Velázquez vormaligen Sekretär und ein Veteran der *noche triste*, der inzwischen wieder in Spanien weilte. Sie dürften mit dem tatkräftigen Kaplan von Velázquez, Fray Benito Martín, der unlängst von Kuba nach Spanien zurückgekehrt war, gesprochen haben; und sie scheinen auch Martín Cortés, Diego de Ordás, António de Mendoza, Francisco de Montejo und Francisco Núñez, Cortés' Vetter und Anwalt, empfangen zu haben.

Vielleicht wurde der Ausschuß bei seiner Meinungsbildung auch von dem Gefühl des Triumphes beeinflußt, das ganz Spanien in den Bann schlug, seitdem El Cano im September auf der *nao Victoria*, die Gewürznelken von den Molukken geladen hatte, nach Sanlúcar de Barrameda zurückgekehrt war; es war der erfolgreiche Abschluß der ersten Weltumsegelung in der Geschichte, auch wenn der Anführer der Expedition unterwegs den Tod gefunden hatte. Auch die Kostbarkeiten aus Gold, die Cortés aus Mexiko gesandt hatte, dürften die Mitglieder des Ausschusses beeindruckt haben, wenngleich der größte Teil dieses Schatzes den Franzosen in die Hände gefallen war. Wie wir bereits hörten, war die erste Goldsendung von Cortés im Jahre 1520 in Mallorca und in Tunis nutzbringend verwendet worden, und es war mexikanisches Gold, das im Winter des Jahres 1522 unmittelbar zur Förderung der europäischen Ambitionen des Königs eingesetzt wurde: in San Sebastián liegende Truppen bekamen im November ihren Sold ausgezahlt.

Ende 1522, nachdem das Problem der *comunidades* endgültig gelöst worden war und nach der vergleichsweise milden Behandlung der Rädelsführer des Aufstands, begann sich in Spanien ein neues Gefühl der Zuversicht auszubreiten. Mäzene begannen neue philanthropische Unternehmen zu unterstützen. Der Ausschuß wurde zweifellos von Pietro Martires Apologie des Cortés beeinflußt, denn dieser gelehrte Italiener stellte Cortés, alles in allem, als einen »bedeutenden Mann« dar, der, sofern man ihn nur geschickt benutzte, der Krone viel Geld einbringen würde. Für die Ausschußmitglieder dürfte jedoch die Tatsache, daß sich Diego Velázquez mit der Entsendung von Narváez nach Mexiko über die Weisungen der *audiencia* hinweggesetzt hatte, am schwersten gewogen haben. Zweifellos mißbilligten sie zudem aufs entschiedenste das Verhalten von Narvéz gegenüber Licenciado Ayllón; vermutlich befragten sie Ayllón persönlich.

Schließlich traf der Ausschuß eine Entscheidung zugunsten des *caudillo*, auch wenn gewisse Zweifel an Cortés' Charakter bestehen blieben. Zwar war der Ausschuß der Ansicht, daß Cortés Velázquez dessen Aufwendungen für die Ausrüstung der Flotte im Jahre 1518 rückerstatten sollte, doch alle anderen Streitfragen zwischen den beiden sollten gerichtlich geregelt werden. Vor allem aber wurde Velázquez befohlen, sich nicht länger in Cortés' Angelegenheiten einzumischen und dic Demütigung eines disziplinarischen Ermittlungsverfahrens über sich ergehen zu lassen.[5]

Als der Kaiser am 11. Oktober 1522 über diese Beschlüsse unterrichtet wurde, ernannte er Cortés offiziell zum *adelantado* (Oberbefehlshaber mit politischen Befugnissen), *repartidor* (Zuteiler) *de indios* und, vor allem, Generalkapitän und Gouverneur von Neuspanien, und er bestätigte alle Leistungen, die der *caudillo* im Dienst der Krone für sich in Anspruch genommen hatte. Ein am 15. Oktober erlassenes Dekret erteilte dem neuen Generalkapitän Weisungen hinsichtlich der Behandlung der Mexica und anderer Indianer, der Frage von Landzuteilungen an *procuradores* und anderer Vorkehrungen für ein geordnetes Kolonialsystem. Außerdem schrieb der Kaiser dem *caudillo* einen Brief, in dem er herzlich und voller Enthusiasmus von dessen Leistungen sprach. Ordás wurde in den Orden der Sankt-Jakobsritter aufgenommen.[6] Obwohl Karl V. fromm und verantwortungsbewußt war, beeindruckten ihn doch immer Erzählungen von militärischen Großtaten – wie aus seiner Begeisterung für Ritterromane wie *Le Chevalier Délibéré* des Burgunders Olivier de la Marche hervorgeht.

Nur wenige nahmen damals Notiz von einem zweiten Dekret, das am 15. Oktober erging und vier Beamte ernannte, die Cortés bei seinen Regierungsgeschäften zur Seite stehen sollten: Alfonso de Estrada, angeblich ein unehelicher Sohn des verstorbenen Königs Ferdinand, als Schatzmeister (*tesorero*), Gonzalo de Salazar als Verwalter (*factor*), Rodrigo de Albornoz als Buchhalter (*contador*) und Pedro Almíndez Chirino als Inspektor (*veedor*). Diese bis dahin unbekannten Männer – ausnahmslos Kastilier – sollten Cortés schließlich genauso viele Schwierigkeiten bereiten, wie es zuvor Velázquez und Narváez getan hatten. Albornoz wurde in eine Geheimschrift eingeweiht, in der er seine Korrespondenz mit dem Indienrat abfassen sollte, denn diese Behörde fürchtete sich noch immer vor dem, was sie als Cortés' »hinterlistige Machenschaften, brennende Habsucht und seine kaum verhüllte Neigung, die Herrschaft an sich zu reißen,« beschrieb.[7]

Ein Erlaß vom 20. Oktober legte die Gehälter für Cortés und seine Mitarbeiter fest. Die Spannbreite ist interessant; so sollte Cortés in seiner Eigenschaft als Generalkapitän 366 000 Maravedís erhalten, der oberste Richter 100 000 Maravedís, Ärzte, Apotheker und Chirurgen 30 000 Maravedís und Fußsoldaten 11 832. Die neuernannten Kronbeamten sollten nicht weniger als 510 000 Maravedís pro Jahr verdienen, was ein Schlaglicht auf die bevorstehenden Konflikte wirft. Es wird Cortés nicht entgangen sein, daß die für ihn festgesetzte Summe genauso hoch war wie jene, die zwanzig Jahre zuvor Ovando bewilligt worden war, als er nach Hispaniola aufbrach, und auch Pedrarias, als er sich nach Castilla del Oro aufmachte. Wenn man Ovandos und Pedrarias Ansehen bei Hof in Rechnung stellt, dann sollte man meinen, daß Cortés aufgrund seiner Leistungen eine großzügigere Dotierung verdient hätte. Andererseits darf man nicht vergessen, daß der Präsident des Kronrats, der Erzbischof von Granada, Antonio de Rojas, damals lediglich 350000 Maravedís erhielt, Doktor Diego Beltrán 100000 Maravedís und der Oberlotse von Sevilla 50000 Maravedís zuzüglich 25000 Maravedís Aufwandsentschädigung.[8]

Unterdessen trafen die Überlebenden der von Cortés entsandten großen Schatzflotte in Spanien ein. Als Ribera, Benavides und Bautista im November 1522 in Sanlúcar de Barrameda und dann in Sevilla eintrafen, kamen sie in ein Land, das Cortés' Verdienste anerkannte und bereit war, ihn zu ehren. Am selben Tag, an dem sie in Spanien eintrafen, veröffentlichte der deutsche Buchdrucker Jacob Cromberger in Sevilla Cortés' zweiten Brief vom 30. Oktober 1520 (begleitet von einer kurzen Notiz, aus der hervorging, daß er den Sieg errungen hatte). Zuvor war eine Veröffentlichung am Widerstand Fonsecas gescheitert. Die neuen Emissäre konnten diesen Brief durch den dritten Brief von Cortés ergänzen, der die Belagerung und den Fall von Tenochtitlan schilderte; Ribera und Benavides erzählten schon bald dem klatschsüchtigen Chronisten Pietro Martire, was sie selbst gesehen und empfunden hatten. Ein Auszug aus Cortés' Briefen wurde wenig später in prächtiger Ausstattung in Mailand gedruckt, und zwar von denselben Gebrüdern Calvo, die auch Boccaccio und Luther verlegt hatten – eine größere Auszeichnung für den *caudillo* ist kaum vorstellbar. Ribera überreichte die Briefe, die er bei sich trug, den zuständigen Beamten: So wurde das Schreiben, in dem Cortés sich erbot, den Pazifik auf eigene Kosten zu erkunden, von Doktor Diego Beltrán entgegengenommen. Beltrán schlug vor, die Erörterung dieser Idee aufzuschieben.[9]

Anfang des Winters 1522 suchte Ribera (vermutlich in Sevilla) Martire auf; an diesem Treffen nahmen auch der päpstliche Gesandte Marino Caracciolo und der venezianische Botschafter Gasparo Contarini teil. Caracciolo war in Eile, weil er mit dem Kurfürsten von Sachsen in Sachen Luther verhandeln wollte, aber er interessierte sich für die Neue Welt, seitdem er Sekretär von Kardinal Ascanio Sforza gewesen war und in dieser Eigenschaft Martires erste Briefe über Kolumbus erhalten hatte. Contarini seinerseits schrieb vermutlich zu dieser Zeit an der ersten Fassung seines berühmten lobpreisenden Essays über seine Heimatstadt mit dem Titel *Die Republik und Regierung von Venedig*. Obgleich Ribera nur Kunstgegenstände mitgebracht hatte, die Cortés als zweitklassig betrachtet hätte, zeigte er den Diplomaten eine erstaunliche Sammlung von Perlenketten, Ringen in Form von Vögeln,

Vasen, Ohrringen, Goldketten, aber auch Federn, Schilde, Helme und Obsidianspiegel von »außergewöhnlicher Schönheit« (wie Martire schrieb), die in Gold und Holz gefaßt waren. Anschließend zeigte er ihnen Baumwolltuch, Gewänder aus Federn und Kaninchenfell und einige bunte Karten. Sodann stellte ein Mexica, bekleidet mit einer Tunika aus Federn, einem Lendenschurz aus Baumwolle, einem Gürtel mit eingestecktem Tuch und hübschen Sandalen, einen Zweikampf in einer mexikanischen Schlacht nach, indem er ein *macuauhuitl*, wenn auch ohne Obsidianklingen, handhabte. Er trug einen Schild aus goldüberzogenem Schilfrohr, der mit Ozelotfell gesäumt war und in dessen Mitte hübsche Federn prangten. Er führte ihnen vor, wie man einen Feind gefangennahm, und stellte in stummer Gebärdensprache eine Menschenopferung nach (der »Feind« war ein Sklave). Diese Vorstellung versetzte die weltklugen und erfahrenen Italiener in großes Erstaunen; sie verabschiedeten sich in der Überzeugung, einen flüchtigen Blick auf die Neue Welt geworfen zu haben, deren Eroberung sowohl Kaiser Karl V. als auch Papst Adrian zur Ehre gereichte. Derselbe Mexica gab weitere Vorstellungen vor verblüfften Italienern – in verschiedenen Gewändern, tanzend, singend und scheinbar berauscht –, wie Martire schrieb.[10]

Ribera gab Martire und dessen Freunden auch eine Beschreibung des Lebens unter den Mexica, wobei er erstmals etwas erwähnte, das einen genauso nachhaltigen Einfluß auf Europa haben sollte wie die Syphilis, Tabak, Mais und Tomaten – ausnahmslos amerikanische Produkte –, nämlich »Bälle aus dem [gekochten und so gehärteten] Saft einer Kletterpflanze, die sich an Bäumen hinaufrankt, so wie Hopfentriebe Hecken umwinden«. Martire kommentierte: »Es ist mir unbegreiflich, wie diese schweren Bälle so elastisch sein können, daß sie beim Auftreffen auf den Boden – auch wenn sie nur mit sanftem Schwung geworfen wurden – die unglaublichsten Luftsprünge machen.« Und er fügte hinzu: »Die Eingeborenen sind überaus geschickte Spieler ...« Natürlich kannten die Europäer schon vorher Bälle, aber sie waren aus Leder und besaßen nicht die Sprungkraft, die den Erfolg des Gummiballs erklärt.

Die Nachricht vom Beschluß des Kaisers brauchte unglaublich lange, bis sie Mexiko erreichte, was anscheinend darauf zurückzuführen war, daß Cortés' Freunde in Spanien übereingekommen waren, daß zwei Cousins des *caudillo* – Rodrigo de Paz, Sohn von Francisco Núñez und Inés de Paz, in deren Haus in Salamanca der *caudillo* als Junge gewohnt hatte, und Francisco de Las Casas, ein Verwandter über die Linie der Pizarros – die guten Neuigkeiten selbst überbringen sollten. Sie sollten sich zunächst nach Kuba begeben, wo sie Diego Velázquez die für ihn schlechten Nachrichten eröffnen mußten. Doch bereits die Abreise von Paz und Las Casas aus Spanien verzögerte sich um viele Wochen, während andere alte Freunde und Verwandte des neuen Generalkapitäns ebenfalls Vorbereitungen trafen, um ihr Glück im Schatten jenes Mannes zu suchen, der ihnen in ihrer verblaßten, 20 Jahre zurückreichenden Erinnerung als ein nicht sonderlich vielversprechender Jugendlicher erschienen sein dürfte.

Unterdessen amtierte Cortés bereits de facto als Generalkapitän von Mexiko. In gewissem Sinne besaß er sogar schon den offiziellen Titel, denn der Stadtrat von Vera Cruz hatte ihm diesen im Jahre 1518 verliehen. Zwischen der Absendung seines berühmten Briefes vom Mai 1522 und dem Eintreffen der Nachricht von seiner Ernennung zum obersten Verwaltungsbeamten vergingen sechzehn Monate, in denen er die Grundlinien der politischen Verwaltung Neuspaniens festlegte. So begann er beispielsweise, Conquistadoren (und einigen Mexica hoher Geburt) *encomiendas* zuzuweisen. Obgleich viele *encomiendas* später den Besitzer wechselten, legten die Beschlüsse, die Cortés im Sommer 1523 faßte, weitgehend die Verteilung des Grundbesitzes in Mexiko fest.

Cortés hatte sich in der Vergangenheit kritisch zu der Sitte geäußert, wonach die Indianer in der Karibik in die »Obhut« der Conquistadoren übergingen. Nachgeborene Söhne verarmter Familien aus kargen Regionen Kastiliens waren keineswegs ideale Vertreter einer kulturellen, technischen und geistigen Revolution. Zudem wußte Cortés (wie er dem König mitteilte), daß die Indianer Neuspaniens »sehr viel tüchtiger sind als die der anderen [*sic*] Inseln«. Und er fügte hinzu: »Ja, sie scheinen so viel Einsicht und Verstand zu besitzen, wie ein gewöhnlicher Bürger braucht, um es in einem zivilisierten Land zu etwas zu bringen.«[11] Er sah voraus, daß es schwierig sein würde, diese Ureinwohner zur Zwangsarbeit für die Kastilier zu verpflichten, wie dies bei den Taino in der Karibik geschehen war.

Cortés sagte später, er habe über Alternativen zum *encomienda*-System nachgedacht. Doch zu guter Letzt tat er einmal mehr so, als habe er lediglich den Wünschen seines Heeres nachgegeben. Da waren Hunderte von Männern, die alles riskiert hatten, um ihm bei der Eroberung eines großen Reiches beizustehen! Konnte man von ihnen erwarten, daß sie sich mit einem Sold von fünfzig oder sechzig Goldpesos zufriedengaben? Wie andere Conquistadoren strebten sie nach Grundbesitz, Verantwortung, Wohlstand, gesellschaftlichem Ansehen, nach »Prachtentfaltung«. So leitete Cortés im Frühsommer des Jahres 1522 eine Politik ein, die sie zufriedenstellen sollte. Er war, so sagte er, praktisch gezwungen (»*casi forzado*«), die heimischen Fürsten und einfachen Indianer in die Gewalt der Spanier zu geben.[12]

In seinem Brief vom Mai 1522 teilte er dem König mit, daß er in diesem Sinne handeln werde. »Bis eine andere Weisung ergeht bzw. diese bestätigt wird«, so schrieb er, »sollen die besagten Häuptlinge und Eingeborenen den Kastiliern, in deren Obhut sie gegeben wurden, in allem dienen, was diese zur Sicherung ihres Lebensunterhaltes brauchen mögen. Zu dieser Vorgehensweise entschloß ich mich in Absprache mit Personen, die mit den Sitten und Bräuchen dieser Gegend bestens vertraut sind. Auch gibt es nichts, was einerseits für die Gewährleistung des Auskommens der Spanier und andererseits für die Erhaltung und die gute Behandlung der Indianer besser geeignet wäre ... Daher flehe ich Euer Majestät an, dies gutzuheißen.«[13]

Der erste Bischof von Mexiko, Juan de Zumárraga, schrieb später, Cortés habe diesen Beschluß gefaßt, nachdem er sich mit dem Schatzmeister des Königs, Julián de Alderete, und anderen beraten habe (dies muß vor Mai 1522 geschehen sein, denn Alderete starb in diesem Monat).[14] Diese Methode, Menschen und Land zu verteilen, war schon während der *Reconquista* in Andalusien, in der Estremadura und in Murcia praktiziert worden; allerdings gab es in Mexiko keine Ritterorden, die zu berücksichtigen gewesen wären.

Die ersten *encomenderos* wurden im April 1522 benannt. Zwischen diesem Monat und Mitte 1523 »belehnte« der *caudillo* Hunderte von Conquistadoren. Die Grenzen der meisten Kommenden deckten sich mit denen der vormaligen indianischen Fürstentümer. Ein Jahr später hatte Cortés den größten Teil der Bevölkerung Zentralmexikos »*in depósito*«, wie der Ausdruck lautete, sich selbst, seinen Waffengefährten und einigen wenigen Mexica, die sich zum Christentum bekehrt hatten (unter anderem »Doña Isabel« und »Don Pedro Montezuma«, den Kindern des verstorbenen Kaisers), zugeteilt. Jede indianische Gemeinde wurde unter den Schutz eines Conquistadors gestellt, der verpflichtet war, dafür zu sorgen, daß seine »Schützlinge« Christen und Vasallen des spanischen Königs wurden, und »sie in Angelegenheiten des heiligen katholischen Glaubens mit aller möglichen und gebotenen Wachsamkeit und Sorgfalt zu unterweisen«. Im Gegenzug hatte der *encomendero* einen Anspruch auf ihre Dienste und auf Tributleistungen.

Die erste *encomienda* scheint im April in Cholula an einen Gonzalo Cerezo vergeben worden zu sein; vermutlich fungierte dieser als Strohmann, wahrscheinlich für Andrés de Tapia, der die *encomienda* später übernahm. Die erste größere Kommende in der Nähe von Tenochtitlan umfaßte die Stadt und Bevölkerung von Xochimilco, die im August 1522 Alvarado zugeteilt wurde. Die Stadt der Goldschmiede, Azcapotzalco, ging an Francisco de Montejo, den *procurador* von 1519, der sich zu diesem Zeitpunkt noch immer in Spanien aufhielt. Cortés behielt sich selbst Coyoacán, Ecatepec, Chalco und Otumba vor. Alonso de Ávila, obgleich noch immer in Frankreich in Haft, erhielt eine große *encomienda*, die Cuauhtitlan, Zumpango, Xaltocan und einige weitere Gemeinden nördlich des Sees umfaßte. Francisco Verdugo bekam Teotihuacan zugesprochen, obgleich er aus seiner Feindschaft gegen Cortés kaum einen Hehl machte, und Verdugos Neffen, Juan de Cuéllar, wurde Chimalhuacan zugeteilt. Martín López empfing Tequixquiac, Martín Vázquez Xilotzingo und der Knappe Ortega Tepotzotlan. »Don Pedro Montezuma«, Montezumas Sohn, erhielt Tula (Tollan), was ein geschickter politischer Schachzug war. Selbst relativ unbedeutende Conquistadoren erhielten eine *encomienda*, wie der zwangsgetaufte Hufschmied Hernando Alonso, dem Actopan zufiel, ein Ort etwa neunzig Kilometer nördlich von Tenochtitlan. Sechs Städte (Cuitláhuac, Culhuacan, Huitzilopochco, Iztapalapa, Mixquic und Mexicalzingo) wurden zwecks Versorgung der neuen Stadt Mexiko-Tenochtitlan von der Vergabe ausgenommen. Doch zunächst scheint Cortés sie hauptsächlich zur Förderung seiner eigenen Interessen benutzt zu haben.

Später nutzten die Mexica, die sich schon bald hervorragend im spanischen Zivilrecht auskannten, geschickt die in den entsprechenden Überlassungsurkunden festgelegten Regeln, um ihre *encomenderos* vor Gericht zu bringen und ihnen alle möglichen Rechtsverstöße anzulasten, wie etwa die Vernachlässigung ihrer religiösen Pflichten. Das System dürfte den Mexica als eine Verschärfung alter Bräuche erschienen sein. Die Tributeintreiber Montezumas waren zum Teil in derselben Funktion für die Conquistadoren unterwegs; allerdings waren letztere sehr viel anspruchsvoller als ihre Vorgänger.[15]

Einer der Gründe, weshalb Cortés ein Anhänger des *encomienda*-Systems war, wird deutlich, wenn man die Größe der Kommenden betrachtet, die er sich selbst gewährte. In dem späteren disziplinarischen Ermittlungsverfahren gegen ihn wurde immer wieder der Vorwurf laut, Cortés habe sich selbst »eine Million Seelen« oder gar »anderthalb Millionen Seelen« zugeteilt.[16]

Cortés war sich der Notwendigkeit einer ökonomischen Entwicklung des Landes bewußt. Aus diesem Grund bemühte er sich von 1522 an um die Einfuhr europäischer Haustiere (Rinder, Schweine, Schafe, Ziegen, Esel, Stuten) von den Westindischen Inseln. Er erhielt diese auf Hispaniola und Jamaika, denn aufgrund seiner andauernden Fehde mit Velázquez war Kuba für ihn noch immer gesperrt. Aus Spanien orderte Cortés Zuckerrohr, Maulbeerbäume (für die Seidenraupenzucht), Weinstöcke, Olivenbäume sowie Weizen und andere Pflanzen. Er wollte das Königreich Neuspanien aus der Abhängigkeit von den Inseln der Karibik befreien (auf den Antillen führte diese Nachfrage aus Neuspanien zu Versorgungsengpässen, so daß die dortigen Viehzüchter schließlich darauf drängten, ein Exportverbot für Rinder zu erlassen).[17]

Cortés hoffte sogar, daß Neuspanien seinen Bedarf an Seide selbst decken möge. Im Jahr 1525 schrieb Pietro Martire, daß die Weizenernte bereits recht ansehnlich sei. Auch die Schweine gediehen prächtig wie schon auf Kuba in den ersten Jahren nach der Ankunft von Cortés und Velázquez. Diese neuen Nahrungsmittel wurden in Mexiko bereitwillig angenommen, vor allem von den Mexica, die weniger starr an alten Ernährungsgewohnheiten festhielten als die Spanier. Angeblich war gerade Schweinefleisch bei den wenigen Überlebenden der einstigen mexikanischen Oberschicht besonders begehrt, da es ähnlich wie Menschenfleisch geschmeckt haben soll.[18]

Cortés ermunterte in diesen Monaten die Conquistadoren, die unter seinem Befehl gedient hatten, ihre Ehefrauen, Töchter und sonstige Frauen nach Mexiko zu bringen.

Der *caudillo* glaubte, daß Bettelmönche am besten geeignet seien, um die öffentliche Ruhe in einem so bevölkerungsreichen Land zu gewährleisten. Aus diesem Grund freute er sich, als er Ende August 1523 (noch immer lange bevor er von seiner offiziellen Ernennung zum Gouverneur erfuhr) drei flämische Franziskaner, die sich freiwillig zum Dienst in Neuspanien verpflichtet hatten, willkommen heißen konnte: Johann van der Auwern, Johann Delckus und Pedro de

Gante. Ersterer war Professor der Theologie in Paris gewesen; Delckus behauptete, schottischer Abstammung zu sein, während Pedro de Gante, der bedeutendste von den dreien, ein Nachbar und Bewunderer von Erasmus gewesen war. Gante war ein Mann von legendärer Schönheit, und sein geistiger Horizont war breiter als der irgendeines anderen Bewohners Neuspaniens zu dieser Zeit. Dieser Weitblick war genau das, was man jetzt brauchte. Gleich ob er, wie gerüchteweise verlautete, ein unehelicher Sohn von Kaiser Maximilian war oder nicht, so brachte er jedenfalls etwas von dem Renaissance-Geist des verstorbenen Kaisers in das neueste Herrschaftsgebiet von dessen Enkel.

Es begann die fünfzigjährige Vorherrschaft der Bettelorden. Im Verlauf der nächsten zehn Jahre trafen viele weitere Mönche – Dominikaner, Augustiner, aber auch Franziskaner – in Neuspanien ein. Diese Männer, meist ebenso intelligent wie fromm, gründeten die katholische Kirche von Mexiko, indem sie Massentaufen durchführten, bei denen jeweils tausend Indianer zum Christentum übertraten: Einer der bemerkenswertesten Triumphe des Christentums, auch wenn viele dieser Bekehrungen an der Oberfläche blieben und die Konvertiten in einen Zustand des »Nepantilismus« versetzten, um einen Begriff zu verwenden, den ein moderner Historiker geprägt hat, um den Schwebezustand zwischen einer verlorenen Vergangenheit und einer nur halbwegs verstandenen Gegenwart zu beschreiben.

Vor allem die Tarasken waren von den Mönchen tief beeindruckt. Es verwunderte sie, daß die Mönche so ganz anders gekleidet waren als die übrigen Spanier, und eine Zeitlang hielten sie sie für Tote und ihre Gewänder für Totenhemden. Sie glaubten, daß sich die Mönche abends, wenn sie zu Bett gingen, in Skelette verwandelten, die in die Unterwelt hinabstiegen und dort mit Frauen zusammentrafen. Sie nahmen auch an, daß das Weihwasser dazu diente, die Zukunft vorherzusagen.[19]

Ein weiterer Beweis für den Einfallsreichtum des *caudillo* war dessen Entschluß, mit der Herstellung von Schießpulver und Geschützen zu beginnen. Das Schießpulver wurde weiterhin aus dem Schwefel hergestellt, den die Spanier mit Hilfe von Körben abbauen ließen, die in den Vulkan Popocatepetl herabgelassen wurden. Die Fabrikation von Geschützen wurde möglich dank der Entdeckung von Eisenerz in der Nähe von Taxco, einer von Chontal-sprachigen Indianern bewohnten Zone südwestlich von Cuernavaca. Dieses Gebiet wurde erstmals im Jahr 1522 von Miguel Díez de Aux und Rodrigo de Castañeda unterworfen. In Michoacan wurde Kupfer gewonnen. Francisco de Mesa, der auf den Feldzügen die Artillerie befehligt hatte, begann zusammen mit dem einstigen Geschützmeister von Narváez, Rodrigo Martínez, unmittelbar nach dem Fall von Tenochtitlan mit der Herstellung von Kanonen. Offiziell war dies ohne königliche Erlaubnis verboten, doch Cortés hielt es für unverzichtbar.

Viele Jahre später erklärten einige derjenigen, die an diesen Aktivitäten beteiligt waren, sie seien überzeugt, daß Cortés diesen Gewerbezweig nicht gefördet habe, um die Geschütze nötigenfalls gegen die Mexica und andere Indianer einzusetzen, sondern um gegen die Krone zu kämpfen, falls ihn der König nicht zum Gouverneur einsetzen sollte. Alonso Pérez sagte aus, er habe gehört, daß Freunde von Cortés genau dies gesagt hätten. Allerdings gibt es keinen weiteren Beweis dafür, so daß es als unwahrscheinlich betrachtet werden muß.[20]

Indes mußte Cortés in diesen letzten Monaten, bevor ihn die Neuigkeit von seiner offiziellen Ernennung zum Generalkapitän erreichte, zwei schwerwiegende Krisen bestehen. Die erste ereignete sich nach der Ankunft seiner Gattin Catalina Suárez im Juni oder Juli 1522. Sie traf an Bord eines Schiffes aus Kuba ein, das an einer kleinen Anlegestelle namens La Rambla unweit von Ahualco (dem heutigen Santa Ana) am Río Ayagualulco, östlich von Coatzacoalcos, vor Anker ging. An Bord waren nicht nur Doña Catalina, sondern auch ihre Schwester sowie ihr Bruder Juan Suárez, der einst Cortés' bester Freund gewesen und auf dessen Geheiß nach Kuba zurückgekehrt war, um seine Schwester nach Mexiko zu bringen, nachdem er die letzten Phasen der Belagerung Tenochtitlans miterlebt hatte. Jetzt kehrte er mit seiner Ehefrau, genannt *La Zambirana*, und mit zahlreichen Mägden zurück, von denen Catalina wohl annahm, daß sie ihr als Vizekönigin eines neues Reiches gut anstünden. Sandoval, in dessen Gebiet sie an Land gingen, bereitete den Neuankömmlingen einen herzlichen Empfang. Anschließend wurden sie von Francisco de Orduña nach Mexiko geleitet, wo Cortés seine Ehefrau ebenso herzlich willkommen hieß. Sie zog auf den nackten Schultern von Cortés' Leibwächter in Tenochtitlan ein: eine Ehre, die Orduña selbst als unziemlich empfand.[21]

Obgleich Cortés nach seiner Frau geschickt hatte, dürfte ihm ihre Ankunft ungelegen gekommen sein, da er damals, abgesehen von seiner Liebschaft zu Marina, noch mehrere weitere Mätressen hatte. Angeblich lebten »unzählige Frauen«, die meisten davon Mexikanerinnen, aber auch einige Kastilierinnen, in seinem Haus oder hatten dort gelebt. Im Ermittlungsverfahren gegen Cortés sollten später mehrere Zeugen aussagen, daß einige dieser Frauen – sowohl Indianerinnen als auch Kastilierinnen – miteinander blutsverwandt gewesen seien.

Dennoch setzte Cortés Catalina, die laut Erinnerung von Joan de Cáceres bei ihrer Ankunft »linda y en forma« [»schön und in Form«] war, in seinem Haus in Coyoacán als »First Lady« des Landes ein. Ungefähr zur gleichen Zeit gebar Marina seinen ältesten Sohn, den er nach seinem Vater Martín taufte und an dem er später sehr hing. Eine Magd, Ana Rodríguez, sagte später aus, Cortés und Catalina hätten zusammengelebt wie Mann und Frau.[22]

Einige Monate später, an Allerheiligen, fand in Cortés' Haus ein Bankett statt: ein üppiges Abendmahl, gefolgt von Tanz. Catalina machte einen ausgelassenen und gesunden Eindruck. Sie scherzte mit einem von Cortés' Freunden, Francisco de Solís (genannt »Der mit dem Garten« bzw. »Der mit dem Wams aus Seide«). Sie sprachen über die Beschäftigung der Indianer. Catalina sagte: »Ich verspreche Euch, daß ich schon bald mit meinen Indianern etwas machen werde, für das niemand Verständnis haben wird.« Worauf Cortés, anscheinend im Scherz, erwiderte: »Mit *Euren* Indianern? Von *Euren* Sachen möchte ich nichts hören.« Catalina fühlte sich durch diese Bemerkung gekränkt und ging in ihre Gemächer. Unterwegs schaute sie kurz in der Kapelle vorbei, wo sie zufällig auf Fray Bartolomé de Olmedo traf. Cortés verweilte noch ein wenig bei seinen Gästen und zog sich dann ebenfalls zurück.

Mitten in der Nacht rief der *caudillo* seinen Majordomus Isidro Moreno und seinen Schatzmeister Diego de Soto herbei. Catalina war tot. Moreno und Soto begaben sich in das Gemach, ließen die Zofen kommen und schickten einen Boten zu Catalinas Bruder Juan Suárez, um ihn über das Ableben seiner Schwester zu unterrichten. Doch sie fügten ihrer Botschaft die rätselhafte Einschränkung bei, er möge nicht kommen, um ihren Leichnam zu sehen, da seine »Belästigungen« für den Tod seiner Schwester verantwortlich seien. Sie schickten auch nach Fray Olmedo, damit er Cortés Trost spende. Unterdessen hatten sich die Mägde im Schlafgemach Catalinas eingefunden; die meisten von ihnen machten später Aussagen, die Cortés belasteten. Sie gaben zu verstehen, er habe sie erwürgt oder erstickt; so erklärte etwa Juana López, sie habe auf dem Boden die Perlen einer zerrissenen

Halskette gesehen. Ana Rodríguez, die wußte, daß Catalina auf Cortés' mexikanische Mätressen eifersüchtig war, sagte aus, Catalina habe ihr kurz vor dem Zubettgehen gesagt, sie wünsche sich, daß Gott sie von dieser Welt nehme. Andere Mägde beteuerten, sie hätten Blutergüsse am Hals Catalinas gesehen; Catalinas Kopf sei bläulich verfärbt und das Bett naß gewesen. María Hernández, die Catalina angeblich schon zehn Jahre gekannt hatte, sagte, Cortés habe seine Frau oft aus dem Bett geworfen; Catalina habe einmal zu ihr gesagt: »Eines Tages wirst du mich tot auffinden.« Violante Rodríguez, offenbar eine Liebhaberin schöngeistiger Literatur, verglich den Vorfall mit dem, was dem Grafen Alarcos in der gleichnamigen alten Ballade widerfuhr.[23] Angeblich bestand Cortés entgegen dem Rat von Fray Olmedo darauf, daß der Leichnam seiner Frau sogleich in einem vernagelten Sarg beerdigt wurde. Niemand sonst bekam ihre Leiche zu Gesicht.[24]

Schon bald wurden Beschuldigungen gegen Cortés laut, und auch in dem Ermittlungsverfahren über seine Amtsführung wurde diese Angelegenheit gründlich untersucht. Mehrere Zeugen, darunter sogar Gerónimo de Aguilar und Juan de Tirado, erklärten unmißverständlich, Cortés habe seine Frau ermordet.[25]

Mehrere moderne Historiker äußerten die Vermutung, Cortés habe Catalina im Affekt getötet, nachdem sie ihm wegen seiner Untreue Vorhaltungen gemacht habe. Die Umstände ihres Todes sprechen jedenfalls nicht für das »Asthma«, das Bernal Díaz als Ursache anführte. Auch das »*mal de madre*«, eine mit rasenden Bauchschmerzen einhergehende Erkrankung der Gebärmutter, klingt nicht sonderlich plausibel, auch wenn mehrere von Cortés benannte Zeugen, darunter auch Catalinas Neffe Juan Suárez de Peralta, behaupteten, dies sei die Ursache ihres Todes gewesen.[26]

Andererseits gab es viele Zeugen, die Cortés entlasteten; so sagte Suárez de Peralta aus, es sei allgemein bekannt gewesen, daß Catalina ein schwaches Herz gehabt habe, auch habe sie auf Kuba mehrere Herzanfälle erlitten. Ihre Schwestern Leonor und Francisca seien auf ähnliche Weise gestorben. Andere Zeugen erklärten (in einer anderen Sache), Catalina sei auf Kuba oft krank gewesen, so daß man sie dort als eine Frau von »zarter Gesundheit«, ja sogar als »chronisch krank« betrachtet habe. Juan de Salcedo sagte aus, er erinnere sich, daß Catalina einmal in Baracoa auf Kuba scheintot gewesen sei und Cortés sie wiederbelebt habe, indem er ihr eine Schüssel Wasser ins Gesicht schüttete. Cortés erklärte, die Blutergüsse an ihrem Hals seien durch seine Bemühungen, sie wachzurütteln, verursacht worden. Alonso de Navarrete sagte, es sei allgemein bekannt gewesen, daß Catalina ein schwaches Herz hatte, und Juan Rodríguez de Escobar und Juan González de León gaben zu Protokoll, daß Catalina zwei Wochen zuvor, bei einem Besuch auf dem Gut von Juan Garrido (der berühmt dafür war, daß er einer der ersten freien Schwarzen war, die nach Amerika kamen, und noch mehr dafür, daß er der erste »Spanier« war, der in Mexiko Weizen anbaute), in Ohnmacht gefallen und beinahe gestorben wäre. Auch Gaspar de Garnica, ein Freund von Diego Velázquez, sagte aus, Catalinas schlechter Gesundheitszustand habe ihr im Gesicht gestanden. Was die vermeintliche Ungerührtheit von Cortés über Catalinas Tod betrifft, sagte Ortega, er habe gesehen, daß Cortés später Tränen in die Augen gestiegen seien, wenn er von ihr gesprochen habe; Gonzalo Rodríguez de Ocaña und Alonso de la Serna bezeugten, daß sich Cortés über ihren Tod schwer gegrämt habe. Im Jahr 1534 erklärte Cortés, die Vorstellung, daß er seine Frau, mit der er in derselben Kammer geschlafen habe, hätte erwürgen können, ohne daß die Mägde seiner Frau und seine eigenen Pagen und Knechte in den angrenzenden Räumen etwas davon bemerkt hätten, sei völlig absurd und unglaubhaft.[27]

Zweifellos war Cortés fähig, einen Mord zu begehen. Seine Aktionen in Cholula und Tepeaca zeigen, daß er durchaus brutal sein konnte, auch wenn es sich dabei um militärische Operationen gehandelt hatte. Ein Zeuge, Andrés de Monjaraz, sagte, er habe gesehen, wie in Coyoacán zwei oder drei Indianer gehängt worden seien, weil sie Marina beleidigt hätten.[28]

Andererseits scheint Cortés ein – zumindest für seine Verhältnisse – frommer Christ gewesen zu sein. Dies räumten sonderbarerweise sogar seine Feinde ein; ein gewisser Marcos Ruiz beispielsweise sagte, er halte Cortés für einen guten Christen, der regelmäßig zur Messe gehe, aber er glaube auch, daß er keine Gottesfurcht habe, denn er sei fest davon überzeugt, daß er Catalina getötet habe.[29] Noch gewichtiger ist die Tatsache, daß Cortés bei dem Ermittlungsverfahren über seine Amtsführung von bekannten Franziskanern, etwa Fray Motolinía und Fray Pedro de Gante sowie Fray Juan de Zumárraga, dem ersten Bischof von Mexiko, in einem Brief an den Kaiser verteidigt wurde. Pedro de Gante, Motolinía und Luis de Fuensalida beantworteten zwar nicht die Fragen, die sich in dem Fragebogen des *juicio de residencia* auf Catalina bezogen, dafür beantworteten sie einige andere. Es ist undenkbar, daß sie dies getan hätten, wenn sie Cortés für den Mörder seiner Frau gehalten hätten.

Motolinía schrieb in den 50er Jahren des 16. Jahrhunderts an Kaiser Karl V.: »Was jene betrifft, die verleumderische Gerüchte über den Marquis, Gott hab ihn selig, streuen und die seine Taten schlechtmachen und verunglimpfen, so glaube ich, daß ihre Handlungen vor Gott weniger Beifall finden als die des Marquis.« Und er fuhr fort: »Obgleich er als Mensch ein Sünder war, so besaß er doch den Glauben und tat die Werke eines guten Christen; auch war er von dem starken Verlangen erfüllt, sein Leben und seinen Besitz zur Verbreitung und Stärkung des Glaubens Jesu Christi einzusetzen ... er beichtete unter zahllosen Tränen und empfing das Abendmahl in tiefer Andacht, und er legte seine Seele und seinen Besitz in die Hände seines Beichtvaters, damit dieser nach Gutdünken darüber verfüge.«[30] Ein anderer Mönch, der Cortés bei einem anderen Ermittlungsverfahren verteidigte, war Fray Martín de la Coruña, der Apostel von Michoacan.

So hat sich an jenem Abend höchstwahrscheinlich folgendes zugetragen: Als Cortés in Catalinas Schlafgemach kam, machte sie ihm Vorhaltungen wegen seiner Mätressen. Vielleicht erzürnte ihn dies, und er faßte Catalina am Hals, in der Absicht, sie zu schütteln. In diesem Augenblick erlitt Catalina dann womöglich einen Herzanfall und starb. Cortés versuchte sie durch kräftiges Schütteln wiederzubeleben. Als ihm dies nicht gelang, erkannte er, daß man ihn verdächtigen würde. Daher wollte er, daß ihre Beisetzung so rasch wie möglich über die Bühne ging. Die Tatsache, daß Cortés nie die geringste Anwandlung von Reue zeigte, ist vielleicht ein weiteres Indiz dafür, daß er seine Frau nicht ermordet hat.

Die Angelegenheit ließ Cortés keine Ruhe. Zwar wurde das strafrechtliche Ermittlungsverfahren eingestellt, aber Catalinas Mutter, »la Marcayda«, reichte eine zivilrechtliche Klage ein; das gleiche taten ihre Nachfahren. Fast einhundert Jahre später leisteten Cortés' Nachkommen noch immer Geldzahlungen an die Urenkel seiner ersten Schwiegermutter.[31]

Die zweite Krise, die der *caudillo* durchstehen mußte, hing mit einem weiteren Versuch des Gouverneurs von Jamaika, Garay, zusammen, in Pánuco Fuß zu fassen. Es wäre interessant zu wissen, weshalb dieser Statthalter so beharrlich glaubte, diese heiße, aber fruchtbare Region nördlich von Vera Cruz würde ihm Reichtum und Glück bringen. Wußte er etwa, daß die Gegend reich an Baumwolle war?

Verlockte ihn die Legende von ihrer Überfülle an Nahrungsmitteln und dem ausschweifenden Verhalten ihrer Bewohner? Die Huaxteken faszinierten die Mexica wegen ihrer Vorliebe für starke Getränke, ihren regelrechten Kult des *pulque*. In dem zwischen Nauhtla und Pánuco gelegenen Ort El Tajín stand eine berühmte Pyramide; für dergleichen hatten die Conquistadoren allerdings wenig Sinn. Die Huaxteken hatten die dreidimensionale Skulptur mit ihrer hintergründigen Symbolik vervollkommnet und auch die berühmten Ballspiele der Gegend erfunden. Die Erdölvorkommen der Region waren damals noch nicht bekannt, und selbst wenn sie es gewesen wären, hätte man sie nicht zu schätzen gewußt. Vielleicht glaubte der entschlossene, wenn auch alternde Gouverneur von Jamaika, daß der Jungbrunnen eher hier als in Florida zu finden sei. Vielleicht nahm er an, daß die berühmte Meerenge, die zur Südsee führen sollte, durch Pánuco verläuft. Vielleicht sagte ihm ein Gefühl, daß ihn in dieser letzten unbekannten Region an der Ostküste Amerikas unermeßliche Schätze erwarteten.

Jedenfalls konnte sich Garay die Sache nicht aus dem Kopf schlagen, und so erhielt er im Jahr 1521 aus Spanien die Erlaubnis, das Land mit seinen liebevollen (*amorosas*) Bewohnern zu besiedeln – zu jener Zeit also, in der Fonseca in diesen Angelegenheiten mehr oder minder allein entscheiden konnte. Garay begab sich nach Kuba, um seine Pläne mit Diego Velázquez abzustimmen. Dort wußte man bereits, daß Cortés es zu großem Reichtum gebracht hatte. Es ging das Gerücht, daß er ein geheimnisvolles Bündnis mit jener sagenhaft reichen »Herrin des Silbers« (»*la señora de la plata*«) geschlossen habe, über die Richter Zuazo geschrieben hatte und die jenseits der Berge westlich von Tenochtitlan große Paläste und Minen besitzen sollte.[32]

Im Juni 1523 hatte Garay eine große Flotte zusammengestellt: neun *naos* und drei Brigantinen mit 145 Pferden und 850 Kastiliern – darunter 200 Musketiere und 300 Armbrustschützen – sowie einigen jamaikanischen Indianern. Er ließ die Lagerräume der Schiffe mit Handelsgütern füllen und übernahm selbst das Kommando. Zweifellos glaubte er, Führungsschwächen seien für die Fehlschläge der vorangegangenen Expeditionen verantwortlich gewesen. Cortés schickte einen Brief nach Jamaika, in dem er Garay ermunterte zu kommen, ihn geradezu beschwor, eine möglichst große Streitmacht mitzubringen, und ihm versicherte, daß er, Cortés, ihm zu Hilfe eilen werde, falls er in Schwierigkeiten geraten sollte.[33] Garay zeigte sich unbeeindruckt.

Er hielt das Angebot von Cortés für eine List. Er kannte Cortés von früher: Als Velázquez im Jahre 1511 mit Cortés nach Kuba aufgebrochen war, hatte Garay als *alcalde mayor* (Ortsvorsteher) von Santo Domingo amtiert.

Ende Juli erreichte Garay den Río de Palmas, nördlich von Pánuco (er landete dort, um ein Zusammentreffen mit Cortés in Pánuco selbst zu vermeiden), und gründete eine Stadt, die er in aller Bescheidenheit »Garayana« nannte. Er besetzte die Verwaltungsämter mit illustren Persönlichkeiten: So wurde ein Mendoza zum Gouverneur der Kolonie bestellt (Alonso, ein Neffe des königlichen Stallmeisters Alfonso Pacheco). Ihm wurde ein Figueroa als Stellvertreter zur Seite gestellt. Ein Cousin des Herzogs von Alba, Gonzalo Oraglio, wurde zum *alcalde mayor* ernannt; Garayana sollte keine gewöhnliche Kolonie sein, sondern eine Kolonie für Aristokraten. Anschließend zog Garay auf dem Landweg nach Pánuco weiter. Die Reise war langwierig, die Hitze drückend, die Moskitoplage unerträglich, der Wald ein wegloses Dickicht, kurz: Die Strapazen waren fürchterlich. Viele Expeditionsteilnehmer desertierten; andere entfernten sich in ihrer Verzweiflung leichtfertig von der Expedition und wurden auf Nimmerwiedersehen vom Dschungel verschluckt. Die Moral sank auf den Nullpunkt. Garay sandte seinen Stellvertreter Gonzalo de Ocampo nach San Esteban mit dem Auftrag, Cortés' Statthalter, Pedro Vallejo, zu grüßen. Ocampo war ein Mann, der sich in Westindien auskannte, er hatte viele Jahre auf Hispaniola gelebt, wo er eine *encomienda* besaß. Vallejo bereitete ihm einen freundlichen Empfang, schickte jedoch einen Brief an Cortés, in dem er diesen um Anweisungen über das weitere Vorgehen ersuchte. Vallejo erklärte Garay, er habe in San Esteban nicht genügend Proviant, um so viele Männer zu versorgen. Daraufhin sammelte Garay seine Streitmacht in Tacaluca und teilte törichterweise den Indianern mit, er sei gekommen, um Cortés dafür zu bestrafen, daß er ihnen Schaden zugefügt habe. Diese unbedachte Äußerung führte zu einer Schlägerei zwischen Garays und Vallejos Leuten, aus der letztere, die besser an Land und Klima gewöhnt waren, als Sieger hervorgingen.[34]

Mittlerweile war es September geworden. Am 13. des Monats 1523 trafen Rodrigo de Paz und Francisco de Las Casas endlich in Mexiko ein und überreichten das Dekret vom Oktober 1522, das Cortés zum Generalkapitän und Gouverneur ernannte. Sie überbrachten auch ein königliches Dekret vom April, in dem Garay befohlen wurde, nicht in

Pánuco, sondern in Espíritu Santo oder, besser noch, weiter südlich eine Kolonie zu gründen.

Diese Urkunden hätten zu keinem passenderen Augenblick eintreffen können. Cortés sagte, er küsse die Füße Seiner Majestät hunderttausendmal. In Tenochtitlan feierten die Freunde Cortés »die freudige Überraschung mit zahlreichen Festen«.[35] Der *caudillo* schrieb an Garay und teilte ihm mit, daß die Krone ihm die Herrschaftsgewalt über die gesamte Region übertragen habe. Er entsandte Pedro de Alvarado, Gonzalo de Sandoval und einen neuen Vertrauten, Diego de Ocampo, Bruder von Garays Stellvertreter, zu Garay, um mit diesem das weitere Vorgehen zu erörtern. Sie wurden von Francisco de Orduña begleitet, der als Notar amtlich befugt war, Garay zur Befolgung des königlichen Dekrets aufzufordern.

Da die Zahl seiner Männer durch Fahnenflucht und Tod stetig dezimiert wurde, hatte Garay keine andere Wahl, als sich zu beugen. Vallejo beschlagnahmte seine Schiffe und Alvarado seine Geschütze. Unter diesen demütigenden Umständen begab sich Garay als Gast des neuen Gouverneurs und Generalkapitäns nach Mexiko, wo ihn dieser, wie er sagte, »so gastlich aufnahm, wie ich meinen Bruder empfangen hätte«. Sie schmiedeten sogar Zukunftspläne: Der Sohn Garays sollte eine uneheliche Tochter von Cortés, Catalina, heiraten. Doch Garay starb, nachdem er im Anschluß an ein gemeinsames Abendessen mit Cortés am ersten Weihnachstag über Bauchschmerzen geklagt hatte; vielleicht vor Gram über die Tötung seines Sohnes durch Indianer. Alonso Lucas, einer von Cortés' Freunden, hörte, wie Garay in der Nacht schrie. Als er sein Schlafzimmer betrat, hörte er, wie der bedauernswerte Gouverneur von Jamaika rief: »Zweifelsohne bin ich sterblich.«[36] In derselben Zeit vertrieben sich die Männer Garays an der Küste die Zeit damit, daß sie Indianer dahinmetzelten. Bei den anschließenden Vergeltungsangriffen der Indianer fanden viele Kastilier, darunter Pedro Vallejo, den Tod.

Cortés' Triumph war nunmehr vollkommen; schließlich war ihm doch noch offiziell die Herrschaftsgewalt übertragen worden. Zwar hatte die Krone neben anderen Vorschriften für die gute Behandlung der Indianer ein Verbot der Vergabe von *encomiendas* erlassen, weil sie auf den Westindischen Inseln zu »schlechter Behandlung und übermäßiger Arbeitsfron« geführt hätten. Ferner war Cortés gehalten, sämtliche Landzuweisungen, die er bereits vor dem Eintreffen des königlichen Dokuments vorgenommen haben mochte, wieder rückgängig zu machen – die Indianer Mexikos sollten in »völliger Freiheit« leben. Doch der *caudillo* erhob Einspruch gegen diese Vorschrift. Diesem Einspruch wurde in Anbetracht der Fakten, auf die Cortés hingewiesen hatte, auch stillschweigend stattgegeben. Garays plötzlicher Tod erlaubte Cortés' Feinden, ihn später eines weiteren Mords zu bezichtigen, doch nur wenige verständige Personen nahmen diese Beschuldigung ernst. Selbst Cristóbal Pérez, der *alguacil* von Garay, sagte, sein Anführer sei an einer Rippenfellentzündung gestorben.[37]

Niemand weiß, wie sich der *caudillo* verhalten hätte, wäre Cristóbal de Tapia im Jahre 1522 oder 1523 erneut zum Gouverneur ernannt worden. Vielleicht wäre es zu einer einseitigen Unabhängigkeitserklärung gekommen, aber das ist äußerst unwahrscheinlich. Was Cortés begehrte, war die Gunst, nicht die Feindschaft des Königs: Einem »Mann, geboren auf Brokat« dürfte es nicht erstrebenswert erschienen sein, Herrscher einer entlegenen Provinz zu werden. Er wollte Statthalter von Kaiser Karl sein. Durch den Beschluß des Kaisers im Jahre 1522 war die Gefahr oder auch die Chance der Unabhängigkeit sowieso gegenstandslos.

Sämtliche Feinde von Cortés waren zu diesem Zeitpunkt entweder tot oder geschlagen. Cristóbal de Tapia lebte, halb in Ungnade gefallen, auf Hispaniola. Narváez war noch immer in Haft, auch wenn Cortés schon bald in einem Akt fürstlicher Gnade seine Freilassung verfügen sollte. In Kastilien hatte Bischof Fonseca die Gunst des Königs verloren. Die neue Stadt Tenochtitlan war bereits zur Hälfte erbaut. Cortés konnte sich gewiß auf eine lange Karriere als ein bedeutender, milder, philanthropischer und reicher Statthalter freuen. Immer mehr kastilische Siedler kehrten Hispaniola, Kuba und Jamaika den Rücken, als sich die glänzenden Zukunftsaussichten, die Neuspanien bot, allgemein herumsprachen.

Cortés hatte begonnen, die Rolle des Vizekönigs zu spielen. Einer der hochrangigen Beamten Garays, Cristóbal Pérez, schilderte Pietro Martire, daß der *caudillo* im Jahr 1523 oder 1524 meist Gewänder aus schwarzer Seide trug und daß »er keinen eitlen Prunk mag, sieht man einmal davon ab, daß er gern von einem vielköpfigen Gefolge umgeben ist: Dienern, Majordomus, Kammerherren, Hausmeistern, Zeremonienmeistern, Kaplänen, Schatzmeistern und anderen Amtsträgern, die gewöhnlich zum Gefolge eines großen Herrschers gehören. Wohin er sich auch begibt, nimmt er immer vier einheimische Häuptlinge zu Pferd mit. Die Richter der betreffenden Städte und die Büttel mit den Amtsstäben, mit denen sie Gerechtigkeit üben, gehen ihm voraus. Wenn er vorübergeht, werfen sich, einem alten Brauch folgend, alle Indianer zu Boden. Auch nimmt er diese Grüße freundlich entgegen, und er zieht den Titel des *adelantado* dem des Gouverneurs vor, obgleich ihm der Kaiser beide Titel verliehen hat«. Die Bezeichnung *adelantado* hatte in Kastilien einen ruhmvollen Beiklang, wie Cortés aus seiner Kindheit gewußt haben dürfte. War nicht einst einem *adelantado* von Kastilien ein prachtvoller Empfang in Medellín bereitet worden? »Der Verdacht, daß Cortés dem Kaiser nicht die gebührende Achtung zollte, ist unbegründet«, fuhr Pérez fort. »Weder er noch irgendein anderer hat jemals das geringste Anzeichen von Hochverrat bei ihm beobachtet.«[38] Allerdings freute es ihn, mit Alexander oder Cäsar verglichen zu werden und als »ein absoluter Herrscher« regieren zu können.

Doch wußte Cortés auch, wann es sich ziemte, Demut zu üben – zumindest in der Öffentlichkeit. So trafen im Sommer 1524 zwölf weitere Franziskaner unter Leitung von Fray Martín de Valencia in Vera Cruz ein und legten den vierhundertdreißig Kilometer langen Weg bis zur Hauptstadt barfuß zurück. Sie erreichten Vera Cruz am 13. Mai und Mexiko-Tenochtitlan am 18. Juni. Es war eine Reise voller unsäglicher Strapazen. Einer der zwölf, Fray Toribio de Benavente (Motolinía), erinnerte sich später, daß er einmal auf einer Strecke von knapp zehn Kilometern fünfundzwanzig Wasserläufe durchqueren mußte. Das Klima war rauh, entweder drückend heiß oder unerträglich trokken; an der Küste wurden die Mönche von Moskitos gepeinigt, während sie sich auf anderen Etappen vor Schlangen und Insekten hüten mußten.

Cortés, der seit langem um die Entsendung von Mönchen ersucht hatte, um die weltliche Eroberung Mexikos durch eine geistliche Conquista zu vollenden, empfing diese neuen Apostel kniend vor der Stadt. Später behielt man diesen Zeitpunkt als den »Beginn des Glaubens« in denkwürdiger Erinnerung. Der General des Franziskanerordens, Fray Francisco de los Angeles, hatte »die Zwölf« mit einer Predigt verabschiedet, die mit den Worten schloß: »Der Tag der Welt erreicht schon seine elfte Stunde; der Vater des Menschengeschlechts schickt euch in den Weinberg.«[39]

Der Anführer bzw. »Kustos« der Gruppe, Martín de Valencia, stammte aus der Kleinstadt Valencia de Don Juan in einem entlegenen Winkel des Königreichs León. Er war zum Vorsteher einer Sektion des

Franziskanerordens erkoren worden, der von »San Gabriel de Estremadura«, einer entschieden reformatorischen Sektion der Bruderschaft, die am Ende des vorangegangenen Jahrhunderts von einem gewissen Juan de Guadalupe gegründet worden war. Diese Sektion legte – zuerst in Spanien und nun in Mexiko – besonderen Wert auf das Gebet und auf die tätige Nachfolge des heiligen Franziskus. Alle »Zwölf« gehörten dieser Sektion an, alle gingen mit großer Inbrunst ans Werk, und alle hatten sich im Kloster Santa María de los Angeles in der Sierra Morena auf ihre Aufgabe vorbereitet. Derart gerüstet, widmeten sie sich mit unvergleichlicher Willens- und Tatkraft der Zerstörung alter Tempel und Götterstatuen.

Was die Lage der Indianer in diesen Tagen anlangt, so bleibt folgendes festzuhalten: Cuauhtémoc blieb ebenso wie einige andere mexikanische Anführer, die die Kämpfe und die unmittelbare Nachkriegszeit überlebt hatten, weiterhin in Haft. Don Pedro Montezuma dagegen, der Sohn des verstorbenen Kaisers und der zeitweilige Vize-Kaiser, der *cihuacoatl*, half den Eroberern beim Wiederaufbau der Kapitale und erfüllte andere Aufgaben, die spätere Generationen als »Kollaboration« qualifiziert hätten. Viele mexikanische Fürsten und Vornehme, die am Leben geblieben waren, traten förmlich zum christlichen Glauben über und wurden getauft; möglicherweise war unter ihnen sogar Cuauhtémoc. Die Tlaxcalteken und andere verbündete Indianer erkannten schon bald, daß ihre Zusammenarbeit mit den Kastiliern nicht belohnt werden würde, indem sie die Nachfolge der Mexica als Herren des Hochtals antreten würden. Doch geschwächt durch Krankheiten und durch ihre Verluste in den Kämpfen, mußten sie sich mit stummem Protest begnügen; Ixtlilxochitl scheint Cortés sogar auf den meisten seiner Reisen begleitet zu haben. Ein kleinerer Aufstand im Jahr 1523 wurde niedergeschlagen.[40]

Ende Juni 1524 fand ein bemerkenswertes Gespräch zwischen einigen mexikanischen Priestern und den kurz zuvor eingetroffenen Franziskanern statt. Die Mexikaner hielten ein bewegendes Plädoyer für ihre alte Religion und ihre alten Götter, die ihren einstigen Monarchen »Mut und Herrschaftsfähigkeit« gegeben hätten. Schon ihre Ahnen hätten in lobenden Worten von diesen Göttern gesprochen:

Dies sind die Götter, durch die wir leben.
Sie haben uns unseren Lohn gegeben
Zu der Zeit

An dem Ort
Der noch in völliger Finsternis lag.
Und sie sprachen, als sie gingen,
Jene Götter: »Gebt uns unser tägliches Brot
Alles, was man trinken kann
Alles, was man essen kann:
Unsere Nahrung
Mais
Bohnen
Amarant ...«

Die Franziskaner forderten die Mexica auf, sich den Regeln des Christentums zu unterwerfen. Die Priester fragten würdevoll: »Reicht es nicht, daß wir verloren haben? Daß unsere Lebensweise untergegangen, zerstört worden ist? ... Macht mit uns, was Euch beliebt. Das ist alles, was wir antworten, was wir auf Euern Hauch, Eure Worte entgegnen. O unsere Herren! ...«[41]

Sie nahmen ihr Verhängnis nüchtern an, wollten kein Mitleid und wünschten sich nur, in Vergessenheit zu geraten. Huitzilopochtli war, wie es schien, der gleichen völligen Zerstörung zum Opfer gefallen wie Tenochtitlan, Montezuma und das mexikanische Heer. Schon bald sollte Montezumas Lieblingstochter Cortés eine Tochter gebären. Die Relikte der alten Gesellschaft wurden nur in einigen elegischen Versen beschworen:

Die süße Kakaoblüte platzt auf und verströmt ihren Wohlgeruch.
Die duftende Blüte des *peyote* fällt im Sprühregen.
Ich, der Sänger, ich lebe. Mein Gesang wird erhört,
er treibt Wurzeln.
Mein verpflanztes Wort sprießt.
Unsere Blumen richten sich im Regen auf.[42]

Epilog

»Der Abschied nimmt kein Ende.
Alle scheiden dahin.
Prinzen, Herren, Adlige
Lassen uns verwaist zurück.
Empfindet Trauer, O Herren!
Vielleicht wird einer zurückkehren.
Vielleicht wird einer wiederkommen
Aus dem Reich der Schatten ...«
Dem mexikanischen Kaiser Axayácatl zugeschrieben, um 1477[1]

Nach der Eroberung Cholulas wurde ein Bildnis der sevillanischen Virgen de los Remedios mit ihrem sienesischen Lächeln und einem goldenen Umhang in einem Schrein an der Spitze der Großen Pyramide aufgestellt. Mit ihren einhundertzwanzig Stufen war sie dem Volumen nach die größte Pyramide der Welt. Die neue Gottheit erhielt einen angemessenen Platz, wenn man die Bedeutung Sevillas und der Sevillaner in der Conquista bedenkt. Doch dies war nur die aufsehenerregendste Manifestation der neuen Ära, denn die Franziskanermönche und ihre augustinischen und dominikanischen Brüder, die wenig später eintrafen, bekehrten Hunderttausende, vermutlich sogar Millionen von Indianern zum Christentum. Fray Motolinía, einer der zwölf Franziskaner, behauptete, er allein habe über 300 000 Indianer getauft; Pedro de Gante taufte »oftmals 4000, manchmal sogar 10 000 an einem Tag«. Die großen »offenen Kapellen« Mexikos legen noch heute Zeugnis ab von diesem gewaltigen Unterfangen.[2]

Der historische Präzedenzfall waren die Massenbekehrungen von Mauren nach der Eroberung Granadas gewesen. Doch die Dokumente deuten darauf hin, daß der Erfolg, zumindest auf einer oberflächlichen Ebene, in Mexiko durchschlagender war.

Fray Jacobo de Testera, der damalige Kustos der Franziskaner-Mission und spätere Generalinspektor seines Ordens für Westindien schrieb im Jahr 1533, daß einige der von ihm Getauften »Gregorianische Choräle sangen, Orgel spielten und Kontrapunkt studierten, Liederbücher schrieben und Musikunterricht erteilten ...«[3] Jacobo de Testera verfaßte einen Katechismus in Bilderschrift; viele der ersten Franziskaner, die nach Neuspanien kamen, waren wie er Franzosen und begründeten auf diese Weise eine lange Tradition der fruchtbaren französisch-mexikanischen Zusammenarbeit.

Die Freude der Indianer an der Musik erleichterte die Anwerbung von Kirchenmusikern, die in kürzester Zeit lernten, Noten zu lesen und selbst religiöse Musik zu komponieren. Die acht kanonischen Stunden der Franziskaner traten schon bald an die Stelle der traditionellen Regeln der Mexica; das regelmäßige nächtliche Aufstehen, um Bußübungen zu tun, war für die Mexica nichts Neues. Mexikanische Flöten spielten spanische Lobgesänge. In den 30er Jahren des 16. Jahrhunderts verfaßten Indianer sogar Hymnen in Nahuatl. Ein Tlaxcalteke komponierte »mit seltener Erfindungsgabe« eine Messe in Gregorianischer Choralmelodie. Julián Garcés, der erste Bischof von Tlaxcala, rühmte 1535 in einem Brief an Papst Paul III. die Intelligenz der mexikanischen Indianer und betonte, daß sie weder aufrührerisch noch unregierbar seien, sondern ehrfürchtig, schüchtern und gehorsam gegenüber ihren Lehrern. Die Idee, sie seien unfähig, die Lehren der katholischen Kirche zu empfangen, sei »zweifellos vom Teufel eingegeben«. »Möge sich der Heilige Geist in euren verehrten Herzen niederlassen, liebe Frauen«, schrieb ein Urenkel Montezumas im Jahr 1587 an Verwandte in Iztapalapa, die ebenfalls von königlichem mexikanischem Geblüt waren.[4]

Unterdessen hatten die Eroberer bereits das ganze Land mit einem Netz von Klöstern, Kirchen, Schreinen und Pfarreien überzogen, die zunächst von Franziskanern, später von Augustinern und Dominikanern und schließlich von Weltgeistlichen betreut wurden. Prozessionen am Fronleichnamsfest und in der Karwoche sowie Maskenspiele, darunter eine jährliche »Schlacht« zwischen Christen und Mauren, erfreuten sich mittlerweile großer Beliebtheit. Der Wendepunkt in der Geschichte der mexikanischen Kirche trat jedoch erst ein, als einem frisch getauften Indianer namens »Juan Diego« am 9., 10. und 12. Dezember 1531 auf dem Hügel von Tepeyac, nördlich von Tenochtitlan, angeblich die Jungfrau Maria in dunkler Hautfarbe erschien. So begann der Kult der »dunkelbraunen Jungfrau«, »*la virgen morena*« von Guadalupe, deren Name an das Kloster von Guadalupe in Spanien erinnerte.

Doch blieb die Bekehrung der Indianer vielfach Fassade. Im Jahr 1527 wurde ein junger Tlaxcalteke, Cristóbal, von seinem Vater, Acxotecatl, gefoltert und getötet, weil er versucht hatte, ihn zum Christentum zu bekehren. Im späten 16. Jahrhundert war Fray Durán so ehrlich, zuzugeben, daß die Mexikaner zwar zum Schein christlichen Festen beiwohnten, aber insgeheim weiterhin heidnische Feste feierten. Diese heimliche Ausübung überlieferter religiöser Riten ging, wenn auch vermutlich ohne Menschenopfer, viele Jahre weiter.[5] Das gleiche geschah mit den Riten, die mit Hexerei und Wahrsagerei, mit den heiligen Rauschpilzen und dem *peyote*-Kaktus in Verbindung standen, und die Göttin Cihuacoatl soll angeblich in den 30er Jahren des 16. Jahrhunderts in Azcapotzalco ein Kind verzehrt haben. Noch im 18. Jahrhundert verehrten einige Indianer bestimmte alte Männer, »in die sie völliges Vertrauen hatten«, wie Götter: »Nachdem sie ihnen in ihren kultischen Zeremonien Gaben dargeboten und gehuldigt haben, bitten sie um Regen oder um Sonnenschein ...«

Unterdessen kam es an den Grenzen des neuen Reichs immer wieder zu sporadischen Kämpfen mit Indianerstämmen, besonders den Chichimeken. Auch gab es christliche Märtyrer; der erste war der Franziskaner Fray Juan Calero, der im Jahre 1541 nahe Tequila von verstockten Indianern getötet wurde.[6]

Alte Priester prangerten das neue Regime vereinzelt öffentlich an; Beispiele dafür gab es in allen Teilen des Landes: So wuschen sich einige ältere indianische Konvertiten in Coyoacán öffentlich den Kopf als Zeichen dafür, daß sie ihre Taufe widerriefen. Der Anlaß für den Prozeß gegen Don Carlos Ometochtl, den Herrscher von Texcoco, im Jahr 1540 war ebensosehr religiöse Rebellion wie politischer Protest, wie seine Ankläger wußten und seine eigenen Worte verraten: »Wenn ich wüßte, daß meine Ahnen und Väter diesem Gesetz Gottes Folge geleistet hätten, dann würde auch ich es vielleicht einhalten und achten. Doch so, Brüder, sollten wir das Vermächtnis unserer Ahnen bewahren und befolgen ...«[7]

Don Carlos wurde hingerichtet. Sowohl dieses Gerichtsverfahren als auch ein früheres gegen »Don Juan«, den Herrscher von Matlatlan in der Sierra de Puebla, waren möglicherweise schlicht die Folge einer konservativen Einstellung: Don Carlos hatte sich zahlreiche Konkubinen zugelegt, trank *pulque* und hatte weder die örtlichen Götterstatuen zerstört noch seine Söhne zum Christentum bekehrt. Auch scheint er es mit der Errichtung einer Pfarrkirche nicht sonderlich eilig gehabt zu haben.[8] Und selbst im 17. Jahrhundert wurden noch Bittgebete an den Regengott Tlaloc und die Erntegöttin Chicome Coatl gerichtet:

Komme hierher
Spenderin der Dinge mit dem Zeichen des Tages 1-Wasser
Schon ist die Spenderin der Dinge eingetroffen!
Jetzt kommt die Spenderin der Dinge
Prinzessin Chicome Coatl ...[9]

Doch waren dies keineswegs die einzige Akte des Widerstands: Die Maya in Yucatán anerkannten die spanische Herrschaft erst gegen Ende des 17. Jahrhunderts (wenn überhaupt), und andere indigene Völker, wie die Yaqui im Nordwesten, setzten ihren Widerstand bis ins 18. Jahrhundert hinein fort.

Die ersten sechzig Jahre nach der Eroberung Mexikos waren auch in anderer, nicht-spiritueller Hinsicht bemerkenswert. Ein Freund von Cortés, Martín Vázquez, wies im Jahr 1535 darauf hin, wie schnell die Mexikaner europäische Bräuche übernahmen. Sie führten nicht nur bereitwillig die Anweisungen der Mönche aus, sondern kamen diesen sogar zuvor, indem sie zahllose große Klöster (mit angegliederten Schulen) und Kirchen erbauten, die noch heute die architektonische Landschaft Mexikos prägen. Auch wenn sie mittlerweile Schulen, Behörden, Museen oder Hotels beherbergen, sind sie noch immer stumme Zeugen einer der gewaltigsten Leistungen der römischen Kirche.

Die Mexica paßten sich auch in anderen Beziehungen rasch an ihre neuen Herren an. Nahuatl und andere Eingeborenensprachen übernahmen schon bald die lateinische Schrift. Mexikaner mit christlichen spanischen Namen zogen voller Elan vor die Gerichte, wobei sie ihre eigenen Bräuche auf kluge Weise mit den spanischen Verfahrensregeln in Einklang brachten. Auch das Rad nahmen sie begeistert auf; vermutlich hätten sie es eines Tages selbst für technische Zwecke verwendet, schließlich hatte es in Oaxaca und in Pánuco Spielzeug mit Rädern gegeben. Auch das Maultier, der Ochse, Flaschenzug, Nagel und Schraube wurden genauso bereitwillig übernommen wie die Kerze. Die neue Stahlspitze an ihren Grabstöcken leistete hervorragende Dienste – die Übernahme spanischer Techniken durch die Mexikaner war ein Grund dafür, daß die *chinampa*-Landwirtschaft im Verlauf des 16. Jahrhunderts expandierte.[10]

Allerdings forderten die Spanier Tribute, die offenbar überall deutlich höher lagen als jene, welche die tributpflichtigen Völker einst an die Mexica hatten entrichten müssen. Die Versklavung zahlreicher Indianer, die Zwangsarbeit, zu denen andere verpflichtet wurden, die Hinrichtung von Führern, die Zerstörung einheimischer Denkmäler, Skulpturen und Bücher als »Werke des Teufels« untergrub nicht nur die Moral der verbliebenen Mexica, sondern auch der meisten anderen Völker des Hochtals. Die meisten indianischen Traditionen zerfielen allmählich, da die Spanier begabte Indianer in Dienst nahmen, damit sie auf spanische Weise an spanischen Projekten arbeiteten. Nur die indianische Töpferei blieb nach der Eroberung als eigenständiges Kunsthandwerk bestehen und wurde sogar exquisiter und interessanter, da spanische Motive mit überlieferten Mustern verknüpft wurden. Vielleicht lag dies daran, daß der Besitz von Steingut anders als der von Götterfiguren, Skulpturen und Büchern nicht als Götzenanbetung galt.[11]

Die große Tragödie der Eroberung Mexikos durch die Europäer war nicht die Zerstörung Tenochtitlans. So abscheulich diese auch erscheinen mag, kann man Städte doch wieder aufbauen. Auch lag das Unheil nicht in der Brutalität der Conquistadoren begründet; die Beharrlichkeit der Mönche dürfte im Verein mit der (zumindest in der Theorie) immer besser informierten Kolonialverwaltung im spanischen Mutterland dazu geführt haben, daß die schlimmsten Auswüchse binnen einer Generation beseitigt wurden. Tatsächlich brachte die Akademie in Santiago/Tlatelolco bereits in den 1540er Jahren eine von der europäischen Kultur geprägte Schicht geborener Aristokraten und Intellektueller in Mexiko hervor; das Latein, das einige der indianischen Absolventen dieser Schule sprachen, versetzte das ganze Reich in Erstaunen. Einige der von den Spaniern aus religiösen Gründen angeordneten Maßnahmen wirkten sich abträglich auf die Ernährungslage aus; so ächteten sie beispielweise sowohl den Verzehr von Hundefleisch als auch die Verwendung von Amarantsamen, weil beide mit traditionellen Riten in Verbindung gebracht wurden, und entzogen auf diese Weise den Indianern eine wichtige Proteinquelle. Zudem überfischten die Spanier den See.

Die eigentliche Tragödie aber war das Resultat einer Katastrophe, die die Kastilier weder gewünscht noch erwartet hatten und die sich durch keine Vorzeichen angekündigt hatte. Das Verhängnis rührte hauptsächlich von Krankheiten her, die aus der Alten Welt eingeschleppt wurden und die indigene Bevölkerung hinwegrafften, da diese keine natürliche Widerstandskraft dagegen besaß. Der Tod der alten Götter und Glaubensgewißheiten hatte eine tiefe Hoffnungslosigkeit ausgelöst, und die unablässigen Forderungen der Conquistadoren nach Gold und anderen Edelmetallen hatten zum teilweisen Niedergang der Wirtschaft und dadurch zu Hungersnöten geführt. Dies waren wichtige Gründe für den Bevölkerungsschwund in Mexiko wie schon zuvor in der Karibik. Fray Motolinía und Richter Zorita, beide äußerst zuverlässige Informationsquellen, hielten diese Faktoren für ausschlaggebend. Doch die eigentliche Bedeutung dieser Faktoren lag zweifellos darin, daß sie die Widerstandsfähigkeit der Mexikaner gegen die aufeinanderfolgenden Epidemien von Infektionskrankheiten nachhaltig schwächten und die Ureinwohner so an den Rand des Aussterbens brachten.

Die Schätzungen der Bevölkerungszahl Mexikos vor dem Eintreffen der Conquistadoren sind mannigfach. Nehmen wir einmal an, die Schätzung von Richter Zorita sei annähernd richtig: Er bezifferte die Bevölkerung Neuspaniens in den 60er Jahren des 16. Jahrhunderts auf 2,6 Millionen Menschen, und er folgerte daraus, daß sie im Jahre 1518 etwa 8 Millionen betragen haben dürfte. Im Gefolge dieses dramatischen Bevölkerungsrückgangs kam es zu tiefgreifenden Umwälzungen. In sämtlichen *relaciones* (amtlichen Berichten) über Mexiko, die auf Geheiß von Philipp II. angefertigt wurden, finden sich nüchterne Erwähnungen von niedergehenden Städten und verlassenen Dörfern. Auf die Pockenepidemie der 20er Jahre des 16. Jahrhunderts folgten die Masern (1531/32), die Pest (falls sich hinter der Bezeichnung *mazlazahuatl* tatsächlich diese Krankheit verbirgt), *cocoliztli* (vermutlich ein Art von Grippe, 1545 und 1576), Keuchhusten und Mumps.

Wären diese Krankheiten nicht gewesen, dann wäre die Geschichte Mexikos vielleicht so ähnlich verlaufen wie die Indiens: eine kleine koloniale Herrenschicht (anscheinend wanderten in der ersten Hälfte des 16. Jahrhunderts 150 000 Menschen aus der Alten Welt – fast die Hälfte davon aus Andalusien – nach Neuspanien aus), die mit einer großen, intelligenten einheimischen Bevölkerung Mischehen eingeht.

Die Krankheiten wüteten vor allem unter den wenigen verbliebenen Angehörigen der alten mexikanischen Oberschicht, was vermutlich daran lag, daß diese sich am stärksten mit den Spaniern vermischten. Die Epidemien forderten mehr Opfer als der Schwarze Tod – die aus

Asien eingeschleppte Pest, die im 15. Jahrhundert Europa verwüstet hatte.

Wie zuvor auf den Karibikinseln, allerdings in viel größerem Umfang, wurden Schafe, Rinder und Pferde eingeführt, die sich rasch vermehrten. Das gleiche geschah mit europäischen Nutzpflanzen (vor allem Weizen) und Kräutern: Wilder Weißklee, Disteln, Farnkraut, Riedgras und Ampfer waren Ende des 16. Jahrhunderts weit verbreitet, ebenso halluzinogene Pflanzen wie Nachtschatten. Ein botanisch versierter Historiker hat sogar behauptet, der Klee habe einen zweiten, sehr erfolgreichen Eroberungszug angetreten.[12]

Vor diesem Hintergrund von Krankheit und Niedergang hat sich eine Reihe von Kirchenmännern und Laien aus unterschiedlichen Gründen bemüht, der Nachwelt zu überliefern, wie das alte Mexiko vor seinem Untergang gewesen war: Fray Olmos, Fray Motolinía, Fray Bernardino de Sahagún, Fray Diego Durán und Richter Zorita, um nur die ersten zu nennen, widmeten sich mit großer Hingabe der Anfertigung ihrer faszinierenden, mehr oder minder wissenschaftlichen Berichte.

Zur gleichen Zeit erhielt Mexiko nach einigen unerquicklichen Disputen Ende der 20er Jahre des 16. Jahrhunderts, als die Geschichte des Landes in ihrer Grausamkeit, ihrer Menschenverachtung und ihrer Frivolität der eines kleinen italienischen Stadtstaates im finsteren Mittelalter glich, den Status eines Vizekönigreichs. In Kastilien ernannte Granden überquerten fast dreihundert Jahre regelmäßig den Atlantik, um ein fremdes, unzugängliches und schönes Reich zu verwalten, das auf seltsame Weise das Exzentrische mit dem Konventionellen verband. Fremdländische Reisende, selbst britische Piraten verirrten sich allerdings nur selten in diese Gefilde. Neuspanien schickte viel Silber nach Europa, wo es, in gefällige Formen gegossen, auf Tischen aus nikaraguanischem Mahagoni ausgestellt wurde, an denen wohlsituierte Zeitgenossen, Zigarren aus Kuba paffend, die Verwüstungen der Syphilis, eines weiteren Imports aus der Neuen Welt, erörterten. Die in diesem Buch geschilderten Begebenheiten verwandelten sich so schließlich in Legenden und ihre Protagonisten in mythische Figuren.

Beleuchten wir daher im Folgenden kurz das weitere Schicksal der Personen, die in der Geschichte der Eroberung eine wichtige Rolle spielten.

Wenden wir uns zunächst den Indianern zu. Cuauhtémoc, vier Jahre lang ein tragischer Gefangener, wurde im Jahr 1525 auf Befehl von Cortés gehängt, weil er angeblich in die Vorbereitung eines Aufstands verwickelt war; er starb auf Cortés' Expedition nach Honduras. Im Jahre 1949 wurde auf der Grundlage zweifelhafter Indizien behauptet, Cuauhtémocs sterbliche Überreste seien in Ichcateopan in der mexikanischen Provinz Guerrero gefunden worden. Offenbar hinterließ er einen kleinen Sohn, den er mit seiner ersten Frau Xuchimatzatzin (»María«) gezeugt hatte und der angeblich den höchst ungewöhnlichen Namen »Diego de Mendoza Austria y Moctezuma« trug. Cortés gewährte Cuauhtémocs Sohn im Jahr 1527 eine *encomienda*, und Karl V. verlieh ihm 1541 ein Wappenschild. Er zeugte später drei Söhne, die er auf die biblischen Namen Melchior, Kaspar und Balthasar taufte und die ihrerseits zahlreiche Nachkommen hatten.[13]

Von den Kindern Montezumas lebte die Tochter Tecuichpo bis in die 50er Jahre des 16. Jahrhunderts, nachdem sie (nach dem Tod Cuauhtémocs) mit drei Conquistadoren in Folge verheiratet gewesen war: Alonso de Grado, den Cortés damit beauftragt hatte, Vorwürfen der grausamen Mißhandlung von Mexikanern nachzugehen, und der im Jahre 1527 starb; Pedro Gallego de Andrade und schließlich, nach dem plötzlichen Tod von Andrade im Jahr 1530, Juan Cano. Tecuichpo hatte eine Tochter von Cortés, Leonor, die einige Zeit nach ihrer Eheschließung mit Gallego geboren wurde, mit dem sie ebenfalls einen Sohn hatte. Mit Cano hatte sie fünf Kinder, darunter zwei Töchter, welche das Armutsgelübde ablegten und in das Kloster La Concepción in Mexiko eintraten. Tecuichpo zog später vor Gericht, um ihre Vermögen aufzubessern, obgleich Cortés ihr im Jahre 1526 Tacuba, einige umliegende Ortschaften und etwa zwölf Bauernhöfe als *encomienda* zugeteilt hatte. Ende des 16. Jahrhunderts war dies die größte der damals noch bestehenden *encomiendas* im Hochtal von Mexiko. Sie dürfte also nicht gerade arm gewesen sein, auch wenn ihr Lebensstil nicht dem entsprach, was sie als Lieblingstochter eines Monarchen kennengelernt hatte. Ihr letzter Ehemann, Juan Cano, sagte über sie, ihr großartiges Vorbild habe die Herzen ihrer mexikanischen Landsleute mit »Ruhe und Frieden« erfüllt.[14]

Einige der anderen Nachkommen Montezumas gerieten in Not. So sagte Diego de Moteçuma (Montezuma) im Jahre 1598 zu seinen Nichten, er werde König Philipp II. von »all den Enkeln Montezumas [berichten], die in Armut leben«.[15] Unterdessen lebte die – je nach

Standpunkt – Heldin oder Schurkin der Eroberung, die Dolmetscherin Marina, deren Dienste so wichtig gewesen waren, bis 1551; sie hatte Juan Jaramillo geheiratet und hinterließ eine Tochter von ihm und einen Sohn von Cortés.

Die übrigen Kinder Montezumas, Cacama und andere Herrscher des Hochtals von Mexiko wurden im allgemeinen hispanisiert. Die Familie der Grafen von Moctezuma lebte über viele Generationen in Spanien, und obgleich die Linie heute erloschen ist, ist in dem nach ihnen benannten Palast das Provinzarchiv von Cáceres untergebracht. Ein Enkel Montezumas, Don Luis, scheint in den 70er Jahren des 16. Jahrhunderts bei den Behörden in Spanien für einige Unruhe gesorgt zu haben; man befürchtete, daß er seinen Anspruch auf den Thron von Mexiko erneuern könnte. Doch es blieb bei Gerüchten und Verdächtigungen.[16]

Die Verbündeten von Cortés aus der gemäßigten und tropischen Zone verschwanden spurlos aus der Geschichte, vermutlich hinweggerafft von den Pocken. So gibt es keine schriftlichen Zeugnisse, aus denen hervorgeht, daß sich etwa die Führer der Tlaxcalteken und Totonaken jemals darüber beklagt hätten, daß die Fremden, die sie ursprünglich als zeitweilige Verbündete gegen die Mexica hatten benutzen wollen, nun selbst auf unmißverständliche Weise den Wunsch zum Ausdruck brachten, sich dauerhaft als neue Herren des Hochtals von Mexiko niederzulassen.

Was die Spanier betrifft, so starb Diego Velázquez im Jahre 1524 angeblich »vor Zorn«, bevor der *juicio de residencia* gegen ihn abgeschlossen werden konnte. Obgleich er arm starb, hinterließ er doch genügend Geld, damit in der Kirche San Francisco in Cuéllar 300 Messen für seine Seele gelesen würden und für einige andere fromme Werke im Kloster Santa Clara in derselben Stadt – deren Kosten erstaunlicherweise aus »Einkünften aus Ulúa« beglichen werden sollten. Leider gibt es keine Beweise dafür, daß der Maler Diego de Silva Velázques (1599 in Sevilla geboren) ein weitläufiger Nachfahre des kubanischen Gouverneurs war. Doch in dem berühmtesten seiner Gemälde, »Las Meninas«, kann man vielleicht eine Anspielung auf Mexiko erkennen, denn eine der Ehrendamen auf der linken Seite des Bildes bietet der Prinzessin eine kleine mexikanische Töpferarbeit dar, wie sie damals sehr in Mode waren.[17]

Die meisten Gefährten von Cortés blieben und starben in Mexiko. Alvarado setzte seine Karriere der brutalen Mißachtung menschlichen

Lebens in zahlreichen Gegenden des stetig wachsenden Reichs fort; er wurde der erste Gouverneur Guatemalas und erhielt nicht nur den ersehnten Titel eines *adelantado*, sondern wurde auch Mitglied des Ordens der Sankt-Jakobsritter, dem anzugehören er bereits in seiner Jugend vorgegeben hatte. Er starb, noch keine fünfzig Jahre alt, auf einem Feldzug gegen Indianer in der Umgebung von Guadalajara an den Folgen der Verletzungen, die er sich beim Sturz von seinem Pferd zugezogen hatte. Pánfilo de Narváez kehrte nach seiner Entlassung aus der Haft in Mexiko nach Spanien zurück und führte – auf der Suche nach dem Jungbrunnen – eine weitere Expedition nach Florida an, wo er einen schrecklichen Tod fand.

Olid wurde 1525 wegen Rebellion hingerichtet. Montejo wurde der erste *adelantado* und Gouverneur von Yucatán; die Eroberung dieser Region wurde von seinem Sohn, der ihn nach Mexiko begleitet hatte, und seinem Neffen fortgesetzt. Alonso de Ávila schloß sich ihm nach seiner Entlassung aus der französischen Haft an. Diego de Ordás unternahm eine Reise zum Río Marañón, dem großen Nebenfluß des Amazonas, dessen Eroberung ihm auch die Herrschaft über die Perlenküste verschafft hätte, wäre er nicht im Jahr 1532 mitten im Atlantik umgekommen. Anders als viele zeitgenössische Spanier bewunderte Ordás die mexikanischen Federarbeiten, und in einem seiner letzten Briefe, den er im Jahre 1529 an Francisco Verdugo richtete, bat er diesen: »Schickt mir einige schöne Federn und ein Dutzend Spiegel.«[18]

Ávila, Vázquez de Tapia, Andrés de Tapia und Martín López ließen sich in Mexiko nieder. Außer Andrés de Tapia, dem langjährigen treuen Verbündeten von Cortés, waren sie alle der Ansicht, daß ihre Dienste nicht gebührend gewürdigt und belohnt worden waren, und so verbrachten sie einen Großteil ihres Lebens damit, Prozesse zu führen, die ihre früheren Verdienste zweifelsfrei beweisen sollten. Fray Juan Díaz scheint von Indianern getötet worden zu sein, als er einige ihrer Götterstatuen zerstören wollte. Fray Olmedo starb frühzeitig, im Jahr 1524, zum großen Kummer, wie es hieß, der Indianer und der Conquistadoren gleichermaßen. Nicht weniger als acht Gefährten von Cortés traten in den geistlichen Stand: fünf wurden Franziskaner, ein weiterer, Aguilar, Dominikaner, und wieder ein anderer, Gaspar Díez, wurde Eremit in Mexiko und befleißigte sich eines so asketischen Lebenswandels, daß ihn Bischof Zumárraga aufforderte, ein weniger enthaltsames Dasein zu führen.[19]

Die meisten Kaufleute, die mit Cortés Geschäftsbeziehungen pflegten, brachten es zu Wohlstand und Reichtum. Die Familie von Pedro de Maluenda, der an der Belagerung von Tenochtitlan teilgenommen hatte, betrieb im ausgehenden 16. Jahrhundert noch immer ein Geschäft in Sevilla. Alonso Caballero, Cortés' »Admiral« in Vera Cruz, erwarb ebenfalls Reichtum, desgleichen sein mutmaßlicher Bruder, Diego Caballero. Juan de Córdoba und Luis Fernández de Alfaro wirkten 1530 noch immer in Sevilla, auch wenn sie vermutlich nie mehr wieder so hohe Profite einstrichen, wie ihnen aus der Finanzierung von Cortés erwachsen waren.

Was den *caudillo* anlangt, so markierte seine Ernennung zum Gouverneur und Generalkapitän Neuspaniens im Jahr 1522 den Höhepunkt seines Lebens. Er war noch immer unter Vierzig. Doch obgleich er im Jahr 1525 in den Orden der Sankt-Jakobsritter aufgenommen wurde und ein Wappen verliehen bekam, war ihm das Glück im weiteren Verlauf seines Lebens nur noch selten gewogen. Obwohl er damit beschäftigt war, die Fundamente für die Verwaltung, die Landwirtschaft und die Eigentumsordnung in Neuspanien zu legen, die dreihundert Jahre Bestand haben sollten, trieb ihn seine Rastlosigkeit zu neuen Abenteuern. Er benutzte die Rebellion Cristóbal de Olids als Vorwand, im Jahr 1524 eine Expedition nach Honduras zu unternehmen. Olid war bereits vor dem Aufbruch der Expedition von Cortés' Freunden hingerichtet worden, aber das wußte der *caudillo* nicht.

Cortés ritt, bestens gelaunt, an der Spitze des mehrere tausend Mann starken Expeditionsheeres, dem Indianerhäuptlinge und Gaukler, Franziskaner und Tänzer, Harfenspieler und Narren, Pferde und Kanoniere angehörten. Es war der größte derartige Zug, den Mexiko bis dahin gesehen hatte, ein, wie es schien, fröhlicher Haufen aus Brüdern aller Rassen. Zwei Jahre später kehrte nur eine kleine Schar von knapp einhundert Männern lebend nach Mexiko-Tenochtitlan zurück, nachdem sie im Dschungel und am Gestade unbekannter Meere entsetzlichen Strapazen getrotzt, unter größter Mühe zahllose Flüsse durchquert und Krankheiten, Hunger, Durst, Einsamkeit und Meuterei überlebt hatten.

Als Cortés schließlich Mitte 1526 in die Hauptstadt zurückkehrte, bestürzte es ihn, zu sehen, wie schlecht die königlichen Beamten, die gleichzeitig mit seiner Ernennung zum Gouverneur nach Mexiko gesandt worden waren, die Stadt in seiner Abwesenheit regiert hatten. In der Annahme, Cortés sei tot, hatten sie seinen Cousin Rodrigo de Paz gefoltert und ermordet. Alle, die für seinen Interessen eingetreten waren, waren verfolgt worden.[20]

Unmittelbar nach der Rückkehr des *caudillo* traf, aus Spanien kommend, ein Richter ein, der ein disziplinarisches Ermittlungsverfahren, einen *juicio de residencia*, gegen ihn einleiten sollte. Der Richter, Luis Ponce de León, soll jedoch gestorben sein, nachdem er Speck an Cortés' Tisch verspeist hatte. Ein zweiter Richter, der ältliche Marcos de Aguilar, der viele Jahre auf Hispaniola gelebt hatte, folgte ihm wenig später ins Jenseits. Klatschsüchtige Zeitgenossen, wie etwa der Dominikaner Fray Tomás Ortiz, streuten daraufhin das Gerücht, Cortés habe beide vergiften lassen – worauf sich viele Leute an die plötzlichen und für Cortés so gelegen kommenden Tode von Catalina Cortés, Francisco de Garay und Julián de Alderete erinnerten.

Obgleich Cortés noch immer im Besitz der riesigen Ländereien war, die er sich vor der Expedition nach Honduras in seiner Eigenschaft als Gouverneur und Generalkapitän selbst zugeteilt hatte, war er faktisch seiner Macht beraubt. Er hörte von Freunden in Spanien, daß seine Feinde – alte wie neue – versuchten, den Hof gegen ihn aufzuwiegeln. Er beschloß, in die Heimat zurückzukehren, um seine Anliegen Karl V. persönlich vorzutragen. Er wollte im Namen des Kaisers das große Gebiet regieren, das er für ihn erobert hatte, und mit königlicher Unterstützung Expeditionen in die Südsee unternehmen.

So trat der *caudillo* im März 1528 mit seinen Vertrauten Gonzalo de Sandoval und Andrés de Tapia die Heimreise an. Zu seinem Gefolge gehörten drei Söhne Montezumas (Don Martín, Don Pedro, Don Juan), ein Sohn Maxixcatzins aus Tlaxcala (Don Lorenzo), ein Nachkomme der Könige von Tlatelolco, ein Sohn des Königs von Tacuba und die Herrscher von Culhuacan, Tlalmanalco und Cuitláhuac sowie weitere adlige Indianer, darunter einige »hellhäutiger als Deutsche«. Insgesamt wurde Cortés von etwa 40 Indianern begleitet.[21] Auch Jongleure und Akrobaten, Zwerge und Bucklige waren mit von der Partie. Der Graf von Benavente besaß einen Elefanten, den ihm jemand als Geschenk aus Indien gesandt hatte – Cortés tat das gleiche und nahm einige Jaguare, ein Gürteltier, einige Pelikane und ein Opossum mit. Kolumbus hatte bei seiner Ankunft in Barcelona Indianer paradieren lassen, aber nur sehr wenig Gold mitgebracht – Cortés nahm reichlich Kopfschmuck aus Federn, Umhänge, Fächer, Schilde, Obsidianspiegel, aber auch Türkis, Jade, Gold und Silber sowie einige daraus gefertigte Schmuckstücke mit. Er hatte einen Triumphzug nach römischem Vorbild vor.

Dieses Gefolge traf Anfang Mai 1528 nach einer zweiundvierzig Tage währenden Überfahrt in Palos ein. Dort wurde Sandoval krank und starb. Auf seinem Sterbebett war dieser Sieger von hundert Schlachten in Mexiko zu schwach, um zu verhindern, daß sich ein Dieb mit seinem Gold aus dem Staub machte. Cortés suchte zunächst das Kloster von La Rábida auf, wo er angeblich (auch wenn es dafür keinerlei historische Beweise gibt) durch Zufall seinem entfernten Verwandten Francisco Pizarro begegnete, der kurz darauf mit seiner Expedition in See stach, um Peru zu erobern. Anschließend begab er sich nach Medellín, wo er erfuhr, daß sein Vater, der ihn immer so aufopferungsvoll unterstützt hatte, 18 Monate zuvor gestorben war. Cortés begrüßte seine Mutter und zog weiter nach Guadalupe, um der »Jungfrau der Estremadura« zu danken und einen goldenen Skorpion darzubringen, der für lange Zeit in der Schatzkammer des Klosters verwahrt wurde. Dann setzte er seine Reise fort, um jenen Monarchen aufzusuchen, den er in seinen Reden an die Mexica so oft erwähnt hatte, den »Herrscher der Welt« (in Bischof Ruiz de la Motas Worten), in dessen Namen Cortés all seine Taten vollbracht hatte. Im Juni erreichte er den Hof, der in Monzón, der Sommerresidenz der Herrscher von Aragón, weilte. Dort traf er mit den hochstehenden Persönlichkeiten des Reichs, aber auch mit den unbedeutenderen Beamten zusammen: mit dem Kanzler Gattinara, dem königlichen Sekretär Los Cobos, Doktor Beltrán, dem Präsidenten des Indienrats, Doktor García de Loyasa sowie den Abgeordneten der *cortes* von Aragón – die meisten dieser Männer dürften seine Briefe aus Mexiko gelesen und geschätzt haben. Viele seiner Feinde, etwa Bischof Fonseca, waren tot; Cortés' Triumph schien gesichert zu sein.

Offenbar empfing Karl V. Cortés mit aufrichtiger Begeisterung. Er nahm Cortés, kaum war dieser vor ihm auf die Knie gefallen, bei der Hand, richtete ihn auf und wies ihm einen Platz an seiner Seite an. Er ernannte ihn zum Marquis des Tales von Oaxaca, gewährte ihm den zwölften Teil der Erträge all seiner Eroberungen und erklärte sich damit einverstanden, ihm eine *encomienda* mit 23 000 Vasallen zu erteilen, wodurch er Cortés zu einem der reichsten Männer des spanischen Imperiums machte. Karl war überwältigt von den tänzerischen Darbietungen der Indianer in Valladolid, und er bestätigte Cortés als Generalkapitän von Mexiko, nicht jedoch als Gouverneur; diese Aufgabe wurde einer *audiencia* übertragen, die von einem von Cortés' Feinden, Nuño de Guzmán, geleitet wurde. Daher war nicht klar, welche genauen Befugnisse Cortés haben würde. Cortés wurde auch zum »Gouverneur der Inseln und Länder, die er in der Südsee entdecken mochte« ernannt – wobei dieses Zugeständnis allerdings weit hinter dem zurückblieb, was er im Jahr 1522 gefordert hatte.[22]

Karl V. segnete auch Cortés' neue Ehe mit Juana, Tochter von Carlos, dem Grafen von Aguilar, und Nichte des Herzogs von Béjar, Alvaro de Zúñiga, *justicia mayor* von Kastilien, einem der mächtigsten Männer des Reichs. Juana verfügte nach allen Seiten über beste Beziehungen, denn in ihren Adern floß nicht nur das Blut der Enríquez', Mendoza und Guzmán, sie war auch die Großnichte jenes Juan de Zúñiga, Großmeister des Ordens von Alcántara, dessen ländliche Akademie in Zalamea de la Serena möglicherweise die Bildung des jungen Cortés beeinflußt hat. Juana brachte eine ansehnliche Mitgift in die Ehe ein. Mit seinen dreihundert Pferden und Einkünften in Höhe von 28 000 Goldgulden muß der Herzog von Béjar Cortés als ein idealer Wohltäter erschienen sein. Nur sechs Adlige in Spanien übertrafen ihn an Reichtum.[23]

Als Cortés später in Toledo erkrankte, stattete ihm der König einen Besuch ab: eine beispiellose Ehre. Karl verzieh Cortés auch, daß er in der dortigen Kapelle auf der dem König vorbehaltenen Bank vor den meisten Granden Platz genommen hatte. Der deutsche Künstler Christoph Weiditz malte – offenbar auf Vorschlag des polnischen Gesandten, Juan Dantisco, wie man ihn in Spanien nannte – ein Porträt von Cortés, und auch von dessen mexikanischem Gefolge. Wie schon im Jahr 1520 war der König auch diesmal wieder sehr auf das Wohl der Indianer bedacht, für die er Samtgewänder anfertigen ließ. Einige dieser Indianer scheinen in Europa geblieben zu sein und wurden an verschiedenen Orten zur Schau gestellt.[24]

Cortés kehrte anschließend mit seiner neuen Frau, seiner Mutter und 400 weiteren Spaniern nach Mexiko zurück. Er verließ Sevilla im Frühjahr 1530 und traf am 15. Juli in Vera Cruz ein. Die meisten der Indianer waren auf königlichen Befehl bereits zuvor abgereist; drei starben, einige blieben. Einer, Benito Mazutlaqueny, wurde unterdessen nach Rom gesandt, wo Papst Clemens VII. feierlich verkündete, er danke Gott dafür, daß Länder wie Neuspanien zu seinen Lebzeiten entdeckt worden seien, und prompt drei uneheliche Kinder von Cortés für ehelich erklärte. Doch als Cortés in Mexiko eintraf, wurde ihm der Zutritt zu seinem Haus in der Hauptstadt mit der Begründung verweigert, ein *juicio de residencia* gegen ihn sei im Gange; seine Mutter starb in Texcoco, bevor sie die Leistung ihres Sohnes angemessen würdigen konnte. Der *caudillo* begab sich auf sein Gut in Cuernavaca, wo er ein Palais und eine Zuckerfabrik errichtete, Sklaven aus Afrika einführte und Weizen, Wein und Oliven anbaute.[25]

Er mußte einen Großteil seiner Zeit darauf verwenden, sich gegen die Vorwürfe zu verteidigen, er habe sich während der Conquista persönlich bereichert, er habe grundlos Indianer getötet und seine Frau und andere ermordet. Cortés mußte sich sogar gegen die Anschuldigung von Andrés de Monjaraz verteidigen, er habe im Jahre 1521 die malerische Stadt Oaxtepec angegriffen, ohne zuvor das *requerimiento* verlesen zu lassen.[26]

Die Vernehmungen vor mexikanischen Gerichten, das Ausfüllen der langen Fragebogen und die Protokollierung zahlloser Zeugenaussagen zogen sich viele Jahre lang hin und machten zahlreiche Notare reich, lieferten aber auch Informationen von unschätzbarem Wert für Historiker, die diese Dokumente auswerteten. Die ganze Affäre erhielt zusätzliche Brisanz dadurch, daß sich viele frühere Gefährten von Cortés aus Neid oder Enttäuschung gegen ihn wandten. Wer genau hielt sich in der *noche triste* wo auf? Was geschah wirklich im Palast des Axayácatl, als Cortés Montezuma zur Abtretung seiner Herrschaftsgewalt bewegte? Wie starb Catalina, »la Marcayda«? Ein einstiger Gefährte, Rodrigo de Castañeda, beschuldigte Cortés sogar, er wolle auf seinen Gütern die Tempel und Götterstatuen erhalten und setze sich damit in Gegensatz zur Politik der Franziskaner, die die Zerstörung heidnischer Relikte forderten. Unterdessen wurde die erste *audiencia* in Neuspanien, die sich aus kleingeistigen Männern zusammengesetzt hatte und von dem grausamen Nuño de Guzmán geleitet worden war, von einer Gruppe hochgesinnter Geistlicher abgelöst, die ihrerseits im Jahr 1535 dem ersten Vizekönig Platz machte. Antonio de Mendoza war ein ebenso vornehmer Höfling wie bedeutender Administrator und entstammte der gebildetsten Familie Kastiliens – was ihn allerdings nicht davon abhielt, Cortés auf seiner zweitrangigen Position zu belassen.

Cortés unternahm bedeutende Expeditionen in den Pazifik. Es gelang ihm jedoch nicht, die sagenumwobene Meerenge zu finden, die diesen Ozean mit der Karibik verbinden sollte; zweifellos wurde ihm damals klar, daß sie ein Hirngespinst war. Vielleicht hoffte er, die Molukken zu erreichen, womöglich gar, ein wenig nördlich davon, China selbst zu entdecken. Er bezahlte diese kostspieligen Unternehmungen weitgehend aus eigener Tasche und entdeckte dabei Kalifornien, das er vermutlich nach der Gestalt der Königin Califia benannte (die in einem damals vielgelesenen Ritterroman vorkam). Er setzte sich erneut höchsten Gefahren aus, litt große Entbehrungen und verlor die Hälfte seiner Männer. Doch bei all diesen Vorstößen gelang es ihm nicht, einen kürzeren Seeweg nach China zu finden.

Cortés stritt sich mit dem Vizekönig über diese Erkundungsfahrten im Pazifik und kehrte im Januar 1540 erneut nach Spanien zurück, um sich für seine Sache einzusetzen; mittlerweile war er in seinen Fünfzigern. Seine großen Leistungen waren halb vergessen – eine prosaischere Epoche hatte begonnen. Man erinnerte sich nicht länger an den Namen von »El Clavero« Monroy und gedachte der ersten Jahre der Conquista Amerikas, falls überhaupt, nur mit Widerwillen. Die Veröffentlichung von Cortés' Briefen, die in den 20er Jahren auf so große Resonanz gestoßen waren, wurde verboten; sie hatten bei ihren Lesern sowieso nur dazu geführt, daß man ihm gegenüber eine Mischung aus Furcht und Neid empfand. Der *caudillo* machte sich erbötig, dem Kaiser bei der Eroberung von Algier zu helfen, doch sein Rat war nicht gefragt, auch wenn er und sein Sohn an diesem unrühmlichen Feldzug teilnahmen (und ihn überlebten). Mittlerweile war der Kaiser seiner Gesuche überdrüssig. Als Cortés wieder einmal am Hofe weilte (der sich damals gerade in Barcelona aufhielt), beklagte er sich erneut, daß seine Verdienste nicht anerkannt würden – worauf Karl ihn barsch zurechtwies: »Hört auf, Euch Eurer Verdienste zu rühmen, denn Ihr sprecht von einer Provinz, die nicht Euch, sondern einem anderen gehört«; damit war Diego Velázquez gemeint.[27] Cortés erkannte, daß er nicht mehr gebraucht wurde; Männer mit seinem lebhaften Temperament waren am spanischen Hof nicht länger wohlgelitten.

Aus der Sicht eines spanischen Beamten, eines in Salamanca ausgebildeten *letrado*, war Hernán Cortés in einer Epoche, in der es vor allem um die straffe Verwaltung der Kolonien ging, allzusehr sein eigener Herr. Er hatte ohne königliche Vollmacht *encomiendas* vergeben und sich später sogar über das ausdrücklich Vergabeverbot hinweggesetzt. Es gab zahlreiche Fragezeichen hinsichtlich seines Verhaltens: Das ihm so gelegen kommende Verschwinden zahlreicher Feinde in Mexiko schien ein wenig beunruhigend zu sein und erinnerte an eine allzu »italienische« Reihe von Koinzidenzen. Die Gewieftheit, mit der

Cortés Velázquez, Narváez, Tapia und Garay überlistet hatte, mochte man ihm ob seines Sieges über die Mexica verzeihen. Doch wenngleich das Blutbad, das Alvarado unter den mexikanischen Adligen angerichtet hatte, nie erwähnt wurde, wußten doch alle, daß Cortés ihn wegen seiner Vorgehensweise nicht gerügt hatte. Jedenfalls würde ein so kluger Mann wie Cortés immer ein unbequemer Untertan der Krone bleiben. Obgleich er nach der Eroberung auf eine gute Behandlung der Indianer bedacht gewesen war, so deuteten doch die Ereignisse in Cholula und Tepeaca darauf hin, daß er erschreckend erbarmungslos sein konnte; dies zeigte auch die Folterung Cuauhtémocs. Zweifellos war Cortés sehr viel vermögender, als er selbst zugab, und zweifellos hatte er nicht immer den Fünften abgeführt, der der Krone von allen Erträgen zustand. Strebte Cortés, indem er sich zum Herrn über so viele mexikanische Städte aufwarf, nicht nach einem Grad von Unabhängigkeit, der in Spanien selbst – sogar für einen Granden wie etwa den Grafen von Medellín – längst nicht mehr erreichbar war?

Nachdem Cortés erkannt hatte, daß er seine besten Jahre hinter sich hatte, faßte er Mitte der 40er Jahre des 16. Jahrhunderts den klugen Entschluß, die restlichen Jahre seines Lebens in oder bei Sevilla zu verbringen. Gelegentlich besuchte er den Hof, und er war bekannt für seine rege Teilnahme an *tertulias* (Abendgesellschaften) der Stadt. In einem Brief an den König aus dem Jahre 1544 übertrieb er seine Armut und sein Alter. Wie Kolumbus verbrachte auch er seine letzten Jahre in wachsender Ernüchterung. Cortés starb am 2. Dezember 1547 im Alter von zweiundsechzig Jahren in Castilleja de la Cuesta vor den Toren Sevillas, in einem Haus, das bis heute erhalten ist. Er hinterließ in Mexiko eine große Legende, ein riesiges Landgut, ein gigantisches Vermögen und zahlreiche Kinder. Zu seiner Hinterlassenschaft gehörten auch zwei mit Brokat überzogene Betten, die dem Florentiner Kaufmann Jacome Boti vermacht wurden (als Gegenleistung für die Tilgung einer Hypothek in Sevilla).[28]

Cortés' sterbliche Überreste wurden mehrfach umgebettet, wenn auch auf weniger dramatische Weise als die des Kolumbus. Zunächst ruhten sie in San Isidoro del Campo in Santiponce, einem Dorf unmittelbar vor den Toren Sevillas, an zwei verschiedenen Stellen in derselben Kirche (1547–50, 1550–66). Danach wurden sie nach San Francisco in Texcoco überführt (1566–1629), von dort nach San Francisco in Mexiko-Stadt (1629–1794, unterbrochen durch eine Exhumierung im Jahr 1716, als die Kirche wiederaufgebaut wurde); und schließlich in die Kirche Jesús Nazareno, ebenfalls in Mexiko-Stadt, wo seine Gebeine im Jahre 1823 und 1836 versteckt und im Jahre 1946 ausgestellt wurden.[29] Heutzutage gedenkt man Cortés in dieser Kirche nur noch auf schlichte Weise, während sein Andenken im übrigen Mexiko weitgehend verblaßt ist.

Die Auswirkungen der Eroberung Mexikos wie der ganz Amerikas auf die europäische Kunst blieben weiterhin marginal. Kunsthistoriker tun sich schwer, im 16. Jahrhundert Anzeichen dieses Einflusses zu finden, abgesehen von den in Stein gehauenen Mexica, welche die Kapitelle des Erzbischöflichen Palais in Lüttich schmücken, und einer Maske auf einem Bischofsgrab in der Kathedrale von Rouen. Für Europa war Mexiko ein Ort der Kuriositäten, nicht aber großer künstlerischer Leistungen. Die Federarbeiten, die Cosimo de' Medici erworben hatte, wurden als Gebrauchsgegenstände, nicht als Kunstwerke betrachtet; diese Sichtweise hielt sich bis ins 20. Jahrhundert. Ein mexikanischer Obsidianspiegel, der einem englischen Exzentriker, John Dee, gehörte, firmierte unter der Bezeichnung »Teufelsspiegel«.[30]

Selbst in wirtschaftlicher Hinsicht schien Neuspanien dreißig Jahre lang nur eine untergeordnete Rolle zu spielen. Die Menge des nach Spanien ausgeführten Goldes war viel geringer als die Lieferungen aus anderen Kolonien des spanischen Imperiums, und Kartoffeln aus Peru und Tabak aus Kuba schienen wichtiger zu sein als das, was Mexiko zu bieten hatte. Karl V. behielt nur wenige Erinnerungsstücke an diese »amerikanischen Abenteuer«, auch wenn seine Abdankung von Lisuartes Abdankung als König von England in *Amadís de Gaula* inspiriert gewesen sein mochte. Erst nach seinem Tod begannen die großen Silberminen Neuspaniens dank eines neuen Verfahrens, bei dem Quecksilber eingesetzt wurde, eine neue, reiche Ausbeute des Edelmetalls zu Tage zu fördern.

Manch einer wird vielleicht sagen, Cortés habe die Enttäuschungen, die seine letzten Lebensjahre überschatteten, verdient, denn schließlich hat er eine Hochkultur vernichtet – auch wenn er eigentlich beabsichtigt hatte, das Reich der Mexica unversehrt seinem König als Geschenk darzubringen. Doch gemessen an den zeitgenössischen spanischen Wertvorstellungen hat Cortés Außerordentliches vollbracht. Man könnte geltend machen, daß – wäre Cortés nicht gewesen – ein anderer Mexiko erobert hätte. Das läßt sich nicht beweisen. Die Eroberung von 1520/21 wäre ohne Cortés' Fähigkeit und Entschlossenheit, die Indianer, vor allem die Tlaxcalteken, auf seine Seite zu ziehen, nicht gelungen. Ohne ihre Unterstützung als Träger und Quartiermeister und ohne die Zufluchtstätten, die sie den Spaniern zur Verfügung stellten, wäre die Expedition fehlgeschlagen. Wäre dies geschehen, wer könnte dann schon mit Sicherheit sagen, ob die Mexica unter dem Befehl von Cuauhtémoc nicht gelernt hätten, spanische Waffen zu bedienen und vielleicht sogar Pferde zu benutzen? Selbst wenn man das durch die Pokkenepidemie verursachte Massensterben in Rechnung stellt, hätten die Mexica vielleicht so lange erbitterten Widerstand leisten können, bis Spanien der Eroberungen überdrüssig geworden wäre.

Der Begriff, der Cortés' Taten am treffendsten beschreibt, ist »Verwegenheit«; darin schwingen Eigenschaften mit wie Findigkeit, Dreistigkeit und die Fähigkeit, das Unerwartete zu tun, »was Verwegenheit von bloßem Mut unterscheidet«. Cortés war überdies zielstrebig, flexibel und skrupellos. Ein Estremeño des 19. Jahrhunderts sagte über Cortés' Verwandten, »El Clavero« Monroy, daß er »von flinker Zunge, geschickt und tapfer in seinen Taten und im Krieg voller Drohgebärden war, die sich plötzlich in Entscheidungsschläge verwandelten, und er ließ sich nicht im geringsten von schlechtem Wetter, großen Entfernungen, Gefahren oder Rückschlägen einschüchtern« – worin ihm Hernán Cortés zweifellos ähnelte.[31] Auch der Cid war bei all seinem majestätischen Auftreten und seinem Kampfesmut an juristischen Angelegenheiten und an Geld genauso interessiert wie Cortés. Man muß nicht an die Theorie glauben, wonach die Geschichte von großen Männern gemacht wird, um zu erkennen, daß die Kombination von Intelligenz und Besonnenheit, von Tapferkeit und eigenständigem Urteil, die Cortés auszeichnete, den Ausgang der außerordentlichen Begebenheiten, die sich zwischen 1519 und 1521 in Mexiko zutrugen, maßgeblich beeinflußte.

Im Jahr 1524 schickte Cortés eine Kanone aus Silber als Geschenk an Karl V. Das Silber stammte aus Michoacan. Cortés nannte sie »der Phönix« und ließ folgende Verse in sie eingravieren:

Dies ist von einzigartiger Geburt
Mein Dienst an Euch ist ohnegleichen
Ihr habt nicht Euresgleichen auf der Welt.[32]

Es war ein extravagantes Geschenk, wie Neider in Spanien schon bald anmerken sollten. Doch es war auch, wie der deutsche Reisende Thomas Münzer gesagt hätte, »prachtvoll«. Dieses Geschenk kam in Spanien an, wurde jedoch schon bald zu Silberbarren eingeschmolzen.

Der Name der Kanone war nicht ohne hintergründige Ironie, denn Cortés hatte alles Gold und Silber, das in Mexiko gewonnen wurde, mit einer Steuer namens »der Phönix« belegt, um die Verluste der verhängnisvollen Heimreise von Ávila und Quiñones wettzumachen. Und doch war es ein passender Name: Heutzutage werden im Tal von Guadiana, in dem Cortés zur Welt kam, Mais und Tomaten angebaut, und aus der Asche des untergegangenen Tenochtitlan sollte sich, mit der Zeit, eine neue und außergewöhnliche Gesellschaft mit eigenem Zauber erheben.

Anhang

Glossar

Nahuatl

Aussprache: »ch« und »x« wie deutsches »sch«; »hu« vor Vokal wie »w«; »z« wie »s«; Vokale wie im Spanischen; »l« am Wortende (z. B. Nahuatl) wird praktisch nicht gesprochen.

amatl: Papier aus der Borke der Wilden Feige.

atlatl: eine Pfeil- oder Speerschleuder.

Aztlan: »Platz der Silberreiher«; legendäre Urheimat der Mexica.

Azteke: Bewohner von Aztlan.

calmécac: Schule für Angehörige der Oberschicht.

calpisqui: (Plural: *calpixque*)
staatlicher Tributeintreiber.

calpulli: (Plural: *calpultin*)
Nachbarschaftsbezirke bzw. Clans in Mexiko-Tenochtitlan. Der Vorsteher eines *calpulli* wurde *calpullec* (Plural: *calpulleque*) genannt.

Chicomoztoc: »die Sieben Höhlen«, möglicher Ursprungsort der Mexica.

chinampa: eine Art Floß aus Baumstämmen, Zweigen und Schilfrohr, das mit Schlick etc. bedeckt wurde und entweder frei auf dem See trieb oder, was wahrscheinlicher ist, im schlammigen Seegrund verankert wurde und auf dem intensive Landwirtschaft betrieben wurde.

cihuacoatl: »Schlangenfrau«, Göttin; aber auch Titel des Vize-Kaisers, der für innenpolitische Angelegenheiten zuständig war.

ezhuacatl: »Der mit seinen Klauen blutende Wunden schlägt«, einer der vier ranghöchsten Berater des Kaisers, unter denen normalerweise sein Nachfolger ausgewählt wurde.

huehuetl: große vertikale Trommel, deren Öffnung mit gespanntem Leder überzogen ist.
huey tlatoani: Kaiser bzw. höchster König.
huipil: (Plural: *huipilli*) ein langer Kittel für Frauen.
macehual: (Plural: *macehualtin*) Arbeiter.
macuauhuitl: hölzernes Schwert, das auf beiden Seiten mit scharfen Obsidianklingen besetzt ist.
mayeque: Angehöriger der untersten Kaste, die sich unmittelbar an die Kaste der Sklaven anschließt; Leibeigener.
Mexica: die Mexikaner.
Mexiko: »im Nabel des Mondes«.
Nahuatl: die Umgangssprache der meisten Völker im Hochtal von Mexiko um 1519.
pilli: (Plural: *pipiltin*) die mexikanische Oberschicht, die »Adligen«.
pochteca: Fernkaufleute.
tamale: Maisfladen
tameme: Träger.
telpochcalli: Schule für die Angehörigen des einfachen Volkes.
Tenochca: Einwohner von Tenochtitlan.
Tenochtitlan: »Ort des Feigenkaktus«.
teponaztli: eine horizontale Trommel, die aus einem Stück Baumstamm geschnitzt wurde.
tlacatecatl: »Der die Krieger befehligt«, einer der vier ranghöchsten Berater des Kaisers, unter denen normalerweise sein Nachfolger ausgewählt wurde.
tlacochcalcatl: »Vorsteher des Hauses der Wurfspieße«, einer der vier ranghöchsten Berater des Kaisers, unter denen normalerweise sein Nachfolger ausgewähltwurde.
Tlatelolca: Einwohner von Tlatelolco.
Tlatelolco: »Ort der vielen Hügel«, Stadt der Mexica, die sich unmittelbar nördlich an Tenochtitlan anschloß.
tlatlacotin: Sklaven.
tlatoani: (Plural: *tlatoque*) wörtlich: »Sprecher«; Bezeichnung für den König, Herrscher.
tlatocan: Oberster Rat, z. B. im Krieg.

Tlaxcala: »Ort der Maisfladen«

tlillancalqui: »Wächter des Hauses der Finsternis«, einer der vier ranghöchsten Berater des Kaisers, unter denen normalerweise sein Nachfolger ausgewählt wurde.

tonalámatl: Schicksalsbuch aus *amatl*, das mit den Zeichen des Wahrsagekalenders, der 260 Tage umfaßte, bemalt wurde.

totocalli: Vogelhaus.

tzompantli: Schädelgerüst.

Spanisch

adelantado: militärischer Befehlshaber mit politischen Befugnissen

alcalde: Bürgermeister, Ortsvorsteher.

alguacil: Konstabler, Polizist.

encomienda: Gewährung eines Kontingents von dienstpflichtigen Indianern an einen Conquistador, der seinerseits für das Wohlergehen der Indianer verantwortlich war (davon *encomendero*, der Nutznießer einer solchen Zuweisung).

probanza: rechtsgültige Erklärung.

procurador: Stellvertreter, Bevollmächtigter.

regidor: Ratsherr, Stadtrat.

residencia (juicio de): disziplinarisches Untersuchungsverfahren über die Amtsführung eines Kolonialbeamten.

veedor: Inspektor.

Anmerkungen

Häufig zitierte Quellen werden mit Abkürzungen bezeichnet. Im übrigen wird die Quelle folgendermaßen angegeben: der vollständige Titel eines Werks bei der erstmaligen Erwähnung; anschließend erfolgt der Nachweis des Buches, des Artikels oder einer anderen Quelle dadurch, daß nach dem Namen des Verfassers in eckigen Klammern das Kapitel angegeben wird, in dem das Werk erstmals erwähnt wurde, gefolgt von der Nummer der Anmerkung. So bedeutet etwa »Garibay [1:13]«, daß der vollständige Titel des Werks von Garibay in Kapitel 1, Anmerkung 13 zu finden ist. Die nachstehenden Abkürzungen beziehen sich auf die benutzten Werkausgaben.

Abkürzungen

AEA:	*Anuario de Estudios Americanos*
AGI:	Archivo General de Indias
AGN:	Archivo General Nacional (Mexiko)
AGS:	Archivo General de Simancas (Simancas)
AHN:	Archivo Histórico Nacional (Madrid)
APS:	Archivo de Protocolos, Sevilla
BAE:	*Biblioteca de Autores Españoles*
BAGN:	*Boletín del Archivo General de la Nación*, Mexiko
BRAH:	*Boletín de la Real Academia de la Historia*, Madrid
C:	Hernán Cortés, *Cartas de Relación, Historia 16*, Mario Hernández (Hg.), Madrid 1985
Camargo:	Diego Muñoz Camargo, *Historia de Tlaxcala*, Germán Vázquez (Hg.), Madrid 1986
C de S:	Francisco Cervantes de Salazar, *Crónica de la Nueva España*, The Hispanic Society of America, Madrid 1914
CDI:	*Colección de documentos inéditos, relativos al descubrimiento, conquista y organización de las posesiones españoles en América y Oceanía*, 42 Bde., Torres

de Mendoza, Joaquín Pacheco und Francisco Cárdenas (Hg.), Madrid, 1864 ff.

CDIHE: *Colección de documentos inéditos para la historia de España*, M. de Navarrete (Hg.), Madrid 1842, 113 Bde

CDIU: *Colección de documentos inéditos relativos al descubrimiento, conquista y organización de las antiguas posesiones españoles de Ultramar*, Madrid 1884–1932, 25 Bde

Cline's Sahagun: *Conquest of New Spain* von Fray Bernardino de Sahagún, verbesserte Auflage von 1588, übersetzt von Howard Cline, mit einem Vorwort von S. L. Cline, Salt Lake City 1989

Cod. Ram.: *Codex Ramírez*

Conway: Dokumente aus der Conway-Sammlung in Aberdeen (Aber.), Cambridge (Camb.), Tulsa (Tul.) bzw. der Kongreßbibliothek in Washington (KB)

D del C: Bernal Díaz del Castillo, *Historia verdadera de la Nueva España*, 2 Bde., Miguel León-Portilla (Hg.), Madrid 1984

DIHE: *Documentos inéditos para la Historia de España*, Madrid 1953–1957

Docs. Inéditos: *Documentos inéditos relativos a Hernán Cortés y su familia*, Publicaciones del Archivo General de la Nación, Bd. 27, Mexiko 1935

Durán: Fray Diego Durán, *Historia de las Indias de Nueva España*, 2 Bde., Angel Garibay (Hg.), Mexiko 1967.

ECN: *Estudios de Cultura Nahuatl*, Mexiko

Epistolario: Francisco Paso y Troncosco, *Epistolario de Nueva España* 1505–1818, Mexiko 1939–1942, 16 Bde

FC: Florentine Codex (*Codex Florentino*), *The General History of the Thing of New Spain*, von Fray Bernardino de Sahagún, übers. von Charles E. Dibble und Arthur J. Anderson, 12 Bücher, School of American Research, University of Utah, New Mexiko, 1952 ff. Verweise auf Buch 12 beziehen sich auf die 2. Aufl. von 1975, sofern nichts anderes angegeben ist.

G: Francisco López de Gómara, *La Conquista de México*, José Luis Rojas (Hg.), Madrid 1987

García Icazbalceta:	Joaquín García Icazbalceta, *Colección de documentos para la historia de México*, 3 Bde., 1858–1866, Nachdruck 1980
HAHR:	*Hispanic American Historical Review*
HM:	*Historia Mexicana*
HMAI:	*Handbook of Middle American Indians*
Inf. de 1521:	*Información hecha por Diego Velázquez sobre la armada que costeó*, eine im Juni 1521 in Santiago de Cuba durchgeführte Untersuchung, veröffentlicht von Camilo de Polavieja, in: *Hernán Cortés*, siehe unten unter Polavieja (ebenfalls veröffentlicht in *CDI*, 30, aber die Seitenangaben beziehen sich auf die Ausgabe von Polavieja).
Inf. de 1522:	*Información de 1522*, Mexiko, unter Leitung von Alonso de Ávila, veröffentlicht in: BAGN, 1938, Bd. 9, Nr. 2
Inf. de 1565:	*Información recibida en México y Puebla, el año de 1565*, Mexiko 1875; veröffentlicht als Band 20 der Biblioteca Ibérica
Ixtlilxochitl:	Fernando Alva Ixtlilxochitl, *Historia de la Nación Chichimeca*, Madrid 1985. Für *Decimatercia Relación* desselben Autors gibt es keine allgemeine Abkürzung.
J. Díaz, u. a.:	Dies ist eine Sammlung der Aussagen von Augenzeugen, nämlich J. Díaz, Andrés de Tapia, Bernardino Vázquez de Tapia und Francisco Aguilar, in: *La Conquista de Tenochtitlan*, Germán Vázquez (Hg.), Madrid 1988.
JSAP:	*Journal de la société des américanistes de Paris*
Las Casas:	Bartolomé de Las Casas, *Historia de las Indias*, 3 Bde., M. Aguilar, Madrid 1927
MAMH:	*Memorias de la Academia Mexicana de la historia*
Martínez, *Docs.*:	José Luis Martínez. *Documentos Cortesianos*, I (1518–1528), II (1526–1546), III (1528–1532), IV (1533–1548), Mexiko 1990, 1991
Martire:	Pietro Martire (Peter Martyr), *De Orbo Novo*, die Anmerkungen beziehen sich auf die engl. Ausg. von F. A. MacNutt, London 1912
Oviedo:	Gonzalo Fernández de Oviedo, *Historia General y*

	Natural de las Indias, 5 Bde.(Bde. 117 bis 121 in *BAE*), Juan Pérez de Tudela (Hg.), Madrid 1959
Polavieja:	General Camilo de Polavieja, *Hernán Cortés, Copias de Documentos existentes en el archivo de Indias ... sobre la Conquista de Méjico*, Sevilla 1889
RAMH:	*Revista de la Academia Mexicana de la Historia*
R de I:	*Revista de Indias*
REE:	*Revista de Estudios Estremeños*
Rel. de Michoacan:	*Relación de las ceremonias y ritos y población y gobierno de los Indios de Michoacan*, 1541, übersetzt von José Tudela, mit einem Vorwort von Paul Kirchhoff, Madrid 1956
Res. (Rayón):	Ignacio López Rayón, *Documentos para la historia de México*, Mexiko 1852–1853. Dokumente im Zusammenhang mit dem *juicio de residencia* gegen Cortés.
Res. vs. Alvarado:	*Proceso de residencia instruido contra Pedro de Alvarado y Nuño de Guzmán*, Ignacio López Rayón (Hg.), Mexiko 1847
Res. vs. Velázquez:	Residencia tomada a Diego Velázquez, 1524, in: AGI, leg. 149
RHA:	*Revista de la Historia de América*
RMEA:	*Revista Mexicana de Estudios Antropólogicos*
Sahagún:	Fray Bernardino de Sahagún, *Historia General de las Cosas de Nueva España*, Juan Carlos Temprano (Hg.), Madrid 1990, 2 Bde.
Sepúlveda:	Juan Ginés de Sepúlveda, *Historia del Nuevo Mundo*, Antonio Ramírez Verger (Hg.), Madrid 1987

Sonstige Abkürzungen

Anm.	Anmerkung
Bd.	Band
f.	Folio (Blatt) bzw. folgende Seite
hg. von	herausgegeben von
Kap.	Kapitel
leg.	legajo (Aktenstoß)
lib.	libro (Buch)
N. F.	Neue Folge
N. S.	New Series bzw. Nouvelle Série

p.	pieza, Schriftstück (in Archiven)
R.	Ramo, Abteilung (in Archiven)
r.	rekto (eines Folioblattes)
Übers.	Übersetzung
übers. von	übersetzt von
v.	Verso (eines Folioblattes)
zit.	zitiert

Vorwort

1 JSAP, N. S., 39 (1950).
2 Durán, I, S. 260 – Cervantes: Francisco Cervantes de Salazar, *México en 1554*, hg. von Eduardo O'Gorman, Mexiko 1963, S. 64.
3 V. S. Naipaul, *The Overcrowded Barracoon*, London 1972, S. 196.
4 Miguel León-Portilla, *Aztec Thought and Culture* (Übers.), Norman 1963, S. 177; Rudolph van Zantwijk, *The Aztec Arrangement*, Norman 1985, S. XVII.
5 W. H. Prescott, *History of the Conquest of Mexico*, London 1849, II, S. 439.
6 W. H. Prescott an Graf Adolphe de Circourt, 19. November 1840, in: *The correspondence of William Hickory Prescott*, hg. von Roger Wolcott, Boston 1925, S. 176.

1. Harmonie und Ordnung

1 Fray Toribio de Benavente (»Motolinía«), *Historia de las Indias de Nueva España*, in: García Icazbalceta, I, S. 177.
2 Miguel León-Portilla, *Cantos y crónicas del México antiguo*, Madrid 1986, S. 135.
3 Durán, II, S. 335 f.; Alonso de Zorita, *Breve Relación de los señores de la Nueva España*, Madrid 1992, S. 36.
4 R. H. Barlow, »The Extent of the Culhua Empire«, Berkeley 1949, S. 71.
5 FC, IX, S. 48.
6 Camargo, S. 85.
7 Angel Garibay, Historia de la literatura nahuatl (Mexiko 1953, 2 vols.), S. 90.
8 Zorita [1:3], S. 107.
9 Durán, II, S. 249.
10 Vgl. Ross Hassig, *Aztec Warfare*, Norman 1988, S. 142 – *Nachfolge:* FC, VIII, S. 61. Zu diesen Amtsträgern vgl. auch Glossar.
11 Nigel Davies, *The Toltec Heritage*, Norman 1980, S. 340.
12 Ross Hassig, *Trade, Tribute and Transportation*, Norman 1985, S. 121 – *Zitat:* Angel Garibay, *Vida económica de Tenochtitlan*, Mexiko 1961, S. 15.
13 Durán, I, S. 38.
14 *Codex Mendoza*, hg. von James Cooper Clark, London 1938, I, S. 89; FC, IV, S. 3, und FC, I, S. 200-204.
15 Sahagún, I, S. 473.
16 Durán, II, S. 236.
17 Montezuma I. zu Tlacaelel, in: Fernando Alvarado Tezozomoc, Cronica Mexicana (Mexico 1975) , S. 287.
18 Durán, I, S. 165, 217; Tezozomoc [1:17], S. 539 f.
19 Durán, II, S. 357.
20 Alfonso Caso, »El Aguila y el Nopal«, in: *MAMH* 5, Nr. 2, 1946, S. 102.
21 FC, VI, S. 214.

22 Zorita [1:3], S. 120.
23 FC, VIII, S. 75 ff.
24 H. B. Nicholson, »Religion in prehispanic Central Mexico«, in: *HMAI* 10, Austin 1971, S. 99.
25 Christian Duverger, *La conversion des Indiens de la Nouvelle Espagne*, Paris 1987, S. 113. – *»Stammesführer«*: Durán, I, S. 18 f.
26 Motolinía [1:1], S. 33 ff.
27 Nicholson [1:24], S. 408 ff.
28 *Historia de los mexicanos por sus pinturas,* um 1535, in: *Nueva Colección de Documentos para la historia de México*, hg. von Joaquín García Icazbalceta, Mexiko 1941.
29 Zit. nach Miguel León-Portilla, *Cantos y Crónicas del México antiguo*, Madrid 1986.
30 Camargo, S. 155.
31 Sahagún, II, S. 772.
32 Alfonso Caso, *La religión de los Aztecas*, Mexiko 1936, S. 7 f.

2. Mexiko, Palast aus weißem Ried

1 Patricia Rieff Anawalt und Frances F. Berdan, »The Codex Mendoza«, in: *Scientific American*, Juni 1992, S. 45.
2 Zorita [1:3], S. 130. – *Kurierdienst:* Zorita [1:3], S. 112.
3 *Codex Mendoza* [1:29], I, S. 91.
4 FC, X, S. 1–7, 15 f.
5 Durán, II, S. 313. – *Neuwe Zeitung von dem Lande das die Spanien funden: HAHR* (1929), S. 199.
6 Zorita [1:3], S. 15.
7 Vgl. Charles Gibson, *The Aztecs under Spanish Rule*, Stanford 1964, S. 320 und 557, Anm. 113; Pedro Armillas, »Gardens on Swamps«, in: *Science* (1971), S. 174; Jeffrey Parsons, »The Role of Chinampa Agriculture in the Food Supply of Aztec Tenochtitlan«, in: *Cultural Change* …., hg. von Chas. E. Cleland, New York 1970; ferner Jeffrey Parsons u. a., *Prehispanic settlement in the southern valley of Mexiko*, Ann Arbour 1982. Zur Verteilung eroberter Gebiete s. Paul Kirchhoff, »Land Tenure in Ancient Mexico«, *RMEA* 13 (1952), S. 351–361; H. R. Harvey, »Aspects of Land Tenure in Ancient Mexico«, in: *Exploration and Ethnohistory*, hg. von H. R. Harvey und H. R. Prem, Albuquerque 1984.
8 Ixtlilxochitl, S. 123. – *Ertrag:* Hassig [1:12], S. 51.
9 FC, X, S. 41–42.
10 Oviedo, IV, S. 248–250, gelangte zu dem zweifellos falschen Schluß, daß »dies das ärmste Volk … in Westindien ist«.
11 FC, X, S. 55. – *Väterliche Ratschläge:* Zorita [1:3], S. 140 – *Bestrafung von Ehebruch*: Ixtlilxochitl, S. 204.
12 Motolinía [1:1], S. 212. – *Edelmann:* FC, IV, S. 114; X, S. 16.
13 FC, IV, S. 7, 19.

14 FC, IV, S. 144.

15 Sowohl im *Cod. Ram.*, S. 64, als auch in der »Relación de la Genealogía«, in: *Varias Relaciones de la Nueva España*, hg. von Germán Vázquez, Madrid 1991, S. 118, wird behauptet, Acampichtli habe 20 mexikanische Frauen geheiratet, die »Adlige, Töchter der Herrscher der Region, gewesen sind ... und von ihnen stammten alle Herrscher ab«.

16 FC, X, S. 166.

17 Sowohl Paul Radin »The Sources and Authenticity of the History of the Ancient Mexicans«, *University of California Publications in American Archaeology*, XVII (1920), S. 1–150, als auch Duverger [1:25], S. 344, behaupten, daß Montezuma I. zusammen mit Tlacaelel diese Legende erfunden habe.

18 H. B. Nicholson [1:24], S. 433.

19 Durán, I, S. 151.

20 Histoyre du Mechique Edouard de Jonghee, JSAP, n.s., xi (1905), S. 14.

21 Durán, II, S. 171, nennt ihn »kühn und verwegen ... der teuflische Erfinder grausamer und furchtbarer Bräuche«. Aber vgl. *Tlacaelel* von Antonio Velasco Piña, Mexiko 1979. – Siehe Miguel León-Portilla, »Tlacaelel y el sistema electoral ...«, in: Toltecayotl, Mexiko 1980, S. 293–299. Der *Cod. Ram.* sagt, daß der Kaiser »nur das tat, wozu Tlacaelel ihm riet«.

22 Durán, II, S. 300. – Tapia: in J. Díaz u. a., S. 108 f. – Ethnologe: Bernard Ortiz de Montellano, »Counting Skulls«, *American Anthropologist* 85 (1983), S. 403–404.

23 Siehe Juan Alberto Román Berreleza, »Offering 48: Child sacrifice«, in: Elisabeth Hill. Boone, The Aztec Templo Mayor (Washington 1987), S. 135. – *Tribut:* FC, II, S. 42 ff.

24 Dieses Thema wird erörtert in Oswaldo Goncalves de Lima, *El maguey y el pulque en los códices mexicanos*, Mexiko 1956, S. 202.

25 Durán, I, S. 140–141.

26 Durán, II, S. 341.

3. Ich sehe Unglück kommen

1 FC, III, S. 1.

2 FC, VI, S. 43 und 81.

3 Miguel León-Portilla (Hg.), *Cantos y Crónicas del México Antiguo*, Madrid 1986, S. 169.

4 FC, VI, S. 93.

5 William T. Sanders »The Basin of Mexico« (New York 1979), S. 82.

6 Inga Clendinnen, *Aztecs*, Cambridge 1991, S. 19. – Durán: II, S. 226 – Bevölkerung: Sanders u. a. [3:5], S. 184, behaupten, daß die Bevölkerungszahl im Hochtal von Mexiko im Jahre 1250 175000 und 1519 zwischen 1 Million und 1,2 Millionen betragen haben könnte.

7 Diese Angaben stammen aus dem *Codex Mendoza* und wurden von N. Molíns Fábregas herausgearbeitet, »El Códice mendocino y la economía de Tenochtitlan«, *RMEA* 13 (1952–1953), S. 2 f., 315.

8 Hassig [1:12], S. 145; D del C, I, S. 146, 177, spricht von drei Stunden und einem Gewicht von zwei *arrobas* (das entspricht etwa 23 kg). Durán, II, S. 367, sprach von »einer Million Indianern alle achtzig Tage«. Siehe Frances Berdan, »Luxury Trade and Tribute«, in: Boone [2:23], S. 163.

9 Durán, II, S. 339.

10 Ixtlilxochitl, *Obras*, II, S. 127. Ich verdanke diese Quellenangabe Nigel Davies [1:11].

11 Patricia Anawalt, »Custom and Control: Aztec sumptuary laws«, *Archaeology*, 33, I, S. 33–43, bezweifelt die Wirksamkeit dieser Vorschriften; vgl. J. Durand-Forest, *ECN* 7 (1967), S. 67. – *Verhaltensregeln:* Duran, II, S. 214.

12 Zorita [1:3], S. 194.

13 Samuel Ramos, *El perfil del hombre y la cultura de México*, Mexiko 1963. – *Aussaat:* Duran, I, S. 226.

14 Sahagún, II, S. 119.

15 Zorita, *CDIHE*, Bd. 2, S. 105; und C. de Molina, in: *Actas del Cabildo de México*, 54 Bde., 1889–1916, Bd. 23, S. 144 f., zit. nach Gibson [2:7], S. 221.

16 Sebastián Ramírez de Fuenleal, Präsident der *Audiencia* (1532), in: *CDIHE*, Bd. 13, S. 256. – *Landzuweisung:* Frances Berdan, *The Aztecs of Central Mexico*, New York 1982, S. 41. Siehe Fred Hicks, »Mayeque y calpuleque en el sistema de clases …«, in: Pedro Carrasco und Johanna Broda, *Estratificación social en la Mesoamérica*, Mexiko 1976, S. 67; und Pedro Carrasco, »Los Mayeques«, in: *HM* 153 (1989), S. 121–161.

17 Yoloti González Torres gibt in »La esclavitud entre los Mexica«, in: Carrasco und Broda [3:16], S. 78, eine kurze Übersicht über die Kontroversen.

18 FC, XI, S. 270.

19 FC, IV, S. 11.

20 Siegreiche Heerführer erhielten einen Teil der Steuer auf die Waren, die in dem ihnen zugeteilten Bezirk des Marktes verkauft wurden. Diese Behauptung war offensichtlich in der verlorengegangenen *Crónica X* enthalten, wie R. H. Barlow in: *RMEA* 7 (1945), S. 1 ff., dargelegt hat. Vgl. auch Barlow, »Tlatelolco como Tributario de la Triple Alianza«, in: *Tlatelolco a través de los tiempos*, Mexiko 1945, IV, S. 20–34.

21 Durán, II, S. 236.

22 Fred Hicks, »Flowery War in Aztec History«, *The American Ethnologist*, Februar 1979. Nigel Davies wies in *The Aztec Empire*, Norman 1987, S. 238, darauf hin, daß auf Papua-Neuguinea, Borneo und sogar Neuseeland ähnliches geschah: Kriege, um Gefangene zu machen, nicht, um Gebiete zu erobern.

23 Ixtlilxochitl, S. 218 f.

4. Furcht, nicht Zuneigung

1 Motolinía, in: García Icazbalceta, I, S. 65. – *Truhe:* Fray Toribio Motolinía, *Memoriales*, Joaquín García Icazbalceta (Hg.), Mexiko 1905, S. 155; G, S. 313.

2 Sahagún, I, S. 341.
3 Zu diesen Kolonien vgl. Kap. 5. Siehe auch Ryszard Tomicki, »Las profecías aztecas de los principios del siglo XVI y los contatos maya-españoles ...« (*Xochipilli*, Madrid, I, 1986). – *Vorposten:* »Händler, die zu den Märkten an diesen Küsten gereist waren, berichteten ihm von der Ankunft der Christen«, Fernando Alva Ixtlilxochitl, *Decimatercia Relación*, Mexiko 1938, S. 7.
4 FC, II, S. 33–34.
5 Diese Omen werden in der einen oder anderen Form in den meisten Berichten aus dem 16. Jahrhundert erwähnt, zum Beispiel: FC, XII, S. 1–3; *Historia de los mexicanos por sus pinturas* [1:28], S. 254; Camargo, S. 179–183; Domingo ... Chimalpahin, *Séptima relación*, übers. von Rémi Siméon, Paris 1889, S. 181; *Cod. Ram.*, S. 128; *Codex Aubin* (*Códice de 1576*), übers. von Charles Dibble, Madrid 1963; und Juan de Torquemada, Monarquia Judiana (Mexico 1975), I, S. 324.
6 *Rel. de Michoacan*, S. 231–236; Camargo, S. 183f.
7 Ixtlilxochitl, S. 212–213. – *Komet:* Durán, II, S. 459.
8 Durán, II, S. 459.
9 FC, IV, S. 151–169.
10 Montaigne, *Œuvres complètes*, Paris 1962, S. 690. – Machiavelli: Francesco Flora und Carlo Cordiè, *Tutte le Opere di Niccolò Machiavelli*, Mailand 1949, Bd. 1, S. 214. – *Prophezeiungen:* Jacob Burckhardt, *The Civilisation of the Renaissance in Italy*, London 1945, S. 315 (dt. *Die Kultur der Renaissance in Italien,* 1860).
11 Diese Interpretation stammt von Felipe Fernández-Armesto, in: »Aztec' auguries and memories of the conquest of Mexiko«, in: *Renaissance Studies*, 6 (1992), S. 287–305.
12 *Codex Vaticanus A* (Rom 1900), für 1489; A. Aveni, *Skywatchers of Ancient Mexico*, Austin 1980, S. 26, und FC, VII, für 1496; und für 1506, Lorenzo Galíndez de Carvajal, *Anales Breves del Reynado* ..., in: *CDIHE*, 18, S. 316; und D. K. Yeomans, *Comets: a Chronological History of Observation, Science and Folklore*, Wiley 1991, Anhang.
13 Aveni [4:12], S. 96.
14 Aguilar, in: J. Díaz u. a., S. 181; *Cod. Ram.*, S. 118.
15 *Cod. Ram.*, S. 121; *Codex Mendoza* [1:14], I, S. 41; Durán, II, S. 407.
16 Aveni [4:12]. – *Montezumas Charakter:* Sahagún beschreibt mit diesen Worten die Reaktion bei seiner Bestattung; Durán, a. a. O., schrieb: »Er war der größte Schlächter aller Zeiten.« – *Richter:* FC, VIII, S. 42. – *Furcht, nicht Zuneigung:* So äußerte sich Montezuma gegenüber Cortés (Gerónimo López, in: *Epistolario*, X, S. 168).
17 Durán, II, S. 398, 414: Der Kommentar derer, die ihn wählten.
18 Fernando Alvarado Tezozomoc, Cronica Mexicayotl (Mexiko 1949), S. 149–158, nennt die Namen von 19 Kindern (und Nachkommen). Oviedo, IV, S. 262, berichtet, er habe die Zahl 150 gehört. – *Musik: Codex Mendoza* [1:14], II, S. 69. – *Frauen:* Chimalpahin [4:5], S. 225; Tezozomoc [4:18], S. 125 und 151.
19 Durán, II, S. 439, will in den 50er Jahren des 16. Jahrhunderts Überreste dieser

Götterstatuen in den Straßen gesehen haben. – *Federstickerei:* FC, IX, S. 91. – *Kunstwerke:* Esther Pasztory, *Aztec Art*, New York 1984.

20 Tezozomoc [1:17], S. 683 f.

21 Dieser Magier war Martín Ocelotl. Vgl. Luis González Obregón, »Procesos de indios idólatras y hechiceros«, in: *Publicaciones del Archivo General de la Nación*, 3 (1912), S. 17–35.

22 Tezozomoc [1:17], S. 684.

23 Durán, II, S. 500.

24 Durán, II, S. 485.

25 Tezozomoc [1:17], S. 684 Anm.; Durán, II, S. 506; FC, II, S. 168.

26 Tezozomoc [1:17], S. 684 f.

27 Tezozomoc [1:17], S. 685; das Nachfolgende ist ebenfalls aus Durán (der dieselbe *Crónica X* verwendete) II, S. 507, und aus dem FC, XII, S. 5–7, übernommen.

28 FC, XII, S. 5.

29 Vgl. die Skulptur des Standartenträgers, der sechs Perlenketten um den Hals trägt, im Museum für Anthropologie in Mexiko. – *Truthahn-Ornament:* FC, XII, S. 6, und Sahagún, II, S. 952.

30 Der größte Teil der nachstehenden Ausführungen folgt Durán, II, S. 507, dessen Darstellung mit der von Tezozomoc übereinstimmt.

31 FC, XII (1. Ausg.), S. 5–7.

32 FC, XII; *Cod. Ram.*, S. 131. – *Brot:* Durán, II, S. 267.

33 Durán, II, S. 514, 525.

5. Die goldenen Jahre beginnen

1 *Cancionero de Juan del Encina*, Salamanca, 20. Juni 1496, hg. von E. Cotarelo, Madrid 1928.

2 Hassig [1:12], S. 57.

3 Michel Graulich, Mythes et rituels du Mexique ancien préhispanique (Brüssel, 1982), S. 68 f.; Pasztory [4:19], S. 102. – *Tlacaelel:* Durán, II, S. 128. – *kultureller Einfluß*: Siehe S. K. Lothrop, *Archaeology of Southern Veragua, Pánama*, Peabody Museum, Memoirs, IX, Nr. 3, 1958; und Doris Stone, *Introduction to the Archaeology of Costa Rica*, San José 1958. – *Smaragde*: Andre Emmerich, Sweat of the Sun and Tears of the Moon (Seattle, 1965), S. 145.

4 Irving Rouse, *The Tainos*, New Haven 1992, S. 56 f. – *Töpferwaren:* Las Casas, III, S. 173; Carl Sauer, *The Early Spanish Main*, Berkeley 1966, S. 212.

5 Sie wurden im Englischen *turkeys* genannt, weil sie zuerst nach Spanien und dann nach England importiert wurden, und zwar zu einer Zeit, als man glaubte, der amerikanische Kontinent liege unmittelbar vor der Küste Asiens.

6 Vgl. Michael Closs, »New Information on the European Discovery of Yucatan«, *American Antiquity* 41 (1976), S. 192 ff.

7 Martire, I, S. 400 (Brief an Papst Leo X.).

8 Las Casas, III. – *Wirtschaftskrise:* Luis Arranza, *Emigración española a Indias*,

Santo Domingo 1979. – *Hunger und Pestilenz:* Diego de Ordás an Francisco Verdugo, 23. August 1529, AGI, Justicia, leg. 712, zit. nach Enrique Otte, »Nueve Cartas de Diego de Ordás«, in: *HM* 53 und 54, V, XIV, Juli–September und Oktober–Dezember 1964, S. 114; Francesco Guicciardini in: *Viajes de Extranjeros por España y Portugal*, Madrid 1952, S. 614.

9 Der Preis betrug im Jahre 1506 elf Dukaten, was 4125 Maravedís entspricht, also dem Jahreseinkommen, das ein ungelernter Arbeiter in einer Werkstatt in Sevilla verdiente.

10 Jocelyn Hillgarth, *The Spanish Kingdoms, 1250–1516*, 2 Bde., Oxford 1976, 2. Bd., S. 424. – *Laubhüttenfest:* Marcel Bataillon, *Erasme et Espagne*, Paris 1937, S. 65 Anm. 1.

11 So Huizinga über gedruckte Bücher in *Erasmus of Rotterdam*, London 1924, S. 65. Siehe auch Irving Leonard, *Books of the Brave*, New York 1964.

12 Bataillon [5:10] schrieb über Santillanas *Proverbios*: »Nur wenige Bücher waren in Spanien so populär, als Erasmus in Venedig seinen Zitatenschatz veröffentlichte ...« Für die Publikationsdaten siehe *Catálogo de Incunables*, Madrid 1988-1990. – Aguilar: in J. Díaz u. a., S. 204.

13 Julio Valdeón Baruque, »España en vísperas del descubrimiento«, *Historia 16*, 1989, S. 26. Für López siehe *Publicaciones del Archivo General de la Nación*, Bd. 12, Mexiko 1927, S. 328.

14 *The Poem of the Cid*, zweisprachige Ausgabe, London 1984, S. 86.

15 Erinnert sich Fernán Yáñez de Montiel aus Huelva im Jahre 1536, in: Juan Gil, *Mitos y Utopías des Descubrimiento*, Sevilla 1989, I, S. 47. – Faszination des Goldes: J. Huizinga, S. 31. – Kolumbus: Varela (Hg.), Cristobal Colòn, Textos y documentos completos, intr. Consuelo Varela (Madrid, 1982), S. 302.

16 Victor Pradera, *El Estado Nuevo*, Madrid 1941, S. 276.

17 Martire, I, S. 103 f.

18 Siehe Ursula Lamb, *Fray Nicolás de Ovando, Gobernador de las Indias*, Madrid 1956, S. 27; ferner Robert S. Chamberlain, *The Castilian background of the repartimiento-encomienda*, Carnegie Institution, Washington 1939, S. 39.

19 Oviedo, II, S. 103; Las Casas II, S. 27.

20 Zitiert in S. E. Morison, The European discovery of America: the Southern Voyages, AD 1492–1616 (New York, 1974), S. 157.

21 Rouse [5:4], S. 161. – *Bevölkerungszahl: CDI*, 1, S. 50–236.

22 José María Pérez Cabrera, »The Circumnavigation of Cuba by Ocampo«, in: *HAHR* 18 (1938), S. 101–105.

23 Sauer [5:4], S. 189.

24 Juan Ginés de Sepúlveda, *De Orbe Novo (Historia del Nuevo Mundo)*, Madrid 1987, S. 80; I. A. Wright, *The Early History of Cuba*, New York 1916, S. 15. – *Martire*: II, S. 52.

25 *Brevísima Relación de la Destruyción de las Indias*, hg. von José Alcina Franch, in: *Las Casas, Obra Indigenista*, Madrid 1982. Er wurde im Jahre 1542 geschrieben, um dem künftigen König Philipp II. eine Vorstellung von den Verhältnissen in den Kolonien zu geben.

6. Der Papst muß betrunken gewesen sein

1 Felipe Fernández-Armesto, *Columbus*, Oxford 1992, S. 153.
2 Las Casas, I, S. 318 f.; II, S. 383–385.
3 Vgl. Eloy Bullón Fernández, *Un colaborador de los Reyes católicos: el doctor Palacios Rubios*, Madrid 1927, S. 121. – *Glaube:* Zitiert in Lewis Hanke, *The Spanish Struggle for Justice in the Conquest of America*, Philadelphia 1949, S. 27.
4 Siehe Juan López de Palacios Rubios, *De las islas del mar*, hg. von Silvio Zavala und Agustín Millares Carlo, Mexiko 1954, zit. nach D. A. Brading, *The First America*, Cambridge 1991, S. 80. – Aristoteles: Aristoteles, Buch IB, hg. von Ernest Barker, Oxford 1946, S. 11–18.
5 L. B. Simpson druckt den Text ab in: *The Encomienda in New Spain*, Berkeley 1929.
6 Hanke [6:3], S. 23.
7 Martín F. de Enciso, *Suma de geografía*, Sevilla 1519, V. – *requerimiento:* Bullón [6:3], S. 136. – Las Casas: Las Casas, II, S. 581.
8 Maria del Carmen Mena García, Pedrarias Dàvila o ›la ira de Dios‹ (Sevilla, 1992), S. 43. Das erste *requerimiento* befindet sich im AGI, Panamá, leg. 233, lib. 1, S. 49 f. Es gibt mehrere englische Übersetzungen, z. B. in: *Documents of West Indian History, 1492–1655*, hg. von Eric Williams, Trinidad 1963, S. 59–61.
9 Fray A. de Remesal, *Historia general de las Indias Occidentales*, *BAE* (Madrid), 1 (1964), S. 142. – Las Casas: Siehe Claudio Guillén, »Un padrón de conversos sevillanos (1510)«, in: *Bulletin Hispanique* 65 (1963), S. 79; Américo Castro, *De la Edad Conflictiva*, Mexiko 1961, S. 264; und Francisco Morales Padrón, *Historia de Sevilla*, Sevilla 1989, S. 99.
10 Las Casas, III, S. 58-61; Manuel Giménez Fernández, *Bartolomé de Las Casas*, Sevilla 1953 und 1960, 2 Bde., I, S. 51 (ein Meisterwerk, dem ich viel verdanke). – *Messe:* Raymond Marcus, »El primer decenio de Las Casas en el Nuevo Mundo«, *Ibero-Amerikanisches Archiv* V, 21, N. F., 1977, S. 107. – *Verbrennung:* Alcina Franch [5:25], S. 149. – Narvaez: Las Casas, *BAE*, 96, S. 253.
11 Las Casas, III, S. 90. – Cisneros: Es gibt keine moderne Biographie von Cisneros. Siehe aber Rosario Díez del Corral Garnica, *Arquitectura y mecenazgo. La imagen de Toledo en el renacimiento*, Madrid 1987, S. 60–77.
12 Giménez Fernández [6:10], II, S. 553.
13 Las Casas, III, S. 89–97.
14 Zuazo in: *CDI*, 1, S. 292. – *Zitat:* Zuazo an den Kaiser, 22. Januar 1518, *CDI*, 1, S. 300. – *Fragen:* Siehe ihr Ermittlungsverfahren gegen Rädelsführer unter den Siedlern in: *CDI*, 34, S. 201–229; und Emilio Rodríguez Demorizi, *Los Dominicanos y las encomiendas de la Isla Española*, Santo Domingo 1971, S. 273–354. *Berichte*: Ihre Berichte sind aufgenommen in: *CDI*, 1, S. 347–370, und 34, S. 279–286. Ein Brief von Manzanedo an Karl V. ist abgedruckt in Manuel Serrano y Sanz, *Orígenes de la Dominación Española en América*, Madrid 1918, S. 565–575.
15 Serrano y Sanz [6:14], S. 567–575.

16 Galíndez de Carvajal, *CDIHE*, 18, S. 384 f. – Velazquez: Las Casas, II, S. 449.
17 Las Casas, II, S. 168 f.
18 Las Casas, II, S. 452.
19 Levi Marrero, *Cuba, economia y sociedad*, San Juan 1972, S. 30.
20 Las Casas, III, S. 470.
21 »Relación de Alonso de Parada in 1527«, in: *CDI*, 40, S. 265. – *Gemeinden*: Baracoa, Santiago de Cuba, San Cristóbal de la Habana (zunächst an der Süd-, nicht an der Nordküste), Trinidad, Sancti Spiritus, San Salvador de Bayamo und Puerto Príncipe. Letztgenannte Siedlung wurde später von der Küste ins Landesinnere verlegt und in Camagüey umbenannt. Auch in Xagua (Cienfuegos) wurde eine Siedlung angelegt.
22 Las Casas, II, S. 476. – *Aussage des Baso de Quejo: Inf. de 1521*, in: Polavieja, S. 304.
23 *CDIHE*, 1, S. 196–200; ferner Ruth Pike, *Enterprise and Adventure*, Ithaca 1966, S. 103.
24 Las Casas, II, S. 475 – *Tabak:* François Chevalier, *Le Tabac*, Paris 1948.
25 Giménez Fernández [6:10], II, S. 316. – »*Santiago*«: Fray Mariano Cuevas (Hg.), *Cartas y otros documentos de Hernán Cortés nuevamente descubiertos en el Archivo General de Indias*, Sevilla 1915, S. 330; vgl. »Relación de … Parada« [6:21], S. 260.
26 Martire, II, S. 324, 346 ff.; Las Casas, III, S. 207.
27 Oviedo, II, S. 103.
28 Las Casas, II, S. 565. – *Märchen:* Brief von Núñez de Balboa, 20. Januar 1513, in: Angel de Altolaguirre, *Vasco de Balboa*, Madrid 1914, S. 19. – *Pedrarias*: Siehe Tabelle in: Edward Cooper, *Castillos señoriales en la corona de Castilla*, 2. Aufl., Salamanca 1991, 2 Bde., Bd. 2, S. 1034.
29 Vgl. David Radell, »The Indian Slave Trade and Population of Nicaragua in the Sixteenth Century«, in: William M. Denevan (Hg.) The native population of the Americas in 1492 (Madison, 1976), S. 67. – *Zitat:* Zuazo [6:14]
30 Hanke [6:3], S. 9.
31 Tomás Teresa León, *Hispania Sacra* 13 (1960), S. 251. – *Martire*: Martire, I, S. 67.
32 Las Casas, III, S. 252. – *Fonseca:* Teresa Jiménez Calvente, »Elio Antonio de Nebrija«, *Historia 16* (1992), S. 132.
33 Zum Beispiel Juan den Flandes und Michael Zittow (ein Este). Siehe Teresa León [6:31], S. 276–284; ferner *Reyes y Mecenas*, Toledo 1992, S. 324–329.
34 Fray Antonio Guevara, *Epístolas Familiares*, in: *BAE* (Madrid 1850), Bd. 13, Brief 41, S. 137–139, 12. Mai 1523.

7. Nie ward ein reicher Land entdeckt

1 *CDI*, 11, S. 428.
2 Wright [5:24], 71 f.
3 Francisco López de Gómara, *Historia de las Indias*, Mexiko 1965, 3 Bde., I, S. 244.

4 Pierre and Julietta Chaunu, Séville et L'Atlantique, 1504–1650 (Paris, 1956), Bd. 2, S. 72. – *»Neue Länder«:* D del C, I, S. 67.

5 AGI, Indif. Gen., leg. 419, lib. 6, f. 108: Der Gouverneur wurde ermächtigt, »Schiffe zu bewaffnen, um Inseln in der Nähe Kubas zu entdecken«. – *Genehmigung*: Cédula vom 4. Juli 1513, in: *Colección Muñoz*, Bd. 80, f. 126.

6 Las Casas, III, S. 126.

7 Die Göttinnen waren Aichel, Ixchebelix, Ixbunic und Ixbuneita (Diego de Landa, Relacíon de las Cosas de Yucatan, ed Miguel Rivera (Madrid, 1985), S. 44, 178.

8 Landa [7:7], S. 73. Für das Tragen auf den Hüften siehe Anmerkung 369 auf S. 58 von Relacion de Yucatan, Hg. A. M. Tozzer (Cambridge, Mass. 1941).

9 Martire, II, S. 7.

10 *CDI*, 27, S. 303

11 Diskutiert von Linda Schele, »Human Sacrifice among the Classic Maya«, in: Elisabeth Hill Boone, Ritual Human Sacrifice in Mesoamerica (Washington, 1984), S. 7–45. – *Mayaschrift*: Michael Coe, *Deciphering Maya Script*, New York 1992. – *Vorratslager:* France V. Scholes und R. L. Roys (mit R. S. Chamberlain und Eleanor B. Adams), *The Maya Chontal Indians of Acalan Tixchel*, Washington 1948, S. 3.

12 Scholes [7:8], S. 3. Vgl. Tozzer [7:11], S. 169 f.

13 Vgl. Ralph Roys in: *HMAI*, 1, S. 661.

14 Alaminos in: *Inf. de 1522*, S. 231. Die *Inf. de 1522* wollte unterstreichen, daß Hernández das Gebiet im Namen des Königs und nicht im Namen von Velázquez in Besitz nahm.

15 Martire, II, S. 7, basierend auf der Aussage von Alaminos.

16 Patricia Anawalt, *Indian Clothing before Cortés*, Norman 1981, S. 173–192. – *Betten:* Landa [7:7], S. 72.

17 Landa [7:7], S. 76.

18 Martire, II, S. 9.

19 Emmerich [5:3], S. 121–123.

20 Martire, II, S. 9.

21 Durán, I, S. 50.

22 Diese Hypothese über Cortés stammt von Artemio Valle-Arizpe, *Andanzas de Hernán Cortés y otros excesos*, Madrid 1940.

23 Landa [7:7], S. 45.

24 FC, X, S. 37 f. – *Hernandez*: Las Casas, Bd. 3, S. 255. – *Schätze:* CDI, 27, S. 303. – *»Nie ward …«:* D del C, I, S. 82.

25 D del C, I, S. 52.

26 Der Brief, der vom 20. Oktober 1517 datiert, ist abgedruckt in *CDI*, 11, S. 556–559.

8. Was ich gesehen, war so wunderbar

1 Zusammenfassung von Cortés anläßlich seines *residencia*, *CDI*, 27, S. 304 f.
2 D del C, I, S. 106.
3 Ixtlilxochitl, S. 224.
4 Zu Bono vgl Las Casas, III, S. 106–109; Muñoz, S. 49, f. 35, und Aurelio Tio, Boletin de la Academica Puertoriqueña de la Historia, II (8) (1972), S. 37. – *Juan de Grijalva*: Antonio de Herrera, *Historia General de los hechos de los Castellanos en las Islas y Tierra firme del Mar Oceano*, Madrid 1936, Bd. 4, S. 200. – *encomienda:* Epistolario, H, S. 130.
5 C de S, S. 11.
6 Diese Anekdote geht offenbar auf Garcilaso de Vega zurück, zit. nach Adrian Recinos, *Pedro de Alvarado*, Mexiko 1952, S. 11.
7 C, S. 44. – *Alonso de Ávila*: D del C, II, S. 450.
8 D del C, I, S. 86. – *»Handel u. Frieden«:* Las Casas, III, S. 176.
9 C de S, S. 64. Die Mailänder, Florentiner und Römer trugen ihr Haar noch immer lang.
10 Oviedo, II, S. 118.
11 Andrés de Tapia (*»Relación de algunas cosas ...«*, in: J. Díaz u. a., S. 69, spricht von 2000 und López de Gómara von 3000.
12 Scholes [7:11], S. 52 f.
13 Oviedo, II, S. 32, 120. – *Land voller Türme:* C de S, S. 64.
14 J. Díaz u. a., S. 41.
15 Oviedo, II, S. 124.
16 Oviedo, II, S. 122.
17 Martire, II, S. 14.
18 Landa [7:7], S. 169.
19 M, iiiiv.
20 D del C, I, S. 44; Oviedo, II, S. 127.
21 *Provinciae sive regiones in India Occidentali noviter repertae in ultima navigatione*, eine »Kopie« von Fray Díaz' *Itinerario*, übers. ins Spanische 1519, und von Wagner ins Englische, Henry Wagner, The Discovery of New Spain (Berkeley, 1942).
22 D del C, I, S. 91.
23 J. Díaz u. a., S. 45; FC, VII, S. 21.
24 D del C, I, S. 44 f. – *Goldene Angelhaken:* Marshall H. Saville, *The Goldsmith's Art in Ancient Mexiko*, New York 1920, S. 20.
25 Martire, II, S. 16; Díaz u. a., S. 47; Las Casas, III, S. 183.
26 J. Díaz u. a., S. 50; Oviedo, II, S. 137.
27 Martire, II, S. 36. – *Hütte:* Oviedo, II, S. 138.
28 Henry Brumar, »The Culture History of Mexican Vanilla«, *HAHR* 28 (1946); Alain Ichon, *La religion des Totonaques de la Sierra*, Paris 1969, S. 44–48.
29 R. H. Barlow [1:4], zit. aus dem *Codex Mendoza* [1:14], S. 92.
30 Frances Berdan, »The Economics of Aztec Luxury Trade and Tribute«, in:

Boone [2:23], S. 171; Patricia Rieff Anawalt, »Memory Clothing ...«, in: Boone [7:11], S. 174.
31 FC, X, S. 184 f.; C, S. 66.
32 Durán, I, S. 243 f.
33 Ein Verzeichnis ist enthalten in G, S. 42–45. Siehe auch Martire, II, 20 f., und Oviedo, II, S. 139. – *»Zuneigung«:* J. Díaz u. a., S. 132.
34 Motolinía [1:1], S. 144 f.
35 J. Díaz u. a., S. 133. – *»Reichste Gebiet«:* J. Díaz u. a., S. 52.
36 Diese Diskussion wird von C de S (S. 79-81) geschildert, der angeblich von »alten Conquistadoren« davon erfuhr. Vgl. J. Díaz u. a., S. 52 – *Kolonisierung:* J. Díaz u. a., S. 52.
37 Andrés de Duero in: *Inf. de 1521*, in: Polavieja, S. 309.
38 G, S. 42.
39 G, S. 44 – *Zitat:* G, S. 42 ff.
40 Baltasar Dorantes de Salazar, *Sumaria relación de las Cosas de la Nueva España*, Mexiko 1962, S. 189. – *Indianerin:* Martire, II, S. 16. – *Díaz:* J. Díaz u. a., S. 52 f.
41 Oviedo, II, S. 141. – *Zitat:* J. Díaz u. a., S. 53.
42 D del C, I, S. 104. – *Schiffsreparatur:* J. Díaz u. a., S. 54.
43 J. Díaz u. a., S. 55.
44 C, S. 47. – *Zitat: CDI*, 27, S. 307.
45 Las Casas, III, S. 193. – *Umarmungen:* D del C, I, S. 102.
46 Im *residencia* gegen Cortés sagte Alonso de Navarrete aus, daß »Velázquez sehr betrübt war und keinen Hehl daraus machte und es öffentlich zugab und sagte, er habe es verdient, weil er einen Dummkopf [»*bobo*»] als Anführer losgeschickt habe« (AGI, Justicia, leg. 223. p. 2, 424 v.). – *Zitat: CDI*, 28, S. 22.
47 In einem Bericht an Karl V., 1526.

9. Ein Grande, auf Brokat geboren

1 *CDIU*, 1, S. 114; vgl. auch den Fragebogen vom 22. Februar 1522 an Vasco in: Muñoz, Bd. 58, f. 274 – *Bermudez*: Las Casas, III, S. 193; C de S, S. 388; Dorantes [8:40], S. 321; G, S. 19.
2 D del C, I, S. 111.
3 Dávila im *residencia* gegen Cortés, *CDI*, 28, S. 23.
4 Cortés' Geburtsjahr wird im allgemeinen mit 1485 angegeben.
5 Celestino Vega, »La hacienda de Hernán Cortés en Medellín«, in einem Anhang von *REE* (1948).
6 Aussage von Diego López, Juan de Montoya und Juan Núñez de Prado in: AHN (Santiago).
7 Morison [5:20], S. 198.
8 Altamirano wird in den städtischen Urkunden von Medellín als *»escribano e*

notario del rey« geführt (Medinaceli-Archiv, Casa de Pilatos, Sevilla, leg. 1, doc. 9, f. 15 [nicht numeriert]: vgl. Dokument 2).

9 Oviedo, V, S. 33.

10 Luis Suárez Fernández, *Historia de España*, hg. von Ramón Menéndez Pidal, Madrid 1970, Bd. 17, S. 63. – *Muslime und Juden:* Vicente Barrantes, *Discursos leidos ante la Real Academia de la Historia*, Madrid 1872, S. 37.

11 Lorenzo Galíndez de Carvajal: *Anales* (*CDIHE*, 19, S. 258).

12 Vgl. Owen Gingrich in seinem Vorwort zu Avenis *Skywatchers of Ancient Mexico* [4:12], S. 11, und Harry Friedenwalds Kurzbiographie von Zacuto, London 1939.

13 López in: AHN (Santiago 1525).

14 Vega [9:5], S. 389. – *Franziskanerkloster:* Rafael Varón Gabai und Auke Pieter Jacobs, »Peruvian Wealth and Spanish Investments: the Pizarro family«, *HAHR* 67 (November 1987).

15 Cooper [6:28] – *Grundstücke:* Gabai und Jacobs [9:14], S. 685.

16 Lucio Marineo Sievlo, De los memorables de España (1530), S. 100. – *Epitaph:* Zit. nach M. Fernández Álvarez [9:29], S. 143.

17 Marineo [9:16], S. 100. – *Latinist:* Las Casas, II, S. 475. – *Bakkalaureus:* Josefina Muriel, »Reflexiones ...«, in: *R de I* (1948).

18 C de S, S. 98.

19 Jerónimo Munzer, »Viaje por España y Portugal 1494–1495«, in: *Viajes* [5:8], S. 391. – *Marineo:* Vgl. Caro Lynn, A college professor of the renaissance (Chicago, 1937), Kap. 5.

20 Brief vom 24. Oktober 1524, in: B. N. Mss. 10713, f. 33, hg. von José V. Corraliza, in: *R de I*, 8. Jg. (Dezember 1947), Nr. 30.

21 Galíndez de Carvajal, *Anales Breves del reinado de los reyes católicos*, in: *CDIHE*, 18, S. 304. – *Pest:* Münzer, in: *Viajes* [5:8], S. 372–376. – *Autodafé: Viajes* [5:8], S. 473.

22 G, S. 36.

23 Las Casas, II, S. 154.

24 G, S. 36.

25 Erst 1548 wurde die Notarausbildung in die juristischen Fakultäten spanischer Universitäten eingegliedert. Vgl. Bernardo Pérez Fernández del Castillo, *Historia de la escribanía en la Nueva España*, 2. Aufl., Mexiko 1988, S. 32.

26 Vermutung von Demetrio Ramos, in: *Hernán Cortés*, Madrid 1992, S. 33.

27 Las Casas, Bd. 3, S. 200. – *Brief:* Brief vom 26. September 1526, in: Fr. Mariano Cuevas (ed.), Cartas y otros documentos de Hernàn Cortés nuevamente descubiertos en el Archivo General de Indias (Sevilla, 1915), S. 29.

28 Leon Battista Alberti, »The Family«, übers. von Guido A. Guarino, in: *The Albertis of Florence*, Lewisburg 1971.

29 Vgl. Dokument 3. Das berichtigte Datum gibt Cortés zwei Jahre länger in seiner spanischen Heimat, als üblicherweise angenommen wird. – *Waren für Hispaniola:* Juan Suárez de Peralta, Tratado del descubrimiento de las Indias (Mexiko, 1949), S. 82.

10. Im Schweiße ihres Angesichts, unter großen Strapazen und Entbehrungen

1 Fray Tomás de la Torre, *Desde Salamanca, España hasta Ciudad Real, Chiapas, diario de viaje, 1544–1545*, hg. von Franz Blom, Mexiko 1945, S. 72 f., 113.
2 C de S, S. 99–101.
3 G, S. 10 f.
4 Pike [6:23], S. 132 f. – *Azúa:* Luis Arranz, Repartimientas y Encomíendas en la Isla espanola (Madrid, 1991), S. 256, nannte diese Zahl für 1513, zur Zeit des *repartimiento* in jenem Jahr; zum Bevölkerungsrückgang in Azúa vgl. Hernando Gorjiri in: Muñoz, Bd. 58, f. 210. – *Landkarte:* Diese Karte, die älteste von der Insel, befindet sich heute in Besitz der Universität Bologna und wurde von Arranz (S. 256) veröffentlicht; »Relación de … Parada«, in: *CDI*, 40, S. 261. – *Zuazo*: Zuazo an den Kaiser, Januar 1518, *CDI*, 1, S. 311.
5 G, S. 39.
6 »Relación de … Parada«, *CDI*, 40, S. 261; Las Casas, II, S. 477.
7 Aus einer Zeugenaussage im Rahmen des Prozesses, den María de Marcayda 1529 gegen Cortés anstrengte.
8 Las Casas, II, S. 476.
9 Das sagte er zu Las Casas (Las Casas, II, S. 477). – *Catalina*: Vgl. Aussagen in: Tributos [10:22], S. 2–7.
10 *Probanza* von 1531, in: *Docs Inéditos*, S. 2. – *Indianer:* Las Casas, III, S. 194.
11 Wright [5:24], S. 74. – *Alcalde:* AGI, Justicia, leg. 49, f. 190.
12 Las Casas, III, S. 475.
13 Vgl. García del Pilar, in: Res. (Rayón), II, S. 216.
14 Brief an Fonseca, 12. Oktober 1519. – »*Cortesillo*«: »Dieser Zwerg [nonado] von Cortesillo …«, sagte Salvatierra im Jahre 1520 (D del C, I, S. 406).
15 D del C, II, S. 420 f. – *Statur*: Suárez de Peralta [9:29], S. 82.
16 D del C, II, S. 420. – *Siculo*: Marineo Siculo [9:20], S. 100. – *Gómara:* G, S. 492.
17 *CDI*, 27, S. 308.
18 Andrés de Duero, *Inf. de 1521*, S. 310. – *Instruktionen:* Der Text befindet sich im AGI, Patronato, leg. 15, R. 7.
19 *Circa 1492* [5:39], S. 122.
20 José María Ots Capdequí, *El Estado Español en las Indias*, Mexiko 1941, S. 16 f. Vgl. auch Silvio Zavala, *Las Instituciones Jurídicas en la conquista de América*, 3. Aufl, Mexiko 1988, S. 117 f.
21 Wright [5:24], S. 55.
22 Brief an Karl V., 29. August 1529, in: *CDI*, 13, S. 106.
23 AGI, Justicia, leg. 985, *Probanza de Antonio Sedeño*, Frage 31 im Fragebogen, zit. nach Ramos [9:26], S. 59.
24 Das ist Ramos' Argument [9:26], S. 47–54. – *Geographie:* Vgl. die Karte von 1511, die in jenem Jahr zusammen mit Martires *Decades* gedruckt wurde; und die Ptolemäische Weltkarte von 1548, abgedruckt in *AEA*, 47, 1990, S. 25.

25 Juan Jaramillo, Aussage im *residencia* gegen Cortés, AGI, Justicia, leg. 224, p. 1, f. 464 v. – *Ausrufer:* D del C, I, S. 114. – *Schiffsbau: Cédula* vom 29. Dezember 1516 in: *CDIU*, 1, S. 69 f. – *Kredit: CDI*, 27, S. 309.

26 Las Casas, III, S. 194.

27 D del C, I, S. 113.

28 John Elliott im Vorwort zu Anthony Pagdens Ausgabe von *cartas de relación* (*Letters from Mexico*), London 1972 – *Vorbereitungen:* C de S, S. 82 f. – *Übereinkunft:* Cortés scheint dies in seinem verschollenen ersten Brief gesagt zu haben, zit. nach Sepúlveda (93). – *Margariño*: Información de los méritos de Francisco Rodríguez Magariño, in: AGI, Patronato, leg. 54, Nr. 3, R. 1.

29 Hernández Portocarrero, La Coruña, 30. April 1520, in: AGI, Patronato, leg. 254, Nr. 3c, Gen. 1, R. 1, f. 4 v.

30 Die Quelle hierfür ist der Sohn des mutmaßlichen Mörders, Juan Suárez de Peralta [9:29], S. 34 f.

31 *CDI*, 27, S. 310 f.

32 Dieses Datum wurde in der *probanza* ein Jahr später (4. Oktober 1519, in Tepeaca) genannt – *Gespräch Velázquez – Cortés:* Diese Anekdote wurde von Cortés in seinem *residencia* im Jahre 1529 weitgehend selbst bestätigt (*CDI*, 27, S. 311).

11. Ein Edelmann als Freibeuter

1 Aussage von Dávila, in: *CDI*, 28, S. 26; *CDI*, 27, S. 312.

2 Diego Bardalés und Pedro López de Barbas in Ordás' *información* im Jahre 1521 (Santo Domingo), in: *CDI*, 40, S. 91, 104. – Ordás: Oviedo, II, S. 388.

3 Klage von Tirado gegen Cortés, in: Conway, Camb., Add. 7284.

4 D del C, I, S. 118 f.; *CDI*, 27, S. 313.

5 D del C, I, S. 117. – *Hazienda:* AGI, Indif. Gen., leg. 419, lib 5, f. 183.

6 *CDI*, 27, S. 313.

7 Tapia, in: J. Díaz u. a., S. 68.

8 *CDI*, 27, S. 314.

9 D del C, I, S. 126. – *Magenschmerzen:* G, S. 50.

10 Las Casas III, S. 92. – *Überteuerte Kleidung:* Tapias behauptete dies in seiner Antwort auf Frage 22 des Fragebogens im *residencia* gegen Cortés, AGI, Justicia, leg. 223, p. 2.

11 Juan de Salcedo im *residencia* gegen Cortés, AGI, Justicia, leg. 224, p. 1, f. 660 v.

12 Angel Losada, »Hernán Cortés en la obra de Sepúlveda«, in: *R de I* (Januar – Juni 1948), S. 137. – *Testament:* Das Testament von Velázquez ist abgedruckt in: *Epistolario*, I, Dokument Nr. 59. – *Brief:* C, S. 49. – *»fast zwei Drittel«*: C, S. 48. – *Zeugen:* Der Fragebogen und die Antworten werden aufbewahrt im AGI, Patronato, leg. 15 R. 16. Der Fragebogen allein ist abgedruckt in Martínez, *Docs*, I, S. 148–165.

13 Siehe Porras Muñoz, in: *R de I* (Januar–Juni 1948), S. 333, und Pedro V. Vives,

»La conquista de Nueva España como empresa«, in: *Historia 16* (Dezember 1985). – *Alaminos:* in: Inf. de 1522, S. 22.
14 Ots Capdequí [10:20], S. 16.
15 Res. vs. Alvarado, S. 87.
16 D del C, I, S. 128. – *Europäer:* Die Zahl 530 basiert auf Zeugenaussagen, die, unabhängig voneinander, beim *residencia* gegen Cortés gemacht wurden und die in *CDI*, 28, S. 122, und in *CDI*, 27, S. 316, abgedruckt sind.
17 Vgl. die Mannschaftsliste von Ponce de Léons Expedition nach Florida im Jahr 1511, V. Murga Sanz, Juan Ponce de Léon (San Juan, 1971), S. 104.
18 Andrea del Castillo sagte im Jahre 1583: »Ich bin nicht minder *conquistadora* als die übrigen *conquistadores* sind ...«, zit. in: »Méritos y servicios del adelantado D. Francisco de Montejo«, veröffentlicht in: *BAGN* 9, Nr. 1 (Januar–Februar 1938), S. 87. – *Geburtsorte:* Peter Boyd-Bowman, Indice Geobiográfico de más de 56 mil pobladores de America en el siglo x vin, Mexico 1985, S. 36. – *Conquistadoras:* Dorantes de Salazar [8:78], S. 320, nannte die Namen von 9.
19 Vázquez de Tapia, in: *CDI*, 26, S. 422.
20 Xoan de Estacio, in der *información* vom 20. November 1520 in Trinidad, *CDI*, 35, S. 74. – *Garrido*: Francisco de Icaza, *Conquistadores y pobladores de Nueva España*, Mexiko 1969, 2 Bde., I, S. 98.
21 Lucas Fernández de Piedrahita, *Noticia Historial de las conquistas del Nuevo Reino de Granada*, Bogota 1973, 2 Bde.
22 Diego de Vargas, in: *Inf. de 1521*, in: Polavieja, S. 289.
23 G, S. 50.
24 Die Worte »*In hoc signis vincis*« stammen aus Eusebius' Biographie von Kaiser Konstantin.
25 *CDI*, 26, S. 458.
26 Artikel 5 des Testaments von Cortés, das abgedruckt ist in: Martínez, *Docs*, S. 313–341. – *Motolinía*: Motolinía [1:1], S. 274. – *Ordás:* »... *no tiene más consciencia que un perro*«, in: Otte, S. 320.
27 Vázquez de Ayllón, in: *CDI*, 25 f.
28 D del C, I, S. 173. – *Abschiedsbrief:* D del C, I, S. 126.

12. Der Vorteil, im Besitz von Pferden und Geschützen zu sein

1 Dies war Alvarados Darstellung im *residencia* gegen ihn (Res. vs. Alvarado, S. 62 f.).
2 D del C, I, S. 127. – *Cortés' Rüge:* D del C, I, S. 127.
3 Martire, II, S. 27.
4 C, S. 123. – »*Cosas de Castilla*«: Joan de Cáceres, in: AGI, Justicia, leg. 223, p. 2, f. 227; *CDI*, 28, S. 124. – *Cortés' Versprechen: CDI*, 27, S. 317; G, S. 54.
5 D del C, I, S. 132. – *Gott:* Martire, II, S. 28. – *Anbetung:* G, S. 55.
6 *CDI*, 27, S. 319; Martire, II, S. 28. – *Hohe Statue:* Vgl. Tapias Antwort auf Frage 43 des Fragebogens im *residencia* gegen Cortés, AGI, Justicia, leg. 223, p.2. – *Jungfrau: CDI*, 27, S. 318. – *Kreuz:* Aussage von Vázquez de Tapia, *CDI*, 28, S. 124.

7 Als er 1526 den Kindern Montezumas Ländereien zuwies, zit. nach Josefina Muriel, »Reflexiones sobre Hernán Cortés«, *R de I* (1948), S. 233.

8 G, S. 55.

9 Ordás' Fragebogen, in: *Inf. de 1521* (Santo Domingo). – *Zitat: CDI*, 27, S. 319.

10 Tapias Antwort auf Frage 48, AGI, Justicia, leg. 223, p. 2. – *Heimweh:* G, S. 57.

11 Mehrere Zeugen im *residencia* gegen Cortés waren anwesend und äußerten sich dazu in ihrer Antwort auf Frage 49 des Hauptfragebogens von Cortés, darunter Joan de Cáceres, Tapia und Alonso de Navarrete, in: AGI, Justicia, leg. 223, p. 2, f. 227 r., f. 309 v und f. 424 v; vgl. auch Tapia in: J. Díaz u. a., S. 70 f.

12 Martire, II, S. 31.

13 *CDI*, 27, S. 322.

14 Vgl. Alejandro Lipschutz, »En defensa de Gonzalo Guerrero, marinero de Palos«, in: *Miscelánea de Estudios dedicados a Fernando Ortiz*, Havanna 1956. – *Stundenbuch:* D del C, I, S. 135.

15 Las Casas, I, S. 123.

16 G, S. 61.

17 Tapia, in: J. Díaz u. a., S. 74.

18 J. G. Vanner, Dogs of the Conquest (Normen, 1983), S. 60.

19 Martire, II, S. 34. – *25 000 Häuser:* Martire, II, S. 33; G, S. 66.

20 Joan de Cáceres, in: AGI, Justicia. leg. 223, p. 2, f. 227 r.; C, S. 55; G, S. 60. – *»Bruder des Grijalva«:* Juan Álvarez in *Inf. de 1521*, in: Polavieja, S. 250.

21 *CDI*, 27, S. 324 f.

22 Ordás' Fragebogen in *Información de Diego de Ordás*, Santo Domingo 1521, und Aussage von Diego Bardalés (der von 40 000 sprach), Gonzalo Giménez (der zu den Rettern von Ordás gehörte) und Alonso de Ávila, in: *CDI*, 40, S. 74 ff.

23 *CDI*, 27, S. 329.

24 Joan de Cáceres, in: AGI, Justicia, leg. 223, p. 2, f. 227 r.

25 Mena García [6:8], S. 43.

26 D del C, I, S. 145.

27 Bernal Díaz (D del C, I, S. 454) bemerkt zu der Schlacht um Tenochtitlan, daß die Kastilier zunächst kaum Geländegewinne erzielten, »*aunque estuvieron allí diez mil Hectores, Troyanos y otros tantos Roldanes...*« Ein weiteres Roland-Zitat findet sich in: D del C, I, S. 157.

28 Barbara Price, »Demystification ...«, *American Ethnologist*, 5, Nr. 1, Februar 1978, S. 109. – Zitat Díaz: D del C, II, S. 100.

29 G, S. 70.

30 *CDI*, 28, S. 130 f.

31 J. Díaz u. a., S. 76.

32 Von 200 ist in *La Carta del Regimiento* (C, S. 58) die Rede, während die Indianer selbst gegenüber Cortés von 800 sprachen, zit. in: D del C, I, S. 151.

33 D del C, I, S. 152.

34 Das Nahuatl-Wort für »Freund« ist *teicniuh*, das für »Vasall« *temaceual*.

35 Joan de Cáceres, in: AGI, Justicia, leg. 223, p. 2, f. 227 r. – *Zitat:* Martire, II, S. 35.

36 Camargo, S. 184.
37 Es gibt andere Versionen. Der Verfasser der Ballade hat möglicherweise »Seine« durch »Duero« ersetzt, weil dies in Spanien besser verstanden wurde.
38 D del C, I, S. 157.
39 Das Sprichwort über die Mauren gehörte zu Cortés' Lieblingssentenzen (G, S. 139); die Anspielung auf Sparta stammt von Euripides, Fragment 723 in Erasmus' *Adagia*.

13. So reich, daß man meinen könnte, Salomo habe sich hier das Gold für den Tempel beschafft

1 G, S. 81.
2 Hassig [1:10], S. 237.
3 Juan Álvarez , in: *Inf. de 1521*, S. 252. – »*Zeichen der Liebe* [*amor*]«: Frage 81 in Cortés' Fragebogen (*CDI*, 27, S. 334). – *Kleidung, Ausdruck der Identität:* Anawalt [7:16], S. 3.
4 Álvarez, *Inf. de 1521*, S. 252.
5 C, S. 117.
6 G, S. 83.
7 G, S. 319.
8 FC, XII, S. 19. – »*Mist*«: Las Casas, II. – *Gegenstände christlicher Verehrung:* D del C, I, S. 169.
9 Vgl. Anmerkung von José Corona Núñez, zit. in *Rel. de Michoacan*, S. 241.
10 Ixtlilxochitl, S. 229 f.; G, S. 85.
11 G, S. 85; Ixtlilxochitl, S. 230; D del C, I, S. 168.
12 Hassig [1:12], S. 51.
13 Durán, II, S. 249. – *Zu Montezumas seelischer Verfassung:* Durán, II, S. 517; FC, XII (1. Aufl.), S. 20; Sahagún, II, S. 958.
14 Sahagún, I, S. 379, 384.
15 FC, XII, S. 19.
16 FC, XII, S. 21. – »*Hirsche*«: FC, XII (1. Aufl.), S. 19.
17 FC, XII, S. 21.
18 *Cod. Ram.*, S. 134.
19 D del C, I, S. 297. – »*Vom Himmel gesandt*«: Martire, II, S. 60. – »*Unsterbliche*«: Fray Aguilar, in: J. Díaz u. a., S. 165. – *Quetzalcoatl*: John Bierhorst, *Four masterworks of American Indian Literature*, New York 1974, S. 327.
20 C, S. 116 und S. 128. Dies war Frage 98 in: *CDI*, 27, S. 341 f. – *Zitat:* C, S. 117.
21 Oviedo, IV, S. 245-249.
22 FC, X, S. 190 f.
23 Ixtlilxochitl [4:3], S. 7.
24 H. B. Nicholson, *Topiltzin-Quetzalcoatl* (Ph.D., Harvard 1957), S. 361, 412 f., 428–430.
25 Bierhorst [13:19], S. 15. – *Menschenopfer: Codex Chimalpopoca* in: Bierhorst [13:19], S. 28.

26 *Relación de Cholula, 1582*, von Gabriel de Rojas, *corregidor*, hg. von Fernando Gómez de Orozco, *Revista Mexicana de Estudios Históricos* 1, S. 5 (September–Oktober 1927).
27 *Historia de los mexicanos por sus pinturas* [1:28], S. 253.
28 *Codex Chimalpopoca* in der Übersetzung von Bierhorst [13:19], S. 37.
29 *Codex Chimalpopoca*, in: Bierhorst [13:19], S. 39.
30 Dieser Brief datierte vom 6. Oktober 1541 (Oviedo, IV, S. 252). – *»Weißer Held«: Anales de Tlatelolco*, hg. von Heinrich Berlin, mit einem Vorwort von Robert H. Barlow, Mexiko 1948; *Historia de los mexicanos por sus pinturas*, [1:28], S. 251; Motolinía in: García Icazbalceta, I, S. 65.
31 FC, I, S. 11 f. – *Sahagún:* Sahagún, II, S. 953. – *Codex Ramirez: Cod. Ram.*, S. 131.
32 Nicholson [1:24], S. 402. – *Zwiefältigkeiten:* FC, I, S. 5.
33 Ich habe hier Thelma Sullivans Übersetzung in: »Tlatoani«, *ECN* (1980), verwendet.
34 Thelma Sullivan in: *ECN* 4 (1963), S. 93.

14. Ein Drachenkopf für ein florentinisches Kelchglas

1 Durán, II, S. 518–521.
2 FC, XII, S. 13; D del C, I, S. 161; Martire, II, S. 45 f.
3 Durán, II, S. 507 f.
4 Pasztory [4:19], S. 110.
5 Durán, II, S. 521. – *Sahagún:* Cline's Sahagún, S. 41.
6 Siehe Sahagún, XII, Illustration; Duverger [1:25], S. 247. – *Alvarez:* in *Inf. de 1521*, in: Polavieja, S. 252. – *Cortés' Begrüßungsbekleidung: Anales de Tlatelolco* [13:30], S. 149.
7 Duverger [1:25], S. 227.
8 *Anales de Tlatelolco* [13:30].
9 Die beste Quelle für die Reaktion der Mexica ist der FC, XII, aber ich habe auch Material von Sahagún (beide Versionen) verwendet, der die Dinge etwas anders schildert.
10 Tezozomoc [1:17], S. 388.
11 Eulalia Guzmán, La Conquista de Tenochtitlan (Mexiko, 1989), S. 98.
12 Edward Calnek, »The Internal Structure of Tenochtitlan«, in: *The Valley of Mexico*, hg. von Eric Wolf, Albuquerque 1976, S. 289 f. – *Mixteken:* Donald Robertson, *Mexican Manuscript Painting of the Early Colonial Period*, Yale 1959, S. 138.
13 *Cod. Ram.*, S. 135; Cline's Sahagún, S. 48.
14 *Anales de Tlatelolco* [13:30].
15 Joan de Cáceres behauptete, er habe sie in Händen gehalten und sie seien aus Kupfer und Silber gewesen (AGI, Justicia, leg. 223, p. 2, f. 227 v.).
16 Graulich [5:3], S. 57.
17 FC, XII, S. 22. – *Prüfungen:* Cline's Sahagún, S. 49. – *Zitat:* FC, XII, S. 21.

18 G, S. 87.
19 D del C, S. 166.
20 Berdan [3:16], S. 38.
21 D del C, I, S. 117.
22 FC, XII, S. 22; Durán, II, S. 522.
23 D del C, I, S. 167.
24 D del C, I, S. 178 f.
25 Zu diesen Zeugen gehörten Bernardino Vázquez de Tapia und Rodrigo de Castañeda. Vgl. Res. vs. Alvarado, S. 36 u. S. 64.
26 Aguilar, in: J. Díaz u. a., S. 205.
27 D del C, I, S. 173.
28 Bericht von Portocarrero und Montejo in La Coruña, in: AGI, Patronato, leg. 254, Nr. 3c, Gen. 1, R. 1, f. 4 v. – *Alaminos:* in *Inf. de 1522*, S. 233.
29 So argumentiert Ramos [9:26], S. 104, der sich auf Oviedo (II, S. 147) beruft.
30 Garcia Llerena, *CDI*, 27, S. 203.
31 C de S, S. 188–191. – *Geeigneter Ort für Siedlung:* G, S. 64 – *Montejo/Chico:* Martire, II, S. 37; C de S, S. 141.
32 Klage von Francisco de Zavallos im Namen von Narváez gegen La Serna: Conway, Camb., Add. Mss., I, S. 59.
33 Joan de Cáceres, in: AGI, Justicia, leg. 223, p. 2.
34 Manuel Giménez Fernández, in: »Cortés y su revolución en la Nueva España«, *AEA* (1948), S. 91. – *Handel:* G, S. 66; C de S, S. 153.
35 Das betont Aguilar, in: J. Díaz u. a., S. 165. – *Vázquez:* in *CDI*, 28, S. 134 – *Tapia:* in AGI, Justicia, leg. 223, p.2. – *Sepúlveda:* Sepúlveda, S. 111 f. – *Debatte:* Das geht zweifelsfrei aus der *Carta del Regimiento* hervor (erster Brief von Cortés, C, S. 61).
36 Vgl. die Anschuldigung von Andrés de Monjaraz, in: *CDI*, 26, S. 540.
37 In einem Brief vom 4. Juli 1519 bezeichnet sich Cortés selbst als *»capitán general y justicia mayor«*.
38 Das behauptet García de Llerena, in: *CDI*, 27, S. 203 f.
39 Dies war eine Beschuldigung im *residencia*. Vgl. *CDI*, 27, S. 8.
40 AGS, RGS, 27. April 1494. – *Las Siete Partidas:* Partida II, Título X, Ley I spricht von einer »Versammlung aus sämtlichen Männern, die gemeinsam handeln«: vgl. Francisco López Estrada y María Teresa López García-Berdoy, *Las Siete Partidas*, Madrid 1992, S. 173. – *Brief:* C, S. 29.
41 Vázquez de Tapia sagte im Untersuchungsverfahren gegen Cortés aus, er habe den *caudillo* diesen Ausspruch öfter zitieren hören (*CDI*, 26, S. 424). Das gleiche sagte Juan de Tirado (Res. [Rayón] II, S. 40). – *Hochverrat:* Diesen Standpunkt vertritt Eulalia Guzmán [14:11], S. 100.
42 Martire, II, S. 37.
43 So Bernal Díaz. Ebenso Giménez Fernández [14:34], S. 73.
44 Luis Marín, in: *CDI*, 28, S. 58.
45 G, S. 94.
46 D del C, I, S. 177. – *Angst, gehängt zu werden:* Juan Álvarez, in: *Inf. de 1521*.
47 G, S. 95.

15. Sie begrüßten ihn mit Trompeten

1 FC, XII, S. 25 f.
2 *El Conquistador Anónimo*, in: García Icazbalceta, I, S. 378.
3 D del C, I, S. 181; G, S. 123.
4 Peter Gerhard, A Guide to the Historical Geography of New Spain (Cambridge, 1972), S. 365.
5 Ixtlilxochitl, S. 233.
6 Zorita [1:3], S. 142.
7 Joan de Cáceres, AGI, Justicia, leg. 223, p. 2, f. 227 r.; G, S. 99 f.
8 Tezozomoc [1:17], S. 484.
9 Ixtlilxochitl, S. 234. Für Medellín vgl. beispielsweise die Beauftragung von Licenciado Bernardo im Jahre 1493 (AGS, Registro General del Sello, 17. Mai 1493, f. 383).
10 Martire, II, S. 43.
11 G, S. 101 f.
12 Vgl. *CDI*, 27, S. 338, für Frage 93 in Cortés' *residencia*, die sich auf Cortés' Bündnis mit den Totonaken bezog.
13 D del C, I, S. 188.
14 Ixtlilxochitl, S. 235.
15 D del C, I, S. 195 f., bestreitet, daß hier eine Schlacht stattfand. Aber Diego Vargas behauptet in der *Inf. de 1521*, es habe hier ein großes Blutbad gegeben (Polavieja, S. 272). Martín Vázquez sprach in einer *probanza* über sein Verhalten im Jahre 1525 von »vier- bis fünftägigen Kämpfen« (AGI, Mexiko, leg. 205, Nr. 5).
16 D del C, I, S. 123.
17 Clendinnen [3:6], S. 52.
18 D del C, I, S. 201.
19 Text in: *CDI*, 22, S. 38–52, und in: Vicente de Cadenas, *Carlos I de Castilla*, Madrid 1988, S. 109–111, unterzeichnet am 13. November 1518 vom König, vom Kanzler Cobos, von den Bischöfen von Burgos und Badajoz sowie von Zapata.
20 Er begann sich selbst als »Abt« zu bezeichnen. Vgl. APS, 31. Oktober 1519, oficio 15, lib. 2, f. 391. – *Velázquez:* Vgl. AGI, Indif. Gen., leg. 420, f. 9.
21 Vgl. Giménez Fernández [6:10], I, S. 147–176.
22 Zum Beispiel von Valero Silva, in: *El legalismo de Hernán Cortés, instrumento de la conquista*, Mexiko 1965. – *1. Brief:* Dies ist der Brief, dessen Original verlorengegangen ist. Allerdings enthält der *Codex Vindobonensis*, Wien, eine zeitgenössische Abschrift, die gewöhnlich als erster Brief in Cortés' *Cartas de Relación* veröffentlicht wird. – *2. Brief:* Dieser Brief wird beschrieben von Tapia, in: J. Díaz u. a., S. 85. Vgl. Giménez Fernández [14:34], S. 94 Anm., S. 172.
23 William Greenlee, *The Voyage of Pedro Alvarez Cabral to Brazil and India*, London 1938, S. 29.
24 Tapia, in: J. Díaz u. a., S. 85.
25 C, S. 82. Dies ist einem Brief entnommen, den Cortés im Jahre 1520 an den König schrieb – der sogenannten zweiten *Carta de Relación*, in: C, S. 82.

26 Dieser Brief war bislang unbekannt.

27 Von Saville herausgegebener Brief.

28 C, S. 137.

29 Diese Zahlen wurden sorgfältig herausgearbeitet von Wagner [8:21]. S. 120f. *Liste:* Die Liste im AGI wurde veröffentlicht von John T. Lanning, Revista de Historia de America, 2 (June 1938), S. 24ff. Vgl. auch die in C, S. 711–776; G, S. 123; Martire, II, S. 45 und *CDI*, I, S. 461–472, übersetzt von Marshall H. Saville, Indian Monographs, vol. ix, No. 1 (New York, 1920), S. 21, 35.

30 C, S. 71.

31 Martín Vázquez, Aussage in: *CDI*, 28, S. 134; Jaramillo, in: AGI, Justicia, leg. 224, p. 1, f. 464.

32 Andrés de Monjaraz, in: *residencia, CDI*, 26, S. 541. – *Brief an Karl:* C, S. 68.

33 Juan Álvarez, Tapia, Alonso de Navarrete, Pero Rodríguez de Escobar und Gerónimo de Aguilar bezeugten, sie hätten gesehen, wie die Urteile vollstreckt worden seien (Polavieja, S. 271; AGI, Justicia, leg. 223, p. 2, f. 309 v. ebenda, f. 424; leg. 224, p. 1, f. 378 r.; und Res., Rayón, II, S. 200). – *Cortés' Vorsitz:* Alonso de Navarrete, in: AGI, Justicia, leg. 223, p. 2, f. 424 v.

34 Diego de Vargas, in: *Inf. de 1521*, zit. in: Polavieja, S. 272.

35 *CDI*, 27, S. 205. – *Alvarez:* Polavieja, S. 253. – *Verteidigung: CDI*, 27, S. 9. – *Richter:* Polavieja, S. 174.

36 Zeugenaussage von Joan de Cáceres, AGI, Justicia, leg. 223, p.2, f. 227. – *Schiffe auf Grund:* Tapia, in: J. Díaz u. a., S. 81; C, S. 52. – *Portocarrero:* Die Erklärung Portocarreros ist abgedruckt in Martínez, *Docs*, I, S. 113. – *Entlohnung der Kapitäne:* Alva Ixtlilxochitl, S. 237.

37 Pero Rodríguez de Escobar, AGI, Justicia, leg. 224, p. 1, f. 378, Antwort auf Frage 90. – »*Wie Männer sterben*«: Francisco de Terrazas, AGI, Justicia, leg. 223, p. 2, f. 424 v., Antwort auf Frage 89.

38 *CDI*, 27, S. 337.

39 D del C, I, S. 215. – *Zitat:* García de Llerena, in: *CDI*, 27, S. 204f.

40 Cáceres, in: AGI, Justicia, leg. 223, p. 2, f. 227; Navarrete ebenda, f. 424.

41 Tapia, in: J. Díaz u. a., S. 79f.

42 C, S. 38. Cervantes de Salazar nennt den 26. Juli.

43 Wagner [8:21], S. 135. – *Cortés' Fünftel: CDI*, 26, S. 5ff.

16. Werde ich den Sieg erringen, wenn ich weiterziehe?

1 AGI, Justicia, leg. 223, p. 2, f. 227. – »*heilige Gesellschaft*«: Las Casas, III, S. 209.

2 Hassig [1:10], S. 64. – *Zitat:* Joan de Cáceres, AGI, Justicia, leg. 223, p. 2, f. 227 r.

3 Cline's Sahagún, S. 73.

4 Tapia, AGI, Justicia, leg. 223, p. 2, f. 309 v.

5 G, S. 356.

6 Ich danke Felipe Fernández-Armesto für seine Hinweise. – *Cortés' Leitspruch: CDI*, 27, S. 337.

7 C, S. 67.
8 Vgl. *CDI*, 27, S. 229.
9 Durán, II, S. 527.
10 Hassig [1:10], S. 65, 73.
11 G, S. 94.
12 C de S, S. 331.
13 G, S. 93.
14 Juan Álvarez, in: *Inf. de 1521*, Polavieja, S. 266; D del C, I, S. 218.
15 C, S. 87 f.
16 Aguilar, in: J. Díaz u. a., S. 167.
17 Zum Beispiel Ixtlilxochitl, S. 238, und Tapia, in: J. Díaz u. a., S. 86.
18 G, S. 122.
19 D del C, I, S. 224, und C, S. 89.
20 G, S. 120.
21 G, S. 121.
22 D del C, I, S. 225 f.
23 C, S. 89.
24 C, S. 124.
25 D del C, I, S. 229.
26 Aguilar, in: J. Díaz u. a., S. 165.
27 C, S. 91 f.; Ixtlilxochitl, S. 239. – *Tapia:* Tapia, in: J. Díaz u. a., S. 87. – *Beichte:* Aguilar, in: J. Díaz u. a., S. 167.
28 Dieses Detail stammt von D del C, I, S. 230; ebenso der Hinweis auf das Öl.
29 Vgl. Charles Gibson, Tlaxcala in the 16th Century (New Haven, 1952), S. 9, 11, 13; Peter Gerhard, »el nos mostraba tanto amor que era cosa maravillosa«: J. Diaz, et. al., 132, S. 324–327.
30 FC, X, S. 178.
31 Übersetzt aus dem Otomí von Miguel Léon-Portilla in seinem Werk *Precolombian literatures of Mexiko* (Übers., Norman 1969), S. 95.
32 Garibay [1:7], I, S. 239.
33 Walter Lehmann, *Die Geschichte der Königreiche von Colhuacan und Mexiko*, Stuttgart 1938, S. 104, zit. bei Arthur Anderson, »Aztec Hymns of Life and Love«, *New Scholar*, VIII, S. 27. Zu den Otomí vgl. FC, X, S. 174-184.
34 Camargo, S. 231. – *Blumenkriege:* Ixtlilxochitl, S. 150 f.; Juan Bautista Pomar, »Relación de Texcoco«, in: *Relaciones de la Nueva España*, Madrid 1991, S. 74.
35 Durán, II, S. 178. – *Camaxtli:* Durán, I, S. 71 ff.
36 Motolinía, in: García Icazbalceta, I, S. 59. – *»Genua/Venedig«:* C, S. 98. – *»Rom«:* Martire, II, S. 77.
37 Tapia, in: J. Díaz u. a., S. 93 f.

17. Entschlossen, keinen von uns am Leben zu lassen

1 Camargo, S. 192, druckt die angebliche Rede von Xicotencatl ab.
2 *Cod. Ram.*, S. 137; Cline's Sahagún, S. 54.
3 G, S. 126.
4 D del C, I, S. 232. – *»100000«:* C, S. 92 f.
5 Inga Clendinnen, Past and Present, 107 (May 1985), S. 269.
6 Jacques Soustelle, La vie quotidienne des Aztèques à la vieille de la conquète espagnole (Paris, 1955), 45, S. 207.
7 Fragebogen in der *información* von Diego de Ordás, Santo Domingo 1521, und Zeugenaussagen von Diego Bardalés, Antón del Río, Pero López de Barbas und Gonzalo Giménez, in: *CDI*, 40, S. 74 ff.
8 Aguilar, in: J. Díaz u. a., S. 169.
9 D del C, I, S. 234. – *Gefangene:* C, S. 93; Fragebogen in der *información* von Diego de Ordás, Santo Domingo 1521. – *Grausamkeiten:* Juan Álvarez in: *Inf. de 1521*, Polavieja, S. 253; *Aguilar*, in: J. Díaz u. a., S. 169.
10 C, S. 94. – *Zitat:* G, S. 129.
11 C, S. 93. – *Aguilar:* zu Duran, II, S. 529.
12 D del C, I, S. 237.
13 D del C, I, S. 238.
14 C, S. 92; G, S. 130.
15 C, S. 95; G, S. 134; D del C, I, S. 265.
16 Markus 3, 24; C, S. 99 f.
17 Tapia, in: J. Díaz u. a., S. 90.
18 Hassig [1:10], S. 115. – *Zitat Cortés:* C, S. 94. – *Verstümmelung:* Aguilar, in: J. Díaz u. a., S. 169, wo Germán Vázquez behauptet, es hätte keine Greueltaten gegeben. – *Botschaft:* Martire, II, S. 74.
19 Martire, II, S. 74. – *Schellen:* G, S. 134. – *Schilderung der Mexica:* FC, XI (1. Aufl.), S. 27.
20 G, S. 134; Tapia, in: J. Díaz u. a., S. 88; C, S. 94; D del C, II, S. 258.
21 C, S. 96.
22 D del C, I, S. 247.
23 D del C, I, S. 254.
24 Tapia, in: J. Díaz u. a., S. 92.
25 FC, XII, S. 28.
26 Tapia, in: J. Díaz u. a., S. 90. – *Xicotencatl:* C, S. 96.
27 Tapia, in: J. Díaz u. a., S. 90; Martire, II, S. 76; C, S. 93.
28 C, S. 94.
29 D del C, I, S. 271. – *Warnung:* Ixtlilxochitl, S. 241.
30 Pasztory [4:19].

18. Diese Grausamkeit führte zur Wiederherstellung der Ordnung

1 D del C, I, S. 276.
2 AGI, Justicia, leg. 224, p. 1, f. 95 r. – *»Häuser und Paläste«:* Aguilar, in: J. Díaz u. a., S. 179.
3 C, S. 98.
4 Vgl. Anawalt [7:16], S. 61–80; und »Memory Clothing«, in: Boone [7:11], S. 180–188.
5 FC, XII (1. Aufl.), S. 29.
6 Aguilar, in: J. Díaz u. a., S. 179.
7 Aguilar, in: J. Díaz u. a., S. 179.
8 D del C, I, S. 274; Camargo, S. 192.
9 Camargo, S. 194 ff.
10 Ixtlilxochitl, S. 245.
11 Tapia, in: J. Díaz u. a., S. 94; G, S. 146.
12 Diego Luis de Motezuma, SJ, *Corona Mexicana*, Madrid 1914, S. 370.
13 Camargo, S. 198–208.
14 Camargo, S. 208.
15 Diese Berichte diskutiert Gibson [16:29], S. 31 f. – *Aussage 1550:* Tafel VIII des Lienzo de Tlaxcala, der um 1550 datiert, stellt die Taufe von vier Häuptlingen dar, wobei Cortés ein Kreuz hält und Marina die Szene betrachtet. Bernal Díaz sagte dies in einer *probanza* über die Verdienste von Pedro de Alvarado aus, in: Joaquín Ramirez Cabañas (Hg.), *La historia verdadera*, Mexiko 1967, S. 585.
16 *Inf. de 1565. – Aufteilung der Frauen:* Camargo, S. 197.
17 *Inf. de 1565*, S. 114. – *Zitat Cortés:* D del C, I, S. 279.
18 Tapia, in: J. Díaz u. a., S. 139-142.
19 G, S. 148. – *Intrigen: Inf. de 1565*, S. 115.
20 Ixtlilxochitl, S. 190.
21 C, S. 101 f.
22 D del C, I, S. 278.
23 C, S. 103; D del C, I, S. 285.
24 Joan de Cáceres, AGI, Justicia, leg. 223, p. 2. – *Tapia:* in: J. Díaz u. a., S. 95. – *Cortés:* C, S. 104.
25 *Relación de Cholula* [13:50], S. 162.
26 Tapia, in: J. Díaz u. a., S. 96.
27 C, S. 105. – *Aguilar:* in: J. Díaz u. a., S. 174. – *»25 000 Männer«:* Relación de Bartolomé de Zárate, 1544, in: *Epistolario*, III, S. 137.
28 Camargo, S. 211. – *»Herr der Erde/Unterwelt«:* Camargo, S. 210. – *Tribut:* Gerhard [15:4], S. 114–117.
29 G, S. 126.
30 Aussage von Martín Vázquez im *residencia* gegen Cortés, in: *CDI*, 28, S. 184; D del C, II, S. 6.
31 C, S. 73. – *Tlequiach:* D del C, II, S. 6. – *Sperren:* Martín López, in: *Inf. de 1565*, S. 115. – *Komplott: CDI*, 27, S. 386; Tapia, in: J. Díaz u. a., S. 96.
32 D del C, II, S. 9.

33 Juan de Limpias Carvajal bezeugte im Jahre 1565, daß diese Männer gefoltert wurden (*Inf. de 1565*, S. 176).
34 D del C, II, S. 5.
35 Ixtlilxochitl, S. 246.
36 Tapia, in: J. Díaz u. a., S. 100. – *Einladung:* Vázquez de Tapia in seiner Aussage im *residencia* gegen Cortés (*CDI*, 26, S. 417); FC, XII, S. 29; Ixtlilxochitl, S. 247.
37 FC, XII, S. 30. – *»3000«:* C, S. 180.
38 D del C, I, S. 295. – *Tempelbrand:* Tapia, in: J. Díaz u. a., S. 100. – *Priester:* Camargo, S. 212. – *Plünderungen:* Tapia, in: J. Díaz u. a., S. 99.
39 Las Casas, *Brevíssima relación de la destruyción de las Indias*, in: José Alcina Franch, *Obra Indigenista*, Madrid 1992, S. 93.
40 Diese Ballade aus dem späten 15. Jahrhundert wird Velázquez de Ávila zugeschrieben. Vgl. *BAE* 10, S. 393 f.
41 AGI, Justicia, leg. 223, p. 2, f. 584 v.; leg. 224, p. 1, f. 722 r. leg. 223, p. 2, f. 511.
42 *Relación de Cholula* [13:50], S. 160.
43 C, S. 102.
44 Durán, II, S. 25.
45 AGI, Justicia, leg. 223, p. 2, f. 309 v.
46 Martire, II, S. 85.
47 C, S. 106.
48 FC, XII (1. Aufl.), S. 30.
49 C, S. 106 f. – *Bote:* G, S. 133. – *Versorgungsschwierigkeiten:* D del C, II, S. 26.

19. Eine weitere neue Welt großer Städte und Türme

1 Aguilar, in: J. Díaz u. a., S. 176.
2 Für die Ballade über Alfonso vgl. *BAE*, 10-16; für den Cid vgl. *Poem of the Cid*, , S. 107, und *BAE*, 10, S. 534.
3 Aguilar, in: J. Díaz u. a., S. 176.
4 FC, XII (1. Aufl.), S. 30. Ich habe die Übersetzung dieses Passus in: Miguel Léon-Portilla, Cronicas Indigenas, La visión de los vencidos (Madrid, 1985), S. 81, und Sahagún, II, S. 965, berücksichtigt.
5 D del C, II, S. 28 f.
6 Diese Version des Mythos entstammt dem FC, III, S. 35.
7 Angel María Garibay, *La Poesía Lírica Azteca*, Mexiko 1937, S. 39.
8 C, S. 109.
9 Tapia, in: J. Díaz u. a., S. 100.
10 *Cod. Ram.*, S. 212.
11 Barlow [1:4], S. 75; Davies [1:11], S. 11; Gibson [16:29], S. 15 f.
12 FC, XI (1. Aufl.), S. 31.
13 *Cod. Ram.*, S. 138 f.; FC, XII, S. 31 f., leicht abgewandelt, um Cortés' Sprachduktus wiederzugeben.
14 FC, XII, S. 34 f. – *Anekdote: Cod. Ram.*, S. 139 f.; Wasserman [13:66].
15 *Cod. Ram.*, S. 211 f.

16 Nicholson [1:24], Tafel 4.
17 C, S. 111.
18 D del C, II, S. 31 f.
19 Vgl. die Liste der 17 aufständischen Städte, die in: Hassig [1:12], S. 94, angeführt ist.
20 Garibay [1:7], I, S. 220.
21 Durán, II, S. 535.
22 D del C, II, S. 34; C, S. 111.
23 D del C, I, S. 309. – *Mexikanisches Heer:* Aguilar, in J. Díaz u. a., S. 177.
24 Durán, II, S. 112. – *Zitat:* Tapia, in: J. Díaz u. a., S. 101.
25 Tapia, in: J. Díaz u. a., S. 101; G, S. 123.
26 *Codex Chimalpopoca: Anales de Cuauhtitlán y Leyenda de los Soles*, hg. von Primo Velázquez, Mexiko 1975, S. 61.
27 D del C, I, S. 311.
28 Tapia, in: J. Díaz u. a., S. 113.
29 FC, XII, S. 39–41.
30 C, S. 114. – *Iztapalapa-Damm:* Martire, II, S. 89.
31 Cline's Sahagún, S. 65.
32 Aguilar zu Durán, in: Durán, I, S. 20.
33 Aguilar, in: J. Díaz u. a., S. 170; C, S. 115; D del C, II, S. 40.
34 Aguilar, in: J. Díaz u. a., S. 178.
35 Nicholson [13:47], S. 126. – *»auf spanische Weise«:* C, S. 86; D del C, II, S. 42.
36 Für diese Begrüßungsformeln siehe Arthur J. O. Anderson u. a., *Beyond the Codices*, Berkeley 1976, S. 30.
37 D del C, I, S. 314 f. – *Schaulustige:* Aguilar, in: J. Díaz u. a., S. 178.
38 *Cod. Ram.*, S. 141; FC, XII, S. 39.
39 C, S. 87. – *Tribut:* Burr Brundage, *A Rain of Darts*, Austin 1972, S. 145. – *Unterbringung:* Tapia, in: J. Díaz u. a., S. 180. – *Zitat:* D del C, I, S. 42; Aguilar, in: J. Díaz u. a., S. 178.
40 Aguilar, in: J. Díaz u. a., S. 180.
41 C, S. 117.
42 C, S. 117.
43 C, S. 116 f.
44 G, S. 164–166.
45 Aguilar, in: J. Díaz u. a., S. 179 f. – *Díaz:* D del C, I, S. 316 f.
46 Tapia, in: J. Díaz u. a., S. 104.
47 D del C, I, S. 312.
48 Durán, II, S. 542.
49 Eulalia Guzmán, in: Relaciones de Hernán Cortés a Carlo V sobre la invasión de Anahuac, (Mexico, 1958), S. 211. – *»apokryph«:* Pagden in seiner Ausgabe von Cortés [10:32], S. 467. – *»fiktiv«:* Miguel León-Portilla, in: »Quetzalcoatl – Cortés en la Conquista de México«, *HM* 24, Nr. 1 (1974), S. 35. – *»Anachronismus«:* Vázquez, in: J. Díaz u. a., S. 180, Anm. 45.
50 Vgl. Pasztory [4:19], S. 115–117.
51 FC, VIII, S. 81.

20. Ein Ebenbild des Quetzalcoatl

1 Ordás an Francisco Verdugo, 23. August 1529 (Otte [5:8], S. 116). – *Sehenswürdigkeiten:* Ixtlilxochitl, S. 133; Tapia, in: J. Díaz u. a., S. 102.
2 Edward Calnek, »Settlement patterns and chinampa agriculture at Tenochtitlan«, *American Antiquity*, Bd. 37 (1972), S. 111.
3 Oviedo, IV, S. 249.
4 FC, X, S. 55.
5 Aguilar, in: J. Díaz u. a.
6 C, S. 30.
7 Münzer, in: *Viajes* [5:8], S. 372.
8 Edward Calnek, »The Internal Structure of Tenochtitlan«, in: E. R. Wolf (Hg.), *The Valley of Mexico*, Albuquerque 1978, S. 323.
9 C, S. 137.
10 D del C, II, S. 55.
11 G, S. 148. – *Außenmauer:* Sonja Lombardo de Ruiz, »El desarollo urbano de Mexico-Tenochtitlan«, HM, 86 (1972), 131, S. 152. – *Saal:* Durán, II, S. 413.
12 Martire, II, S. 205.
13 Pasztory [4:19], S. 166 f.
14 *Philosophiae Sagacis*, Frankfurt 1605, lib. 1, c. 11, Bd. 10, S. 110, zit. nach Thomas Bendyshe, »The History of Anthropology«, in: *Memoirs read before the Anthropological Society of London*, 1863, I, S. 353.
15 *Cod. Ram.*, S. 141 f.
16 D del C, I, S. 320.
17 D del C, I, S. 319 ff.
18 D del C, I, S. 335. – *Salamanca:* C, S. 132.
19 Soustelle [17:7], S. 60.
20 FC, VIII, S. 68. – *Kakaobohnen:* Las Casas, *Apologética historia sumaria*, Mexiko 1967, S. 68. – *»große Ordnung«: El Conqu. Anón.*, in: García Icazbalceta, Bd. 1, S. 394.
21 Berdan, »Luxury Trade«, in: Boone [2:23], S. 179. – *Zitat:* Durán, I, S. 178.
22 C, S. 133.
23 D del C, I, S. 323. – *Sklaven:* FC, IX, S. 46.
24 Durán, II, S. 419 f.
25 C, S. 134.
26 D del C, I, S. 333.
27 Durán, I, S. 19 f.
28 Francisco de Salazar, *Dialogue* (1554).
29 Aguilar, in: J. Díaz u. a., S. 107; Durán, I, S. 81.
30 Durán, I, S. 81.
31 D del C, I, S. 336.
32 FC, VI, S. 18–20. Übersetzung an erste Person Singular angepaßt. – *Gebet für die Armen:* FC, VI, S. 4.
33 D del C, I, S. 340.
34 Tapia, in: J. Díaz u. a., S. 102; G, S. 169; D del C, I, S. 341.
35 C, S. 123.

21. Auch Bienen und Spinnen stellen Kunstwerke her

1 D del C, I, S. 341. – *Warnung der Tlaxcalteken:* Ixtlilxochitl, S. 250 f.
2 Tapia, in: J. Díaz u. a., S. 102. – Aguilar: D del C, I, S. 343.
3 Aguilar, in: J. Díaz u. a., S. 182. – *Zitat Cortés: CDI*, 27, S. 340.
4 Juan Álvarez, in: *Inf. de 1521* (Polavieja, S. 223); Aguilar, in: J. Díaz u. a., S. 182; D del C, I, S. 344–346.
5 Tapia, in: J. Díaz u. a., S. 102 f. – *Brief:* G, S. 193. – *Drohung:* D del C, I, S. 348 ff.
6 Aguilar, in: J. Díaz u. a. S. 182. – *Zitat Montezuma:* Tapia, in: J. Díaz u. a., S. 103.
7 C, S. 120.
8 Ixtlilxochitl [4:3], S. 9. – *Montezumas Beteuerung:* C, S. 121. – *Cortés' Behauptung: CDI*, 28, S. 14.
9 Las Casas, III, S. 199 f.
10 Sepúlveda, S. 311.
11 *CDI*, 28, S. 141. – *Montezumas Zustand:* G, S. 193. – *Orteguilla:* D del C, I, S. 390.
12 Sahagún, II, S. 971.
13 FC, XII, S. 47.
14 FC, VI.
15 FC, XII (1. Aufl.), S. 45.
16 Zitiert in: Garibay [1:7], Bd. 1, S. 91.
17 G, S. 201. – *Befehl zur Verbrennung:* C, S. 121; D del C; G, S. 178. – *Demütigung Montezumas:* Tapia, in: J. Díaz u. a., S. 110.
18 *Cod. Ram.*, S. 65 f., 125 f. – *Pulque/Ehebruch:* FC, III, S. 64.
19 C, S. 91 f.; Tapia, in: AGI, Justicia, leg. 223, p. 2, f. 309 v.
20 FC, VIII, S. 30.
21 FC, VIII, S. 58.
22 D del C, I, S. 358 f.
23 Torquemada [4:5], 14, Kap. 5.
24 D del C, I, S. 363.
25 FC, V, S. 152.
26 D del C, I, S. 340.
27 Vgl. FC, VIII, S. 30.
28 Gerónimo López, 25. Februar 1545, Brief an den Kaiser, *Epistolario*, IV, S. 168 f. – *Montezuma als Spieler:* Vgl. FC, IV, S. 94. – *Armbrustschießen:* Joan de Cáceres, AGI, Justicia, leg. 223, p. 2, f. 227 r. – *»wie einen Bruder«:* Tapia, Antwort auf Frage 97 in: AGI, Justicia, leg. 223, p. 2, f. 309.
29 D del C, II, S. 62; G, S. 162.
30 *Huehuetlatolli*, Documento A, zit. nach Garibay [1:7], Bd. 1, S. 443.
31 Richard Evans Schultes und Albert Hofmann, *Plants of the Gods*, London 1979, S. 26.
32 Aussage von Vázquez de Tapia, in: *CDI*, 26, S. 423.
33 C, S. 132.
34 Conway (L of C), Bd. 1, S. 45, 139; der Satz stammt von dem Zimmermann Diego Ramírez, in: Conway (Camb.), Add. 7289, 797.

35 Conway (L of C), Bd. 1, S. 45, 118. – *Sandoval:* D del C, I, S. 378 ff. – *Eichen:* Ignacio de Mora y Villamil, »Elementos para la Marina«, in: *Boletín de la sociedad mexicana de geografía y estadística*, Mexiko, 1. Epoche, 9 (1862), S. 301, zitiert in: C. Harvey Gardner, Naval Power in the Conquest of Mexico (Austin, 1959), S. 67.

36 D del C, I, S. 363–365.

37 Sanders [3:5], S. 84 f.

22. Für unseren Herrgott müssen wir etwas wagen

1 FC, VI, Kap. 8. Übersetzt von Thelma Sullivan in: »Nahuatl proverbs, conundrums and metaphors, collected by Sahagún«, in: *ECN* (1963).

2 D del C, I, S. 389.

3 D del C, I, S. 325.

4 Dies belegt Frances Berdans Analyse des *Codex Mendoza*, der *Matrícula de Tributos* und mehrerer *relaciones geográficas*, in: »Luxury trade and tribute«, Boone [2:23], S. 167.

5 Vgl. Ronald Spores, *The Mixtecs in ancient and colonial times*, Norman 1984, Kap. 1 und 2.

6 C, S. 122.

7 Fragebogen in *información* von Diego de Ordás (Santo Domingo 1521) und Aussagen von Diego Bardales, Antón de Río, Pero López de Barbas, Gonzalo Giménez und Gutierre de Casamori (in: *CDI*, 40, S. 74 ff.).

8 *CDI*, 28, S. 142; D del C, I, S. 376; C, S. 124.

9 Ixtlilxochitl, S. 256. – *Montezumas Intervention:* Ixtlilxochitl, S. 10.

10 D del C, II, S. 118; C, S. 127.

11 Vázquez de Tapia in: Res. vs. Alvarado, S. 35 f.

12 Res. vs. Alvarado, S. 133. – *Farfan:* Die Aussage von Sánchez Farfán ist enthalten in: Res. vs. Alvarado, S. 138. – *Alvarado:* Res. vs. Alvarado, S. 65.

13 G, S. 207.

14 Alonso de Navarrete, in: AGI, leg. 223, p.2, ff. 425–511. – *»junta«:* Joan López de Jimena, Antwort auf Frage 98 in: AGI, Justicia, leg. 224, p. 1, ff. 12 r. – 46 v. – *Flores:* Aussage von Francisco de Flores, in: AGI, leg. 223, p. 2, Antwort auf Frage 98.

15 Sepúlveda, S. 158 f. – *Cáceres:* Joan de Cáceres, in: AGI, Justicia, leg. 223, p. 2. – *Tapia:* Tapia, Erklärung in: AGI, Justicia, leg. 223, p. 2. – *Jimena:* Joan López de Jimena, in: AGI, Justicia, leg. 224, p. 1, f, 1 r.

16 Tapia, in: J. Díaz u. a., S. 104. – *Geiseln:* Ixtlilxochitl, S. 257.

17 Joan de Cáceres, Antwort auf Frage 102 (*CDI*, 27, S. 344), in: AGI, Justicia, leg. 223, p. 2).

18 Oviedo, IV, S. 42.

19 Silvio Zavala, »Hernán Cortés ante la justificación de su conquista«, *Revista de Historia de América*, 92 (Juli–Dezember 1981), S. 53.

20 Juan Cano, Brief an Karl V., 1. Dezember 1547, in: *Epistolario*, V, S. 62 f.

21 *Historia del Emperador Moctezuma*, von P. Luis de Motezuma, Montezumas Enkel (um 1560), zit. bei Silvio Zavala, *Las Instituciones Jurídicas en la Conquista de América* (3. Aufl., Mexiko 1988), S. 320.
22 Felipe Fernándes-Armesto, Ferdinand and Isabella (London, 1975), S. 158.
23 G, S. 186.
24 Tapia, in: J. Díaz u. a., S. 105. – *Cortés' Begeisterung:* C, S. 138.
25 Angel Maria Garibay, *Informantes de Sahagún*, zit. bei León-Portilla [19:4].
26 Cline's Sahagún, S. 72.
27 Pasztory [4:19], S. 111 ff.
28 Tapia, in: AGI, Justicia, leg. 223, p. 2, f. 309.
29 Angel María Garibay, *Poesía lírica Azteca*, Mexiko 1937.
30 Tapia, in: J. Díaz u. a., S. 111.
31 Tapia, in: J. Díaz u. a., S. 112; C, S. 135.
32 Aufzeichnungen von Alonso de Ojeda, in C de S, S. 344.
33 Alonso de Ojeda, in: C de S, S. 344.
34 Joan de Cáceres, in: AGI, Justicia, leg. 223, p. 2, f. 227 r.; García de Pilar, Res. (Rayón), S. 215.
35 D del C, I, S. 389. – *Zitat Cortés:* C, S. 135.
36 Oviedo, IV, S. 48.
37 In seinem *residencia* (*CDI*, 26, S. 427) wurde Cortés beschuldigt, bei der ersten Aufteilung der Kriegsbeute Gold im Wert von 25 000 Pesos unterschlagen und dafür den Königlichen Fünften nicht abgeführt zu haben.
38 Sauer [5:4], S. 222. – *Entlohnung der Offiziere:* Tapia, in: AGI, Justicia, leg. 223, p 2, f. 309 v. – *Bestechung:* D del C, I, S. 385. – *Zitat:* Ley Primera, zit. bei Vicente de Cadenas, Carlos I de Castilla (Madrid 1988), S. 301–303.
39 Juan Tirado, in: *CDI*, 27, S. 430. – *»700 000 Pesos«:* D del C, I, S. 413.
40 Die genauen Angaben von Murga sind 21 938 und 3939 in seinem Buch *Juan Ponce de León* [11:17], S. 230.
41 García Llerena im *residencia* gegen Cortés, *CDI*, 26, S. 211; Martín Vázquez, in: *CDI*, 28, S. 154, und D del C, I, S. 386.
42 G, S. 205.
43 Vázquez de Tapia im *residencia* gegen Cortés, *CDI*, 26, S. 395.
44 Motolinía [4:1], S. 63. – *Fest der Tlaloc:* FC, III, S. 134 ff.
45 FC, I, S. 39 f.; II, S. 44–57; VIII, S. 86.
46 Cline's Sahagún, S. 73.
47 G, S. 212.
48 D del C, I, S. 391.
49 G, S. 213.

23. Der König, unser Gebieter, ist mehr König als andere Könige

1 Velázquez an Fonseca, 12. Oktober 1519, in: *CDI*, 27, S. 346.
2 Velázquez an Fonseca, *CDI*, 27, S. 346. – *Portocarrero:* D del C, I, S. 208 – *Zitat:* Vgl. den Brief des Verwalters von Montejo, Juan de Rojas, 11. September 1519, in: *CDI*, 12, S. 155–160.

3 *CDI*, 11, S. 321.
4 AGI, Indif. Gen., leg. 420, lib. 8, Nr. 9 (19. Juni 1519, Barcelona).
5 AGI, Indif. Gen., leg. 420, lib. 8, f. 109.
6 Velázquez an Licenciado Figueroa, in: Martínez, *Docs*, S. 99.
7 Ermittlungsverfahren gegen Cortés: *CDI*, 12, S. 104ff.
8 Pockenepidemie, in: *CDI*, 2, S. 373; Sauer [5:8], S. 205.
9 Velázquez an Figueroa, in: García Icazbalceta, Bd. 1, S. 390.
10 AGS, Castilla, leg. 110, f. 76–99. Diese Beschlagnahme erwähnt Martín Cortés in einem Memorandum vom 24. Juni 1520, APS, oficio 4, lib. 3.
11 Giménez Fernández [6:10], Bd. 2.
12 AGI, Indif. Gen., leg. 420, lib. 8, f. 46 u. 127.
13 Oviedo, II, S. 150, und III, S. 10. – *Fonseca:* Las Casas, III, S. 229.
14 APS, oficio 4, lib. 4, f. Reg. Indias, 34 (18. Dezember 1519).
15 AGI, Contratación 4675, lib. 1, f. 113.
16 Las Casas, III, S. 321.
17 AGI, Indif. Gen., leg. 420, lib. 8, ff. 173 und 175. – *Karls Brief:* zit. nach Manuel Giménez Fernández, »El Alzamiento de Fernando Cortés ségum las cuentas de la Casa de Contrataćion«, in RHA (Juni 1951), S. 28.
18 AGI, Indif. Gen., leg. 420, lib. 10, 7. Februar.
19 Martire, Brief 667, in: *DIHE*, 12.
20 Las Casas, III, S. 340.
21 Martínez, *Docs*, I, S. 102–104.
22 Joseph Pérez, La révolution des »comunidades« en Castille (Bordeaux, 1970), S. 149. – *Gesuch des Pedro Girón:* Martire, Brief 666 vom 5. April 1520 an die Marquis von Los Vélez und Mondéjar, in: *DIHE*, 12.
23 Ramón Menéndez Pidal, *Idea Imperial de Carlos V*, Buenos Aires 1941, S. 15.
24 Brief des Erzbischofs von Cosenza, 7. März 1520. Ins Englische übers. von F. M. Carey, *HAHR*, August 1929, S. 361–363.
25 Las Casas, III, S. 220.
26 Martire, II, S. 25 u. S. 45f.
27 Montaigne [4:10], S. 241.
28 Die erste Ausgabe von Díaz' *Itinerario* erschien am 3. März 1520 in Venedig. Es wurde als Anhang zum *Itinerario de Ludovico de Banthema bolognese ne lo Egypto, ne la Siria, ne la Arabia* ... (Venedig 1520) abgedruckt.
29 Erschien 1842 in Spanien und in englischer Übers. von Ruth Frey Axe in: *HAHR* 9 (Mai 1929).
30 Brief des Königs, 9. März 1521, in: AGI, Indif. Gen., leg. 420, lib. 8, f. 185, zit. bei Giménez Fernández [23:17], S. 39f.
31 AGI, Contratación, 4675, lib. 1, f. 41v., zit. bei Giménez Fernández [23:17], S. 41. – *Karls Botschaft:* AGI, Indif. Gen., leg. 420, lib. 7, ff. 185–186
32 Alonso de Santa Cruz, *Crónica del emperador Carlos V*, Madrid 1920, S. 225.
33 *CDIHE*, 1, S. 486.
34 Martire, II, S. 48. – *Aussage:* AGI, Patronato, leg. 254, Nr. 3, R. 1.
35 AGI, Indif. Gen., leg. 420, lib. 8, f. 200. – *Martire:* Martire, II, S. 49.

36 *Cédula* vom 19. April 1519, zit. bei Giménez Fernández [23:17], S. 50. – *Vizekönig von Mallorca:* AGI, Contratación, leg. 4675, f. 125 v.
37 *CDIHE*, I, S. 125 – *Beltrán:* AGI, Patronato, leg. 185, Nr. 34.
38 AGS, Estado, Castilla, leg. 7, f. 14. – *Dekret:* AGS, Estado, Castilla, leg. 2, f. 8. – *Colóns Darlehen:* AGI, Indif. Gen., leg. 420, lib. 8, f. 213 ff., und AGI, Contratación, leg. 4675, lib. 1
39 Laut Ramos [9:26], S. 179, wies Fonseca die Casa de la Contratación an, dem genuesischen Finanzier Juan Bautista de Grimaldo diese Summe auszuzahlen.
40 G, S. 47. – Zu Narváez: Las Casas, II, S. 472 ff.
41 AGI, Patronato, leg. 252, R. 1, p. 2.
42 Arranz [10:4], S. 532; Cristóbal Bermúdes Plata, Catálogo de Pasajeros a Indias durante los siglos XVI, XVII, XVIII, Sevilla, 1940, S. 36; Giménez Fernández [6:10], Bd. 1, S. 326 f.
43 AGI, Patronato, leg. 15, R. 2, S. 10. – *Carrilos Empfehlung:* Polavieja, S. 24.
44 Giménez Fernández [6:10], Bd. 2; Bd. 1, S. 573–590.
45 Ayllóns Zeugenaussage, in: *CDI*, 35, S. 79–90. – *Instruktionen:* Xoan de Valdecillo, in: *CDI*, 35, S. 61. – *Trinidad:* Joan Bernal, in: *CDI*, 35, S. 65.
46 *CDIHE*, I, S. 476, 495. – *Ämterhierarchie:* Luis de Sotelo, in: *CDI*, 35, S. 196. – *Ayllóns Beschluß:* Conway (Camb.), Add. 7253, 7, S. 10.
47 AGI, Indif. Gen., leg. 14, vom 10. September 1520. – *30 000 Maravedís:* APS, Libro del año 1520, oficio 4, lib. 3, f. 2984, vom 15. September 1520.

24. Eine sehr tiefe und hallende Stimme, die klang, als ob sie aus einem Gewölbe käme

1 Xoan de Valdecillo aus Santiago sagte bei einem Ermittlungsverfahren im November 1520 aus, Xoan Destacio, Porras, Medina und Coblanca seien in Eisen eingeschifft worden (*CDI*, 35, S. 63 f.).
2 Wright [5:24], S. 88.
3 AGI, Justicia, leg. 49, f. 98.
4 Bono, in: *Inf. de 1521* (Polavieja, S. 291).
5 Enrique Otte, »Mercaderes Burgaleses en los inicios del comercio con México«, HM, Juli – Sept. 1968, S. 113. – *Ankunft des Richters: CDI*, 27, S. 348.
6 Aussage von Serrantes, in: *CDI*, 35, S. 140–146.
7 Vgl. Sepúlveda, S. 165.
8 Aussage von Juan González Ponce de León, in: AGI, leg. 224, p. 1, f. 722 r. – *Befreiung Montezumas: CDI*, 27, S. 345.
9 Diego de Vargas, in: *Inf. de 1521*, in: Polavieja, S. 274.
10 *CDI*, 27, S. 348.
11 *CDI*, 27, S. 356; Diego Ginovés, in: *Inf. de Santo Domingo*, 15. Oktober 1520, in: *CDI*, 35, S. 167; Juan de Salcedo, in: AGI, leg. 224, p. 1, f. 660 v.
12 *Inf. de Trinidad*, November 1520, in: CDJ, XXXV, S. 45–49.
13 Andrés de Monjaraz, in *CDI*, 26, S. 542; D del C, I, S. 395.
14 Im Prozeß Tirado gegen Cortés, Conway (Camb.), Add. 7284, S. 88. – *weitere*

Versionen: Gonzal Mejía, in: *CDI*, 26, S. 502; C, S. 123; Bernardino Vázquez de Tapia, in: *CDI*, 26, S. 394.

15 C, S. 142; Andrés de Monjaraz, in: Res. (Rayón), II, S. 459.

16 Tapia, in: J. Díaz u. a., S. 113.

17 Diego de Ávila, in: *Inf. de 1521*, in: Polavieja, S. 293. – *Narváez' Botschaft:* Vgl. *CDI*, 28, S. 37.

18 Leonel de Cervante, in: Conway (Camb.), Add. 7306, S. 50. – *Narváez' Antwort:* Diego de Ávila, ein Cortés belastender Zeuge, in: *Inf. de 1521* (Polavieja, S. 203 f.)

19 *CDI*, 27, S. 10. – *Montezuma*: Tapia, in: Díaz u. a., S. 113.

20 *CDI*, 27, S. 350; C, S. 143.

21 Tapia, in: J. Díaz u. a., S. 113.

22 C, S. 144.

23 D del C, I, S. 399.

24 D del C, I, S. 399 f.

25 Andrés de Monjaraz, *CDI*, 26, S. 542.

26 *CDI*, 27, S. 206.

27 Diego de Vargas, in: *Inf de 1521*, in: Polavieja, S. 275.

28 Diego de Vargas, in: *Inf. de 1521*, in: Polavieja, S. 206.

29 Otte, [24:5], S. 121.

30 C, S. 145 f.

31 *CDI*, 27, S. 12.

25. Don Hernando die Ohren abschneiden

1 Fragebogen von Segura, Fragen 1 und 2 (Segura, 1520), Polavieja, S. 133 – *Schwur:* Francisco de Vargas, in: Res. (Rayón), II, S. 307.

2 C, S. 119. – *100 000 Krieger:* Rodrigo de Castañeda, in Res. (Rayón), I, S. 21.

3 Andrés de Monjaraz, in: Res. (Rayón), II, S. 48. – *Brief:* C, S. 144.

4 D del C, I, S. 406.

5 C, S. 148.

6 Vgl. die Erklärungen von Antonio Serrano, Juan de Mansilla und Andrés de Monjaraz, in: Res. (Rayón), I, S. 180 f., 247, und II, S. 49.

7 Aguilar, in: J. Díaz u. a., S. 184. – *Goldgeschenke:* Res. (Rayón), II, S. 7, 49.

8 Andrés de Monjaraz, in: Res. (Rayón), II, S. 49.

9 C, S. 150.

10 F. de Zavallos, Einlassung im Prozeß La Serna gegen Zavallos (1529), Conway (Camb.), Add. 7253, 7, S. 28. – *Verkleidung:* Andrés de Monjaraz, in: Res. (Rayón), II, S. 47. – *Narváez' Plan:* Alonso de Villanueva, in: *CDI*, 27, S. 490.

11 C, S. 149; J. Tirado, in: Res. (Rayón), II, S. 9.

12 D del C, I, S. 414 f.

13 Juan Bono de Quejo, in: Polavieja, S. 294.

14 D del C, I, S. 421.

15 *CDI*, 27, S. 488.

16 G, S. 224.

17 Diego de Vargas, in: *Inf. de 1521*, Polavieja, S. 276.
18 Polavieja, S. 226 u. 276.
19 Tapia, in: J. Díaz u. a., S. 115; *CDI*, 27, S. 12.
20 Tapia, in: J. Díaz u. a., S. 115. – *Cortés' Rede:* D del C, I, S. 431 f.
21 D del C, I, S. 434; *CDI*, 27, S. 12.
22 Juan Álvarez, in: *Inf. de 1521*, Polavieja, S. 259.
23 *D del C*, I, S. 430. – *Stellung: CDI*, 27, S. 216.
24 *CDI*, 27, S. 210.
25 G, S. 225.
26 Juan Tirado, in: Res. (Rayón), II, S. 11.
27 Gaspar de Garnica, in: AGI, Justicia, leg. 224, p. 1, f. 46 v.
28 Polavieja, S. 295.
29 C de S, S. 440. – *Cortés' Kriegsruf:* Juan de Salcedo, in: AGI, Justicia, leg. 224, p. 1. f. 722 r. – *Kampf:* Alonso de Villanueva, in: *CDI*, 27, S. 493.
30 Die Anekdote über die verbrannten Füße stammt von Francisco Zavallos, Aussage im Prozeß Zavallos gegen La Serna, 1529, in: Conway (Camb.), Add. 7253, 7, S. 5. – *Narváez' Auge:* D del C, I, S. 437. – *Brand:* García del Pilar, in: Res. (Rayón), II, S. 204.
31 Andrés de Monjaraz, in: Res. (Rayón), II, S. 204.
32 Aguilar, in: J. Díaz u. a., S. 185; *CDI*, 26, S. 545; Bono de Quejo, in: *Inf. de 1521*, Polavieja, S. 279; Francisco Verdugo, in: Conway (Camb.), Add. 7284, S. 73–86.
33 *Beschreibung des Kampfes:* Polavieja, S. 296; J. Díaz u. a., S. 118 ff.; Bernardino de Santa Clara, Aussage in Res. (Rayón), II, S. 168.
34 D del C, I, S. 440.
35 D del C, II, S. 169 u. 439.
36 Diego de Vargas, in: *Inf. de 1521*, in: Polavieja, S. 279.
37 Diego de Vargas, in: *Inf. de 1521*, in: Polavieja, S. 290. – *Tote:* Hernando de Caballos, in: *CDI*, 27, S. 107.
38 Manuel Orozco y Berra, Historia Antigua y de la Conquista de México (Mexiko 1880, 4 vols.), S. 403.
39 D del C, I, S. 444 f.
40 C, S. 204.
41 Polavieja, S. 181, 205 ff.
42 Polavieja, S. 206 ff.
43 Fragebogen in der *información* von Diego de Ordás, Santo Domingo 1521, in: *CDI*, 11, S. 85.
44 Aguilar, in: J. Díaz u. a., S. 185. – *Plata*: D del C, I, S. 463.
45 D del C, I, S. 44.

26. Das Blut der Noblen floß in Strömen

1 FC, II, S. 64–73.
2 G, S. 229. – *Cortés' Erlaubnis:* Rodrigo de Castañeda, in: Res. vs. Alvarado, S. 43.
3 Ixtlilxochitl, S. 260.

4 Guillen de Laso, in: Res. vs. Alvarado, S. 118.
5 Res. vs. Alvarado, S. 65.
6 Res. vs. Alvarado, S. 130.
7 FC, I, S. 156, und XII, S. 51.
8 FC, XII, S. 54.
9 Res. vs. Alvarado, S. 66.
10 Polavieja, S. 260 ff.
11 Vázquez de Tapia, in: Res. vs. Alvarado, S. 37.
12 Res. vs. Alvarado, S. 67 u. 144.
13 *Codex Aubin* [4:8], S. 55.
14 *CDI*, 27, S. 221.
15 Polavieja, S. 261.
16 FC, II, S. 68. – *Tepepulco:* FC, XI, S. 68.
17 *Codex Mendoza* [1:14], S. 56.
18 *Codex Mendoza* [1:14], S. 56.
19 Durán, I, S. 193. – *Motolinía*: Motolinía, *Memoriales* [4:1], S. 386. – *Zambra:* G, S. 172.
20 G, S. 208.
21 Res. vs. Alvarado, S. 289.
22 FC, XI (1. Aufl.), S. 53.
23 FC, XII (1. Aufl.), S. 53.
24 Aussage von Juan Álvarez in: *Inf. de 1521*, Polavieja, S. 261 f.
25 FC, XII, S. 54.
26 Vázquez de Tapia, in: Res. vs. Alvarado, S. 36 ff.
27 Diego Vadalés, in: *Inf. de 1565*, S. 44.
28 G, S. 219 ff.
29 FC, XII, S. 57. – *Montezuma*: Polavieja, S. 261 ff.
30 *CDI*, 26, S. 396.
31 Zusammenfassung bei Burr Brundage, The Jade Steps (Austin 1985), S. 196 f.
32 Polavieja, S. 262.
33 Anderson [16:33], S. 20 f.

27. Als Lied erblicktest du das Licht der Welt, Montezuma

1 C de S, S. 453.
2 Orozco [25:38], 4, S. 409.
3 Ixtlilxochitl, S. 261.
4 FC, XII (1. Aufl.), S. 59. – *Kaziken:* J. Díaz u. a., S. 186.
5 C de S, S. 123.
6 FC, XII, S. 59.
7 Orozco [25:38], 4, S. 410.
8 D del C, I, S. 449; Oviedo, IV, S. 262.
9 AGI, Justicia, leg. 223, f. 424. – *Alvarados Vorschlag:* G, S. 232.
10 Polavieja, S. 262 u. 299.

11 Polavieja, S. 233.
12 D del C, I, S. 452. – *heiliger Christophorus:* AGI, Justicia, leg. 224, p. 1, f. 722 r.
13 Polavieja, S. 81.
14 G, S. 210 f.
15 C, S. 156. – *Expedition*: D del C, I, S. 452.
16 FC, XII, S. 59; *CDI*, 40, S. 86; D del C, I, S. 453.
17 J. Díaz u. a., S. 188; C, S. 56.
18 Alonso de la Serna, in: AGI, Justicia, leg. 223, p. 1, f. 584 v.
19 C, S. 157; Aguilar, in: J. Díaz u. a., S. 188.
20 FC, IV, S. 157, 179. – *Tapferkeit der Mexica:* D del C, I, S. 455. – *Bericht der Soldaten:* Aguilar, in: J. Díaz u. a., S. 190.
21 D del C, I, S. 455; G, S. 233 f.
22 D del C, I, S. 459; Aguilar, in: J. Díaz u. a., S. 189.
23 *Cod. Ram.*, S. 144; Oviedo, IV, S. 262; C, S. 157.
24 *Cod. Ram.*, S. 145.
25 G, S. 235 f.
26 C, S. 158.
27 C, S. 158 f.; FC, XII, S. 62.
28 Aguilar, in: J. Díaz u. a., S. 190. – Díaz: D del C, I, S. 457. – *Sahagúns Informant:* FC, XII, S. 61.
29 C, S. 160; G, S. 239; C de S, S. 472.
30 Vgl. Josefina Muriel, »Reflexiones sobre Hernan Cortés«, in R de I, IV (January – June 1948), S. 242. – *Tod Montezumas:* AGI, Justicia, leg. 223, p. 2, f. 227.
31 Camargo, S. 217; *Cod. Ram.*, S. 146 f.
32 FC, XII, S. 65; Durán, II, S. 556.
33 Aguilar, in: J. Díaz u. a., S. 191.
34 D del C, I, S. 460.
35 Die Totenfeiern für Tizoc und Axayacatl sind beschrieben in: Tezozomoc [1:17], S. 454–457 und S. 571. Vgl. FC, III, S. 43, Anm. 11, und Torquemada [4:5], S. 521; ferner Brundage [26:31], S. 200–202.
36 FC, XII (1. Aufl.), S. 64 f.; Durán, II, S. 556.

28. Fortunas Rad dreht sich geschwind

1 Aguilar, in: J. Díaz u. a., S. 190. – *Tlaxcalteken*: G, S. 220.
2 Polavieja, S. 134; Gonzalo de Alvarado, in: *Información de Segura*, 1520, in: Conway (Camb.), Add. 7306, S. 22; Frage 6 des Fragebogens vom August 1520, Segura, in: Conway (Camb.), Add. 7306, S. 6; Andrés de Tapia, in: AGI, Justicia, leg. 223, p. 2, f. 309.
3 C, S. 162.
4 Francisco de Flores, in: AGI, Justicia, leg. 223, p. 1, f. 511 v.
5 Cristobal del Castillo, Fragmentos de la obra general sobre la historia de los Méxicanos (Florenz, 1908), S. 103. – *Goldverteilung:* C, S. 162; Rodrigo de Castañeda, in: Res. (Rayón), I, S. 241.

6 G.L.R. Conway, *La noche triste*, Mexiko 1943, S. 10; *CDI*, 27, S. 510; *CDI*, 28, S. 173; AGI, Justicia, leg. 223, p. 2, f. 309.
7 Polavieja, S. 210. – *Monjaraz*: *CDI*, 26, S. 546. – *Díaz*: Fray Díaz, in: Conway, [28:6]; *Terrajas:* Gonzalo Mexía, in: Res. (Rayón), I, S. 101 – *Castañeda*: Camargo, S. 222.
8 *CDI*, 26, S. 432. – *Benavides*: in: Conway [28:6], S. 16.
9 Res. (Rayón), I, S. 264.
10 Francisco de Flores, in: AGI, Justicia, leg. 223, p. 2, f. 511 v.
11 FC, XII, S. 24.
12 FC, XII, S. 35 – *Zitat:* Cristobal del Castillo [28:5], S. 103.
13 Tapia, in: AGI, Justicia, leg. 223, p. 2, f. 309 v.
14 Tapia, in: AGI, Justicia, leg. 223, p. 2, f. 309; Pedro Sánchez Farfán, in: Conway (Camb.), Add. 7306, S. 38.
15 FC, XII, S. 68.
16 Vgl. das Gesuch vom 1. September 1530, in: *Epistolario*, II, S. 6f. – *Díaz*: in: Res. vs. Alvarado, S. 127.
17 Alonso de la Serna, in: AGI, Justicia, leg. 223, p. 2, f. 584; Res. vs. Alvarado, S. 68 u. 139.
18 Ixtlilxochitl, *Decimatercia Relación* [4:3], S. 12. – *León*: AGI, Justicia, leg. 224, p. 1, f. 464. – *Donã Ana*: Tezozomoc [4:18], S. 150.
19 Orozco [25:38], 4, S. 446; Oviedo, IV, S. 262.
20 Juan de Nágera, in: *Inf. de 1565*, S. 83. – *Weitere Zahlenangaben: Rel. de Michoacan*, S. 123; Oviedo, IV, S. 262; AGI, Mexiko, leg. 203, Nr. 5.
21 Porrua Muñoz, »Martín López«, *R de I* (1948), S. 328.
22 Martire, II, S. 126.
23 Der Gobelin befindet sich im Palacio de San Ildefonso, La Granja. Vgl. Antonio Domínguez Ortiz, u. a., *Resplendence of the Spanish Monarchy*, New York 1991.

29. Der süße Tod durch den Obsidiandolch

1 FC, XII, S. 80.
2 Für die Belohnungen, die auf die Ergreifung von Feinden ausgesetzt waren, vgl. z. B. FC, II, S. 44, und VIII, S. 75–77.
3 FC, II, S. 93ff.
4 Tezozomoc [1:17], S. 333; FC, VIII, S. 75.
5 FC, VIII, S. 62ff.; Zorita [1:3], S. 95.
6 FC, VI, S. 48.
7 *Códice Matritense de la Real Academia*, VIII, Faksimileausgabe, f. 118 r. und 118 v., zit. bei Miguel León-Portilla, Precolombian literatures of Mexico (Norman, 1969).
8 FC, IV, S. 123f.
9 FC, IV, S. 117ff.
10 Ixtlilxochitl, S. 264.

11 Vgl. Aussage von Juan González in der *información* dieses Conquistadors (Zacatula, September 1525), AGI, Mexiko, leg. 203, Nr. 2.
12 C, S. 164.
13 C, S. 165; FC, XII, S. 74.
14 Ruy González, Brief an den König vom 24. April 1553, *Epistolario*, VII, S. 34.
15 Torquemada [4:5], Bd. 1, S. 165.
16 AGI, Justicia, leg. 224, p. 1, f. 46 v. – *Navarrete*: Alonso de Navarrete, AGI, Justicia, leg. 223, p. 2, f. 424 v. – *Cortés*: C, S. 166.
17 Hassig [1:10], S. 58, 283; Clendinnen [3:6], S. 85. – *Reiterangriff:* Francisco de Flores, AGI, Justicia, leg. 223, p. 2, f. 511.
18 Camargo, S. 221.
19 D del C, I, S. 472.
20 Inf. de Villanueva, in: AGI, Patronato, leg. 54, Nr. 4, R. 2. – *Cortés*: C, S. 168; *CDI*, 27, S. 366.
21 Ixtlilxochitl, S. 266; Martín López, in: *Inf. de 1565*, S. 116.
22 Diego Holguín, in: *Inf. de 1521*, in Polavieja, S. 235.
23 *CDI*, 27, S. 22.
24 Ixtlilxochitl, S. 67. – *Zitat:* Durán, II, S. 324.
25 Ixtlilxochitl, S. 269; Camargo, S. 267f. – *Aguilar*: Aguilar, in: J. Díaz u.a., S. 195.
26 Aguilar, in: J. Díaz u.a., S. 195.
27 Camargo, S. 230.
28 Conway (Camb.), Add. 7306, S. 21. – *Ermittlungsverfahren: CDI*, 27, S. 503.
29 C, S. 144.
30 *Rel. de Michoacan*, S. 238.
31 *Rel. de Michoacan*, S. 239f.
32 *Rel. de Michoacan*, S. 239f.
33 G, S. 259.
34 D del C, I, S. 478.
35 *CDI*, 28, S. 57.
36 Alonso de Sandoval, in: *Inf. de 1565*, S. 163.
37 Vgl. G, S. 228.
38 C de S, S. 516f.
39 C, S. 169.
40 Sepúlveda, S. 177.
41 Der Einfluß der Tlaxcalteken auf diesen Feldzug wird im *residencia* erwähnt (*CDI*, 27, S. 502).

30. Besagte Strafaktion war angemessen

1 Zorita [1:3], S. 89. – *Tribute:* Barlow [1:4], S. 102.
2 Gaspar de Garnica, in: AGI, Justicia, leg. 224, p. 1, f. 46 v.
3 *CDI*, 27, S. 231f.
4 C de S, S. 526.

5 Ixtlilxochitl, S. 270.
6 C, S. 123.
7 *CDI*, 27, S. 20 f. – *Krieger: CDI*, 27, S. 28. – *Stadtrat:* AGI, Justicia, leg. 223, p. 1, ff. 34–85.
8 Polavieja, S. 237.
9 Diego de Ávila, in: *Inf. de 1521*, Polavieja, S. 211.
10 AGI, Mexiko, leg. 203, Nr. 5. – *Kannibalismus:* Polavieja, S. 211 ff.
11 Vázquez de Tapia im *residencia* gegen Cortés, in: Res. (Rayón), I, S. 58 f.
12 Diego de Vargas, in: *Inf. de 1521*, Polavieja, S. 282.
13 C, S. 169 f.
14 Aguilar, in: J. Díaz u. a., S. 157.
15 AGI, Patronato, leg. 5, R. 15.
16 Vgl. AGI, Justicia, leg. 223, p. 1, ff. 12–22.
17 *Inf. de 1521*, Polavieja, S. 246 ff.
18 AGI, Patronato, leg. 15, R. 16.
19 C, S. 181 f.
20 C, S. 80. – *Imperium:* In der Bulle von 1492 sprach Alexander VI. von der Ehre Gottes und der »Ausbreitung des christlichen Imperiums«.
21 Alcocer [19:70], S. 13.
22 AGI, Patronato, leg. 54, R. 2, ff. 4–24.
23 Conway (L of C), Bd. 1, S. 45, 150.
24 AGI, Patronato, leg. 57, Nr. 1, R. 1, f. 18.
25 AGI, Patronato, leg. 57, Nr. 1, R. 1, ff. 2 r.–3 v. u. 21–21 r.
26 C de S, S. 53 f.
27 Las Casas, III, S. 244.
28 F. Hernández Arana, *Annals of Cakchiquels*, Norman 1953, übers. von Adrian Recinos, S. 115.
29 FC, IV, S. 24, 128. – *Behandlungsmethoden:* Durán, Bd. 1, S. 52.
30 Durán, I, S. 156.
31 H. B. Nicholson [1:24], S. 440.
32 FC, X, S. 157.
33 Francisco Hernández, Obras Completas, Mexico, 1959, Bd. 2, S. 396.
34 FC, XII, S. 81. – *Abriß*: Motolinía [1:1], S. 88.
35 Suárez de Peralta [9:29], Kap. 17.
36 Ixtlilxochitl, *Obras Históricas* (Mexiko 1975), *Décima Relación*, Bd. 1, S. 379; Tezozomoc [4:18], S. 161.
37 Vgl. *Rel. de Michoacan*, S. 246.
38 *Chilam Balam de Chumayel*, hg. von Miguel Rivera, Madrid 1986, S. 72. – *Cortés' Brief*: C, S. 188.
39 C, S. 165. – *Izúcar:* D del C, II, S. 291.
40 Polavieja, S. 156.
41 D del C, II, S. 276 f.
42 Morison [5:20], S. 517.
43 D del C, II, S. 283. – *königliches Privileg: Epistolario*, I, S. 21.
44 APS, 13. August 1520, f. 2482, oficio 4, lib. 3, und 15. September 1523, f. 880,

oficio 4, lib. 2. Beide Dokumente sind beschädigt. – *Sechstes Schiff:* D del C, II, S. 286.

45 *CDI*, 27, S. 30.

46 G, S. 237.

47 Otte [24:5], S. 119.

48 C, S. 187f.; D del C, II, S. 281.

49 Res. vs. Alvarado, S. 69. – *Goldkennzeichnung:* Juan Álvarez, in der *Inf. de 1521*, Polavieja, S. 123.

31. Der hauptsächliche Grund und Zweck dieses Krieges

1 D del C, II, S. 113.

2 *Cod. Ram.*, S. 145.

3 FC, VI, S. 52f.

4 Oviedo, IV, S. 261.

5 *Rel. de Michoacan*, S. 255.

6 Marc Bloch, *L'étrange défaite*, Paris 1957, S. 89.

7 Paulo Giovio, *Illustrium Virorum Vitae*, Florenz 1551, S. 253–255.

8 C, S. 191.

9 D del C, I, S. 510.

10 D del C, I, S. 513.

11 Herrera [8:5], Bd. 5, S. 478.

12 G, S. 262.

13 AGI, Justicia, leg. 223, p. 1, ff. 342–348.

14 G, S. 263

15 C, S. 192.

16 G, S. 264.

17 Ixtlilxochitl, S. 272f.

18 *CDI*, 27, S. 245f.

19 Ixtlilxochitl, S. 273; *CDI*, 27, S. 385 und 519.

20 FC, VIII, S. 10.

21 Ixtlilxochitl, S. 165f.

22 Pomar, in: »Relación de Texcoco«, *Relaciones de la Nueva España* (Madrid, 1991); Ixtlilxochitl, S. 154.

23 Motolinía [1:1], S. 119, 137. – *Gebäude:* »*Mapa Quinatzin*«, in: Pasztory [4:19], S. 203; Martire, II, S. 353.

24 Ixtlilxochitl, *Sumaria Relación* in Obras Historicas, hg. v. Edmundo O'Gorman (Mexiko, 1985), Bd. 1, S. 326f., und Bd. 2, S. 187.

25 Berdan [3:16], S. 40.

26 Ixtlilxochitl, S. 273. Vgl. Garibay [1:7], Bd. 1, S. 26f. – *Plünderung der Vorratslager:* Luis Marín, im *residencia* gegen Cortés, *CDI*, 28, S. 63.

27 Ixtlilxochitl, *Sumaria Relación* [31:24], S. 396f..

28 C, S. 196f.

32. Sie alle waren Herren

1 C, S. 200.
2 Ixtlilxochitl, S. 278; G, S. 266f.
3 G, S. 268.
4 D del C, I, S. 522.
5 C, S. 201.
6 D del C, I, S. 528f.
7 Juan Bono de Quejo, in: *Inf. de 1521*, S. 294; *CDI*, 27, S. 233.
8 *CDI*, 27, S. 20.
9 Bartolomé González zu Inquisitor Bonilla, 1574, zit. bei G. L. R. Conway, »Hernando Alonso, a Jewish conquistador with Cortés in Mexico«, *Publications of the American Jewish Historical Society*, 31 (1928), S. 9–31.
10 C, S. 208ff.
11 C, S. 209.
12 D del C, I, S. 539.
13 C, S. 209.
14 C, S. 210.
15 D del C, I, S. 541.
16 *CDI*, 26, S. 287–297; Diego de Holguín, in: *Inf. de 1521*, Polavieja, S. 233.
17 D del C, II, S. 43ff.; C, S. 283ff.
18 Diego de Vargas, in: *Inf. de 1521*, Polavieja, S. 286.
19 Arranz [10:2], S. 224.
20 *Información de los servicios del adelantado Rodrigo de Bastidas*, Santo Domingo, Juni 1521, in: *CDI*, 2, S. 376.
21 Pike [6:23], S. 141.
22 D del C, II, S. 16.
23 Otte [24:5], S. 137. – *Zitat:* G, S. 281.
24 AGI, Justicia, leg. 223, p. 1, f. 412; Otte [11:26], S. 108.
25 García Icazbalceta, Bd. 1, S. 363. – *Enteignete Kommende: CDI*, 40, S. 88.
26 *CDI*, 40, S. 74ff.
27 Polavieja, S. 395. – *Exponate:* Garcia Icazbalceta, Bd. 1, S. 363. – *Indianer:* AGS, Cámara, Castilla, 7, ff. 76, 95, 28.
28 Polavieje, S. 213ff.
29 FC, X, S. 189; Anawalt [7:16], S. 84-86.
30 *Rel. de Michoacan*, S. 241ff.
31 FC, X, S. 190f.
32 Angel Garibay, *Poesía Nahuatl*, Mexiko 1964, Bd. 1, S. 29.
33 Brundage [26:31], S. 62ff.
34 G, S. 274; C, S. 211.
35 D del C, II, S. 13.
36 C, S. 213.
37 D del C, II, S. 18f.
38 C, S. 215; G, S. 276.
39 C, S. 216.

40 Joan de Grijalva, *Crónica de la Orden de NPS Agustín en la Provincia de Nueva España*, Mexiko 1624.
41 C, S. 217.
42 D del C, II, S. 25.
43 Francisco Dávila, in: *CDI*, 28, S. 64.
44 C, S. 218. – *Zitat Durán:* Durán, II, S. 23.
45 FC, IX, S. 79f. – *Tribut:* Gibson [2:7], S. 41f.
46 Tezozomoc [1:17], S. 81f.
47 D del C, II, S. 35.
48 C, S. 220.
49 C, S. 220f.
50 G, S. 280f.; D del C, II, S. 36.
51 D del C, II, S. 39.
52 C, S. 223.
53 FC, II, S. 77.

33. Gedenkt der tapferen Herzen!

1 Diese grüne Statuette befindet sich im Württembergischen Landesmuseum in Stuttgart. – *»Der pulque-Trinker«:* Museum für Völkerkunde in Wien. – *Keramikschale:* Museo de Antropología in Mexiko-Stadt.
2 Van Zantwijk [Vorwort: 5], S. 198; Durán, II, S. 564.
3 Durán, II, S. 563.
4 Durán, I, S. 85; Tezozomoc [1:17], S. 437.
5 Berdan [3:16], S. 103f.
6 Durán, I, S. 88.
7 Cantares Mexicanos, f. 17 r., zit. in: León-Portilla [1:29], S. 169.
8 Gardner [21:35], S. 123. – *López*: Rodrigo de Nájera, in: Conway (Camb.), Add. 7289, S. 417.
9 Conway (L of C), 45, I, S. 94.
10 AGI, Patronato, leg. 54, Nr. 5, R. 5.
11 Sahagún, hg. von Garibay, Mexiko 1956, IV, S. 132. – *Tlaxcalteken:* Herrera [8:4], Bd. 3, S. 160.
12 C de S, S. 600f., enthält einen Bericht von Gerónimo Ruiz de la Mota.
13 Motolinía [1:1], S. 40. – *Rufe:* D del C, II, S. 48f.
14 C, S. 225.
15 Vgl. Charles Gibson, »Llamamiento General, repartimiento, and the Empire of Alcolhuacan«, *HAHR* 36 (1956). *Información de Tlaxcala*, S. 43
16 Brief von Fray Motolinía an Karl V., 1555, in: *CDI*, 7, S. 289.
17 D del C, II, S. 49.
18 C, S. 225.
19 *Anales de Tlatelolco*, in: León-Portilla [19:4], S. 148.
20 C, S. 123; D del C, II, S. 123.
21 C, S. 234.

22 G, S. 283.
23 D del C, II, S. 53; C, S. 228f. – *Zitat:* Nuttall (Hg.), Relación de Teotihuacan, Papers of the Peabody Museum, XI, 2 (1926), S. 75. – *Volkssage:* Angel María Garibay, *Épica Nahuatl*, Mexiko 1945, S. 17f.
24 Vgl. »Chapultepec en la literatura nahuatl«, Miguel León-Portilla, *Toltecayotl* (Mexiko 1980), S. 385ff.
25 C, S. 229.
26 C, S. 229.
27 Ixtlilxochitl, *Decimatercia Relación*, S. 26.
28 C, S. 230.
29 AGI, Patronato, leg. 57, R. 1, Nr. 1, ff. 20, 23, 32, 35, 40 r. – *Villafuerte*: *CDI*, 26, S. 476; AGI, Justicia, leg. 220, ff. 142 v. – 143.
30 G, S. 287. – *Sandoval*: C, S. 231.
31 Conway (L of C), 45, I, S. 153.
32 C de S, S. 663.
33 FC, XII, S. 83.
34 Ixtlilxochitl, *Decimatercia Relación*, S. 25.
35 Durán, II, S. 564.
36 C, S. 233.
37 D del C, II, S. 61.
38 C, S. 234.
39 C, S. 234.
40 FC, XII, S. 88.
41 C, S. 236f.
42 C, S. 238; D del C, II, S. 668.
43 Ixtlilxochitl, *Decimatercia Relación*, S. 34.
44 Sepúlveda, S. 215.
45 C, S. 240.
46 AGI, Justicia, leg. 223, p. 1, f. 424; leg. 224, p. 1, f. 1 r.; leg. 224, p. 1, f. 46 v.; leg. 224, p. 1, f. 152 r.
47 Alonso de la Serna, in: AGI, Justicia, leg. 223, p. 2, f. 584.
48 Res. vs. Alvarado, S. 87.
49 Res. vs. Alvarado, S. 44, 70f.
50 C de S, S. 688; FC, XII, S. 99.
51 C, S. 242; G, S. 123.
52 R. C. Padden, The Hummingbird and the Hawk (New York 1967), S. 212.

34. Eine reiche Ernte an Gefangenen

1 Sahagún, I, S. 502f.
2 FC, X, S. 173.
3 C, S. 246.
4 R. H. Barlow, »Tlatelolco como Tributario« [3:20], S. 33.
5 Bryan McAfee und R. H. Barlow (Hg.), »Anales de la conquista en 1473 y en 1521«, *Tlatelolco a través de los tiempos*, Bd. 5 (Mexiko 1945), S. 39.

6 C, S. 248.
7 C, S. 250.
8 FC, XII, S. 91 f.
9 Josefina Muriel, Estudios de la Historia Novohispania I, 53–44, S. 94 f.
10 Ich habe hier Garibays Übersetzung aus dem Nahuatl verwendet, zit. in León-Portilla [19:4], S. 132.
11 C, S. 252.
12 D del C, II, S. 86.
13 FC, XII, S. 103 f.
14 D del C, II, S. 91.
15 C de S, S. 700 ff.
16 Durán, II, S. 567; D del C, II, S. 94.
17 C, S. 252.
18 Vgl. Durán, II, S. 30 f. – *Zauberer:* Pasztory [4:19], S. 136 ff.
19 C de S, S. 700.
20 Vgl. G, S. 303.

35. Wie tollwütige Hunde

1 C, S. 256.
2 D del C, II, S. 95.
3 Durán, II, S. 568. – *Dammarbeiten:* Ixtlilxochitl [4:3], S. 42.
4 FC, XII, S. 104.
5 C, S. 285, 323.
6 FC, XII, S. 104 f.; C, S. 256.
7 C, S. 258.
8 D del C, II, S. 98 f. – *Zitat Cortés:* C, S. 257.
9 Ixtlilxochitl, *Decimatercia Relación* [4:3], S. 42.
10 D del C, II, S. 99 f.
11 *Anales de Tlatelolco*, in: León-Portilla [19:4], S. 68.
12 G, S. 306; C, S. 258 ff..
13 Cline's Sahagún, S. 123; C, S. 60; FC, XII, S. 107; Ixtlilxochitl, *Decimatercia Relación* [4:3], S. 43.
14 AGI, Patronato, leg. 54, Nr. 7, R. 1.
15 C, S. 264.
16 Res. (Rayón), II, S. 214.
17 C, S. 262.
18 Ixtlilxochitl, *Decimatercia Relación* [4:3], S. 44.
19 Sepúlveda, S. 218.
20 C, S. 264; Hassig [1:10], S. 238.
21 Conway (Camb.), Add. 7285, S. 76.
22 C, S. 265.
23 C, S. 265 f.
24 FC, XII, S. 117.
25 Sahagún, zit. in: León-Portilla [19:4], S. 133.

26 Durán, II, S. 564.
27 C, S. 258.
28 C, S. 266 f.
29 C, S. 267.
30 Ixtlilxochitl, *Decimatercia Relación* [4:3], S. 46.
31 C, S. 269; Sepúlveda, S. 223.
32 FC, XII, S. 119.
33 *Anales de Tlatelolco*, in: León-Portilla [19:4], S. 71.
34 Durán, II, S. 81. – *Zitat:* FC, XII, S. 119.
35 *Anales de Tlatelolco*, in: León-Portilla [19:4], S. 73.
36 FC, XII, S. 116 ff.
37 C, S. 271.
38 Muriel [34:9], S. 97; Ixtlilxochitl, *Obras Históricas* [30:36] (*Décima Relación*), Bd. 1, S. 277 f.; Ixtlilxochitl, *Decimatercia Relación* [4:3], S. 46. – Velázquez: Polavieja, S. 217.
39 D del C, II, S. 114.
40 Ixtlilxochitl, *Decimatercia Relación* [4:3], S. 47.
41 C, S. 272; D del C, II, S. 112.
42 FC, VI, S. 4.
43 FC, XII, S. 119 ff.
44 FC, XII, S. 215 f.
45 León-Portilla [19:4], S. 162. – *Zitat Maluenda:* Otte [24:5], S. 258 f.
46 Durán, II, S. 319. – *Zitat Gomara:* G, S. 311. – *CF*: León-Portilla [19:4], S. 145.
47 R. Kontezke, »Hernán Cortés como poblador de la Nueva España«, *R de I* 9 (Januar–Juni 1948), S. 366. – *weitere Zahlenangaben:* Grijalva Torquemada, Historia de la Monarquia Indiana (Mexiko 1972, II, 28), Bd. 2, S. 312; Luis Martínez, Hernan Cortés (Mexiko, 1990), S. 332.
48 *Anales de Cuauhtitlan*, in: Bierhorst [13:19].
49 D del C, II, S. 117.
50 *Anales de Tlatelolco*, in: León-Portilla [19:4], S. 70.
51 C, S. 233.

36. Der allgemeine Exodus

1 Cooper [6:28], Bd. 1, S. 135.
2 Pérez [23:22], S. 193. – *Zapata:* Giménez Fernández [6:10], Bd. 2, S. 900.
3 AGI, Patronato, leg. 15, R. 2, Nr. 12 und 13.
4 Albrecht Dürer, »Tagebuch der Reise in die Niederlande«, in: *Schriften und Briefe*, hg. von Ernst Ullmann, Leipzig 1993, S. 31 f. – *Biograph:* Erwin Panofsky, *Albrecht Dürer*, Princeton 1943, S. 206.
5 Panofsky [36:4], S. 206.
6 Julius von Schlosser, *Die Kunst- und Wunderkammern der Spätrenaissance*, Leipzig 1908. – *Mostaert:* Edouard Michel, »Un tableau colonial de Jan Mostaert«, in: *Revue Belge d'Archéologie et d'histoire d'art*, I (Brüssel, I, 1931),

S. 133. – *Gemälde der hl. Jungfrau der Palme:* Hugh Honour, The new golden Land (London 1975), S. 21. – *Marek:* André Chastel und Suzanne Collon-Gevaert, »L'art précolombien et le palais des princes-évêques de Liège«, in: *Bulletin de la société d'art et d'histoire de Liège*, 40 (Liège 1958), S. 73.

7 *DIHE*, 12, S. 143–145; Pietro Martire, *De Insulis Nuper Repertis, simutaque Incolarum Moribus Enchiridion, dominae Margaritae divi Max. Caesar* (Basel, 1521).

8 Honour [36:6], S. 30.

9 AGI, Contratación, leg. 4675, lib. 2, f. 164 v.; D del C, II, S. 433.

10 AGI, Justicia, leg. 4, Lib. 1, ff. 132–147.

11 Gerónimo de Mendieta, Historia Eclesiástica Indiana (Mexiko, 1870), Bd. 1, S. 15.

12 Enrique Otte, Las Perlas del Caribe (Caracas, 1977), S. 410.

13 *CDI*, 12, S. 285–287.

14 C, S. 123. – *Gründung des Indienrats:* Demetrio Ramos, in: *El Consejo de las Indias* [6:81], S. 34.

15 Martire, II, S. 200. – *Kürung:* Ludwig Pastor, The History of the popes (tr. Frederick Antrobus, new ed. Lichtenstein 1969), 9, S. 23. – *Brief Karls:* Karl Brandi, The Emperor Charles V (tr. Landau, 1949), S. 167.

16 Luis Gachard, Correspondance de Charles Quint et d' Adrian VI (Brüssel, 1859), S. 24.

17 John Pope-Hennessy, *Cellini*, London 1985, S. 27f.

18 Martire, II, S. 176.

19 Motolinía [1:1], S. 26.

20 *Cantares Mexicanos*, Biblioteca Nacional de México, zit. in: Garibay [1:7], Bd. 2, S. 94.

21 Otte [24:5], S. 258; Domingo Chimalpahin, *Séptimo Relación*, in: Silvia Rendón, *Relaciones Originales de Chalco Amaquemacan*, Mexiko 1965.

22 Vázquez de Tapia, in: *CDI*, 26, S. 424. – *Fürsten:* García Icazbalceta, Bd. 2, S. 25 ff.

23 Res. (Rayón), II, S. 117ff.

24 Res. (Rayón), II, S. 164, 218; I, S. 377, 373; *CDI*, 27, S. 34.

25 AGI, Justicia, leg. 224, p. 1, f. 152 u. 189.

26 León-Portilla [19:4], S. 76 u. 164.

27 Martire, II, S. 277.

28 D del C, II, S. 123.

29 Juan de Mansilla, in: Res. (Rayón), I, S. 266.

30 D del C, II, S. 122. – *Folter:* AGI, Justicia, leg 223, p. 2, f. 309 u. leg 224, p. 1, f. 189 u. 660.

31 G, S. 314. – *Folter:* Res. (Rayón), I, S. 126. – *Suizidversuch:* Res. (Rayón), II, S. 303 f.

32 D del C, II, S. 123 f.; G, S. 314.

33 C, S. 272; G, S. 315; Otte [24:5], S. 258.

34 G, S. 315. – *Zitat:* C, S. 271.

35 Conway (L of C), Bd. 1, S. 45, 77. – *Zahlungen: CDI*, 26, S. 411; D del C, II, S. 124.

36 *CDI*, 26, S. 497. – *Pilar: CDI*, 28, S. 123. –*Ruiz:* Res. (Rayón), II, S. 121.
37 Res. (Rayón), I, S. 449. – *Doña Marina: CDI*, 27, S. 237.
38 Res. (Rayón), II, S. 219; Ixtlilxochitl, *Decimatercia Relación* [4:3], S. 50 f.

37. Die Lieder und Stimmen verstummten nur selten

1 D del C, II, S. 131.
2 C, S. 278.
3 *CDI*, 27, S. 16 f.
4 *CDI*, 27, S. 227. – *Treffen in Texcoco:* Res. (Rayón), I, S. 365. – *Alderete:* Res. (Rayón), II, S. 74.
5 Res. (Rayón), II, S. 143.
6 C, S. 279.
7 *CDI*, 26, S. 30.
8 C, S. 275.
9 Res. (Rayón), II, S. 56; *CDI*, 26, S. 548.
10 *CDI*, 26, S. 518; *CDI*, 27, S. 18 f., 227 f.; Conway (Camb.), Add. 7284, S. 15 f.; Res. (Rayón), II, S. 57.
11 D del C, II, S. 132.
12 C, S. 294.
13 C, S. 295.
14 D del C, II, S. 140, 291, 450; Gibson [2:7], S. 416.
15 *Inf. de 1521*, S. 113 ff. u. 230 ff.
16 Gerhard [15:4], S. 149.
17 Wagner [8:21], S. 388. – *Exempel:* D del C, II, S. 159.
18 AGI, Justicia, leg. 223, p. 2, f. 309 v.
19 *Rel. de Michoacan*, S. 264 ff.
20 *Rel. de Michoacan*, S. 260.
21 D del C, II, S. 157.
22 C, S. 123.
23 C, S. 277 u. 325 – *Martire:* Brief in: *De Orbe Novo*, II, S. 283.
24 G, S. 307. – *Cortés' Kritiker:* Res. [Rayón], I, S. 366.
25 C, S. 297.
26 Ixtlilxochitl, *Decimatercia Relación* [4:3], S. 389 f.
27 George Kubler, *Mexican Architecture of the Sixteenth Century*, New Haven 1948, 2 Bde., I, S. 70 f. – *Brief an den König:* C, S. 277.
28 *CDI*, 27, S. 255.
29 Res. (Rayón), I, S. 60 f. u. 235.
30 Res. (Rayón), I, S. 148.
31 Res. (Rayón), I, S. 39. – *indianische Bauarbeiter:* Manuel Toussaint, »El criterio artistico de Hernán Cortés«, *Estudios Americanos*, Bd. 1, Nr. 1 (1948).
32 Ixtlilxochitl, *Sumaria Relación*, in: *Obras Históricas* [31:24], S. 386.
33 Motolinía [1:1], S. 19.
34 *CDI*, 28, S. 52 u. 167.

38. Jene Klausel in Adams Testament, die Frankreich ausschließt

1 Eine Abschrift dieses sogenannten »Dritten Briefs« befindet sich im AGI, Patronato, leg. 16, R. 1, Nr. 1.
2 Veröffentlicht von Fray Mariano Cuevas in seinen *Cartas y otros documentos* [6:57], S. 129–140. – *Persönlicher Brief:* Cortés, in: Pascual Gayangos, *Cartas y Relaciones de Hernán Cortés al emperador Carlos V*, Paris 1866, S. 26.
3 Clarence Haring, in: »Ledgers of the Royal treasurers in Spanish America in the sixteenth century«, in: *HAHR* 2 (1919), S. 174 f. – *Liste:* Polavieja, S. 138 ff.
4 Las Casas, II, S. 396. – *Vega:* Giménez Fernández [6:10], Bd. 2, S. 482.
5 Martínez, *Docs*, Bd. 1, S. 245 f.
6 Münzer, in: *Viajes* [5:8], S. 374; Navagero, in: *Viajes* [5:8], S. 884.
7 *Viajes* [5:8], S. 424.
8 Chaunu [7:4], Bd. 2, S. 130.
9 D del C, II, S. 141. – *Vollmachtsurkunde für Martin Cortés:* Martínez, *Docs*, S. 225–229.
10 Luis de Cárdenas, Brief an Karl V., 30. August 1527, in: *CDI*, 40, S. 276.
11 Martire, II, S. 178. – *Vergiftung:* Res. (Rayón), I, S. 441 u. II, S. 137.
12 A. Thomazi, *Les flottes d'or*, Paris 1956. – *Piratenangriff:* D del C, II, S. 143.
13 Thomazi [38:12], S. 45.
14 Vgl. Suzanne Collon-Gevaert, »Érard de la Marck et les palais des princes-évêques de Liège«, Liège 1975.
15 Martire, II, S. 277 f. – *Zitat Isabel:* Fernández-Armesto [22:22], S. 28.
16 Chaunu [7:4], Bd. 2, S. 132.

39. Ein absoluter Herrscher

1 Mendieta [36:11], S. 128 f.
2 Brandi [36:15], S. 169.
3 Giménez Fernández [23:17], S. 15. – *Beltrán:* AGI, Indif. Gen., leg. 420, Nr. 15.
4 Martire, II, S. 178.
5 AGI, Indif. Gen., leg. 420, lib. 8, ff. 314 f.
6 Oviedo, II, S. 389. – *Kaiserliche Ernennung/Dekrete: CDI*, 26, S. 59 ff.; AGI, Justicia, leg. 220, p. 2, f. 1281.
7 *De Orbe Novo*, 1527, 8. Dekade, Kap. 10.
8 AGI, Indif. Gen., leg. 420, Nr. 15, für Beltrán.
9 Abel Martínez-Luza, »Un memorial de Hernán Cortés«, in AEA, XXXXV Supplement (1988), S. 3–28.
10 Martire, II, S. 197 u. 245.
11 C, S. 285.
12 *CDI*, 12, S. 474 f.
13 C, S. 285.
14 Zumárraga an den König, 27. August 1527, in: *CDI*, 13, S. 107.
15 Res. (Rayón), I, S. 235. – *Verteilung der encomiendas:* Silvio Zavala, La Enco-

mienda Indiana (2nd ed. Mexiko, 1973), S. 323; *CDI*, 13, S. 293 f.; Gibson [2:7], S. 433.

16 Henry Wagner [8:21], S. 372 ff.; José de la Peña Cámara, *El Tributo* (Sevilla 1934).

17 AGI, Justicia, leg. 220.

18 José Matesanz, »Introducción de la ganadería en Nueva España«, in: *HM* 14 (April–Juni 1965).

19 *Codex Magliabecchiano* (*Book of the Life of the Ancient Mexicans*), hg. von Zelia Nuttall (Berkeley 1903), f. 72 v. – *Martire:* Martire, II, S. 357.

20 *Rel. de Michoacan*, S. 264.

21 Polavieja, S. 218.

22 Res. (Rayón), II, S. 309.

23 *CDI*, 26, S. 322.

24 AGI, Justicia, leg. 220, ff. 316 ff.; *CDI*, 26, S. 298 ff. – *Ballade: BAE* 10, S. 227.

25 Res. (Rayón), II, S. 197 u. 217.

26 Suárez de Peralta [9:29], S. 76 f. – *mod. Historiker:* Wagner [8:21], S. 408; Martínez [35:47], S. 561.

27 Cuevas. – *Zeugenaussagen:* AGI, Justicia, leg. 223 ff.

28 Res. (Rayón), II, S. 102.

29 Res. (Rayón), II, S. 117.

30 Brief Motolinías an Karl V. im Jahr 1555, in: *CDI*, 7, S. 254 ff.

31 Francisco Fernández del Castillo, *Doña Catalina*, Mexiko 1926, S. 17.

32 »Herrin des Silbers«: Otte [24:5], S. 275. – *Garays Erlaubnis:* abgedruckt in Martín Fernández de Navarrete, *Colección de los viajes y descubrimientos que hicieron por mar los Españoles desde fines del siglo XV* (Madrid 1825–1837), Bd. 3, S. 147.

33 Andrés de Monjaraz, in: Res. (Rayón), II, S. 74 f.

34 *CDI*, 26, S. 77–135.

35 Conway (Camb.), Add. 7284, S. 53 und 60; C, S. 304.

36 Res. (Rayón), Bd. 1, S. 284.

37 Cuevas [9:27], 25; Martire, II, S. 350. – *encomiendas: CDI*, 23, S. 353 ff.

38 Martire, II, S. 350 f.

39 Mendieta [36:11], Bd. 1, S. 128 u. 203 f. – *»Beginn des Glaubens«: Codex Aubin* [4:5], S. 62.

40 Ixtlilxochitl, *Decimatercia Relación*, S. 57.

41 Mendieta [36:11], Bd. 1, S. 130 f.

42 Ángel María Garibay, *Poesía lírica náhuatl*, Mexiko 1968, 3, S. 5. Von Miguel León-Portilla berichtigter Text. *Cantares Mexicanos*, zit. in Bierhorst [13:19], ff. 26 f.

Epilog

1 Miguel León-Portilla, »Axayacatl, poeta y señor de Tenochtitlan«, *ECN* 6 (1966).
2 Icazbalceta, (1954), S. 103.
3 *Cartas de Indias* (Madrid 1877), S. 65; Duverger [1:25], S. 153.
4 Anderson u. a. [19:79], S. 199. – *tlaxcaltekischer Komponist:* Miguel León-Portilla, »Testimonios nahuas sobre la conquista espiritual«, *ECN* 11 (1974). – *Garcés:* zit. bei Robert Ricard, *La »conquête spirituelle« du Méxique*, Paris 1933, S. 91.
5 Durán, I, S. 5f. – *Cristóbal:* Camargo, S. 233ff.
6 Mendieta [36:11], Bd. 2, S. 738.
7 *Proceso inquisitorial del cacique de Texcoco*, Mexiko 1910, S. 49. – *Widerruf derTaufe:* Juan Tetón, 1558, Archivo Capitular de Guadalupe, zit. bei León-Portilla [39:46], S. 31.
8 *Proceso de Indios idolatrías y hechiceros*, Mexiko 1912, S. 205ff.
9 Hernando Ruiz de Alarcón, Pedro Sánchez de Aguilar und Gonzalo de Balsalobre, *Tratado de las idolatrías …*, Mexiko 1953, S. 102, zit. bei Anderson [16:33], S. 32.
10 Armillas [2:15], S. 58. – *Räder:* Gordon F. Ekholm, »Wheeled toys in Mexiko«, *American Antiquity* 11, Nr. 4 (1946). – *Grabstöcke:* Kubler [37:59], Bd. 2, S. 1221.
11 Pasztory [14:4], S. 104, 119. – *Zerfall indianischer Traditionen:* George Kubler, »On the colonial extinction of the motifs of pre-Colombian art«, in: S. K. Lothrop, *Essays in precolombian art and archaeology*, Cambridge, Mass., 1961.
12 Alfred W. Crosby, *Ecological Imperialism: the Biological Expansion*, Cambridge, Mass., 1986, S. 155.
13 Muriel [34:9], S. 67. – *Behauptung 1949:* Wigberto Jiménez Moreno, »Los Hallazgos de Ichcateopan«, *HM* 12 (Oktober–Dezember 1962).
14 Oviedo, Bd. 4, S. 260.
15 Anderson u. a. [19:36], S. 207.
16 Vgl. Georges Baudot, »Pretendientes al imperio mexicano en 1576«, *HM* 77 (1970), S. 42.
17 María Concepción García Sáiz und María Angeles Albert de León, »Exotismo y Belleza de una Cerámica«, *Artes de México*, 14 (Mexiko 1991). – *»Einkünfte aus Ulúa«:* Oviedo, II, S. 150.
18 Otte [11:26].
19 D del C, II, S. 535. – Díaz: Torquemada [4:5], Bd. 1, S. 116.
20 *CDI*, 13, S. 104.
21 Howard Cline, »Hernando Cortés y los Indios Aztecas en España«, *Norte* (Monterrey), 242, S. 61ff. – *Zitat:* Oviedo, IV, S. 242.
22 *Cédula* von Karl V., 5. November 1529, in: *CDIHE*, 2, S. 401.
23 *Viajes* [5:8], S. 489f.
24 Honour [36:6], S. 61. – *Porträts:* Germanisches Nationalmuseum, Nürnberg. –

Samtgewänder: Howard Cline, »Hernando Cortés y los Indios Aztecas en España«, *Norte* (242), S. 58–70.

25 Charles Verlinden, »Cortés como empresario económico y la mano de obra esclava«, *HM* 38 (1989), S. 771.

26 Res. (Rayón), II, S. 68.

27 Sepúlveda, S. 113.

28 Zu Cortés' Testament vgl. G. L. R. Conway, *Postrera voluntad y testamento de Hernán Cortés*, Mexiko 1940.

29 Francisco de la Maza, »Los Restos de Hernán Cortés«, in: *Cuadernos Americanos* 31, I (1947), S. 153 ff.

30 Honour [36:6], S. 62.

31 Vgl. Vicente Barrantes, »Discurso leido ante le Real Academia de la Historia«, 14. Januar 1872.

32 Für die klassische Inspiration dieser Verse (vermutlich Justin), siehe Juan Gil, »Los modelos clásicos en el Descubrimiento«, in: María de las Nieves Muñiz (Hg.), *Espacio Geográfico, Espacio Imaginario*, Cáceres 1993, S. 25.

Quellen

Im folgenden wird ein Überblick über die wichtigsten Quellen gegeben, die sich mit der Eroberung Mexikos befassen. Im ersten Abschnitt sind die Materialien aufgelistet, die für das Verständnis der Mexica erforderlich sind. Im zweiten Abschnitt sind Quellen über Spanien und die Conquistadoren angeführt. Eine vollständige Bibliographie der Codices findet sich bei José Alcina Franch, *Códices Mexicanos*, Madrid 1992.

Werke, die besonders aufschlußreiche Informationen über die Eroberung Mexikos enthalten, sind mit Sternchen (*) versehen.

Mexikanische Quellen

Acosta, José de, SJ, **Historia natural y moral de las Indias** (veröffentl. 1590). Moderne Ausgaben in: *BAE*, von Fray Francisco Mateos, Madrid 1954, und Edmundo O'Gorman, Mexiko 1962. Acostas wichtigste Quelle war Juan de Tovar, SJ (vgl. *Codex Ramírez*), aus dessen Werk er große Abschnitte übernahm. Er verwendete auch Durán (siehe unten). Außerdem stützte er sich, vermutlich indirekt, auf die *Crónica X.* Nicht sonderlich aufschlußreich.

* *Alva Ixtlilxochitl, Fernando de:* ***Obras Históricas.*** Erstmals hg. von Alfonso Chavero (1891). Beste Ausg. von Edmundo O'Gorman, Mexiko 1975, 2 Bde. Ixtlilxochitl war ein *mestizo*, der von den Königen von Texcoco abstammte. Seine Werke sind eine Apologie dieser Monarchen, sie sind gegen die Mexica voreingenommen, und sie entstanden unter dem Eindruck der Prozesse, die seine Familie gegen die Spanier führte, denen sie geholfen hatte. Obgleich seine Werke zu Beginn des 17. Jahrhunderts entstanden, konnte er sich auf Gewährsleute stützen, die ihm Informationen aus erster Hand gaben, z. B. »Don Alonso« Axayacatzin, Sohn des Kaisers Cuitláhuac, der ihm Dokumente überreichte (die Namen der Informanten sind in der Ausgabe O'Gormans, Bd. 1, S. 285 f. aufgelistet). Seine Werke sind: *(1) ***Historia de la Nación Chichimeca***, die als Bd. 2 der Ausg. O'Gormans erschien (und 1988 in Madrid als Nr. 11 der *Crónicas de América* von Germán Vázquez erneut herausgegeben wurde); und (2) mehrere ***Relaciones Históricas***, die als Bd. 1 der Ausgabe O'Gormans erschienen und von denen einige Aufschluß über die Eroberung geben: *(a) die ***Decimatercia Relación, »De la venida de los Españoles y***

principio de la ley evangélica« (auch erschienen als Sonderdruck, Mexiko 1938); und (b) Anhang 6 der ***Sumaria Relación de las Cosas de la Nueva España*** (auf S. 387 ff. von O'Gorman, Bd. 1).

Alvarado Tezozomoc, Fernando de, *(1) ***Crónica Mexicana***, geschrieben in Spanisch um 1598 (veröffentl. Mexiko 1878), neue Aufl. Mexiko 1944. Es handelt sich um eine traditionelle Chronik, der Geschichte Mexikos bis zur Ankunft von Cortés bzw. Grijalva; *(2) ***Crónica Mexicayotl***, Annalen in Nahuatl, begonnen 1609, übers. von Adrián León, Mexiko 1949. Das Buch ist weitgehend eine überarbeitete Fassung der *Crónica Mexicana*. Tezozomoc war ein Sohn von Francisca, einer Tochter Montezumas, die ihren Vetter Diego de Alvarado Huanitzin heiratete, den Sohn eines der Brüder Montezumas.

Anales de Cuauhtitlán: siehe *Codex Chimalpopoca*

**Anales de Tlatelolco* bzw. *Unos Anales históricos de la Nación Mexicana* oder kurz: *Anales*. Mss. in der Bibliothèque Nationale (Bib. Nat.), Paris, vermutlich 1524–1528, von Einwohnern Tlatelolcos in Nahuatl geschrieben; spanische Ausg. 1948 von Heinrich Berlin, Zusammenfassung von Robert H. Barlow (neue Aufl. Mexiko 1980). Vielleicht verfaßt von Pablo Nazareo aus Xaltocan, einem Neffen von Montezuma II. und Zögling des Kollegs von Tlatelolco. Faksimileausgabe von Ernst Mengin, *Corpus Codicum Americanorum Medii Aevi*, Bd. 2, Kopenhagen 1945.

Der älteste historische Bericht von Mexikanern, die Nahuatl in lateinischer Schrift schrieben. Authentischer (nicht durch Selbsthispanisierung entstellter) Ausdruck der Meinungen der Mexikaner. Fünf Teile, wovon der letzte, »Relación de la conquista por informantes anónimos de Tlatelolco«, ins Spanische übers. ist, in: Miguel León-Portilla, *La Visión de los vencidos*, Madrid 1985, S. 148–164.

Anales Tolteca Chichimeca: Siehe *Historia Tolteca Chichimeca*

Anónimo: Testimonio de la antigua palabra. Sammlung von Reden (*huehuetlatolli*), zusammengestellt von Miguel León-Portilla und Librado Silva Galeana, veröffentlicht als *Crónicas de Américas* Nr. 56 (Madrid 1990).

**Cantares Mexicanos*, Mss. in der Biblioteca Nacional von Mexiko. Vermutlich eine um 1560 angefertigte Abschrift einer älteren Kopie. 85 Folios mit Gedichten in Nahuatl, verwendet von Miguel León-Portilla in seinen *Cantos y Crónicas del México Antiguo*, Madrid 1986, und von Garibay in seinen verschiedenen Editionen von Nahuatl-Literatur. Faksimileausgabe von Antonio Penafiel, Mexiko 1904.

Castillo, Cristóbal del*: ***Fragmentos de la obra general sobre historia de los mexicanos*, geschrieben um 1600, übers. aus dem Nahuatl von Fray José Antonio Pichardo und hg. von Francisco Paso y Troncoso, Florenz 1908. Eine anschauliche Schilderung der Wanderungsbewegungen der Mexica. Castillo war vermutlich ein reinblütiger Mexikaner und haßte die Conquistadoren.

***Chilam Balam de Chumayel.** Das bedeutendste der Bücher, die die Maya nach der Eroberung geschrieben haben. Vermutlich im 17. Jahrhundert entstanden und zusammengestellt von Juan José Hoil. Faksimileausgabe Philadelphia 1913. Engl. Übers. von Ralph Roys, Washington 1933. Publ. in: *Crónicas de América* 20 (Madrid 1986), hg. von Miguel Rivera.

Chimalpahin Quauhtlehuanitzin, Domingo Francisco de San Antón Muñón, ***Relaciones originales de Chalco Amaquemacan.*** Dieser Autor war ein Nachfahre der Könige von Chalco und Vorsteher von San Antonio Abad, Mexiko. Sein in den 1620er Jahren entstandenes Buch ist in mexicafeindlichem Ton gehalten. Die 6. und 7. *relación* wurden ins Französische übers. von Rémi Siméon, Bibliothèque Linguistique Américaine, Paris, Bd. 12 (1889), und die 7. *relación* ins Spanische von Silvia Rendón, Mexiko 1935. Eine neue Ausgabe besorgte Silvia Rendón, *Relaciones originales de Chalco Amaquemacan*, Mexiko 1965. Deutsch: *Die Relationen Chimalpahins. Zur Geschichte Mexikos*, Hamburg 1963/65.

**Codex Aubin* (auch *Códice de 1576* genannt). In der British Library in London (Add. Mss. 31219). Dieser Codese wurde von Joseph Aubin unter dem Titel *Histoire de la nation mexicaine depuis le départ de Azatlan* ... im Jahr 1893 veröffentlicht und befand sich im Besitz von José María Aubin. Die beste Ausgabe stammt von Charles Dibble, Madrid 1963. Es handelt sich um eine Faltblattsammlung von mexikanischen Zeugnissen einschließlich Bildern, Sagas, Gedichten usw., die sich mit den Ereignissen zwischen dem Auszug aus Azatlan und der Conquista befassen, über die der Codex aufschlußreiche Informationen enthält. In stilistischer Hinsicht gleicht er dem *Codex Borbonicus*. Stammt vermutlich aus Tlaxcala. Enthält ein *tonalamatl* (Buch der Tage und der Schicksale).

Codex Azcatitlan (auch *Histoire Mexicaine* genannt). Hg. von R. H. Barlow, *JSAP* (N. F.), Bd. 38, S. 101ff., Paris 1949. Ein unvollständiger Text von 50 Seiten, mit einer illustrierten Geschichte der Mexica einschließlich ihrer Eroberungen seit dem Auszug aus Azatlan. Befand sich im 17. Jahrhundert in der Sammlung Boturini; gelangte anschließend, wie der *Codex Xolotl*, in den Besitz von Aubin und über diesen in die Bib. Nat., Paris, wo er heute aufbewahrt wird.

Codex Badianus, um 1551, ein von Juan Badiano, einem Indianer aus Xochimilco, der in Santiago-Tlatelolco unterrichtete, in Latein geschriebenes Kräuterbuch. Basiert auf einem Werk in Nahuatl von Martín de la Cruz. Hilfreich als Einführung in die Mentalität der Mexica und in die Sprache Nahuatl. Veröffentlicht unter dem Titel »The Badianus Manuscript« von Dr. Emily Emmart (Baltimore 1940). Spanische Ausgabe und Faksimileausgabe von Dr. Efrén del Pozo, Mexiko 1964.

Codex Becker. 26seitiger mixtekischer Codex, im Museum für Völkerkunde, Wien. Bis Mitte des 19. Jahrhunderts im Besitz einer Mixteken-Familie. Von Philip Becker aus Darmstadt nach Europa gebracht. Faksimileausgabe (Genf 1891) besorgt von Henri de Saussure unter dem Titel »Le manuscrit du cacique«. Geschrieben auf Zapotekisch in spanischer Schrift. Vermutlich Teil des *Codex Colombino* (siehe unten). Neu hg. von Karl Nowotny, Graz 1964.

Codex Bodley. Mixtekisch, um 1521. Seit Anfang des 17. Jahrhunderts in der Bodleian Library, Oxford. Möglicherweise gestohlen vom Earl of Essex bei einem Raubzug nach Portugal. Die Geschichte einer Prinzessin mit Ahnentafeln mixtekischer Herrscher in Tilantongo und Teozacoalco. Hg. von Alfonso Caso, Mexiko 1947.

Codex Borbonicus. Palais Bourbon (Assemblée Nationale), Paris, 36 großformatige Seiten, von denen zwei fehlen. Lange Zeit im Escorial aufbewahrt. Um 1823 nach Paris gekommen. Faksimileausgabe Paris 1899 und Graz 1974. Die einzige mexikanische Bilderhandschrift, die aus der Epoche der Conquista stammt. Enthält später beigefügte Anmerkungen in Spanisch. Möglicherweise in Anlehnung an ein älteres Vorbild in Iztapalapa oder Culhuacan entstanden. Besteht zum Teil aus einem *tonalamatl*, zum Teil aus einer bildlichen Darstellung der Feste eines Jahres.

Codex Borgia. Dieses präcortesianische Werk wird so genannt, weil es sich Ende des 18. Jahrhunderts in der Sammlung von Kardinal Stefano Borgia befand. Heute in der Bibliothek des Vatikan, Rom. Stammt aus Puebla oder Tlaxcala. Beschreibt die Götter, die dem rituellen Kalender sein Gepräge gaben, und enthält auch ein *tonalamatl.* Faksimileausgabe mit Vorwort in Italienisch, Rom 1898; ferner Mexiko 1963 und Graz 1976. Eines der Mss. der sogenannten »Borgia-Gruppe«.

Codex Boturini (la Tira de la Peregrinación; Tira del Museo). Hg. Mexiko 1975. Gefaltete Bilderhandschrift, Mexiko, um 1535. Möglicherweise Kopie eines vorspanischen Werks. Beschreibt die Wanderung der Mexica von Azatlan ins Hochtal von Mexiko. Im Museo Nacional de Antropología, Mexiko.

**Codex Chimalpopoca.* Diese Dokument, das einen irreführenden Titel trägt, enthält:

(a) *Anales de Cuauhtitlán*, auch bezeichnet als *Anónimo de 1570*, und *Historia de los Reynos de Culhuacan y México*, geschrieben um 1570 (vgl. Robert H. Barlow, *HAHR* 27, S. 520–526, und Garibay, *Literatura Nahuatl*, Bd. 1, S. 27f.), übers. von Bierhorst in: *Four Masterworks of American Indian Literature*, New York 1974. Ihre 68 Seiten enthalten auch einen Bericht über die Jugend von Nezahualcoyotl; (b) *Breve relación de los Dioses y Ritos*, geschrieben von Pedro Ponce; und (c) *Leyenda de los Soles* (auch *el manuscrito de 1558* genannt), eine Sammlung von Legenden zum Vortragen. Ähnlich dem *Codex Mendoza.* Enthält möglicherweise auch Informationen von einigen der Gewährsmänner Sahagúns; hg. von Primo Velázquez, Mexiko 1945.

Codex Colombino. Museo Nacional de Antropología, Mexiko. Mixtekisch. Vermutlich Bestandteil derselben Mss. wie der *Codex Becker.* Bekannt seit 1717. Hg. von Alfonso Caso und Mary Elizabeth Smith, Mexiko 1966.

Codex Cospi. Biblioteca Universitaria, Bologna. Mixtekisch, vorspanisch. Eine gefaltete rituelle Bilderhandschrift, wie es sie in den meisten Tempeln und Priesterseminaren des mexikanischen Reichs gab. Faksimileausgabe Rom 1898. Sie ist nach dem Marchese Cospi benannt, dem sie im Jahr 1665 als Weihnachtsgeschenk überreicht wurde. Der Marchese errichtete ein Museum in Bologna (Museo Cospiano), in dem dieser Codex eine Zeitlang aufbewahrt wurde. Eines der Mss. aus der sogenannten »Borgia-Gruppe«. Neue Ausgabe von Carmen Aguilera, Puebla 1988.

Codex Dresden. Maya, in der Sächsischen Landesbibliothek, Dresden. Eine gefaltete Bilderhandschrift aus 39 Blatt, um 1000 n. Chr. Der schönste und interessanteste aller Codices; hauptsächlich in Schwarz und Rot, aber auch mit einigen anderen Farben. Enthält Vorzeichen und Prophezeiungen bezüglich der Landwirtschaft. Beschreibt viele Berechnungen und Rituale. Angeblich aus Chichen-Itza. Sir E. Thompson behauptete, Cortés habe den Codex im Jahr 1519 an Karl V. geschickt. Im Jahr 1739 in Wien für die Bibliothek in Dresden erworben. Beste Ausgabe vermutlich Graz 1975.

Codex en Cruz. In der Bib. Nat., Paris. Beschreibt Cuauhtitlan, Texcoco und Mexiko, 1402–1557. Drei Seiten, vermutlich ursprünglich gefaltet; jede beschreibt die Ereignisse eines mexikanischen »Jahrhunderts« (52 Jahre) vor 1557. Hg. von Charles Dibble, Mexiko.

Codex Féjerváry-Mayer (Tonalamatl de los Pochtecas). Benannt nach der Familie Féjerváry, die den Codex an Joseph Mayer aus Liverpool verkaufte, der ihn dem Liverpool Museum schenkte, wo er sich gegenwärtig befindet. Vermutlich mixtekisch. Enthält Vorschriften für Fernkaufleute (*pochtecas*). Hg. 1901 in Paris und 1985 in Mexiko von Miguel León-Portilla. Gehört zur »Borgia-Gruppe«.

**Codex Florentino* und *Historia General de las Cosas de Nueva España* von Fray Bernardino de Sahagún. Vermutlich beeinflußt von der Naturgeschichte des Plinius. Sahagún versuchte, ein wirklichkeitsgetreues Bild des Lebens im altmexikanischen Reich zu vermitteln. Er begann im Jahr 1547 mit der Arbeit an seinem Werk und sprach in den 1550er Jahren in Tepepolco und anschließend in Tlatelolco mit überlebenden Mexica.

Alle seine Informanten waren Mexikaner, die spanische Namen angenommen hatten: Martín Jacovita, Diego de Grado und Bonifacio Maximiliano aus Tlatelolco; Alonso Vegeriano und Pedro de San Buenaventura aus Cuauhtitlan; Mateo Severiano aus Xochimilco und Antonio Valeriano aus Azcapotzalco. Diese Männer haben die Ereignisse möglicherweise schlecht in Erinnerung behalten, oder sie verdrehten die Wahrheit vielleicht auch bewußt, weil sie einen Groll auf die Eroberer hegten. Denkbar ist auch, daß Sahagún, der selbst nicht frei von Vorurteilen war, ihre Berichte verzerrt wiedergegeben hat. Allerdings hat sich Sahagún große Mühe gegeben, sein Material genau zu überprüfen.

So ist ein wunderbares Buch entstanden, die bedeutendste Informationsquelle über das alte Mexiko. Alle Gewährsleute Sahagúns waren ehemalige Schüler der *calmécac* und dürften daher alte Lieder, Legenden, Maximen und Reden auswendig gekannt haben. Sahagún sagte über seine Informanten, es seien »führende Personen von gutem Urteilsvermögen gewesen, die meines Erachtens alle die Wahrheit sagten«. Die Nahuatl-Fassung seines Textes ist der *Codex Florentino*, so genannt, weil sich das Original in der von Cosimo dé Medici gegründeten Bibliothek Laurenziana in Florenz befindet. Eine Faksimileausgabe in drei Bänden wurde von der mexikanischen Regierung (Archivo General de la Nación) veröffentlicht (Florenz 1979).

Ältere, unvollständige, aber (nach Ansicht einiger Experten) authentischere Versionen sind die beiden *Códices Matritenses*, von denen sich der eine in der Bibliothek des Königlichen Palasts in Madrid befindet; der andere wird in der RAH, Madrid, aufbewahrt. Faksimileausgabe (beider Codices) von Francisco del Paso y Troncoso (Madrid 1905 f.).

Auszüge aus den *Códices Matritenses* wurden ab 1958 veröffentlicht, von Miguel León-Portilla (Hg.), *Ritos, sacerdotes y atavíos de los dioses*; Angel María Garibay (Hg.), *Veinte himnos sacros de los nahuas*; Garibay (Hg.), *La vida económica de Tenochtitlan*, Mexiko 1961; und Alfredo López Austin (Hg.), *Augurios y alusiones*, Mexiko 1969. Einige Abweichungen zwischen diesen Texten und dem Text des *Codex Florentino* werden im Anhang von *Ritos, Sacerdotes* ... diskutiert. Es wurde sogar behauptet, die Informanten seien die eigentlichen Autoren des Werks gewesen. Sahagún benutzte das Material im *Codex Florentino* als Grundlage für seine »Historia general de las cosas de Nueva España«. Die erste Ausgabe dieses Werks wurde 1579 fertiggestellt. Sahagún arbeitete weiterhin an dem Text und veröffentlichte eine verbesserte spanische Ausgabe, in der er Buch XII, das die Eroberung behandelte, besondere Aufmerksamkeit widmete.

Die erste vollständige spanische Ausgabe war jene von Joaquín Ramírez Cabánas, mit einem Vorwort von Wigberta Jiménez Moreno (ed. Robredo, 1938). Die beste spanische Ausgabe ist die von Angel Garibay, *Historia general de las Cosas de la Nueva España* (ed. Porrúa, Mexiko 1956, 4 Bde.). Eine weitere Ausgabe besorgte Juan Carlos Temprano in der Serie *Crónicas de América*, Nr. 55 a und 55 b (Madrid 1990). Auf diese Ausgabe verweisen die Anmerkungen in diesem Buch.

Eine englische Ausgabe des *Codex Florentino* wurde von Charles Dibble und Arthur Anderson (Utah, 1953–1982) direkt aus dem Nahuatl übersetzt und stellt eine übersetzerische Meisterleistung dar, die dem Original in nichts nachsteht.

Die einzige vollständige Ausgabe der Version von 1585 ist jene von Carlos María de Bustamante: *La Aparición de Nstra. Señora de Guadalupe* ..., Mexiko 1840. Eine hervorragende englische Übersetzung von Buch XII stammt von S. Cline (Salt Lake City 1989).

Codex Grolier. 11 Seiten eines Maya-Kalenders, um 1250, gefunden in Chiapas im Jahre 1965, vorgestellt 1971 im Grolier Club, New York, von Michael Coe. Heute befindlich in einer Privatsammlung in Mexiko. Hg. von Coe, *The Maya Scribe and his World*, New York 1973.

Codex Huichapan. Otomí-Chronik des vorspanischen und kolonialen Mexiko. Hg. von Manuel Alvarado Guinchard, Mexiko 1976. Gibt unabhängig von Chroniken, die sich auf die *Crónica X* stützen (Acosta, Durán, Tovar, usw.), Aufschluß über die Rolle des geheimnisumwitterten Tlacaelel im Mexiko des 15. Jahrhundert.

Codex Ixtlilxochitl. Ursprünglich im Besitz des Historikers Ixtlilxochitl. Befindet sich in der Bib. Nat., Paris (Mexikanische Mss., S. 65 ff.); Faksimileausgabe Graz 1976. Einige Bilder scheinen Teil von Pomars *Relación de Texcoco* gewesen zu sein. Vermutlich eine Kopie des *Codex Tudela*. In drei Teilen, von verschiedenen Verfassern: (1) eine illustrierte Darstellung des Sonnenjahres, basierend auf demselben verschollenen Original wie der *Codex Magliabecchiano*; (2) europäisierte Bilder von Fürsten der Texcoca, Mexica und Tlatelolca; und (3) ein Kalender der Feste.

Codex Laud (Ms. Laud Misc. 678). Entweder mixtekisch oder aus Cholula. Vermutlich ein Geschenk des Königs von Spanien an Charles, den Prinzen von Wales, im Jahr 1623. Benannt nach Erzbischof Laud, dem der Codex gehörte und der ihn der Bodleian Library, Oxford, schenkte, wo er sich heute befindet. Faksimileausgabe Graz 1966. Teil der »Borgia-Gruppe«.

Codex Magliabecchianus. Mitte des 16. Jahrhunderts. Im Besitz von Antonio Magliabecchi, Bibliothekar der Medici; heute in der Biblioteca Nazionale, Florenz. Zum Teil Bilder, zum Teil spanisches Ms. aus dem 16. Jahrhundert. Religiöse Themen; publiziert in Rom, 1904. Unter dem Titel *The Book of Life of the Ancient Mexicans* von Zelia Nuttall übers. und hg. Kurzfassung, Berkeley 1903. Eine weitere Ausgabe von Zelia Nuttall und Elizabeth Hill Boone, Berkeley 1983.

Codex Matritense del Real Palacio y de la Real Academia (Madrid). Vgl. *Codex Florentino*.

**Codex Mendoza*. Original in Bodleian Library, Oxford. Zusammengestellt um 1541 für den Vizekönig Mendoza. Gelangte auf dem Umweg über französische Piraten, André Thevet (vgl. *Histoyre du Méchique*) und Richard Hakluyt nach Oxford. Faksimileausgabe von J. C. Clark, London 1938, 3 Bde., und Patricia Rieff Anawalt und Frances F. Berdan, Berkeley 1992, 4 Bde. Es handelte sich um (1) eine Geschichte Mexikos seit 1325; (2) eine Liste der Tribute von etwa 400 Städten für die Jahre 1516–1518; und (3) eine Schilderung des Lebens in Mexiko. Federico Gómez de Orozco, »¿Quién fué el autor material del Códice Mendocino ...?«, in: *Revista mexicana de estudios antropológicos* 5, 1941, S. 43 ff., nennt als Autor Francisco Gualpuyogualcal.

Codex Mexicanus. Bib. Nat., Paris, Mss. Nr. 23 f., hg. von Ernest Mengin (in: *JSAP*, 41, fasc. 2, Paris 1952). Unterschiedliche Inhalte, von mehreren Künstlern dargestellt. Ende des 16. Jahrhunderts.

Codex Nuttall (Zouche). Mixtekisch. Berichtet über die Mixteken-Dynastie von Tilantongo, beginnend mit der Schöpfung der Welt und unter besonderer Berücksichtigung des berühmten Herrschers »8-Hirsch«. Einleitung von Zelia Nuttall, die beschreibt, wie der Codex von San Marco, Florenz, in Lord Zouches Bibliothek gelangte. Heute im British Museum. Faksimileausgabe Cambridge, Mass., 1902; ferner Mexiko 1974 und New York 1975.

Codex Osuna. Ms. von mehreren Malern, um 1565. Angefertigt im Rahmen eines Untersuchungsverfahrens durch einen Beamten namens Valderrama. Im Besitz der Herzöge von Osuna. Heute in der Biblioteca Nacional, Madrid. Enthält Material aus Mexiko, Tacuba, Tlatelolco und Tula. Aufzeichnungen über Kredite.

Codex Peresianus (oder *Pérez*). Maya, gemalt um 1000. Umfaßt nur wenige Blätter. Gelangte im 19. Jahrhundert auf rätselhafte Weise nach Paris und befindet sich heute in der Bib. Nat. Religiös-astronomische Thematik, mit Beschreibung von Zeremonien.

Codex Porfirio Díaz. Im Museo Nacional, Mexiko. Bezieht sich auf Cuicatlan, Oaxaca. Vermutlich Ende des 16. Jahrhunderts oder frühes 17. Jahrhundert. Auf Leinwand. Veröffentlicht 1892 im Rahmen von Feierlichkeiten für Kolumbus.

Codex Ramírez* (*Relación del origen de los Indios que habitan esta Nueva España, según sus historias***). Text von Juan de Tovar, SJ, einem *mestizo*, der um 1570–80 im Auftrag des Vizekönigs eine Untersuchung über die jüngste Vergangenheit durchführte. Benannt nach José Fernando Ramírez, der den Codex 1878 in der verfallenen Bibliothek des Klosters San Francisco, Mexiko, entdeckte. Eine Serie von Fragmenten. Erste Ausgabe durch Orozco y Berra, Mexiko 1878. Der erste Teil ist eine Geschichte der Mexica bis zur *noche triste*, der zweite Teil eine Beschreibung mexikanischer Riten, der dritte Teil eine Beschreibung der Eroberung Texcocos aus der Sicht der Texcoca. Das ganze Werk ist eine Version der *Segunda Relación* von Tovar. Engl. Übers. in Radin, »Sources and Authenticity of the Ancient Mexicans«, *University of California publication in American archaeology and ethnology*, 17, Nr. 1. Neu hg. unter dem Titel *Romances de los señores* und mit einem Vorwort versehen von Germán Vázquez in den *Crónicas de América*, Nr. 32, Madrid 1987.

Codex Ríos. Vgl. *Codex Vaticano A*.

Códice de Santa María Asunción. 80 Seiten, um 1540, heute im Museo Nacional de Antropología, Mexiko. Beschreibt einen *barrio* in Tepetlaoztoc, einer Stadt, die einst von Texcoco abhängig war. Am Anfang und am Ende von dem spanischen Beamten Pedro Vázquez de Vergara unterzeichnet. Siehe *Codex Vergara*.

Codex Selden. Erworben von der Bodleian Library aus dem Nachlaß von John Selden (gest. 1654). Mixtekisch. Die meisten Seiten stammen aus der Zeit vor der Conquista. Beschreibt unter anderem die Genealogie der mixtekischen Familie von Magdalena Saltepec. Hg. von Alfonso Caso, Mexiko 1964.

Codex Sigüenza. Eine Bilderhandschrift über die Wanderungen der Mexica, die sich heute in der Bibliothek des Anthropologischen Museums in Mexiko befindet.

Codex Telleriano-Remensis. In der Bib. Nat., Paris. Mexikanische Mss. 385. Benannt nach dem Erzbischof Le Tellier von Reims, einem königlichen Bibliothekar aus dem 17. Jahrhundert, in dessen Besitz er sich befand. Dieser Codex ist eine Ergänzung in Buchform des *Codex Vaticanus* A, um 1550–1563, und der erste Teil scheint eine Kopie desselben verschollenen Werks zu sein, das die Zeichnungen in Vaticanus A inspirierte. Er wurde hg. von Lord Kingsborough in seinen *Antiquities of Mexico*, London 1831, Bd. 1. Es gab weitere Ausgaben in Paris, 1899, und Mexiko, 1964. Enthält ein *tonalpohualli*, einen rituellen und einen historischen Abschnitt.

**Codex de Tlatelolco.* Ein Ms. auf einer langen, gefalteten *tira*. Beschreibt Ereignisse in Tlatelolco zwischen 1554 und etwa 1562, mit vielen Beschwerden über Rechnungen. Veröffentlicht von R. H. Barlow, *Anales de Tlatelolco*, Mexiko 1947.

Codex Tró Cortesianus (bzw. *Madrid*). Maya. Der erste Teil davon fand sich 1866 im Nachlaß von Juan Tró; der zweite Teil wurde angeblich von Cortés mit nach Spanien zurückgebracht. Entdeckt in Madrid 1880. Beide gehörten zum selben Ms. Zusammengestellt im 15. Jahrhundert, möglicherweise bei Tulum. 56 Blatt. Offensichtlich in Eile angefertigt. Im Museo de América, Madrid. Befaßt sich mit religiös-astronomischen Themen. Beste Ausgabe von Ferdinand Anders, Graz 1967.

Codex Tudela. Im Museo de América, Madrid. Datiert von 1553. Benannt nach José Tudela de la Orden, um 1950. Ein Auszug ohne Illustrationen wurde veröffentlicht unter dem Titel »Costumbres, fiestas, enterramientos y diversas formas de proceder de los Indios de la Nueva España«, in: *Tlacocan* 2, Nr 1 (Mexiko 1945). Dieser Codex scheint Cervantes de Salazar bei seiner Beschreibung mexikanischer Bräuche inspiriert zu haben. Faksimileausgabe, 2 Bde., Madrid 1980.

Codex Vaticanus A. Vatikanisches Ms. 3738, auch *Codex Ríos* genannt, da hg. von Fray Ríos in Hispano-Italienisch; Buchform. Zusammengestellt zwischen 1566 und 1589, vermutlich von einem nichtindianischen Künstler in Italien. Wahrscheinlich eine Abschrift desselben verschollenen Ms. wie Telleriano-Remensis. Beschreibt die kosmischen Ursprünge Mexikos (dieser Abschnitt ist vermutlich eine Kopie eines vorspanischen Codex); enthält einen rituellen Kalender und Material von der Eroberung bis zum Jahr 1563. Vgl. *Antiquities of Mexico*, hg. von Lord Kingsborough, Bd. 2 (London 1831), und Faksimileausgabe Rom 1900 und Mexiko 1964.

Codex Vaticanus B. Mixtekisch oder aus Cholula. Seit dem 16. Jahrhundert in der vatikanischen Bibliothek (Ms. 3773). Faksimileausgabe Rom 1896 und (von Ferdinand Anders) Graz 1972. Enthält wie der *Codex Borgia* ein *tonalamatl.* Teil der »Borgia-Gruppe«.

Codex Vindobonensis Mexicanus I (bzw. *Codex Vienna*). Nationalbibliothek, Wien. Faksimileausgabe von Otto Adelhofer, Graz 1963. Vielleicht neben dem *Codex Nuttall* eines der beiden Bücher, die Cortés im Juli 1519 nach Spanien schickte. Vermutlich ein Geschenk von Karl V. an König Emanuel von Portugal, der den Codex seinerseits Papst Klemens VII. schenkte, der ihn wiederum an Kardinal Ippolito dé Medici weitergab, aus dessen Besitz er schließlich nach Wien gelangte. Ein vorspanischer Text in Mixtekisch. Ausführliche Genealogie der Mixteken-Herrscher. Nicht zu verwechseln mit dem anderen sogenannten *Codex Vindobonensis*, der Cortés' Briefe einschließt.

Codex Xolotl. In der Bib. Nat., Paris, eine (durch spanische Prosa erläuterte) Bilderhandschrift aus Texcoco über den legendären Anführer der Chichimeken, Xolotl. Vielleicht um 1540. Beschreibt die Frühgeschichte der Chichimeken und der Texcoca. Enthält Karten des Hochtals von Mexiko. Wurde benutzt von Alva Ixtlilxochitl. Gehörte zur Sammlung Boturini, gelangte von dort in die Sammlung Aubin und von dort in die Bib. Nat.; hg. von Charles Dibble, *The Códice Xolotl*, Mexiko 1951.

**Coloquio y doctrina cristiana ...* Im Jahr 1924 im Archivo Secreto de la Biblioteca Vaticana gefundenes Ms. Aufzeichnungen, die im Jahr 1524 bei einer Diskussion zwischen Franziskanern und überlebenden mexikanischen Priestern entstanden. Möglicherweise verfälscht von Sahagún. 14 Kapitel gefunden, 16 weitere Kapitel vernichtet. Faksimileausgabe von León-Portilla in Nahuatl und Spanisch, Mexiko 1986.

»*Crónica X*« bzw. »*la Crónica Primaria*«. Eine verschollene Quelle, die ihren Namen Robert Barlow verdankt (»La Crónica ›X‹«, *Revista Mexicana de Estudios Antropológicos* 7, Mexiko 1945, S. 65ff.). Vermutlich geschrieben von einem Mexica in Nahuatl, mit Bildern, um 1536–1539, benutzt von Tovar in seiner Geschichte (1568–1580), Durán (1581) und Tezozomoc (1598). Wahrscheinlich stützte sich Tovar bei seinem zweiten Werk (Codex Ramírez) auf Durán und noch später auf Acosta (Buch 7). In der »Crónica X« wurde die Ankunft von Grijalva in San Juan de Ulúa offenbar mit der von Cortés, die ein Jahr später stattfand, verwechselt.

Durán, Fray Diego, **Historia de las Indias de la Nueva España.* Geschrieben 1579–1581, Ms. in Biblioteca Nacional, Madrid, besteht aus drei Teilen: (1) *Ritos y ceremonias en las fiestas*, begonnen in 1570; (2) *Calendario*, beendet 1579; und (3) *Historia de las Indias de Nueva España*, beendet 1581, erstmals veröffentlicht von José Fernández Ramirez, Mexiko 1867–1880, 2 Bde. Neue Ausgabe von Angel Garibay, Mexiko 1967, 2 Bde. Beide Bände übers. ins Englische von Doris Heyden und F. Horcantes: *Book of the Gods and Rites and the Ancient Calendar*, Norman 1971, und *The Aztecs*, New York 1964, allerdings wurden im ersten der beiden Kürzungen vorgenommen, ohne die entsprechenden Stellen zu markieren.

Die Tatsache, daß Durán – ein Dominikaner, und möglicherweise (laut Garibay) ein *converso* – in Texcoco aufgewachsen war, wo er später auch arbeitete (ebenso wie in Tlatelolco), dürfte seine Darstellungsweise beeinflußt haben. Er war zugleich gelehrt und phantasievoll, machte eingehend Gebrauch von der »Crónica X« und war der festen Überzeugung, daß die Mexica ein verschollener Stamm Israels waren.

Hernández, Francisco: ***Obras Completas*** (Mexiko 1959). Ein Arzt aus Toledo, der in den 1570er Jahren eine Naturgeschichte Neuspaniens schrieb.

Herrera y Tordesillas, Antonio de, ***Historia General de los hechos de los castellanos en las islas y tierra firme del mar océano.*** Dieses gewaltige, von Livius inspirierte Werk entstand zwischen 1605 und 1615, dem Jahr seines Erscheinens. Neu hg. von Antonio Ballesteros-Beretta und Miguel Gómez del Campillo, Madrid 1934–1957, 17 Bde. Die Bde. 3 bis 6 behandeln Kuba und Mexiko. Herrera stützte sich auf Cervantes de Salazar, Díaz del Castillo, Muñoz Camargo und Zorita. Vgl. Carlos Bosch Garcías Essay in Iglesias *Estudios*, S. 148 ff.

**Historia de los Mexicanos por sus pinturas*. Geschrieben um 1536, vielleicht im Rahmen von Vorarbeiten für das Werk von Fray Olmos. Möglicherweise handelte es sich um eine Interpretation mehrerer heute verschollener Bilderhandschriften, daher der Titel. Befindet sich in Austin, Texas. Hg. von García Icazbalceta, in: *Nueva colección de Documentos para la historia de México*, Mexiko 1886–1892, 5 Bde., Bd. 3, 1891, S. 228 ff. Eine weitere Edition von Angel María Garibay, *Teogonía e Historia de los Mexicanos*, Mexiko 1973. Ihre zwölf Folios stellen einen Versuch dar, die Geschichte der Mexica zu rekonstruieren. Abschnitt I beschreibt die Entstehung der Götter, Abschnitt II die Wanderung der Mexica, während Abschnitt III eine kosmologische und soziologische Studie ist.

Historia Tolteca-Chichimeca. Ein anonymer Bericht in Nahuatl mit Bildern der letzten Tage von Tollan usw. Entstanden in Cuauhtinchan bei Cholula, um 1545. Vermutlich Abschrift eines vorspanischen Texts und vermutlich benutzt vom Kompilator der *Anales de Cuauhtitlan*. Teil der Sammlung Boturini, heute in der Bib. Nat., Paris. Mehrere Faksimileausgaben, z. B. von Paul Kirchhoff, Lina Odena Güemes und Luis Reyes García, Mexiko 1976.

Histoyre du Mechique. Anonym. Handschriftliches Fragment in Französisch, in Bib. Nat., Paris, vermutlich span. Orig. von Fray Olmos, übers. von André Thevet, um 1547. Beschreibt Mythen; hg. von Edouard de Jonghe in: JSAP, N. S. 2, Paris 1905, S. 1–41; hg. von Garibay mit moderner spanischer Übers., in: *Tegonía e Historia de los Mexicanos*, Mexiko 1965.

Huehuetlatolli. Es gibt mindestens fünf Bücher dieses Namens: (1) *Documento A*, Ms. in der Bancroft Library, hg. in: *Tlalocan* 1, Nr. 1 (1943-44), von Garibay. Feierliche Reden, die an die Jungen im *calmécac* bzw. *telpochcalli* und an Erwachsene bei Hochzeiten, Bestattungen, usw. gerichtet wurden; (2) ein Ms. in Nahuatl von

Fray Olmos, in der Library of Congress. Der erste Teil wurde von Réné Simeon in: *Arte …* von Olmos, Paris 1875, veröffentlicht (siehe unter *Olmos*); (3) ein ähnliches Ms. in Nahuatl, in der Biblioteca Nacional de México; (4) ein weiterer Band in der Library of Congress, offensichtlich von einem Schüler von Olmos, um 1550; (5) eine Ausgabe von Juan Baintesan, um 1599-1600.

**Información sobre los Tributos que los Indios pagaban a Moctezuma: Año de 1554*. In: *Documentos para la Historia de México Colonial*, 4. Aufl., hg. von France Scholes und Eleanor Adams, Mexiko 1957.

Landa, Diego de,* ***Relación de las cosas de Yucatan*. Geschrieben um 1566. Landa kam 1547 als Priester nach Yucatán. Er wurde später Bischof. Die *Relación* ist ein Fragment eines verschollenen größeren Werks. Sie wurde auszugsweise veröffentlicht in Paris 1864. Erste spanische Ausgabe Madrid 1881, von Juan de Díos de la Rada. Hervorragende englische Ausgabe (1941) von A. M. Tozzer, als Bd. 18 der *Papers of the Peabody Museum of American Archaeology and Ethnology*. Eine von Miguel Rivera Dorado besorgte Neuausgabe in Spanisch erschien in der Reihe *Crónicas de América*, Nr. 7, Madrid 1985.

**Lienzo de Tlaxcala*. Diese Bilderhandschrift wurde vom Vizekönig Luis de Velasco in Auftrag gegeben. Es wurden ursprünglich drei Abschriften angefertigt. Zwei wurden nach Spanien geschickt und sind verlorengegangen. Möglicherweise haben sich Fragmente davon erhalten. Die dritte Kopie blieb im Besitz der Stadtverwaltung von Tlaxcala und ging während der französischen Okkupation Mexikos in den 1860er Jahren verloren. Allerdings war eine Kopie davon angefertigt worden, die von Alfonso Chavero veröffentlicht wurde (Mexiko 1892).

Mapa de Quinatzin. In der Bib. Nat., Paris. Eine Chronik von Texcoco, die mit der Herrschaft von Quinatzin, Sohn von Tlotzin, beginnt und mit Nezahualpilli endet. Enthält ein Gemälde auf Holz, das einen texcokanischen Palast in einem »quasikartographischen, quasilandschaftlichen Rahmen« darstellt (D. Robertson). 1542–1546. Besprochen von R. H. Barlow, in: *JSAP* 39 (1950), und abgedruckt von Aubin in: *Mémoires sur la peinture didactique et l'écriture des anciens mexicains*, Paris 1885.

Mapa de Santa Cruz. Eine Karte des Hochtals von Mexiko, um 1555–1556; in: Sigvald Linné, *El valle y la ciudad de México en 1550*, Stockholm 1948.

Mapa Tlotzin. Ein ähnliches Dokument wie die *Mapa de Quinatzin*. Bezieht sich auf Texcoco. Ebenfalls in der Bib. Nat., Paris. Abgedruckt von Aubin in op. cit.

Matrícula de Tributos. Eine Übersicht über die Tribute, die an das mexikanische Reich entrichtet wurden, um 1519, vielleicht für Cortés angefertigt. 15 Folios. In der Bibliothek des Museo Nacional de Antropología. Faksimileausgabe, Mexiko 1990.

Motezuma, Pedro Diego Luis de (SJ), **Corona Mexicana**. Der Autor war ein Nachfahre von Montezuma, der sein ganzes Leben in Spanien verbrachte. Sein Werk wurde 1686 vollendet und von Lucas de la Torre (Mexiko 1914) herausgegeben. Eine Polemik zugunsten der Ureinwohner.

*»*Motolinía« (Fray Toribio de Benavente)*: (1) ***Historia de los Indios de la Nueva España***, geschrieben um 1541. Zwei Abschriften aus dem 16. Jahrhundert werden im Escorial und in Mexiko aufbewahrt. Hg. von García Icazbalceta in seiner *Colección de Documentos para la historia de México*, Bd. 1 (Mexiko 1858). Ein herausragendes, mit großer Leidenschaft geschriebenes Werk. Englische Übers. von Fray Francis Borgia Speck, SJ, Washington 1959; (2) ***Memoriales***, ebenfalls um 1541. Ms. heute in Austin, Texas, hg. von Luis García Pimentel, Mexiko 1903, und eine kritische Ausgabe von Eduardo O'Gorman, Mexiko 1971. In weiten Teilen eine bloße Wiederholung der Historia. Angeblich schrieb Motolinía auch einen umfangreicheren *Guerra de los Indios*, ein Werk, das offenbar Cervantes de Salazar und vielleicht auch López de Gómara sah. Die *Historia* und die *Memoriales* bildeten möglicherweise Teile davon oder waren als solche geplant. Man könnte seine *Carta al emperador Carlos V.*, Mexiko 1944, als ein eigenständiges Werk anführen.

Muñoz Camargo, Diego*, ***Historia de Tlaxcala*. Geschrieben 1576–1595 als Teil eines Plädoyers für eine humane Behandlung der Einwohner von Tlaxcala. Erstmals 1870 veröffentlicht. Neue, hervorragend eingeleitete Ausgabe (Madrid 1988) von Germán Vázquez in der Reihe *Crónicas de América*, Nr. 26. Ein weiteres Werk ist die *Descripción de la ciudad y provincia de Tlaxcala de las Indias y del Mar Oceano para el buen gobierno y ennoblecimiento dellas*, veröffentlicht als Bd. 4 von René Acuñas *Relaciones Geográficas del siglo XVI: Tlaxcala*, Mexiko 1984. Enthält 156 Bilder, von denen 80 aus dem *Lienzo de Tlaxcala* stammen.

Muñoz Camargo war ein Viehzüchter, Sohn eines mit Cortés befreundeten Kolonisten und Mexikaner. Er heiratete eine Tlaxcaltekin und schrieb eine Apologie Tlaxcalas. Camargo wurde möglicherweise vom Stadtrat Tlaxcalas finanziell unterstützt. Stützte sich auf López de Gómara, vielleicht auch auf Sahagún, aber auch auf einige ältere einheimische Informanten einschließlich eines Mannes, der in Tlaxcala Priester gewesen war, und eines nicht näher identifizierten Conquistadors, »*de los primeros desta tierra*«. Nicht besonders aufschlußreich.

Olmos, Fray Andrés de, ***Arte para aprender la lengua mexicana***. Enthält *huehuetlatolli* (Predigten), zusammengetragen von Olmos in den 1530er Jahren. Veröffentlicht in Paris, 1875. Vgl. James Pilling, »The Writings of Andrés de Olmos, in the language of Mexico«, in: *The American Anthropologist* 8 (1895).

Origen de los Mexicanos. Ein zweiter, zwischen 1530 und 1535 entstandener Essay. Autor ist vermutlich derselbe Franziskaner, der die *Relación de la Genealogía* (siehe unten) geschrieben hat. Nicht zu verwechseln mit dem *Codex Ramírez*, der gelegentlich auch »Origen de los mexicanos« genannt wird. Hg. von García Icazbalceta, in: *Nueva Colección …*, III, S. 281 ff.

Plano en Papel de Maguey. Ein Gemälde auf Agavenpapier, das einen Teil einer Stadt mit *chinampa*-Feldern zeigt. Mittlerweile sind die Experten der einhelligen Meinung, daß es sich nicht um Tenochtitlan handelt. Vermutlich vor 1540. Vielleicht eine Kopie einer vorspanischen Karte.

**Pomar, Juan Bautista, Relación de Texcoco*. Pomar war der Sohn eines Conquistadors und einer Schwester des letzten Königs von Texcoco. Das Buch wurde 1582 vollendet; da es jedoch dem Andenken Nezahualcoyotls und Nezahualpillis gewidmet war, erschien es erst 1890 in einer Ausgabe von Joaquín García Icazbalceta, in: *Nueva Colección* …, 3, S. 1–69. Eine neue Ausgabe erschien 1992 in Madrid als Teil 1 der *Crónicas de América*, Nr. 65, mit einer Einleitung von Germán Vázquez. Pomar sprach mit Überlebenden des alten Texcoco.

Popol Vuh. Eine Geschichte der Quiché-Indianer. Geschrieben von einem Quiché in der Mitte des 16. Jahrhunderts. Ein sehr bedeutendes Werk über die Mythologie der Maya. Neu hg. von Adrian Recinos, 1947. Engl. Übers. Norman 1950.

**Relación de la Genealogía* … Kurze Abhandlung über die Vergangenheit der Mexica, angefertigt für Juan Cano, um 1540. Geschrieben von einem anonymen Franziskaner und hg. von García Icazbalceta in: *Nueva Colección* …, S. 262 ff., und als zweiter Teil der *Crónicas de América*, Nr. 65, Madrid 1991.

**Relación de Michoacan (Relación de las ceremonias y ritos y población y gobierno de los Indios de la provincia de Michoacan)*. Zusammengetragen 1541 von Fray Martín de Jesús de la Coruña. Original im El Escorial. Faksimileausgabe von José Tudela mit einer Einleitung von Paul Kirchhoff, Madrid 1956. Englische Übers. einer spanischen Ausgabe von 1903 durch Eugene R. Craine und Reginald C. Reindorf unter dem Titel »The Chronicles of Michoacan«.

**Relaciones Geográficas*. Ende des 16. Jahrhunderts gab König Philipp II. eine Beschreibung seines Reichs in Auftrag. Auf diese Weise entstanden zwischen 1579 und 1581 mehrere *Relaciones Geográficas*. Eine inhaltliche Zusammenfassung einschließlich Angaben darüber, wo die Relationen heute aufbewahrt werden, wo sie veröffentlicht wurden, usw. findet sich in Manuel Carrera Stampa, »Relaciones Geográficas de Nueva España, siglos XVI und XVII«, in: *Estudios de Historia Novohispana* 2 (1968), S. 233 ff. Vgl. auch Howard Cline, *The Relaciones Geográficas of the Spanish Indies 1577–1648*, in: *HMAI* Bd. 12, I (Austin 1972), S. 183 ff. Die beste veröffentlichte Sammlung ist jene von René Acuña, *Relaciones Geográficas del siglo XVI*, Mexiko 1982–1988, 10 Bde.

*Román y Zamora, Jerónimo, **Repúblicas de Indias: idolatría y gobierno en México y Perú antes de la Conquista***, Madrid 1897, 2 Bde.

*Torquemada, Fray Juan de, **Monarquía Indiana***. Geschrieben 1603–1613. Veröffentlicht in Sevilla 1615, 3 Bde. Cortés wird darin als Werkzeug Gottes geschildert.

Laut León-Portilla handelt es sich um die »reichhaltigste und beste Zusammenfassung der Geschichte der Ureinwohner, die im 17. Jahrhundert verfügbar war«. Eine Faksimileausgabe der Ausgabe von 1723 wurde 1943 in Mexiko von S. Chávez Hayhoe publiziert. Neuausgabe von Miguel León-Portilla, 3 Bde., Mexiko 1975.

Tovar. Vgl. *Codex Ramírez.*

Unos Anales de la Nación Mexicana. Vgl. *Anales de Tlatelolco.*

Zorita, Alonso de,* ***Relación de los señores de la Nueva España.* Geschrieben 1566–1570 vom damaligen *oidor* der königlichen *audiencia* von Neuspanien. Hg. von García Icazbalceta, in: *Nueva Colección* …, 3, Mexiko 1891, und von Germán Vázquez, Madrid 1992. Stützte sich auf verlorengegangene Mss., vielleicht auch das von Olmos. Ein ausgezeichnetes, unparteiisches Werk. Unter besonderer Berücksichtigung des Gerichtssystems und der Besitzverhältnisse im alten Mexiko. Englische Übers. mit guter Einleitung von Benjamin Keen, *Life and Labour in Ancient Mexico*, New Brunswick, NJ, 1963.

Spanisches Material

I. Manuskripte

CAMBRIDGE
Bibliothek der Universität Cambridge
Conway-Dokumente

LONDON
British Library
Add. Mss. 21, 447

MADRID
Archivo Historico Nacional
Ordenes Militares: Santiago
Libros de visita de las Encomiendas, 1480–1515 (1234c, 1101c bis 1109c)
Libro de Genealogía

Real Academia de la Historia
Colección Juan Bautista Muñoz

MEXIKO
Archivo del Nacion
Papeles de la Hospital de Jesús. Es handelt sich um Dokumente der Familie Cortés, die sich früher im Besitz der Nachfahren des Conquistadors befanden; leg. 123 behandelt Cortés' Heirat in Béjar in Spanien im Jahr 1528.

SEVILLA

Archivo General de Indias (AGI)

Contratación

leg. 4675, lib. 1: Enthält Dokumente, die sich auf den Schatz und die Indianer beziehen, die im Jahr 1519 aus Mexiko nach Spanien gebracht wurden.

lib. 2: Informationen über Alonso Hernández Portocarrero.

Escribanía de Cámara

leg. 178A: Dokumente über einen Prozeß zwischen Nachkommen von »Doña Marina«, Tochter Montezumas, und der Krone, 1681.

leg. 1006A: *Probanza* von Francisco de Montejo.

Indiferente General

leg. 419, lib. 5: Material über Alonso Hernández Portocarrero.

leg. 420, lib. 8, 9, 10: Diese Akten enthalten umfangreiches Material über Kuba, Diego Velázquez usw. und über die Gründung des Indienrats.

Justicia

leg. 49: *Juicio de residencia* gegen Diego Velázquez, 1524.

leg. 220-225: *Juicio de residencia* gegen Hernán Cortés, 1529. Diese Folios weisen keine erkennbare Ordnung auf. Die folgende Übersicht stützt sich auf einen Systematisierungsversuch von Teresa Alzugaray:

leg. 220. p. 1: (584 Folios), von denen 8 (f. 1 bis f. 5 und neues f. 1 bis f. 3) einleitenden Charakter besitzen und sich auf die Anordnung des Königs, den *juicio de residencia* gegen Cortés zu eröffnen, und die gegen diesen erhobenen Vorwürfe beziehen. Das geheime Ermittlungsverfahren (*pesquisa secreta*) ist in f. 3 festgehalten; daran schließt sich der Fragebogen mit 38 Fragen an (ff. 5–9). Als Zeugen wurden befragt (ff. 32–275) Gonzalo Mexía, Cristóbal de Hojeda, Juan de Burgos, Antonio Serrano, Rodrigo de Castañeda, Juan Mansilla, Juan Coronel, Ruy González, Francisco Verdugo, Antonio Carvajal, Francisco de Orduña, Andrés de Monjaraz, Alonso Ortiz de Zúñiga, Bernardino de Santa Clara, Gerónimo de Aguilar und García Pilar. ff. 275–316 Erklärungen weiterer Zeugen.

ff. 316–325: Ermittlungen über die Umstände des Todes von Catalina, Cortés' Ehefrau; 326–328: Fragebogen zu diesem Fall und 328–342: Aussagen der Zeugen einschließlich die der Mägde und des Majordomus Isidoro Moreno.

ff. 342–522: Klage von Juan Tirado gegen Cortés (Fragebogen und Zeugenaussagen, darunter die von García Holguín, Gutierre de Badajoz, Juan Cano).

ff. 526–542: Beschuldigungen gegen Cortés im Anschluß an das geheime Ermittlungsverfahren.

ff. 548–554: Entgegnungen auf diese Beschuldigungen durch García de Llerena als bevollmächtigter Stellvertreter von Cortés.

p. 3 (29 Folios): Berufungsklagen in Valladolid und Madrid, 1543–1545, zum Abschluß des *juicio de residencia*.

p. 5 (35 Folios): Schriftstücke, die 1526 zwischen Cortés, Luis Ponce de León und Marcos Aguilar ausgetauscht wurden.

leg. 221

p. 1 (318 Folios): Erklärung von Cortés als Erwiderung auf die Beschuldigungen, mit kurzen Antworten der Zeugen auf die Fragen in den Fragebogen.

p. 2 (30 Folios): Antwort von Cortés an die *audiencia*, 1529–1534.

p. 3 (66 Folios): Beschuldigungen, Erklärungen und Gesuche. ff. 58–66 ist ein Gesuch, das Alonso de Paredes im Namen von Cortés vorbringt, in dem die Befragung weiterer Zeugen und eine Fristverlängerung beantragt wird. (Cortés werden daraufhin zwei weitere Jahre gewährt).

p. 4 (76 Folios): Cortés' Fragebogen: (1) 380 Fragen; (2) 42 Fragen.

leg. 222

pp. 1–4 (273 Folios): Liste mit 101 Bezichtigungen gegen Cortés, gefolgt von Zeugenaussagen und den Antworten (*descargos*) von Cortés (1531).

p. 6 (353 Folios): ff. 1–4: Von Cortés ausgestellte Vollmachtsurkunde für García de Llerena; ff. 4–33: Erklärungen Llerenas; ff. 34–42: Aussagen der Zeugen, u. a. von Juan de Salcedo, García de Aguilar, Alonso de la Serna, Alonso de Villanueva, Juan Altamirano, Luis Marín, Alonso de Mendoza und García Holguín.

leg. 223

p. 1 (401 Folios): ff. 1–41: Abschriften der Dokumente, die Cortés zwischen 1519 und 1526 an den König geschickt hat; ff. 41–51 Fragebogen mit 22 Fragen aus dem Untersuchungsverfahren von 1520 (in Tepeaca/Segura); ff. 51–85 Antworten der Zeugen, darunter Alonso de Benavides, Gerónimo de Aguilar, Sánchez Farfán, Leonel de Cervantes, Pedro de Alvarado und Sancho Barahona; ff. 85–88 Erklärungen und Dokumente von Cortés; ff. 89–95. Ein weiterer Fragebogen von 1520 (15 Fragen) und Aussagen der von Cortés präsentierten Zeugen, von denen Bernardino Vázquez de Tapia, Cristóbaö de Olid, Andrés de Duero, Fray Bartolomé de Olmedo, Diego de Ordás, Alonso de Avila und Fray Juan Díaz die wichtigsten waren; ff. 127–198 Schriftstücke, die sich auf die Ankunft von Cristóbal de Tapia und auf Cortés' Streit mit Velázquez beziehen; ff. 198–258 beziehen sich auf die *probanza* von Coyoacán im Jahre 1522 und umfassen den Fragebogen und die Zeugenaussagen; ff. 259–321 Dokumente und ein Fragebogen (7 Fragen), die sich auf die Ankunft von Francisco de Garay beziehen; ff. 336–341 Expedition von Olid und Rodríguez de Villafuerte nach Michoacan; ff. 342–410 Kopien diverser Befehle, Dekrete, usw. von Cortés, 1520–1524.

p. 2 (480 Folios): Antworten (1534) der Zeugen von Cortés auf die beiden Fragebogen. Die wichtigsten davon sind: Alonso de Villanueva, Luis Marín, Martín Vázquez, Alonso de Navarrete, Francisco de Flores, Xoan López de Jimena, Juan de Hortega, Gaspar der Garnica, Gonzalo Rodríguez de Ocaña, Pero Rodríguez de Escobar, Fray Luis de Fuensalida, Francisco de Santa Cruz, Rodrigo de Segura, Juan de Salcedo, Juan González de León, Alfonso de la Serna, Francisco de la Serna, Francisco de Solís, Juan Jaramillo, Andrés de Tapia, Joan de Cáceres, Francisco de Terrazas, Fray Toribio de Motolinía, Fray Pedro de Gante und Francisco de Montejo.

leg. 224

p. 1 (300 Folios) (1534): Fortsetzung der Zeugenaussagen von p. 2 des vorangehenden *legajo*.

p. 2 (139 Folios): Erklärungen einiger Belastungszeugen. Die Aussagen stammen weitgehend von denselben Zeugen wie in leg. 220, p. 1, sie liefern jedoch andere Informationen.

p. 3 (30 Folios): Eingaben von Cortés gegen die vormaligen Richter der *audiencia*, Ortiz de Matienzo und Delgadillo.

p. 4, R. 1 (93 Folios): Eine weitere Klage von Cortés gegen die *audiencia*, im Jahr 1543, Fragebogen mit 9 Fragen und 9 Zeugen für Cortés, für die ehemaligen Richter Fragebogen mit 11 Fragen und 3 Zeugen.

p. 4, R. 2 (5 Folios): Dokumente zum selben Prozeß.

p. 5 (201 Folios): Erklärungen zugunsten der Verteidigung, Oaxaca, 1535–1537, mit Fragebogen und Zeugen.

leg. 225: In acht *piezas*, enthält den *juicio de residencia* gegen Juan de Ortega, *alcalde mayor* von Mexiko, eingeleitet aufgrund der Bezichtigungen, die sich aus dem *juicio de residencia* gegen Cortés ergaben.

Anmerkung: Ein Teil dieses Materials wurde veröffentlicht, z. B. in: (a) *Colección de Documentos Inéditos relativos al descubrimiento* ..., Bd. 26, 27 und 28, Madrid 1876–1878; (b) Ignacio López Rayón, *Documentos para las historia de México*, Mexiko 1852–1853, 2 Bde.; (c) José Luis Martínez, *Documentos Cortesianos*, Bd. 2, Mexiko 1991; und (d) *Polavieja*. Sie sind aufschlußreich, auch wenn sie alle unvollständig sind. In den im 19. Jahrhundert angefertigten Abschriften wurden – manchmal versehentlich – viele Dinge weggelassen. Der größte Teil des gedruckten Materials stammt von Zeugen, die Cortés belasteten. Für eine Zusammenfassung der bislang unveröffentlichten Zeugenaussagen vgl. José Luis Martínez, Hernan Cortés (Mexiko 1990), S. 849.

Ein Teil des Materials aus diesen *legajos* wurde ebenfalls abgeschrieben und entsprechend den Weisungen von G. L. R. Conway, einem britischen Ingenieur, der in Mexiko arbeitete, überwiegend als Schreibmaschinenmanuskript gelassen. Wie bei den anderen in diesen Sammlungen erwähnten Materialien (ein Großteil davon stammt aus Patronato, leg. 57) finden sich Kopien davon in den Conway-Sammlungen der Kongreßbibliothek, Washington, des Gilcrease Institute der Universität Tulsa und der Universitätsbibliothek Cambridge. Die Conway-Sammlung der Universität Aberdeen scheint sich weitgehend mit jener in Cambridge zu decken. Die einzigen Unterlagen in Tulsa, die weder in Washington noch in Cambridge vorhanden sind und sich auf die Eroberung Mexikos beziehen, scheinen jene in der Kiste Nr. 82 zu sein, welche die Dokumente eines Prozesses enthält, den Francisco de Verdugo in den Jahren 1529–1532 gegen Cortés führte (168 Folios). Für Zusammenfassungen der verschiedenen Sammlungen vgl. Artikel von Schafer Williams, A. P. Thornton, J. Street und Ivie Cadenhead jr., *HAHR* 35 (1955), 36 (1956), 37 (1957) und 38 (1958).

leg. 295 f.: *Juicio de residencia* gegen Pedro de Alvarado und seine Stellvertreter, Santiago de Guatemala 1535, 916 Folios, in 5 *piezas*. Im Gegensatz zu einer weitverbreiteten Auffassung ist dieses Material nicht identisch mit den Dokumenten, die José Fernando Ramírez veröffentlicht hat unter dem Titel *Proceso de residencia contra Pedro de Alvarado, ilustrado con estampas ... y notas ...*, Mexiko 1847. Vgl. für dieses Material Patronato leg. 86 unten.

leg. 699, Nr. 2: Prozeß in Sevilla zwischen den Kaufleuten Alonso de Nebreda und Hernando Castro, 1525. Mehrere Briefe aus diesem *legajo* wurden hg. von Enrique Otte, »Mercaderes Burgaleses en los inicios del comercio con México«, *HM* 18 (1968).

leg. 712: Prozeß Diego de Ordás gegen Francisco de Verdugo vor der Casa de la Contratación. Enthält auch Briefe von Ordás an Verdugo, von denen 9 von Enrique Otte publiziert wurden, *HM* 14 (1964).

Patronato

leg. 15: Viel nützliches Material einschließlich eines Briefs von Fray Benito Martín an den König, in dem er sich über Cortés' Betragen beschwert (R. 8), einer 1519 angefertigten Abschrift von Velázquez' Instruktionen an Cortés aus dem Jahr 1518 (R. 11); mehrere *probanzas* über die Kosten der Expedition von Cortés (R. 16), Material über Narváez, usw. (R. 17).

leg. 16: Überwiegend Material aus der Zeit nach der Conquista.

leg. 50, R. 2: Material über Rodrigo de Bastidas aus dem Jahr 1520.

leg. 54: *información de servicios y méritos* über Francisco Montano und Alonso de Ávila usw.

leg. 56, Nr. 3, R. 4: *Información* über Maria de Xaramillo, Tochter von Doña Marina.

leg. 57, R. 1–5: Enthält bedeutende *probanzas* aus den Jahren 1528 und 1534 und eine weitere von 1570 über die Verdienste von Martín López und den Bau der Brigantinen.

leg. 60: *Información* über Antonio Huitsimagari, Sohn des letzten *cazonci* von Michoacan, aus dem Jahr 1553.

leg. 75, Nr. 3, R. 1: *Información* über Bernal Díaz del Castillo aus dem Jahr 1536. Wurde veröffentlicht als Anhang zu Ramirez Cabañas' Ausgabe der *Historia Verdadera*.

leg. 86, Nr. 6, R. 1: Über 300 Folios mit umfangreichem Material über Pedro de Alvarado und Francisco de Alvarado. Dies scheint das Material zu sein, das José Ramírez »Proceso de Residencia contra Pedro de Alvarado« nannte und das 1847 in Mexiko veröffentlicht wurde. Eine *probanza* über Leonor de Alvarado aus diesem *legajo* wurde veröffentlicht in den *Anales de la sociedad de Geografía e Historia de Guatemala*, Bd. 13 (Dezember 1938).

leg. 150, Nr. 2, R. 1: *Información* über die Verdienste von Gerónimo de Aguilar.

leg. 180, R. 2: *Probanza* über die Kosten der Expedition nach Segura, September 1520.

leg. 252, R. 1: Material über Las Casas.

leg. 254, Dok. 3-C, R. 1: Darlegung von Cortés' Anliegen in La Coruña durch Portocarrero und Montejo, April 1520.

Mexiko

leg. 203: *informaciones de méritos* usw. über zahlreiche Conquistadoren, nach 1524. Die wichtigsten beziehen sich auf Juan Rodríguez de Villafuerte, Martín Vázquez, Francisco de Orduña, Juan de Burgos, Juan de Tirado, Hernán de Elgueta, Juan de Cuéllar, García del Pilar, Diego de Halcón, Diego de Ocampo, Lope de Samaniego und Gutierre de Badajoz.

Archivo Medinaceli (Casa de Pilatos)

Colección Condes de Medellín

Archivo Historico Provincial

Archivo de Protocolos de Sevilla, mit zahlreichen Dokumenten über Cortés, Martín Cortés und ihre Geschäftspartner (Luis Fernández de Alfaro, Juan de Córdoba usw.), 1506–1522. Der vom Instituto Hispano-Cubano veröffentlichte, ausgezeichnete Index zu »indianischen« Angelegenheiten war mir eine große Hilfe.

SIMANCAS

Archivo General de la Nacion

Cámara de Castilla, **legs. 106, 114, 116, 120, 127, 129, 130, 141, 151–153**: Diese Dokumente beziehen sich auf Medellín, 1502–1522.

Consejo Real, **leg. 91**: Klage des Grafen von Medellín gegen die gleichnamige Stadt.

leg. 112 (63 Folios): Prozeß von Cortés gegen Fernando Quintana, der die Festung von Vera Cruz erbaute (1531–1533).

leg. 140 p. 2 und p. 4.

leg. 141 p. 1 f.: Probleme der neuen Stadt Medellín (Nauhtla, Mexiko).

Estado: Castilla. Die gesichteten Akten bezogen sich auf die Einsetzung des Consejo de Indias und auf *cédulas* für Neuspanien.

Registro General del Sello: Dokumente zu Prozessen vor dem königlichen Gerichtshof. Viele davon beziehen sich auf Medellín, um 1475–1500. Das hervorragende Register ist eine unschätzbare Hilfe.

WASHINGTON

Library of Congress

Conway-Dokumente

II. Wichtigste veröffentlichte Dokumente

Actas del Cabildo de México, 1524 (Mexiko 1889–1916)

Colección de documentos inéditos relativos al descubrimiento, conquista y colonización de las posesiones españoles en América y Oceania, Madrid 1864 ff., 42 Bde., hg. von Torres de Mendoza, Joaquín Pacheco und Francisco Cárdenas (Sigel: *CDI* in den Anmerkungen).

**Colección de documentos inéditos para la historia de España*, Madrid 1842, hg. von M. de Navarrete (Sigel: *CDIHE* in den Anmerkungen).

**Colección de documentos inéditos relativos al descubrimiento, conquista y organización de las antiguas posesiones españoles de Ultramar*, Madrid 1884–1932, 25 Bde. (Sigel: *CDIU* in Anmerkungen).

Corraliza, José Ignacio, »Una carta familiar de Hernán Cortés«, *R de I* 8 (1947), S. 893–895.

Cortés de León y Castilla, Bd. 4 (1520–1525), Madrid 1882.

*Cortés, Hernán, *Escritos sueltos de*, Biblioteca Iberia, Bd. 12, Mexiko 1871.

Dantisco, Juan, *Diario 1524–1527*: el embajador polaco Juan Dantisco en la corte de Carlos V, hg. von A. Paz y Mella, *Boletín de la Real Academia Española*, Madrid 1924–1925, Bd. 12.

Documentos inéditos relativos a Hernán Cortés y su familia, Archivo General de la Nación (Mexiko), 37, Mexiko 1935.

Fernández Duro, Cesáreo, »Primeras Noticias de Yucatán«, *Boletín de la Sociedad Geográfica de Madrid*, Bd. 18 (1885).

Goldberg Rita, *Nuevos Documentos y Glosas Cortesianos*, Madrid 1987.

**Hernán Cortés y Cristóbal Colón, Datos biográficos sacados del Archivo General de la Orden de Santiago*, in: *BRAH*, 20–21 (1892). Es handelt sich um eine Abschrift des Materials, das Cortés zusammen mit seinem Gesuch um Aufnahme in den Orden der Sankt-Jakobsritter vorlegte, dessen Original sich im AHN, Madrid, befindet.

Icaza, Francisco A. de, *Conquistadores y pobladores de Nueva España*, Madrid 1923. Neuaufl. Mexiko 1923. Dieses Buch besteht aus gekürzten Versionen von Texten, die zahlreichen Berichten über Verdienste (*méritos y servicios*) im Archivo de Indias entnommen sind. Icaza führte im allgemeinen die interessantesten Informationen an, die in den betreffenden Berichten enthalten sind, wie ich nach Prüfung zahlreicher Originale bestätigen kann. Viele dieser *informaciónes* wurden eigenständig in verschiedenen Publikationen veröffentlicht, zu denen kein Verzeichnis zu existieren scheint.

**Información de 1522*, Mexiko, unter der Leitung von Alonso de Ávila, hg. von Edmundo O'Gorman, in: *Boletín del Archivo General de la Nación*, Bd. 9, Nr. 2, Mexiko 1938.

**Información recibida en México y Puebla e año de 1565 a solicitud del gobernador y cabildo de naturales de Tlaxcala sobre los servicios que prestaron los tlaxcaltecas a Hernán Cortés en la conquista de México siendo los testigos algunas de los mismos conquistadores*, Biblioteca Histórica de la Iberia, 20, Mexiko 1875.

*Otte, Enrique, »Mercaderes Burgaleses en los inicios del comercio con México«, *HM* 18 (1968), Briefe von Alonso de Nebreda und Hernando de Castro, 1524; und »Nueve Cartas de Diego de Ordás«, *HM* 14, 1–2, (1964).

*Paso y Troncoso, Francisco, *Epistolario de Nueva España 1505–1818*, Mexiko 1939–1940, 16 Bde.

*Polavieja, General Camillo, *Hernán Cortés, Copías de documentos existentes en el archivo de Indias y en su palacio de Castilleja de la Cuesta sobre la conquista de Méjico*, Sevilla 1889 (zit. als Polavieja in den Anmerkungen). Die wichtigsten Dokumente sind (a) ein Fragebogen mit 106 Fragen und die Antworten von 5 interessanten Zeugen (Juan Álvarez, Diego de Ávila, Diego Holguín, Juan Bono de Quejo und Diego de Vergas) bei der von Diego Velázquez im Juni 1521 auf Kuba eingeleiteten Untersuchung über Cortés' Expedition (*Información de 1521*); (b) ein 1520 in Santo Domingo angefertigter Bericht über den Streit zwischen Cortés und Velázquez; und (c) Briefe von Diego Velázquez nach Spanien, 1519.

Saville, Marshall, »Earliest Notices concerning the Conquest of Mexiko by Cortés«, in: *Indian Notes and Monographs*, 9, Nr. 1 (1920). Drei Briefe aus Sevilla und einer aus Mexiko, 1520.

Drei Berichte über die Expedition von Fernando Cortés, ursprünglich veröffentlicht als (a) *Ein Auszug Ettlicher Sendbrieff usw.*, Nürnberg 1520; (b) *Newe Zeitung von dem Lande das die Spanier funden haben* usw., vermutlich Augsburg 1522; und

(c) *Ein Schöne Newe Zeytung* usw., vermutlich Augsburg 1523. Veröffentlicht von Henry Wagner in: *HAHR* 9 (1929).

**Tributos y servicios personales de Indios para Hernán Cortés y su familia*, hg. von Silvio Zavala, Archivo General de la Nación (Mexiko), Mexiko 1984.

III. Memoiren, Briefe, Zeitgenössische Berichte usw.

*Aguilar, Francisco de, *Relación breve de la Conquista de Nueva España*, geschrieben um 1565 von einem Conquistador, der in den Dominikanerorden eingetreten war und zuvor den Namen Alonso de Aguilar getragen hatte. Das Original befindet sich im Escorial, erstmals veröffentlicht in den *Anales del Museo Nacional de México* 7 (Juni 1900). Neuere Ausgabe in den *Crónicas de América*, Nr. 40, Madrid 1988. Für eine englische Übers. vgl. Tapia.

*Cervantes de Salazar, Francisco, *Crónica de la Nueva España*, geschrieben 1558–1566 vom damaligen Rektor der Universität Mexiko. Der erste Bd. befaßt sich mit der Eroberung; veröffentlicht Madrid 1914. Eine vernichtende Kritik an dieser Arbeit übt Jorge Hugo Díaz-Thomé in: *Estudios de Historiografía de la Nueva España*, hg. von Ramón Iglesia, Mexiko 1945, S. 17–41. Cervantes de Salazar kannte Cortés und hatte mit betagten Conquistadoren (u. a. dem geheimnisvollen Alonso de Ojeda, Alonso de Mata und Gerónimo Ruiz de la Mota) persönliche Gespräche geführt.

*Cortés, Hernan, *Cartas de Relación*. Die Originale von Cortés' Briefen an Karl V. sind verlorengegangen. Doch eine (vermutlich 1528 angefertigte) Abschrift aller Briefe (mit Ausnahme des ersten) und eine Abschrift des Briefs des Stadtrats von Vera Cruz aus dem Jahr 1519, der als Ersatz für diesen Brief dient, befinden sich unter der Bezeichnung *Codex Vindobonensis,* SN 1600, in der Österreichischen Nationalbibliothek, Wien. Der zweite und der dritte Brief wurden in den Jahren 1522 und 1523 in Sevilla veröffentlicht, und der vierte Brief wurde zusammen mit den beiden *relaciones* von Alvarado und Diego de Godoy 1525 in Toledo verlegt. Der fünfte Brief wurde erst 1858 in Band 22 der *BAE* publiziert. Dies war das erste Mal, daß alle bekannten *Cartas de Relación* zusammen veröffentlicht wurden. Eine Faksimileausgabe der vollständigen Wiener Sammlung einschließlich weiterer Dokumente wurde von Charles Gibson veröffentlicht (Graz 1960). Eine neuere spanische Ausgabe, auf die die Anmerkungen verweisen, stammt von Mario Hernández in: *Crónicas de América*, Nr. 10, Madrid 1985. Die beste spanische Ausgabe ist jene von Angel Delgado Gómez, Madrid 1993. Die beste englische Ausgabe ist *Hernán Cortés, Letters from Mexiko*, übers. und hg. von Anthony Pagden, mit einem Vorwort von John Elliott, Oxford 1972.

*Díaz, Juan, *El Itinerario de la armada del rey católico a la isla de Yucatan, en la India, en el año 1518* … Ein Bericht über die Expedition des Grijalva. Geschrieben im Jahr 1519. Die erste erhaltene Ausgabe wurde im März 1520 in italienischer Sprache in Venedig veröffentlicht. Erste spanische Ausgabe von García Icazbalceta, in: *Colección de Documentos para la historia de México*, Mexiko 1858, Bd. 1. Es gibt eine hervorragende neuere spanische Ausgabe von Germán Vázquez in: *Crónicas de América*, Nr. 40, Madrid 1988, auf die sich meine Anmerkungen beziehen.

Englische Übers. von H. R. Wagner, *The discovery of New Spain by Juan de Grijalva*, Berkeley 1942, und von Patricia Fuentes (siehe unter Tapia).

*Díaz del Castillo, Bernal, *Historia verdadera de la Nueva España*. Geschrieben um 1555, veröffentlicht 1632, kritische Ausgabe in Spanisch 1982; neue Ausgabe mit Einleitung von Miguel León-Portilla und Carmelo Sáenz de Santa María, Madrid 1984. Die einzige vollständige englische Übers. (mit gelegentlichen Fehlern) ist die von Alfred Maudslay, London 1908–1912, 5 Bde.

Eine *probanza* über die Verdienste von Díaz im Jahr 1539 enthält Material über die Conquista. Dazu gehören Aussagen von Cristóbal Hernández, Martín Vázquez, Bartolomé de Villanueva, Manuel Sánchez Gazín und Luis Marín. Sie wurde veröffentlicht in Ramírez Cañadas' Ausgabe von *La Historia Verdadera* ..., Mexiko 1939, 3 Bde, Bd. 3, S. 314–317. Sieben königliche Dekrete, die sich auf Díaz beziehen, sind abgedruckt in: *Epistolario*, VI, S. 28–36. Es gibt mehrere Versionen von Díaz' Text, wobei es sich um verschiedene authentische Manuskriptfassungen des Autors selbst zu handeln scheint.

Dorantes de Salazar, Baltasar, *Sumario Relación de las cosas de la Nueva España*. Geschrieben 1604, hg. von José María de Agreda y Sánchez, Mexiko 1902. Ein Sammelsurium von Geschichten, die die Mexikaner in einem eher positiven Licht erscheinen lassen.

El Conquistador Anónimo (Der anonyme Conquistador), *Relación de algunas cosas de la Nueva España ... escrita por un compañero de Hernán Cortés*. Erste Ausgabe 1538 in Italienisch, »Relatione di alcune cosa della nuova Spagna ... un gentil'homo del Signor Fernando Cortese«. García Icazbalceta veröffentlichte sie in: *Colección de documentos para la Historia de México*, Bd. 1. Für eine englische Übers. vgl. Tapia. Federico Gómez de Orozco behauptete in: »El Conquistador Anónimo«, *HM* 2 (1952), S. 401 ff., diese *relación* sei von jemandem geschrieben worden, der nicht in Mexiko gewesen sei, vermutlich von Alonso de Ulloa. Dagegen bemühte sich Jean Rose in seiner französischen Ausgabe (Paris 1970), den Nachweis zu erbringen, daß sie authentisch ist.

*Fernández de Oviedo, Gonzalo, *Historia General y Natural de Indias*. Eine Kurzfassung wurde 1526 in Toledo veröffentlicht. Erster Teil publiziert in Sevilla 1535; Buch 20 des zweiten Teils erschien 1552. Das Gesamtwerk wurde erstmals vollständig ediert 1851 in Madrid von José Amador de los Ríos. Juan Pérez de Tudela veröffentlicht in der *BAE*, Madrid 1959, eine neue Ausgabe.

*Las Casas, Bartolomé de: (1) *Historia de las Indias*, geschrieben 1527–1566, erstmals veröffentlicht 1875–1876, wenn auch das Manuskript selbst häufig konsultiert wurde. Die beste Ausgabe stammt von Juan Pérez de Tudela, Madrid 1957, Bd. 95 f. in: *BAE*. Dieses unvollendete Werk enthielt viel Material aus erster Hand, da Las Casas neben Cortés auch Diego Velázquez, Narváez, Grijalva und viele andere mehr kannte. Besonders aufschlußreich sind Buch 2, Kapitel 10, und Buch 3, Kapitel 21–32 und Kapitel 96–124; (2) *Apologética Historia*, in: *BAE*, Madrid 1958, Bd. 105; (3) *Brevísima Relación de la destrucción de las Indias*, erste Ausgabe Sevilla 1552. Es gibt eine neue spanische Ausgabe von Lewis Hanke und Manuel Giménez Fernández, Mexiko 1965, 2 Bde.; (4) *De Thesauris de Peru*, in Lateinisch, veröffentlicht 1557, spanische Ausgabe 1898 von Ramón Menéndez Pidal; enthält einige Anspielungen auf Mexiko. (Die Ausgabe von José Alcina Franch, Las Casas, *Obra Indigenista*, Madrid 1992, enthält einen Abschnitt, der sich auf Mexiko bezieht, S. 63–115.)

*López de Gómara, Francisco, *La Conquista de México*. Dies ist der zweite Teil von *Hispania Victrix*, einer Geschichte der spanischen Eroberungen in der Neuen Welt (veröffentlicht in Saragossa 1553). López de Gómara war Hauskaplan von Cortés in dessen letzten Lebensjahren. Es ist Cortés' *apologia pro vita sua*, auch wenn wir nicht wissen, welche Teile des Manuskripts er gelesen hat (falls überhaupt). Gómara wertete Cortés' Briefe an Karl V. aus, möglicherweise auch den verschollenen ersten Brief. Er stützte sich auch auf Tapias Bericht. Die Publikation des Werks war in Spanien lange Zeit verboten, und erst im 19. Jahrhundert wurde es neu aufgelegt. Eine neue spanische Ausgabe von José Luis de Rojas erschien in den *Crónicas de América*, Nr. 36, Madrid 1987. Eine lesenswerte, wenn auch gekürzte englische Übers. von L. B. Simpson erschien unter dem Titel *Cortés. The Life of the Conqueror* 1964 in Berkeley; die Kürzung betrifft einen Abschnitt über das Leben in Mexiko, den der Autor weitgehend von Motolinía übernahm.

*Marineo Siculo, Lucio, »Don Fernando Cortés, marqués del Valle«, in: *De Rebus Hispaniae, Memorables de España*, Alcalá de Henares 1530, Faksimileausgabe Madrid 1960. Neu aufgelegt in: *Historia 16* (April 1985), S. 95–104, mit einem Vorwort von Miguel León-Portilla. Dieser kurze Essay ist die erste Biographie von Cortés. Sie wurde von dem italienischen Humanisten geschrieben, der in Salamanca lehrte und ein Berater der Krone war. Er kannte Cortés und sprach mit einigen Teilnehmern seiner Expeditionen.

*Martire, Pietro, *De Orbo Novo*, Erstausgabe 1527. Neue Ausgabe von Joaquín Torres Asensio, Madrid 1892, 2 Bde. Übers. von Francis Macnutt, New York 1912, 2 Bde. Neue spanische Ausgabe von Ramón Alba, Mexiko 1989. Martire sprach mit mehreren Conquistadoren, die in Mexiko gewesen waren, u. a. Antonio Alaminos, Francisco Montejo, Alonso Hernández Portocarrero, Juan de Ribera und Cristóbal Pérez Hernán.

Eine vollständige spanische Ausgabe seiner Briefe erschien in: *Documentos Inéditos para la Historia de España*, Madrid 1953–1957, Bde. 9–12. Informationen über Mexiko sind enthalten in den Briefen 623, 649, 650, 665, 715, 717, 763, 770 f., 782, 797, 800, 802, 806, 809. Sie alle wurden mit Ausnahme von 623 veröffentlicht in: *Cartas sobre el Nuevo Mundo*, Madrid 1990.

Mendieta, Fray Gerónimo de, *Historia Eclesiástica Indiana*, geschrieben 1573–1596. Hg. von García Icazbalceta, Mexiko 1870; neue Ausgabe von S. Chávez Hayhoe, Mexiko 1945, 4 Bde. Die beste Ausgabe stammt von Francisco Solar y Pérez Lila in: *BAE*, Bd. 260 f., Madrid 1973. Mendieta prangerte das *encomienda*-System an, pries die Mexica und widmete den Mönchen große Aufmerksamkeit. Daher wurden seine Werke zu seinen Lebzeiten nicht veröffentlicht.

Fray Antonio de Remasal, *Historia de las Indias Occidentales* …, 1620, neue Ausgabe von Carmelo Sáenz de Santa María in: *BAE*, Madrid 1964.

*Sepúlveda, Juan Ginés de, *De Orbe Novo (Historia del Nuevo Mundo)*. Sepúlveda, der offizielle Chronist von Karl V., traf Cortés mehrere Male und schrieb sein Buch in den 1550er Jahren in Lateinisch. *De Orbo Novo* basiert größtenteils auf

Cortés' Briefen (vermutlich einschließlich des verschollenen) und López de Gómara; viele Urteile des Autors sind aufschlußreich und vermitteln einen Eindruck von dem, was man gegen Ende der Regierungszeit Karls V. über die Conquista dachte. Die erste spanische Ausgabe erschien 1976, die jüngste, mit einem Vorwort von Antonio Ramírez de Verger, 1987 in Madrid.

Solís, Antonio de, *Historia de la conquista de México*. Geschrieben 1661–1684, erschienen 1684. Dem Vorbild klassischer Historiker wie etwa Livius nachstrebend. 150 Jahre lang ein vielgelesenes Buch. Eine Apologie Spaniens. Zahlreiche spätere Aufl. und Übers.

*Suárez de Peralta, Juan, *Noticias Historicas de la Nueva España*. Geschrieben in den 1580er Jahren und hg. im Jahr 1878 von Justo Zaragoza. Neue Ausgabe unter dem Titel *Tratado del descubrimiento de las Indias*, mit Vorwort von Féderico Gómez de Orozco, Mexiko 1949. Der Verfasser war ein Neffe von Cortés' erster Ehefrau.

*Tapia, Andrés de, *Relación de algunas cosas* ... Geschrieben um 1545. Ausgiebig verwertet von López de Gómara. Erste Ausgabe von Joaquín García Icazbalceta, in: *Colección de Documentos para la historia de México*, Mexiko 1866, Bd. 2. Neu hg. von Germán Vázquez in der Reihe *Crónicas de América*, Nr. 40. Englische Übers. von Patricia de Fuentes unter dem Titel *The Conquistadors*, London 1964. Tapias Text ist eine modifizierte Fassung seiner Aussagen im *juicio de residencia* gegen Cortés.

*Vázquez de Tapia, Bernardino, *Relación de Méritos* ... Bericht über Verdienste. Erste Ausgabe von Manuel Romero de Torres (Mexiko 1939) mit zusätzlicher Dokumentation, darunter z. B. die Erklärungen von Vázquez in den *juicios de residencia* gegen Cortés und Alvarado. Neue Ausgabe in: *Crónicas de América*, Nr. 40.

Abbildungsnachweis

Zwischen Seite 320 und 321

Karte von Tenochtitlan (mit freundlicher Genehmigung des British Museum)
Göttin Coyolxauhqui (Museo de Antropología, Mexiko)
Xipe Topec (Museo de Antropología, Mexiko)
Montezuma und der Komet (aus Fray Diego Duráns *Historia de las Indias de Nueva España*, in der Biblioteca Nacional, Madrid)
Virgen de los Remedios (Kathedrale von Sevilla)
Virgen de los Marineros (Salón del Almirante, Alcázar, Sevilla)
Adler-Krieger (Museo del Templo Mayor, Mexiko)
Reiter und Pferd (Cristoph Weiditz, *Das Trachtenbuch*, 1529, hg. von Theodor Hampfe, Nürnberg 1927)
Menschenopfer (*Codex Magliabecchiano*, um 1540)
Medellín, in der Estremadura (Arxiu Fotografic de Museus, Barcelona)
Kalenderrad (Museo de Antropología, Mexiko)
Flämischer Gobelin (Pieter van Aelst zugeschrieben, nach einem Bernaert von Orley zugeschrieben Entwurf, um 1520, Museo de Tapices, San Ildefonso, Segovia)
Codex Cospi (Universität Bologna)
Königlicher Brief (Registro General del Sello, November 1488, Folio 231, Archivo General de Simancas)
Hernán Cortés – Porträt (Christoph Weiditz, *Das Trachtenbuch*, 1529, hg. von Theodor Hampfe, Nürnberg 1927)
Cortés – Stich (aus *Cortés Valeroso y Mexicana* von Gabriel Lasso de la Vega, Madrid 1588, mit freundlicher Genehmigung der Sammlung Mansell)

Zwischen Seite 592 und Seite 593

Quetzalcoatl (Photographie Bulloz, Paris)
Königin Juana (von Maestre Michel, Sammlung des Duque del Infantado)
Cisneros (Relief von Felipe Vigarny, Universidad Complutense de Madrid)
Karl V. (Terrakotta-Büste, © Gruuthuse Herrenhaus, Brügge)
Las Casas (um 1550, aus der Sammlung Mansell)
Bischof Fonseca (Altarbild von Jan Joest de Calcar, um 1505, Kathedrale von Palencia)
Mexikanische Instrumente (alle aus dem Museo de Antropología, Mexiko)
Figurine eines Tänzers (Museo de Antropología, Mexiko)
Skizzen von Spielen und Jongleurakten nach dem Leben (aus *Das Trachtenbuch* von Christoph Weiditz, 1529, hg. von Theodor Hampfe, Nürnberg 1927)
Speere mit *atlatls* (Museo Luigi Pignorini, Rom)
Zeremonialschild (Museum für Völkerkunde, Wien)
Waffen der Mexica (Museum von Taragona)
Arkebuse (Museum von Vic)
Armbrust (Königlicher Palast, Madrid)
Schwert aus Toledo (Königliche Waffenkammer, Madrid)
Brigantinen und Pocken (*Codex Florentino*, Biblioteca Laurenziana, Florenz, Buch 12)
Gobelin nach Bronzino (Museo degli Argenti, Florenz)
Der Säulengang im Fürstbischöflichen Palais, Lüttich
Pulque-Trinker (Museum für Völkerkunde, Wien)
Anhänger aus Gold (Museo de Antropología, Mexiko)

Kartographie: BITmap, Mannheim

Orts- und Personenrcegister